《中国货币政策执行报告》增刊

中国区域金融运行报告（2019）

中国人民银行货币政策分析小组

责任编辑：童祎薇
责任校对：潘　洁
责任印制：程　颖

图书在版编目（CIP）数据

中国区域金融运行报告. 2019/中国人民银行货币政策分析小组编. —北京：中国金融出版社，2020. 8
ISBN 978 – 7 – 5220 – 0649 – 9

Ⅰ. ①中…　Ⅱ. ①中…　Ⅲ. ①区域金融—研究报告—中国—2019　Ⅳ. ①F832. 7

中国版本图书馆CIP数据核字（2020）第106050号

中国区域金融运行报告. 2019
ZHONGGUO QUYU JINRONG YUNXING BAOGAO. 2019

出版发行　中国金融出版社
社址　北京市丰台区益泽路2号
市场开发部　（010）66024766，63805472，63439533（传真）
网 上 书 店　http：//www.chinafph.com
（010）66024766，63372837（传真）
读者服务部　（010）66070833，62568380
邮编　100071
经销　新华书店
印刷　北京市松源印刷有限公司
尺寸　210毫米×285毫米
印张　41. 25
字数　1050千
版次　2020年8月第1版
印次　2020年8月第1次印刷
定价　218.00元
ISBN 978 – 7 – 5220 – 0649 – 9
如出现印装错误本社负责调换　联系电话（010）63263947

本书执笔人

负责人： 刘国强
总 纂： 孙国峰
审 稿： 吕 政
统 稿： 张 蓓
参与此项工作（以姓氏笔画为序）： 王丝雨 刘定远 李 航 张淳奕 杜晓茜 罗 杰 郑志丹 周轶海 赵 婷 赵 北 徐 琨 彭立峰 董忆伟 穆争社

主报告执笔： 中国人民银行货币政策分析小组
中国人民银行西安分行货币政策分析小组
分报告执笔： 中国人民银行上海总部，各分行、营业管理部、省会（首府）城市中心支行，深圳市中心支行货币政策分析小组

目　录

《中国区域金融运行报告（2019）》主报告

表

图

《中国区域金融运行报告（2019）》分报告

《中国区域金融运行报告（2019）》主报告

内容摘要

2018 年，中国面临的外部环境发生明显变化，不稳定不确定因素增多。中国经济保持较强韧性，但处在经济结构转型阵痛阶段，周期性、结构性问题叠加，面临下行压力。面对严峻挑战，各地区按照党中央、国务院的统一部署，以供给侧结构性改革为主线，统筹稳增长、促改革、调结构、惠民生、防风险，全力做好稳就业、稳金融、稳外贸、稳外资、稳投资、稳预期各项工作。各地区经济运行总体平稳，质量效益稳步提升，区域发展协调性进一步增强。中国人民银行坚持稳中求进工作总基调，实施稳健的货币政策，按照金融服务实体经济的根本要求，前瞻性地采取了逆周期调节措施，疏通货币政策传导机制，为供给侧结构性改革和高质量发展营造适宜的货币金融环境。

全年，东部、中部、西部和东北地区生产总值加权平均增长率分别为 6.7%、7.8%、7.4% 和 5.1%，东部地区仍是全国经济增长的主要拉动力量，中西部地区贡献率有所上升，东北地区经济保持平稳增长。具体来看，东部地区继续发挥着对全国经济发展的重要引领和"稳定器"作用，民间投资、高新技术投资快速增长，新兴经济业态逐步成为经济增长的新引擎，第三产业占比提高至 54.6%。存贷款平稳增长，小微企业贷款及企业债券融资快速增长，表外融资大幅收缩，地方法人银行资本充足率提高，流动性比率显著上升。中部地区承接产业转移力度加大，制造业高质量发展对投资增长的支撑明显，创新驱动工业加快转型升级，经济增速连续两年领跑全国。新兴市场开拓力度加大，进出口保持较快增长。普惠金融服务体系进一步完善，金融精准扶贫和服务民营小微企业成效显著，贷款利率稳中有降，债务融资工具创新应用加快。西部地区后发优势逐渐显现，工业多元化布局，旅游业引领服务业加快发展，科技、扶贫、环保等领域投资快速增长。内陆开放深入推进，带动出口快速增长。金融机构网点布局下沉，精准扶贫、乡村振兴等领域金融服务提质增效，重点领域风险化解取得进展。东北地区深化体制机制改革，经济趋稳势头进一步巩固。着力改善营商环境，依托传统优势资源，工业经济在困境中保持企稳态势，重点行业过剩产能有效压减，产业结构不合理的问题有所缓解。存贷款增速稳中有升，对薄弱环节和重点领域信贷支持力度加大，信用体系建设取得进展。

2018 年区域经济金融运行主要呈现以下特点：一是第三产业保持较高增速，工业生产总体平稳。东部、中部、西部和东北地区第三产业加权平均增长率分别为 8.0%、9.3%、8.5% 和 5.5%。中西部工业发展势头良好，工业增加值增速高于全国平均水平的 17 个省份中，中部和西部地区占 13 个。二是基建投资增长趋缓，制造业、民间投资增长态势较好。东部地区民间投资、高新技术投资较快增长，中部地区制造业投资加权平均增长 20.3%，较上年提高 10.8 个百分点，西部地区创新驱动领域投资力度加大。三是克服外部不确定性影响，对外贸易总体平稳增长。降低对单一市场的依赖形成共识，企业积极采取措施管理风险，全国对"一带一路"沿线国家进出口总额同比增长 13.3%，高于外贸进出口增速 3.6 个百分点。四是供给侧结构性改革深入推进，去产能、去杠杆取得初步成效。杠杆率较高的西部和东北地区规模以上工业企业资产负债率较上年均下降 0.8 个百分点。降成本效果初步显现，工业企业经济效益有所改善，中部、西部和东北地区企业主营业务收入利润率较上年分别提高 0.4 个、0.2 个和 0.9 个百分点。五是经济圈和城市群经济协同发展态势良好，区域合作深入推进。三大经济圈区域经济金融一体化进程加快，对周边城市带动作用和辐射功能日益增强；各城市群在区域互联互通、对外开放合作、绿色经济发展和特色产业集聚等方面取得较好成效。六是金融服务实体经济力度增强，贷款利率稳中有降。各地区普惠金融扎实推进，年末东部、中部、西部和东北地区普惠口径小微企业贷款同比增速分别较上年末提高 9.3 个、6.1 个、4.5 个和 10.6 个百分点。12 月，东部、中部、西部和东北地区新发放人民币贷款加权平均利率分别较 9 月下降 0.22 个、0.27 个、0.17 个和 0.19 个百分点。七是金融体系结构性去杠杆稳步推进，表外融资明显收缩，金融机构经营总体稳健。东部、中部、西部和东北地区地方法人银行流动性比率分别较上年末提高 7.4 个、4.7 个、4.2 个和 8.0 个百分点，各地区银行业信贷资产质量总体保持平稳，信用风险暴露有所增加，但总体可控。

2019 年，我国经济发展面临的国际环境和国内条件都在发生深刻而复杂的变化，但保持经济平稳发展的有利因素依然较多，我国仍处于并将长期处于重要战略机遇期。各地区将坚持创新、协调、绿色、开放、共享的发展理念，以“一带一路”建设、京津冀协同发展、长江经济带发展、粤港澳大湾区建设等重大战略为引领，促进区域间相互融通补充，塑造更高质量、更有效率、更加公平和更可持续的区域协调发展新格局。中国人民银行将以习近平新时代中国特色社会主义思想为指导，按照党中央、国务院部署，紧紧围绕服务实体经济、防控金融风险、深化金融改革三项任务，创新和完善金融宏观调控，深化金融供给侧结构性改革，调整优化金融体系结构，不断改进金融服务。稳健的货币政策要松紧适度，适时适度实施逆周期调节，根据经济增长和价格形势变化及时预调微调，广义货币 M2 和社会融资规模增速与国内生产总值名义增速相匹配。切实防范化解重点领域金融风险，平衡好促发展与防风险之间的关系。在实施稳健货币政策、增强微观主体活力和发挥好资本市场功能之间，形成三角形支撑框架，促进国民经济整体良性循环。

第一部分 区域经济金融运行概况

2018年，各地区[①]按照党中央、国务院的统一部署，深入贯彻新发展理念，落实高质量发展要求，以供给侧结构性改革为主线，做好“六稳”各项工作。总体看，各地区经济运行总体平稳，质量效益稳步提升，区域发展协调性进一步增强。各地区金融运行总体稳健，社会融资规模合理增长，融资结构进一步优化，信贷投放对实体经济的支持力度不断加大。

一、区域经济运行总体情况

2018年，各地区经济运行总体平稳、稳中有进，结构调整持续推进，新旧动能接续转换，质量效益稳步提升。全国国内生产总值（GDP）突破90万亿元，同比增长6.6%，较上年回落0.2个百分点。分地区看，东部、中部、西部和东北地区对经济增长贡献率分别为50.7%、23.4%、21.3%和4.6%，其中，中部和西部地区贡献率有所上升，较上年分别提高0.6个和0.2个百分点。

1. 投资增长总体趋缓，结构上看，中部地区制造业投资支撑作用明显，东部、西部和东北地区房地产投资增速加快。2018年，全社会固定资产投资64.6万亿元，同比增长5.9%，较上年回落1.1个百分点。中部地区固定资产投资增长较快，较上年提高3.1个百分点，东部、西部和东北地区较上年分别回落2.6个、3.8个和1.8个百分点。各地区投资增长的主导力量有所分化，中部地区制造业投资支撑作用明显，加权平均增长20.3%，较上年提高10.8个百分点；东部、西部和东北地区房地产开发投资加快，加权平均增长率分别较上年提高4.6个、6.3个和16.9个百分点。在防控地方政府债务风险的背景下，各地区基础建设投资增长有所放缓。民间投资增长态势良好，2018年全国民间固定资产投资39.4万亿元，同比增长8.7%，较上年提高2.7个百分点。

2. 消费对经济增长拉动作用增强，中部地区消费占比提升，服务性消费占比继续提高。2018年，全国最终消费支出对国内生产总值增长的贡献率为76.2%。全国社会消费品零售总额同比增长9.0%，较上年回落1.2个百分点。分地区看，中部地区社会消费品零售总额占各地区的比重较上年提升0.3个百分点，东部和东北地区比重较上年有所下降，西部地区保持基本稳定。服务性消费占比继续提高。2018年，全国居民人均消费支出实际增长6.2%，比上年加快0.8个百分点。服务性消费支出占比44.2%，比上年提高1.6个百分点。

表1 2018年各地区地区生产总值比重和增长率

	占比（%）		加权平均增长率（%）	
		比上年增减（百分点）		比上年增减（百分点）
东部	52.6	-0.1	6.7	-0.5
中部	21.1	0.2	7.8	-0.2
西部	20.1	0.2	7.4	-0.4
东北	6.2	-0.3	5.1	0.0

数据来源：各省（自治区、直辖市）统计局，中国人民银行工作人员计算。

①全国各地区包括东部地区、中部地区、西部地区和东北地区。东部地区10个省（直辖市），包括北京、天津、河北、上海、江苏、浙江、福建、山东、广东和海南；中部地区6个省，包括山西、安徽、江西、河南、湖北、湖南；西部地区12个省（自治区、直辖市），包括内蒙古、广西、重庆、四川、贵州、云南、西藏、陕西、甘肃、青海、宁夏和新疆；东北地区3个省，包括辽宁、吉林和黑龙江。

表 2 2018 年各地区基础设施、制造业、房地产开发投资加权平均增长率

	基础设施投资（%）		制造业投资（%）		房地产开发投资（%）	
		比上年增减（百分点）		比上年增减（百分点）		比上年增减（百分点）
东部	3.6	-14.0	6.8	0.7	11.8	4.6
中部	9.8	-10.3	20.3	10.8	5.8	-5.8
西部	5.4	-14.5	8.6	0.1	9.8	6.3
东北	-13.4	-19.8	4.6	3.2	17.9	16.9

数据来源：各省（自治区、直辖市）统计局，中国人民银行工作人员计算。

居民杠杆率[①] **水平对消费增长的负面影响值得关注。**计量分析结果表明，控制人均可支配收入、社会融资规模等因素后，居民杠杆率水平每上升 1 个百分点，社会零售品消费总额增速会下降 0.3 个百分点左右。

3. 对外贸易保持平稳增长，对“一带一路”沿线国家进出口总额增长较快。2018 年，全国货物进出口总额为 30.5 万亿元，同比增长 9.7%。分地区看，东部、中部、西部、东北地区进出口总额同比增速分别为 8.8%、11.4%、16.1%、14.8%。2018 年民营企业对外贸增长贡献度超过 50%，东部、中部、西部和东北地区民营企业进出口总额同比增速分别为 12.1%、20.3%、18.9% 和 16.7%。“一带一路”沿线国家经贸合作领域不断拓宽，2018 年，全国对“一带一路”沿线国家进出口总额同比增长 13.3%，高于外贸进出口增速 3.6 个百分点，内蒙古、云南、新疆等西部地区省份与“一带一路”沿线国家贸易总额占本地外贸总额比重均超过 60%。

4. 产业转型升级持续加快，第三产业保持较高增速，工业生产总体平稳。2018 年，三次产业对全国经济增长的贡献率分别为 4.2%、36.1% 和 59.7%，其中，第三产业贡献率提高 0.9 个百分点。各地区第三产业均实现较高增速发展，东部、中部、西部、东北地区第三产业加权平均增长率分别为 8.0%、9.3%、8.5%、5.5%。其中，东部地区经济服务化趋势持续巩固，中部和西部地区发挥比较优势，承接产业转移，二三产业协调发展；东北地区新旧动能转换接续承压，工业增长近年来持续处于低位。工业生产总体平稳，增强了经济韧性，保障了产业升级的良性推进。2018 年，全国规模以上工业增加值同比增长 6.2%，其中中部和西部地区工业生产增长较快，工业增加值增速高于全国水平的 17 个省份中，中部和西部地区占 13 个。

5. 居民消费价格温和上涨，工业生产者价格涨幅回落，部分能源省区和上游产业较为集中的省区降幅较大。2018 年，全国居民消费价格（CPI）同比上涨 2.1%，涨幅比上年扩大 0.5 个百分点，连续 7 年呈温和上涨态势。工业生产者出厂价格（PPI）同比上涨 3.5%，比上年回落 2.8 个百分点。受供给侧结构性改革推进、总需求放缓、大宗商品价格波动等因素影响，部分能源省份和上游产业较为集中的省份 PPI 高位回落，降幅较大。山西、青海、河北、内蒙古、陕西和贵州 PPI 涨幅分别较上年回落 12.7 个、11.9 个、8.8 个、7.4 个、5.4 个和 5.4 个百分点。

表 3 2018 年各地区社会消费品零售总额占比和加权平均增长率

	占比（%）		加权平均增长率（%）	
		比上年增减（百分点）		比上年增减（百分点）
东部	51.4	-0.1	8.2	-1.4
中部	21.6	0.3	10.4	-0.6
西部	18.7	0.0	9.3	-1.5
东北	8.3	-0.2	6.1	0.4

数据来源：各省（自治区、直辖市）统计局，中国人民银行工作人员计算。

① 居民杠杆率 = 住户贷款余额 /GDP。

表 4　居民杠杆率水平对消费增长的影响

	方程 1	方程 2	方程 3
居民杠杆率	-0.294***	-0.301***	-0.297***
	(-4.10)	(-4.18)	(-4.00)
人均可支配		0.066	0.065
收入增幅		(1.02)	(0.99)
社会融资规			-0.036
模增量			(-0.29)
常数项	21.906***	21.692***	21.743***
	(-6.93)	(-6.85)	(-6.75)

注：括号内为 t 统计值，*** 表示 $p < 0.01$，** 表示 $p < 0.05$，* 表示 $p < 0.1$。

数据来源：《中国经济景气月报》，中国人民银行工作人员计算。

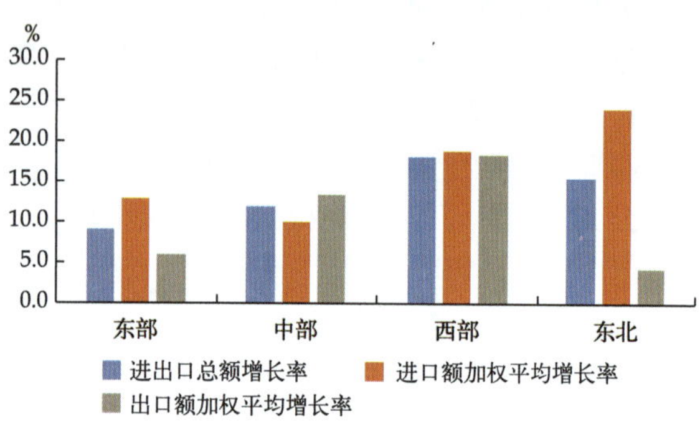

数据来源：《中国经济景气月报》，中国人民银行工作人员计算。

图 1　2018 年各地区进出口总额和进出口增速

表 5　2018 年三次产业的地区分布和各地区三次产业的比重、增长率

单位：%

	东部	中部	西部	东北
	三次产业的地区分布			
第一产业	34.0	25.0	31.4	9.6
第二产业	52.2	22.5	19.8	5.4
第三产业	55.4	19.4	18.9	6.4
	各地区三次产业的比重			
第一产业	4.6	8.4	11.0	10.9
第二产业	40.8	44.0	40.5	36.1
第三产业	54.6	47.6	48.5	53.0
地区生产总值	100.0	100.0	100.0	100.0
	各地区三次产业的加权平均增长率			
第一产业	2.8	3.2	4.7	3.2
第二产业	5.5	7.2	6.9	5.3
第三产业	8.0	9.3	8.5	5.5
地区生产总值	6.7	7.8	7.4	5.1

数据来源：《中国统计摘要》，各省（自治区、直辖市）统计局，中国人民银行工作人员计算。

6. 财政收支平稳增长，地方政府债务风险总体可控。东部和西部地区财政收入加权平均增速分别较上年下降 0.9 个和 1.7 个百分点，中部和东北地区分别较上年提高 0.7 个和 0.1 个百分点。东部、中部和西部地区财政支出加快，加权平均增速分别较上年提高 2.0 个、0.2 个和 0.2 个百分点，东北地区较上年下降 2.2 个百分点。2018 年末，东部、中部、西部和东北地区地方政府负债率①分别为 15.4%、18.3%、30.2% 和 27.7%。债务率较高的西部和东北地区城投债余额增速较上年分别下降 7.5 个和 13.6 个百分点。

减税降费政策成效显现。2018 年，各地区在支持小微企业发展、鼓励研发创新、清理规范涉企收费等方面出台多项政策，加大实施减税降费政策力度，全国全年减负约 1.3 万亿元。其中，深圳市减免税费超 2 000 亿元；辽宁、山西和河南等省分别减免税费 1 390 亿元、573 亿元和 480 亿元。

7. 供给侧结构性改革继续推进，去产能、去杠杆取得初步成效，企业质量效益稳步提升。2018 年，全国去产能任务提前完成，压减钢铁产能 3 000 万吨以上，退出煤炭产能 1.5 亿吨以上。工业产能利用率为 76.5%，与上年基本持平。2018 年末，规模以上工业企业资产负债率为 56.5%，比上年末下降 0.5 个百分点，其中杠杆率较高的西部和东北地区规模以上工业企业资产负债率较上年均下降 0.8 个百分点。工业企

①地方政府负债率 = 地方政府债余额 / 地区生产总值，地方政府债包括地方政府一般债券和专项债券。

业经营成本普遍降低，企业利润率稳步提升。2018年，31个省份中有24个省份的规模以上工业企业每百元主营业务收入中的成本较上年下降。规模以上工业企业主营业务收入利润率较上年提高0.1个百分点，其中，中部、西部和东北地区较上年分别提高0.4个、0.2个和0.9个百分点，东部地区下降0.2个百分点。

8. 房地产市场运行平稳，中西部地区销售面积增速快于其他地区。2018年，全国商品房销售面积增长1.3%，较上年下降6.4个百分点。分地区看，中部和西部地区同比分别增长6.8%和6.9%，较上年分别回落6.4个和3.8个百分点，东部和东北地区增速均由正转负。2018年12月，全国70个大中城市商品房销售价格同比涨幅超过10%的有40个，其中，东部、中部、西部和东北地区分别有11个、7个、14个和8个，各区域涨幅较为同步。

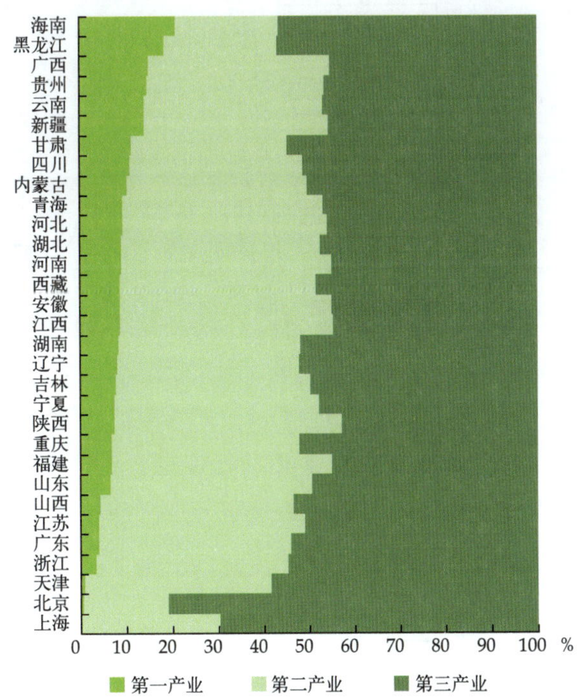

数据来源：《中国统计摘要》及各地统计局，中国人民银行工作人员计算。

图2　2018年各省份三次产业结构

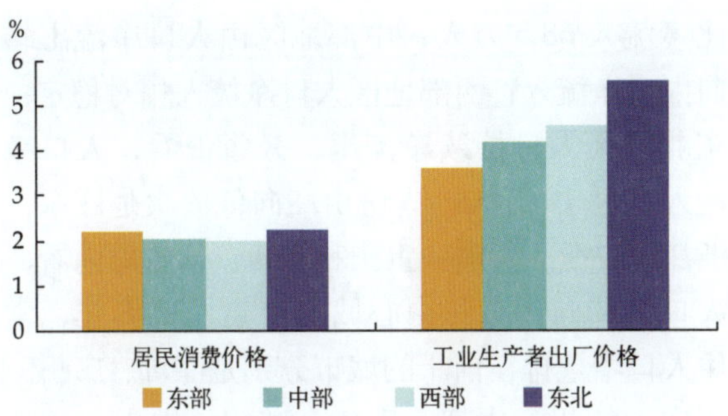

数据来源：《中国经济景气月报》，中国人民银行工作人员计算。

图3　2018年各地区CPI和PPI同比涨幅

表6　2018年各地区财政收入和财政支出情况

	地方本级财政收入				地方本级财政支出			
	占比（%）	比上年增减（百分点）	加权平均增长率（%）	比上年增减（百分点）	占比（%）	比上年增减（百分点）	加权平均增长率（%）	比上年增减（百分点）
东部	57.3	-0.1	6.9	-0.9	42.1	0.1	9.5	2.0
中部	18.0	0.1	9.6	0.7	21.5	0.0	9.6	0.2
西部	19.4	-0.1	7.2	-1.7	29.0	0.1	9.0	0.2
东北	5.2	-0.1	6.1	0.1	7.3	-0.3	4.3	-2.2

数据来源：各省（自治区、直辖市）统计局，中国人民银行工作人员计算。

房地产贷款平稳增长。2018年末，全国各金融机构（含外资）房地产贷款余额较年初增长20.0%。其中，住房开发贷款、地产开发贷款较年初分别增长31.9%和3.9%。分地区看，东部、中部、西部和东北地区房地产贷款分别同比增长18.0%、26.9%、20.8%和15.8%。贷款价值比（LTV）整体下降，东部、中部、西部和东北地区分别下降0.02个、0.03个、0.02个和0.03个百分点，全国仅5个省份贷款价值比有所提高。

9. 东部地区人口净流入规模较大、中西部地区人口净流入，资金流与人口流基本同向。2018年，东部地区人口净流入[①]128.5万人，同

①人口净流入根据常住人口增量和人口自然增长的差值估算。

比多流入 68.5 万人；中部地区由人口净流出转向人口净流入；西部地区人口净流入相对稳定；东北地区人口持续净流出。分省份看，人口净流入超过 10 万人的省份由高向低依次是广东、浙江、安徽、新疆、重庆和陕西。从省份内看，人口继续向省会和中心城市聚集。2018 年，常住人口增量排在前十的城市分别是深圳、广州、西安、杭州、成都、重庆、郑州、佛山、长沙和宁波。人口迁移呈现向生活宜居、经济发达、资源丰富地区流动的趋势。

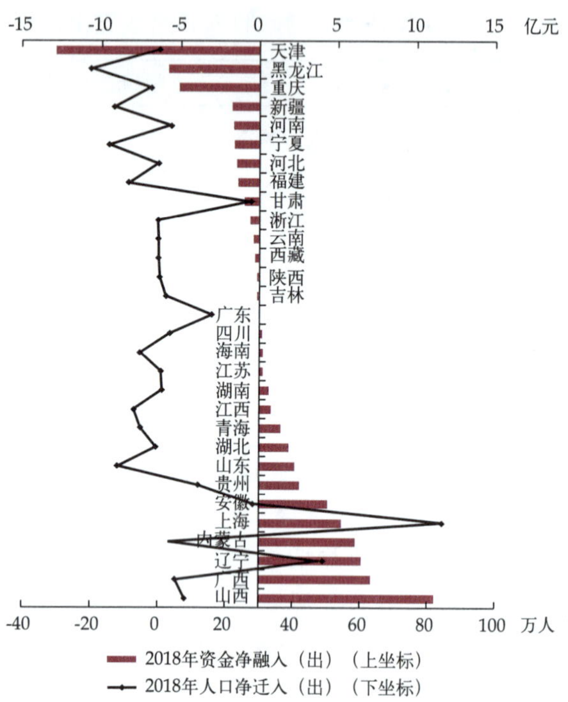

数据来源：各省（自治区、直辖市）统计局，中国人民银行工作人员计算。

图 4　2018 年各省资金净融入（出）和人口净迁入（出）情况

2018 年，全国银行间市场累计成交额同比增长 26.6%。分地区看，东部[①]、中部和西部地区资金净融入分别较上年多 9.1 万亿元、3.9 万亿元和 5.8 万亿元，东北地区净融入较上年少 1.9 万亿元。分省份看，资金流动变化与人口迁移基本一致。

表 7　2018 年各地区规模以上工业企业利润占比和主营业务收入利润率

	主营业务收入利润率（%）	比上年增减（百分点）	资产负债率（%）	比上年增减（百分点）	每百元主营业务收入中的成本（%）	比上年增减（百分点）
东部	6.4	-0.2	54.7	1.5	84.5	-0.8
中部	6.3	0.4	57.1	2.2	84.4	-1.5
西部	7.3	0.2	59.8	-0.8	81.6	-0.8
东北	5.6	0.9	60.4	-0.8	82.1	-1.8

数据来源：各省（自治区、直辖市）统计局，中国人民银行工作人员计算。

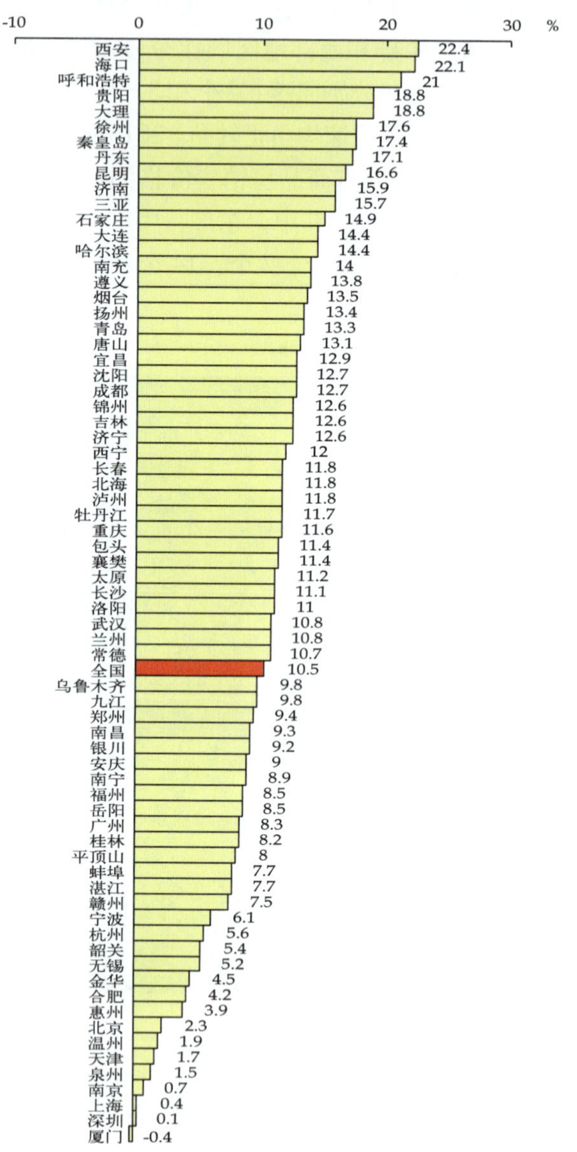

数据来源：国家统计局《中国经济景气月报》。

图 5　2018 年 12 月 70 个大中城市新建商品住宅价格同比涨幅

① 因受总部经济影响，东部地区资金净融入（出）数据中剔除北京数据。

二、区域金融运行总体情况

1. 住户部门存款增长加快，非金融企业存款增长放缓，东部和中部地区存款余额比重提高。2018 年末，全国金融机构本外币各项存款余额同比增长 7.8%，比上年末下降 1.0 个百分点。非金融企业存款增长放缓，这主要是受表外融资收缩、房地产销售增长放缓等因素影响。随着互联网金融风险加大、银行存款与理财等产品利差缩小，居民资金回流银行体系，住户部门存款增长加快。分地区看，与上年末相比，东部和东北地区存款同比增速分别提高 0.9 个和 2.2 个百分点，中部和西部地区同比增速分别下降 2.3 个和 4.0 个百分点。从地区占比看，东部和中部地区占比较上年末均提高 0.2 个百分点，西部地区下降 0.4 个百分点。受非银同业存款业务权限向总行集中、大型集团客户资金归集力度加大等因素影响，金融机构总行存款同比增长 28.7%。

金融机构主动负债积极性明显提升，大额存单增长较快。2018 年，全国金融机构大额存单发行总量为 9.2 万亿元，同比增加 3.0 万亿元。2018 年末，各地区大额存单余额占各项存款的比重较上年末提高 1.2 个百分点。分地区看，东部、西部和东北地区大额存单均同比增长 65% 以上，中部地区同比增长 40.0%。

2. 贷款增长稳步加快，东部和中部地区贷款余额比重提高。2018 年，人民银行适时适度实施逆周期调节，着力缓解资本、流动性、利率等信贷供给的制约因素，引导金融机构加大对实体经济的支持力度。2018 年末，全国金融机构本外币各项贷款余额同比增长 12.9%，增速连续三个季度稳步提升，比上年末提高 0.8 个百分点。分地区看，东部和东北地区贷款同比增速分别较上年末提高 1.0 个和 0.6 个百分点，中部和西部地区分别较上年末回落 0.2 个和 1.0 个百分点。从地区占比看，东部和中部地区占比较上年末分别提高 0.1 个和 0.3 个百分点；西部和东北地区占比较上年末分别下降 0.1 个和 0.3 个百分点。

居民消费贷款增长较快，制造业和民营企业贷款稳步增长，基建类贷款增速大幅回落。2018 年末，东部、中部、西部和东北地区住户部门本外币消费贷款分别同比增长 17.6%、23.4%、21.8% 和 14.5%，分别高于本地区各项贷款增速 5.1 个、8.8 个、10.2 个和 7.5 个百分点。北京、上海、浙江、福建、广东等 5 个省（直辖市）人均一般性消费贷款[①]与人均消费支出的比值超过 40%，明显超过各地区平均水平，在消费信贷渗透率提升的同时，也需警惕潜在风险。在结构性去杠杆和政府债务清理规范背景下，基建类贷款增速显著回落，基建类贷款增速在 2017 年最高达到 36.9%，2018 年末回落 17 个百分点至 19.9%。受此影响，2018 年全国本外币中长期贷款新增 10.4 万亿元，占本外币各项贷款增量的比重为 64.6%，比上年下降 20.5 个百分点。

3. 信贷政策的结构引导作用显现，各地区重点领域和薄弱环节金融支持力度增强。一是普惠口径小微贷款[②]快速增长。东部、中部、西部和东北地区普惠口径小微贷款分别同比增长 23.1%、14.3%、9.5% 和 7.1%，分别较上年末提高 9.3 个、6.1 个、4.5 个和 10.6 个百分点，民营企业融资状况有所改善（详见专题 1）。票据融资快速增长。2018 年末，各地区票据融资增速均超过 40%。票据融资主要支持实体经济发展，有助于缓解小微企业融资难、融资贵问题。分省份看，票据融资占非金融企业贷款余额比重变化与地区生产总值增速变化正向相关。二是金融扶贫力度进一步增强。西部地区作为金融扶贫的重点区域，2018 年末建档立卡贫困人口及已脱贫人口贷款余额为 3 352.7 亿元，同比增长 9.1%，占各地区建档立卡贫困人口及已脱

① 一般性消费贷款为住户消费性贷款扣除个人住房贷款。

② 包括单户授信 500 万元以下小微企业贷款及个体工商户、小微企业主经营贷款。

贫人口贷款余额的比重为50.5%。三是“两权”抵押贷款试点取得积极成效。2018年末，全国232个试点地区“农地”抵押贷款余额为655.3亿元，同比增长51.6%；59个试点地区“农房”抵押贷款余额为360.7亿元，同比增长30.5%。

4. 利率调控和传导能力逐步增强，各地区贷款利率稳中有降。2018年，人民银行进一步疏通利率传导，完善市场化的利率形成、调控和传导机制，稳妥推进利率“两轨合一轨”。全年货币市场利率中枢下行，向信贷市场传导的效果稳步增强。12月，全国金融机构一般贷款加权平均利率为5.91%，较9月下降0.28个百分点；票据融资加权平均利率为3.84%，较9月下降0.38个百分点。分地区看，随着人民银行适时适度实施逆周期调节，各地区贷款利率陆续回落。12月，东部、中部、西部和东北地区新发放人民币贷款加权平均利率分别为5.79%、6.18%、6.21%和6.27%，分别较9月下降0.22个、0.27个、0.17个和0.19个百分点。在支小再贷款、再贴现等政策工具引导下，小微企业贷款利率稳中有降。12月，东部、中部、西部和东北地区新发放小微企业贷款利率较6月分别下降0.30个、0.12个、0.17个和0.05个百分点。

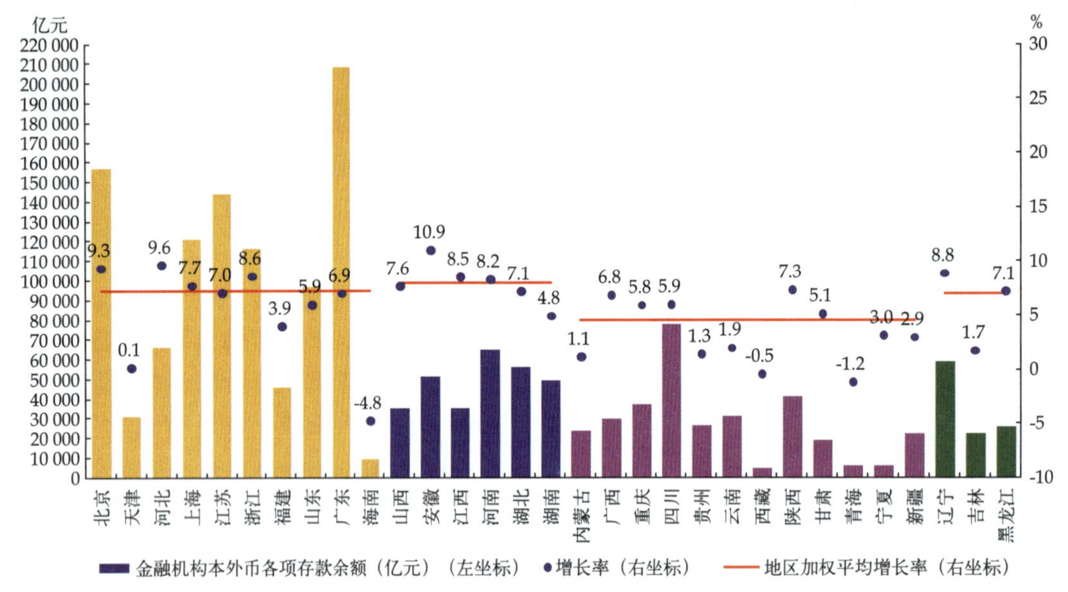

数据来源：中国人民银行上海总部、各分行、营业管理部、省会（首府）城市中心支行。

图6　2018年末各地区金融机构本外币各项存款余额及增长率

5. 表外融资收缩，社会融资规模适度增长。2018年末，全国社会融资规模存量为200.8万亿元，同比增长9.8%，社会融资规模增量为19.3万亿元，同比少增3.1万亿元。分地区看，东部地区社融增量占各地区的比重为58.7%，较上年提高4.8个百分点；中部、西部和东北地区占比分别为19.0%、18.8%和3.5%，较上年分别下降1.1个、2.8个和0.9个百分点。分结构看，对实体经济发放的人民币贷款和企业债券等直接融资占比提升，东部地区人民币贷款和直接融资占社融比重较上年分别提高5.2个和12.6个百分点；中部和西部人民币贷款占比较上年分别提高11.9个和10.3个百分点，直接融资较上年分别提高0.1个和1.7个百分点；东北地区人民币贷款占比最高，较上年提高23.0个百分点。在金融监管加强的背景下，表外融资大幅下降。委托贷款、信托贷款和未贴现银行承兑汇票同比显著减少，上述表外三项融资减少2.9万亿元，比上年多减6.5万亿元。东部、中部、西部和东北地区表外融资减少量地区占比分别为63.2%、16.4%、17.4%和3.0%。下半年，随着资管新规过渡期具体实施细则发布，表外融资降幅有所收窄。

表8　2018年末金融机构本外币存贷款余额占比地区分布

单位：%

项目	东部	中部	西部	东北	地区合计
本外币各项存款余额	58.0	17.0	18.8	6.2	100.0
其中：住户存款	49.4	20.8	21.5	8.3	100.0
结构性存款	59.4	15.6	15.3	9.7	100.0
个人大额存单	55.2	15.6	18.2	11.0	100.0
非金融企业存款	64.3	15.0	16.1	4.6	100.0
非金融企业活期存款	55.6	19.0	20.9	4.5	100.0
结构性存款	77.2	9.1	10.3	3.4	100.0
非金融企业大额存单	70.2	13.7	12.1	4.0	100.0
非银行业金融机构存款	76.2	8.0	10.9	4.9	100.0
其中：外币存款（亿美元）	81.1	7.3	8.9	2.7	100.0
本外币各项贷款余额	55.3	17.2	21.1	6.4	100.0
其中：短期贷款	60.2	15.9	15.7	8.2	100.0
中长期贷款	52.6	18.1	23.7	5.6	100.0
非金融企业及机关团体中长期贷款	48.6	18.2	27.0	6.2	100.0
票据融资	51.3	17.5	23.3	7.9	100.0
消费贷款	61.4	17.2	16.9	4.5	100.0
其中：外币贷款（亿美元）	73.1	10.5	12.8	3.6	100.0

数据来源：中国人民银行上海总部、各分行、营业管理部、省会（首府）城市中心支行。

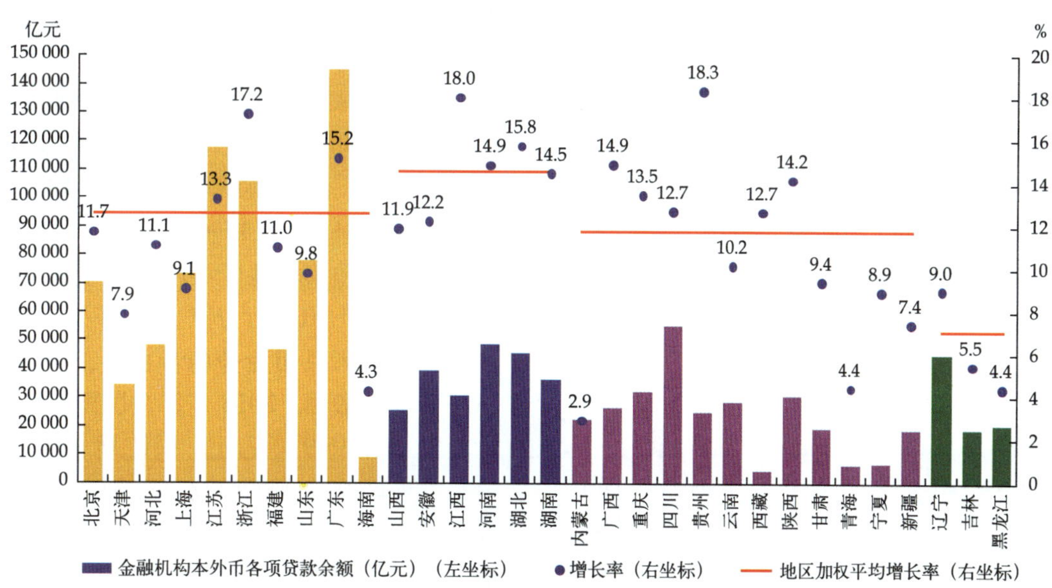

数据来源：中国人民银行上海总部、各分行、营业管理部、省会（首府）城市中心支行。

图7　2018年末各地区金融机构本外币各项贷款余额及增长率

创设民营企业债券融资支持工具，有效改善债券市场融资环境，各地区债券融资快速增长。河南、江苏、山东等地绿色债券成功发行；陕西、湖北和四川等地“双创”专项债务融资工具发行取得突破；西藏、云南、福建等地发行精准扶贫债务融资工具助力脱贫攻坚。东部、中部和西部地区企业债券融资分别同比多增18 126.6亿元、822.8亿元和1 153.4亿元。但东北地区由于老牌重工业企业较多，转型和经营压力较大，债券融资规模连续两年下降。2018年，全国债券融资违约明显增多。为修复和改善民营企业债券融资环境，2018年10月人民银行创设民营企业债券融资支持工具，以市场化方式支持民营企业债券融资。分省份看，浙江、江苏和广东运用民营企业债券融资支持工具支持民营企业债券融资金额合计134.2亿元，占全国的比重达到58.6%。安徽、湖北、河南、四川和陕西等中西部地区民营企业债券融资支持工具也在年内有序落地。

表9　2018年各地区人民币贷款加权平均利率

单位：%

	东部	中部	西部	东北
3月	5.88	6.47	6.21	6.19
6月	6.01	6.48	6.16	6.27
9月	6.01	6.45	6.38	6.46
12月	5.79	6.18	6.21	6.27

数据来源：中国人民银行上海总部、各分行、营业管理部、省会（首府）城市中心支行。

表10　2018年各地区社会融资规模增量占比

单位：%

	东部	中部	西部	东北	合计
地区社会融资规模	58.7	19.0	18.8	3.5	100.0
其中：人民币贷款	57.1	19.6	19.4	3.9	100.0
外币贷款（折合人民币）	92.5	0.1	0.1	7.3	100.0
委托贷款	61.2	12.7	15.9	10.2	100.0
信托贷款	95.3	7.0	0.1	-2.4	100.0
未贴现银行承兑汇票	40.3	37.1	38.1	-15.5	100.0
企业债券	81.2	12.6	7.4	-1.2	100.0

续表

	东部	中部	西部	东北	全国
非金融企业境内股票融资	78.7	8.9	8.3	4.1	100.0
地方政府专项债	46.2	23.5	25.6	4.7	100.0

数据来源：中国人民银行上海总部、各分行、营业管理部、省会（首府）城市中心支行。

6. 金融体系结构性去杠杆稳步推进，金融机构经营总体稳健。随着结构性去杠杆稳步推进，资金在金融体系内部循环、多层嵌套等情况大幅减少。2018年末，全国银行业总资产同比增长6.3%，较上年末回落2.4个百分点。其中，东部、中部、西部和东北地区银行业总资产分别增长5.3%、7.8%、4.8%和2.5%。金融机构同业存单余额为9.9万亿元，增速较上年末回落3.9个百分点。其中，西部和东北地区较上年末分别回落54.9个和80.4个百分点。地方法人银行经营总体稳健。从资本充足率看，2018年末，东部地区地方法人银行资本充足率较上年末提高0.5个百分点，中部、西部和东北地区地方法人银行资本充足率分别较上年末下降0.4个、0.4个和0.5个百分点，风险抵补能力有待增强。从流动性比率看，东部、中部、西部和东北地区地方法人银行流动性比率分别较上年末提高7.4个、4.7个、4.2个和8.0个百分点。随着经济下行压力加大，银行不良贷款有所增加。2018年末，全国商业银行不良贷款率为1.83%，比上年末提高0.09个百分点。分地区看，东部、中部、西部和东北地区不良率分别较上年末提高0.04个、0.17个、0.07个和0.59个百分点，西部和东北地区关注类贷款比率分别提高0.11个和1.30个百分点。

7. 跨境人民币业务稳步发展，服务“一带一路”能力增强。2018年，全国跨境人民币收付金额合计15.9万亿元，同比增长46.0%。其中东部地区跨境人民币收付金额占全国比重达到93.5%，较上年提高2.8个百分点。各地积极推进人民币跨境贸易投资，加强“一带一路”建设服务能力。重庆创新“一带一路”陆上贸易融资规则，联合贵黔陇青四地建立跨区域合作框架，铁路运单国际信用证结算融资试点取得突破；广西打造区域性跨境人民币业务平台，推出人民币对越南盾、柬埔寨瑞尔银行间市场区域交易，形成与港澳、东盟、南亚国家的跨境资金清算循环圈和投融资循环圈；新疆与“一带一路”沿线国家开展跨境人民币业务金额合计20.6亿元，同比增长88.0%；黑龙江打通首个对俄人民币现钞跨境调整陆路通道。

表11　2018年各地区社会融资规模增量结构分布

单位：%

	东部	中部	西部	东北	全国
人民币贷款	76.6	81.4	81.3	86.9	78.8
外币贷款（折合人民币）	-3.6	0.0	0.0	-4.7	-2.3
委托贷款	-9.1	-5.9	-7.4	-25.2	-8.8
信托贷款	-4.0	-0.9	0.0	1.7	-2.4
未贴现银行承兑汇票	-1.8	-5.2	-5.4	11.7	-2.7

续表

	东部	中部	西部	东北	全国
企业债券	18.0	8.6	5.1	-4.6	13.0
非金融企业境内股票融资	2.6	0.9	0.9	2.2	2.0
地方政府专项债	7.6	12.1	13.2	12.9	9.7
其他	13.7	9.0	12.3	19.1	12.7
合计	100.0	100.0	100.0	100.0	100.0

数据来源：中国人民银行上海总部、各分行、营业管理部、省会（首府）城市中心支行。

表12　2018年各地区跨境人民币业务分布

单位：%

	东部	中部	西部	东北	全国
跨境人民币结算额	93.5	1.9	3.2	1.4	100.0
其中：经常项下结算额	88.3	3.1	6.1	2.5	100.0
资本项下结算额	96.0	1.4	1.8	0.8	100.0
其中：直接投资额	93.9	2.8	2.3	1.0	100.0
其他	84.6	4.4	7.2	3.8	100.0

数据来源：中国人民银行上海总部、各分行、营业管理部、省会（首府）城市中心支行。

第二部分 各区域板块经济金融运行

一、东部地区经济金融运行情况

2018 年，东部地区按照党中央、国务院的统一部署，坚持全面深化改革和全面扩大开放，深入实施创新驱动发展战略，落实高质量发展要求，经济增长核心引擎功能不断增强，经济转型升级继续走在全国前列。固定资产投资缓中趋稳，民间投资、高新技术投资较快增长，新兴消费业态保持良好发展势头，进出口保持平稳，产业结构持续优化，新旧动能有序转换。金融运行总体平稳，金融服务体系日益完善；信贷投向结构持续优化，重点领域和薄弱环节信贷支持有力；社会融资规模合理增长，民营企业债券融资支持工具积极推进。

（一）东部地区经济运行情况

东部地区继续发挥着对全国经济发展的重要引领和“稳定器”作用，是全国经济增长的主要拉动力量。2018 年，东部地区实现地区生产总值 48.0 万亿元，加权平均增长 6.7%，拉动全国经济增长 3.3 个百分点；地区生产总值占各地区比重达 52.6 %，比上年下降 0.1 个百分点。

固定资产投资缓中趋稳，民间投资、高新技术投资增长迅速。2018 年，东部地区固定资产投资同比增长 5.7%，增速比 2017 年回落 2.6 个百分点。民间投资增长较快。福建民间投资同比增长 20.6%，对全部固定资产投资增长的贡献率达 94.9%，较上年提高 15.4 个百分点。高新技术产业投资快速增长。浙江高新技术制造业投资同比增长 22.6%，山东高技术制造业投资同比增长 17.6%。

社会消费品零售总额增长有所放缓，新兴消费业态发展良好。2018 年，东部地区实现社会消费品零售总额加权平均增长 8.2%，低于全国增速 0.8 个百分点，比 2017 年下降 1.4 个百分点。网络消费保持较快增长。如浙江网络零售额 16 719 亿元，同比增长 25.4%，省内居民网络消费 8 471 亿元，同比增长 25.0%；海南网上零售额同比增长 28.6%。

进出口增速小幅回落，贸易结构持续优化。2018 年，面对复杂的国内外形势特别是中美贸易摩擦的严峻挑战，东部地区稳妥应对摩擦影响，外贸总体实现平稳增长，但由于其外贸经济依存度较高，进出口总额增速及全国占比均有所回落。2018 年，东部地区货物进出口总额为 24.9 万亿元，同比增长 8.8%，较上年回落 2.3 个百分点，占全国的比重较上年下降 0.6 个百分点至 81.8%。其中，进口总额和出口总额分别为 11.6 万亿元和 13.3 万亿元，分别加权平均增长 12.8% 和 6.0%，比上年下降 1.9 个和 0.7 个百分点。贸易结构进一步优化，广东高新技术产品进出口额同比增长 10.8%，高于进出口总额增速 5.7 个百分点，劳动密集型产品出口占比下降至 17.6%。

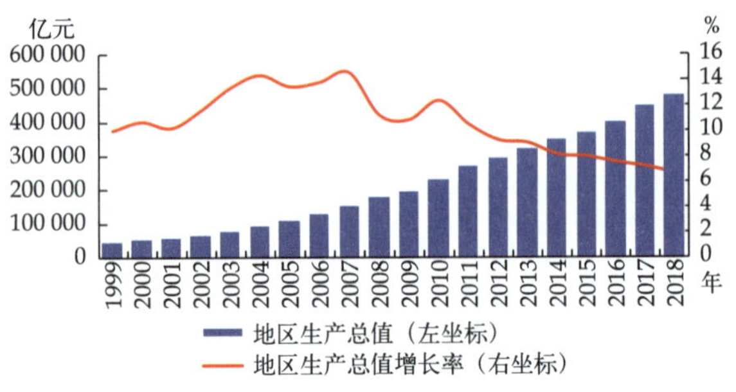

数据来源：国家统计局和《中国统计摘要》，中国人民银行工作人员计算。

图 8　1999~2018 年东部地区经济增长情况

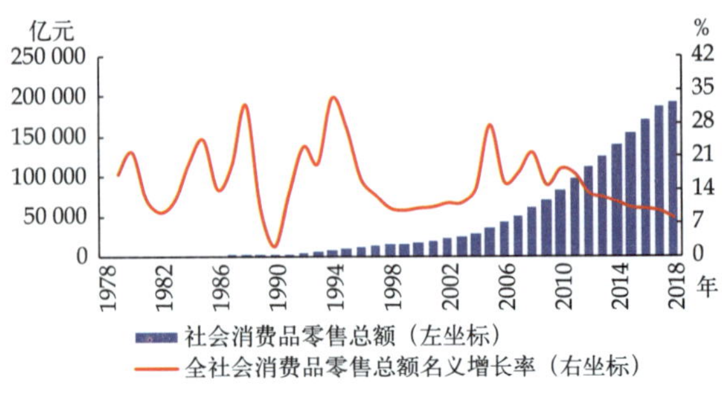

数据来源：国家统计局和《中国统计摘要》，中国人民银行工作人员计算。

图 9　1978~2018 年东部地区消费增长情况

产业结构持续优化，第三产业占比提高。2018年，东部地区三次产业增加值比例为4.57∶40.84∶54.58，第三产业占比保持上升趋势，较上年提高1.3个百分点，高于全国平均水平2.4个百分点。其中，北京、上海、天津第三产业增加值占比分别达到81.0%、69.9%、58.6%，名列全国前三。

工业经济平稳发展，新旧动能转换加快。2018年，东部地区实现工业增加值同比增长5.0%，增速比上年提高0.5个百分点。新旧动能转换加快。如浙江高新技术、装备制造业、战略性新兴产业增加值占比分别为51.3%、40.7%和29.6%，分别拉动规模以上工业增加值增长5.1个、4.0个和3.1个百分点；江苏高技术产业、装备制造业增加值同比增速分别高于规模以上工业增速6.0个和2.9个百分点，对规模以上工业增加值的贡献率分别达43.4%和74.2%。

（二）东部地区金融运行情况

金融机构稳步发展，金融服务体系日益完善。2018年末，东部地区银行业资产规模保持较快增长，资产总额为131.9万亿元，同比增长5.3%。其中，规模排全国前七的省（市）都集中在东部地区。银行业金融机构网点数量9.1万个，与上年基本持平。银行从业人员174万人，同比增长0.2%。农村金融机构改革继续推进，多元化的机构体系为实体经济和居民提供了差异化、多层次的金融服务。浙江81家农信社中共有78家改制为农村商业银行，村镇银行基本实现县域全覆盖。

存贷款平稳增长，增速较上年略有上升。2018年末，东部地区本外币各项存款余额为99.6万亿元，同比增长7.2%，较上年末提高0.9个百分点，余额占全国比重为58.0%，同比上升0.2个百分点。住户存款增长较快，余额同比增长11.5%，较上年末提高4.7个百分点，占各项存款新增额的54.7%，同比上升24.7个百分点。非金融企业存款增长明显放缓，同比增长3.8%，较上年末下降3.9个百分点。本外币各项贷款余额为72.8万亿元，同比增长12.6%，较上年末上升1.0个百分点，余额占全国比重为55.3%，较上年末提高0.1个百分点。中长期贷款余额同比增长13.8%，较上年末下降3.1个百分点；短期贷款余额同比增长7.5%，增速与上年持平；票据融资快速增长，余额同比增长47.4%。

表13 2014~2018年东部地区各省份第三产业占比情况

单位：%

	2014年	2015年	2016年	2017年	2018年
北京	77.9	79.7	80.2	80.6	81.0
天津	49.6	52.2	56.4	58.0	58.6
河北	37.3	40.2	41.5	44.2	46.2
上海	64.8	67.8	69.8	69.0	69.9
江苏	47.0	48.6	50.0	50.3	51.0
浙江	47.8	49.8	51.0	52.7	54.7
福建	39.6	41.6	42.9	43.6	45.2
山东	43.5	45.3	46.7	48.0	49.5
广东	49.0	50.6	52.0	52.8	54.2
海南	51.9	53.3	54.3	56.1	56.6

数据来源：国家统计局和《中国统计摘要》，中国人民银行工作人员计算。

表14 2017~2018年东部地区银行业金融机构概况

年份	营业网点			法人机构（个）
	机构个数（个）	从业人数（人）	资产总额（亿元）	
2017	91 256	1 735 695	1 251 782.7	1 556
2018	90 803	1 739 948	1318 538.0	1 759

注：营业网点机构数据不包括国家开发银行和政策性银行、大型商业银行、股份制银行金融机构总部数据（下同）。数据来源：中国人民银行上海总部、各分行、营业管理部、省会（首府）城市中心支行。

数据来源：中国人民银行上海总部、各分行、营业管理部、省会（首府）城市中心支行。

图10 2017~2018年东部地区社会融资情况

信贷结构持续优化，小微企业贷款快速增长。2018年，东部地区信贷结构呈现积极变化，重点领域和薄弱环节信贷支持有力。东部地区高耗能行业中长期贷款余额占全部中长期贷款余额比重同比下降0.5个百分点。江苏钢铁、煤炭、水泥、平板玻璃、船舶等产能过剩行业贷款同比下降11.2%，15个重点领域贷款余额同比增长7.8%。薄弱领域支持力度进一步加大，东部地区小微企业贷款快速增长，同比增长23.1%，高于各项贷款增速10.5个百分点，较上年提高9.3个百分点；山东“两权”抵押贷款增量扩面扎实推进，13个试点县（市、区）“两权”抵押贷款余额为114.2亿元；福建加大涉林领域信贷投放，2018年末涉林贷款余额为113.0亿元；河北62个贫困县（含已退出的贫困县）贷款同比增长14.9%，其中，10个深度贫困县贷款余额同比增长20.4%，均明显高于全省各项贷款增速。

地方法人银行资本充足率提高，流动性比率显著上升。2018年末，东部地区地方法人银行资本充足率较上年末提高0.5个百分点，地方法人银行流动性比率较上年末提高7.4个百分点，银行业不良贷款率为1.41%，同比提高0.04个百分点，继续处于低位。其中，地方法人金融机构不良贷款率为1.75%，同比提高0.06个百分点。潜在风险方面，关注类贷款比率为3.10%，同比下降0.33个百分点。

企业债券融资快速增长，表外融资大幅收缩。2018年，东部地区社会融资规模增量为10.8万亿元，同比多增1.13万亿元，占各地区的比重为58.7%，较上年提高4.8个百分点。其中，人民币贷款占比76.6%，比上年提高5.2个百分点；企业债券融资增加1.94万亿元，同比多增1.81万亿元，占全国企业债券融资的81.2%，同比大幅提高49.5个百分点，主要是东部地区积极推动民营企业债券融资，2018年浙江债券融资支持工具成交额、工具支持的民企债券发行额分别为17.7亿元和60.2亿元，均位居全国第一。2018年，东部地区表外融资规模减少1.61万亿元，同比少增3.28万亿元，占全国表外融资减少量的63.2%。

二、中部地区经济金融运行情况

2018年，中部地区围绕“中部崛起”发展战略，聚焦高质量发展，加快发展新经济、培育新动能，创新驱动力进一步增强，经济保持平稳较快增长，对全国经济发展贡献度提升。金融保持稳健发展，社会融资规模适度增长，表外融资占比下降，信贷结构更趋优化，普惠金融服务体系逐步完善，保险保障功能持续发挥，金融支持实体经济能力进一步增强。

（一）中部地区经济运行情况

2018年，中部地区实现地区生产总值19.3万亿元，加权平均增长7.8%，增速较上年回落0.2个百分点，地区生产总值占各地区的比重为21.1%，较上年提高0.2个百分点。

投资结构调整加快，制造业高质量发展对投资增长的支撑明显。2018年，中部地区固定资产投资（不含农户）同比增长10.0%，增速较上年提高3.1个百分点。制造业投资增速加快，成为拉动投资增长的重要动力。2018年，中部地区制造业投资同比增长19.0%，较上年提高9.8个百分点，对全部固定资产投资增长的贡献率超过70%。其中，湖南高新技术产业投资增长51.1%；安徽传统制造业转型升级加快，制造业技术改造投资增长36%。

数据来源：国家统计局和《中国统计摘要》，中国人民银行工作人员计算

图11　2000~2018年中部地区经济增长情况

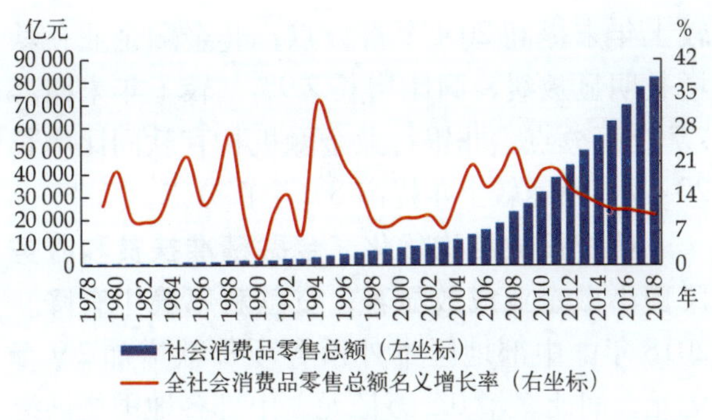

数据来源：国家统计局和《中国统计摘要》，中国人民银行工作人员计算。

图 12　1978~2018 年中部地区消费增长情况

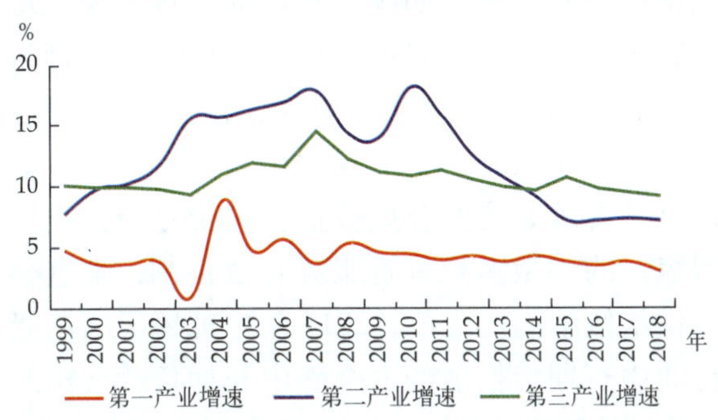

数据来源：国家统计局和《中国统计摘要》，中国人民银行工作人员计算。

图 13　1999~2018 年中部地区三次产业增长情况

居民收入稳步提高，社会消费平稳升级，网上零售等新兴消费业态快速发展。2018 年，中部地区城镇和农村居民人均可支配收入分别同比增长 8.0% 和 9.0%，城镇和农村居民消费倾向分别为 65.3% 和 83.8%，较上年分别提高 0.1 个和 2.9 个百分点。中部地区全年实现社会消费品零售总额 8.2 万亿元，占各地区的 21.4%，较上年提高 0.3 个百分点，其中化妆品类、家具类等升级型消费增长较快。积极发展消费新业态，网上零售快速发展，山西太原成为全国现代供应链体系建设试点城市，安徽、湖北、湖南实物商品网上零售额同比增长均超过 33%。

进出口保持较快增长，高水平对外开放进一步推进，对“一带一路”沿线国家进出口增长较快。2018 年，中部地区货物贸易出口额和进口额分别为 1.3 万亿元和 0.7 万亿元，分别加权平均增长 13.4% 和 10.1%。加大新兴市场开拓力度，缓冲贸易摩擦影响。河南对“一带一路”沿线国家的出口同比增长 23.0%；江西对捷克、埃及等沿线国家出口同比分别增长 98.1%、82.4%。出口产品结构和贸易经营主体优化。湖南、安徽机电产品出口额占出口总值比重分别为 43.2% 和 57.7%；湖北民营企业对全省贸易进出口增长的贡献度达 60%。

产业结构持续优化，现代服务业对经济增长的拉动作用进一步增强。2018 年，中部地区第三产业增加值占比 47.6%，较上年提高 2.4 个百分点，与全国差距比上年收窄 0.7 个百分点。现代服务业稳步发展。湖南省规模以上科技服务业、生产性服务业、高技术服务业营业收入同比增速均在 11% 以上；安徽省信息消费带动其他营利性服务业增加值增长 22.6%，上拉地区生产总值 0.6 个百分点。

坚持创新驱动工业转型升级，积极承接新兴产业布局和转移，新动能加速培育。2018 年，中部地区发挥后发优势，坚定实施创新驱动发展战略，提升自主创新能力，推动工业经济转型升级，新产业新动能加快形成。湖北着力培养信息光电子、芯屏端等世界级产业集群，高技术制造业同比增长 13.2%，对规模以上工业增长贡献率达 16%；安徽利用科教优势，推进“四个一”创新主平台建设①，2018 年成功举办首届世界制造业大会，高新技术产业对全省工业增长的贡献率达 59.4%；河南创建国家级绿色工厂 28 家，智能工厂（车间）150 家，锂电池、新能源汽车、服务机器人产量同比分别增长 142.8%、70.4% 和 37.8%。2018 年，中部地区规模以上工业企业主营业务收入利润率为 6.3%，较上年提高 0.4 个百分点。

① 合肥综合性国家科学中心、合肥滨湖科技城、合芜蚌国家自主创新示范区、系统推进全面创新改革试验省“四个一”创新主平台。

（二）中部地区金融运行情况

2018年，中部地区银行业运行总体稳健，证券期货业平稳发展，保险保障功能不断增强。社会融资规模和信贷总量适度增长，信贷结构进一步优化，金融改革持续深化，金融支持实体经济更加有力、有效，小微企业贷款融资成本呈下行趋势，金融风险总体可控。

银行业机构经营稳健，普惠金融服务体系进一步完善，法人金融机构改革稳步推进。 2018年，中部地区银行机构网点资源进一步整合、人员配备进一步优化、资产规模保持稳定增长。2018年末银行业金融机构网点数量5.3万个，银行从业人员81.7万人；银行业资产总额37.1万亿元，同比增长7.8%。河南兰考普惠金融改革试验区建设取得新进展；湖北邮政储蓄银行“三农金融事业部”改革全面落地；湖南农信社改制接近尾声，年末累计挂牌农村商业银行占比达97.1%。法人金融机构自身实力不断增强。河南郑州银行成为全国首家“A+H”股上市城市商业银行，辉县珠江村镇银行获得银保监会首批“多县一行”试点资格；山西有8家法人银行年内发行二级资本债券，资本补充渠道不断丰富。

表15　2017~2018年中部地区银行业金融机构概况

年份	营业网点			法人机构（个）
	机构个数（个）	从业人数（人）	资产总额（亿元）	
2017	53 762	868 054	343 917. 7	1 110
2018	53 335	817 034	370 675. 6	1 124

注：营业网点机构数据不包括国家开发银行和政策性银行、大型商业银行、股份制银行金融机构总部数据（下同）。数据来源：中国人民银行上海总部、各分行、营业管理部、省会（首府）城市中心支行。

各项存款增速有所放缓，住户存款同比多增。 2018年末，中部地区本外币各项存款余额为29.2万亿元，同比增长7.9%，增速较上年末回落2.3个百分点。分存款类型看，住户存款同比多增明显，新增量在各项存款中占比66.6%，较上年末提高20.4个百分点；非金融企业存款增长明显放缓，同比增长2.9%，较上年末回落7.7个百分点。非银行业金融机构存款同比增长20.4%，增速较上年提高8.0个百分点。

信贷投放结构优化，金融精准扶贫和服务民营小微企业成效显著，贷款利率稳中有降。 2018年，中部地区本外币各项贷款增加2.9万亿元，同比多增0.3万亿元。中部各地围绕供给侧结构性改革主线，不断优化信贷结构，重点领域和薄弱环节信贷投入力度加大，有力支持经济高质量发展。如湖北建档立卡贫困人口及已脱贫人口贷款余额同比增长46.1%；安徽创新开展“千名行长进万企”专项活动，增强金融机构服务小微民营企业的内生动力。江西探索建立“有求必应、合规授信、应贷尽贷、全程留痕”的小微客户融资服务长效机制，推进金融供给侧结构性改革。2018年中部地区高耗能行业中长期贷款余额占全部中长期贷款余额的比重同比下降0.4个百分点。贷款利率稳中有降。2018年12月，中部地区新发放人民币贷款加权平均利率为6.18%，同比回落0.14个百分点。其中，新发放小微企业贷款加权平均利率同比回落0.05个百分点。

证券期货业平稳发展，直接融资渠道和交易业务不断创新，多层次资本市场更趋完善。 2018年末，中部地区境内外上市公司550家，比上年增加31家，其中国内创业板上市公司44家。多层次资本市场日趋完善，融资方式更加灵活。湖北通过创新创业债、绿色公司债、可交换债和可续期债等为企业和政府提供高效便捷的直接融资渠道；江西上市公司并购重组再融资取得积极进展；安徽民营企业参与国资混改稳步推进；郑州商品交易所加快业务创新，推出仓单交易和基差贸易相关业务，主要商品期货全年累计成交金额54.2万亿元，同比增长36.0%。

表外融资降幅较大，债务融资工具创新应用加快。 2018年，中部地区社会融资规模增量3.5万亿元，占各地区的比重为19.0%，较上年下降1.1个百分点。其中，表外融资降幅较大，中部地区合计下降 4 175 亿元，同比减少 1.0 万亿元；本外币贷款占中部地区社会融资规模的 81.4%，较上年提高 11.1 个百分点；地方政府专项债券净融资 4 200.6 亿元。债务融资工具创新应用加快，河南中原银行发行全国首批、中西部地区首单“双创”金融债 15 亿元；安徽有效发挥信用风险缓释工具作用，支持民营企业——山鹰纸业发行 2 亿元超短期融资券。

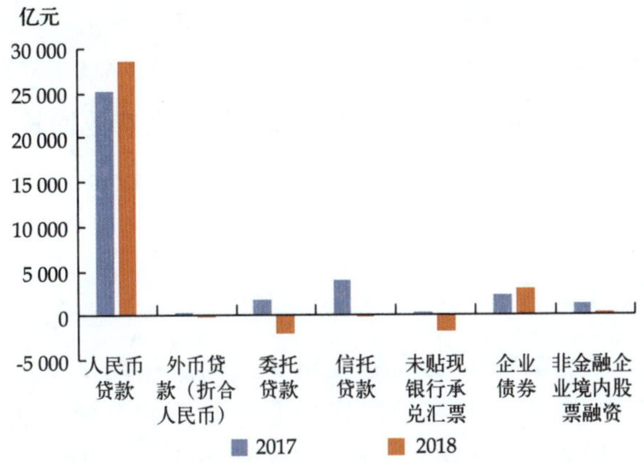

数据来源：中国人民银行上海总部、各分行、营业管理部、省会（首府）城市中心支行。

图 14　2017~2018 年中部地区社会融资情况

三、西部地区经济金融运行情况

2018 年，西部地区紧抓“一带一路”建设、长江经济带发展、西部大开发等重大战略机遇，持续推进产业结构调整和对外开放步伐，经济发展的质量稳步提升。金融对实体经济的支持力度增强，民营和小微企业、乡村振兴、脱贫攻坚、产业转型升级等领域金融服务改善。金融风险防范化解力度加大，金融生态环境处于良好水平。

（一）西部地区经济运行

2018 年，西部地区实现地区生产总值 18.4 万亿元，加权平均增长 7.4%，增速较上年放缓 0.4 个百分点。区域经济总量占各地区的比重为 20.1%，较上年提高 0.2 个百分点。

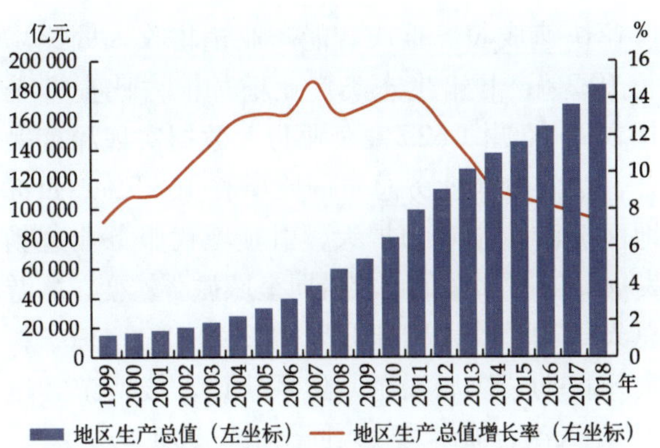

数据来源：国家统计局网站和《中国统计摘要》，中国人民银行工作人员计算。

图 15　1999~2018 年西部地区经济增长情况

科技、扶贫、环保等领域投资快速增长，投资结构趋于优化。2018 年，西部地区固定资产投资（不含农户）同比增长 4.7%，较上年降低 3.8 个百分点。基建投资大幅回落，创新驱动领域投资力度加大。内蒙古、广西高技术制造业投资同比增速达 20% 以上；重庆技改投资占工业投资比重上升至四成。“短板”环节倾斜加大。贵州扶贫移民搬迁工程投资同比增长 59.9%；青海、宁夏生态保护和环境治理投资同比增长超过 50%。

内陆开放深入推进，带动出口快速增长。2018 年西部地区货物出口总额同比增长 16.1%，增速继续在全国领先。对外贸易模式和业态不断丰富。四川对外承包工程货物进出口同比增长 68.8%；青海对外劳务合作派出人员数量同比增长 34.4%。与“一带一路”沿线国家的开放合作迈向深入。内蒙古、云南、新疆与沿线国家贸易总额占比超过六成。国际陆海贸易新通道建设带动“渝黔桂新（新加坡）”铁海联运班列开行 657 班，贯通“一带一路”和长江经济带的内陆交通枢纽建设加快。

工业多元化布局，旅游业引领服务业加快发展。2018 年，西部地区第三产业的比重为 48.5%，较上年提高 1.3 个百分点，其中内蒙古、重庆、四川和甘肃第三产业占比超过了 50%。工业体系更为完整。云南非烟工业增加值增速高于规模以上工业增速 5.1 个百分点。新兴产业快速成长。重庆智能产业销售收入同比增长 19.2%；甘肃生态类产业增加值占比提升至 18.3%；贵州 1 625 家企业与大数据实现深度融合，全省电信业务总量同比增长 165.5%。西部地区旅游业影响力扩大，引领现代服务业蓬勃发展。新疆加快景点旅游向全域旅游转变，旅游总人数和总收入同比分别增长 40.1%、41.6%；贵州推动“快旅慢游”体系建设，接待游客达 9.7 亿人次，旅游总收入同比增长 33.1%。

围绕供给侧结构性改革主线，供给质量不断提升。“三去一降一补”稳妥推进。内蒙古退出煤炭产能 1 110 万吨，提前完成“十三五”煤炭行业去产能任务；新疆规模以上工业资产负债率同比降低 3.2 个百分点；云南、广西落实各类“减负降本”政策，降低企业成本超过 900 亿元；重庆贫困发生率降至 0.7%。“放管服”深入实施。多个省区推动建设移动政务服务平台，降低企业“脚底成本”。创新研发积极迈进。四川全年获得专利授权 8.7 万件，实施专利项目 1.4 万项，新增产值 1 960.8 亿元。

积极财政政策发力，对民生领域支持力度增强。2018 年，西部地区财政收入加权平均增长 7.2%，较上年下降 1.7 个百分点；财政支出加权平均增长 9.0%，较上年提高 0.2 个百分点。各省份认真贯彻积极的财政政策，对高质量发展重点领域的支出“增量提速”。新疆节能环保、城乡社区、教育和社会保障等民生类支出快速增长；广西民生重点领域支出占比达 80.5%，甘肃扶贫支出同比增长 102.5%。

更加注重抓好大保护，环境保护、生态修复取得进展。长江上游省份共同筑牢生态屏障。重庆划定生态保护红线 2.04 万平方公里，完成营造林 640 万亩，森林覆盖率提高至 48.0%。生态修复积极开展。内蒙古分别完成京津风沙治理工程造林面积、“三北”防护林五期工程造林面积 8.4 万公顷、10.6 万公顷，全区森林覆盖率达 22.1%；贵州开展草海综合治理，修复黑颈鹤栖息地 1 000 余亩，完成草海流域造林绿化 4.35 万亩。跨区域环保合作稳步推开。重庆与湖南签订酉水流域横向生态保护补偿协议。

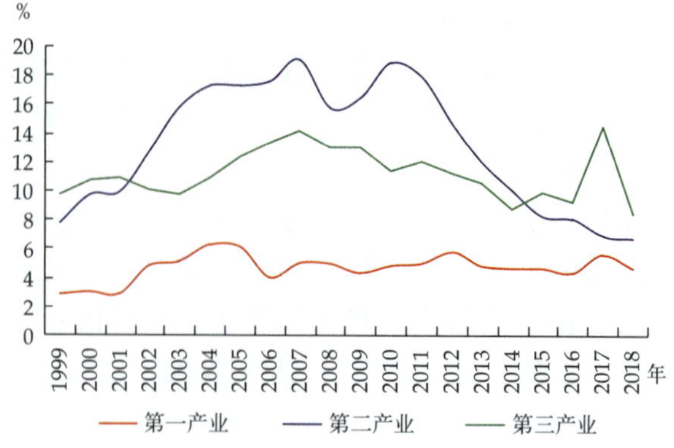

数据来源：国家统计局网站和《中国统计摘要》，中国人民银行工作人员计算。

图 16　1999~2018 年西部地区三次产业增长情况

（二）西部地区金融运行

金融机构规模稳健增长，网点布局下沉。2018 年末，西部地区银行业金融机构个数、从业人员数分别达 6.1 万个、97.5 万人。表内资产总额同比增长 4.8%，表外业务进入转型期，总量有所收缩，业务调整加快。重庆理财产品余额同比下降 16.0%，其中，净值型产品余额同比增长 1.4 倍。金融机构网点布局下沉，普惠服务力度进一步加大。广西法人城商行新设普惠金融事业部；贵州法人城商行和村镇银行实现县域全覆盖；重庆小微专营支行、社区支行等机构达约 300 家。金融机构跨区域合作水平提升。陕西发起筹建的丝绸之路农商银行发展联盟成员单位增至 82 家，辐射 15 个省份，总资产达近 3 万亿元。

融资总量合理增长，精准扶贫、乡村振兴等领域金融服务提质增效。2018 年，西部地区实现社会融资规模增量 3.4 万亿元。分结构看，地方政府专项债增量占比 13.3%，超过各地区平均水平 3.6 个百分点。各省份积极落实民营、小微企业金融服务政策，民营、小微企业贷款融资边际改善。广西支小再贷款、再贴现余额同比分别增长 107.5%、95.5%，带动普惠口径小微企业贷款增速高于各项贷款 2.6 个百分点。金融服务乡村振兴提质增效。内蒙古创新开展活体牲畜质押贷款，余额同比增长1.1倍。金融精准扶贫纵深推进。宁夏建档立卡贫困人口及已脱贫人口贷款余额同比增长77.5%。金融支持经济转型迈上新台阶。陕西为军民融合企业制定专属服务方案，推动相关领域融资余额同比增长25.8%；重庆创新开展科技型企业知识价值信用贷款试点，累计实现融资超过400亿元。

保险业转型提速，农业、环保、科创等领域创新快速涌现。2018年末，西部地区保费收入和保险赔付支出分别同比增长8.2%和12.3%。保险机构业务结构不断优化。新疆建成乡镇农业保险服务站点1 300家以上，提供风险保障金额增长43.5%。业务创新深入开展。内蒙古森林保险实现天然林、防护林全覆盖；宁夏推广涵盖贷款保证保险、关键研发人员责任险和产品质量保证保险三个险种的科技保险，为科技型企业提供风险保障3 373.3万元；重庆开展创新产品与服务远期合约购买风险补偿工作，支持高新技术企业产品开发。

打好防范化解金融风险攻坚战，重点领域风险化解取得进展。重庆银行间市场直接债务融资工具存续期风险监测预警机制运行良好，债务融资工具保持零违约。四川搭建信息共享和风险处置合作平台，不良资产处置力度加大，不良贷款实现双降。

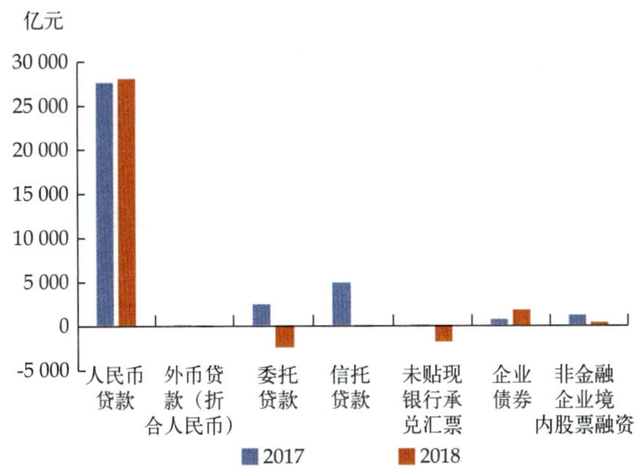

数据来源：中国人民银行上海总部、各分行、营业管理部、省会（首府）城市中心支行。

图17　2017~2018年西部地区社会融资情况

表16　2017~2018年西部地区银行业金融机构概况

年份	营业网点			法人机构（个）
	机构个数（个）	从业人数（人）	资产总额（亿元）	
2017	60 400	929 762	415 319.0	1 407
2018	60 750	975 137	435 385.5	1 430

数据来源：中国人民银行上海总部、各分行、营业管理部、省会（首府）城市中心支行。

四、东北地区经济金融运行情况

2018年，东北地区按照深入推进新时代东北振兴的要求，深化体制机制改革，着力改善营商环境，经济稳中向好的势头进一步巩固。金融运行总体平稳。贷款和社会融资规模适度增长，为东北地区经济发展营造了良好的货币金融环境。贷款投放继续有针对性地向重点领域和薄弱环节倾斜，金融资源配置得到优化。金融基础设施建设稳步推进并取得成效，银行业自身实现平稳发展。

（一）东北地区经济运行情况

2018年，东北地区经济增速总体平稳。全年实现地区生产总值5.7万亿元，加权平均增长5.1%，增速与上年持平。

依托传统优势资源，对接“一带一路”等国家重大战略，工业经济在困境中呈现企稳态势。2018年，辽宁规模以上工业增加值同比增速较上年提高5.4个百分点。四大支柱产业保持2017年以来正向增长的良好势头，触底后持续回升。规模以上工业企业实现主营业务收入26 489.9亿元，同比增长17.8%，增速较上年提升8.9个百分点。吉林列入产业跃升计划的八大重点产业增加值同比增长6.1%，增速比全省规模以上工业高1.1个百分点。其中，汽车制造、医药、能源、纺织行业分别同比增长14.5%、13.2%、20.7%、12.2%。黑龙江规模以上工业增加值增速达近四年来最高值，全省规模以上工业40个行业大类中，22个行业增加值实现同比增长。

经济增长新动能初步显现，产业结构不合理的问题有所缓解。2018年，辽宁电信业务总量同比增长102.3%，邮政业务总量同比增长26.3%，旅游业总收入同比增长13%。吉林高技术产业增加值同比增长14.5%，增速比规模以上工业快9.5个百分点。服务业增加值占地区生产总值的比重较上年提高4.0个百分点。黑龙江限额以上批发零售业网上商品零售额比上年增长30.3%；限额以上网上餐饮收入同比增长25.6%。高新技术企业总数达1 120家，同比增长20.5%。举办首届旅游产业发展大会，全年接待国内外游客1.8亿人次，同比增长12%；实现旅游收入2 253亿元，同比增长18%。

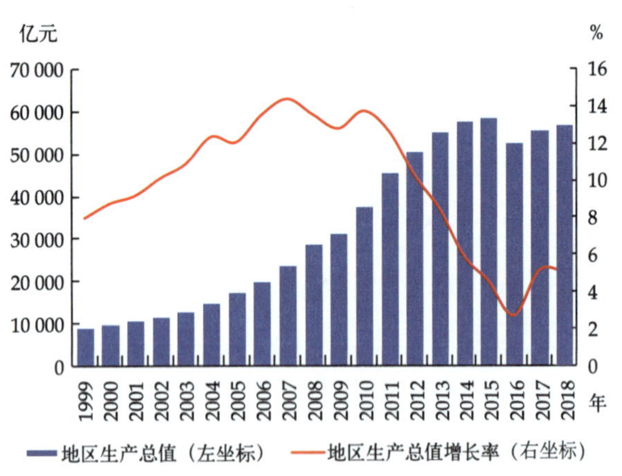

数据来源：国家统计局网站和《中国统计摘要》，中国人民银行工作人员计算。

图18　1999~2018年东北地区经济增长情况

营商环境有所优化，重点行业过剩产能有效压减。辽宁自贸试验区45项改革创新经验在全省复制推广。开展“办事难”专项整治，清理证明事项530项，清理偿还政府欠款194亿元。落实减税降费政策，减免税费1 390亿元。吉林有效压减过剩产能，水泥产量同比下降17.3%，铁合金产量同比下降30.3%。企业交易费用和税收负担大幅下降，全年规模以上工业企业财务费用同比下降3.8%。黑龙江淘汰关闭小煤矿245处，退出落后产能1 483万吨。一般工商业电价同比下降10.2%。直接交易成交电量116亿千瓦时，降低企业用电成本6.6亿元，提供优惠降低办电成本5亿元。

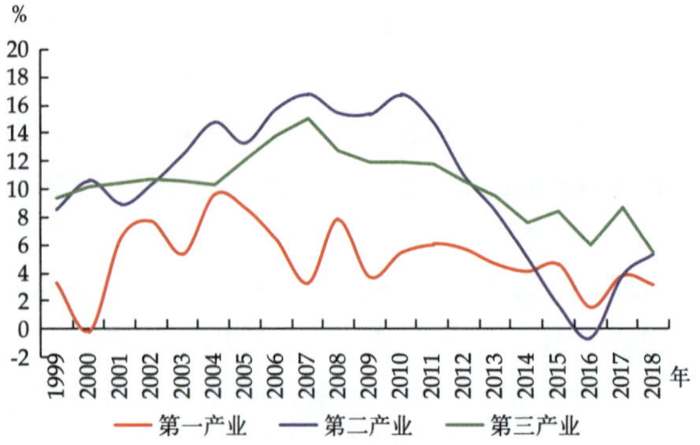

数据来源：国家统计局和《中国统计摘要》，中国人民银行工作人员计算。

图19　1999~2018年东北地区三次产业增长情况

（二）东北地区金融运行情况

银行业平稳发展，社会融资规模结构明显变化。2018年末，东北地区共有银行业金融机构网点2.1万个，从业人员39.8万人，资产总额15.1万亿元，机构个数、资产总额同比分别增长0.7%、2.5%，从业人员同比减少3.9%。东北地区社会融资规模合理增长，融资结构出现明显变化。2018年，东北地区社会融资规模增加6 523.4亿元，其中，人民币贷款增量占比86.9%，超过各地区平均水平8.2个百分点。

表17　2017~2018年东北地区银行业金融机构概况

年份	营业网点			法人机构（个）
	机构个数（个）	从业人数（人）	资产总额（亿元）	
2017	21 119	414 314	147 549.3	397
2018	21 275	398 171	151 227.8	411

数据来源：中国人民银行上海总部、各分行、营业管理部、省会（首府）城市中心支行。

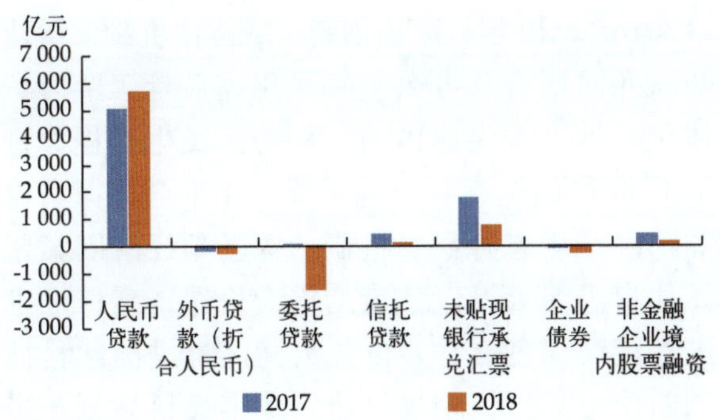

数据来源：中国人民银行上海总部、各分行、营业管理部、省会（首府）城市中心支行。

图 20　2017~2018 年东北地区社会融资情况

存贷款增速稳中有升。2018 年末，东北地区本外币存款余额为 10.7 万亿元，同比增长 6.9%，增速较上年末提高 2.2 个百分点。存款增速回升，主要存款品种进一步丰富，存款利率差异化程度提高。受经济持续回升影响，贷款增速小幅提升。2018 年末，东北地区本外币贷款余额为 8.4 万亿元，同比增长 7.1%，增速较上年末提高 0.6 个百分点。

信贷结构持续优化，对薄弱环节和重点领域支持力度加大。2018 年，东北地区信贷资源向产业结构调整、民营和小微企业、“三农”、民生等领域倾斜，助力提升东北地区经济发展质量。辽宁制造业贷款同比多增 222.0 亿元，投向信息传输、软件和信息技术服务业以及科学研究和技术服务业等高新技术行业的贷款同比多增 35.0 亿元，涉农贷款同比多增 347.4 亿元，小微企业贷款同比增速比一般贷款同比增速高 4.2 个百分点；吉林贷款主要投向补短板的基础设施、居民消费、小微企业、战略新兴产业、棚户区改造重点领域和薄弱环节，分别新增贷款 320.3 亿元、641.1 亿元、285.6 亿元、137.9 亿元和 192.8 亿元；黑龙江小微企业贷款同比增速高于全省各项贷款同比增速 0.2 个百分点，“两权”抵押贷款试点地区农村承包土地经营权抵押贷款余额居全国前列，文化、体育和娱乐业以及租赁和商务服务业贷款分别同比增长 36.4% 和 9.1%。

金融基础设施建设有序推进，信用体系完善取得进展。2018 年，辽宁开展了第二批“中小微企业信用培育池”评选工作，新增入池企业 667 户。在鞍山市建立以信用信息数据库为基础的“一库一网一平台一保护”金融信息综合服务平台，截至 2018 年末完成银企对接 19.0 亿元，融资对接成功率高达 61%。吉林依托应收账款融资服务平台推动发展动产融资业务，2018 年通过平台实现融资 94 笔、金额近 29 亿元。以“联银快付”项目助推优化农村地区支付环境，全年“联银快付”交易 48.8 万笔、金额 506.6 亿元。创建“12363”电话集中接听平台，全年共受理金融消费者投诉 212 件，投诉办结率及消费者满意度均达 100%。黑龙江移动支付便民示范工程全面启动；建立“呼叫中心一点接入，人民银行属地办理，人民银行、专业客服、行业协会三方合作”的 12363 金融消费权益保护投诉咨询电话处置模式。

五、主要经济圈和城市群发展情况

（一）三大经济圈平稳发展

2018 年，长三角、珠三角、京津冀经济圈①着力加大改革力度，区域经济保持平稳增长，着力推动高质量发展，深入实施创新驱动发展战略，新旧动能加快转换，创新跨区合作机制，加快经济协同发展。

经济保持平稳增长，服务业成为经济增长主要动力。2018 年，长三角、珠三角、京津冀经济圈实现地区生产总值 37.7 万亿元，加权平均增长率为 6.7%，较上年同期下降 0.6 个百分点。三大经济圈中，长三角、珠三角经济圈持续较快增长，增速分别为 7.0%、6.9%，均高于

①长三角经济圈指上海市、江苏省、浙江省和安徽省；珠三角经济圈指广东省 9 个地级市，分别是广州市、深圳市、珠海市、佛山市、惠州市、肇庆市、江门市、中山市和东莞市；京津冀经济圈指北京市、天津市和河北省。

全国增速，京津冀经济圈增长5.9%，与全国增速差距较上年同期收窄0.2个百分点。三大经济圈第三产业增加值比重和加权平均增速分别为56.1%和7.7%，均高于全国水平。其中，京津冀经济圈第三产业占比最高，为61.3%，同比提升2.7个百分点。投资稳步增长，三大经济圈实现固定资产投资21.1万亿元，加权平均增长率为6.3%，较全国增速高0.4个百分点。其中，长三角经济圈固定资产投资增速同比提升0.3个百分点至7.4%，珠三角经济圈继续保持两位数增长。

深入实施创新驱动发展战略，加快创新步伐和培育新动能。长三角经济圈坚持创新引领高质量发展，以体制改革和科创中心建设加快创新步伐，以数字经济、高新技术产业为主的新动能加快培育。上海突出科技体制机制改革，全面推进科技创新中心和张江综合性国家科学中心建设，推动科技与产业对接，加快科技成果培育转化。江苏深入推进苏南国家自主创新示范区建设，率先启动创建专业性国家产业创新中心，大力发展智能制造，实施20项战略性新兴产业重点专业工程。珠三角经济圈扎实推进科技创新，加强基础与应用研究、重点领域研发，专利申请量和授权量分别增长三成和四成，专利质押融资规模居全国第一，积极推进国家科技成果转移转化示范区建设，启动新一轮省部院产学合作。京津冀经济圈创新驱动战略深入实施，先进制造业提质增效。北京创新创业蓬勃发展，高精尖产业结构加快构建。天津突出环境升级、动力升级，加快一批先进制造业产业技术研究院建设。河北充分发挥石保廊全面创新改革试验区、京南科技成果转移转化示范区引领带动作用，促进京津重大科技成果在河北转化应用。

创新跨区合作机制，加快经济协同发展。2018年11月5日，习近平总书记提出将长江三角洲区域一体化上升为国家战略。为贯彻落实党的十九大精神和习近平总书记对长三角区域合作的一系列重要指示精神，三省一市共同制定了《长三角地区一体化发展三年行动计划（2018~2020年）》，创新区域协作机制，组建长三角区域合作办公室，聚焦高质量，聚力一体化，推进重大建设项目和跨区民生工程，打造G60科创走廊等一批区域合作平台，探索建立跨区域生态补偿等机制。珠三角经济圈紧紧抓住粤港澳大湾区建设的重大机遇，高标准推进粤港澳深度合作，依托大湾区推进国际科技创新中心建设，积极打造广深港澳科技创新走廊；创新自贸区体制机制，积极顺应贸易投资便利化发展的趋势，不断提高跨境投融资便利化水平，开放合作水平进一步提升。继续加大绿色金融产品和服务的创新力度，完善配套政策和基础平台建设。京津冀经济金融协同发展向纵深拓展。北京以疏解非首都功能为重点的京津冀协同发展取得新成效，编制实施推进京津冀协同发展新三年行动计划，签订三地新一轮战略合作协议。天津抓住北京非首都功能疏解这个“牛鼻子”，深化功能对接合作。河北高标准启动雄安新区建设，高质量推进协同发展重点任务。中国人民银行上海总部按照总行要求，会同南京分行、杭州中支和合肥中支共商长三角合作，形成了人民银行服务长三角高质量一体化的20项措施；京津冀三地人民银行分支机构在总行指导下，搭建跨区域协调协作平台，聚焦重点发展领域，扩大直接融资规模。

（二）区域城市群协同发展态势良好

区域合作深入推进。北部湾城市群粤桂琼三省区先后签署《推进实施〈北部湾城市群发展规划〉的合作机制》和《2018~2019年推进〈北部湾城市群发展规划〉实施合作重点工作》，构建“三级运作”+“专题合作”机制；核心四市通信、社保同城化和口岸通关一体化改革基本完成；市民卡实现“一卡多用、一卡通用”。成渝城市群联合签署《深化川渝合作深入推动长江经济带发展行动计划（2018~2022年）》，形成带动西部地区开放开发的核心增长极。长江中游城市群审议通过《长江中游地区省际协商合作轮值制度》《长江中游地区省际协商合作十三件实事》《长江中游地区省际协商合作行动宣言》。哈长城市群签订《哈尔滨—长春两市协同发展合作框架协议》，建立两市三级合作框架机制；编制《哈长城市群一体化发展示范区规划》，谋划227个示范区项目。

表18 2018年三大经济圈产业结构

单位：%

	长三角	珠三角	京津冀	全国
产业结构				
第一产业	4.2	3.4	4.3	7.7
第二产业	41.8	40.9	34.4	40.3
第三产业	54.0	55.8	61.3	52.0
增长率				
第一产业	2.1	4.3	2.7	3.5
第二产业	6.0	7.0	3.4	5.8
第三产业	8.1	6.6	7.8	7.6

数据来源：国家统计局、相关省（自治区、直辖市）统计局，中国人民银行工作人员计算。

互联互通更趋紧密。北部湾城市群多条高速铁路建设加快，与重庆、新加坡和香港等地之间的班列、班轮实现常态化运营，北部湾港海陆联运门户作用凸显。海峡西岸城市群基础设施不断完善，实现市市通快铁、县县通高速、镇镇通干线、村村通客车，形成“两纵三横”综合交通运输大通道。中原城市群高速铁路运行车次增加，国省干线公路有序建设，与周边省份共同推进公路省际通道建设行动计划加快实施。关中城市群大西高铁开通运营，银西高铁加速建设，大西安综合交通规划修编完成，外环高速（南段）等4条重点公路加快建设，基础设施联通水平快速提升。

开放合作水平进一步提升。哈长城市群推进绥东重点开发开放试验区建设，落实税收、土地、产业等7方面35条优惠政策；推进对俄境外园区建设，全年16个境外经贸合作区总投资累计30亿美元。北部湾城市群落地中国—东盟智慧城市示范产业园，投入使用新型智慧城市协同创新中心。海峡西岸城市群实施进一步促进闽台经济文化交流合作66条措施，闽台贸易额786亿元，台胞入闽人次同比增长17.7%，实施申领台湾居民居住证等便民利企新举措，台湾青年来闽实习就业创业人数居大陆前列。关中城市群参与“一带一路”建设水平提升。陕西中欧班列长安号实载开行1 235列，重载率、满载率均居全国第1位；自贸区165项试点任务基本完成，7项制度创新成果在全国复制推广。中欧货运、中新铁海联运班列常态化运营，兰州、酒泉被确定为国家物流枢纽载体城市。

特色产业集群逐步形成。中原城市群加快建设郑州市千亿级信息安全产业示范基地，筹建“智能传感器创新联盟”河南分部；以郑汴200万辆汽车基地为核心的汽车及零部件产业链布局持续完善。成渝城市群依托重庆、成都的科研资源优势和高新技术产业基础，加快形成电子核心部件、新材料、物联网、机器人及智能装备、高端交通装备、新能源汽车及智能汽车、生物医药等战略性新兴产业集群。哈长城市群构建“创投+孵化”的高新区特色产业孵化基地；以哈尔滨、大庆为重点的汽车产业集群加快集聚；依托哈尔滨云计算、大数据产业的基础优势，信息服务产业化进程加快推进。关中城市群军民融合产业稳步发展，“军转民”、“民参军”，军民融合企业超过1 000家，产业规模居全国第2位。

绿色发展不断深化。海峡西岸城市群生态环境质量保持全国领先，重点生态区位商品林赎买、综合性生态保护补偿等一批改革举措走在全国前列，12条主要河流Ⅰ～Ⅲ类水质比例和九市一区空气质量达标天数比例分别高于全国平均水平24.8个和15.7个百分点。北部湾城市群15个市（县）签署《北部湾城市群旅游合作协议》，携手共建北部湾“美丽蓝色海湾”。中原城市群完成造林面积260万亩、森林抚育412万亩，南水北调中线水源地和干渠沿线高标准防治林、黄河明清故道生态走廊、沿淮生态保育带建设加快推进。关中城市群绿色发展态势良好，甘肃设立总规模2 000亿元的绿色生态产业发展基金，十大生态产业完成增加值1 511.3亿元、同比增长6.7%，占全省生产总值的18.3%。

表19　2018年三大经济圈主要经济指标

单位：%

	长三角	珠三角	京津冀	全 国
占全国比重				
地区生产总值	23.5	9.0	9.5	100
固定资产投资	20.3	4.4	8.4	100
社会消费品零售总额	21.8	7.7	8.9	100
一般公共预算收入	13.8	4.3	6.2	100
实际利用外资	58.2	15.3	23.2	100
货物进出口总额	36.8	22.5	12.7	100
进口总额	34.7	24.7	20.2	100
出口总额	38.5	19.9	6.3	100
增长率				
地区生产总值	7.0	6.9	5.9	6.6
固定资产投资	7.4	10.9	1.4	5.9
社会消费品零售总额	5.0	7.9	5.6	9.0
一般公共预算收入	8.3	6.2	4.3	6.2
实际利用外资	3.4	3.7	24.2	3.0
货物进出口总额	9.2	5.4	18.4	9.7

数据来源：国家统计局、相关省（自治区、直辖市）统计局，中国人民银行工作人员计算。

六、区域金融改革与对外开放情况

2012年以来，按照党中央、国务院统一部署，人民银行选择我国若干具备条件的地区，有针对性地推动开展了一系列形式多样的区域金融改革试点，涵盖金融业对外开放、绿色金融改革、农村金融改革、小微企业金融服务、财富管理和跨境金融合作等内容，体现了区域金融改革特色定位、各有侧重的特点，也体现了改革所具有的层次性、阶段性和持续性特点。各区域金融改革试点地区坚持金融服务实体经济的根本要求，积极稳妥推进改革创新，积累了大量可复制、可推广的经验和做法，为全局性金融改革提供了有益的借鉴。

（一）金融对外开放不断深化

上海自贸区深化金融改革开放创新，加大私募领域创新试点力度，推进全球资管中心建设，优化金融发展环境，重点提升世界银行营商环境报告中“获得信贷”指标。天津、福建、广东三地自贸区顺应贸易投资便利化发展趋势，不断提高跨境投融资便利化水平，优化金融管理和服务流程，推动京津冀、粤港澳及两岸金融协同创新与合作不断加强。辽宁、浙江、河南、湖北、重庆、四川、陕西、海南等地区紧扣制度创新这一核心，进一步对接高标准国际经贸规则，聚焦经济金融发展的地区特色，着力提高改革政策的精准度。

（二）绿色金融改革试点稳步推进

2018年，各绿色金融改革试点省份以金融创新推动绿色产业发展为主线，构建绿色金融服务体系、发展绿色金融组织机构、创新绿色金融业务与产品、优化绿色金融发展政策环境，为金融支持生态文明建设和推动经济向绿色化转型探索经验。浙江积极构建绿色金融标准体系，在全国率先制定出台绿色信贷业绩评价实施细则，并将评价结果纳入宏观审慎评估（MPA），率先发布绿色企业、绿色银行认定评价等4项标准。江西绿色金融组织体系日渐完善，23家银行业金融机构发起成立江西绿色金融行业自律机制，7家银行业金融机构在赣江新区设立绿色支行，多家银行设立绿色金融事业部。新疆建立绿色项目库认定评价体系，打造全国首个绿色项目库，发放首笔4 800万元面向绿色项目库纯绿项目的生态环境保护贷款。广东广州市花都区出台绿色金融配套政策措施，从2017年起连续5年每年安排10亿元以上专项财政资金予以支持。

（三）农村金融、小微企业、普惠金融改革试验区改革持续深化

浙江台州大力推动动产质押和小微金融服务标准化两项国家级试点，信用信息共享平台

功能进一步完善，推动取消企业银行账户开户许可证核发试点，初步形成账户管理“台州模式”。河南兰考紧紧围绕“普惠、扶贫、县域”三大主题，健全工作机制，强化政策配套，推动金融创新，完善服务体系，大力发展数字普惠金融，探索形成“一平台四体系”的兰考模式。吉林和四川将农村金融综合改革试验工作与实施乡村振兴战略紧密结合，着力加大政策支持力度，丰富农村金融产品和服务，强化农村金融风险防控，有效激活农村金融内生活力，金融与“三农”发展共赢局面逐步显现。

（四）金融推动创新驱动步伐加快

安徽聚焦成果转化、产业创新、人才管理、科技金融等重点领域，加大体制机制改革力度，推动技术创新、产业创新联动发展，加快创新成果转化速效，助力区域经济高质量发展。石保廊全面创新改革试验区引导金融机构加大信贷投放力度，积极发展科技金融，创新融资支持模式，推动注册商标专用权质押政策落地。四川小微企业和科技创新型企业融资风险补偿机制逐步健全，科技小额贷款公司试点进一步完善，金融服务军民融合企业的广度和深度持续增强。武汉城市圈科技金融改革创新试验区探索形成设立科技金融专营机构、建立科技金融专项机制、推出科技金融专项产品、搭建科技金融信息信用专业平台、出台科技金融直接融资专项措施、构建科技金融专门监管制度的“六个专项”科技金融改革创新模式。

（五）国家级金融综合改革试验区改革推进力度不断提升

2018 年，广东加强与粤港澳大湾区建设战略实施的对接，加快区域金融一体化步伐，加强金融基础设施建设，稳步扩大金融业对外开放，全面提升金融服务和管理水平，有力推动珠三角金融改革创新综合试验区的发展。温州深入实施联合授信管理机制，实现贷款企业联合授信管理全覆盖，为防控企业信贷风险提供了“温州经验”。云南和广西在沿边金融综合改革试验区建设中，紧抓沿边特色，创新金融服务，深化多层次金融市场，促进边境地区跨境交流和贸易发展，为进一步推进人民币国际化提供了实践经验。

第三部分　区域经济与金融展望

展望未来一段时间，中国经济保持平稳发展的有利因素较多。全球经济增长面临的下行风险有所增加，但总体仍保持平稳增长。中国发展仍处于并将长期处于重要战略机遇期，随着供给侧结构性改革深入推进，改革开放力度加大，经济结构将持续优化，新型城镇化、服务业、高端制造业以及消费升级仍有较大的发展空间，我国经济发展有足够的韧性和巨大的潜力。但也要看到，经济运行仍存在一些深层次问题和突出矛盾。世界经济形势错综复杂，地缘政治风险依然较大，外部经济环境总体趋紧，贸易摩擦仍面临较大不确定性。国内部分传统支柱产业进入调整期，经济内生增长动力有待进一步增强。这些因素既有周期性的，但更多是结构性、体制性的，必须保持定力、增强耐力，勇于攻坚克难。

各地区将按照党中央、国务院部署，坚持稳中求进工作总基调，坚持新发展理念，以供给侧结构性改革为主线，创新引领率先实现东部地区优化发展，发挥优势推动中部地区崛起，强化举措推进西部大开发形成新格局，深化改革加快东北等老工业基地振兴。坚持优势互补、互利共赢，塑造更高质量、更有效率、更加公平和更可持续的区域协调发展新格局。

中国人民银行将以习近平新时代中国特色社会主义思想为指导，按照党中央、国务院部署，落实“巩固、增强、提升、畅通”八字方针，注重以供给侧结构性改革的办法稳需求，坚持结构性去杠杆，稳健的货币政策保持松紧适度，适时适度实施逆周期调节，根据经济增长和价格形势变化及时预调微调，注重保持货币信贷合理增长、优化信贷结构和防范金融风险之间的平衡，坚决打好三大攻坚战。深化金融供给侧结构性改革，扩大对外开放，通过增加供给和竞争改善金融服务。在实施稳健货币政策、增强微观主体活力和发挥好资本市场功能之间，形成三角形支撑框架，促进国民经济整体良性循环。

东部地区产业基础雄厚，结构转型升级较快，是全国经济增长的主要动力和稳定器，地区经济韧性和活力强。金融体系较为完善，资源配置效率较高，改革创新能力突出。但贸易摩擦对出口形势带来的不确定影响较大，民营企业经营困难增加。展望2019年，东部地区在创新能力较强、区位优势明显和产业结构合理的基础上，将紧抓长三角区域一体化建设上升为国家战略的重大机遇，深入落实粤港澳大湾区建设规划，高标准建设雄安新区，着力疏解北京非首都功能，促进京津冀协同发展，发挥经济圈和城市群的经济引领作用和产业集聚效应，培育“高精尖”产业和新兴战略产业成为新的可持续的增长极，推进新旧动能加速转换，加快经济结构进一步优化升级。金融业将进一步加大服务实体经济的力度，提高资源配置效率，在培育创新动能发展，提升对外开放水平和加强区域金融改革的同时，切实防范和化解金融风险，为支持东部地区经济高质量发展提供良好的货币金融环境。

中部地区主动承接和布局新兴产业，近年来经济增长势头良好，对我国经济发展的支撑作用不断增强。但部分省份面临着产业结构固化、新动能发展不足等挑战。展望2019年，中部地区仍处于“十三五”促进中部地区崛起的历史机遇期，立足工业基础较牢，制造业向高端化、集约化发展的良好趋势。中部地区将更加积极主动融入国家战略，在实施创新驱动发展战略、发展战略性新兴产业上下更大功夫，主动融入新一轮科技和产业革命，提高关键领域自主创新能力，优化营商环境，扩大高水平对外开放，加快推动高质量发展，奋力开创中部地区崛起新局面。金融业将围绕供给侧结构性改革，支持高技术制造业发展、新兴产业培育、科技创新和城镇化建设，加大普惠金融、绿色金融发展，全力服务中部地区经济发展转型升级。

西部地区随着西部大开发战略深入实施和“一带一路”建设加快推进，投资环境和发展条件不断改善，在提升基础设施水平、培育消费新热点、发展壮大优势产业、促进向西开放等方面取得一定成效。但西部地区经济发展对基建投资的依赖仍然较强，部分省份财政收支压力加大，基础设施投资增长持续性面临挑战。展望2019年，西部地区将立足资源禀赋，发挥后发优势，紧抓战略发展机遇，深入推进区域互联互通，提升内陆型对外开放合作水平，深化供给侧结构性改革，加快培育发展新动能，加大科技成果转化，促进创新创业发展，推进生态环境保护和生态文明建设，大力发展特色旅游服务业，形成西部地区经济、社会和谐发展的新格局。金融业将不断完善体系布局，加快改革创新，扩大金融对外开放，加大金融扶贫力度，完善金融风险排查和处置机制，防范和化解金融风险，维护区域金融稳定。

东北地区以供给侧结构性改革为主线，积极推进国有企业等重点领域改革，经济运行呈现企稳态势，积极变化逐步增多。但新旧动能转换面临较为突出的接续压力，银行体系信贷资产质量下行压力较大。展望2019年，东北地区将紧抓新一轮振兴战略机遇，继续深化供给侧结构性改革，加快传统工业转型升级，提升制造业发展竞争力；优化营商环境，激活民间投资和民营企业发展活力，培育经济发展新动能。金融业将继续深化供给侧结构性改革，加大对农业现代化、工业转型升级等领域的支持，坚持底线思维，注重风险防控，为地区经济发展营造健康的金融生态环境。

专　题

专题 1　民营企业融资情况调查

2018 年，按照党中央、国务院部署，人民银行积极实施稳健货币政策，疏通货币政策传导机制，强化政策统筹协调，采取了一系列有力措施，加大金融对实体经济尤其是民营企业的支持力度。中国人民银行对全国 1 200 家民营企业问卷调查①显示，民营企业经营和融资情况向好，大型民营企业、高技术制造业民营企业和成立 5 年以上的民营企业融资渠道更加多元化。

一、民营企业融资需求满足度较高，大型企业资金状况要好于小微企业

六成企业满足程度在 80% 以上，近两成企业融资满足程度达到 100%。15% 的大型企业表示资金状况比较宽松，而小微企业认为资金状况比较宽松的为 7%。51% 的小微企业认为资金状况“不松不紧，比较正常”，仅有 2.6% 的小微企业表示资金状况非常紧张。

二、银行信贷仍是民营企业融资的主要渠道

民营企业融资余额中有七成来自银行贷款，较上年提升 3 个百分点。从资金用途看，民营企业融资主要用于购买原材料、支付人员工资、扩大产能和研发等，但也有 18% 的企业用于偿还借款。从财务负担看，84% 的企业财务费用占税前利润比例在 30% 以下，46% 的企业财务费用占税前利润比例不超过 10%。

三、从融资结构看，大型民营企业、高技术制造业民营企业和成立 5 年以上的民营企业融资更加多元化，对银行贷款依赖度更低

一是大型民营企业 67% 的融资来自银行贷款，债券、股票、应收账款融资和其他融资占比分别为 5%、9%、4% 和 15%；中型和小微民营企业银行贷款占比分别为 76% 和 95%。二是高技术制造业民营企业贷款、债券、股票、应收账款融资和其他融资占比分别为 58%、6%、15%、7% 和 14%；传统制造业、建筑业和服务业民营企业则主要依赖银行贷款，贷款占比分别为 78%、87% 和 92%，明显高于高技术制造业。三是成立 5 年以上的民营企业银行贷款、债券、股票、应收账款融资和其他融资的占比分别为 69%、4%、8%、4% 和 15%；成立 3 年以下的民营企业融资 89% 来自银行贷款，成立 3~5 年的民营企业融资 91% 来自银行贷款；成立 5 年以下的样本民营企业均没有债券、股票融资。总体来看，当前民营企业融资仍以银行贷款为主，且比重有进一步上升的趋势，熬过初创期、高技术制造业、具备一定规模的民营企

①本专题分析基于 1 200 家样本民营企业调查。从企业规模上看，小微企业 781 家，占比 65%；从成立时间上看，成立 5 年以上的企业 1 015 家，占比 85%。

业，市场融资能力更强，融资结构更多元化。传统行业的小微和初创民营企业，客观上经营风险较高，融资渠道较窄，融资难度较大。

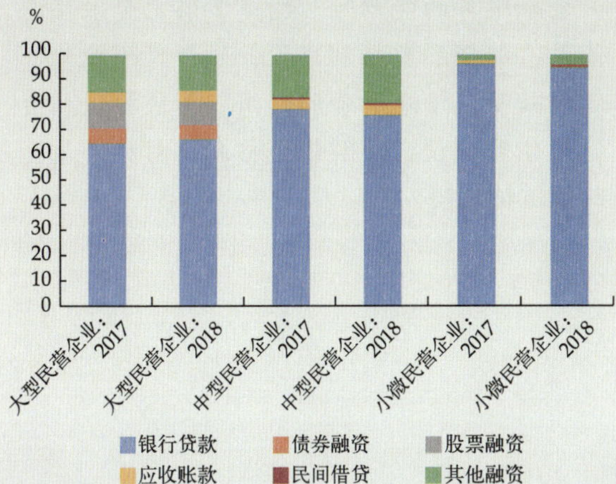

数据来源：抽样调查，中国人民银行工作人员计算。

图 21 2017~2018 年不同规模样本民营企业融资结构

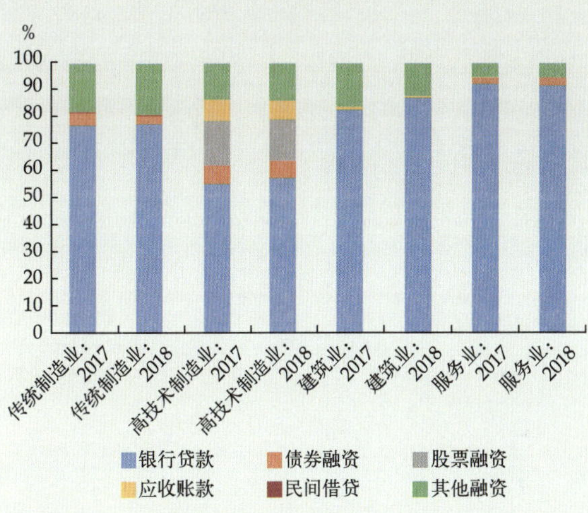

数据来源：抽样调查，中国人民银行工作人员计算。

图 22 2017~2018 年不同行业样本民营企业融资结构

四、民营企业经营情况总体改善

样本企业所有者权益较上年增长 4.8%，近六成企业产能利用率超过 70%，超两成企业产能利用率达到 90% 以上。超五成企业认为 2018 年的经营状况较好，感觉经营困难的企业仅占 5%。企业杠杆率水平总体可控。近七成企业资产负债率在 50% 以下。绝大多数企业资金状况能够维持正常经营。超五成企业认为资金状况比较正常，仅有 2% 的企业明确表示当前资金状况“非常紧张，几乎不能维持正常经营”。

也要看到，当前仍存在一些制约民营企业融资改善的问题，需要着力加以解决。

一是金融供给匹配度有待提高。调查显示，80% 的民营企业资金需求在 1 年以上，民营企业“短贷长用”的现象较为普遍。能够提供应收账款质押、存货或机器设备抵押的民营企业分别占 28% 和 17%，但适合民营、小微企业的动产质押融资、信用贷款等金融产品和服务供给不足。41% 的民营企业认为贷款手续烦琐、贷款审批时间长。

二是金融机构尽职免责等内部管理制度落实存在一定难度。受制于“尽职”认定标准主观性较强、可操作性较低等因素，尽职免责制度难以落实。对出现风险的行业和地区贷款“一刀切”的现象仍然存在。

三是融资担保、信用体系、动产质押等配套机制尚不健全。一些融资性担保机构实力不强、风控能力不足，对民营、小微企业的反担保要求高。社会信用信息分散在不同的政府职能部门，数据共享程度不高。排污权、用能权、用水权等新型抵质押方式价值评估难、抵押登记难和交易变现难。

四是部分企业达不到公开发行债券或股票的基本要求。调查显示，56% 的民营企业认为债券和股票融资的准入要求较高，35% 的企业认为债券和股票融资对经营财务等指标要求较高。样本民营企业债券或股票融资等直接融资比例为 12%，比上年下降 1 个百分点，民营企业直接融资占比不仅低于银行贷款，也低于应收账款、民间借贷等其他融资方式。

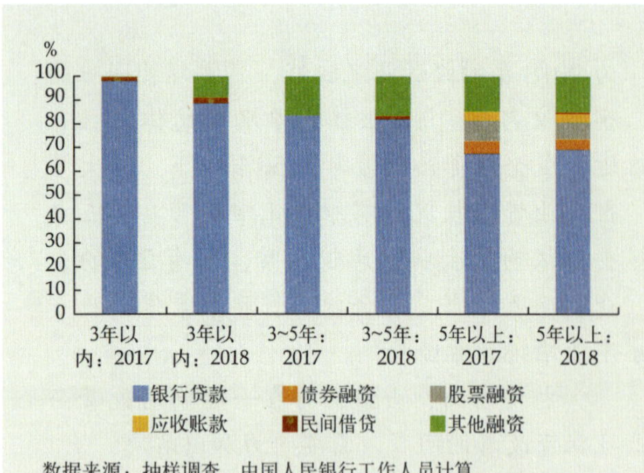

数据来源：抽样调查，中国人民银行工作人员计算。

图23　2017~2018年成立不同年限样本民营企业融资结构

下一阶段，要继续实施稳健的货币政策，为民营经济发展提供适宜的货币金融环境，督促金融机构完善内部激励约束机制，落实尽职免责要求，激发银行员工做好民营和小微金融服务的能动性。构建多层次金融供给体系，加强配套机制建设，发挥风险投资、股权融资、债券融资的作用。加快推进社会信用体系建设，缓解银企信息不对称矛盾，防范道德风险。

专题 2 2018 年外贸企业经营状况调查

2018 年，我国面临的外部环境更趋复杂。为了解我国外贸企业经营状况，中国人民银行在全国范围开展了问卷调查①。结果显示，2018 年贸易摩擦等因素对我国外贸企业经营产生一定影响，但影响总体可控，多数企业订单规模保持平稳、产品利润稳步增长，部分企业主动采取了应对汇率波动的经营策略和避险工具。外贸企业对未来进出口业务预期平稳，但也要认识到外部环境不确定性较大，贸易形势依旧严峻，潜在风险不容忽视。

一、中美贸易摩擦对进出口业务有一些影响，但总体可控，受影响企业计划降低对美国市场依赖

2018 年以来，中美贸易摩擦持续反复。调查显示，出口产品被列入美国加征关税清单的企业占 36.1%，其中已征关税的企业占 26.1%；进口美国商品被列入我国加征关税清单的企业占 24.7%。从企业反馈情况看，约六成出口企业、七成进口企业反映贸易摩擦的影响不明显，4% 的外贸企业反映贸易摩擦影响较大。据调查反馈，中美贸易摩擦主要会从进出口商品规模、技术和人才限制等方面对企业造成影响。

（一）进出口规模总体保持增长，生产类企业经营稳定，纯进口类企业、汽车制造业及通信和电子设备制造业等压力加大

调查显示，在发生出口业务的受访企业中，表示 2018 年出口总额较上年有所增加、基本不变和有所下降的企业分别占 52.3%、27.5% 和 20.3%。进口方面，表示 2018 年进口总额较上年有所增加、基本不变和有所下降的分别占 41.1%、36.4% 和 22.5%。调查显示，在经营状况好于 2017 年的受访企业中，生产类出口企业占 34.7%，比重最高，其中以制造业为主；贸易类出口企业占 15.3%，其中以从事批发零售等服务业为主。在经营状况不及 2017 年的受访企业中，纯进口企业占 21.7%，比重最高。分行业看，反馈经营压力加大的企业主要集中于汽车制造业、通信和电子设备制造业、农副产品加工业等。

（二）加征关税对出口企业影响有限，进口企业成本有所上升

据加税清单内的受访企业调查反馈，中国公布对美加税清单后，2018 年超过半数自美国进口商品企业的订单规模基本持平或仍有增长，41.6% 的企业自美国进口商品的价格上升，52.6% 的企业维持了进口商品价格平稳。由于美国对我国商品需求较稳定，对美出口企业受到的冲击有限。调查结果显示，超过七成出口企业对美出口商品订单规模持平或仍有增长，出口商品价格下降的企业占 18.4%，价格基本稳定的企业占 71.7%。

（三）降低对单一市场依赖成为共识，“一带一路”和新兴市场国家成为外贸企业新的关注地区

对于“若对美出口受阻，是否可进行市场转移”的问题，71.6% 的企业表示可以设法转移市场，在可转移目标中，欧盟、国内市场、“一带一路”及新兴市场国家市场的关注度分别为 18.8%、15.5% 和 37.3%。对于“若对美进口受阻，是否可进行市场转移”的问题，78.7% 的企业表示可以设法转移市场，可转移目标中，欧盟、国内市场、“一带一路”及新兴市场国家的关注度分别为

① 本专题分析基于全国 18 个省份的 1 322 家样本外贸企业调查，其中东部、中部、西部和东北地区企业分别占 62.3%、16.7%、14.4% 和 6.6%，对不同类型贸易企业和行业均有所覆盖。

23.5%、26.7% 和 28.6%。

二、企业利润增长基本稳定，裁员和缩招情况不明显

（一）外贸企业产品利润水平基本稳定

调查显示，在全部受访企业中，39% 的企业表示产品利润较上年有所增长，其中 20.2% 的企业表示产品利润增长 10% 以上；产品利润“持平”与“下降”的企业占比分别为 35.3% 和 24.4%。

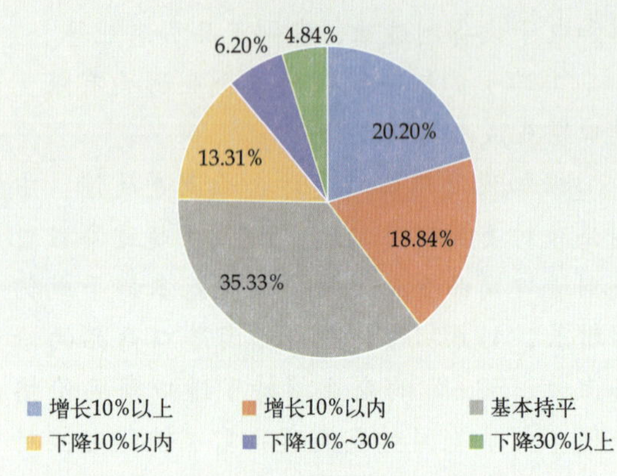

数据来源：抽样调查，中国人民银行工作人员计算。

图 24　样本外贸企业产品利润较上年变化情况

（二）企业用工情况稳定，裁员和缩招现象都不明显

调查显示外贸企业员工人数较上年“增长”或“持平”的占比合计为 86.5%，同时也有少数经营状况不及 2017 年的企业反映用工压力有所加大。经营状况好于 2017 年的受访企业中，55.1% 的企业反映用工人数基本持平，37.9% 的企业增加了员工人数，主要集中于生产类出口企业。

三、美国对高科技及技术转让限制措施的影响较集中，多数企业拟加快技术研发应对

（一）美国对高科技产品及技术转让限制等措施的影响主要集中于国内计算机、通信设备制造业等生产类出口企业

从调查结果看，约半数受访企业表示限制政策对经营影响不大，反映受影响的出口企业主要集中在计算机、通信和其他电子设备制造业等领域；还有一些出口企业认为“限制高端人才及技术引进，不利于企业技术创新、核心技术环节突破及行业标准制定”。

（二）降低成本、提升技术、开拓市场成为多数外贸企业选择的应对举措

据调查显示，针对美国对高科技产品和技术转让的限制措施，28.7% 的受访企业选择“开拓其他国际市场，分散外贸风险”，31.8% 的企业选择推进生产技术升级，降低出口成本，提升产品竞争力，以维护自身产品的市场份额。

四、多数企业仍然重视美国市场，但应对成本较高，企业对信息渠道通畅的诉求提升

（一）大多数外贸企业积极采取措施维护开拓美国市场

美国公布加税清单和限制措施以来，我国企业积极应对市场变动。从调查结果看，选择“提升技术水平，开拓新兴市场”的外贸企业占比最高，占总数的 83.9%，41.8% 的企业选择采取“与对手方签订长期合同”“降低出口价格”等多种调整手段，暂未采取任何措施的企业占 20.8%，仅有 4.8% 的企业拟退出美国市场。在美国市场具有一定基础的外贸企业，仍积极探索新方式保障对美贸易规模，63.3% 的企业下一阶段计划“加大力度开拓美国地区新客户，通过交易条件的调整维护好现有客户”；26% 的企业与美国交易对手方协商分担征税成本，其中 16.3% 的企业已协商由对手方承担部分关税成本。

（二）外贸企业针对贸易摩擦的应对成本较高，信息渠道不畅等问题较受关注

中美贸易摩擦为国际贸易市场带来诸多新的困难与挑战。据调查显示，当前环境下外贸企业应对贸易摩擦的主要困难在于应对成本较高（占 59.2%），反映“对于贸易摩擦相关知识政策不了解、获取信息渠道不通畅，导致受到影响不知道如何应对”的企业

占 73.8%。此外还有 47.7% 的企业关注受政策影响产生的违约和诉讼风险。

五、外贸企业主动调整经营策略并运用避险工具对冲汇率风险

2018 年，人民币对美元汇率整体呈现双向浮动态势，多数受访企业对人民币汇率波动的影响保持关注，积极主动采取措施加以应对。

（一）外贸企业积极运用贸易融资避险工具和金融衍生品工具

56.3% 的受访企业表示运用了贸易融资避险工具应对汇率波动，按使用工具比重排序，依次是出口信用保险项下贸易融资（19.3%）、出口押汇（17.2%）、福费廷（11%）、出口商业发票贴现（10.3%）、保理（9.1%）。

在运用金融衍生品工具管理汇率风险方面，有 58% 的外贸企业采用金融衍生工具应对汇率波动，其中对外汇远期和期权交易的使用较多。未运用金融衍生品工具的企业反映主要原因在于衍生品工具使用成本较高。

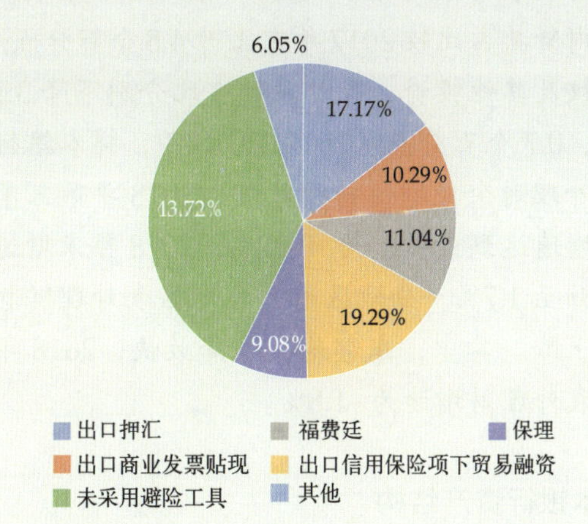

注：本图涉及问卷题目为多项选择，企业选项所占比重累计可超过 100%。

数据来源：抽样调查，中国人民银行工作人员计算。

图 25 样本外贸企业采用的贸易融资避险手段

（二）在商品交易和货款结算方面，企业主动采取措施管理汇率风险

一是在商品交易合同拟定环节，充分考虑汇率风险，提前规避。调查显示，38.5% 的企业选择在签订合同时尽可能提前收汇时间；在合同中约定人民币结算的企业占 34.4%；利用自身优势，在合同中增加外汇风险条款（如发生汇率风险造成损失，部分由交易对手方承担）的企业占 18.8%，显示部分外贸企业话语权有所增强。

二是企业加强收汇、付汇、结汇、售汇等环节管理，择机结汇的倾向较为突出。受访外贸企业中，52.9% 的企业提及“关注汇率变化，择机结汇”；17.7% 的企业选择“加紧或延期出口收汇，尽早或推迟结售汇”来减少汇兑损失，13.6% 的企业采取增加直接用汇的频率及额度、以“进”付“出”的方式；11.1% 的企业采取通过外币贷款实现提前用汇的方式。

六、金融机构多措并举支持外贸企业应对形势变化

各金融机构推出一系列措施支持外贸企业发展。一是加强融资支持，完善跨境融资服务。推动企业使用跨境人民币融资或者使用境外低成本资金，实现低成本融资。二是创新产品服务，满足多元化需求。通过推出贸易金融产品，满足供应链上交易主体的融资需求，有效解决外贸企业资金不足、融资困难等问题。通过大数据技术，开发基于诚信纳税、海关数据的纯信用产品，强化企业融资能力。三是提供避险措施，管理汇率风险。密切关注外贸企业的汇率风险，不断培养企业外汇风险意识，并为符合条件的客户配套丰富多样的避险措施。

总体来看，2018 年我国外贸企业积极主动采取措施应对国际环境变化的不利影响，加之多方支持形成合力，基本保持了对外贸易平稳运行的良好态势。贸易摩擦升级的负面冲击存在一定时滞，未来贸易局势仍有较大不确定性，需持续监测。

专题 3　地方法人银行经营行为变化分析

近年来，在防范化解金融风险、促进金融机构稳健经营的背景下，地方法人银行经营行为出现新的变化。中国人民银行对全国 367 家地方法人银行资产负债结构的调查①显示：地方法人银行资产结构优化，贷款保持较快增长，金融支持实体经济力度加大。理财和资产管理业务逐步规范，表外理财呈现下降趋势，负债稳定性有所上升，资本充足率整体稳定。但部分银行也面临同质化竞争压力加大等问题，应进一步落实深化金融供给侧结构性改革的要求，加强宏观审慎管理，发挥货币信贷政策促进结构优化的作用，引导地方法人银行业务回归本源，专注小微、民营等领域金融服务，为实体经济高质量发展营造适宜的货币金融环境。

一、资产规模平稳增长，结构明显优化

贷款保持较快增长，金融服务实体经济能力增强。2017~2018 年，样本银行资产规模平均增速为 12.0%，基本保持稳定。在防范化解金融风险的背景下，银行资产扩张速度明显放缓，2018 年末样本银行总资产同比增速为 9.0%，较 2017 年末下降 3.8 个百分点。分地区看，西部地区资产增速降幅最大，2018 年末增速仅为 6.9%，增速同比下降 8.1 个百分点；东部地区资产增速相对平稳，增速同比下滑 2.3 个百分点；东北地区资产增速波动较大。银行贷款保持较快增长，样本银行 2018 年末各项贷款余额同比增长 21.9%，高于资产增速 12.9 个百分点，同比提高 5.9 个百分点，一定程度上弥补了表外融资的减少，保持了对实体经济的稳固支持。在深化民营和小微企业金融服务过程中，金融机构特别是民营银行等依托互联网和金融科技进行线上产品创新，拓展小微企业客户群体、提高信贷审批效率。2018 年末，样本银行小微企业贷款较快增长，平均增速为 17.2%。

理财和资产管理业务逐步规范，股权及其他投资、表外理财占比下降。资管新规等政策出台后，金融机构开始重构表内外资产负债结构，信贷资产占比上升，股权及其他投资、表外理财增长明显放缓。2018 年末，表内贷款占比较 2017 年末上升 4.8 个百分点；股权及其他投资、表外理财占比分别下降 3.1 个、0.7 个百分点。2017~2018 年，样本银行表外理财余额增速持续放缓，2018 年第三季度增速达到最低，为 -0.02%，2018 年末增速回升至 1.7%。分地区看，各地区表外理财总体下降。其中，东部地区下降最快，2018 年末表外理财增速为 -1.8%。

表 20　2017~2018 年样本银行资产结构

单位：%

	2017Q1	2017Q2	2017Q3	2017Q04	2018Q1	2018Q2	2018Q3	2018Q4
贷款	40.2	40.9	41.4	40.2	42.4	43.3	44.9	45.0
股权及其他投资	21.6	21.2	21.4	20.8	20.5	19.2	18.5	17.7
买入返售资产	2.4	2.8	2.4	2.9	2.0	2.2	1.8	2.1
债券投资	14.4	14.8	15.4	15.9	15.9	16.3	16.9	17.1

①专题分析基于样本银行调查。367 家样本银行中，东部地区 117 家、中部地区 68 家、西部地区 145 家、东北地区 37 家。

续表

	2017Q1	2017Q2	2017Q3	2017Q04	2018Q1	2018Q2	2018Q3	2018Q4
应收及预付及其他	11.1	10.5	9.6	10.5	9.6	9.9	8.8	9.1
表外理财	10.3	9.8	9.8	9.7	9.7	9.1	9.1	9.0
合计	100.0	100.0	100.0	100.0	100.1	100.0	100.0	100.0

数据来源：抽样调查，中国人民银行工作人员计算。

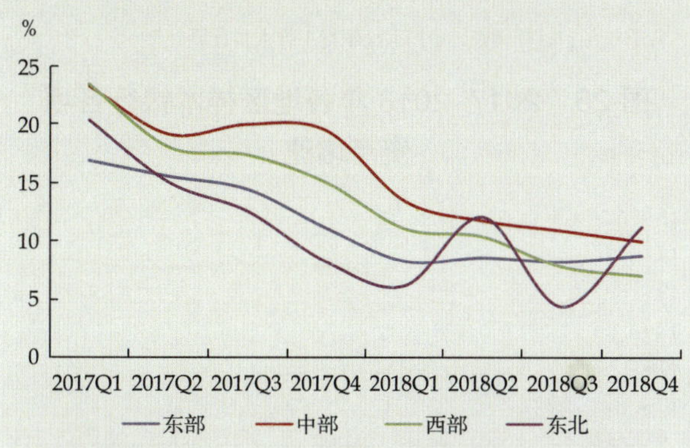

数据来源：抽样调查，中国人民银行工作人员计算。

图 26　2017~2018 年各地区样本银行资产增速

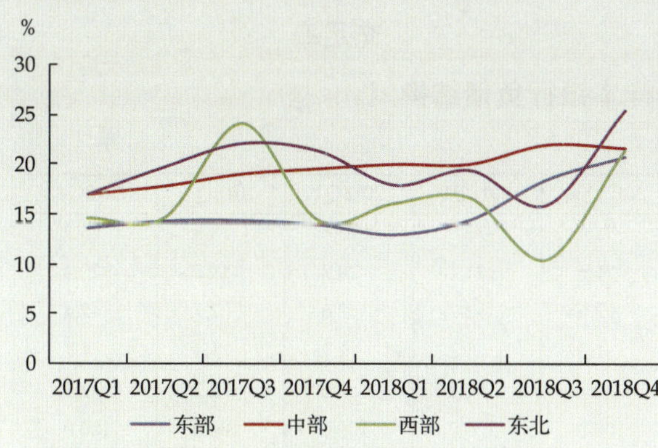

数据来源：抽样调查，中国人民银行工作人员计算。

图 27　2017~2018 年各地区样本银行贷款增速

二、资本充足率整体稳定，形成对信贷投放的有力支撑

2017~2018 年，样本银行资本充足率总体维持在 12% 以上，基本保持稳定。分地区看，东北地区资本充足率波动较大，资本充足率相对较低，最低为 10.3%；东部地区资本充足率较高，最高达到 14.0%；2018 年末，中部和西部地区资本充足率分别为 13.2% 和 13.1%。

三、负债稳定性有所上升，存款竞争压力增大

同业负债占比不断下降，负债稳定性提升。2017~2018 年，样本银行负债结构中，存款依然是负债的主要组成部分，占比超七成。同业负债是除存款外法人银行机构的主要负债来源。2017 年末和 2018 年末，同业负债占比分别为 21.5% 和 20.4%，应付债券和其他负债较少。从结构占比趋势变化看，2017~2018 年，存款占比不断上升，同业负债占比不断下降，负债稳定性有所提升。

存款竞争压力加大，存款增长放缓。2018 年末，各项存款增速为 10.1%，较上年末回落 4.1 个百分点。其中，西部地区存款增速回落较大，2018 年末为 8.0%，较上年末回落 6.4 个百分点；中部存款增速明显高于其他地区。存款增速持续放缓，主要受信用扩张放缓、互联网金融分流以及同业收缩等因素叠加影响。

总体看，地方法人银行资产结构逐步改善，金融服务实体经济能力增强。也要看到，部分银行仍面临资本补充压力较大、隐性不良贷款制约信贷投放能力、同质化竞争影响资源配置效率等挑战。少数中小金融机构经营激进、盲目扩张，过度依赖同业融资，资产负债不匹配，导致容易出现流动性紧张。下一阶段，要继续实施稳健的货币政策，加强宏观审慎管理，引导地方法人银行业务回归本源，保持合理资产扩张速度。一是发挥好宏观审慎评估（MPA）逆周期调节和结构

引导作用，引导金融机构加大对民营、小微企业和“三农”等领域的支持力度，提高金融服务实体经济的效率。二是深化金融供给侧结构性改革，推动银行多渠道补充资本，完善多层次、广覆盖、有差异的银行体系。更好发挥中小银行支持普惠金融、服务民营企业和小微企业的重要作用，为中小银行健康发展创造良好制度环境。对于坚持走服务基层、服务实体专业化发展道路的中小银行，应加强正向激励，缓解中小银行在资金来源、资金成本、风险补偿等方面的约束，支持中小银行长期可持续发展。三是进一步深化利率市场化改革，疏通货币政策传导机制。引导银行机构理顺内部资金转移定价机制，提升贷款定价能力，疏通央行政策利率向市场利率尤其是信贷利率的传导。加强对金融机构非理性定价行为的监督管理，发挥好市场利率定价自律机制的引导作用，维护公平定价秩序，保持银行负债端成本基本稳定。

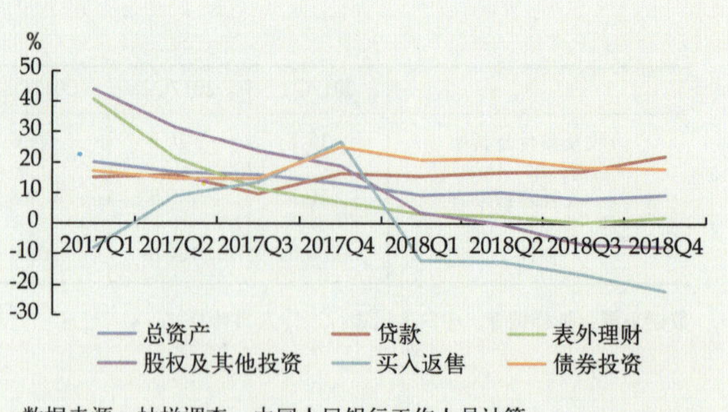

数据来源：抽样调查，中国人民银行工作人员计算。

图 28　2017~2018 年各地区样本银行各项资产增速

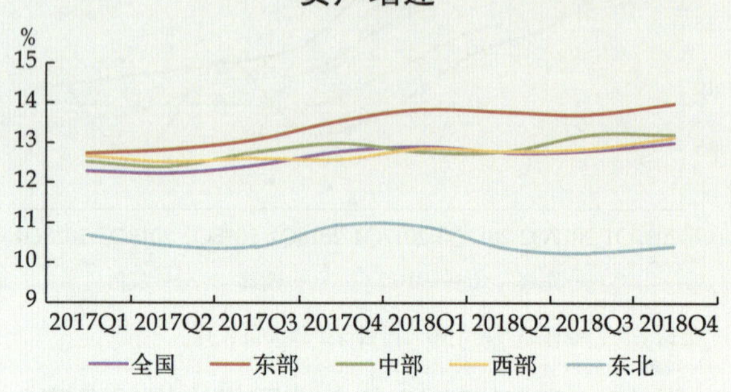

数据来源：抽样调查，中国人民银行工作人员计算。

图 29　2017~2018 年各地区样本银行资本充足率

表 21　2017~2018 年样本银行负债结构

单位：%

	2017Q1	2017Q2	2017Q3	2017Q04	2018Q1	2018Q2	2018Q3	2018Q4
各项存款	71.8	72.7	72.5	72.4	72.8	73.6	73.8	73.2
同业负债	22.5	21.8	21.8	21.5	21.1	20.3	19.8	20.4
其他负债	2.5	2.3	2.4	2.6	2.7	2.6	2.7	2.4
向央行借款	1.3	1.2	1.2	1.3	1.2	1.2	1.4	1.7
金融债券	2.0	2.0	2.1	2.2	2.2	2.2	2.2	2.3
总负债	100.0	100.0	100.0	100.0	100.0	100.0	100.0	100.0

数据来源：抽样调查，中国人民银行工作人员计算。

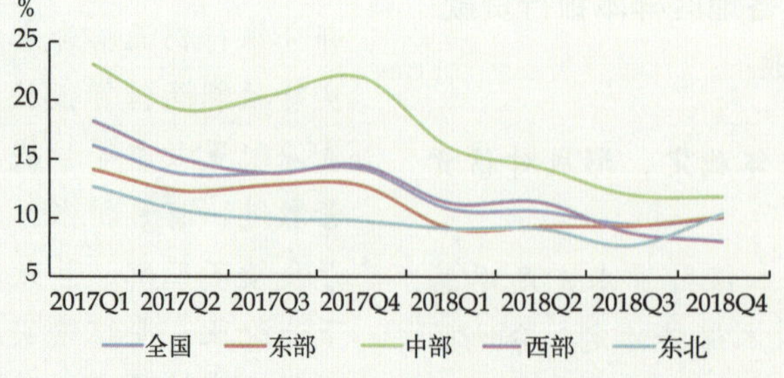

数据来源：抽样调查，中国人民银行工作人员计算。

图 30　2017~2018 年各地区样本银行各项存款增速

专题 4 住房租赁市场发展情况

实行租购并举，培育和发展住房租赁市场，是当前深化住房制度改革的重要内容。我国住房租赁市场发展较快，租房群体不断扩大，相关企业和金融机构以多种形式开展住房租赁业务。但住房租赁市场发展仍面临一系列问题，应进一步健全租赁市场政策法规，培育多元化的供给主体，完善金融、财税等配套政策,稳步推进住房租赁市场发展。

一、住房租赁市场基本情况

（一）租赁人口特点

我国住房租赁市场仍处于起步阶段。总体来看，我国租赁人口占比、租赁人口年龄和收入均偏低。从租赁人口占比看，不同地区差异较大。东部沿海地区占比较高，中西部地区相对偏低。从租赁人口年龄和收入结构来看，35 岁以下的年轻人是租房市场的主力军，以高校应届毕业生、年轻白领以及外来务工人员为主。租房支出占收入比重较高，房租收入比在 1/4 至 1/3 之间。

（二）住房租赁企业运营模式

当前，住房租赁市场参与主体主要包括房地产开发企业、房地产中介机构、地方国企、互联网企业、酒店运营企业等 5 类。住房租赁企业的运营模式，根据租赁物业分布是否集中，可以分为集中式和分散式；按照资产结构不同，又可分为轻资产运营和重资产运营两类。

轻资产模式下，企业通过长期租赁、委托管理等方式获取闲置房源，对房屋进行改造升级后，再对外进行租赁。该模式下企业并不拥有租赁物业所有权，以赚取租金价差和提供增值服务获取利润。

重资产模式下，企业通过拿地新建、收购改造等方式持有租赁物业产权，通过收取租金收入和提供增值服务来获取利润。该模式下的租赁物业相对集中，在运营效率方面具有明显优势，但对资金要求较高。从事住房租赁的地方国企和房地产开发企业凭借雄厚的资金和物业资源优势，多采用重资产运营模式。目前，12 个住房租赁试点城市已成立国有住房租赁企业，业务涵盖租赁住房的投融资管理、建设收购、运营管理，以及存量房的清理和盘活等。

（三）金融支持住房租赁市场发展情况

银行信贷。从供给端来看，商业银行为住房租赁企业提供项目贷款、并购贷款、经营贷款等，基本覆盖了租赁住房开发建设、购置、装修、运营各阶段的融资需求。从消费端来看，商业银行主要向个人发放租赁住房贷款用于缴纳房屋租金。除借款人信用担保、第三方保证担保、房产抵押担保外，商业银行主要通过优选出租方、加强租赁合作机构管理、受托支付等方式控制贷款风险。总体来看，开展住房租赁金融业务的银行以大型商业银行为主，业务处于发展初期，信贷支持规模总体较小。

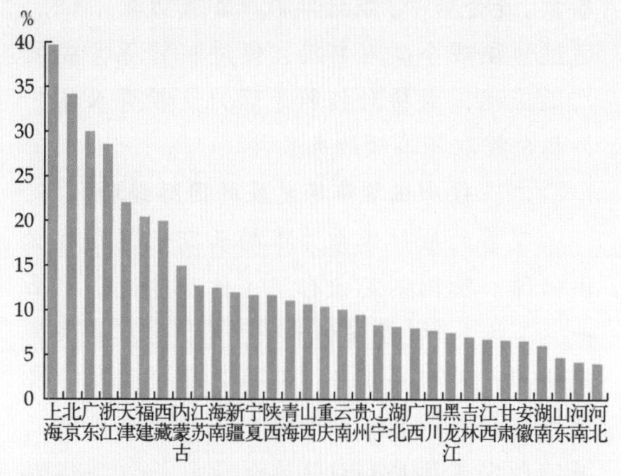

数据来源：国家统计局第六次全国人口普查数据。

图 31 各省份租房户数占比

资产证券化。住房租赁资产证券化有助于盘活住房租赁存量资产、加快资金回收、提高资金使用效率。根据不同种类公寓的品牌和经营方式，目前住房租赁资产证券化业务主要包括租金收益权资产支持证券、租赁消费分期类资产支持证券、房地产信托投资基金、商业房地产抵押贷款支持证券和资产支持票据等几种模式。截至2018年末，在银行间和交易所市场已成功注册或审批通过的住房租赁资产证券化产品共25单，融资规模达732.6亿元。

住房租赁企业专项公司债券。上海、深圳证券交易所推出了住房租赁企业专项公司债券，为住房租赁市场提供融资支持。据不完全统计，截至2018年末，共16家房地产企业获批发行住房租赁企业专项公司债券，募集资金主要用于租赁住房项目建设、偿还租赁住房项目贷款及补充流动资金，融资额度合计539.4亿元。

此外，目前12个住房租赁试点城市均已搭建国有住房租赁服务平台。如建设银行、京东集团、主要房屋中介与北京市住建委合作，采取政府统一监管和多方交易服务相结合的“1+N”模式，搭建了北京市住房租赁服务平台，提供房源查验、合同签约、租赁备案、资金监管、市场监测等多项功能。同时，通过协调多个政府部门，促进租赁备案成果广泛应用，成功对接积分落户、教育入学、公积金提取等多项政务服务。

二、住房租赁市场发展的国际经验

完善的法律体系为市场长期规范发展提供保障。德国制定出台了《住房建造法（第一、二版）》《住房租赁法》《租金水平法》等法律，对租房供给、补贴、租金收取、房屋中介行为等各个方面进行了规范和保障。美国制定《住房和社区发展法》，以法律形式明确了政府的各项补贴、税收优惠措施和房租标准等；制定《房租管制法》等法律规范出租人和房屋中介的行为，限制住房租金不合理上涨，保障承租人权利。

多元化的供给主体为市场提供充足的租赁住房。一方面，发展一定规模的公有住房解决低收入者的住房问题。第二次世界大战以后，德国共建设1 000多万套政策性社会住房，廉价出租给低收入群体。新加坡成立建屋发展局（HDB），全面推动政府组屋（Public House）的建设，约有90%的人居住在由政府提供的组屋内。另一方面，通过税收、金融等支持政策，鼓励私人部门增加租赁住房供给。美国税法规定租赁房屋的维修费用和各项使用维护支出都可以用来抵税。对参与公共住房建设的私人部门，美国政府在税收、土地等方面给予一定优惠，并提供多元化的金融支持。日本针对租赁住宅提供优惠的固定利率政策性贷款。

以不同形式对住房租赁进行补贴。美国对租赁住房的出租方和承租人都提供补贴，经历“砖头补贴”（补贴给提供公共住房的私营机构）、房东补贴、住房券和现金补贴四种形式。德国对房租实行“指导价”制度，依据房龄、地理位置等制定租赁住房指导价格表，超出指导价一定水平将被处罚甚至判刑，《租金水平法》规定一定时期内租金上涨幅度的上限。

三、推进住房租赁市场健康发展

当前我国住房租赁市场面临一些挑战。以个人散租房源为主，机构化、专业化程度不高。我国住房租赁市场起步较晚，发展水平较低，个人散租房源为住房租赁市场的主要供给来源。这种市场结构，房源分散、租赁关系不稳定，缺乏统一的物业服务标准，难以满足专业化、品质化的租赁需求。

投资回报周期较长、抵押担保难度大。住房租赁企业盈利模式单一，主要通过租金差来获取利润，同时在获取房源、装修、管理等环节需要占用大量资金，依靠房租回笼资金周期较长。对于企业自持租赁住房项目，项目整体须作为单一产权进行不动产登记，不得分割登记、转让、抵押。对于轻资产型住房租赁企业，由于仅有物业经营权，缺乏有效抵质押物，依靠房租回收贷款的周期过长，一定程度上增大了融资难度。

住房租赁业务配套政策不完善。房屋出租涉及房产税、增值税、所得税、教育费附加等多个税费，在房屋持有、流转、租赁获利的多个环节重复征税，影响住房租赁企业开展业务的积极性。租赁市场政策法规有待完善，出租人、承租人及房屋中介之间权利、义务关系尚未明确界定，租售不同权，租赁住房管理运营缺乏统一标准，市场秩序亟待进一步规范。

下一步，可积极推动完善住房租赁相关法律法规，完善住房金融体系。鼓励发展规模化住房租赁企业，明确相关主体的责任义务，完善房屋租赁双方权益保护机制。完善住房金融体系，建立健全住房租赁金融支持体系，维护租赁市场秩序。

专题 5　金融支持棚户区改造

棚户区改造是我国重大的民生工程和发展工程。为改善群众的居住条件、改善城市环境，2005 年辽宁在全国率先启动棚户区改造试点。之后，我国逐步开展了有计划的棚改工作。2018 年，国务院《政府工作报告》提出启动“新三年棚改攻坚计划”，即 2018~2020 年改造各类棚户区 1 500 万套，兑现改造约 1 亿人居住的城镇棚户区和城中村的承诺，其中 2018 年改造任务 580 万套。为推进棚改，各地一方面继续加大资金筹措力度，如河北获得中央预算投资 29.7 亿元；江西积极拓宽资金筹集渠道，发行棚改专项债筹资 348 亿元，发行企业债筹资 46.2 亿元；贵州贵阳市引入社会资本 100 亿元参与棚户区改造。另一方面，在安置方式上因地制宜。如安徽明确提出商品住房消化周期在 15 个月以下的市县，要控制货币化安置比例；在棚改范围上进一步规范运作，如山东修订城镇棚户区认定办法，严把棚改范围标准和认定程序。

据住建部统计，2018 年全国各类棚户区改造开工 626 万套，顺利完成年度目标任务，为历年最高，多数省份超额完成棚改任务。

金融积极支持棚户区改造。经过长期探索，我国棚改融资工具主要包括贷款（政策性专项贷款和商业银行贷款）、信用债券、棚改专项债券等。

棚户区改造贷款。贷款发放主体分别有开发性、政策性银行及商业银行。2014 年开始，经国务院批准，人民银行先后对国家开发银行、中国农业发展行和中国进出口银行发放抵押补充贷款（PSL），为其提供长期稳定、成本适当的资金，主要用于支持三家银行为棚户区改造、重大水利工程等国民经济重点领域和薄弱环节发放贷款。从贷款发放模式看，棚户区改造贷款主要有三种：市县直贷模式①、省级统贷统还模式②和政府购买服务模式③。2015 年国务院下发了《关于进一步做好城镇棚户区和城乡危房改造及配套基础设施建设有关工作的意见》（国发〔2015〕37 号）后，各省（自治区、直辖市）根据棚改目标任务，统筹考虑财政承受能力等因素，制定本地区政府购买棚改服务的管理办法；市、县人民政府公开择优选择棚改实施主体，并与实施主体签订购买棚改服务协议。如国开行江西省分行 2018 年发放棚改贷款项目 44 个，其中以政府购买服务模式发放的棚改项目贷款 30 个。

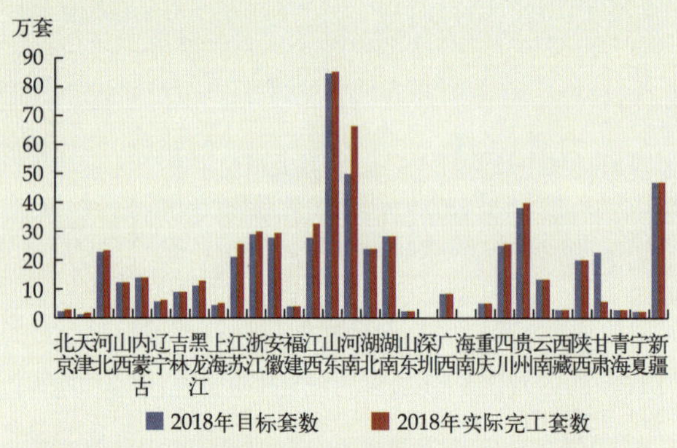

数据来源：根据各地政府工作报告、住建部门工作会议整理。

图 32　2018 年全国各省（自治区、直辖市）棚改情况

①银行业金融机构与各地指定的平台公司签订借款合同，直接支持市县棚户区改造项目建设。

②由指定的省级政府融资平台公司对项目进行统筹后统借统还，部分地区将统贷模式称为“三统一”模式，即统一评级、统一授信、统借统还。

③政府购买棚改服务，是指通过发挥市场机制作用，把政府应当承担的棚改征地拆迁服务、建设或筹集安置住房、货币化安置、公益性基础设施建设等方面工作，按照规定的方式和程序，交由具备条件的社会力量承担，并由财政部门会同住房保障、发改委部门根据合同约定向其支付费用的一种工作模式。

企业信用债券。银行业金融机构通过开展债务融资工具承销业务，支持棚改项目的建设主体利用企业债、公司债、非金融企业债务融资工具等募集资金，有效拓宽棚户区改造项目建设融资渠道。例如，2018 年贵州省毕节市七星关区新宁建设投资公司通过发行企业债 13 亿元支持 3 个棚改项目建设；四川省都江堰新城建设投资有限责任公司通过发行企业债券募集资金 3 亿元，用于都江堰市 3 个棚改项目建设。

棚改专项债。为完善地方政府专项债券管理，规范棚户区改造融资行为，坚决遏制地方政府隐性债务增量，2018 年 3 月，财政部、住建部联合印发《试点发行地方政府棚户区改造专项债券管理办法》（财预〔2018〕28 号），探索建立棚户区改造专项债券与项目资产、收益相对应的制度，发挥政府规范适度举债改善群众住房条件的积极作用。天津、安徽、浙江等多个地区积极参与棚改专项债试点发行工作，天津市于 2018 年 6 月 20 日成功发行全国首单棚改专项债——天津市红桥区棚户区改造专项债券（一期）15 亿元，该期债券票面利率为 3.88%。安徽 2018 年通过发行棚改专项债共募集资金 471.53 亿元，利率约为 4%。

棚户区改造对改善民生、拉动投资、促进经济发展均起到积极作用。十余年的棚户区改造极大改善了棚改家庭居住房屋的安全舒适性，提高了棚户区居民的生活质量。棚户区改造直接拉动地方房地产投资，带动家具、家电及装饰等多个行业发展。棚改货币化安置方式也是快速消化房地产库存的有效手段，我国商品房待售面积从 2015 年末的 71 853 万平方米下降至 2018 年末的 52 414 万平方米，累计下降 27.1%。

中国人民银行西安分行货币政策分析小组

负责人：魏革军　李霄峻

统　稿：赵小虎　张德进　李卫林　李　冕

执　笔：史倢安　薛宇博　刘　莉　董燕子　李昱良　何　欣　吴　琼　孟晓华　张　攀　杨博涵

提供材料的还有：师树松　李　虹　刘　崴　陈　涛　张胜荣　骆昭东　冯　伟　连太平　孙　娇　马　悦　常博文　李　超　刘　婷

专题及各区域板块经济金融运行部分执笔人（排名不分先后）

中国人民银行杭州中心支行货币政策分析小组　钱晓霞　谭惠琴
中国人民银行合肥中心支行货币政策分析小组　毛瑞丰
中国人民银行重庆营管部货币政策分析小组　吴恒宇　李　响
中国人民银行沈阳分行货币政策分析小组　尹　久　陈宁波
中国人民银行上海总部货币政策分析小组　叶　芳　向　坚
中国人民银行济南分行货币政策分析小组　程晋鲁
中国人民银行成都分行货币政策分析小组　王鲁滨　霍　帅
中国人民银行南京分行货币政策分析小组　张庭溪　徐　徐
中国人民银行广州分行货币政策分析小组　胡逸闻　黄载良
中国人民银行营业管理部货币政策分析小组　卢　朋　周　凯
中国人民银行贵阳中心支行货币政策分析小组　王凯明　莫　鸥

2018 年各地区主要经济金融指标比较表

2018 年各地区主要经济指标比较表（Ⅰ）

地区	地区生产总值（亿元）				固定资产投资额（不含农户）（亿元）		社会消费品零售总额（亿元）	外贸进出口（亿元）				实际利用外商直接投资（亿美元）	地方财政收支（亿元）		
		第一产业	第二产业	第三产业		房地产开发投资		总额	进口	出口	差额（出口－进口）		差额（收入－支出）	一般公共预算收入	一般公共预算支出
北　京	30 320.0	118.7	5 647.7	24 553.6	—	3 873.4	11 747.7	27 180.7	22 302.2	4 878.5	-17 423.7	173.1	-1 681.6	5 785.9	7 467.5
天　津	18 809.6	172.7	7 609.8	11 027.1	—	2 424.5	5 533.0	8 078.8	4 870.3	3 208.5	-1 661.8	48.5	-998.3	2 106.2	3 104.5
河　北	36 010.3	3 338.0	16 040.1	16 632.2	—	4 476.4	16 537.1	3 551.6	1 308.7	2 243.0	934.3	90.8	-4 206.5	3 513.7	7 720.2
山　西	16 818.1	740.6	7 089.2	8 988.3	6 050.4	1 376.6	7 338.5	1 369.9	559.5	810.4	251.0	23.6	-1 992.8	2 292.6	4 285.4
内蒙古	17 289.2	1 753.8	6 807.3	8 728.1	—	882.8	7 311.1	1 034.4	655.7	378.7	-277.0	31.6	-2 948.8	1 857.5	4 806.3
辽　宁	25 315.4	2 033.3	10 025.1	13 257.0	—	2 599.3	14 142.8	7 545.9	4 331.0	3 214.9	-1 116.0	49.0	-2 707.6	2 616.0	5 323.6
吉　林	15 074.6	1 160.8	6 410.9	7 503.0	—	1 175.9	7 520.3	1 362.8	1 037.0	325.8	-711.2	4.4	-2 548.8	1 240.8	3 789.6
黑龙江	16 361.6	3 001.0	4 030.9	9 329.7	—	944.4	—	1 747.7	1 453.7	294.0	-1 159.8	58.7	-3 393.2	1 282.5	4 675.7
上　海	32 679.9	104.4	9 732.5	22 843.0	7 623.7	4 033.2	12 668.7	34 009.4	20 342.6	13 666.9	-6 675.7	173.0	-1 243.4	7 108.2	8 351.5
江　苏	92 595.4	4 141.7	41 248.5	47 205.2	—	10 982.3	33 230.4	43 802.4	17 144.7	26 657.7	9 513.0	255.9	-3 028.0	8 630.2	11 658.2
浙　江	56 197.2	1 967.0	23 505.9	30 724.3	—	9 944.9	25 008.0	28 519.2	7 337.2	21 182.1	13 844.9	186.4	-2 030.0	6 598.0	8 628.0
安　徽	30 006.8	2 638.0	13 842.1	13 526.7	—	5 974.1	12 100.1	4 150.8	1 764.2	2 386.6	622.4	170.0	-3 523.4	3 048.7	6 572.1
福　建	35 804.0	2 379.8	17 232.4	16 191.9	—	4 940.3	14 317.4	12 354.3	4 738.7	7 615.6	2 876.9	44.5	-1 829.3	3 007.4	4 836.7
江　西	21 984.8	1 877.3	10 250.2	9 857.2	24 186.9	2 174.9	7 566.4	3 164.9	940.8	2 224.1	1 283.3	125.7	-3 297.6	2 372.3	5 669.9
山　东	76 469.7	4 950.5	33 641.7	37 877.4	—	7 553.0	—	19 302.5	8 732.9	10 569.6	1 836.7	123.9	-3 613.6	6 485.4	10 099.0
河　南	48 055.9	4 289.4	22 034.8	21 731.7	47 445.5	7 015.5	20 594.7	5 512.7	1 933.7	3 579.0	1 645.3	179.0	-5 461.5	3 763.9	9 225.4
湖　北	39 366.6	3 547.5	17 089.0	18 730.1	—	4 693.1	18 333.6	3 487.2	1 234.0	2 253.2	1 019.3	—	-3 950.5	3 307.0	7 257.6
湖　南	36 425.8	3 083.6	14 453.5	18 888.7	—	3 945.9	15 638.3	3 079.5	1 052.8	2 026.7	973.9	161.9	-4 618.5	2 860.7	7 479.2
广　东	97 277.8	3 831.4	40 695.2	52 751.2	35 286.8	14 412.2	39 501.1	71 618.3	28 900.0	42 718.3	13 818.3	1 450.9	-3 634.5	12 102.9	15 737.4
广　西	20 352.5	3 019.4	8 072.9	9 260.2	—	3 004.1	8 291.6	4 106.7	1 930.6	2 176.1	245.6	5.1	-3 629.4	1 681.5	5 310.9
海　南	4 832.1	1 000.1	1 095.8	2 736.2	3 609.7	1 715.0	1 717.1	849.0	551.3	297.7	-253.6	7.4	-932.8	752.7	1 685.4
重　庆	20 363.2	1 378.3	8 328.8	10 656.1	—	4 248.8	7 977.0	5 222.6	1 827.3	3 395.3	1 567.9	32.5	-2 275.7	2 265.5	4 541.2
四　川	40 678.1	4 426.7	15 322.7	20 928.8	28 065.3	5 697.9	18 254.5	5 947.8	2 613.0	3 334.8	721.8	90.2	-5 807.4	3 910.9	9 718.3
贵　州	14 806.5	2 159.5	5 755.5	6 891.4	—	2 349.2	3 971.2	501.0	163.4	337.6	174.2	6.1	-3 290.5	1 726.8	5 017.3
云　南	17 881.1	2 498.9	6 957.4	8 424.8	—	3 247.2	6 826.0	1 973.0	1 125.3	847.7	-277.7	10.6	-4 080.7	1 994.4	6 075.0
西　藏	1 477.6	130.3	628.4	719.0	—	92.6	597.6	47.5	18.9	28.6	9.6	9.1	-1 742.4	230.3	1 972.7
陕　西	24 438.3	1 830.2	12 157.5	10 450.7	—	3 534.7	8 938.3	3 513.8	1 435.1	2 078.7	643.6	68.5	-3 058.8	2 243.1	5 301.9
甘　肃	8 246.1	921.3	2 794.7	4 530.1	5 474.2	1 116.4	3 428.4	394.7	248.8	145.8	-103.0	0.5	-2 903.0	870.8	3 773.8
青　海	2 865.2	268.1	1 247.1	1 350.1	4 098.8	351.8	835.6	46.0	14.9	31.1	16.2	0.1	-1 374.6	272.9	1 647.5
宁　夏	3 705.2	279.9	1 650.3	1 775.1	—	449.6	935.8	249.2	68.7	180.5	111.8	1.3	-986.1	444.4	1 430.6
新　疆	12 199.1	1 692.1	4 923.0	5 584.0	—	1 033.4	3 187.0	1 326.2	236.8	1 089.3	852.5	2.1	-3 454.1	1 531.5	4 985.6

注：广东实际利用外商直接投资金额为人民币口径计算所得。

数据来源：国家统计局《中国统计摘要》，各省、自治区、直辖市《国民经济和社会发展统计公报》及统计局。

2018 年各地区主要经济指标比较表（Ⅱ）

地区	地区生产总值同比增长（%）	第一产业	第二产业	第三产业	规模以上工业增加值同比增长（%）	固定资产投资（不含农户）同比增长（%）	房地产开发投资	社会消费品零售总额同比增长（%）	外贸进出口同比增长（%，人民币口径）总额	进口	出口	实际利用外商直接投资金额同比增长（%，美元口径）	地方财政收支同比增长（%）收入	支出	各类价格指数同比增长（%）居民消费价格指数	农业生产资料价格指数	工业生产者购进价格指数	工业生产者出厂价格指数
北京	6.6	-2.3	4.2	7.3	4.6	-5.5	4.9	2.7	23.9	24.1	23.0	—	6.5	9.4	2.5	—	0.8	0.0
天津	3.6	0.1	1.0	5.9	2.4	-5.6	8.6	1.7	5.7	3.8	8.7	—	-8.8	-5.4	2.0	—	6.2	5.4
河北	6.6	3.0	4.3	9.8	5.2	6.0	-7.2	9.0	5.1	4.5	5.5	7.0	8.7	16.7	2.4	3.2	4.0	6.2
山西	6.7	2.1	4.5	8.8	4.1	5.7	18.0	8.2	17.8	18.4	17.4	39.7	22.8	14.1	1.8	2.5	5.5	6.7
内蒙古	5.3	3.2	5.1	6.0	7.1	-28.3	-0.8	6.3	9.9	7.5	14.4	0.3	9.1	6.1	1.8	2.8	2.4	3.2
辽宁	5.7	3.1	7.4	4.8	9.8	3.7	13.5	6.7	11.8	16.8	5.7	-8.2	9.3	9.1	2.5	1.8	4.5	4.8
吉林	4.5	2.0	4.0	5.5	5.0	1.6	29.2	4.8	8.6	8.5	8.8	-9.7	2.5	1.7	2.1	3.7	3.5	2.8
黑龙江	4.7	3.7	2.1	6.4	3.0	-4.7	15.8	6.3	36.4	56.5	-16.7	0.6	3.2	0.8	2.0	3.6	9.0	9.0
上海	6.6	-6.9	1.8	8.7	2.0	5.2	4.6	7.9	5.5	6.4	4.2	1.7	7.0	10.7	1.6	—	5.2	1.7
江苏	6.7	1.8	5.8	7.9	5.1	5.5	14.1	7.9	9.5	11.3	8.4	1.8	5.6	9.8	2.3	3.9	4.6	2.8
浙江	7.1	1.9	6.7	7.8	7.3	7.1	20.9	9.0	11.4	19.0	9.0	4.1	11.1	14.6	2.3	1.8	5.1	3.4
安徽	8.0	3.2	8.5	8.6	9.3	11.8	6.4	11.6	13.5	11.3	15.1	7.0	8.4	5.9	2.0	1.5	5.3	3.0
福建	8.3	3.5	8.5	8.8	9.1	11.5	3.0	10.8	6.6	5.8	7.1	—	7.1	9.8	1.5	3.1	2.8	2.8
江西	8.7	3.4	8.3	10.3	8.9	11.1	8.0	11.0	5.1	17.3	0.7	9.7	5.6	10.9	2.1	2.7	3.2	4.2
山东	6.4	2.6	5.1	8.3	5.2	4.1	13.8	8.8	7.7	9.7	6.1	-30.6	6.3	9.1	2.5	6.9	3.6	3.7
河南	7.6	3.3	7.2	9.2	7.2	8.1	-1.1	10.3	5.3	-6.2	12.8	3.9	10.5	12.3	2.3	4.3	4.0	3.6
湖北	7.8	2.9	6.8	9.9	7.1	11.0	2.6	10.9	11.2	15.0	9.2	—	8.5	6.7	2.0	0.9	4.8	4.2
湖南	7.8	3.5	7.2	9.2	7.4	10.0	15.2	10.0	26.5	21.2	29.5	11.9	3.7	8.9	2.0	2.7	3.5	3.2
广东	6.8	4.2	5.9	7.8	6.3	10.7	19.3	8.8	5.1	11.3	1.2	4.9	7.9	4.6	2.2	2.5	2.5	1.8
广西	6.8	5.6	4.3	9.4	4.7	10.8	11.9	9.3	5.0	-4.1	14.6	-38.5	4.1	8.2	2.3	1.8	3.4	3.2
海南	5.8	3.9	4.8	6.8	6.0	-12.5	-16.5	6.8	20.8	35.4	0.7	107.3	11.7	16.7	2.5	2.2	10.8	8.2
重庆	6.0	4.4	3.0	9.1	0.5	7.0	6.8	8.7	15.9	12.5	17.8	43.8	0.6	4.7	2.0	—	2.5	2.1
四川	8.0	3.6	7.5	9.4	8.3	10.2	10.6	11.1	29.2	26.5	31.4	10.6	9.3	11.8	1.7	1.8	5.3	3.6
贵州	9.1	6.9	9.5	9.5	9.0	15.8	6.7	8.2	-9.1	2.1	-13.7	35.2	7.0	8.8	1.8	-1.2	3.4	1.8
云南	8.9	6.3	11.3	7.6	11.8	11.6	16.5	11.1	24.7	39.3	9.4	9.6	5.7	6.3	1.6	1.7	4.4	2.4
西藏	9.1	3.4	17.5	4.1	12.5	9.8	129.4	14.2	-19.0	-35.4	-2.5	—	23.3	17.8	1.7	1.0	—	0.1
陕西	8.3	3.2	8.7	8.8	9.2	10.4	13.9	10.2	29.2	35.4	25.3	16.2	11.8	9.7	2.1	3.8	4.2	5.4
甘肃	6.3	5.0	3.8	8.4	4.6	-3.9	18.2	7.4	21.0	18.1	26.4	15.7	8.3	14.2	2.0	4.2	9.8	9.5
青海	7.2	4.5	7.8	6.9	8.6	7.3	-13.9	6.7	3.5	-5.0	8.1	-50.0	10.8	7.6	2.5	2.1	4.5	4.8
宁夏	7.0	4.0	6.8	7.7	8.3	-18.2	-31.1	4.8	-27.0	-26.8	-27.2	-58.1	8.2	4.2	2.3	5.6	6.5	7.3
新疆	6.1	4.7	4.2	8.0	4.1	-25.2	-0.4	5.2	-4.8	19.5	-8.8	0.2	4.5	8.6	2.0	4.9	9.2	11.2

注：广东实际利用外商直接投资金额同比增长为人民币口径计算所得。

数据来源：国家统计局《中国统计摘要》，各省、自治区、直辖市《国民经济和社会发展统计公报》及统计局。

2018 年全国 35 个大中城市新建住宅销售价格指数同比增长

单位：%

地区	1月	2月	3月	4月	5月	6月	7月	8月	9月	10月	11月	12月
北京	-1.2	-0.3	-0.6	-0.7	-0.5	-0.1	0.2	0.2	0.4	0.8	1.4	2.3
天津	-0.1	0.6	0.4	0.6	0.9	1.2	1.3	1.6	1.9	1.9	1.9	1.7
石家庄	2.6	2.7	2.5	2.7	4	3.9	5.7	6.5	7.5	10.7	12	14.9
太原	7.8	7.5	7.6	7.7	7.5	6.9	7.7	9.5	10	9.8	10.8	11.2
呼和浩特	6.8	7.4	7.6	8.1	9.3	10.1	11.8	13.9	16.7	17.6	19.6	21
沈阳	11.4	12.1	11.4	10.3	10	9.8	10.3	11	11.7	12.7	12.6	12.7
大连	10.4	10.7	10.8	10.9	11.6	13	13.2	13.8	13.8	13.8	14.3	14.4
长春	9.5	9	9.3	9.3	9.5	10.2	10.3	10.8	10.2	10.6	11.9	11.8
哈尔滨	11.5	10.8	11.1	12	11.1	10.9	12.6	13.3	13.8	14.3	14.9	14.4
上海	-0.2	-0.6	-0.3	-0.2	-0.4	-0.2	-0.2	-0.2	-0.2	-0.4	0.1	0.4
南京	-2	-1.5	-1.7	-1.6	-1.6	-1.8	-1.9	-1.6	-1.3	-1	0.8	0.7
杭州	-1	-0.5	-0.4	-0.3	-0.1	0.3	1.1	1.9	2.4	3.7	4.4	5.6
宁波	6.2	6	5.5	5.6	4.8	4.2	4.8	6.6	7.1	6.9	6.7	6.1
合肥	-0.3	-0.3	-0.4	-0.6	-0.3	-0.2	0.1	1.8	2.9	3.5	3.8	4.2
福州	-2.3	-1.5	-1.8	-1.7	-2.8	-0.5	1	3.5	5.1	6.1	8	8.5
厦门	2.3	2.2	0.1	0.4	1.2	0.7	0.5	0.3	0.5	0.6	-0.1	-0.4
南昌	6	5.3	4.6	4.2	3.9	5.3	6.8	7.4	7.9	8	8.8	9.3
济南	0.9	1.4	0.9	0.6	0.5	3.9	6.9	10.2	12.3	13.3	15.4	15.9
青岛	3.6	3.9	3.3	3.1	4.8	7	8.8	10.1	10.4	10.7	12.2	13.3
郑州	-1	-0.4	-0.8	-0.4	1.4	3.2	4.7	6.7	7.3	8.4	9.4	9.4
武汉	0.7	1.3	1.2	0.5	1.5	2.3	3.2	4.8	5.2	7.9	9.7	10.8
长沙	5.4	5.2	4.4	3.8	4.5	6.3	8.5	10.3	10.9	10.6	10.9	11.1
广州	3.7	3.1	0.8	-0.8	0.1	1.5	1.6	3.3	4.3	4.7	4.9	8.3
深圳	-3.4	-2.5	-2.3	-2.2	-1.7	-1.3	-0.7	0.3	0	-0.4	-0.4	0.1
南宁	8.4	8.4	7.6	6.6	5.7	6.7	6.2	7.4	7.6	7.6	7.6	8.9
海口	1.7	5.2	4.8	7.2	10.1	13.1	19	21.4	21.7	22.4	23	22.1
重庆	8.3	8.2	7.7	7.4	7.5	7.7	8.2	9	10	10.6	11.1	11.6
成都	-1.3	0	0.8	1.1	3.4	5.3	6.5	8.2	8.9	10	11.8	12.7
贵阳	11.2	10.9	10.3	10.1	9.7	10.3	11.3	12.5	14	18.3	19.6	18.8
昆明	10.6	11.4	11.5	10.4	10.8	12.1	14.7	15.9	18	19.2	18.6	16.6
西安	11.1	11.3	11.2	11.2	11	10.4	10.6	13.5	20	20.7	21.8	22.4
兰州	5.3	5.8	5.6	5.7	5.7	6.2	6.6	7.8	8.9	10.4	10.7	10.8
西宁	5.7	6.2	6	5.5	5.1	7.5	7.8	9	10.5	11.6	11.6	12
银川	4.1	5.2	5.9	6.2	6.2	7.1	7.7	9	9.6	9.7	8.9	9.2
乌鲁木齐	7.5	8.7	9.3	10.1	10.8	11.3	11.2	12.1	11.9	11.6	10.5	9.8

注：从 2011 年 1 月起，国家统计局开始实施《住宅销售价格统计调查方案》，对数据来源渠道、指标设置、计算方法等影响价格指数计算的主要因素都进行了调整。

数据来源：国家统计局。

2018 年末各省、自治区、直辖市主要存贷款指标

地区	本外币						人民币							
	金融机构各项存款		金融机构各项贷款				金融机构各项存款				金融机构各项贷款			
	余额（亿元）	比年初（亿元）	余额（亿元）	短期	中长期	比年初（亿元）	余额（亿元）	住户存款	非金融企业存款	比年初（亿元）	余额（亿元）	个人消费贷款	房地产贷款	比年初（亿元）
北　京	157 092.2	13 376.0	70 483.7	22 225.0	42 948.9	7 191.4	150 430.4	32 507.8	54 139.3	12 797.1	66 767.0	14 664.5	17 302.1	7 355.2
天　津	30 983.2	42.4	34 084.9	7 864.3	19 824.6	2 439.1	29 910.5	10 746.2	13 269.2	164.4	32 539.4	7 071.0	8 251.0	2 426.7
河　北	66 245.2	5 793.9	48 115.3	15 309.2	30 281.5	4 795.0	65 910.2	40 355.6	13 712.3	5 877.1	47 744.1	12 773.6	14 659.4	4 849.7
山　西	35 340.0	2 489.3	25 256.4	8 437.2	15 005.2	2 668.0	34 987.6	20 345.2	8 781.7	2 501.2	25 057.0	3 168.6	3 871.8	2 587.5
内蒙古	23 342.0	249.3	22 195.7	7 258.7	13 869.6	608.4	23 261.3	11 966.1	6 222.6	308.6	22 085.2	3 230.7	4 309.6	608.2
辽　宁	59 016.0	4 766.2	44 985.0	15 422.3	26 083.8	3 667.4	58 118.3	30 948.5	15 469.9	4 890.2	43 907.8	7 525.0	10 105.6	3 833.5
吉　林	22 056.3	359.4	18 993.3	6 888.4	11 615.9	976.4	21 927.0	12 520.8	5 083.7	364.3	18 956.4	3 849.9	4 349.3	990.1
黑龙江	25 486.6	1 690.6	20 326.0	8 858.6	9 790.6	859.1	25 321.9	15 610.7	4 294.2	1 706.8	20 156.3	3 622.4	4 446.7	947.0
上　海	121 112.3	8 654.4	73 272.4	17 915.0	43 342.5	5 736.7	112 616.2	27 071.7	50 068.2	7 521.2	67 567.9	19 715.6	20 904.4	6 302.9
江　苏	144 227.4	9 451.2	117 807.9	37 278.7	73 342.2	13 676.0	139 718.0	50 768.6	49 895.2	9 775.0	115 719.0	33 018.6	39 582.1	13 572.4
浙　江	116 512.7	9 192.2	105 774.9	43 658.5	56 857.8	15 500.6	113 727.5	45 812.2	37 672.4	9 726.9	104 099.8	29 411.8	28 662.4	15 484.9
安　徽	51 199.2	5 052.3	39 452.7	10 633.8	26 048.2	4 278.8	50 677.3	22 994.8	14 929.1	5 068.5	38 815.3	12 080.6	14 717.9	4 325.2
福　建	45 812.9	1 726.1	46 503.5	15 027.5	28 674.5	4 543.6	44 677.7	18 278.4	13 508.8	1 882.9	45 173.9	16 149.4	14 340.8	4 662.7
江　西	35 290.7	2 755.0	30 567.1	8 715.8	20 272.8	4 665.9	35 069.5	17 184.4	10 415.5	2 744.6	30 358.4	8 296.6	10 506.2	4 645.0
山　东	96 412.7	5 394.0	77 810.5	28 686.5	43 688.9	6 817.6	94 298.2	48 435.0	28 023.0	5 766.5	74 879.4	19 015.2	24 077.6	7 242.5
河　南	64 983.0	4 945.4	48 870.6	15 878.3	30 596.6	6 282.7	63 867.6	36 092.6	16 188.8	4 799.0	47 834.8	13 582.8	16 067.1	6 086.0
湖　北	56 076.4	3 724.1	45 805.7	8 828.9	32 873.1	6 144.6	55 371.2	26 315.4	17 230.4	3 663.0	44 340.5	11 337.3	15 778.7	6 110.9
湖　南	48 994.6	2 265.3	36 460.5	8 010.6	27 360.3	4 601.9	48 697.5	25 268.7	12 880.8	2 259.8	36 211.8	9 375.1	11 631.7	4 670.4
广　东	208 051.2	13 370.5	145 169.4	38 991.7	95 302.6	18 908.9	199 576.1	69 232.0	72 282.6	14 651.6	139 100.0	52 453.1	53 255.8	20 086.5
广　西	29 789.8	1 890.1	26 688.3	5 130.7	20 242.9	3 445.2	29 620.0	15 282.1	8 088.7	1 905.8	26 143.4	7 880.0	8 257.5	3 355.0
海　南	9 610.5	-485.9	8 820.1	1 417.4	6 893.7	362.2	9 548.6	4 188.8	2 969.9	-468.1	7 870.6	1 924.2	2 960.8	495.4
重　庆	36 887.3	2 033.8	32 247.8	6 047.0	24 046.2	3 796.8	35 651.6	15 907.2	10 129.9	1 932.6	31 425.9	9 978.5	11 842.8	3 544.4
四　川	77 391.0	4 311.6	55 390.9	10 623.1	42 331.5	6 219.3	76 088.7	38 402.8	18 090.8	4 497.3	54 097.8	13 090.7	16 472.6	5 947.0
贵　州	26 542.5	348.3	24 811.4	4 290.8	20 022.5	3 842.5	26 473.3	10 588.6	8 861.9	384.5	24 715.0	4 531.4	6 383.5	3 851.1
云　南	30 740.8	580.1	28 485.7	6 146.0	19 623.3	2 627.4	30 554.0	14 459.4	7 811.6	564.0	28 085.3	5 420.8	6 455.4	2 644.8
西　藏	4 934.6	-24.4	4 555.7	329.8	3 653.0	512.2	4 928.4	925.2	1 215.4	-24.1	4 555.5	326.4	224.8	514.1
陕　西	40 927.6	2 774.3	30 742.7	5 984.8	22 639.0	3 790.5	40 567.4	20 759.8	12 111.8	2 783.4	30 513.8	6 284.0	8 256.3	3 812.6
甘　肃	18 678.5	901.3	19 371.7	5 435.1	12 448.6	1 665.0	18 568.7	9 918.0	4 847.8	907.9	19 094.4	2 184.4	3 518.9	1 690.4
青　海	5 770.9	-50.9	6 634.9	1 204.0	4 501.4	277.0	5 754.7	2 295.9	1 443.7	-50.6	6 582.4	445.1	816.2	355.1
宁　夏	6 046.1	178.9	7 038.5	1 940.6	4 241.8	577.1	6 028.4	3 104.2	1 341.8	180.0	6 807.5	1 024.3	1 221.6	475.0
新　疆	22 378.1	625.0	18 774.3	5 010.2	11 056.0	1 296.7	22 011.5	9 381.0	5 574.7	754.1	18 203.1	2 365.7	3 496.3	1 332.1

数据来源：中国人民银行各分行、营业管理部、省会（首府）城市中心支行。

《中国区域金融运行报告（2019）》
分报告

北京市金融运行报告（2019）

中国人民银行营业管理部货币政策分析小组

［内容摘要］2018 年，北京市深入贯彻党的十九大和十九届二中、三中全会及习近平总书记视察北京重要讲话精神，坚持稳中求进工作总基调，贯彻新发展理念，落实高质量发展要求，全面深化改革开放，着力加强“四个中心”① 功能建设，提高“四个服务”② 水平，抓好“三件大事”③，打好“三大攻坚战”，保持了经济社会平稳健康发展。

2018 年，北京地区生产总值超过 3 万亿元，同比增长 6.6%。服务业发挥经济稳定器作用，对北京经济增长的贡献率接近九成。物价温和上涨，居民消费价格上涨 2.5%；就业形势稳定，城镇登记失业率保持在较低水平；人民生活不断改善，全市居民人均可支配收入实际增长 6.3%。经济发展质量进一步提升，万元地区生产总值能耗、水耗按可比价格计算分别下降 3.8% 和 7.1%，细颗粒物年均浓度下降到 51 微克 / 立方米。一是城市总体规划全面实施，疏解整治促提升专项行动成效显著。全面完成总体规划实施的 45 项年度任务，退出一般制造业企业 656 家，疏解提升市场和物流中心 204 个；城市副中心行政办公区一期工程完工，第一批市级机关正式入驻；北京大兴国际机场航站楼主体工程基本完工；全力支持雄安新区建设，4 所对口帮扶学校挂牌，12 家中关村企业入驻；京津冀协同发展快速推进，输出到津冀的技术合同成交额 227.4 亿元。二是地区营商环境不断优化，对外开放全方位扩大。先后出台“9+N”系列政策措施和进一步优化营商环境三年行动计划，成为全球开办企业完全免费的两个城市之一；市区两级行政审批事项压缩一半以上，政府服务事项网上可办率均达到 90% 以上；服务贸易进出口额突破 1 万亿元。三是全国科技创新中心加快建设，高精尖产业发展态势良好。平均每天新设创新型企业 199 家；中关村国家自主创新示范区总收入超过 5.8 万亿元；金融、科技、信息等优势服务业对经济增长贡献率达到 60% 以上。

2018 年，新产业、新业态、新商业活力凸显。全市新经济实现增加值超过 1 万亿元，同比增长 9.3%，占全市经济的比重为 33.2%，比上年提高 0.4 个百分点。其中，高技术产业增加值 6 976.8 亿元，同比增长 9.4%；战略性新兴产业增加值 4 893.4 亿元，同比增长 9.2%。一是“高精尖”带动工业稳健发展。高技术制造业保持了两位数增长势头，全年规模以上高技术制造业增加值按可比价格计算，同比增长 13.9%，增速快于规模以上工业增速 9.3 个百分点，对规模以上工业增长的贡献达到 66.3%，发挥了主要带动作用。二是新技术新模式打造服务业新活力。高技术服务业完成投资额同比增长 18.9%，其中，信息服务业投资增长 31.2%，科技服务业投资增长 7.7%。限额以上批发零售业网上零售额达到 2 632.9 亿元，同比增长 10.3%，占全市零售额比重为 22.4%，对零售额增长的贡献率达到 80.6%。三是科技创新集聚经济发展新动能。2018 年，中关村国家自主创新示范区高新技术企业实现总收入 5.9 万亿元，同比增长 11%，其中，技术收入 1.1 万亿元，同比增长 13.4%。

---

① 全国政治中心、文化中心、国际交往中心、科技创新中心。

② 为中央党、政、军领导机关的工作服务，为国家的国际交往服务，为科技和教育发展服务，为改善人民群众生活服务。

③ 精心组织实施北京城市总体规划，以疏解北京非首都功能为“牛鼻子”推动京津冀协同发展，全力筹办好 2022 年北京冬奥会、冬残奥会。

2018年，中国人民银行营业管理部在人民银行总行的正确领导和北京市委、市政府的大力支持下，积极落实稳健中性的货币政策，引导辖内货币信贷较快增长，创新支持民营和小微企业发展举措，不断提升金融服务和管理水平，推进金融业改革开放，探索创建金融监管协调机制，加强重点领域风险防控，助力优化北京营商环境，有力促进了首都经济高质量发展。一是为首都经济高质量发展营造适宜的货币金融环境。北京地区全年社会融资规模增量为17 784.3亿元，同比多增7 827.9亿元，年末人民币贷款余额增速12.5%，同比多增7 355.2亿元。二是持续深化民营和小微企业金融服务，加大高精尖产业和重点领域金融支持力度。全年累计办理再贴现283.9亿元，95%用于支持小微、民营、高新、绿色企业。通过配套支持工具支持2家民企发债19亿元，降低成本约1 600万元。2018年末，普惠口径小微企业贷款余额同比增长30.3%；12月加权平均利率6.81%，比上月下降30个基点。私人控股企业人民币贷款余额同比增长13.5%。2018年末，高新技术产业、文化创意产业、保障性住房开发贷款分别同比增长17%、19%、65.8%。三是提升金融服务水平，助力北京营商环境领跑全国。稳步推进跨境资金池业务及跨境电商支付工作。持续推进移动支付便民示范工程，在6 000辆公交车上线“云闪付”。四是争取改革创新试点，提升金融领域开放水平。外债便利化政策试点范围扩大至16个园区，外债额度由50万美元提高到500万美元。完成英资益博睿征信公司的备案工作。启动金融科技应用试点工作。五是加强重点领域风险防范，探索长效机制建设。探索创建北京市金融监管协调和风险处置“双机制”。全年个人住房贷款同比少增，居民家庭杠杆率进一步降低。互联网金融领域风险呈收敛态势。

2019年，中国人民银行营业管理部将认真贯彻落实中央经济工作会议及人民银行工作会议精神，准确把握当前复杂严峻的经济金融形势，以支持首都经济高质量发展为目标，继续贯彻落实好稳健的货币政策，优化信贷结构，提升金融服务水平，有效防控金融风险。一是努力为经济高质量发展营造良好的货币金融环境。认真落实稳健的货币政策，重点做好逆周期调节，引导金融机构加大信贷投放力度。二是确保金融“活水”流向实体经济重点领域。继续用好再贷款、再贴现等结构性货币政策工具，引导金融机构加大对民营和小微企业支持力度。加快形成政策合力，通过协调财政政策、金融监管政策，促进金融管理、税务、政府采购等公共信息共享。三是继续打好防范化解重大金融风险攻坚战。着力做好P2P网络借贷、债券市场、房地产金融和第三方支付等重点领域风险防控与处置工作。四是加强外汇管理与服务，服务首都全面开放新格局。继续做好北京市服务业扩大开放、金融业扩大开放试点相关工作。聚焦央企和大型企业集团“走出去”，积极引导和推动企业在“一带一路”沿线对外援助、对外贸易和对外投资中更多使用人民币结算。五是坚持普惠方向，进一步提升金融服务水平。深刻领会国务院常务工作会议关于深化“放管服”改革、优化营商环境的工作精神，落实全面取消企业银行账户开户许可工作部署，继续扩大“云闪付”移动支付应用。

一、金融运行情况

2018年，北京市金融运行整体平稳，信贷增速保持较快水平，社会融资显著改善，机构改革继续稳步推进，服务水平显著提高，金融支持实体经济的能力进一步增强。

（一）银行业运行平稳，信贷保持较快增速

1. 银行业金融机构资产规模进一步扩大，利润增长有所放缓。2018年末，北京市银行业金融机构资产总额同比增长8.9%，增速同比上

升 6.1 个百分点；实现利润同比增长 5.1%，增速同比下降 11.6 个百分点；银行业金融机构数量有所增加，2018 年末机构网点总数同比增加 56 家；法人金融机构数量同比增加 2 家；银行支付业务快速发展，2018 年末，银行卡发卡量累计达到 2.4 亿张，全年新增 3 766.9 万张。

表 1　2018 年北京市银行业金融机构情况

机构类别	营业网点			法人机构（个）
	机构个数（个）	从业人数（人）	资产总额（亿元）	
一、大型商业银行	1 817	52 955	91 069	0
二、国家开发银行和政策性银行	18	907	18 364	0
三、股份制商业银行	862	24 495	46 638	0
四、城市商业银行	412	11 420	28 341	1
五、城市信用社	0	0	0	0
六、小型农村金融机构	673	8 743	8 813	1
七、财务公司	75	4 989	33 414	73
八、信托公司	12	3 788	1 429	12
九、邮政储蓄银行	574	3 276	3 328	0
十、外资银行	116	4 363	3 817	9
十一、新型农村金融机构	38	791	244	11
十二、其他	106	—	—	13
合　计	4 703	115 727	235 457	120

注：营业网点机构数据不包括国家开发银行和政策性银行、大型商业银行、股份制商业银行金融机构总部；大型商业银行包括中国工商银行、中国农业银行、中国银行、中国建设银行和交通银行；小型农村金融机构指农村商业银行；新型农村金融机构包括村镇银行、贷款公司和农村资金互助社；“其他”包含金融租赁公司、汽车金融公司、货币经纪公司、消费金融公司等。

数据来源：中国人民银行营业管理部、北京银保监局、北京市地方金融监督管理局。

2. 人民币存款增速先升后降，外币存款增速持续回落。2018 年末，北京市金融机构人民币存款余额同比增长 9.3%，比全国高 1.1 个百分点，比上年同期高 5.1 个百分点，全年新增额为近三年最高。2018 年以来，人民币存款增速从年初的 3.3% 迅速升至 7 月的 11.3% 后缓慢回落，证券、保险等非银行业金融机构存入金融体系资金增长是拉动人民币存款增长的主要原因。受中美贸易摩擦及汇率影响，外币存款增速持续回落，2018 年以来，北京市金融机构外币存款余额增速从年初的 18.1% 逐步回落至年末的 4.3%，比上年同期低 11.7 个百分点。

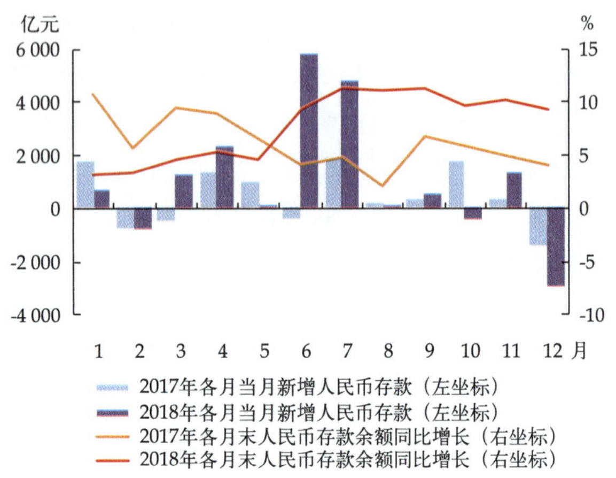

数据来源：中国人民银行营业管理部。

图 1　2017~2018 年北京市金融机构人民币存款增长变化

3. 本外币贷款增速保持在较高水平，金融业对实体经济的支持力度持续加大。2018 年末，北京市金融机构本外币贷款余额同比增长 11.7%，比上年高 0.2 个百分点。其中，人民币贷款余额同比增长 12.5%，比全国低 1 个百分点；外币贷款余额增速从年初的同比增长 21.7% 迅速回落至年末的同比下降 5.6%。

重点领域贷款增长显著。2018 年末，北京市中资银行高新技术产业人民币贷款余额同比增长 16.9%，文化创意产业人民币贷款余额同比增长 19.3%。北京市金融机构小微企业人民币贷款余额同比增长 15.7%；普惠领域小微企业人民币贷款余额同比增长 30.3%，增幅比同期各项贷款增速高 17.8 个百分点，为 2015 年以来最高增速。

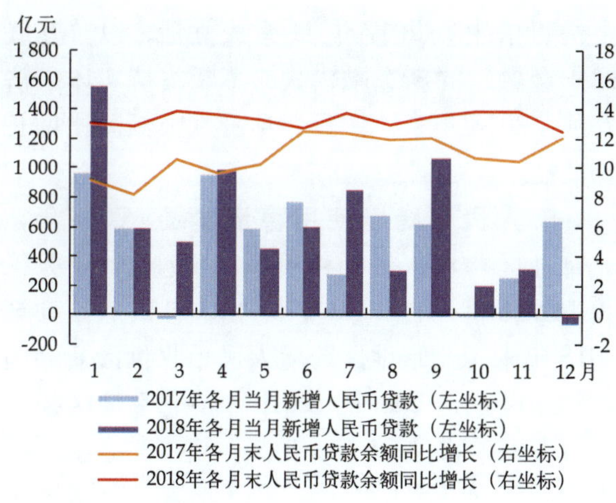

数据来源：中国人民银行营业管理部。

图 2 2017~2018 年北京市金融机构人民币贷款增长变化

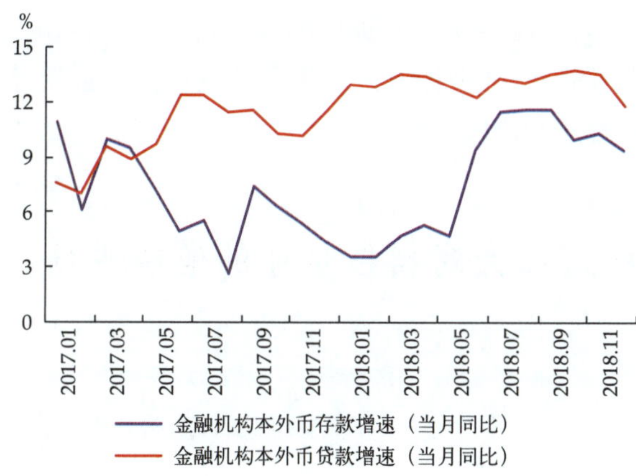

数据来源：中国人民银行营业管理部。

图 3 2017~2018 年北京市金融机构本外币存、贷款增速变化

4. 金融降杠杆效果显著，表外业务规模增速明显放缓。2018 年末，北京地区银行业金融机构表外业务余额同比增长 4.5%，增速较上年同期低 20.9 个百分点。其中，托管资产业务余额同比增长 4.3%，增速较上年同期低 30.9 个百分点。4 月资管新规发布后，北京辖内理财产品规模显著下降，2018 年末，理财产品余额较 4 月末下降 13%。

5. 人民币贷款利率呈先升高后回落态势，美元存贷款利率均处于历史高位。银行体系流动性保持合理充裕，受货币市场利率中枢明显下行带动，2018 年北京地区人民币贷款利率升高后呈回落态势；1~7 月震荡上行攀升至 5.3856%，8~12 月震荡下行回落至 4.9315%。小微企业贷款利率明显下降。人民币活期存款利率走势平稳，定期存款利率稳中略升。在美联储加息和美元走强的背景下，2018 年美元存贷款利率均在历史高位运行。

表 2 2018 年北京市金融机构人民币贷款各利率区间占比

月份		1 月	2 月	3 月	4 月	5 月	6 月
合计		100.0	100.0	100.0	100.0	100.0	100.0
下浮		23.2	32.2	22.4	29.1	23.4	25.1
基准		30.8	25.2	25.9	20.6	20.4	23.7
上浮	小计	46.0	42.6	51.6	50.4	56.2	51.3
	(1.0，1.1]	20.7	16.8	22.9	20.6	27.2	21.4
	(1.1，1.3]	11.6	12.3	12.5	12.5	11.8	11.6
	(1.3，1.5]	2.8	4.6	5.3	5.8	5.0	6.8
	(1.5，2.0]	7.4	5.8	8.1	8.0	8.4	8.4
	2.0 以上	3.5	3.2	2.9	3.5	3.8	3.1
月份		7 月	8 月	9 月	10 月	11 月	12 月
合计		100.0	100.0	100.0	100.0	100.0	100.0
下浮		25.1	36.6	38.0	38.4	41.9	46.1
基准		23.5	20.7	21.7	19.9	18.9	22.0
上浮	小计	51.4	42.7	40.4	41.7	39.2	32.0
	(1.0，1.1]	17.9	11.4	9.4	9.7	9.2	9.2
	(1.1，1.3]	12.4	10.8	11.9	11.6	10.5	8.7
	(1.3，1.5]	6.2	6.0	5.0	4.7	5.1	3.5
	(1.5，2.0]	11.0	9.8	10.0	11.0	10.9	7.9
	2.0 以上	3.9	4.8	4.0	4.7	3.6	2.7

数据来源：中国人民银行营业管理部。

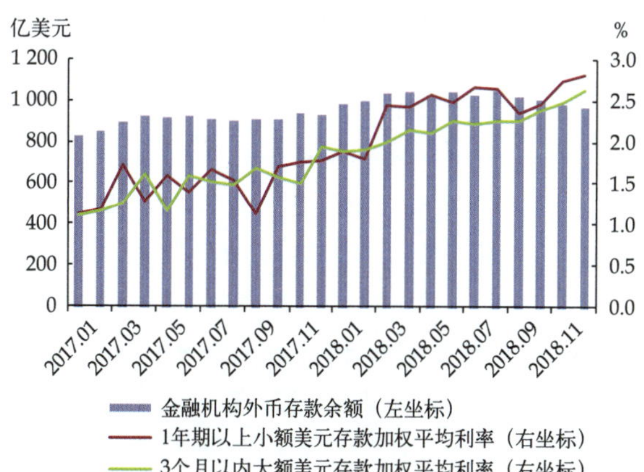

数据来源：中国人民银行营业管理部。

图 4 2017~2018 年北京市金融机构外币存款余额及外币存款利率

6. 资产质量总体保持稳定，但仍存在下行压力。2018 年末，辖内银行业金融机构不良贷款率 0.34%，为 2008 年以来同期最低值，较上年同期下降 0.03 个百分点。法人银行资产、负债余额同比分别增长 9.3% 和 9.2%；拨备覆盖率 268.9%，信用风险抵补能力较强。资产质量下行压力增大，2018 年末，辖内银行业金融机构逾期贷款余额同比增长 30.9%；逾期 90 天以上贷款占不良贷款的比例比上年同期升高 27.9 个百分点。

7. 银行业机构改革继续推进，金融服务能力进一步提升。北京市首家民营银行——北京中关村银行自 2017 年 7 月成立以来，主要从“认股权贷款”和“场景智慧金融”两个方向，为科创企业和小微企业提供服务，2018 年末，该行各项贷款余额同比增长 5.6 倍，有力促进了科技与金融的深度融合。全国首家直销银行——中信百信银行 2017 年 11 月成立后，以“互联网 + 金融”的新金融模式，不断支持实体经济发展，2018 年末，该行各项贷款余额同比增长 13.2 倍。

8. 人民币跨境使用稳步发展。2018 年，北京地区跨境人民币结算 2.2 万亿元，业务笔数 14.9 万笔。自 2010 年 6 月 23 日试点启动至 2018 年末，北京地区跨境人民币收付涉及的国家和地区已达 206 个。2018 年，北京地区经常项目人民币收付 6 973.6 亿元，资本与金融项目人民币收付 1.5 万亿元。2018 年末，北京地区已有 114 家跨国企业集团开立人民币双向资金池专用账户，累计归集跨境收入 2 881.4 亿元，累计跨境支出 2 545.3 亿元；北京地区银行已经为境外 92 个国家和地区的参加行开立人民币同业往来账户 919 个，为非居民机构开立人民币结算账户 1 068 个。

专栏 1 中关村示范区专营组织机构持续加大对科技企业的信贷支持 利率和不良率保持较低水平

2018 年，中关村国家自主创新示范区科技金融专营组织机构（以下简称示范区专营组织机构）从 56 家增加至 64 家。监测结果显示，示范区专营组织机构对北京地区高新技术企业信贷支持规模不断扩大，信贷结构更加优化，利率和不良率继续保持较低水平。

一、示范区专营组织机构中关村高新技术企业贷款主要特点

（一）贷款规模扩大，贷款结构优化

2018 年末，示范区专营组织机构中关村高新技术企业贷款余额 1 087 亿元，同比增长 31.9%，增速较上年提高 17.2 个百分点。其中，中长期贷款余额 536.8 亿元，占比 49.4%，较上年提高 11.5 个百分点，表明示范区专营组织机构不断向中关村高新技术企业提供稳定资金来源。贷款种类方面，示范区专营组织机构信用贷款业务模式逐渐成熟，2018 年末，贷款余额 638.1 亿元，同比增长 34.8%，增速较上年提高 8.2 个百分点；占中关村高新技术企业贷款余额的 58.7%，较上年提高 1.3 个百分点。

（二）贷款利率小幅上升，但仍保持较低水平

2018 年，受科技企业风险事件和经营环境变化影响，示范区专营组织机构加大对科技企业风险管控，贷款利率有所上升。2018 年，中关村高新技术企业全年贷款加权平均利率为 5.12%，较上年同期提高 33 个基点，但仍低于北京市小微企业全年贷款加权平均利率 24 个基点。从趋势上看，示范区专营组织机构中关村高新技术企业贷款利率的优势逐渐减弱，2017 年第一季度至 2018 年第二季度两者平均相差 90 个基点，2018 年第二季度后缩减至 20~30 个基点。在中国人民银

行各项支小政策引导下，北京市小微企业贷款利率不断下调，中关村高新技术企业贷款利率处于低位。

（三）不良贷款率远低于北京市平均水平

2018年，在经济下行环境下，部分中关村高新技术企业面临营收下降、账款拖欠等问题，再加上续贷难度加大，债券和股市等其他融资渠道不畅，资金周转困难，发生贷款逾期。2018年，示范区专营组织机构中关村高新技术企业不良贷款率为0.23%，较上年同期提高0.14个百分点。由于示范区专营组织机构贷前谨慎择户、贷后严格管理，不良率仍处于低位，比北京市平均水平低0.11个百分点。从目前情况看，中关村高新技术企业贷款逾期增加受个案偶发影响较多，还未出现明显趋势性特点。但随着我国经济结构调整，下行压力进一步加大，加上科技企业竞争日益激烈，经营环境不确定性因素增加，中关村企业贷款质量需受到持续监测。

二、值得关注的问题

（一）知识产权、应收账款和股权质押融资不同程度缩减

除信用贷款保持稳定增长势态，中关村高新技术企业其他非传统担保类贷款业务都未形成稳定规模，易受个别因素影响。2018年末，知识产权质押贷款余额3.9亿元，同比增长3.8%，增速较上年同期下降18.4个百分点；应收账款质押贷款余额0.1亿元，同比减少98.6%；股权质押贷款余额8.5亿元，同比减少42.7%。

（二）城市商业银行和部分股份制商业银行专营组织机构竞争力明显不足

在经济下行和各项政策考核压力下，专营组织机构业务竞争日益加剧，国有银行专营组织机构由于流动性充裕和资金成本低，业务优势突出。2018年，示范区国有银行专营组织机构中关村高新技术企业贷款余额同比增长27.7%，增速较上年同期提高13.5个百分点，全年加权平均利率为4.69%，比示范区专营组织机构平均利率低43个基点。相比之下，城市商业银行和部分股份制商业银行由于竞争力不足，总体信贷萎缩，科技企业贷款规模下降。

（二）证券期货行业总体经营稳健，各级资本市场融资额下降

1.证券期货机构数量总体呈稳步增长态势，证券公司并购重组持续推进。2018年末，辖内法人证券公司18家、法人期货公司19家、法人基金管理公司19家，均与上年相同；证券营业部543家、期货分支机构108家，分别比上年增加66家和6家。中金公司并购中投证券、民族证券与方正证券的整合工作不断向前推动；大和证券在北京设立合资公司，实现北京证券业对外开放的突破。

2.法人证券公司资本实力增强，期货公司利润大幅减少，基金公司管理基金净值增长。2018年末，法人证券公司资产总额同比减少1.1%，净资本同比增长4.6%，全年营业收入同比减少14.9%。期货公司资产总额同比减少8.8%，净资本同比减少3.8%，全年期货代理交易额同比增长7.2%，利润总额同比减少27.2%。法人基金公司管理基金年末资产净值同比增长13.4%。

3.新三板挂牌公司数量减少，融资量显著下降。2018年末，全国中小企业股份转让系统挂牌公司总数达1.1万家，较上年同期减少939家；总市值同比减少30.2%。其中，北京市新三板挂牌公司同比减少11%，占全国总数的13.5%，总股本占全国总数的17.4%，总市值占全国的17.6%。受制于新三板市场整体交易不活跃、流动性差，2018年辖区挂牌公司定向增发186次，募集资金同比减少70%。

表 3　2018 年北京市证券业基本情况

项目	数量
总部设在辖内的证券公司数（家）	18
总部设在辖内的基金公司数（家）	19
总部设在辖内的期货公司数（家）	19
年末境内上市公司数（家）	316
当年国内股票（A 股）筹资（亿元）	2 702
当年发行 H 股筹资（亿元）	—
当年国内债券筹资（亿元）	—
其中：短期融资券筹资额（亿元）	—
中期票据筹资额（亿元）	—

注：证券公司家数为法人机构数量，国内股票（A 股）筹资额包含金融企业 A 股筹资，债券筹资为社会融资规模中企业债券融资额。

数据来源：中国人民银行营业管理部、北京证监局。

（三）保险业务结构明显改善，社会服务功能进一步增强

1. 保险行业发展有所放缓，乱象整治取得实效。2018 年末，北京共有保险总公司 45 家，其中，财产险公司 15 家、人身险公司 30 家；保险销售从业人员共 17.9 万人。全年原保险保费收入同比减少 9.1%；累计赔付支出同比增长 8.9%；保险深度 5.9%，较上年同期下降 1.1 个百分点；保险密度 8 293.1 元 / 人，同比减少 792.2 元 / 人。北京地区通过开展综合性检查以及车险、农险、防范非法集资、反洗钱和“互联网保险风险专项整治”等专项检查，保持严打高压态势，北京保险业乱象整治取得实效。

2. 财产险公司保费收入稳步增长，人身险公司业务结构明显改善，外资保险公司市场份额有所上升。2018 年末，财产险公司实现保费收入同比增长 5.8%，其中，车险业务保费收入同比下降 0.1%，非车险业务保费收入同比增长 15.7%；累计赔款支出同比增长 15.3%。人身险公司保费收入同比下降 13.3%；非保险合同业务本年新增交费同比增长 34.5%；人身险新单期交率 47.8%，同比上升 17.8 个百分点；退保率 7.2%，较上年同期上升 1.6 个百分点。在京外资保险法人机构 14 家，分公司 37 家，全年实现保费收入同比增长 11.4%；市场份额 17.9%，较上年同期上升 3.3 个百分点。

3. 保险行业社会服务功能进一步增强。2018 年末，北京地区政策性农业保险实现保费收入 7.1 亿元，参保农户 7.6 万户次，提供风险保障 262.7 亿元；安全生产责任险全年累计为 5 万家次企业提供风险保障 2 710.4 亿元；医疗责任保险全年累计承保医疗机构 1 188 家次，快速化解医患纠纷 1 068 件。2018 年末，保险资金通过债权计划投资北京市基础设施、科技园区等重点项目规模达 1 796.5 亿元。

表 4　2018 年北京市保险业基本情况

项目	数量
总部设在辖内的保险公司数（家）	45
其中：财产险经营主体（家）	15
人身险经营主体（家）	30
保险公司分支机构（家）	109
其中：财产险公司分支机构（家）	47
人身险公司分支机构（家）	62
保费收入（中外资，亿元）	1 793.3
其中：财产险保费收入（中外资，亿元）	422.7
人身险保费收入（中外资，亿元）	1 370.7
各类赔款给付（中外资，亿元）	629.4
保险密度（元 / 人）	8 293.1
保险深度（%）	5.9

数据来源：北京银保监局。

（四）社会融资规模增加，金融创新步伐加快

1. 社会融资规模总量扩大、结构优化。2018 年，北京地区社会融资规模增量为 17 784.3 亿元，比上年同期多增 7 827.9 亿元。其中，人民币贷款占地区社会融资规模增量的 42.6%，同比下降 29.8 个百分点；债券融资占地区社会融资规模增量的 39.4%，同比提高 67 个百分点；受资本市场整体低迷影响，股票融资增长放缓；受金融监管政策叠加、地方政府债务规范等多种因素影响，委托贷款、信托贷款和未贴现银行承兑汇票等表外融资持续收缩。

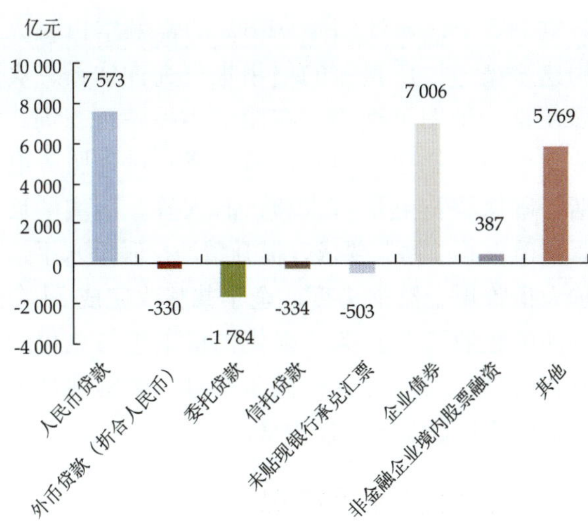

数据来源：中国人民银行营业管理部。

图 5　2018 年北京地区社会融资规模分布结构

2. 民营、科创、小微企业金融市场创新产品在京落地。一是民营企业债券融资支持工具推广使用，辖内银行、中债信用增进公司创设 3 亿元信用风险缓释凭证，北京地区 2 家民营企业在银行间市场发债融资 19 亿元，为企业降低融资成本约 1 600 万元。二是北京地区首单“双创”债务融资工具成功落地。2018 年 12 月，北京市海淀区国有资本经营管理中心在银行间市场发行规模 30 亿元的“双创”中期票据，其中 0.5 亿元直接用于对“双创”企业的股权投资。三是市属企业在银行间市场发债融资快速发展。2018 年，北京市 84 家市属企业在银行间市场发行债券 272 只，募集资金 3 323 亿元，只数及金额分别同比增长 54.7% 和 47.8%。

3. 票据市场运行总体平稳，贴现票据金额继续大幅回落，票据承兑和贴现余额明显增长。2018 年，北京市金融机构累计签发银行承兑汇票金额同比增长 6.3%，累计贴现票据金额同比减少 39.7%。2018 年末，银行承兑汇票余额同比增长 10.3%，票据贴现余额同比增长 48.2%。北京地区票据贴现和转贴现利率下行趋势明显。

表 5　2018 年北京市金融机构票据业务量统计

单位：亿元

季度	银行承兑汇票承兑		贴现			
			银行承兑汇票		商业承兑汇票	
	余额	累计发生额	余额	累计发生额	余额	累计发生额
1	2 859	1 458	1 659	3 443	139	141
2	3 104	2 960	1 939	6 982	171	285
3	3 254	4 557	2 087	10 370	146	375
4	3 667	6 573	2 359	13 752	205	1 027

数据来源：中国人民银行营业管理部。

表 6　2018 年北京市金融机构票据贴现、转贴现利率

单位：%

季度	贴现		转贴现	
	银行承兑汇票	商业承兑汇票	票据买断	票据回购
1	5.1399	5.6373	5.0862	4.5024
2	4.9437	5.8844	4.8559	3.9855
3	4.0187	5.2881	3.9311	3.1382
4	3.8283	5.0548	3.6810	2.8096

数据来源：中国人民银行营业管理部。

4. 地方债发行规模大幅下降，政府负债率保持稳定。2018 年末，北京市地方政府债务余额 4 248.9 亿元，较 2017 年末增加 372 亿元。其中，一般债务余额 2 034 亿元，专项债务余额 2 214.9 亿元。2018 年，北京市地方政府负债率为 14.0%，较 2017 年提高 0.2 个百分点。2018 年，北京市政府共发行债券 644.9 亿元，全部采用公开招标方式发行，较 2017 年减少 425.2 亿元。

（五）金融改革稳步推进，营商环境不断改善

2018 年，中国人民银行营业管理部以“服务实体经济、防控金融风险、深化金融改革”为重心，精准贯彻落实各项贸易投资自由化便利化政策，创新提升外汇管理服务水平，切实防范跨境资金流动风险。推动北京市外债便利化政策升级，将政策覆盖面由中关村“一区七园”扩展至“一区十六园”。落地资本项目收

入结汇支付便利化政策，提升业务办理效率。积极推进跨境电子商务综合试验区建设，拟定政策支持清单。建立内保外贷履约风险评估及重点企业管理制度，对跨国企业集团跨境双向人民币资金池业务进行风险评估，切实防范跨境资本流动风险。严厉打击外汇违法违规行为，有力维护外汇市场秩序。扎实推进跨境人民币新政在京落地，着力推动跨境产权交易、个人薪酬、赡家款等跨境人民币结算业务，有效释放政策红利。建立常态化的沟通交流和业务辅导机制，支持丝路基金首笔人民币对外投资等重点项目顺利落地。全年北京地区跨境人民币收付 21 712.7 亿元，同比增长 46.5%。

（六）金融生态环境持续优化，金融惠民功能成效凸显

2018 年，中国人民银行营业管理部积极改进中国人民银行端账户核准工作流程，将账户行政许可的时间由 2 天缩减为 1 天；开展企业注册信息共享及应用试点工作；搭建工商管理部门与银行机构信息传输通道，实现企业登记注册信息落地；优化调整商业银行向中国人民银行提交账户审核资料的内容，做到能简尽简，所需资料能并则并，便利企业开户。中国人民银行营业管理部在北京市“e 窗通”平台嵌入企业开户在线预约模块，实现企业在足不出户情况下能够在线选择预约网点，缓解小微企业开户难的问题；将核准后的企业注册信息通过业务处理中心传输给商业银行，大大降低了银行对客户的真实性核实难度，有效提升了企业开户服务效率。2018 年末，北京市共有 56 家商业银行、2 424 个网点加入了企业在线预约系统，真正实现了“让数据多跑路，让企业少跑腿”。企业填写开户申请的平均用时缩短 15.2%，企业开户平均用时缩短 32.2%。

2018 年，中国人民银行营业管理部持续推动北京辖区移动支付便民示范工程建设，在 6 000 辆公交车上试点上线移动支付闪付 ODA 应用。全年推动建立便民服务点和助农取款服务点 785 个，累计消除 91.8% 的金融空白村。构建多渠道、广覆盖的信用报告查询体系，实现在百度地图可搜索、在微信小程序可查询。筹建业务咨询呼叫中心，整合所有对外服务电话，确保咨询电话有人接、有人答。落实“反假货币重心前移”要求，提升精准反假币水平；加大拒收现金整治力度，全年共整改完成 54 个场所的拒收现金行为；强化国债销售与兑付的监督管理；治理与宣传同步推进，多维度加大金融消费权益保护工作力度。

二、经济运行情况

2018 年，北京市坚持稳中求进工作总基调，全面对标高质量发展要求，牢牢把握首都城市战略定位，扎实推进疏功能、稳增长、促改革、调结构、惠民生、防风险各项工作，保持了经济社会平稳健康发展。2018 年，全市实现地区生产总值 30 320 亿元，按可比价格计算，同比增长 6.6%。

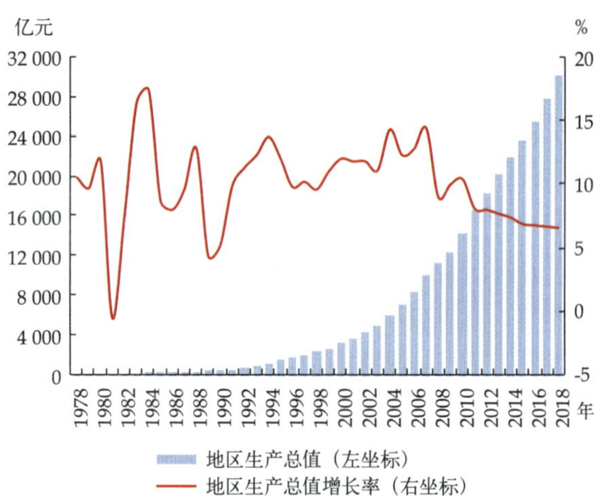

数据来源：北京市统计局。

图 6　1978~2018 年北京市地区生产总值及其增长率

（一）三大需求协调发展，经济运行稳中向好

2018 年，北京市坚定不移贯彻中央“六稳”

要求，实现经济平稳增长与质量提升互促共进。从三大需求看，投资结构进一步优化，服务性消费增势较好，进出口创历史新高。

1. 投资总量低位运行，结构进一步优化。 2018 年，北京市固定资产投资（不含农户）比上年下降 5.5%。从结构看，基础设施投资同比下降 10.7%；房地产开发投资同比增长 3.4%。分产业看，三大产业完成投资同比增速分别为 8.9%、-43.2% 和 -6.3%。符合首都发展方向的行业投资较快增长，投资结构进一步优化，信息传输、软件和信息技术服务业投资同比增长 31.2%，文化、体育和娱乐业投资同比增长 11.8%，科学研究和技术服务业投资同比增长 7.7%。

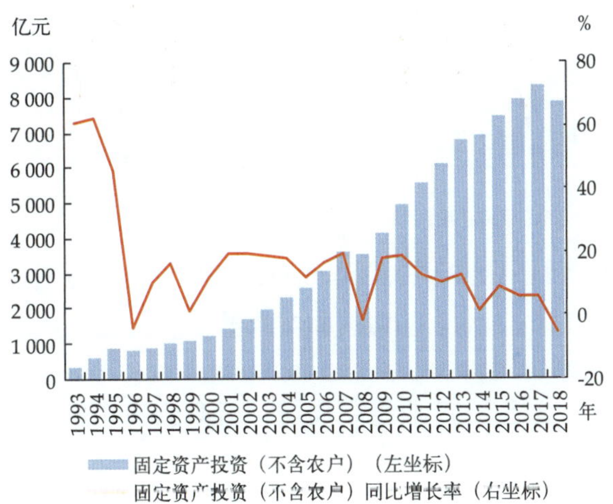

数据来源：《中国经济景气月报》。

图 7　1993~2018 年北京市固定资产投资（不含农户）及其增长率

2. 居民收入稳步增加，服务性消费增势较好。 2018 年，全市城乡居民收入增长总体稳定，居民人均可支配收入实际增长 6.3%，与经济增长基本同步。全年实现市场总消费额同比增长 7.4%。社会消费品零售总额同比增长 2.7%。服务性消费增势较好，全年服务性消费额增长 11.8%，占市场总消费的 53.8%，对总消费增长的贡献率达到 82.6%，成为带动消费增长的主要力量。商品性消费意愿不强，全年实现社会消费品零售总额增长 2.7%，较上年同期低 2.5 个百分点。

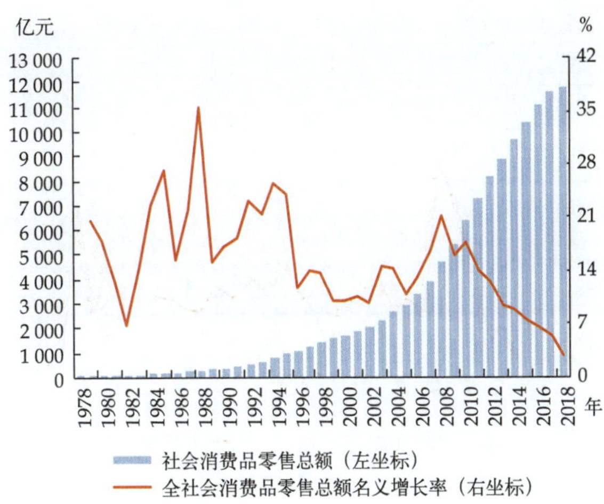

数据来源：北京市统计局。

图 8　1978~2018 年北京市社会消费品零售总额及其增长率

3. 对外贸易高速增长，利用外资增势放缓。 2018 年，北京地区进出口总值 27 182.5 亿元，同比增长 23.9%，规模再创历史新高。其中，出口同比增长 23.0%，进口同比增长 24.1%。北京地区实际利用外资 173.1 亿美元，同比下降 28.9%。其中，降幅最大的是占比 26.1% 的信息传输、计算机服务和软件业，同比下降 65.7%。

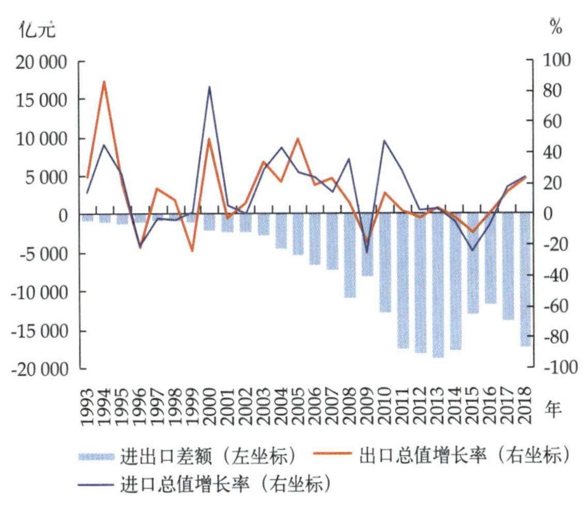

数据来源：北京市统计局。

图 9　1993~2018 年北京市外贸进出口变动情况

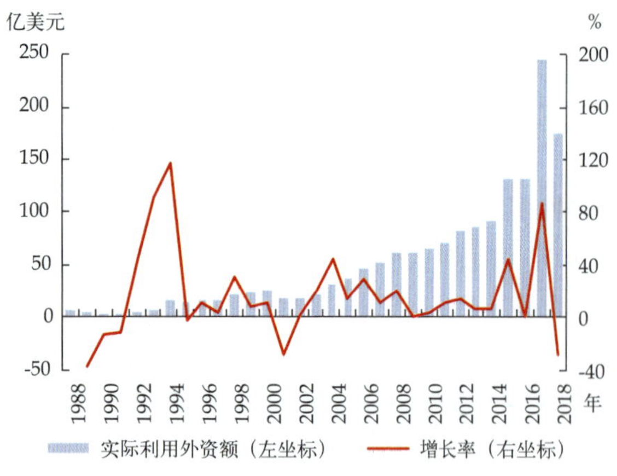

数据来源：北京市统计局。

图 10　1988~2018 年北京市实际利用外资额及其增长率

（二）产业转型升级继续推进，疏解整治促提升成效显著

2018 年，北京市第一、第二、第三产业增加值分别实现 118.7 亿元、5 647.7 亿元和 24 553.6 亿元。三次产业构成比为 0.4 ∶ 18.6 ∶ 81.0，与 2017 年的 0.4 ∶ 19.0 ∶ 80.6 相比，第三产业比重进一步提高。

1. 传统农业整体缩减，都市型农业稳步发展。2018 年，全市持续深入推进农业“调转节”，传统农业进一步缩减，农林牧渔业实现总产值 296.8 亿元，同比下降 3.7%。农业内部结构进一步调整，农业产值同比下降 11.6%，小麦等高耗水作物继续退出；畜牧业产值同比下降 29%，猪、牛、羊等主要畜禽存栏、出栏量，禽蛋、牛奶产量同比均下降；渔业产值同比下降 36%；林业产值在新一轮百万亩造林工程拉动下实现同比增长 61.7%。设施农业效益水平提升，设施亩均效益实现 2.5 万元 / 亩，比上年提高 2.2%。效益较高的温室和大棚产值占比有所上升，由上年的 96.6% 提高到 96.9%。

2. 工业生产增势稳定，生产效率稳步提升。2018 年，全市规模以上工业增加值按可比价格计算增长 4.6%。高精尖产业带动工业稳健发展，高技术制造业增加值比上年增长 13.9%，增速快于规模以上工业增速 9.3 个百分点，对规模以上工业增长的贡献达到 66.3%，发挥了主要带动作用。重点行业中，医药制造业增长 16.2%，计算机、通信和其他电子设备制造业增长 15.2%，电力、热力生产和供应业增长 12.2%，汽车制造业下降 5.8%。工业产出效率和能源利用效率持续提高，规模以上工业单位增加值能耗同比下降 2.5%，全年规模以上工业企业全员劳动生产率为 45.6 万元 / 人，比上年同期提高 4.7 万元 / 人。

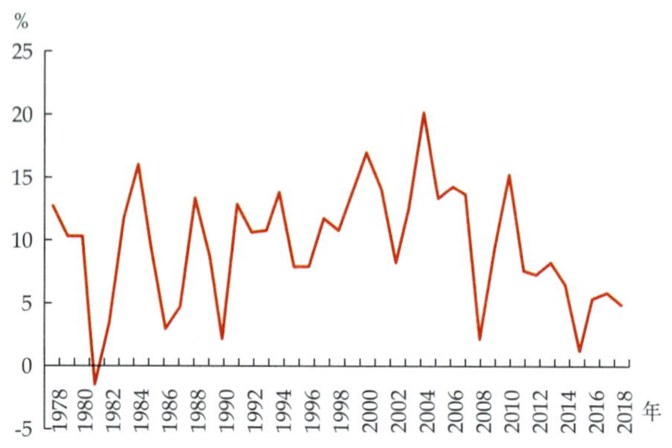

数据来源：北京市统计局。

图 11　1978~2018 年北京市规模以上工业增加值实际增长率

3. 第三产业稳中向好，新商业模式表现活跃。2018 年，全市第三产业增加值比上年增长 7.3%，高于地区生产总值增速 0.7 个百分点，对经济增长的贡献率达到 87.9%。金融、科技服务、信息服务等优势行业在全市地区生产总值中的比重为 40.1%，比上年提高 1.8 个百分点。新商业模式稳步成长，信息、科技行业创业与投入活跃，新设立的企业中，信息服务业、科技服务业企业占比合计为 38.5%，同比提高 0.4 个百分点。高技术服务业投入力度加大，完成投资 507.8 亿元，同比增长 18.9%。批发零售、住宿餐饮等传统商业转型升级，全市限额以上批发零售业网上零售额达到 2 632.9 亿元，对零售额增长的贡献率达到 80.6%；限额以上住宿餐饮企业通过公共网络实现的餐费收入为 124.7 亿元，对餐费收入增长的贡献率达到 33%。

4. 供给侧结构性改革不断深化，疏解整治

促提升成效显著。科技创新中心建设加快，全市国家高新技术企业达到2.5万家，同比增长25%。推进“高精尖”经济结构构建，深入实施新一代信息技术等10个高精尖产业发展指导意见，制订5G、人工智能、医药健康、智能网联汽车、无人机等产业发展行动计划和方案。分类细化修订新增产业禁止和限制目录，退出一般制造业企业656家，疏解提升市场和物流中心204个。制定腾退空间管理和使用意见，腾退土地实现还绿1 683公顷。完成中心城区及通州区1 141条背街小巷环境整治提升任务，建设提升基本便民商业网点1 529个，超额完成年度任务。认真落实中央东西部扶贫协作战略部署，实施深化扶贫协作三年行动计划，加大资金项目、干部人才、产业就业、医疗教育等重点领域帮扶，全年助力受援地区60余万人脱贫。

5. 生态保护持续加强，城市环境进一步优化。制订实施打赢蓝天保卫战三年行动计划，空气质量持续改善，细颗粒物年均浓度51微克/立方米，同比下降12.1%，全年首次无持续3天及以上重污染。开展“清河行动”和水源地环境保护专项行动，完成非建成区84条段黑臭水体治理任务，全市污水处理率达到93%。启动新一轮百万亩造林绿化工程，新增造林26.9万亩，新增城市绿地600公顷、健康绿道100公里，公园绿地500米服务半径覆盖率达到80%，较上年提高3个百分点。

（三）消费价格温和上涨，生产价格总体平稳

1. 居民消费价格稳中有升，涨幅温和可控。受国际能源价格上涨、劳动力成本上升、自然灾害与猪瘟等因素叠加影响，2018年，全市居民消费价格总水平同比上涨2.5%，涨幅比上年提高0.6个百分点，但仍低于涨幅3%的调控目标。八大类商品和服务项目价格“七升一降”：食品烟酒类价格上涨3.1%，居住类价格上涨3.2%，生活用品及服务类价格上涨1.3%，交通和通信类价格上涨0.6%，教育文化和娱乐类价格上涨3.6%，医疗保健类价格上涨3%，其他用品和服务类价格上涨2.2%；衣着类价格下降0.3%。

2. 工业生产出厂价格持平，购进价格小幅上涨。工业生产价格扭转了2015年以来的下降趋势。2018年，全市工业生产者出厂价格与上年持平，购进价格比上年上涨0.8%。建筑材料及非金属、黑色金属、有色金属材料和电线类价格上涨为工业生产者购进价格上涨的主要拉动因素。

3. 劳动力成本增长平稳，社会保障水平进一步提高。2018年，北京市居民人均工资性收入37 687元，同比增长7.0%。就业形势保持稳定，新增就业42.3万人，城镇登记失业率保持在1.5%以内的较低水平。社会保障水平进一步提高，六项社会保险待遇标准联动调整：企业退休职工基本养老金平均水平从每月3 770元提高到3 980元，涨幅为5.6%；城乡居民基础养老金、福利养老金增幅分别为16.4%和19.1%；伤残津贴根据伤残等级，一至四级分别增加355元、330元、305元和280元，五级、六级不得低于180元；失业保险金每档增加244元；企业最低工资标准增幅为6.0%。

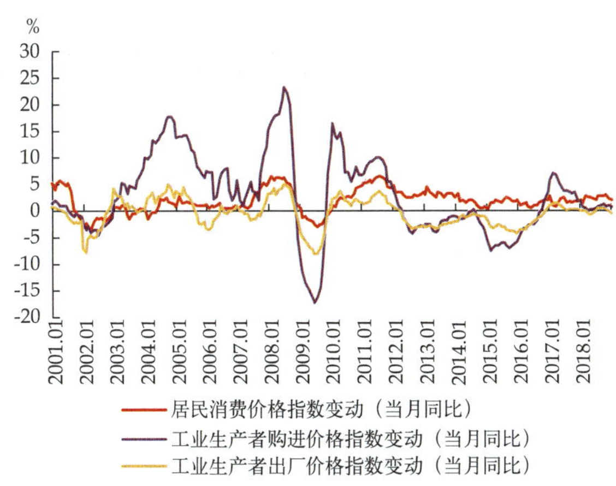

数据来源：北京市统计局。

图12　2001~2018年北京市居民消费价格指数和工业生产者价格指数变动趋势

4. 资源性产品价格改革继续深化，利用价格杠杆促进资源节约。2018 年，北京市继续推进资源性产品价格改革，深入落实首都城市战略定位，充分发挥价格杠杆作用。一是为有效传递和落实国家降低一般工商业电价的措施，确保降价成果惠及终端用户，从 2018 年 5 月 1 日起，一般工商业及其他用户电度电价每千瓦时下调 1.48 分；从 2018 年 7 月 1 日起，再下调 0.27 分。二是为促进优化营商环境，减轻企业负担，从 2018 年 7 月 10 日起，工商业用气销售价格下调 0.07 元 / 立方米；发电用气销售价格下调 0.02 元 / 立方米；其他非居民用气销售价格下调 0.01 元 / 立方米。

（四）财政收入平稳增长，重点领域支出加大

2018 年，北京市财政收支实现运行平稳。全年地方公共财政预算收入 5 785.9 亿元，同比增长 6.5%。受理财产品新纳入增值税征收范围影响，部分金融机构增值税增长成为财政收入增长的重要力量；减费降税政策落实导致企业所得税收入低于预期。全年地方公共预算支出 7 175.9 亿元，同比增长 9.7%。市对区税收返还和转移支付执行 1 791.3 亿元，主要用于推动各区提高公共服务水平，开展疏解整治促提升专项行动，加大生态环境保护，构建高精尖经济结构等。经国务院批准，2018 年北京市发行地方政府债券 644.9 亿元，其中，新增债券 566.0 亿元，重点保障交通基础设施建设、环境改善、城市副中心建设等全市性重点工作。积极推进财税改革，提高个人所得税基本减除费用标准，落实增值税减税政策，扩大小微企业所得税优惠范围，为企业节税约 400 亿元。强化财政风险防控，规范政府举债融资行为，加大预决算公开力度，保障了财政的安全运行。

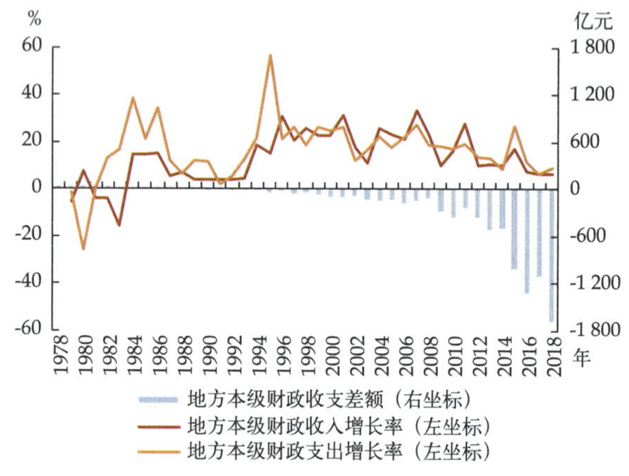

数据来源：北京市统计局。

图 13　1978~2018 年北京市财政收支状况

专栏 2　北京市全面推进金融业服务业扩大开放综合试点取得积极成效

北京市金融业服务业扩大开放工作快速推进，开放型经济营商环境不断提升，提高投融资便利化水平方面不断探索创新，取得显著进展。

一、资本项目便利化试点政策在中关村示范区正式落地

2018 年 10 月 31 日，中关村示范区正式实施资本项目便利化政策试点。试点主要内容：一是试点范围由一区七园扩大至一区十六园高新技术企业；二是实施资本项目收入结汇支付便利化政策，符合条件的试点企业在办理资本项目外汇收入境内支付时，可凭支付命令直接在银行办理；三是升级外债便利化政策，允许非投资性试点企业使用外债资金开展一定范围内的股权投资，试点企业外债注销登记改由银行直接办理，提高外债资金使用支持力度。试点以来，已有 3 家企业利用外债便利化政策借入外债 3.2 亿美元，融资成本较境内融资成本降低了 70%，银行为试点企业办理了 14.4 亿美元的境内结

汇支付。

二、外资金融机构引入工作有序推进

益博睿征信（北京）有限公司（英国征信业跨国集团公司）已完成企业征信机构业务备案，标志着北京地区首家外资征信机构获准在国内开展企业征信业务。2 家清算机构和 3 家评级机构已在京注册公司，此外，中国人民银行营业管理部正在积极跟进 3 家外资评级机构的备案工作。

三、企业开户服务工作持续优化

中国人民银行营业管理部联合相关部门推进业务网上办理，在政府“e 窗通”系统中嵌入“企业开户在线预约”模块，已于 2019 年 1 月 2 日上线试运行。上线后企业能够足不出户与商业银行网点“点对点”连线，实现开户在线预约，进一步优化了营商环境。

四、跨境资金池业务及跨境电商支付工作稳步推进

2018 年 11 月末，北京地区共 67 家企业开展跨国公司外汇资金池业务，114 家企业开展了跨境人民币双向资金池业务，累计调配资金超过 1 万亿元人民币，世界 500 强企业占比超过 40%，有力地支持了北京总部经济发展。在助推互联网支付发展领域，跨境电子商务外汇支付试点业务及跨境人民币结算业务成效显著。截至 2018 年 11 月末，北京地区 10 家试点支付机构实现跨境外汇收支 193 亿美元，10 家已备案支付机构开展跨境人民币结算 33.7 亿元。

五、跨境人民币结算和使用持续推动

中国人民银行营业管理部从多方面推动跨境人民币结算和使用。一是拓宽境外人民币投资回流渠道，扩大境外人民币投资境内金融产品的范围。二是推动跨境交易以人民币计价和结算，积极支持北京产权交易所开展以人民币计价和结算的产权交易。三是支持辖内银行按规定开展个人人民币薪酬项下跨境收付业务。

（五）房地产市场平稳运行，科技文创产业快速发展

1. 严格调控下，房地产市场逐渐趋稳。 2018 年，北京市完成房地产开发投资 3 873.4 亿元，同比增长 3.4%。其中，住宅完成投资 2 026.1 亿元，同比增长 17.4%。

土地市场降温明显。受严苛的土地出让条件、楼市深度调控等多重因素影响，2018 年全市土地成交 72 宗，同比下降 29%；土地流拍情况增多，流拍率达 10%；土地成交总额 1 682.7 亿元，同比减少 40%；地块平均溢价率 13.7%。

商品房施工、竣工面积有所增长，销售面积连续两年下降。2018 年，北京市商品房施工面积 12 962.6 万平方米，同比增长 2.8%；新开工面积 2 321.1 万平方米，同比下降 6.2%；竣工面积 1 557.9 万平方米，同比增长 6.2%。商品房销售面积 696.2 万平方米，同比下降 20.4%，降幅比上年同期收窄 27.4 个百分点，其中，住宅销售面积 526.8 万平方米，同比下降 14%。

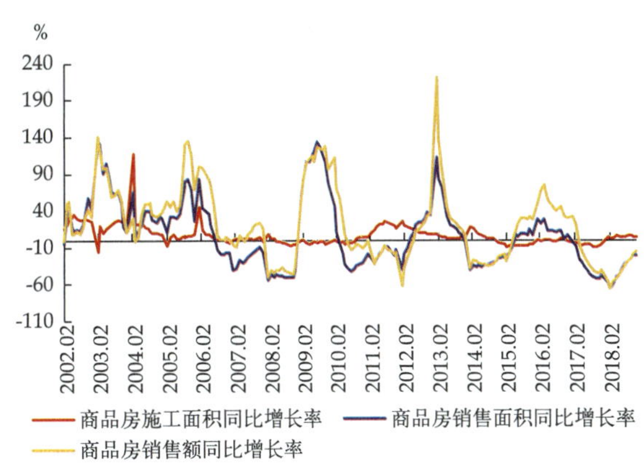

注：商品房销售额包含存量房网签金额。

数据来源：北京市统计局。

图 14 2002~2018 年北京市商品房施工和销售变动趋势

住房需求有效释放，新房价格稳中略升，二手住房价格同比下降。2018 年，全市商品住

房签约19.3万套，同比增比15.5%。其中，新建商品住房、二手住房分别同比增长25.8%和13%。全市新建商品住房均价4.09万元/平方米，同比上涨7.9%；二手住房三方协议均价6.12万元/平方米，同比下降4.2%。上半年，新建商品住房价格基本保持平稳，受高房价房源逐步释放等结构性因素影响，下半年新建商品住房价格指数环比、同比均有所上涨。自2017年10月以来，二手住房价格指数同比涨幅连续15个月下降。

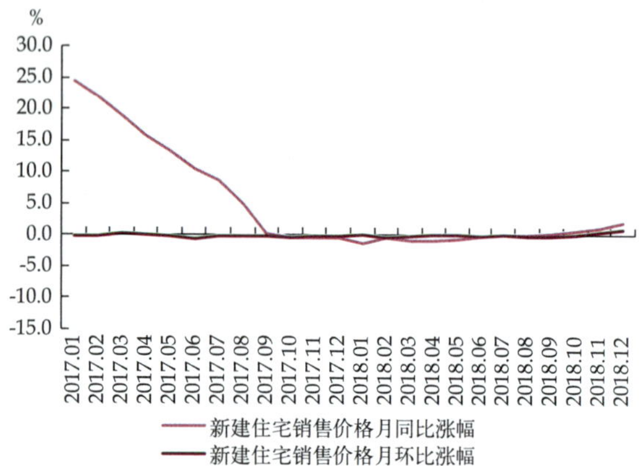

数据来源：北京市统计局。

图15　2017~2018年北京市新建住宅销售价格变动趋势

多渠道增加住房市场供给。2018年，新建商品住房供应8.46万套，同比增长102.3%。其中，限房价项目和共有产权住房项目分别上市2.19万套和2.58万套。出台共有产权住房专项信贷政策，研究制定住房租赁市场的金融规范政策，引导商业银行开发设计金融产品，积极推进集体土地建设租赁住房试点工作。

保障性住房开发贷款快速增长，个人住房贷款连续同比少增。2018年末，本外币房地产开发贷款余额5 798.1亿元，同比增长12.3%，其中保障性住房开发贷款同比增长65%。个人住房贷款余额9 933.5亿元，同比增长2.5%；比年初增加244.9亿元，占各项贷款新增额的比例为3.4%。

2. 科技创新中心建设迈上新台阶。科技创新各项指标稳步提升。2018年，北京全社会研究与试验发展（R&D）经费投入强度居全国前列；每万人发明专利拥有量111.2件。69项成果获国家科学技术奖，占全国通用项目获奖总数的30.8%，连续三年获国家自然科学奖一等奖。全市国家高新技术企业达到2.5万家，同比增长25%，平均每天新设创新型企业199家。中关村示范区企业总收入超过5.8万亿元，独角兽企业80家，居全国首位。科技信贷发挥重要支撑作用。2018年末，中资银行高新技术产业人民币贷款余额同比增长16.9%。全年新发放贷款同比增长25.1%。其中，国家重点支持的高新技术领域中的电子信息技术、航空航天技术、高技术服务业贷款余额分别同比增长20.9%、261.1%和57.0%。

3. 文创产业继续保持快速发展。2018年，规模以上文化产业法人单位从业人员59万人，实现收入1.07万亿元，同比增长11.9%，占地区生产总值比重居全国首位，文创产业共流入资金834.6亿元，逐渐成为助推首都经济高质量发展的重要引擎。对文化创意产业的信贷支持力度进一步加大。2018年末，中资银行文化创意产业人民币贷款余额同比增长19.3%。其中，软件网络及计算机服务、广告会展、艺术品交易、设计服务、旅游休闲娱乐五个子行业贷款余额同比增速分别为17.0%、38.0%、26.8%、95.3%和49.8%。

三、预测与展望

2019年是新中国成立70周年，是全面建成小康社会、实现第一个百年奋斗目标的关键之年。虽然我国发展面临的环境更复杂、更严峻，但变局中危与机同生并存，发展仍处于重要战略机遇期，经济长期向好趋势没有改变。预计北京市经济运行将延续稳中求进总基调，推进首都减量发展、创新发展和高质量发展。

从国际环境看，全球经济总体保持平稳增长，但面临的下行风险有所增加；发达经济体货币正常化步伐放缓，新兴市场经济体货币政策分化；贸易摩擦带来的不确定性、加征关税对通胀及全球供应链的影响逐渐显现，并可能通过对信心的冲击加剧全球金融市场的波动；各国资产价格仍处于历史高位，一旦全球金融环境突然收紧，将加剧放大各经济体的脆弱性。从国内看，宏观政策保持连续性、稳定性，继续打好三大攻坚战，深入推进供给侧结构性改革，加大改革开放力度，尤其是更大力度的简政减税降费政策，将让市场主体特别是民营企业和小微企业有切实获得感，进一步释放经济潜力和活力。

从自身发展看，2019 年北京将继续围绕首都城市战略定位，大力加强“四个中心”功能建设，抓住疏解非首都功能这个“牛鼻子”，深入推进京津冀协同发展战略，统筹做好稳增长、促改革、调结构、惠民生、防风险、保稳定各项工作，更加奋发有为地推动首都新发展，以优异成绩庆祝中华人民共和国成立 70 周年。营商环境综合排名全国首位，带动经济增长和增强企业信心效果显著；而科技创新将为北京高质量发展提供长期原动力。产业结构中，服务业“稳定器”作用愈加突出，金融、科技服务、信息服务等优势行业将持续成为经济稳定增长的支柱。占全市规模以上工业 1/4 以上的战略性新兴产业发展持续向好，将持续成为带动北京工业发展的重要引擎。随着北京市 10 个高精尖产业发展政策落地，5G、人工智能、医药健康、智能网联汽车、无人机等产业发展行动计划和方案制订出台，预计 2019 年数字经济、智能制造、人工智能等优势产业将加快发展。

从需求动力看，消费结构升级和新业态萌发，将成为北京市经济增长的重要推动力；2019 年，随着促进消费提升计划实施，“1+X”系列政策出台，将有助于进一步扩大商品消费和服务消费；在加快布局新业态等带动下，信息、文化体育、旅游、健康养老、便民生活等消费将呈现快速发展态势；线上线下融合的新零售业态将实现服务性消费和商品性消费的有效结合。而城乡区域协调发展力度加大，将对投资形成有效支撑；新版城市总体规划出台后，新的经济增长点、增长极和增长带不断形成，城南行动计划、冬奥会、新机场、新首钢、城市副中心、环球主题公园等重大项目建设加速推进。

从金融运行情况看，首都金融发展新动能不断增强。随着北京市全面推进服务业扩大开放，在外汇管理改革、人民币跨境使用和投融资便利化等方面，符合首都金融业发展需求的多项措施将进一步落地实施，吸引更多的国际知名金融机构以及相关专业服务机构设立地区总部和分支机构。加快建设北京金融科技与专业服务创新示范区、构建金融科技公共研发平台等举措，将持续推动金融科技与专业服务创新相融合，提升金融服务实体经济能力。对民营和小微企业的政策合力成效将日益显现，进一步发挥科技创新母基金和政府性融资担保基金等的作用，落实知识产权质押融资、投贷联动等创新举措，培育更多早投、长投科技型中小微企业的耐心资本，促进科技成果转化的政策、资金支持机制将更趋完善；资本市场民营企业债券融资支持工具等政策作用不断发挥，优质民营企业融资环境更加改善。预计 2019 年，北京地区社会融资规模将合理增长，融资结构进一步优化。

2019 年，中国人民银行营业管理部将全面贯彻党的十九大、中央经济工作会议、全国金融工作会议精神，认真落实中国人民银行工作会议的各项部署，以支持首都经济高质量发展为目标，贯彻落实好稳健的货币政策，引导金融机构努力营造良好的货币金融环境，确保金融“活水”流向实体经济重点领域和薄弱环节，继续打好防范化解重大金融风险攻坚战，形成金融和实体经济的良性循环，促进首都经济金融持续健康发展。

中国人民银行营业管理部货币政策分析小组

总　纂：杨伟中　贺同宝

统　稿：魏海滨　张　丹　李晓闻

执　笔：邓凯宏　孙　昱　童怡华　卢　朋　赵　睿　周林燊　杨小玄　李艳丽　张向军
陈莉莉　王　芳　于　莹　朱琳琳　盖　静　陈永波　徐　珊　高　菲

提供材料的还有：周　丹　贺　杰　黄美娟　赵晓英　单　方　周　翔　张英男　王丝雨
张　煜　周　凯　王昀润　杨京燕　冯娟娟　康馨心　王　鹏　魏超然

附录

（一）2018 年北京市经济金融大事记

3 月 18 日，北京市人民政府新闻办公室及北京市发展和改革委员会联合举办“优化营商环境北京在行动”新闻发布会。

6 月 12 日，京津冀三地人民银行分支机构在张家口沽源县联合召开党建推进金融扶贫工作座谈会。

6 月 21 日，《金融电子化》杂志社主办的第三届京津冀金融科技发展座谈会在京召开。

7 月 30 日，北京市委、北京市政府印发《北京市关于全面深化改革、扩大对外开放重要举措的行动计划》。

8 月 25 日，北京市金融工作局发布《关于启动在京注册 P2P 网络借贷机构自查工作的通知》。

8 月 27 日至 28 日，全国营商环境评价现场会暨优化营商环境工作推进会在京举行，北京市在试评价城市中总排名第一。

11 月 2 日，中国人民银行营业管理部联合相关部门共同组织召开“北京深化民营和小微企业金融服务推进会”，并发布《关于进一步深化北京民营和小微企业金融服务的实施意见》。

11 月 2 日，中国人民银行营业管理部通过设立 70 亿元的再贴现额度、增设再贴现窗口、引导设立民营企业债券融资支持工具等，进一步引导金融机构支持北京民营和小微企业发展。

11 月 9 日，中国人民银行营业管理部联合相关部门共同组织召开“北京地区民营企业融资座谈会”。

11 月 19 日，北京市人民政府新闻办公室举办《北京市进一步优化营商环境行动计划（2018~2020 年）》新闻发布会，确定了近三年北京市营商环境改革的时间表和“施工图”。

12 月 11 日，京津冀三地人民银行分支机构党委理论学习中心组在天津滨海新区开展联组学习，同时召开京津冀三地人民银行协调机制 2018 年第二次会议。

（二）2018 年北京市主要经济金融指标

表 1　2018 年北京市主要存贷款指标

		1 月	2 月	3 月	4 月	5 月	6 月	7 月	8 月	9 月	10 月	11 月	12 月
本外币	金融机构各项存款余额（亿元）	144 543.4	143 904.4	145 381.5	147 811.7	147 831.9	153 941.4	158 842.6	159 088.9	159 486.5	159 051.6	160 213.8	157 092.2
	其中：住户存款	30 579.9	31 120.4	31 298.8	31 165.0	31 496.0	32 140.9	32 221.9	32 329.1	32 704.3	32 863.3	33 373.3	34 019.0
	非金融企业存款	54 839.1	53 484.4	54 575.7	54 794.7	54 193.0	55 484.6	54 999.7	56 841.6	57 559.0	56 104.2	56 518.6	56 828.7
	各项存款余额比上月增加（亿元）	827.1	-639.0	1 477.1	2 430.3	20.2	6 109.4	4 901.2	246.3	397.6	-435.0	1 162.2	-3 121.6
	金融机构各项存款同比增长（%）	3.5	3.5	4.7	5.3	4.7	9.3	11.5	11.6	11.5	9.9	10.3	9.3
	金融机构各项贷款余额（亿元）	64 919.5	65 535.3	65 856.7	66 815.6	67 216.1	67 922.5	68 855.0	69 223.6	70 243.2	70 395.8	70 578.8	70 483.7
	其中：短期	21 207.2	21 055.1	21 128.1	21 326.0	21 506.3	21 906.7	22 398.0	22 343.7	22 663.0	22 774.9	22 629.1	22 225.0
	中长期	39 203.2	39 797.7	40 216.5	40 761.7	40 859.1	41 133.6	41 677.1	41 963.1	42 488.8	42 511.9	42 908.4	42 948.9
	票据融资	1 449.5	1 564.7	1 531.7	1 533.5	1 597.9	1 792.1	1 717.8	1 803.9	1 994.8	1 947.3	2 011.4	2 237.3
	各项贷款余额比上月增加（亿元）	1 627.3	615.8	321.4	958.8	400.5	706.5	932.5	368.6	1 019.6	152.5	183.0	-95.1
	其中：短期	637.1	-152.2	73.0	197.9	180.4	400.4	491.3	-54.3	319.3	111.9	-145.7	-404.1
	中长期	1 010.9	594.5	418.8	545.1	97.4	274.5	543.6	286.0	525.7	23.1	396.5	40.5
	票据融资	-51.1	115.2	-33.0	1.8	64.4	194.2	-74.3	86.1	190.8	-47.5	64.1	226.0
	金融机构各项贷款同比增长（%）	13.0	12.8	13.5	13.4	12.8	12.2	13.3	13.0	13.5	13.7	13.5	11.7
	其中：短期	15.4	11.4	9.4	8.7	7.2	6.7	7.8	6.8	8.1	8.6	9.7	8.5
	中长期	14.4	15.3	16.5	17.0	16.3	15.8	16.6	16.1	15.8	14.8	14.0	12.6
	票据融资	-28.7	-17.2	-4.1	-0.8	3.6	20.5	32.3	31.8	44.0	51.1	49.3	49.1
	建筑业贷款余额（亿元）	2 060.7	2 125.6	2 173.8	2 281.3	2 414.7	2 479.1	2 612.6	2 728.8	2 839.6	2 903.6	2 914.1	2 715.8
	房地产业贷款余额（亿元）	6 846.0	6 930.9	6 995.4	7 183.4	7 157.5	7 334.3	7 413.5	7 461.7	7 607.7	7 623.6	7 744.1	7 624.8
	建筑业贷款同比增长（%）	7.5	12.6	15.2	22.1	27.8	30.1	32.8	35.4	36.6	37.9	40.5	40.7
	房地产业贷款同比增长（%）	8.9	9.9	15.2	18.1	15.8	16.8	17.5	16.2	17.4	16.9	17.6	13.9
人民币	金融机构各项存款余额（亿元）	138 321.4	137 578.0	138 859.7	141 177.0	141 228.3	147 032.3	151 824.5	151 923.1	152 451.3	152 050.8	153 377.4	150 430.4
	其中：住户存款	29 200.5	29 724.4	29 908.8	29 766.0	30 084.0	30 675.6	30 715.6	30 820.9	31 198.8	31 347.3	31 863.7	32 507.8
	非金融企业存款	52 088.9	50 746.1	51 889.5	52 037.1	51 443.1	52 566.2	52 051.1	53 763.4	54 548.1	53 180.3	53 642.0	54 139.3
	各项存款余额比上月增加（亿元）	688.1	-743.4	1 281.7	2 317.3	51.3	5 803.9	4 792.3	98.6	528.2	-400.5	1 326.6	-2 947.0
	其中：住户存款	233.3	523.9	184.4	-142.8	318.0	591.6	40.0	105.3	377.9	148.5	516.4	644.1
	非金融企业存款	-1 206.5	-1 342.8	1 143.5	147.6	-594.0	1 123.1	-515.1	1 712.3	784.7	-1 367.8	461.7	497.3
	各项存款同比增长（%）	3.3	3.3	4.7	5.4	4.7	9.3	11.3	11.2	11.3	9.6	10.3	9.3
	其中：住户存款	2.3	4.7	3.9	4.9	6.2	6.6	8.4	9.1	8.5	10.4	11.6	12.2
	非金融企业存款	8.5	6.1	5.2	6.9	6.0	5.6	5.0	7.8	6.9	3.7	3.9	1.3
	金融机构各项贷款余额（亿元）	60 971.0	61 554.8	62 052.3	63 039.1	63 488.7	64 087.6	64 933.4	65 243.1	66 311.5	66 511.5	66 830.8	66 767.0
	其中：个人消费贷款	13 845.9	13 850.3	13 872.3	13 906.5	13 967.8	14 088.0	14 200.0	14 323.7	14 432.9	14 474.5	14 556.4	14 664.5
	票据融资	1 449.5	1 564.7	1 531.7	1 533.5	1 597.9	1 792.1	1 717.8	1 803.9	1 994.8	1 947.3	2 011.4	2 237.3
	各项贷款余额比上月增加（亿元）	1 559.2	583.9	497.5	986.8	449.6	598.9	845.8	309.7	1 068.4	200.0	319.3	-63.8
	其中：个人消费贷款	186.7	4.4	22.0	34.2	61.3	120.1	112.1	123.7	109.2	41.6	82.0	108.1
	票据融资	-51.1	115.2	-33.0	1.8	64.4	194.2	-74.3	86.1	190.8	-47.5	64.1	226.0
	金融机构各项贷款同比增长（%）	13.0	12.8	13.8	13.6	13.2	12.8	13.7	12.9	13.5	13.8	13.9	12.5
	其中：个人消费贷款	13.8	11.9	10.5	9.2	8.5	7.8	7.7	7.5	7.7	7.5	7.2	7.3
	票据融资	-28.7	-17.2	-4.1	-0.8	3.6	20.5	32.3	31.8	44.0	51.1	49.3	49.1
外币	金融机构外币存款余额（亿美元）	982.3	999.5	1 037.2	1 046.6	1 029.5	1 044.2	1 029.6	1 050.0	1 022.7	1 005.2	985.7	970.7
	金融机构外币存款同比增长（%）	18.1	17.9	16.1	13.4	12.5	12.5	13.3	16.7	12.1	10.2	4.4	4.3
	金融机构外币贷款余额（亿美元）	623.4	628.9	605.0	595.7	581.1	579.6	575.3	583.3	571.5	557.7	540.4	541.5
	金融机构外币贷款同比增长（%）	21.7	22.2	19.0	19.2	13.0	6.8	6.0	10.9	9.6	7.0	2.2	-5.6

数据来源：中国人民银行营业管理部。

表 2　2001~2018 年北京市各类价格指数

单位：%

		居民消费价格指数		农业生产资料价格指数		工业生产者购进价格指数		工业生产者出厂价格指数	
		当月同比	累计同比	当月同比	累计同比	当月同比	累计同比	当月同比	累计同比
2001		—	3.1	—	2.0	—	0.5	—	-0.6
2002		—	-1.8	—	-7.6	—	-2.9	—	-3.4
2003		—	0.2	—	2.4	—	4.7	—	1.5
2004		—	1.0	—	6.2	—	14.2	—	3.0
2005		—	1.5	—	2.9	—	11.4	—	1.3
2006		—	0.9	—	-0.9	—	5.5	—	-0.9
2007		—	2.4	—	14.4	—	5.0	—	-0.3
2008		—	5.1	—	12.3	—	15.8	—	3.3
2009		—	-1.5	—	-1.7	—	-11.4	—	-5.6
2010		—	2.4	—	6.5	—	10.5	—	2.2
2011		—	5.6	—	10.7	—	8.4	—	2.3
2012		—	3.3	—	4.7	—	-1.3	—	-1.6
2013		—	3.3	—	4.7	—	-2.2	—	-2.6
2014		—	1.6	—	-0.3	—	-1.2	—	-0.9
2015		—	1.8	—	-0.3	—	-6.3	—	-3.1
2016		—	1.4	—	-0.4	—	-1.5	—	-1.9
2017		—	1.9	—	-3.9	—	4.4	—	0.7
2018		—	2.5	—	3.6	—	0.8	—	0.0
2017	1	2.9	2.9	—	—	6.0	6.0	1.1	1.1
	2	1.1	2.0	—	—	7.2	6.6	1.4	1.3
	3	1.0	1.6	-4.0	-4.0	6.8	6.6	1.6	1.4
	4	1.9	1.7	—	—	5.4	6.3	1.4	1.4
	5	2.5	1.8	—	—	4.8	6.0	1.0	1.3
	6	2.5	2.0	-3.3	-3.7	4.0	5.7	0.5	1.2
	7	1.7	1.9	—	—	3.9	5.4	0.2	1.0
	8	1.9	1.9	—	—	3.7	5.2	0.3	0.9
	9	1.6	1.9	-4.8	-4.7	3.4	5.0	0.3	0.9
	10	1.8	1.9	—	—	3.7	4.9	0.4	0.8
	11	2.0	1.9	—	—	2.1	4.6	0.3	0.8
	12	2.2	1.9	-1.6	-3.9	1.9	4.4	0.1	0.7
2018	1	1.4	1.4	—	—	0.8	0.8	0.0	0.0
	2	2.9	2.1	—	—	0.5	0.7	0.0	0.0
	3	2.5	2.3	-4.0	-4.0	0.0	0.4	-0.4	-0.2
	4	2.5	2.3	—	—	0.3	0.4	-0.7	-0.3
	5	2.3	2.3	—	—	0.4	0.4	0.2	-0.4
	6	2.2	2.3	-1.1	-2.3	0.7	0.4	0.1	-0.3
	7	2.8	2.4	—	—	0.9	0.5	0.5	-0.1
	8	2.9	2.5	—	—	1.2	0.6	0.6	-0.1
	9	2.8	2.5	7.2	4.8	1.4	0.7	0.6	0.0
	10	3.0	2.5	—	—	0.9	0.7	0.3	0.0
	11	2.4	2.5	—	—	1.2	0.8	0.1	0.0
	12	2.0	2.5	5.3	3.6	0.9	0.8	-0.5	0.0

数据来源：《中国经济景气月报》、北京市统计局。

表 3 2018 年北京市主要经济指标

	1月	2月	3月	4月	5月	6月	7月	8月	9月	10月	11月	12月
	绝对值（自年初累计）											
地区生产总值（亿元）	—	—	6 801.5	—	—	14 051.2	—	—	21 511.1	—	—	30 320.0
第一产业	—	—	15.3	—	—	42.0	—	—	79.4	—	—	118.7
第二产业	—	—	1 195.2	—	—	2 431.4	—	—	3 734.9	—	—	5 647.7
第三产业	—	—	5 591.0	—	—	11 577.8	—	—	17 696.8	—	—	24 553.6
工业增加值（亿元）	—	—	—	—	—	—	—	—	—	—	—	—
固定资产投资（亿元）	—	—	—	—	—	—	—	—	—	—	—	—
房地产开发投资	—	281.5	531.4	708.9	1 052.1	1 429.9	1 766.6	2 115.0	2 565.5	3 002.9	3 409.5	3 873.4
社会消费品零售总额（亿元）		1 742.3	2 651.7	3 510.9	4 370.0	5 397.9	6 364.0	7 355.5	8 387.6	9 470.9	10 652.6	11 747.7
外贸进出口总额（亿元）	2 149.0	3 872.0	6 098.0	8 342.0	10 692.3	12 905.7	15 337.5	17 728.6	20 137.6	22 389.5	24 926.0	27 180.7
进口	1 782.0	3 183.0	4 953.0	6 818.0	8 743.9	10 562.3	12 565.4	14 502.9	16 513.4	18 396.3	20 500.0	22 302.2
出口	367.0	689.0	1 145.0	1 524.0	1 948.5	2 343.4	2 772.1	3 225.7	3 624.2	3 993.2	4 426.0	4 878.5
进出口差额（出口－进口）	-1 415.0	-2 494.0	-3 808.0	-5 294.0	-6 795.4	-8 219.0	-9 793.3	-11 277.2	-12 889.1	-14 403.0	-16 074.0	-17 423.7
实际利用外资（亿美元）	18.4	27.3	58.2	71.4	79.1	106.2	113.9	119.3	135.2	144.6	162.3	173.1
地方财政收支差额（亿元）	391.6	-54.2	-460.9	-241.5	-123.2	-414.5	-351.9	-615.8	-985.8	-784.2	-1 175.5	-1 681.6
地方财政收入	827.6	1 166.7	1 575.0	2 220.7	2 767.2	3 253.3	3 800.7	4 109.5	4 497.7	5 165.8	5 455.4	5 785.9
地方财政支出	436.0	1 220.9	2 035.9	2 462.2	2 890.4	3 667.8	4 152.6	4 725.3	5 483.5	5 950.0	6 630.9	7 467.5
城镇登记失业率（%）（季度）	—	—	4.2	—	—	4.2	—	—	4.4	—	—	3.9
	同比累计增长率（%）											
地区生产总值	—	—	6.7	—	—	6.8	—	—	6.7	—	—	6.6
第一产业	—	—	-12.8	—	—	-14.7	—	—	-10.5	—	—	-2.3
第二产业	—	—	4.5	—	—	5.4	—	—	4.9	—	—	4.2
第三产业	—	—	7.4	—	—	7.2	—	—	7.2	—	—	7.3
工业增加值	—	6.8	5.4	7.6	8.9	8.3	7.9	7.9	7.2	6.3	5.6	4.6
固定资产投资	—	7.6	-7.7	-12.8	-7.7	-9.6	-9.8	-7.5	-6.7	-7.0	-6.4	-5.5
房地产开发投资	—	-2.5	-12.5	-17.4	-10.0	-6.5	-4.8	-3.9	-1.4	2.8	5.9	4.9
社会消费品零售总额		5.8	4.7	4.3	3.8	4.4	4.2	4.4	4.1	3.7	3.0	2.7
外贸进出口总额	22.5	19.0	16.4	21.0	22.0	20.6	22.8	24.2	25.1	25.5	25.8	23.9
进口	22.1	17.3	12.9	18.6	19.9	18.9	21.6	23.2	24.2	25.0	25.8	24.1
出口	24.5	27.2	34.5	32.8	32.4	29.2	28.9	29.1	29.1	27.9	25.6	23.0
实际利用外资	—	48.4	113.2	22.7	10.8	34.3	7.3	—	—	—	—	-28.9
地方财政收入	5.2	4.0	5.1	6.4	4.8	7.2	5.5	5.7	6.0	6.1	5.0	6.5
地方财政支出	-18.4	11.7	13.3	10.2	11.1	10.0	6.2	9.0	8.1	10.6	11.5	9.4

数据来源：《中国经济景气月报》、北京市统计局、北京市财政局、北京市商务局。

天津市金融运行报告（2019）

中国人民银行天津分行货币政策分析小组

[内容摘要] 2018 年，天津市深入贯彻落实习近平总书记对天津工作提出的“三个着力”[①]重要要求，坚持稳中求进工作总基调，聚焦高质量发展，扎实推进“五位一体”总体布局和“四个全面”战略布局在天津的实施，在“五个现代化天津”[②]建设进程中迈出坚实步伐。全市经济整体保持平稳运行且逐季向好，全年实现地区生产总值 18 809.6 亿元，增长 3.6%。供给侧结构性改革深入推进，产业结构进一步优化，新动能加快成长，需求结构优化升级，高质量发展的态势正在形成。全市金融业认真贯彻落实稳健中性的货币政策，金融运行总体稳定，各主要金融业务平稳发展，总量稳步提升、结构不断优化，直接融资比重明显提高，民营和小微企业融资难题有所缓解，金融服务实体经济的效能得到较大提升。

经济运行主要呈现以下特点：一是经济运行逐季向好，需求结构优化升级。全年实现地区生产总值同比增速分别比第一季度、上半年和前三季度加快 1.7 个、0.2 个和 0.1 个百分点。民间投资和第三产业投资增速分别快于全市投资 10.0 个和 0.3 个百分点；消费升级步伐加快，服务消费增长较快，全市居民人均消费性支出中服务性支出增长 12.2%；外贸出口增速实现由负转正，外商投资平稳增长，全年美元口径的货物进出口总额增长 8.5%，其中出口增长 12.0%，四年来首次实现正增长。二是产业结构进一步优化，服务业贡献不断提高。第三产业的比重较上年提高 0.4 个百分点，现代都市型农业快速发展，田园综合体、现代农业产业园、共享农庄等新业态加快发展；工业质量效益提高，全年规模以上工业企业利润总额增长 11.1%。三是科技创新能力不断提高，新动能不断积聚。人工智能、生物医药、新能源新材料等新兴产业进一步壮大，腾讯、华为等大数据中心和新松机器人、中核质子医疗、三峡新能源等项目相继落地。集成电路原片、服务机器人等产量实现倍增，人工智能形成了以“天河一号”超算、曙光计算机等为代表的自主安全可控全产业链，滨海高新区、中新天津生态城获批国家新型工业化产业示范基地。融资租赁资产总额占到全国四分之一，飞机、国际航运船舶、海工平台等跨境租赁业务总量在全国占比均达到 80% 以上。全市综合科技创新水平居全国前列。四是供给侧结构性改革深入推进，市场活力不断增强。工业产能利用率 78.5%，同比提高 1.4 个百分点，规模以上工业企业资产负债率为 57.9%，是 2013 年以来最低水平。民营经济活跃度进一步提升，2018 年，全市新登记市场主体中民营市场主体占比达 98.9%，民间投资增长 4.4%，快于全市投资 10.0 个百分点。五是价格水平总体稳定，劳动力成本持续上升。居民消费价格同比增长 2.0%，较上年下降 0.1 个百分点，连续三年稳定在 2% 左右；工业生产者购进价格同比上升 6.2%，工业生产者出厂价格同比上升 5.4%，分别较上年下降 4.9 个和 3.0 个百分点；工资水平保持较快增长，从业人员年均工资 80 547 元，同比增长 7.2%。六是财政收入降幅收窄，收入结构持续改善。一般公共预算收入 2 106.2 亿元，降幅比上年收窄 1.6 个百分点，其中，税收收入 1 624.8 亿元，同比增长 0.8%，占一般公共预算收入的比重为 77.2%，较上年提高 7.7 个百分点。

---

① 着力提高发展质量和效益、着力保障和改善民生、着力加强和完善党的领导。

② 创新发展、开放包容、生态宜居、民主法治、文明幸福的现代化天津。

金融运行主要呈现以下特点：一是银行业稳步发展，信贷结构进一步优化。2018 年末，天津市银行业金融机构资产和负债总额分别为 4.9 万亿和 4.7 万亿元，同比分别增长 1.3% 和 1.5%，全年实现营业收入 1 113.0 亿元，同比上升 1.2%。各项存款余额 30 983.2 亿元，同比增长 0.1%。各项贷款余额 34 084.9 亿元，同比增长 7.9%，其中普惠小微贷款、科学研究和技术服务业贷款、保障性住房开发贷款余额同比增速分别较上年提高 12.8 个、29.9 个和 21.5 个百分点。小微企业贷款利率明显下降，12 月份小微企业一般贷款加权平均利率 5.30%，同比回落 0.11 个百分点，比全部一般贷款加权平均利率低 0.26 个百分点。不良贷款有所上升，但资产质量真实性增强。二是证券业交易额总体有所回落，各类业务表现分化。2018 年，天津市新增境内外上市和新三板挂牌企业 18 家，累计达到 259 家，年末证券账户 516.8 万户，同比增长 8.2%，全年各类证券交易额 37 183.7 亿元，同比下降 14.6%。法人证券公司盈利能力增强，全年实现净利润 5.8 亿元，较上年增加 3.2 亿元；法人基金公司基金管理规模下降，管理基金净值较年初减少 4 472.3 亿元；法人期货公司交易规模较快增长，全年代理交易额同比增长 30.6%。三是保险业总体平稳，资产规模较快增长。在津保险类机构 3 936 家，保险从业人员 9.9 万人；保险机构资产总额 1 402.9 亿元，同比增长 9.2%；全年实现保费收入 560.0 亿元，同比下降 0.9%。四是直接融资快速增长，金融市场交易活跃。2018 年，全市新增地区社会融资规模 3 074.8 亿元，比上年少增 390.5 亿元，其中，直接融资 714.6 亿元，同比多增 894.2 亿元，直接融资比重为 23.2%，同比上升 28.4 个百分点。全市非金融企业在银行间债券市场发行债务融资工具 1 548.6 亿元，同比增长 80.8%，全国首单中长期民营企业债券融资支持工具在津成功落地。其他金融市场交易活跃，银行间同业拆借市场交易金额 29 026.5 亿元，同比增长 126.0%；债券回购交易金额 316 912.5 亿元，同比增长 48.9%；银行承兑汇票余额 3 645.5 亿元，同比增长 16.0%。五是金融服务效能不断提升，金融生态环境持续优化。推出金融服务实体经济创新产品 138 项，设立百亿元智能制造财政专项资金，依托海河产业基金打造千亿级新一代人工智能科技产业基金和项目群、300 亿元生物医药产业母基金群。支付服务体系稳健发展，征信基础设施建设进一步加强，两大征信平台助力企业获得 2 844.3 亿元的信贷支持，金融消费权益保护工作机制进一步建立健全。六是有效化解国企债务问题，防范化解金融风险攻坚战取得积极进展。有效管控政府债务，“精准拆弹”化解国有企业突出债务问题，开展全市金融风险大排查，推进 P2P 网贷等互联网金融风险专项整治，严厉打击非法集资活动，守住了不发生区域性、系统性金融风险的底线。

当前，天津市经济金融仍存在全社会创新创业氛围不浓厚、营商环境仍待改善、国有资产运营效率低下、民营经济发展不充分等问题。2019 年，天津市将认真学习贯彻习近平总书记视察天津重要指示和在京津冀协同发展座谈会上重要讲话精神，进一步抢抓京津冀协同发展重大机遇，依托自贸试验区、自主创新示范区、国家级开发区等改革开放平台，有效发挥区位优势、历史优势，加快经济结构优化升级，保持经济持续健康发展和社会大局稳定，推动创新发展、开放包容、生态宜居、民主法治、文明幸福的现代化天津建设取得突破性进展。金融业将进一步提升服务实体经济的能力和水平，大力支持经济转型升级和结构调整，不断深化民营和小微企业金融服务，深度融入京津冀协同发展重大战略实施，有效防控和妥善处置金融风险，积极推进科技金融、物流金融、航运金融、租赁金融、绿色金融等发展创新，进一步完善金融基础设施建设和金融管理能力建设，助力全市经济高质量发展。

一、金融运行情况

2018 年，天津市金融业认真贯彻落实稳健中性的货币政策，金融运行总体稳定，各主要金融业务平稳发展，总量稳步提升、结构不断优化，直接融资比重明显提高，民营和小微企业融资难题有所缓解，金融风险得到有效管控，金融改革创新不断推进，金融生态环境持续优化，金融服务实体经济效能提升。

（一）银行业稳步发展，信贷结构进一步优化

1. 资产、负债和营业收入平稳增长，净利润明显下降。2018 年末，天津市银行业金融机构资产总额 4.9 万亿元，同比增长 1.3%，增速较上年下降 1.4 个百分点；负债总额 4.7 万亿元，同比增长 1.5%，增速较上年下降 0.9 个百分点。全年实现营业收入 1 113.0 亿元，同比增长 1.2%；实现净利润 279.3 亿元，同比下降 40.5%，降幅较上年扩大 31.4 个百分点。当年新增国泰金融租赁股份有限公司和中煤科工金融租赁有限公司 2 家银行业法人机构。

表 1　2018 年天津市银行业金融机构情况

机构类别	营业网点			法人机构（个）
	机构个数（个）	从业人数（人）	资产总额（亿元）	
一、大型商业银行	1 270	28 498	13 213	0
二、国家开发银行和政策性银行	13	587	3 111	0
三、股份制商业银行	453	10 343	8 159	1
四、城市商业银行	316	7 694	8 854	1
五、城市信用社	0	0	0	0
六、小型农村金融机构	535	8 118	4 799	2
七、财务公司	8	236	645	7
八、信托公司	2	435	125	2
九、邮政储蓄银行	399	4 554	1 019	0
十、外资银行	45	1 503	792	1
十一、新型农村金融机构	108	1 424	303	18
十二、其他	18	2 788	8 421	15
合　计	3 167	66 180	49 441	47

续表

注：营业网点不包括国家开发银行和政策性银行、大型商业银行、股份制商业银行等金融机构总部数据；大型商业银行包括中国工商银行、中国农业银行、中国银行、中国建设银行和交通银行；小型农村金融机构包括农村商业银行、农村合作银行和农村信用社；新型农村金融机构包括村镇银行、贷款公司和农村资金互助社；"其他"包含金融租赁公司、汽车金融公司、中德住房储蓄银行、金城银行。

数据来源：天津银保监局。

2. 存款小幅增长，存款结构变化较大。2018 年末，天津市本外币各项存款余额 30 983.2 亿元，同比增长 0.1%，增速较上年下降 2.8 个百分点，较年初新增 42.4 亿元，同比少增 831.4 亿元。其中，住户存款较年初增加 1 188.6 亿元，同比多增 773.8 亿元；非金融企业存款较年初下降 516.9 亿元，同比少增 711.0 亿元；外币各项存款同比下降 14.5%，较年初减少 26.5 亿美元，同比多减 61.5 亿美元。全市存款增长面临较大压力，银行主动运用多种负债产品稳定存款，2018 年末，结构性存款较年初增加 956.9 亿元，同比增长 62.5%，大额存单较年初增加 573.2 亿元，同比增长 102.5%。

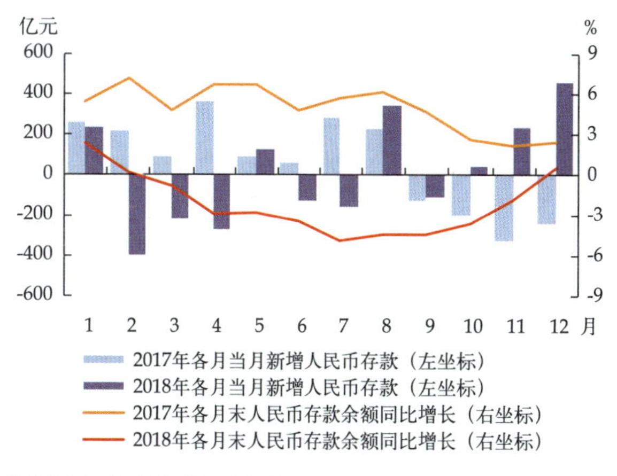

数据来源：中国人民银行天津分行。

图 1　2017~2018 年天津市金融机构人民币存款增长变化

3. 贷款平稳增长，对重点领域投放力度进一步加大。2018 年末，天津市本外币各项贷款余额 34 084.9 亿元，同比增长 7.9%，增速较上年下降 2.1 个百分点，全年新增 2 439.1 亿元，同比少增 409.4 亿元。其中，普惠口径小微贷款余额同比增长达 31.4%，较上年提高 12.8 个百分点；科学研究和技术服务业贷款余额同比增长 21.1%，较上年提高 29.9 个百分点；保障性住房开发贷款余额 878 亿元，同比增长 30.5%，增速较上年提高 21.5 个百分点；住户短期消费贷款余额 602.9 亿元，同比增长 145.0%，较年初新增 356.9 亿元，是 2017 年全年增量的 4.5 倍。外币各项贷款余额同比回落 1.9%，较年初下降 9.4 亿美元，同比少增 39.1 亿美元。

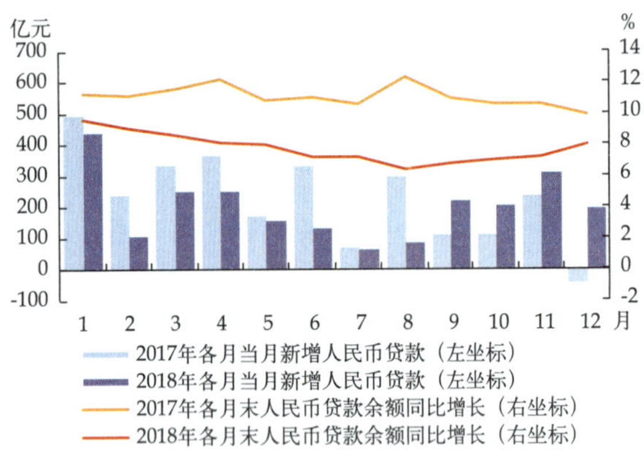

数据来源：中国人民银行天津分行。

图 2　2017~2018 年天津市金融机构人民币贷款增长变化

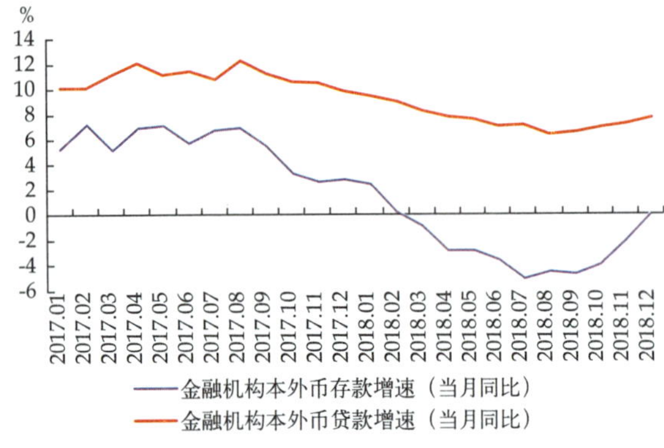

数据来源：中国人民银行天津分行。

图3　2017~2018 年天津市金融机构本外币存、贷款增速变化

4. 表外业务总体下降，仅担保类业务小幅增长。2018 年末，天津市银行业金融机构担保类、承诺类、金融资产服务类、金融衍生品类四类表外业务合计余额同比下降 12.2%。其中，担保类表外业务同比增长 1.6%，承诺类、金融资产服务类和金融衍生品类表外业务同比分别下降 7.9%、14.0% 和 30.1%。

5. 小微企业贷款利率明显下降，货币政策工具引导作用显著。2018 年，天津市金融机构人民币企业一般贷款加权平均利率为 5.24%，比上年上升 0.36 个百分点。但第四季度企业一般贷款利率快速回落，较第三季度下降 0.20 个百分点，其中小微企业一般贷款加权平均利率下降了 0.23 个百分点。12 月，全市小微企业一般贷款加权平均利率 5.30%，同比回落 0.11 个百分点，比全部一般贷款加权平均利率低 0.26 个百分点。货币政策工具的有效运用对降低小微企业贷款利率发挥了重要作用。2018 年，中国人民银行天津分行累计发放再贴现 53.2 亿元，是上年的 3.0 倍，单笔金额在 500 万元以下的票据占比达 97.0%，办理再贴现票据的贴现加权平均利率为 4.4%，较上年降低近 50 个基点，其中小微企业票据贴现利率降幅为 54 个基点。相关金融机构借用支小再贷款发放的小微企业和民营企业贷款加权平均利率为 6.49%，低于金融机构运用自有资金贷款利率 22 个基点。

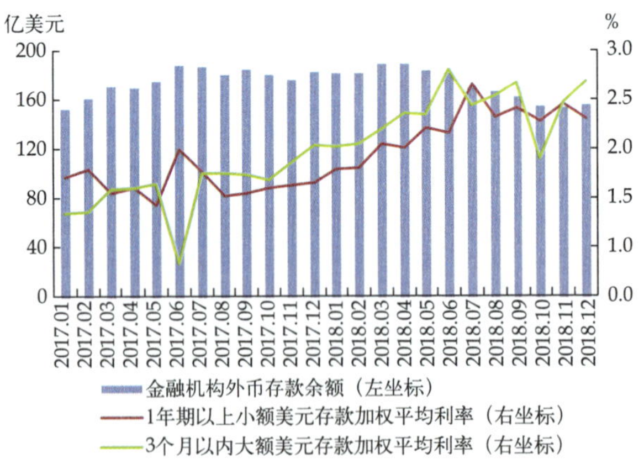

数据来源：中国人民银行天津分行。

图 4　2017~2018 年天津市金融机构外币存款余额及外币存款利率

表 2　2018 年天津市金融机构人民币贷款各利率区间占比

单位：%

月份		1 月	2 月	3 月	4 月	5 月	6 月
合计		100.0	100.0	100.0	100.0	100.0	100.0
下浮		17.7	7.3	13.9	16.2	9.5	10.1
基准		19.2	26.4	16.1	11.8	16.7	21.1
上浮	小计	63.1	66.3	70.0	72.0	73.8	68.8
	(1.0, 1.1]	21.6	28.0	22.6	21.8	22.5	23.9
	(1.1, 1.3]	18.4	13.8	17.9	22.6	25.0	20.2
	(1.3, 1.5]	12.6	12.8	15.2	13.4	10.9	9.6
	(1.5, 2.0]	7.7	7.1	12.0	10.1	10.6	11.6
	2.0 以上	2.8	4.5	2.3	4.2	4.7	3.4
月份		7 月	8 月	9 月	10 月	11 月	12 月
合计		100.0	100.0	100.0	100.0	100.0	100.0
下浮		14.0	16.8	16.6	23.8	19.2	17.7
基准		15.0	15.8	12.0	13.4	10.8	20.8
上浮	小计	71.0	67.4	71.4	62.8	70.0	61.5
	(1.0, 1.1]	20.7	14.3	20.3	17.0	17.7	20.2
	(1.1, 1.3]	19.7	21.1	21.0	12.5	19.7	15.5
	(1.3, 1.5]	9.9	10.1	10.9	10.4	12.7	10.7
	(1.5, 2.0]	13.8	12.3	12.4	16.4	14.9	9.9
	2.0 以上	6.8	9.5	7.0	6.4	5.0	5.3

数据来源：中国人民银行天津分行。

6. 不良贷款有所上升，资产质量真实性增强。2018 年末，天津市银行业不良贷款余额 939.1 亿元，比年初增加 262.0 亿元，不良贷款率 2.6%，比年初提高 0.6 个百分点。关注类贷款余额 1 672.1 亿元，比年初增加 114.5 亿元，逾期 90 天以上贷款与不良贷款的比率较上一年下降了 0.07 个百分点。

7. 人民币跨境收付量下降，资金净流出增幅明显。2018 年，全市人民币跨境收付 2 139.8 亿元，同比下降 10.5%。其中，实收 966.0 亿元，同比下降 14.0%；实付 1 173.9 亿元，同比下降 7.5%。实收降幅大于实付降幅，资金净流出 207.9 亿元，同比增长 41.7%。经常项下资金净流出 261.2 亿元，同比减少 7.8%；资本项下资金净流入 53.3 亿元，同比减少 61%。与香港地区发生的人民币跨境收付量占比 38.6%，同比增长 3.5 个百分点；与欧美国家发生的人民币跨境收付量占比 28.9%，同比下降 3.5 个百分点。境内主体参与积极性提升，2018 年新增企业 1 040 家，同比增长 17.3%。

（二）证券业交易总体有所回落，各类业务表现分化

2018 年，天津市新增境内外上市和新三板挂牌企业 18 家，累计达到 259 家，年末证券账户 516.8 万户，同比增长 8.2%。全年各类证券交易额 37 183.7 亿元，同比下降 14.6%。其中，股票交易额 17 661.7 亿元，同比下降 20.8%；债券交易额 16 930.5 亿元，同比下降 13.5%；基金交易额 2 526 亿元，同比增长 58.1%。期货市场成交额 66 614.9 亿元，同比增长 10.2%。

表 3　2018 年天津市证券业基本情况

项目	数量
总部设在辖内的证券公司数（家）	1
总部设在辖内的基金公司数（家）	1
总部设在辖内的期货公司数（家）	6
年末国内上市公司数（家）	50
当年国内股票（A 股）筹资（亿元）	9.1
当年发行 H 股筹资（亿元）	0.0
当年国内债券筹资（亿元）	2 740.0
其中：短期融资券筹资额（亿元）	652.0
中期票据筹资额（亿元）	801.0

数据来源：天津证监局、中国人民银行天津分行。

1. 法人证券公司资产规模下降，盈利能力增强。2018 年末，法人证券公司资产总额 482.2 亿元，同比下降 9.7%；负债总额 283.1 亿元，同比下降 15.1%；实现净利润 5.8 亿元，较上年增加 3.2 亿元。法人证券公司各项风控指标优于监管预警标准。

2. 法人基金公司资产规模增长，管理基金规模下降。2018 年末，法人基金公司资产总额 105.5 亿元，比年初增加 31.4 亿元；负债总额 19.1 亿元，比年初增加 0.7 亿元。法人基金公司主动缩减货币基金规模，降低单一产品集中度，2018 年末，共管理基金 45 只，基金净值 13 420.7 亿元，比年初减少 4 472.3 亿元，同比

下降25.0%。

3. 法人期货公司资产规模和业务规模均较快增长。2018年末，6家法人期货公司资产合计94.0亿元，同比增长22.6%，净资产总额22.7亿元，同比增长2.6%。全年代理交易额44 222.0亿元，同比增长30.6%，代理交易量6 960.8万手，同比增长17.9%。

（三）保险业业务发展总体平稳，人身险占主导

2018年，天津市共有保险类机构3 936家，保险从业人员9.9万人，经营主体保持稳定，资产规模总体增长，保费收入有所下降，人身险在保险市场业务中占据较大比重。

1. 资产规模总体增长，财产险公司资产下降。2018年末，天津市共有保险总公司6家、省级以上分公司63家。保险公司在津分支机构资产总额1 402.9亿元，同比增长9.2%，其中，人身险公司资产总额1 278.6亿元，同比增长11.8%，财产险公司资产总额124.3亿元，同比下降12.0%。

表4　2018年天津市保险业基本情况

项目	数量
总部设在辖内的保险公司数（家）	6
其中：财产险经营主体（家）	2
人身险经营主体（家）	4
保险公司分支机构（家）	63
其中：财产险公司分支机构（家）	26
人身险公司分支机构（家）	37
保费收入（中外资，亿元）	559.98
其中：财产险保费收入（中外资，亿元）	144.44
人身险保费收入（中外资，亿元）	415.54
各类赔款给付（中外资，亿元）	164.14
保险密度（元／人）	—
保险深度（%）	—

数据来源：天津银保监局、中国人民银行天津分行。

2. 保费收入总体略有下滑，财产险公司收入增长。2018年，天津市保险业共实现保费收入560.0亿元，同比下降0.9%。其中，人身险保费收入415.5亿元，同比下降1.9%；财产险保费收入144.4亿元，同比增长2.0%。财产险保费收入中，企业财产保险、责任保险、保证保险、意外伤害保险保费收入同比分别增长6.8%、29.4%、46.5%和38.8%，车险保费收入104.9亿元，同比下降0.8%。

3. 人身险公司销售渠道有所调整，个人代理大幅上升。2018年，银邮代理渠道实现保费收入130.5亿元，同比下降23.2%；公司直销渠道实现保费收入35.9亿元，同比下降1.1%；个人代理渠道实现保费收入230.3亿元，同比增长13.1%，占原保险保费收入的56.4%，同比提高7.7个百分点。

（四）直接融资快速增长，金融市场交易活跃

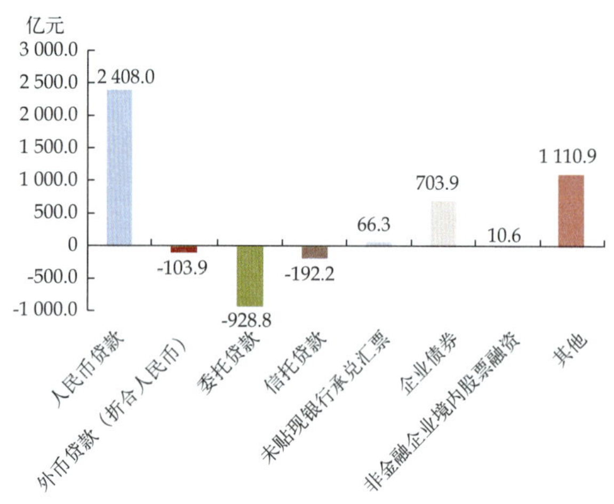

数据来源：中国人民银行天津分行。

图5　2018年天津市社会融资规模分布结构

1. 直接融资比重显著提高，融资效率进一步提升。2018年，天津市新增地区社会融资规模3 074.8亿元，比上年少增390.5亿元。其中，本外币各项贷款2 304.1亿元，同比减少558.8亿元，贷款占新增地区社会融资规模的74.9%，较上年下降7.7个百分点；表外融资减少1 054.7亿元，同比多减1 076.8亿元，“去通道”“缩链条”态势明显。实体经济直接融资714.6亿元，同比增加894.2亿元，占新增地

区社会融资规模的23.2%，较上年大幅提高28.4个百分点。其中，非金融企业在银行间债券市场发行债务融资工具1 548.6亿元，同比大幅增长80.8%，净融入资金413.09亿元。

2.货币市场交易活跃，市场利率有所下行。2018年，天津市相关机构在银行间同业拆借市场的交易金额为29 026.5亿元，同比增长126.0%；净融入资金8 276.7亿元，同比增长6.0%；隔夜和7天拆借金额占比92.0%，拆入和拆出加权平均利率同比分别下降22个和29个基点。债券回购交易金额316 912.5亿元，同比增长48.9%，质押式回购占比98.6%，质押式正回购和逆回购加权平均利率同比分别下降30个和7.9个基点。现券买卖累计交易金额36 482.7亿元，同比下降12.0%，现券买入和卖出收益率同比分别下降0.75个和0.69个百分点。

专栏1　天津市非金融企业利用银行间债券市场融资情况

2018年，天津市进一步加大直接融资工作推动力度，中国人民银行天津分行着力加强对主承销银行的组织引导，全年非金融企业债务融资工具发行量大幅增长，新政策、新产品快速落地运用，全市企业的债券市场融资环境有效改善，发行难度和发行成本明显降低。

一、发行量快速增长，债券市场成为企业融资的重要渠道

2018年，天津市非金融企业在银行间债券市场发行债务融资工具1 548.6亿元，同比增长80.8%，高于全国近50个百分点，净融入资金413.1亿元，同比多增530.7亿元，资金净融入量占全市新增直接融资的58%。截至2018年末，全市非金融企业债务融资工具存量规模3 726.6亿元，同比增长11.0%。

二、发行人结构进一步优化，民营企业份额增加

2018年，天津市新增8家首次发行人，发行人累计103家，所属行业包括信息技术、医疗健康等重点支持领域。民营企业债券融资支持政策得到有效落实，天津市民营企业债券的市场认可度提高，全年发行金额119.5亿元，是上年同期的2.4倍。全国首单中长期民营企业债券融资支持工具在天津成功落地，帮助发行人实现4.45%的较低发行价格，创2017年以来境内民营企业同期限债券发行最低价，比发行人上期同类产品发行利率低94个基点。

三、中长期债券品种比重提高，证券化产品增长显著

2018年，一年期以上的中长期产品发行金额882.0亿元，占比57.0%，比重较上年上升10.4个百分点。资产支持票据规则修订等利好因素对资产支持票据市场产生明显提振作用，全年天津市企业发行资产支持票据65.0亿元，是上年同期的6.0倍。

四、整体发行利率回落，低评级企业融资成本较高

2018年，天津市非金融企业在银行间债券市场的融资价格震荡下行，全年加权平均利率为5.25%，同比下降35个基点，与同期天津市企业贷款利率基本持平。不同评级企业之间的利差进一步扩大，AA级以下（含）企业的加权平均融资价格为7.11%，高于AA+级以上（含）企业188个基点，利差较上年扩大101个基点。

五、债券融资环境总体有所改善，低评级企业发行难度较大

2018年，天津市进一步加强债券风险防范和处置力度，主动做好市场沟通和舆情管理工作，债券市场融资环境得到改善。全年债务融资工具取消发行18只，金额126.5亿元，同比下降31.9%，取消发行金额占总发行计划的7.6%，较上年下降10个百分点，发行难度总体上较2017年明显下降。但AA级以下（含）企业发行金额占比仅2.71%，较上年下降16.09个百分点。

3.票据市场稳健发展，电票覆盖率持续提高。2018年末，天津市银行承兑汇票余额3 645.5亿元，较年初增加502.1亿元，同比增长16.0%，票据贴现加权平均利率为4.78%，较上年下降30个基点。共办理电子商业汇票承兑业务18.7万笔，金额6 237.7亿元，占全部商业汇票业务的比例分别为76.1%和97.0%，分别较上年提高40.9个和11.7个百分点。

（五）金融生态环境持续优化，金融服务效能不断提升

1.支付服务体系稳健发展，服务范围不断延伸扩展。2018年，天津市支付系统共处理人民币业务10.0亿笔、金额132.5万亿元，同比分别增长4.8%和7.8%。深入推进天津市移动支付便民示范工程，完成天津地铁、市内及滨海公交受理终端移动支付改造工作；全面推进示范商圈和示范街区建设，建成23个移动支付示范商圈和32个移动支付示范街区；与中国印钞造币总公司中钞信用卡公司联合推出基于联盟区块链、智能合约、电子签名、可信时间戳等技术的创新支付工具，便利中小企业融资。

2.征信基础设施建设持续加强，征信服务不断深化。2018年末，征信系统共收录天津市23.7万户企业和其他经济组织、993.4万自然人相关信息，受理个人和企业信用报告查询分别达67.1万笔和9 093笔，在全市28个网点布置了40台征信自助查询机，覆盖了全部区县。应收账款融资服务平台建设进一步推进，全年成交金额263.9亿元，同比增长24.7%，近七成资金流入中小企业。“和谐劳动关系企业信用体系建设”和“民营中小企业信用体系建设”助力企业获取信贷支持合计2 844.3亿元。

3.金融知识宣传增点扩面，金融消费权益保护进一步加强。2018年组织部署了“3·15金融消费者权益日”“普及金融知识　守住钱袋子”和“绿色金融进校园”等大型集中宣传活动，全市累计开展活动11.3万次，发放宣传资料150万份，微信推送阅读量约34万次，受众消费者量400万人。举办了天津市“金融知识普及月　金融知识进万家”暨“提升金融素养　争做金融好网民”集中宣传活动，被人民网、新华网、《金融时报》等大型主流媒体报道。开展了支付服务领域金融消费权益保护情况现场检查以及金融消费权益保护工作现场评估。探索完善金融消费争议多元化解决机制，有序推进天津市金融消费纠纷调解中心建设和金融广告治理工作。

4.金融服务实体经济能力不断提升。推出金融服务实体经济创新产品138项，设立百亿元智能制造财政专项资金，依托海河产业基金打造千亿级新一代人工智能科技产业基金和项目群、300亿元生物医药产业母基金群。

此外，天津市在有效化解国企债务问题、防范化解金融风险攻坚战上取得积极进展。2018年，天津市有效管控政府债务，“精准拆弹”化解国有企业突出债务问题，开展全市金融风险大排查，推进P2P网贷等互联网金融风险专项整治，严厉打击非法集资活动，守住了不发生区域性、系统性金融风险的底线。

二、经济运行情况

2018年，天津市扎实推进“五位一体”总体布局和“四个全面”战略布局在天津的实施，坚持稳中求进工作总基调，坚持新发展理念，聚焦高质量发展，努力攻坚克难，经济整体保持平稳运行且逐季向好，供给侧结构性改革深入推进，产业结构进一步优化，新动能加快成长，需求结构优化升级，生态环境明显改善，高质量发展的态势正在形成。

（一）经济运行逐季向好，需求结构优化升级

2018 年，天津市生产总值 18 809.6 亿元，同比增长 3.6%，分别比第一季度、上半年和前三季度加快 1.7 个、0.2 个和 0.1 个百分点。

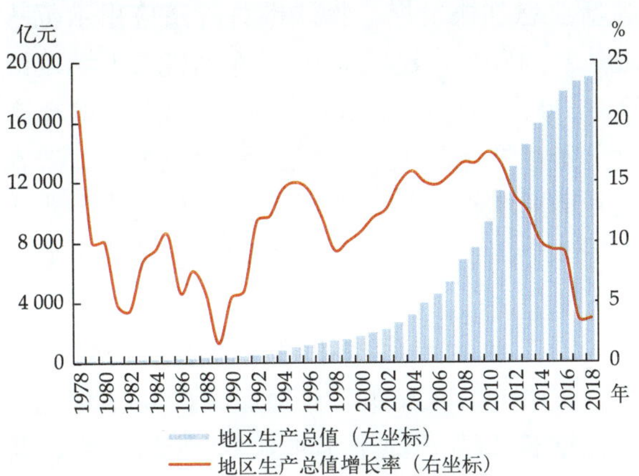

数据来源：天津市统计局。

图 6　1978~2018 年天津市地区生产总值及其增长率

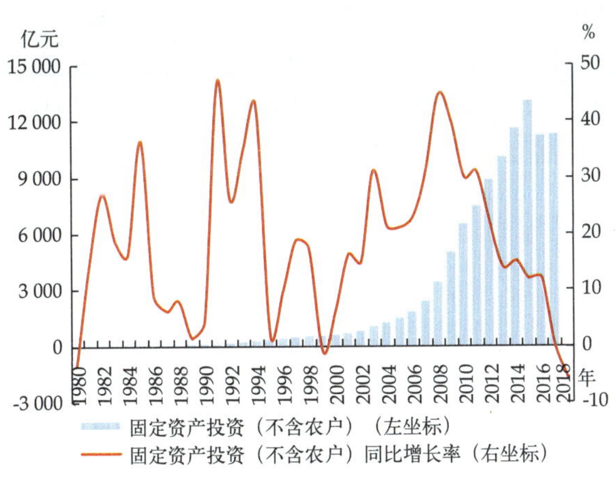

注：2011 年以前为全社会固定资产投资数据。

数据来源：天津市统计局、《中国经济景气月报》。

图 7　1980~2018 年天津市固定资产投资（不含农户）及其增长率

1. 投资降幅逐季收窄，结构进一步调整。2018 年，固定资产投资（不含农户）按可比口径计算，比上年下降 5.6%，降幅逐季收窄，分别比第一季度、上半年和前三季度收窄 20.0 个、11.7 个和 8.6 个百分点。其中，民间投资增长 4.4%，快于全市投资 10.0 个百分点，占全市投资的 45.2%。分产业看，三次产业投资增速均下降，第一产业投资下降 9.1%；第二产业投资下降 6.3%，其中，制造业投资下降 22.0%，计算机通信和其他电子设备制造业投资增长 11.2%，汽车制造业投资增长 7.0%，工业技改投资增长 24.7%；第三产业投资下降 5.3%，其中，基础设施投资下降 20.2%，租赁和商务服务业投资增长 63.7%。

2. 消费市场保持平稳，升级步伐加快。2018 年，天津市社会消费品零售总额增长 1.7%，与上年持平，全市居民人均消费性支出 29 903 元，增长 7.4%，比上年加快 0.8 个百分点。与居民生活密切相关的消费增长较快，限额以上商品中，服装、儿童玩具类分别增长 24.3% 和 33.4%，家具类增长 6.1%，石油及制品类零售额增长 10.8%，比上年加快 6.8 个百分点，拉动全市限额以上零售额增长 1.7 个百分点。服务消费增长较快，服务性支出增长 12.2%，教育文化娱乐服务支出增长 18.8%，医疗服务支出增长 15.4%。限额以上快餐营业额增长 8.8%，餐饮配送服务营业额增长 45.8%。

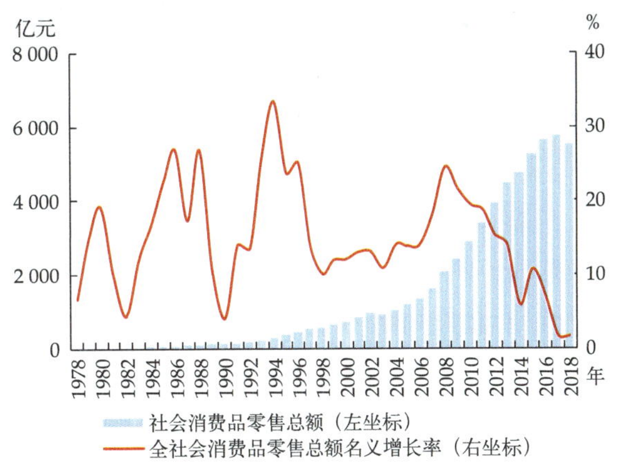

数据来源：天津市统计局。

图 8　1978~2018 年天津市社会消费品零售总额及其增长率

3. 货物出口增速加快，外商投资平稳增长。2018 年，天津市货物进出口总额 1 225.1 亿美元，同比增长 8.5%。其中，出口 488.0 亿美元，

同比增长12.0%，四年来首次实现正增长；进口737.2亿美元，同比增长6.3%。对“一带一路”沿线的俄罗斯、东盟出口分别增长67.7%和26.8%。全市新批外商投资企业1 088家，合同外资额246.5亿美元，实际直接利用外资48.5亿美元，同比增长0.8%。外商投资产业结构不断优化，服务业实际利用外资33.7亿美元，占总量的69.5%。

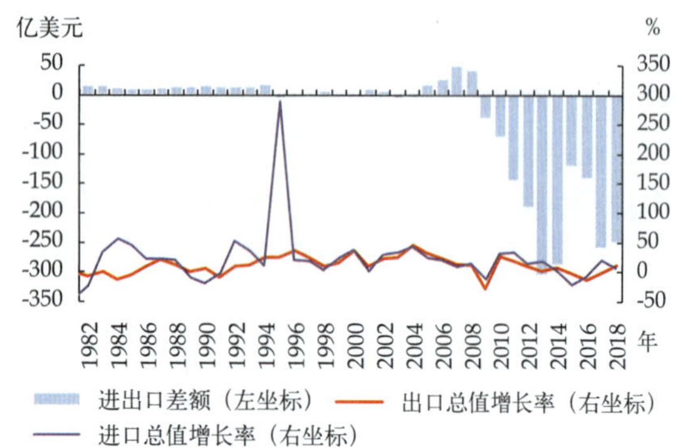

数据来源：天津市海关。

图9　1982~2018年天津市货物进出口变动情况

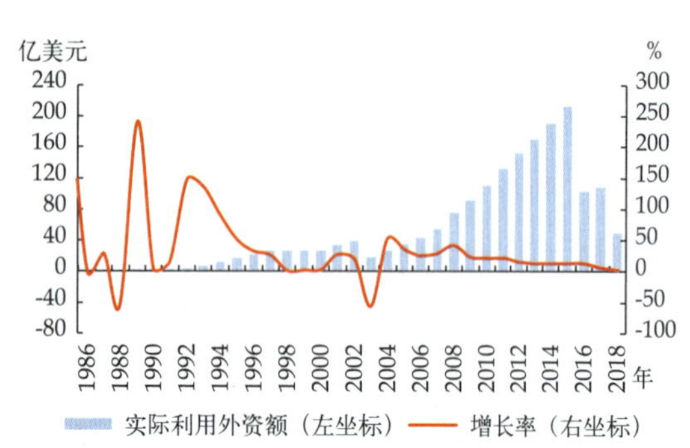

数据来源：天津市统计局。

图10　1986~2018年天津市实际利用外资额及其增长率

（二）产业结构进一步优化，服务业贡献不断提高

2018年，天津市三次产业增加值占全市总产出比重依次为0.9%、40.5%和58.6%，其中，第三产业的比重较上年提高0.4个百分点，“三二一”的产业结构进一步巩固。

1. 农业生产基本稳定，现代都市型农业快速发展。全年农业总产值391.0亿元，比上年下降0.2%。启动实施小站稻振兴计划，菜肉蛋奶等主要“菜篮子”产品供给保持稳定。地产农产品抽检合格率稳定在98%以上，位居全国前列。田园综合体、现代农业产业园、共享农庄等新业态加快发展，物联网种养殖应用示范基地达到800个，建设提升10个智能农业示范园区和30个高标准设施示范园区，创建30个畜禽养殖标准化示范场，建成50个优质高效淡水渔业养殖生产基地。市级以上农村龙头企业达到182个，一村一品专业村79个。建成美丽村庄150个。

2. 工业生产保持平稳，质量效益明显改善。2018年，天津市工业增加值6 962.7亿元，同比增长2.6%，比上年加快0.3个百分点。其中，规模以上工业增加值增长2.4%，比上年加快0.1个百分点。分经济类型看，国有企业增加值增长1.0%，民营企业增长2.5%。产销衔接良好，2018年，规模以上工业企业产销率达99.9%。全年规模以上工业企业主营业务收入增长6.5%，比上年加快1.2个百分点，利润总额增长11.1%，主营业务收入利润率6.8%，比上年提高0.4个百分点。

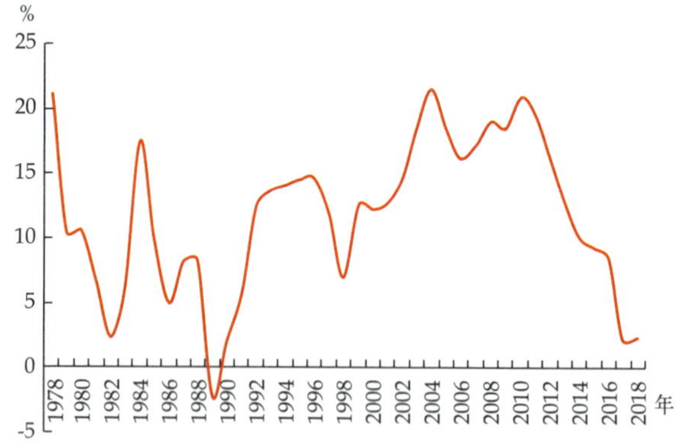

数据来源：天津市统计局。

图11　1978~2018年天津市规模以上工业增加值实际增长率

3. 服务业比重不断提高，新兴服务业增势良好。2018年，天津市服务业增加值11 027.1

亿元，同比增长5.9%，快于全市生产总值2.3个百分点，占全市生产总值的比重为58.6%，比上年提高0.4个百分点，服务业对国民经济增长的贡献率达到87.2%。其中，交通运输、仓储和邮政业增加值816.3亿元，同比增长3.1%，电信业务总量增长1.4倍，比上年加快73.4个百分点。“互联网+”促进线上线下融合发展，电商平台天津卖方交易额1 986.9亿元，同比增长14.6%；快递业务量5.8亿件，同比增长14.7%。新零售布局加快，无人超市等新零售便利店迅速兴起。金融业增加值1 966.9亿元，同比增长7.2%，金融业增加值占地区生产总值的10.5%，位居全国主要城市前列。金融业全年纳税额同比增长16.9%，占全市总税收的9.8%，较上年提高1.6个百分点。

（三）科技创新能力不断提高，新动能不断积聚

1. 科技创新能力不断提高。2018年，天津市人工智能、生物医药、新能源新材料等新兴产业进一步壮大，腾讯、华为等大数据中心和新松机器人、中核质子医疗、三峡新能源等项目相继落地。集成电路原片、服务机器人等产量实现倍增，人工智能形成了以“天河一号”超算、曙光计算机等为代表的自主安全可控全产业链，滨海高新区、中新天津生态城获批国家新型工业化产业示范基地。全年新增市级科技型企业7 000家、规模超亿元科技型企业200家，科技领军企业达到55家，国家高新技术企业超过5 000家，万人发明专利拥有量20.2件，全市综合科技创新水平居全国前列。

2. 新动能加快成长。2018年，规模以上工业中，高技术产业（制造业）增加值增长4.4%，快于全市工业2.0个百分点，拉动全市规模以上工业增加值增长0.6个百分点。战略性新兴产业增加值增长3.1%，比上年加快1.0个百分点，快于全市工业0.7个百分点。规模以上服务业中，战略性新兴服务业、高技术服务业、科技服务业营业收入分别同比增长9.2%、11.9%和12.2%，利润率分别达到8.5%、7.3%和7.5%。新能源汽车产量增长4.1倍，服务机器人和工业机器人分别增长94.3%和20.0%，集成电路圆片、锂离子电池、电子元件和电子计算机整机分别增长44.1%、23.7%、22.8%和12.4%。融资租赁资产总额占到全国四分之一，飞机、国际航运船舶、海工平台等跨境租赁业务总量在全国占比均达到80%以上。

（四）供给侧结构性改革深入推进，市场活力不断增强

1. 供给侧结构性改革取得明显成效。去产能扎实推进，2018年第四季度，全市规模以上工业产能利用率78.5%，比上年同期提高1.4个百分点，万元地区生产总值能耗比2015年累计下降14.9%，完成“十三五”总目标的87.9%，超进度27.9个百分点。去杠杆持续显效，2018年末，规模以上工业企业资产负债率57.9%，比上年末降低1.9个百分点，是2013年以来的最低水平。企业成本逐步降低，2018年，规模以上工业企业百元主营业务收入成本84.0元，比上年降低0.9元，已出台的降成本政策措施全年为企业减轻负担约600亿元。

2. 民营经济活跃度进一步提升。2018年，全市新登记市场主体22.1万户，其中，民营市场主体21.9万户，占全市的比重为98.9%，民营企业数量增长13.3%。主要领域发展势头良好，全市民营经济增加值8 551.8亿元，同比增长1.5%，占全市经济的45.5%。规模以上民营工业企业工业增加值增长2.5%，工业总产值增长8.3%，分别比上年加快6.6个和6.7个百分点，占全市工业的比重分别为22.8%和31.3%。民间投资增长4.4%，快于全市投资增速10.0个百分点。民营企业出口增长42.0%，快于全市出口增长33.4个百分点，占全市出口的比重为32.7%。

专栏 2 天津市有效发挥政策合力 促进民营经济和小微企业发展

2018 年，天津市认真贯彻落实党中央、国务院决策部署，从加强政策指导、推进金融创新、优化配套环境、促进银企对接等方面出台支持措施，引导和督促金融机构大力发挥主体作用，切实提升民营和小微企业金融服务水平。

一、深化窗口指导，加强部门协同

联合制定实施《关于进一步深化民营和小微企业金融服务的实施意见》《关于进一步促进民营经济发展的若干意见》等，从货币政策、金融监管、财税奖励、融资担保、产权保护等方面提出长短结合、精准发力、标本兼治的政策措施，着力破解民营和小微企业融资难融资贵问题。

二、开展专项行动，推动产品创新

实施小微企业应收账款融资专项行动，对 40 多家金融机构和 110 余家企业开展宣传培训，积极推动核心企业对接，全年实现平台成交 295 笔、263.9 亿元，同比分别增长 134.5% 和 24.3%。同时，大力支持金融机构研发推广税 e 融、云税贷等新型信贷产品，积极满足小微企业“短、小、频、急”的需求特点，有效缓解民营和小微企业融资难题。

三、完善配套政策，加大扶持力度

印发实施《天津市版权质押贷款实施指导意见》《关于进一步提升金融信贷营商环境的意见》等政策文件，为金融机构发展知识产权质押贷款业务、加大对民营和小微企业的信贷投放提供制度保障。有效运用再贷款、再贴现等货币政策工具，推动小微企业金融服务降本增量，全年累计发放支小再贷款 3 亿余元、办理再贴现 40 余亿元，帮助 50 多家民营和小微企业降低贷款利率 80 多个基点。积极发挥财政资金撬动作用，设立规模 50 亿元的天津市融资担保发展基金、100 亿元的民营企业发展专项基金，为小微企业融资纾困解难。

四、强化组织领导，狠抓政策落地

组织召开深化小微企业金融服务推动工作会议、深化民营和小微企业金融服务工作部署会以及金融支持民营经济暨稳贷增贷座谈会等专题会议，指导和督促全市金融机构深入贯彻落实中央决策部署、大力做好民营和小微企业金融服务工作。部署开展“金融服务民营和小微企业百日行”活动，组织银企对接项目签约仪式、印发经验交流材料、建立专项监测报告制度，力促深化民营和小微企业金融服务各项政策措施落地落实、见到成效。截至 2018 年末，天津市普惠口径小微贷款余额为 817.8 亿元，同比增长 31.4%，高出各项贷款平均增速 23.5 个百分点，比年初新增 195.2 亿元，同比多增 97.6 亿元。

（五）价格水平总体稳定，劳动力成本持续上升

1. 居民消费价格温和上涨。2018 年，天津市居民消费价格同比增长 2.0%，较 2017 年下降了 0.1 个百分点，连续三年稳定在 2% 左右。从构成居民消费价格的八大类商品来看，全部呈小幅上升的走势，其中食品烟酒价格上涨 3.1%，是拉升居民消费价格指数的主要因素。鸡蛋、鲜菜、禽肉类价格由降转升且涨幅较高，分别上涨 15.0%、10.1% 和 4.1%；鲜瓜果、水产品价格延续涨势，分别上涨 7.1% 和 4.5%；畜肉类价格走势不一，羊肉、牛肉分别上涨 12.0% 和 5.6%，猪肉价格下降 6.5%；在外餐饮、糖果糕点类等价格涨幅超过 2%。

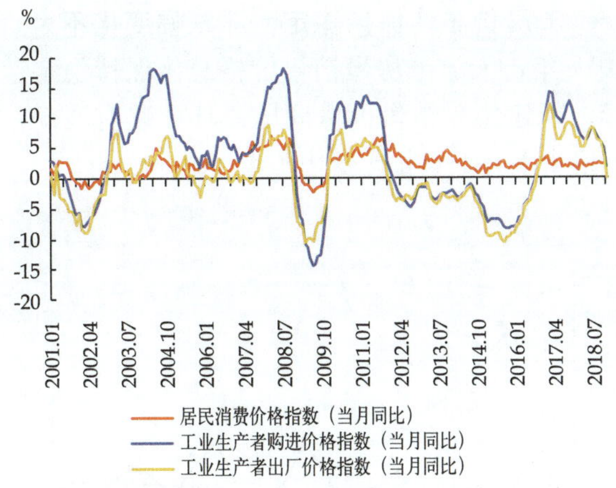

数据来源：天津市统计局。

图 12　2001~2018 年天津市居民消费价格指数和工业生产者价格指数变动趋势

2. 工业生产者价格涨幅回落。2018 年，天津市工业生产者购进价格同比上升 6.2%，较 2017 年下降 4.9 个百分点；工业生产者出厂价格指数同比上升 5.4%，较 2017 年下降 3.0 个百分点。从月度数据看，工业生产者出厂价格指数和购进价格指数均呈现逐渐下降的走势，二者分别从年初的 6.3% 和 8.0% 下降到年末的 -0.3% 和 1.7%。从工业生产者出厂价格构成结构看，生产资料价格同比上涨 7.4%，生活资料价格同比下降 1.0%。

3. 工资水平保持较快增长。2018 年，天津市从业人员年均工资为 80 547 元，同比增长 7.2%。其中，在岗职工从业人员年均工资为 84 107 元，同比增长 7.8%；劳务派遣人员年均工资为 57 486 元，同比增长 0.9%；其他从业人员年均工资为 61 108 元，同比增长 9.1%。2018 年，天津市全员劳动生产率为 29.3 万元 / 人，同比提高 1.1 个百分点。

（六）财政收支结构持续改善，生态环境保护成效显著

1. 财政收支降幅收窄。受减税降费、房地产等市场主体减收等因素影响，全市预算收入有所下降，2018 年，天津市一般公共预算收入 2 106.2 亿元，同比下降 8.8%，降幅比上年收窄 1.6 个百分点。其中，税收收入 16 24.8 亿元，同比增长 0.8%，占一般公共预算收入比重为 77.2%，比上年提高 7.7 个百分点。受一般公共预算收入下降影响，全市一般公共预算支出 3 104.5 亿元，同比下降 5.4%，降幅比上年收窄 5.9 个百分点。其中，公共安全支出 236.4 亿元，同比增长 14.0%；社会保障和就业支出 504.1 亿元，同比增长 9.7%。

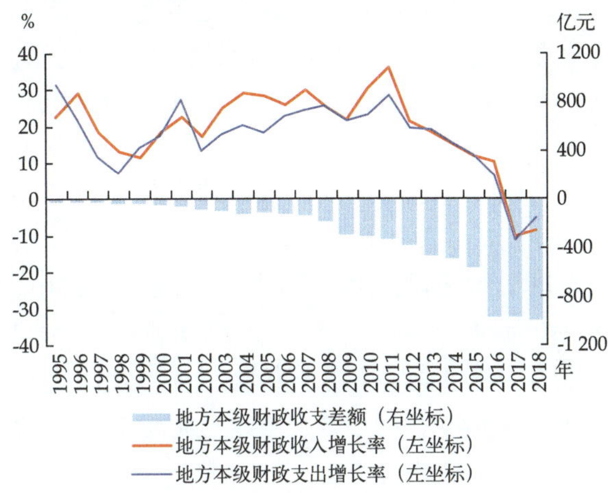

数据来源：天津市统计局。

图 13　1995~2018 年天津市财政收支状况

2. 生态环境保护全面加强。完成全国首批生态保护红线划定，实现了一条红线管控重要生态空间。升级保护 875 平方公里湿地，规划建设 736 平方公里的绿色生态屏障，地面沉降管控进一步加强。持续整治“散乱污”企业，低氮改造燃气锅炉，完成煤改电、煤改气和集中供热补建 23.8 万户，生态修复河道 20 条 163 公里，新增造林绿化 38 万亩，新建提升绿地 1 500 万平方米，新增垃圾日处理能力 1 500 吨，机动车全部改用乙醇汽油，河湖水域“全面挂长”，集中式饮用水源地保护区划定实现全覆盖。全市 PM2.5 年均浓度 52 微克 / 立方米，同比下降 16.1%，重污染天数同比减少 13 天，创 2013 年监测以来最好水平。Ⅲ类以上地表水比例超过 40%，同比提高 5 个百分点，劣Ⅴ类地表水比例下降 15 个百分点。市民群众“绿色幸福感”明显增强。

（七）房地产开发投资回升，行业总体保持平稳健康发展

2018 年，天津市在坚持"房住不炒"的调控基调下，稳步推进长效机制建设，积极巩固政策实施效果，大力保障民生需求，房地产市场总体保持平稳健康发展势头。

1. 房地产投资增速加快，施工和竣工面积增加。2018 年，天津市房地产开发实现投资 2 424.5 亿元，同比增长 8.6%，增速较上年提高 11.5 个百分点。其中，住宅开发实现投资 1 863.5 亿元，同比增长19.5%，增速较上年提高21.9个百分点。2018 年，天津市房地产施工面积 10 324.4 万平方米，同比增长 17.4%，增速较上年提高 23.3 个百分点；竣工面积 2 092.2 万平方米，同比增长 3.4%，增速较上年提高 34.0 个百分点。其中，商品住宅累计施工、竣工面积分别为 7 151.2 万平方米和 1 522.3 万平方米，同比分别增长 21.0% 和 6.2%，增速较上年分别提高了 27.3 个和 40.7 个百分点。

2. 新房成交持续下降，二手房交易有所回升。2018 年，天津市新建商品房销售面积和金额分别为 1 249.9 万平方米和 2 006.6 亿元，同比分别下降 15.7% 和 11.7%，其中，住宅销售面积和金额分别为 1 140.7 万平方米和 1 816.5 亿元，同比分别下降 15.1% 和 10.6%。二手房交易面积和金额分别为 1 185.5 万平方米和 1 494.8 亿元，同比分别增长 17.3% 和 17.1%。

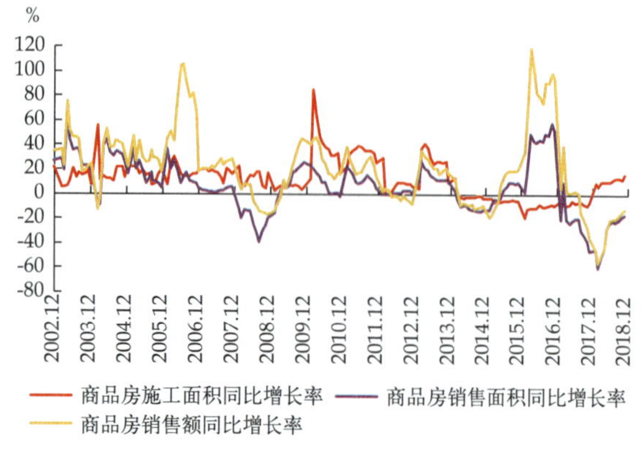

数据来源：天津市统计局。

图 14　2002~2018 年天津市商品房施工和销售变动趋势

3. 房价总体保持稳定，涨跌幅变化不大。2018 年，天津市房屋销售价格总体保持稳定运行，新建住宅销售价格同比、环比略有波动，价格水平与上年相比变化不大。

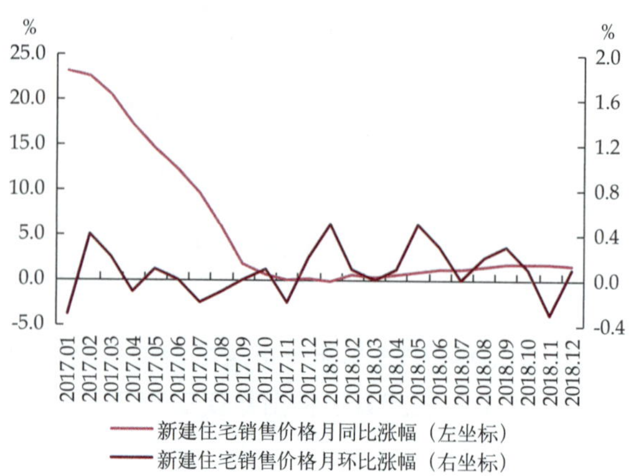

数据来源：天津市统计局。

图 15　2017~2018 年天津市新建住宅销售价格变动趋势

4. 房贷总量保持增长，个贷占比有所降低。2018 年，天津市房地产贷款余额 8 251.0 亿元，同比增长 14.7%，较上年回落 5.7 个百分点，全年新增 1 056.0 亿元，较上年少增 162.4 亿元。其中，个人住房贷款余额 5 709. 8 亿元，在房地产贷款余额中的占比为 69.2%，较上年下降 1.0 个百分点，全年新增 662.5 亿元，在房地产贷款新增额中的占比为 62.7%，较上年下降 30.7 个百分点。

三、预测与展望

当前，天津市经济金融仍存在全社会创新创业氛围不浓厚、营商环境仍待改善、国有资产运营效率低下、民营经济发展不充分等问题。2019 年是天津市战略性调整至关重要的一年，全市将以习近平新时代中国特色社会主义思想为指导，全面贯彻党的十九大和十九届二中、三中全会精神，认真学习贯彻习近平总书记视察天津重要指示和在京津冀协同发展座谈会上重要讲话精神，进一步抢抓京津冀协同发展重大机遇，依托自贸试验区、自主创新示范区、国家级开发区等改革开放平台，有效发挥

区位优势、历史优势，加快经济结构优化升级，保持经济持续健康发展和社会大局稳定，推动创新发展、开放包容、生态宜居、民主法治、文明幸福的现代化天津建设取得突破性进展。2019年全市经济社会发展的主要预期目标是：地区生产总值增长4.5%左右，固定资产投资增长8%以上，社会消费品零售总额增长5%，实际利用外资增长3%，实际利用内资增长6%，新增就业48万人，城镇登记失业率控制在3.8%以内，居民人均可支配收入增速高于地区生产总值增速，居民消费价格涨幅控制在3%左右。

全市金融业将认真执行稳健的货币政策，努力提升金融服务实体经济的能力和水平，大力支持经济转型升级和结构调整，不断深化民营和小微企业金融服务，深度融入京津冀协同发展重大战略实施，有效防控和妥善处置金融风险，积极推进科技金融、物流金融、航运金融、租赁金融、绿色金融等发展创新，进一步完善金融基础设施建设和金融管理能力建设，助力全市经济高质量发展。

中国人民银行天津分行货币政策分析小组

总　纂：周振海　王会奇

统　稿：张永春　贾　科

执　笔：郝慧刚　孙坤鑫

提供材料的还有：王贵鹏　徐　力　魏昆利　周中明　刘　冬　张成祥　刘珈彤　钟　辉　梁景宗　苗润雨　李　萌　李稳立　李晓迟　杨彩丽　曾　薇　苏　颖　刘红玉　李西江　朱芮菁　刘亚楼　郭　潇　李　师　宋俊平　于海欢

附录

（一）2018 年天津市经济金融大事记

1月3日至4日，中国共产党天津市第十一届委员会第三次全体会议暨全市经济工作会议召开。

1月10日，天津市首届绿色金融进校园系列活动在天津工业大学启动。

4月28日，天津市金融服务和管理工作会议召开，贯彻落实党和国家关于金融工作重要要求，部署金融工作三大任务，深入推进金融高质量发展。

4月，天津自贸试验区正式挂牌三周年，《中国人民银行关于金融支持中国（天津）自由贸易试验区建设的指导意见》中准予实施政策全部落地，24项措施成效显著，11项措施在全国复制推广，自贸试验区跨境收支总量占全市四分之一，为推动形成全面开放新格局、促进天津市经济高质量发展发挥了积极作用。

9月18日，以“在第四次工业革命中打造创新型社会”为主题的2018年夏季达沃斯论坛在天津市举行。

11月12日，中国人民银行天津分行组织召开深化民营和小微企业金融服务工作部署会，发布了《关于进一步深化民营和小微企业金融服务的实施意见》，决定自11月16日起组织开展“金融服务民营和小微企业百日行”活动。

11月21日，天津市召开金融支持民营经济暨稳贷增贷座谈会。

11月24日，第十届中日韩央行行长会议在天津市举行。中国人民银行行长易纲主持会议，日本银行行长黑田东彦和韩国银行行长李柱烈出席会议。

12月29日至30日，中共天津市委十一届五次全会暨经济工作会议召开。

12月30日，天津市委、市政府出台《关于进一步促进民营经济发展的若干意见》，在财税、社保、金融、交通、土地等方面推出19条措施。

（二）2018 年天津市主要经济金融指标

表 1　2018 年天津市主要存贷款指标

		1月	2月	3月	4月	5月	6月	7月	8月	9月	10月	11月	12月
本外币	金融机构各项存款余额（亿元）	31 133.0	30 732.6	30 557.6	30 297.2	30 402.2	30 297.3	30 097.3	30 419.3	30 289.9	30 300.9	30 522.7	30 983.2
	其中：住户存款	9 769.1	10 034.8	10 113.5	9 949.1	10 077.3	10 267.9	10 252.1	10 355.2	10 538.4	10 530.2	10 694.0	10 948.9
	非金融企业存款	14 048.6	13 459.3	13 548.3	13 316.2	13 110.4	13 131.7	12 803.5	13 125.0	13 178.3	13 266.7	13 330.4	13 935.8
	各项存款余额比上月增加（亿元）	192.2	-400.4	-175.0	-260.5	105.1	-104.9	-200.1	322.0	-129.4	11.0	221.8	460.5
	金融机构各项存款同比增长（%）	2.6	0.4	-0.8	-2.7	-2.8	-3.5	-5.0	-4.4	-4.6	-3.9	-2.0	0.1
	金融机构各项贷款余额（亿元）	32 040.2	32 178.7	32 404.9	32 675.9	32 842.2	33 038.3	33 119.8	33 175.0	33 404.0	33 638.8	33 946.3	34 084.9
	其中：短期	7 870.0	7 836.3	7 865.4	7 882.1	7 846.5	7 889.3	7 676.2	7 637.9	7 604.3	7 704.7	7 781.7	7 864.3
	中长期	18 595.4	18 753.3	18 896.7	19 010.1	19 053.2	19 067.9	19 182.7	19 116.0	19 350.0	19 549.3	19 684.9	19 824.6
	票据融资	722.6	700.3	651.4	684.6	747.6	846.9	979.3	1 051.0	1 103.7	1 007.9	1 029.2	1 123.1
	各项贷款余额比上月增加（亿元）	394.4	138.5	226.2	271.1	166.2	196.1	81.5	55.2	229.0	234.7	307.5	138.6
	其中：短期	15.2	-33.7	29.1	16.7	-35.6	42.8	-213.1	-38.3	-33.7	100.5	77.0	82.6
	中长期	289.9	158.0	143.4	113.4	43.1	14.7	114.8	-66.8	234.0	199.3	135.5	139.7
	票据融资	35.3	-22.2	-48.9	33.2	63.0	99.3	132.4	71.7	52.7	-95.8	21.3	93.9
	金融机构各项贷款同比增长（%）	9.6	9.1	8.4	7.9	7.7	7.1	7.3	6.5	6.7	7.1	7.3	7.9
	其中：短期	4.7	3.9	2.7	1.8	1.4	1.0	-0.7	-1.1	-0.5	1.4	1.4	0.3
	中长期	12.8	12.0	10.9	9.7	8.7	7.2	7.5	5.6	5.7	6.2	6.6	8.3
	票据融资	-30.0	-26.4	-24.9	-14.7	-5.2	17.6	45.5	54.3	65.9	54.2	51.8	63.4
	建筑业贷款余额（亿元）	1 152.4	1 180.0	1 165.1	1 182.8	1 209.8	1 221.7	1 173.3	1 138.1	1 162.0	1 143.9	1 116.9	990.6
	房地产业贷款余额（亿元）	1 785.7	1 801.8	1 826.5	1 841.9	1 868.8	1 940.8	1 950.2	1 974.2	2 086.9	2 130.0	2 131.6	2 084.1
	建筑业贷款同比增长（%）	9.2	9.6	6.2	9.1	9.3	5.5	1.1	-3.3	-0.3	-6.0	-5.2	-13.0
	房地产业贷款同比增长（%）	3.2	4.7	4.5	4.2	5.2	6.4	5.4	5.7	11.8	15.3	14.6	13.2
人民币	金融机构各项存款余额（亿元）	29 978.8	29 579.4	29 366.2	29 094.0	29 220.4	29 092.0	28 937.8	29 284.0	29 174.3	29 218.7	29 453.5	29 910.5
	其中：住户存款	9 575.3	9 837.9	9 917.0	9 752.2	9 879.5	10 064.1	10 044.8	10 148.4	10 333.4	10 324.9	10 490.2	10 746.2
	非金融企业存款	13 377.2	12 778.7	12 836.9	12 632.7	12 472.4	12 389.8	12 112.9	12 434.5	12 487.3	12 587.1	12 650.8	13 269.2
	各项存款余额比上月增加（亿元）	232.7	-399.4	-213.2	-272.3	126.4	-128.4	-154.2	346.2	-109.7	44.4	234.8	457.0
	其中：住户存款	13.9	262.6	79.1	-164.8	127.3	184.6	-19.3	103.7	184.9	-8.5	165.4	255.9
	非金融企业存款	-395.6	-598.5	58.2	-204.2	-160.4	-82.6	-276.8	321.6	52.8	99.8	63.7	618.4
	各项存款同比增长（%）	2.3	0.2	-0.8	-2.9	-2.8	-3.4	-4.8	-4.4	-4.4	-3.6	-1.8	0.6
	其中：住户存款	1.5	4.4	4.3	4.5	5.5	5.7	7.8	8.6	8.9	10.4	11.9	12.4
	非金融企业存款	-0.7	-4.6	-6.0	-10.3	-11.1	-12.5	-13.0	-11.5	-9.8	-8.0	-8.0	-3.9
	金融机构各项贷款余额（亿元）	30 553.5	30 661.3	30 914.6	31 166.0	31 322.8	31 453.9	31 519.1	31 604.8	31 826.0	32 032.9	32 343.5	32 539.4
	其中：个人消费贷款	5 811.0	5 862.3	5 907.3	5 950.5	6 003.1	6 072.7	6 159.0	6 248.9	6 365.7	6 685.6	6 896.9	7 071.0
	票据融资	722.6	700.3	651.4	684.6	747.6	846.9	979.3	1 051.0	1 103.7	1 007.9	1 029.2	1 123.1
	各项贷款余额比上月增加（亿元）	440.8	107.9	253.2	251.5	156.7	131.1	65.3	85.7	221.2	206.9	310.5	196.0
	其中：个人消费贷款	92.1	51.3	45.0	43.2	52.6	69.7	86.3	89.9	116.9	319.8	211.3	174.2
	票据融资	35.3	-22.2	-48.9	33.3	63.0	99.3	132.4	71.7	52.7	-95.8	21.3	93.9
	金融机构各项贷款同比增长（%）	9.7	9.1	8.7	8.2	8.1	7.3	7.3	6.5	6.8	7.1	7.3	8.1
	其中：个人消费贷款	30.5	28.4	25.7	23.2	21.0	18.8	17.5	16.5	16.0	20.1	22.1	23.7
	票据融资	-30.0	-26.4	-24.9	-14.7	-5.2	17.6	45.5	54.3	65.9	54.2	51.8	63.4
外币	金融机构外币存款余额（亿美元）	182.2	182.2	189.5	189.8	184.2	182.2	170.1	166.4	162.2	155.4	154.2	156.3
	金融机构外币存款同比增长（%）	19.6	13.0	10.9	11.8	4.7	-3.5	-9.2	-7.9	-12.6	-14.2	-12.7	-14.5
	金融机构外币贷款余额（亿美元）	234.7	239.7	237.0	238.2	236.9	239.5	234.8	230.1	229.4	230.6	231.1	225.2
	金融机构外币贷款同比增长（%）	18.2	19.7	12.4	12.3	8.2	6.5	6.0	3.2	1.7	1.3	3.2	-1.9

数据来源：《天津市金融统计月报》。

表 2　2001~2018 年天津市各类价格指数

单位：%

		居民消费价格指数		农业生产资料价格指数		工业生产者购进价格指数		工业生产者出厂价格指数	
		当月同比	累计同比	当月同比	累计同比	当月同比	累计同比	当月同比	累计同比
2001		—	1.2	—	—	—	-1.2	—	-4.1
2002		—	-0.4	—	—	—	-4.1	—	-4.1
2003		—	1.0	—	—	—	2.5	—	8.7
2004		—	2.3	—	—	—	15.4	—	4.1
2005		—	1.5	—	—	—	4.9	—	0.1
2006		—	1.5	—	—	—	4.7	—	0.6
2007		—	4.2	—	—	—	5.7	—	1.5
2008		—	5.4	—	—	—	12.9	—	4.1
2009		—	-1.0	—	—	—	-9.8	—	-7.5
2010		—	3.5	—	—	—	10.0	—	5.1
2011		—	4.9	—	—	—	9.8	—	3.8
2012		—	2.7	—	—	—	-3.0	—	-3.0
2013		—	3.1	—	—	—	-2.6	—	-3.0
2014		—	1.9	—	—	—	-2.9	—	-3.7
2015		—	1.7	—	—	—	-7.6	—	-9.7
2016		—	2.1	—	—	—	-1.7	—	-2.1
2017		—	2.1	—	—	—	11.1	—	8.4
2018		—	2.0	—	—	—	6.2	—	5.4
2017	1	3.4	3.4	—	—	11.9	11.9	10.7	10.7
	2	2.0	2.7	—	—	13.9	12.9	11.9	11.3
	3	1.8	2.4	—	—	13.7	13.1	10.4	11.0
	4	2.4	2.4	—	—	11.3	12.7	7.7	10.2
	5	2.7	2.5	—	—	9.9	12.1	6.2	9.3
	6	2.8	2.5	—	—	9.4	11.6	6.1	8.8
	7	1.6	2.4	—	—	9.0	11.3	6.8	8.5
	8	1.8	2.3	—	—	10.4	11.2	8.4	8.5
	9	1.5	2.2	—	—	11.7	11.2	9.0	8.6
	10	2.0	2.2	—	—	12.4	11.3	8.8	8.6
	11	1.8	2.2	—	—	10.9	11.3	8.2	8.5
	12	1.6	2.1	—	—	9.3	11.1	6.5	8.4
2018	1	1.2	1.2	—	—	8.0	8.0	6.3	6.3
	2	2.5	1.9	—	—	6.9	7.5	4.8	5.5
	3	1.8	1.9	—	—	6.1	7.0	4.8	5.3
	4	1.5	1.8	—	—	6.0	6.8	5.9	5.4
	5	1.9	1.8	—	—	6.5	6.7	7.1	5.8
	6	1.9	1.8	—	—	7.8	6.9	8.1	6.2
	7	2.0	1.8	—	—	7.9	7.0	7.9	6.4
	8	2.2	1.9	—	—	7.0	7.0	6.1	6.4
	9	2.3	1.9	—	—	6.2	6.9	5.8	6.3
	10	2.2	2.0	—	—	5.7	6.8	5.6	6.2
	11	2.0	2.0	—	—	4.7	6.6	3.2	5.9
	12	1.8	2.0	—	—	1.7	6.2	-0.3	5.4

数据来源：《天津统计月报》。

表 3　2018 年天津市主要经济指标

	1 月	2 月	3 月	4 月	5 月	6 月	7 月	8 月	9 月	10 月	11 月	12 月
	绝对值（自年初累计）											
地区生产总值（亿元）	—	—	4 959.4	—	—	9 927.6	—	—	14 658.4	—	—	18 809.6
第一产业	—	—	23.4	—	—	61.6	—	—	108.5	—	—	172.7
第二产业	—	—	2 182.2	—	—	4 375.6	—	—	5 855.1	—	—	7 609.8
第三产业	—	—	2 753.8	—	—	5 490.5	—	—	8 694.7	—	—	11 027.1
工业增加值（亿元）	—	—	2 061.0	—	—	4 064.6	—	—	5 363.2	—	—	6 962.7
固定资产投资（亿元）	—	—	—	—	—	—	—	—	—	—	—	—
房地产开发投资	—	173.1	460.7	694.8	980.8	1 301.4	1 489.2	1 651.6	1 893.4	2 087.5	2 231.2	2 424.5
社会消费品零售总额（亿元）	—	—	—	—	—	—	—	—	—	—	—	5 533.0
外贸进出口总额（亿元）	665.0	1 146.6	1 765.7	2 387.3	3 196.5	3 837.4	4 504.5	5 198.4	5 945.1	6 638.5	7 362.5	8 078.8
进口	391.9	656.7	1 044.1	1 391.9	1 825.5	2 210.2	2 620.8	3 038.6	3 518.6	3 963.1	4 422.3	4 870.3
出口	273.2	489.9	721.6	995.4	1 371.0	1 627.2	1 883.7	2 159.8	2 426.5	2 675.4	2 940.2	3 208.5
进出口差额（出口－进口）	-118.7	-166.9	-322.5	-396.6	-454.5	-583.0	-737.1	-878.8	-1 092.1	-1 287.6	-1 482.1	-1 661.8
实际利用外资（亿美元）	8.5	10.6	14.6	22.0	22.7	25.2	28.5	35.1	37.9	40.5	44.4	48.5
地方财政收支差额（亿元）	—	—	-198.4	—	—	-365.5	—	—	-561.7	—	—	-998.3
地方财政收入	269.7	406.0	579.0	785.5	991.4	1 155.1	1 375.8	1 499.7	1 643.2	1 847.1	1 996.3	2 106.2
地方财政支出	—	—	777.4	—	—	1 520.6	—	—	2 204.8	—	—	3 104.5
城镇登记失业率（%）（季度）	—	—	3.5	—	—	3.5	—	—	3.5	—	—	3.5
	同比累计增长率（%）											
地区生产总值	—	—	1.9	—	—	3.4	—	—	3.5	—	—	3.6
第一产业	—	—	-1.9	—	—	-8.6	—	—	-7.6	—	—	0.1
第二产业	—	—	-1.0	—	—	1.5	—	—	1.8	—	—	1.0
第三产业	—	—	4.4	—	—	5.3	—	—	5.1	—	—	5.9
工业增加值	—	3.1	0.1	2.0	3.7	3.2	3.5	3.7	3.3	3.2	2.6	2.4
固定资产投资	—	-50.0	-25.6	-21.6	-13.2	-17.3	-16.4	-15.6	-14.2	-9.4	-6.6	-5.6
房地产开发投资	—	-6.9	9.2	17.1	19.2	9.1	4.5	4.5	-0.3	3.7	5.2	8.6
社会消费品零售总额	—	5.6	5.8	5.6	5.3	4.3	4.0	4.0	3.7	3.1	2.5	1.7
外贸进出口总额	9.2	3.2	3.1	3.0	8.7	7.3	6.2	4.8	5.1	6.8	7.3	5.7
进口	8.5	-1.9	2.6	1.9	4.7	3.4	2.3	0.5	1.3	4.3	5.6	3.8
出口	10.2	10.9	3.8	4.5	14.6	13.2	12.0	11.5	11.2	10.7	10.0	8.7
实际利用外资	—	—	—	—	—	—	—	—	—	—	—	—
地方财政收入	-7.3	-12.1	-17.2	-16.5	-15.5	-20.9	-18.3	-18.9	-20.5	-17.7	-14.6	-8.8
地方财政支出	—	—	-12.8	—	—	-22.8	—	—	-17.3	—	—	-5.4

数据来源：《天津统计月报》《中国经济景气月报》。

河北省金融运行报告（2019）

中国人民银行石家庄中心支行货币政策分析小组

[内容摘要] 2018 年，河北省经济运行总体平稳、韧性增强，需求结构继续优化，第三产业占比首次超过第二产业，供给侧结构性改革迈出新步伐，京津冀协同发展深入推进，雄安新区规划体系基本形成，经济发展的质量和效益继续提升。2018 年，全省地区生产总值同比增长 6.6%，连续五年运行在 6.5%~7% 的合理区间。

具体来看，一是需求结构继续优化。投资增速加快、结构优化。2018 年河北省全社会固定资产投资（不含农户）同比增长 6%，增速较上年加快 0.7 个百分点；装备制造业和高新技术产业投资增速分别比全省固定资产投资快 0.9 个和 24.4 个百分点。消费需求对全省经济增长的贡献率为 61.5%，高于投资需求 13.9 个百分点，继续发挥对河北省经济增长的主拉动作用。外贸进口、出口实现双增，贸易顺差较上年扩大 6.6%。二是第三产业占比首次超过第二产业。服务业占地区生产总值的比重首次超过第二产业，占比达到 46.2%，超过第二产业 1.7 个百分点，对经济增长的贡献率达到 65.5%；高新技术产业增加值、工业战略性新兴产业增加值、装备制造业增加值增速均明显快于全部工业增速；装备制造业增加值对工业生产增长的贡献率达到 34.6%。三是供给侧结构性改革迈出新步伐。超额完成六大行业年度去产能任务；去库存效果继续显现，商品房待售面积同比下降 13.1%；企业成本继续下降，规模以上工业企业每百元主营业务收入中的成本为 86.2 元，比上年下降 0.4 元；补短板力度加大，基础设施投资增长 11%，占固定资产投资的比重为 24.5%，同比提高 1.1 个百分点；工业能耗保持下降，全省规模以上工业能耗比上年下降 3.9%，单位工业增加值能耗下降 8.65%。四是京津冀协同发展深入推进。交通、产业、生态环保三个重点领域取得新进展，区域综合交通网络日益完善。高起点规划、高标准建设雄安新区，雄安新区规划体系基本形成。党中央、国务院批复同意规划纲要、总体规划、白洋淀生态环境治理和保护规划，印发实施《关于支持雄安新区全面深化改革和扩大开放指导意见》。全力做好冬奥会筹办工作，张家口赛区规划和冬奥项目建设顺利推进。京津冀协同发展、雄安新区规划建设、冬奥会筹办等“三件大事”的实施，有力推动了北京新两翼和河北两翼的形成。五是财政收入稳定增长、支出加快，物价总体稳定。全部财政收入同比增长 9.8%；一般公共预算支出同比增长 16.7%，较上年提高 7.6 个百分点；一般公共预算支出的八成用于民生领域；居民消费价格温和上涨，全年涨幅 2.4%；工业生产者价格涨幅趋缓。

2018 年，河北省人民银行各分支机构认真落实稳健的货币政策，加强逆周期调节和定向调控，金融运行稳中有进，存贷款平稳增长，信贷支持实体经济力度加大、信贷结构继续优化，金融改革深入推进，金融生态环境不断优化，为全省供给侧结构性改革和高质量发展营造了适宜的货币金融环境。

具体来看，一是对实体经济支持力度加大。2018 年末，河北省金融机构本外币贷款余额超过 4.8 万亿元，同比增长 11.1%。全年新增非金融企业及机关团体贷款 2 957.6 亿元，同比多增 349.5 亿元，其中，中长期贷款同比增长 15.2%，占比 74.5%，同比多增 495.9 亿元。第三产业贷款较快增长、占比上升。2018 年，河北省社会融资规模增量为 6 160.5 亿元，其中，人民币贷款占比 78.2%。企业积极利用银行间市场开展直接融资，全年非金融企业债务融资工具余额超 2 000 亿元，达到 2 079.8 亿元。二是对京津协同发展的信贷支持力度加大。2018 年末，河北省银行业支持京津冀协同发展表内外信贷余额 12 927.1 亿元，较年初增加 1 374.9 亿元，同比增长 11.9%。全省银行业支持交通一体化、生态环保、产业转移等“三个率先突破”领域表内外信贷余额 6 802.4 亿元，较年初增加 621.1 亿元。支持奥运相关项目 71 个，累计发放贷款 106.5 亿元，余额 212 亿元。雄安新区各项贷款余额达到 254.1 亿元，同比增长 43.5%。分地区看，省会石家庄、冬奥会区域的张家口以及邢台、保定、承德等区域贷款增速较快，环渤海的秦皇岛、唐山贷款增速继续回升。三是对薄弱环节的信贷支持力度加大。2018 年末，全省中小微企业贷款余额接近 2 万亿元，同比增长 12.4%，高于全部贷款增速 1.3 个百分点。全省 62 个贫困县（含已脱贫摘帽退出的贫困县）贷款余额 5 437.6 亿元，同比增长 14.9%，其中，10 个深度贫困县贷款余额同比增长 20.4%，均明显高于全省总体贷款增速。全省私人控股企业贷款余额近 1.4 万亿元，同比增长 18.5%。年末各类再贷款及再贴现余额均创历史新高。小额票据贴现有力支持了小微企业融资。四是房地产信贷增速继续放缓。2018 年末，河北省房地产贷款余额同比增长 13.9%，增速继续放缓。较好落实了差别化住房信贷政策，个人住房贷款余额同比增长 12.7%；房地产开发贷款增速下降，主要投向保障性住房领域。五是贷款利率有所下降。2018 年 12 月，全省一般贷款加权平均利率为 6.96%，较全年最高点下降 24 个基点；票据贴现和转贴现加权平均利率明显下降。六是证券期货保险业稳步发展。证券公司分公司、营业部数量继续增加，证券交易额小幅下降，上市公司数量平稳增长，直接融资额上升，期货业客户数、代理交易额明显增长。保险业平稳发展。保险业机构数量持续增加，保费收入较快增长，赔付支出平稳，保险密度、保险深度持续提高。

当前，京津冀协同发展、雄安新区规划建设、冬奥会筹办等重大机遇在河北省叠加交汇，成为助推河北加快发展的强大动力。同时也要看到，河北省结构转型的阵痛正在凸显，新动能尚未形成强大支撑，实体经济困难较多，营商环境还需大力改善，环境治理任务艰巨。2019 年，河北省人民银行各分支机构将坚持稳中求进工作总基调，落实新发展理念，继续围绕服务实体经济、防控金融风险、深化金融改革三项任务，认真落实稳健的货币政策，松紧适度，保持货币信贷合理增长，着力优化信贷投放结构，加大对京津冀协同发展、雄安新区规划建设、冬奥会筹办以及民营和小微企业、战略性新兴产业、精准扶贫等国民经济重点领域和薄弱环节的支持力度，继续加强宏观审慎管理，促进金融体系稳健运行，切实防范化解各类金融风险，为新时代全面建设经济强省、美丽河北营造适宜的货币金融环境。

一、金融运行情况

2018 年，河北省人民银行各分支机构认真落实稳健的货币政策，加强逆周期调节和定向调控，存贷款平稳增长，信贷支持实体经济力度加大、结构继续优化，金融改革深入推进，金融生态环境不断优化，为河北省供给侧结构性改革和高质量发展营造了适宜的货币金融环境。

（一）银行业稳健运行，支持实体经济力度加大

1. 资产规模平稳增长，组织体系更加完善。 2018 年末，河北省银行业金融机构资产总额接近 8 万亿元，同比增长 8.0%，增速放缓 0.3 个

百分点；从业人员达到18.5万人，增加4 000余人；法人机构275家，营业网点近1.2万个。其中，城市商业银行和小型农村金融机构资产总额合计超过3.3万亿元，占全省银行业资产总额的比重达41.7%；新型农村金融机构资产总额达到524.9亿元。2018年末，全省已开业新型农村金融机构106家，全省银行业组织体系更加完善。

表1　2018年河北省银行业金融机构情况

机构类别	营业网点			法人机构（个）
	机构个数（个）	从业人数（人）	资产总额（亿元）	
一、大型商业银行	3 357	74 323	30 447.2	0
二、国家开发银行和政策性银行	165	3 505	5 107.0	0
三、股份制商业银行	504	11 534	5 214.0	0
四、城市商业银行	1 199	24 066	17 200.7	11
五、小型农村金融机构	4 896	47 920	16 098.2	147
六、财务公司	7	246	1 024.3	7
七、信托公司	1	240	139.7	1
八、邮政储蓄银行	1 456	17 816	3 512.4	0
九、外资银行	2	60	25.7	0
十、新型农村金融机构	289	4 487	524.9	106
十一、其他	3	357	642.7	3
合　计	11 879	184 554	79 936.8	275

注：营业网点不包括国家开发银行和政策性银行、大型商业银行、股份制商业银行等金融机构总部数据；大型商业银行包括中国工商银行、中国农业银行、中国银行、中国建设银行和交通银行；小型农村金融机构包括农村商业银行、农村合作银行和农村信用社；新型农村金融机构包括村镇银行、贷款公司、农村资金互助社；“其他”包含金融租赁公司、汽车金融公司、货币经纪公司、消费金融公司等。

数据来源：河北银保监局。

2. 存款余额平稳增长，住户存款增加较多。2018年末，全省金融机构本外币各项存款余额达到66 245.2亿元，同比增长9.6%，新增5 793.9亿元；人民币存款余额达到65 910.2亿元，同比增长9.8%，增速同比上升1.7个百分点，新增5 877.1亿元，同比多增1 357.3亿元。受到资本市场低迷和房地产调控影响，住户存款稳定增长，带动各项存款同比多增，而企业存款受到融资需求回落存款派生能力下降、房地产调控趋紧、企业沉淀资金减少等因素影响同比少增。2018年末，住户存款余额同比增长13.4%，增速较上年提高4.7个百分点，较年初增加4 767.9亿元，同比多增1 921.1亿元；非金融企业存款余额同比下降0.9%，较年初减少114.6亿元；政府存款余额同比增长11.3%，较年初增加1 108.8亿元；非银行业金融机构存款余额同比增长14.6%，较年初增加108.9亿元。2018年末，河北省外币存款余额为48.8亿美元，比年初减少15.2亿美元，同比下降23.7%。

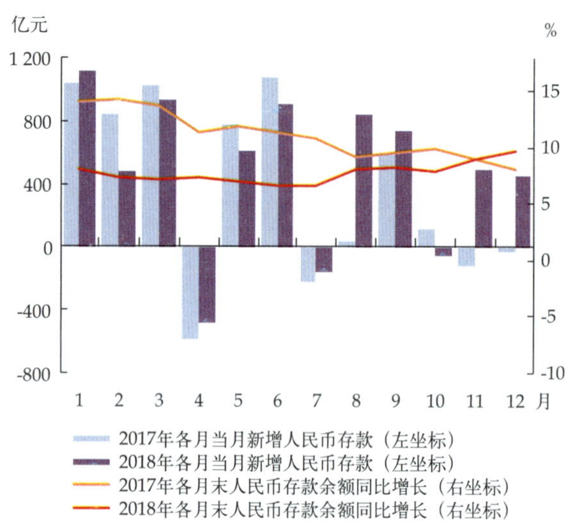

数据来源：中国人民银行石家庄中心支行。

图1　2017~2018年河北省金融机构人民币存款增长变化

3. 各项贷款增速平稳，支持实体经济力度加大。2018年末，河北省金融机构本外币贷款余额超过4.8万亿元，达到48 115.3亿元，同比增长11.1%；人民币各项贷款余额47 744.1亿元，同比增长11.3%，增速比上年末回落3.5个百分点，比年初增加4 849.7亿元。个人住房贷款增速放缓、贷款核销较多等是贷款增速下降的主要因素。贷款增速总体回落的同时，支持实体经济力度更大。全年新增非金融企业及机关团体贷款 2 957.6 亿元，同比多增 349.5 亿元，其中，中长期贷款同比增长 15.2%，占比 74.5%，同比多增 495.9 亿元。第三产业贷款较快增长、占比上升。2018 年末，全省第三产业贷款余额同比增长 14.2%；占全部行业贷款的比重达到 58.5%，较上年提高 1.2 个百分点。

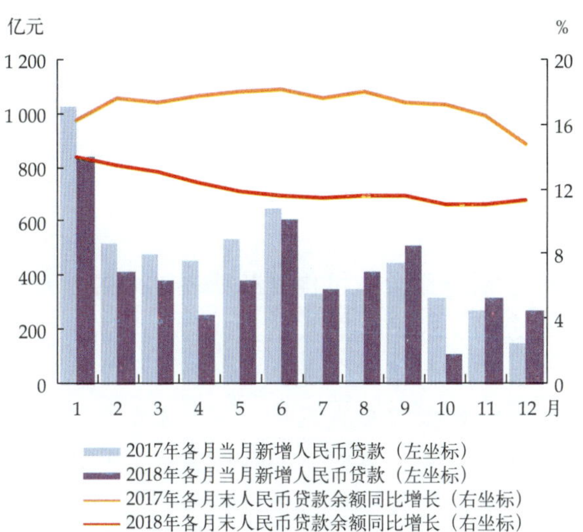

数据来源：中国人民银行石家庄中心支行。

图 2　2017~2018 年河北省金融机构人民币贷款增长变化

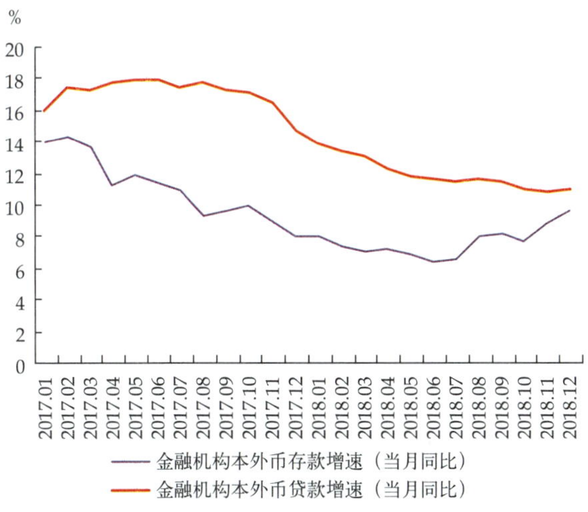

数据来源：中国人民银行石家庄中心支行。

图 3　2017~2018 年河北省金融机构本外币存、贷款增速变化

对京津冀协同发展和雄安新区的支持力度加大。2018 年末，河北省银行业支持京津冀协同发展表内外信贷余额 12 927.1 亿元，较年初增加 1 374.9 亿元，同比增长 11.9%。全省银行业支持交通一体化、生态环境保护和产业升级转移等“三个率先突破”领域表内外信贷余额 6 802.4 亿元，较年初增加 621.1 亿元。支持奥运相关项目 71 个，累计发放贷款 106.5 亿元，余额 212 亿元。雄安新区各项贷款余额达到 254.1 亿元，同比增长 43.5%。分地区看，省会石家庄、冬奥会区域的张家口以及邢台、保定、承德等区域贷款增速较快，环渤海的秦皇岛、唐山贷款增速继续回升。

对薄弱环节的信贷支持力度加大。2018 年末，全省中小微企业贷款余额达到 19 408.5 亿元，同比增长 12.4%，高于全部贷款增速 1.3 个百分点。全省 62 个贫困县（含已脱贫摘帽退出的贫困县）贷款余额 5 437.6 亿元，同比增长 14.9%，高于全省贷款增速 3.8 个百分点。其中，10 个深度贫困县贷款余额 968.2 亿元，同比增长 20.4%，明显高于全省总体贷款增速。全省私人控股企业贷款余额近 1.4 万亿元，同比增长 18.5%，高于各项贷款增速 7.4 个百分点。

再贷款和再贴现的定向支持作用加大。2018 年末，河北省各类再贷款及再贴现余额均创历史新高。2018 年末，全省支农再贷款余额 60.4 亿元，同比增长 18.9%，其中，扶贫再贷款余额 45.8 亿元，同比增长 37.9%。支小再贷款余额 47 亿元，较上年增加 37 亿元。再贴现余额 100.8 亿元，比年初增加 9.4 亿元。中国人民银行石家庄中心支行积极运用好再贷款工具，引导涉农和小微企业贷款利率下行，第四季度全省金融机构借用支小再贷款资金发放的贷款加权平均利率较其自有资金发放的小微企业贷款利率低 0.79 个百分点。金融机构使用支农再贷款（含扶贫再贷款）发放的贷款加权平均利率为 4.82%，较其运用全部资金发放的涉农贷款利率低 3.64 个百分点。

小额票据贴现工作继续深入推进。截至

2018 年末，全省已建立 28 家小额票据贴现分中心，其中市级分中心 18 家、县级分中心 10 家。2018 年，全省共办理小额票据贴现 409.1 亿元，有力支持了小微企业融资。

4. 市场利率先升后降，利率市场化改革稳步推进。2018 年 12 月，全省一般贷款加权平均利率为 6.96%，较全年最高点下降 0.24 个百分点；河北省金融机构发放的人民币贷款中，实行上浮利率的贷款占比较全年高点下降 8.2 个百分点；3 个月以内大额美元存款加权平均利率较 1 月上升 1.71 个百分点。利率市场化改革稳步推进。地方法人金融机构的定价机制建设进一步完善，参与利率市场化程度不断加深，80 家地方法人金融机构成为全国市场利率定价自律机制成员。2018 年末，全省金融机构同业存单和大额存单发行余额分别达到 1 407.8 亿元和 3 348.5 亿元，较上年分别增加 163.1 亿元和 1 504.8 亿元。

表 2　2018 年河北省金融机构人民币贷款各利率区间占比

单位：%

月份		1 月	2 月	3 月	4 月	5 月	6 月
合计		100.0	100.0	100.0	100.0	100.0	100.0
下浮		12.7	7.9	9.2	3.7	4.4	5.6
基准		19.4	18.7	20.4	16.5	23.0	14.7
上浮	小计	67.9	73.5	70.4	79.8	72.6	79.7
	(1.0, 1.1]	13.3	15.1	15.0	15.7	15.0	13.8
	(1.1, 1.3]	15.2	17.5	15.6	17.3	13.6	18.1
	(1.3, 1.5]	10.9	11.9	10.7	11.6	10.5	11.1
	(1.5, 2.0]	17.6	17.2	17.7	21.2	20.2	22.8
	2.0 以上	10.9	11.8	11.5	13.9	13.2	14.0
月份		7 月	8 月	9 月	10 月	11 月	12 月
合计		100.0	100.0	100.0	100.0	100.0	100.0
下浮		7.4	6.5	8.7	14.5	10.0	7.9
基准		12.6	11.1	13.6	13.1	14.8	18.0
上浮	小计	80.0	82.4	77.6	72.4	75.2	74.2
	(1.0, 1.1]	13.2	12.6	12.9	12.3	13.9	11.4
	(1.1, 1.3]	15.2	16.3	15.3	12.7	15.5	13.1
	(1.3, 1.5]	9.7	13.4	12.6	8.8	10.9	12.0
	(1.5, 2.0]	23.7	23.1	21.6	18.4	18.8	22.8
	2.0 以上	18.2	17.0	15.3	20.3	16.0	15.0

数据来源：中国人民银行石家庄中心支行。

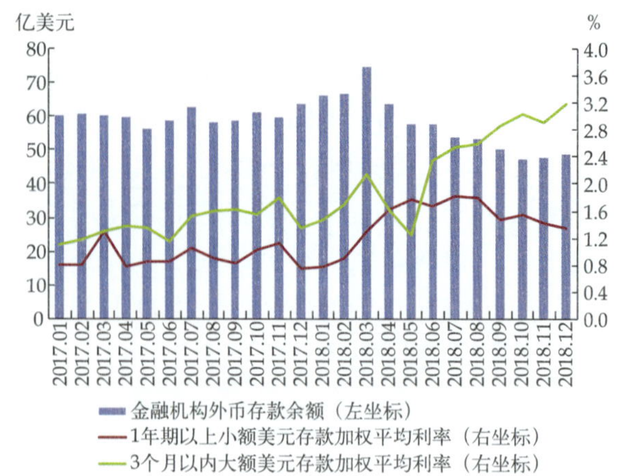

数据来源：中国人民银行石家庄中心支行。

图 4　2017~2018 年河北省金融机构外币存款余额及外币存款利率

5. 银行业金融机构改革取得新成效。大型银行金融支农工作成效显著。2018 年末，五家大型商业银行普惠金融事业部在河北省内二级分行已全部设立垂直机构，并逐步向县域和乡镇等末梢延伸。同时，综合服务、风险管理、资源配置、考核评价、统计核算“五专”机制已初见形态。国家开发银行河北省分行、中国农业发展银行河北省分行成立了扶贫事业部分部，专门负责扶贫金融服务。中国农业银行河北省分行继续强化扶贫政策、产品和模式创新。农村合作金融机构改革积极推进，全省县级联社改制组建农村商业银行取得积极进展。2018 年末，全省已组建农村商业银行 75 家（含批筹），占全省农村合作金融机构的比重达 51.4%，其中，已开业农村商业银行 65 家，筹建中 10 家；2018 年，批准筹建 18 家，批准开业 24 家，超额完成全年改制工作规划。城市商业银行实力不断增强。2018 年，河北省法人城商行新设 4 家分行、43 家市区支行、27 家县域支行。2018 年末，河北省城商行股本金额 422.2 亿元，较上年增加 42.3 亿元。村镇银行规范有序发展。截至 2018 年末，全省设立村镇银行 108 家，含已开业 105 家、筹建中 3 家。全省 62 个贫困县中，有 41 个县已设立村镇银行。2018 年末，全省村镇银行各项存款余额合计 432.9 亿元，同比增长17.2%；各项贷款合计284.9亿元，同比增长14.4%。其中，农户和小微企业贷款余额合计270.1亿元，占比94.8%。单户500万元以下贷款占比99.1%，基本坚持了“小额、分散”的经营原则。

6. 银行利润增速放缓，不良贷款率小幅上升。2018年，全省银行业金融机构实现净利润656.3亿元，同比增长2.4%，增速较上年下降11.7个百分点；资产利润率为0.85%，同比下降0.05个百分点；净息差同比下降0.04个百分点，连续四年下降。不良贷款持续反弹，整体仍处可控区间。2018年末，全省金融机构不良贷款余额比年初增加271.1亿元，不良贷款率为2.64%，同比上升0.34个百分点，连续四年上升。关注类贷款率较年初下降0.53个百分点，连续两年下降。

7. 跨境人民币业务稳步发展。中国人民银行石家庄中心支行坚持本币优先的原则，以服务实体经济、促进贸易投资便利化为导向，扎实推进河北省跨境人民币业务发展；制定《关于促进河北省跨境人民币业务发展的指导意见》，提出14条具体措施，推动业务更快更好发展；深入开展“送政策、摸实情、促发展”专项调研活动，宣传政策，了解需求，帮助企业解决实际问题；通过主流媒体报道、走进展会现场宣传、开展业务竞赛、推广手机应用软件“跨境人民币政策一点通”等方式，全方位、多角度宣传政策；科学部署，高效完成跨国企业跨境人民币双向资金池风险评估工作，扩大企业净流出入额度，助推企业提升国际化经营水平。2018年，全省人民币跨境收付金额498.2亿元，同比增长34.2%，占同期本外币跨境收付总额的11.4%，较2017年提高2.5个百分点，办理结算企业扩大到5 981家，较2017年新增809家，市场主体不断壮大。

专栏1 多措并举 着力破解民营和小微企业融资难题

2018年，中国人民银行石家庄中心支行切实强化民营和小微企业金融服务，调动全省金融系统力量，开展服务民营和小微企业“七个一”专项行动，即召开一场全省推进会、出台一份实施意见、开展一系列调研活动、建立一个典型案例库、组织一系列专题宣传、开展一轮业务培训、加强一揽子考核督导，取得阶段性成效。

一是加强信贷政策引导。牵头制定印发《关于进一步深化河北省小微企业金融服务的实施意见》，从增加信贷资金来源、拓宽融资渠道、增强财税支持政策等方面提出23条具体措施。河北省深化小微企业金融服务电视电话会议在中国人民银行石家庄中心支行召开，就进一步深化民营、小微企业金融服务工作进行了安排部署，会议有效调动了全省各部门和金融系统力量，促进了民营、小微企业金融服务的深化。二是发挥货币政策工具作用。中国人民银行石家庄中心支行制定《关于加大再贷款再贴现投放力度 支持河北省民营企业和小微企业发展的通知》，积极推进支小再贷款“先贷后借”发放模式，重点支持金融机构增加普惠口径小微企业贷款投放；增加支小再贷款、再贴现额度，扩大再贷款担保品范围；灵活运用再贴现工具，对民营企业票据和票面金额500万元及以下小微企业票据优先办理再贴现，切实引导小微企业融资成本下行。2018年，全省累计发放支小再贷款51.5亿元，比上年同期增加41.5亿元；累计发放再贴现230.9亿元，比上年同期多投放9.4亿元，其中小微企业票据占比67%。三是深入企业调研。中国人民银行石家庄中心支行联合河北省工商联开展入企调研活动，召开民营企业和小微企业金融服务座谈会，政府相关部门、金融监管部门、金融机构、民营和小微企业代表面对面座谈，搭建起政银企沟通的桥梁。2018年，河北省人民银行各分支机构共组织银企对接180余次。四是加强政策培训。开展2018年河北省银行间债券市场精准服务实体经济巡回培训活动，围绕各地企业发债需求进行专题培训，支持小微企业拓宽融资渠道。中国人民银行石家庄中心支行联合省地方金融监督管理局组织召开全省金融服务民营经济和小微企业政策宣讲电视电话会议，中国人民银行石家庄中心支行等五部门分别就本单位相关政策措施进行宣讲解读，促进政策落实。五是开展多种形式的宣传活动。2018年“金融知识普及月”活动期间，采取人民银行省、市、县三级联动，金融机构广泛参与的方式，开展金融知识集中宣传活动。在邢台举办“金融知识普及月·深化小微企业金融服务”活动启动仪式，组织金融机构向小微企业赠送《小微企业金融服务手册》，持续深入企业开展“一对一”对接服务活动，发挥好金融促进小微企业发展的作用。2018年，全省民营经济增加值实现24 486.1亿元，同比增长6.8%；占全省地区生产总值的比重为68.0%，同比提高0.1个百分点。实缴税金3 784.8亿元，同比增长21.1%；占全部财政收入的比重为67.8%，同比提高6.4个百分点。

（二）证券期货业总体稳健，多层次资本市场不断发展

1. 证券机构稳步发展。截至2018年末，全省共有证券机构294家，其中法人机构1家；证券分公司37家，新增11家；证券营业部256家，新增1家。全年实现证券交易额4.1万亿元，较上年下降4.2%；证券机构营业收入较上年下降24.8%；净利润较上年下降79.7%。

表3　2018年河北省证券业基本情况

项目	数量
总部设在辖内的证券公司数（家）	1
总部设在辖内的基金公司数（家）	0
总部设在辖内的期货公司数（家）	1
年末国内上市公司数（家）	57
当年国内股票（A股）筹资（亿元）	77.6
当年发行H股筹资（亿元）	0
当年国内债券筹资（亿元）	560.4
其中：短期融资券筹资额（亿元）	177.1
中期票据筹资额（亿元）	94.1

注：当年国内股票（A股）筹资额指非金融企业境内股票融资。

数据来源：河北证监局、中国人民银行石家庄中心支行。

2. 期货业稳步发展。截至2018年末，河北省共有期货机构45家，其中法人机构1家、分公司3家、营业部41家。期货客户数6.4万户，同比增长15.6%；全年代理交易量4 599.2万手，同比减少0.1%；代理交易额28 568.7亿元，同比增长18.3%。

3. 上市公司数量继续增加。截至2018年末，河北省共有境内上市公司57家，较上年增加1家；境外上市公司51家，较上年增加2家。新三板挂牌企业243家，较上年增加2家。石家庄股权交易所挂牌企业1 918家，较上年增加206家。企业通过资本市场实现直接融资564.3亿元，较上年增加44.2亿元。

（三）保险业平稳发展，保险深度和密度继续提升

1. 分支机构数量继续增加，保费收入继续较快增长。2018年，河北省新增省级保险分公司4家、新增省级以下分支机构190家，保险公司营业网点覆盖面更为广泛。总资产3 639.4亿元，同比增长9.7%。全年累计实现原保险保费收入1 790.6亿元，同比增长4.4%。保险业业

务结构优化，车险保费收入占比较上年下降 4.2 个百分点，保证保险、家财险和信用保险保费收入分别同比增长 82.0%、24.3% 和 19.2%。

2. 保险深度和密度继续提升，保险保障功能充分发挥。保险密度 2 375.5 元 / 人，较上年增加 88.0 元 / 人；保险深度 5.0%，较上年提升 0.2 个百分点；保险业累计承担风险总额 72.2 万亿元，同比增长 34.9%；累计赔付支出 541.2 亿元，同比下降 1.2%。

表 4　2018 年河北省保险业基本情况

项目	数量
总部设在辖内的保险公司数（家）	1
其中：财产险经营主体（家）	1
人身险经营主体（家）	0
保险公司分支机构（家）	72
其中：财产险公司分支机构（家）	35
人身险公司分支机构（家）	37
保费收入（中外资，亿元）	1 790.6
其中：财产险保费收入（中外资，亿元）	529.8
人身险保费收入（中外资，亿元）	1 260.9
各类赔款给付（中外资，亿元）	541.2
保险密度（元 / 人）	2 375.5
保险深度（%）	5.0

数据来源：河北银保监局。

（四）社会融资规模增量下降，金融市场运行总体平稳

1. 社会融资规模增量下降。2018 年，河北省社会融资规模增量为 6 160.5 亿元，同比下降 2 185.9 亿元。其中，新增人民币贷款占同期社会融资规模增量的 78.2%，同比上升 11.9 个百分点；委托贷款占比为 -1.9%，同比下降 3.1 个百分点；信托贷款占比为 -2.4%，同比下降 24.9 个百分点；企业债券占比为 9.1%，同比上升 5.5 个百分点；非金融企业境内股票融资占比为 1.3%，同比下降 0.8 个百分点。2018 年末，河北省非金融企业债务融资工具余额达到 2 079.8 亿元，较年初增加 247.2 亿元。

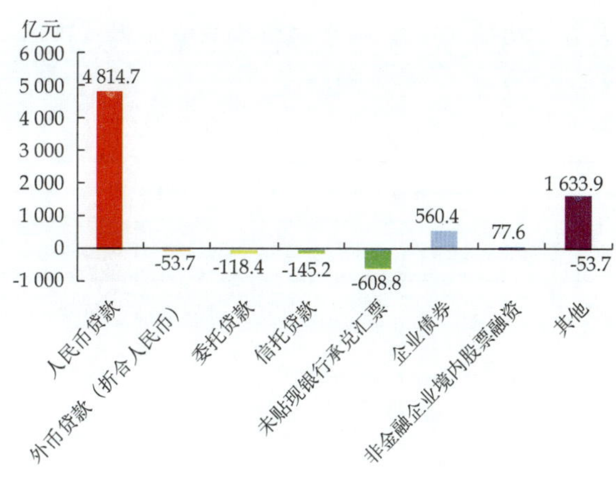

数据来源：中国人民银行石家庄中心支行。

图 5　2018 年河北省社会融资规模分布结构

2. 货币市场交易活跃，拆借利率明显下行。2018 年，河北省法人金融机构同业拆借市场交易活跃。全年累计发生 2 701 笔拆借交易，同比增加 671 笔；拆借发生额合计 6 426.7 亿元，同比增加 526.6 亿元。从期限看，2018 年度拆入业务仍以隔夜拆入为主。其中，河北省内成员单位同业拆入业务期限为 1 天的为 2 759.9 亿元，占比 60.0%；7 天的为 725.9 亿元，占比 15.8%。拆出业务期限为 1 天的为 809.1 亿元，占比 44.3%；7 天的为 574.9 亿元，占比 31.5%。从利率看，同业拆借市场利率同比大幅下降。隔夜拆出利率 2.72%，同比下降约 16 个基点；7 天拆出利率 3.85%，同比下降约 10 个基点。隔夜拆入利率 2.54%，同比下降约 22 个基点；7 天拆入利率 3.33%，同比下降约 31 个基点。

表 5　2018 年河北省金融机构票据业务量统计

单位：亿元

季度	银行承兑汇票承兑		贴现			
			银行承兑汇票		商业承兑汇票	
	余额	累计发生额	余额	累计发生额	余额	累计发生额
1	3 405.8	1 411.8	1 757.6	1 144.4	64.7	32.9
2	3 030.8	2 545.9	1 729.4	2 307.8	28.5	32.9
3	2 983.6	3 640.5	1 753.7	3 582.4	21.2	32.9
4	2 943.0	4 985.3	1 810.5	5 757.3	19.0	32.9

数据来源：中国人民银行石家庄中心支行。

表 6　2018 年河北省金融机构票据贴现、转贴现利率

单位：%

季度	贴现		转贴现	
	银行承兑汇票	商业承兑汇票	票据买断	票据回购
1	5.22	—	4.91	4.93
2	5.17	4.45	4.75	—
3	4.14	4.54	3.81	4.68
4	3.93	—	3.81	—

数据来源：中国人民银行石家庄中心支行。

3. 商业汇票签发量继续下降。2018 年，全省累计签发银行承兑汇票 4 985.3 亿元，同比减少 740.3 亿元，银行承兑汇票签发量连续三年负增长，但降幅收窄。2018 年末，全省银行承兑汇票余额 2 943 亿元，同比减少 720.4 亿元。全省票据融资余额 1 829.5 亿元，同比减少 127.5 亿元。银行承兑汇票签发量持续下降的同时，业务操作日趋规范，票据市场各种乱象得到了有效遏制。从利率来看，票据贴现、转贴现利率水平下降。2018 年全省金融机构票据贴现利率总体平稳，呈现出季末走高、季初回落的走势，全年加权平均利率 4.57%，较 2017 年贴现利率水平下降 0.46 个百分点。

（五）金融生态环境继续优化，金融基础设施不断完善

1. 社会信用体系建设稳步推进。金融信用信息基础数据库覆盖面日益扩大，对经济的信息支持作用不断加强。截至 2018 年末，征信系统共收录全省企事业借款人 42.3 万户、自然人 3 580 万人信息。查询征信系统已经成为各家金融机构贷前审查的必要环节及政府相关部门工作审查和专项检查的辅助手段。农村信用体系建设持续推进，全省累计评定信用农户 474 万户，挂牌信用村 2 416 个、信用乡（镇）53 个，其中，200 万户信用农户获得了信贷支持。全省各地市将信用建设与脱贫攻坚相结合，推动扶贫工作。承德市将信用评定引入综合授信，采用“信用＋政银企户保”贷款、“信用＋扶贫再贷款”模式，为 18 985 户贫困户发放贷款 19 亿元。邢台市以信用为基础，发放建档立卡贫困人口贷款和产业扶贫贷款，带动贫困人口就业 1.8 万人。中小企业信用体系试验区建设向纵深推进。廊坊市中小企业贷款网上对接平台累计发放贷款 2 050.2 亿元，得到国务院社会信用体系建设督导组充分肯定。弘扬唯信唯实的征信文化。广泛开展征信宣传，深入推动征信教育进校园，全省累计建立 15 个诚信文化教育基地，10 所大学开设了征信课程。河北省社会信用体系建设官方门户网站“信用河北”运行平稳。初步建立信用红黑名单管理制度和联合奖惩机制，研发启用信用联合奖惩系统。《河北省社会信用信息条例》正式实施，河北省社会信用体系建设共建共治共享的格局初步形成。

2. 支付系统安全、稳定、高效运行。全年共处理支付业务 41 958.8 万笔、金额 116.5 万亿元，笔数同比增长 8.6%，金额同比下降 3.4%。其中，大额实时支付系统全年共处理往来业务 8 221.3 万笔，同比增长 15.6%；小额批量支付系统全年共处理往来业务 28 061.7 万笔，同比增长 2.9%。全国支票影像交换系统全年共处理往来业务 87.9 万笔、金额 660.9 亿元，同比分别增长 52.6% 和 26.1%。网上支付跨行清算系统业务量持续快速增长，全年共处理往来业务 5 587.9 万笔、金额 4 278.9 亿元，同比分别增长 33.1% 和 33.8%。网上支付、电话支付、移动支付等新兴电子支付业务快速增长，2018 年，全省电子支付业务量 63.4 亿笔、金额 62.1 万亿元，同比分别增长 18.1% 和 4.6%。积极开展移动支付便民示范工程建设，推进收单商户终端改造，大力推广云闪付，推动建设了包括公交、地铁在内的十大便民支付场景。截至 2018 年末，河北省云闪付用户 624 万户，同比增长 160%；2018 年新增用户 382 万户，同比增长 397%，新增用户量和累计总量均居全国第二，全国占比均超过 5%，全省一半以上地市已实现云闪付乘车。

3. 金融消费者权益保护工作持续加强。中国人民银行石家庄中心支行认真开展金融消费权益保护监督检查和评估，督促金融机构规范经营行为，切实履行金融消费权益保护主体责任。坚持金融为民理念，规范、高效受理处理金融消费者投诉。持续推进金融知识宣传教育。联合银保监、网信部门开展河北省金融系统2018年金融消费者权益保护专题微电影评选，在与团省委联合组织开展的“诚信知识进校园”系列活动中，对优秀微电影作品进行展播。强化系统联动，组织省内10个地市、133个县的人民银行分支机构及金融机构，走进437家社区，面向20余万名社区居民开展“守好‘钱袋子’金融社区行”系列活动。拓宽宣传渠道，针对非法金融广告、非法集资、电信诈骗、银行卡盗刷、校园贷、现金贷等现象，选取客户误入钓鱼网站导致资金损失案等6起典型案例，通过省内媒体进行公示；创新运用报刊、网络、微信公众号等载体，开展全方位、多层次的金融消费者维权知识宣传。2018年，全省金融系统累计开展各类宣传活动3万余次，发放宣传资料700余万份，受众消费者数量达2 100余万人次，微信推送点击量600余万次，媒体报道1.1万余次，取得了良好的宣传效果。

二、经济运行情况

2018年，全省生产总值36 010.3亿元，比上年增长6.6%，增速比第一季度、上半年分别加快0.6个和0.1个百分点，与前三季度持平，呈现逐季回升态势，连续18个季度保持在6%~6.8%的区间，经济增长的稳定性和韧性明显增强。其中，第一产业增加值3 338.0亿元，增长3.0%；第二产业增加值16 040.1亿元，增长4.3%；第三产业增加值16 632.2亿元，增长9.8%。三次产业增加值比例由上年的9.2∶46.6∶44.2调整为9.3∶44.5∶46.2，第三产业占比首次超过第二产业，产业结构实现由“二三一”到“三二一”的转变。

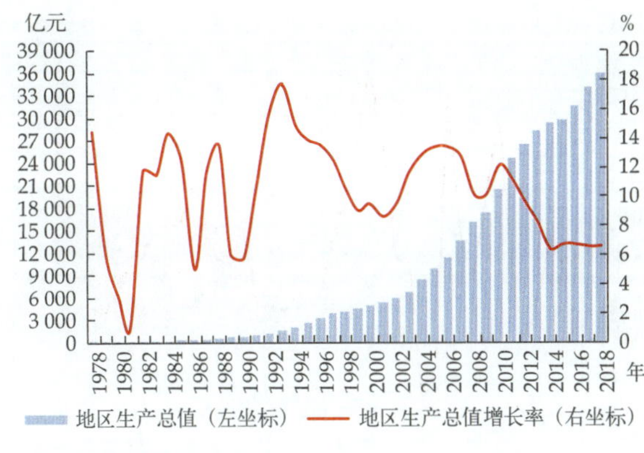

数据来源：河北省统计局。

图6 1978~2018年河北省地区生产总值及其增长率

（一）投资增速加快，消费驱动力强

1. 固定资产投资增速稳中有升。全社会固定资产投资较上年增长5.7%，其中，固定资产投资（不含农户）增长6%，比上年加快0.7个百分点。民间投资增长4.5%。分产业看，第一产业投资增长1.3%；第二产业投资增长8.7%，比上年加快6.2个百分点，其中制造业投资增长8.2%，比上年加快2个百分点；第三产业投资增长4%。投资结构调整优化，装备制造业和高新技术产业投资分别增长6.9%和30.4%，比全省固定资产投资增速分别快0.9个和24.4个百分点。工业技术改造投资增长8.7%，钢铁和医药等传统产业技改投资分别增长37.9%和32.2%。

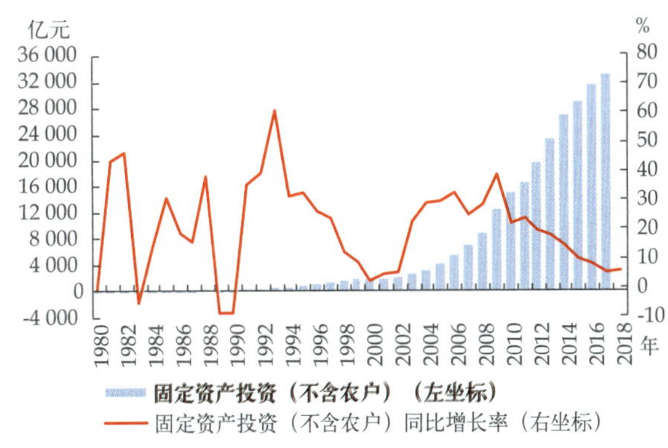

数据来源：河北省统计局。

图7 1980~2018年河北省固定资产投资（不含农户）及其增长率

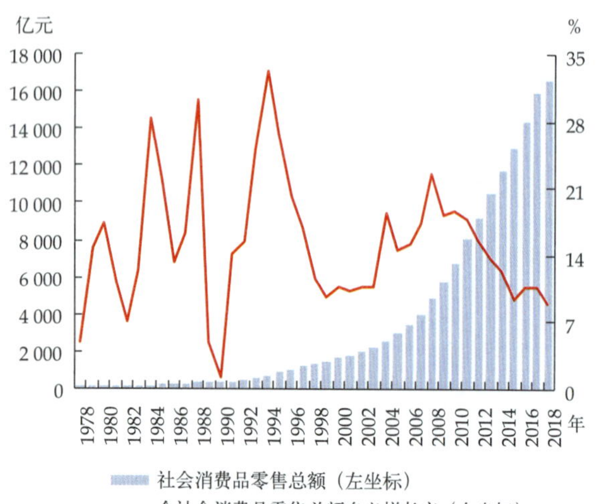

数据来源：河北省统计局。

图 8　1978~2018 年河北省社会消费品零售总额及其增长率

2. 消费增速保持平稳，乡村继续快于城镇。社会消费品零售总额实现 16 537.1 亿元，同比增长 9.0%。按经营单位所在地统计，城镇消费品零售额完成 12 659.8 亿元，增长 8.5%；乡村消费品零售额完成 3 877.3 亿元，增长 10.6%。2018 年，消费继续发挥对河北省经济增长的主拉动作用，消费需求对全省经济增长的贡献率为 61.5%，高于投资需求 13.9 个百分点。

3. 外贸进口、出口双增，但增速均低于全国。2018 年，河北省外贸进出口总值 538.8 亿美元，同比增长 8.1%。按人民币口径计算，全省进出口总值 3 551.6 亿元，同比增长 5.1%。其中，出口 2 243.0 亿元，增长 5.5%；进口 1 308.7 亿元，增长 4.5%。贸易顺差 934.3 亿元，扩大 6.6%。与全国相比，进出口、出口、进口增幅分别低 4.6 个、1.6 个和 8.4 个百分点，主要是钢材出口额和铁矿石进口额降幅较大。钢材出口量减价升，数量下降 36.8%、均价上涨 28.8%、金额下降 14.3%，钢材出口量占全国的 9.8%。铁矿石进口量价齐跌，数量下降 11.0%、均价下跌 3.9%、金额下降 14.9%，铁矿石进口量占全国的 8.9%。

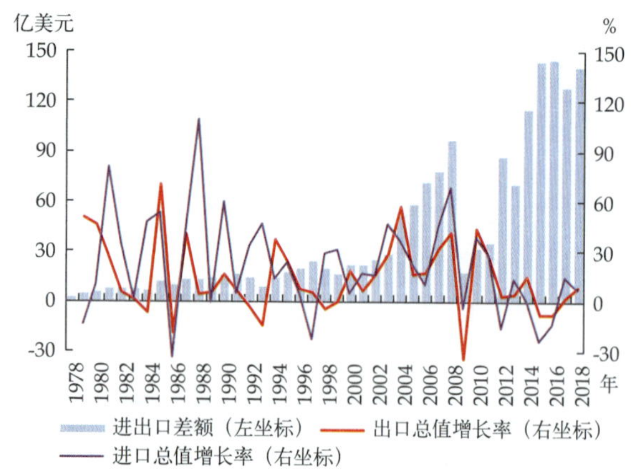

数据来源：河北省统计局。

图 9　1978~2018 年河北省外贸进出口变动情况

4. 实际利用外资持续增长。2018 年，河北省实际利用外资 97.0 亿美元，同比增长 8.6%。其中，外商直接投资 90.8 亿美元，增长 7.0%；对外借款 3.8 亿美元，增长 5.7%。

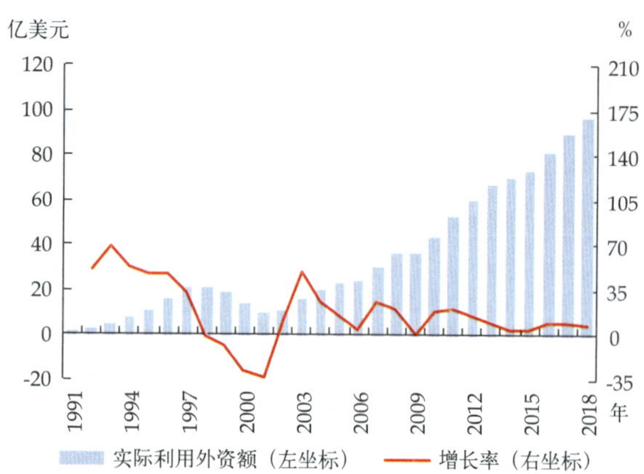

数据来源：河北省统计局。

图 10　1991~2018 年河北省实际利用外资额及其增长率

（二）三次产业平稳发展，服务业占比首次超过第二产业

1. 农业经济稳定增长。全年粮食播种面积 653.9 万公顷，同比下降 1.8%。粮食总产量达到 740.2 亿斤，同比减产 3.4%，连续 6 年保持在 700 亿斤以上。种植结构进一步优化，籽粒玉米面积继续调减，饲用玉米、杂粮、杂豆、马铃薯、

中药材作物面积增加。蔬菜生产规模继续扩大，总产量5 154.5万吨，同比增长1.9%。畜牧业生产稳定，猪牛羊禽肉产量462.2万吨，同比下降1.1%；禽蛋产量378.0万吨，同比下降1.5%；牛奶产量384.8万吨，同比增长1.0%。

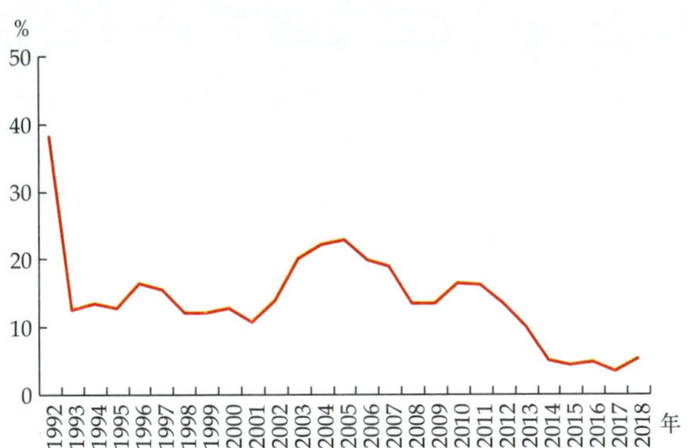

数据来源：河北省统计局。

图11　1992~2018年河北省规模以上工业增加值实际增长率

2. 工业生产稳中向好，企业利润较快增长。全年规模以上工业增加值同比增长5.2%，增速同比加快1.8个百分点。其中，制造业增长5.2%，电力、热力、燃气及水生产和供应业增长9.6%。分七大主要行业看，装备制造业增加值增长8.3%，比规模以上工业快3.1个百分点，对工业生产增长的贡献率为34.6%，居七大主要行业之首；钢铁工业增加值增长4.6%，石化工业增长1.4%，医药工业增长13.2%，建材工业增长3.1%，食品工业增长4.4%，纺织服装业下降0.5%。12月，规模以上工业增加值同比增长8.1%，同比加快3.7个百分点。规模以上工业企业实现利润总额2 211.7亿元，同比增长12%。

3. 服务业较快增长，占比首次超过第二产业。全年服务业增加值同比增长9.8%，快于全省生产总值增速3.2个百分点。其中，金融业增加值增长5.7%，交通运输、仓储和邮政业增长6.1%，住宿和餐饮业增长6.7%，信息传输、软件和信息技术服务业，租赁和商务服务业，居民服务修理和其他服务业，文化体育和娱乐业等服务业增长32.7%。服务业占全省地区生产总值的比重达46.2%，超过第二产业1.7个百分点，居三次产业之首；服务业对经济增长的贡献率达65.5%。全年规模以上服务业营业收入增长9.8%，比前三季度加快0.8个百分点。其中，生产性服务业增长11.9%。在现代服务业中，航空货物运输增长2.1倍，环保技术推广服务增长1.6倍，文化艺术培训增长1.1倍，文化会展服务增长70.1%，互联网数据服务增长46.2%。

4. 供给侧结构性改革迈出新步伐。供给侧结构性改革成效显现。去产能扎实推进，超额完成六大行业年度去产能任务。全年原煤、焦炭产量同比分别下降7.7%和11.6%，生铁产量下降3.9%，平板玻璃产量下降1.7%。企业成本继续下降，规模以上工业企业每百元主营业务收入中的成本为86.2元，比上年下降0.4元。补短板力度加大，基础设施投资增长11%；占固定资产投资的比重为24.5%，同比提高1.1个百分点。其中，教育投资增长56%，卫生投资增长36.9%，生态保护和环境治理业投资增长47.5%，道路运输业、航空运输业投资分别增长27.2%和71.7%。绿色发展成效明显。

5. 工业能耗保持下降，新动能加快壮大。全省规模以上工业能耗比上年下降3.9%，单位工业增加值能耗下降8.65%。新动能加快壮大。工业战略性新兴产业增加值同比增长10%，比规模以上工业快4.8个百分点。高新技术产业增加值增长15.3%，比规模以上工业快10.1个百分点，其中，高端技术装备制造领域增长23.1%。新产品产量快速增长。新能源汽车增长1.8倍，动车组增长34.3%，液晶显示屏增长30.7%。

（三）居民消费价格温和上涨，工业生产者价格涨幅趋缓

全年居民消费价格同比上涨2.4%，涨幅比上年扩大0.7个百分点。其中城市上涨2.5%，农村上涨2.4%。分类别看，食品烟酒价格上涨2.0%、衣着上涨1.7%，居住上涨2.5%，生活用品及服务上涨1.7%，交通和通信上涨0.4%，教育文化和娱乐上涨2.4%，医疗保健上涨7.4%，其他用品和服务上涨2.5%。在食品烟酒价格中，粮食价格下降0.1%，猪肉价格下降10.7%，鲜

菜价格上涨9.3%。12月，居民消费价格同比上涨2.0%。全年工业生产者出厂价格同比上涨6.2%，涨幅比上年回落8.8个百分点，12月同比上涨0.1%。全年工业生产者购进价格同比上涨4.0%，12月同比上涨2.2%。

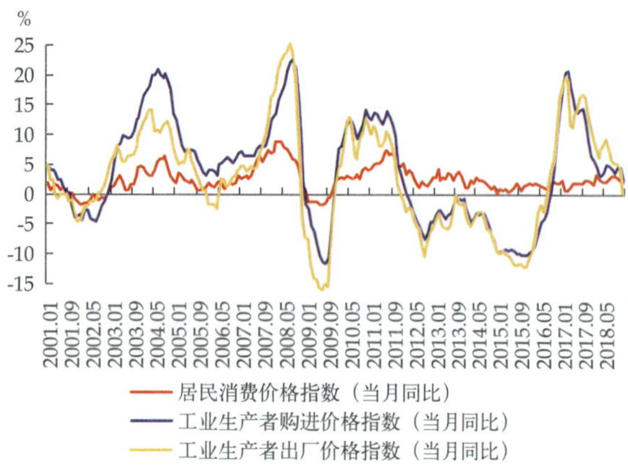

数据来源：河北省统计局。

图12　2001~2018年河北省居民消费价格指数和工业生产者价格指数变动趋势

（四）财政收入稳定增长，财政支出增速加快

2018年，河北省全部财政收入完成5 585.1亿元，比上年增收498.2亿元，增长9.8%。其中，地方一般公共预算收入3 513.7亿元，比上年增收280.4亿元，增长8.7%。税收收入占一般公共预算收入的比重为72.7%，比上年提高4.7个百分点，收入质量有较大幅度提升。全省一般公共预算支出7 720.2亿元，比上年增加1 105亿元，同比增长16.7%，比上年提高7.6个百分点。全省民生支出完成6 163.1亿元，占一般公共预算支出的79.8%，城乡社区、节能环保、住房保障、农林水等重点领域支出增长较快，保障了国家和全省各项民生政策的落实。2018年，河北省发行地方政府债券2 076.9亿元，其中一般债1 171.2亿元、专项债905.7亿元。

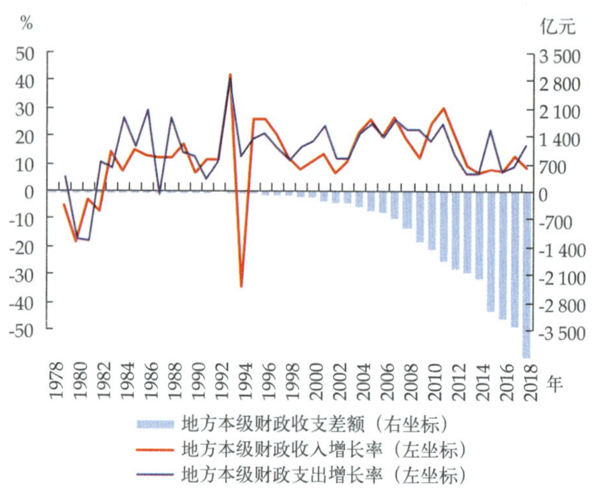

数据来源：河北省统计局。

图13　1978~2018年河北省财政收支状况

专栏2　金融先行　助力雄安新区创新发展

2017年4月1日以来，以习近平同志为核心的党中央要求，以新发展理念、坚持"世界眼光、国际标准、中国特色、高点定位"来规划建设雄安新区（以下简称新区）。目前，新区在规划体系、交通格局、生态环境治理、城市服务功能、高端高新产业发展等方面取得了一系列进展。中国人民银行石家庄中心支行立足央行职能，围绕新区发展规划建设，统筹谋划、多措并举，全力支持新区改革发展，取得诸多成效。

一是金融组织体系不断健全。新区成立前辖内金融机构以国有银行县支行和农信社为主，随着新区规划建设的落地，股份制商业银行、保险机构、证券机构相继进驻。中国人民养老保险有限公司是首家在新区注册成立的总部型金融机构。2018年3月，中国工商银行、中国农业银行、中国银行、中国建设银行等四大商业银行河北雄安分行获批开业。二是金融产品不断创新。中国建设银行推出专项融资产品——雄安新区支持贷款，成功向新区千年秀林——万亩造林项目中标企业中铁十八局发放贷款1 800万元。中国工商银行开发的区块链资金管理平台在千年秀林项目中顺利运用。中国农业银行与中国雄安集团有限公司合作，谋划投资“雄安新区建设绿色发展基金”，并计划对中国雄安集团有限公司授信1 500亿元。中国银行与中国雄安建设投资集团有限公司、英国金丝雀码头集团共同签署《关于雄安新区金融科技城项目战略合作协议》，助力以国际标准建设金融科技中心。三是直接融资渠道有力开拓。中国雄安集团有限公司于2017年成功注册200亿元债务融资工具，并于2018年11月15日成功首发6亿元永续票据，期限3+N年，利率4.4%，募集资金将用于新区首个基础设施建设项目——京雄城际铁路项目，实现银行间市场首单“雄安债”成功发行。四是投融资模式多元发展。2017年7月以来，中国雄安建设投资集团有限公司（2018年4月更名为中国雄安集团）及中国雄安集团城市发展投资有限公司等系列子公司陆续成立，并开展投融资运营。2017年9月，京津冀产业协同发展投资基金获批，该基金首期规模100亿元，由国投招商投资管理有限公司负责投资运营。2018年6月，全国首例“区块链—供应链”分包商融资业务在新区容城容东片区截洪渠一期工程成功落地，中交第一航务工程局有限公司联合华夏银行为分包商提供订单融资，授信金融400万元，有效缓解上下游中小微企业融资难、担保难问题。2018年12月19日，河北省招标发行300亿元人民币雄安新区建设一般债和专项债，这是新区成立以来首次发行地方债，主要用于新区启动区建设和容东片区的征拆建设及周边配套建设。五是提升服务水平，优化金融环境。围绕新区金融基础设施建设和金融业务管理服务要求，中国人民银行石家庄中心支行积极推进新区国库业务发展，2018年4月8日，国家金库河北雄安新区中心支库正式设立，打通了新区财政资金安全运行通道，促进收入支出业务稳步开展；优化新区支付环境；推进新区征信体系建设；助推新区开展外汇业务；提升新区业务人员素养；提升管理服务效率，支持中国工商银行、中国农业银行、中国银行、中国建设银行等四大国有商业银行雄安分行于2018年9月底前全部加入中国人民银行金融管理与服务体系；建立新区及周边地区金融统计制度，与相关政府部门共享数据信息，为新区规划建设提供数据支撑和信息参考。

（五）房地产市场平稳降温，去库存效果继续显现

1. 房地产开发投资同比下降。2018年，全省房地产开发完成投资4 476.4亿元，同比下降7.2%，降幅比前三季度收窄1.3个百分点。其中，商品住宅投资下降5.1%，办公楼投资下降20%，商业营业用房投资下降21.1%。全省房地产开发投资增速自4月减至年内最低点开始，降幅逐月收窄，呈现稳步回升态势。2018年，全省房屋施工面积28 172.1万平方米，同比下降7.1%，比前三季度收窄3.6个百分点；房屋新开工面积8 390.1万平方米，同比下降0.3%，其中住宅新开工面积下降1.9%。

数据来源：河北省统计局。

图14 2002~2018年河北省商品房施工和销售变动趋势

2. 商品房销售继续放缓，去库存效果持续显现。在房地产限购政策和信贷收缩的双重作用下，投机性购房得到进一步遏制，商品房销售虽呈下降态势，但降幅有所收窄。全年商品房销售面积 5 251.9 万平方米，同比下降 18.3%，降幅比前三季度收窄 4.9 个百分点；商品房销售额 4 035.0 亿元，同比下降 12.8%，降幅收窄 7.1 个百分点。其中，住宅销售面积 4 714.4 万平方米，同比下降 15.5%，降幅收窄 4.9 个百分点；住宅销售额 3 567.3 亿元，同比下降 9.1%，降幅收窄 5.5 个百分点。去库存政策效果持续显现。截至 2018 年末，全省商品房待售面积 918.1 万平方米，同比减少 138.4 万平方米，下降 13.1%。其中住宅待售面积去化较多，同比减少 92.1 万平方米，办公楼减少 5.2 万平方米，商业营业用房减少 50.0 万平方米。商品房待售面积持续减少，房地产去库存政策成效得到进一步巩固。

3. 房地产贷款余额增速企稳。2018 年末，全省房地产贷款余额 14 695.4 亿元，同比增长 13.9%，增速较上年同期回落 12.7 个百分点；占全部本外币贷款余额的 30.5%。房地产新增贷款 1 788.9 亿元，占全部贷款增量的 37.3%。全省个人住房贷款余额 11 081.3 亿元，同比增长 12.7%，较好地落实了差别化住房信贷政策要求。 房地产开发贷款增速下降。2018 年末，房地产开发贷款余额 2 765.7 亿元，同比增长 19.4%，比上季度下降了 4.8 个百分点。其中，保障性住房开发贷款余额 1 292.2 亿元，同比增长 10.7%，比年初增加 124.9 亿元。

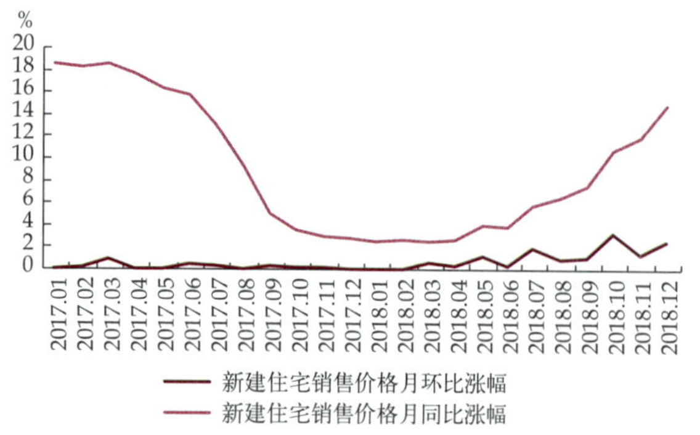

数据来源：河北省统计局。

图 15　2017~2018 年石家庄市新建住宅销售价格变动趋势

（六）京津冀协同发展深入推进，雄安新区规划体系基本形成

2018 年，河北省与北京、天津签署实施新一轮战略合作协议。84 项协同发展年度任务基本完成，交通、产业、生态环保三个重点领域取得新进展，区域综合交通网络日益完善，“轨道上的京津冀”带来更多便利，河北省内高速公路和铁路总里程均居全国第二位，太行山高速南北贯通，北京大兴国际机场主体工程基本完成。大气污染联防联控联治成效显著。曹妃甸协同发展示范区等重点承接平台扎实推进，渤海新区北京生物医药产业园等一批项目加快建设。实现科技创新券互认互通，增强了协同创新能力。高起点规划、高标准建设雄安新区，雄安新区规划体系基本形成，党中央、国务院批复同意规划纲要、总体规划、白洋淀生态环境治理和保护规划，印发实施《关于支持雄安新区全面深化改革和扩大开放指导意见》。成功举办雄安新区全球推介活动。京雄城际铁路、白洋淀生态环境治理和植树造林等重大工程启动实施。全力做好冬奥会筹办工作，高质量完成张家口赛区 10 个专项规划和 7 个分区规划，76 个冬奥项目开工 65 个。制定实施冰雪产业发展规划，从美国、法国、芬兰等国家引进一批冰雪运动及装备企业，20 家企业签约、15 家企业入驻，越来越多的人参与冰雪运动。京津冀协同发展、雄安新区规划建设、冬奥会筹办等“三件大事”的实施，有力推动了北京新两翼和河北两翼的形成。

三、预测与展望

当前，京津冀协同发展、雄安新区规划建设、冬奥会筹办等重大机遇在河北省叠加交汇，成为助推河北加快发展的强大动力。同时也要看到，河北省结构转型的阵痛正在凸显，新动能尚未形成强大支撑，实体经济困难较多，营商环境还需大力改善，环境治理任务艰巨。2019 年，通过扎实抓好“三件大事”、加快现代化经济体系建设、继续打好三大攻坚战、深入开展“双创双服”、着力激发微观主体活力、创新和完善宏观调控等，河北省经济将继续保持平稳运行、质量更高、效益更优。预计2019年全省经济增速在6.5%左右，居民消费价格涨幅在3%左右。

2019年，河北省人民银行各分支机构将坚持稳中求进工作总基调，落实新发展理念，继续围绕服务实体经济、防控金融风险、深化金融改革三项任务，认真落实稳健的货币政策，加强逆周期调节，松紧适度，保持货币信贷合理增长，着力优化信贷投放结构，加大对京津冀协同发展、雄安新区规划建设、冬奥会筹办以及民营和小微企业、战略性新兴产业、精准扶贫等国民经济重点领域和薄弱环节的支持力度，继续加强宏观审慎管理，促进金融体系稳健运行，切实防范化解各类金融风险，为新时代全面建设经济强省、美丽河北营造适宜的货币金融环境。

中国人民银行石家庄中心支行货币政策分析小组

总　纂：陈建华　文洪武

统　稿：曹增和　高宏业　王瑞智　温振华　黄艳霞　王志勇　冯　雷

执　笔：高东胜

提供材料的还有：薛秀丽　魏　莹　李福贵　李婕琼　尹　洁　范宪忠　岳永丽　任珍珍　岳岐峰　高晨红　应　明　邓东雅　王治宇　王　莹　辛垚森　靳凤菊　刘冰欣　杜彦尊　霍建兵　李　玲　郄江辉　刘　圣　李建令　孙刚强

附录

（一）2018年河北省经济金融大事记

2月8日，河北省人民政府召开全省债务清查和金融风险排查工作调度会，对全省金融领域风险排查工作进行了动员部署。

4月8日，国家金库河北雄安新区中心支库正式设立。

9月4日，部署在中国工商银行河北省分行的个人信用报告自助查询机成功联网运行，河北省第一个个人信用报告代理查询网点正式启用。

10月10日，中国人民银行石家庄中心支行灵活运用支小再贷款新模式，以信贷资产质押方式向河北银行发放了全省首笔先贷后借模式支小再贷款5亿元，共支持了383家单户授信500万元以下小微企业、个体工商户和小微企业主。

10月17日，河北省地方金融监管局开发建成“河北金融云”监管服务平台，并实现上线试运行，实现了由人工监管模式向信息化监管模式的转变。

10月25日，河北省深化小微企业金融服务电视电话会议在中国人民银行石家庄中心支行召开。

11月15日，中国雄安集团有限公司成功首发6亿元永续票据，期限3+N年，利率4.4%，实现银行间市场首单“雄安债”成功发行。

12月17日，中国银行保险监督管理委员会河北监管局在省会石家庄正式挂牌，标志着中国银行保险监督管理委员会在冀派出机构正式运行。

12月19日，河北省招标发行300亿元人民币雄安新区建设一般债和专项债，这是新区成立以来首次发行地方债，主要用于新区启动区建设和容东片区的征拆建设及周边配套建设。

（二）2018 年河北省主要经济金融指标

表 1　2018 年河北省主要存贷款指标

		1 月	2 月	3 月	4 月	5 月	6 月	7 月	8 月	9 月	10 月	11 月	12 月
本外币	金融机构各项存款余额（亿元）	61 564.6	62 046.2	63 021.2	62 477.3	63 056.3	63 972.3	63 801.2	64 643.6	65 370.7	65 299.3	65 791.2	66 245.2
	其中：住户存款	36 342.8	37 779.9	38 067.7	37 595.9	37 804.0	38 326.6	38 256.5	38 537.4	39 349.9	39 401.4	39 952.2	40 497.9
	非金融企业存款	14 022.6	13 369.0	13 665.8	13 414.8	13 524.1	13 769.6	13 397.1	13 446.4	13 386.8	13 372.2	13 578.5	13 896.7
	各项存款余额比上月增加（亿元）	1 113.3	481.6	975.0	-543.9	579.0	915.9	-171.0	842.4	727.1	-71.3	491.8	454.1
	金融机构各项存款同比增长（%）	8.1	7.3	7.1	7.3	6.9	6.5	6.6	8.0	8.1	7.8	8.8	9.6
	金融机构各项贷款余额（亿元）	44 153.4	44 571.8	44 988.9	45 242.5	45 631.3	46 250.2	46 543.2	46 960.6	47 447.5	47 544.3	47 847.6	48 115.3
	其中：短期	14 583.2	14 701.0	14 823.3	14 915.7	14 982.3	15 250.4	15 296.8	15 324.7	15 423.8	15 350.2	15 355.1	15 309.2
	中长期	27 094.6	27 395.4	27 744.2	27 962.4	28 251.0	28 617.5	28 887.6	29 207.6	29 605.1	29 802.7	30 096.0	30 281.5
	票据融资	1 914.1	1 893.4	1 822.3	1 754.0	1 773.6	1 757.9	1 727.4	1 788.6	1 775.0	1 755.0	1 755.8	1 829.5
	各项贷款余额比上月增加（亿元）	833.1	418.4	417.1	253.6	388.8	618.9	293.0	417.4	486.8	96.8	303.3	267.7
	其中：短期	265.6	117.7	122.4	92.4	66.6	268.0	46.5	27.8	99.1	-73.6	4.9	-45.8
	中长期	585.9	300.8	348.7	218.2	288.6	366.5	270.0	320.0	397.5	197.7	293.2	185.5
	票据融资	-42.9	-20.7	-71.1	-68.3	19.6	-15.6	-30.6	61.2	-13.7	-20.0	0.8	73.7
	金融机构各项贷款同比增长（%）	13.8	13.4	13.0	12.4	11.9	11.6	11.5	11.6	11.5	10.9	10.9	11.1
	其中：短期	12.7	12.3	11.0	11.2	11.1	10.8	10.1	9.4	9.5	8.4	8.3	6.8
	中长期	17.6	16.7	16.7	15.8	15.0	14.6	14.7	14.6	14.5	14.2	14.3	14.3
	票据融资	-20.3	-18.6	-19.1	-22.6	-22.3	-21.6	-21.8	-15.4	-14.2	-15.7	-15.8	-6.5
	建筑业贷款余额（亿元）	1 209.6	1 263.5	1 298.0	1 320.4	1 353.9	1 380.7	1 405.2	1 416.8	1 441.8	59.9	1 437.7	1 455.1
	房地产业贷款余额（亿元）	2 265.9	2 292.5	2 339.4	2 372.0	2 395.6	2 413.3	2 467.8	2 516.2	2 535.2	51.4	2 579.7	2 580.5
	建筑业贷款同比增长（%）	19.1	21.2	23.2	21.8	25.7	24.6	27.9	22.5	19.8	-95.1	16.7	18.4
	房地产业贷款同比增长（%）	17.5	15.7	16.4	18.0	16.9	14.9	15.5	18.0	19.5	-97.6	18.9	19.1
人民币	金融机构各项存款余额（亿元）	61 144.3	61 623.3	62 551.1	62 072.9	62 684.0	63 590.0	63 432.4	64 279.6	65 023.9	64 967.3	65 458.8	65 910.2
	其中：住户存款	36 200.6	37 632.3	37 919.5	37 448.0	37 655.9	38 174.8	38 104.5	38 385.9	39 200.4	39 254.4	39 807.2	40 355.6
	非金融企业存款	13 781.8	13 131.6	13 382.0	13 194.3	13 338.6	13 580.2	13 211.8	13 262.2	13 215.6	13 209.2	13 405.5	13 712.3
	各项存款余额比上月增加（亿元）	1 111.3	479.0	927.8	478.3	611.1	906.0	157.6	847.2	744.3	-56.6	491.5	451.4
	其中：住户存款	616.4	1 431.7	287.2	-471.5	207.8	518.9	-70.3	281.5	814.5	53.9	552.8	548.4
	非金融企业存款	-45.1	-650.1	250.4	-187.7	144.3	241.6	-368.4	50.5	-46.6	-6.4	196.2	306.9
	各项存款同比增长（%）	8.1	7.4	7.1	7.4	7.0	6.6	6.7	8.1	8.3	8.0	9.0	9.8
	其中：住户存款	5.6	9.4	9.0	9.5	9.7	9.7	10.0	10.4	10.9	11.9	12.8	13.4
	非金融企业存款	5.0	-3.2	-3.4	-3.0	-2.0	-1.7	-2.9	-2.1	-1.9	-1.8	-0.4	-0.9
	金融机构各项贷款余额（亿元）	43 732.8	44 148.3	44 531.9	44 785.9	45 168.1	45 774.7	46 123.5	46 540.1	47 052.0	47 157.4	47 476.8	47 744.1
	其中：个人消费贷款	11 462.8	11 571.2	11 688.9	11 770.4	11 857.9	11 969.3	12 079.8	12 202.5	12 345.8	12 484.4	12 648.2	12 773.6
	票据融资	1 914.1	1 893.4	1 822.3	1 754.0	1 773.6	1 757.9	1 727.4	1 788.6	1 774.9	1 754.9	1 755.8	1 829.5
	各项贷款余额比上月增加（亿元）	838.4	415.5	383.6	254.0	382.1	606.6	348.8	416.5	511.9	105.4	319.4	267.3
	其中：个人消费贷款	192.7	108.3	117.7	81.6	87.4	111.4	110.5	122.7	143.3	138.6	163.7	125.4
	票据融资	-42.9	-20.7	-71.1	-68.3	19.6	-15.6	-30.6	61.2	-13.7	-20.0	0.8	73.7
	金融机构各项贷款同比增长（%）	14.0	13.5	13.1	12.4	11.9	11.6	11.5	11.6	11.6	11.0	11.1	11.3
	其中：个人消费贷款	26.5	24.7	22.4	20.5	18.8	16.6	15.1	14.0	12.7	12.6	12.7	13.3
	票据融资	-20.3	-18.6	-19.1	-22.6	-22.3	-21.6	-21.8	-15.4	-14.2	-15.7	-15.8	-6.5
外币	金融机构外币存款余额（亿美元）	66.4	66.8	74.8	63.8	58.0	57.8	54.1	53.3	50.4	47.7	47.9	48.8
	金融机构外币存款同比增长（%）	10.0	9.8	23.9	6.8	3.1	-2.1	-14.0	-9.2	-14.8	-22.7	-20.4	-23.7
	金融机构外币贷款余额（亿美元）	66.4	66.9	72.7	72.0	72.2	71.9	61.6	61.6	57.5	55.6	53.5	54.1
	金融机构外币贷款同比增长（%）	11.1	10.7	17.6	15.4	18.2	19.7	4.4	8.2	0.3	-4.7	-11.5	-16.7

数据来源：中国人民银行石家庄中心支行。

表 2　2001~2018 年河北省各类价格指数

单位：%

		居民消费价格指数		农业生产资料价格指数		工业生产者购进价格指数		工业生产者出厂价格指数	
		当月同比	累计同比	当月同比	累计同比	当月同比	累计同比	当月同比	累计同比
2001		—	0.5	—	0.2	—	1.0	—	-0.2
2002		—	-1.0	—	0.4	—	-2.8	—	-0.6
2003		—	2.2	—	-0.2	—	9.4	—	7.1
2004		—	4.3	—	6.7	—	18.4	—	11.6
2005		—	1.8	—	6.8	—	7.0	—	4.4
2006		—	1.7	—	1.6	—	5.0	—	0.8
2007		—	4.7	—	6.9	—	7.8	—	6.9
2008		—	6.2	—	18.6	—	15.9	—	16.7
2009		—	-0.7	—	0.6	—	-6.5	—	-10.9
2010		—	3.1	—	4.4	—	10.9	—	9.0
2011		—	5.7	—	12.6	—	10.9	—	7.7
2012		—	2.6	—	8.2	—	-3.8	—	-5.3
2013		—	3.0	—	1.1	—	-2.4	—	-3.4
2014		—	1.7	—	-0.9	—	-4.4	—	-4.8
2015		—	0.9	—	-0.2	—	-9.7	—	-10.9
2016		—	1.5	—	0.0	—	-1.7	—	-0.1
2017		—	1.7	—	1.0	—	14.5	—	15.0
2018		—	2.4	—	3.2	—	4.0	—	6.2
2017	1	2.3	2.3	2.0	2.0	17.5	17.5	18.0	18.0
	2	0.7	1.5	2.2	2.1	20.3	18.9	19.7	18.8
	3	0.7	1.2	2.9	2.3	20.7	19.5	18.9	18.8
	4	1.2	1.2	2.4	2.4	18.0	19.1	11.8	17.0
	5	1.7	1.3	1.2	2.1	15.9	18.5	11.2	15.8
	6	1.8	1.4	0.0	1.8	14.3	17.8	13.3	15.4
	7	1.7	1.4	-0.3	1.5	13.6	17.1	14.4	15.2
	8	1.9	1.5	-0.2	1.2	14.2	16.8	16.2	15.4
	9	1.9	1.5	-0.3	1.1	14.4	16.5	16.8	15.5
	10	2.4	1.6	0.3	1.0	12.2	16.0	16.3	15.6
	11	2.4	1.7	0.9	1.0	8.7	15.3	13.5	15.4
	12	2.1	1.7	0.6	1.0	6.5	14.5	11.1	15.0
2018	1	1.7	1.7	0.3	0.3	5.6	5.6	9.3	9.3
	2	3.2	2.4	0.4	0.4	4.7	5.2	7.5	8.4
	3	2.5	2.5	1.7	0.8	3.0	4.4	6.1	7.6
	4	2.2	2.4	2.6	1.3	3.0	4.1	7.7	7.6
	5	2.1	2.4	3.8	1.8	3.4	3.9	8.4	7.8
	6	2.1	2.3	4.1	2.1	4.9	4.1	9.3	8.0
	7	2.5	2.3	4.2	2.4	4.7	4.2	7.5	8.0
	8	2.9	2.4	4.2	2.7	4.2	4.2	5.6	7.7
	9	3.0	2.5	4.6	2.9	3.4	4.1	5.1	7.4
	10	2.7	2.5	4.8	3.1	4.4	4.1	5.2	7.1
	11	2.4	2.5	4.2	3.2	4.5	4.2	4.0	6.8
	12	2.0	2.4	3.6	3.2	2.2	4.0	0.1	6.2

数据来源：河北省统计局、《中国经济景气月报》。

表 3　2018 年河北省主要经济指标

	1 月	2 月	3 月	4 月	5 月	6 月	7 月	8 月	9 月	10 月	11 月	12 月
	绝对值（自年初累计）											
地区生产总值（亿元）	—	—	7 564.0	—	—	16 600.5	—	—	25 226.3	—	—	36 010.3
第一产业	—	—	586.7	—	—	1 156.2	—	—	1 941.5	—	—	3 338.0
第二产业	—	—	3 413.3	—	—	7 952.0	—	—	11 308.3	—	—	16 040.1
第三产业	—	—	3 561.0	—	—	7 492.3	—	—	11 976.6	—	—	16 632.2
工业增加值（亿元）	—	—	—	—	—	—	—	—	—	—	—	—
固定资产投资（亿元）	—	—	—	—	—	—	—	—	—	—	—	—
房地产开发投资	—	208.5	600.2	961.8	1 405.4	1 964.0	2 423.1	2 905.8	3 438.0	3 845.0	4 182.6	4 476.4
社会消费品零售总额（亿元）	—	—	3 690.5	—	—	7 371.6	—	—	11 436.2	—	—	16 537.1
外贸进出口总额（亿元）	300.0	716.4	786.3	1 087.6	1 397.7	1 679.0	1 968.4	2 277.9	2 598.1	2 907.1	3 231.8	3 551.6
进口	124.9	516.0	328.6	452.0	569.3	666.9	772.7	876.0	991.8	1 102.4	1 211.3	1 308.7
出口	175.1	200.4	457.7	635.6	828.4	1 012.1	1 195.7	1 401.9	1 606.3	1 804.7	2 020.6	2 243.0
进出口差额（出口 - 进口）	50.2	-315.6	129.1	183.6	259.1	345.2	423.0	525.9	614.5	702.3	809.3	934.3
实际利用外资（亿美元）	1.5	4.2	21.6	24.3	33.9	60.6	62.3	69.5	77.9	82.1	89.0	97.0
地方财政收支差额（亿元）	3.4	-198.8	-609.8	-764.6	-1 122.8	-1 609.9	-1 782.5	-2 066.5	-2 569.6	-2 912.8	-3 359.9	-4 206.5
地方财政收入	385.6	601.3	977.1	1 254.0	1 525.1	1 958.8	2 225.0	2 524.7	2 812.0	3 064.6	3 230.8	3 513.7
地方财政支出	382.2	800.1	1 586.9	2 018.6	2 647.9	3 568.7	4 007.5	4 591.2	5 381.6	5 977.4	6 590.7	7 720.2
城镇登记失业率（%）（季度）	—	—	3.6	—	—	3.3	—	—	3.3	—	—	3.3
	同比累计增长率（%）											
地区生产总值	—	—	6.0	—	—	6.5	—	—	6.6	—	—	6.6
第一产业	—	—	3.8	—	—	4	—	—	3.5	—	—	3
第二产业	—	—	2.4	—	—	3.2	—	—	3.5	—	—	4.3
第三产业	—	—	10.1	—	—	10.7	—	—	10.3	—	—	9.8
工业增加值	—	1.8	2.2	3.0	3.1	3.2	3.0	3.1	3.7	4.4	4.9	5.2
固定资产投资	—	6.0	6.0	5.0	5.0	5.2	5.3	5.6	5.9	5.9	5.9	6
房地产开发投资	—	-5.4	-16.4	-17.6	-15.2	-12.3	-10.3	-9.3	-8.5	-9.1	-8.7	-7.2
社会消费品零售总额	—	—	10.6	—	—	9.7	—	—	9.5	—	—	9
外贸进出口总额	1.9	-0.5	-3.4	-0.3	0.7	0.2	0.0	0.7	2.0	3.8	4.3	5.1
进口	12.0	-1.7	2.9	8.3	7.8	5.5	5.0	4.2	4.0	5.4	4.4	4.5
出口	-4.2	0.3	-7.5	-5.6	-3.6	-3.1	-2.9	-1.4	0.9	2.8	4.2	5.5
实际利用外资	22.5	-40.8	26.3	26.8	15.5	16.6	17.3	21.0	20.4	13.5	6.4	8.6
地方财政收入	14.4	11.1	11.1	9.8	9.6	8.5	6.0	6.3	7.4	7.5	7.9	8.7
地方财政支出	9.1	26.0	13.8	10.5	9.3	8.1	7.6	8.8	12.4	13.9	12.3	16.7

数据来源：河北省统计局。

山西省金融运行报告（2019）

中国人民银行太原中心支行货币政策分析小组

[内容摘要] 2018 年，山西省坚持以习近平新时代中国特色社会主义思想为指导，全面贯彻党的十九大和十九届二中、三中全会精神，深入贯彻习近平总书记视察山西重要讲话精神，扎实推进三大攻坚战，统筹做好稳增长、促改革、调结构、惠民生、防风险等各项工作，经济总体保持了健康发展，转型升级步伐加快，发展质量和效益稳步提高。2018 年，山西省实现地区生产总值 16 818.1 亿元，同比增长 6.7%，增速快于全国生产总值 0.1 个百分点。

具体来看，呈现以下特点：一是“三驾马车”增速平稳，内生增长动力增强。2018 年山西省固定资产投资同比增长 5.7%，为近三年最高，增速比上年加快 4.6 个百分点，国有企业、房地产开发、基础设施投资同比分别增长 22.3%、18.0% 和 16.8%，成为拉动投资增长主要因素；投资结构不断优化，经济转型项目、装备制造业、工业技改领域投资保持了两位数以上增速。社会消费品零售总额同比增长 8.2%，增速比上年加快 1.4 个百分点，网络零售额、旅游收入同比增长较快，消费升级势头明显。外贸进出口总额同比增长 20.9%，加工贸易占比近七成，手机、钢材、机电产品与高新技术产品占据进出口主导地位；全年利用外商直接投资额同比增长 39.7%，外汇收支基本平衡。二是三次产业持续增长，供给侧结构性改革取得新成效。农业产业现代化建设稳步推进。全年第一产业增加值同比增长 2.1%，山西农谷、雁门关农牧交错带示范区、运城农产品出口平台三大省级战略初见成效，杂粮、有机旱作、城郊农业、功能食品等特色产业加快发展；乡村振兴战略稳步实施，成功举办全国农村改革（太谷）论坛。工业经济继续向好，规模以上工业增加值同比增长 4.1%，规模以上工业企业利润增速快于全国 23.7 个百分点，效益持续好转；新一代信息技术、高端装备制造、新能源汽车等战略性新兴产业保持两位数以上快速增长，高新技术企业、“专精特新”中小企业数量增加。服务业稳步发展，全年第三产业增加值同比增长 8.8%，占地区生产总值的比重为 53.4%，成为经济平稳增长的压舱石。文化旅游融合发展步伐加快，旅游总收入同比增长 25.5%，黄河、长城、太行三大旅游板块建设取得良好开局；全年新登记市场主体增长 12.1%，微观活力有效激发。供给侧结构性改革取得新成效，全年退出煤炭过剩产能 3 090 万吨、焦化过剩产能 691 万吨、钢铁过剩产能 225 万吨，关停煤电机组 203.3 万千瓦；加大房地产去库存力度，商品房待售面积、库存消化周期实现“双降”。国有企业负债率同比下降 3.16 个百分点；全年落实各项税收优惠政策和深化税制改革累计为市场主体减税 573 亿元。精准扶贫、基础设施、科技创新、社会民生、生态环保等薄弱环节补短板力度增强。三是价格指数和居民就业总体稳定。居民消费价格指数温和上涨 1.8%，工业生产者出厂价格指数增速回落，农业生产资料价格指数基本平稳。就业形势总体稳定，城镇登记失业率控制在预期目标以内。城镇、农村居民收入同比分别增长 6.5% 和 8.9%，贫困发生率从 3.9% 下降至 1.1%。四是财政收支大幅增加。一般公共预算收入 2 292.6 亿元，同比增长 22.8%。增值税、企业所得税、个人所得税、资源税等四项主体税种增幅明显，财政支出扶持教育、社会保障和就业、医疗卫生、扶贫、自然生态保护等民生领域能力增强。五是生态环境质量持续改善。扎实推进蓝天保卫战、黑臭水体歼灭战、柴油货车污染治理攻坚战等标志性战役，汾河流域生态修复取得阶段性成果，环境空气质量综合指数同比下降 10.8%，细颗粒物和优良水质断面指标超额完成国家考核目标。六是房地产去库存成效明显，煤炭经济运行质量明显提升。房地产开发投资较快增长，施工面积小幅回升，待售面积比上年减少240.9万平方米。煤炭经济主要效益指标继续向好，企业债务重组工作稳步推进。

2018年山西省金融业稳健运行，货币信贷规模合理适度增长，重点领域和薄弱环节支持力度持续加大，金融市场健康运行，金融改革和创新力度增强，生态环境持续优化，支持实体经济转型发展能力增强。

具体来看，呈现以下特点：一是银行业稳健运行，货币信贷合理适度增长。银行业金融机构资产、负债总额同比分别增长7.8%和7.6%，盈利能力继续增强。各项存款同比增长7.6%，住户存款新增额占比近七成，单位存款、财政性存款增长波动性较大。受经济企稳回升和企业投资意愿增强等因素提振，各项贷款同比增长11.9%，贷款增量创历史新高。贷款投向“有扶有控、重点突出”，转型综改、精准扶贫、民营企业小微企业等领域贷款保持较快增长，支持煤炭钢铁行业去产能工作效果明显。表外融资规模合理压缩。人民币贷款加权平均利率和民间借贷监测点借贷加权平均利率同比分别下降0.062个和1.475个百分点，企业融资成本得到合理控制。银行业不良贷款实现“双降”，但存量风险仍处于高位。金融机构改革稳步深入。跨境人民币结算金额同比回落。二是证券保险业发展总体平稳。山西省证券期货经营机构稳步增加，经营业绩回落，风控指标总体良好。上市公司并购重组有序推进，再融资能力有待提升。保险业健康发展，全年保费收入和赔付支出同比分别增长0.1%和2.4%；保险密度和保险深度小幅回落；风险保障金额同比增长9.0%，快于保费收入增速8.9个百分点，服务和保障重点领域的功能不断增强。三是金融市场健康运行，市场主体交易活跃。山西省社会融资规模中直接融资占比23%，略有提升；参与全国银行间市场累计交易规模快速增长；票据市场交易量稳中有升，承兑余额和贴现余额同比分别增长11.5%和57.5%，利率水平有所下降。四是地方金融改革与创新力度增强。山西省地方金融监督管理局、中国银行保险监督管理委员会山西监管局正式挂牌成立。法人金融机构实力不断增强，体系不断完善。企业专项债券发行取得突破，企业融资渠道不断拓宽。五是金融生态环境建设不断优化。社会信用体系建设持续推进。农村支付基础设施建设取得重要进展，金融科技创新应用工作成效显著，金融消费权益保护工作深入推进。

2019年，山西省将继续全面贯彻党的十九大精神，以习近平新时代中国特色社会主义思想为指导，坚持稳中求进的工作总基调，坚持新发展理念，坚持深化供给侧结构性改革与深化转型综改试验区建设有机结合，促进经济社会持续健康发展。金融业将贯彻落实货币政策和宏观审慎政策双支柱调控框架，继续贯彻落实好稳健的货币政策，继续增强信贷政策的导向作用，提升金融支持民营企业小微企业发展和助推脱贫攻坚工作水平，持续优化金融市场管理与服务环境，增强金融风险防范化解能力，为供给侧结构性改革和经济高质量发展营造适宜的货币金融环境。

一、金融运行情况

2018年，山西省金融业稳健运行，货币规模合理适度增长，重点领域和薄弱环节支持力度持续加大，金融市场健康运行，改革和创新力度增强，金融生态环境持续优化，金融支持实体经济转型发展能力增强。

（一）银行业稳健运行，货币信贷合理适度增长

2018年，山西省银行业金融机构认真贯彻落实稳健中性的货币政策，存贷款合理适度增长，信贷政策导向力增强，融资成本稳中趋降，利率市场化改革取得新进展，银行业改革稳步

推进，风险防范和处置取得新成效。

1. 银行业金融机构资产规模稳步增长，盈利能力持续提升。2018 年末，山西省银行业金融机构资产总额 45 272.6 亿元，负债总额 43 638.0 亿元，所有者权益 1 634.5 亿元，同比分别增长 7.8%、7.6% 和 12.6%。受经济企稳回升、资产质量好转等因素提振，山西省银行业金融机构盈利能力持续提升，2018 年实现利润 409.5 亿元，同比增盈 5.9 亿元。

表 1　2018 年山西省银行业金融机构情况

机构类别	营业网点			法人机构（个）
	机构个数（个）	从业人数（人）	资产总额（亿元）	
一、大型商业银行	1 814	44 402	15 726.5	0
二、国家开发银行和政策性银行	81	1 974	4 016.0	0
三、股份制商业银行	409	8 258	5 269.4	0
四、城市商业银行	466	10 743	5 031.8	6
五、小型农村金融机构	2 942	40 186	11 306.2	112
六、财务公司	1	336	1 179.6	6
七、信托公司	0	237	23.0	1
八、邮政储蓄银行	1 214	12 879	2 579.7	0
九、外资银行	2	35	18.1	0
十、新型农村金融机构	198	4 467	11.2	83
十一、其他	4	589	111.0	2
合计	7 031	124 106	45 272.6	210

注：营业网点不包括国家开发银行和政策性银行、大型商业银行、股份制商业银行等金融机构总部数据；大型商业银行包括中国工商银行、中国农业银行、中国银行、中国建设银行和交通银行；小型农村金融机构包括农村商业银行、农村合作银行和农村信用社；新型农村金融机构包括村镇银行、贷款公司和农村资金互助社；“其他”包含金融租赁公司、汽车金融公司、货币经纪公司、消费金融公司等。

数据来源：山西银保监局。

2. 各项存款合理增长。2018 年末，山西省金融机构本外币各项存款余额 35 339.9 亿元，同比增长 7.6%，增速较上年提高 1.2 个百分点；全年新增存款 2 489.3 亿元，同比多增 513.5 亿元。分项目看，个人存款新增 1 724.8 亿元，占到全部存款增量的近七成。个人大额存单深受投资者追捧，全年新增 840.8 亿元。单位存款、财政性存款余额实现稳步增长。受年末财政资金集中拨付、企业集中用款等影响，12 月山西省本外币存款当月减少 186.0 亿元，其中单位存款、财政性存款当月分别减少 236.8 亿元和 221.9 亿元。分机构看，法人金融机构存款增量居首位，占到全部存款增量的四成以上，其中农村商业银行存款增长较多。

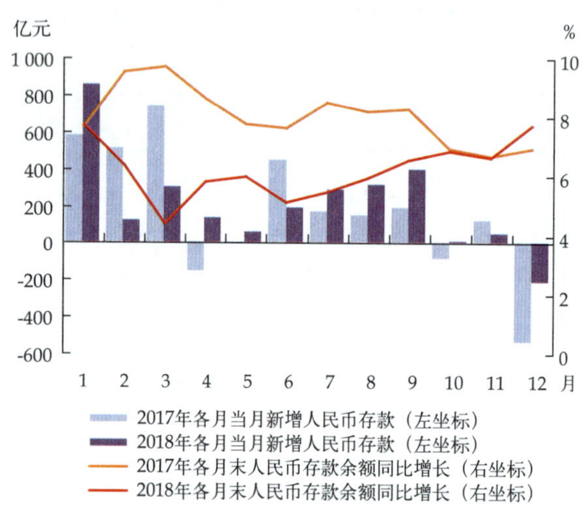

数据来源：中国人民银行太原中心支行。

图 1　2017~2018 年山西省金融机构人民币存款增长变化

3. 各项贷款增速加快。2018 年，山西省金融机构本外币各项贷款余额 25 256.4 亿元，同比增长 11.9%，增速较上年提高 1.0 个百分点；全年新增贷款 2 668.0 亿元，同比多增 450.7 亿元。年末山西省金融机构余额存贷比 71.5%，较上年提高 2.8 个百分点。分期限看，中长期贷款保持高速增长，增速高于全部贷款增速 5.4 个百分点，增量占到全部贷款增量的八成以上。分机构看，政策性银行及法人金融机构贷款增长较快，增速分别高于全部贷款增速 10.3 个和 4.4 个百分点。

贷款投向“有扶有控、重点突出”，支持实体经济高质量转型发展力度增强。落实“定向降准”政策，充分运用常备借贷便利工具，全年向山西省法人金融机构注入流动性603.6亿元，累计投放信贷政策支持再贷款、再贴现资金422.3亿元，其中发放扶贫再贷款54.6亿元，将更多金融活水引向脱贫攻坚、民营企业小微企业等经济薄弱环节。2018年山西省“转型综改”领域新增贷款1 015.2亿元，小微企业贷款较年初新增337.7亿元，精准扶贫贷款较年初新增99.4亿元，涉农、保障性住房和普惠领域贷款保持稳步增长。

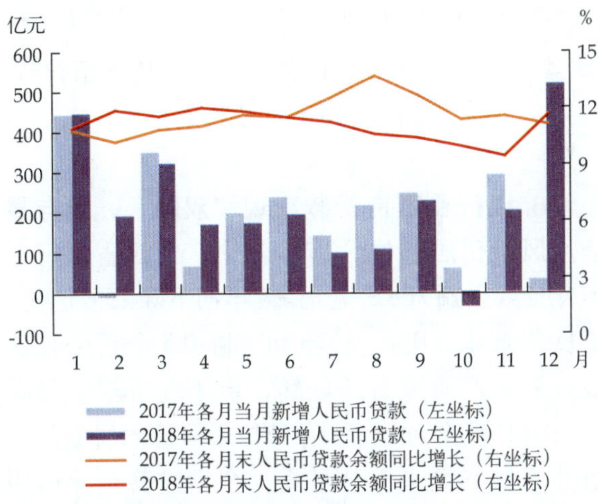

数据来源：中国人民银行太原中心支行。

图2 2017~2018年山西省金融机构人民币贷款增长变化

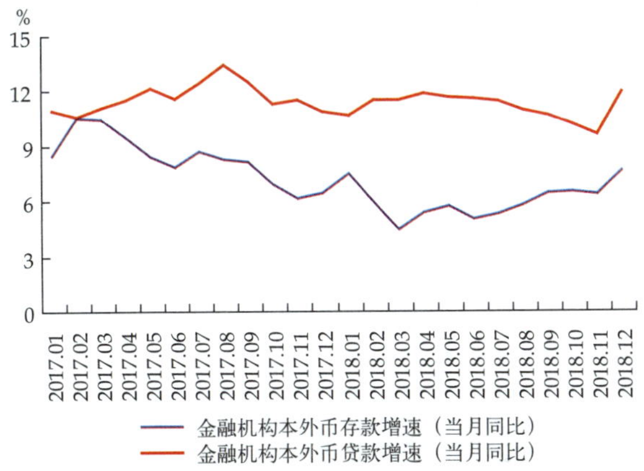

数据来源：中国人民银行太原中心支行。

图3 2017~2018年山西省金融机构本外币存、贷款增速变化

金融支持煤炭钢铁行业去产能工作效果明显。2018年，山西省金融机构认真执行国家“有扶有控”的信贷政策，支持优势煤炭钢铁骨干企业稳贷、续贷，逐步退出对高污染、高消耗项目的信贷支持。2018年末，山西省煤炭行业银行贷款和表外融资合计余额6 433.3亿元，较年初增加363.9亿元；钢铁行业银行贷款和表外融资合计余额737.1亿元，较年初增加9.7亿元。煤炭、钢铁行业贷款增速放缓，分别低于全部贷款增速5.9个和10.6个百分点。对违规新增产能企业、不符合国家产业政策规定的落后产能企业、“僵尸企业”以及有恶意逃废债行为的企业累计压缩退出贷款31.3亿元，其中煤炭行业25.6亿元、钢铁行业5.8亿元。

4. 表外融资规模得到有效压缩。2018年，山西省金融机构表外融资余额8 838.0亿元，较年初减少553.7亿元，同比少增898.5亿元。中国人民银行、银保监会、证监会和国家外汇管理局联合印发《关于规范金融机构资产管理业务的指导意见》（银发〔2018〕106号）后，全省金融机构资管业务规模稳中趋降，通道业务大幅收缩。调查显示，省内140家法人金融机构最终投向限制性行业的表外融资余额同比下降34.2%，融资成本上升0.86个百分点。

5. 企业融资成本稳中有降。2018年，山西省金融机构人民币贷款加权平均利率6.437%，同比下降0.062个百分点。上半年贷款利率略有走高，6月达到高点；下半年逐月走低，年末降幅明显，低于上年末0.878个百分点。从小微企业贷款利率走势看，前8个月呈上升趋势，9月为拐点，开始明显下行，12月达到低点7.082%，同比降低0.254个百分点，较年初降低0.218个百分点。全年企业贷款执行上浮利率的占比为68.7%，同比提高4.1个百分点；12月企业贷款执行上浮利率的占比为57.6%，同比降低16个百分点。

表 2　2018 年山西省金融机构人民币贷款各利率区间占比

单位：%

月份		1 月	2 月	3 月	4 月	5 月	6 月
合计		100.0	100.0	100.0	100.0	100.0	100.0
下浮		7.2	5.2	5.3	11.0	3.7	5.2
基准		20.8	22.4	17.0	17.4	16.8	12.8
上浮	小计	72.0	72.5	77.7	71.6	79.5	82.0
	(1.0, 1.1]	18.6	12.4	12.1	13.8	14.1	15.0
	(1.1, 1.3]	15.2	21.1	20.5	14.6	20.2	19.1
	(1.3, 1.5]	10.6	11.2	11.5	9.2	12.4	10.2
	(1.5, 2.0]	10.3	9.6	12.9	13.7	14.2	17.0
	2.0 以上	17.2	18.1	20.6	20.4	18.6	20.7
月份		7 月	8 月	9 月	10 月	11 月	12 月
合计		100.0	100.0	100.0	100.0	100.0	100.0
下浮		6.4	8.7	6.8	9.9	8.6	2.7
基准		15.3	13.3	19.0	18.1	21.7	22.5
上浮	小计	78.2	78.0	74.3	72.1	69.7	74.8
	(1.0, 1.1]	14.5	14.3	8.8	9.2	9.9	16.5
	(1.1, 1.3]	19.3	21.8	17.9	15.3	13.7	10.6
	(1.3, 1.5]	8.2	9.4	9.0	8.6	8.0	9.6
	(1.5, 2.0]	16.1	12.4	14.9	15.3	15.4	15.8
	2.0 以上	20.1	20.2	23.7	23.6	22.6	22.4

数据来源：中国人民银行太原中心支行。

利率市场化改革持续推进。2018 年，山西省市场利率定价自律机制进一步完善，在指导金融机构完善利率定价机制、维护市场竞争秩序和金融稳定中发挥了积极作用。金融机构主动负债能力增强，2018 年山西省共有 38 家法人金融机构发行同业存单 2 216.4 亿元，9 家法人金融机构发行大额存单 136.2 亿元。

民间借贷利率趋于下降。2018 年，山西省各民间借贷监测点借贷加权平均利率为 19.797%，同比降低 1.475 个百分点。

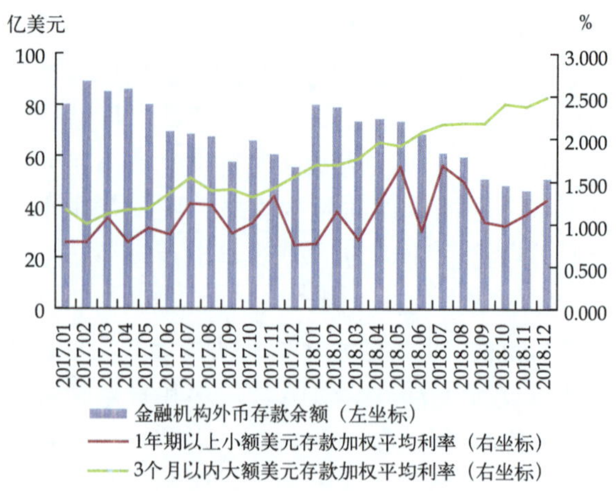

数据来源：中国人民银行太原中心支行。

图 4　2017~2018 年山西省金融机构外币存款余额及外币存款利率

6. 银行业不良贷款实现“双降”，但存量信用风险仍居高位。2018 年末，山西省银行业不良贷款余额768.7亿元，较年初下降25.6亿元；不良贷款率 3.0%，较年初下降 0.5 个百分点。银行业资产质量有所好转，但不良贷款率仍高于全国1.03个百分点，存量信用风险仍居高位。隐性不良贷款未充分暴露、个别民营企业信用风险未有效化解、企业负债率依然偏高等问题，对信用风险的影响仍未消除。

7. 银行业改革稳步推进。2018 年，山西省共有 13 家农村信用社改制为农村商业银行。城市商业银行实力不断增强，晋商银行上市工作快速推进。全年共有 8 家法人银行发行二级资本债券，资本补充渠道不断丰富。

8. 跨境人民币业务同比减少。2018 年，受人民币汇率波动及中美贸易摩擦等因素影响，山西省人民币跨境收付金额 150.7 亿元，同比下降 12.8%；占同期本外币跨境收付的比重为 5.0%，较上年下降 1.2 个百分点。累计设立 4 个跨国企业集团跨境双向人民币资金池，便利企业对外贸易和投融资业务。

专栏 1　山西省区域金融改革试验区建设取得明显成效

一、山西区域金融改革试验区工作举措

（一）加强组织领导，明确工作职责

按照《国务院关于支持山西省进一步深化改革促进资源型经济转型发展的意见》要求，中国人民银行太原中心支行充分发挥区域金融改革牵头部门作用，将晋城、大同两个金融改革试验区申报工作列为 2018 年头等大事，持续推动落实。责成中国人民银行晋城市中心支行、大同市中心支行相继成立工作组，明确职责分工，列出时间表，画出任务图，实行挂图作战，定期验靶。

（二）强化协调联动，形成总体方案

一是深入开展调研。为充分挖掘山西区域金融改革创新点，中国人民银行太原中心支行以金融体制机制改革创新为突破口，组织相关人员先后多次深入晋城、大同开展调查研究，召开座谈会，掌握区域金融改革的第一手情况。二是广泛征求意见。邀请中国人民大学、中关村新华新能源产业研究院有关专家问诊，广泛征求山西银保监局、山西证监局、山西省金融办、山西省财政厅等部门意见，凝聚工作合力。三是形成总体方案，牵头制定《晋城市建设“金融支持资源型经济转型发展改革创新试验区”总体方案》，协助完成《大同市绿色金融改革试验区总体方案》。

（三）积极推动创新，拓展融资渠道

一是率先成立地市级产业发展基金。通过政府资金引导，引入优秀基金团队和社会资本，设立了晋城市产业转型升级发展基金和晋城市红土创业投资基金。2018 年 9 月，晋城市产业转型升级发展基金正式在中国基金业协会成功备案。二是实施企业上市挂牌培育工程。晋城市出台《上市挂牌后备企业资源库设立和管理办法》，建立上市企业后备资源库。编制《企业直接融资指引》，为企业上市（挂牌）提供技术指导和服务。

（四）加大宣传力度，营造良好氛围

晋城市人民政府和中国人民银行晋城市中心支行联合开展金融支持资源型经济转型发展改革创新大讨论活动，在新闻媒体开辟“金融支持转型大家谈”专栏，组织金融机构就金融支持“农林文旅康”产业融合发展、“晋城光机电产业集群”建言献策。大同市人民政府组织专家队伍，围绕绿色金融发展市场机制、绿色金融与绿色产业对接、绿色金融促进经济高质量发展等六方面开展专项研究。中国人民银行大同市中心支行积极开展绿色金融知识宣传，采用多种方式引导金融机构加大绿色信贷投放力度。

二、山西区域金融改革试验区成效明显

（一）金融支持晋城产业转型升级效果明显

2018 年末，晋城市煤层气、装备制造、医药制造、新能源、环保、电子六个新兴行业贷款增加 5.17 亿元，同比多增 10.2 亿元；年末贷款余额达 55.29 亿元，同比增长 10.89%。另外，2018 年，晋城市非信贷融资增加 21.67 亿元，同比多增 99.6 亿元。

（二）资本市场融资取得新突破

2018 年末，晋城市共有主板上市企业 2 家、新三板挂牌企业 4 家，已申报入库企业 26 家。蓝焰煤层气定增融资 8 亿元，相府药业通过质押股权融资 1 500 万元、定增融资 495 万元，海诺科技定增融资 1 360 万元。

（三）引入保险资金支持实体经济

晋城市出台《关于发挥保险作用支持创新驱动转型升级的实施意见》。2018 年 6 月，人保财险公司同陵川县政府签订了“政融保”合作协议，开拓了保险资金直接支持农业经济的新模式。

（四）创新中小微企业风险补偿机制

出台《晋城市小微企业信用贷款风险互

助补偿暂行办法》。完善小微企业信用贷款风险互助补偿机制，通过损失补偿，鼓励经办银行降低门槛，以信用贷款方式向小微企业和个体工商户提供免抵质押、免第三方担保的流动资金贷款。2018年，累计吸纳小微企业会员317户，65户会员企业获得银行授信9 377万元。

（二）证券期货业稳步发展，多层次资本市场体系趋于完善

1. 证券期货交易规模稳步增长，盈利有所收窄。2018年，山西省证券经营机构新增3家分公司，证券投资者资金账户、交易额同比分别增长10.0%和9.5%；期货业新增3家分公司，期货投资者资金账户、交易额同比分别增长8.8%和13.6%。2家法人证券公司总资产同比增长10.6%，营业收入、净利润分别下降21.5%和40.0%，盈利有所收窄；3家法人期货公司亏损778.2万元，亏损额同比有所增加。法人证券、期货公司各项风控指标良好。

2. 上市公司平稳发展，再融资和并购重组有序推进。2018年末，山西省共有上市公司38家，上市公司总股本803.6亿股，总市值4 307.6亿元，同比下降31.3%。上市公司全年共有6家开展并购重组，重组规模137.0亿元；4家增发股份融资86.2亿元，同比下降9.4%。全年4家企业进入上市辅导期，年末上市辅导期企业达12家。

表3　2018年山西省证券业基本情况

项目	数量
总部设在辖内的证券公司数（家）	2
总部设在辖内的基金公司数（家）	0
总部设在辖内的期货公司数（家）	3
年末国内上市公司数（家）	38
当年国内股票（A股）筹资（亿元）	86.2
当年发行H股筹资（亿元）	0.0
当年国内债券筹资（亿元）	1 961.8
其中：短期融资券筹资额（亿元）	349.0
中期票据筹资额（亿元）	620.5

注：当年国内股票（A股）筹资额指非金融企业境内股票融资。
数据来源：山西证监局、中国人民银行太原中心支行。

（三）保险业健康发展，服务保障功能不断增强

1. 保险业平稳运行。2018年，山西省保险业保费收入、赔付支出分别增长0.1%和2.4%；财产险、人身险保费收入“一升一降”；保险密度和保险深度分别较上年降低7.0元/人和0.6个百分点。保障型业务保费收入占比较上年提高4个百分点，保险业的经济助推器和社会稳定器作用进一步凸显。1家法人保险公司偿付能力充足，同比减亏较多，但仍未摆脱亏损局面。

2. 服务经济社会能力不断增强。2018年，山西省保险业为全社会提供风险保障31.9万亿元，同比增长9.0%，增速较保费收入增速高8.9个百分点。重大技术装备保险加快发展，累计为省内32台（套）设备提供6.4亿元的风险保障。推动出口信用风险服务“一带一路”建设，为外贸提供风险保障和支持企业融资额同比分别增长11.7%和20.3%，一般贸易渗透率和企业覆盖率持续保持全国第一。农业保险持续提标、扩面，全年累计为424.4万户农户提供风险保障700.9亿元，已决赔付6.9亿元，参保农户、承保保额、赔付支出均实现两位数增长，144.5万户农户受益。保险扶贫业务签单2.1万件，50.5万贫困户受益。2018年，借助保险资管协会平台推介项目144个，保险资金在晋新增投资230.2亿元，有力地支持了实体经济发展。

表4　2018年山西省保险业基本情况

项目	数量
总部设在辖内的保险公司数（家）	1
其中：财产险经营主体（家）	1
人身险经营主体（家）	0
保险公司分支机构（家）	49
其中：财产险公司分支机构（家）	25
人身险公司分支机构（家）	23

续表

项目	数量
保费收入（中外资，亿元）	824.9
其中：财产险保费收入（中外资，亿元）	212.9
人身险保费收入（中外资，亿元）	611.9
各类赔款给付（中外资，亿元）	267.4
保险密度（元 / 人）	2 218.0
保险深度（%）	4.9

数据来源：山西银保监局。

（四）金融市场健康运行，市场主体交易活跃

2018 年，山西省金融市场保持平稳运行，债券发行规模持续上涨，银行间市场交易活跃，票据市场总体平稳。

1. 直接融资占比略有上升，表外融资占比下降。2018 年，山西省企业直接融资金额 8 525.2 亿元，占地区社会融资规模的 23.0%，较上年提高 0.8 个百分点；表外融资合计 3 378 亿元，占比 9.1%，较上年下降 2.5 个百分点。

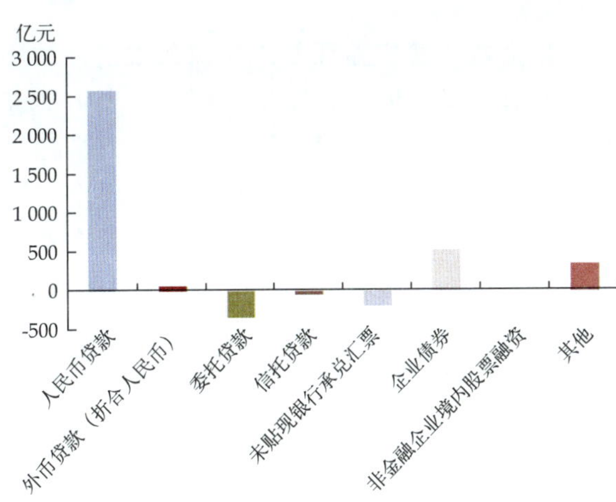

数据来源：中国人民银行太原中心支行。

图 5　2018 年山西省社会融资规模分布结构

2. 银行间市场参与活跃，交易量持续增长。2018 年，山西省金融机构在全国银行间市场发行金融债券 114.4 亿元、同业存单 2 216.4 亿元；非金融企业在银行间市场发行债务融资工具 2 432.3 亿元，发行量位列全国第 7 位。全省法人金融机构在银行间市场同业拆借、回购交易累计成交 19.0 万亿元，同比增长 9.6%；现券成交 4.5 万亿元，同比增长 25.5%。晋商信用增进公司与 15 家核心交易商签署 NAFMII 协议，年末累计开展信用风险缓释工具 2.1 亿元。风险防范和化解能力增强，积极稳妥处置个别企业债券违约事件。

3. 票据市场运行平稳，利率水平逐季降低。2018 年，山西省金融机构票据承兑余额 2 226.2 亿元，同比增长 11.5%；贴现余额 1 582.4 亿元，同比增长 57.5%。全年票据利率水平总体下降，贴现业务加权平均利率 4.57%，比上年下降 0.52 个百分点；转贴现业务加权平均利率 4.32%，比上年下降 0.09 个百分点。

表 5　2018 年山西省金融机构票据业务量统计

单位：亿元

季度	银行承兑汇票承兑		贴现			
			银行承兑汇票		商业承兑汇票	
	余额	累计发生额	余额	累计发生额	余额	累计发生额
1	2 048.8	912.3	1 043.4	951.5	36.6	7.0
2	2 047.3	2 612.9	1 114.2	3 057.6	52.1	26.5
3	2 132.9	5 109.8	1 344.0	6 535.0	56.2	271.5
4	2 226.2	8 505.8	1 582.4	10 822.8	84.3	307.5

数据来源：中国人民银行太原中心支行。

表 6　2018 年山西省金融机构票据贴现、转贴现利率

单位：%

季度	贴现		转贴现	
	银行承兑汇票	商业承兑汇票	票据买断	票据回购
1	5.496	5.617	5.118	4.440
2	5.187	5.802	4.946	3.842
3	4.131	6.050	4.174	3.479
4	3.963	5.076	3.916	3.126

数据来源：中国人民银行太原中心支行。

（五）地方金融改革与创新力度增强

1. 金融监管体制改革稳步推进。2018 年 10

月25日，山西省地方金融监督管理局正式挂牌成立，监管范围为“7+4”。具体为：负责对小额贷款公司、融资担保公司、区域性股权市场、典当行、融资租赁公司、商业保理公司、地方资产管理公司等金融机构实施监管；强化对投资公司、农民专业合作社、社会众筹机构、地方各类交易场所的监管。12月17日，中国银行保险监督管理委员会山西监管局正式挂牌。

2. 再担保公司和产业基金纾困民营企业。 2018年，山西省融资再担保集团有限公司注册资本增至18亿元，加码支持民营和小微企业。山西省第一只民企纾困基金——合盛汇峰智能1号基金认购上市公司东杰智能定增计划；山西金控集团旗下的太行产业基金联合社会资本共同组建了名为“山西太行医药产业一期股权投资合伙企业（有限合伙）”的民营纾困基金，主要用于支持山西振东集团，缓解民营企业短期流动性困难，发挥了政府产业基金的引领作用。

3. 金融创新力度不断加大，更好满足实体经济多样需求。 2018年，山西区域性股权市场开拓可转债市场，为山西煤炭进出口集团蒲县万家庄煤业非公开发行7亿元可转债，多层次资本市场融资优势不断显现。2家期货公司在9个县开展31万吨玉米“保险＋期货”试点。新湖期货太原营业部推出省内首单苹果“保险＋期货”试点项目，为国家级贫困县大宁县687户贫困果农的3 000吨苹果提供了价格风险保障。

（六）金融生态环境持续优化，金融基础设施更趋完善

1. 社会信用体系建设持续推进。 2018年末，累计为23.7万户企业和2 050.0万自然人建立了信用档案，全年分别为企业和个人提供征信查询16.6万次和834万次。征信数据库覆盖率为91.1%。2018年末，山西省中小微企业和农村信用信息平台共收录371.0万户企业、579.0万户农户和87.6万户贫困户的基本信息。积极推动信用信息“双公示”工作，全年推送“双公示”信息18万余条。扎实推进应收账款融资服务，2018年末，累计通过平台完成融资1 299笔，融资金额1 990.5亿元。有效建立诚信文化教育长效机制，在11所院校开设征信课程。强化征信信息安全监管，牢牢守住征信信息安全底线。

2. 农村支付基础设施建设取得重要进展。 2018年末，山西省建设122个与扶贫产业相结合的特色示范服务站，实现贫困县全覆盖；已完工的异地扶贫搬迁安置点实现支付基础设施全覆盖。持续加大支付业务支持农村电商发展力度，共建设完成“农村支付支持电子商务应用圈”49个、应用服务点2 196个，实现县域全覆盖。支持乐村淘、田农宝、农芯乐等十余家本地电商两万余个体验店的业务发展。

3. 金融科技创新应用工作成效显著。 2018年末，山西省累计发行金融IC卡9 356.5万张，全年新增支持国产密码算法金融IC卡占比超四成。金融IC卡“一卡多用”功能进一步延伸，实现了在公共交通、社保缴纳、挂号就医、公共缴费等服务领域的广泛应用。成功实施山西省手机盾移动金融创新应用，提高了移动金融交易安全水平。

4. 金融消费权益保护工作深入推进。 2018年，山西省坚持扩面和深化相结合，大力推进金融消费者教育和金融知识普及工作，金融知识普及教育纳入国民教育体系工作实现全省域推开。深化吕梁山片区农村金融知识教育普及“金惠工程”，在隰县建立全国首家金融知识普及教育纳入国民教育体系“教学示范基地”。扎实开展金融消费权益保护工作评估和监督检查。构建金融消费纠纷多元非诉解决机制，筹建的山西省金融消费权益保护协会获得省民政厅名称核准。妥善、及时处理金融消费者各类投诉、咨询，全年共受理投诉369件，解答各类咨询6 484件。

二、经济运行情况

2018年，山西省经济运行稳中有进、稳中向好，经济结构持续优化，新动能培育步伐加快，效益不断提升，群众获得感进一步增强。全年地区生产总值完成16 818.1亿元，同比增

长6.7%，较上年小幅下降0.3个百分点，增速快于全国0.1个百分点。经济增速连续8个季度保持在6.0%以上，经济增长稳定性进一步增强。第一产业完成增加值740.6亿元，同比增长2.1%；第二产业完成增加值7 089.2亿元，同比增长4.5%；第三产业完成增加值8 988.3亿元，同比增长8.8%。

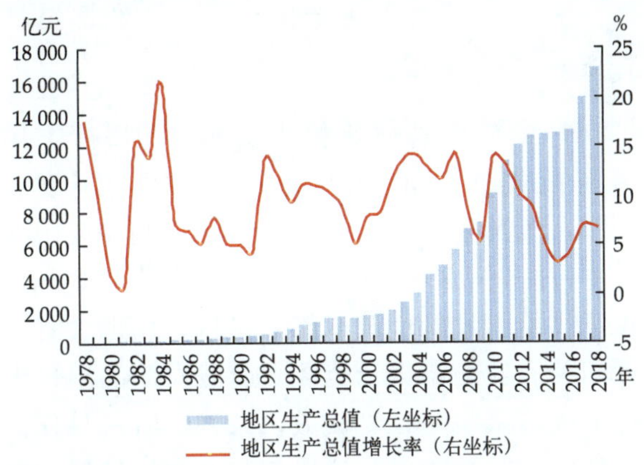

数据来源：山西省统计局。

图6　1978~2018年山西省地区生产总值及其增长率

（一）投资、消费、进出口增速平稳，经济内生动力增强

2018年，山西省社会经济平稳增长，内生动力增强。从结构看，投资增速不断回升，消费市场活跃且对地区经济增长贡献率较大，进出口实现快速增长。

1.投资增速持续加快，结构不断优化。 2018年，山西省固定资产投资完成6 050.4亿元，同比增长5.7%，增速较上年提高4.6个百分点，但低于全国水平0.2个百分点。

分产业看，第二、第三产业投资分别增长8.2%和14.0%，增速加快。投资结构不断优化，转型项目投资占比超六成，装备制造业、工业技改投资保持两位数以上的快速增长。国有企业、房地产开发、基础设施投资成为拉动投资增长的主要因素，同比分别增长22.3%、18.0%和16.8%；民间投资同比下降3.9%。

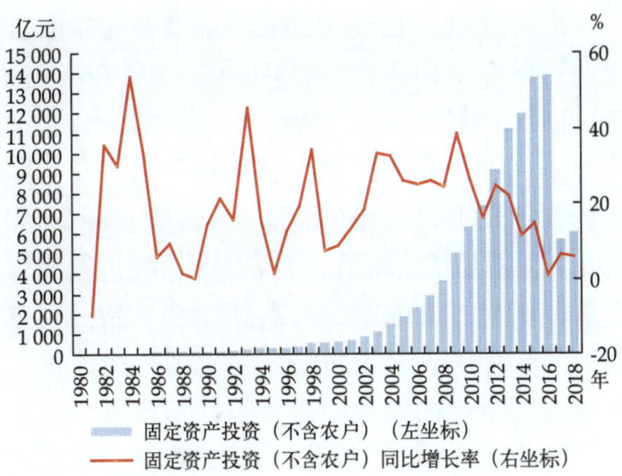

数据来源：山西省统计局。

图7　1980~2018年山西省固定资产投资（不含农户）及其增长率

2.消费市场平稳较快增长，消费升级势头明显。 2018年，山西省实现社会消费品零售总额7 338.5亿元，同比增长8.2%，增速较上年提高1.4个百分点；消费增长对经济增长贡献率高达65%以上。消费需求持续扩大，出台消费升级行动计划，推进商贸服务提质扩容，加快城乡便民消费服务中心建设，推动商业模式创新，新零售企业快速发展。

消费结构转型升级，限额以上网络零售额增长27.6%，太原成为全国现代供应链体系建设试点城市。旅游市场持续活跃，全年旅游总收入6 728.7亿元，同比增长25.5%；接待国内旅游者7亿人次，同比增长25.5%。

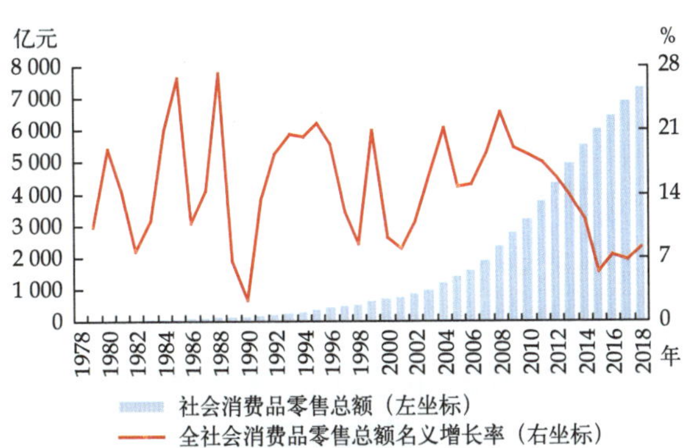

数据来源：山西省统计局。

图8　1978~2018年山西省社会消费品零售总额及其增长率

3. 外贸进出口快速增长，外贸合作不断深化。2018 年，山西省外贸进出口总额 1 369.9 亿元，同比增长 17.8%，增幅较上年提高 12.2 个百分点。进口总额、出口总额均大幅增长，同比分别增长 18.4% 和 17.4%，贸易顺差额 251.0 亿元。从贸易结构来看，加工贸易占比近七成，手机、钢材、机电产品与高新技术产品占据进出口主导地位。对外贸易合作关系持续深化，对美国、金砖国家、中国台湾、东盟及"一带一路"沿线国家进出口总额实现增长。

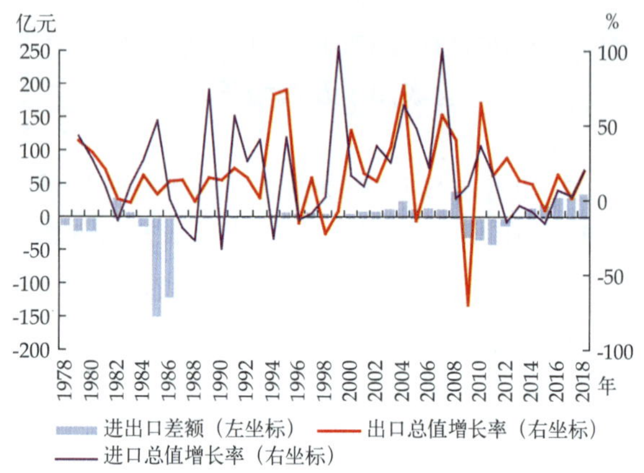

数据来源：山西省统计局。

图 9　1978~2018 年山西省外贸进出口变动情况

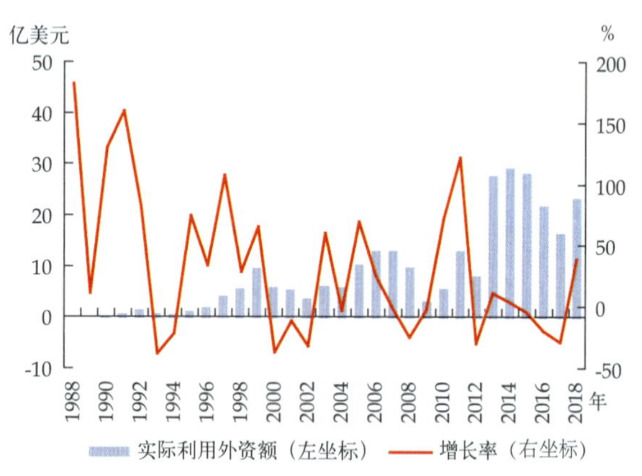

数据来源：山西省统计局。

图 10　1988~2018 年山西省实际利用外资额及其增长率

外商直接投资增速回升。2018 年，山西省实际利用外商直接投资 23.6 亿美元，同比增长 39.7%；净流入 7.9 亿美元。外资流入中，国企混改项目利用外资占八成以上；境外投资集中于制造、建筑、采矿业。2018 年，山西省本外币跨境资金均呈现净流入态势，全年净流入 14.4 亿美元，外汇收支基本平衡。

（二）三次产业持续增长，供给侧结构性改革持续深化

1. 乡村振兴战略稳步实施。2018 年，山西省粮食总产量 138.0 亿公斤，较上年增长 1.9%，为历史上第二个高产年。编制完成山西省乡村振兴战略总体规划和"5+1"专项规划。农业供给侧结构性改革深入推进，山西农谷、雁门关农牧交错带示范区、运城农产品出口平台三大省级战略初见成效，杂粮、有机旱作、城郊农业、功能食品等特色产业加快发展。深入开展农村人居环境整治，"五大专项行动"全面启动。农村改革稳步推进，成功举办全国农村改革（太谷）论坛。

2. 工业经济继续向好，结构调整取得积极进展。2018 年，山西省规模以上工业增加值同比增长 4.1%；非煤工业增加值同比增长 8.2%，引领工业增长。工业企业效益持续好转，规模以上工业企业利润增速快于全国23.7个百分点。大力培育新兴产业，新一代信息技术、高端装备制造、新能源汽车等战略性新兴产业保持两位数以上快速增长，高新技术企业总数超过 1 500 家，提前两年完成五年倍增计划；认定"专精特新"中小企业 216 户，规模以上工业企业新增 329 户。传统产业高端化绿色化智能化改造提速，结构调整取得积极进展。太原国家可持续发展议程创新示范区启动建设，军民融合科技成果转化和知识产权交易平台正式上线，省级众创空间增长 25.5%，重载水泥混凝土铺面关键技术与工程应用等三项科研成果获国家科学技术奖。

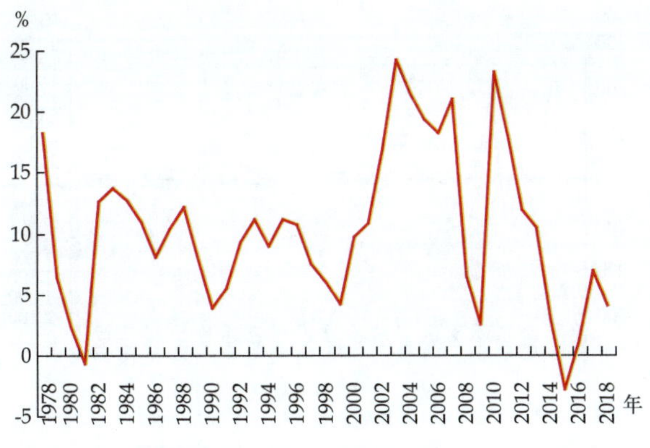

数据来源：山西省统计局。

图 11　1978~2018 年山西省规模以上工业增加值实际增长率

3. 现代服务业加快发展，支撑引领作用更加突出。2018 年，山西省服务业增加值同比增长 8.8%，高于地区生产总值增速 3.1 个百分点；服务业对地区生产总值增长的贡献率为 71.7%，继续保持经济增长的主动力。服务业占地区生产总值比重达到 53.4%，连续四年保持在 50% 以上，成为经济平稳增长的压舱石。黄河、长城、太行三大旅游板块建设取得良好开局。全年新登记市场主体增长 12.1%，日均新设 1 600 余户；限额以上商贸流通企业新增 937 家，微观主体活力得到有效激发。

4. 供给侧结构性改革持续深化。2018 年，山西省退出煤炭过剩产能 3 090 万吨，退出焦化过剩产能 691 万吨，化解钢铁过剩产能 225 万吨，关停煤电机组 203.3 万千瓦。加大房地产去库存力度，商品房待售面积、库存消化周期实现“双降”。多措并举降低国有企业负债率，较上年下降 3.2 个百分点。加大减税降费力度，全年落实各项税收优惠政策和深化税制改革减税 573.0 亿元。脱贫攻坚、基础设施、科技创新、社会民生、生态环保等薄弱环节补短板力度不断加大。

（三）价格指数和居民就业总体稳定

1. 居民消费价格温和上涨。2018 年，山西省居民消费价格同比上涨 1.8%，涨幅较上年提升 0.7 个百分点。各月度累计涨幅均保持在 2.0% 以内，总体保持温和上涨态势。

2. 工业生产者资料价格指数回落，农业生产者资料价格指数基本平稳。2018 年，山西省工业生产者出厂价格指数和购进价格指数分别上涨 6.7% 和 5.5%，增幅较上年分别下降 12.7 个和 11.6 个百分点。农业生产资料价格指数基本保持平稳，同比上涨 2.5 个百分点。

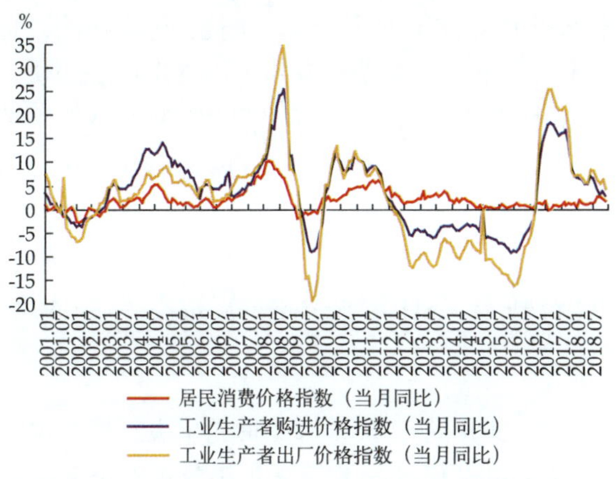

数据来源：山西省统计局。

图 12　2001~2018 年山西省居民消费价格指数和工业生产者价格指数变动趋势

3. 就业形势稳定向好，居民收入稳步增加。2018 年，山西省就业形势总体稳定，城镇新增就业 55.7 万人，城镇登记失业率 3.3%，控制在预期值以内。农村劳动力转移就业 40.9 万人，超额完成全年目标任务。城镇调查失业率、城镇登记失业率分别控制在 6.5% 和 4.2% 以内。居民收入稳步增加，城镇居民和农村居民人均可支配收入分别达到 31 035.0 元和 11 750.0 元，同比分别增长 6.5% 和 8.9%，农村居民收入增速快于城镇居民收入增速 2.4 个百分点。累计帮助 64.9 万贫困人口脱贫，26 个贫困县进入脱贫摘帽程序，2 255 个贫困村退出，贫困发生率从 3.9% 下降至 1.1%。

（四）一般公共预算收入大幅增加，一般公共预算支出支持民生领域能力增强

2018 年，山西省一般公共预算收入 2 292.6 亿元，同比增长 22.8%，其中税收收入 1 645.6

亿元，同比增长 17.8%。除耕地占用税略有减少外，其他各项税收均增长较快，增值税、企业所得税、个人所得税、资源税等四项主体税种收入平均增长 16.6%，增收 185.5 亿元，分别占到税收总额及增收额的 79.2% 和 74.7%。

2018 年，山西省一般公共预算支出 4 285.4 亿元，同比增长 14.1%。教育、社会保障和就业、医疗卫生等民生领域支出 3 423.8 亿元，占到一般公共预算支出的 79.9%。扶贫、污染防治、自然生态保护、能源节约利用方面支出增长较快，分别增长 74.3%、60.5%、64.7% 和 91.9%，为打好三大攻坚战提供了有力的资金保障。

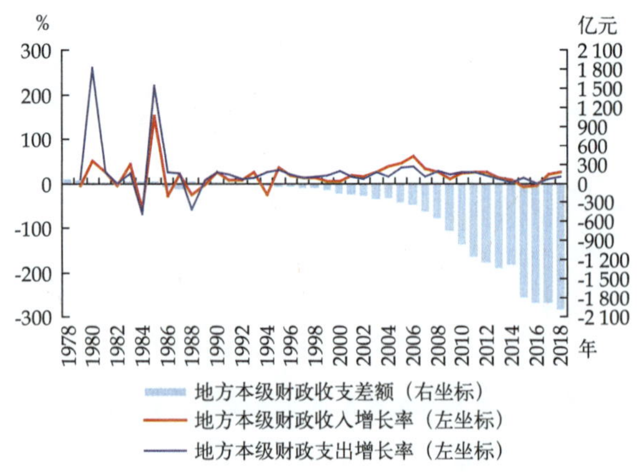

数据来源：山西省统计局。

图 13　1978~2018 年山西省财政收支状况

专栏 2　山西省小微企业金融服务工作持续深化

2018 年，为深入贯彻党中央、国务院以及中国人民银行关于深化小微企业金融服务的决策部署，切实纾解民营企业小微企业融资难、融资贵问题，中国人民银行太原中心支行认真贯彻落实稳健中性的货币政策，牵头发挥好“几家抬”合力，引导金融机构切实改进和提升小微企业金融服务，推动各项政策落地见效，取得良好效果。

一、主要措施

（一）加强政策引导，完善协调机制

组织印发《关于深化山西省小微企业金融服务工作的实施意见》《关于切实加强民营企业金融服务的实施意见》《关于降低民营和小微企业融资成本的指导意见》，切实优化小微企业金融服务。召开全省深化小微企业金融服务工作推动会，明确提出“五个抓好、五个突破”的工作措施，全力推进工作开展。牵头山西省金融办、山西银保监局等九部门建立小微企业金融服务联席会议制度，更好发挥“几家抬”合力，共同研究推进小微企业金融服务工作。

（二）整合央行资金，充分发挥货币政策工具的导向作用

一是落实定向降准政策，2018 年四次定向降准为辖内法人金融机构释放 145.75 亿元流动性，扩大了信贷投放资金来源。二是加大优惠资金投入。2018 年，累计发放支农再贷款 140.2 亿元、支小再贷款 102.3 亿元、再贴现 179.8 亿元，切实将低成本的“金融活水”引向“三农”、小微企业、个体工商户等领域。三是进一步完善信贷政策支持再贷款管理，积极推动支小再贷款“先贷后借”发放新模式，并下调支小再贷款利率 0.5 个百分点，指导金融机构将优惠政策传导至民营、小微企业。

（三）加强融资服务基础设施建设，着力破解信息不充分、不对称问题

一是加强金融信用信息基础数据库应用，2018 年末，累计为 23.7 万户企业建立了信用档案，全年提供查询 13.5 万次。二是深化中小企业信用体系建设，2018 年末，累计收录 371 万户企业（含个体工商户）基本信息、579 万户农户信息和 87.6 万户贫困户信息，

初步构成了省、市、县三级管理体系。三是深入推进小微企业应收账款融资。建立市级应收账款融资服务模式，一方面，引导金融机构利用平台寻找优质应收账款，支持信用良好的民营及中小企业和具有真实交易背景的应收账款实现融资；另一方面，推动有条件的核心企业与平台进行系统对接，为其上下游民营及中小微企业增信，提高上下游中小微企业融资可获得性和便捷性。截至2018年末，山西省企业借助应收账款融资服务平台累计成交1 299笔，成交金额1 990.5亿元，实现6条供应链整体加入。

（四）开展政策宣讲，加强融资辅导

在全省组织开展“三送一进”活动（进企业，了解企业金融需求；送政策，对当前小微金融服务优惠政策进行宣传解读；送产品，根据企业需求，宣传推介各银行适合小微企业融资的金融产品；送服务，做好针对小微企业的金融服务，为企业开户、理财、转账、结算等提供便利），增进银企互信。编印《小微企业信贷产品手册》，开展货币政策工具、小微企业信贷产品、民营企业债务融资工具等一揽子政策宣传。2018年，山西省金融机构累计举办中小企业融资培训300余次，培训企业5 500余家，开展宣传活动1 900余次，发放宣传资料70余万册。

二、取得成效

2018年，山西省小微企业金融服务呈现“量增、价降、面扩”的良好势头。2018年末，山西省小微企业贷款余额4 723.2亿元，同比增长8.07%；较年初增加337.7亿元，其中微型企业贷款较年初增加111.01亿元，同比多增68.35亿元，增加额是上年的2.6倍；小微企业贷款加权平均利率7.082%，同比下降0.254个百分点；惠及32.73万户企业，较上年增加8.58万户，增长35.5%。

（五）全力打好污染防治攻坚战

2018年，山西省制定完善了相关法规政策及量化问责办法，狠抓中央环保督察整改，扎实推进蓝天保卫战、黑臭水体歼灭战、柴油货车污染治理攻坚战等标志性战役，着力解决人民群众反映强烈的突出环境问题。推进“两山七河”生态修复治理，全面实施河湖长制，汾河流域生态修复取得阶段性成果，晋祠难老泉地下水位累计回升26.15米。全省环境空气质量综合指数同比下降10.8%，细颗粒物（PM2.5）和优良水质断面指标超额完成国家考核目标，初步实现了经济运行和生态环保同向好转。空气质量优良天数比例、国考劣V类水体断面虽未完成年度目标任务，但已有明显改善。

（六）房地产业平稳发展，煤炭行业运行质量明显提升

1. 房地产去库存成效明显，房地产贷款较快增长。

（1）开发投资较快增长，施工面积小幅回升。2018年，山西省完成房地产开发投资1 376.6亿元，同比增长18.0%，增速快于全国8.0个百分点；增速由负转正，较上年提高45.0个百分点。其中，太原市房地产开发投资占全省的38.6%，同比增长11.2%，拉动全省房地产开发投资增长4.6个百分点。建设规模有所回升，2018年，山西省商品房施工面积16 949.6万平方米，同比增长2.9%，较上年提高6.4个百分点。其中，新开工面积3 872.5万平方米，同比增长17.1%。

（2）商品房销售面积和库存“双降”。2018年，山西省商品房销售面积2 360.9万平方米，同比下降2.3%，增速低于全国3.6个百分点，增速较上年回落19.5个百分点。销售面积下降的同时库存也在下降，2018年末山西省商品房待售面积984.8万平方米，较上年减少240.9万平方米；消化周期5个月，较上年缩短1.1个月。

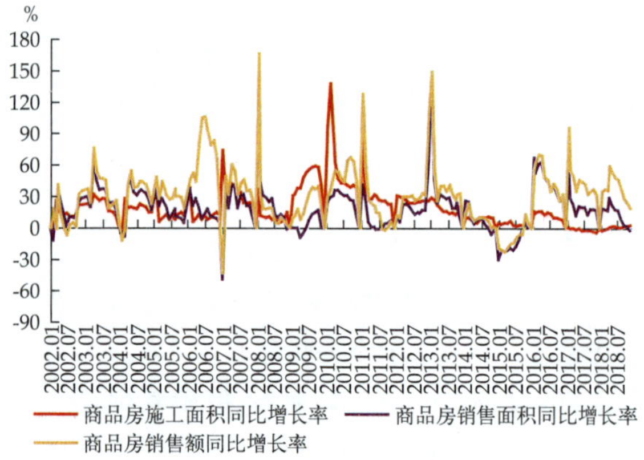

数据来源：山西省统计局。

图 14　2002~2018 年山西省商品房施工和销售变动趋势

（3）房地产开发企业资金链呈现趋紧迹象。2018 年，山西省房地产开发企业到位资金 1 805.0 亿元，同比增长 7.6%，增幅较第一季度、上半年、前三季度分别回落 2.4 个、12.0 个和 3.7 个百分点，比房地产开发投资增速低 10.4 个百分点。受行业调控政策影响，房地产投资投机性需求得到有效控制，购房预付款和个人按揭贷款出现持续回落态势，房地产开发企业融资难度有所增加。

（4）商品房价格保持上涨。2018 年 12 月，太原市新建商品住房均价同比上涨 20.5%，且呈现前半年快、后半年慢的特点。其他 10 个设区市价格涨幅不一。

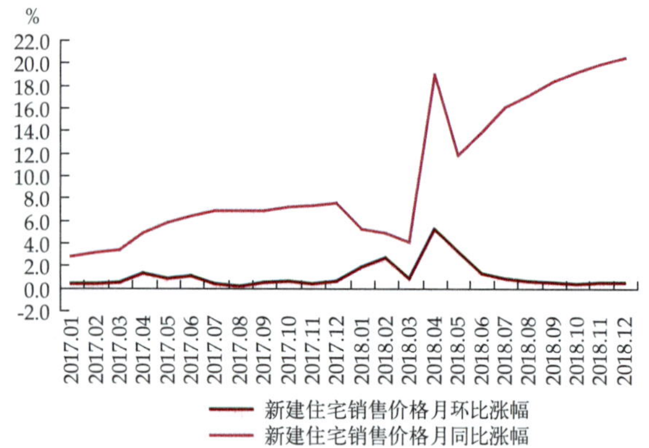

数据来源：山西省统计局。

图 15　2017~2018 年太原市新建住宅销售价格变动趋势

（5）房地产贷款保持快速增长。2018 年末，山西省房地产贷款余额 3 871.8 亿元，较年初增加 1 062.1 亿元，同比增长 44.9%，高于各项贷款增速 33.0 个百分点。房地产开发贷款余额 1 300.4 亿元，较年初增加 448.1 亿元，同比增长 55.7%。个人购房贷款余额 2 423 亿元，较年初增加 553.7 亿元，同比增长 28.0%。

2. 煤炭经济运行质量明显提升，金融服务发挥积极作用。

（1）着力提高煤炭供给质量，煤炭行业主要经济指标继续向好。随着煤炭供给侧结构性改革的深入推进，全国煤炭市场供需转入平衡状态，山西煤炭行业呈现稳中向好的发展势头，煤炭企业生产经营状况持续得到改善。2018 年，山西省累计生产原煤 8.76 亿吨，同比增长 3.7%；煤炭开采和洗选业实现利润总额 694.3 亿元，同比增长 17.5%。推动煤炭产业走“减、优、绿”的路子，煤炭先进产能占比达到 57.0%，提高 15.0 个百分点。

（2）金融支持煤炭行业发挥积极作用，稳妥推进企业债务重组工作。山西省金融机构积极落实“区别对待、有扶有控”的信贷政策，支持煤炭企业优化融资结构。2018 年末，山西省煤炭行业银行贷款和表外融资合计较年初增加 363.9 亿元，增长 4.4%。因企施策推进煤炭去产能企业和“僵尸企业”债务重组工作，2018 年山西省金融机构综合运用现金回收、呆账核销、以资抵债、债务减免、重组调级等方式处置煤炭行业不良贷款 48.9 亿元。

三、预测与展望

2019 年，从国际环境看，受贸易争端、金融压力和波动风险显现及地缘政治关系紧张等因素影响，许多国家经济增长势头将会减弱。同时，一些发达经济体面临生产能力增长的极限，可能会对短期增长产生影响。从国内经济形势看，虽然当前经济运行中依然面临不少困难和挑战，但经济发展的重要战略机遇期没有变，随着供给侧结构性改革持续推进，中国发展的韧性和潜力较大，经济长期向好的态势不会改变。

从山西情况看，2019年是全面建成小康社会关键之年，山西省将继续坚持稳中求进工作总基调，坚持把供给侧结构性改革与转型综改试验区建设相结合，并以此作为经济工作主线，紧紧扭住转型项目，扩大有效投资，满足消费需求，为经济平稳健康发展提供更强支撑。同时，山西省将进一步深化市场化改革，扩大高水平开放；着力激发微观主体活力，释放市场需求潜力，推动能源革命综合改革，加快构建现代产业体系，继续打好三大攻坚战，推动经济在由“疲”转“兴”的基础上拓展转型发展新局面。预计2019年山西省地区生产总值增长6.3%左右，全社会固定资产投资增长6.5%，社会消费品零售总额增长7.5%，一般公共预算收入增长6.3%以上，城乡居民人均可支配收入分别增长6.5%和6.5%以上，居民消费价格涨幅控制在3%左右，城镇新增就业46万人，城镇调查失业率、城镇登记失业率分别控制在6.5%、4.2%以内。从金融运行看，金融机构将认真贯彻落实稳健的货币政策，定向调控、精准滴灌，着力推动供给侧结构性改革和转型综改试验区建设，切实提升金融支持民营企业小微企业发展和助推脱贫攻坚工作水平，持续优化金融市场管理与服务环境，切实防范金融风险，保持区域稳健运行。预计全年本外币贷款余额同比增长12%左右。

中国人民银行太原中心支行货币政策分析小组

总　纂：李文森　杜　斌

统　稿：王瑞林　薄文英　王　东　孙玉萍

执　笔：武　洋　李志波　张　俊

提供材料的还有：李　伟　戴万龙　裴启东　王　栋　高　婧　黄瑞丽　任艳珍　张　星　石瑞华　武智峰　孙　晶　张旭梅　李建辉　段淑红　袁永宏　郭向阳

附录

（一）2018 年山西省经济金融大事记

5 月 3 日，山西省召开省属国企深化改革转型发展推进会议，省属国企国资改革向纵深推进。

7 月 31 日，山西省生态环境保护大会召开。

9 月 6 日，中国人民银行太原中心支行牵头省金融办、山西银保监局等九部门建立山西省小微企业金融服务联席会议制度。

9 月 27 日，山西省组织召开全省军民融合发展推进大会。

10 月 25 日，山西省地方金融监督管理局正式挂牌。

11 月 26 日，山西省支持民营企业发展大会召开，出台《关于支持民营经济发展的若干意见》。

11 月 17 日，全国农村改革（太谷）论坛在山西省太谷县举行。

12 月 17 日，中国银行保险监督管理委员会山西监管局正式挂牌。

12 月 31 日，山西省 26 个贫困县进入脱贫摘帽程序，2 255 个贫困村退出，64.9 万人口脱贫，贫困发生率下降到 1.1%，脱贫攻坚实现连战连胜。

（二）2018 年山西省主要经济金融指标

表 1　2018 年山西省主要存贷款指标

		1 月	2 月	3 月	4 月	5 月	6 月	7 月	8 月	9 月	10 月	11 月	12 月
本外币	金融机构各项存款余额（亿元）	33 843.6	33 959.3	34 224.5	34 367.6	34 424.4	34 599.4	34 844.7	35 150.1	35 493.9	35 486.8	35 526.0	35 340.0
	其中：住户存款	19 016.3	19 525.1	19 740.0	19 424.5	19 454.7	19 705.1	19 697.0	19 788.1	19 998.7	20 027.2	20 157.1	20 439.5
	非金融企业存款	8 676.1	8 435.2	8 417.5	8 580.8	8 675.5	8 688.3	8 717.1	8 988.4	9 103.9	9 190.4	9 134.9	9 037.2
	各项存款余额比上月增加（亿元）	992.9	115.6	265.2	143.1	56.8	175.1	245.3	305.4	343.9	-7.2	39.2	-186.0
	金融机构各项存款同比增长（%）	7.4	5.9	4.4	5.3	5.6	5.0	5.2	5.7	6.4	6.4	6.3	7.6
	金融机构各项贷款余额（亿元）	23 042.6	23 223.2	23 605.5	23 772.9	23 946.7	24 141.7	24 226.8	24 342.5	24 546.5	24 511.8	24 711.2	25 256.4
	其中：短期	8 480.2	8 513.2	8 664.4	8 636.1	8 699.9	8 767.7	8 691.6	8 564.3	8 605.2	8 528.4	8 495.3	8 437.2
	中长期	13 035.4	13 238.6	13 413.2	13 652.9	13 706.0	13 811.6	13 927.3	14 076.5	14 180.4	14 230.6	14 405.6	15 005.2
	票据融资	1 435.0	1 378.5	1 440.6	1 395.6	1 453.3	1 488.4	1 531.4	1 622.7	1 681.4	1 670.3	1 721.5	1 731.3
	各项贷款余额比上月增加（亿元）	468.8	180.6	382.3	167.4	173.8	195.0	85.1	115.7	204.1	-34.7	199.4	545.3
	其中：短期	191.2	33.0	151.2	-28.3	63.8	67.8	-76.1	-127.3	40.9	-76.8	-33.1	-58.1
	中长期	239.3	203.2	174.6	239.7	53.2	105.6	115.7	149.2	103.9	50.2	175.0	599.6
	票据融资	37.7	-56.5	62.1	-45.1	57.7	35.1	43.0	91.4	58.7	-11.1	51.1	9.9
	金融机构各项贷款同比增长（%）	10.6	11.4	11.4	11.8	11.6	11.5	11.4	10.9	10.6	10.1	9.6	11.9
	其中：短期	6.4	6.2	7.4	6.3	6.5	7.0	5.9	4.3	3.5	2.7	1.9	1.8
	中长期	17.1	18.0	17.6	18.4	17.3	16.6	16.0	15.4	14.7	13.7	13.2	17.3
	票据融资	-11.8	-8.7	-10.9	-7.7	-3.0	-1.0	6.7	13.6	19.2	24.8	24.2	23.9
	建筑业贷款余额（亿元）	520.3	391.8	505.4	513.7	533.8	527.7	521.3	534.0	526.5	530.8	550.4	517.4
	房地产业贷款余额（亿元）	3 011.9	3 109.6	3 216.8	3 393.4	3 456.5	3 522.0	3 582.5	3 635.9	3 718.5	3 766.7	3 826.4	3 871.8
	建筑业贷款同比增长（%）	18.9	-8.0	14.7	14.2	14.1	8.6	5.8	6.7	1.4	-0.5	1.6	0.6
	房地产业贷款同比增长（%）	55.8	57.7	57.3	60.6	59.4	57.2	53.9	47.9	44.4	41.8	40.2	37.8
人民币	金融机构各项存款余额（亿元）	33 333.0	33 456.6	33 760.2	33 891.7	33 951.4	34 144.5	34 428.2	34 743.1	35 140.9	35 148.3	35 202.6	34 987.6
	其中：住户存款	18 925.4	19 431.8	19 645.7	19 330.1	19 359.4	19 606.7	19 597.4	19 689.0	19 901.1	19 930.6	20 061.6	20 345.2
	非金融企业存款	8 274.7	8 044.7	8 051.7	8 205.2	8 306.1	8 334.5	8 403.1	8 684.1	8 851.7	8 951.4	8 909.9	8 781.7
	各项存款余额比上月增加（亿元）	852.5	123.6	303.6	131.5	59.7	193.0	283.7	314.9	397.8	7.4	54.3	-215.0
	其中：住户存款	305.1	506.4	214.0	-315.7	29.3	247.3	-9.3	91.6	212.1	29.5	131.0	283.6
	非金融企业存款	127.7	-230.0	7.1	153.5	100.9	28.5	68.6	281.0	167.6	99.7	-41.6	-128.2
	各项存款同比增长（%）	7.7	6.3	4.4	5.8	6.0	5.1	5.5	5.9	6.5	6.8	6.6	7.7
	其中：住户存款	6.8	9.0	8.3	8.1	7.9	7.9	8.2	8.5	8.0	8.0	8.4	9.3
	非金融企业存款	12.8	7.4	0.9	3.2	6.2	4.4	2.5	4.6	6.8	8.4	6.4	7.8
	金融机构各项贷款余额（亿元）	22 908.2	23 096.7	23 417.4	23 585.4	23 756.2	23 950.0	24 045.5	24 150.0	24 374.6	24 338.1	24 540.9	25 057.0
	其中：个人消费贷款	2 590.7	2 645.8	2 722.8	2 794.8	2 880.4	2 923.7	2 928.6	2 957.7	3 003.4	3 047.1	3 115.1	3 168.6
	票据融资	1 435.0	1 378.5	1 440.6	1 395.6	1 453.3	1 488.4	1 531.4	1 622.7	1 681.4	1 670.3	1 721.5	1 731.3
	各项贷款余额比上月增加（亿元）	444.3	188.5	320.7	168.0	170.8	193.8	95.5	104.5	224.6	-36.5	202.8	516.1
	其中：个人消费贷款	63.5	55.1	77.0	71.9	85.6	43.3	4.9	29.1	45.7	43.7	68.0	53.3
	票据融资	37.7	-56.5	62.1	-45.1	57.7	35.1	43.0	91.4	58.7	-11.1	51.1	9.9
	金融机构各项贷款同比增长（%）	10.8	11.8	11.5	12.0	11.8	11.4	11.2	10.6	10.4	9.9	9.4	11.5
	其中：个人消费贷款	38.2	38.6	36.2	36.9	48.7	46.4	45.7	29.2	26.3	25.4	24.5	25.4
	票据融资	-11.8	-8.7	-10.9	-7.7	-3.0	-1.0	6.7	13.6	19.2	24.8	24.2	23.9
外币	金融机构外币存款余额（亿美元）	80.6	79.4	73.8	75.1	73.7	68.8	61.1	59.6	51.3	48.6	46.6	51.3
	金融机构外币存款同比增长（%）	0.5	-11.4	-13.8	-13.3	-8.6	-1.6	-11.3	-12.3	-11.5	-26.6	-23.3	-7.9
	金融机构外币贷款余额（亿美元）	21.2	20.0	29.9	29.6	29.7	29.0	26.6	28.2	25.0	24.9	24.5	29.1
	金融机构外币贷款同比增长（%）	-8.3	-26.4	13.4	2.1	2.0	24.9	41.8	78.8	50.7	42.2	32.0	72.7

数据来源：中国人民银行太原中心支行。

表 2　2001~2018 年山西省各类价格指数

单位：%

		居民消费价格指数		农业生产资料价格指数		工业生产者购进价格指数		工业生产者出厂价格指数	
		当月同比	累计同比	当月同比	累计同比	当月同比	累计同比	当月同比	累计同比
2001		—	-0.5	—	1.9	—	1.8	—	0.3
2002		—	-2.2	—	0.9	—	3.0	—	3.6
2003		—	1.6	—	-1.6	—	7.8	—	2.2
2004		—	4.1	—	7.3	—	14.5	—	16.1
2005		—	2.3	—	13.3	—	8.2	—	10.2
2006		—	2.0	—	3.6	—	2.6	—	1.0
2007		—	4.6	—	6.2	—	5.3	—	7.4
2008		—	7.2	—	18.7	—	18.3	—	22.4
2009		—	-0.4	—	1.6	—	-3.4	—	-8.0
2010		—	3.0	—	2.0	—	9.0	—	9.5
2011		—	5.2	—	9.4	—	8.1	—	7.5
2012		—	2.5	—	5.4	—	-1.9	—	-5.5
2013		—	3.1	—	2.5	—	-4.5	—	-9.3
2014		—	1.7	—	-0.8	—	-3.8	—	-8.6
2015		—	0.6	—	-0.4	—	-6.9	—	-12.7
2016		—	1.8	—	2.6	—	5.7	—	6.9
2017		—	0.0	—	0.0	—	0.0	—	0.0
2018		—	1.8	—	2.5	—	5.5	—	6.7
2017	1	1.9	1.9	1.3	1.3	16.3	16.3	23.5	23.5
	2	-0.1	0.9	2.3	1.8	18.1	17.2	25.4	24.5
	3	0.2	0.8	3.6	2.4	18.4	17.6	25.6	24.8
	4	1.0	0.8	3.3	2.6	18.0	17.7	23.6	24.5
	5	1.0	0.9	2.3	2.6	16.9	17.5	21.8	24.0
	6	0.9	0.9	1.5	2.4	15.7	17.2	21.1	23.5
	7	1.1	0.9	1.4	2.2	16.3	17.1	21.1	23.1
	8	1.7	1.0	1.9	2.2	16.5	17.0	21.9	23.0
	9	1.1	1.0	2.1	2.2	16.9	17.0	21.0	22.7
	10	1.4	1.1	2.4	2.2	14.2	16.7	16.9	22.1
	11	1.3	1.1	2.6	2.2	9.2	16.0	8.3	20.7
	12	1.5	1.1	2.2	2.2	7.6	15.2	7.2	19.4
2018	1	0.7	0.7	2.2	2.2	7.0	7.0	7.5	7.5
	2	2.1	1.4	1.3	1.8	6.7	6.8	7.3	7.4
	3	1.4	1.4	1.3	1.3	6.5	6.7	6.8	7.2
	4	1.2	1.3	2.3	1.8	5.6	6.4	5.7	6.8
	5	1.3	1.3	2.8	2.0	5.6	6.3	5.9	6.6
	6	1.5	1.3	2.9	2.1	7.1	6.4	8.6	7.0
	7	1.6	1.4	3.2	2.3	6.8	6.5	8.4	7.2
	8	1.8	1.4	3.2	2.4	6.0	6.4	7.6	7.2
	9	2.8	1.6	2.9	2.4	4.4	6.2	6.2	7.1
	10	2.9	1.7	3.4	2.5	3.4	5.9	5.5	6.9
	11	2.4	1.8	3.1	2.6	3.9	5.7	6.4	6.9
	12	1.9	1.8	2.1	2.5	3.1	5.5	4.5	6.7

数据来源：山西省统计局。

表 3　2018 年山西省主要经济指标

	1 月	2 月	3 月	4 月	5 月	6 月	7 月	8 月	9 月	10 月	11 月	12 月
	绝对值（自年初累计）											
地区生产总值（亿元）	—	—	3 122.1	—	—	7 482.8	—	—	11 640.3	—	—	16 818.1
第一产业	—	—	115.4	—	—	329.7	—	—	470.8	—	—	740.6
第二产业	—	—	1 331.4	—	—	3 132.0	—	—	4 988.6	—	—	7 089.2
第三产业	—	—	1 675.3	—	—	4 021.1	—	—	6 181.0	—	—	8 988.3
工业增加值（亿元）	—	—	—	—	—	—	—	—	—	—	—	—
固定资产投资（亿元）	—	185.2	627.6	1 118.1	1 732.2	2 615.2	3 252.9	3 869.0	4 593.0	5 154.9	5 617.2	6 050.4
房地产开发投资	—	47.5	161.7	274.4	420.4	642.2	771.1	921.2	1 055.7	1 167.1	1 267.8	1 376.6
社会消费品零售总额（亿元）	—	—	1 688.3	2 246.6	2 834.1	3 441.8	4 061.8	4 687.5	5 320.7	6 007.1	6 670.8	7 338.5
外贸进出口总额（亿元）	—	207.0	306.2	407.2	519.6	629.5	762.2	920.5	1 034.9	1 157.6	1 020.7	1 369.9
进口	—	91.6	136.9	181.3	233.1	280.6	335.8	398.5	596.0	484.2	523.9	559.5
出口	—	115.4	169.3	225.9	286.5	348.9	426.3	522.0	438.9	673.5	746.1	810.4
进出口差额（出口－进口）	—	23.8	32.4	44.6	53.4	68.4	90.5	123.5	-157.1	189.3	222.2	251.0
实际利用外资（亿美元）	—	0.0	2.7	3.2	3.4	8.9	9.0	10.9	11.3	13.3	—	23.6
地方财政收支差额（亿元）	22.8	-122.7	-298.3	-379.6	-503.2	-630.4	-761.2	-974.3	-1 188.1	-1 371.6	-1 593.2	-1 992.8
地方财政收入	266.6	428.6	606.0	808.6	1 013.5	1 233.8	1 449.6	1 607.3	1 782.9	1 964.3	2 109.4	2 292.6
地方财政支出	243.8	551.3	904.3	1 188.2	1 516.7	1 864.2	2 210.8	2 581.6	2 971.0	3 335.9	3 702.6	4 285.4
城镇登记失业率（%）（季度）	—	—	3.4	—	—	3.4	—	—	3.4	—	—	3.4
	同比累计增长率（%）											
地区生产总值	—	—	6.2	—	—	6.8	—	—	6.1	—	—	6.7
第一产业	—	—	3.5	—	—	3.1	—	—	3.0	—	—	2.1
第二产业	—	—	5.6	—	—	5.7	—	—	4.3	—	—	4.5
第三产业	—	—	6.9	—	—	8.1	—	—	7.7	—	—	8.8
工业增加值	—	7.7	5.5	5.4	5.7	5.5	5.0	4.5	3.9	3.9	4.0	4.1
固定资产投资	—	-3.7	-9.7	-11.2	-15.0	-19.5	-16.5	-9.1	-1.6	2.1	4.2	5.7
房地产开发投资	—	14.4	13.8	9	10.8	13	8.5	14	14.9	16	16.6	18
社会消费品零售总额	—	—	9.3	9.2	9.0	9.1	9.1	9.0	9.0	8.8	8.6	8.2
外贸进出口总额	—	23.3	13.7	12.2	15.6	19.9	23.5	25.9	23.3	23.4	20.9	17.8
进口	—	29.8	25.8	26.5	32.8	34.8	36.5	36.5	17.4	29.6	24.4	18.4
出口	—	18.7	5.5	2.8	4.5	10.1	14.9	18.9	32.3	19.3	18.6	17.4
实际利用外资	—	-81.6	198.6	132.4	7.0	117.5	92.0	32.0	33.0	38.3	—	39.7
地方财政收入	21.4	30.4	23.4	23.4	24.5	25.4	26.5	25.8	24.7	23.1	22.6	22.8
地方财政支出	-13.6	28.8	4.5	6.7	5.3	7.8	8.0	9.8	8.0	10.5	11.5	14.1

数据来源：山西省统计局。

内蒙古自治区金融运行报告（2019）

中国人民银行呼和浩特中心支行货币政策分析小组

[内容摘要] 2018年，内蒙古自治区经济实现企稳回升、稳中向好，地区生产总值增速逐季回升，三次产业结构更加优化，供给侧结构性改革纵深推进，经济运行动力在转换中增强，质量效益在转型中提升。全年实现地区生产总值17 289.2亿元，增长5.3%，比上年提高1.3个百分点。

具体来看：一是经济结构持续向好，产业内部结构不断优化。农牧业结构稳中调优，全年粮食产量首次突破700亿斤大关，主要畜产品特别是牛羊肉价格涨幅较快、产量稳定增长。工业结构调整明显加快，规模以上工业增加值增长7.1%，增速较上年加快4个百分点。其中，非煤产业增加值增长9.7%，快于煤炭产业增加值增速8.1个百分点，制造业增加值对规模以上工业的贡献率达53.4%。现代服务业加快发展，第三产业增加值比重和贡献率"双过半"，分别达到50.5%和56.1%。其中，旅游业总收入突破4 000亿元，增长16.6%。二是内需驱动力不足，对外贸易保持较快增长。受基础设施项目大幅减少影响，全年固定资产投资下降27.3%，降幅较上年扩大20.3个百分点。尽管投资降幅扩大，但投资结构在不断优化。其中，高技术制造业和高新技术产业投资分别增长20.0%和28.4%，信息传输、软件和信息技术服务业投资增长6.2%，房地产开发投资下降0.8%。消费市场稳中趋缓，全年社会消费品零售总额增长6.3%，较上年回落0.6个百分点。对外贸易较为活跃，全年货物进出口总额增长9.9%，与"一带一路"沿线国家贸易额达到699.4亿元，增长14.5%。三是供给侧结构性改革扎实推进，新产业发展势头较好。全年退出煤炭产能1 110万吨，提前两年完成钢铁、煤炭去产能计划任务。2018年末，商品房待售面积比上年下降1.9%。规模以上工业企业资产负债率63.5%，比上年下降0.6个百分点。新动能培育加快，新增高新技术企业200家，战略性新兴产业和高新技术产业增加值分别增长8.7%和17.1%，快于规模以上工业增加值增速1.6个和10个百分点。四是物价涨幅平稳，财政、居民收入稳步增长。全年居民消费价格上涨1.8%。一般公共预算收入增长9.1%。城镇常住居民和农村牧区常住居民人均可支配收入分别增长7.4%和9.7%，均快于地区生产总值增速。五是区域发展的协调性、协同性增强，生态文明建设加快推进。呼包鄂协调发展成效明显，三市地区生产总值、规模以上工业增加值和社会消费品零售总额占全区比重均超过50%。全年空气质量平均达标天数比例为83.6%，PM2.5浓度下降3.1%。呼伦湖、岱海湖面积增加，乌梁素海整体水质改善，库布齐沙漠生态治理取得显著成效，被命名为全国绿水青山就是金山银山实践创新基地。

2018年，全区金融机构认真贯彻落实稳健的货币政策，切实防范化解金融风险，加大对经济重点领域和薄弱环节的支持力度，努力提升服务实体经济效率和水平，金融运行总体稳健，但金融对经济增长的支持保障作用有所下降，金融风险释放压力增大。

具体来看：一是地区社会融资规模增长放缓，金融市场运行平稳。受产业政策调整、化解地方政府债务、金融监管加强等因素叠加影响，投融资放缓带动地区社会融资规模下降，全年地区社会融资规模增长5.5%，新增1 627.0亿元，比上年同期少1 039.8亿元，地区社会融资规模增量为近五年来最低水平。其中，人民币各项贷款余额增长2.9%，较上年回落7.9个百分点，新增人民币贷款仅为上年的29%。同时，违约事件频发增加了企业债券发行难度和成本，全区银行间市场债务融资工具发行余额占全国比重为0.35%，较上年下降0.17个百分点。非金融企业债务融资工具票面加权平均利率5.72%，高于全国平均水平87个基点。二是银行业增长总体放缓，不良资产仍处于高位。全区银行业金融机构资产、负债增速放缓，增速分别较上年下降6.8个百分点和7.4个百分点。人民币跨境收支较大幅度下降，但对俄蒙人民币跨境收支稳步增长，对蒙人民币跨境收支135亿元，增长14.8%，占全国对蒙人民币跨境收支的85%。人民银行呼和浩特中心支行综合运用各项货币政策工具，积极引导金融机构调整优化信贷结构，2018年末棚户区改造、小微企业、农户、个人精准扶贫贷款增速分别高于各项贷款增速19.2个、2.0个、11.7个和15个百分点。“两权”抵押贷款持续增加，全区8个农村牧区承包土地（草牧场）试点地区贷款余额37.5亿元，新增9.5亿元，贷款余额居全国第3位。2018年末，全区银行业金融机构不良贷款余额较年初增加77.4亿元，不良贷款率同比提高0.2个百分点。三是证券业经营业绩下滑，市场融资功能有所弱化。证券交易规模和利润水平不及上年，上市公司总市值大幅缩水，全区企业已连续6年在境内市场没有IPO，主板、中小板市场和创业板三个板块市场均无新增融资。四是保险业健康发展，保障功能不断增强。全年实现原保费收入达到659.5亿元，同比增长15.7%。其中，人身险保费增速为19.2%，全国排名首位。森林保险承保实现天然林、防护林全覆盖，城乡居民大病保险实现全覆盖。五是金融基础设施不断完善，金融生态环境持续优化。应收账款融资服务平台应用效果显现，全年累计通过平台达成融资金额1 645亿元。非现金支付业务推广成效显著，全区现代化支付系统覆盖率、农信银支付清算系统县城乡镇合计接入比率、村镇银行接入支付系统比率均达100%。创新开展金融知识普及宣传活动，加强与乌兰牧骑工作融合，切实增强金融知识普及宣传效果。强化金融风险监测预警评估，稳妥推动违约债券处置，防范和化解经济金融风险。

展望2019年，内蒙古自治区经济发展机遇与挑战并存。内蒙古有着呼包鄂经济圈协同效应显现、蒙东地区发展潜力加快释放、战略性新兴产业和高新技术制造业快速发展、经济结构不断调整、新动能不断积累、营商环境不断优化等利好因素和我国加大减税降费力度、加快经济结构优化升级、提升科技创新能力、深化改革开放、加快绿色发展等新机遇。这些将为内蒙古经济发展提供有利条件。与此同时，内蒙古经济社会发展不平衡不充分的问题以及经济发展深层次、结构性矛盾仍较突出，需重点关注以下问题：一是经济下行压力较大，项目储备不足，固定资产投资大幅下滑。二是结构调整阵痛凸显，产业发展新增长点没有系统形成，新旧动能接续不畅。三是稳就业、稳金融等方面工作压力较大，政府隐性债务、不良贷款化解任务艰巨，民生方面还有不少短板。预计2019年全区地区生产总值增长6%左右，居民消费价格涨幅在3%左右，城乡常住居民人均可支配收入分别增长7%左右和8%左右，城镇新增就业22万人以上。

2019年是全面建成小康社会的关键之年。内蒙古自治区金融业将坚持以习近平新时代中国特色社会主义思想为指导，全面贯彻党的十九大和十九届二中、三中全会以及中央经济工作会议精神，坚持稳中求进工作总基调，坚持新发展理念，以供给侧结构性改革为主线，认真贯彻落实稳健的货币政策，疏通货币政策传导，提升金融服务实体经济的效率和水平，为供给侧结构性改革和高质量发展营造适宜的货币金融环境。扎实推进稳就业、稳金融、稳外贸、稳外资、稳投资、稳预期各项工作，落实好防范化解重大金融风险、精准脱贫、污染防治三大攻坚战各项任务，守护好祖国北疆这道亮丽风景线，以优异成绩庆祝中华人民共和国成立70周年。

一、金融运行情况

2018年，内蒙古金融业发展总体有所放缓，地区社会融资规模增速放缓，存贷款增速持续回落，不良资产仍处于高位，资本市场融资功能弱化。

（一）银行业运行基本稳健，信贷结构逐步优化

2018年，内蒙古银行业存款和贷款增速持续放缓，信贷结构有所优化，利率水平保持平稳。

1. 资产负债扩张放缓，经营效益好转。 2018年末，全区共有银行业金融机构199家，资产、负债总额分别为3.5万亿元和3.4万亿元，增速同比回落6.8个和7.4个百分点；实现利润270.5亿元，同比增长71.8%。年内平安银行呼和浩特分行挂牌成立，地方法人机构数量与上年持平。

表1 2018年内蒙古自治区银行业金融机构情况

机构类别	营业网点			法人机构（个）
	机构个数（个）	从业人数（人）	资产总额（亿元）	
一、大型商业银行	1 519	37 573	10 864	0
二、国家开发银行和政策性银行	72	2 081	5 372	0
三、股份制商业银行	196	4 570	2 538	0
四、城市商业银行	565	13 766	8 237	4
五、城市信用社	0	0	0	0
六、小型农村金融机构	2 237	27 178	5 560	93
七、财务公司	5	186	608	5
八、信托公司	2	315	127	2
九、邮政储蓄银行	796	7 775	970	0
十、外资银行	1	5	3	0
十一、新型农村金融机构	149	4 801	692	75
十二、其他	1	251	35	1
合计	5 543	98 501	35 005	180

注：营业网点不包括国家开发银行和政策性银行、大型商业银行、股份制商业银行等金融机构总部数据；大型商业银行包括中国工商银行、中国农业银行、中国银行、中国建设银行和交通银行；小型农村金融机构包括农村商业银行、农村合作银行和农村信用社；新型农村机构包括村镇银行、贷款公司、农村资金互助社和小额贷款公司；“其他”包含金融租赁公司、汽车金融公司、货币经纪公司、消费金融公司等。

数据来源：内蒙古银保监局。

2. 存款增速加速下滑，企业存款大幅下降。 在去杠杆、派生存款减少等因素共同影响下，全区存款增长持续放缓。2018年末，全区本外币各项存款余额23 342.0亿元，同比增长1.1%。其中，人民币各项存款余额23 261.4亿元，同比增长1.3%，增速较上年回落7.0个百分点；比年初增加308.6亿元，同比少增1 478.6亿元。分结构看，住户存款仍是主要存款来源。住户存款较年初新增1 232.8亿元，同比多增463.6亿元；企业存款较年初下降497.9亿元，同比多降1 291.7亿元。从存款种类看，在存款总量同比少增的情况下，高成本负债同比多增。2018年，全区结构性存款新增691.2亿元，同比多增490.1亿元。

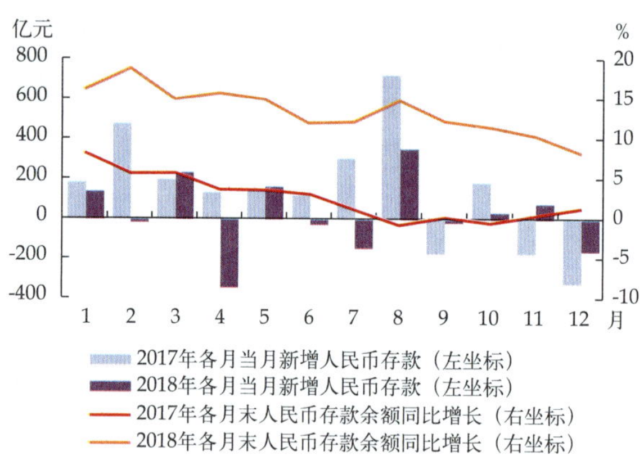

数据来源：中国人民银行呼和浩特中心支行。

图1 2017~2018年内蒙古自治区金融机构人民币存款增长变化

3. 贷款增速大幅放缓，信贷结构有所优化。 2018年，受规范化解政府债务、新旧动能接续缓慢、农产品收储市场化改革等因素影响，有效信贷需求大幅放缓。2018年末，全区本外币贷款余额22 195.7亿元，同比增长2.9%。其中，人民币各项贷款余额22 085.2亿元，同比增长2.9%，增速同期回落7.9个百分点；比年初增加608.2亿元，同比少增1 486.8亿元。分部门看，住户贷款稳定增长，比年初增加620.5亿元，同比多增19.4亿元；非金融企业及机关团体贷款比年初下降18.4亿元，同比多降1 513.5亿元。

从期限看，短期贷款下降，票据融资同

比多增，中长期贷款同比少增较多。全年人民币票据融资比年初增加 184.5 亿元，同比多增 161.1 亿元；短期贷款下降 448.3 亿元，同比多降 1 012.9 亿元；中长期贷款增加 853.9 亿元，同比少增 656.7 亿元。

信贷支持重点突出。一是金融对高新技术产业、现代服务业等经济新动能领域的培育力度加大。全年信息传输、软件信息技术服务业和科学研究技术以及批发零售业和住宿餐饮业中长期贷款同比分别多增 15 亿元和 192 亿元。二是重点领域和薄弱环节支持力度不断加大。全年累计发放信贷政策支持再贷款 259.8 亿元、再贴现 92 亿元。棚户区改造、小微企业、农户、个人精准扶贫贷款增速分别高于各项贷款增速 19.2 个、2 个、11.7 个和 15 个百分点。全区 10 个试点地区“两权”抵押贷款余额 38 亿元，其中，8 个农村牧区承包土地（草牧场）试点地区贷款余额 37.5 亿元，新增 9.5 亿元，贷款余额居全国第 3 位。

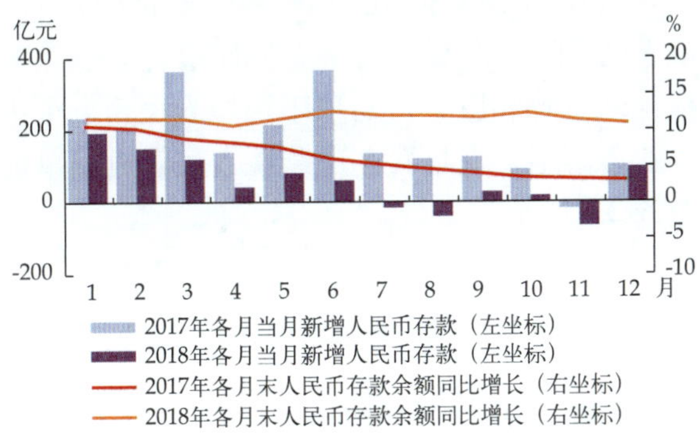

数据来源：中国人民银行呼和浩特中心支行。

图 2　2017~2018 年内蒙古自治区金融机构人民币贷款增长变化

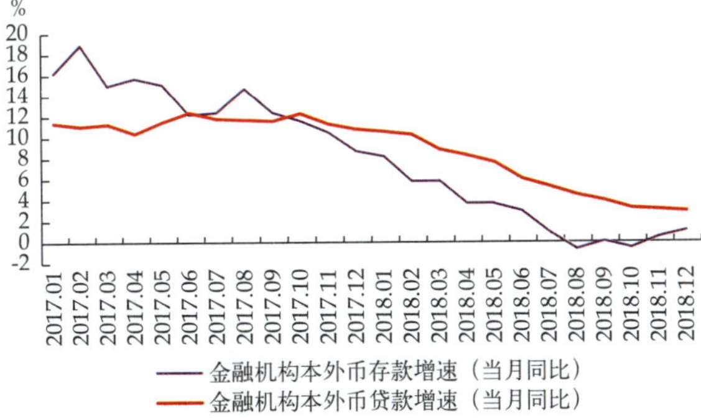

数据来源：中国人民银行呼和浩特中心支行。

图 3　2017~2018 年内蒙古自治区金融机构本外币存、贷款增速变化

4. 表外融资同比多增，支撑地区社会融资规模增长。2018 年，实体经济通过表外业务方式融资增加 600.1 亿元，占新增社融的 37.3%，同比多增 730.7 亿元。分项目看，委托贷款小幅增长，增加 129.4 亿元，同比多增 57.3 亿元；信托贷款增加 138.2 亿元，同比多增 356.1 亿元，主要是上年同期下降较多导致基数较低；未贴现银行承兑汇票增加 332.5 亿元，同比多增 317.2 亿元，主要是负债压力上升推动金融机构更多签发银行承兑汇票。

5. 利率市场化改革深入推进，存贷款利率水平保持稳定。2018 年，全区 4 个地市级利率定价自律机制相继建立并有序运转，有力维护了金融市场公平的定价秩序。全年定期存款加权平均利率为 2.2%，较上年下降 0.3 个百分点；非金融企业及其他贷款加权平均利率为 6.5%，较上年上升 0.1 个百分点。金融机构积极适应利率市场化改革环境，主动负债管理意识逐步增强，全年有 16 家地方法人金融机构通过合格审慎评估，15 家机构发行同业存单 2 191.5 亿元，14 家机构发行大额存单 232 亿元。

表 2　2018 年内蒙古自治区金融机构人民币贷款各利率区间占比

单位：%

月份		1 月	2 月	3 月	4 月	5 月	6 月
合计		100.0	100.0	100.0	100.0	100.0	100.0
下浮		8.5	8.0	10.5	9.5	9.5	18.0
基准		18.4	19.8	17.0	14.9	12.3	14.6
上浮	小计	73.1	72.2	72.5	75.6	78.2	67.4
	(1.0，1.1]	17.2	13.2	10.9	10.7	11.7	12.6
	(1.1，1.3]	10.8	10.0	13.7	11.0	15.5	13.5
	(1.3，1.5]	9.5	10.5	10.2	9.6	8.9	6.9
	(1.5，2.0]	11.6	15.0	10.9	14.3	16.6	16.4
	2.0 以上	24.0	23.5	26.8	30.0	25.5	18.0
月份		7 月	8 月	9 月	10 月	11 月	12 月
合计		100.0	100.0	100.0	100.0	100.0	100.0
下浮		4.0	8.8	6.6	6.5	5.6	8.0
基准		12.1	8.4	17.5	20.4	17.3	16.5

续表

月份		7月	8月	9月	10月	11月	12月
上浮	小计	83.9	82.8	75.9	73.1	77.1	75.5
	(1.0，1.1]	19.3	13.5	12.1	14.3	10.1	13.5
	(1.1，1.3]	17.3	13.3	17.7	9.5	15.4	13.7
	(1.3，1.5]	8.1	13.6	11.8	13.1	8.9	9.6
	(1.5，2.0]	16.5	20.7	15.0	12.9	14.7	15.4
	2.0以上	22.7	21.7	19.3	23.3	28.0	23.3

数据来源：中国人民银行呼和浩特中心支行。

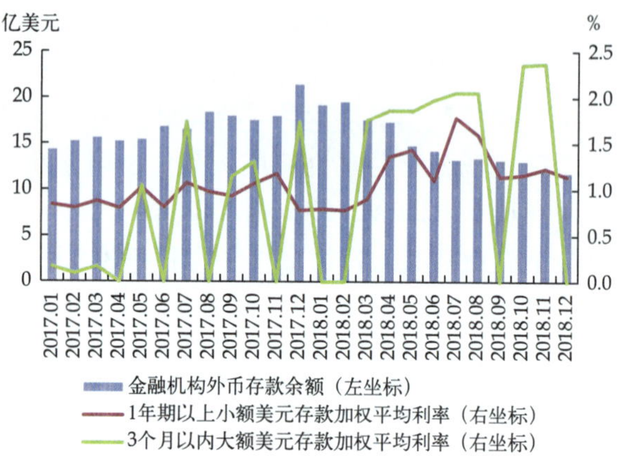

数据来源：中国人民银行呼和浩特中心支行。

图4　2017~2018年内蒙古自治区金融机构外币存款余额及外币存款利率

6. 不良资产仍处于高位，金融风险防控压力依然较大。2018年末，全区地方法人金融机构杠杆率为5.8%、流动性比例为52.9%，高风险机构较上年增多。全区银行业金融机构不良贷款余额较年初增加77.4亿元，不良贷款率同比提高0.3个百分点。其中，关注类贷款占各项贷款的8%，处于近年来最高位，资产质量下迁压力较大。加强金融风险监测预警评估，构建债券违约风险预警体系。稳妥推动违约债券处置，成功化解30亿元违约债券。互联网金融风险总体可控，大部分不具备经营资质的互联网金融机构2018年末实现了良性退出，存量风险大幅度下降。

7. 人民币跨境收支较大幅度下降，对俄蒙人民币跨境收支稳步增长。内蒙古共与全球82个国家和地区开展跨境人民币结算业务。全年人民币跨境收支279.3亿元，同比下降9.6%。全区对蒙人民币跨境收支135亿元，同比增长14.8%，占全国对蒙人民币跨境收支的85%；对俄人民币跨境收支19亿元，同比增长1.8%。积极推动货物和服务贸易项下跨境人民币电子审单业务落地，全年共办理跨境人民币电子单证业务2.5亿元。

专栏1　创新开展活体牲畜质押贷款　有效盘活活体牲畜资产

畜牧业是内蒙古农牧业经济的重要支柱产业，畜牧业产值占全区农林牧渔业总产值的比重超过40%。近年来，随着内蒙古畜牧业快速发展，大量畜牧业养殖经营主体融资需求亟待满足，缺少有效质押物成为制约融资的重要因素。2018年，全区牛、羊存栏量分别超过1 000万头和1亿只，活体牛羊资产价值超过2 000亿元。探索开展活体牲畜质押贷款业务，对有效盘活活体牲畜资产、缓解农牧业地区质押物缺失和满足畜牧业养殖经营主体融资需求具有重要的示范效应。

一、主要做法

（一）以活牛为主要质押资产，有效防范质押物价格波动风险

活牛与羊、猪等活体牲畜相比，存栏量和出栏率更加稳定，牛肉价格波动更小且近年来呈稳步上涨态势，加之单体活牛价格更高，辖内金融机构更加倾向于以肉牛和奶牛作为质押资产。从质押率看，基础母牛质押率原则上不超过质押物市场价值的60%，且单头牛价值最高不超过8 000元；育肥牛质押率原则上不超过质押物市场价值的50%，

且单头牛价值最高不得超过 6 000 元。

（二）引入第三方监管，着力化解道德风险

在活体牲畜质押贷款中，由于借款人存在出售、丢失和反复质押活体牲畜等行为的可能性，因此，金融机构选择与专业的第三方监管机构合作，防范该类道德风险。第三方监管机构通过对活体资产打耳标、立标牌等方式明确活体资产已经质押，避免反复质押风险，并通过远程监控和派驻监管员等方式进行活体资产的日常监管，确保质押物足值。一旦质押物资产价格下降到不足以覆盖贷款本息时，约定借款人及时缴存保证金或提供其他担保，确保质押率恢复至约定水平。从调查情况看，第三方监管年度费用一般为贷款总额的 1%~2%。此外，为确保信贷资产和质押物的安全有效，部分金融机构还选择企业所在地的村支书作为贷款共同担保人。

（三）发挥保险保障功能，降低自然风险损失

根据规定，中西部地区各级政府对养殖业保险的补贴比例不低于保费的 80%，以通辽市为例，当地基础母牛保险费用为每头 300 元，政府补贴 240 元，养殖户实际负担的保险费用为 60 元，一旦发生风险，每头牛可赔付 6 000 元，基本能够覆盖贷款本金。同时，借款人在购买活体牲畜保险时，须将发放贷款的金融机构作为该笔保单的第一受益人，一旦发生活体牲畜死亡等保险明确赔付的意外情况，保险赔付金可直接划转至金融机构账户，将贷款损失降至最低。

二、取得的成效

辖内金融机构主要采取“活体牲畜资产质押 + 第三方监管 + 保险机构”模式开展活体牲畜质押贷款业务，综合运用各类风险防范措施确保信贷资产安全。截至 2018 年末，内蒙古 8 个盟市的 12 家农村合作金融机构和 3 家村镇银行开办了活体牲畜质押贷款业务，贷款余额 9.4 亿元，是 2017 年末的 2.1 倍。

以通辽市为例，科左后旗农村信用合作联社针对养殖资金需求较高的实际，结合借款人还款能力和质押牲畜价值，推出“草原肥牛贷”牲畜动产质押贷款模式，以 8 500 余头活牛为质押，向龙头企业、农民合作社、家庭农牧场等新型农牧业经营主体发放主要用于购买黄牛、建设棚舍、饲料仓储建设等与黄牛产业相关的活体牲畜质押贷款 1.4 亿元，共支持 1 420 户养牛专业户和 1 家企业，有效满足养殖户和企业的资金需求，对有效盘活活体牲畜资产、缓解农牧业地区质押物缺失和满足畜牧业养殖经营主体融资需求具有显著的示范效应，对实现畜牧业转型发展、促进农牧民增收致富和乡村振兴起到积极作用。

（二）证券业经营业绩下滑，市场融资功能弱化

2018 年，全区证券经营机构交易规模和利润水平下降，资本市场融资功能明显走弱。期货交易规模上升，经营状况明显好转。

1. 证券公司经营业绩下降明显，期货交易业绩大幅上升。2018 年，辖内两家法人证券公司传统的经纪业务、投行、资管等业务收入呈下降趋势，盈利能力下降明显。托管股票总市值、证券交易额、代理买卖证券款、融资融券额分别较上年下降 32.8%、24.7%、16.2% 和 36.4%。营业收入、手续费佣金净收入分别较上年下降 59.9% 和 26.7%。净利润减少 12.7 亿元。全区期货机构扭转交易规模下降趋势，经营业绩大幅提升。期货公司累计开户人数增长 15.8%，全年成交金额、主营业务收入、佣金收入分别增长 22.0%、80.0% 和 84.6%，净利润增长 10 倍。

2. 上市公司总市值大幅缩水，资本市场融资功能弱化。2018 年末，全区境内上市公司 26 家。受资本市场全年低迷影响，沪深两市上市公司总市值 4 327.2 亿元，同比下降 34.3%。主板、中小板市场和创业板三个板块市场全年均无新增融资，新三板市场新增融资 2.4 亿元，同比减少 11.2 亿元。

表 3　2018 年内蒙古自治区证券业基本情况

项目	数量
总部设在辖内的证券公司数（家）	2
总部设在辖内的基金公司数（家）	0
总部设在辖内的期货公司数（家）	0
年末国内上市公司数（家）	26
当年国内股票（A 股）筹资（亿元）	0
当年发行 H 股筹资（亿元）	0
当年国内债券筹资（亿元）	313.0
其中：短期融资券筹资额（亿元）	132.5
中期票据筹资额（亿元）	20.0

数据来源：内蒙古证监局。

（三）保险业持续健康发展，保障功能不断增强

2018 年，全区保险业规模进一步扩大，经济补偿和风险保障功能充分发挥，服务经济社会能力不断提升。

1. 行业实力不断壮大，服务保障民生能力不断提升。2018 年末，全区共有保险分支机构 2 897 家，资产总计 1 292.1 亿元，同比增长 15.7%。全年实现原保费收入 659.5 亿元，同比增长 15.7%；全年累计赔付支出 193.3 亿元，同比增长 3.6%。保险密度和深度持续上升，保险密度同比提高 323 元 / 人，保险深度同比提高 1.1 个百分点。农业保险为主要粮食作物提供风险保障覆盖面达 95%，森林保险承保实现天然林、防护林全覆盖，城乡居民大病保险覆盖全部 14 个统筹地区。

2. 人身险快速增长，财产险增速下滑。随着高现价产品清理整顿影响不断消化，2017 年以来人身险保费增速探底企稳，并重新步入中快速发展轨道。其中，健康险业务增速达 35.3%，高于全国平均增速 13 个百分点，保费增长贡献率 33%，保险保障功能充分显现。财产险全年基本保持稳中缓降发展态势，保费增速为 10.2%，低于上年同期增速和全国平均增速。其中，车险业务受商业车险改革深化和新车销量下滑等因素影响，原保费收入增速为 5.0%，较上年下降 6.9 个百分点。

表 4　2018 年内蒙古自治区保险业基本情况

项目	数量
总部设在辖内的保险公司数（家）	0
其中：财产险经营主体（家）	0
人身险经营主体（家）	0
保险公司分支机构（家）	41
其中：财产险公司分支机构（家）	24
人身险公司分支机构（家）	17
保费收入（中外资，亿元）	659.5
其中：财产险保费收入（中外资，亿元）	194.4
人身险保费收入（中外资，亿元）	465.1
各类赔款给付（中外资，亿元）	193.3
保险密度（元 / 人）	2 602.6
保险深度（%）	3.8

数据来源：内蒙古银保监局。

（四）地区社会融资规模增长放缓，金融市场运行平稳

2018 年，地区社会融资规模增长放缓，直接融资规模持续下降，表外融资增加起到支撑地区社会融资规模增长作用。银行间市场交易活跃，票据市场稳步发展，市场利率低位运行。

1. 地区社会融资规模减少，直接融资持续下降。2018 年，主要受人民币贷款增长放缓影响，地区社会融资规模增加 1 627.0 亿元，比上年同期少增 1 039.8 亿元。从结构看，人民币贷款增加 602.1 亿元，同比少增 1 494.1 亿元，

占社融比重下降为 37.0%；表外业务融资增加 600.1 亿元，同比多增 730.7 亿元，占社融比重上升为 36.9%；直接融资规模下降，减少 100.6 亿元，同比多减 73.9 亿元；地方政府专项债券净融资 198.6 亿元，同比少增 160.7 亿元，占社融的 12.2%；保险公司赔偿、小贷公司贷款、贷款核销等其他方式融资合计增加 342.6 亿元，同比少增 21.5 亿元，占社融的 21.1%。

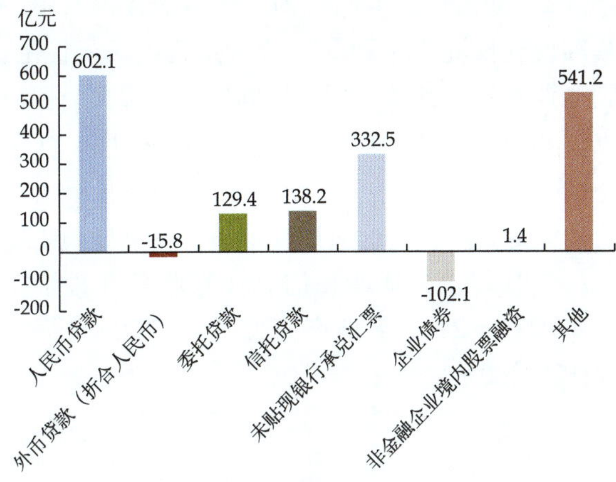

数据来源：中国人民银行呼和浩特中心支行。

图 5　2018 年内蒙古自治区社会融资规模分布结构

2. 货币市场交易分化，市场利率低位运行。 2018 年，全区银行间市场成员信用拆借累计成交金额 8 491.1 亿元，同比增长 125.8%；债券回购交易 12.4 万亿元，同比下降 28.3%；现券交易 4.2 万亿元，同比增长 61.4%。从利率走势看，同业拆借市场加权平均利率为 3.3%，较上年上升 6 个基点；质押式和买断式回购加权平均利率较上年分别回落 26 个和 23 个基点。

3. 票据市场平稳发展，票据贴现利率下行。 2018 年，全区金融机构累计签发银行承兑汇票 2 124.2 亿元，同比增加 529.3 亿元。2018 年末，银行承兑汇票余额 1 597 亿元，同比增加 366.2 亿元。2018 年末，贴现余额为 922 亿元，同比增加 134.6 亿元。12 月，票据直贴和转贴现利率分别为 3.97% 和 3.67%，较上年同期分别下降 1.2 个和 1.1 个百分点。

表 5　2018 年内蒙古自治区金融机构票据业务量统计

单位：亿元

季度	银行承兑汇票承兑		贴现			
			银行承兑汇票		商业承兑汇票	
	余额	累计发生额	余额	累计发生额	余额	累计发生额
1	1 273.6	559.6	774.8	3 971.6	27.3	10.6
2	1 199.8	950.6	785.0	6 920.1	22.2	29.9
3	1 309.5	1 471.6	819.2	12 367.5	25.6	46.5
4	1 597.1	2 224.7	921.6	12 680.4	38.9	73.4

数据来源：中国人民银行呼和浩特中心支行。

表 6　2018 年内蒙古自治区金融机构票据贴现、转贴现利率

单位：%

季度	贴现		转贴现	
	银行承兑汇票	商业承兑汇票	票据买断	票据回购
1	5.6398	5.9719	5.1992	3.9494
2	5.1226	4.9079	5.0090	3.2171
3	4.1175	5.8396	3.8692	2.7536
4	3.9261	4.6709	3.6718	2.9930

数据来源：中国人民银行呼和浩特中心支行。

（五）金融基础设施不断完善，金融生态环境持续优化

1. 信用体系建设扎实推进，应收账款融资服务平台作用显现。 金融信用信息基础数据库覆盖面逐步扩大，2018 年末共收录 1 598.5 万个自然人、18.6 万户企业和其他组织信息，全年累计对外提供个人信用报告查询月均 110.5 万次、企业信用报告查询月均 1.9 万次。应收账款融资服务平台业务量持续增长，全年累计注册融资服务平台用户 3 145 户，通过平台达成融资交易 1 917 笔，融资金额 1 645 亿元。累计推动 29 条供应链加入平台，涉及上下游供应商 166 家，成交金额 104.9 亿元，有效促进中小企业融资。

2. 支付服务效率不断提高，非现金支付业务推广成效显著。 2018 年，全区现代化支付系统覆盖率、农信银支付清算系统县城乡镇合

计接入比率、村镇银行接入支付系统比率均达100%。全区农村牧区设立助农取款服务点18 602个，办理支付业务748.4万笔，金额77亿元。积极推行助农取款服务点实现“助农金融业务+农村电商”融合发展，农村牧区电商业务交易446.5万笔，金额70.4亿元。银联手机闪付和银联移动支付交易2 300万笔，金额44.7亿元，“云闪付”累计注册157万户。

3. 强化金融知识普及宣传，金融消费者权益保护成效明显。2018年，加强与乌兰牧骑工作融合，组织开展扶贫宣传、“防范虚假违法金融广告”动漫宣传、送金融知识进农村牧区等集中宣传活动，不断提升消费者金融素养。全年共受理金融消费者投诉140件、咨询628件，办结率100%，及时妥善化解纠纷，切实维护金融消费者合法权益。

二、经济运行情况

2018年，内蒙古经济运行总体平稳、经济结构和质量效益向好，地区生产总值增速逐季回升。全年实现地区生产总值17 289.2亿元，同比增长5.3%。产业结构进一步优化，第三产业贡献率达到56.1%。民营经济发展势头较好，占地区生产总值比重达65.5%。人均生产总值达到68 302元，比上年增长5.0%。

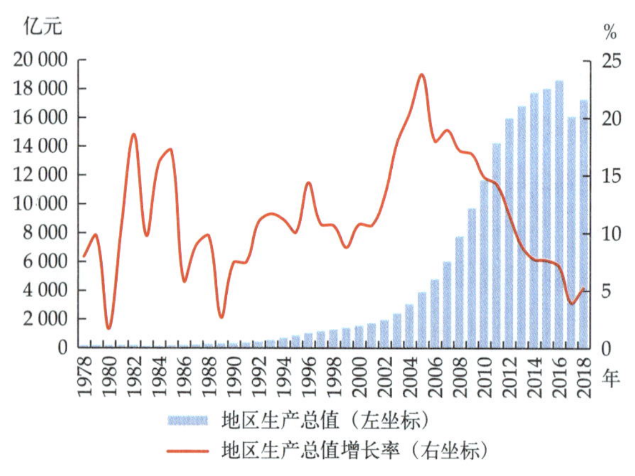

数据来源：内蒙古统计局。

图6　1978~2018年内蒙古自治区地区生产总值及其增长率

（一）需求结构稳步调整，内需增长动力不足

2018年，内蒙古投资增速大幅下降，社会消费稳中趋缓，对外贸易平稳增长，利用外资能力增强。

1. 投资增速下降明显，结构有所优化。2018年以来，全区固定资产投资尤其是基础设施投资大幅下滑。全年固定资产投资下降28.3%，降幅较上年扩大21.1个百分点。其中，基础设施投资下降29.5%。投资结构进一步优化，制造业投资占比为18.1%，同比提高0.5个百分点。其中，高技术制造业投资增长20.0%，快于全国平均水平3.9个百分点。民营经济投资占全社会固定资产投资比重达48.1%，贡献度稳步提升。信息传输、软件和信息技术服务业投资比上年增长6.2%。房地产开发投资882.9亿元，同比下降0.8%。

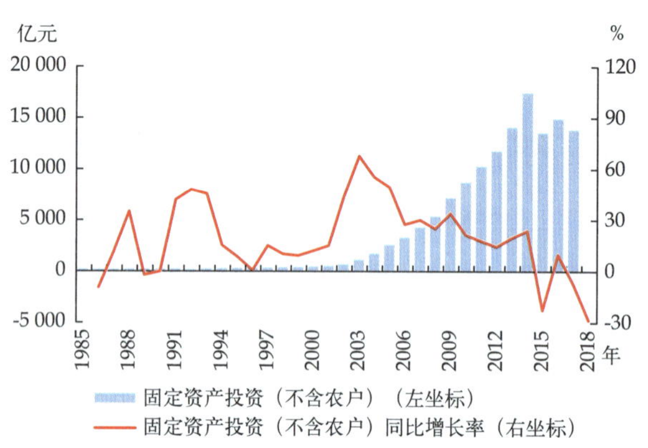

数据来源：内蒙古统计局。

图7　1985~2018年内蒙古自治区固定资产投资（不含农户）及其增长率

2. 居民收入平稳增长，消费品市场平稳发展。2018年，全区农村牧区居民收入快速增加，农村牧区常住居民人均可支配收入同比增长9.7%，快于城镇居民2.3个百分点，城乡居民收入倍差缩小至2.8。全区实现社会消费品零售总额7 311.1亿元，比上年增长6.3%，乡村消费品市场零售额增长8.1%，快于城镇零售额增速2.0个百分点。消费升级类商品持续增长，健康、绿

色等个性消费成为亮点。限额以上单位中家用电器类、中西药品类商品零售额分别增长 2.8% 和 12.9%，成为拉动消费品市场增长的重要因素。

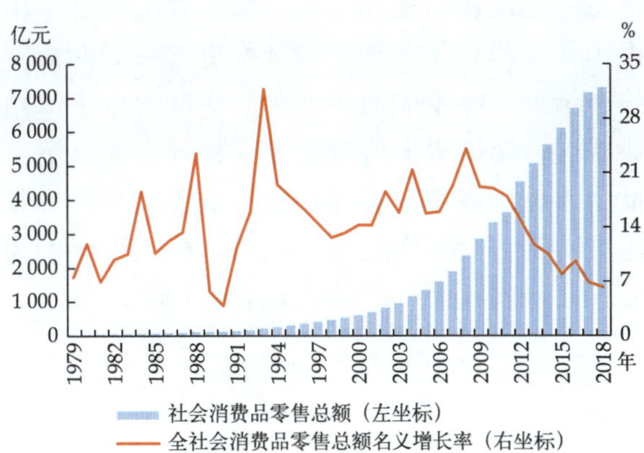

数据来源：内蒙古统计局。

图 8　1979~2018 年内蒙古自治区社会消费品零售总额及其增长率

3. 对外贸易较快增长，利用外资保持增长。 2018 年，全年实现货物进出口总额 1 034.4 亿元，总量突破千亿元大关，增长 9.9%。其中，出口有力拉动外贸增长，出口总额 378.7 亿元，增长 14.4%；进口总额 655.7 亿元，增长 7.5%。与“一带一路”沿线国家贸易额达到 699.4 亿元，增长 14.5%，占全区货物进出口额的比重达到 67.6%。全年新设立外商投资企业 61 家，实际利用外资 31.6 亿美元，增长 0.3%，其中，制造业实际利用外资 9.2 亿美元，增长 1.2 倍。

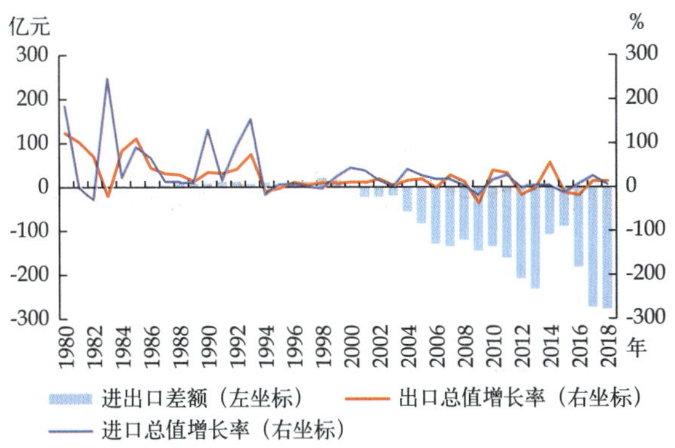

数据来源：内蒙古统计局。

图 9　1980~2018 年内蒙古自治区外贸进出口变动情况

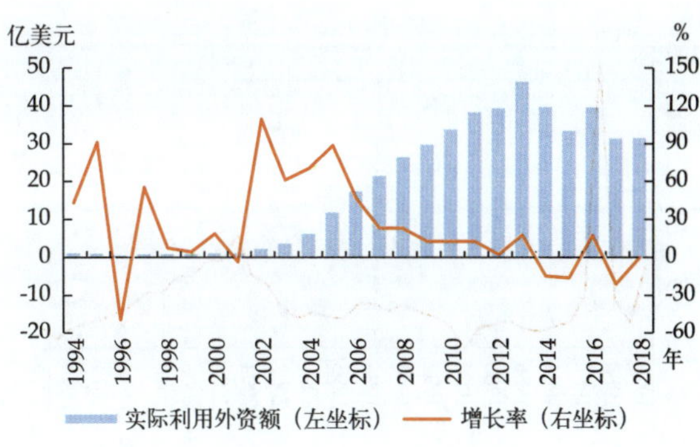

数据来源：内蒙古统计局。

图 10　1994~2018 年内蒙古自治区实际利用外资额及其增长率

（二）产业结构有序调整，供给侧结构性改革扎实推进

三次产业结构调整为 10.1 : 39.4 : 50.5，第三产业对经济增长贡献度进一步提升，新产业、新业态保持较快发展势头。

1. 农牧业生产形势稳定，供给结构优化。 农业方面，全区种植面积粮经饲结构由上年的 75 : 21 : 4 调整为 77 : 19 : 4，农林牧渔业产值中农业和牧业结构由 51 : 42.7 调整为 50.7 : 43.2，全年粮食产量首次突破 700 亿斤大关，达到 710.6 亿斤，连续六年稳定在 600 亿斤以上。牧业方面，持续推进“稳羊增牛”发展战略，全年肉类总产量 267.2 万吨，比上年增长 0.8%。2018 年末，牲畜存栏数 7 277.9 万头（只），比上年下降 2.2%。

2. 工业结构调整速度加快，高质量特征更为明显。 2018 年，全区规模以上工业增加值增长 7.1%，增速较上年加快 4.0 个百分点。传统产业转型增效，全区规模以上工业中，非煤产业增加值增长 9.7%，快于煤炭产业增加值增速 8.1 个百分点。制造业增加值占规模以上工业的比重为 43.2%，对规模以上工业的贡献率达 53.4%。规模以上战略性新兴产业和高新技术产业增加值分别比规模以上工业增加值增速高 1.6 个和 10.0 个百分点。全年规模以上工业企业主营业务收入利润率为 10.1%，工业产品产销率达到 99.2%，比上年提高 0.7 个百分点。

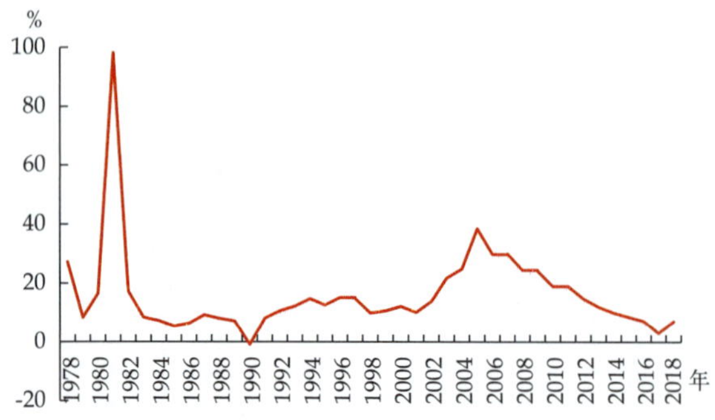

数据来源：内蒙古统计局。

图 11　1978~2018 年内蒙古自治区规模以上工业增加值实际增长率

3. 服务业快速发展，对经济增长贡献度进一步提升。2018 年，第三产业增加值比重达到 50.5%，拉动地区生产总值增长 3 个百分点。传统服务业基础牢固，其中，交通运输业继续保持较快增长，全年完成货物运输总量 24.8 亿吨，比上年增长 9.0%。完成货物运输周转量 5 644.2 亿吨公里，增长 8.4%；全年电信业务量 1 268.8 亿元，比上年增长 1.6 倍。新兴服务业快速发展。快递业务量、业务收入分别同比增长 37.6% 和 24.8%；接待旅游者人数、旅游业总收入分别增长 12.0% 和 16.6%。

4. 供给侧结构性改革扎实推进，“三去一降一补”成效明显。2018 年，关停落后小火电 11.8 万千瓦，退出煤炭产能 1 110 万吨，提前完成“十三五”煤炭行业去产能任务。2018 年末商品房待售面积比上年下降 1.9%，规模以上工业企业资产负债率比上年下降 0.7 个百分点。新动能培育加快，战略性新兴产业和高新技术产业增加值分别快于规模以上工业增加值增速 1.6 个和 10 个百分点，新产品产量增势较好，单晶硅增长 1.2 倍、稀土化合物增长 45.9%、石墨及碳素制品增长 42.8%。新能源汽车产量达 11 547 辆。全年减贫 23.5 万人，10 个国贫旗县、13 个区贫旗县摘帽。

5. 生态安全屏障持续加固，绿色发展更加突出。2018 年，内蒙古坚持以习近平生态文明思想为指导，着力推进重大生态修复工程，完成退耕还林造林面积 5.2 万公顷，完成京津风沙治理工程造林面积 8.4 万公顷，完成“三北”防护林五期工程造林面积 10.6 万公顷。2018 年末全区森林覆盖率达到 22.1%。阿尔山被授予国家生态文明建设示范市称号，库布齐沙漠亿利生态示范区被命名为全国“绿水青山就是金山银山”实践创新基地。持续推进“一湖两海”综合治理，呼伦湖面积增加，岱海水位下降趋势减缓，乌梁素海流域修复工程列入国家第三批山水林田湖草生态保护修复试点项目。加强污染防治，全年空气质量平均达标天数比例为 83.6%，细颗粒物（PM2.5）浓度下降 3.1%。

（三）物价水平涨势温和，生产价格涨幅平稳

1. 物价水平温和上涨，八大类价格均呈上涨态势。2018 年，全区居民消费价格上涨 1.8%，涨幅较上年提高 0.1 个百分点。分城乡看，城市上涨 1.8%，农村牧区上涨 1.9%，分别高于上年 0.1 个和 0.3 个百分点。八大类价格均呈上涨态势，其中医疗保健类和居住类商品价格涨幅最高，分别上涨 2.7% 和 2.3%。

2. 工业品价格涨幅平稳，购进价格回落明显。2018 年，受去产能政策效应显现、环保治理力度强化、国际市场价格上涨等因素推动，全区工业生产者价格指数仍保持平稳上涨态势。工业生产者出厂价格指数和购进价格指数分别上涨 3.2% 和 2.4%，较上年分别回落 3.1 个和 8.2 个百分点。

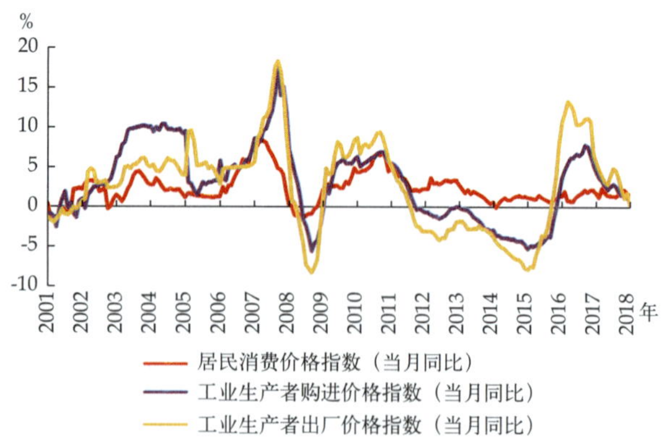

数据来源：内蒙古统计局。

图 12　2001~2018 年内蒙古自治区居民消费价格指数和工业生产者价格指数变动趋势

3. 就业形势保持稳定，社会保障覆盖率进一步扩大。2018 年末，全区城镇非私营单位就业人员 275.3 万人，城镇新增就业 25.9 万人，失业人员实现再就业 6.0 万人。城镇登记失业率为 3.58%，实现了低于 4% 的预期目标。全区参加城乡居民社会养老保险人数 749.9 万人，同比增长 0.9%；参加城镇职工基本养老保险人数 733.5 万人，同比增长 5.6%。

（四）财政收支增长加快，民生支出保障有力

2018 年，全区一般公共预算收入 1 857.5 亿元，同比增长 9.1%；一般公共预算支出 4 806.3 亿元，同比增长 6.1%。全区财政用于民生方面支出达 3 369.9 亿元，占一般公共预算支出的比重为 70.1%，比上年提高 0.2 个百分点。各级财政投入扶贫资金 147.9 亿元，增长 21.6%。积极化解政府隐性债务，完成年度化债任务的 137.2%。

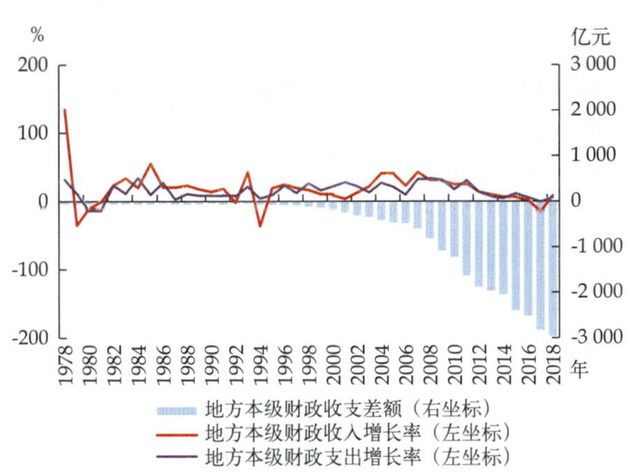

数据来源：内蒙古统计局。

图 13　1978~2018 年内蒙古自治区财政收支状况

（五）房地产市场平稳运行，旅游新业态不断涌现

1. 房地产开发投资小幅下降，部分地区商品房销售价格涨幅明显。

（1）房地产开发投资下降，批准预售面积持续增加。2018 年，全区房地产开发投资同比下降 0.8%。其中，住宅开发投资同比下降 0.6%。呼和浩特市房地产开发投资同比下降 26.9%，占全区比重为 19.7%。全区商品房竣工面积同比下降 17.5%，新建商品房批准预售面积同比增长 24.5%。

（2）商品房销售面积、销售额持续上升，销售价格涨幅较快。2018 年，全区商品房销售面积同比下降 2.9%，销售额同比增长 16.4%。从房价走势看，全区 12 个盟市新建住宅平均成交价格均不同程度上涨，最高涨幅达 24%。全区新建商品房成交均价为 5 076.6 元 / 平方米，同比增长 9.3%。其中，呼和浩特市成交价格为 7 350.4 元 / 平方米，同比增长 6.7%；包头市成交价格为 6 458.5 元 / 平方米，同比增长 15.8%。

数据来源：内蒙古统计局。

图 14　2002~2018 年内蒙古自治区商品房施工和销售变动趋势

（3）房地产贷款增速平稳，个人购房贷款保持稳定增长。2018 年，全区房地产贷款余额增长 13.2%，新增 501.6 亿元，同比多增 1.7 亿元。其中，个人住房贷款余额增长 19.2%，新增 329.8 亿元，占各项新增贷款的 54.2%，同比多增 79.3 亿元；棚户区改造贷款余额增长 22.1%，同比少增 166.7 亿元。金融机构认真落实因城施策的差别化住房信贷政策，加大对首

套及改善型住房的信贷支持力度，发放首套住房贷款占发放全部个人住房贷款的90.0%，首套住房平均首付比例为30.3%，同比提高0.5个百分点。

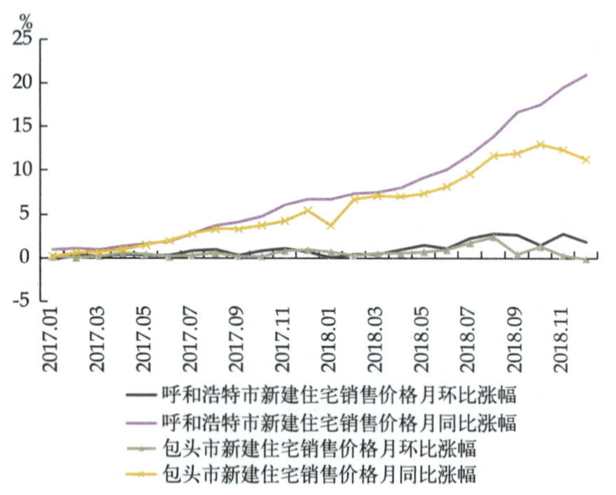

数据来源：内蒙古统计局。

图15　2017~2018年内蒙古自治区主要城市新建住宅销售价格变动趋势

2. 旅游新业态不断涌现，旅游业发展动力增强。

2018年，内蒙古积极推动全域旅游、四季旅游，扎实开展乡村旅游，创建63家五星级乡村旅游接待户和70个旅游扶贫示范项目。深化与周边省区旅游合作，组织跨境旅游，参加国际旅展活动，满洲里市成为全国首批边境旅游试验区。全年接待旅游人数超过1亿人次，实现旅游总收入超过4 000亿元，同比分别增长12.0%和16.6%。

（六）呼包鄂协同发展效应凸显，蒙东地区发展动能不断积聚

2018年，内蒙古加大统筹东中西部协调发展，经济增长两极格局加快形成。呼包鄂协同发展成效明显，三市地区生产总值占全区比重为55.4%，比上年下降1个百分点；规模以上工业增加值占全区比重为55.9%，增长6.0%；社会消费品零售总额占全区比重为52.2%，占比也超过一半。东北振兴战略加快推进，全年蒙东地区生产总值占全区比重为31.0%，比上年提高6.8个百分点；规模以上工业增加值占全区比重为24.9%，增长4.8%；社会消费品零售总额占全区比重为35.5%，较上年提高1.1个百分点。

专栏2　扎实推进乡村振兴　推动农村牧区高质量发展

乡村振兴战略实施以来，内蒙古积极行动、主动作为，深入贯彻2018年中央一号文件精神，着力深化农牧业供给侧结构性改革，加快农牧业结构调整步伐，释放农村牧区发展活力，取得积极成效。

一、主要举措和做法

（一）及时出台政策，明确主攻方向

制定并发布乡村振兴战略实施意见，科学调整粮经饲种植面积结构。实施农村牧区人居环境整治行动，开展卫生厕所、生活垃圾、污水处理建设试点。深入推进精准扶贫精准脱贫，加大深度贫困地区和特定贫困人口帮扶力度。启动京蒙扶贫协作三年行动，北京市在资金、项目、人才等方面给予大力支持。出台《金融支持脱贫攻坚三年行动方案（2018~2020年）》，引导金融资源向深度贫困地区和重点贫困群体倾斜。

（二）深化农村改革，激发创新活力

推进农村牧区土地承包经营权确权登记颁证工作，盘活土地资源，发展壮大新型农牧业经营主体，促进农牧业规模化、集约化经营。多部门联合印发《关于进一步做好农村牧区承包土地经营权和农牧民住房财产权抵押贷款试点工作的实施意见》，引导金融机构创新产品，有效释放农村土地资源融资权能。

（三）改进金融服务，缓解融资难题

制定《关于金融支持乡村振兴战略的指

导意见》，从健全多层次、广覆盖的金融服务体系等九个方面提出26条政策措施，全面改进完善城乡涉农金融服务。组织全区金融机构开展“金融服务乡村振兴战略百日行”活动，精准挖掘小农户等各类涉农主体有效融资需求，活动对接农牧业龙头企业等新兴经营主体2 302户，签订银企融资协议275亿元，发放贷款115亿元。

（四）打造地方特色，彰显品牌效应

围绕全区县域农牧业特色资源和禀赋优势，科学划定粮食生产功能区和重要农产品生产保护区，完善农畜产品标准体系和质量安全追溯体系，增加优质绿色农畜产品供给。科学利用互联网等科学技术和电商平台，提升乌兰察布马铃薯、锡林郭勒羊、科尔沁牛、兴安大米、赤峰小米、天赋河套等农畜产品区域公用品牌的价值和影响力。

二、取得的成效

（一）农业结构稳步调整，农畜产品产量不断攀升

全区粮经饲种植面积结构调整优化为77∶19∶4，全年建设高标准农田304万亩，农作物综合机械化水平达到84%。粮食产量首次突破700亿斤大关，达到710.6亿斤。猪牛羊禽肉产量259.2万吨。其中，牛肉产量61.4万吨，增长3.3%；羊肉产量106.3万吨，增长2.1%。牛奶产量565.6万吨，增长2.3%。

（二）农村面貌加快改善，资源集聚能力不断提升

全区农村牧区危房改造6.02万户。农村牧区饮水安全巩固提升，78万户农牧民受益。卫生厕所、生活垃圾、污水处理建设试点有力推进，建成各类卫生厕所4万多个。完成广播电视村村通向户户通升级，98%以上行政嘎查村通光纤宽带。2018年末，全区涉农贷款余额8 393.6亿元，其中农户贷款余额2 073.3亿元，同比增长14.6%。

（三）农民生活改善，获得感、幸福感不断增强

农村牧区居民人均可支配收入13 803元，比上年增加1 218元，增速连续两年快于城镇居民。城乡居民的收入差距在不断缩小，城乡居民收入倍差由上年的2.83缩小至2018年的2.78。全年各级财政累计投入专项扶贫资金101亿元，其中自治区本级投入39.5亿元。全年有23.5万贫困人口脱贫，农村贫困发生率降至3%以下。

三、预测与展望

2019年，内蒙古经济发展仍面临复杂的内外部环境。但随着国家减税降费、产业转型升级、推动高质量发展各项政策的落地实施，经济有望继续保持平稳发展。一方面，全区经济社会发展不平衡不充分的问题以及经济发展深层次、结构性矛盾仍较突出，稳就业、稳投资、稳金融等方面工作压力较大，产业转型升级和政府隐性债务、金融机构不良贷款化解任务艰巨，营商环境亟待改善，民生方面还有不少短板，民营小微企业融资难融资贵问题尚未得到有效缓解。另一方面，随着呼包鄂经济圈协同效应显现，蒙东地区发展潜力加快释放，经济结构调整不断推进，战略性新兴产业、高新技术制造业快速发展，新动能不断积累，营商环境不断优化，全区高质量发展势头有望加快，经济将继续运行在合理区间。

2019年，内蒙古金融业将以习近平新时代中国特色社会主义思想为指导，全面深入贯彻落实党的十九大和中央经济工作会议精神，继续执行好稳健的货币政策，强化逆周期调节，畅通政策传导渠道，深化金融供给侧结构性改革，

加大风险防控力度，保持货币信贷和地区社会融资规模合理适度增长，大力发展绿色金融，增强金融服务实体经济能力，为供给侧结构性改革和高质量发展营造适宜的货币金融环境。

中国人民银行呼和浩特中心支行货币政策分析小组
总　纂：肖龙沧　师立强
统　稿：李永泽　李　雄　汪俊艳　赵　婧
执　笔：高国鹏　刘　欣　张立奎　杨　茁　赵　平　杨铁牛　吕明旭　张海波　陈　璐　苏　雅　郭　鑫　崔　佳　倪　嘉
提供材料的还有：常兆春　张宇薇　郭一水　王　璐　闵德明　库晓星　陈新行　张佳伟　李幸瑶　师月荣　乔　莉

附录

（一）2018年内蒙古自治区经济金融大事记

3月30日，内蒙古满洲里获批国家首批边境旅游试验区，自此满洲里由旅游通道向旅游目的地转变，即将成为中俄蒙文旅交融合作的窗口、国际化的旅游城市、边疆民族地区和谐进步的示范区。

6月18日，中国电信云计算内蒙古信息园及其A8、A10数据中心项目全面开工建设，是亚洲规模最大的云计算数据项目。

7月31日，内蒙古首条高铁——张（张家口）呼（呼和浩特）高铁铺设轨道施工全面完成。

8月9日，国务院批准内蒙古设立跨境电子商务综合试验区，该试验区的设立对于推动内蒙古地区对外贸易自由化、便利化和业态创新，创造良好的营商环境具有较大的推动作用。

8月10日，主题为“探索新时代内蒙古能源发展路径”的内蒙古首届国际能源大会在鄂尔多斯市召开。

8月22日至23日，以“建设亮丽内蒙古，共圆伟大中国梦”为主题的内蒙古自治区第二届蒙商大会在鄂尔多斯市举办，来自7个国家及20多个省、自治区、直辖市的蒙商精英共谋发展，大力弘扬新时代蒙商精神。

9月18日，锡盟至山东特高压通道首台机组首次并网成功，自此内蒙古清洁电能实现了通过长距离大容量输电通道向京冀鲁苏地区送去新的发展动力。

12月3日，中国黄金行业海外并购——赤峰吉隆黄金矿业股份有限公司收购五矿资源控股的老挝Sepon铜金矿90%股权项目在内蒙古顺利落地启动。

12月28日，鄂尔多斯综合保税区顺利通过验收，作为呼包鄂榆城市群第一家综合保税区，对辐射带动蒙晋陕甘宁等西北地区发展、服务“一带一路”建设具有重大意义。

12月29日，通辽至京沈高铁新民北站铁路（通新高铁）开通运营，是内蒙古首条跨境高铁，也是内蒙古第一条接入国家规划的“八横八纵”高铁网的高速铁路。

（二）2018 年内蒙古自治区主要经济金融指标

表 1　2018 年内蒙古自治区主要存贷款指标

		1月	2月	3月	4月	5月	6月	7月	8月	9月	10月	11月	12月
本外币	金融机构各项存款余额（亿元）	23 213.7	23 200.6	23 421.2	23 077.9	23 225.7	23 198.7	23 051.1	23 406.4	23 393.3	23 429.6	23 503.3	23 342.0
	其中：住户存款	10 887.1	11 295.4	11 427.0	11 208.2	11 208.8	11 343.3	11 339.7	11 392.0	11 542.5	11 517.0	11 658.7	12 013.2
	非金融企业存款	6 676.3	6 459.4	6 460.6	6 309.2	6 230.5	6 316.0	6 179.5	6 134.7	6 135.0	6 180.1	6 183.2	6 249.7
	各项存款余额比上月增加（亿元）	120.9	-13.1	220.6	-343.3	147.8	-27.0	-147.5	355.3	-13.1	36.3	73.7	-161.2
	金融机构各项存款同比增长（%）	8.2	5.8	5.9	3.7	3.7	3.0	1.0	-0.7	0.1	-0.6	0.5	1.1
	金融机构各项贷款余额（亿元）	21 772.5	21 947.3	22 065.4	22 112.3	22 195.5	22 259.7	22 245.1	22 198.8	22 232.2	22 179.0	22 112.1	22 195.7
	其中：短期	7 751.7	7 794.2	7 789.4	7 768.3	7 763.2	7 715.0	7 572.0	7 554.4	7 466.8	7 398.1	7 321.8	7 258.7
	中长期	13 144.9	13 270.3	13 369.0	13 449.9	13 515.7	13 604.5	13 743.1	13 742.8	13 795.6	13 825.5	13 832.7	13 869.6
	票据融资	766.5	748.6	774.8	759.7	778.8	785.0	774.8	743.5	819.2	798.5	804.4	921.6
	各项贷款余额比上月增加（亿元）	185.2	174.8	118.1	47.0	83.2	64.2	-14.6	-46.3	33.4	-53.1	-66.9	83.6
	其中：短期	33.5	42.5	-4.8	-21.1	-5.1	-48.2	-143.0	-17.6	-87.6	-68.7	-76.2	-63.1
	中长期	127.3	125.4	98.7	80.9	65.8	88.8	138.6	-0.3	52.8	29.9	7.2	37.0
	票据融资	29.4	-17.9	26.2	-15.1	19.2	6.1	-10.1	-31.3	75.7	-20.7	5.9	117.3
	金融机构各项贷款同比增长（%）	10.6	10.3	8.9	8.3	7.6	6.1	5.3	4.5	4.0	3.2	3.1	2.9
	其中：短期	8.3	8.4	6.2	4.0	2.9	-0.2	-2.7	-3.3	-4.4	-5.2	-5.7	-5.8
	中长期	12.2	12.0	10.4	11.0	10.3	9.4	9.4	8.7	7.8	7.2	7.3	6.6
	票据融资	7.4	3.6	10.1	10.4	11.2	17.3	18.4	13.6	25.1	22.1	19.7	25.0
	建筑业贷款余额（亿元）	794.5	802.2	818.0	831.9	833.6	843.3	840.3	837.2	831.7	824.1	825.6	795.5
	房地产业贷款余额（亿元）	518.7	530.8	522.6	532.7	557.4	557.0	558.1	542.1	539.4	534.0	525.3	531.9
	建筑业贷款同比增长（%）	26.9	28.0	30.2	29.1	23.7	16.8	16.1	14.6	12.7	7.1	5.6	0.1
	房地产业贷款同比增长（%）	-5.5	-3.2	-9.4	-9.3	-2.7	-5.9	-6.7	-7.8	-6.6	-10.0	0.8	1.1
人民币	金融机构各项存款余额（亿元）	23 092.2	23 077.0	23 311.0	22 968.3	23 131.1	23 104.7	22 961.1	23 315.0	23 302.8	23 338.7	23 419.5	23 261.3
	其中：住户存款	10 841.1	11 247.6	11 378.8	11 159.8	11 160.1	11 293.4	11 289.3	11 341.0	11 492.3	11 468.1	11 610.6	11 966.1
	非金融企业存款	6 606.8	6 391.4	6 403.9	6 254.3	6 189.8	6 278.7	6 145.2	6 100.8	6 099.3	6 146.6	6 154.1	6 222.6
	各项存款余额比上月增加（亿元）	139.4	-15.1	233.9	-342.7	162.8	-26.3	-143.7	353.9	-12.3	36.0	80.8	-158.2
	其中：住户存款	107.8	406.6	131.2	-219.0	0.3	133.3	-4.1	51.8	151.3	-24.2	142.5	355.5
	非金融企业存款	-113.7	-215.4	12.5	-149.6	-64.5	88.9	-133.5	-44.4	-1.5	47.3	7.5	68.5
	各项存款同比增长（%）	8.2	5.8	5.9	3.7	3.7	3.1	1.1	-0.6	0.2	-0.5	0.6	1.3
	其中：住户存款	3.1	7.1	7.3	7.5	7.8	7.8	8.5	9.0	8.5	9.9	11.3	11.5
	非金融企业存款	13.3	7.5	5.9	0.1	-1.1	-2.0	-3.8	-6.5	-6.2	-5.6	-6.1	-7.8
	金融机构各项贷款余额（亿元）	21 671.6	21 821.3	21 943.3	21 986.9	22 068.3	22 129.1	22 111.6	22 071.8	22 102.8	22 053.0	21 986.6	22 085.2
	其中：个人消费贷款	2 804.3	2 854.2	2 896.8	2 924.7	2 957.1	2 998.2	3 043.1	3 085.2	3 119.6	3 155.3	3 201.5	3 230.7
	票据融资	766.5	748.6	774.8	759.7	778.8	785.0	774.8	743.5	819.2	798.5	804.4	921.6
	各项贷款余额比上月增加（亿元）	194.6	149.7	122.1	43.6	81.4	60.7	-17.5	-39.8	31.1	-49.8	-66.3	98.6
	其中：个人消费贷款	38.7	50.0	42.6	27.9	32.4	41.1	44.9	42.1	34.4	35.8	46.2	29.2
	票据融资	29.4	-17.9	26.2	-15.1	19.2	6.1	-10.1	-31.3	75.7	-20.7	5.9	117.3
	金融机构各项贷款同比增长（%）	10.6	10.2	8.8	8.3	7.5	5.9	5.2	4.4	3.9	3.2	3.0	2.9
	其中：个人消费贷款	21.5	23.1	21.9	21.9	21.2	19.4	19.2	18.9	17.1	17.0	16.2	16.8
	票据融资	7.4	3.6	10.1	10.4	11.2	17.3	18.4	13.6	25.1	22.1	19.7	25.0
外币	金融机构外币存款余额（亿美元）	19.2	19.5	17.5	17.3	14.8	14.2	13.2	13.4	13.2	13.0	12.1	11.8
	金融机构外币存款同比增长（%）	34.3	28.3	12.2	13.8	-3.9	-15.5	-20.0	-27.2	-26.7	-25.7	-32.8	-44.9
	金融机构外币贷款余额（亿美元）	15.9	19.9	19.4	19.8	19.8	19.7	19.6	18.6	18.8	18.1	18.1	16.1
	金融机构外币贷款同比增长（%）	16.9	51.9	37.6	39.4	41.4	39.7	40.0	30.1	11.9	6.5	23.1	-4.7

数据来源：中国人民银行呼和浩特中心支行。

表 2　2001~2018 年内蒙古自治区各类价格指数

单位：%

		居民消费价格指数		农业生产资料价格指数		工业生产者购进价格指数		工业生产者出厂价格指数	
		当月同比	累计同比	当月同比	累计同比	当月同比	累计同比	当月同比	累计同比
2001		—	0.6	—	1.4	—	6.8	—	2.8
2002		—	0.2	—	2.6	—	-0.1	—	-0.7
2003		—	2.2	—	1.2	—	2.9	—	3.2
2004		—	2.9	—	9.5	—	9.2	—	5.1
2005		—	2.4	—	8.3	—	9.9	—	5.1
2006		—	1.5	—	1.1	—	5.9	—	3.0
2007		—	4.6	—	3.0	—	4.8	—	5.7
2008		—	5.7	—	14.9	—	11.7	—	12.5
2009		—	-0.3	—	-0.4	—	-0.9	—	-3.8
2010		—	3.2	—	2.0	—	5.0	—	6.7
2011		—	5.6	—	6.3	—	6.1	—	7.8
2012		—	3.1	—	4.9	—	2.0	—	0.2
2013		—	3.2	—	3.5	—	-0.7	—	-3.0
2014		—	1.6	—	-0.1	—	-1.6	—	-2.7
2015		—	1.1	—	-1.3	—	-4.1	—	-6.0
2016		—	1.2	—	-3.6	—	-2.6	—	-1.1
2017		—	1.7	—	0.0	—	6.3	—	10.6
2018		–	1.8	—	2.8	—	2.4	—	3.2
2017	1	2.1	2.1	-3.58	-3.58	4.8	4.8	12	12
	2	0.9	1.5	-3.5	-3.5	5.6	5.2	13.4	12.7
	3	0.8	1.3	-1.0	-2.7	6.3	5.6	13.0	12.8
	4	0.9	1.2	0.5	-1.9	6.4	5.8	12.2	12.7
	5	1.4	1.2	-0.5	-1.6	6.8	6.0	10.5	12.2
	6	1.7	1.3	-0.5	-1.5	6.6	6.1	10.5	11.9
	7	1.9	1.4	-0.2	-1.3	6.9	6.2	10.7	11.8
	8	2.3	1.5	1.1	-1.0	7.9	6.4	11.2	11.7
	9	2.0	1.6	1.2	-0.7	7.7	6.6	11.3	11.6
	10	2.3	1.6	2.2	-0.5	6.6	6.6	10.9	11.6
	11	2.2	1.7	2.4	-0.2	5.4	6.4	6.8	11.1
	12	1.9	1.7	2.2	0.0	4.5	6.3	5.7	10.6
2018	1	1.3	1.3	1.9	1.86	3.8	3.8	4.8	4.8
	2	2.5	1.9	1.8	1.9	3.4	3.6	4.0	4.4
	3	2.0	2.0	2.2	2.0	2.8	3.3	3.3	4.0
	4	1.6	1.9	2.4	2.1	2.3	3.1	3.0	3.8
	5	1.5	1.8	2.8	2.2	2.7	3.0	4.0	3.8
	6	1.5	1.8	3.2	2.4	3.0	3.0	5.0	4.0
	7	1.4	1.7	3.5	2.5	2.7	3.0	4.7	4.1
	8	1.8	1.7	3.4	2.7	2.0	2.9	3.7	4.1
	9	2.2	1.8	3.5	2.7	1.6	2.7	2.3	3.9
	10	2.3	1.8	3.6	2.8	1.6	2.6	1.2	3.6
	11	1.9	1.8	3.1	2.9	1.2	2.5	1.9	3.4
	12	1.6	1.8	2.2	2.8	1.2	2.4	0.3	3.2

数据来源：内蒙古统计局、《中国经济景气月报》。

表 3　2018 年内蒙古自治区主要经济指标

	1月	2月	3月	4月	5月	6月	7月	8月	9月	10月	11月	12月
	绝对值（自年初累计）											
地区生产总值（亿元）	—	—	3 290.5	—	—	7 776.7	—	—	12 309.2	—	—	17 289.2
第一产业	—	—	143.0	—	—	316.5	—	—	633.4	—	—	1 753.8
第二产业	—	—	1 255.2	—	—	3 112.2	—	—	5 012.9	—	—	6 807.3
第三产业	—	—	1 892.3	—	—	4 348.0	—	—	6 662.9	—	—	8 728.1
工业增加值（亿元）	—	—	—	—	—	—	—	—	—	—	—	—
固定资产投资（亿元）	—	—	—	—	—	—	—	—	—	—	—	—
房地产开发投资	—	8.2	39.6	93.3	185.3	341.2	484.0	605.6	744.4	827.0	875.1	882.8
社会消费品零售总额（亿元）	—	1 163.5	1 688.6	2 217.4	2 784.4	3 366.5	3 953.7	4 577.5	5 208.5	5 926.2	6 601.3	7 311.1
外贸进出口总额（亿元）	80.87	149.3	235.1	322.3	419.2	499.7	578.3	665.7	757.0	852.7	938.7	1 034.4
进口	52.81	95.3	148.8	202.4	263.8	313.9	363.7	419.2	479.7	542.8	597.1	655.7
出口	28.06	54.0	86.3	120.0	155.4	185.8	214.6	246.5	277.4	309.9	341.6	378.7
进出口差额（出口－进口）	-24.8	-41.3	-62.4	-82.4	-108.3	-128.1	-149.1	-172.7	-202.3	-232.8	-255.5	-277.0
实际利用外资（亿美元）	0.0	1.1	4.4	5.5	9.8	12.2	13.4	16.5	20.3	21.9	25.0	31.6
地方财政收支差额（亿元）	—	-328.1	-542.7	-654.9	-789.1	-1 147.5	-1 308.3	-1 587.8	-1 928.0	-2 087.8	-2 328.8	-2 948.8
地方财政收入	—	335.1	462.4	621.2	803.3	968.6	1 146.5	1 250.8	1 375.5	1 525.8	1 702.9	1 857.5
地方财政支出	—	663.2	1 005.1	1 276.1	1 592.3	2 116.1	2 454.8	2 838.6	3 303.4	3 613.7	4 031.7	4 806.3
城镇登记失业率（%）（季度）	—	—	3.6	—	—	3.6	—	—	3.6	—	—	3.6
	同比累计增长率（%）											
地区生产总值	—	—	4.6	—	—	4.9	—	—	5.1	—	—	5.3
第一产业	—	—	2.3	—	—	2.4	—	—	2.4	—	—	3.2
第二产业	—	—	3.8	—	—	4.6	—	—	4.2	—	—	5.1
第三产业	—	—	5.3	—	—	5.3	—	—	6.0	—	—	6.0
工业增加值	—	6.5	4.5	5.6	5.5	5.8	5.6	5.6	6.0	6.8	7.3	7.1
固定资产投资	—	-26.3	-26.2	-28.9	-39.8	-38.4	-37.1	-35.0	-32.7	-30.3	-29.0	-28.3
房地产开发投资	—	7.9	-1.9	-13.2	-14.3	-8.6	-2.5	-1.7	-1.7	-4.2	-3.4	-0.8
社会消费品零售总额	—	7.0	6.5	6.8	6.8	6.9	6.9	7.0	6.9	6.8	6.6	6.3
外贸进出口总额	8.6	5.2	1.9	-1.5	2.7	1.4	1.8	3.1	5.7	8.6	8.9	9.9
进口	8.3	4.0	-2.1	-7.4	-1.9	-2.7	-0.9	0.3	3.5	6.4	6.5	7.5
出口	9.1	7.4	9.6	10.6	11.3	9.2	6.7	8.4	9.8	12.6	13.4	14.4
实际利用外资	-100.0	-11.9	159.9	1.3	-2.6	0.1	-3.5	0.8	-0.5	2.1	3.2	0.3
地方财政收入	—	5.4	-11.7	-8.8	-5.8	-12.8	-9.8	-9.3	-7.2	-3.9	4.4	9.1
地方财政支出	—	16.5	6.4	-4.7	-5.8	-10.4	-7.6	-7.1	-4.9	-1.7	3.1	6.1

数据来源：内蒙古统计局。

辽宁省金融运行报告（2019）

中国人民银行沈阳分行货币政策分析小组

[内容摘要] 2018 年，辽宁省经济运行稳中有进、总体向好，同比增长 5.7%，增速较上年提高 1.5 个百分点。三次产业稳步增长。其中，农业生产再获丰收，第一产业增加值同比增长 3.1%；规模以上工业增加值同比增长 4.4%，增速较上年提高 5.4 个百分点，工业四大支柱产业保持 2017 年以来正向增长的良好势头；服务业中的电信、邮政、旅游等增速较快。需求情况总体好转。其中，投资需求持续回暖，同比增长 3.7%，增速较上年提高 3.6 个百分点。消费增速明显回升，全省社会消费品零售总额 14 142.8 亿元，同比增长 6.7%，增速较上年提高 3.8 个百分点，延续了农村消费增长快于城镇消费、餐饮消费好于商品消费的特点。对外贸易保持活跃，进出口总值 1 144.3 亿美元，同比增长 14.9%，增幅与上年基本持平，贸易逆差有所扩大。财政收入和支出增速均快于上年。其中，一般公共预算收入 2 616 亿元，同比增长 9.3%，增速较上年提高 0.7 个百分点；一般公共预算支出 5 323.6 亿元，同比增长 9.1%，增速较上年提高 3.3 个百分点，与社会保障和民生相关的支出占比过半。消费价格上升，生产价格涨幅回落。2018 年，全省居民消费价格（CPI）上涨 2.5%，涨幅较上年提高 1.1 个百分点；工业生产者出厂价格（PPI）上涨 4.8%，涨幅较上年回落 3.3 个百分点。房地产市场运行稳定。房地产开发投资 2 599.3 亿元，同比增长 13.5%，增速较上年提高 4.2 个百分点。供给侧结构性改革全面推进。自贸试验区建设加快推进，区内新增注册企业 1.32 万家、注册资本 2 203 亿元，45 项改革创新经验在全省复制推广。国有企业改革取得进展。省属企业资产负债率下降 3 个百分点；“三供一业”分离移交任务全面完成；180 户国有“僵尸企业”处置完成。“放管服”改革不断深化，营商环境持续改善。覆盖全省的“互联网 + 政务服务”体系有序推进，“证照分离”“多证合一”改革在全省推开，“双随机、一公开”监管全面推行；省直部门行政职权精简 17.7%，376 项证照实现即办即取，清理证明事项 530 项，清理偿还政府欠款 194 亿元，减免税费 1 390 亿元。

全省信贷供给合理增长，贷款结构不断优化。2018 年末，辽宁省金融机构本外币各项贷款余额 44 985 亿元，比年初增加 3 667 亿元，同比增长 9.0%，增速同比提高 2.3 个百分点。制造业贷款新增 395 亿元，比上年多增 222 亿元；投向信息传输、软件和信息技术服务业以及科学研究和技术服务业等高新技术行业的贷款新增 108 亿元，比上年多增 35 亿元；涉农贷款新增 395 亿元，比上年多增 219 亿元；普惠口径小微企业贷款新增 93.4 亿元，同比多增 186 亿元；金融精准扶贫贷款余额 182.8 亿元，继续保持增长态势。地区社会融资规模同比少增，间接融资占比上升。2018 年，辽宁省社会融资规模新增 3 795.8 亿元，同比少增 140.1 亿元。其中，贷款增量占比升至 95.3%，较上年提高了 28 个百分点。贷款利率先升后降，存款利率相对稳定。前三季度，受信贷质量下行、商业银行资金成本提升等影响，贷款利率有所上升，9 月全省金融机构新发放人民币一般贷款加权平均利率达 6.59%。进入第四季度，在国家降低企业融资成本政策和央行货币信贷政策引导下，市场利率总体下行，12 月贷款利率水平降为 6.30%。人民币保持全省跨境收支第二大结算货币、资本项下第一大结算货币地位。跨境人民币结算业务办理机构数量、涉及企业数量、涉及境外国家和地区的数量，均较上年有不同程度增加。银行机构资产负债规模稳步增长。截至 2018 年末，辽宁省银行业金融机构资产总额81 572.4亿元，同比增长3.6%，增速较上年提高0.2个百分点；负债总额78 684.3亿元，同比增长3.9%，增速较上年提高0.6个百分点。直接融资状况有所改善。2018年，辽宁省金融债发行实现新突破，当年发行额是2017年的2.7倍，大连银行发行省内首单绿色金融债券。证券市场交易平淡。大连商品交易所交易品种增加，不同交易品种间差异较大，乙二醇期货年内挂牌上市。保险业业务品质有所提升，保险保障功能进一步发挥。2018年，全省财产险公司赔付支出增长10.9%；人身险公司寿险业务（不含大连）实现新单保费收入167.4亿元，其中新单期交保费100.6亿元，期趸比例上升到1∶0.7。金融改革持续推进。截至2018年末，新增2家银行机构为全国市场利率定价自律机制成员；大连、丹东、营口、辽阳四市全域农信机构改制为农商行。金融基础设施建设继续稳步有序推进。其中，鞍山市建立了以服务小微企业为重点、以信用信息数据库为基础的"一库一网一平台一保护"金融信用综合服务平台。支付环境进一步改善。打击洗钱、逃税和涉黑涉恶融资犯罪工作取得成效。金融消费者权益保护工作进一步加强。2018年，中国人民银行沈阳分行认真贯彻执行稳健货币政策，疏通政策传导机制，有效引导金融机构加大对实体经济支持力度。建立以早期预警与防范为重点的颜色风险监控机制，持续推动信用环境建设，金融生态逐步修复向好。

2019年，辽宁省将坚持以习近平新时代中国特色社会主义思想为指导，深入贯彻习近平总书记在辽宁省考察时和在深入推进东北振兴座谈会上重要讲话精神，聚焦补齐"四个短板"①，全力做好"六项重点工作"②，把习近平总书记重要讲话精神转化为工作思路、细化为实际举措、实化为具体行动。2019年辽宁省经济有望延续回暖态势，货币政策传导机制将更加顺畅，对重点领域和薄弱环节的支持力度将持续加大。

一、金融运行情况

2018年，辽宁省货币信贷和社会融资规模合理增长，利率水平呈下降趋势。金融改革和建设工作稳步推进。金融运行总体平稳，银行机构资产负债规模稳步增长，证券业发展走弱，保险业发展态势良好。

（一）银行业资产负债规模稳步增长

1. 资产负债规模增速保持稳定，各类机构增长趋势有所分化。截至2018年末，辽宁省银行业金融机构资产总额81 572.4亿元，同比增长3.6%，增速较上年提高0.2个百分点。分机构看，股份制商业银行、农信社资产规模均有所下降，国有商业银行、城商行、村镇银行资产规模有所增加。负债总额78 684.3亿元，同比增长3.9%，增速较上年提高0.6个百分点。2018年，辽宁省银行业利润负增长，国有商业银行和股份制商业银行利润同比降幅较大。辖内11家股份制商业银行仅2家处于盈利状态，且其收益同比大幅下降。贷款质量继续下行。辽宁省银行业不良贷款余额2 182.4亿元，比年初增加660.2亿元，不良率4.9%，比年初上升1.2个百分点。

① 习近平指出，东北振兴面临着体制机制、经济结构、开放合作、思想观念等四个方面的突出短板。

② 座谈会上，习近平就深入推进东北振兴提出6个方面的要求：一是以优化营商环境为基础，全面深化改革；二是以培育壮大新动能为重点，激发创新驱动内生动力；三是科学统筹精准施策，构建协调发展新格局；四是更好支持生态建设和粮食生产，巩固提升绿色发展优势；五是深度融入共建"一带一路"，建设开放合作高地；六是更加关注补齐民生领域短板，让人民群众共享东北振兴成果。

表 1　2018 年辽宁省银行业金融机构情况

机构类别	营业网点			法人机构（个）
	机构个数（个）	从业人数（人）	资产总额（亿元）	
一、大型商业银行	3 156	75 405	21 360	0
二、国家开发银行和政策性银行	83	2 397	5 656	0
三、股份制商业银行	696	16 341	8 096	0
四、城市商业银行	1 363	32 621	32 944	15
五、小型农村金融机构	2 291	29 543	7 791	63
六、财务公司	7	240	1 168	5
七、信托公司	1	158	122	1
八、邮政储蓄银行	1 731	18 301	2 753	0
九、外资银行	40	1 411	510	0
十、新型农村金融机构	268	4 946	909	67
十一、其他	9	539	88	3
合计	9 645	181 902	81 572	154

注：大型商业银行包括中国工商银行、中国农业银行、中国银行、中国建设银行和交通银行；小型农村金融机构包括农村商业银行和农村信用社；新型农村金融机构包括村镇银行、贷款公司；“其他”包含民营银行、金融租赁公司、消费金融公司。

数据来源：辽宁银保监局、大连银保监局。

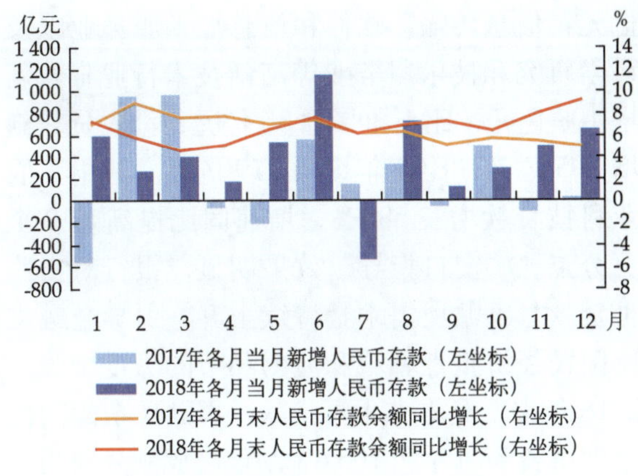

数据来源：中国人民银行沈阳分行。

图 1　2017~2018 年辽宁省金融机构人民币存款增长变化

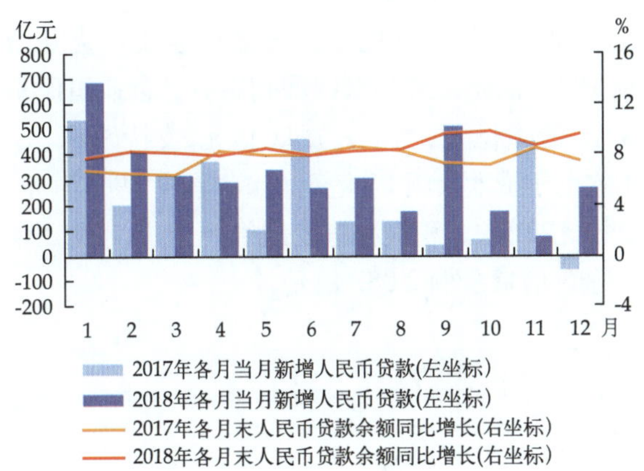

数据来源：中国人民银行沈阳分行。

图 2　2017~2018 年辽宁省金融机构人民币贷款增长变化

2. 存款增速企稳回升。2018 年末，辽宁省金融机构本外币各项存款余额 59 016 亿元，比年初增加 4 766 亿元，同比增长 8.8%，增速比上年高 3.8 个百分点。主要原因，一是股市、债市增长乏力，投资者出于规避风险的考虑，部分资金重回银行。二是存款利率市场化，银行存款利率差异化定价，2018 年 12 月辽宁省人民币定期存款加权平均利率为 2.41%，比上年同期高 28 个基点，拉动定期存款较快增长。三是存款产品创新加快，特别是资管新规出台后，结构性存款成为保本理财的替代品，提升了银行的存款增速。

3. 贷款增速稳步回升，结构进一步优化。2018 年末，辽宁省金融机构本外币各项贷款余额 44 985 亿元，比年初增加 3 667 亿元，同比增长 9.0%，增速同比提高 2.3 个百分点。非金融企业及机关团体本外币贷款余额 34 669 亿元，同比增长 8.8%，增速同比提高 3.7 个百分点。其中，中长期贷款同比增长 11.4%，增速同比提高 6.9 个百分点，扭转了 2018 年 9 月以来个位数增长的态势。从贷款投向上看，制造业、高新技术产业及涉农贷款投放增长较多。全年制造业贷款新增 395 亿元，比上年多增 222

亿元；信息传输、软件和信息技术服务业以及科学研究和技术服务业等高新技术行业贷款新增108亿元，比上年多增35亿元；涉农贷款新增395亿元，比上年多增219亿元。其中，农业科技贷款增长58.4%，增速同比提高87.2个百分点。“窗口指导”效果明显，银行对支小再贷款、再贴现需求量持续上升，引导金融支持国民经济重点领域和薄弱环节的力度增强。2018年末，全省支小再贷款、再贴现余额同比分别增长53.4%和105.6%，年累放额分别为上年的1.8倍和1.6倍。2018年末，全省小微企业贷款余额11 070亿元，新增1 291亿元，增长13.2%，比一般贷款增速高4个百分点；普惠口径小微企业贷款余额1 697亿元，新增93.4亿元，同比多增186亿元。金融精准扶贫贷款余额182.8亿元，继续保持增长态势。创业担保贷款余额8.8亿元，当年累放4.6亿元，支持5 061人；国家助学贷款余额1.5亿元，当年累放2 966万元，支持3 231人。积极推进发展绿色信贷，2018年末绿色信贷余额2 087亿元。

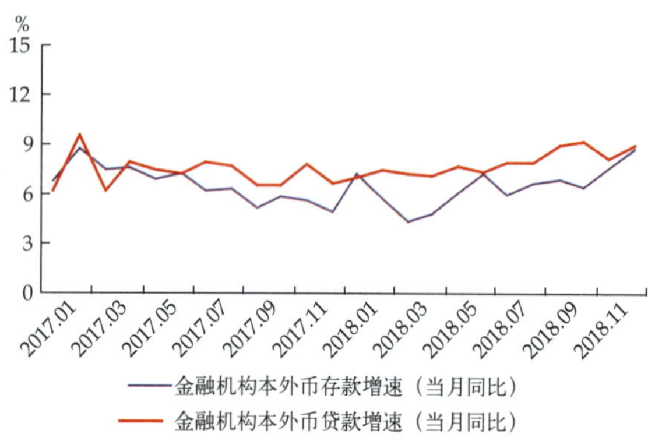

数据来源：中国人民银行沈阳分行。

图3　2017~2018年辽宁省金融机构本外币存、贷款增速变化

4. 表外业务规模大幅下降。以未贴现银行承兑汇票、信托贷款和委托贷款的口径计算，2018年辽宁省表外融资减少440亿元，较上年多降1 632亿元。其中，委托贷款减少1 476亿元，较上年多降1 300亿元；信托贷款减少50亿元，较上年多降87亿元；未贴现银行承兑汇票新增1 086亿元，较上年少增245亿元。此外，由于资管业务、理财业务等方面的监管政策不断加强，同业理财规模大幅下降，银行理财产品规模继续回落，2018年辽宁省地方法人金融机构理财产品余额1 500亿元，同比下降7.5%。

5. 贷款利率先升后降，存款利率相对稳定。2018年前三季度，受信贷质量下行、商业银行资金成本提升等影响，金融机构贷款利率有所上升。2018年9月，全省金融机构新发放人民币一般贷款加权平均利率达6.59%。进入第四季度，在国家降低企业融资成本政策和央行货币信贷政策引导下，市场利率呈现总体下行态势。2018年12月，辽宁省金融机构新发放人民币一般贷款加权平均利率为6.30%，环比下降5个基点，较9月明显回落。小微企业贷款利率显著下降，仅第四季度，辽宁省小微企业贷款利率降幅达50个基点。存款利率水平则相对稳定。金融机构定价能力提升，年内新增2家银行机构成为全国市场利率定价自律机制成员，总数达58家。

表2　2018年辽宁省金融机构人民币贷款各利率区间占比

单位：%

月份		1月	2月	3月	4月	5月	6月
合计		100.0	100.0	100.0	100.0	100.0	100.0
下浮		13.4	10.4	8.3	7.9	5.5	7.9
基准		18.3	21.5	13.9	13.9	15.0	16.9
上浮	小计	68.3	68.1	77.8	78.2	79.5	75.2
	(1.0, 1.1]	12.3	14.0	15.6	14.8	21.8	12.7
	(1.1, 1.3]	14.6	13.4	17.6	20.2	11.5	10.5
	(1.3, 1.5]	18.1	18.4	15.4	14.5	15.3	16.9
	(1.5, 2.0]	15.7	14.9	19.9	20.3	22.7	26.3
	2.0以上	7.6	7.4	9.4	8.4	8.3	8.8
月份		7月	8月	9月	10月	11月	12月
合计		100.0	100.0	100.0	100.0	100.0	100.0
下浮		9.0	9.7	10.9	12.5	11.1	10.2
基准		13.5	13.5	10.7	14.0	13.9	15.6
上浮	小计	77.5	76.8	78.4	73.5	75.0	74.2
	(1.0, 1.1]	12.3	11.0	9.3	6.6	8.3	10.0
	(1.1, 1.3]	12.5	12.5	12.2	13.2	14.3	13.8
	(1.3, 1.5]	12.9	14.9	12.6	12.5	17.1	14.5
	(1.5, 2.0]	29.2	25.1	31.9	30.8	22.1	24.6
	2.0以上	10.6	13.3	12.4	10.3	13.3	11.3

数据来源：中国人民银行沈阳分行。

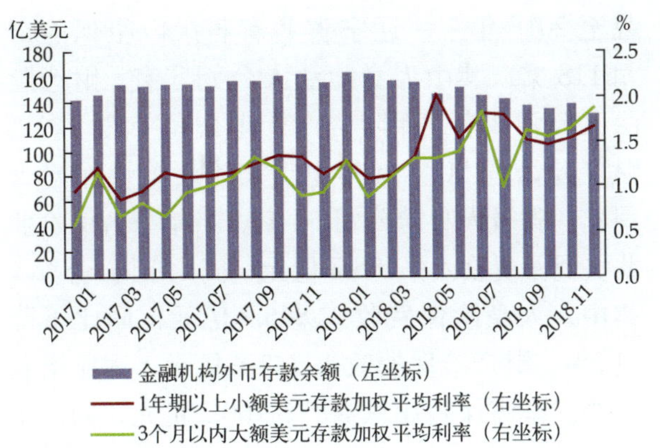

数据来源：中国人民银行沈阳分行。

图4　2017~2018 年辽宁省金融机构外币存款余额及外币存款利率

6. 辽宁省农信机构产权改革稳步推进。截至 2018 年底，原改革之初的 77 家信用联社中，已有 45 家完成了农商行改制工作，成功组建了 29 家农商行。产权制度改革完成数量占比 58.4%，其中大连、丹东、营口、辽阳四市已实现全域改制农商行目标。通过产权制度改革，改制机构以市场化方式募集股本 287.5 亿元，处置消化不良资产 176.5 亿元。

7. 人民币跨境使用继续保持良好发展态势。截至 2018 年末，全省跨境人民币结算金额 9 426 亿元，累计为企业节约成本约 188.5 亿元。人民币继续保持全省跨境收支第二大结算货币、资本项下第一大结算货币地位。跨境人民币使用主体和范围不断拓展，全省已有 74 家银行的 764 家分支机构办理了跨境人民币结算业务，较上年末增加 66 家；涉及企业 7 365 家，较上年末增加 1 010 家；涉及境外国家和地区 147 个，较上年末增加 6 个。2018 年，辽宁省跨境人民币收付金额合计 1 561.06 亿元，净流出 203.3 亿元。跨境人民币收付额占跨境收支总额的 17.5%。

（二）证券业发展走弱

1. 上市公司数量略有下降。截至 2018 年末，辽宁省共有境内上市公司 74 家（主板 50 家、中小板 13 家、创业板 11 家），同比减少 2 家。其中，1 家公司被强制摘牌，1 家公司迁址至外埠。上市公司总股本 1 182.4 亿股，同比增加 3.6%；总市值 5 593.3 亿元，同比下降 35.0%。2018 年，辽宁省上市公司共发生并购重组 16 起，涉及交易金额 25.5 亿元；全年上市公司股票市场累计募集金额 235.6 亿元。全国中小企业股份转让系统挂牌企业 224 家，较上年减少 10 家。

2. 证券期货经营机构数量增加，交易规模下降。截至 2018 年末，辽宁省共有法人证券公司 3 家，证券咨询公司 3 家，证券分公司 53 家，比上年增加 8 家；证券营业部 345 家，比上年减少 8 家。共有期货公司 3 家，期货分支机构 108 家（分公司 25 家、营业部 83 家），比上年增加 4 家。登记基金管理人 162 家，比上年增加 4 家，其中私募证券投资管理人 60 家，股权投资管理人与创业投资管理人合计 98 家。截至 2018 年末，辽宁省在沪深开户数为 1 443.2 万户，同比增加 9.4%；证券成交额 66 568.1 亿元，同比下降 35.8%；股票交易额 32 149.4 亿元，同比下降 27.2%；期货开户数 13.7 万户，同比增加 12.8%；成交量 31 710.3 万手，同比下降 10.6%；手续费收入 23 663.3 万元，同比下降 1.2%。

表3　2018 年辽宁省证券业基本情况

项目	数量
总部设在辖内的证券公司数（家）	3
总部设在辖内的基金公司数（家）	0
总部设在辖内的期货公司数（家）	3
年末国内上市公司数（家）	74
当年国内股票（A 股）筹资（亿元）	125
当年发行 H 股筹资（亿元）	—
当年国内债券筹资（亿元）	1 054
其中：短期融资券筹资额（亿元）	181
中期票据筹资额（亿元）	415

数据来源：辽宁证监局、大连证监局。

3. 法人证券公司规模较小，经营业绩下滑。辽宁省辖内 3 家法人证券公司，无论是资产规模还是资本规模，在全国排名都比较靠后。规模约束限制了关键业务牌照的获得和重要市场客户的拓展。同时，受股市波动、债市疲软及自身经营等因素的叠加影响，业绩明显下滑。2018 年，3 家法人证券公司累计实现营业收入 5.0 亿元，同比下降 43.3%；实现净利润 -3.9 亿元，同比下降 1 658.4%。

表 4　2018 年大连商品交易所交易统计

交易品种	累计成交金额（亿元）	同比增长（%）	累计成交量（万手）	同比增长（%）
玉米	12 323.2	-41.5	6 681.3	-47.5
玉米淀粉	5 102.7	-48.6	2 261.3	-55.2
豆一	8 078.7	-21.2	2 211.2	-16.0
豆二	8 337.1	59 164.8	2 447.7	57 423.3
豆粕	73 500.2	60.3	23 816.2	46.2
豆油	31 020.3	-12.6	5 413.6	-5.3
棕榈油	21 635.1	-42.8	4 434.5	-34.8
纤维板	13.0	3 006.2	3.0	2 705.9
胶合板	0.5	-31.2	0.1	-46.4
鸡蛋	7 846.6	-44.9	1 991.8	-46.6
聚乙烯	17 105.1	-41.3	3 673.6	-40.2
聚氯乙烯	12 192.1	-4.6	3 636.3	-6.8
聚丙烯	23 008.8	-5.2	4 934.9	-13.0
焦炭	149 675.5	93.6	6 907.2	72.2
焦煤	35 478.2	13.9	4 646.5	10.1
铁矿石	115 280.7	-32.5	23 649.2	-28.1
乙二醇	1 266.2	—	232.4	—
合计	521 864.0	0.4	96 940.6	-11.7

注：成交金额、成交量为单向计算。

数据来源：大连商品交易所。

4. 大连商品交易所交易品种增加，不同交易品种间差异较大。截至 2018 年末，大连商品交易所已上市 17 个期货品种和豆粕期权。其中，乙二醇期货于 2018 年 10 月 6 日经中国证监会批准开展交易，并于 2018 年 12 月 10 日挂牌上市。2018 年，大连商品交易所各交易品种累计成交金额 52.2 万亿元，同比增长 0.4%；累计成交量 9.7 亿手，同比减少 11.7%。其中，焦炭、铁矿石的成交额较大，均达 10 万亿元以上；豆二、纤维板的交易活跃度显著上升；玉米、玉米淀粉、胶合板、鸡蛋等 11 个交易品种交易量萎缩。

（三）保险业平稳发展

1. 市场总体平稳，保费收入增降分明。截至 2018 年末，辽宁省共有省级以上保险公司 118 家，其中人身险法人公司 3 家，财产险法人公司 2 家，保险资产管理公司 1 家。省级财产险公司 50 家（其中 1 家为政策性保险公司），省级人身险公司 62 家。当年全省保险业共实现保费收入 1 188.7 亿元，同比下降 6.8%。其中，人身险保费收入 846.9 亿元，同比下降 11.5%；财产险保费收入 341.8 亿元，同比增长 7.2%。全省保险业总资产 3 160.2 亿元，同比增长 7.1%。其中，人身险公司 2 891.9 亿元，同比增长 7.3%；财产险公司 268.2 亿元，同比增长 5.5%。

表 5　2018 年辽宁省保险业基本情况

项目	数量
总部设在辖内的保险公司数（家）	6
其中：财产险经营主体（家）	2
人身险经营主体（家）	3
保险公司省级分公司（家）	112
其中：财产险公司省级分公司（家）	50
人身险公司省级分公司（家）	62
保费收入（中外资，亿元）	1 188.7
其中：财产险保费收入（中外资，亿元）	341.8
人身险保费收入（中外资，亿元）	846.9
各类赔款给付（中外资，亿元）	236.9
保险密度（元 / 人）	1 956.5
保险深度（%）	4.7

数据来源：辽宁银保监局、大连银保监局。

2. 赔付增加，对经济薄弱领域保障作用增强。2018 年，全省财产险公司共发生赔付支出 196.0 亿元，同比增长 10.9%；与国计民生密切相关的农业保险、责任保险赔付支出分别达到 23.1 亿元和 14.8 亿元，同比分别增加 13.5% 和 27.7%。积极开展基本医保个人账户余额购买商业健康险业务，满足多层次社会保障体系建设的市场需求。截至 2018 年底，医保卡余额购买商业健康险业务已累计承保 1.7 万单。

3. 业务结构日趋优化，业务品质有所提升。全省（不含大连）人身险公司寿险业务实现新单保费收入 167.4 亿元，其中新单期交保费

100.6亿元，期趸比例上升到1：0.7。

（四）地区社会融资规模增长放缓，间接融资占比提升

1. 间接融资占比显著提高。 2018年，辽宁省社会融资规模新增3 795.8亿元，同比少增140.1亿元，连续三年同比少增。其中，表外融资规模减少440.3亿元，同比少增（多减）1 632.0亿元；直接融资增量继续下滑，企业债券融资额同比多降，股票融资额同比少增；贷款增量占比升至95.3%，较上年提高28个百分点。

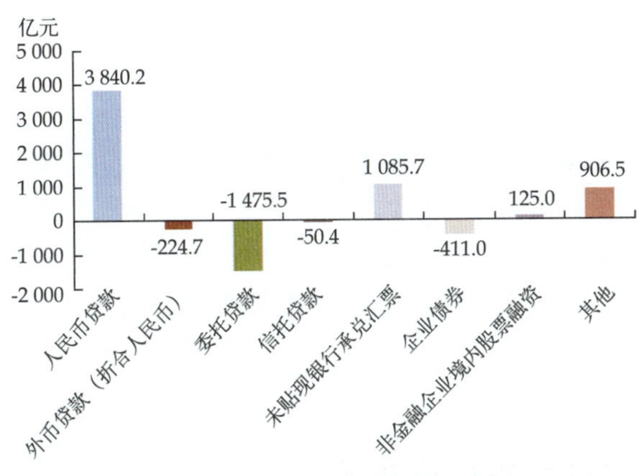

数据来源：中国人民银行沈阳分行。

图5　2018年辽宁省社会融资规模分布结构

2. 直接融资对金融机构的支持力度增强。 2018年，辽宁省金融债发行实现新突破，当年发行各类金融债券380亿元，是2017年的2.7倍。积极推进发展绿色债券，大连银行发行省内首单绿色金融债券20亿元（见专栏1）。

表6　2018年辽宁省金融机构票据业务量统计

单位：亿元

季度	银行承兑汇票承兑		贴现			
			银行承兑汇票		商业承兑汇票	
	余额	累计发生额	余额	累计发生额	余额	累计发生额
1	6 287.3	2 134.1	1 319.4	2 593.5	93.1	54.5
2	6 665.8	5 009.0	1 493.5	5 663.9	36.7	119.4
3	7 255.9	7 609.3	1 888.9	9 168.2	35.9	155.8
4	7 821.1	10 711.8	2 408.4	12 630.8	69.2	253.1

数据来源：中国人民银行沈阳分行。

表7　2018年辽宁省金融机构票据贴现、转贴现利率

单位：%

季度	贴现		转贴现	
	银行承兑汇票	商业承兑汇票	票据买断	票据回购
1	5.4561	7.1439	4.8779	4.2449
2	5.3287	7.4234	4.9036	4.0797
3	4.2633	7.5680	4.0175	3.6045
4	3.9550	8.4729	4.0509	3.4623

数据来源：中国人民银行沈阳分行。

（五）金融基础设施建设继续稳步有序推进

信用体系建设取得新进展。 截至2018年末，企业征信系统共征集40万户企业及其他组织的信用信息，开通查询用户2 577个；个人征信系统共收录2 540万人、8 189万个信贷账户信息，收录3 394万自然人信息。应收账款融资服务平台推广应用工作取得成效。截至2018年底，平台累计开通用户155个，成交576笔，金额380.5亿元。其中，在线确认成交笔数163笔，金额79.5亿元。开展第二批“辽宁省中小微企业信用培育池”评选工作，2018年新增入池企业667户。截至2018年末，共为448.9万户农户建立了信用档案，农户信用档案覆盖全省全部县（区）。已评定信用农户367.4万户，同比增长2.5%。对已建立信用档案的360.5万户农户累计发放贷款6 143.2亿元，同比增长5.2%；贷款余额788.2亿元，同比增长4.0%。征信服务水平持续提升。辽宁省互联网征信查询服务平台新增注册用户70.2万个，申请查询服务169.7万次；累计提供个人信用报告查询服务210.5万次，比上年同期增长17%。地方政府对信用体系建设更加重视。沈阳市政府出台了相关奖励政策。鞍山市建立了以信用信息数据库为基础的“一库一网一平台一保护”金融信用综合服务平台（见专栏2）。

支付环境进一步改善。 沈阳城市处理中心存储系统改造和网络设备更新工作圆满完成。2018年，辽宁省共处理大额支付系统业务5 146.9万笔，同比增长14.6%；金额148.5万亿元，同比

增长7.0%。小额支付系统共处理业务9 889.0万笔，同比下降20.3%；金额13 202.7亿元，同比增长4.2%。网上支付跨行清算系统共处理业务5 331.0万笔，同比增长65.3%；金额3 733.3亿元，同比增长54.6%。银行卡受理环境改善。全省POS机具数量为135.2万台，同比增长46.7%。人均持卡数量为5.8张，同比增长5.7%。银行卡渗透率达到48.6%，与上年持平。农村支付服务环境建设进一步优化整合。全省共设立25 477个银行卡助农取款服务点，农村地区人均持卡量为3.0张，与上年同期基本持平。

表8　2017~2018年辽宁省支付体系建设情况

年份	支付系统直接参与方（个）	支付系统间接参与方（个）	支付清算系统覆盖率（%）	当年大额支付系统处理业务数（万笔）	同比增长（%）
2017	19.0	5 882.0	62.8	4 490.4	11.1
2018	19.0	6 739.0	70.1	5 146.9	14.6

续表

年份	当年大额支付系统业务金额（亿元）	同比增长（%）	当年小额支付系统处理业务数（万笔）	同比增长（%）	当年小额支付系统业务金额（亿元）	同比增长（%）
2017	1 388 400.0	2.2	12 401.2	8.6	12 668.2	6.8
2018	1 485 000.0	7.0	9 889.0	-20.3	13 202.7	4.2

数据来源：中国人民银行沈阳分行。

打击洗钱、逃税和涉黑涉恶融资犯罪工作取得成效。辽宁省“1·01”“2·17”特大虚开增值税发票案成功破获，涉案金额分别超过100亿元和300亿元。全国首个“反洗钱分类评级系统”成功上线，实现辽宁省反洗钱分类评级工作的标准化、智能化和高效化。建立“扫黑除恶专项斗争案件快速查询通道”，配合公安部门侦破涉黑涉恶案件2起。金融消费者权益保护工作进一步加强。2018年，辽宁省共受理咨询6 336件，受理有效投诉434件。

专栏1　人民银行沈阳分行推动修复债券市场生态初见成效

2018年以来，中国人民银行沈阳分行进一步加强债务风险全流程管控机制建设，积极配合地方政府主动防范化解潜在风险，加强宣传辅导，推动债市生态逐步修复向好。主要采取了如下措施：建立了以早期预警与防范为重点的颜色风险监控机制，不断完善并丰富以资产负债表、到期债务表、股权结构图、组织架构图、风险应对预案、主营业务收入与利润占比、偿债保障措施、企业缴税情况等为核心的“两表两图四保障”企业债务融资工具发行监测预警系统，有效过滤了企业过度融资、股权复杂、主业分散、预案不足等风险。大力开展宣传、辅导与培训，不断深化市场主体对政策工具和创新品种的了解。积极宣传省市两级政府出台的鼓励发债的奖励措施，提高参与各方积极性。

在上述措施的推动下，2018年，辽宁省发债呈现三大新特征：

一是辽宁省债券违约势头得到有效遏制。违约主体实现零增长。辽宁省企业债券违约7次，占全国的8.4%，占比较上年下降近30个百分点。

二是辽宁省企业债券发行止跌回升。全省非金融企业债务融资工具发行只数较上年增加14只，增长29.8%。

三是辽宁省金融债发行实现新突破。当年发行各类金融债券380亿元，是上年的2.7倍，2018年末余额950亿元；发行额和余额均创历史最高水平，均居全国第8位，并发行首单绿色债券。

专栏 2 鞍山市创建金融信用综合服务平台 改善中小微企业融资环境

鞍山市以创建中小微企业金融信用综合服务平台为抓手，创新建立中小微企业信用信息数据库、金融信用网、互联网融资对接平台和中小微企业公平信贷保护机制（简称“一库一网一平台一保护”），在解决银行关注的信息不对称等问题和中小微企业关注的贷款对接难、公平保护难等问题方面取得初步成效。截至2018年末，鞍山市中小微企业信用信息数据库共采集3.1万户企业基本信息、3.3万条企业信贷信息和12.9万条非银行信息，全市189家银行机构、6 678户企业注册金融信用网，发布264款金融产品及230项、42.2亿元融资需求，并完成19.0亿元的需求对接。其主要做法如下：

一、首创信用信息数据库，打造综合信息供应平台

以金融城域网为依托，建立中小微企业信用信息数据库，采集整合银行机构及20余个行政部门掌握的信息。其中，银行按T+1日录入企业信贷业务数据；市发展改革委负责汇集并按月批量导入非银行信用信息，包括企业工商注册、煤气水电缴费、欠税记录、行政处罚等源自20余个行政主管部门的企业信息。全市189家银行机构经企业授权后，可通过数据库查询企业相关信息，为其全面科学评价中小微企业信用状况提供重要补充。发展改革委等部门没有企业信贷信息查询权限。

二、创建鞍山金融信用网，促进银企信息共享

银行可在网站发布针对中小微企业的金融产品信息，展开宣传和推介。相关部门可在网站公布各类相关信息，包括支持中小微企业发展的政策、社会信用法规制度、守信和失信典型案例等。另外，网站创建了重要提示专栏，对具备合法资质的金融机构名单、业务咨询及监管部门电话予以公示，提高办理相关业务的安全性和便捷度。

三、依托鞍山金融信用网，搭建融资对接平台，实现银企对接的网络化、规范化、便捷化

鞍山市金融学会负责平台运维及日常管理，中国人民银行鞍山市中心支行提供业务指导和政策咨询等。注册企业可向银行定向发送融资需求信息，金融学会对信息进行规范性和完整性审核后推送至银行，银行筛选后与意向企业进行线下对接。

四、创新投诉受理机制，维护公平信贷权益

融资对接平台设有投诉管理板块，受理企业对金融机构的投诉。企业如认为银行在贷款受理、贷前调查、利率定价等环节存在不公平、不合理等问题，可经平台对银行发起投诉。金融学会受理投诉后，向银企双方调查了解情况，督促存在问题的银行尽快纠正、妥善解决，并及时向企业反馈，最大限度维护中小微企业权益。截至2018年底，平台未收到过企业投诉。

二、经济运行情况

2018年，辽宁省主要经济指标稳步回升，实现地区生产总值25 315.4亿元，同比增长5.7%，增速较上年提高1.5个百分点。

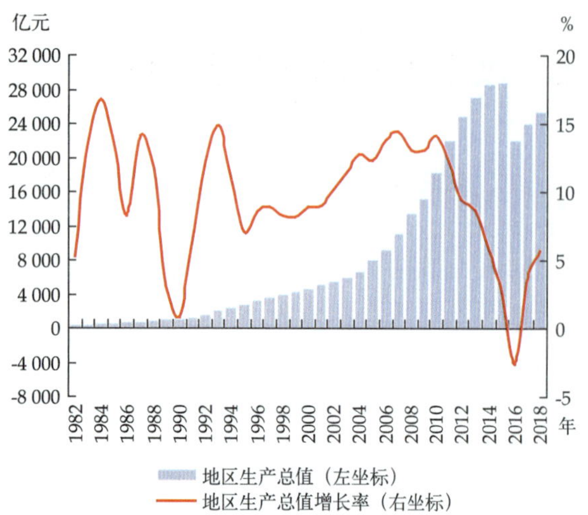

数据来源：辽宁省《国民经济和社会发展统计公报》。

图 6　1982~2018 年辽宁省地区生产总值及其增长率

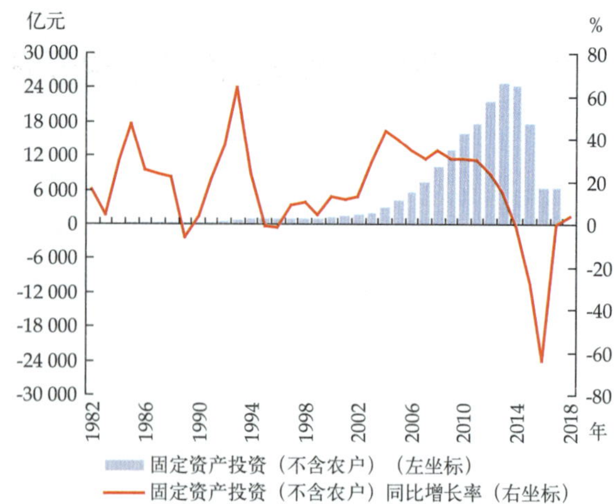

注：2010 年及以前年度采用“全社会固定资产投资”数据。

数据来源：《中国经济景气月报》。

图 7　1982~2018 年辽宁省固定资产投资（不含农户）及其增长率

（一）三大需求稳中有升

投资需求持续回暖，消费增速缓中有升，进出口保持较快增长。

1. 固定资产投资稳定增长。2018 年，全省完成固定资产投资同比增长 3.7%，增速较上年提高 3.6 个百分点，延续了 2017 年第四季度以来固定资产投资规模正向增长的良好态势。从三大产业看，第一产业固定资产投资同比下降 2.1%，降幅与上年同期持平；第二产业同比增长 12.1%，较上年同期提高 10.1 个百分点，其中工业投资同比增长 11.9%，较上年同期提高 10.4 个百分点；第三产业同比下降 0.7%，降幅较上年同期收窄 0.1 个百分点。三大产业投资比重为 1.6∶37.6∶60.8，其中第二产业占比较上年同期上升 2.8 个百分点。从项目情况看，全年中央项目固定资产投资额同比下降 14.5%，地方项目固定资产投资额同比增长 5.3%；亿元以上建设项目 2 190 个，同比增长 8.0%；亿元以上新开工建设项目 627 个，同比减少 16.5%。从资金来源看，全年固定资产投资到位资金 8 376 亿元，同比增长 3.2%。其中，国家预算内资金同比增长 5.8%；国内贷款同比增长 12.6%；自筹资金同比下降 7.7%。

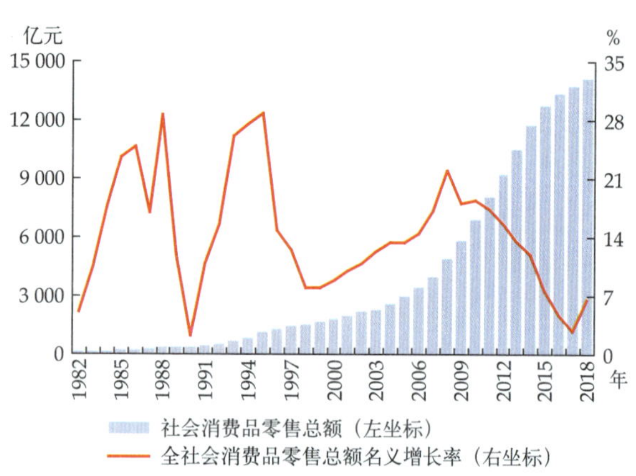

数据来源：《中国统计摘要》。

图 8　1982~2018 年辽宁省社会消费品零售总额及其增长率

2. 消费增速明显回升，居民收入保持增长。2018 年，辽宁省社会消费品零售总额实现 14 142.8 亿元，同比增长 6.7%，较上年同期提高 3.8 个百分点，延续了农村消费增长（9.3%）快于城镇消费（6.4%）、餐饮消费（7.3%）好于商品消费（6.6%）的特点。2018 年，城镇常住居民人均可支配收入 37 342 元，同比增长 6.7%，增幅较上年提高 0.3 个百分点；农村常住居民人均可支配收入 14 656 元，同比增长 6.6%。

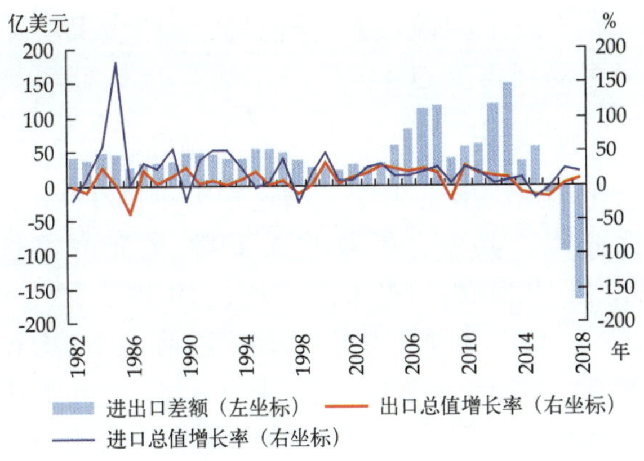

数据来源：《中国经济景气月报》。

图 9　1982~2018 年辽宁省外贸进出口变动情况

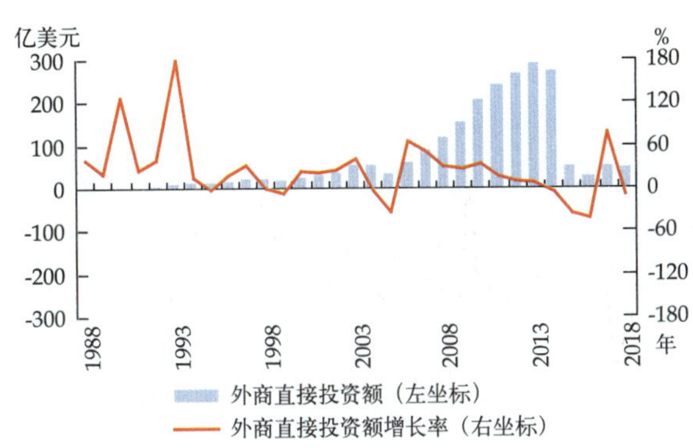

注：从 2015 年开始，外商直接投资计算口径有变化。

数据来源：《中国统计摘要》。

图 10　1988~2018 年辽宁省外商直接投资额及其增长率

3. 进出口保持较快增长，出口企业信心平稳。2018 年，辽宁省进出口总值 1 144.3 亿美元，同比增长 14.9%，增幅与上年基本持平。其中，出口 488 亿美元，同比增长 8.8%，增幅较上年扩大 4.6 个百分点；进口 656.3 亿美元，同比增长 19.9%，增幅较上年收窄 5.4 个百分点；逆差继续扩大，达 168.3 亿美元。外商直接投资 49 亿美元，同比下降 8.2%。

（二）三次产业稳步增长

1. 农业生产稳步增长。2018 年，辽宁省农业再获丰收，粮食产量达到 438.4 亿斤。第一产业增加值 2 033.3 亿元，同比增长 3.1%，增速较上年下降 0.5 个百分点。

2. 工业增速稳中有升，企业效益指标持续改善。2018 年，规模以上工业增加值同比增长 4.4%，增速较上年提高 5.4 个百分点。四大支柱产业保持 2017 年以来正向增长的良好势头，其中，装备制造业同比增长 9.4%、冶金工业同比增长 7.0%、石化工业同比增长 15.1%、农产品加工业同比增长 4.6%。规模以上工业企业实现主营业务收入 26 489.9 亿元，同比增长 17.8%，增速较上年提升 8.9 个百分点；实现利润总额 1 460.3 亿元，同比增长 45.9%；亏损企业亏损额 350.4 亿元，同比下降 21.1%。供给侧结构性改革深入推进。当年煤炭行业淘汰年产 30 万吨以下煤矿 25 个，水泥行业淘汰落后产能 54 万吨。

数据来源：《中国经济景气月报》。

图 11　1996~2018 年辽宁省规模以上工业增加值实际增长率

3. 服务业持续保持良好势头。2018 年，全省货运量增长 3.3%，比上年下降 1.1 个百分点。电信业务总量增长 102.3%，邮政业务总量增长 26.3%，快递业务量超过 6.5 亿件。全年旅游业总收入增长 13%。

4. 重要领域和关键环节改革取得明显成效。出台加快构建开放新格局、以全面开放引领全面振兴的意见，制定辽宁省“一带一路”综合试验区建设总体方案，创建中国—中东欧“16+1”经贸合作示范区，接任 2019 年中国—中东欧国家地方省州长联合会中方主席省。自贸试验区新增注册企业 1.32 万家、注册资本 2 203 亿元，45 项改革创新经验在全省复制推广。沈阳经济区一体化发展推进。沈阳全面创新改革试验区 27 项任务全部完成。沈抚改革创新示范区建设方案获国务院批复。国有资本配置优化。省属企业资产负债率下降3个百分点，“三项费用”压减3.4%，上缴国有资本收益25亿元；国有企业“三供一业”分离移交任务全面完成；处置国有“僵尸企业”180户。营商环境持续改善。“放管服”改革不断深化，覆盖全省的“互联网+政务服务”体系有序推进；省直部门行政职权精简17.7%。“证照分离”“多证合一”改革在全省推开，376项证照实现即办即取。“双随机、一公开”监管全面推行。开展“办事难”专项整治，清理证明事项530项，清理偿还政府欠款194亿元。为重大项目配备“项目管家”。落实减税降费政策，减免税费1390亿元。工商企业用电成本降低41亿元。

（三）消费价格上升，生产价格涨幅回落

2018年，辽宁省居民消费价格（CPI）上涨2.5%，涨幅较上年提高1.1个百分点。年初以来同比数据持续小幅上涨，环比数据连续多月正增长，主要是受部分食品价格、医疗保健价格因素影响。2018年，鸡蛋价格上涨12.9%，鲜菜价格上涨7.1%，鲜瓜果价格上涨8.9%，医疗保健价格上涨11.1%。

2018年以来，由于原材料价格增速放缓，辽宁省工业生产者出厂价格（PPI）涨幅呈现逐渐回落趋势，全年PPI上涨4.8%，涨幅较上年回落3.3个百分点。

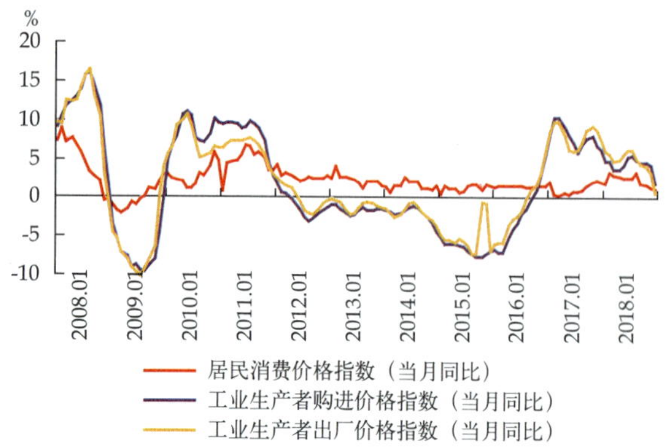

数据来源：《中国经济景气月报》。

图12　2008~2018年辽宁省居民消费价格指数和工业生产者价格指数变动趋势

（四）财政收入增速提升，社会保障和民生支出占比过半

2018年，辽宁省一般公共预算收入2 616亿元，同比增长9.3%，增速较上年提高0.7个百分点。其中，税收收入1 976亿元，增长9.0%；非税收入640亿元，增长10.3%。

一般公共预算支出5 323.6亿元，同比增长9.1%，增速较上年提高3.3个百分点。全年财政支出增速呈“N”字形。与社会保障和民生相关的教育、社会保障与就业、城乡社区、医疗卫生等项目的支出占比接近55%。其中，社会保障和就业支出1 457.7亿元，占比超过1/4，占财政支出比重最大。

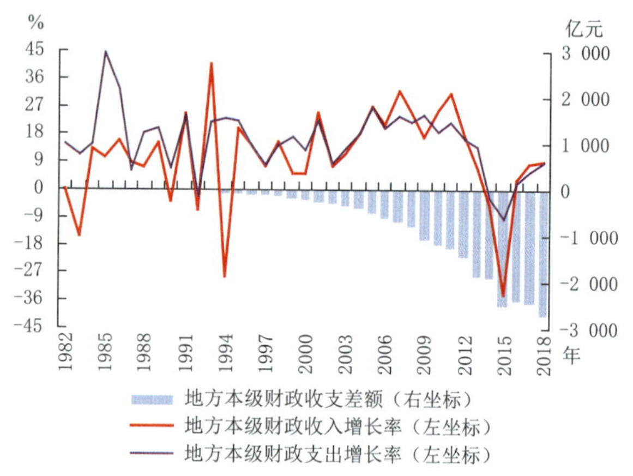

数据来源：《中国统计摘要》。

图13　1982~2018年辽宁省财政收支状况

（五）先进装备制造业稳步发展

一是目标进一步明确。2018年，辽宁省确定了100个重点推进的智能制造及智能服务试点示范项目。印发《辽宁省建设具有国际竞争力的先进装备制造业基地工程实施方案》，明确八大重点发展领域和到2020年辽宁省装备制造业发展目标。二是拉动经济作用明显。2018年，全省规模以上装备制造业增加值比上年增长9.4%，增幅同比扩大2个百分点，高于工业增速5个百分点，占规模以上工业增加值的比重达到27.4%。其中，计算机、通信和其他电子设备制造业增加值增长30.0%，专用设备制造业增加值增长11.6%，汽车制造业增加值增

长10.2%，通用设备制造业增加值增长3.3%。三是高端化进程加快。2018年，全省规模以上高技术制造业增加值比上年增长19.8%，新能源汽车产量增长4.7倍，工业机器人产量增长18%，城市轨道车辆产量增长14.1%，光缆产量增长12.5%。沈鼓集团、新松机器人、大连冷冻机公司获批国家高端装备制造业标准化试点。锦州汉拿电机、鞍钢股份、大连中远海运川崎3家企业各有项目成为国家智能制造业试点示范项目。

（六）房地产市场总体平稳

2018年，辽宁省房地产开发投资等先行指标同比增长较快，新开工房屋面积回升。

1. 房地产开发投资明显上升，房地产开发贷款余额同比上升，个人住房贷款余额保持快速增长。2018年，房地产开发投资2 599.3亿元，同比增长13.5%，增速较上年提高4.2个百分点。2018年末，辽宁省房地产贷款余额10 105.6亿元，同比增长11.9%。其中，房地产开发贷款余额2 931.1亿元，比年初增加118.3亿元，同比上升4.2%；个人住房贷款余额6 578.2亿元，比年初增加888.0亿元，增长15.6%。

2. 房屋竣工面积下降，但新开工面积回升。2018年，辽宁省房屋施工面积24 216.8万平方米，同比下降6.5%，降幅同比扩大4.8个百分点。其中，房屋竣工面积2 273.9万平方米，同比下降18.5%，降幅同比扩大21.4个百分点；新开工面积3 961.7万平方米，同比上升4.1%，增速同比提高2.1个百分点。

3. 全省房地产销售量有所下滑，销售价格上行。新建商品房销售面积3 934.6万平方米，同比减少5.2%。其中，新建住宅销售面积3 554.8万平方米，同比减少6.4%。从国家统计局对房地产价格的监测情况看，2018年各月，沈阳、大连、丹东、锦州新建住宅销售价格同比涨幅总体呈上升走势，12月四座城市同比涨幅均超过10%。

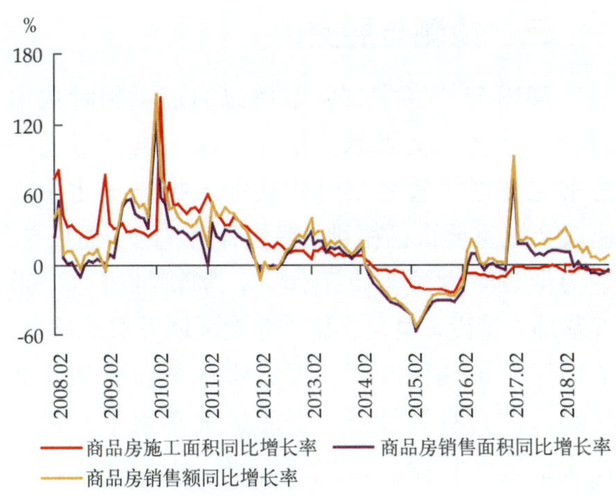

数据来源：《中国经济景气月报》。

图14　2008~2018年辽宁省商品房施工和销售变动趋势

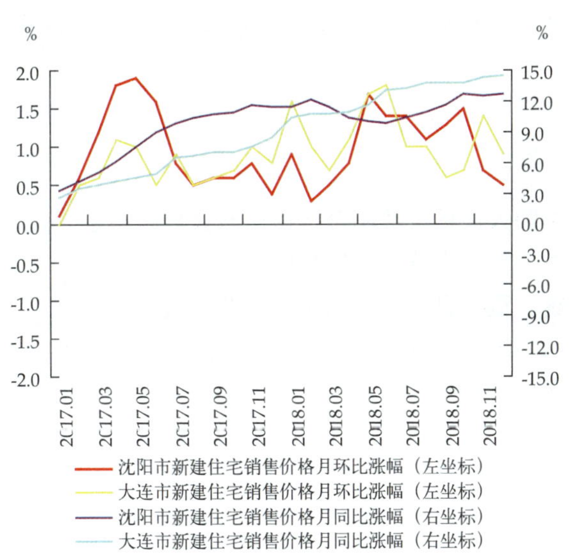

数据来源：《中国经济景气月报》。

图15　2017~2018年辽宁省主要城市新建住宅销售价格变动趋势

4. 首套房贷款利率趋升。2018年初，沈阳、大连、丹东相继出台限贷、限购、限售等政策，商业银行逐渐收紧房贷，同时将首套房利率水平上调。受此影响，2018年上半年首套房贷款利率逐渐走高，在6月达到较基准利率上浮9.6%；下半年首套房贷款利率继续上扬，浮动幅度基本维持在上浮10%~11%水平。

三、预测与展望

2019年，辽宁省将坚持以习近平新时代中国特色社会主义思想为指导，深入贯彻习近平总书记在辽宁省考察时和在深入推进东北振兴座谈会上重要讲话精神，聚焦补齐“四个短板”，全力做好“六项重点工作”，加快推进“一带五基地”建设，深入实施“五大区域发展战略”，全面深化市场化改革，深入实施创新驱动发展战略，扩大有效投资，全面扩大高水平开放，扎实推进乡村振兴，持续打好三大攻坚战，强化统筹协调联动，着力加强社会建设和民生保障。但受全球主要发达经济体经济增速放缓、贸易保护主义等因素影响，外贸和利用外资仍存在一定不确定性；旧的经济结构换代升级尚处于进行时，经济增长新动能尚未形成。总体看，辽宁省经济走出了最困难时期，2019年辽宁省经济有望保持回升态势，同时面临的环境可能更复杂、不确定性更大、风险挑战更多；随着供给侧结构性改革深入推进，地区经济将向高质量发展迈进。

金融部门将落实稳健的货币政策要求，在保持存贷款和社会融资规模合理增长的同时，着力支持供给侧结构性改革，疏通货币政策传导机制，加大对实体经济支持力度，重点加大对高质量制造业、绿色发展、精准扶贫、乡村振兴、民营和小微企业等国民经济重点领域和薄弱环节，以及辽宁省重要发展战略的支持力度。落实宏观审慎管理要求，合理配置金融资源，提高金融运行效率和服务实体经济的能力。加强信息共享和监测分析，切实防范化解金融风险。

中国人民银行沈阳分行货币政策分析小组

总　纂：朱苏荣　宋慧中

统　稿：尹　久　陈宁波　苏婵媛

执　笔：宋杭倩　陈庆海　高新宇　马　笛　刘承洋　卢　笙　孔令儒

提供材料的还有：于松涛　张　博　李丽丽　边　赛　年海石　侯一明　张　晗　张　帆　王均文
韩　睿　王姚瑶　崔　冬　张　冰　邓吉宁　张晓玲　孙　洋　李璐媚　杨光伟

附录

（一）2018年辽宁省经济金融大事记

1月25日，经国家外汇管理局批准，国家外汇管理局辽宁省分局制定《推进中国（辽宁）自由贸易试验区外汇管理改革试点实施细则》，从经常项目、资本项目和外汇市场业务三大领域提出外汇管理支持自贸区建设的具体举措。

3月25日，沈阳浑南现代有轨电车全线开通银联IC卡、手机闪付和银联行业二维码受理功能，标志在全省各商业银行、银联和非银行支付机构共同努力下，辽宁省移动支付便民示范工程取得阶段性成果。

3月29日，辽宁省政府新闻办举行中国（辽宁）自由贸易试验区周年建设新闻发布会。截至3月20日，辽宁自贸区共新增注册企业24 829家，注册资本3 626.1亿元。

6月21日，由中国人民银行沈阳分行、辽宁自贸区沈阳片区管委会共同主办的沈阳自贸区"金融岛"融资租赁业研讨会暨项目对接会在沈阳召开，国内融资租赁业知名专家学者、行业带头人围绕融资租赁业发展作主题演讲和交流。

8月9日，中国人民银行沈阳分行召开辽宁省二代征信系统建设启动电视会议，详细介绍二代征信系统试运行期和一二代征信系统切换期的征信数据质量管理、征信查询服务、机构和用户管理等业务策略。

9月10日，辽宁省政府与国家开发银行在沈阳签署《共同推进辽宁老工业基地全面振兴开发性金融战略合作协议》。

11月6日，根据《辽宁省机构改革方案》，辽宁省地方金融监管局正式挂牌。辽宁省地方金融监管局作为省政府直属部门，整合了辽宁省政府金融工作办公室，以及辽宁省商务厅的典当行、融资租赁公司、商业保理公司监管职责，并不再保留辽宁省政府金融工作办公室。

11月21日，中国人民银行沈阳分行召开加强民营和小微企业金融服务电视电话会议，全省20家国有大型商业银行、股份制商业银行及144家地方法人金融机构参加会议。

12月8日，辽宁省加快民营企业发展大会在沈阳召开。会议深入学习贯彻习近平总书记在民营企业座谈会上重要讲话精神，全力推动辽宁省民营企业蓬勃发展。辽宁省委书记、省人大常委会主任陈求发主持会议并讲话，辽宁省委副书记、省长唐一军出席会议并讲话。

12月17日，中国银行保险监督管理委员会辽宁监管局举行揭牌仪式。辽宁银保监局筹备组组长文振新及其他筹备组成员为辽宁银保监局揭牌。原辽宁银监局、辽宁保监局机关各部门代表、各分局主要负责人参加揭牌仪式。

（二）2018 年辽宁省主要经济金融指标

表 1　2018 年辽宁省主要存贷款指标

		1 月	2 月	3 月	4 月	5 月	6 月	7 月	8 月	9 月	10 月	11 月	12 月
本外币	金融机构各项存款余额（亿元）	54 861	55 116	55 478	55 651	56 136	57 342	56 791	57 511	57 611	57 893	58 420	59 016
	其中：个人存款	28 082	28 699	29 127	28 861	29 015	29 404	29 520	29 763	30 219	30 325	30 723	31 312
	单位存款	14 211	13 760	14 145	14 215	14 332	14 810	14 481	15 013	15 159	15 327	15 476	15 939
	各项存款余额比上月增加（亿元）	611	256	362	173	485	1 207	-551	720	100	282	527	596
	金融机构各项存款同比增长（%）	7.3	5.7	4.4	4.9	6.2	7.3	6.0	6.7	7.0	6.5	7.6	8.8
	金融机构各项贷款余额（亿元）	41 995	42 362	42 672	42 995	43 333	43 633	43 965	44 117	44 566	44 721	44 769	44 985
	其中：短期	15 955	16 073	16 294	16 458	16 393	16 421	16 285	16 065	16 014	15 894	15 666	15 422
	中长期	23 677	23 918	24 053	24 235	24 473	24 696	24 955	25 098	25 483	25 723	25 874	26 084
	票据融资	1 717	1 741	1 698	1 640	1 775	1 828	2 016	2 213	2 365	2 380	2 499	2 784
	各项贷款余额比上月增加（亿元）	677	367	310	324	338	300	332	151	449	155	48	216
	其中：短期	119	119	220	165	-65	28	-136	-220	-51	-119	-228	-244
	中长期	393	241	135	182	238	223	259	143	385	240	151	209
	票据融资	115	25	-44	-58	135	53	188	198	151	15	119	285
	金融机构各项贷款同比增长（%）	7.0	7.5	7.3	7.2	7.7	7.4	7.9	8.0	9.0	9.2	8.2	9.0
	其中：短期	10.0	9.5	9.3	9.2	7.0	4.1	3.0	1.3	0.5	0.3	-2.0	-2.5
	中长期	7.8	8.2	8.1	7.7	8.9	10.0	10.4	11.0	12.4	12.6	11.5	12.0
	票据融资	-21.7	-15.4	-14.9	-15.2	-1.6	1.8	19.0	26.5	41.6	46.1	58.2	73.8
	建筑业贷款余额（亿元）	1 257	1 266	1 272	1 259	1 307	1 344	1 357	1 381	1 416	1 450	1 468	1 425
	房地产业贷款余额（亿元）	2 123	2 151	2 142	2 177	2 224	2 216	2 254	2 273	2 332	2 315	2 382	2 459
	建筑业贷款同比增长（%）	12.5	13.1	11.9	8.0	9.2	10.6	11.1	11.2	14.0	18.7	19.4	17.6
	房地产业贷款同比增长（%）	-8.6	-8.1	-8.6	-7.1	-4.6	-1.0	0.9	3.4	8.0	6.8	9.9	15.4
人民币	金融机构各项存款余额（亿元）	53 824	54 090	54 489	54 662	55 196	56 340	55 806	56 538	56 668	56 959	57 462	58 118
	其中：个人存款	27 721	28 332	28 761	28 495	28 645	29 026	29 138	29 388	29 848	29 955	30 356	30 948
	单位存款	13 600	13 164	13 599	13 653	13 814	14 249	13 945	14 484	14 646	14 825	14 948	15 470
	各项存款余额比上月增加（亿元）	596	266	399	174	534	1144	-534	732	130	291	503	656
	其中：个人存款	310	611	429	-266	150	380	113	249	461	106	402	592
	单位存款	-76	-435	435	54	161	436	-304	539	162	178	124	522
	各项存款同比增长（%）	7.3	5.8	4.6	5.1	6.5	7.6	6.2	7.0	7.3	6.5	8.0	9.2
	其中：个人存款	6.6	7.8	7.7	8.1	8.5	8.0	9.5	10.2	10.5	11.2	12.4	13.0
	单位存款	4.0	0.2	0.7	1.2	5.0	4.9	3.6	7.7	9.4	8.3	10.2	10.5
	金融机构各项贷款余额（亿元）	40 762	41 174	41 492	41 786	42 125	42 394	42 701	42 874	43 385	43 562	43 637	43 908
	其中：个人消费贷款	6 750	6 808	6 876	6 931	6 993	7 081	7 168	7 237	7 325	7 402	7 481	7 525
	票据融资	1 717	1 741	1 698	1 640	1 775	1 828	2 016	2 213	2 365	2 380	2 499	2 784
	各项贷款余额比上月增加（亿元）	687	413	318	293	339	269	308	173	510	177	75	271
	其中：个人消费贷款	106	58	68	55	62	89	87	69	88	77	79	44
	票据融资	115	25	-44	-58	135	53	188	198	151	15	119	285
	金融机构各项贷款同比增长（%）	7.7	8.3	8.2	7.9	8.5	7.9	8.3	8.4	9.6	9.8	8.8	9.6
	其中：个人消费贷款	20.3	20.2	19.3	18.9	17.8	16.5	16.5	15.8	14.8	14.3	13.6	13.3
	票据融资	-21.7	-15.4	-14.9	-15.2	-1.6	1.8	19.0	26.5	41.6	46.1	58.2	73.8
外币	金融机构外币存款余额（亿美元）	164	162	157	156	146	152	145	143	137	134	138	131
	金融机构外币存款同比增长（%）	15.3	10.3	2.2	1.9	-5.5	-2.2	-5.6	-9.2	-12.7	-16.7	-15.3	-16.2
	金融机构外币贷款余额（亿美元）	195	188	188	191	188	187	185	182	172	166	163	157
	金融机构外币贷款同比增长（%）	-5.5	-7.1	-10.3	-7.8	-7.2	-5.4	-4.9	-7.6	-10.1	-13.3	-15.0	-15.6

数据来源：中国人民银行沈阳分行。

表 2 2001~2018 年辽宁省各类价格指数

单位：%

	居民消费价格指数		农业生产资料价格指数		工业生产者购进价格指数		工业生产者出厂价格指数	
	当月同比	累计同比	当月同比	累计同比	当月同比	累计同比	当月同比	累计同比
2001	—	0.0	—	0.5	—	0.0	—	-1.4
2002	—	-1.1	—	1.7	—	-1.7	—	-2.2
2003	—	1.7	—	-1.6	—	5.1	—	3.6
2004	—	3.5	—	13.3	—	21.1	—	7.1
2005	—	1.4	—	10.0	—	8.1	—	5.1
2006	—	1.2	—	0.5	—	4.2	—	4.1
2007	—	5.1	—	14.2	—	4.8	—	4.4
2008	—	4.6	—	28.1	—	11.5	—	10.9
2009	—	0.0	—	-3.3	—	-6.7	—	-6.0
2010	—	3.0	—	3.7	—	8.6	—	7.4
2011	—	5.2	—	12.8	—	8.3	—	6.5
2012	—	2.8	—	6.9	—	-1.0	—	-0.1
2013	—	2.4	—	-0.1	—	-1.5	—	-1.0
2014	—	1.7	—	-1.1	—	-2.0	—	-1.8
2015	—	1.4	—	-0.5	—	-6.5	—	-6.1
2016	—	1.6	—	0.3	—	-2.1	—	-1.2
2017	—	1.4	—	0.3	—	8.0	—	8.1
2018	—	2.5	—	1.8	—	4.5	—	4.8
2017 1	2.3	2.3	2.3	2.3	8.4	8.4	8.7	8.7
2	0.6	1.4	2.0	2.2	10.4	9.4	9.9	9.3
3	0.5	1.1	1.8	2.0	10.4	9.7	9.9	9.5
4	0.7	1.0	1.1	1.8	9.3	9.6	8.1	9.2
5	0.6	0.9	-0.2	1.4	8.1	9.3	6.4	8.6
6	0.9	0.9	-1.2	1.0	7.2	8.9	6.2	8.2
7	0.9	0.9	-1.4	0.6	5.9	8.5	6.3	7.9
8	1.2	1.0	-0.5	0.5	7.0	8.3	7.4	7.9
9	1.7	1.0	-0.1	0.4	7.8	8.3	8.8	8.0
10	2.2	1.2	-0.1	0.4	8.1	8.2	9.4	8.1
11	2.4	1.3	0.1	0.3	6.9	8.1	8.9	8.2
12	2.3	1.4	0.1	0.3	6.3	8.0	7.6	8.1
2018 1	2.0	2.0	-0.1	-0.1	5.0	5.0	6.1	6.1
2	3.5	2.8	-0.2	-0.2	4.9	5.0	5.8	6.0
3	3.1	2.9	0.6	0.1	3.8	4.6	5.0	5.7
4	2.9	2.9	0.9	0.3	3.8	4.4	5.1	5.5
5	2.8	2.9	1.8	0.6	4.3	4.3	5.8	5.6
6	2.7	2.8	2.7	0.9	5.4	4.5	6.3	5.7
7	2.8	2.8	3.0	1.2	5.7	4.7	6.4	5.8
8	3.4	2.9	2.8	1.4	5.1	4.7	5.3	5.7
9	2.0	2.8	2.7	1.6	4.7	4.7	4.5	5.6
10	1.8	2.7	3.1	1.7	4.7	4.7	4.2	5.4
11	1.5	2.6	2.5	1.8	4.3	4.7	3.3	5.2
12	1.3	2.5	1.5	1.8	2.0	4.5	0.7	4.8

数据来源：《中国经济景气月报》、辽宁省统计局。

表3　2018年辽宁省主要经济指标

	1月	2月	3月	4月	5月	6月	7月	8月	9月	10月	11月	12月
	绝对值（自年初累计）											
地区生产总值（亿元）	—	—	5 125.0	—	—	11 383.3	—	—	18 012.4	—	—	25 315.4
第一产业	—	—	265.9	—	—	745.8	—	—	1 218.7	—	—	2 033.3
第二产业	—	—	1 984.5	—	—	4 472.0	—	—	7 117.5	—	—	10 025.1
第三产业	—	—	2 874.6	—	—	6 165.5	—	—	9 676.1	—	—	13 257.0
工业增加值（亿元）	—	—	—	—	—	—	—	—	—	—	—	—
固定资产投资（亿元）	—	—	1 107.7	1 734.3	2 473.6	3 539.1	4 093.2	4 678.4	—	—	—	—
房地产开发投资	—	119.8	388.5	651.8	971.6	1 364.5	1 616.7	1 883.5	2 169.2	2 365.3	2 502.2	2 599.3
社会消费品零售总额（亿元）	—	2 354.5	3 461.9	4 533.9	5 727.1	6 903.5	8 081.5	9 292.8	10 460.4	11 690.0	12 895.1	14 142.8
外贸进出口总额（亿元）	645.7	1 110.9	1 665.8	2 278.5	2 902.8	3 554.6	4 187.7	4 834.5	5 491.4	6 215.6	6 872.9	7 545.9
进口	352.9	615.4	946.3	1 296.2	1 654.7	2 016.0	2 362.3	2 735.9	3 112.7	3 559.4	3 936.9	4 331.0
出口	292.8	495.5	719.5	982.3	1 248.1	1 538.6	1 825.4	2 098.7	2 378.7	2 656.2	2 936.0	3 214.9
进出口差额（出口－进口）	-60.1	-119.9	-226.8	-313.8	-406.6	-477.4	-536.9	-637.2	-734.1	-903.2	-1 000.8	-1 116.0
实际利用外资（亿美元）	—	6.6	12.6	—	—	32.1	34.8	—	40.9	43.2	—	49.0
地方财政收支差额（亿元）	—	-231.7	-491.4	-623.7	-799.4	-1 075.0	-1 166.3	-1 291.3	-1 553.9	-1 688.1	-1 869.8	-2 707.7
地方财政收入	—	170.9	691.7	923.9	1 159.3	1 390.7	1 619.8	1 818.5	2 019.7	2 243.5	2 421.4	2 616.0
地方财政支出	—	402.6	1 183.2	1 547.6	1 958.8	2 465.7	2 786.1	3 109.8	3 573.6	3 931.6	4 291.1	5 323.6
城镇登记失业率（%）（季度）	—	—	—	—	—	—	—	—	—	—	—	
	同比累计增长率（%）											
地区生产总值	—	—	5.1	—	—	5.6	—	—	5.4	—	—	5.7
第一产业	—	—	2.8	—	—	3.2	—	—	3.5	—	—	3.1
第二产业	—	—	7.3	—	—	8.2	—	—	7.3	—	—	7.4
第三产业	—	—	3.9	—	—	4.2	—	—	4.2	—	—	4.8
工业增加值	—	8.1	8.5	9.3	10.5	10.3	10.1	9.9	9.7	9.9	9.7	9.8
固定资产投资	—	8.2	4.3	9.8	12.6	12.1	10.4	7.8	4.8	3.7	3.3	3.7
房地产开发投资	—	-16.5	-1.3	8.5	16.1	15.5	13.9	12.0	10.9	9.9	10.7	13.5
社会消费品零售总额	—	7.2	7.8	8.0	8.0	7.9	7.8	7.6	7.4	7.2	7.0	6.7
外贸进出口总额	11.3	2.8	-1.2	1.9	4.3	6.0	6.4	7.9	9.0	12.3	11.8	11.8
进口	25.1	2.3	1.1	3.3	6.0	7.8	8.0	10.6	12.0	17.0	16.6	16.8
出口	-1.7	3.4	-4.0	0.0	2.1	3.7	4.4	4.5	5.3	6.5	5.9	5.7
实际利用外资	—	6.1	8.4	—	—	14.1	15.3	—	10.9	-0.2	—	8.2
地方财政收入	—	5.9	9.4	9.6	9.9	10.1	10.0	10.7	10.0	9.1	9.0	9.3
地方财政支出	—	2.2	6.1	9.5	10.8	6.6	5.5	4.9	5.1	6.0	5.1	9.1

数据来源：《中国经济景气月报》、辽宁省统计局。

吉林省金融运行报告（2019）

中国人民银行长春中心支行货币政策分析小组

[内容摘要] 2018年，吉林省坚持稳中求进工作总基调，积极贯彻新发展理念，全面深化改革开放，统筹推进“五位一体”总体布局，协调推进“四个全面”战略布局，经济运行稳中有进，质量效益不断改善，高质量发展取得新进展，经济运行克服下行压力，在底部趋稳回升。需求侧管理于困境中砥砺奋进，投资和消费需求增势趋缓，外贸有所好转；供给侧结构性改革深入推进，新旧动能转换取得新进展，三次产业结构继续优化，服务业比重提高明显；全面振兴全方位振兴迈出新步伐，决胜全面建成小康社会取得新的重大进展。全年实现地区生产总值15 074.6亿元，同比增长4.5%。

具体来看，一是内需增长动力仍显不足，外贸形势稳中有进。固定资产投资小幅增长，投资完成额同比增长1.6%，其中，基础设施和制造业投资有所下降，房地产业因需求改善投资大幅增长，民间投资相对稳定。消费需求继续趋缓，社会消费品零售总额增速同比回落2.7个百分点。受全球经济温和复苏、国际市场需求回暖以及大宗商品价格企稳等因素影响，进出口总值同比增长8.6%。二是产业结构积极调整，新旧动能加速转换。农业生产基本稳定，农业增加值同比增长2.0%，粮食总产量连续6年保持在700亿斤的较高水平。工业经济稳中略降，规模以上工业增加值同比增长5%。服务业发展较快，增速高于地区生产总值1.0个百分点，对经济增长的贡献率达到51.3%。过剩产能有效压减，企业交易费用和税收负担有所减轻。三是消费价格整体平稳，工业生产者价格涨幅收窄。居民消费价格温和上涨，累计上涨2.1%，保持在3%的控制区间内。生产价格涨幅有所收窄，工业生产者出厂价格指数累计同比上升2.8%，同比涨幅下降0.3个百分点。四是财政收入可持续性增强，重点领域和民生支出得到有力保障。财政收入同比增长2.5%，税收收入占地方级收入比重提高1.4个百分点，达到71.9%，财政收入的稳定性、可持续性有所增强。优先保障稳定经济增长、“三大攻坚战”等重点支出，连续12年将新增财力的70%以上用于教育、社保、医疗等民生领域。五是房地产市场形势平稳，医药产业呈较快增长态势。随着城镇化的推进，购房需求有所增加，商品房销售面积较快增长，商品房销售均价涨幅较上年扩大4个百分点。具有区域特色的医药产业发展呈平稳较快增长态势，规模以上医药产业增加值增长13.2%，增速比整个工业高8.2个百分点，重大医药建设项目进展顺利，新药研发取得明显成效。

吉林省金融部门认真贯彻落实稳健的货币政策，积极聚焦实体经济和人民生活改进金融服务，为实体经济发展和供给侧结构性改革营造适宜的货币金融环境，有效助推经济高质量发展。

具体来看，一是银行业发展稳中有进，信贷投放重点突出。本外币贷款增长低位回升，同比增长5.5%，增量和增速均高于上年水平，扭转了2016年以来贷款增速持续下滑的不利局面。贷款主要投向补短板的小微企业、战略新兴产业、棚户区改造等重点领域和薄弱环节，信贷投放结构趋于优化，有力助推地方经济转型升级。本外币存款增长继续放缓，同比增长1.7%，住户存款和广义政府存款增加1 193.5亿元；受表外业务增速下降等因素影响，企业定期存款和非银行业金融机构存款减少833.5亿元。二是表外业务稳中有降，银行机构定价能力不断提升。地方法人金融机构同业业务呈持续收缩态势，同业负债同比减少22.2%。银行机构健全以市场供求为基础的利率定价机制，定价能力不断提升，地方法人金融机构利率定价管理体制和运行机制逐步完善。三是信贷资产质量基本稳定，跨境人民币业务稳步发展。银行业机构积极通过现金清收、贷款重组、债转股等方式积极化解不良资产，不良贷款余额和不良贷款率保持稳定。银行机构坚持“本币优先”原则，积极为1 492家企业办理跨境人民币结算业务，占实际发生进出口业务企业总数的82.8%。全年累计办理跨境人民币业务334.1亿元，同比增长11.1%，对俄、对韩跨境人民币结算业务快速发展。四是证券业发展有所趋缓，融资量明显减少。机构数量持续增长，证券营业部网点基本覆盖全省9个市（州）。市场融资能力明显下降，上市公司共募集资金同比减少24%。新三板融资逐渐兴起，共有85家新三板挂牌公司。五是保险业稳步发展，农业保险发展态势较好。保险机构数稳步增加，资产总额同比增长9.2%。保费收入同比下降1.8%，保险密度2 329.4元/人，保险深度4.2%，与上年基本持平。农业保险快速发展，支农惠农水平不断提高，为3 800余户次农户提供风险保障5.2亿元，为7.7万贫困人口提供216亿元家庭财产、人身意外和重大疾病等风险保障。六是直接融资较快发展，金融市场运行稳健。社会融资规模增长继续放缓，增速较上年低2.8个百分点。直接融资发展较好，发行债务融资工具融资362.1亿元，同比增长39.3%。货币市场业务回归理性，吉林省金融机构全年在现券市场交易金额同比下降46.7%，在回购市场累计成交金额同比减少20.9%。票据业务量价齐跌，黄金市场发展明显趋缓。七是农村金融综合改革试验扎实推进，农村金融内生活力有效激发。农村金融综合改革与乡村振兴战略紧密结合，农村金融投入加大，农村金融基础设施不断完善，农村金融产品不断丰富，农村金融服务可得性和满意度持续提升。八是金融基础设施建设持续推进，金融生态环境持续改善。信用体系建设不断深入，征信系统收录1 988万自然人、16.9万企业法人信用信息。支付体系稳定运行，支付系统处理业务7.8亿笔、金额45.5万亿元，银行卡助农取款、“联银快付”等项目助推农村地区支付环境持续优化，助农取款服务点达1.3万个。金融消费权益保护切实推进，消费者纠纷处理机制建设不断健全，投诉办结率及消费者满意度均为100%。

2019年是新中国成立70周年，是决胜全面建成小康社会、加快吉林全面振兴全方位振兴的关键之年。吉林经济虽然面临企稳回升基础不牢固、结构性问题突出、营商环境需改善、深化改革任务艰巨等困难，但预计吉林全面振兴全方位振兴政策措施的深入实施以及供给侧结构性改革的进一步深化，必将为吉林经济高质量发展和转型升级提供基础和动力。2019年，吉林省将高举习近平新时代中国特色社会主义思想伟大旗帜，认真贯彻党的十九大精神，全面落实习近平总书记对东北振兴工作重要指示精神，继续打好“三大攻坚战”，进一步稳就业、稳金融、稳外贸、稳外资、稳投资、稳预期，预计地区生产总值增长5%~6%，物价涨幅控制在3%左右。

2019年，吉林省金融业将认真贯彻执行稳健的货币政策，着力优化调整信贷结构和融资结构，支持吉林省供给侧结构性改革，继续打好防范化解重大金融风险攻坚战，深化区域金融改革发展，积极改进金融管理和服务，增强金融更好地服务于实体经济和人民生活的能力，为吉林全面振兴全方位振兴和高质量发展营造适宜的货币金融环境。

一、金融运行情况

2018 年，吉林省金融运行总体平稳趋缓，银行业发展稳中有进，证券业务发展有所趋缓，保险业务稳步发展，金融市场融资功能得到发挥，信贷投放结构不断优化，持续为实体经济增长和供给侧结构性改革营造适宜的货币金融环境，有效助推实体经济高质量发展。

（一）银行业发展稳中有进，信贷投放重点突出

1. 银行业机构数量稳步增加。2018 年，吉林省银行业金融机构网点继续扩张，机构网点个数较上年增加 99 个。但受金融“去杠杆”各项政策影响，吉林省银行业资产总额、负债总额、利润总额同比分别减少 1.4%、1.6% 和 36.7%。

表 1　2018 年吉林省银行业金融机构情况

机构类别	营业网点			法人机构（个）
	机构个数（个）	从业人数（人）	资产总额（亿元）	
一、大型商业银行	1 671	40 019	9 667.2	0
二、国家开发银行和政策性银行	61	1 878	4 299.4	0
三、股份制商业银行	185	4 320	2 375.8	0
四、城市商业银行	391	9 790	3 293.8	1
五、城市信用社	0	0	0.0	0
六、小型农村金融机构	1 621	26 843	7 082.2	53
七、财务公司	2	202	1 060.5	2
八、信托公司	1	203	66.4	1
九、邮政储蓄银行	1 069	10 192	1 643.8	0
十、外资银行	2	49	16.1	0
十一、新型农村金融机构	68	5 066	777.2	68
十二、其他	2	271	493.4	2
合计	5 073	98 833	30 775.6	127

注：营业网点不包括国家开发银行和政策性银行、大型商业银行、股份制商业银行等金融机构总部数据；大型商业银行包括中国工商银行、中国农业银行、中国银行、中国建设银行和交通银行；小型农村金融机构包括农村商业银行、农村合作银行和农村信用社；新型农村金融机构包括村镇银行、贷款公司、农村资金互助社和小额贷款公司；“其他”包含金融租赁公司、汽车金融公司、货币经纪公司、消费金融公司等。

数据来源：吉林银保监局。

2. 本外币存款增长继续放缓。2018 年末，吉林省本外币各项存款余额 22 056.3 亿元，当年新增 359.4 亿元，同比增长 1.7%，增量和增速分别较上年少 182.8 亿元和低 0.9 个百分点。从存款结构看，住户存款和广义政府存款增加 1 193.5 亿元，与常年增量基本相当；企业定期存款和非银行业金融机构存款减少 833.5 亿元，主要是因为受宏观经济和资本市场低迷等因素影响，企业自有定期存款消耗较多，证券业存款减少明显。

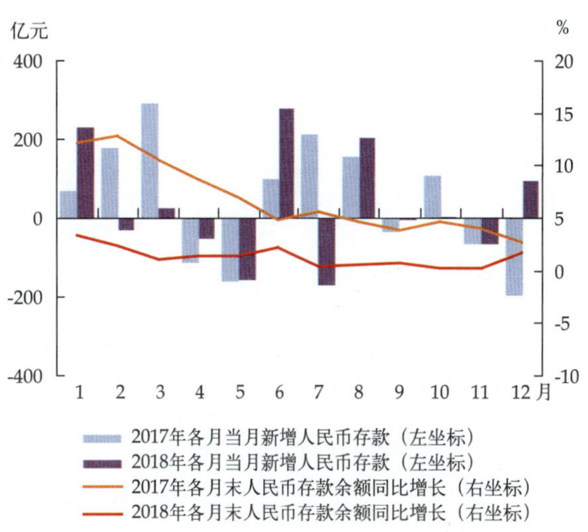

数据来源：中国人民银行长春中心支行。

图 1　2017~2018 年吉林省金融机构人民币存款增长变化

3. 本外币贷款增速低位回升。2018 年末，吉林省本外币各项贷款余额 18 993.3 亿元，当年新增 976.4 亿元，同比增长 5.5%，增量和增速分别较上年多增 176.5 亿元和高 0.9 个百分点，扭转了 2016 年以来贷款增速持续下滑的不利局面。从贷款投向看，金融机构对实体经济信贷支持力度明显加大，贷款主要投向补短板的基础设施、居民消费、小微企业、战略性新兴产业、棚户区改造等重点领域和薄弱环节，分别新增贷款 320.3 亿元、641.1 亿元、285.6 亿元、137.9 亿元和 192.8 亿元。信贷投放结构趋于优化，有力助推地方经济转型升级。

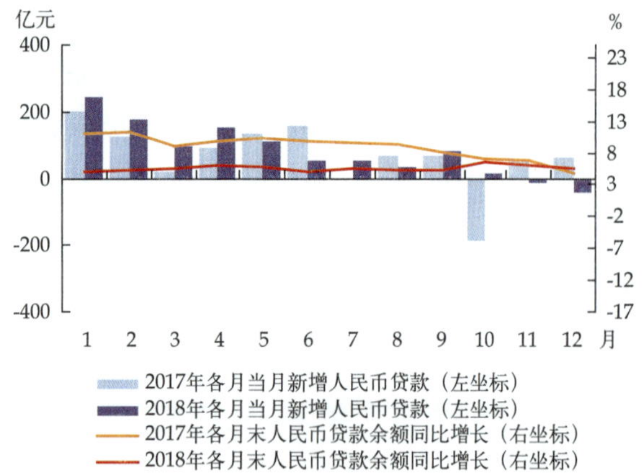

数据来源：中国人民银行长春中心支行。

图 2　2017~2018 年吉林省金融机构人民币贷款增长变化

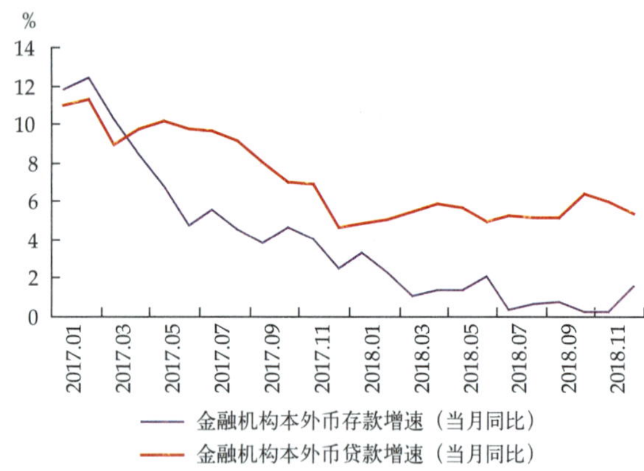

数据来源：中国人民银行长春中心支行。

图3　2017~2018 年吉林省金融机构本外币存、贷款增速变化

4. 表外业务发展稳中有降。2018 年末，吉林省存续理财产品期末资金余额 3 539.6 亿元，同比增长3.6%，高于各项存款增速1.9个百分点。其中，表外理财产品规模占比达到 32.7%，较上年同期上升 5.1 个百分点。同时，银行机构认真落实金融降杠杆的各项政策要求，资产负债结构不断优化调整，地方法人金融机构同业业务呈持续收缩态势。2018 年末，地方法人金融机构同业负债余额 1 187.6 亿元，同比减少 263.9 亿元，降幅为 22.2%。

5. 银行机构定价能力不断提升。2018 年，吉林省银行机构不断健全以市场供求为基础的利率定价机制，定价能力不断提升，银行机构间分层有序的定价格局初步形成。12 月，吉林省一般贷款加权平均年利率为 6.64%，较年初上升 0.52 个百分点；定期存款加权平均年利率为 2.94%，较年初上升 0.8 个百分点。同时，地方法人金融机构利率定价管理体制和运行机制逐步完善，全省共有 31 家银行业法人金融机构通过合格审慎评估，成为全国市场利率定价自律机制成员。

表 2　2018 年吉林省金融机构人民币贷款各利率区间占比

单位：%

月份		1 月	2 月	3 月	4 月	5 月	6 月
合计		100.0	100.0	100.0	100.0	100.0	100.0
下浮		12.7	7.5	6.5	6.7	5.6	15.1
基准		34.5	23.8	24.5	28.2	22.4	14.9
上浮	小计	52.8	68.7	69.0	65.1	72.0	70.0
	(1.0, 1.1]	9.3	14.2	13.8	20.0	21.6	16.0
	(1.1, 1.3]	16.0	15.2	16.8	10.3	13.4	12.7
	(1.3, 1.5]	10.6	11.6	13.9	12.1	13.3	15.3
	(1.5, 2.0]	14.6	22.3	20.0	19.3	18.7	22.5
	2.0 以上	2.3	5.4	4.5	3.4	5.0	3.5
月份		7 月	8 月	9 月	10 月	11 月	12 月
合计		100.0	100.0	100.0	100.0	100.0	100.0
下浮		13.1	21.2	15.8	18.1	12.1	10.3
基准		15.0	14.9	17.0	18.6	20.5	19.7
上浮	小计	71.9	63.9	67.2	63.3	67.4	70.0
	(1.0, 1.1]	14.8	21.5	18.0	14.4	13.5	15.6
	(1.1, 1.3]	16.2	13.0	18.0	12.4	12.4	13.0
	(1.3, 1.5]	11.7	9.3	10.7	11.8	16.1	13.9
	(1.5, 2.0]	24.6	15.9	17.2	19.6	19.8	24.4
	2.0 以上	4.6	4.2	3.3	5.1	5.6	3.1

数据来源：中国人民银行长春中心支行。

6. 信贷资产质量基本稳定。在当前吉林省经济下行、过剩行业“去产能”以及国有企业改革深入推进背景下，银行业机构积极通过现金清收、贷款重组、核销、批量转让、债转股等方式积极化解不良资产。2018 年末，吉林省银行业不良贷款余额和不良贷款率与上年基本持平。

7. 跨境人民币业务稳步发展。2018 年，吉林省银行机构坚持“本币优先”原则，积极为 1 492 家企业办理跨境人民币结算业务，占实际发生进出口业务企业总数的 82.8%。与吉林省发生跨境人民币实际收付业务的境外国家和地区累计达 105 个，业务量主要集中于德国和我国香港地区，占比分别为 71.2% 和 9.6%。全年累计办理跨境人民币业务 334.1 亿元，同比增长 11.1%，其中经常项下跨境人民币占经常项下本外币的 22.1%，直接投资项下跨境人民币占直接投资项下本外币的 38.5%。其中，图们江区域跨境人民币业务发展较快，全年共办理对俄跨境人民币结算业务 8.7 亿元，占对俄本外币结算的 29.7%；办理对韩跨境人民币结算业务 8.7 亿元，占对韩本外币结算的 10.6%。

专栏 1　多措并举，精准发力，切实提升民营和小微企业金融服务

为贯彻落实吉林省经济工作会议及吉林省深入推进民营经济发展大会精神，中国人民银行长春中心支行切实提升吉林省民营、小微企业金融服务水平，细化、实化、精准化工作措施，着力缓解企业融资难、融资贵问题。截至 2018 年末，吉林省民营企业有效得到信贷支持，其中私人控股企业贷款余额 4 385.1 亿元，同比增长 16.1%；小微企业贷款余额 3 668.2 亿元，同比增长 7.6%，其中，微型企业贷款余额 608.6 亿元，同比增长 22.3%。

一、加强“窗口指导”，抓好政策传导落实

中国人民银行、银保监会、证监会、发展改革委和财政部联合印发的《关于进一步深化小微企业金融服务的意见》下发后，中国人民银行长春中心支行第一时间出台落实意见，制定提升小微企业金融服务六项措施。先后两次组织召开吉林省人民银行系统小微企业金融服务工作会议，联合吉林银保监局召开深化民营与小微企业金融服务助力吉林稳增长推进会，组织省内法人金融机构召开定向降准政策落实会议，督促金融机构不断加大对吉林省民营、小微企业的信贷投放力度，推动政策落实、落地。

二、强化政策工具支持，引导扩大企业资金来源

综合运用再贷款、再贴现、存款准备金等货币政策工具。2018 年累计发放支小再贷款 54.0 亿元，是上年同期的 2.7 倍。累计办理再贴现 92.5 亿元，是上年同期的 2.0 倍。2018 年四次定向降低存款准备金率，累计增加地方法人金融机构可贷资金 150.2 亿元，增加金融机构支持民营企业、小微企业的资金来源。积极推动企业债务融资工具发行，支持吉林银行在全国银行间债券市场成功发行 20 亿元小微企业贷款专项金融债券，成为东北三省首单小微企业金融债。

三、疏通金融机构内部传导，强化提升金融服务能力

推动省内各金融机构建立健全民营和小微企业内部管理机制，建立小微企业专营模式，制定专业化政策指引及营销策略，优化贷款流程，提升服务效率。结合吉林省民营经济发展特点，因企施策创新信贷产品，探索研发“吉税贷”“接续贷”“助保贷”等民营和小微企业专属信贷产品，精准解决企业“融资难”“融资贵”问题，满足企业多样化的融资需求。其中，吉林银行 2018 年办理小微企业“接续贷”业务 32.0 亿元，为企

业客户节省过桥贷款成本4 474万元。

四、点面结合推进应收账款融资，拓宽企业融资渠道

推动金融机构积极开展应收账款融资业务，深入一汽财务公司、皓月集团等企业进行一对一宣讲，组织交通银行与皓月集团、一汽商业保理公司进行融资对接。以吉林省应收账款融资重点推进城市吉林市为着力点，在促进银政企项目对接及实现供应链核心企业系统平台对接等方面发挥示范引领作用，推动实现当地1户核心企业通过平台线上融资。截至2018年末，吉林省金融机构应收账款融资总规模近500亿元；通过中国人民银行征信中心应收账款融资服务平台累计办理应收账款融资业务723笔，成交金额161.7亿元。

五、积极开展银企对接，推动构建银企合作长效机制

会同吉林省工信厅、银保监局召开“吉林省2018年银企保对接大会”，18家省级银行与69户企业在本次对接会上签约，签约金额39.9亿元。会同吉林省市场监管厅、银保监局、金融办举办吉林省政银携手助企融资签约活动，推动10家金融机构与10户企业签约，签约金额达11.4亿元。

六、完善创业担保贷款政策，扩大小微企业优惠范围

2018年初，联合吉林省工信厅、财政厅出台《关于进一步做好创业担保贷款财政贴息工作的通知》，将当年新招用符合贷款条件人员达企业在职职工25%并签订1年以上劳动合同的小微企业纳入创业担保贷款申办范围，同时对还款积极、带动就业能力强、创业项目好的企业最多享受不超过3次的贷款贴息。截至2018年末，累计为吉林省企业发放创业担保贷款27.4亿元。

（二）证券业发展有所趋缓，融资量明显减少

1. 证券机构数量持续增长。2018年末，吉林省共有证券法人公司2家、证券分公司29家、证券营业部146家，当年新增证券公司分公司3家、证券营业部1家。吉林省共有2家期货公司和10家营业部。证券营业部网点基本覆盖全省9个市（州），网点布局渐趋合理。

2. 证券市场融资明显下降。2018年末，吉林省辖区共有上市公司41家，总股本440.8亿股，总市值2 542.8亿元，同比下降38.8%。全年上市公司共募集资金140.8亿元，同比减少24%。新三板融资逐渐兴起，共有85家新三板挂牌公司。私募基金管理人共管理私募基金102只，较上年增加2只；管理基金规模238.5亿元，较上年减少54.8亿元。

表3　2018年吉林省证券业基本情况

项目	数量
总部设在辖内的证券公司数（家）	2
总部设在辖内的基金公司数（家）	0
总部设在辖内的期货公司数（家）	2
年末国内上市公司数（家）	41
当年国内股票（A股）筹资（亿元）	140.8
当年发行H股筹资（亿元）	0.0
当年国内债券筹资（亿元）	444.0
其中：短期融资券筹资额（亿元）	181.0
中期票据筹资额（亿元）	181.0

注：当年国内股票（A股）筹资额指非金融企业境内股票融资。
数据来源：吉林证监局。

（三）保险业稳步发展，农业保险发展较快

1. 保险机构稳步发展。2018年末，总部设

在吉林省内的法人保险公司3家，省级保险分公司38家。保险从业人数24.2万人，较上年增加6.6万人。保险业总资产稳步增加，保险业资产总额为1 559.3亿元，同比增长9.2%。

2. 保险业务平稳发展。2018年，吉林省保险业实现原保险保费收入同比下降1.8%，其中财产险保费收入同比增长14.7%，人身险保费收入同比下降7.4%。保险密度2 329.4元/人，保险深度4.2%，与上年基本持平。农业保险快速发展，支农惠农水平不断提高。全年农业险保费收入20.2亿元，同比增长17.3%。为3 800余户次农户提供风险保障5.2亿元，为7.7万贫困人口提供216亿元家庭财产、人身意外和重大疾病等风险保障。

表4　2018年吉林省保险业基本情况

项目	数量
总部设在辖内的保险公司数（家）	3
其中：财产险经营主体（家）	3
人身险经营主体（家）	0
保险公司分支机构（家）	1 932
其中：财产险公司分支机构（家）	1 028
人身险公司分支机构（家）	859
保费收入（中外资，亿元）	629.9
其中：财产险保费收入（中外资，亿元）	173.4
人身险保费收入（中外资，亿元）	456.5
各类赔款给付（中外资，亿元）	192.2
保险密度（元/人）	2 329.4
保险深度（%）	4.2

数据来源：吉林银保监局。

（四）直接融资较快发展，金融市场运行稳健

1. 社会融资规模增长继续放缓。2018年末，吉林省社会融资规模存量24 629.1亿元，同比增长5.8%，增速较上年低2.8个百分点。从结构来看，贷款同比增长5.4%，表外融资同比下降12.4%，直接融资同比增长11.7%，地方政府专项债同比增长35.3%。

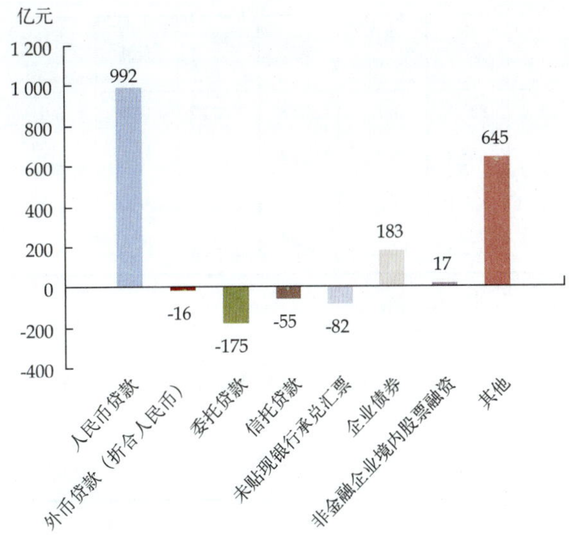

数据来源：中国人民银行长春中心支行。

图4　2018年吉林省社会融资规模分布结构

2. 直接融资发展较好。2018年，吉林省加大直接融资力度，通过资本市场发行10只公司债券，融资148.3亿元；通过银行间债券市场发行短期融资券、中期票据、定向工具等债务融资工具36期，融资362.1亿元，同比增长39.3%。

3. 货币市场业务回归理性。2018年，吉林省金融机构积极利用外部资金弥补自身资金不足，在全国银行间市场拆借成交量同比增长104.3%。债券市场经过优化调整，去杠杆效果显著。吉林省金融机构全年在现券市场交易金额2.8万亿元，同比下降46.7%；在回购市场累计成交金额12.9万亿元，同比减少20.9%。

4. 票据业务量价齐跌。2018年，吉林省票据承兑累计发生额同比下降8.8%，票据贴现累计发生额同比下降12.6%。票据市场利率呈下降态势，银行承兑汇票贴现加权平均利率运行在3.95%~5.17%区间，转贴现加权平均利率运行在3.52%~5.13%区间。

表5　2018年吉林省金融机构票据业务量统计

单位：亿元

季度	银行承兑汇票承兑		贴现			
			银行承兑汇票		商业承兑汇票	
	余额	累计发生额	余额	累计发生额	余额	累计发生额
1	727.1	371.9	337.8	423.2	10.5	0.6
2	664.2	697.4	339.2	771.2	9.6	1.2
3	678.1	1 039.1	381.9	1 245.5	9.6	1.2
4	676.5	1 382.5	387.3	2 492.1	11.8	8.0

数据来源：中国人民银行长春中心支行。

表6　2018年吉林省金融机构票据贴现、转贴现利率

单位：%

季度	贴现		转贴现	
	银行承兑汇票	商业承兑汇票	票据买断	票据回购
1	5.2	6.1	5.1	4.8
2	5.1	6.5	4.8	4.5
3	4.3	6.4	3.8	3.5
4	4.0	5.9	3.5	3.5

数据来源：中国人民银行长春中心支行。

5. 黄金市场发展明显趋缓。2018年，受黄金价格底部震荡影响，吉林省通过上海黄金交易所销售黄金量同比下降45.2%。14家商业银行开办了上海黄金交易所黄金代理业务、账户金、自营品牌金、代理品牌金、黄金积存、黄金租赁等六大类业务，全年人民币业务累计成交额59.6亿元，同比减少19.8%。

（五）农村金融综合改革试验扎实推进，有效激发农村金融内生活力

2018年，吉林省将农村金融综合改革与乡村振兴战略紧密结合，取得较好效果。全省涉农贷款余额达5 500.8亿元，其中农户贷款688亿元，同比增长5.8%，农村基础设施建设贷款630亿元，同比增长7%。积极推进“两权”抵押贷款试点工作，11个试点县设立了“两权”抵押贷款风险保障基金，总规模达4 540万元，试点地区累计发放农地抵押贷款22.3亿元，累计发放农房抵押贷款1 479万元。建立完善农村金融服务配套基础设施，累计铺设1 600多个村级基础金融服务站，组建40多家物权增信机构，建立各类农村产权流转交易基础网点600多个，为农村资源活化奠定基础条件。吉林省农业银行、邮储银行完善“三农金融事业部”体制机制，夯实服务县域和“三农”能力，当年增加105个乡镇服务网点，累计设立县域及以下网点数量3 296个，农村地区金融服务可得性和满意度持续提升。

（六）金融基础设施建设持续推进，金融生态环境持续改善

1. 信用体系建设不断深入。2018年，吉林省征信系统收录1 988万个自然人、16.9万户企业法人信用信息。全年共提供个人信用报告查询588.3万次、企业信用报告查询15.4万次。持续开展信用建档评定工作，累计为347万余户农户、5万余户中小企业建立信用档案，并结合工作实际、地区特色系统开展信用修复、信用评定工作。依托应收账款融资服务平台积极推动动产融资业务发展，应收账款融资服务平台累计注册用户986户，开通713户，当年通过平台实现融资94笔，融资金额近29亿元。不断细化完善信用联合奖惩各项制度措施，加大对守信主体支持、失信主体限制力度，促进辖区金融生态环境持续向好。

2. 支付体系稳定运行。2018年，吉林省支付系统处理业务7.8亿笔、金额45.5万亿元，在服务实体经济发展、畅通社会资金交易往来、满足社会公众支付需求等方面发挥了积极作用。银行卡受理环境不断改善，联网商户、联网POS机具数量同比分别增长2.6%和0.6%。银行卡助农取款、“联银快付”等项目助推农村地区支付环境持续优化，助农取款服务点达1.3万个，“联银快付”交易48.8万笔、金额506.6亿元。全面启动吉林省移动支付便民示范工程建设，新增云闪付用户226.6万户，占云闪

付 APP 注册用户总量的 70.8%。银行卡消费稳步增长，银行卡消费总量和人均卡消费同比分别增长 38.9% 和 40.3%。银行卡信贷规模和授信使用率持续提升，银行卡授信总额同比增长 28.9%；授信使用率 43.5%，较上年提高 2.5 个百分点。

3. 金融消费权益保护切实推进。2018 年，吉林省对 126 家金融机构金融消费权益保护工作开展了综合量化考评，对 41 家银行业金融机构、3 家支付机构及其分支机构开展了支付服务领域金融消费权益保护监督现场检查，持续提升辖内金融机构服务水平。创建吉林省“12363”电话集中接听平台，加强消费者纠纷处理机制建设，全年共受理金融消费者投诉 212 件，投诉办结率及消费者满意度均为 100%。组织开展吉林省银行业“放心消费在吉林”暨“金融安全消费行动”“3・15 金融消费者权益日”“守住钱袋子”“金融知识普及月”等宣传活动，不断提高消费者金融素养。

二、经济运行情况

2018 年，吉林省经济运行稳中有进，质量效益不断改善，高质量发展取得新进展，全面振兴全方位振兴迈出新步伐。全年实现地区生产总值 15 074.6 亿元，同比增长 4.5%，增速逐季提高，经济运行克服下行压力，在底部趋稳回升。

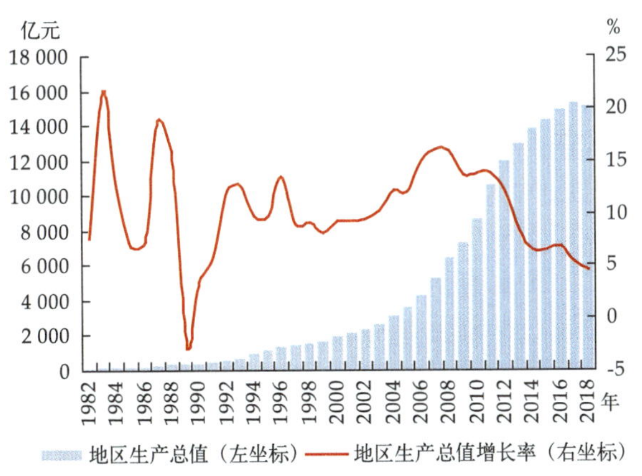

数据来源：吉林省统计局。

图 5　1982~2018 年吉林省地区生产总值及其增长率

（一）内需增长动力仍显不足，外贸形势明显好转

1. 固定资产投资小幅增长。2018 年，吉林省固定资产投资完成额同比增长 1.6%，增速逐季加快。农业和工业领域投资形势欠佳，服务业投资形势相对较好。第一、第二产业投资同比分别下降 12.5% 和 4.6%，第三产业投资同比增长 5.4%。从重点领域看，受宏观形势影响，基础设施和制造业投资有所下降，房地产业因需求回升投资大幅增加，民间投资相对稳定。基础设施投资同比下降 9.2%；制造业投资同比下降 3.8%；房地产开发投资 1 175.9 亿元，同比增长 29.2%；民间投资规模同比增长 1.3%，占全部投资的比重为 57.1%。

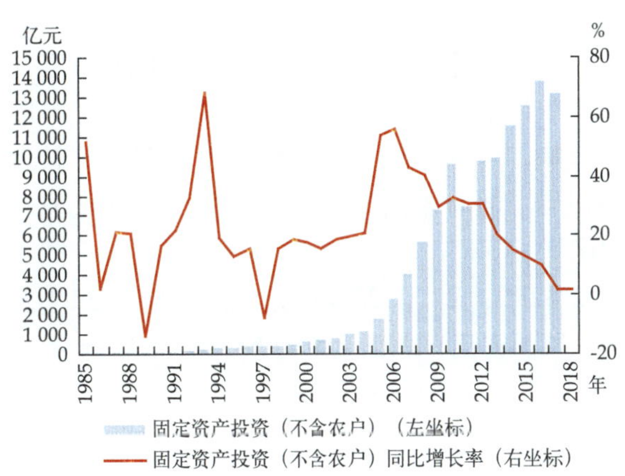

数据来源：吉林省统计局。

图 6　1985~2018 年吉林省固定资产投资（不含农户）及其增长率

2. 消费需求增长继续趋缓。2018 年，吉林省社会消费品零售总额同比增长 4.8%，增速同比回落 2.7 个百分点。其中，城镇消费增长 4.8%，乡村消费增长 4.9%。从消费形态看，商品零售业零售额同比增长 4.6%，低于上年同期增速 2.2 个百分点；餐饮业零售额同比增长 6.5%，低于上年同期增速 6 个百分点。从主要销售商品看，限额以上穿类商品销售增速基本稳定，同比增长 0.1%，吃类、用类商品销售增速下降幅度较大，同比分别下降 6.7% 和 3.3%，

分别低于上年同期增速 6.6 个和 6.6 个百分点。

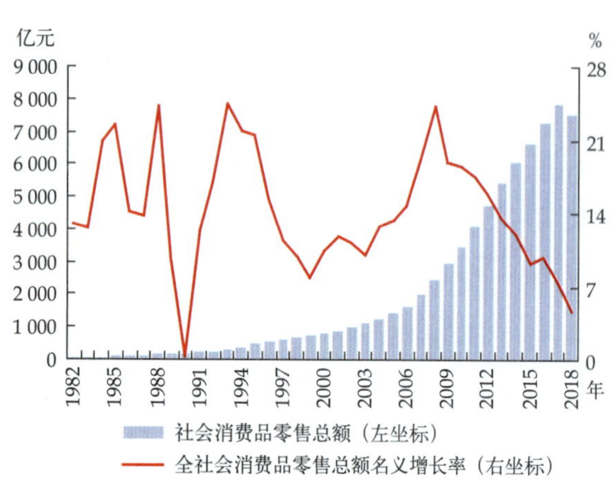

数据来源：吉林省统计局。

图 7　1982~2018 年吉林省社会消费品零售总额及其增长率

3. 进出口稳中有进。受全球经济温和复苏、国际市场需求回暖以及大宗商品价格企稳等因素影响，吉林省进出口形势较上年明显好转。2018 年，吉林省实现进出口总值 1 362.8 亿元，同比增长 8.6%。其中，进口 1 037.0 亿元，同比增长 8.5%；出口 325.8 亿元，同比增长 8.8%。一般贸易占出口总额比重为 68.5%，较上年提高 0.2 个百分点。对外经济合作稳步推进，外商直接投资 4.4 亿美元，同比下降 9.7%。

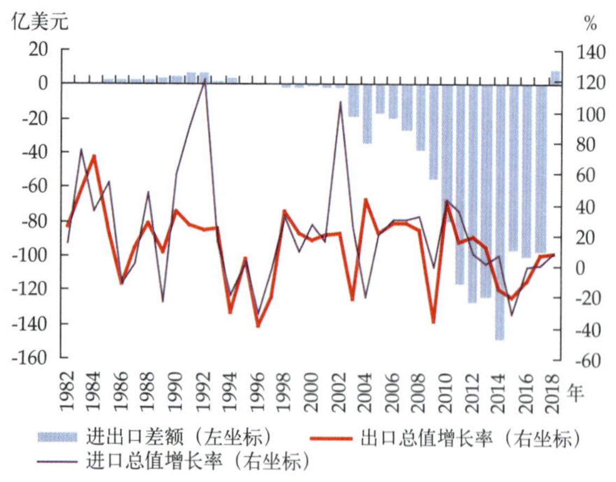

数据来源：吉林省统计局。

图 8　1982~2018 年吉林省外贸进出口变动情况

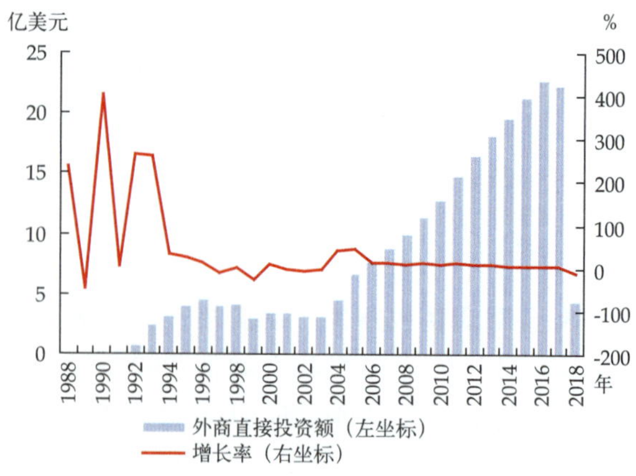

数据来源：吉林省统计局。

图 9　1988~2018 年吉林省外商直接投资额及其增长率

（二）产业结构积极调整，新旧动能加速转换

2018 年，吉林省三大产业结构由上年的 9.3 : 45.9 : 44.8 调整为 7.7 : 42.5 : 49.8，服务业比重提高了 5.0 个百分点，产业结构呈现积极变化。

1. 农业生产基本稳定。2018 年，吉林省实现农业增加值 1 204.8 亿元，同比增长 2.0%，较上年回落 1.3 个百分点。粮食播种面积稳中小增 84.1 万亩，粮食总产量连续 6 年保持在 700 亿斤的较高水平。农村产业结构调整积极推进，园艺特产业生产总体形势较好，设施园艺加快发展，新建各类棚室 32.4 万亩，棚室蔬菜产量 515 万吨，同比增长 6.2%。国家新落实吉林省乙醇指标 210 万吨、纤维素乙醇 13 万吨，拉动粮食加工业回暖。酒精集团和中粮生化分别实现销售收入 65 亿元和 40 亿元，分别同比增长 30% 和 3%。

2. 工业经济稳中略降。2018 年，吉林省规模以上工业增加值同比增长 5%，增速较第一季度、上半年分别提高 3.8 个和 3.0 个百分点，与前三季度持平，较上年略回落 0.5 个百分点。重点产业支撑作用突出，列入产业跃升计划的八大重点产业增加值同比增长 6.1%，增速比全省规模以上工业高 1.1 个百分点。其中，汽车制造、医药、能源、纺织行业分别增长14.5%、13.2%、20.7%和12.2%；石油化工、食品、信息、冶金建材产业分别下降0.7%、0.8%、2.5%和0.2%。从主要产品产量看，原油、中成药、化学纤维、钢材产量分别增长1.4%、9.3%、1.7%和36.7%。规模以上工业企业主营业务收入同比增长3.9%，实现利润总额同比增长10.7%，主营业务利润率为6.0%，较上年提高0.4个百分点。新兴产业迅速成长，高技术产业增加值增长14.5%，增速比规模以上工业快9.5个百分点。

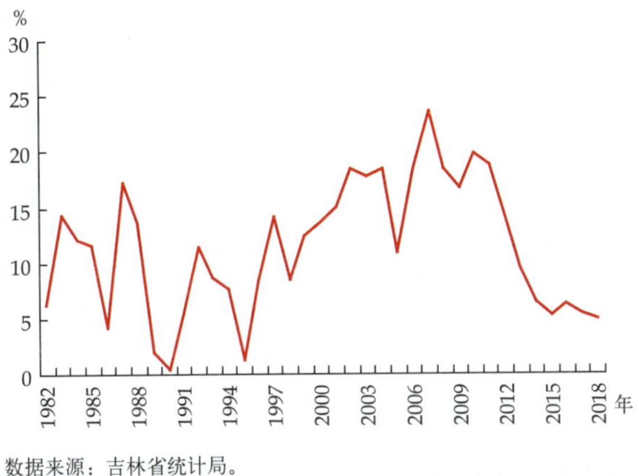

数据来源：吉林省统计局。

图10　1982~2018年吉林省规模以上工业增加值实际增长率

3. 服务业发展较快。2018年，吉林省积极推进服务业攻坚战，服务业的快速发展为经济发展动力和结构调整带来积极变化。全年服务业增加值同比增长5.5%，增速分别比第一季度、上半年和前三季度加快2.1个、1.9个和1.3个百分点，高于地区生产总值1.0个百分点。服务业增加值占地区生产总值的比重为49.8%，较上年提高4.0个百分点。服务业对经济增长的贡献率达到51.3%，拉动经济增长2.3个百分点。经济发展过分倚重工业的一柱擎天局面得到改善。

4. 供给侧结构性改革成效明显。去产能方面，有效压减过剩产能，水泥产量下降17.3%，铁合金产量下降30.3%。降成本方面，企业交易费用和税收负担有所减轻，全年规模以上工业企业财务费用同比下降3.8%。补短板方面，基础设施领域投资保障有力，全年基础设施投资占全部投资的比重为19.5%，较上年提高3.1个百分点。精准脱贫攻坚战向纵深推进，全省有11.8万人实现脱贫。

5. 生态文明建设取得积极进展。2018年，吉林省启动蓝天、碧水、青山、黑土地和草原湿地“五大保卫战”，生态环境质量进一步改善，节能减排任务全面完成。秸秆露天禁烧工作取得明显成效，还田面积超过500万亩。地级以上城市空气质量优良天数比例达到90.3%，较上年提高7个百分点，是国家实施空气质量严格监管考评以来最好水平。长春市、集安市分别获批国家首批黑臭水体治理示范城市、国家生态文明建设示范市。

（三）消费品价格整体平稳，工业品价格涨幅收窄

1. 居民消费价格温和上涨。2018年，吉林省居民消费价格指数（CPI）累计上涨2.1%，保持在3%的控制区间内，较上年上升0.5个百分点，涨势温和。其中城市上涨2.0%，农村上涨2.3%。分类别看，食品烟酒、衣着、居住、生活用品及服务、交通和通信、教育文化和娱乐、医疗保健、其他用品和服务分别上涨1.4%、2.5%、2.1%、2.3%、0.8%、2.3%、5.3%和0.7%。

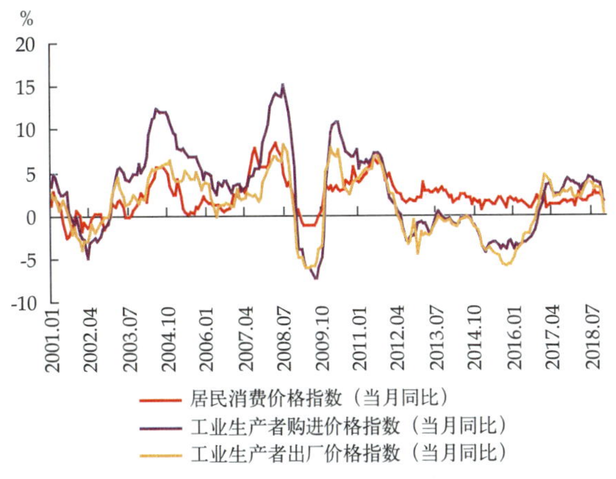

数据来源：吉林省统计局。

图11　2001~2018年吉林省居民消费价格指数和工业生产者价格指数变动趋势

2. 生产价格涨幅有所收窄。2018 年，吉林省工业生产者出厂价格指数累计同比上升 2.8%，同比涨幅下降同比 0.3 个百分点。其中，生产资料类产品出厂价格同比上涨 4.4%，生活资料类产品出厂价格同比上升 0.4%；轻工业产品出厂价格同比上涨 1.4%，重工业产品出厂价格同比上涨 3.2%。工业生产者购进价格指数走势与出厂价格走势一致，全年累计同比上升 3.5%。

3. 劳动力成本呈持续上涨态势。2018 年，吉林省城市低保月标准达到 506.9 元，同比增长 4.7%；农村低保年保障标准达到 3 881.1 元，同比增长 3.9%。农民务工收入 780 亿元，同比增加 70 亿元。

（四）财政收入可持续性增强，重点领域和民生支出得到有力保障

2018 年，吉林省一般公共预算地方级财政收入 1 240.8 亿元，同比增长 2.5%。其中，税收收入 891.7 亿元，同比增长 4.4%；非税收入 349.1 亿元，同比下降 2.2%。税收收入占地方级收入比重达到 71.9%，较上年提高 1.4 个百分点；非税收入占地方级收入比重下降到 28.1%。财政收入的稳定性、可持续性有所增强。吉林省一般公共预算支出 3 789.6 亿元，同比增长 1.7%。在收入增长乏力的背景下，进一步调整优化支出结构，大力压缩一般性支出，严格控制“三公”经费，积极清理盘活财政存量资金，优先保障稳定经济增长、“三大攻坚战”等重点支出，连续 12 年将新增财力的 70% 以上用于教育、社保、医疗等民生领域。

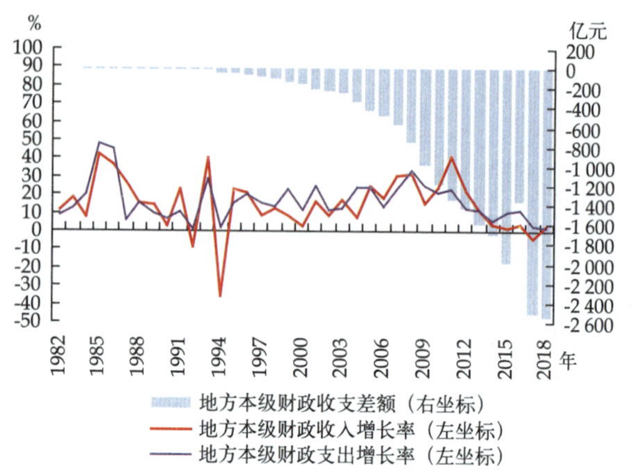

数据来源：吉林省统计局。

图 12　1982~2018 年吉林省财政收支状况

专栏 2　坚持本币优先　扎实推动人民币在周边国家的使用

中国人民银行长春中心支行以服务实体经济、促进贸易投资便利化为导向，坚持“本币优先”原则，通过构建政府支持、人民银行推进、市场主体广泛参与的工作格局，推进吉林省重点边贸企业办理跨境人民币结算业务，扩大人民币在周边国家的使用，取得良好成效。2018 年，吉林省共办理对俄跨境人民币结算业务 8.7 亿元，占吉林省对俄本外币结算总量的 29.7%；办理中韩跨境人民币结算业务 8.7 亿元，占吉林省对韩本外币结算总量的 10.6%。

一、发挥牵头作用，推动政府落实好主体责任

积极向吉林省委省政府主要领导汇报吉林省跨境人民币工作进展情况，推动吉林省政府将“要拓展跨境人民币结算业务”纳入吉林省 2018 年经济工作会议。推动将“推动人民币在周边国家使用”纳入《吉林省参与“一带一路”建设三年（2018~2020 年）行动方案》，由省级人民银行层面推动提升至省政府层面推动，推动业务开展，排查问题困难，研究化解对策。

二、加大宣传引导，提高市场主体参与度

开展“走进边境地区重点外贸企业，提高跨境人民币结算量”专项行动。一是精心筛选企业。中国人民银行长春中心支行选取吉林省跨境收支前100户重点外贸企业开展专项行动，百户企业对外贸易结算量占吉林省外贸总量的86%以上。二是制订行动方案。吉林省市（州）人民银行会同开户银行对企业逐一走访，进行面谈和政策宣讲，并提供有针对性的跨境人民币结算产品和服务。三是加强通报考核。对走访情况和各企业跨境人民币结算业务开展情况实行按月通报，并纳入中国人民银行长春中心支行对辖内人民银行和银行机构业绩考核和年度综合评价。2018年，百户企业中新增16户办理了跨境人民币结算业务，结算量同比增长19.9%，其中，边境地区重点外贸企业跨境人民币结算量同比增长90.7%。

三、坚持问题导向，逐一破解业务发展难题

为解决中俄双方边贸海关登记货物进口信息与银行资金流信息不匹配的问题，中国人民银行长春中心支行推动珲春市政府建立了“珲春中俄互市贸易区人民币结算中心”。该中心负责办理中国边民向俄方边民购买货物的背景交易真实性审核及人民币资金收款，日终将收取的人民币资金存放于珲春农村商业银行，珲春农村商业银行根据结算中心提交的收款信息向俄方边民个人银行结算账户办理人民币资金的汇划。该结算中心全部以人民币进行结算，有效促进了吉林省对俄边境贸易人民币结算业务的快速发展。2018年共办理对俄跨境人民币结算业务617笔，金额5.5亿元。

四、加大政策扶持，发挥地方性银行主力作用

由于俄罗斯受国际制裁等因素影响，大型商业银行对办理中俄跨境结算业务积极性不高，中国人民银行长春中心支行充分发挥地方性银行——珲春农村商业银行地处中朝俄三国交界的地理优势，通过优先满足其再贷款、再贴现需求，在评优树先、考核评价等方面给予政策扶持和倾斜，指导珲春农村商业银行赴俄罗斯滨海边疆区宣传跨境人民币政策，与俄罗斯滨海边疆商业银行、滨海商业银行、贝加尔投资银行等签订金融合作协议，在对俄口岸建立人民币、卢布银行卡受理一体化商圈，设立了卢布自动兑换机，开设24小时自助银行等跨境人民币业务相关服务，不断丰富跨境人民币产品，为吉林省对俄跨境结算提供高效、安全的跨境人民币清算和账户服务。此外，积极督促和鼓励珲春农村商业银行优化内部激励，增强跨境人民币业务拓展动力。2018年珲春农村商业银行办理的跨境人民币量同比增长31.8%。

（五）房地产市场形势平稳，医药产业呈较快增长态势

1. 房地产市场形势有所好转。2018年，吉林省房地产投资、房屋新开工面积等同比较快增长，房屋销售状况有所好转。房地产贷款较快增长，重点支持了保障房建设和居民购房。

房地产投资较快增长。2018年，吉林省房地产开发投资额1 175.9亿元，同比增长29.2%，增速较上年上升39.7个百分点。其中，长春市房地产投资同比增长35.7%。房地产投资较快增长的原因包括：房价呈上升趋势，房地产开发企业市场预期有所好转；商品房销售状况良好，房地产开发企业市场信心增强；上年度房地产投资额基数相对较低等。当年房地产开发资金到位1 427.7亿元，同比增长31.0%。房地产开发资金来源中的国内贷款、自筹资金、其他资金占比分别为4.6%、46.5%和48.9%，较上年同期分别下降5.1个、上升5.7个和下降

0.6 个百分点。

房地产企业供给意愿增强。受房价上涨、企业信心增强因素影响，土地购置面积增加，新开工项目增多。2018 年，吉林省房地产企业购置土地面积和土地购置费分别为 769.1 万平方米和 244.6 亿元，同比分别增长 15.1% 和 105%；房屋新开工面积、施工面积和竣工面积分别为 2 478 万平方米、12 079.5 万平方米和 1 520 万平方米，同比分别增长 29.9%、1.6% 和 2.8%。

商品房销售状况良好。随着城镇化的推进，购房需求有所增加，商品房销售面积较快增长。2018 年，吉林省商品房销售面积和销售额分别为 2 074.5 万平方米和 1 452.4 亿元，同比分别增长 10.0% 和 27.9%。长春市商品房销售面积和销售额分别为 1 288.4 万平方米和 1 062.3 亿元，同比分别增长 12.3% 和 32.0%。为促进房地产交易市场平稳发展，从 2018 年 5 月 2 日起，长春市对三环以内部分住房实施"限售"，下半年长春市商品房销售面积同比增速有所回落。

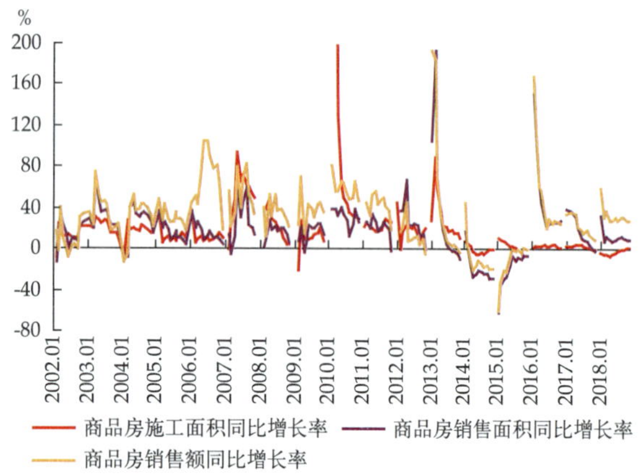

数据来源：吉林省统计局。

图 13　2002~2018 年吉林省商品房施工和销售变动趋势

商品房销售均价上升。2018 年，吉林省商品房销售均价同比上升 16.3%，涨幅较上年扩大 4 个百分点。从国家统计局公布的 70 个大中城市月度住宅价格指数来看，长春市和吉林市商品住宅销售价格指数有较大幅度上升，12 月长春市和吉林市新建商品住宅销售价格指数（上年 =100）分别为 111.8 和 112.6，较 2017 年 12 月的 109 和 106.9 均有所上升。

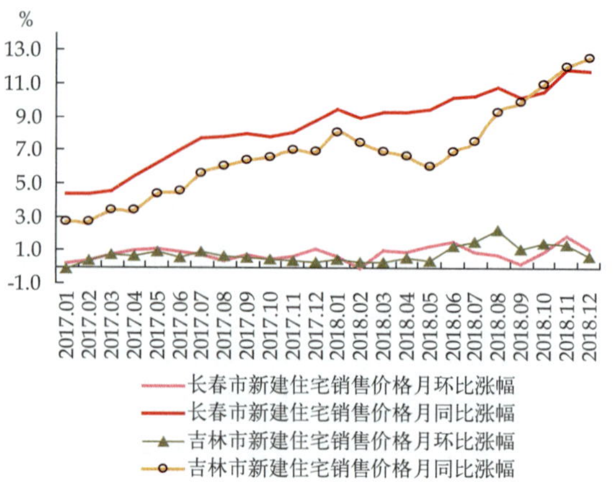

数据来源：吉林省统计局。

图 14　2017~2018 年吉林省主要城市新建住宅销售价格变动趋势

房地产贷款较快增长。2018 年，吉林省房地产贷款余额 4 349.4 亿元，同比增长 20.0%，增速较上年提高 10.7 个百分点，重点支持了保障房建设和居民购房。其中，受土地储备机构不得再向银行业金融机构举借土地储备贷款政策影响，地产开发贷款持续减少，地产开发贷款同比下降 47.1%。房产开发贷款较快增长，保障性住房开发贷款余额 836.2 亿元，同比增长 23.2%，为保障性住房建设提供了必要的资金支持。个人住房贷款继续较快增长，个人住房贷款余额 2 862.0 亿元，同比增长 20.8%，累计发放个人住房贷款 865.9 亿元，同比多发放 196.9 亿元，较好地满足了居民家庭购房融资需求。

2. 医药产业发展呈平稳较快增长态势。 2018 年，吉林省医药产业加快转型升级，全年规模以上医药产业增加值增长 13.2%，增速比整个工业高 8.2 个百分点；实现主营业务收入增长 9.6%，实现利润增长 8.3%，完成产值增长 10.2%。重大医药建设项目进展顺利，万通药业年产 40 亿片感通片、凯莱英药业丙肝和 β - 内酰胺抑制剂及年产 70 吨中间体、敖东药业核糖核酸三期扩建等 71 个项目投产，新增产值 45

亿元。新药研发取得明显成效，获得生产批准文号22个，获得临床批件18个。但医药产业发展中的深层问题仍需破解。近年来，医药工业原材料和生产要素价格不断上涨，人力资源成本持续上升，药品监管环境日趋严格，使企业生产运营和营销成本不断增加。而药品价格却在“唯低价是取”的采购模式下持续下降，上下游双重挤压使行业利润空间被不断压缩，打击了中小企业创新研发及扩产改造的积极性。此外，企业、高校、科研院所、销售公司等上下游企业合作不紧密，以需求为导向、以利益为驱动的市场化产业协同发展体系尚未完全构建。科技成果转化体制机制不畅，科研成果本地转化率低，“最后一公里”问题亟待突破。

金融对医药产业的支持力度持续增强。2018年末，吉林省医药产业贷款余额为335.9亿元，同比增长15.8%，高于各项贷款增速10.3个百分点。金融机构优先支持品牌优势明显、原料自给率高、产品品种丰富的大型中成药制造企业，特别是具有独家产品或国家保护药方，属于老字号的中成药品牌，具有明显规模、资源及技术优势，且处于行业与区域龙头地位的医药生产企业。同时，依托重点龙头企业积极开展贸易融资或供应链融资业务，择优开展应收账款质押、保理业务，创新全流程线上网络供应链融资产品，该产品具有全流程网上办理、一点对全国、无担保无抵押、融资成本低等优点，很受医药企业欢迎。

三、预测与展望

2019年是新中国成立70周年，是决胜全面建成小康社会、加快吉林全面振兴全方位振兴的关键之年。当前吉林经济呈现企稳回升的积极态势，但回稳基础仍不牢固，依然面临着实体经济困难增多、新旧动能转换需加快、结构性问题突出、营商环境需改善、深化改革任务艰巨等难题。预计随着吉林全面振兴全方位振兴政策措施的深入实施，新旧动能将加快转换、产业结构将优化调整、供给侧结构性改革将进一步深化，必将为吉林经济高质量发展和转型升级提供强有力的基础和动力。2019年，吉林省将认真贯彻党的十九大精神，全面落实习近平总书记对东北振兴工作重要指示精神，深入实施“三个五”发展战略，继续打好“三大攻坚战”，统筹推进稳就业、稳金融、稳外贸、稳外资、稳投资、稳预期工作，预计地区生产总值增长5%~6%，物价涨幅控制在3%左右。

2019年，吉林省金融业将认真贯彻执行稳健的货币政策，着力优化调整信贷结构，继续打好防范化解重大金融风险攻坚战，深化区域金融改革发展，积极改进金融管理和服务，增强金融更好地为实体经济服务的能力，为吉林经济振兴发展营造适宜的货币金融环境。

中国人民银行长春中心支行货币政策分析小组

总　纂：张文汇　孙维仁

统　稿：丁树成　曹鲁峰　连　飞　杨　爽　叶骏骅

执　笔：王春萍　邵　洋　马　琳　周飞虎　佟训舟　曹　楠　赵　锋　王伟树　王宇洋　孙雨婷　刘鸿鹄　陈　亮　王宇光

提供材料的还有：杨彬彬　焦晌乐　姜思同

附录

（一）2018年吉林省经济金融大事记

3月24日至25日，中国人民银行长春中心支行完成全国首家人民币银行结算账户管理系统虚拟化迁移工作。

5月4日，“2018全国中小商贸流通企业服务节”系列活动在北京举行，吉林银行被授予“2018全国服务中小微企业优秀金融机构”称号，并作为唯一商业银行代表，就小微金融服务作经验介绍。

7月8日，第八届中国农村金融品牌大典在北京举行，长春农商银行获评“全国农村金融十佳绩效管理银行”称号。

7月13日，长春市获国务院批准建设跨境电子商务综合试验区，成为全国跨境电商发展的先行先试城市之一，标志着吉林省跨境电商发展进入一个新阶段。

9月14日，珲春—扎鲁比诺港—宁波舟山港内贸货物跨境运输航线正式启动，标志着吉林省和浙江省共同携手，开创了中俄跨境运输合作的新模式。

10月22日，“金融助振兴——吉林行动”在长春开幕，东北振兴金融合作机制协调办公室正式揭牌，落户长春。

11月26日，吉林股权交易所股份有限公司正式揭牌。

12月21日，吉林省内首单市场化债转股业务成功落地。交通银行吉林省分行牵头，通过交通银行子公司交银金融资产投资有限公司成功为吉林电力股份有限公司投放市场化债转股资金11.4亿元。

12月24日，一汽大众2018年第200万辆整车在长春基地总装车间下线，标志着公司年产量首次突破200万辆大关。

2018年，吉林省粮食产量达到726.6亿斤，连续6年保持在700亿斤以上水平。

（二）2018 年吉林省主要经济金融指标

表 1 2018 年吉林省主要存贷款指标

		1 月	2 月	3 月	4 月	5 月	6 月	7 月	8 月	9 月	10 月	11 月	12 月
本外币	金融机构各项存款余额（亿元）	21 935.8	21 900.3	21 953.8	21 888.8	21 718.0	21 999.5	21 825.9	22 028.8	22 028.1	22 029.9	21 967.8	22 056.3
	其中：住户存款	11 660.3	11 983.2	12 095.1	11 938.9	11 977.4	12 083.6	12 026.3	12 086.7	12 228.3	12 168.1	12 328.7	12 623.9
	非金融企业存款	5 538.7	5 332.8	5 356.0	5 438.4	5 255.5	5 253.8	5 173.7	5 190.2	5 186.9	5 148.5	5 088.1	5 106.8
	各项存款余额比上月增加（亿元）	238.9	-35.5	53.5	-65.0	-170.8	281.5	-173.6	202.8	-0.6	1.8	-62.1	88.5
	金融机构各项存款同比增长（%）	3.4	2.3	1.2	1.4	1.4	2.2	0.4	0.7	0.8	0.3	0.3	1.7
	金融机构各项贷款余额（亿元）	18 263.0	18 440.4	18 536.9	18 694.2	18 807.4	18 857.3	18 917.5	18 954.5	19 033.3	19 048.4	19 036.1	18 993.3
	其中：短期	7 288.4	7 344.3	7 342.5	7 423.2	7 408.5	7 333.4	7 246.6	7 147.3	7 191.3	7 146.5	7 027.7	6 888.4
	中长期	10 543.2	10 686.4	10 781.3	10 872.8	10 943.7	11 085.8	11 223.1	11 311.9	11 353.9	11 417.0	11 538.8	11 615.9
	票据融资	367.7	346.5	348.3	326.3	377.8	348.8	354.7	400.4	391.5	387.5	387.3	399.1
	各项贷款余额比上月增加（亿元）	246.1	177.4	96.5	157.2	113.3	49.9	60.1	37.0	78.8	15.2	-12.3	-42.8
	其中：短期	79.9	55.8	-1.7	80.7	-14.7	-75.1	-86.9	-99.3	44.0	-44.8	-118.7	-139.3
	中长期	229.0	143.3	94.8	91.5	70.9	142.1	137.4	88.8	42.0	63.1	121.8	77.1
	票据融资	-62.8	-21.2	1.8	-22.0	51.5	-29.0	5.9	45.7	-8.9	-4.1	-0.2	11.8
	金融机构各项贷款同比增长（%）	4.9	5.1	5.6	5.9	5.7	5.1	5.4	5.2	5.3	6.5	6.1	5.5
	其中：短期	1.6	2.1	0.1	0.5	-0.1	-1.6	-2.4	-3.3	-2.0	-2.2	-3.2	-4.3
	中长期	10.7	11.2	13.6	13.5	12.6	11.8	12.4	11.6	10.4	12.6	13.0	12.6
	票据融资	-46.2	-50.4	-50.5	-48.9	-37.3	-34.1	-27.9	-11.3	0.6	2.3	-3.8	-7.3
	建筑业贷款余额（亿元）	520.9	537.9	548.4	550.4	552.6	557.5	560.9	538.2	536.0	533.2	531.0	543.5
	房地产业贷款余额（亿元）	708.7	732.2	742.4	725.5	722.3	749.2	777.8	790.8	800.0	813.6	830.3	852.2
	建筑业贷款同比增长（%）	14.0	15.3	18.5	15.2	15.9	14.6	14.6	5.6	5.0	4.1	2.2	5.5
	房地产业贷款同比增长（%）	-7.8	-7.9	-4.0	-5.4	-7.2	-4.4	0.2	2.7	3.2	10.8	15.4	18.7
人民币	金融机构各项存款余额（亿元）	21 792.8	21 760.9	21 788.9	21 737.6	21 580.5	21 857.2	21 687.4	21 893.4	21 891.2	21 895.5	21 832.1	21 927.0
	其中：住户存款	11 554.6	11 875.7	11 987.2	11 830.8	11 868.6	11 972.7	11 915.5	11 978.3	12 121.8	12 062.4	12 224.2	12 520.8
	非金融企业存款	5 503.8	5 303.4	5 301.5	5 397.9	5 229.9	5 225.6	5 148.8	5 166.2	5 159.7	5 123.0	5 059.9	5 083.7
	各项存款余额比上月增加（亿元）	230.2	-31.9	28.0	-51.3	-157.1	276.7	-169.8	206.0	-2.2	4.3	-63.4	94.9
	其中：住户存款	46.5	321.1	111.5	-156.3	37.8	104.1	-57.2	62.7	143.5	-59.5	161.8	296.6
	非金融企业存款	-18.7	-200.5	-1.9	96.5	-168.1	-4.3	-76.7	17.3	-6.5	-36.6	-63.1	23.8
	各项存款同比增长（%）	3.4	2.4	1.1	1.4	1.4	2.3	0.5	0.7	0.8	0.3	0.3	1.7
	其中：住户存款	6.3	8.4	6.9	6.6	7.0	6.5	6.8	7.2	7.6	7.5	8.3	8.8
	非金融企业存款	-5.6	-7.0	-7.4	-4.4	-3.8	-3.9	-3.2	-3.9	-4.2	-6.2	-7.5	-8.1
	金融机构各项贷款余额（亿元）	18 213.3	18 390.6	18 490.7	18 648.0	18 762.3	18 817.1	18 874.1	18 910.7	18 993.2	19 009.2	18 997.9	18 956.4
	其中：个人消费贷款	3 279.1	3 314.4	3 352.2	3 386.5	3 419.2	3 479.1	3 535.0	3 598.1	3 663.6	3 723.9	3 807.3	3 849.9
	票据融资	367.7	346.5	348.3	326.3	377.8	348.8	354.7	400.4	391.5	387.5	387.3	399.1
	各项贷款余额比上月增加（亿元）	247.1	177.3	100.0	157.4	114.3	54.8	57.0	36.6	82.6	15.9	-11.3	-41.5
	其中：个人消费贷款	70.4	35.3	37.9	34.2	32.7	59.9	56.0	63.1	65.5	60.3	83.4	42.5
	票据融资	-62.8	-21.2	1.8	-22.0	51.5	-29.0	5.9	45.7	-8.9	-4.1	-0.2	11.8
	金融机构各项贷款同比增长（%）	5.0	5.3	5.7	6.1	5.9	5.2	5.5	5.3	5.4	6.6	6.2	5.5
	其中：个人消费贷款	20.0	20.9	20.5	19.8	19.0	18.7	18.6	18.4	17.6	17.4	18.0	19.5
	票据融资	-46.2	-50.4	-50.5	-48.9	-37.3	-34.1	-27.9	-11.3	0.6	2.3	-3.8	-7.3
外币	金融机构外币存款余额（亿美元）	22.6	22.0	26.2	23.9	21.4	21.5	20.3	19.8	19.9	19.3	19.6	18.8
	金融机构外币存款同比增长（%）	6.9	4.0	14.0	12.7	1.1	-4.4	-3.3	-4.5	-4.7	-5.5	-4.7	-8.3
	金融机构外币贷款余额（亿美元）	7.8	7.9	7.4	7.3	7.0	6.1	6.4	6.4	5.8	5.6	5.5	5.4
	金融机构外币贷款同比增长（%）	-24.0	-21.7	-28.4	-29.5	-30.9	-39.4	-39.2	-38.0	-35.7	-33.1	-30.5	-30.5

数据来源：中国人民银行长春中心支行。

表 2　2001~2018 年吉林省各类价格指数

单位：%

		居民消费价格指数		农业生产资料价格指数		工业生产者购进价格指数		工业生产者出厂价格指数	
		当月同比	累计同比	当月同比	累计同比	当月同比	累计同比	当月同比	累计同比
2001		—	1.3	—	-1.0	—	1.8	—	0.3
2002		—	-0.5	—	0.4	—	-2.2	—	-1.4
2003		—	1.2	—	1.0	—	4.8	—	2.5
2004		—	4.1	—	6.3	—	10.5	—	5.0
2005		—	1.5	—	9.2	—	7.0	—	4.5
2006		—	1.4	—	-2.8	—	3.8	—	1.7
2007		—	4.8	—	6.0	—	5.2	—	2.7
2008		—	5.1	—	27.3	—	11.3	—	4.9
2009		—	0.1	—	-3.6	—	-4.7	—	-3.9
2010		—	3.7	—	-0.9	—	8.6	—	5.2
2011		—	5.2	—	11.4	—	6.1	—	5.4
2012		—	2.5	—	6.8	—	-0.7	—	-0.9
2013		—	2.9	—	0.8	—	-0.6	—	-1.3
2014		—	2.0	—	-4.9	—	-0.8	—	-0.9
2015		—	1.7	—	0.6	—	-3.4	—	-4.7
2016		—	1.6	—	-6.9	—	-2.2	—	-1.6
2017		—	1.6	—	-2.1	—	3.4	—	3.1
2018		—	2.1	—	3.7	—	3.5	—	2.8
2017	1	2.7	2.7	-3.3	-3.3	2.7	2.7	4.7	4.7
	2	1.0	1.9	0.0	-3.1	3.6	3.1	4.6	4.7
	3	1.3	1.7	-1.3	-2.5	3.8	3.4	4.0	4.4
	4	1.3	1.6	-1.2	-2.2	3.0	3.3	3.1	4.1
	5	1.4	1.5	-2.2	-2.2	2.6	3.1	2.2	3.7
	6	1.3	1.5	-3.2	-2.3	2.5	3.0	2.3	3.5
	7	1.4	1.5	-3.5	-2.5	2.5	3.0	2.4	3.3
	8	1.7	1.5	-2.6	-2.5	3.4	3.0	3.0	3.3
	9	1.7	1.5	-2.3	-2.5	4.0	3.1	2.8	3.2
	10	1.6	1.5	-1.2	-2.4	4.3	3.2	2.8	3.2
	11	1.8	1.6	-0.7	-2.2	4.0	3.3	3.2	3.2
	12	1.7	1.6	-0.6	-2.1	4.0	3.4	2.4	3.1
2018	1	1.2	1.2	-0.9	-0.9	3.8	3.8	2.2	2.2
	2	2.7	1.9	-1.4	-1.2	3.6	3.7	2.3	2.2
	3	1.9	1.9	0.2	-0.7	3.0	3.4	2.2	2.2
	4	1.7	1.9	1.5	-0.2	3.6	3.5	2.8	2.4
	5	1.8	1.8	3.2	0.5	4.0	3.6	3.8	2.7
	6	2.2	1.9	4.2	1.1	4.6	3.8	4.0	2.9
	7	2.2	1.9	5.4	1.7	4.4	3.9	3.7	3.0
	8	2.9	2.1	5.1	2.1	3.9	3.9	3.2	3.0
	9	2.5	2.1	5.7	2.5	4.0	3.9	3.3	3.1
	10	2.5	2.2	6.1	2.9	3.8	3.9	3.1	3.1
	11	2.1	2.1	7.6	3.3	2.8	3.8	2.1	3.0
	12	1.7	2.1	7.7	3.7	0.3	3.5	0.4	2.8

数据来源：吉林省统计局。

表 3　2018 年吉林省主要经济指标

	1 月	2 月	3 月	4 月	5 月	6 月	7 月	8 月	9 月	10 月	11 月	12 月
	绝对值（自年初累计）											
地区生产总值（亿元）	—	—	2 659.3	—	—	6 299.1	—	—	9 957.7	—	—	15 074.6
第一产业	—	—	141.1	—	—	279.2	—	—	497.1	—	—	1 160.8
第二产业	—	—	1 232.7	—	—	3 383.7	—	—	4 932.0	—	—	6 410.9
第三产业	—	—	1 285.5	—	—	2 636.2	—	—	4 528.6	—	—	7 503.0
工业增加值（亿元）	—											
固定资产投资（亿元）	—											
房地产开发投资	—	10.4	35.8	98.3	253.7	376.0	532.9	696.9	869.3	1 007.5	1 129.9	1 175.9
社会消费品零售总额（亿元）		1 179.1	1 789.2	2 389.4	3 011.8	3 614.6		4 855.4	5 480.9	6 169.4	6 851.7	7 520.3
外贸进出口总额（亿元）	136.3	223.3	326.5	447.6	567.3	653.7	806.6	921.6	1 046.0	1 156.7	1 263.2	1 362.8
进口	109.2	175.0	253.5	347.1	437.8	497.5	621.9	708.7	807.0	891.0	968.3	1 037.0
出口	27.1	48.3	73.0	100.5	129.6	156.2	184.7	212.9	239.0	265.7	295.0	325.8
进出口差额（出口－进口）	-82.0	-126.7	-180.5	-246.6	-308.2	-341.3	-437.2	-495.7	-568.0	-625.4	-673.3	-711.2
实际利用外资（亿美元）	1.0	1.6	1.8	2.5	2.8	3.0	3.2	3.7	4.2	4.2	4.4	4.4
地方财政收支差额（亿元）	-106.6	-280.1	-580.7	-672.5	-804.3	-1 066.4	-1 205.5	-1 440.3	-1 731.6	-1 907.4	-2 062.7	-2 548.8
地方财政收入	132.7	226.2	325.7	437.7	535.3	656.7	760.6	829.1	929.9	1 039.2	1 123.5	1 240.8
地方财政支出	239.4	506.3	906.4	1 110.1	1 339.6	1 723.1	1 966.1	2 269.4	2 661.4	2 946.6	3 186.1	3 789.6
城镇登记失业率（%）（季度）	—	—	3.5	—	—	3.5	—	—	3.5	—	—	3.5
	同比累计增长率（%）											
地区生产总值	—	—	2.2	—	—	2.5	—	—	4.0	—	—	4.5
第一产业	—	—	3.1	—	—	3.1	—	—	2.3	—	—	2.0
第二产业	—	—	1.2	—	—	1.7	—	—	4.0	—	—	4.0
第三产业	—	—	3.4	—	—	3.6	—	—	4.2	—	—	5.5
工业增加值	—	0.5	1.2	0.4	-0.5	2.0	2.7	2.6	5.0	4.8	4.3	5.0
固定资产投资	—	9.1	-8.6	-9.8	-13.9	-1.5	-4.8	-4.0	0.9	0.6	1.2	1.6
房地产开发投资	—	3.1	8.2	12.6	31.0	17.0	22.8	26.8	28.5	27.9	30.1	29.2
社会消费品零售总额		5.4	5.0	5.1	5.1	5.2	5.2	5.2	5.2	5.1	4.9	4.8
外贸进出口总额	8.7	5.5	-0.1	3.3	6.0	3.1	10.5	9.3	10.1	11.3	9.7	8.6
进口	10.9	5.1	-0.9	2.9	5.6	2.1	11.4	9.4	10.8	11.8	9.7	8.5
出口	0.5	7.0	2.7	4.6	7.3	6.5	7.9	9.1	8.0	9.8	9.7	8.8
实际利用外资	1 011.9	1 277.0	303.0	131.0	154.0	1.0	-6.0	9.4	6.7	-12.1	-9.7	-9.7
地方财政收入	3.4	8.8	3.4	4.6	3.3	-1.6	-1.0	-1.3	-2.1	-1.3	0.9	2.5
地方财政支出	-15.2	9.4	4.5	3.4	-4.3	-1.6	-4.4	-4.3	-3.5	0.7	1.2	1.7

数据来源：吉林省统计局。

黑龙江省金融运行报告（2019）

中国人民银行哈尔滨中心支行货币政策分析小组

[内容摘要] 2018 年，黑龙江省积极应对经济下行压力和挑战，把握稳中求进的总基调，黑龙江省经济运行保持总体平稳，民生水平持续改善，经济增长新动能不断积聚。黑龙江省金融业积极贯彻落实稳健中性货币政策，金融运行总体平稳，信贷总量适度增长，银行业、证券业、保险业运行总体稳健，积极支持民营、小微、涉农、民生等重点领域。

从经济运行来看，全年黑龙江省地区生产总值实现 16 361.6 亿元，同比增长 4.7%，增速低于上年 1.7 个百分点，低于全国 1.9 个百分点。一是现代农业发展迈出新步伐，粮食产量稳居全国首位。2018 年，黑龙江省第一产业增加值同比增长 3.7%，增幅高于全国平均水平 0.2 个百分点。作物种植结构积极改善，绿色和有机食品认证面积、农业“三减”高标准示范面积分别达 8 046 万亩、3 500 万亩。全省粮食总产量达 1 501.4 亿斤，为历史上第二高产年，实现 15 年连丰，连续 8 年居全国首位。二是工业经济小幅回升，工业企业效益不断提升。2018 年，黑龙江省规模以上工业增加值增长 3.0%，增幅高于上年 0.3 个百分点，达近四年来最高。在全省规上工业 40 个行业大类中，22 个行业增加值实现同比增长，其中食品、医药、专用设备、电器机械、食品制造等行业实现两位数增长。工业企业效益不断提升，全省规模以上工业企业主营业务收入同比增长 9.5%，利润总额同比增长 22.8%；主营业务收入利润率 5.4%，同比提高 0.6 个百分点。三是第三产业增速放缓，现代服务业持续发展。2018 年，黑龙江省第三产业增加值同比增长 6.4%，增幅低于上年 2.3 个百分点。传统服务业保持增长态势，批发和零售业、住宿和餐饮业增加值分别同比增长 9% 和 8.3%。现代服务业良性发展，金融业增加值同比增长 5.9%；黑龙江省电子商务交易额、网上零售额分别同比增长 25%、40%；全省旅游收入同比增长 18%，赴黑龙江省度假旅居的省外老年人数超过 200 万人。四是外贸进口高速增长，对俄经贸稳居全国第一。黑龙江省全年货物进出口总额同比增长 36.4%。其中，进口总额同比增长 56.5%，但出口降幅较大，同比下降 16.7%。对俄实现进出口总额稳居全国第一，同比增长 64.7%。其中，自俄进口同比增长 80.4%，创历史新高。五是固定资产投资下滑，制造业投资和民间投资增势良好。受重大项目储备和开工不足影响，黑龙江省固定资产投资同比下降 4.7%，低于上年增速 10.9 个百分点。其中，基础设施建设投资同比下降 18.7%；制造业投资和民间投资分别同比增长 15.6% 和 10.5%。六是消费带动力下降。2018 年，黑龙江省社会消费品零售总额同比增长 6.3%，增速低于上年 2 个百分点，需要新业态加速成长来支撑消费引领作用。七是物价平稳上涨。全年居民消费价格同比增长 2.0%，增速高于上年 0.7 个百分点。八是居民收入持续增长。黑龙江省城镇、农村居民人均可支配收入分别同比增长 6.4% 和 9.0%。

从金融运行来看，全省金融业有效贯彻落实稳健中性货币政策，银行业、证券业、保险业运行总体稳健，积极服务民营、小微、涉农、民生等重点领域。一是银行业稳健运营，货币信贷平稳增长。第一，资产负债规模稳步增长，利润指标总体增长。年末全省银行业金融机构资产总额、负债总额分别同比增长 3.0% 和 2.6%，税后利润同比增长 28.4%。新增 5 家村镇银行，6 家农信社改制农商行。第二，存款快速增长，存款结构走势分化。2018 年末，全省银行业金融机构本外币存款余额 25 486.6 亿元，同比增长 7.1%，增速高于上年 0.8 个百分点。住户存款和广义政府存款快速增长，非金融企业存款和非银行业金融机构存款减少。第三，贷款适度增长，支持重点领域和薄弱环节力度不减。2018 年末，全省银行业金融机构本外币贷款余额 20 326.0 亿元，同比增长 4.4%，增速低于上年 3.2 个百分点。住户贷款和企业贷款增长放缓，短期贷款同比下降，新增中长期贷款占比提升。全省“两权”抵押贷款试点地区农村承包土地的经营权抵押贷款余额居全国首位。建筑业、保障性住房开发以及文化、体育和娱乐业等领域贷款快速增长。第四，贷款利率明显下降，金融机构定价更加科学合理。全年全省金融机构 1 年期存款加权平均利率 1.96%，同比小幅下降；一般贷款加权平均利率 5.64%，同比下降 33 个基点。第五，不良贷款指标一升一降，不良贷款处置力度增强。全省银行业不良贷款余额增加，不良贷款率小幅下降。全年全省银行机构处置不良贷款 208.6 亿元。第六，跨境人民币业务结算量大幅上升，首开对俄人民币现钞跨境调运陆路通道。绥芬河市卢布现钞使用试点平稳运行。二是证券交易额同比下滑，保险业积极服务涉农领域和制造业振兴。证券市场交易额比上年减少 1 414.2 亿元；期货公司营业收入同比下降 50.2%。2018 年，黑龙江省种植业保险承保作物 2.0 亿亩，同比增长 8.1%；全省农业保险实现原保险保费收入 39.7 亿元，同比增长 11.9%；全省农业保险提供风险保障 954.8 亿元，覆盖农户 207.3 万户次，赔款支出 28.0 亿元，受益农户 109.2 万户次。开展首台（套）重大技术装备保险和新材料首批次应用保险，累计为 6 家制造企业提供风险保障 67 亿元；累计为 702 家出口小微企业提供风险保障 43.4 亿元，同比增长 37.7%。三是地区社会融资规模增量下降，金融市场走势分化。全年全省社会融资规模增量 1 217.9 亿元，同比少增 1 176.4 亿元。信贷融资仍是主要融资来源。同业拆借市场交易活跃度上升，票据市场交易量大幅攀升，直接债务融资工具发行规模有所放缓。四是金融基础设施逐步完善，金融生态建设扎实推进。重点推动中小微企业和农村信用体系建设。选择试点将农村信用体系建设与精准扶贫有效结合。支付系统运行平稳，农村支付环境建设不断优化。金融消费权益保护工作积极推进。

2019 年，全省经济仍然处于深化供给侧结构性改革、推动经济高质量发展时期。下一步，全省要依托资源禀赋、区位条件、产业基础，抓住产业结构偏重、民营经济偏弱、创新人才偏少“三偏”症结，针对经济总量不大、发展速度不快、发展质量不优、内生动力不足等问题，全力推动传统产业转型发展，积极扶持新兴产业加快发展，坚持一二三次产业同向发力，尽快形成新老并举、多元发展的产业发展格局，推进全面振兴。将重点打好“三大攻坚战”，实施乡村振兴战略，加快项目建设，提升服务业有效供给，大力优化营商环境，着力保障和改善民生。预计全年地区生产总值增长 5% 以上，居民消费价格涨幅在 3% 以下，城乡居民可支配收入增长与经济增长基本同步。2019 年，全省金融业将贯彻落实好稳健的货币政策，提高服务实体经济的质效，重点推进民营企业、小微企业、现代农业、精准扶贫、对俄合作等领域的金融服务，全力打好防控金融风险攻坚战。

一、金融运行情况

2018 年，黑龙江省金融业有效贯彻落实稳健中性货币政策，信贷总量合理适度增长，存贷款利率定价保持在合理范围，银行业、证券业、保险业积极服务民营、小微、涉农、民生等重点领域。

（一）银行业稳健经营，货币信贷平稳增长

1. 资产负债规模稳步增长，利润指标总体增长。2018 年末，黑龙江省银行业金融机构规模同比缩减，营业网点个数、从业人数分别比

上年减少 70 家、4 656 人。黑龙江省银行业金融机构资产总额、负债总额同比分别增长 3.0% 和 2.6%①，税后利润同比增长 28.4%。地方法人银行机构中，2018 年新增 5 家村镇银行，共有农村商业银行 47 家、农村信用社 39 家，其中 6 家农村信用社改制为农村商业银行。

表 1　2018 年黑龙江省银行业金融机构情况

机构类别	营业网点			法人机构（个）
	机构个数（个）	从业人数（人）	资产总额（亿元）	
一、大型商业银行	1 999	48 481	11 734	0
二、国家开发银行和政策性银行	90	2 599	7 707	0
三、股份制商业银行	207	4 866	2 379	0
四、城市商业银行	575	12 846	8 862	2
五、城市信用社	0	0	0	0
六、小型农村金融机构	1 946	29 253	4 671	86
七、财务公司	3	81	269	2
八、信托公司	1	840	239	1
九、邮政储蓄银行	1 636	16 713	2 477	0
十、外资银行	7	110	42	0
十一、新型农村金融机构	91	1 444	195	37
十二、其他	2	203	305	2
合计	6 557	117 436	38 880	130

注：营业网点不包括国家开发银行和政策性银行、大型商业银行、股份制商业银行等金融机构总部数据；大型商业银行包括中国工商银行、中国农业银行、中国银行、中国建设银行和交通银行；小型农村金融机构包括农村商业银行、农村合作银行和农村信用社；新型农村金融机构包括村镇银行、贷款公司、农村资金互助社；“其他”包含金融租赁公司、汽车金融公司、货币经纪公司、消费金融公司等。

数据来源：黑龙江银保监局、中国人民银行哈尔滨中心支行计算得出。

2. 存款快速增长，存款结构走势分化。 2018 年末，黑龙江省银行业金融机构本外币存款余额 25 486.6 亿元，同比增长 7.1%，增速高于上年 0.8 个百分点；新增存款 1 690.6 亿元，同比多增 289.4 亿元。其中，人民币存款余额 25 321.9 亿元，同比增长 7.2%。从部门看，住户存款同比多增，原因是受当前资管新规等监管政策趋严影响，各类表外理财业务逐步规范，居民将部分资金转投银行大额存单、定期存款、结构性存款等存款类业务；非金融企业存款同比减少，受收粮高峰期间收粮企业取款增多、企业贷款下滑根据派生存款原理而导致派生存款相应缩减等影响因素，企业活期存款和企业定期存款资金均相对减少；广义政府存款同比快速增长；非银行业金融机构存款出现下滑。

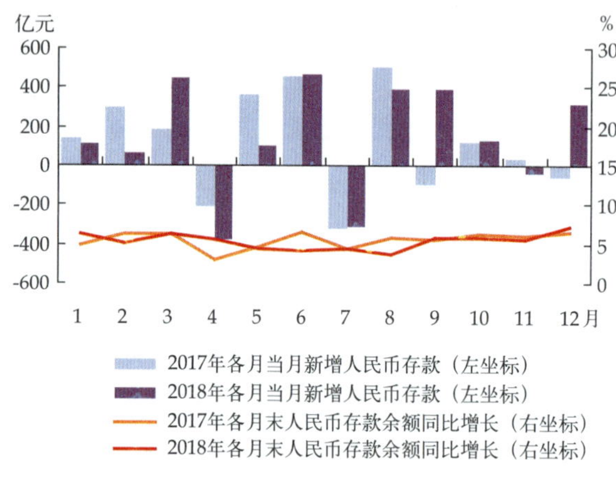

数据来源：中国人民银行哈尔滨中心支行。

图 1　2017~2018 年黑龙江省金融机构人民币存款增长变化

3. 贷款适度增长，支持重点领域和薄弱环节力度不减。 2018 年末，黑龙江省银行业金融机构本外币贷款余额 20 326.0 亿元，同比增长 4.4%，增速低于上年 3.2 个百分点；新增贷款 859.1 亿元，同比少增 520.8 亿元。其中，人民币贷款余额 20 156.3 亿元，同比增长 4.9%，低于上年 3.4 个百分点。从各月本外币贷款增速波动来看，存款增长与贷款增长波动基本相符。

分部门看，住户贷款增长放缓，其中，住

① 2018 年末黑龙江银行业金融机构资产总额、负债总额同比数据来源于黑龙江银保监局官网公布数据。

户消费贷款同比少增99.3亿元，住户经营贷款同比多增63.4亿元；企业贷款增势大幅放缓，主要受农发行调控粮油贷款同比少增、信贷市场有效需求不足、商业银行风险和规模管控趋严等因素影响，非金融企业及机关团体贷款新增401.5亿元，同比少增563.1亿元。

分期限看，短期贷款减少486.3亿元，同比下降5.2%，增速由正转负；受中长期项目贷款需求萎缩、商业银行强化风险管控等因素影响，中长期贷款增速放缓，同比增长8.8%，增速低于上年4.4个百分点，同比少增252.7亿元。新增中长期贷款占全部新增贷款的92.6%，高于上年16.6个百分点。

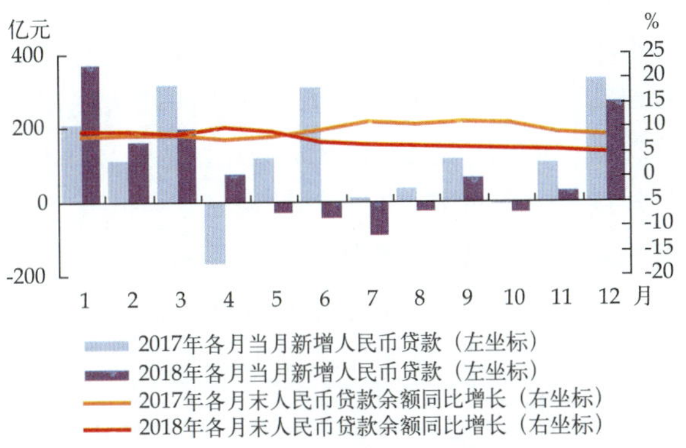

数据来源：中国人民银行哈尔滨中心支行。

图2 2017~2018年黑龙江省金融机构人民币贷款增长变化

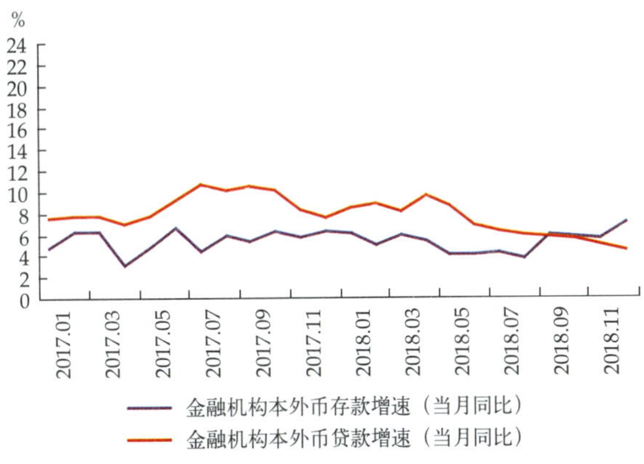

数据来源：中国人民银行哈尔滨中心支行。

图3 2017~2018年黑龙江省金融机构本外币存、贷款增速变化

分领域看，通过宏观审慎评估（MPA）政策实施，以及定向降准、支农支小再贷款、扶贫再贷款、再贴现、常备借贷便利、抵押补充贷款等货币政策工具引导，金融机构将信贷资源向民营企业、小微企业、“三农”、扶贫、基础设施等重点领域和薄弱环节信贷倾斜。黑龙江省小微企业贷款余额318.6亿元，同比增长4.6%，高于黑龙江省各项贷款增速0.2个百分点；黑龙江省“两权”抵押贷款试点地区农村承包土地的经营权抵押贷款余额居全国首位；建筑业贷款余额260.7亿元，同比增长18.0%；保障性住房开发贷款余额1 140.2亿元，同比增长19.4%；现代服务业部分领域贷款增势良好，文化、体育和娱乐业以及租赁和商务服务业同比分别增长36.4%和9.1%。但部分领域信贷有效需求明显不足，例如受黑龙江省工业经济整体低位运行影响，制造业贷款同比下降6.9%。受粮食收储政策因素影响，黑龙江省涉农贷款同比下降2.6%，低于上年增速9.2个百分点。

4. 贷款利率明显下降，金融机构定价更加科学合理。2018年12月，黑龙江省金融机构人民币一般贷款加权平均利率（不含票据贴现）为5.64%，同比下降33个基点。其中，在支农再贷款引导下，黑龙江省金融机构涉农贷款加权平均利率和小微企业贷款加权平均利率同比下降27个基点；在支小再贷款引导下，黑龙江省金融机构小微企业贷款加权平均利率较6月下降70个基点。2018年12月，黑龙江省金融机构执行下浮及基准利率的贷款占比之和为48.1%，较年初上升4.9个百分点，同比下降8.9个百分点。黑龙江省市场利率定价自律机制继续开展自律管理，黑龙江省金融机构存款利率水平基本稳定，2018年12月，黑龙江省金融机构1年期存款加权平均利率为1.96%，同比下降5个基点。

表 2　2018 年黑龙江省金融机构人民币贷款各利率区间占比

单位：%

月份		1月	2月	3月	4月	5月	6月
合计		100.0	100.0	100.0	100.0	100.0	100.0
下浮		10.7	9.9	10.2	13.4	10.3	10.3
基准		32.5	23.4	9.3	12.4	14.8	17.2
上浮	小计	56.8	66.7	80.5	74.2	74.9	72.4
	(1.0, 1.1]	9.1	11.1	16.3	14.4	16.5	14.0
	(1.1, 1.3]	8.2	10.4	14.0	15.2	13.8	10.2
	(1.3, 1.5]	14.0	7.5	6.3	7.5	10.2	10.8
	(1.5, 2.0]	16.7	25.7	31.3	27.6	24.6	27.3
	2.0 以上	8.8	12.0	12.6	9.7	9.8	10.2
月份		7月	8月	9月	10月	11月	12月
合计		100.0	100.0	100.0	100.0	100.0	100.0
下浮		18.2	20.3	16.6	15.1	15.1	10.8
基准		14.7	10.1	15.2	14.0	29.1	37.3
上浮	小计	67.1	69.6	68.2	70.9	55.8	51.9
	(1.0, 1.1]	11.6	14.7	10.3	11.5	7.1	8.0
	(1.1, 1.3]	16.9	15.8	15.2	13.8	8.0	8.7
	(1.3, 1.5]	10.9	11.3	9.9	9.6	6.0	5.8
	(1.5, 2.0]	17.9	18.5	25.0	26.9	25.6	21.9
	2.0 以上	9.7	9.3	7.8	9.1	9.0	7.5

数据来源：中国人民银行哈尔滨中心支行。

5. 不良贷款指标一升一降，不良贷款处置力度增强。2018 年末，黑龙江省银行业不良贷款余额 702.3 亿元，比上年同期增加 13.7 亿元；不良贷款率 3.2%，比上年同期下降 0.1 个百分点。在强监管、严监管的背景下，类信贷、表外融资等“隐性”不良贷款也充分暴露。黑龙江省银行业逾期 90 天以上贷款纳入不良比例为 98.7%，较年初上升 10.7 个百分点。2018 年黑龙江省银行机构共处置不良贷款 208.6 亿元，较上年同期增加 24.9 亿元。

6. 跨境人民币业务结算量大幅上升，首开对俄人民币现钞跨境调运陆路通道。截至 2018 年末，黑龙江省人民币跨境收支总额 303.7 亿元，同比增长 81.9%。其中，经常项下 103.1 亿元，资本项下 200.6 亿元。对俄跨境人民币结算业务累计实现 145.7 亿元，在黑龙江省跨境人民币结算总量中的占比达到 47.9%，比上年提高 5.2 个百分点。绥芬河市卢布现钞使用试点平稳运行，累计兑换卢布现钞 3.9 亿卢布。历时 6 年，打通首个对俄人民币现钞陆路调运正式通道，截至 2018 年末，已完成 5 笔合计 1 亿元人民币现钞陆路调运业务。

专栏 1　黑龙江省金融服务民营小微企业取得明显实效

2018 年，黑龙江省政府成立了以常务副省长为组长、14 家政府部门为成员的深化小微企业金融服务工作小组。中国人民银行哈尔滨中心支行牵头制定出台了《黑龙江省深化小微企业金融服务若干措施》，深入开展民营小微企业金融服务工作，取得了积极进展和显著成效。

一是组织走访万户企业活动，开启“现场办公”模式。采取“建立机制、遴选企业、现场办公、破解难题、专题辅导、搭建平台”的工作模式，与省工商联合作在黑龙江省推进“金助民企小微”系列活动。建立省市县三级联动工作机制，实行中国人民银行 + 商业银行“一把手”工程。组织黑龙江省金融系统百名以上行长实地走访万户以上民营企业和小微企业，加强政策宣讲，优化金融服务，普及金融知识，及时落实金融支持措施。截至 2018 年末，黑龙江省共走访了 10 027 家民营企业和小微企业。

二是开展千户企业财务辅导培训，提高企业获贷能力。组织黑龙江省银行机构积极开展对民营企业和小微企业财务辅导服务工作，重点辅导暂时不满足信贷条件，但是有市场、有前景、有技术、有竞争力、有贷款意愿、有潜力的民营企业和小微企业。组织黑龙江省商业银行开展千户企业财务辅导专项行动。截至2018年末，黑龙江省银行机构对民营企业和小微企业客户开展财务辅导培训总计3 526户次，提高了民营企业与小微企业对财务规范性的重视程度和合法化、规范化经营水平。

三是搭建银企合作平台，开展形式多样的对接推介活动。针对银企信息不对称问题，省、市、县三级联动，采取多种宣传形式，广泛利用各种网站、电视台、广播电台、微信等各类媒体工具，解读各种扶持民营企业和小微企业发展政策。与黑龙江省工商联共同组织召开黑龙江省民营小微企业金融服务座谈会和金融支持民营企业和小微企业发展融资推介会，重点向200余家民营企业和小微企业解读近期出台的各项政策措施，推介直接债务融资工具、区域性股权市场功能以及银行机构创新的信贷产品和金融服务。大庆、黑河、伊春等市也积极开展银企对接活动。推动哈尔滨银行与哈尔滨企信融资担保服务中心签署“千户企业百亿授信”全面战略合作协议。

四是创新信贷产品和金融服务模式，为民营企业和小微企业提供个性化服务。针对企业“过桥贷款”融资贵问题，创新“众银帮”模式，选取黑龙江省建设银行、龙江银行、哈尔滨银行等银行机构建立主办行制度，通过银团贷款模式，采取集中授信、匹配期限等方法解决，运用该模式为企业提供2.14亿元的贷款资金支持，直接节约过桥融资成本110万元。选定招商、浦发、兴业、广发四家省级分行作为小微企业融资模式创新示范点银行机构，重点探索“订单贷”模式、“联保”模式、“信用＋担保”模式、“行业担保”模式、“贸易融资”模式和“融资租赁”模式。截至2018年末，黑龙江省金融支持小微企业融资模式创新示范点贷款余额392.6亿元，同比增长8.1%，当年支持小微企业527家，累计支持小微企业1 229家。

五是开展权益类资产质押融资业务，努力盘活小微企业资产。引导银行机构贯彻落实《推进权益类资产质押融资工作行动方案》，重点推动应收账款融资、股权质押和知识产权质押融资业务。截至2018年末，黑龙江省应收账款融资余额1 897.3亿元，同比增长15.1%；股权质押贷款余额139.2亿元，同比增长7.3%；知识产权质押融资贷款余额3.21亿元，同比增长13.2%。以应收账款融资服务平台为媒介，面向省内小微企业大力推广应收账款融资业务。截至2018年末，黑龙江省943户各类型企业、891户资金提供方在平台注册用户，累计融资成交达823笔，成交金额从2014年底的1.3亿元增长至615.82亿元。

（二）证券业平稳发展，期货公司盈利下滑

1. 证券公司主体稳定，证券交易额同比下滑。截至2018年末，黑龙江省法人证券公司1家，证券分支机构196家。证券从业人员2 702人，投资者股票账户数713.2万户，比上年增加57.6万户。证券市场交易额34 238.9亿元，比上年减少1 414.2亿元。法人证券公司资产总额、负债总额、营业收入、净利润均呈现下降态势，主要原因是金融产品投资规模下降。

2. 期货公司数量不变，资产和收入呈现下降趋势。截至2018年末，黑龙江省期货经纪公司2家，期货分支机构18家，期货从业人员169人。受客户保证金下降影响，期货公司总资产2.3亿元，同比减少1.6亿元。2018年，黑龙江省期货公司营业收入867.5万元，同比下降50.2%，手续费收入、交易所返还和利息收入均

出现下滑。

表 3　2018 年黑龙江省证券业基本情况

项目	数量
总部设在辖内的证券公司数（家）	1
总部设在辖内的基金公司数（家）	0
总部设在辖内的期货公司数（家）	2
年末国内上市公司数（家）	36

数据来源：黑龙江证监局。

3. 上市公司数量稳定，融资运营平稳发展。黑龙江省有 A 股上市公司 36 家，其中主板 30 家、中小板 4 家、创业板 2 家，总市值 2 441.8 亿元；新三板挂牌公司 94 家，总市值 203.2 亿元。2018 年，黑龙江省上市公司直接融资总计 68.3 亿元。其中，上市公司定向增发融资 4.7 亿元，新三板挂牌公司定向增发融资 7.7 亿元，发行债券募集资金 55.9 亿元。截至 2018 年末，省内 1 家上市公司（“S 佳通”）尚未进行股权分置改革，“S 佳通”也是中国资本市场唯一未完成股权分置改革的上市公司。

（三）保险业实力持续增强，积极服务涉农领域和制造业振兴

1. 市场规模稳步上升，行业规模持续扩大。2018 年，黑龙江省保险市场主体 49 家，当年新增 1 家，其中财产险公司 21 家（含 1 家法人机构）、人身险公司 28 家。黑龙江省保险销售从业人员执业登记人数 40.0 万人，比上年增加 5.2 万人。2018 年末，黑龙江省保险公司总资产合计 2 070.2 亿元，同比增长 9.3%。2018 年黑龙江省保险业为全社会提供风险保障 18.3 万亿元，同比增长 32.6%。保险业赔款与给付 257.2 亿元，同比增长 6.9%。

表 4　2018 年黑龙江省保险业基本情况

项目	数量
总部设在辖内的保险公司数（家）	1
其中：财产险经营主体（家）	1
人身险经营主体（家）	0
保险公司分支机构（家）	48
其中：财产险公司分支机构（家）	20
人身险公司分支机构（家）	28
保费收入（中外资，亿元）	899.1
其中：财产险保费收入（中外资，亿元）	187.8
人身险保费收入（中外资，亿元）	711.3
各类赔款给付（中外资，亿元）	257.2
保险密度（元 / 人）	2 373.1
保险深度（%）	5.5

数据来源：黑龙江银保监局。

2. 涉农保险保障功能增强，有力支持农业产业结构调整和乡村振兴。2018 年，黑龙江省种植业保险承保作物 2.0 亿亩，同比增长 8.1%。黑龙江省农业保险实现原保险保费收入 39.7 亿元，同比增长 11.9%。其中，种植险实现原保险保费收入 38.1 亿元，同比增长 12.2%；养殖险实现原保险保费收入 1.6 亿元，同比增长 5.8%。黑龙江省农业保险提供风险保障 954.8 亿元，覆盖农户 207.3 万户次；赔款支出 28.0 亿元，受益农户 109.2 万户次。在全国率先启动农作物价格保险、收入保险、“保险 + 期货（权）”、农业巨灾保险等试点，2018 年各项试点承保面积 205.6 万亩，养殖畜禽 15.9 万头（只），提供风险保障 36.1 亿元。

3. 制造业保险积极推进，服务东北振兴能力不断增强。开展首台（套）重大技术装备保险和新材料首批次应用保险，2018 年，黑龙江省保险机构累计为 6 家制造企业提供风险保障 67 亿元。将出口信用保险与出口信贷政策相融合，支持高科技、高附加值的机电产品和大型成套设备出口，破解出口小微企业“有单不敢接”难题。2018 年，累计为 702 家出口小微企业提供风险保障 43.4 亿元，同比增长 37.7%，客户覆盖率达 55.5%。

（四）地区社会融资规模增量下降，金融市场走势分化

1. 信贷融资仍是主要融资来源，表外融资出现下降。2018 年，黑龙江省社会融资规模增

量为1 217.9亿元，同比少增1 176.4亿元。从结构看，对实体经济发放的人民币贷款和外币贷款占黑龙江省社会融资规模增量的63.0%，比上年提高5.2个百分点；全年表外融资（含委托贷款、信托贷款、未贴现银行承兑汇票）减少16.7亿元，同比少增794.1亿元，其中未贴现银行承兑汇票比上年少增552.7亿元；全年企业直接融资（含企业债券融资和股票融资）减少65.8亿元，其中，股票融资量仅为上年股票融资量的8.9%。

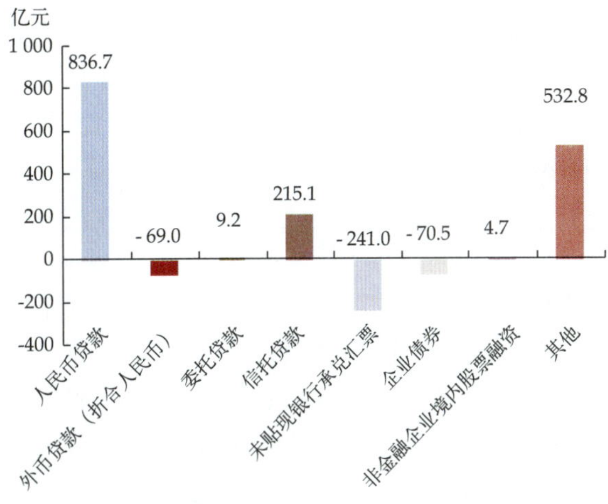

数据来源：中国人民银行哈尔滨中心支行。

图4　2018年黑龙江省社会融资规模分布结构

2. 同业拆借市场交易活跃度上升，债券市场交易量下降。2018年，黑龙江省金融机构累计进行信用拆借交易1 188笔，同比增长89.2%；同业拆借市场累计成交金额2 582.6亿元，同比增长176.7%。其中，拆入金额1 085.6亿元，同比增长91.6%；拆出金额1 497.0亿元，同比增长308.3%。质押式回购、买断式回购成交金额分别为133 289.2亿元和2 985.6亿元，同比分别下降6.9%和50.8%。质押式回购、买断式回购加权平均利率分别比上年下降159个和24个基点。现券交易累计金额3.0万亿元，同比增长78.7%，现券成交收益率为3.8%，同比下降85个基点。

3. 直接债务融资工具发展放缓，发行规模呈现下降趋势。自发行以来，黑龙江省共有31家企业累计发行162只非金融企业直接债务融资工具，募集资金1 354.6亿元。受东北地区经济下行、债券市场违约事件频发等因素影响，截至2018年末，黑龙江省直接债务融资工具余额401亿元，同比增长4.0%；2018年黑龙江省企业共发行债务融资工具16只，累计发行额160亿元，同比下降20.8%。

4. 票据市场交易量大幅攀升，票据利率持续下行。2018年，黑龙江省银行机构签发商业汇票余额、票据贴现余额分别为560.1亿元和589.2亿元，同比分别增加62.9亿元和158.5亿元。2018年，票据贴现利率和转贴现利率呈下行趋势。其中，2018年第四季度办理的银行承兑汇票贴现平均利率、商业承兑汇票贴现平均利率分别为3.91%和2.81%，分别比同年第一季度下降1.56个和3.25个百分点；2018年第四季度票据买断利率为3.78%，比第一季度下降1.2个百分点。

表5　2018年黑龙江省金融机构票据业务量统计

单位：亿元

季度	银行承兑汇票承兑		贴现			
			银行承兑汇票		商业承兑汇票	
	余额	累计发生额	余额	累计发生额	余额	累计发生额
1	477.7	178.1	477.2	451.5	25.7	19.3
2	422.8	362.8	478.1	822.9	29.1	22.2
3	475.4	596.7	591.6	1 884.3	30.4	38.9
4	560.1	798.2	546.2	2 585.0	43.0	77.9

数据来源：中国人民银行哈尔滨中心支行。

表6　2018年黑龙江省金融机构票据贴现、转贴现利率

单位：%

季度	贴现		转贴现	
	银行承兑汇票	商业承兑汇票	票据买断	票据回购
1	5.46	6.06	4.98	4.75
2	5.14	4.36	4.95	4.19
3	4.03	2.80	3.96	0
4	3.91	2.81	3.78	0

数据来源：中国人民银行哈尔滨中心支行。

（五）金融基础设施逐步完善，金融生态建设扎实推进

1. 社会信用体系建设有序开展，重点推动中小微企业和农村信用体系建设。截至2018年末，企业征信系统已收录黑龙江省企业及其他组织18.1万户，提供企业信用报告查询10.3万份；个人征信系统共收录2 667.4万自然人信息，提供个人信用报告查询722.5万份。黑龙江省布设了106台个人信用报告自助查询机，实现县及县以上行政区域全覆盖。农村信用体系建设成效显著。选择克山县和兰西县作为试点，将农村信用体系建设与精准扶贫结合，引导银行机构以贫困户信用评定为突破口，创新"一扶多"扶贫模式，推动扶贫小额信用贷款落地。截至2018年末，黑龙江省33个县（市）已搭建县域信用信息平台，共采集入库110.7万户农户、8 953个农民专业合作社信用信息，涉农金融机构共创建信用户130.9万户、信用村2 403个、信用乡镇211个。继续推进大庆市"一库两网一平台"[①]中小企业信用体系试验区建设，大庆市企业信用数据库信息采集量持续增长，已采集政府部门信息15.2万条，建立中小微企业及个体工商户信用档案6.7万户；齐齐哈尔市不断完善政银企信用信息交互平台信息采集，已采集并上传纳税B级以上中小微企业信息67家、数据信息752条。

2. 支付系统运行平稳，农村支付环境建设不断优化。2018年，现代支付系统共处理支付业务9 940.8万笔、金额50.9万亿元。全面启动黑龙江省移动支付便民示范工程，打造公交车实现手机PAY和银联二维码等移动支付受理功能、智慧加气站、智慧停车无感支付业务和智能案款缴费系统四个亮点工程，突破公交地铁、交通罚没、医疗健康、菜场、公共缴费和校企园区六大便民场景。全面优化企业开户服务。2018年，黑龙江省银行结算账户数量1.49亿户，同比增长7.39%。推动助农取款服务点升级为农村金融综合服务站。2018年末，黑龙江省助农取款服务点达1.35万个，助农取款1 279.41万笔、金额42.26亿元。

3. 金融消费权益保护工作积极推进，全面落实普惠金融政策。在黑龙江省范围内开展金融知识纳入国民教育活动。畅通金融消费者咨询投诉通道，建立"呼叫中心一点接入，人民银行属地办理，人民银行、专业客服、行业协会三方合作"的12363金融消费权益保护投诉咨询电话处置模式。2018年共受理金融消费者投诉117起，解答咨询536人次，没有发生群体性投诉事件，有效防范了金融消费纠纷所产生的不稳定因素。

二、经济运行情况

2018年，黑龙江省积极应对经济下行压力和挑战，黑龙江省经济运行保持总体平稳，民生水平持续改善，经济增长新动能不断积聚。全年地区生产总值实现16 361.6亿元，同比增长4.7%，增速低于上年1.7个百分点。

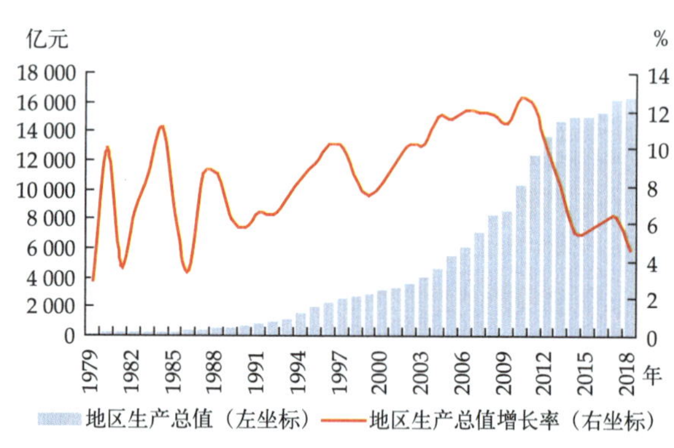

数据来源：黑龙江省统计局。

图5　1979~2018年黑龙江省地区生产总值及其增长率

① "一库两网一平台"指企业信用数据中心数据库、中小微企业信用信息公示网和中小微企业信用信息管理网、融资服务平台。

（一）内需增长较为稳定，外需不足表现低迷

1. 固定资产投资下滑，制造业投资和民间投资增势良好。2018年黑龙江省固定资产投资（不含农户）同比下降4.7%，增幅低于上年10.9个百分点。其中，第一产业投资、第三产业投资同比分别下降27.6%和9.4%，第二产业投资同比增长9.4%。黑龙江省固定资产投资500万元以上施工项目同比下降27.6%。基础设施建设投资下降18.7%，制造业投资和民间投资分别增长15.6%和10.5%。

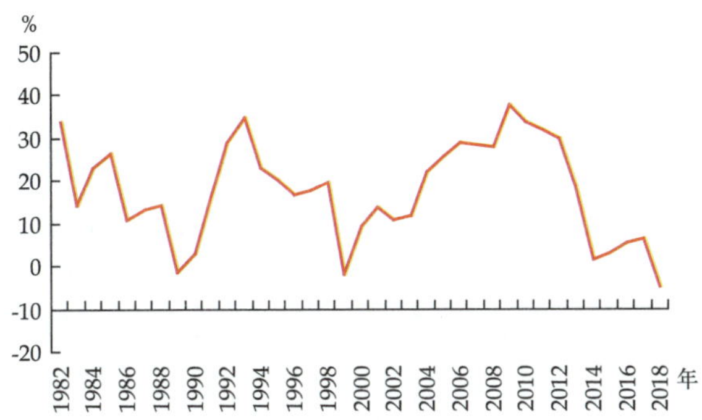

数据来源：黑龙江省统计局。

图6　1982~2018年黑龙江省固定资产投资（不含农户）同比增长率

2. 居民支出持续增长，消费带动力下降。受居民人均可支配收入稳定增长、居民消费理念多元化因素推动，2018年黑龙江省城镇常住居民人均生活消费支出21 035元，同比增长9.2%，高于上年3个百分点。其中，医疗保健消费支出同比增长27.7%，居住消费支出和生活用品及服务消费支出均同比增长13.8%。农村常住居民人均生活消费支出11 417元，同比增长8.5%。受国内外多地域消费、线上平台消费较快增长等因素影响，黑龙江省社会消费品零售总额同比增长6.3%。从行业看，批发零售业零售额增长6.2%，住宿餐饮业零售额增长6.9%。新零售业态蓬勃发展，网上零售及餐饮收入大幅增长。黑龙江省限额以上批发零售业网上商品零售额比上年增长30.3%；限额以上网上餐饮收入增长25.6%，同比提高2.3个百分点。

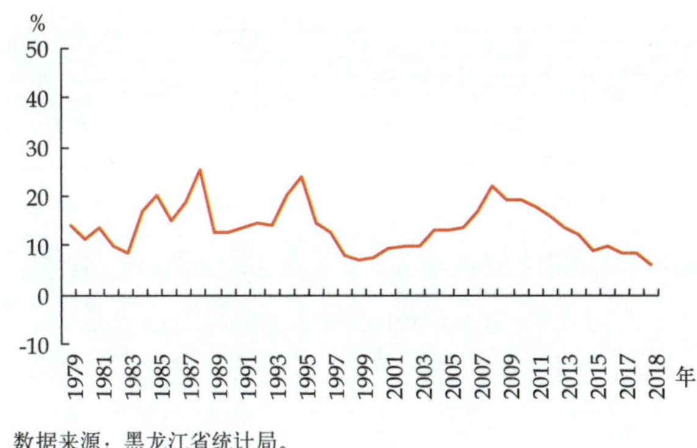

数据来源：黑龙江省统计局。

图7　1979~2018年黑龙江省社会消费品零售总额名义增长率

3. 外贸进口高速增长，对俄经贸稳居全国第一。2018年，黑龙江省实现货物进出口总额1 747.7亿元，同比增长36.4%，高于上年21.9个百分点。其中，进口1 453.7亿元，同比增长56.5%；出口294.0亿元，同比下降16.7%。黑龙江省对俄贸易增势不减，对俄实现进出口1 220.6亿元，同比增长64.7%，对俄进出口总额占黑龙江省的69.8%，稳居全国第一。其中，自俄进口1 146亿元，同比增长80.4%，创历史新高。

4. 外商直接投资增幅回升，实际利用外资企稳回升。2018年，黑龙江省外商直接投资58.7亿美元，同比增长0.6%，增幅比上年上升0.3个百分点。黑龙江省实际利用外资59.5亿美元，同比增长1.5%。

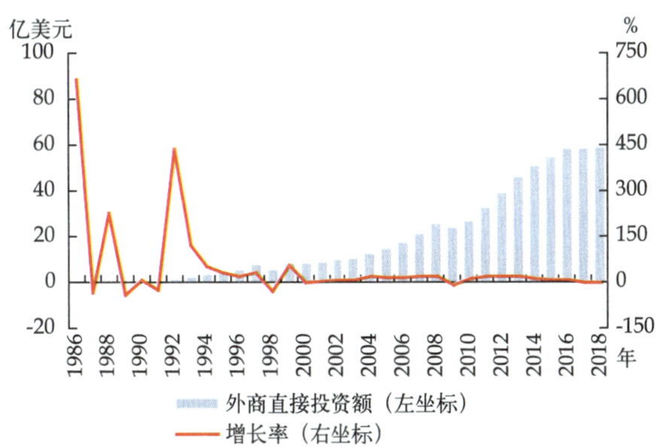

数据来源：黑龙江省统计局。

图8　1986~2018年黑龙江省外商直接投资额及其增长率

（二）第一、第三产业发展势头较好，产业结构发生积极变化

2018 年，黑龙江省三次产业结构为 18.3：24.6：57.1，其中，第一、第二、第三产业增加值同比分别增长 3.7%、2.1% 和 6.4%。其中，第一产业增幅高于全国平均水平 0.2 个百分点。

1. 现代农业发展迈出新步伐，粮食产量稳居全国首位。2018 年，黑龙江省粮食生产有效克服春季局地干旱、夏季局地内涝等自然灾害影响，再夺丰收，粮食总产量达 1 501.4 亿斤，同比增长 1.3%，为历史上第二高产年，实现 15 年连丰，连续 8 年居全国首位。按照“稳粮、优经、扩饲”的调整方向，黑龙江省种植业结构持续优化，已调减玉米种植面积 3 900 万亩。鲜食玉米、蔬菜、食用菌、马铃薯、高粱等作物面积近 2 000 万亩，大豆种植面积 5 351 万亩，绿色、有机食品认证面积达 8 046 万亩。粮食生产科技含量进一步提升，黑龙江省农业科技进步贡献率达 67.1%，高于上年 1.6 个百分点。畜牧业标准化规模养殖稳步推进，生鲜奶品质优势进一步确立。举办首届农民丰收节、国际大米节、中国粮食交易大会，农产品影响力、竞争力不断提升。土地确权登记颁证超过 90%。开展黑土保护行动，积极推动秸秆还田与规模养殖场畜禽粪污综合利用相结合，改善耕地质量，耕地轮作休耕试点面积 1 490 万亩，农业“三减”高标准示范面积达 3 500 万亩。11 月 25 日，黑龙江省农业金融服务平台在黑龙江省 26 个试点县上线试运行，平台已录入 186 万户、6 069 万亩土地信息，通过黑龙江省农村金融服务手机 APP，为农户和新型经营主体提供方便快捷的融资服务。

2. 工业经济小幅回升，工业企业效益不断提升。2018 年，黑龙江省规模以上工业增加值增长 3.0%，增幅比上年上升 0.3 个百分点，为近四年来最高。其中，农副食品加工业增长 8.9%，医药制造业增长 10.4%。黑龙江省规模以上工业企业综合能源消费量 5 202.2 万吨标准煤，增长 1.3%。在黑龙江省规模以上工业 40 个行业大类中，22 个行业增加值实现同比增长，其中食品、医药、专用设备、电器机械、食品制造等行业实现两位数增长。工业企业效益不断提升，黑龙江省规模以上工业企业主营业务收入同比增长 9.5%，利润总额同比增长 22.8%；主营业务收入利润率为 5.4%，同比提高 0.6 个百分点。“双百工程”投产或部分投产项目 42 个，大庆石化炼油结构调整转型升级项目启动建设，9 个新增玉米燃料乙醇项目落地，第 10 万辆沃尔沃 S90 轿车走出国门。黑龙江省实施《黑龙江省新增规模以上工业企业奖励政策实施细则》，对 2017~2019 年主营业务收入达到 2 000 万元、新纳入规模以上统计的工业企业给予每户企业一次性奖励 50 万元。为缓解工业企业流动资金紧张，黑龙江省出台《工业企业流贷贴息政策实施细则》，对符合条件的普通工业企业、困难工业企业、新兴产业制造业企业、贫困县制造业企业，按新增贷款的 5%，给予单户企业最高不超过 800 万元的贴现支持。黑龙江省政府印发《黑龙江新一轮科技型企业三年行动计划（2018~2020 年）》，通过引导各类主体创办科技型企业、建立多层次科技型企业培育库、完善科技型企业孵化成长体系、提升科技型企业创新和成果吸纳能力、营造服务科技型企业的良好投融资环境五项措施提升科技型企业数量和质量。

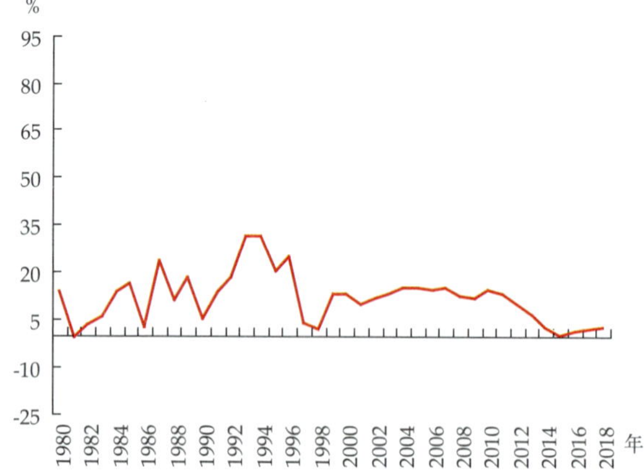

数据来源：黑龙江省统计局。

图 9　1980~2018 年黑龙江省规模以上工业增加值实际增长率

3. 第三产业增速放缓，现代服务业持续发展。2018 年，黑龙江省第三产业增加值增长 6.4%，增幅低于上年 2.3 个百分点，第三产业对地区生产总值的贡献率为 73.1%。其中，批发和零售业，住宿和餐饮业，金融业，交通运输、仓储和邮政业增加值分别增长 9%、8.3%、5.9% 和3.9%。黑龙江省高新技术企业总数达 1 120 家，增长 20.5%。旅游产业快速发展，举办首届旅游产业发展大会，全年接待国内外游客 1.8 亿人次，同比增长 12%；实现旅游收入 2 253 亿元，同比增长 18%。哈尔滨机场旅客吞吐量首超 2 000 万人次，连续三年居东北首位。电子商务交易额、网上零售额同比分别增长 25% 和 40%。与北京冬奥组委、国家体育总局签署战略合作框架协议，助力北京冬奥会，"赏冰乐雪"系列活动带动 2 500 余万人次参与冰雪运动。建立天鹅颐养经济走廊城市合作机制和养老产业发展金融支持联盟，赴黑龙江省度假旅居的省外老年人超过 200 万人。

4. 供给侧结构性改革深入推进，市场活力持续增强。截至 2018 年末，黑龙江省共淘汰关闭小煤矿 245 处，退出落后产能 1 483 万吨。商品房库存比同期减少 161 万平方米。粮食去库存累计达 930 亿斤。减免退税 669.6 亿元。一般工商业电价下降 10.2%。直接交易成交电量 116 亿千瓦时，降低企业用电成本 6.6 亿元，提供优惠降低办电成本 5 亿元。持续深化"放管服"改革，国务院取消下放事项全部落实，省级清理行政权力 1 419 项，累计取消和下放行政权力 2 402 项。市场活力不断增强，新登记企业数量持续增加。全年新登记企业 88 714 户，同比增长 5.6%，占新登记市场主体的 20%；新增个体工商户 34.7 万户，同比增长 9.4%。截至 2018 年末，黑龙江省市场主体达 226.9 万户，同比增长 7.6%，新登记市场主体同比增长 7.3%。

5. 生态环境持续改善，空气质量不断改善。2018 年，黑龙江省完成风电发电量 124.6 亿千瓦时，同比增长 15.4%；黑龙江省电网新能源消纳创历史最高水平，减少二氧化碳等污染物排放约 1 440 万吨。黑龙江省严控秸秆露天焚烧，全年淘汰各类燃煤小锅炉 2 185 台。黑龙江省空气质量优良天数比例达 93.5%，为 2012 年新空气标准实施以来最优。新增造林 117 万亩。

（三）物价平稳上涨，工业生产者出厂及购进价格涨幅回落

1. 物价平稳上涨，低于全国平均水平。2018 年黑龙江省居民消费价格指数同比上涨 2.0%，同比涨幅高于上年 0.7 个百分点，低于全国平均水平 0.1 个百分点。其中，医疗保健、教育文化和娱乐价格全年同比上涨居高，分别上涨 8.6% 和 2.9%；其他用品和服务全年呈下降走势，同比下降 0.2%。

数据来源：黑龙江省统计局。

图 10　2001~2018 年黑龙江省居民消费价格指数和工业生产者价格指数变动趋势

2. 工业生产价格涨幅回落，农业生产资料价格出现上涨。2018 年，黑龙江省工业生产者出厂价格指数、购进价格指数涨幅出现小幅回落，均同比增长 9.0%，分别比上年同期下降 0.3 个和 1.2 个百分点。在工业生产者出厂价格指数中，重工业和生产资料上涨幅度最高，分别上涨 12.4% 和 12.3%；在工业生产者购进价格指数中，燃料、动力类上涨最高，达到 14.9%。2018 年，黑龙江省农业生产资料价格指数同比

增长 3.6%，增幅比上年提高 3 个百分点。

3. 劳动力成本持续上涨，农村地区涨幅大幅回落。2018 年，黑龙江省城镇常住居民人均工资性收入 16 706 元，比上年增长 5.8%，涨幅比上年提高 0.6 个百分点；黑龙江省农村常住居民人均工资性收入 3 009 元，比上年增长 5.9%，涨幅比上年回落 11 个百分点。

（四）地方财政收入稳定增长，助力地方经济稳增长

1. 地方财政收入平稳增长，但增幅出现回落。受经济增速放缓、落实结构性减税政策等因素影响，2018 年，黑龙江省一般公共预算收入 1 282.5 亿元，同比增长 3.2%，增幅比上年回落 7.8 个百分点。其中，税收收入 980.7 亿元，同比增长 8.7%，增幅比上年回落 5.2 个百分点；非税收入 301.8 亿元，同比下降 11.6%。

2. 地方财政支出增幅回落，社会保障和就业领域财政投入较大。黑龙江省一般公共预算支出 4 675.7 亿元，同比增长 0.8%，增幅比上年回落 9 个百分点。其中，社会保障和就业、农林水事务、教育类支出分别占一般公共预算总支出的 21.9%、17.8% 和 11.6%；社会保障和就业支出增势突出，同比增长 10.3%。

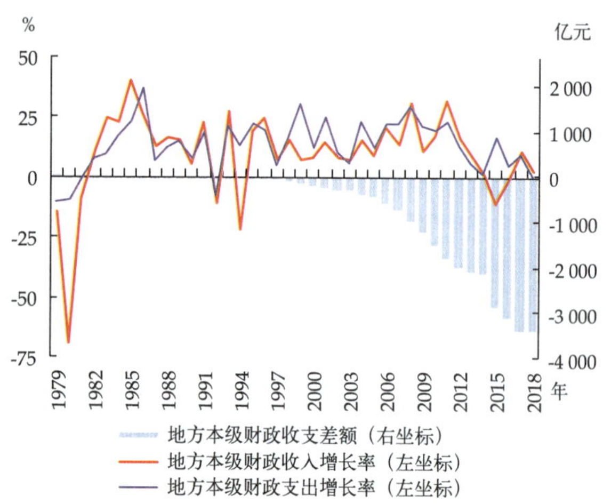

数据来源：黑龙江省财政厅、中国人民银行哈尔滨中心支行。

图 11　1979~2018 年黑龙江省财政收支状况

（五）房地产投资企暖回升，金融支持民生住房力度增强

2018 年，黑龙江省省会哈尔滨市出台《哈尔滨市人民政府办公厅关于进一步加强房地产市场调控工作的通知》（哈政办规〔2018〕12 号）和《哈尔滨市人民政府关于稳定商品房价格的意见》。房地产供给企暖回升，商品房销售面积和销售额增速由正转负，省会城市住房价格同比上涨，房地产信贷增幅收窄。

1. 房地产投资企暖回升，房屋竣工面积降幅收窄。受房地产去库存政策引导，2018 年黑龙江省房地产开发投资额完成 944.4 亿元，同比增长 15.8%，扭转上年负增长趋势。受棚户区改造力度加大影响，黑龙江省房屋新开工面积 2 494.7 万平方米，同比增长 12.4%，增幅高于上年 1.8 个百分点。黑龙江省房屋竣工面积 1 203.5 万平方米，同比下降 27.1%，降幅收窄 3.4 个百分点。其中，住宅竣工面积 920.5 万平方米，同比下降 23.7%。

2. 商品房销售由正转负，哈尔滨市住房价格涨幅扩大。2018 年，黑龙江省商品房销售面积 1 913.3 万平方米，同比下降 15.2%，增速由正转负，比上年降低 21.7 个百分点；商品房销售额 1 320.3 亿元，同比下降 9.6%，与上年 30.2% 的高速增长形成反差。其中，住宅销售面积和住宅销售额分别同比下降 10.8% 和 2.0%。受地铁等基础设施环境建设、学区房等因素拉动，省会城市哈尔滨市新建住宅销售价格月同比涨幅从 2018 年 1 月的 11.5% 涨到 2018 年 12 月的 14.4%，全年保持快速增长。

3. 房地产信贷增幅收窄，主要投向个人住房信贷和保障房建设。受住房消费需求持续增长和棚户区建设力度加大等因素拉动，2018 年末，黑龙江省房地产贷款余额 4 446.7 亿元，同比增长 16.9%，增速低于上年同期 8.4 个百分点；全年新增房地产贷款 644.3 亿元，同比少增 124.1 亿元。

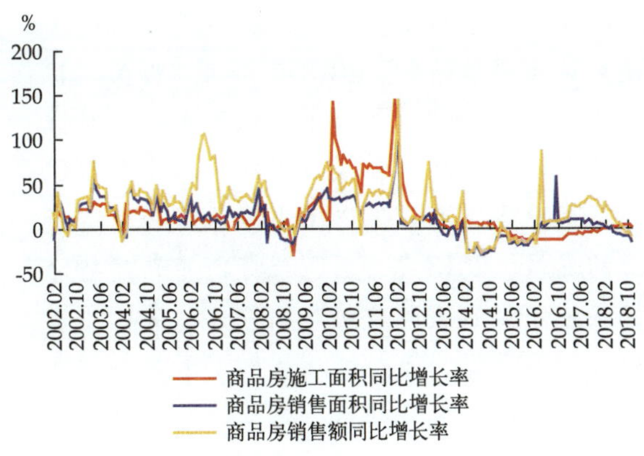

数据来源：《中国经济景气月报》。

图 12　2002~2018 年黑龙江省商品房施工和销售变动趋势

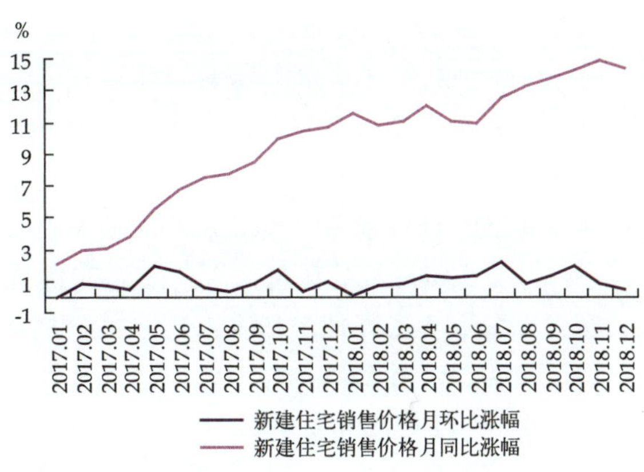

数据来源：《中国经济景气月报》。

图 13　2017~2018 年哈尔滨市新建住宅销售价格变动趋势

专栏 2　中俄金融合作再创亮点　首开人民币现钞陆路调运通道

为响应国家“一带一路”倡议，发挥黑龙江省对俄贸易大省优势，中国人民银行哈尔滨中心支行把深化对俄金融合作、推进对俄跨境人民币业务作为工作的重点，积极开展中俄特色金融产品及服务，拓宽中俄金融合作渠道。对俄跨境人民币业务增势迅猛，对俄人民币现钞陆路调运渠道开通，中俄金融合作再创亮点。

对俄人民币结算大幅增长，经常项目、资本项目实现双增长。2018 年，对俄跨境人民币业务实际收付合计 145.7 亿元，同比增长 1 倍有余，经常项目、资本项目实现双增长。其中，经常项目下合计 42.8 亿元，同比增长 66.6%；资本项目下合计 102.9 亿元，同比增长 125.2%。对俄跨境人民币结算量占黑龙江省跨境人民币结算总量的 48.1%，俄罗斯已成为黑龙江省跨境人民币收付量最大的国家。黑龙江省对俄跨境人民币业务规模从 2012 年的 8.6 亿元增至 2018 年的 145.7 亿元，累计增长 16.6 倍，年均增长率达 76%。黑龙江省对俄跨境人民币结算量占全国对俄跨境人民币结算量的 23.5%，较上年同期增加 5 个百分点。

中俄金融合作交流机制不断健全，同业金融合作日益深化。借助多平台深化中俄边境地区的金融合作与交流，多次在中俄博览会期间同俄央行和商业银行代表举办金融合作圆桌会议，连续四年赴俄罗斯同俄央行分支机构交流会晤，对于两国本币结算业务的深入开展起到推动作用。支持国家开发银行省分行与俄方商业银行签订 340 亿元人民币跨境融资协议，用于支持中俄贸易合作项目和基础设施建设，涉及冶金矿业、交通、油气、零售、木材纸浆、货物运输以及食品等多个领域。2018 年 2 月，以哈尔滨银行作为牵头行，与俄罗斯开发与对外经济银行签署的总额 100 亿元人民币的同业间银行授信协议正式提款金额 5.6 亿元，是落实中俄金融分委会会议精神的重要成果转化。

首开人民币现钞跨境调运陆路通道，对俄现钞调运实现“两个常态化”。历时 6 年，在海关、边检、公安等十余个部门通力配合下，2018 年 5 月 29 日，龙江银行与俄罗斯亚太银行开展了首笔人民币现钞跨境调运合作，将 1 500 万元人民币现钞自东宁海关调至俄罗斯波乐塔夫卡海关，打通黑龙江省首个对俄人民币现钞陆路调运通道，提高了调运效率，降低了调运成本，有效满足在俄企业及个人对人民币现钞的使用需求。截至 2018 年末，已完成 5 笔合计 1 亿元人民币现钞陆路调运业务，现钞陆路调运实现“常态化”。自 2015 年起支持哈尔滨银行通过空港哈尔滨—北京—莫斯科办理人民币现钞对俄跨境调运业务，不断优化业务流程，建立人民币现钞跨境调运“快速通道”，将出入境证明文件签发缩短在一个工作日之内，提高现钞调运效率，降低银行调钞成本。截至 2018 末，哈尔滨银行已先后 8 次调运人民币现钞 1.2 亿元，实现现钞空运“常态化”。

新建特许机构正式开办业务，卢布现钞使用试点平稳运行。2018 年，为贯彻落实扩大沿边开发开放政策要求，以黑龙江省对俄贸易回暖为契机，积极推动绥芬河市卢布现钞使用试点，有效促进了当地旅游和商贸产业的发展。2018 年 1 月，绥芬河市新建特许机构通宇经贸有限公司正式开办业务，已累计兑换 645 万卢布。试点地区首家具备独立法人资格的特许兑换机构的成立，为卢布现钞兑换市场注入了新的活力，对规范试点地区兑换环境具有重要意义。截至 2018 年末，绥芬河地区累计办理卢布现钞兑换金额 3.9 亿卢布，其中，银行累计兑换卢布现钞 2.3 亿卢布，占比 59.6%；特许机构累计兑换卢布现钞 1.6 亿卢布，占比达 40.4%，较试点前提高近 40 个百分点。

三、预测与展望

2019 年，是决胜全面建成小康社会的关键之年，也是推进黑龙江省全面振兴全方位振兴的攻坚之年。从不利因素看，黑龙江省经济呈现增长趋缓、下行压力增大的态势，转方式调结构任务艰巨，新旧动能转换亟待加快；投资的关键作用减弱，消费带动力下降；对外开放与合作水平不够高；基础设施存在明显短板；不适应市场经济要求的思想观念和体制机制等深层次矛盾和问题还没有得到根本解决；发展环境有待进一步优化；民生还存在不少历史欠账和突出短板。从有利因素看，新时代中国特色社会主义发展理念、国家供给侧结构性改革发展主线，均给予黑龙江振兴实体经济发展定位和行动指南。下一步，黑龙江省将坚决贯彻落实“巩固、增强、提升、畅通”八字方针，深化供给侧结构性改革，抓住产业结构偏重、民营经济偏弱、创新人才偏少“三偏”问题，以及体制机制、经济结构、开放合作、思想观念四个方面短板，全力推动传统产业转型发展，积极扶持新兴产业加快发展，坚持一二三次产业同向发力，尽快形成新老并举、多元发展的产业发展格局，推进全面振兴。2019 年，黑龙江省将持续打好“三大攻坚战”、深入实施乡村振兴战略、落实中央“八字方针”推动高质量发展、发挥投资关键作用加快项目建设、不断提升服务业有效供给、持续深化重点领域改革、努力建设开放合作高地、大力优化营商环境、着力保障和改善民生、加强政府自身建设。预计全年地区生产总值增长 5% 以上；居民消费价格涨幅在 3% 以下；城镇新增就业 52 万人，城镇登记失业率在 4.5% 以内；城乡居民可支配收入增长与经济增长基本同步；单位地区生产总值能耗下降 3% 以上。

2019 年，黑龙江省金融业将以习近平新时代中国特色社会主义思想为指导，深入贯彻落实党的十九大精神，坚持稳中求进总基调，坚决落实稳健的货币政策，助推打赢“三大攻坚战”，加大金融调控和服务实体经济的力度。中国人民银行哈尔滨中心支行将灵活运用定向降准、再贷款、再贴现、常备借贷便利、抵押补充贷款等多种货币政策工具，加强宏观审慎管理和评估，促进黑龙江省货币信贷和社会融资规模合理增长。金融业将全面深化民营和小微企业服务工作，加大金融支持现代农业发展力度，深入推进金融精准扶贫，加快发展直接债务融资工具，努力发展涉外金融业务，全力打好防控金融风险攻坚战，努力提升金融服务实体经济质效。

中国人民银行哈尔滨中心支行货币政策分析小组

总　纂：赵忠滨　宋志国

统　稿：管公明　刘　畅　赵振宁　高　磊　许　硕　杨　曦

执　笔：高　磊　马　辉　黄海洋　王　迟　李婷婷　程逸飞　常云峰　肖九思　许　硕
鹿雨竹　梁　蒙　李　丹　肖赫男　徐　扬　鲁　荣　罗　希　杨　曦

提供数据的还有：何延伟　张　杰　海　平　薛鹏骞　孙　杨　刘　爽

附录

（一）2018年黑龙江省经济金融大事记

5月29日，龙江银行将1 500万元人民币现钞自东宁海关调至俄罗斯波乐塔夫卡海关，打通黑龙江省首个对俄人民币现钞陆路调运通道，满足了在俄企业和个人的人民币现钞兑换需求。

6月6日，黑龙江省产权交易集团有限公司成立。

6月15日至19日，第二十九届哈洽会举行。共有来自60个国家和地区的政府、经贸及华侨华人代表团参展参会；共签署各类合同、协议268项，总金额591.56亿元。

8月8日，中国出口信用保险公司黑龙江省分公司成立，黑龙江省政府与中国出口信用保险公司签署深化合作协议。

8月18日至20日，首届中国粮食交易大会在哈尔滨举行。会上，共成交各类粮油1 807万吨，成功签约粮食产业经济投资项目6个，总投资141.8亿元。黑龙江省累计达成购销意向207亿斤。

9月5日至7日，黑龙江省委、省政府举办2018年黑龙江省首届旅游产业发展大会。

11月26日，黑龙江省农业农村厅、建设银行、哈工大联合推出了黑龙江省农业金融服务平台，在黑龙江省26个试点县上线试运行。

12月17日，中国银行保险监督管理委员会黑龙江省监管局正式挂牌运行。

2018年，黑龙江省粮食总产量达1 501.4亿斤，实现“十五连丰”，稳居全国第一。

2018年，黑龙江省对俄进出口总值1 220.6亿元，同比增长64.7%，稳居全国第一。其中，自俄进口1 146亿元，增长80.4%，创历史新高。

（二）2018年黑龙江省主要经济金融指标

表1 2018年黑龙江省主要存贷款指标

		1月	2月	3月	4月	5月	6月	7月	8月	9月	10月	11月	12月
本外币	金融机构各项存款余额（亿元）	23 903.7	23 965.3	24 406.9	24 032.9	24 131.8	24 601.8	24 296.4	24 686.5	25 078.7	25 207.6	25 167.0	25 486.6
	其中：住户存款	14 557.2	14 829.2	14 908.7	14 707.3	14 671.7	14 863.8	14 770.9	14 794.5	14 975.6	15 013.0	15 377.6	15 745.4
	非金融企业存款	4 492.8	4 259.5	4 402.8	4 313.8	4 296.1	4 350.4	4 414.6	4 470.0	4 407.8	4 280.1	4 380.7	4 317.7
	各项存款余额比上月增加（亿元）	107.7	61.6	441.6	-374.0	98.9	470.0	-305.4	390.1	392.2	128.9	-40.6	319.5
	金融机构各项存款同比增长（%）	6.1	4.9	6.0	5.4	4.1	4.1	4.2	3.7	5.9	5.8	5.5	7.1
	金融机构各项贷款余额（亿元）	19 828.9	19 994.1	20 202.8	20 283.4	20 245.0	20 202.8	20 098.9	20 076.9	20 138.0	20 099.2	20 096.5	20 326.0
	其中：短期	9 400.7	9 424.7	9 532.5	9 546.8	9 485.4	9 423.0	9 266.0	9 134.8	9 022.8	8 862.0	8 769.5	8 858.6
	中长期	9 217.9	9 328.8	9 453.4	9 471.4	9 526.1	9 508.8	9 518.6	9 567.8	9 642.0	9 692.2	9 747.3	9 790.6
	票据融资	760.0	761.7	744.0	743.7	716.7	736.7	776.9	815.7	857.0	848.1	941.5	1 089.3
	各项贷款余额比上月增加（亿元）	362.0	165.2	208.7	80.7	-38.5	-42.2	-103.9	-22.0	61.1	-38.8	-2.6	229.5
	其中：短期	55.8	24.0	107.9	14.3	-61.4	-62.5	-157.0	-131.2	-112.0	-160.8	-92.5	89.1
	中长期	223.2	110.8	124.6	18.0	54.7	-17.2	9.8	49.2	74.2	50.2	55.1	43.3
	票据融资	70.6	1.7	-17.6	-0.3	-27.0	20.0	40.1	38.9	41.2	-8.9	93.4	147.8
	金融机构各项贷款同比增长（%）	8.5	8.8	8.1	9.5	8.7	6.8	6.2	6.0	5.7	5.6	5.0	4.4
	其中：短期	6.7	6.1	4.5	4.2	3.2	1.4	-0.1	-0.6	-1.5	-2.3	-3.1	-5.2
	中长期	14.1	14.5	14.6	16.8	15.7	12.5	11.5	10.3	8.9	9.2	8.4	8.9
	票据融资	-20.1	-16.8	-14.6	-7.1	-5.8	-2.8	11.6	21.9	38.5	31.8	44.0	58.0
	建筑业贷款余额（亿元）	223.3	226.3	236.1	233.9	237.9	248.1	253.4	256.2	259.2	259.9	264.7	260.7
	房地产业贷款余额（亿元）	636.9	667.1	672.5	674.1	677.7	690.5	683.0	692.1	682.7	675.3	667.6	660.3
	建筑业贷款同比增长（%）	64.2	48.2	64.4	47.8	43.8	31.1	29.0	19.5	13.0	12.6	12.0	17.3
	房地产业贷款同比增长（%）	18.7	24.3	25.4	32.3	27.5	23.2	21.1	17.0	12.2	9.3	7.9	2.1
人民币	金融机构各项存款余额（亿元）	23 724.5	23 786.3	24 232.7	23 860.6	23 962.8	24 429.6	24 121.0	24 517.5	24 912.6	25 044.5	25 005.3	25 321.9
	其中：住户存款	14 422.6	14 691.9	14 771.2	14 570.0	14 533.1	14 722.1	14 628.9	14 654.7	14 837.6	14 875.2	15 241.5	15 610.7
	非金融企业存款	4 452.9	4 223.8	4 371.5	4 284.2	4 270.9	4 325.2	4 386.6	4 446.0	4 384.8	4 260.0	4 360.7	4 294.2
	各项存款余额比上月增加（亿元）	109.4	61.8	446.4	-372.1	102.2	466.8	-308.6	396.5	395.2	131.8	-39.2	316.7
	其中：住户存款	86.0	269.2	79.4	-201.3	-36.8	188.9	-93.2	25.8	182.9	37.6	366.4	369.2
	非金融企业存款	-72.7	-229.1	147.7	-87.4	-13.3	54.3	61.4	59.4	-61.2	-124.8	100.8	-66.6
	各项存款同比增长（%）	6.3	5.2	6.3	5.6	4.3	4.3	4.4	3.8	6.0	6.0	5.6	7.2
	其中：住户存款	5.7	7.0	6.5	7.0	6.4	6.6	7.2	7.7	7.9	7.5	9.4	8.9
	非金融企业存款	9.8	4.1	4.4	3.4	2.0	0.5	2.6	3.4	1.4	-1.4	-1.4	-5.2
	金融机构各项贷款余额（亿元）	19 579.9	19 741.0	19 939.8	20 014.7	19 985.5	19 941.3	19 851.1	19 826.0	19 890.9	19 860.3	19 887.3	20 156.3
	其中：个人消费贷款	3 256.8	3 253.5	3 288.8	3 313.9	3 344.7	3 397.6	3 446.7	3 482.3	3 536.9	3 552.7	3 599.6	3 622.4
	票据融资	760.0	761.7	744.0	743.7	716.7	736.7	776.9	815.7	857.0	848.1	941.5	1 089.3
	各项贷款余额比上月增加（亿元）	370.6	161.1	198.8	75.0	-29.2	-44.2	-90.2	-25.1	64.9	-30.5	26.9	269.0
	其中：个人消费贷款	23.7	-3.3	35.3	25.1	30.7	52.9	49.1	35.7	54.5	15.8	46.9	22.7
	票据融资	70.6	1.7	-17.6	-0.3	-27.0	20.0	40.1	38.9	41.2	-8.9	93.4	147.8
	金融机构各项贷款同比增长（%）	9.2	9.4	8.6	10.0	9.2	7.1	6.6	6.2	5.9	5.8	5.4	4.9
	其中：个人消费贷款	16.4	15.3	14.0	13.1	12.1	12.1	12.5	12.2	11.7	11.0	11.5	12.0
	票据融资	-20.1	-16.8	-14.6	-7.1	-5.8	-2.8	11.6	21.9	38.5	31.8	44.0	58.0
外币	金融机构外币存款余额（亿美元）	28.3	28.3	27.7	27.2	26.3	26.0	25.7	24.8	24.1	23.4	23.3	24.0
	金融机构外币存款同比增长（%）	-10.9	-10.4	-11.7	-12.3	-14.2	-14.1	-16.3	-17.0	-11.6	-16.3	-14.7	-13.4
	金融机构外币贷款余额（亿美元）	39.3	40.0	41.8	42.4	40.5	39.5	36.4	36.8	35.9	34.3	30.2	24.7
	金融机构外币贷款同比增长（%）	-21.4	-17.2	-11.5	-10.0	-13.2	-11.0	-16.1	-13.9	-13.1	-15.1	-23.8	-37.3

数据来源：中国人民银行哈尔滨中心支行。

表 2　2001~2018 年黑龙江省各类价格指数

单位：%

		居民消费价格指数		农业生产资料价格指数		工业生产者购进价格指数		工业生产者出厂价格指数	
		当月同比	累计同比	当月同比	累计同比	当月同比	累计同比	当月同比	累计同比
2001		—	0.4	—	-1.1	—	-0.5	—	-4.0
2002		—	-1.5	—	-0.3	—	-0.7	—	-2.2
2003		—	-0.3	—	1.8	—	7.6	—	11.9
2004		—	2.8	—	12.0	—	15.2	—	13.1
2005		—	0.4	—	8.6	—	11.8	—	16.7
2006		—	1.5	—	1.9	—	5.6	—	9.9
2007		—	5.6	—	9.4	—	5.0	—	5.3
2008		—	5.8	—	22.7	—	14.1	—	14.0
2009		—	-1.1	—	-5.8	—	-6.6	—	-12.6
2010		—	3.1	—	5.6	—	14.5	—	15.0
2011		—	4.5	—	10.2	—	11.1	—	12.0
2012		—	2.2	—	7.8	—	-1.2	—	0.0
2013		—	1.1	—	4.1	—	-1.3	—	-2.0
2014		—	0.8	—	0.3	—	-2.4	—	-2.9
2015		—	0.1	—	1.3	—	-11.8	—	-14.0
2016		—	1.1	—	0.0	—	-4.0	—	-4.9
2017		—	1.3	—	0.6	—	10.2	—	9.3
2018		—	2.0	—	3.6	—	9.0	—	9.0
2017	1	1.9	1.9	0.5	0.5	2.6	2.6	3.5	3.5
	2	0.5	1.2	0.2	0.3	17.6	15.1	17.1	15.3
	3	0.2	0.9	1.4	0.7	15.8	15.3	15.1	15.2
	4	0.3	0.7	1.3	0.8	12.2	14.5	11.2	14.2
	5	0.6	0.7	0.3	0.7	9.1	13.4	8.9	13.1
	6	0.6	0.7	-0.4	0.5	6.5	12.2	6.1	11.9
	7	0.9	0.7	-0.4	0.4	4.7	11.1	3.4	10.6
	8	2.5	0.9	0.5	0.4	7.8	10.7	7.3	10.2
	9	2.1	1.1	0.7	0.4	8.4	10.4	6.5	9.8
	10	2.3	1.2	0.8	0.5	9.8	10.4	7.5	9.6
	11	2.2	1.3	1.1	0.5	10.3	10.3	8.5	9.5
	12	2.2	1.3	0.8	0.6	8.8	10.2	7.6	9.3
2018	1	1.8	1.8	0.5	0.5	6.7	6.7	5.7	5.7
	2	3.0	2.4	0.6	0.5	6.2	6.5	5.6	5.6
	3	2.4	2.4	1.4	0.8	4.3	5.7	3.5	4.9
	4	1.9	2.3	3.1	1.4	6.4	5.9	6.5	5.3
	5	1.9	2.2	4.2	1.9	8.9	6.5	8.9	6.0
	6	2.0	2.2	4.8	2.4	11.5	7.3	12.1	7.0
	7	2.3	2.2	5.3	2.8	14.1	8.3	14.8	8.1
	8	1.7	2.1	5.2	3.1	12.7	8.8	13.2	8.7
	9	1.8	2.1	5.0	3.3	13.0	9.3	14.0	9.3
	10	2.0	2.1	5.2	3.5	12.9	9.7	13.6	9.8
	11	1.6	2.0	4.5	3.6	8.8	9.6	8.7	9.7
	12	1.2	2.0	3.5	3.6	3.0	9.0	2.4	9.0

数据来源：黑龙江省统计局、《中国经济景气月报》。

表 3　2018 年黑龙江省主要经济指标

	1 月	2 月	3 月	4 月	5 月	6 月	7 月	8 月	9 月	10 月	11 月	12 月
	绝对值（自年初累计）											
地区生产总值（亿元）	—	—	3 067.2	—	—	6 240.6	—	—	9 859.5	—	—	16 361.6
第一产业	—	—	152.3	—	—	374.1	—	—	629.2	—	—	3 001.0
第二产业	—	—	829.2	—	—	1 691.7	—	—	2 757.0	—	—	4 030.9
第三产业	—	—	2 085.7	—	—	4 174.8	—	—	6 473.3	—	—	9 329.7
工业增加值（亿元）	—	—	—	—	—	—	—	—	—	—	—	—
固定资产投资（亿元）	—	—	—	—	—	—	—	—	—	—	—	—
房地产开发投资	—	2.0	24.7	76.7	171.9	303.8	414.3	533.9	686.8	807.4	901.5	944.4
社会消费品零售总额（亿元）	—	—	2 138.1	—	—	—	—	—	—	—	—	—
外贸进出口总额（亿元）	136.8	260.5	384.3	506.0	636.9	767.6	904.4	1 054.6	1 224.8	1 384.8	1 570.0	1 747.7
进口	112.4	216.4	322.4	421.1	528.1	635.2	749.7	873.1	1 016.0	1 148.5	1 307.6	1 453.7
出口	24.4	44.1	61.9	84.9	108.9	132.4	154.7	181.5	208.8	236.3	262.5	294.0
进出口差额（出口－进口）	-88.0	-172.3	-260.5	-336.2	-419.2	-502.8	-595.0	-691.6	-807.2	-912.2	-1 045.1	-1 159.7
实际利用外资（亿美元）	1.9	3.6	9.6	11.7	14.2	22.6	25.0	26.4	32.3	39.7	50.0	59.5
地方财政收支差额（亿元）	-221.6	-438.5	-958.1	-1 102.7	-1 227.7	-1 564.5	-1 981.0	-2 270.2	-2 608.3	-2 863.9	-3 001.9	-3 393.2
地方财政收入	150.2	230.8	338.3	450.0	556.2	670.7	785.5	873.0	970.7	1 076.2	1 173.5	1 282.5
地方财政支出	371.8	669.3	1 296.4	1 552.7	1 783.9	2 235.2	2 766.5	3 143.2	3 579.0	3 940.1	4 175.4	4 675.7
城镇登记失业率（%）（季度）	—	—	4.2	—	—	4.1	—	—	4.1	—	—	4.0
	同比累计增长率（%）											
地区生产总值	—	—	5.6	—	—	5.5	—	—	5.1	—	—	4.7
第一产业	—	—	4.3	—	—	4.4	—	—	4.4	—	—	3.7
第二产业	—	—	4.0	—	—	3.6	—	—	1.5	—	—	2.1
第三产业	—	—	6.6	—	—	6.6	—	—	6.9	—	—	6.4
工业增加值	—	5.1	4.1	4.4	4.8	3.9	3.9	3.2	2.6	2.6	2.8	3.0
固定资产投资	—	4.3	2.5	2.1	-1.0	0.3	-2.9	-4.1	-3.7	-4.3	-4.6	-4.7
房地产开发投资	—	-20.7	46.0	30.6	27.6	30.0	27.0	25.7	21.7	19.2	17.0	15.8
社会消费品零售总额	—	—	6.3	—	—	6.4	—	—	6.4	—	—	6.3
外贸进出口总额	39.5	38.6	34.3	32.2	30.4	31.1	30.8	32.6	33.8	33.7	35.2	36.4
进口	62.0	51.9	49.2	47.1	47.2	51.2	52.5	56.4	58.9	57.0	56.9	56.5
出口	-14.9	-3.0	-11.6	-12	-16.2	-20.0	-22.6	-23.4	-24.4	-22.3	-19.9	-16.7
实际利用外资	-20.0	-21.8	-3.4	-4.8	-12.7	-13.0	-9.9	-15.1	-7.8	-4.3	-2.7	1.5
地方财政收入	13.9	20.2	5.2	7.8	6.5	5.3	6.8	7.3	6.4	5.9	5.8	3.2
地方财政支出	-7.9	4.1	15.5	17.3	9.5	1.0	6.3	6.3	5.9	8.5	3.9	0.8

数据来源：黑龙江省统计局、《中国经济景气月报》。

上海市金融运行报告（2019）

中国人民银行上海总部货币政策分析小组

[**内容摘要**] 2018 年，上海市经济发展总体平稳、稳中有进、稳中向好，经济发展的韧性、活力和包容性增强，新旧动能协同发力，自贸区和科创中心建设两大国家战略加快推进，高质量发展态势显现。全年，地区生产总值突破 3.2 万亿元，同比增长 6.6%，继续处于合理区间。

经济结构、质量和效益持续向好。一是产业结构加快转型升级。服务经济持续快速发展，新兴服务业支撑作用明显增强，信息服务业、商务服务业、科研服务业、文化创意产业等现代服务业保持快速发展势头，第三产业增加值同比增长 8.7%，占全市生产总值比重达 69.9%，比上年提高 0.7 个百分点。传统产业改造升级和落后产能调整淘汰深入推进，全年工业战略性新兴产业总产值同比增长 3.8%，增速高于全市规模以上工业 2.4 个百分点。二是三大需求稳定增长。全年固定资产投资同比增长 5.2%，工业投资在电子信息、汽车等行业重大项目拉动下增长 17.7%，增幅创近十年新高。消费结构持续升级，全年社会消费品零售总额达到 1.27 万亿元，增长 7.9%，网络购物交易额首次突破 1 万亿元，增长 29.7%。外贸进出口平稳增长，总额 3.4 万亿元，增长 5.5%。三是财政收入、企业利润和居民收入协调增长。财政收入在结构优化中平稳增长，全年完成一般公共预算收入 7 108.1 亿元，比上年增长 7%，其中非税收入占一般公共预算收入比重为 11.6%；收入结构进一步优化，商业、金融业、租赁和商务等服务业合计贡献收入增量的 61.7%。企业利润持续增长，规模以上工业企业利润增长 4.3%。就业形势持续稳定，全年新增岗位数 58.2 万个，同比多增 0.3 万个，城镇登记失业人数连续 9 年下降，居民收入增长快于经济增长，全市居民人均可支配收入增长 8.8%。四是房地产市场总体平稳。严格执行各项调控政策，规范企业和境外人士购买商品住房行为，着力增供应、控房价、稳市场，房地产开发投资和成交面积平稳增长，成交价格稳中略降。

中国人民银行上海总部按照金融切实服务实体经济的总体精神，坚持稳健中性货币政策，努力疏通货币政策传导渠道，加大对民营、小微企业支持力度，促进信贷平稳增长，为实体经济提供稳固支持；抓好各项重点难点金融改革发展任务，努力推动国际金融中心建设和自贸试验区金融改革，支持上海市科创中心建设；加强金融风险监测和专项整治，坚决守住不发生系统性金融风险底线。

金融业深化改革创新，实现平稳发展。一是金融支持实体经济力度加大。中国人民银行上海总部出台《关于进一步加强民营企业和科技创新企业金融服务的实施意见》，取得积极成效。2018 年末，全市本外币贷款余额 73 272.4 亿元，同比增长 9%，全年累计增加 5 736.7 亿元。全市普惠口径小微企业贷款余额 2 515.5 亿元，同比增长 43%。从投向看，第二产业贷款同比多增，第三产业信贷投放占比六成，信贷结构进一步优化。银行业资产质量保持稳定，不良贷款率和不良贷款额保持低位。二是证券期货业盈利放缓。2018 年，上海市辖区证券公司累计实现营业收入 646.7 亿元、净利润 151.9 亿元，资产管理机构管理资产总规模同比增长 7.7%，其中有 9 家基金公司总规模突破 2 000 亿元。三是保险保障民生功能持续提升。全年，上海市原保险保费收入累计 1 405.8 亿元，财产险、人身险公司原保险保费收入比例为 41∶59；保险业赔付支出同比增长 5.9%，较上年同期上升 2.1 个百分点。四是金融市场总体稳健。2018 年企业债券融资明显加快，全年新增 1 716.1 亿元，同比多增 1 364.6 亿元；银行间市场交易额同比较快增长，上海市银行间同业拆借市场累计成交 139.3 万亿元，同比增长 76.4%；流动性总体充裕，货币市场利率整体下行，12 月银行间市场同业拆借及质押式债券回购加权平均利率分别为 2.57%、2.68%，较同期分别下降 34 个、43 个基点。五是上海国际金融中心建设和自贸区金融改革稳步推进。全年，上海市金融业增加值 5 781.6 亿元，同比增长 5.7%，占全市生产总值的 17.7%；在沪持牌金融机构总数达 1 605 家，金融市场成交总额 1 645.8 万亿元，同比增长 15.2%。自由贸易账户功能拓展，便利了境外融资、结售汇化等金融服务。全年跨境人民币结算总额 25 518.9 亿元，同比增长 83.9%；跨境双向人民币资金池收支总额 4 826 亿元，增长 1.8 倍。

2019 年，尽管内外部不确定性因素较多，但中国经济发展健康稳定的基本面没有改变，发展仍处于并将长期处于重要战略机遇期。上海市经济社会发展也面临着新机遇新动能，进口博览会的放大溢出效应，营商环境持续优化的新成效，以及国家继续加大减税降费力度的新举措等，特别是加快落实中央交给上海市的三项新的重大任务，都将为上海市经济社会发展注入新的活力和动力。同时，挑战与机遇并存，需着力加快新旧动能转换，继续提高支持民营、小微等实体经济政策的精准性和覆盖面。中国人民银行上海总部将重点推进以下工作：一是执行好稳健的货币政策，落实好逆周期调控措施。二是持续改善融资环境，支持科创、小微企业发展，全面提升对民营企业金融服务水平。三是围绕深化营商环境改革，持续打响上海市金融服务品牌。四是发挥上海国际金融中心的辐射作用，支持长三角区域高质量一体化发展。

一、金融运行情况

2018 年，中国人民银行上海总部按照金融切实服务实体经济的总体精神，坚持稳健中性货币政策，努力疏通货币政策传导渠道，加大对民营、小微企业支持力度，促进信贷平稳增长；着力抓好各项重点难点金融改革任务，努力推动国际金融中心建设和自贸试验区金融改革，支持上海市科创中心建设；加强金融风险监测和专项整治，坚决守住不发生系统性金融风险底线。全年各项存款同比多增，信贷增长处于合理区间，结构进一步优化。证券期货业盈利放缓，保险业继续发挥保障民生功能，金融市场运行总体稳健。

（一）货币信贷运行总体平稳，支持实体经济力度加大

1. 银行业金融机构平稳发展。2018 年末，上海市共有中资银行法人 5 家、外资银行法人 21 家、新型农村金融机构 139 家，从业人员 11.8 万人，中外资金融机构本外币资产总额 15.4 万亿元，同比增长 4.6%；各项存款、贷款余额分别为 12.1 万亿元和 7.3 万亿元，同比分别增长 7.7% 和 9.1%，增速比上年末分别上升 5.9 个和下降 2.9 个百分点。2018 年，上海市金融机构实现净利润 1 734.4 亿元，同比下降 0.3%。

表 1　2018 年上海市银行业金融机构情况

机构类别	营业网点			法人机构（个）
	机构个数（个）	从业人数（人）	资产总额（亿元）	
一、大型商业银行	1 677	47 549	50 867.6	1
二、国家开发银行和政策性银行	14	606	6 220.9	0
三、股份制商业银行	701	22 450	33 351.2	1
四、城市商业银行	409	13 780	22 599.6	1
五、小型农村金融机构	370	6 762	8 131.7	1
六、财务公司	24	1 749	5 953.7	22
七、信托公司	7	2 182	739.2	7
八、邮政储蓄银行	483	2 983	2 027.5	0
九、外资银行	206	12 220	14 843.2	21
十、新型农村金融机构	160	2 180	275.5	139
十一、其他	21	5 512	9 230.4	19
合计	4 072	117 973	154 240.3	212

注：大型商业银行包括中国工商银行、中国农业银行、中国银行、中国建设银行和交通银行；小型农村金融机构包括农村商业银行、农村合作银行和农村信用社；新型农村金融机构包括村镇银行、贷款公司和农村资金互助社；"其他"包含金融租赁公司、汽车金融公司、货币经纪公司、消费金融公司等。

数据来源：中国人民银行上海总部。

2. 各项存款同比多增，储蓄存款回流银行体系特征明显。2018 年，上海市本外币各项存款新增 8 654.4 亿元，同比多增 6 703.6 亿元，其中，人民币存款新增 7 521.2 亿元，同比多增 5 586.4 亿元。2018 年，上海市本外币住户存款累计增加 2 803.7 亿元，同比多增 2 153.7 亿元，其中大额存单和结构性存款分别增加 1 560.8 亿元和 975 亿元；境内非金融企业存款新增 4 291.7 亿元，非银行金融机构存款累计减少 104.8 亿元，同比少减 4 445.7 亿元。

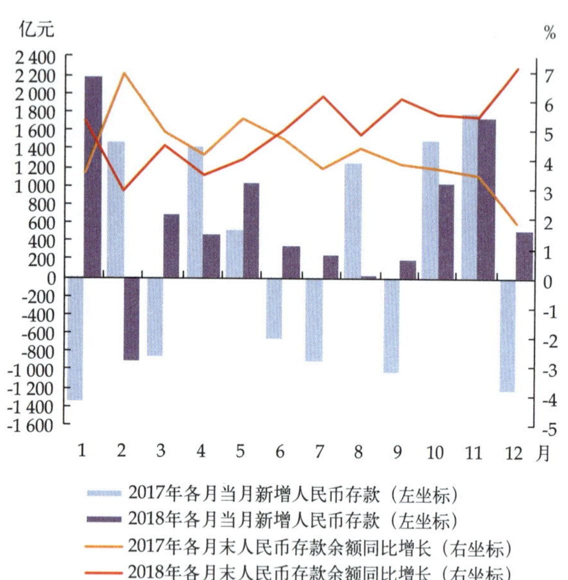

数据来源：中国人民银行上海总部。

图 1　2017~2018 年上海市金融机构人民币存款增长变化

3. 各项贷款同比少增，结构进一步优化。2018 年，上海市本外币贷款累计增加 5 736.7 亿元，同比少增 1 463.1 亿元，其中，人民币贷款累计增加 6 302.9 亿元，同比少增 900.9 亿元。在各项贷款中，境内贷款累计增加 5 618.3 亿元，同比少增 1 705.7 亿元；境外贷款累计增加 118.4 亿元，同比多增 242.6 亿元。12 月末，全市普惠口径小微企业贷款余额 2 515.5 亿元，同比增长 43%；制造业贷款余额 6 381.2 亿元，同比增长 5.7%，全年新增 237.6 亿元，同比多增 108.9 亿元；人民币房地产贷款余额 21 242.5 亿元，同比增长 7.0%，增速同比下降 6.2 个百分点。

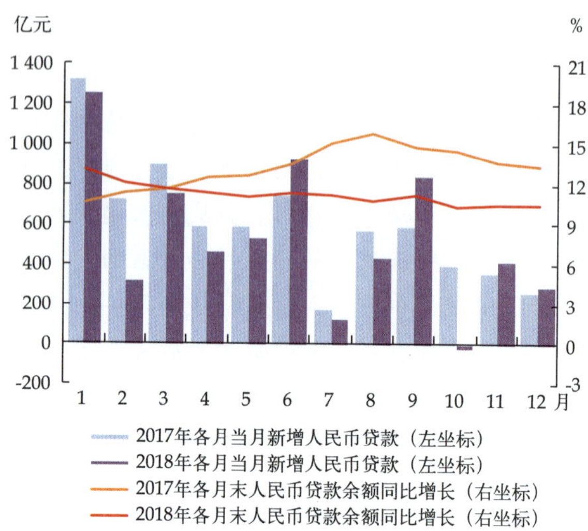

数据来源：中国人民银行上海总部。

图 2　2017~2018 年上海市金融机构人民币贷款增长变化

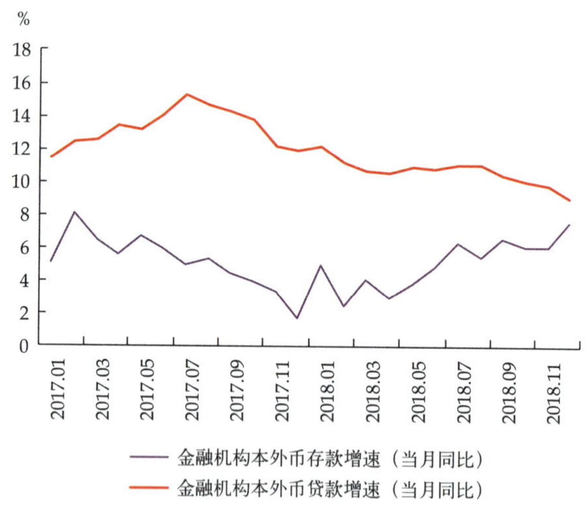

数据来源：中国人民银行上海总部。

图 3　2017~2018 年上海市金融机构本外币存、贷款增速变化

专栏1 中国人民银行上海总部进一步加强民营企业和科创企业金融服务

2018年以来，中国人民银行上海总部认真贯彻落实党中央、国务院关于进一步深化民营、小微企业金融服务的决策部署和人民银行总行的工作要求，会同有关部门迅速响应，重点聚焦提升对民营企业、科创企业的金融服务水平，结合上海市实际，积极采取以下举措。

一、提高政治站位，加快政策落实

11月21日，中国人民银行上海总部发布《关于进一步加强民营企业和科技创新企业金融服务的实施意见》（银总部发〔2018〕75号），从四个方面提出20条具体举措，指导金融机构主动担当作为，创新工作思路，提升对民营、科创企业的金融服务水平，推动上海市民营经济和科创中心联动发展。

二、运用政策工具，实施定向引导

按照中国人民银行总行关于"加大支小再贷款再贴现支持力度，引导金融机构增加小微企业和民营企业信贷投放"的工作部署，迅速组织召开金融机构专题座谈会，开展政策解读和宣传。主动对接科创、先进制造业等重点领域，指导机构迅速摸排需求并高效办理放款，较好地发挥了再贷款、再贴现政策对于缓解民营、小微企业"融资难"的示范引领作用。截至2018年末，上海市支小再贷款余额77.85亿元，同比增长127.6%，直接惠及民营、小微企业近2 000户。全年，上海市再贴现与金融机构直贴的杠杆率达到1∶6.7，即1元再贴现可撬动6.7元的企业票据直贴；年末民营、小微企业票据占再贴现总额的比例超过95%。

三、加大纾困力度，缓解资金压力

2018年8月以来，中国人民银行上海总部加强沟通协调，完善工作机制，与有关商业银行建立流动性纾困工作小组。针对多家民营企业开展流动性纾困工作，稳定民营企业信贷支持，防止因银行盲目抽贷、断贷对经营良好的民营企业形成流动性压力。

四、创新融资模式，拓宽融资渠道

组织召开政策宣介会与经验交流会，积极推动民营企业债券融资支持工具在上海市地区加快落地。截至2018年末，上海地区先后成功发行四单民企债券融资支持工具，发行规模达16亿元，同期创设3.2亿元信用风险缓释凭证为民企发债增信，有力提振市场信心。

五、加强多方联动，形成工作合力

中国人民银行上海总部会同其他金融监管部门以及市发展改革委、市财政局，共同转发人民银行、银保监会、证监会、发展改革委和财政部联合印发的《关于进一步深化小微企业金融服务的意见》，并积极完善融资支持机制、加强部门间沟通协作和政策协调，将"几家抬"作用落到实处。与市财政局、市人社局一起，修订完善创业担保贷款政策和促进就业小微贷款贴息政策。密集走访市科委、市工商联等部门，加强沟通协调，共同提高货币政策工具"滴灌"效果，降低银企间信息不对称，改进政策效果评估。

下一步，中国人民银行上海总部将继续按照总行的工作要求加大政策落实力度，引导金融机构对民营经济和国有经济一视同仁，运用好信贷支持、债券融资和股权融资等支持工具，有的放矢，全力做好民营和科创企业金融服务，为上海市民营经济发展和全球科创中心建设发展服务。

4. 利率下浮占比上升，企业贷款利率连续三个月环比下降。2018 年 12 月，上海市人民币贷款加权平均利率为 5.6%，与上年同期基本持平。其中，上海市企业贷款加权平均利率为 5.1%，同比下降 9 个基点，连续三个月环比下降。12 月，执行利率下浮的新增贷款占 25.9%，比上年同期高 2.8 个百分点。

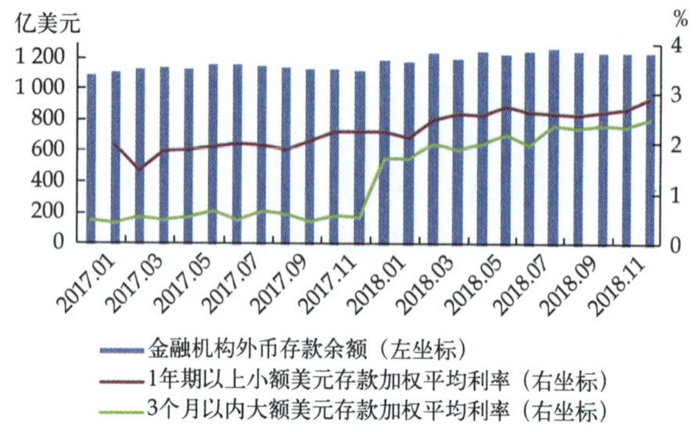

数据来源：中国人民银行上海总部。

图 4　2017~2018 年上海市金融机构外币存款余额及外币存款利率

表 2　2018 年上海市金融机构人民币贷款各利率区间占比

单位：%

月份		1月	2月	3月	4月	5月	6月
合计		100.0	100.0	100.0	100.0	100.0	100.0
下浮		19.0	16.4	15.9	15.0	15.3	15.6
基准		21.1	21.4	20.3	20.6	15.9	14.0
上浮	小计	59.9	62.2	63.8	64.4	68.8	70.4
	(1.0, 1.1]	16.7	18.7	19.7	18.1	19.2	19.8
	(1.1, 1.3]	19.0	20.3	19.9	19.0	21.8	23.0
	(1.3, 1.5]	7.8	7.0	7.9	8.7	7.5	9.2
	(1.5, 2.0]	8.9	9.0	10.0	11.3	11.9	11.5
	2.0 以上	7.5	7.2	6.3	7.3	8.4	6.9
月份		7月	8月	9月	10月	11月	12月
合计		100.0	100.0	100.0	100.0	100.0	100.0
下浮		18.1	18.3	19.6	22.0	23.6	25.9
基准		20.0	21.3	19.1	18.1	15.6	19.2
上浮	小计	61.9	60.4	61.3	59.9	60.8	54.9
	(1.0, 1.1]	16.0	13.2	14.6	13.0	15.4	13.1
	(1.1, 1.3]	18.5	18.0	16.9	16.6	17.0	15.7
	(1.3, 1.5]	8.6	8.1	8.6	6.9	7.6	7.1
	(1.5, 2.0]	11.1	11.9	12.1	18.4	15.7	13.3
	2.0 以上	7.7	9.2	9.1	5.0	5.1	5.7

数据来源：中国人民银行上海总部。

5. 金融机构资产质量继续保持稳定。2018 年末，上海市金融机构不良贷款余额 578.4 亿元，不良贷款率为 0.8%，比上年末微增 0.2 个百分点，不良率较全国低 1.2 个百分点。其中，逾期 90 天以上贷款占不良贷款的比例为 88.8%，同比下降 0.6 个百分点。

（二）证券期货盈利放缓，资产管理规模平稳增长

1. 证券公司利润有所下降。2018 年末，上海辖区 25 家证券公司合计总资产 14 032.5 亿元、净资产 4 523.2 亿元、净资本 3 799.5 亿元。2018 年累计实现营业收入 646.7 亿元；净利润 151.9 亿元，同比减少 48.3%。从机构数量看，上海市资本市场各类市场主体共计 2 584 家，同比减少 30 家，减少机构全部为新三板挂牌公司（减少 88 家），其他类型机构数均同比增加。其中，上市公司 287 家，占全国的 8.1%；新三板挂牌公司 903 家，占全国的 8.4%；证券期货法人经营机构 251 家，约占全国的 31.1%；证券期货各类分支机构 1 131 家；从事证券业务的会计、资产评估事务所等其他证券类持牌机构 12 家。证券公司、基金公司、期货公司等多类主要机构的数量均居全国首位。

表 3　2018 年上海市证券业基本情况

项目	数量
总部设在辖内的证券公司数（家）	25
总部设在辖内的基金公司数（家）	54
总部设在辖内的期货公司数（家）	33
年末国内上市公司数（家）	287
当年国内股票（A 股）筹资（亿元）	182
当年发行 H 股筹资（亿元）	25
当年国内债券筹资（亿元）	10 044
其中：短期融资券筹资额（亿元）	132
中期票据筹资额（亿元）	651

数据来源：上海证监局。

2. 资产管理规模平稳增长。2018 年末，上海市辖区 54 家公募基金管理公司和 5 家取得公募资格的资产管理机构管理资产总规模合计 59 793.6 亿元，较上年同期增长 7.7%，其中有 9 家基金公司总规模突破 2 000 亿元；管理公募基金产品 1 984 只，较上年同期增长 12.0%；总净值 42 352.4 亿元。其中，47 家基金公司开展专户业务，4 家开展社保基金管理业务，3 家开展企业年金管理业务。上海市辖区基金公司共设立专业子公司 39 家、海外子公司 8 家。

3. 期货公司营收微增。2018 年末，上海市辖区 33 家期货公司客户权益达 1 273.7 亿元，占全国的 32.7%；实现代理交易额 161.2 万亿元，占全国的 38.3%；累计实现营业收入 77.2 亿元，较上年同期增加 0.9%；实现净利润 20.7 亿元，较上年同期减少 4.4%。

（三）保险市场结构有所优化，保障民生功能提升

1. 上海市法人保险机构数量略有下降，保险市场主体数量总体增长。截至 2018 年末，上海市共有 53 家法人保险机构，较上年末减少 2 家。其中，保险集团公司 1 家，财产险公司 20 家（其中自保公司 1 家），人身险公司 22 家，再保险公司 3 家，保险资产管理公司 7 家。全市共有 105 家省级保险分支机构，较上年末增加 4 家。全市共有 224 家保险专业中介机构法人，较上年末减少 1 家，保险专业中介分支机构共 237 家，较上年末增加 25 家。

2. 保险市场结构有所优化，财产险公司和外资保险公司收入占比持续提升。2018 年，上海市原保险保费收入累计 1 405.8 亿元，同比下降 11.4%。其中，财产险公司原保险保费收入 582.1 亿元，同比增长 20.6%；人身险公司原保险保费收入 823.7 亿元，同比下降 25.4%。市场结构有所优化，财产险、人身险公司原保险保费收入比例为 41：59，财产险公司占比同比上升 11 个百分点。中、外资保险公司原保险保费收入比例为 80：20，外资保险公司占比同比上升 5 个百分点。

3. 保险赔付支出同比增长，保障民生功能提升。2018 年，上海市保险业赔付支出累计为 581.6 亿元，同比上升 5.9%，较上年同期上升 2.1 个百分点。其中，财产险赔款支出 271.6 亿元，同比增长 16.2%，较上年同期上升 11.1 个百分点；寿险给付 207.9 亿元，同比减少 12.3%；健康险赔款给付 82.2 亿元，同比增长 30.8%；意外险赔款支出 19.8 亿元，同比增长 30.5%，较上年同期下降 15.3 个百分点。

表 4　2018 年上海市保险业基本情况

项目	数量
总部设在辖内的保险公司数（家）	53
其中：财产险经营主体（家）	20
人身险经营主体（家）	22
保险公司分支机构（家）	105
其中：财产险公司分支机构（家）	51
人身险公司分支机构（家）	52
保费收入（中外资，亿元）	1 406
其中：财产险保费收入（中外资，亿元）	485
人身险保费收入（中外资，亿元）	921
各类赔款给付（中外资，亿元）	582
保险密度（元 / 人）	5 802
保险深度（%）	4

数据来源：上海银保监局。

（四）金融市场总体稳健，表内融资占比快速提高

1. 表外融资同比减少，债券融资多增。2018 年，上海市社会融资规模增量为 5 764.7 亿元，同比少增 6 815.13 亿元。表内融资占全市社会融资规模的 93.7%，同比上升 29.4 个百分点。委托贷款、信托贷款和未贴现银行承兑汇票三项表外融资占比同比下降 64 个百分点。非金融企业债券融资净增加 1 716.1 亿元，同比多增 1 364.6 亿元。非金融企业境内股票融资 186.1 亿元，同比少增 958.4 亿元。直接融资占全市社会融资规模的 33%，同比上升 20.3 个百分点。

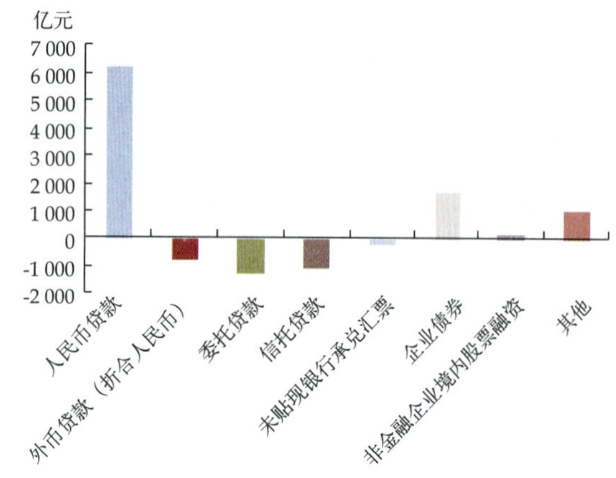

数据来源：中国人民银行上海总部。

图 5　2018 年上海市社会融资规模分布结构

表 5　2018 年上海市金融机构票据业务量统计

单位：亿元

季度	银行承兑汇票承兑		贴现			
			银行承兑汇票		商业承兑汇票	
	余额	累计发生额	余额	累计发生额	余额	累计发生额
1	6 701.3	1 517.1	4 916.8	1 058.0	546.3	139.2
2	7 129.0	3 273.2	5 182.8	2 319.7	569.5	318.6
3	3 364.4	5 466.1	5 248.0	3 933.4	577.3	437.5
4	4 097.0	7 978.9	5 636.2	5 522.9	620.5	566.8

数据来源：中国人民银行上海总部。

表 6　2018 年上海市金融机构票据贴现、转贴现利率

单位：%

季度	贴现		转贴现	
	银行承兑汇票	商业承兑汇票	票据买断	票据回购
1	5.2	4.5	5.1	3.6
2	4.9	4.3	4.8	3.4
3	4.0	4.8	3.8	2.7
4	3.8	4.7	3.6	2.7

数据来源：中国人民银行上海总部。

2. 股票融资规模下降。2018 年，上海证券交易所总成交额 264.6 亿元，同比下降 13.6%。全年通过上海证券交易所股票筹资 6 113.9 亿元，同比减少 19.3%；发行公司债 17 780.8 亿元，同比增长 19%。2018 年末，上海证券市场上市证券 14 069 只，同比增加 1 850 只。

表 7　2018 年中国金融期货交易所交易统计

交易品种	累计成交金额（亿元）	同比增长（%）	累计成交量（万手）	同比增长（%）
股指期货	157 404	50.0	1 634	66.3
国债期货	103 819	-26.3	1 087	-26.4
合计	261 223	6.2	2 721	10.6

数据来源：中国金融期货交易所。

表 8　2018 年上海期货交易所交易统计

交易品种	累计成交金额（亿元）	同比增长（%）	累计成交量（万手）	同比增长（%）
铜	259 536	-3.1	10 249	-5.3
铝	67 113	-31.9	9 324	-28.7
锌	208 233	-2.7	18 470	1.0
黄金	88 496	-18.4	3 225	-17.2
天然橡胶	147 250	-46.5	12 369	-30.8
燃料油	24 096	404 310.4	7 854	2 742 138.1
螺纹钢	403 420	-16.9	106 195	-24.4
线材	116	200 297.2	31	160 359.2
铅	19 211	-16.9	2 041	-18.4
白银	46 465	-27.5	8 450	-20.4
石油沥青	43 928	-13.3	13 960	-28.4
合计	1 307 864	-17.6	192 169	-18.9

数据来源：上海期货交易所。

3. 商品期货交易持续下降，金融期货交易平稳增长。2018 年，上海期货交易所累计成交量 11.8 亿手，同比下降 13.8%，占全国期货市场总成交量的38.8%；累计成交金额81.5 万亿元，同比下降 9.3%，占全国成交总额的 38.7%。中国金融期货交易所股指期货和国债期货累计成交 27 200 万手，同比增长 10.6%；累计成交金额 26.1 万亿元，同比增长 6.2%。

4. 黄金交易规模持续稳步增长。2018 年，上海黄金交易所各黄金品种累计成交 6.75 万吨，同比增长 24.4%，同比增速提升 12.8 个百分点；成交金额 18.3 万亿元，同比增长 22.2%，同比增速提升 10.3 个百分点。

（五）上海国际金融中心建设加速，自贸区金融改革稳步推进

1. 上海国际金融中心建设取得重要进展。 2018 年，上海市在最新全球金融中心指数（GFCI）排名中，升至第 5 位，已成为国际金融市场体系中最为完备的城市之一。目前，上海市聚集了包括股票、债券、货币、外汇、票据、期货、黄金、保险等各类全国性金融要素市场，成为中外资金融机构的重要聚集地。截至 2018 年末，在沪持牌金融机构总数达 1 605 家，比 2011 年末增加 469 家。新开发银行、人民币跨境支付系统（CIPS）、全球清算对手方协会（CCP12）、中国保险投资基金、中国互联网金融协会等一批重要金融组织落户上海市。2018 年，上海市金融市场成交总额 1 645.8 万亿元，同比增长 15.2%；金融业增加值 5 781.6 亿元，同比增长 5.7%，占全市生产总值的 17.7%。

2. 自贸区各项金融改革开放举措稳步推进。 2018 年，中国（上海）自由贸易试验区按照“三区一堡”[①] 的目标要求，大力推动投资、贸易、金融和事中事后监管等领域的制度创新。2018 年，自由贸易账户功能拓展，探索本外币一体化功能，成为境外融资、结售汇便利化等金融服务改革的基础。全年跨境人民币结算总额 25 518.9 亿元，同比增长 83.9%；跨境双向人民币资金池收支总额 4 826 亿元，同比增长 1.8 倍。

二、经济运行情况

2018 年，上海市经济发展总体平稳、稳中有进、稳中向好，经济发展的韧性、活力和包容性增强，新旧动能协同发力，自贸区和科创中心建设两大国家战略加快推进，高质量发展态势显现。全年，上海市地区生产总值突破 3.2 万亿元，同比增长 6.6%，继续处于合理区间。其中，第一产业增加值 104.4 亿元，下降 6.9%；第二产业增加值 9 732.5 亿元，增长 1.8%；第三产业增加值 22 843 亿元，增长 8.7%。第三产业增加值占上海市地区生产总值的比重为 69.9%，比上年提高 0.7 个百分点。按常住人口计算的上海市人均生产总值为 13.5 万元。

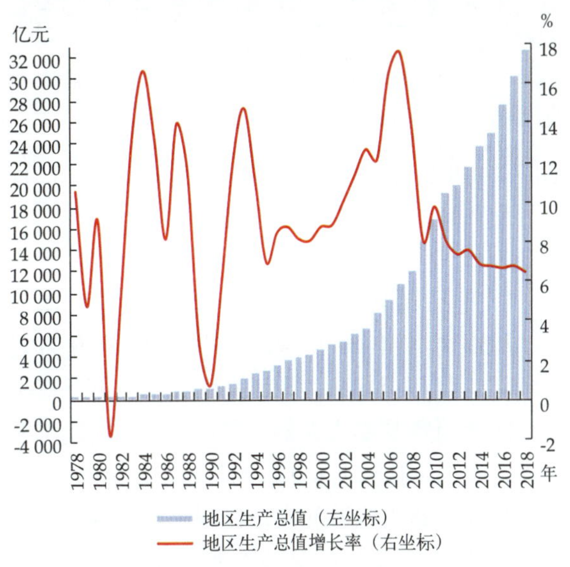

数据来源：上海市统计局、《上海统计年鉴》。

图 6　1978~2018 年上海市地区生产总值及其增长率

（一）三大需求稳定增长，消费结构持续升级

1. 固定资产投资增速平稳，工业投资增长。 2018 年，上海市全年全社会固定资产投资总额完成 7 623.7 亿元，比上年增长 5.2%。其中，工业投资在电子信息、汽车等行业重大项目拉动下增长 17.7%，增幅创近十年新高；民间投资增长 8.6%，占固定资产投资总额的比重为 38.7%，同比提高 1.2 个百分点。

① “三区一堡”即建设开放和创新融为一体的综合改革试验区、开放型经济体系的风险压力测试区、提升政府治理能力的先行区、服务国家“一带一路”建设和推动市场主体走出去的桥头堡。

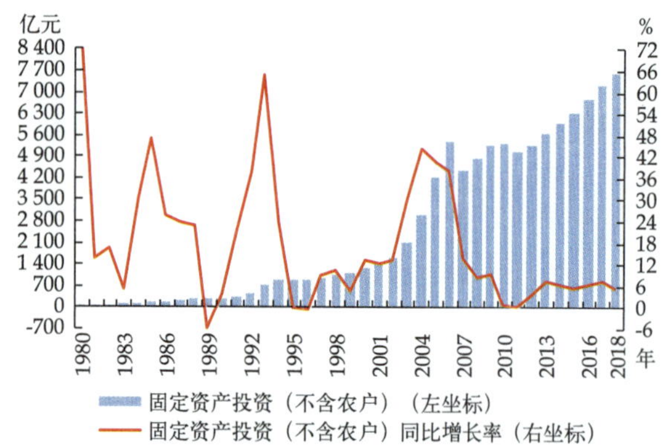

数据来源：上海市统计局、《上海统计年鉴》。

图 7　1980~2018 年上海市固定资产投资（不含农户）及其增长率

2. 商品销售增速放缓，消费结构持续升级。2018 年，上海市商品销售总额 11.9 万亿元，同比增长 5.6%，增速同比回落 6.4 个百分点；社会消费品零售总额 1.3 万亿元，同比增长 7.9%，增速同比回落 0.2 个百分点。消费结构持续升级，家用电器和音像器材类增长 43.7%，网络购物交易额首次突破 1 万亿元，同比增长 29.7%。

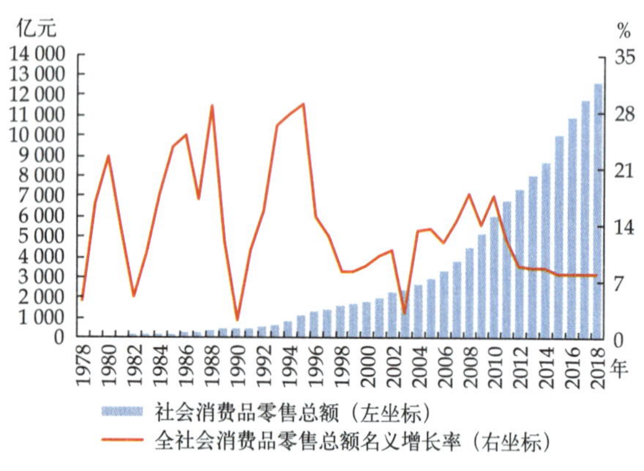

数据来源：上海市统计局、《上海统计年鉴》。

图 8　1978~2018 年上海市社会消费品零售总额及其增长率

3. 外贸进出口平稳增长，利用外资形势良好。2018 年，上海市货物进出口总额 3.4 万亿元，同比增长 5.5%，其中进口 2.0 万亿元，增长 6.4%，出口 1.4 万亿元，增长 4.2%。一般贸易进出口总额 0.6 万亿元，同比增长 8%，高于总出口增速；贸易区域结构变化，对美国出口增速略有下降，对日本和新兴市场国家出口提速。与"一带一路"沿线国家和重要节点城市外贸额占全市比重达到 20.6%。

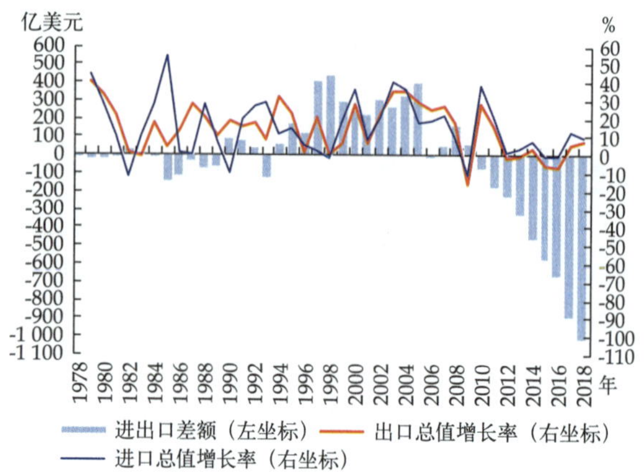

数据来源：上海市统计局、《上海统计年鉴》。

图 9　1978~2018 年上海市货物进出口变动情况

2018 年，上海市外商直接投资合同项目 5 597 个，同比增长 41.7%；外商直接投资合同金额 469.4 亿美元，同比增长 16.8%，增速同比提高 38 个百分点；实际到位金额 173.0 亿美元，同比增长 1.7%，增速同比提高 9.8 个百分点。

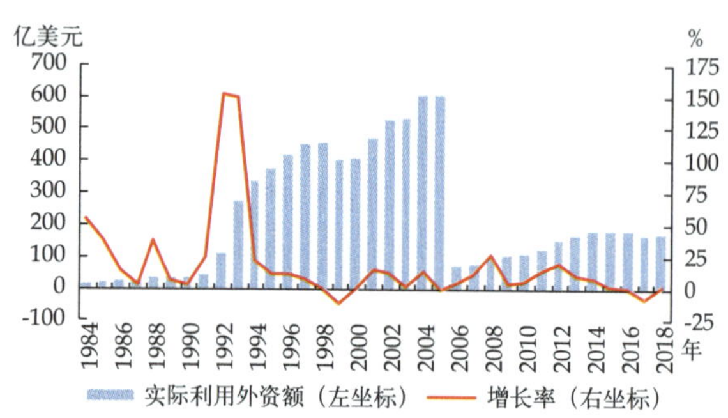

数据来源：上海市统计局、《上海统计年鉴》。

图 10　1984~2018 年上海市实际利用外资额及其增长率

（二）产业结构加快转型，供给侧结构性改革深化

1. 制造业新动能加快培育壮大，服务业持续较快发展。传统产业改造升级和落后产能调整淘汰深入推进，全年规模以上工业增加值同

比增长 2%，总产值同比增长 1.4%，其中，工业战略性新兴产业总产值同比增长 3.8%，增速高于全市规模以上工业 2.4 个百分点。服务经济持续快速发展，新兴服务业支撑作用明显增强，信息服务业、商务服务业、科研服务业、文化创意产业等现代服务业保持快速发展势头，第三产业增加值同比增长 8.7%，占全市生产总值比重达 69.9%，比上年提高 0.7 个百分点。

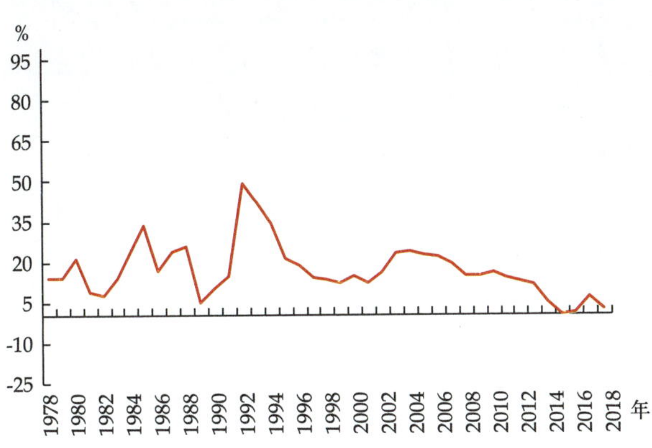

数据来源：上海市统计局、《上海统计年鉴》。

图 11　1978~2018 年上海市规模以上工业增加值实际增长率

2. 供给侧结构性改革持续深化，生态环境质量改善。上海市传统产业改造升级和落后产能调整淘汰深入推进，实施新版产业调整负面清单，2018 年淘汰落后产能 1 460 项；制定实施土地资源高质量利用的若干意见，全年完成低效建设用地减量 15.2 平方公里，工业园区单位土地产值提高至 74.5 亿元 / 平方公里左右。2018 年，上海市出台打好污染防治攻坚战实施意见和 11 个专项行动实施方案，全面实施第七轮环保三年行动计划，着力加强生活垃圾全程分类体系建设。PM2.5 平均浓度下降至 36 微克 / 立方米，比上年下降 7.7%。深入推进水污染防治行动计划，劣 V 类水体占比从上年的 38.7% 下降至 18%。

专栏 2　大力改革营商环境，全力做好进博会金融服务

近年来，中央赋予了上海市改革营商环境和举办首届中国国际进口博览会等新使命。2018 年，中国人民银行上海总部积极采取各项举措，以服务中国国际进口博览会为契机，大力优化营商环境，持续推进金融简政放权，不断提升企业信贷的可获得性。上海市营商环境得到明显改善，中国（上海市占评估权重的 55%）营商环境的国际排名由上年的第 78 名跃升至目前的第 46 名。

一是以压缩开户时间和便利开户通道为重点，优化开户服务。牵头建成上海银行账户服务信息系统并于 2018 年 3 月投入使用，实现与工商等相关各方联通及开户资料线上预审核。提高人民银行的账户开立许可效率，梳理优化内部流程，将原 2 个工作日的许可审批时间缩短至 0.5 个工作日。督促银行最大程度压缩账户开立时间，简化开户服务流程，开放网站、手机 APP、微信公众号、电话等多种预约开户渠道。组织上海市 90 余家商业银行为境内外参展机构和个人、小微企业办理人民币银行结算账户业务开通“绿色通道”。

二是持续推动金融简政放权，加大金融市场开放力度。印发《关于改进外汇管理、提升金融服务、优化营商环境的指导意见》，推进外汇管理行政审批事项受理方式方法改革，简化行政许可办理流程，优化行政审批柜台服务，有序推进经常项目汇兑顺畅、资本项目汇兑便利等改革任务。配合人民银行总行将自由贸易账户复制推广到海南。简化境外投资者备案要求，吸引境外投资者和发行主体进入银行间债券市场，支持“一带一路”沿线国家和企业在银行间债券市场发行“熊猫债”。做好代理境外央行投资业务，支持

更多境外央行把人民币作为储备货币。推动黄金国际板业务发展，扩大“上海金”在衍生品市场的运用。截至2018年底，银行间市场熊猫债已累计发行1 980.6亿元；境外机构投资者数量1 186家，持债规模1.73万亿元。

三是加强进博会金融服务保障，便利跨境金融服务和移动支付环境。完成进口博览会场馆内80多家商户的POS机具布放，为参展人员提供境内外机构发行的银联卡及单标外卡（境外机构发行的境外清算组织单标识银行卡）受理服务。在展馆内推广银联“云闪付”，实现展馆内60余家商户受理联网通用标准二维码支付和手机PAY、银联卡闪付。拓展场馆内自助设备场景，打造移动支付便民示范工程自助体验区，让“老外”体验到上海市移动支付的便捷性。指导金融机构为进口博览会提供高质量的涉外收支与汇兑等金融服务，备案中国银行在进口博览会会场内部增设的18台外币兑换机具，便利境外商旅人士的外币兑换。

（三）消费价格低位运行，生产类价格呈波浪形走势

2018年，全市居民消费价格指数同比上涨1.6%，涨幅同比回落0.1个百分点。从两大分类看，服务和消费品价格均上涨1.6%，涨幅分别回落0.7个和提高0.4个百分点。交通和通信类、教育文化和娱乐类以及医疗保健类涨幅靠前。全市工业生产者出厂价格指数和购进价格指数全年呈波浪形走势，年末同比分别上涨1.7%和5.2%，涨幅分别回落1.8个和3.7个百分点。其中，石油煤炭及其他燃料加工业、化学原料和化学制品制造业、黑色金属冶炼和压延加工业三大类行业产品价格变动对出厂价格总指数的贡献率达76.5%。

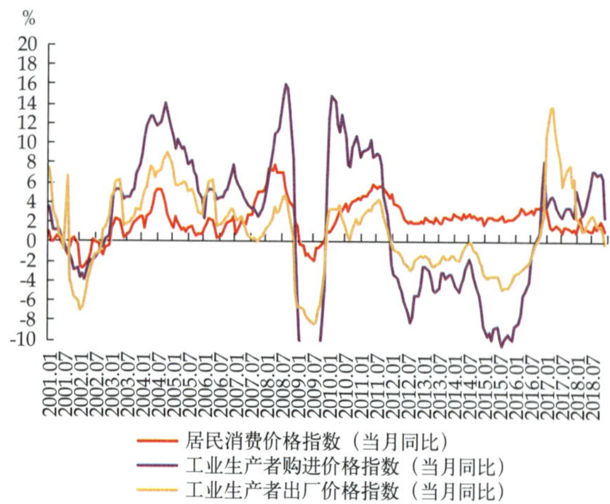

数据来源：上海市统计局、《上海统计年鉴》。

图12　2001~2018年上海市居民消费价格指数和工业生产者价格指数变动趋势

（四）财政收入、企业利润和居民收入协调增长

2018年，财政收入在结构优化中平稳增长，全年完成一般公共预算收入7 108.1亿元，比上年增长7%，其中非税收入占一般公共预算收入比重为11.6%；收入结构进一步优化，商业、金融业、租赁和商务等服务业合计贡献收入增量的61.7%。企业利润持续增长，规模以上工业企业利润增长4.3%。2018年，上海市居民人均可支配收入64 183元，名义增长8.8%，实际增长7.1%，实际增速同比提高0.3个百分点，比全国高0.6个百分点。其中，城镇常住居民和农村常住居民人均可支配收入分别实际增长7.0%和7.5%。

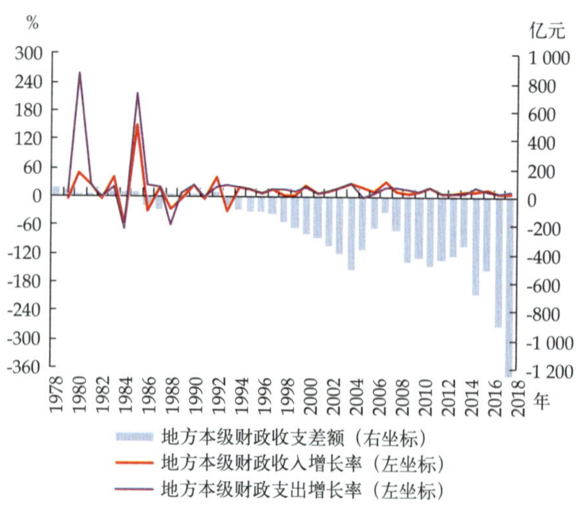

数据来源：上海市统计局、《上海统计年鉴》。

图13　1978~2018年上海市财政收支状况

（五）房地产市场总体平稳，市民居住条件持续改善

1. 房地产开发投资平稳增长，房屋成交面积略有上升。2018 年，上海市楼市预期进一步回归理性，全年完成房地产开发投资额比上年增长 4.6%。其中，住宅投资增长 3.4%。房屋在建规模略有下降，全市房屋施工面积 14 672.37 万平方米，同比下降 4.5%。商品房销售面积 1 767 平方米，同比增长 4.5%。

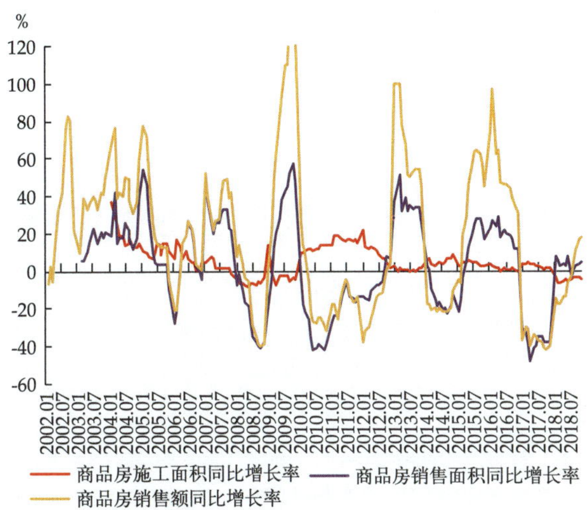

数据来源：上海市统计局、《上海统计年鉴》。

图 14　2002~2018 年上海市商品房施工和销售变动趋势

2. 房价总体保持稳定。2018 年，上海市新建商品住宅住房价格同比和环比涨幅均在 0 附近小幅波动。12 月，全市新建商品住宅成交价格同比上涨 0.4%，环比上涨 0.6%；二手住宅成交价格同比下降 2.7%，环比下降 0.3%。

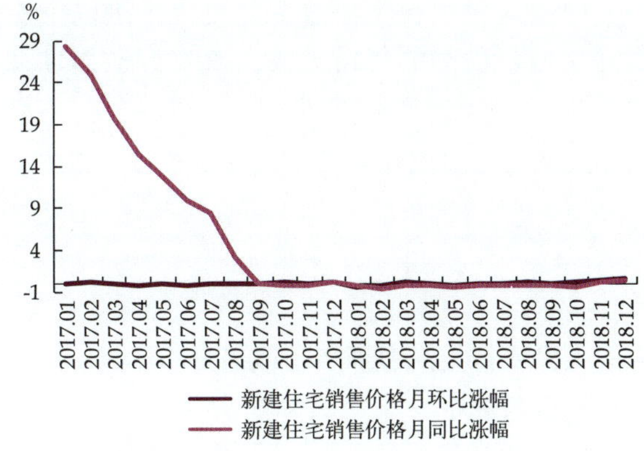

数据来源：上海市统计局、《上海统计年鉴》。

图 15　2017~2018 年上海市新建住宅销售价格变动趋势

3. 着力改善市民居住条件。全年加大租赁房建设力度，新建和转化租赁房源 21.2 万套，新增代理经租房源 14.6 万套。全年新增供应各类保障房 8 万套。完成中心城区二级旧里以下房屋改造 42.7 万平方米，受益居民 2.2 万户；完成 1 046 万平方米旧住房综合改造，受益居民 17 万户；完成 110 万平方米里弄房屋修缮保护。

三、预测与展望

2019 年，尽管内外部不确定性因素较多，但中国经济发展健康稳定的基本面没有改变，发展仍处于并将长期处于重要战略机遇期。上海市经济社会发展也面临着新机遇新动能，进口博览会的放大溢出效应，营商环境持续优化的新成效，以及国家继续加大减税降费力度的新举措等，特别是加快落实中央交给上海市的三项新的重大任务①，都将为上海市经济社会发展注入新的活力和动力。同时，挑战与机遇并存，需着力加快新旧动能转换，继续提高支持民营、小微等实体经济政策的精准性和覆盖面。

---

① 三项新的重大任务是指启动上海自贸试验区新片区规划建设、配合推动上海证券交易所设立科创板并试点注册制和实施长江三角洲区域一体化发展国家战略。

中国人民银行上海总部将重点推进以下工作：执行好稳健的货币政策，落实好逆周期调控措施；持续改善融资环境，支持科创、小微企业发展，全面提升对民营企业金融服务水平；围绕深化营商环境改革，持续打响上海市金融服务品牌；发挥上海国际金融中心和自贸试验区改革的辐射作用，支持长三角区域高质量一体化发展。

中国人民银行上海总部货币政策分析小组

总　纂：吕进中

统　稿：叶　芳

执　笔：叶　芳　向　坚　阳　勇

提供材料的还有：李冀申　邹丽华　蒋一乐　许霞红　刘晓洁　李旭光　辛长虹　王德莲　钱国根

附录

（一）2018 年上海市经济金融大事记

1 月 29 日，中国票据交易系统直连接口正式上线投产，涵盖国有商业银行、股份制商业银行、城商行、财务公司、证券公司等多种类型的市场参与者。

3 月 26 日，原油期货正式在上海期货交易所子公司上海国际能源交易中心挂牌交易。

4 月 25 日，上海证券交易所发布《上海证券交易所服务绿色发展 推进绿色金融愿景与行动计划（2018~2020 年）》，强化资本市场服务绿色发展的能力。

4 月 28 日，全国人民代表大会常务委员会决定设立上海金融法院。

6 月 14 日，由上海市政府和中国人民银行、中国银保监会、中国证监会共同主办的第十届陆家嘴论坛（2018）在上海市举行，主题为“迈入新时代的上海国际金融中心建设”。

7 月 10 日，上海市委、市政府发布《上海市贯彻落实国家进一步扩大开放重大举措加快建立开放型经济新体制行动方案》，简称“上海扩大开放 100 条”。方案聚焦金融业开放合作、构筑更加开放的产业体系、建设知识产权保护高地、打造进口促进新平台、创造一流营商环境五个方面。

10 月 1 日至 5 日，上海票据交易所顺利完成纸电票据交易融合工作，实现了纸质票据和电子票据的同场交易，全国统一、安全高效的电子化票据交易平台基本建成。

10 月 9 日，上海市编制印发《中国（上海）自由贸易试验区跨境服务贸易负面清单管理模式实施办法》《中国（上海）自由贸易试验区跨境服务贸易特别管理措施（负面清单）（2018 年）》。

11 月 3 日，上海市委市政府发布《关于全面提升民营经济活力 大力促进民营经济健康发展的若干意见》，从进一步降低民营企业经营成本、营造公平的市场环境、提升民营企业核心竞争力、缓解融资难融资贵、构建亲清新型政商关系、依法保护民营企业合法权益、加强政策执行七个方面提出了 27 条针对性解决措施。

11 月 5 日，首届中国国际进口博览会在上海市开幕。国家主席习近平出席开幕式并发表题为《共建创新包容的开放型世界经济》的主旨演讲，宣布将增设中国上海自由贸易试验区的新片区、在上海证券交易所设立科创板并试点注册制、支持长江三角洲区域一体化发展上升为国家战略。

（二）2018 年上海市主要经济金融指标

表 1　2018 年上海市主要存贷款指标

		1月	2月	3月	4月	5月	6月	7月	8月	9月	10月	11月	12月
本外币	金融机构各项存款余额（亿元）	114 825.0	113 847.7	114 861.3	115 166.6	116 557.1	117 038.6	117 700.0	117 815.4	117 940.7	119 007.4	120 749.1	121 112.3
	其中：住户存款	26 310.6	26 506.4	26 701.3	26 627.5	26 692.8	26 996.5	26 997.5	27 216.7	27 590.3	27 709.5	28 156.1	28 569.2
	非金融企业存款	48 517.9	47 579.0	48 800.1	48 608.5	48 442.1	49 557.8	48 514.3	48 720.9	50 296.6	49 954.5	51 923.9	53 643.5
	各项存款余额比上月增加（亿元）	2 367.1	-977.3	1 013.6	305.3	1 390.5	481.5	661.4	115.4	125.3	1 066.7	1 741.7	363.3
	金融机构各项存款同比增长（%）	5.0	2.6	4.2	3.1	3.9	4.9	6.4	5.5	6.6	6.2	6.1	7.7
	金融机构各项贷款余额（亿元）	68 864.5	69 100.7	69 717.1	70 271.1	70 892.3	72 026.8	72 170.5	72 444.1	73 053.1	73 247.1	73 381.2	73 272.4
	其中：短期	17 221.6	17 292.4	17 513.5	17 690.2	17 793.1	18 130.6	17 965.1	17 748.8	18 127.1	17 966.2	17 836.8	17 915.0
	中长期	41 012.7	41 507.4	41 991.3	42 363.3	42 637.4	42 825.5	42 900.3	42 939.8	43 023.7	43 004.5	43 307.2	43 342.5
	票据融资	2 294.5	2 125.2	2 181.3	2 103.1	2 238.9	2 567.2	2 710.0	3 050.6	3 315.4	3 414.7	3 594.0	3 570.2
	各项贷款余额比上月增加（亿元）	1 328.8	236.2	616.4	553.9	621.2	1 134.6	143.7	273.6	609.0	194.0	134.1	-108.8
	其中：短期	131.0	70.7	221.1	176.7	102.9	337.5	-165.5	-216.3	378.3	-160.9	-129.4	78.1
	中长期	1 056.4	494.7	483.9	372.0	274.1	188.1	74.8	39.6	83.9	-19.2	302.7	35.3
	票据融资	-163.1	-169.4	56.1	-78.3	135.9	328.3	142.8	340.6	264.7	99.4	179.3	-23.9
	金融机构各项贷款同比增长（%）	12.2	11.3	10.8	10.6	11.0	10.9	11.1	11.1	10.5	10.1	9.9	9.1
	其中：短期	14.4	12.1	10.0	9.4	8.3	7.8	6.1	4.4	7.0	6.3	5.1	6.0
	中长期	15.5	15.4	15.0	14.8	14.6	13.6	12.6	11.4	9.7	9.0	9.1	8.4
	票据融资	-20.3	-21.4	-13.9	-15.1	-7.4	9.0	19.6	32.7	41.7	43.1	50.7	45.3
	建筑业贷款余额（亿元）	1 091.3	1 173.5	1 226.8	1 260.7	1 301.7	1 360.0	1 352.9	1 350.1	1 336.5	1 324.4	1 301.8	1 239.3
	房地产业贷款余额（亿元）	7 500.0	7 634.4	7 784.5	7 902.6	7 988.9	8 047.7	8 164.0	8 209.3	8 317.0	8 293.8	8 246.2	8 249.6
	建筑业贷款同比增长（%）	1.7	7.3	13.6	14.7	20.6	24.6	23.5	25.4	24.2	24.9	21.4	21.2
	房地产业贷款同比增长（%）	15.0	15.1	16.3	18.2	19.3	18.9	19.8	18.1	16.9	15.6	14.8	14.3
人民币	金融机构各项存款余额（亿元）	107 263.5	106 364.5	107 056.0	107 515.4	108 553.7	108 895.4	109 137.2	109 156.5	109 346.9	110 368.4	112 100.2	112 616.2
	其中：住户存款	24 922.0	25 101.4	25 300.8	25 226.1	25 280.0	25 541.1	25 506.9	25 726.4	26 109.0	26 213.9	26 662.0	27 071.7
	非金融企业存款	45 014.0	44 126.2	45 399.7	45 226.1	45 074.2	46 106.2	44 977.0	45 197.9	46 656.7	46 247.7	48 110.8	50 068.2
	各项存款余额比上月增加（亿元）	2 168.5	-899.1	691.6	459.4	1 038.3	341.7	241.8	19.3	190.5	1 021.5	1 731.8	516.0
	其中：住户存款	581.2	179.4	199.3	-74.6	53.9	261.1	-34.2	219.5	382.6	104.9	448.1	409.8
	非金融企业存款	-885.1	-887.8	1 273.5	-173.6	-151.9	1 031.9	-1 129.2	220.9	1 458.8	-409.0	1 863.1	1 957.4
	各项存款同比增长（%）	5.4	2.9	4.5	3.5	4.0	5.0	6.2	4.9	6.1	5.6	5.4	7.2
	其中：住户存款	1.8	3.4	3.2	5.2	4.8	3.9	5.8	6.1	7.0	8.1	10.0	11.2
	非金融企业存款	11.4	9.8	10.8	9.7	10.5	8.6	7.8	7.8	9.0	7.1	7.8	9.1
	金融机构各项贷款余额（亿元）	62 517.9	62 839.4	63 588.8	64 047.6	64 573.2	65 498.4	65 619.3	66 049.6	66 887.7	66 871.4	67 281.2	67 567.9
	其中：个人消费贷款	18 186.1	18 257.7	18 334.5	18 387.0	18 491.7	18 503.5	18 665.3	18 899.5	19 218.7	19 323.0	19 493.8	19 715.6
	票据融资	2 292.9	2 122.2	2 179.8	2 103.0	2 238.7	2 566.9	2 709.9	3 050.4	3 315.1	3 414.6	3 594.0	3 570.1
	各项贷款余额比上月增加（亿元）	1 252.8	321.5	749.4	458.8	525.5	925.2	120.9	430.3	838.2	-16.4	409.8	286.8
	其中：个人消费贷款	266.1	71.7	76.8	52.4	104.7	11.9	161.8	234.2	319.1	104.3	170.8	221.9
	票据融资	-163.1	-170.7	57.6	-76.8	135.7	328.3	143.0	340.5	264.7	99.5	179.4	-23.9
	金融机构各项贷款同比增长（%）	13.0	12.1	11.7	11.3	11.1	11.3	11.2	10.8	11.2	10.4	10.4	10.4
	其中：个人消费贷款	18.3	17.3	15.6	14.2	13.1	10.9	10.4	10.0	10.0	9.2	9.1	8.6
	票据融资	-20.3	-21.5	-13.8	-15.0	-7.4	9.2	19.7	32.7	41.8	43.1	50.8	45.2
外币	金融机构外币存款余额（亿美元）	1 193.8	1 182.3	1 241.3	1 206.9	1 247.7	1 230.7	1 256.2	1 268.8	1 249.2	1 240.4	1 247.0	1 237.9
	金融机构外币存款同比增长（%）	8.5	5.5	9.2	5.6	9.7	5.9	7.6	10.3	9.1	9.4	10.1	9.9
	金融机构外币贷款余额（亿美元）	1 002.0	989.2	974.6	981.7	985.1	986.7	961.1	937.0	896.2	915.4	879.5	831.2
	金融机构外币贷款同比增长（%）	13.1	12.3	12.0	12.4	17.8	9.7	8.6	9.6	0.6	1.7	-0.8	-9.4

数据来源：中国人民银行上海总部。

表 2　2001~2018 年上海市各类价格指数

单位：%

		居民消费价格指数		农业生产资料价格指数		工业生产者购进价格指数		工业生产者出厂价格指数	
		当月同比	累计同比	当月同比	累计同比	当月同比	累计同比	当月同比	累计同比
2001		—	0.0	—	—	—	-1.3	—	-3.3
2002		—	0.5	—	—	—	-2.3	—	-3.6
2003		—	0.1	—	—	—	6.4	—	1.4
2004		—	2.2	—	—	—	16.4	—	3.6
2005		—	1.0	—	—	—	6.8	—	1.7
2006		—	1.2	—	—	—	4.8	—	0.6
2007		—	3.2	—	—	—	4.1	—	1.2
2008		—	5.8	—	—	—	10.3	—	2.2
2009		—	-0.4	—	—	—	-10.2	—	-6.2
2010		—	3.1	—	—	—	11.2	—	2.3
2011		—	5.2	—	—	—	7.5	—	2.9
2012		—	2.8	—	—	—	-5.3	—	-1.6
2013		—	2.3	—	—	—	-3.5	—	-1.8
2014		—	2.7	—	—	—	-4.1	—	-1.1
2015		—	2.4	—	—	—	-9.4	—	-3.9
2016		—	3.2	—	—	—	-2.3	—	-1.2
2017		—	1.7	—	—	—	8.9	—	3.5
2018		1.2	1.6	—	—	2.6	5.2	-0.1	1.7
2017	1	3.6	3.6	—	—	10.7	10.7	3.6	3.6
	2	1.6	2.6	—	—	13.8	12.2	4.5	4.1
	3	1.4	2.2	—	—	13.8	12.8	4.7	4.3
	4	1.6	2.1	—	—	11.5	12.4	4.4	4.3
	5	1.8	2.0	—	—	10.3	12.0	3.6	4.2
	6	1.5	1.9	—	—	8.0	11.3	2.8	3.9
	7	1.1	1.8	—	—	5.8	10.5	2.5	3.7
	8	1.7	1.8	—	—	6.4	10.0	3.1	3.6
	9	1.7	1.8	—	—	7.2	9.7	3.5	3.6
	10	1.5	1.7	—	—	7.8	9.5	3.5	3.6
	11	1.2	1.7	—	—	5.7	9.1	2.9	3.5
	12	1.5	1.7	—	—	6.4	8.9	2.6	3.5
2018	1	1.1	1.1	—	—	5.4	5.4	2.5	2.5
	2	2.6	1.8	—	—	3.8	4.6	2.0	2.2
	3	1.6	1.8	—	—	2.8	4.0	1.2	1.9
	4	1.4	1.7	—	—	3.1	3.7	1.2	1.7
	5	1.4	1.6	—	—	3.9	3.8	1.8	1.7
	6	1.2	1.5	—	—	5.9	4.1	2.6	1.9
	7	1.3	1.5	—	—	7.2	4.6	2.7	2.0
	8	1.8	1.5	—	—	7.2	4.9	2.3	2.0
	9	1.5	1.5	—	—	6.9	5.1	1.9	2.0
	10	2.2	1.6	—	—	7.0	5.3	1.6	2.0
	11	1.9	1.6	—	—	6.5	5.4	1.0	1.9
	12	1.2	1.6	—	—	2.6	5.2	-0.1	1.7

数据来源：上海市统计局、《上海统计年鉴》。

表3　2018年上海市主要经济指标

	1月	2月	3月	4月	5月	6月	7月	8月	9月	10月	11月	12月
	绝对值（自年初累计）											
地区生产总值（亿元）	—	—	7 863.4	—	—	15 558.2	—	—	23 656.7	—	—	32 679.9
第一产业	—	—	17.8	—	—	38.2	—	—	61.3	—	—	104.4
第二产业	—	—	2 317.7	—	—	4 758.0	—	—	7 112.5	—	—	9 732.5
第三产业	—	—	5 527.9	—	—	10 762.0	—	—	16 482.9	—	—	22 843.0
工业增加值（亿元）	—	—	2 076.8	—	—	4 304.3	—	—	6 451.8	—	—	8 695.0
固定资产投资（亿元）	—	875.8	1 417.2	1 922.4	2 510.1	3 169.3	3 765.8	4 342.5	5 027.5	5 751.2	6 499.4	7 623.4
房地产开发投资	—	605.4	909.4	1 182.4	1 478.2	1 816.9	2 154.0	2 491.1	2 853.7	3 201.4	3 573.6	4 033.2
社会消费品零售总额（亿元）	—	2 060.9	3 082.4	4 087.3	5 076.0	6 143.3	7 144.4	8 179.1	9 244.0	10 287.4	11 458.0	12 668.7
外贸进出口总额（亿元）	2 897.0	5 291.0	7 938.8	10 530.2	13 358.1	16 160.3	18 990.9	22 074.8	25 168.4	28 112.4	31 280.2	34 009.4
进口	1 774.5	3 189.9	4 834.2	6 395.4	8 152.3	9 788.4	11 480.1	13 382.8	15 236.2	16 946.6	18 795.0	20 342.6
出口	1 122.6	2 101.1	3 104.6	4 134.8	5 205.7	6 371.8	7 510.8	8 692.0	9 932.2	11 165.8	12 485.2	13 666.9
进出口差额（出口－进口）	-651.9	-1 088.8	-1 729.5	-2 260.6	-2 946.6	-3 416.6	-3 969.3	-4 690.8	-5 304.0	-5 780.8	-6 309.8	-6 675.7
实际利用外资（亿美元）	10.7	25.5	37.2	51.5	67.6	85.6	100.6	115.1	129.4	144.6	160.9	173.0
地方财政收支差额（亿元）	507.2	601.4	207.9	586.5	598.1	275.7	484.1	497.8	56.2	150.2	-773.1	-1 243.4
地方财政收入	1 031.8	1 630.0	2 191.0	3 017.9	3 838.7	4 476.0	5 194.9	5 591.0	5 950.7	6 415.3	6 774.1	7 108.1
地方财政支出	524.6	1 028.6	1 983.1	2 431.4	3 240.6	4 200.3	4 710.8	5 093.2	5 894.5	6 265.1	7 547.2	8 351.5
城镇登记失业率（%）（季度）	—	—	—	—	—	—	—	—	—	—	—	3.6
	同比累计增长率（%）											
地区生产总值	—	—	6.8	—	—	6.9	—	—	6.6	—	—	6.6
第一产业	—	—	12.5	—	—	-5.0	—	—	-2.1	—	—	-6.9
第二产业	—	—	6.4	—	—	5.8	—	—	3.0	—	—	1.8
第三产业	—	—	7.0	—	—	7.4	—	—	8.2	—	—	8.7
工业增加值	—	11.8	7.6	8.7	8.0	6.9	5.9	4.6	3.5	3.5	2.9	2.0
固定资产投资	—	10.2	7.7	8.0	7.1	6.0	6.6	6.8	6.9	6.0	5.4	5.2
房地产开发投资	—	10.1	4.6	4.1	3.0	3.6	4.7	5.3	5.3	4.8	4.7	4.6
社会消费品零售总额	—	6.7	7.6	7.8	7.3	7.7	7.8	8.0	7.9	8.0	7.9	7.9
外贸进出口总额	11.4	10.2	5.9	5.1	5.1	3.7	4.4	5.6	5.8	6.3	6.5	5.5
进口	23.1	13.0	8.5	6.7	6.7	5.0	5.9	7.7	7.7	8.0	7.7	6.4
出口	-3.2	6.3	2.0	2.8	2.7	1.8	2.0	2.4	2.9	3.7	4.7	4.2
实际利用外资	-2.1	14.7	-2.2	3.2	4.5	6.3	5.7	4.0	2.1	1.9	2.9	1.7
地方财政收入	5.8	6.3	6.2	5.5	6.4	6.8	7.0	7.1	7.0	6.7	6.6	7.0
地方财政支出	1.8	5.4	4.4	5.8	4.4	6.0	10.1	7.5	7.0	6.4	10.1	10.7

数据来源：上海市统计局、《上海统计年鉴》。

江苏省金融运行报告（2019）

中国人民银行南京分行货币政策分析小组

[内容摘要] 2018年，面对国内外严峻复杂的经济环境，江苏省认真贯彻落实党中央、国务院决策部署，坚持稳中求进工作总基调，全力推动经济结构改革与高质量发展。

全省经济在较高的发展水平上持续增长。一是内需增长稳定，外需规模持续增长。全年实现地区生产总值92 595亿元，同比增长6.7%。全省实现社会消费品零售总额33 230亿元，比上年增长7.9%。固定资产投资增长5.5%，其中工业技术改造投资增长10.7%，高新技术产业投资增长15.2%，房地产投资增长14.1%。全年实现出口26 658亿元，同比增长8.4%，其中对“一带一路”沿线国家出口保持较快增长，出口额6 459.6亿元，增长8.9%。全省实际使用外资255.9亿美元，增长1.8%。二是三次产业比重深入优化，结构调整扎实推进。江苏省三次产业增加值比例调整为4.5：44.5：51，第三产业增加值占地区生产总值比重比上年提高0.7个百分点，产业结构继续向“三二一”的现代产业构架稳步优化。全省实现规模以上工业增加值同比增长5.1%，其中，全省高技术产业、装备制造业增加值比上年分别增长11.1%和8%。全省压减钢铁产能80万吨、水泥产能210万吨、平板玻璃产能660万重量箱，去产能稳步推进。三是消费价格温和上涨，生产价格涨幅下降。全省居民消费价格同比上涨2.3%，高于上年同期0.6个百分点，连续7年保持在3%以下的较低水平。全省工业生产者出厂价格比上年上涨2.8%，涨幅比上年下降2个百分点；工业生产者购进价格上涨4.6%，涨幅缩小5.1个百分点。四是财政收入稳定增长，财政支出有所回升。江苏省共完成一般公共预算收入8 630亿元，同口径增长5.6%。一般公共预算支出11 658.2亿元，同比增长9.8%，积极财政力度进一步加大，其中教育支出和医疗卫生支出同比分别增长3.9%和7.1%，社会保障和就业支出、住房保障支出同比分别增长25.5%和22.2%。

全省金融运行取得新的成绩，围绕经济发展大局，金融投入继续保持了总量适度、结构优化的趋势。多层次资本市场实现新突破，直接债务融资实现“七连冠”。金融改革持续深化，金融基础设施不断完善，服务社会经济发展能力持续提升。一是银行业经营稳健，信贷规模适度增长。全省金融机构本外币存款余额为14.42万亿元，同比增长7.01%，增速同比上升0.2个百分点。全省本外币各项贷款余额11.8万亿元，同比增长13.3%，增速同比上升1.4个百分点。风险管控较为扎实，年末贷款不良率为1.21%。新增各项贷款1.35万亿元，同比多增2 381亿元，占社会融资规模增量比例提高至76.4%，同比提升13个百分点。从贷款投向看，制造业贷款呈恢复性增长。全省制造业本外币贷款余额1.65万亿元，同比增长4%，增速同比提升0.1个百分点，《中国制造2025江苏行动纲要》确定的15个重点领域贷款同比增长7.82%。二是证券业平稳发展，多层次资本市场建设稳步推进。2018年末，江苏省共有法人证券公司6家、证券营业部928家，同比增长4.62%。境内上市公司总数为401家，较上年新增19家，省内上市公司通过首发、配股、增发、可转债、公司债在沪深证券交易所筹集资金2 249.8亿元，其中IPO融资为188.67亿元。三是保险业运行良好，服务能力再上新台阶。2018年，江苏省累计实现保费收入3 317.28亿元，在全国31个省（自治区、直辖市）中，保费规模列第二位。其中，财产险保费858.81亿元，同比增长5.51%，江苏产险公司实现承保利润25.12亿元，排名全国第三，承保利润率3.11%，比全国平均水平高3.24个百分点。

四是直接融资规模保持适度增长，支持实体经济能力进一步提升。全省企业共发行债务融资工具 5 826.04 亿元，较上年增加 1 173.36 亿元。4 家企业发行 18.8 亿元绿色债务融资工具，作为民营企业债券融资支持工具的首期三个试点省份之一，江苏省积极推进，共 9 只债券融资支持工具落地，标的债券总金额达到 35 亿元，降低了民营企业发债难度和成本，并有力引导市场预期。五是金融基础设施不断完善，金融生态环境不断优化。实施移动便民示范工程，南京等 10 个地市实现了公交场景覆盖，苏州、无锡地铁实现移动支付应用，全省 1 300 多条公交线路、15 000 多台出租车上线运行移动支付。积极推动省级综合金融服务平台建设，2018 年上线企业 3.81 万家，成功对接融资 3 667 项、138 亿元。征信服务不断改善。中小企业信用体系和农村信用体系建设持续推进，为江苏省 247 万户中小微企业、590 万农户、4 929 多户农村经济主体建立了信用档案。

2019 年，江苏省将继续以高质量发展为中心、以供给侧结构性改革为主线，结合地区特点，准确把握矛盾，推动江苏省经济转型升级和持续健康发展。人民银行南京分行将继续围绕服务实体经济、防控金融风险、深化金融改革三大主要任务，重点推进以下工作：一是坚持稳定信贷总量与优化投向并重，着力支持经济平稳运行；二是坚持源头防控与存量化解并重，着力打好金融风险防控攻坚战；三是坚持保障安全与改进效率并重，着力提升基础金融服务水平；四是坚持先行先试与经验推广并重，着力推动金融改革创新。

一、金融运行情况

2018 年，江苏省金融业保持平稳运行，社会融资规模增长适度，金融市场交易活跃。金融基础设施建设不断完善，金融生态环境持续优化。证券业实力持续增强，多层次资本市场建设稳步推进。保险业发展平稳，保险服务创新取得突破。

（一）银行业经营稳健，信贷规模适度增长

1. 机构资产规模稳步增长，盈利水平有所上升。2018 年末，江苏省金融机构总资产为 17.7 万亿元，同比增长 6.3%，盈利水平有所上升，全年银行业金融机构实现净利润 2 009.16 亿元，同比增加 253.64 亿元。全年实现金融业增加值 7 461.9 亿元，同比增长 7%。

表 1　2018 年江苏省银行业金融机构情况

机构类别	营业网点			法人机构（个）
	机构个数（个）	从业人数（人）	资产总额（亿元）	
一、大型商业银行	4 936	107 437	60 536	0
二、国家开发银行和政策性银行	78	2 415	9 425	0
三、股份制商业银行	1 047	33 657	29 473	0
四、城市商业银行	906	32 549	36 575	5
五、城市信用社	0	0	0	0
六、小型农村金融机构	3 275	51 817	28 290	63
七、财务公司	0	460	1 408	14
八、信托公司	0	573	346	4
九、邮政储蓄银行	2 515	25 164	7 392	0
十、外资银行	35	2 292	1 541	6
十一、新型农村金融机构	173	4 625	832	74
十二、其他	0	1 136	1 421	6
合计	12 965	262 125	177 240.35	172

注：营业网点不包括国家开发银行和政策性银行、大型商业银行、股份制商业银行等金融机构总部数据；大型商业银行包括中国工商银行、中国农业银行、中国银行、中国建设银行和交通银行；小型农村金融机构包括农村商业银行、农村合作银行和农村信用社；新型农村金融机构包括村镇银行、贷款公司、农村资金互助社和小额贷款公司；“其他”包含金融租赁公司、汽车金融公司、货币经纪公司、消费金融公司等。

数据来源：中国人民银行南京分行、江苏银保监局、江苏省地方金融监督管理局。

2. 不同币种存款增势出现分化。2018 年末，全省金融机构本外币存款余额为 14.42 万亿元，同比增长 7.01%，增速比上年末下降 0.31 个百分点。全省金融机构人民币存款余额为 14 万亿元，同比增长 7.5%，增速同比上升 0.2 个百分点。全省金融机构外币存款余额为 657 亿美元，同比减少 11.2%，增速同比下降 25.9 个百分点。

2018 年，全年新增人民币存款 9 775 亿元，同比多增 939 亿元；受汇率波动和贸易摩擦影响，企业和居民持有外币意愿减弱，全年外币存款下降 82.7 亿美元，同比少增 177.9 亿美元。

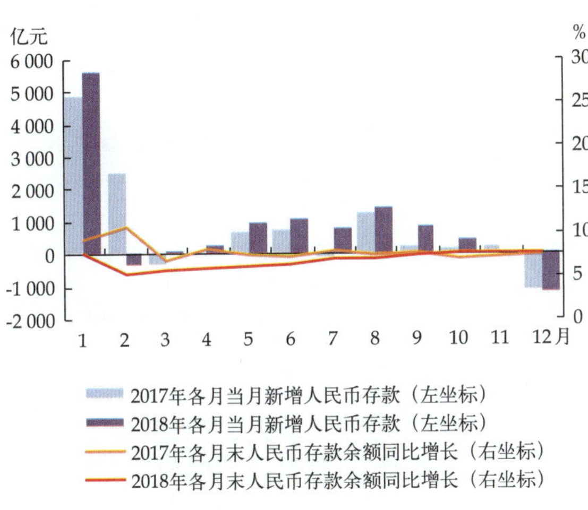

数据来源：中国人民银行南京分行。

图 1　2017~2018 年江苏省金融机构人民币存款增长变化

3. 住户存款、非金融企业存款、非银行业金融机构存款增长加快，广义政府存款增长放缓。2018 年末，全省金融机构人民币住户存款余额 5.08 万亿元，同比增长 10.16%，增速比上年末上升 5.17 个百分点。非金融企业人民币存款余额为 4.99 万亿元，同比增长 5.70%，增速比上年末上升 1.44 个百分点。非银行业金融机构人民币存款余额 8 556.67 亿元，同比增长 21.66%，增速比上年末上升 16.16 个百分点。金融机构人民币广义政府存款余额 3.02 万亿元，同比增长 2.98%，增速比上年末下降 14.47 个百分点。

2018 年，全省金融机构人民币非金融企业存款新增 2 712.41 亿元，比上年多 758.72 亿元。非银行业金融机构人民币存款新增 1 517.67 亿元，比上年多增 1 151.33 亿元。金融机构人民币广义政府存款新增 874.24 亿元，比上年少增 3 462.63 亿元。

4. 贷款保持适度增长，信贷资源进一步流向实体经济。2018 年末，全省本外币各项贷款余额 11.8 万亿元，同比增长 13.3%，增速同比上升 1.4 个百分点。全年新增本外币贷款 1.37 万亿元，同比多增 2 626 亿元。

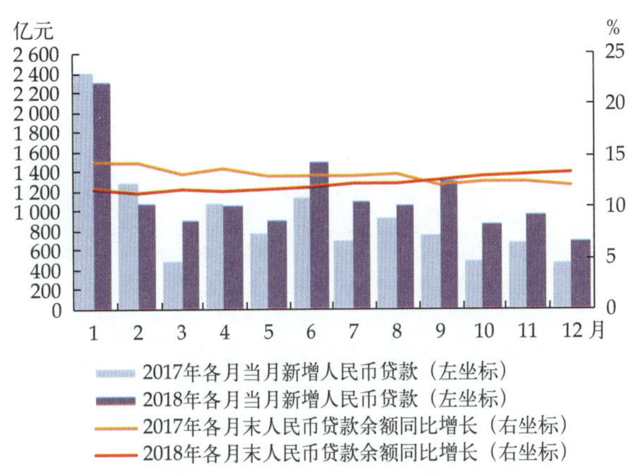

数据来源：中国人民银行南京分行。

图 2　2017~2018 年江苏省金融机构人民币贷款增长变化

从贷款币种看，受表外业务转表内等原因影响，人民币贷款增速同比提高，全年新增人民币贷款 1.36 万亿元，同比多增 2 567 亿元。受 2018 年以来贸易摩擦和进出口增速放缓的影响，全省外币贷款同比增长，增速有所下降。至 2018 年末，全省外币贷款余额 304.36 亿美元，同比增长 5%，增速较上年下降 3.7 个百分点。

从期限结构看，短期贷款与票据融资增速加快，中长期贷款增速放缓。2018 年，全省本外币短期贷款增加 3 859 亿元，同比多增 1 518 亿元。票据融资比年初增加 1 703 亿元，同比多增 3 415 亿元。年末全省本外币中长期贷款余额增速为 11.89%，比上一年增速下降 6.53 个百分点，较年初增加 7 809 万亿元，同比少增 2 375 亿元。

从贷款投向看，小微企业贷款保持平稳增长，制造业贷款结构优化。2018 年末，全省金融机构普惠口径小微企业贷款余额 6 630.93 亿元，同比增长 18.79%，增速比上年末上升 5.66 个百分点。全省制造业本外币贷款余额 1.65 万亿元，同比增长 4.0%，增速同比提升 0.13 个百分点，比年初新增 583 亿元，其中《中国制造 2025 江苏行动纲要》确定的 15 个重点领域贷款余额同比增长 7.82%；全省钢铁、煤炭、水泥、平板玻璃、船舶等产能过剩行业贷款同比减少 11.23%。

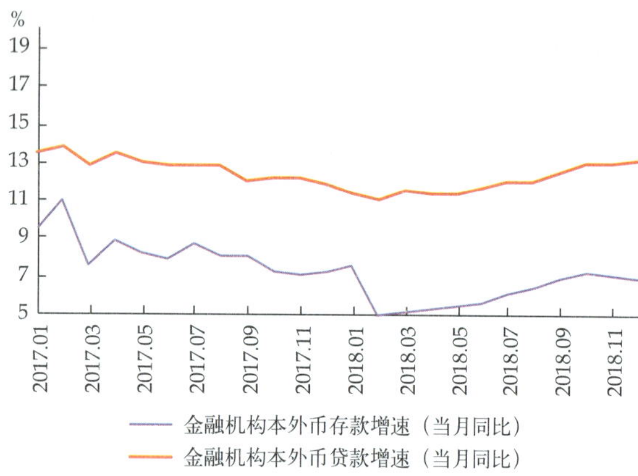

数据来源：中国人民银行南京分行。

图3　2017~2018 年江苏省金融机构本外币存、贷款增速变化

5. 表外融资增量为负，各类表外业务变化趋势不一。2018 年末，全省表外融资（委托贷款、信托贷款和银行承兑汇票净额）下降 1 281 亿元，同比多减 2 177 亿元。分具体业务看，委托贷款、信托贷款同比大幅下滑，银行承兑汇票止跌并出现较快增长。

2018 年，全省金融机构委托贷款增量为 -1 889.92 亿元，比上年少 2 264.87 亿元，占社会融资规模增量的 -10.68%，比上年降低 12.81 个百分点。全省金融机构信托贷款增量为 -456.54 亿元，比上年少 1 076.53 亿元，占社会融资规模增量的 -2.58%，比上年下降 6.11 个百分点。全省金融机构银行承兑汇票净额增量为 1 065.49 亿元，同比多增 1 164.19 亿元，占社会融资规模增量的 6.02%，比上年上升 6.58 个百分点。

6. 存贷利率总体平稳。2018 年 1~4 季度，江苏省定期存款加权平均利率分别为 2.1758%、2.0866%、2.0800% 和 2.0985%，同比分别上涨 10.6 个、8.6 个、7.8 个和 8.7 个基点。新发放人民币贷款加权平均利率分别为 5.7331%、5.9019%、5.9817% 和 5.8248%，同比分别上涨 39 个、42 个、33 个和 22 个基点。

利率市场化改革深入推进。省、市、县三级利率定价自律机制相继建立并有序运转，市场化产品发行量不断扩大，全省 97 家地方法人机构通过合格审慎评估，累计发行同业存单 11 893 亿元，发行大额存单 2 110 亿元。

表 2　2018 年江苏省金融机构人民币贷款各利率区间占比

单位：%

月份		1 月	2 月	3 月	4 月	5 月	6 月
合计		100.0	100.0	100.0	100.0	100.0	100.0
下浮		5.0	4.8	3.1	3.3	2.3	2.9
基准		18.9	19.0	15.3	14.6	12.3	12.9
上浮	小计	76.1	76.2	81.6	82.2	85.4	84.1
	(1.0, 1.1]	18.2	15.6	17.6	17.6	19.3	17.9
	(1.1, 1.3]	31.5	29.1	28.1	27.8	27.8	28.9
	(1.3, 1.5]	13.5	16.9	18.8	18.4	19.8	19.9
	(1.5, 2.0]	9.1	9.9	12.0	13.2	13.3	13.0
	2.0 以上	3.9	4.8	5.1	5.2	5.2	4.4
月份		7 月	8 月	9 月	10 月	11 月	12 月
合计		100.0	100.0	100.0	100.0	100.0	100.0
下浮		4.2	3.9	3.7	5.0	5.8	6.3
基准		11.6	11.3	12.4	13.1	14.5	16.9
上浮	小计	84.2	84.7	83.9	81.8	79.8	76.8
	(1.0, 1.1]	19.0	16.5	18.5	16.6	18.2	18.7
	(1.1, 1.3]	27.2	29.0	28.6	27.5	27.3	28.5
	(1.3, 1.5]	19.1	19.7	18.6	18.0	16.0	15.6
	(1.5, 2.0]	13.2	13.7	13.1	13.6	12.7	10.0
	2.0 以上	5.7	5.8	5.1	6.1	5.6	4.0

数据来源：中国人民银行南京分行。

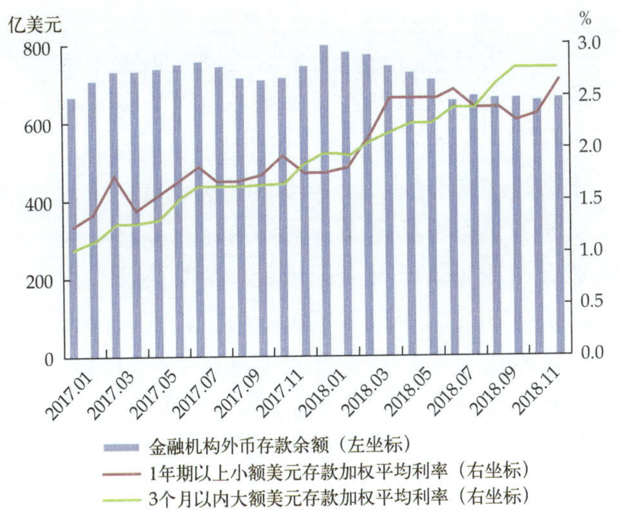

数据来源：中国人民银行南京分行。

图 4　2017~2018 年江苏省金融机构外币存款余额及外币存款利率

7. 银行业整体运行稳健，金融风险防控更加扎实。2018 年末，全省银行业金融机构不良贷款率 1.21%，比年初下降 0.04 个百分点。不良贷款余额 1 429 亿元，比年初增加 130 亿元，同比多增 93 亿元。关注类和逾期贷款余额分别较年初下降 76 亿元和 172 亿元。

2018 年，中国人民银行南京分行坚持把防控金融风险放在更加重要的位置，前移风险把控关口。一是发挥宏观审慎政策风险防范作用。认真落实资管新规要求，全面摸排调研法人金融机构和省级商业银行资管业务情况，推动地方法人金融机构平稳有序去杠杆。二是持续加强金融风险监测、预警和提示，稳步推进存款保险现场核查工作，有效发挥存款保险早期纠正作用。三是扎实开展现场评估和专项整治工作，探索开展金融控股公司监管试点。

专栏 1　江苏金融切实加强对民营企业和小微企业的服务工作

根据总行工作部署，2018 年以来，中国人民银行南京分行立足地方实际，强化政策引导，积极推动更好服务民营和小微企业的政策落地。

一是深入开展“金融惠企大走访”。为深入剖析、破解企业融资困难，从 10 月起，组织全省银行机构开展为期三个月的民营和小微企业“金融惠企大走访”活动，按照“边走访、边梳理、边解决”的思路，深入融资困难的企业一线，扑下身子、解剖麻雀、宣传政策、破除梗阻，尤其要求金融机构无贷户走访数量不低于 50%。截至 2018 年末，全省金融机构累计走访企业 7.01 万家，其中走访本行无贷企业 4.51 万家，为 2.84 万家企业提供了融资解决方案。

二是强化货币政策工具运用。实施央行资金政策效果评估，将支小再贷款与信贷结构优化挂钩，并对创新信贷产品的金融机构给予额外激励。自主开发央行资金辅助管理系统，推动再贷款台账电子化管理和再贴现量化管理，提升管理效率。截至 2018 年末，全省支小再贷款、再贴现余额分别为 179.72 亿元和 237.17 亿元，限额使用率分别达 93.6% 和 96.02%，处于全国前列。创新开展再贷款管理品牌化建设。在苏州和南京开展“小微 e 贷”金融产品试点，由 7 家法人银行机构运用支小再贷款资金，统一通过“小微 e 贷”品牌，向小微企业提供低成本贷款。截至 2018 年末，小微 e 贷累放 749 笔，金额 14.47 亿元，利率 5.46%，低于全部法人机构小微贷款利率 0.88 个百分点。

三是深入开展应收账款融资专项行动。大力宣传推广中征应收账款融资服务平台，引导企业注册使用，截至 2018 年末，全省平台注册机构用户达到 1.79 万个，占全国的 15.17%。引导供应链核心企业带动上下游企业加入平台，推动核心企业 ERP 系统与平台直连，线上供应链数量、系统直连企业数均居全国前列。截至 2018 年末，全省历年通过平台促成应收账款融资 2.51 万笔，融资金额 1.34 万亿元，融资笔数和金额连续三年位居全国第一。

四是缓解银企信息不对称难题。积极推动省级综合金融服务平台建设，形成“银行开网店，企业选服务，信用换融资，政策齐助力”的服务模式，打造金融供需对接的“淘宝网”。自5月中旬试运行以来，全省综合金融服务平台上线企业3.81万家，累计发布融资需求6 315笔、金额230亿元，已成功对接融资3 667项、138亿元。支持苏州征信服务平台建设，汇集了70余家政府部门信用信息，实现了当地银行有贷企业、新开基本户企业和产业引导政策企业全覆盖，通过信用评分、筛查风险企业、合作推出“征信贷”产品等方式为企业融资提供多层次服务。组织开展银企对接活动，全年共组织各种形式银企融资洽谈活动454场次，涉及企业1.56万家，融资需求超8 000亿元。其中，中国人民银行南京分行会同省工商联等部门组织召开民营企业发展银企对接会，现场签约30个项目，授信总额达300亿元。

（二）证券业平稳发展，多层次资本市场建设稳步推进

1. 证券行业平稳发展。2018年末，江苏省共有法人证券公司6家、证券营业部928家，同比增长4.62%。境内上市公司总数为401家，较上年新增19家，拟上市公司206家，后备上市企业资源充足。IPO融资在全国位居前列，2018年，省内企业IPO融资188.67亿元。省内上市公司通过首发、配股、增发、可转债、公司债在沪深证券交易所筹集资金2 249.8亿元。

2. 多层次资本市场建设稳步推进。截至2018年末，江苏省有新三板挂牌公司1 273家，总量位居全国前列。企业境内上市公司总股本3 639.3亿股，比上年增长11.7%，市价总值31 986.1亿元，比上年下降21.4%。江苏区域股权交易中心已有4 444家挂牌企业，融资额比年初增加2.2亿元。期货行业稳步发展，全省共有9家法人期货公司、1 100家证券期货营业部，期货经营代理交易额15.3万亿元。全年证券市场完成交易额28.7万亿元，证券经营机构股票交易额13.4万亿元。

表3　2018年江苏省证券业基本情况

项目	数量
总部设在辖内的证券公司数（家）	6
总部设在辖内的基金公司数（家）	0
总部设在辖内的期货公司数（家）	9
年末国内上市公司数（家）	401
当年国内股票（A股）筹资（亿元）	1 450.7
当年发行H股筹资（亿元）	1 263
当年国内债券筹资（亿元）	7 495
其中：短期融资券筹资额（亿元）	545
中期票据筹资额（亿元）	1 518.7

注：当年国内股票（A股）筹资额指非金融企业境内股票融资。

数据来源：江苏证监局、江苏省地方金融监督管理局、中国人民银行南京分行。

（三）保险业运行良好，服务能力再上新台阶

1. 总体规模处于全国前列。2018年，江苏省累计实现保费收入3 317.28亿元，在全国31个省（自治区、直辖市）中，保费规模列第二位。其中，财产险保费收入858.81亿元，同比增长5.51%，江苏产险公司实现承保利润25.12亿元，排名全国第三，承保利润率3.11%，比全国平均水平高3.24个百分点。人身险保费收入2 458.46亿元，同比下降6.72%。

2. 保险保障功能进一步提高，服务民生能力增强。一是助力精准扶贫。向建档立卡贫困人口支付大病保险赔付1.22亿元，赔付14.17万人次，最高赔付金额35.50万元；开办扶贫补充医疗保险，承保范围已覆盖全省28个县（市）927万人，累计赔付达3 682万元，1.61万名贫

困群众从中获益。与慈善总会合作，将慈善扶贫捐款用于苏北低收入人群的自费医疗费用保障，保障人数达 24 万人。二是参与养老保障制度建设试点。截至 2018 年底，税延养老保险试点累计办理 2 211 件，保费收入 448.50 万元，件均保费及保单续期率保持全国第一。三是大病保险项目成效明显。截至 2018 年底，共承办江苏地区大病保险项目 76 个，协议参保人数达 5 811.29 万人。2018 年大病保险项目赔付达 135.60 万人次，赔款金额共计 23.04 亿元，人均赔付 4 212.75 元，帮助参保群众提高医疗费用报销比例 11.78 个百分点。

3. 助力新旧动能转换取得新成效。一方面是服务科技创新。2018 年，江苏首台（套）保险实现保费收入 4.41 亿元，为首台（套）重大技术装备提供了 177.55 亿元风险保障。新材料首批次保险实现保费收入 6 437.22 万元，为应用企业提供风险保障 28.56 亿元。另一方面是支持江苏企业“走出去”。出口信用保险积极支持江苏外贸出口及海外投资，服务出口企业 18 201 家，其中服务小微企业 13 064 家，累计支持江苏出口 838.22 亿美元，为江苏从制造业大省向强省转变注入新动能。

表 4　2018 年江苏省保险业基本情况

项目	数量
总部设在辖内的保险公司数（家）	5
其中：财产险经营主体（家）	2
人身险经营主体（家）	3
保险公司分支机构（家）	5 739
其中：财产险公司分支机构（家）	2 352
人身险公司分支机构（家）	3 387
保费收入（中外资，亿元）	3 317.3
其中：财产险保费收入（中外资，亿元）	858.8
人身险保费收入（中外资，亿元）	2 458.5
各类赔款给付（中外资，亿元）	996.7
保险密度（元 / 人）	4 120.5
保险深度（%）	3.6

数据来源：江苏银保监局。

（四）社会融资规模保持适度增长，支持实体经济能力进一步提升

1. 社会融资规模保持适度增长。2018 年，金融对实体经济支撑作用进一步增强，全省社会融资增量 1.77 万亿元，同比多增 138 亿元。从融资结构看：一是对实体经济信贷投放占比有所提升，全年新增各项贷款 1.35 万亿元，比上年多 2 380.84 亿元，占社会融资规模增量的 76.41%，比上年提升 12.96 个百分点。二是表外融资有所减少。全年新增表外融资量为 -1 280.97 亿元，比上年少 2 177.21 亿元。三是直接融资增量同比有所回升。全省企业直接融资增量为 2 854.22 亿元，比上年多增 147.02 亿元。

2. 债券发行规模进一步扩大，金融市场创新力度增强。2018 年，江苏企业共发行债务融资工具 5 826 亿元，比上一年增加 1 173 亿元，年末全省债务融资工具存续余额达 10 165 亿元，同比增加 1 731 亿元。法人机构主动负债能力不断增强，全省共 8 家地方法人金融机构在银行间债券市场发行各类主动负债工具 361 亿元，同比多发 139 亿元，其中金融债 305 亿元，二级资本工具 38 亿元。

江苏省四家企业发行绿色债券合计 18.8 亿元，其中昆山市公交集团发行全省首只绿色资产支持票据 2.8 亿元。作为民营企业债券融资支持工具首批 3 个试点省份之一，江苏省 2018 年累计共发行 9 只支持工具，标的债券共计 35 亿元，创设 13.3 亿元的风险缓释凭证，债券发行利率较市场低 90 个基点。

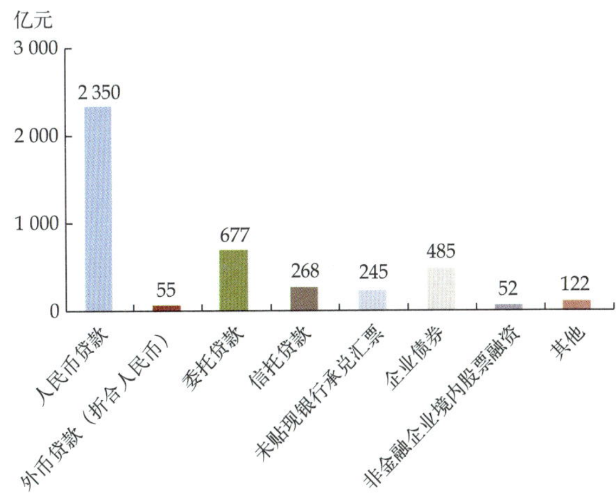

数据来源：中国人民银行南京分行。

图 5　2018 年江苏省社会融资规模分布结构

3. 银行间市场业务平稳发展。2018 全年江苏省共有 88 家市场成员参与同业拆借交易，同比增加 5 家，累计拆借资金 5.42 万亿元，净拆入资金 3.21 万亿元；218 家市场成员参与质押式回购交易，累计成交 55.56 万亿元，56 家市场成员参与买断式回购交易，累计成交 7 752.29 亿元；222 家市场成员参加现券交易，累计交易额 14.21 万亿元。

4. 票据业务有所收缩，利率持续走低。2018 年，全省承兑汇票累计发生额 2.06 万亿元，比上年增加 3 467 亿元，票据贴现累计发生额 3.3 万亿元，比上年减少 8 664 万亿元，主要受票据业务监管趋严、商业银行加强票据风险管控等因素叠加影响，导致票据业务持续收缩。2018 年 1~4 季度，全省票据贴现加权平均利率分别为 5.4703%、5.2686%、4.2898% 和 3.9925%；票据转贴现加权平均利率分别为 4.5501%、4.3081%、3.6154% 和 3.3857%，票据市场贴现利率明显回落，转贴现利率环比、同比也均出现回落。

表 5　2018 年江苏省金融机构票据业务量统计

单位：亿元

季度	银行承兑汇票承兑		贴现			
			银行承兑汇票		商业承兑汇票	
	余额	累计发生额	余额	累计发生额	余额	累计发生额
1	11 503.7	6 054.7	3 488.6	7 755.6	164.7	848.0
2	11 730.0	10 391.6	3 924.1	14 587.7	167.5	1 640.1
3	12 016.7	15 588.9	4 600.3	21 670.7	185.1	2 153.7
4	12 919.7	20 596.8	5 287.7	29 823.0	228.0	2 885.5

数据来源：中国人民银行南京分行。

表 6　2018 年江苏省金融机构票据贴现、转贴现利率

单位：%

季度	贴现		转贴现	
	银行承兑汇票	商业承兑汇票	票据买断	票据回购
1	5.4	6.1	5.1	3.5
2	5.2	6.0	4.9	3.3
3	4.2	5.4	4.0	2.9
4	3.8	5.2	3.6	2.7

数据来源：中国人民银行南京分行。

（五）金融基础设施不断完善，金融生态环境不断优化

金融基础设施不断完善。持续提升支付便利化水平。不断优化企业开户服务，显著缩短新设企业开户时间，相关工作走在全国前列。实施移动便民示范工程，南京等 10 个地市实现了公交场景覆盖，苏州、无锡地铁实现移动支付应用，全省 1 300 多条公交线路、15 000 多台出租车上线运行移动支付。

积极推动省级综合金融服务平台建设，2018 年上线企业 3.81 万家，成功对接融资 3 667 项、138 亿元。征信服务不断改善。中小企业信用体系和农村信用体系建设持续推进，为江苏省 247 万户中小微企业、590 万农户、4 929 多户农村经济主体建立了信用档案。

金融消费权益保护工作不断完善。2018 年，江苏辖区金融消费者投诉咨询热线受理投诉 712 件，办结率 100%，全省共计开展执法检查 38 次，现场工作时间累计 1 070 人 / 天，检查网点 62 个，参与执法人员 183 人，督促金融机构切实维护消费者合法权益。

二、经济运行情况

2018 年，全省深入推进供给侧结构性改革，经济运行总体稳定，主要指标平稳运行，质量效益稳步改善，结构调整明显加快。全年实现地区生产总值 92 595 亿元，同比增长 6.7%。

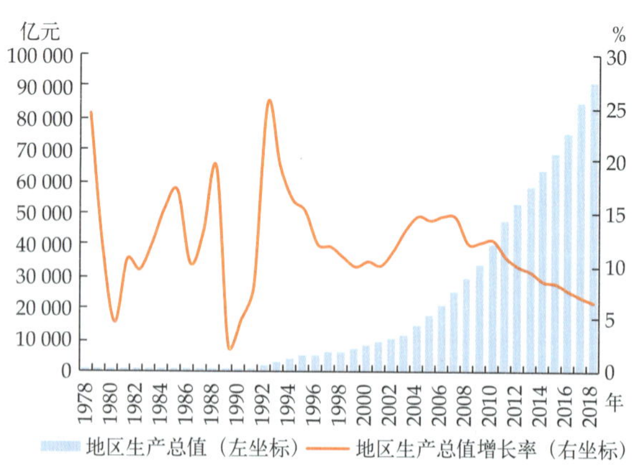

数据来源：江苏省统计局。

图 6　1978~2018 年江苏省地区生产总值及其增长率

（一）内需增长较为稳定，外需保持较大规模

1. 投资增速总体回落明显，投资结构不断优化。2018 年，江苏省固定资产投资同比增长 5.5%，增速较 2017 年回落 2 个百分点，处历史较低水平。分季度看，各季度累计同比增速分别为 3.9%、5.3%、5.6% 和 5.5%，在大幅回落后出现回升并总体保持稳定。全省工业技术改造投资增长 10.7%，占工业投资比重达 55%。服务业类投资各季度累计同比增速分别为 4.6%、4.7%、5.2% 和 3.7%，整体在低位徘徊。高新技术产业投资增长 15.2%。电子及通信设备、计算机及办公设备、新能源、医药、智能装备、仪器仪表制造业投资分别增长 23.9%、22.6%、19.0%、14.9%、14.8% 和 11.4%。第三产业投资中，科学研究和技术服务业增长 6.8%，水利、环境和公共设施管理业增长 2.4%，文化、体育和娱乐业增长 8.5%。

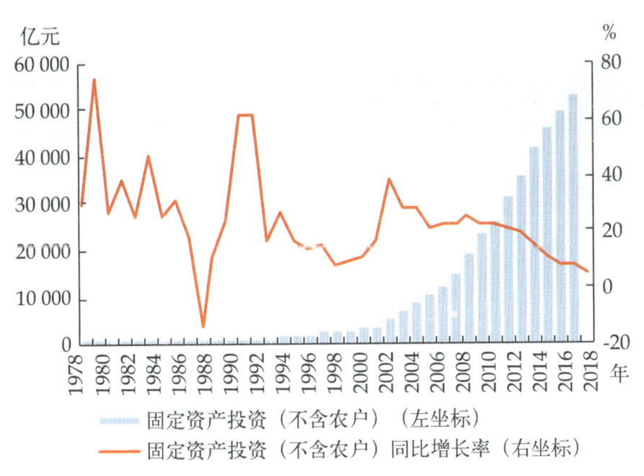

数据来源：江苏省统计局。

图 7　1978~2018 年江苏省固定资产投资（不含农户）及其增长率

2. 消费需求平稳增长，部分消费升级类商品增长较快。2018 年，全省实现社会消费品零售总额 33 230 亿元，比上年增长 7.9%。从消费品类看，城镇消费品零售额增长 7.8%；农村消费品零售额增长 9%。按行业分，批发和零售业零售额增长 7.7%；住宿和餐饮业零售额增长 9.7%。全省限额以上社会消费品零售总额比上年增长 3.6%。从消费品类值看，基本生活类消费增长平稳，部分消费升级类商品零售额增长较快。在限额以上企业商品零售额中，粮油食品饮料烟酒类、服装鞋帽针纺织品类、日用品类商品零售额分别增长 4.4%、7.6% 和 9.5%。以智能手机、平板电脑等为代表的通信器材类商品零售额增长 30.8%，书报杂志类增长 15.9%，家具类增长 11.8%，石油制品类商品零售额增长 12.2%。

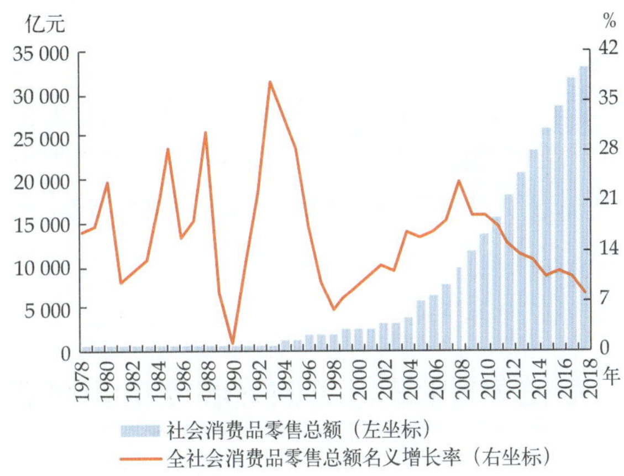

数据来源：江苏省统计局。

图 8　1978~2018 年江苏省社会消费品零售总额及其增长率

3. 进出口规模继续扩大，增幅有较大回落。2018 年，全省完成进出口总额 43 802.4 亿元，比上年增长 9.5%。其中，出口 26 657.7 亿元，增长 8.4%，增速较上年缩小 5.4 个百分点；进口 17 144.7 亿元，增长 11.3%，增速较上年缩小 8.4 个百分点，受贸易摩擦等不利因素影响，外贸走势仍存在不确定性。其中，对"一带一路"沿线国家出口保持较快增长，出口额 6 459.6 亿元，增长 8.9%；占全省出口总额的比重为 24.2%，对全省出口增长的贡献率为 25.7%。

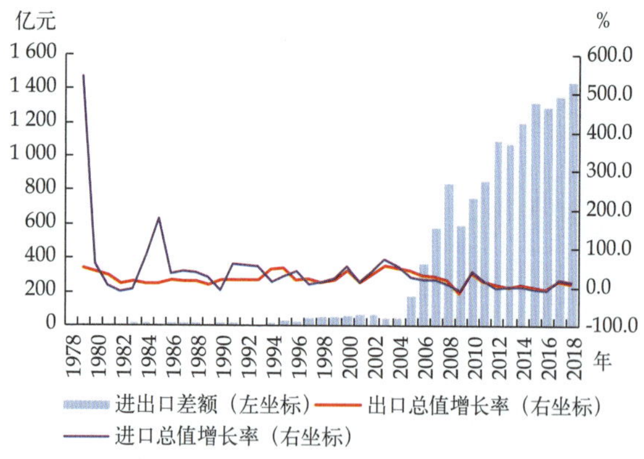

数据来源：江苏省统计局。

图 9　1978~2018 年江苏省外贸进出口变动情况

利用外资保持平稳增长，“走出去”步伐不断加快。2018 年，实际使用外资 255.9 亿美元，比上年增长 1.8%，延续上年平稳增长态势。全年新批外商投资企业 3 348 家，比上年增长 2.9%；新批协议注册外资 605.2 亿美元，比上年增长 9.2%。新批及净增资 9 000 万美元以上的外商投资大项目 353 个，比上年增长 1.1%。全年新批境外投资项目 786 个，中方协议投资额 94.8 亿美元。

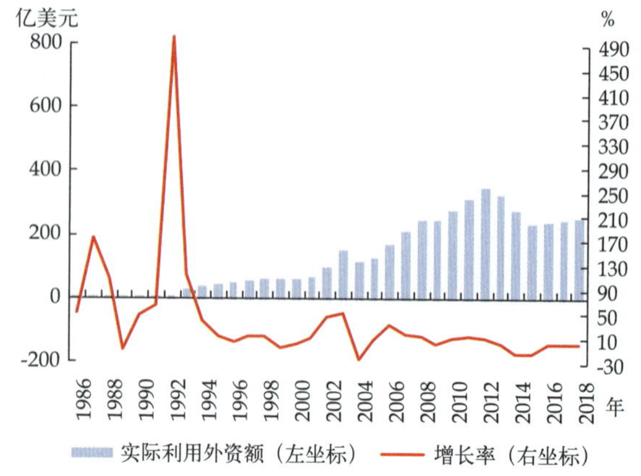

数据来源：江苏省统计局。

图 10　1986~2018 年江苏省实际利用外资额及其增长率

专栏 2　影响江苏国际收支中长期变化及结构演变的因素

2009 年至 2018 年末，江苏省的国际收支总额增速放缓，并一直保持区间波动的顺差。综合内外因素分析，预计中长期江苏将保持顺差收窄、区间波动的趋势。

外部因素。美国次贷危机引发的全球金融体系不稳定对江苏涉外经济和国际收支的不良效应在 2009 年显现，虽然危机逐渐消退，但国际市场中的不确定性仍在积累，新兴市场国家危机频发、贸易保护主义抬头，全球经济复苏曲折缓慢。目前，短期因素是美联储的加息操作和其货币政策的外部性影响，使得全球流动性紧缩；长期因素是全球产业链和价值分配进入重塑期，一方面是劳动密集型产业向东南亚、非洲等地区转移，另一方面是美国等发达国家强化“制造业回归”战略，对投资资金起到分流作用。

内部因素。从经济结构的角度看，相比全国，江苏省呈现第二产业支撑有力、第三产业迅猛发展的趋势，1999 年至 2008 年，第二产业对地区生产总值增长率的贡献基本维持在 60% 以上，呈现明显的外向型经济特征。2009 年后，江苏省第三产业对地区生产总值增长率的贡献逐渐提高到 60% 以上。尽管在经济结构上江苏第二产业逐渐转向第三产业，但制造业仍处于全国领先水平，足够支撑江苏省以贸易为主的经常项目保持在国际收支中的主导作用和维持较高顺差。从资源禀赋的角度看，江苏的土地调查面积、建设用地面积在全国占比分别为 1.1% 和 5.9%，而江苏省地区生产总值在全国占比为 10.3%，土地资源限制较大，待开发土地资源不足。劳动力价格水平在全国处于较高水平，以 2018 年为例，江苏省城镇非私营单位就业人员平均工资 84 688 元，比全国高 2.7%，且从2010年开始，江苏城镇就业人员在全国占比就逐渐下滑，累计已经下降0.61个百分点。江苏在土地、劳动力成本上不占优势，粗放式制造业发展前景受限，也导致江苏近年来资本项目顺差逐渐缩小。

（二）三次产业比重继续优化，结构调整深入推进

2018年，江苏全年三次产业增加值比例为4.5∶44.5∶51，服务业增加值占地区生产总值比重比上年提高0.7个百分点，产业结构继续向“三二一”的现代产业构架稳步优化。

1. 农业生产形势基本稳定。2018年，江苏实现农林牧渔业增加值4 141.7亿元，同比增长1.8%。全年粮食总产量3 660.3万吨，比上年增产49.5万吨，增长1.4%。其中，夏粮1 326.4万吨，下降0.7%；秋粮2 333.9万吨，增长2.6%。粮食亩产445.6公斤，比上年增加10.1公斤，增长2.3%。农业产业结构不断优化，绿色农业、智慧农业、订单农业等现代农业加快发展。全省高效设施农业面积占比达19.6%，高标准农田占比达61%，农业机械化水平达84%，农业科技进步贡献率提高到68%。全省有效灌溉面积达418万公顷，新增有效灌溉面积4.8万公顷，新增节水灌溉面积15.3万公顷；新增设施农业面积3.4万公顷。年末农业机械总动力5 042万千瓦，比上年增长1.0%。

2. 工业总体增速放缓，但结构优化，效益较好。2018年，江苏省实现规模以上工业增加值同比增长5.1%，增速比上年回落2.4个百分点。各季度累计同比增速分别为7.8%、6.2%、5.5%和5.1%，年内各季度增速存在下降趋势。其中，全省高技术产业、装备制造业增加值比上年分别增长11.1%和8%，高于规模以上工业6个和2.9个百分点；对规模以上工业增加值增长的贡献率达43.4%和74.2%。分行业看，电子、医药、汽车、专用设备等先进制造业增加值分别增长11.3%、10.4%、7.2%和12.5%。代表智能制造、新型材料、新型交通运输设备和高端电子信息产品的新产品产量实现较快增长。新能源汽车、城市轨道车辆、3D打印设备、智能电视、服务器等新产品产量比上年分别增长139.9%、107.1%、51.4%、36.4%和26.2%。

工业效益保持较快增长，产销率保持较高水平。全年规模以上工业企业实现主营业务收入比上年增长7.3%，利润比上年增长9.4%。规模以上工业企业主营业务收入利润率、成本费用利润率分别为6.6%、6.9%，比上年提高0.12个和0.13个百分点。规模以上工业企业资产负债率为52.6%，总资产贡献率为12.1%。全年规模以上工业企业产销率达98.8%。

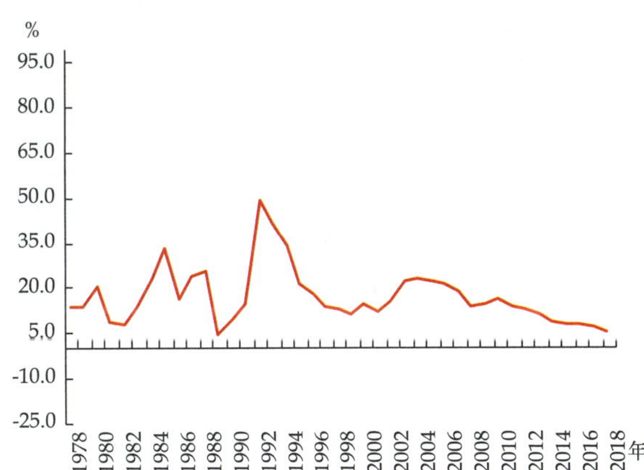

数据来源：江苏省统计局。

图11　1978~2018年江苏省规模以上工业增加值实际增长率

3. 服务业发展态势良好。2018年，第三产业增加值47 205.2亿元，同比增长7.9%，比地区生产总值增速高1.2个百分点。现代服务业保持高速发展。商务服务业、软件和信息技术服务业、互联网和相关服务业营业收入比上年分别增长8%、15.2%和39%。

4. 污染防治力度加大，节能减排成效显著。实施农村人居环境整治三年行动，大力推进生

活垃圾处理、生活污水处理、村容村貌提升和厕所革命，城乡人居环境持续改善。全省林木覆盖率达23.2%，建成国家生态园林城市5个、国家生态工业园区21个、国家生态文明建设示范市县9个。2018年，全省加快淘汰低水平落后产能，全年压减钢铁产能80万吨、水泥产能210万吨、平板玻璃产能660万重量箱。

（三）消费价格温和上涨，生产价格涨幅回落

1. 居民消费价格温和上涨。2018年末，全年居民消费价格比上年上涨2.3%，连续7年保持在3%以下的较低水平。其中，分类别看，食品烟酒类上涨2.3%，生活用品及服务类上涨3.4%，交通和通信类上涨2.5%，教育文化和娱乐类上涨2.4%，医疗保健类上涨1.2%。

2. 工业生产者价格涨幅回落。全年工业生产者出厂价格上涨2.8%，涨幅比上年回落2.0个百分点；工业生产者购进价格上涨4.6%，涨幅回落5.1个百分点。

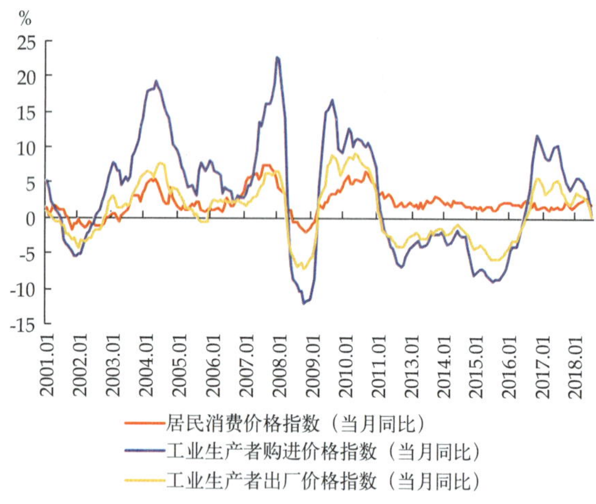

数据来源：江苏省统计局。

图12　2001~2018年江苏省居民消费价格指数和工业生产者价格指数变动趋势

（四）财政收入稳定增长，财政支出有所回升

1. 财政收入稳定增长。全年完成一般公共预算收入8 630.2亿元，比上年增长5.6%，其中，税收收入7 263.7亿元，比上年增长12%。税收占一般公共预算收入比重达84.2%，比上年提高4.8个百分点，其中，企业所得税、个人所得税收入分别增长14.6%和21.1%。

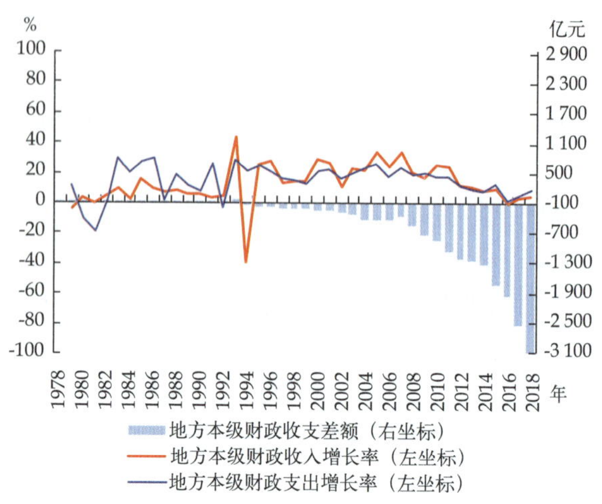

数据来源：江苏省统计局。

图13　1978~2018年江苏省财政收支状况

2. 财政支出有所回升，支出结构持续优化。2018年，全年一般公共预算支出11 658.2亿元，比上年增长9.8%。一般公共预算支出中，教育支出2 056.5亿元，增长3.9%；公共安全支出826.6亿元，增长15.3%；医疗卫生支出845.5亿元，增长7.1%；社会保障和就业支出1 309亿元，增长25.5%；住房保障支出430亿元，增长22.2%。

3. 地方政府债务风险总体可控。2018年，江苏省地方政府债务余额同比增长10.47%，增速明显低于2017年，考虑到地方政府债务新增渠道和额度均有所增加，总体偿债风险基本可控。

（五）房地产销售增速趋于平稳，价格涨势出现分化

1. 住宅销售增速趋于平稳，但差异化明显。2018年，江苏省商品住宅登记销售面积比2017年增长3.7%，但比2016年高峰值下降12%。全省13个设区市中，商品住宅销售面积同比增长的城市有6个，下降的有7个。

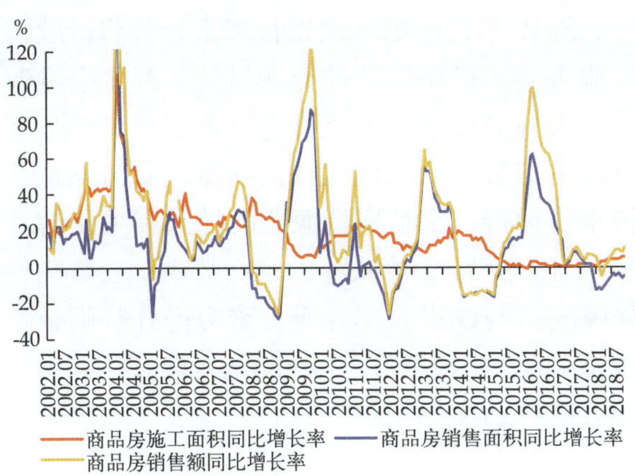

数据来源：江苏省统计局。

图 14　2002~2018 年江苏省商品房施工和销售变动趋势

2. 从库存情况看，库存规模较上年有所增加，去化周期略有回升。2018 年末，江苏省商品住宅累计可售面积比 2017 年末增长 13%，与 2016 年末库存规模基本持平。全省 13 个设区市中，库存规模较上年末增加的城市有 10 个，减少的有 3 个。全省商品住宅去化周期为 8.5 个月，比上年末回升 0.7 个月。

3. 房价过快增长趋势得到抑制，不同城市房价涨幅分化。2018 年，江苏省商品住宅成交均价 9 566 元 / 平方米，同比上涨 10.3%，涨幅比上年提高 12.2 个百分点，但比调控政策出台前（2016 年 9 月）的涨幅低 11.9 个百分点。全省 13 个设区市中，商品住宅成交均价涨幅同比提高的城市有 5 个，回落的有 8 个。

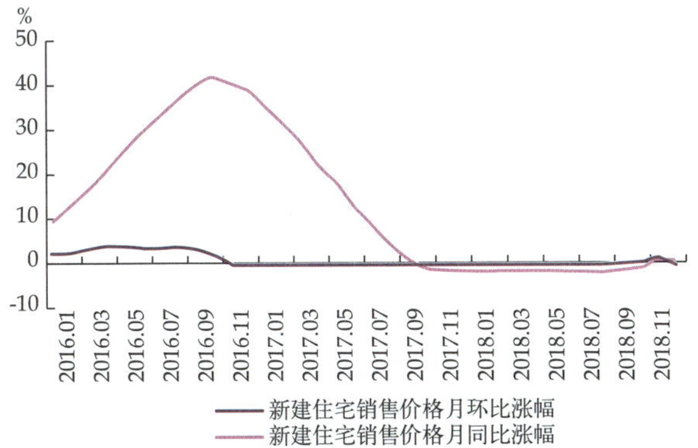

数据来源：江苏省统计局。

图 15　2016~2018 年南京市新建住宅销售价格变动趋势

4. 房地产贷款增速趋于稳定，保障房贷款保持较快增长。2018 年，全省金融机构本外币房地产贷款增量为 6 789.29 亿元，比上年多增 1 297.75 亿元。2018 年末，本外币房地产贷款余额为 3.96 万亿元，同比增长 20.91%，增速比上年末上升 0.72 个百分点。具体来看，2018 年，全省房地产贷款主要呈现以下结构特征：

一是个人购房贷款增速回落。2018 年，全省个人购房贷款增量为 4 356.05 亿元，比上年少增 22.13 亿元。2018 年末，个人购房贷款余额为 2.96 万亿元，同比增长 17.29%，增速比上末年下降 3.70 个百分点。

二是普通住房开发贷款增长明显加快。在房地产企业表外融资、资管业务以及发债等渠道监管政策依然较严的背景下，资金需求转向表内信贷，普通住房开发贷款增长加快。2018 年，全省普通住房开发贷款增量为 1 089.39 亿元，比上年多增 641.60 亿元。2018 年末，全省普通住房开发贷款余额为 3 158.44 亿元，同比增长 52.65%，增速比上年末大幅上升 25.03 个百分点。

三是保障性住房开发贷款增加较多。在城镇化建设和新农村建设步伐加快背景下，商业银行对棚户区改造、保障房等项目支持力度不断加大。2018 年，全省保障性住房开发贷款增量为 1 061.81 亿元，创 2011 年以来新高，比上年多增 159.56 亿元。2018 年末，全省保障性住房开发贷款余额为 4 150.02 亿元，同比增长 36.56%。

四是地产开发贷款增量为负。2018 年，全省地产开发贷款增量为 -173.76 亿元，比上年多增 275.33 亿元。其中，政府土地储备机构贷款增量为 -423.48 亿元，自 2016 年 4 月以来增量连续为负。2018 年末，全省地产开发贷款余额为 993.22 亿元，同比增速为 -14.74%。

三、预测与展望

当前，全球宏观政策拐点出现，美国、欧元区和日本货币政策逐步回归正常化，政策外溢影响存在不确定性，贸易摩擦和地缘政治危机也深刻影响世界经济前景。从国内环境看，新旧动能转换还不充分，发展不平衡的问题仍然突出，江苏经济高质量发展还面临错综复杂形势。但在供给侧结构性改革向纵深推进，“一带一路”、长江经济带、长三角区域发展一体化等战略深入实施，《中国制造2025》全面落实等因素推动下，预计2019年江苏经济将保持平稳增长，转型升级步伐进一步加快，消费对经济增长的拉动作用进一步增强，产业结构继续优化调整，经济新动能不断发展壮大，消费和生产价格保持温和上涨态势。

2019年，中国人民银行南京分行将继续围绕服务实体经济、防控金融风险、深化金融改革三大主要任务，重点推进以下工作：一是坚持稳定信贷总量与优化投向并重，着力支持经济平稳运行；二是坚持源头防控与存量化解并重，着力打好金融风险防控攻坚战；三是坚持保障安全与改进效率并重，着力提升基础金融服务水平；四是坚持先行先试与经验推广并重，着力推动金融改革创新。

中国人民银行南京分行货币政策分析小组

总　纂：郭新明　郭大勇

统　稿：戴　俊　陈　实　严仕锋

执　笔：张庭溪　谢　姗　厉华威

提供材料的还有：李　艳　王琦玮　唐成伟　张　明　王维全　陈冬娟　赵正来　杨远健　李晓闻　周永峰　周晨阳　梅　璐　苏　怡　高道远　龙腾云

附录

（一）2018 年江苏省经济金融大事记

1 月 17 日，南京、苏州、宿迁三市入选全国首批社会信用体系建设示范城市。

1 月 30 日，华泰证券补国内空白，在上交所挂牌首单美元资产支持证券。

3 月 23 日，江苏省互联网消费者权益服务中心在南京正式成立。

5 月 17 日，江苏省普惠金融工作联席会议第一次会议在南京召开。

6 月 29 日，昆山市公共交通集团有限公司 2018 年度第一期绿色资产支持票据成功发行，是迄今为止全省首单绿色资产支持票据。

9 月 3 日，江苏“金融知识普及月及金融知识进万家”活动启动。

11 月 9 日，首只民营企业债券融资支持工具在江苏落地。

12 月 3 日，南京民企纾困基金成立，首期规模 30 亿元。

12 月 17 日，江苏省银保监局正式挂牌。

（二）2018 年江苏省主要经济金融指标

表 1　2018 年江苏省主要存贷款指标

		1月	2月	3月	4月	5月	6月	7月	8月	9月	10月	11月	12月
本外币	金融机构各项存款余额（亿元）	140 566.7	140 132.5	140 098.8	140 201.9	141 076.0	142 190.6	142 712.3	144 150.6	145 003.9	145 484.2	145 455.8	144 227.4
	其中：住户存款	47 565.7	51 035.3	50 789.0	49 275.2	49 530.3	50 296.7	49 904.4	50 180.4	51 129.5	50 676.5	51 081.2	51 373.5
	非金融企业存款	52 812.4	49 999.4	51 331.9	51 925.6	52 019.7	52 572.0	51 465.9	52 161.5	52 445.0	52 059.8	52 544.7	53 505.2
	各项存款余额比上月增加（亿元）	5 790.5	-434.3	-33.6	103.1	874.2	1 114.5	521.7	1 438.3	853.3	480.3	-28.4	-1 228.4
	金融机构各项存款同比增长（%）	7.7	5.1	5.2	5.3	5.5	5.7	6.2	6.4	7.0	7.3	7.1	7.0
	金融机构各项贷款余额（亿元）	106 417.8	107 556.3	108 559.7	109 590.7	110 499.5	112 014.0	113 088.9	114 133.5	115 471.1	116 277.7	117 141.3	117 807.9
	其中：短期	34 210.3	34 377.7	34 708.9	34 863.5	35 137.9	35 941.5	36 000.8	36 219.0	36 754.1	36 680.0	36 874.1	37 278.7
	中长期	67 151.9	67 999.9	68 663.5	69 452.4	70 008.7	70 389.8	71 082.7	71 658.9	72 319.3	72 901.0	73 401.2	73 342.2
	票据融资	3 629.4	3 682.8	3 660.3	3 705.7	3 779.5	4 080.9	4 381.2	4 632.8	4 761.5	5 012.5	5 165.5	5 485.8
	各项贷款余额比上月增加（亿元）	2 285.9	1 138.4	1 003.4	1 031.0	908.8	1 514.5	1 074.9	1 044.6	1 337.6	806.6	863.6	666.6
	其中：短期	790.5	167.4	331.2	154.6	274.3	803.7	59.3	218.2	535.1	-74.1	194.1	404.7
	中长期	1 618.9	848.0	663.6	788.9	556.3	381.1	692.9	576.2	660.4	581.7	500.2	-59.1
	票据融资	-153.7	53.3	-22.5	45.5	73.8	301.4	300.3	251.6	128.7	251.0	153.0	320.4
	金融机构各项贷款同比增长（%）	11.5	11.1	11.5	11.4	11.4	11.7	12.0	12.1	12.6	13.0	13.1	13.3
	其中：短期	9.2	9.1	9.4	9.6	9.4	9.8	10.0	10.3	11.5	11.4	11.2	12.0
	中长期	14.8	13.9	13.5	13.0	12.7	12.2	12.2	12.0	11.9	12.1	12.1	11.9
	票据融资	-17.8	-15.4	-5.3	-3.7	2.6	15.4	24.3	27.7	33.3	37.3	42.4	45.0
	建筑业贷款余额（亿元）	3 733.0	3 839.5	3 864.2	3 903.3	3 955.0	4 065.1	4 094.0	4 106.3	4 128.3	4 120.9	4 133.1	4 179.1
	房地产业贷款余额（亿元）	6 498.8	6 612.3	6 691.9	6 847.9	6 930.1	7 047.7	7 105.4	7 189.3	7 313.3	7 424.9	7 533.5	7 580.5
	建筑业贷款同比增长（%）	5.4	8.6	9.1	8.7	9.5	11.7	12.4	12.9	13.3	12.8	12.2	13.7
	房地产业贷款同比增长（%）	3.2	3.9	4.9	7.2	9.6	10.9	11.2	11.3	11.9	12.4	13.3	14.6
人民币	金融机构各项存款余额（亿元）	135 544.0	135 203.4	135 249.8	135 510.8	136 433.1	137 499.6	138 250.1	139 628.9	140 460.9	140 893.2	140 910.3	139 718.0
	其中：住户存款	46 983.9	50 440.1	50 192.3	48 678.8	48 929.5	49 675.3	49 277.1	49 559.1	50 516.1	50 065.8	50 474.2	50 768.6
	非金融企业存款	48 731.5	46 003.2	47 468.8	48 226.8	48 390.1	48 878.5	47 972.8	48 598.0	48 841.5	48 418.0	48 911.1	49 895.2
	各项存款余额比上月增加（亿元）	5 601.0	-340.6	46.5	260.9	922.3	1 066.5	750.5	1 378.8	832.0	432.4	17.1	-1 192.3
	其中：住户存款	879.2	3 456.2	-247.7	-1 513.5	250.7	745.8	-398.2	282.0	957.0	-450.3	408.5	294.4
	非金融企业存款	1 548.8	-2 728.3	1 465.6	758.0	163.3	488.5	-905.7	625.2	243.4	-423.4	493.1	984.1
	各项存款同比增长（%）	7.6	5.2	5.5	5.8	6.0	6.3	6.9	7.0	7.4	7.6	7.5	7.5
	其中：住户存款	-2.2	6.4	5.6	5.7	6.5	6.3	7.2	7.7	8.1	9.4	10.5	10.2
	非金融企业存款	6.3	-2.0	0.4	2.0	2.0	3.0	3.7	4.1	4.4	4.8	5.6	5.7
	金融机构各项贷款余额（亿元）	104 438.8	105 500.0	106 395.4	107 446.4	108 332.4	109 822.1	110 895.4	111 933.9	113 225.6	114 082.3	115 040.4	115 719.0
	其中：个人消费贷款	28 208.3	28 489.6	28 875.0	29 294.3	29 721.0	30 244.5	30 677.7	31 147.4	31 602.9	32 119.8	32 627.9	33 018.6
	票据融资	3 629.3	3 682.7	3 660.2	3 705.6	3 779.3	4 080.6	4 381.0	4 632.7	4 761.4	5 012.4	5 165.4	5 485.8
	各项贷款余额比上月增加（亿元）	2 292.2	1 061.2	895.4	1 051.0	886.0	1 489.8	1 073.3	1 038.5	1 291.6	856.7	958.1	678.6
	其中：个人消费贷款	514.2	281.3	385.4	419.3	426.7	523.5	433.2	469.7	455.5	516.8	508.2	390.7
	票据融资	-153.7	53.4	-22.5	45.5	73.6	301.3	300.4	251.7	128.7	251.1	153.0	320.4
	金融机构各项贷款同比增长（%）	11.7	11.3	11.7	11.6	11.6	11.8	12.2	12.2	12.6	13.0	13.2	13.3
	其中：个人消费贷款	23.2	22.4	21.2	20.7	20.1	19.3	19.1	18.8	18.7	18.9	19.0	19.3
	票据融资	-17.8	-15.4	-5.3	-3.7	2.6	15.4	24.3	27.7	33.3	37.3	42.4	45.0
外币	金融机构外币存款余额（亿美元）	793.0	778.8	771.1	740.0	723.8	709.0	654.6	662.6	660.4	659.2	655.4	657.0
	金融机构外币存款同比增长（%）	19.2	10.2	5.6	1.0	-1.5	-5.1	-13.3	-10.4	-7.1	-6.8	-7.9	-11.2
	金融机构外币贷款余额（亿美元）	312.5	324.9	344.2	338.3	337.8	331.3	321.8	322.3	326.4	315.2	302.9	304.4
	金融机构外币贷款同比增长（%）	10.0	9.9	12.6	10.3	9.2	6.7	4.6	5.5	7.1	7.0	2.9	5.0

数据来源：中国人民银行南京分行。

表 2　2001~2018 年江苏省各类价格指数

单位：%

		居民消费价格指数		农业生产资料价格指数		工业生产者购进价格指数		工业生产者出厂价格指数	
		当月同比	累计同比	当月同比	累计同比	当月同比	累计同比	当月同比	累计同比
2001		—	0.8	—	-3.2	—	-0.5	—	-0.9
2002		—	-0.8	—	-0.7	—	-1.4	—	-2.4
2003		—	1.0	—	1.9	—	6.5	—	2.3
2004		—	4.1	—	12.3	—	16.3	—	6.5
2005		—	2.1	—	6.9	—	7.6	—	2.6
2006		—	1.6	—	1.7	—	6.4	—	1.5
2007		—	4.3	—	6.9	—	5.0	—	2.6
2008		—	5.4	—	17.3	—	15.0	—	4.6
2009		—	-0.4	—	-2.4	—	-8.1	—	-4.8
2010		—	3.8	—	4.2	—	12.8	—	7.3
2011		—	5.3	—	12.6	—	8.9	—	6.2
2012		—	2.6	—	4.6	—	-4.2	—	-2.9
2013		—	2.3	—	2.4	—	-2.9	—	-2.0
2014		—	2.2	—	0.2	—	-3.0	—	-1.7
2015		—	1.7	—	-0.4	—	-7.9	—	-4.7
2016		—	2.3	—	-0.1	—	-2.0	—	-1.9
2017		—	1.7	—	2.1	—	9.7	—	4.8
2018		—	2.3	—	3.9	—	4.6	—	2.8
2017	1	2.3	2.3	3.0	3.0	10.2	10.2	4.9	4.9
	2	1.5	1.9	3.3	3.2	11.9	11.1	6.0	5.5
	3	1.7	1.8	3.2	3.2	11.5	11.2	6.0	5.6
	4	1.8	1.8	2.7	3.0	9.7	10.8	4.7	5.4
	5	1.9	1.8	1.8	2.8	8.8	10.4	3.7	5.1
	6	1.6	1.8	0.4	2.4	8.5	10.1	3.9	4.9
	7	1.4	1.7	0.6	2.1	8.6	9.9	4.1	4.8
	8	1.9	1.8	1.1	2.0	9.3	9.8	4.6	4.7
	9	1.7	1.8	1.6	1.9	10.3	9.9	5.2	4.8
	10	1.8	1.8	2.4	2.0	10.5	9.9	5.7	4.9
	11	1.6	1.7	2.8	2.1	9.2	9.9	4.9	4.9
	12	1.7	1.7	2.5	2.1	7.4	9.7	4.0	4.8
2018	1	1.8427	1.8427	2.8231	2.8231	6.4	6.4	3.6	3.6
	2	2.6	2.2	2.7	2.8	5.3	5.8	2.7	3.1
	3	1.8	2.1	2.8	2.8	4.3	5.3	2.2	2.8
	4	1.7	2.0	3.3	2.9	4.7	5.2	2.5	2.7
	5	1.8	2.0	3.8	3.1	5.3	5.2	3.4	2.9
	6	2.1	2.0	4.1	3.3	6.0	5.3	3.9	3.0
	7	2.5	2.0	4.4	3.4	5.8	5.4	3.7	3.1
	8	2.7	2.1	4.6	3.6	5.3	5.4	3.4	3.2
	9	3.0	2.2	4.9	3.7	4.6	5.3	3.0	3.1
	10	2.9	2.3	5.3	3.9	4.1	5.2	2.6	3.1
	11	2.6	2.3	4.3	3.9	2.8	5.0	2.0	3.0
	12	2.2	2.3	3.3	3.9	0.6	4.6	0.5	2.8

数据来源：《中国经济景气月报》。

表3　2018年江苏省主要经济指标

	1月	2月	3月	4月	5月	6月	7月	8月	9月	10月	11月	12月
绝对值（自年初累计）												
地区生产总值（亿元）	—	—	21 093.3	—	—	44 863.5	—	—	67 039.3	—	—	92 595.4
第一产业	—	—	514.0	—	—	1 363.3	—	—	2 178.8	—	—	4 141.7
第二产业	—	—	9 359.4	—	—	20 171.2	—	—	30 604.2	—	—	41 248.5
第三产业	—	—	11 219.9	—	—	23 329.0	—	—	34 256.3	—	—	47 205.2
工业增加值（亿元）	—	—	—	—	—	—	—	—	—	—	—	—
固定资产投资（亿元）	—	—	—	—	—	—	—	—	—	—	—	—
房地产开发投资	—	1 467.8	2 603.7	3 526.9	4 632.7	5 653.3	6 699.2	7 580.5	8 625.2	9 447.7	10 300.6	10 982.3
社会消费品零售总额（亿元）	—	5 526.5	8 332.3	10 875.0	13 608.4	16 333.4	18 992.4	21 717.2	24 448.3	27 442.2	30 349.0	33 230.4
外贸进出口总额（亿元）	3 473.9	6 476.4	9 751.0	13 177.4	16 781.4	20 460.2	24 073.9	27 933.3	32 030.1	35 977.8	40 030.4	43 802.4
进口	1 452.6	2 577.4	3 978.8	5 319.1	6 767.1	8 133.6	9 579.4	11 122.7	12 787.3	14 310.1	15 787.0	17 144.7
出口	2 021.4	3 899.1	5 772.2	7 858.3	10 014.2	12 326.6	14 494.5	16 810.7	19 242.8	21 667.7	24 243.4	26 657.7
进出口差额（出口－进口）	568.8	1 321.7	1 793.4	2 539.2	3 247.1	4 193.0	4 915.1	5 688.0	6 455.5	7 357.6	8 456.3	9 513.0
实际利用外资（亿美元）	31.8	54.6	79.6	94.7	111.2	152.1	163.8	184.7	207.1	221.1	233.2	255.9
地方财政收支差额（亿元）	337.0	-96.6	-531.2	-362.2	-548.9	-1 439.0	-1 292.9	-1 485.9	-1 936.5	-1 760.0	-2 193.7	-3 028.0
地方财政收入	1 057.1	1 641.4	2 277.0	3 142.6	3 872.4	4 642.8	5 493.2	5 987.1	6 585.5	7 378.9	7 851.4	8 630.2
地方财政支出	720.0	1 738.1	2 808.2	3 504.8	4 421.3	6 081.8	6 786.1	7 473.0	8 522.0	9 138.9	10 045.1	11 658.2
城镇登记失业率（%）（季度）	—	—	3.0	—	—	3.0	—	—	3.0	—	—	3.0
同比累计增长率（%）												
地区生产总值	—	—	7.1	—	—	7.0	—	—	6.7	—	—	6.7
第一产业	—	—	0.2	—	—	1.1	—	—	1.6	—	—	1.8
第二产业	—	—	6.9	—	—	6.4	—	—	5.9	—	—	5.8
第三产业	—	—	7.6	—	—	8.0	—	—	7.8	—	—	7.9
工业增加值	—	8.3	7.8	7.5	7.0	6.2	5.8	5.6	5.5	5.4	5.1	5.1
固定资产投资	—	3.7	3.9	4.9	4.7	5.3	5.4	5.5	5.6	5.6	5.6	5.5
房地产开发投资	—	14.9	19.6	19.5	19.3	16.6	18.4	17.6	17.6	16.5	16.0	14.1
社会消费品零售总额	—	9.5	9.7	9.9	9.3	9.2	8.9	8.8	8.8	8.6	8.3	7.9
外贸进出口总额	13.2	15.3	10.5	10.4	10.2	9.4	8.7	8.6	9.3	10.5	10.4	9.5
进口	29.6	15.6	14.0	13.5	13.7	12.4	12.2	12.5	12.8	13.7	12.6	11.3
出口	3.8	15.0	8.3	8.5	7.9	7.5	6.6	6.2	7.1	8.4	9.0	8.4
实际利用外资	15.5	17.7	10.6	12.1	12.9	10.9	11.4	12.6	6.2	6.5	3.6	1.8
地方财政收入	15.4	14.1	10.7	9.7	9.5	8.3	9.1	8.6	9.3	8.6	7.6	5.6
地方财政支出	-14.2	20.3	10.1	11.2	11.5	9.7	9.1	5.8	7.9	8.7	8.5	9.8

数据来源：江苏省统计局。

浙江省金融运行报告（2019）

中国人民银行杭州中心支行货币政策分析小组

[内容摘要] 2018年，浙江省以“八八战略”① 为总纲，坚持稳中求进工作总基调，聚焦聚力高质量、竞争力、现代化，统筹推进稳增长、促改革、调结构、惠民生、防风险各项工作，经济运行总体平稳。全年实现地区生产总值56 197亿元，增长7.1%，人均生产总值98 643元，居民消费者价格同比上涨2.3%。浙江省金融业紧紧围绕服务实体经济和供给侧结构性改革，为全省经济社会发展营造适宜的货币金融环境。年末全省本外币贷款余额同比增长17.2%，民营和小微企业金融服务不断改善，不良贷款保持“双降”态势，企业上市持续推进。

从经济运行看，全省经济运行总体平稳、稳中有进，数字经济引领转型，民营经济综合实力显著增强，供给侧结构性改革深入推进。一是内外需协调拉动经济增长。2018年，全省固定资产投资同比增长7.1%，投资结构持续优化，高新技术产业（制造业）投资和高技术服务业投资分别同比增长25.0%和14.7%；社会消费品零售总额同比增长9.0%，网络零售额和省内居民网络消费额分别同比增长25.4%和25.0%；外贸进出口创历史新高，出口总额同比上升12%，进口总额同比上升22.2%，进出口顺差同比上升7.1%。二是数字经济“一号工程”② 引领转型，结构调整步伐加快。2018年，全省数字经济核心产业增加值5 548亿元，比上年增长13.1%，占生产总值的9.9%，比重比上年提升0.4个百分点。在规模以上工业中，数字经济核心产业增长11.8%，高新技术、装备制造业、战略性新兴产业增加值增速均高于规模以上工业，分别拉动规模以上工业增加值增长5.1个、4.0个和3.1个百分点。三是民营经济综合实力显著增强。民营经济是浙江省最亮丽的金名片，2018年，浙江省民营经济增加值36 000多亿元，占全省生产总值的65.5%左右；在规模以上工业中，民营企业增加值比上年增长8.1%，比规模以上工业高0.8个百分点。在2018年公布的中国民营企业500强中，浙江省有93家上榜，连续20年居全国第一。四是供给侧结构性改革深入推进。全省共处置“僵尸企业”393家，超额完成处置“僵尸企业”200家的年度目标任务；规模以上工业企业产能利用率为81.9%，高于全国5.4个百分点，连续9个季度保持在80%以上；商品住宅消化周期降至7个月以下；规模以上工业资产负债率为55.5%，服务业企业资产负债率为53.4%左右；规模以上工业企业每百元主营业务收入中的成本为83.8元，与上年基本持平；预计研发经费支出占生产总值的比重为2.5%，规模以上工业技术（研究）开发费增长29.2%。

从金融运行看，全省银行业、证券业和保险业运行总体稳健，金融服务实体经济效率和水平不断提升。一是直接融资平稳发展，民营企业债券融资支持工具率先在浙江省落地。2018年，全省社会融资规模存量同比增长14.8%，高于全国4.8个百分点。直接融资中，银行间市场债务融资工具发行量占全部企业债券发行量的71.8%，民营企业债券融资支持工具率先在浙江省落地，全省债券融资支持工具成交额、工具支持的民营企业债券发行额均位居全国第一。二是信贷结构持续调整优化。中国人民银行杭州中心支行充分发挥各类货币政策工具的定向支持和

① “八八战略”是2003年时任浙江省委书记习近平同志提出的浙江发展的八个优势和面向未来发展的八项举措。

② 数字经济“一号工程”是浙江省委、省政府推动高质量发展、提高竞争力、迈向现代化、实现“两个高水平”的重大战略决策。

精准滴灌作用，及时组织出台民营和小微企业金融服务15条具体措施，引导金融机构不断优化信贷结构，加大对重点领域和薄弱环节的支持力度。全年再贷款、再贴现惠及的全省农户及小微企业数同比扩面31%；聚焦民营和小微企业金融服务，普惠口径小微企业贷款增量为上年同期的2.2倍，制造业贷款增量为近5年同期最高，个人住房贷款增速较上年末回落5.2个百分点；在国务院大督查营商环境调查中，浙江省“获得信贷”指标居全国第一。三是银行业、证券业和保险业稳健运行，金融风险总体可控。全省银行业本外币资产和负债总额分别同比增长8.1%和7.5%，增幅同比提高2.1个和2.2个百分点。银行业资产质量好转，不良贷款余额和不良贷款率继续保持“双降”态势，年末不良贷款余额和不良贷款率分别比年初减少269.4亿元和下降0.5个百分点。多层次资本市场稳步发展，公司并购重组持续深化，企业上市稳步推进。保险机构和从业人员稳步增加，保险业务结构持续优化，保障功能进一步发挥，服务实体经济成效显著。企业债券兑付风险、股权质押平仓风险有所缓和，P2P等已经暴露的风险正得到有效处置。四是区域金融改革扎实推进。积极推进区域金融改革创新试验区建设各项工作，温州金融综合改革、丽水农村金融改革、义乌国际贸易金融专项改革、台州小微金融改革不断深化；中国（浙江）自贸区金融创新亮点纷呈；湖州、衢州绿色金融改革初见成效。

展望未来，浙江省经济已由高速增长阶段转向高质量发展阶段，经济运行机遇与挑战并存。一方面，浙江省经济效益继续提升，新动能不断发展壮大，传统产业改造步伐加快，创业创新力度加大，数字经济“一号工程”引领转型，新旧动能接续转换和市场主体转型升级均走在全国前列。另一方面，经济持续向好的基础还不牢固，投资需求仍显不足，新动力尚难发挥主引擎作用，传统产业转型难度较大，部分企业经营仍较困难，金融风险防控任务依然艰巨。预计2019年浙江省经济将保持平稳增长，结构继续改善，新动能加快成长，企业效益改善，金融支持实体经济力度进一步加大，经济金融发展的协调性、匹配度进一步提升。

2019年是新中国成立70周年，是高水平全面建成小康社会的关键之年。中国人民银行杭州中心支行以习近平新时代中国特色社会主义思想为指导，坚持稳中求进工作总基调，紧紧围绕“服务实体经济、防控金融风险、深化金融改革”三项任务，按照人民银行总行工作部署，进一步完善金融宏观调控，落实好稳健的货币政策，把握好宏观调控的度，坚持总量稳定、结构优化的政策取向，综合运用再贴现和再贷款等各类政策工具，引导金融机构合理把握信贷总量与节奏，用好增量，盘活存量，着力加强对民营和小微企业等经济薄弱环节和重点领域的金融支持，进一步提高金融服务实体经济的能力和效率，为浙江省经济高质量发展和供给侧结构性改革营造良好的货币金融环境。

一、金融运行情况

2018年，浙江省金融业认真贯彻货币政策和宏观审慎政策双支柱调控，围绕供给侧结构性改革和经济转型升级，切实加大金融服务实体经济力度，全省社会融资总量平稳增长，信贷结构不断优化，证券和保险业稳健发展，金融风险防范化解工作成效明显，金融改革持续深化。

（一）银行业稳健运行，信贷平稳较快增长

2018年，浙江省银行业金融机构积极提升服务实体经济能力，信贷总量平稳较快增长，信贷投向不断优化，资产质量明显改善，金融改革持续深化。

表 1　2018 年浙江省银行业金融机构情况

机构类别	营业网点			法人机构（个）
	机构个数（个）	从业人数（人）	资产总额（亿元）	
一、大型商业银行	3 788	91 694	50 824	0
二、国家开发银行和政策性银行	61	1 947	8 665	0
三、股份制商业银行	1 140	34 095	25 543	0
四、城市商业银行	1 781	48 633	31 728	13
五、城市信用社	—	—	—	—
六、小型农村金融机构	4 235	51 190	25 257	82
七、财务公司	10	413	1 464	9
八、信托公司	5	1 357	338	5
九、邮政储蓄银行	1 735	9 135	4 163	0
十、外资银行	29	785	548	0
十一、新型农村金融机构	358	6 092	970	81
十二、其他	84	2 261	2 944	8
合计	13 226	247 602	152 444	198

注：营业网点不包括国家开发银行和政策性银行、大型商业银行、股份制商业银行等金融机构总部；大型商业银行包括中国工商银行、中国农业银行、中国银行、中国建设银行和交通银行；小型农村金融机构包括农村商业银行、农村合作银行和农村信用社；新型农村金融机构包括村镇银行、贷款公司和农村资金互助社；“其他”包含金融租赁公司、汽车金融公司、货币经纪公司、消费金融公司等。

数据来源：浙江银保监局。

1. 资产负债平稳增长，盈利能力增强。2018 年末，浙江省银行业金融机构本外币资产和负债总额同比分别增长 8.1% 和 7.6%，增幅同比提高 2.1 个和 2.2 个百分点；全年实现净利润 1 721.5 亿元，同比增长 50.1%。

2. 存款同比多增，住户存款增长较快。2018 年末，浙江省金融机构本外币存款余额 116 512.7 亿元，同比增长 8.6%，增速同比提高 0.7 个百分点；全年新增存款 9 192.2 亿元，同比多增 1 402.0 亿元。分类型看，住户存款较年初新增 5 649.5 亿元，同比多增 3 591.4 亿元；企业存款新增 2 235.3 亿元，同比少增 476.3 亿元；政府存款新增 2 425.9 亿元，同比少增 892.6 亿元；非银行金融机构存款减少 1 147.3 亿元，同比多减 755.0 亿元。

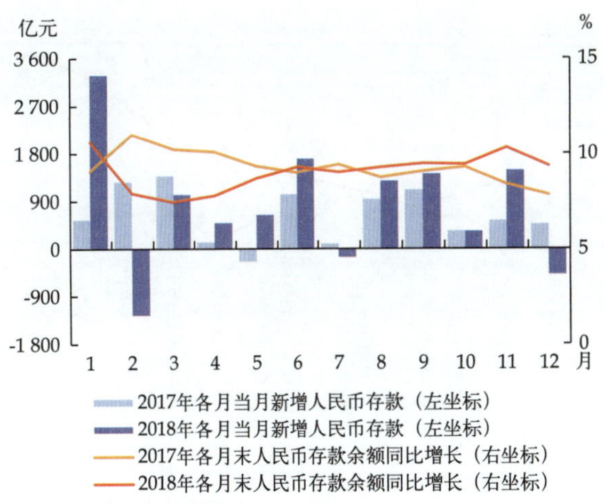

数据来源：中国人民银行杭州中心支行。

图 1　2017~2018 年浙江省金融机构人民币存款增长变化

3. 贷款增长较快，投向不断优化。2018 年末，浙江省金融机构本外币贷款余额 105 774.9 亿元，同比增长 17.2%；全年新增 15 500.6 亿元，同比多增 7 071.8 亿元。信贷投向持续优化，年末全省普惠口径小微企业贷款余额 1.2 万亿元，同比增长 18.7%，新增 1 914 亿元，是上年同期的 2.2 倍；制造业贷款新增 760 亿元，同比多增 1 200 亿元，增量为近 5 年同期最高；个人住房贷款年末余额增速同比回落 5.2 个百分点。

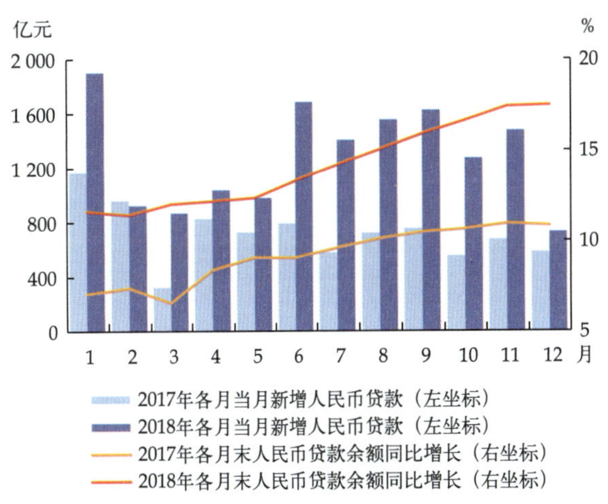

数据来源：中国人民银行杭州中心支行。

图 2　2017~2018 年浙江省金融机构人民币贷款增长变化

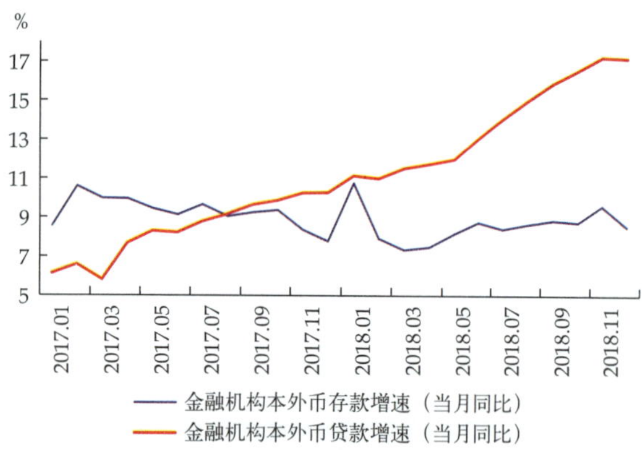

数据来源：中国人民银行杭州中心支行。

图3　2017~2018年浙江省金融机构本外币存、贷款增速变化

4. 表外理财平稳增长。资管新规等监管政策出台后，银行理财等表外业务逐步规范，增长趋稳。2018年末，浙江省金融机构表外理财资产余额8 741.9亿元，同比增长7%。

5. 贷款利率平稳，利率市场化改革稳步推进。2018年，全省一般贷款加权平均利率为6.24%，小微企业贷款利率6.02%，低于一般贷款利率0.22个百分点。2018年，全省地方法人金融机构同业存单发行量为13 237亿元，同比略有下降，发行大额存单2 158亿元，为上年的2.1倍，地方中小法人机构主动负债和流动性管理能力不断提升。

表2　2018年浙江省金融机构人民币贷款各利率区间占比

单位：%

月份		1月	2月	3月	4月	5月	6月
合计		100.0	100.0	100.0	100.0	100.0	100.0
下浮		3.6	4.9	3.8	3.2	2.6	2.6
基准		9.4	10.4	8.2	7.4	7.6	7.9
上浮	小计	87.0	84.8	88.0	89.4	89.7	89.6
	(1.0, 1.1]	18.9	17.6	14.5	13.4	11.4	11.8
	(1.1, 1.3]	30.7	26.1	29.0	30.0	30.7	30.8
	(1.3, 1.5]	16.8	17.2	19.5	21.1	21.3	20.7
	(1.5, 2.0]	12.2	13.6	14.8	15.2	16.7	17.2
	2.0以上	8.4	10.3	10.2	9.7	9.6	9.0

续表

月份		7月	8月	9月	10月	11月	12月
合计		100.0	100.0	100.0	100.0	100.0	100.0
下浮		2.7	4.2	4.6	4.4	7.9	7.4
基准		7.0	8.1	6.8	6.3	7.3	10.2
上浮	小计	90.3	87.7	88.6	89.4	84.8	82.5
	(1.0, 1.1]	13.9	15.7	13.7	14.4	14.4	14.3
	(1.1, 1.3]	30.0	29.2	31.8	29.8	28.3	26.7
	(1.3, 1.5]	19.9	17.0	18.7	18.8	17.1	18.0
	(1.5, 2.0]	16.5	15.5	13.8	15.5	15.3	14.5
	2.0以上	10.0	10.4	10.7	10.9	9.8	9.0

数据来源：中国人民银行杭州中心支行。

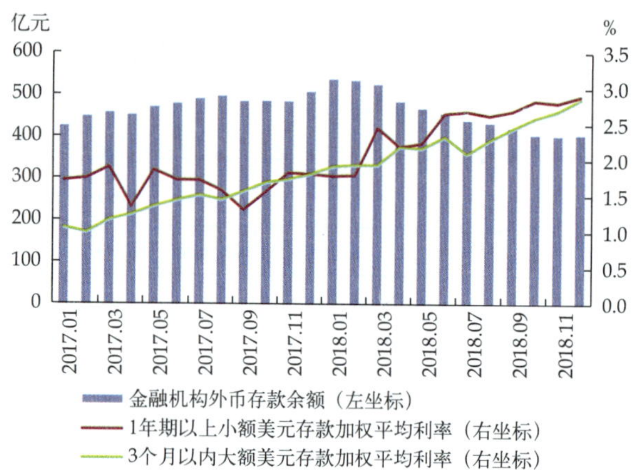

数据来源：中国人民银行杭州中心支行。

图4　2017~2018年浙江省金融机构外币存款余额及外币存款利率

6. 银行业资产质量持续好转。2018年，浙江省银行业不良贷款余额和不良贷款率继续保持“双降”态势。年末不良贷款余额1 208.9亿元，比年初减少269.39亿元；不良贷款率为1.15%，比年初下降0.49个百分点。关注类贷款比例为2.66%，比年初下降0.80个百分点。全年共处置不良贷款1 561.9亿元，比上年同期减少288.7亿元。

7. 金融改革持续深化。政策性银行和国有大型商业银行改革创新持续深化，如：中国银行浙江省分行“银税互动，扶小助微”服务改革试点取得成效。农村金融机构改革稳步推进，全省81家农信社中共有78家改制为农村商业银行，村镇银行基本实现县域全覆盖。浙江网商银行、温州民商银行两家民营银行运行总体稳健。浙商资产管理公司多项改革实现重大突破，成功入选双百计划。

8. 跨境人民币业务稳步回升。2018 年，浙江省跨境人民币结算量 6 030 亿元，同比增长 26%。全年开展跨境人民币结算企业累计达 3.8 万余家，比上年增加近 5 000 家，业务参与面不断扩大。浙江自贸区跨境人民币业务创新活跃，全年结算量为上年同期的 19 倍。全年电子商务跨境人民币结算量是上年同期的 3.9 倍。

专栏 1　浙江省积极推动修复民营企业债券融资渠道

从 2018 年 5 月开始，受多方面因素影响，民营企业发债融资遇到较大困难，发行量明显下滑。自 2018 年 9 月以来，中国人民银行杭州中心支行在总行指导和地方政府支持下，联合银行间市场交易商协会、浙江省地方金融监管局共同举办浙江省民营企业债务融资工具发行推介会，推动浙江省成为全国第一个参与债券融资支持工具的省份，在全国率先签订《浙江民营企业债券融资支持工具三方协议》，努力修复民企债券融资渠道，成效积极。一是民营企业债券融资支持工具发行进展全国领先。2018 年，全省三批共 10 家民营企业的 13 个债券融资支持工具项目成功落地，发债金额 60.2 亿元，相关信用风险缓释凭证成交 17.7 亿元，成交量和发行额均排名全国第一。二是民营企业发债成本有效降低。从已落地的债券融资支持工具项目看，发债利率比市场预期总体下降 20 个基点以上（第三批发行的企业发债利率基本低于市场预期利率 50 个基点以上）。10~12 月，全省民营企业债务融资工具发行利率为 6.14%，比 5~7 月时发债利率下降了 0.40 个百分点。三是民营企业债券认购积极性明显提升。在债券融资支持工具的带动下，全省民营企业债券融资渠道得到初步修复，民营企业债券发行形势逐步企稳向好，债务融资工具恢复稳步增长态势。2018 年第四季度，全省民营企业债务融资工具发行量同比增长 13%，环比增长 43%。全年全省民营企业发行债务融资工具 853.4 亿元，占全国民营企业债券融资支持工具发行量的 21%。

（二）证券业平稳发展，企业上市持续推进

2018 年，浙江省多层次资本市场稳步发展，公司并购重组和企业上市稳步推进，证券经营机构业务规模有所下降。

1. 多层次资本市场建设持续推进。2018 年末，浙江股权交易中心挂牌企业 6 601 家，比上年增加 1 290 家；新三板挂牌企业 932 家，比上年减少 100 家。187 家上市公司实施并购重组，与上年持平，并购金额 1 170.6 亿元，比上年增加 32.1 亿元。

2. 企业上市稳步推进。2018 年末，浙江省共有境内上市公司 432 家，全年新增 17 家，上市公司数量位居全国第二，其中，中小板上市公司、创业板上市公司分别为 142 家、82 家，分别占全国同类上市公司家数的 15.4% 和 11.1%。2018 年，全省境内上市公司累计融资 1.01 万亿元，比上年增加 1 035 亿元。

表 3　2018 年浙江省证券业基本情况

项目	数量
总部设在辖内的证券公司数（家）	5
总部设在辖内的基金公司数（家）	3
总部设在辖内的期货公司数（家）	12
年末国内上市公司数（家）	432
当年国内股票（A 股）筹资（亿元）	384
当年发行 H 股筹资（亿元）	—
当年国内债券筹资（亿元）	1 544
其中：短期融资券筹资额（亿元）	-15
中期票据筹资额（亿元）	711

注：当年国内股票（A 股）筹资额指非金融企业境内股票融资。
数据来源：中国人民银行杭州中心支行、浙江证监局。

3. 证券经营机构业务规模有所下降。2018 年末，浙江省共有法人证券公司 5 家，证券公司分公司 98 家，证券营业部 990 家；基金公司 3 家；期货公司 12 家，期货公司分公司 23 家，期货营业部 221 家。2018 年，全省法人证券公司营业收入 50.5 亿元，同比下降 46.4%。证券经营机构累计代理交易额 30.4 亿元，同比下降 20.4%。期货经营机构累计代理交易额 35.6 万亿元，同比下降 11.7%。

（三）保险业发展向好，民生保障功能有效发挥

2018 年，浙江省保险业稳健发展，业务结构持续优化，对实体经济和社会民生的服务保障水平进一步提高。

1. 市场主体不断壮大，市场体系持续完善。2018 年，浙江省共有各类保险主体 181 家，其中总公司 8 家（2 家财产险主体、2 家人身险主体、1 家保险资产管理公司和 3 家农村保险互助社），省级分公司 173 家，其中，财产险公司 68 家，人身险公司 69 家。省级以上专业中介机构 340 家，保险销售从业人员 50 万人。保险公司资产合计 5 441.5 亿元。

2. 保费收入较快增长，业务更趋优化。2018 年，浙江省保险业共实现保费收入 2 273.2 亿元，同比增长 5.9%，其中，财产险保费收入和人身险保费收入同比分别增长 10.3% 和 3.3%。保险业赔付支出 762 亿元，较上年增加 221.9 亿元。

表 4　2018 年浙江省保险业基本情况

项目	数量
总部设在辖内的保险公司数（家）	8
其中：财产险经营主体（家）	2
人身险经营主体（家）	2
保险公司分支机构（家）	173
其中：财产险公司分支机构（家）	68
人身险公司分支机构（家）	69
保费收入（中外资，亿元）	2 273
其中：财产险保费收入（中外资，亿元）	881
人身险保费收入（中外资，亿元）	1 392
各类赔款给付（中外资，亿元）	762
保险密度（元 / 人）	3 962
保险深度（%）	4

数据来源：浙江银保监局、宁波银保监局。

3. 保险保障能力增强，服务实体经济成效显著。2018 年，全省小额贷款保证保险累计帮助近 9 357 家（次）小微企业获得贷款约 22.4 亿元（不含宁波）。保单质押贷款年底余额约 300 亿元。关税保证保险助力中小民营企业进口货物通关，为进口企业释放关税保证金超过 4.5 亿元。出口信用保险支持了 1.2 万余家次企业近 700 亿美元的出口值。全年共提供各类风险保障 612.1 万亿元，同比增长 219.6%。

（四）社会融资规模稳步增长，金融市场稳健运行

1. 社会融资规模稳步增长。2018 年，浙江省社会融资规模新增 19 499 亿元，同比多增 4 053 亿元。从结构看，本外币贷款新增 15 394 亿元，同比多增 6 894 亿元，占比上升 15.1 个百分点至 78.9%；委托贷款、信托贷款和未贴现银行承兑汇票等表外融资减少 198 亿元，同比多减 2 225 亿元；直接融资（含债券和股票）新增 1 928 亿元，同比少增 149 亿元，其中企业债券发行 1 544 亿元，同比增长 69.6%，股票融资新增 384 亿元，同比少增 783 亿元。

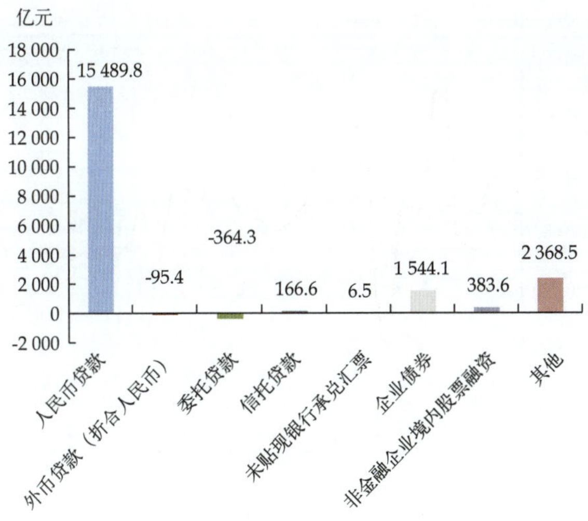

数据来源：中国人民银行杭州中心支行。

图 5　2018 年浙江省社会融资规模分布结构

表 5　2018 年浙江省金融机构票据业务量统计

单位：亿元

季度	银行承兑汇票承兑		贴现			
			银行承兑汇票		商业承兑汇票	
	余额	累计发生额	余额	累计发生额	余额	累计发生额
1	7 056.0	3 596.9	1 649.2	11 396.2	232.3	1 554.1
2	7 981.1	7 678.0	1 645.5	20 297.0	348.5	2 929.2
3	7 752.9	11 442.5	2 353.0	30 359.3	310.5	4 340.2
4	8 828.1	15 065.1	2 892.5	38 179.1	378.3	5 222.1

注：累计发生额指当年累计发生额。
数据来源：中国人民银行杭州中心支行。

表 6　2018 年浙江省金融机构票据贴现、转贴现利率

单位：%

季度	贴现		转贴现	
	银行承兑汇票	商业承兑汇票	票据买断	票据回购
1	4.93	5.87	4.73	3.82
2	5.02	5.86	4.64	3.40
3	4.02	5.30	3.91	3.09
4	3.71	5.45	4.16	2.88

数据来源：中国人民银行杭州中心支行。

2. 积极推动民营企业债券融资。推动民营企业债券融资支持工具率先在浙江省落地，浙江省率先签署三方合作协议。2018 年，浙江省债券融资支持工具成交额、工具支持的民企债券发行额分别为 17.7 亿元和 60.2 亿元，均位居全国第一；民营企业债券融资工具发行853亿元，发行规模居全国第一。

3. 银行间市场交易保持活跃。省内金融机构在银行间市场现券交易量和债券回购交易额分别较上年增长 59% 和 27%。全省银行间市场成员拆借交易量是上年的 2.73 倍。从市场利率看，现券交易加权平均到期收益率为 3.45%，同比提升 0.93 个百分点；债券回购加权平均利率为 2.55%，同比提升 0.2 个百分点。

4. 票据市场需求旺盛，贴现利率同比下降。2018 年末，全省金融机构承兑汇票余额 8 828 亿元，同比增长 31%；票据贴现余额 3 271 亿元，同比增长 56%。12 月，全省银行承兑汇票直贴加权平均利率为3.47%，同比下降1.64个百分点。

5. 外汇交易平稳发展，黄金交投活跃。2018 年，浙江省外汇交易市场成员外汇即期交易 3 978 亿美元，同比下降 16%；外汇衍生产品交易 4 582 亿美元。2018 年，全省金融机构黄金市场交投活跃，场内和场外总成交量 8 006 吨，同比增长 58%。

（五）区域金融改革扎实推进，改革成效显著

浙江省积极推进区域金融改革创新试验区建设各项工作，温州金融综合改革、丽水农村金融改革、义乌国际贸易金融专项改革、台州小微金融改革不断深化；中国（浙江）自贸区金融创新亮点纷呈，在全国率先开展资本项目收入结汇支付便利化政策试点，率先落地自贸区内油品仓单质押融资业务；湖州、衢州绿色金融改革初见成效，绿色信贷余额分别达到 829.5 亿元和 596.6 亿元，分别占两市全部贷款的 21.5% 和 26.5%；“两高一剩”行业贷款比重持续降低。

（六）信用体系建设不断深化，金融基础设施不断完善

1. 征信体系建设不断深化。2018 年末，全省共有 3 870 万个自然人和 142 万户企业及其他经济组织纳入了全国统一的征信系统，金融机构月均查询量 662 万笔。全省 6 家企业征信机构业务场景和服务范围不断拓展，征信服务小微企业和民营企业融资能力显著提升，多样化的征信市场发展格局逐步形成。

2. 小微企业和农村信用体系建设工程初具成效。小微企业信用信息服务平台和农户信用信息管理系统在破解小微企业和农户信息不对称问题、缓解融资难题上发挥了积极作用。全省 7 家民营核心企业与应收账款融资服务平台对接，带动近千家小微企业参与供应链融资。信用户、信用村、信用乡创建活动持续推进，创新开展“信用县”创建，实现信用体系建设全覆盖，创建经验在全国范围内试点推广。

3. 支付清算基础设施不断完善。2018 年，浙江省人民银行支付清算系统共处理业务 15.9 亿笔、金额 479.7 万亿元，同比分别增长 35% 和 19%。“移动支付便民示范工程”推广实施，电子支付、银行卡等在民生领域的应用进一步拓宽。截至 2018 年底，全省已实现公交、地铁领域的银联“云闪付”全覆盖；“云闪付”还覆盖了全省 425 家医院、345 个社区卫生中心及下属服务站点、427 所学校、304 个菜场、362 个纳税大厅、108 个便民服务中心、257 个停车场。全年累计发生手机 PAY 和二维码支付交易 1.5 亿笔，居全国第二。

二、经济运行情况

2018 年，浙江省经济运行总体平稳、稳中有进，全年实现地区生产总值 56 197 亿元，比上年增长 7.1%。产业结构持续优化，三次产业增加值占生产总值比重分别为 3.5%、41.8% 和 54.7%。人均生产总值达 98 643 元，比上年增长 5.7%。

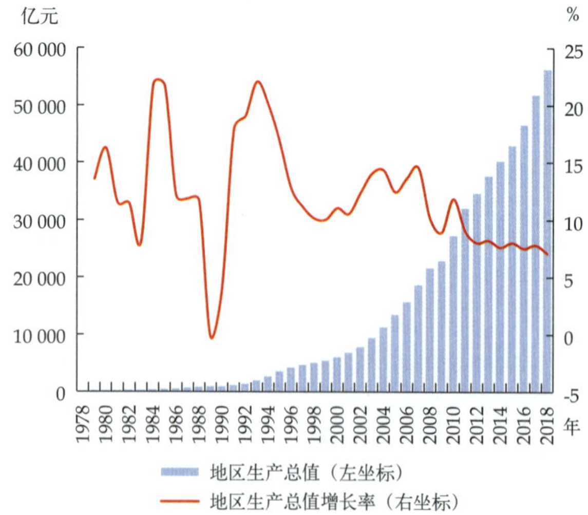

数据来源：浙江省统计局。

图 6　1978~2018 年浙江省地区生产总值及其增长率

（一）三大需求平稳增长，内生动力增强

2018 年，浙江省投资、消费和出口三驾马车协同发力，需求结构不断改善。固定资产投资、社会消费品零售总额、外贸出口额分别为 33 336 亿元、25 008 亿元和 3 211.5 亿美元。

1. 投资缓中趋稳，结构持续优化。2018 年，浙江省固定资产投资同比增长 7.1%，高于全国 1.2 个百分点，同比回落 1.5 个百分点，其中：制造业投资增长 4.9%，同比回落 1 个百分点；基础设施投资增长 7.7%，同比回落 5.5 个百分点；房地产开发投资增长 20.9%，同比回升 10.8 个百分点。

随着产业结构向中高端迈进，浙江省投资结构不断优化，新兴产业投资较快增长。2018 年，高新技术产业（制造业）投资增长 25.0%，高技术服务业投资增长 14.7%。民间投资增长 17.8%，高于全部投资 10.7 个百分点，占投资总额比重为 63.1%。

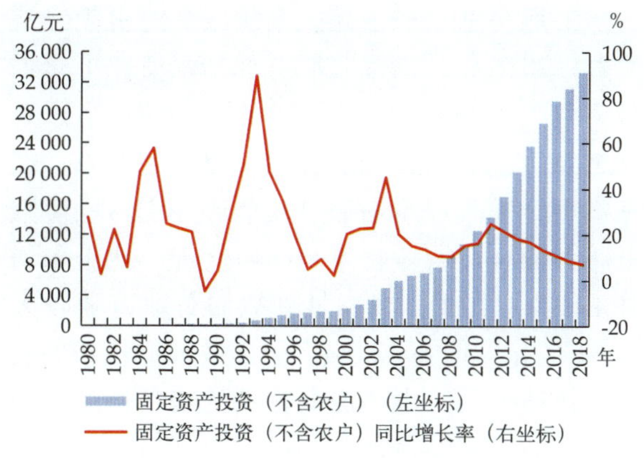

数据来源：浙江省统计局。

图 7　1980~2018 年浙江省固定资产投资（不含农户）及其增长率

2. 消费增长有所回落，线上线下加快融合。 2018 年，浙江省社会消费品零售总额 25 008 亿元，同比增长 9.0%，同比回落 1.6 个百分点，与居民收入增长基本同步。限额以上消费品零售额中，食品、饮料、烟酒类消费增长 14.3%，汽车类消费下降 0.7%，石油类及制品类消费增长 15.9%，消费升级类其他商品增长 15.1%。网络消费持续发力，线上线下加快融合。2018 年，全省网络零售额 16 719 亿元，增长 25.4%；省内居民网络消费 8 471 亿元，增长 25.0%。

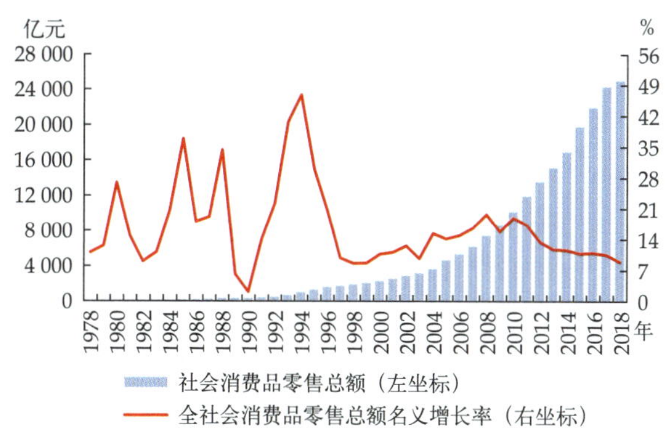

数据来源：浙江省统计局。

图 8　1978~2018 年浙江省社会消费品零售总额及其增长率

3. 外贸进出口创历史新高，投资呈现持续净流入。 2018 年，浙江省出口 3 211.5 亿美元，同比上升 12%；进口 1 113.2 亿美元，同比上升 22.2%；进出口顺差 2 098.3 亿美元，同比上升 7.1%。2018 年，浙江省实际利用外资 186.4 亿美元，同比上升 4.1%；实际对外投资 85.9 亿美元，同比上升 3.3%，外国来华直接投资流入金额持续高于对外直接投资流出金额，全年差额为 100.5 亿美元。

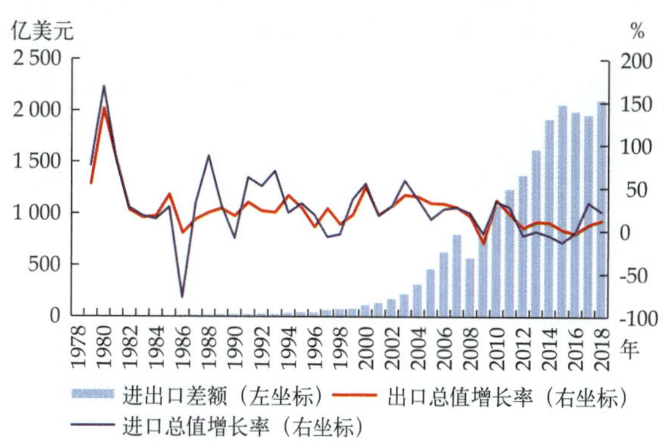

数据来源：浙江省统计局。

图 9　1978~2018 年浙江省外贸进出口情况

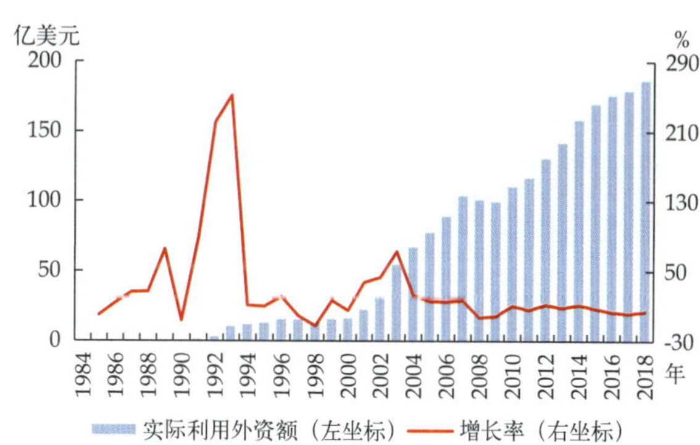

数据来源：浙江省统计局。

图 10　1984~2018 年浙江省实际利用外资额及其增长率

（二）产业结构持续优化，新旧动能有序转换

2018 年，浙江省三次产业结构由上年的 3.7 : 43.0 : 53.3 调整为 3.5 : 41.8 : 54.7，第三产业比重比全国高 2.5 个百分点，三次产业对生产总值的增长贡献分别为 1.0%、42.8% 和 56.2%。

1. 农业生产保持稳定，效益农业基本平稳。 浙江省围绕建设高效生态农业强省、特色精品大省目标，以农牧结合、农林结合、循环发展为导向，以主体功能区规划和优势农产品布局为依托，不断优化农林牧渔业产业结构，加快发展绿色农业。2018 年，第一产业增加值 1 967 亿元，同比增长 1.9%，其中，农业、林业、渔业增加值分别增长 2.6%、4.7% 和 3.1%。中药材播种面积同比增长 4.6%，蔬菜、果用瓜、花卉苗木播种面积与上年基本持平。

2. 工业经济平稳发展，新旧动能转换加快。 2018 年，全省全部工业增加值增长 7.5%，增速比上年回落 0.6 个百分点，其中，规模以上工业增加值同比增长 7.3%，比上年回落 1 个百分点。数字经济“一号工程”引领转型，全年数字经济核心产业增加值 5 548 亿元，比上年增长 13.1%，占生产总值的 9.9%，比重比上年提升 0.4 个百分点。在规模以上工业中，数字经济核心产业增长 11.8%，高新技术、装备制造业、战略性新兴产业增加值增速均高于规模以上工业，分别拉动规模以上工业增加值增长 5.1 个、4.0 个和 3.1 个百分点。传统制造业加快提升，十七大重点传统制造业增加值增长 6.0%，利润增长 7.2%，增速高于规模以上工业 1.9 个百分点。

民营经济活力增强，有力带动工业经济发展。2018 年，浙江省民营经济增加值 36 000 多亿元，占全省生产总值的 65.5% 左右；在规模以上工业中，民营企业增加值比上年增长 8.1%，比规模以上工业高 0.8 个百分点。

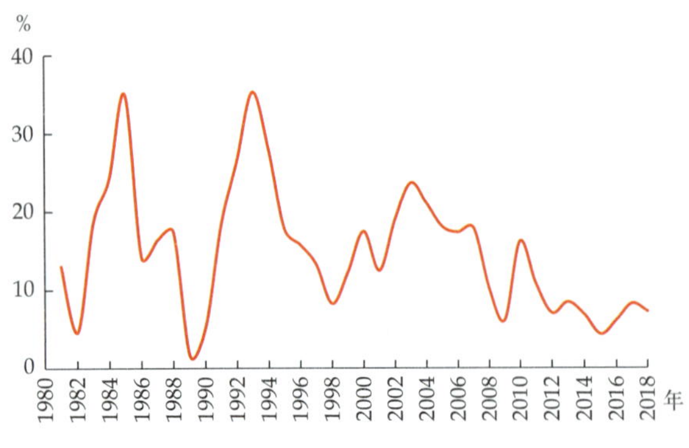

数据来源：浙江省统计局。

图 11　1980~2018 年浙江省规模以上工业增加值实际增长率

3. 服务业增长放缓，高端服务业引领经济发展。 2018 年，浙江省服务业增加值比上年增长 7.8%，同比回落 1 个百分点，增速比生产总值高 0.7 个百分点，比全国高 0.2 个百分点，在三产中比重比上年提高 1.4 个百分点。规模以上服务业企业营业收入 15 045 亿元，比上年增长 14.2%，其中，战略性新兴服务业营业收入 6 631 亿元，增长 22.0%。数字技术推动新兴服务业快速发展，电子商务推动的新兴物流产业为服务业发展持续注入新的活力。与线上消费相关的快递业务量达 101.1 亿件，比上年增长 27.5%，业务收入 779.3 亿元，增长 16.6%。

4. 供给侧结构性改革深入推进，“三去一降一补”取得新进展。 2018 年，全年处置“僵尸企业”393 家，超额完成处置“僵尸企业”200 家的年度目标任务。全年规模以上工业企业产能利用率为 81.9%，高于全国的 76.5%，连续 9 个季度保持在 80% 以上。商品住宅消化周期已降至 7 个月以下。商品房销售面积和商品房销售额分别增长 1.6% 和 14.2%。年末规模以上工业资产负债率为 55.5%，服务业企业资产负债率为 53.4% 左右。2018 年，规模以上工业企业每百元主营业务收入中的成本为 83.8 元，与上年基本持平。预计研发经费支出占生产总值的比重为 2.52%，规模以上工业技术（研究）开发费增长 29.2%。

5. 能源利用效率显著提高，环境质量持续提升。 浙江省全面贯彻落实绿色发展理念，大力发展循环经济。2018 年，规模以上工业能耗增长 2.1%，增速低于上年 0.9 个百分点，单位增加值能耗比上年下降 4.8%。八大高耗能行业单位增加值能耗同比降低 3.9%，其中，化学纤维制造业、造纸及纸制品业单位增加值能耗分别下降 9.7% 和 7.5%。坚持生态环境综合治理，实行严格的生态环境保护制度，环境质量不断改善。2018 年，设区城市 PM2.5 均值下降 12.8%，设区城市日空气质量优良天数比例增长 2.6%，省控断面 Ⅰ ~ Ⅲ类水质占比增长 1.8%，县级以上集中式饮用水水源地水质达标率（个数口径）增长 1.1%。

（三）价格水平总体平稳，劳动效率显著提高

1. 居民消费价格小幅上升。2018 年，浙江省居民消费价格（CPI）上涨 2.3%，涨幅扩大 0.2 个百分点。八大类消费品和服务项目价格均上涨，其中，居住类涨幅为 3.4%，食品烟酒、医疗保健、教育文化娱乐类涨幅在 2.2%~2.6%，生活用品及服务、衣着、交通通信类涨幅在 1.0%~1.4% 之间，其他用品及服务类上涨 0.2%。

2. 生产者价格涨幅明显回落。2018 年，浙江省工业生产者出厂价格（PPI）同比上涨 3.4%，涨幅回落 1.4 个百分点；购进价格同比上涨 5.1%，涨幅回落 4.5 个百分点。

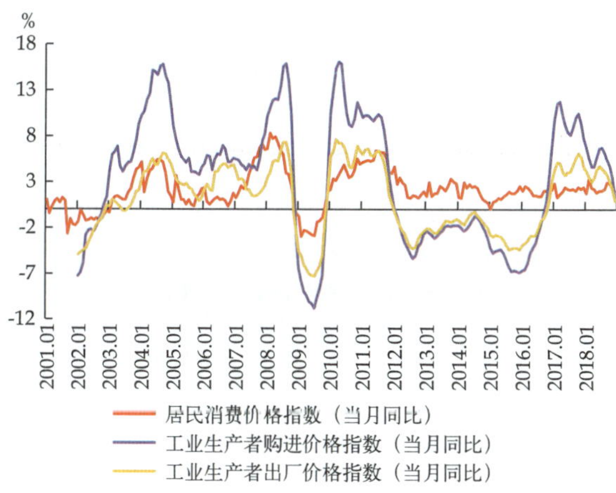

数据来源：浙江省统计局。

图 12　2001~2018 年浙江省居民消费价格指数和工业生产者价格指数变动趋势

3. 劳动效率显著提高，居民收入稳步增长。2018 年，全社会劳动生产率 14.7 万元 / 人，按可比价格计算，比上年增长 6.0%。规模以上工业劳动生产率达 22.5 万元 / 人，按可比价格计算，增长 8.3%。浙江省居民人均可支配收入 45 840 元，同比增长 9.0%，扣除价格因素实际增长 6.5%。城镇、农村居民人均可支配收入分别为 55 574 元和 27 302 元，分别增长 8.4% 和 9.4%，扣除价格因素分别增长 6.0% 和 7.0%。

（四）财政收支较快增长，民生福祉不断改善

2018 年，浙江省财政总收入 11 706 亿元，同比增长 13.6%；一般公共预算收入 6 598 亿元，同比增长 11.1%。税收收入 5 586.5 亿元，增长 11.6%，占一般公共预算收入比重为 84.7%，继续保持较高水平。在税收收入中，增值税和企业所得税分别增长 9.6% 和 11.8%，个人所得税增长 14.3%。

2018 年，浙江省一般公共预算支出 8 628 亿元，同比增长 14.6%。民生支出保障有力，八项民生支出占比 73.4%。其中，城乡社区、科学技术支出增长突出，分别增长 27.3% 和 25.1%。

2018 年，浙江省共发行地方政府债券 2 086.6 亿元，较上年增加 95.2 亿元。截至 2018 年末，浙江省地方政府债券余额 10 760.9 亿元，负债率 19.1%，较上年提高 1.4 个百分点。

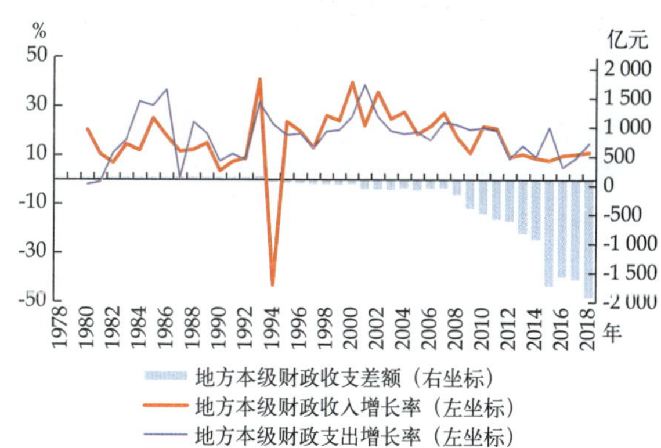

数据来源：浙江省统计局。

图 13　1978~2018 年浙江省财政收支状况

（五）房地产市场平稳

1. 房地产投资保持较快增长。2018 年，全省房地产开发完成投资 9 945 亿元，同比增长 20.9%。其中，住宅投资拉动因素最为明显，住宅完成投资 7 156 亿元，同比增长 26.8%，较上年提高 9.3 个百分点。全省房地产开发新开工面积 12 879 万平方米，同比增长 27.3%。

2. 商品房在售库存趋稳略升。2018 年底，全省新建商品房可售房源面积 11 219 万平方米，

消化周期为13.7个月。其中，商品住宅可售房源面积5 577万平方米，消化周期为8.4个月，新建商品房和新建商品住宅的消化周期较年初分别延长0.9个月和1.0个月。

3. 新建商品住房成交量平稳增长。 2018年，全省新建商品房销售9 755万平方米，同比增长1.6%，增幅较上年有所回落。其中，商品住宅销售7 936万平方米，同比增长3.5%。省内11个房价重点监测城市中，有8个城市新建商品住宅销售面积的同比增速为正。杭州、宁波、绍兴全市新建商品住宅销售面积分别为1 329万平方米、1 299万平方米和844万平方米，同比分别下降12.6%、增长1.2%和下降0.7%。

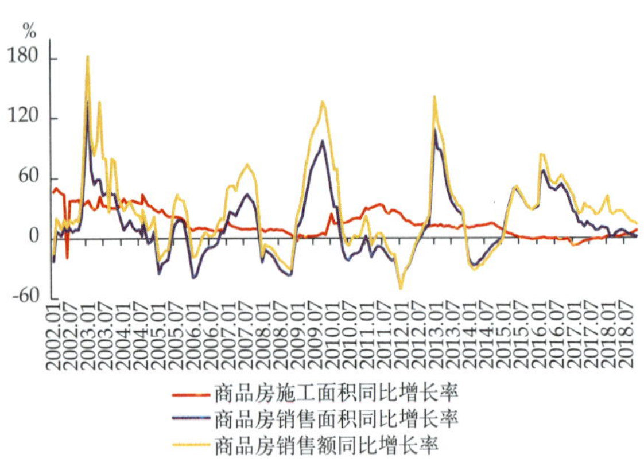

数据来源：浙江省统计局。

图14　2002~2018年浙江省商品房施工和销售变动趋势

4. 房价涨幅基本平稳。 2018年12月，全省新建商品住宅销售价格同比上涨5.1%，同比涨幅比上年上升1.7个百分点；环比上涨0.7%，环比涨幅比上月上升0.5个百分点。

5. 房地产贷款总量保持平稳增长。 2018年末，全省房地产贷款余额2.87万亿元，同比增长28.8%，增速较上年上升3.2个百分点。其中，房地产开发和个人住房贷款余额分别同比增长54.1%和20.4%。全省房地产贷款余额占各项贷款余额的比重为27.1%，较上年末上升2.4个百分点，比全国平均水平低约1个百分点。

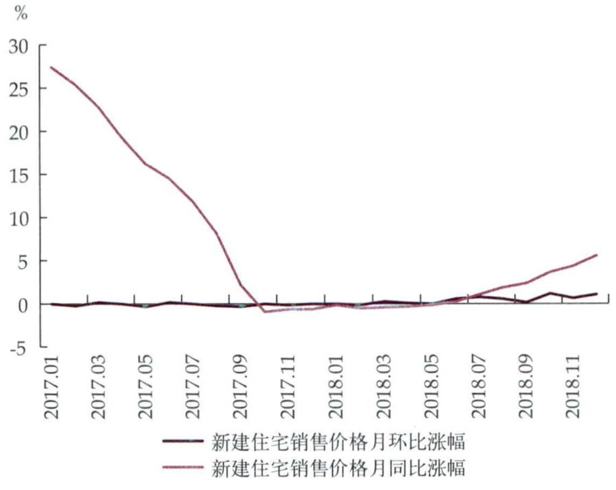

数据来源：浙江省统计局。

图15　2017~2018年杭州市新建住宅销售价格变动趋势

专栏2　浙江省积极出台各类措施防范化解金融风险

2018年，浙江省出台《浙江省交易场所高级管理人员任职资格管理工作指引》《浙江省网络借贷信息中介机构业务活动管理实施办法（试行）》等多项监管制度，明确金融监管程序，整顿金融运行秩序，着力防范化解金融风险。一是强化监控体系，扎实推进风险防控工作。建立"天罗地网"式的监测防控体系，建立健全全省金融风险监测预警信息化体系，加强对互联网金融等各类金融业态风险防控。加强出险企业监测和企业逃废债监测。2018年，全省共监测到新发生出险企业1 086家，同比减少31.4%。二是整顿金融秩序，打击违法违规金融。开展清理整顿交易场所"回头看"，暂停批设新交易场所，稳妥有序开展分类处置，关停一批交易场所。扎实推进互联网金融风险专项整治，深化P2P网络借贷专项整治，及时摸清39家重点平台的资金流向。组织开展虚拟货币和互联网外汇平台专项清理整治。切实做好防范和处置非法集资工作，做好案情和事件的协调处置。三是持续推进破产重整和债转股。2018年，全省受理企业破产重整案件53件，审结30件，12家企业信用得以修复。在全省范围内开展重整企业排查，建立重整企业库，金盾集团等90家重点民营企业纳入重整企业名录；18家企业与银行签订291.2亿元债转股合作协议，7家企业共计45.7亿元债转股项目已成功落地。四是全面落实金控公司监管。扎实开展金融控股公司模拟监管工作，建立数据及资料报送制度。出台《蚂蚁金服重大事项及重要信息报告制度》，开发监管信息系统，全面开展风险评估，完成金控公司模拟监管阶段性工作任务。五是稳妥处置大型民企债务风险事件。稳妥处置华信集团在浙债务兑付工作，平稳完成了涉众债务的兑付。推动成立债务协调会，有效缓解盾安集团债务危机。

三、预测与展望

2019年，浙江省经济发展面临的国内外环境仍然复杂多变。从国际环境看，世界经济形势错综复杂，地缘政治风险依然较大，主要发达经济体货币政策存在不确定性，贸易摩擦给未来出口形势带来较大不确定性，未来风险不可低估；从国内环境看，中国经济运行总体平稳，供给侧结构性改革持续深化，但在新旧动能转换阶段，大部分新业态和新动能在量级上仍弱于传统支柱行业，企业有效融资需求有所下降，消费增长相对乏力，经济内生增长动力有待进一步增强。

从浙江省情况看，经济已由高速增长阶段转向高质量发展阶段，经济运行机遇与挑战并存。一方面，浙江省经济效益继续提升，新动能不断发展壮大，传统产业改造步伐加快，创业创新力度加大，数字经济“一号工程”引领转型，新旧动能接续转换和市场主体转型升级均走在全国前列。另一方面，经济持续向好的基础还不牢固，投资需求仍显不足，新动力尚难发挥主引擎作用，传统产业转型难度较大，部分企业经营仍较困难，金融风险防控任务依然艰巨。预计2019年浙江省经济将保持平稳增长，结构继续改善，新动能加快成长，企业效益改善。金融支持民营和小微企业力度将进一步加大，经济金融发展的协调性、匹配度进一步提升。

2019年是新中国成立70周年，是高水平全面建成小康社会的关键之年。中国人民银行杭州中心支行将以习近平新时代中国特色社会主义思想为指导，坚持稳中求进工作总基调，紧紧围绕“服务实体经济、防控金融风险、深化金融改革”三项任务，按照人民银行总行工作部署，进一步完善金融宏观调控，落实好稳健的货币政策和宏观审慎政策要求，强化逆周期调节，把握好宏观调控的度，坚持总量稳定、结构优化的政策取向，综合运用再贴现和再贷款等各类政策工具，引导金融机构合理把握信贷总量与节奏，用好增量，盘活存量，着力加大对民营和小微企业等经济薄弱环节和重点领域的金融支持，进一步提高金融服务实体经济的能力和效率，为浙江省经济高质量发展和供给侧结构性改革营造良好的货币金融环境。

中国人民银行杭州中心支行货币政策分析小组

总　纂：殷兴山　杨长岩　杨　民

统　稿：楼　航　徐　宏　杨　曦　施　韬　钱晓霞

执　笔：钱晓霞　王　瑜　周驾易　周永涛　薛同锐　王治政　吴一颖　周　昂　朱培金　孟祥菁　楼拥勤　秦　楠　陈楠希　周宇晨　张晓霞　李　青　陈　帅　枣　棘　陈　敏　童红坚　陈　怡

提供材料的还有：汪正红

附录

（一）2018年浙江省经济金融大事记

5月9日，浙江省委、省政府召开了全省对外开放大会，以更大力度把新时代对外开放推向纵深。2018年，宁波舟山港货物吞吐量10.8亿吨、连续10年位居全球第一，集装箱吞吐量2 635万标箱、上升为全球第三。

9月，中国人民银行杭州中心支行、外汇局浙江省分局发布《关于开展“优化外汇金融服务，助推浙江外贸高质量发展”系列活动的通知》，在全省范围内开展一系列旨在帮助外贸企业发展的金融服务活动。

11月7日，中国银行间交易商协会、中国人民银行杭州中心支行、浙江省地方金融监督管理局共同签署了《浙江民营企业债券融资工具合作协议》，浙江省成为全国第一个签署民营企业债券融资工具三方合作协议的省份。

从11月21日起，浙江省金融系统开展“百名行长进民企”大走访活动，有效促进银企交流对接，强化民企金融服务。

12月4日，中国人民银行杭州中心支行出台《关于进一步深化浙江省民营和小微企业金融服务的意见》，着力加大对民营和小微企业的金融支持力度。

2018年，浙江省先后获批自贸区资本项目收入结汇便利化、金融标准创新建设、台州取消企业银行账户开户许可证核发、金融科技应用等专项改革试点。

2018年，浙江省“最多跑一次”改革持续深化，全面推行“一窗受理、一网通办、一证通办、一次办成”，100%的事项实现网上办理，63.6%的民生事项实现“一证通办”，常态化企业开办时间压缩至4个工作日。

（二）2018年浙江省主要经济金融指标

表1　2018年浙江省主要存贷款指标

		1月	2月	3月	4月	5月	6月	7月	8月	9月	10月	11月	12月
本外币	金融机构各项存款余额（亿元）	110 687.9	109 411.2	110 357.5	110 616.1	111 182.8	112 895.5	112 717.4	113 958.1	115 308.5	115 565.1	117 015.2	116 512.7
	其中：住户存款	41 673.4	43 428.6	43 541.6	42 445.3	42 804.3	43 873.5	43 711.8	44 038.1	45 202.5	45 069.1	45 786.1	46 457.8
	非金融企业存款	38 704.8	36 338.0	37 673.6	38 091.7	37 977.8	38 872.5	38 256.9	38 592.2	38 726.9	38 691.4	39 417.5	39 479.7
	各项存款余额比上月增加（亿元）	3 367.4	-1 276.7	946.3	258.7	566.6	1 712.7	-178.0	1 240.6	1 350.4	256.6	1 450.2	-502.5
	金融机构各项存款同比增长（%）	10.8	8.0	7.4	7.5	8.2	8.8	8.5	8.7	8.9	8.8	9.6	8.6
	金融机构各项贷款余额（亿元）	92 181.3	93 171.9	93 986.6	95 054.1	96 073.4	97 835.3	99 262.6	100 800.6	102 427.6	103 649.8	105 029.1	105 774.9
	其中：短期	39 649.1	39 890.4	40 062.3	40 415.6	40 694.9	41 290.8	41 433.2	41 538.3	42 067.7	42 578.0	43 016.7	43 658.5
	中长期	48 878.5	49 616.3	50 304.5	51 037.7	51 724.3	52 694.7	53 748.7	54 890.8	55 731.0	56 283.8	56 762.6	56 857.8
	票据融资	1 899.7	1 893.7	1 881.4	1 803.0	1 841.0	1 994.0	2 202.7	2 472.0	2 663.0	2 793.5	3 206.3	3 270.8
	各项贷款余额比上月增加（亿元）	1 907.0	990.6	814.7	1 067.5	1 019.2	1 761.9	1 427.3	1 538.0	1 627.0	1 222.2	1 379.3	745.8
	其中：短期	663.7	241.3	171.9	353.3	279.3	596.0	142.4	105.1	529.4	510.3	438.7	641.8
	中长期	1 450.7	737.8	688.2	733.3	686.5	970.4	1 054.0	1 142.1	840.2	552.8	478.8	95.2
	票据融资	-199.3	-6.0	-12.3	-78.4	37.9	153.0	208.7	269.3	191.0	130.5	412.8	64.5
	金融机构各项贷款同比增长（%）	11.2	11.0	11.6	11.8	12.0	13.1	14.1	15.1	15.9	16.6	17.3	17.2
	其中：短期	2.4	2.5	2.8	4.0	4.4	5.2	6.1	6.5	8.1	9.7	10.7	12.2
	中长期	25.4	25.3	24.0	22.5	22.1	22.3	22.2	22.6	22.3	21.7	20.9	19.8
	票据融资	-47.2	-45.1	-39.0	-37.1	-33.3	-20.5	-3.1	15.9	22.9	32.1	59.4	55.6
	建筑业贷款余额（亿元）	2 962.3	2 993.0	2 982.9	3 018.8	3 013.4	3 001.1	3 019.9	3 031.5	3 070.2	3 059.6	3 053.0	3 019.6
	房地产业贷款余额（亿元）	3 802.7	3 944.5	4 094.7	4 235.5	4 360.4	4 565.8	4 678.0	4 735.0	4 841.8	4 902.9	5 053.1	5 116.6
	建筑业贷款同比增长（%）	5.1	5.5	4.9	6.0	4.9	4.4	3.8	2.9	3.9	3.7	3.5	4.5
	房地产业贷款同比增长（%）	18.1	18.8	24.1	26.4	29.7	35.3	37.4	36.0	36.9	36.5	38.4	39.7
人民币	金融机构各项存款余额（亿元）	107 282.9	106 028.0	107 052.1	107 541.3	108 175.6	109 871.3	109 716.0	110 995.8	112 409.2	112 738.2	114 214.2	113 727.5
	其中：住户存款	41 074.0	42 813.0	42 926.2	41 831.0	42 184.8	43 228.8	43 076.0	43 400.4	44 563.8	44 408.1	45 139.9	45 812.2
	非金融企业存款	36 260.6	33 953.1	35 373.3	36 002.8	35 980.8	36 868.0	36 279.9	36 627.3	36 821.4	36 856.4	37 586.9	37 672.4
	各项存款余额比上月增加（亿元）	3 282.4	-1 254.9	1 024.0	489.2	634.3	1 695.7	-155.4	1 279.9	1 413.4	329.0	1 476.0	-486.7
	其中：住户存款	877.5	1 739.0	113.1	-1 095.2	353.8	1 044.0	-152.8	324.4	1 163.4	-155.7	731.8	672.2
	非金融企业存款	1 361.4	-2 307.5	1 420.2	629.5	-22.0	887.2	-588.1	347.4	194.1	35.0	730.5	85.5
	各项存款同比增长（%）	10.6	7.9	7.5	7.8	8.7	9.3	9.0	9.3	9.5	9.4	10.3	9.4
	其中：住户存款	-0.1	6.3	6.3	5.5	6.4	7.2	9.0	9.5	10.3	11.8	13.3	14.0
	非金融企业存款	19.8	8.7	9.8	11.3	11.1	11.8	12.2	12.3	10.3	9.7	9.6	7.9
	金融机构各项贷款余额（亿元）	90 519.0	91 445.0	92 314.8	93 353.4	94 334.2	96 021.6	97 430.8	98 986.4	100 612.4	101 888.0	103 366.0	104 099.8
	其中：个人消费贷款	23 350.1	23 603.7	24 079.5	24 546.5	25 038.9	25 704.1	26 265.0	26 845.9	27 604.5	28 412.3	28 984.7	29 411.8
	票据融资	1 899.7	1 893.7	1 881.4	1 803.0	1 841.0	1 994.0	2 202.7	2 472.0	2 663.0	2 793.5	3 206.3	3 270.8
	各项贷款余额比上月增加（亿元）	1 904.1	926.0	869.8	1 038.6	980.8	1 687.4	1 409.2	1 555.6	1 626.1	1 275.6	1 478.0	733.8
	其中：个人消费贷款	610.5	253.6	475.8	467.0	492.4	665.2	560.9	581.0	758.6	807.8	572.4	427.1
	票据融资	-199.3	-6.0	-12.3	-78.4	37.9	153.0	208.7	269.3	191.0	130.5	412.8	64.5
	金融机构各项贷款同比增长（%）	11.6	11.4	12.1	12.2	12.4	13.3	14.2	15.1	15.9	16.7	17.4	17.5
	其中：个人消费贷款	28.2	27.7	27.2	26.9	26.7	26.2	26.4	26.5	27.2	28.9	30.0	29.4
	票据融资	-47.2	-45.1	-39.0	-37.1	-33.3	-20.5	-3.1	15.9	22.9	32.1	59.4	55.6
外币	金融机构外币存款余额（亿美元）	537.6	534.5	525.7	485.1	468.8	457.1	440.3	434.1	421.5	405.9	403.9	405.8
	金融机构外币存款同比增长（%）	26.1	19.1	14.8	7.1	-0.6	-4.8	-10.3	-12.8	-13.2	-16.4	-16.7	-20.1
	金融机构外币贷款余额（亿美元）	262.4	272.8	265.9	268.3	271.1	274.1	268.7	265.8	263.9	253.0	239.8	244.1
	金融机构外币贷款同比增长（%）	-0.9	1.2	-1.6	0.8	2.1	4.9	7.3	11.4	11.5	7.9	2.9	-2.0

数据来源：中国人民银行杭州中心支行。

表 2　2001~2018 年浙江省各类价格指数

单位：%

		居民消费价格指数		农业生产资料价格指数		工业生产者购进价格指数		工业生产者出厂价格指数	
		当月同比	累计同比	当月同比	累计同比	当月同比	累计同比	当月同比	累计同比
2001		—	-0.2	—	-0.3	—	-0.4	—	-1.7
2002		—	-0.9	—	-0.5	—	-2.5	—	-3.1
2003		—	1.9	—	2.9	—	5.8	—	0.6
2004		—	3.9	—	3.2	—	13.4	—	5.0
2005		—	1.3	—	5.8	—	5.4	—	2.3
2006		—	1.1	—	-0.4	—	5.6	—	3.8
2007		—	4.2	—	7.3	—	5.3	—	2.4
2008		—	5.0	—	18.9	—	10.6	—	4.3
2009		—	-1.5	—	-4.1	—	-7.4	—	-5.1
2010		—	3.8	—	3.0	—	12.0	—	6.2
2011		—	5.4	—	10.8	—	8.3	—	5.0
2012		—	2.2	—	4.2	—	-3.3	—	-2.7
2013		—	2.3	—	2.8	—	-2.3	—	-1.8
2014		—	2.1	—	-0.9	—	-1.8	—	-1.2
2015		—	1.4	—	0.9	—	-5.5	—	-3.6
2016		—	1.9	—	-0.5	—	-2.2	—	-1.7
2017		—	2.1	—	1.8	—	9.6	—	4.8
2018		—	2.3	—	1.8	—	5.1	—	3.4
2017	1	2.8	2.8	2.2	2.2	9.8	9.8	4.3	4.3
	2	1.3	2.1	—	2.3	11.5	10.6	5.1	4.7
	3	1.6	1.9	2.9	2.5	11.7	11.0	5.0	4.8
	4	1.9	1.9	2.9	2.6	10.2	10.8	4.1	4.6
	5	2.4	2.0	2.5	2.6	9.1	10.5	3.7	4.4
	6	2.2	2.0	1.4	2.4	8.4	10.1	4.0	4.4
	7	2.1	2.0	1.0	2.2	8.1	9.8	4.1	4.3
	8	2.2	2.1	1.0	2.0	8.9	9.7	4.8	4.4
	9	2.0	2.1	0.7	1.9	10.0	9.7	5.6	4.5
	10	2.4	2.1	1.1	1.8	10.4	9.8	6.1	4.7
	11	2.2	2.1	1.5	1.8	9.3	9.8	5.7	4.8
	12	2.4	2.1	1.6	1.8	7.7	9.6	4.6	4.8
2018	1	1.7	1.7	1.8	1.8	6.7	6.7	4.1	4.1
	2	3.3	2.5	1.5	1.6	5.6	6.2	3.5	3.8
	3	2.3	2.4	1.2	1.5	4.6	5.6	3.0	3.5
	4	2.2	2.4	1.2	1.4	4.6	5.4	3.4	3.5
	5	1.8	2.3	1.1	1.4	5.6	5.4	4.3	3.7
	6	2.0	2.2	1.6	1.4	6.6	5.6	4.7	3.8
	7	2.0	2.2	1.6	1.4	6.7	5.8	4.4	3.9
	8	2.2	2.2	1.8	1.5	6.1	5.8	4.1	3.9
	9	2.9	2.3	2.3	1.6	5.3	5.7	3.7	3.9
	10	2.8	2.3	3.3	1.7	4.6	5.6	3.0	3.8
	11	2.2	2.3	2.5	1.8	3.4	5.4	2.2	3.7
	12	2.0	2.3	1.7	1.8	1.2	5.1	0.9	3.4

数据来源：《中国经济景气月报》、浙江省统计局。

表3　2018年浙江省主要经济指标

	1月	2月	3月	4月	5月	6月	7月	8月	9月	10月	11月	12月
	绝对值（自年初累计）											
地区生产总值（亿元）	—	—	11 691.5	—	—	25 674.3	—	—	39 795.6	—	—	56 197.2
第一产业	—	—	303.4	—	—	804.9	—	—	1 233.0	—	—	1 967.0
第二产业	—	—	4 837.5	—	—	10 952.9	—	—	16 923.1	—	—	23 505.9
第三产业	—	—	6 550.6	—	—	13 916.5	—	—	21 639.5	—	—	30 724.3
工业增加值（亿元）	—	—	—	—	—	—	—	—	—	—	—	—
固定资产投资（亿元）	—	—	—	—	—	—	—	—	—	—	—	—
房地产开发投资	—	1 010.5	1 899.5	2 664.7	3 569.4	4 795.0	5 610.4	6 462.6	7 455.0	8 325.6	9 271.7	9 944.9
社会消费品零售总额（亿元）		3 872.4	5 723.2	7 540.0	9 537.0	11 586.0	13 614.9	15 703.9	17 820.4	20 207.4	22 595.0	25 007.9
外贸进出口总额（亿元）	2 383.3	4 563.9	6 211.3	8 389.8	10 879.6	13 330.0	15 786.4	18 412.0	21 103.5	23 512.5	26 084.4	28 519.2
进口	602.7	1 062.2	1 686.4	2 258.4	2 909.5	3 490.0	4 113.2	4 764.5	5 446.5	6 097.0	6 756.0	7 337.2
出口	1 780.6	3 501.7	4 524.8	6 131.4	7 970.1	9 839.9	11 673.2	13 647.4	15 657.0	17 415.6	19 328.4	21 182.1
进出口差额（出口－进口）	1 177.9	2 439.5	2 838.4	3 873.0	5 060.6	6 349.9	7 560.1	8 882.9	10 210.4	11 318.6	12 572.4	13 844.9
实际利用外资（亿美元）	—	25.9	49.2	58.6	72.4	100.3	105.0	116.3	133.5	150.9	165.4	186.4
地方财政收支差额（亿元）	328	79	-65	41	25	-466	-354	-443	-833	-853	-1 234	-2 030
地方财政收入	880	1 392	1 970	2 624	3 212	3 928	4 561	5 008	5 505	5 908	6 193	6 598
地方财政支出	552	1 314	2 035	2 583	3 187	4 395	4 915	5 451	6 338	6 760	7 427	8 628
城镇登记失业率（%）（季度）	—	—	2.8	—	—	2.6	—	—	2.6	—	—	2.6
	同比累计增长率（%）											
地区生产总值	—	—	7.4	—	—	7.6	—	—	7.5	—	—	7.1
第一产业	—	—	1.4	—	—	1.5	—	—	1.8	—	—	1.9
第二产业	—	—	6.9	—	—	7.4	—	—	7.2	—	—	6.7
第三产业	—	—	8.1	—	—	8.1	—	—	8.0	—	—	7.8
工业增加值	—	9.8	7.6	8.7	8.6	8.2	8.0	8.0	8.0	7.8	7.6	7.3
固定资产投资	—	4.1	4.9	5.4	5.8	5.7	6.2	6.7	6.9	7.1	7.1	7.1
房地产开发投资	—	17.2	19.4	20.5	22.0	24.2	24.5	24.3	23.4	22.5	22.5	20.9
社会消费品零售总额		11.5	11.0	10.9	10.4	10.1	9.9	9.7	9.7	7.5	9.1	9.0
外贸进出口总额	9.0	28.8	10.9	10.1	9.0	8.9	9.3	10.2	12.5	13.1	12.7	11.4
进口	33.6	15.1	15.3	15.8	18.3	18.0	20.1	21.2	21.4	22.1	21.1	19.0
出口	2.7	33.6	9.3	8.1	5.9	6.0	6.0	6.9	9.7	10.2	10.0	9.0
实际利用外资	—	11.2	4.6	7.1	3.6	2.2	4.3	5.6	8.0	14.5	4.6	4.1
地方财政收入	13.5	13.8	13.8	13.6	13.5	13.3	13.2	13.1	13.1	12.8	12.7	11.1
地方财政支出	-18.3	23.9	20.0	17.9	17.2	16.7	13.9	14.3	15.1	15.3	14.6	14.6

数据来源：浙江省统计局。

安徽省金融运行报告（2019）

中国人民银行合肥中心支行货币政策分析小组

[内容摘要]2018年，安徽省在党中央、国务院的坚强领导下，坚持以习近平新时代中国特色社会主义思想为指导，围绕建设现代化五大发展美好安徽①，深入推进供给侧结构性改革，持续加强创新驱动，坚决打好三大攻坚战，全力抓重点补短板强弱项，经济社会保持平稳健康发展。全年地区生产总值突破3万亿元，比上年增长8.02%，结构调整取得积极进展，消费、投资和工业增速居全国前列，科技创新实现突破，脱贫攻坚取得积极成效，生态环境质量改善，人民生活水平进一步提高。

全年经济呈稳中有进、稳中向好发展态势。一是三大需求协调发展，经济活力持续提升。固定资产投资增速加快，民间投资保持较快增长，在全部投资中占比提高，对投资的贡献率升至94.2%；投资结构进一步优化，制造业成为拉动投资增长的重要动力，传统制造业转型升级加快，创新驱动推动制造业投资增速回暖，制造业技术改造投资增长36%，基础设施和房地产开发投资增速回落。消费实现较快增长，升级势头良好；网络消费占比明显提升，从上年的5.6%提高到9%。外贸经济发展稳中趋好，出口明显加快，利用外资保持增长；附加值较高的机电产品和高新技术产品成为外贸出口主力，设备类商品在进口中占比较高，跨境电商快速发展。二是三次产业协调发展，产业结构继续优化。农业生产稳定，种植结构优化，全年粮食产量居全国第4位；工业生产加快，全年规模以上工业增加值增长9.3%，其中民营工业增加值增长10.4%，工业对经济增长的贡献率近五成，效益明显改善，工业利润增长27.8%，为近七年来最好水平；服务业较快增长，快于地区生产总值增速0.6个百分点。三次产业结构趋优，第三产业增加值占地区生产总值比重由上年的42.9%提高至45.1%，与全国差距缩小1.9个百分点。产业内部实现转型升级，农业产业化水平和农产品质量不断提升，绿色生态农业蓬勃发展；高新技术产业增加值占比提高至40.4%，战略性新兴产业产值占比29.5%，一大批新产业、新业态、新模式加速成长；以信息传输、互联网为代表的新兴服务业快速发展，营利性服务业占比提高1个百分点。三是居民收入增长加快，就业物价保持稳定。城镇和农村常住居民人均可支配收入增速均较上年有所加快，城乡居民人均收入倍差缩小。居民消费价格温和上涨，随着鸡蛋、鲜菜、禽类等前期跌幅较大品种价格反弹，猪肉价格同比降幅收窄，食品类价格同比涨幅由负转正，推动居民消费价格涨幅同比加快；工业生产者出厂价格和购进价格涨幅均较上年明显回落。就业形势稳定向好，全年城镇新增就业70.5万人，超额完成年度目标任务，城镇登记失业率低位运行。四是财政收入稳健增长，收支结构持续优化。地方财政收入平稳增长，其中税收占比71.5%，较上年提高1.4个百分点；财政支出增速放缓，低于上年6.4个百分点，支出主要投向三大攻坚战、供给侧结构性改革及民生工程等重点领域和薄弱环节。地方政府融资方式更趋规范，发行政府债券成举债主要渠道。五是房地产市场总体平稳，住房市场体系和保障体系不断完善。房地产开发投资增速明显回落，土地购置面积、商品房新开工面积和竣工面积同比减少；待售面积进一步下降，保障性住房建设进展较快；商品房销售稳定，二手住宅

① 现代化五大发展美好安徽即建设创新、协调、绿色、开放、共享的美好安徽。

销售回暖。

2018 年，安徽省金融系统紧紧围绕经济发展需要，努力提升服务水平，支持实体经济力度和精准度不断提高，多层次资本市场稳步发展，保险保障功能日益增强，金融市场平稳运行，金融生态环境进一步改善。中国人民银行合肥中心支行认真落实稳健中性货币政策，保持货币信贷和社会融资规模合理增长，综合运用各种货币政策工具，着力疏通货币政策传导渠道，引导金融资源更多配置到重点领域和薄弱环节，为供给侧结构性改革和高质量发展营造了适宜的货币金融环境。

全年金融运行总体平稳，服务实体经济水平进一步提升。一是银行业稳健经营，货币信贷适度增长。银行业规模稳步增长，资产总额同比增长 9.4%；利润增速有所放缓，主要是受银行计提贷款损失准备增多、核销力度加大等因素影响。各项存款全年增量同比多增，贷款增速受地方政府债务置换影响小幅回落。为加大对实体经济尤其是民营小微企业的支持力度，中国人民银行合肥中心支行开展“千名行长进万企”①专项行动，为企业送服务、送政策，有效解决银企信息不对称，全年组织 2 055 名行长走访民营和小微企业 13 881 家，协调解决 7 415 家企业融资需求。普惠口径小微企业贷款、金融精准扶贫贷款快速增长，“两权”抵押贷款试点工作增量扩面。二是市场定价自律机制平稳运行，贷款利率小幅下降。有效发挥自律机制作用，存款市场稳定有序，法人金融机构定价能力逐步增强，定价行为评估优秀率达 100%。贷款利率稳步下行，全省金融机构小微企业贷款加权平均利率同比下降 8 个基点。三是证券业稳步发展，企业上市挂牌中部领先。截至 2018 年末，安徽省主板、新三板和区域性股权市场企业数量均处于中部领先、全国靠前位次。开展“保险 + 期货”业务，帮助涉农企业及农户管理农产品价格风险。四是保险业发展向好，风险保障功能持续发挥。全年保险业原保险保费收入、赔款和给付平稳增长，提供风险保障同比增长 42.3%。大病保险制度实现全覆盖，精准扶贫综合保险试点、免除政策性农业保险自缴保费试点等探索实施。创新保险产品业务模式，主要粮食作物保险三级保障体系基本建立。五是地区社会融资规模适度增长，直接融资占比有所提高。表外业务持续收缩，地区社会融资规模同比少增；企业债券新增占比较上年提高 3.6 个百分点，信用风险缓释工具作用有效发挥，支持安徽山鹰纸业成功发行 2 亿元超短期融资券；地方政府专项债券发行力度加大，新增占比较上年提高 14.1 个百分点。六是货币市场快速发展，市场活跃度提高。银行间市场参与机构数量进一步增加，种类更趋丰富，拆借交易以短期品种为主，全年累计信用拆借成交金额同比增长 55.8%。债券回购市场累计成交额快速增长，质押式回购交易占据整个回购市场主导地位。七是金融生态环境建设深入推进，金融服务水平持续提升。社会信用体系建设向纵深推进，全省中小微企业和农村信用体系信息采集覆盖率均实现 100%。非现金支付业务持续增长，支付系统流动资金总量约为地区生产总值的 25.4 倍。金融消费者权益保护不断强化，全省金融消费投诉办理质效持续提升。

展望 2019 年，安徽省将坚持稳中求进工作总基调，坚持新发展理念，坚持推动高质量发展，坚持以供给侧结构性改革为主线，充分用好长江三角洲区域一体化发展的国家战略，持续增强创新驱动新动能，促进经济社会发展提质增效。总体看，中国发展仍处于并将长期处于重要战略机遇期，安徽省经济平稳健康发展的基本面没有改变。安徽省将着力打好三大攻坚战，加大

① 2018 年 8 月起，中国人民银行合肥中心支行组织全省银行业金融机构成立工作组，由各行行领导带队，持续开展小微企业走访对接活动。

基础设施建设力度，完善促进消费的体制机制，着力挖掘内需潜力。全面提升创新能力和效率，加快发展人工智能产业和数字经济，推动制造业高质量发展。深入实施乡村振兴战略，提升县域经济水平，填补安徽省发展短板。全面改善民营经济发展环境，支持民营企业发展壮大。随着各项政策措施效应显现，预计安徽省经济将保持平稳发展，为全面建成小康社会打下坚实基础。

面对新的发展机遇和挑战，安徽省金融业将认真贯彻中央经济工作会议和全国金融工作会议精神，落实好稳健的货币政策，保持社会融资规模与地区生产总值名义增速相匹配。深化金融供给侧结构性改革，增强金融服务实体经济特别是民营和小微企业能力。切实防范化解金融风险，精准有效处置重点领域风险。深化金融改革，激发金融发展内在活力。

一、金融运行情况

2018 年，安徽省银行业认真落实稳健中性的货币政策，信贷合理适度增长，服务实体经济力度和精准度提高，多层次资本市场稳步发展，保险保障功能日益增强，金融市场平稳运行，金融生态环境建设成效显现，为供给侧结构性改革和经济高质量发展营造了适宜的货币金融环境。

（一）银行业运行平稳，服务实体经济水平进一步提高

1. 银行业规模稳步增长，利润增速有所放缓。2018 年末，安徽省银行业金融机构资产总额 6.5 万亿元，同比增长 9.4%。受银行计提贷款损失准备增多、核销力度加大等因素影响，银行利润总额增速同比下降 5.2 个百分点。

表 1　2018 年安徽省银行业金融机构情况

机构类别	营业网点			法人机构（个）
	机构个数（个）	从业人数（人）	资产总额（亿元）	
一、大型商业银行	2 360	47 382	21 671	0
二、国家开发银行和政策性银行	92	2 264	7 341	0
三、股份制商业银行	347	7 741	5 956	0
四、城市商业银行	472	10 223	10 270	2
五、小型农村金融机构	3 120	33 691	12 827	84
六、财务公司	6	189	544	6
七、信托公司	1	163	73	1
八、邮政储蓄银行	1 773	15 390	4 705	0
九、外资银行	5	190	157	0
十、新型农村金融机构	298	4 213	656	68
十一、其他	9	1 379	1 266	5
合计	8 483	122 825	65 466.6	166

注：营业网点不包括国家开发银行和政策性银行、大型商业银行、股份制商业银行等金融机构总部数据；大型商业银行包括中国工商银行、中国农业银行、中国银行、中国建设银行和交通银行；小型农村金融机构包括农村商业银行、农村合作银行和农村信用社；新型农村金融机构包括村镇银行、贷款公司、农村资金互助社；“其他”包含金融租赁公司、汽车金融公司、货币经纪公司、消费金融公司等。

数据来源：安徽银保监局。

2. 各项存款平稳增长，住户存款新增占比提高较多。2018 年末，安徽省本外币各项存款余额 51 199.2 亿元，同比增长 10.9%；全年增加 5 052.3 亿元，同比多增 230 亿元。分部门看，理财类产品收益下降、股市低迷、房地产市场降温等因素叠加，居民投资意愿降低，住户存款全年同比多增 783.5 亿元，在各项存款中增量占比提高 14 个百分点。由于企业用款增多、派生存款减少等影响，非金融企业存款全年同比少增 584.9 亿元。广义政府存款受规范地方政府举债行为约束，全年同比少增 157.3 亿元。金融机构同业揽储力度加大，非银行业金融机构存款全年同比多增 189.4 亿元。

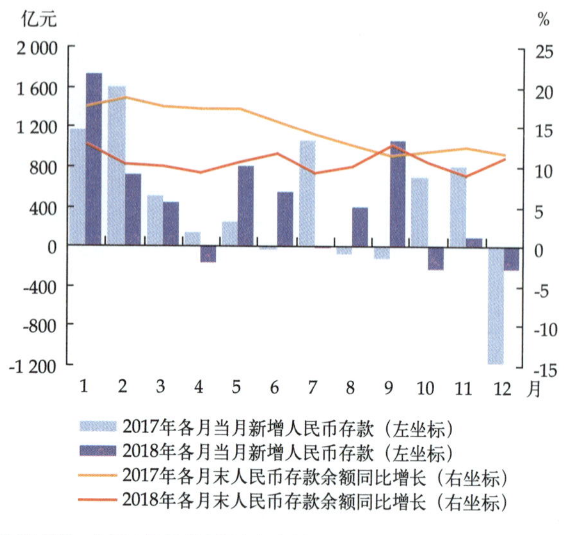

数据来源：中国人民银行合肥中心支行。

图1　2017~2018年安徽省金融机构人民币存款增长变化

3. 各项贷款增势放缓，普惠金融领域支持力度加大。2018年末，安徽省本外币各项贷款余额39 452.7亿元，同比增长12.2%，增速较上年末回落2.1个百分点；全年贷款增加4 278.8亿元，同比少增108.7亿元，主要是受地方政府债务置换影响。为加大对实体经济支持力度，中国人民银行合肥中心支行创新开展“千名行长进万企”专项行动，加强政策宣传和督促落实，切实解决银企信息不对称问题。全年组织2 055名行长走访民营和小微企业13 881家，协调解决7 415家企业融资需求。普惠口径小微企业贷款快速增长，2018年末同比增长18.3%，增速高于上年同期0.8个百分点。充分发挥政策工具撬动作用，全年累计发放支小再贷款88.3亿元、支农再贷款82.3亿元（含扶贫再贷款56.9亿元），办理小微企业票据再贴现372.3亿元。金融精准扶贫成效显著，2018年末贷款余额同比增长22.4%，产业精准扶贫贷款累计带动人数超过200万人。全省“两权”抵押贷款试点工作增量扩面，2018年末“农地”“农房”抵押贷款余额同比分别增长127.6%和34.1%。

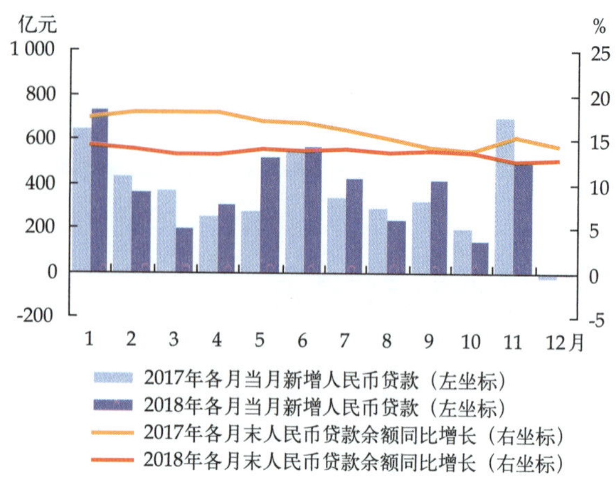

数据来源：中国人民银行合肥中心支行。

图2　2017~2018年安徽省金融机构人民币贷款增长变化

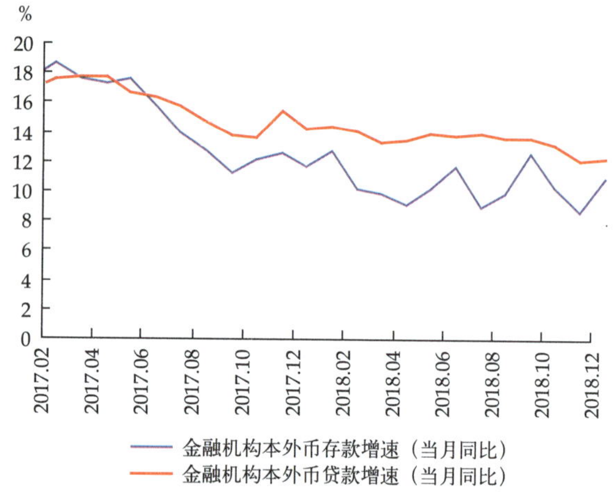

数据来源：中国人民银行合肥中心支行。

图3　2017~2018年安徽省金融机构本外币存、贷款增速变化

专栏1　安徽省金融服务小微企业取得积极成效

中国人民银行等五部委《关于进一步深化小微企业金融服务的意见》（银发〔2018〕162号）下发以来，全省上下认真贯彻落实党中央、国务院、中国人民银行总行决策部署，遵循“几家抬”的总体思路，创新方式方法，畅通联动渠道，加大要素投入，全省金融机构在支小金融服务方面想实策、出实招、抓实效，取得了积极成效。2018年，全省普惠口径小微企业贷款增加532.7亿元，同比多增99亿元，余额同比增长18.3%。

一是遵循“几家抬”总体思路，力促政策落地落实。安徽省省直各相关单位积极行动，开展了一系列富有成效的工作。安徽省发展改革委大力推进社会信用体系建设，推动建立中小微企业主体红、黑名单制度，开展守信联合激励和失信联合惩戒。对于符合条件的小微企业和个体工商户贷款利息收入，安徽省财政厅将免征增值税单户授信额度上限进一步提高到1 000万元；支持各市、县按不低于2倍规模设立中小微企业转贷资金池，提升对符合条件的小微企业续贷支持能力。安徽省经信委积极推进“专精特新”企业挂牌上市，会同中国人民银行合肥中心支行开展金融知识普及教育活动，推进小微企业应收账款融资平台建设，推介中小企业凭借政府采购合同产生的应收账款开展无需担保的线上融资。省政府金融办进一步完善全省政策性融资担保体系，规范新型“政银担”业务操作流程，持续扩大新型“政银担”业务规模。监管部门提出小微企业金融服务“两增两控”总体目标，细化监管要求，将机构落实情况与差异化监管措施紧密挂钩。

二是搭建多样化服务平台，实现银企精准对接。为充分发挥金融机构与企业双向联动积极性，扩大有效信贷投放，加快各类要素输送，安徽省政府办公厅印发《2018年全省银企对接活动总体方案的通知》（皖政办秘〔2018〕73号）。2018年8月，全省组织召开“深化银企合作 服务五大发展”主题银企对接会，40余家金融机构、800余家企业参会，共推介911个项目，现场签约落地196个，成功对接金额4 421亿元。8月中旬，中国人民银行合肥中心支行正式启动“千名行长进万企”专项行动，在全省范围内建立银行分支机构负责同志与小微企业“一对一”包保帮扶责任制，明确帮扶频率、方式、内容，在积极对接融资需求的同时，更加注重财务、法律、信用等方面的咨询辅导和宣讲，帮助小微企业更好更快满足授信条件，培育更多适贷主体，构建银企合作长效机制。为有效解决企业发展面临的突出问题，持续优服务、稳增长、促转型，2018年安徽省委省政府面向全省企业实施“四送一服”双千工程①，组织千名机关干部深入企业送理念、送政策、送项目、送要素，累计服务企业超过17万户，对接要素、项目超过3万个。同时，为进一步提升“千名行长进万企”行动成效，安徽省“四送一服”办公室与中国人民银行合肥中心支行协调联动，借助“四送一服”平台对接和分办企业反映问题，提高企业诉求的应对效率。

三是强化针对性考评督办，构建激励约束机制。一方面，在“千名行长进万企”专项行动中，实施名单制、台账式管理，加强专项行动跟踪督促问效，加快企业反馈问题平台办理速度，运用随机抽访、电话回访、问卷调查等方式，测评银企对接满意度，力促银企良性互动、互利共赢、长效发展。另一方面，综合运用窗口指导、信贷政策引导、动态行为监测、货币政策工具使用、年度综合评价等多种手段，强化对全部银行业金融机构的考评问效，建立健全正面激励和负面约束的双向考评机制，严禁各金融机构利用各项优惠和便利进行政策套利。

① “四送一服”双千工程即组织千名机关干部深入千家企业送新发展理念、送支持政策、送创新项目、送生产要素，服务实体经济。

4. 表外业务持续收缩，投资业务更趋规范。在强监管严监管背景下，2018 年安徽省表外业务减少 1 161.7 亿元，同比少增 2 966.4 亿元。其中，委托贷款从年初开始持续下降，全年减少 701.3 亿元，同比少增 1 032.7 亿元；信托贷款和未贴现银行承兑汇票从第二季度起呈下降趋势，全年分别减少 255.3 亿元和 205.1 亿元，同比分别少增 1 452.7 亿元和 481.0 亿元。随着资管新规、理财新规逐步出台，金融机构投资业务更趋规范，全年股权及其他投资减少 645.9 亿元，同比少增 925 亿元。

5. 市场定价自律机制平稳运行，贷款利率小幅下降。2018 年，安徽省利率市场化改革有序推进，金融机构利率定价能力不断提高，自律机制作用有效发挥，法人金融机构定价行为评估优秀率达 100%。货币政策工具引导融资成本降低成效显现，使用再贷款工具的金融机构运用支农、扶贫再贷款发放涉农、贫困地区贷款利率分别低于同期同档次贷款利率 2.3 个和 3.1 个百分点，运用支小再贷款对小微企业定向支持的资金价格低于同期同档次 0.27 个百分点。贷款利率稳步下行，2018 年 12 月全省金融机构小微企业贷款加权平均利率同比下降 8 个基点。

表 2　2018 年安徽省金融机构人民币贷款各利率区间占比

单位：%

月份		1 月	2 月	3 月	4 月	5 月	6 月
合计		100.0	100.0	100.0	100.0	100.0	100.0
下浮		11.9	8.6	5.3	4.2	6.4	3.5
基准		22.8	21.0	15.7	18.1	16.5	18.3
上浮	小计	65.3	70.4	79.0	77.7	77.1	78.2
	(1.0, 1.1]	10.1	10.8	11.9	11.8	14.5	11.5
	(1.1, 1.3]	17.3	19.2	21.1	19.5	21.0	22.6
	(1.3, 1.5]	12.9	14.2	17.0	17.4	15.8	18.1
	(1.5, 2.0]	15.7	15.9	19.2	19.8	17.1	17.7
	2.0 以上	9.4	10.3	9.8	9.2	8.6	8.3
月份		7 月	8 月	9 月	10 月	11 月	12 月
合计		100.0	100.0	100.0	100.0	100.0	100.0
下浮		4.4	3.7	4.7	5.5	9.1	8.9
基准		12.0	11.9	14.8	17.7	18.2	19.3
上浮	小计	83.6	84.4	80.5	76.8	72.7	71.8
	(1.0, 1.1]	12.0	10.3	9.4	7.4	9.1	10.0
	(1.1, 1.3]	23.1	24.3	22.7	21.3	19.1	20.1
	(1.3, 1.5]	17.7	18.5	18.4	17.9	15.9	14.8
	(1.5, 2.0]	21.4	21.3	21.1	20.4	19.6	18.9
	2.0 以上	9.4	10.0	8.9	9.9	9.0	8.0

数据来源：中国人民银行合肥中心支行。

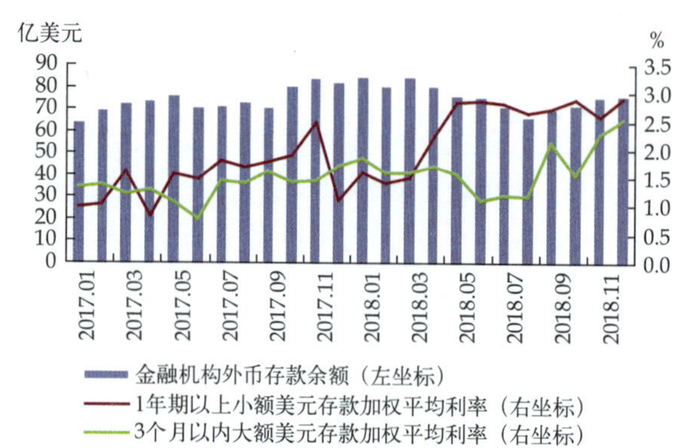

数据来源：中国人民银行合肥中心支行。

图 4　2017~2018 年安徽省金融机构外币存款余额及外币存款利率

6. 地方法人机构经营压力有所加大，盈利水平略有下降。2018 年，地方法人机构统计规范性提升，部分机构账面不良贷款率上升，对资本消耗增加、拨备计提要求提高，导致法人机构资本充足率和资产利润率均有所下滑。安徽省人民银行各分支机构加强宏观审慎管理，按季度进行宏观审慎评估，积极引导地方法人金融机构提升资本水平，提高资产质量，优化资产负债结构，促进金融机构稳健经营，增强服务实体经济能力。同时，为加强辖内金融风险防控，中国人民银行合肥中心支行持续健全防范化解金融风险工作体系框架，强化金融风险监测评估，稳妥处置部分机构和行业风险隐患，金融风险总体可控。

7. 跨境人民币业务稳步发展，业务覆盖面持续拓宽。2018 年，全省跨境人民币业务实际收付金额累计 588.5 亿元，同比增长 10.2%，人民币占本外币收付总量的 10.9%，较上年同期提高 0.6 个百分点。其中，直接投资跨境人民币收付金额占本外币收付总量的 32.1%。跨境人民币业务覆盖 1 682 家涉外企业，涉及 88 个境外国家或地区（包括港澳台），业务覆盖面较上年进一步拓宽。

（二）证券业稳步发展，企业上市挂牌中部领先

1. 企业上市挂牌取得新进展。全年共新增上市公司 3 家、新三板挂牌企业 26 家、区域性股权市场挂牌企业 1 127 家。截至 2018 年底，安徽省主板、新三板和区域性股权市场企业分别为 103 家、340 家和 2 986 家，均处于中部领先、全国靠前位置。

表 3　2018 年安徽省证券业基本情况

项目	数量
总部设在辖内的证券公司数（家）	2
总部设在辖内的基金公司数（家）	0
总部设在辖内的期货公司数（家）	3
年末国内上市公司数（家）	103
当年国内股票（A 股）筹资（亿元）	47
当年发行 H 股筹资（亿元）	0
当年国内债券筹资（亿元）	1 460
其中：短期融资券筹资额（亿元）	487
中期票据筹资额（亿元）	627

注：当年国内股票（A 股）筹资额指非金融企业境内股票融资。
数据来源：安徽证监局。

2. 融资渠道及产品进一步拓展。全年通过境内主板市场、中小板市场、创业板市场、新三板市场和区域股权市场融资超过 600 亿元。金融产品不断创新，辖内证券公司打造了私募股权投资、另类投资、新三板投资“三位一体”的风险投资平台；期货公司建立了豆粕、玉米产业培训基地，通过开展“保险 + 期货”业务，帮助涉农企业及农户管理农产品价格风险。

（三）保险业发展向好，风险保障功能持续发挥

1. 保险业务稳步发展。全年保险业原保险保费收入 1 209.7 亿元，同比增长 9.3%。其中，财产险业务原保险保费收入 408.8 亿元，增长 11.6%；人身险业务原保险保费收入 800.9 亿元，增长 8.1%。赔款和给付 419.2 亿元，增长 5.4%。其中，财产险业务赔款支出 222.8 亿元，增长 19.1%；人身险业务赔款和给付支出 196.5 亿元，下降 6.7%。提供风险保障 54.2 万亿元，同比增长 42.3%，高于保费收入增速 33 个百分点。

表 4　2018 年安徽省保险业基本情况

项目	数量
总部设在辖内的保险公司数（家）	1
其中：财产险经营主体（家）	1
人身险经营主体（家）	0
保险公司分支机构（家）	72
其中：财产险公司分支机构（家）	34
人身险公司分支机构（家）	38
保费收入（中外资，亿元）	1 210
其中：财产险保费收入（中外资，亿元）	409
人身险保费收入（中外资，亿元）	801
各类赔款给付（中外资，亿元）	419
保险密度（元 / 人）	1 920
保险深度（%）	4

数据来源：安徽银保监局。

2. 民生保障能力稳步提高。大病保险制度实现全覆盖，报销比例提高约 14 个百分点，商业保险机构经办医保业务试点、长期护理保险试点陆续开展。扶贫小额信贷及保证保险政策不断健全，精准扶贫综合保险试点、免除政策性农业保险自缴保费试点等探索实施，为贫困县特色产业、贫困户光伏发电设备等提供风险保障。

3. 服务实体经济质效不断提升。充分发挥保险资金长期投资优势，支持重点项目余额 982 亿元，同比增长 39.9%。创新保险产品业务模式，主要粮食作物保险三级保障体系基本建立。提高对企业出口和融资支持力度，出口信用保险支持省内 3 468 家企业累计出口 83.5 亿美元，

同比增长 15.3%；辅助企业融资 9 855.5 万美元，同比增长 30%。

（四）地区社会融资规模合理增长，货币市场平稳运行

1. 地区社会融资规模同比少增，直接融资占比提高。2018 年，安徽省社会融资规模 5 382.2 亿元，同比少增 2 616.5 亿元，主要是表外融资同比少增较多。直接融资占比较上年提高 1.2 个百分点，其中中期票据、公司债等企业债券发行增加，新增占比较上年提高 3.6 个百分点。信用风险缓释工具作用有效发挥，支持安徽山鹰纸业股份有限公司成功发行 2 亿元超短期融资券。地方政府专项债券发行力度加大，新增占比较上年提高 14.1 个百分点。

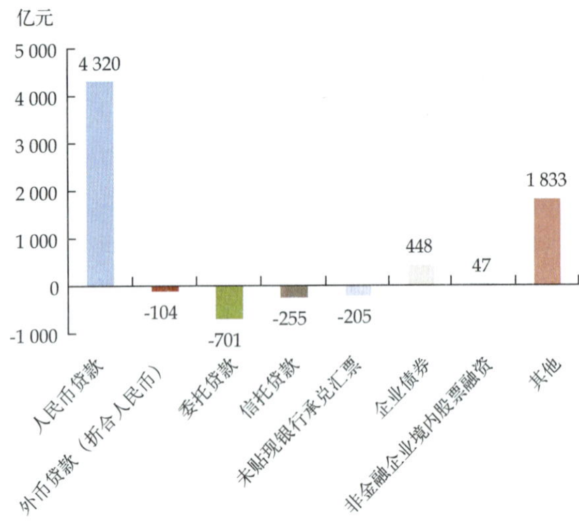

数据来源：中国人民银行合肥中心支行。

图 5　2018 年安徽省社会融资规模分布结构

2. 货币市场快速发展，市场活跃度提高。2018 年，安徽省银行间市场累计信用拆借成交金额 1.1 万亿元，同比增长 55.8%。参与拆借交易的机构数量进一步增加，种类更趋丰富。拆借交易以短期品种为主，7 天期以内的短期交易量占总交易量的 93.6%。债券回购市场累计成交 22.7 万亿元，同比增长 18.3%。质押式回购交易占比 96.3%，较上年同期上升 1.8 个百分点，居整个回购市场的主导地位。

表 5　2018 年安徽省金融机构票据业务量统计

单位：亿元

季度	银行承兑汇票承兑		贴现			
			银行承兑汇票		商业承兑汇票	
	余额	累计发生额	余额	累计发生额	余额	累计发生额
1	1 590.55	690.12	982.90	1 468.53	55.74	83.76
2	1 661.03	1 551.31	1 024.25	2 936.38	69.18	223.13
3	1 726.83	2 411.62	1 436.68	5 007.68	57.66	302.16
4	1 786.84	3 197.39	1 497.98	7 042.76	62.79	518.93

数据来源：中国人民银行合肥中心支行。

3. 票据市场业务较快增长，贴现利率下行。2018 年末，全省票据承兑和贴现余额同比分别增长 12.5% 和 33.3%。市场流动性合理充裕，推动贴现利率逐渐下行，12 月全省贴现加权平均利率为 3.75%，较 6 月下降 1.31 个百分点。

表 6　2018 年安徽省金融机构票据贴现、转贴现利率

单位：%

季度	贴现		转贴现	
	银行承兑汇票	商业承兑汇票	票据买断	票据回购
1	5.01	5.85	4.26	4.11
2	5.01	5.88	4.35	4.08
3	4.75	5.86	4.31	3.81
4	4.45	5.74	4.23	3.70

数据来源：中国人民银行合肥中心支行。

（五）金融生态环境建设深入推进，金融服务水平持续提升

1. 社会信用体系建设向纵深推进。中国人民银行合肥中心支行积极推动全省中小微企业和农村信用体系建设，取得明显成效，信息采集覆盖率均实现 100%。2018 年，金融机构利用中小微企业信用信息平台开发信贷产品 62 个，累计发放中小微企业贷款 33.3 亿元；利用农村

信用信息平台开发信贷产品 56 个，建立信用档案的农户信用贷款余额 21.7 亿元。

2. 非现金支付业务持续增长。2018 年，安徽省共办理非现金支付业务 65.3 亿笔，同比增长 36.0%，金额达 73.2 万亿元。安徽省支付系统共处理支付业务 18.7 亿笔、金额 76.2 万亿元，同比分别增长 11.6% 和 13.4%，支付系统流动资金总量约为安徽省地区生产总值的 25.4 倍。

表 7　2017~2018 年安徽省支付体系建设情况

年份	支付系统直接参与方（个）	支付系统间接参与方（个）	支付清算系统覆盖率（%）	当年大额支付系统处理业务数（万笔）		同比增长（%）
2017	2.0	6 392.0	75.5	3 401.8		18.0
2018	2.0	6 459.0	76.1	4 069.1		19.6
年份	当年大额支付系统业务金额（亿元）	同比增长（%）	当年小额支付系统处理业务数（万笔）	同比增长（%）	当年小额支付系统业务金额（亿元）	同比增长（%）
2017	471 532.4	17.8	7 266.2	32.6	6 474.6	11.2
2018	546 390.7	15.9	6 348.0	-12.6	6 853.3	5.8

数据来源：中国人民银行合肥中心支行。

3. 金融消费者权益保护不断强化。安徽省设立金融消费者投诉咨询呼叫中心，促进全省金融消费投诉办理质效持续提升。2018 年，安徽省人民银行各分支机构共受理消费者投诉 1 331 笔、咨询 3 487 笔，无一进入诉讼程序。统筹做好金融知识普及宣传活动，着力提升金融消费者金融素养，金融消费者受众近千万人。积极开展金融广告治理活动，依法依规处置违法金融广告行为。

二、经济运行情况

2018 年，安徽省经济运行总体平稳，高质量发展取得重要进展。全年全省地区生产总值 30 006.8 亿元，同比增长 8.02%；人均地区生产总值 47 712 元，比上年增加 4 311 元；三次产业结构由上年的 9.6 : 47.5 : 42.9 调整为 8.8 : 46.1 : 45.1。

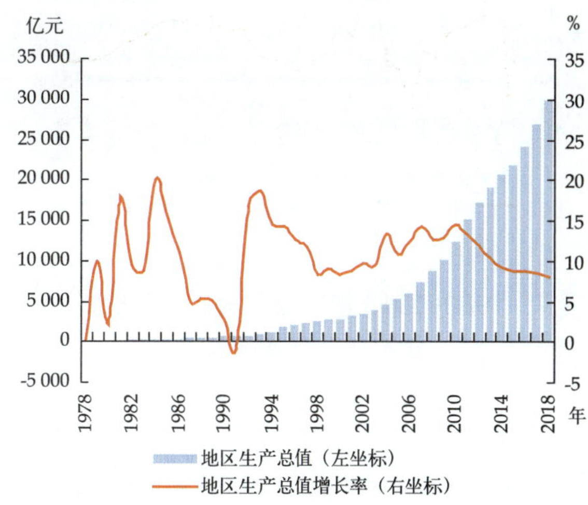

数据来源：安徽省统计局。

图 6　1978~2018 年安徽省地区生产总值及其增长率

（一）三大需求协调增长，投资和消费增速居全国前列

1. 固定资产投资增速加快，投资活力不断增强。2018 年，安徽省固定资产投资同比增长 11.8%，增速比上年加快 0.8 个百分点，居全国第 2 位。全省投资结构明显优化，活力有效提升。制造业投资拉动作用增强，增速同比提高 21.8 个百分点，对投资增长的贡献率为 67.8%，其中制造业技术改造投资增长 36%，投资更加聚焦创新发展；民间投资保持较快增长，全省深入推进放开市场准入、减税降费、产权保护等，激发民间投资活力，民间投资占全部投资的比重升至 63.8%，对全部投资增长的贡献率达到 94.2%。同期，受清理规范地方举债融资、防范化解金融风险以及落实房地产市场调控等政策影响，基础设施和房地产投资增速同比分别回落 17.2 个和 15.5 个百分点。

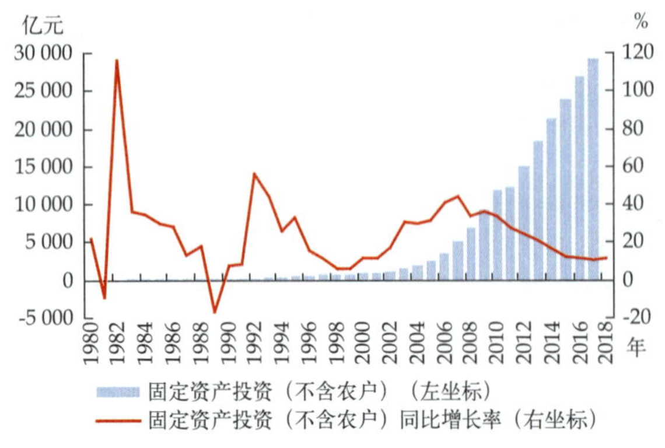

数据来源：安徽省统计局。

图 7　1980~2018 年安徽省固定资产投资（不含农户）及其增长率

2. 社会消费实现较快增长，消费升级势头良好。 2018 年，安徽省社会消费品零售总额 12 100.1 亿元，同比增长 11.6%，增速比全国高 2.6 个百分点，居全国第 2 位。全省消费升级势头良好，发展享受型消费品类较快增长。网络消费比重明显提升，全省网上商品零售额 492.2 亿元，增长 36.1%，占限额以上消费品零售额比重由上年的 5.6% 提高到 9%。全省城镇、乡村社会消费品零售额同比分别增长 11.3% 和 12.9%，农村居民收入较快增加、精准脱贫有效施策，助推农村消费需求更加活跃。

数据来源：安徽省统计局。

图 8　1978~2018 年安徽省社会消费品零售总额及其增长率

3. 外贸经济运行稳中有进，规模和质效同步提升。 面对贸易保护主义抬头、贸易摩擦加剧的不利形势，安徽省认真落实“稳外贸、稳外资”政策，外贸运行稳中向好。2018 年，全省货物进出口总额 629.7 亿美元，同比增长 16.6%，高于全国平均 4 个百分点。一方面，全省进出口齐头并进。出口总额 362.1 亿美元，同比增长 18.3%，增速为近五年来最快；进口总额 267.6 亿美元，同比增长 14.3%。另一方面，外贸质效明显提升。从进出口商品结构看，附加值较高的机电和高新技术产品成为外贸出口主力，设备类商品进口 101.5 亿美元，有效弥补发展要素短板；从外贸业态看，跨境电子商务快速兴起，全年同比增长 52.4%；从外贸主体看，全年全省新增进出口实绩企业 1 889 家。全年全省新备案外商投资项目 379 个，同比增长 12.1%；实际利用外商直接投资 170 亿美元，同比增长 7%。

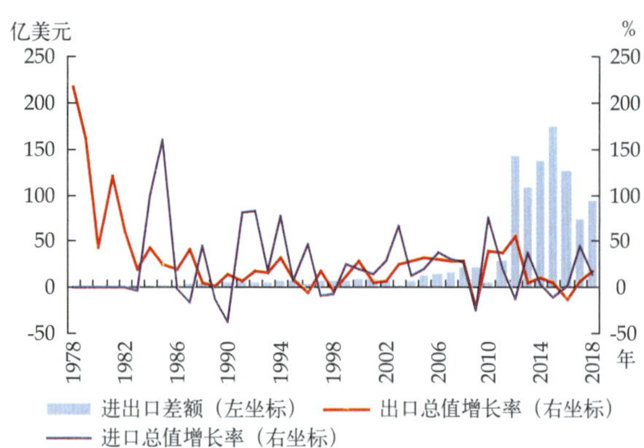

数据来源：安徽省统计局。

图 9　1978~2018 年安徽省外贸进出口变动情况

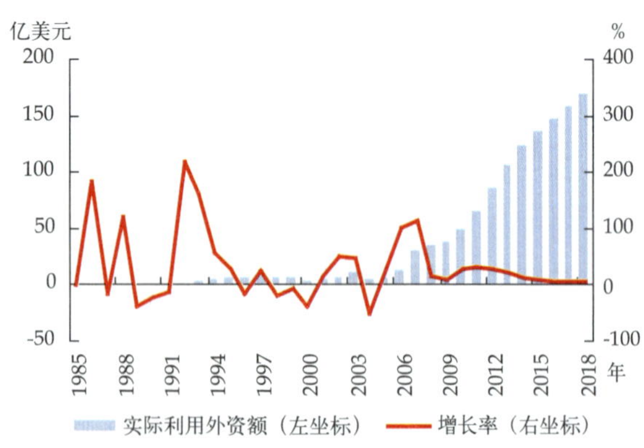

数据来源：安徽省统计局。

图 10　1985~2018 年安徽省实际利用外资额及其增长率

（二）三次产业协调发展，产业结构继续优化

2018 年，安徽省深入推进供给侧结构性改革，产业结构进一步优化，第三产业增加值占比与全国差距由上年的 9 个百分点缩小到 7.1 个百分点。年末全省从业人员 4 385.3 万人，比上年增加 7.4 万人，其中第三产业增加 13.3 万人。全员劳动生产率 68 484 元 / 人，比上年增加 6 654 元 / 人。

1. 农业生产稳定，产业化水平不断提高。粮食安全有力保障，全年全省粮食总产量 4 007.3 万吨，居全国第 4 位，实现“十五连丰”。农业产业化水平和农产品质量不断提升，全省规模以上农产品加工企业 5 100 多家，农业产业化龙头企业、农民合作社、家庭农场和农业产业化联合体分别达 1.6 万家、9.9 万家、9.3 万家和 1 906 家。绿色生态农业蓬勃发展，全省化肥、农药使用量实现零增长，“三品一标”农产品[①]净增 1 114 个，畜禽养殖废弃物资源化利用率达 78.6%。农村垃圾、污水、厕所“三大革命”深入推进，农业生产生活环境持续改善。

2. 工业实现较快增长，先进制造业提供新动能。2018 年，安徽省规模以上工业增加值同比增长 9.3%，为四年来最好水平，工业对经济增长的贡献率达 48.9%；工业利润增长 27.8%，较上年提高 8.1 个百分点。全省大力实施制造强省战略和先进制造业培育工程，主攻高端制造、智能制造、绿色制造、精品制造、服务型制造“五大制造”，举办首届世界制造业大会，集中签约高端制造业合作项目 107 个，投资规模 1 799 亿元。全省高新技术产业增加值增长 13.9%，高于全部工业 4.6 个百分点；电子信息工业增长 28.8%，对全省工业增长的贡献率达到 19.5%，居 40 个工业大类行业之首。数字经济成为安徽省经济新引擎，工业互联网、人工智能成为安徽省经济新名片，“中国声谷”入园企业达 430 家，全年实现产值 650 亿元，同比增长 30%。

数据来源：安徽省统计局。

图 11　1978~2018 年安徽省规模以上工业增加值实际增长率

3. 第三产业增加值占比提升，新兴服务业蓬勃发展。2018 年，安徽省第三产业增加值 13 526.7 亿元，同比增长 8.6%，增加值占地区生产总值比重较上年提高 2.2 个百分点。全省大力推进现代服务业加速发展，深入实施现代服务业集聚发展工程，培育壮大服务业市场主体，以信息传输、互联网为代表的新兴服务业快速发展，营利性服务业占比提高 1 个百分点。信息消费快速增长，带动其他营利性服务业增加值增长 22.6%，比上年提高 5.1 个百分点，上拉地区生产总值增速 0.6 个百分点。

① 无公害农产品、绿色食品、有机农产品和农产品地理标志。

专栏2 “三位一体”建设“数字江淮” “三化同步”引领美好安徽

2018年，安徽省把“数字江淮”建设作为构建现代化经济体系、推动经济社会高质量发展的新引擎，出台全国首个省级数字经济专项支持政策，着力打造“数字经济、数字政府、数字社会”三位一体的数据引领型发展模式，努力实现产业结构优质化、数字治理高效化和智慧生活惠民化。

一是发展数字经济，培育壮大新产业。积极培育数字经济主体，科大讯飞、百助网络入选2018年中国互联网企业100强；加快推进云计算和数据中心项目，形成合肥、宿州、淮南等特色云计算和大数据产业集群；量子通信等技术领先全国，科大国盾量子成为全省首家“独角兽”企业；智能语音应用软件和解决方案在全国同类产品中市占率第一，“中国声谷”孵化130多款人工智能软硬件产品。深入实施“建芯固屏强终端”行动，2018年全省规模以上电子信息制造业对工业经济增长贡献率居各行业首位；彩电、微型计算机产量分别跃居全国第2位、第5位，液晶显示屏、手机、集成电路等新兴产品产量分别增长3.3%、15.3%和17%，华米科技发布全球可穿戴领域第一颗AI芯片“黄山”1号。

二是助推产业升级，融入数字新动能。实施“皖企登云”行动计划，2018年确定阿里云等17家综合云平台、合力工业车辆行业互联网平台等15家专业云平台为“皖企登云”首批推荐服务平台，实现了1 500家企业与云资源深度对接，加速企业向数字化、网络化、智能化转型。发展“互联网＋先进制造业”，成立安徽省工业互联网产业联盟，联通5G工业互联网联盟在安徽省落户，认定首批100家省级制造业与互联网融合发展试点企业。深入推进工业化信息化融合，2018年底全省累计已有近4 000家工业企业开展了“两化融合”自评估、自诊断、自对标，共有30家企业入围国家“两化融合”管理体系贯标试点企业，新增316家企业通过“两化融合”管理体系认定，通过数位居全国第4位。推动工业机器人集群发展，芜湖、马鞍山、合肥等机器人产业集聚区已形成集研发设计、生产制造、系统集成、示范应用等为一体的全产业链发展格局，2018年全省生产工业机器人1.1万台，同比增长37.5%，推广应用工业机器人4 400台，同比增长33.3%。

三是优化发展环境，打造智慧新生活。深入推进“互联网＋政务服务”建设，上线运行“皖事通”APP，联通全省16个市政务服务大数据资源，逐步实现全省政务服务全接入以及全省政务服务“一张网”和统一移动应用端，推出17个类别、298项便民服务，首批上线事项全国最多，推动实现重点部门高频服务事项“零跑动”。深入推进民生领域智能化应用、智慧化建设，全省交通出行、社会保障、教育考试、医疗卫生、法律服务、生活服务等基本公共服务事项均可在线办理，全国首家智慧医院落户中科大附一院（安徽省立医院），智能语音和人工智能广泛应用于辅助医疗诊断，开展智慧养老、智慧学校、智慧旅游、智慧社区示范试点，2018年全省数字经济领域各类国家级试点示范入围数均处于全国前列。深入推进智慧金融，加快移动支付便民示范工程建设。以合肥、阜阳被确定为全国100个示范城市为契机，不断优化城市移动支付受理环境。合肥地铁上线手机PAY支付，25个综合性示范商圈、30条无障碍街区、200余个菜场和周边生活圈均可受理银联移动支付。

4. 供给侧结构性改革深入推进，新旧动能加速转换。有序淘汰落后过剩产能，全年全省退出煤炭产能690万吨，压减生铁粗钢产能228万吨，有序处置省属“僵尸企业”58户；伴随过剩产能出清、优质产能释放，传统行业转型升级加快，全年钢铁业增加值同比增长15.7%。坚持“房住不炒”、因城施策，房地产市场总体稳定。多措并举降低企业成本，出台《关于进一步降低企业成本的实施意见》，规模以上工业每百元主营业务收入中主营业务成本85.6元，同比下降0.6元，全年减税1 103.2亿元。继续加强短板领域投资，全年农业、居民服务业、生态保护和环境治理业投资分别增长33%、31.9%和42.1%，增速均快于全部投资。

5. 生态文明建设取得成效。2018年，安徽省着力打造生态文明建设的安徽样板，全年PM2.5平均浓度下降12.5%，优良天数比例较上年提高4.3个百分点，秸秆焚烧得到了有效控制，综合利用率达到88%。国家考核断面水质优良比例较上年提高3.5个百分点，启动全面打造水清岸绿产业优美丽长江（安徽）经济带建设，对1万多家“散乱污”企业进行了彻底的排查清理。实施“四旁四边四创”[①]国土绿化提升行动，在全国率先全面推开林长制，全年共完成造林143.6万亩，创建省级森林城市6个、森林城镇77个、森林村庄640个。

（三）物价水平继续上涨，就业形势保持良好

1. 居民消费价格温和上涨，八大类价格均有上涨。2018年，居民消费价格指数上涨2.0%，比上年涨幅高0.8个百分点。食品烟酒价格上涨2.1%，随着鸡蛋、鲜菜、禽类等前期跌幅较大品种价格反弹，猪肉价格同比降幅收窄，食品类价格涨幅由负转正，高于上年同期3.2个百分点，成为推动居民消费价格上涨的主因。非食品烟酒价格上涨1.9%，其中服务项目价格上涨1.8%，工业品价格上涨2.1%，工业品价格涨幅近年来首次超过服务项目，主要是能源和药品价格上调因素推动。八大类价格由以往有涨有跌转为全面上涨，各大类间涨幅差距有所缩小，其中医疗保健类、教育文化和娱乐类延续上年领涨地位，列于涨幅前两位。

2. 工业生产者价格增幅回落，部分产品价格回落明显。安徽省工业生产者出厂价格指数和购进价格指数涨幅均较上年明显回落，其中工业生产者出厂价格指数同比上涨3.0%，较上年回落5.0个百分点，涨势趋缓，主要是生产资料价格涨幅回落6.9个百分点；工业生产者购进价格指数同比上涨5.3%，较上年回落3.9个百分点，主要由于燃料动力类、黑色金属材料类和有色金属材料类产品购进价格涨幅回落明显，涨幅同比分别回落4.4个、7.3个和19.1个百分点。

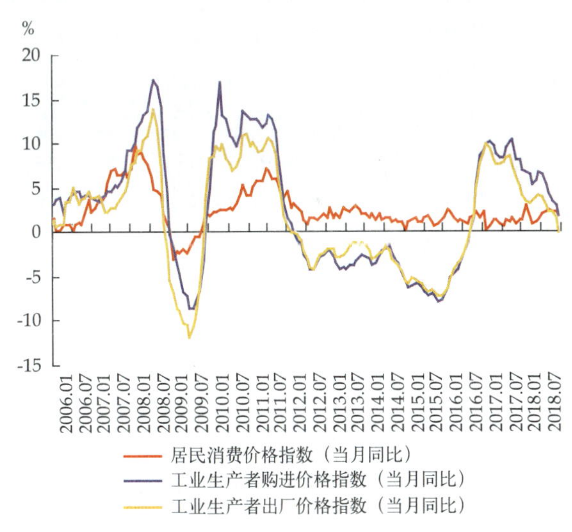

数据来源：安徽省统计局。

图12　2006~2018年安徽省居民消费价格指数和工业生产者价格指数变动趋势

① “四旁四边四创”即农村宅旁、村旁、路旁、水旁，道路河流两边、单位（居民小区）周边、城镇周边、景区周边，创建森林城市、森林城镇、森林村庄、森林长廊。

3. 就业形势保持稳定，居民收入增长加快。2018 年，安徽省城镇新增就业 70.5 万人，完成年度目标任务的 111.9%；城镇登记失业率 2.8%，处于 2010 年以来的低位。居民收入保持增长，2018 年全省城镇常住居民人均可支配收入 34 393 元，同比增长 8.7%，较上年加快 0.2 个百分点；农村常住居民人均可支配收入 13 996 元，同比增长 9.7%，较上年加快 0.8 个百分点，与全国平均水平差距较上年缩小 53 元，为 2015 年以来首次缩小。

（四）财政收入稳健增长，收支结构持续优化

2018 年，安徽省地方财政收入 3 048.6 亿元，同比增长 8.4%，其中税收占比 71.5%，较上年提高 1.4 个百分点，收入质量得到提升。全年全省完成财政支出 6 572 元，同比增长 5.9%，主要投向三大攻坚战、供给侧结构性改革以及民生工程等重点领域和薄弱环节。落实以政府债券为主体的举债融资机制，全面完成 2018 年政府债券发行任务，全年发行政府债券 2 247.9 亿元，其中新增债券 1 003.6 亿元、再融资债券 274.5 亿元、置换债券 969.8 亿元；落实政府债务限额管理和预算管理，2018 年末全省政府债务余额 6 704.6 亿元，债务限额 7 629.1 亿元，风险总体可控。

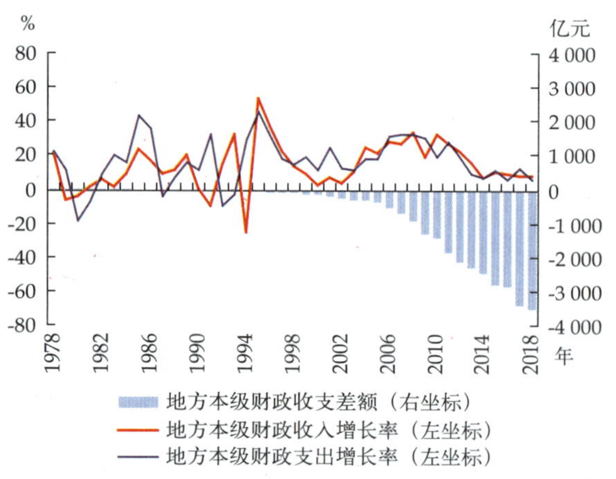

数据来源：安徽省统计局。

图 13　1978~2018 年安徽省财政收支状况

（五）房地产市场平稳运行，个人住房贷款增势稳定

2018 年，安徽省房地产市场运行总体平稳，各项指标处于合理区间，热点城市房地产调控因城施策成效显现，住房市场体系和保障体系不断完善。

1. 房地产开发投资增速回落，土地购置面积减少。2018 年，安徽省房地产开发投资同比增长 6.4%，较上年明显回落。其中，土地购置费增长 49.9%，回落 30.2 个百分点；建安投资下降 4.1%，回落 17.3 个百分点。受房地产市场调控影响，开发商拍地意愿不足，全省土地购置面积同比减少 22.2%。

2. 待售面积进一步下降，保障性住房建设进展较快。2018 年末，商品房待售面积 1 682.6 万平方米，同比下降 16.8%。全年商品房施工面积同比增长 5%，增速较上年回落 4.9 个百分点；新开工面积和竣工面积均同比减少，分别下降 4.8% 和 5.5%。保障性住房建设进展较快，全省保障性安居工程新开工 29.4 万套，基本建成 29.2 万套，政府投资公租房竣工率 98.7%。

3. 商品房销售增长稳定，二手住宅回暖。2018 年，安徽省商品房销售面积 10 038.4 万平方米，同比增长 9.1%，增速同比提高 0.9 个百分点；商品房销售额 7 077 亿元，同比增长 20.6%，增速同比提高 4.1 个百分点。全省二手房成交面积 2 696.5 万平方米，同比增长 11.6%；二手房成交均价 6 668 元 / 平方米，同比增长 19.3%。

4. 房地产贷款平稳增长，开发贷款增速回落明显。2018 年末，安徽省房地产贷款余额同比增长 23.3%，增速略低于上年末 0.8 个百分点。其中，受棚改贷款置换影响，全省房地产开发贷款增速由上年末的 29.2% 降至 16.6%；个人住房贷款增长稳定，年末同比增长 24.1%。

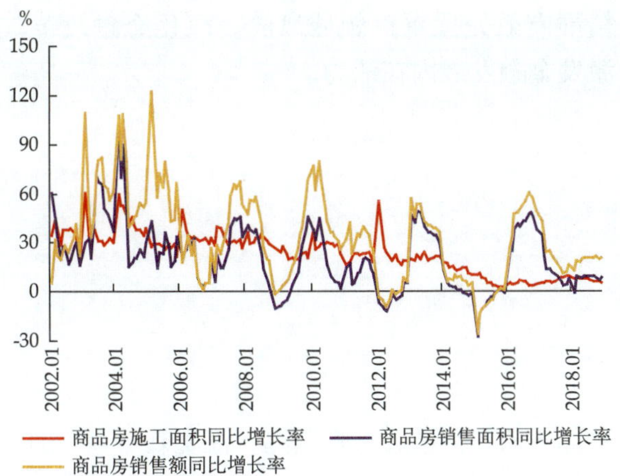

数据来源：安徽省统计局。

图 14　2002~2018 年安徽省商品房施工和销售变动趋势

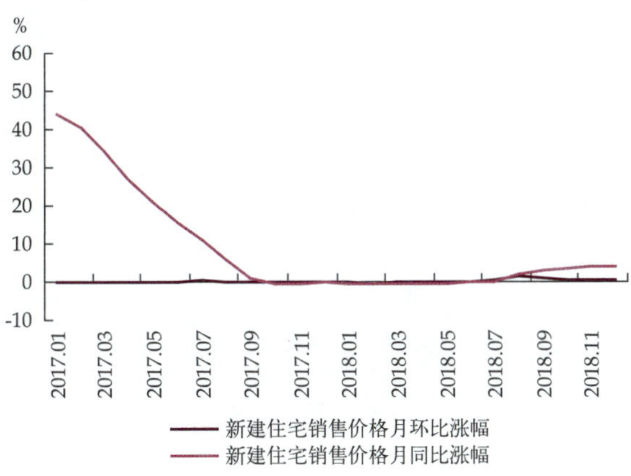

数据来源：安徽省统计局。

图 15　2017~2018 年合肥市新建住宅销售价格变动趋势

5. 坚持“房住不炒”定位，持续构建房地产健康发展长效机制。2018 年，省会合肥市持续完善房地产调控措施，按照因城施策的思路，促进房地产市场供求衔接、稳定房地产市场预期，推动构建房地产健康发展的长效机制。完善住房市场体系，出台住房租赁财政奖补办法，允许租赁住房提取公积金，建立住房租赁交易服务监管平台，推动形成多主体供给模式。稳定房地产市场预期，出台合肥市人才购房资格认定实施细则，实行更为优惠的土地拍卖政策，进一步强化房地产市场需求侧和供给侧管理，营造健康的发展环境。

三、预测与展望

2019 年，安徽省面临的内外部环境更为复杂严峻，世界经济复苏态势放缓，贸易保护主义、单边主义加剧，外部输入性风险上升，国内经济下行压力犹存，实体经济困难较多，中美贸易摩擦影响面临较大不确定性。从安徽省来看，消费、投资和工业等主要经济指标保持较快增长的难度加大，新旧动能接续转换不足，特别是科技创新能力和先进科研成果转化水平与塑造更多依靠创新驱动的引领型发展不适应，发展质量和效益还不够高，基础设施、基本公共服务等领域仍存在不少短板。同时也要看到，中国发展仍处于并将长期处于重要战略机遇期，安徽省经济平稳健康发展的基本面没有改变，支撑高质量发展的要素条件没有改变，长期稳中向好的总体势头没有改变。安徽省将以习近平新时代中国特色社会主义思想为指导，认真落实中央“八字方针”和“六稳”工作要求，促进全省经济持续健康发展。着力打好三大攻坚战，为如期全面建成小康社会夯实基础。加大基础设施建设力度，完善促进消费的体制机制，着力挖掘内需潜力。加快发展人工智能产业和数字经济，推动制造业高质量发展，以推进合肥综合性国家科学中心、量子信息科学国家实验室、合芜蚌国家自主创新示范区、全面创新改革试验省等建设为抓手，全面提升创新能力和效率。深入实施乡村振兴战略，提升县域经济水平，填补安徽省发展短板。全面改善民营经济发展环境，支持民营企业发展壮大。随着各项政策措施效应显现，预计全年安徽省经济保持平稳增长，物价保持温和上涨。

面对新的发展机遇和挑战，安徽省金融业将认真贯彻中央经济工作会议和全国金融工作会议精神，落实好稳健的货币政策，保持社会融资规模和货币信贷与地区生产总值名义增速相匹配。深化金融供给侧结构性改革，增强金融服务实体经济特别是民营和小微企业能力。切实防范化解金融风险特别是系统性金融风险，精准有效处置重点领域风险。深化金融改革，激发金融发展内在活力。

中国人民银行合肥中心支行货币政策分析小组
总　纂：刘兴亚　丁伯平
统　稿：赵永红　骆盛强　张武强　毛瑞丰
执　笔：张武强　毛瑞丰　李　雯　李　刚　张　振
提供材料的还有：李　新　吴玮玮　汪昊旻　王　亮　郑　玮　卢星辰　陈燕燕　汪文森　卢　璐　童　菲　刘　丰　章正孝　吴晓楠　刘　锴

附录

（一）2018 年安徽省经济金融大事记

1 月 9 日至 10 日，国务院副总理张高丽在安徽调研推动长江经济带发展工作，强调以生态优先、绿色发展为引领，推动长江经济带高质量发展。

1 月 10 日，安徽省与工信部在北京举行部省推进安徽智能语音产业发展领导小组会议。

2 月 23 日，合肥综合性国家科学中心理事会成立大会暨第一次会议在合肥召开。

3 月 26 日，安徽省金融工作座谈会在合肥召开，会议要求全省金融系统要增强金融服务实体经济能力，打好防范和化解金融风险攻坚战，深化金融改革，提高金融资源有效供给。

5 月 25 日，2018 世界制造业大会和 2018 中国国际徽商大会在合肥隆重开幕，会议的主题是“创新驱动，制造引领，拥抱世界新工业革命”。

7 月 2 日，安徽省出台《支持机器人产业发展若干政策》，提出 10 个方面的针对性措施，着力建成全国有重要影响力的机器人研发制造基地，建设世界一流的机器人先进制造业产业集群。

8 月 28 日，安徽省委书记李锦斌主持召开省委常委会会议，审议通过《安徽省乡村振兴战略规划（2018~2022 年）》。

10 月 23 日，安徽省出台《支持数字经济发展若干政策》，提出大力发展数字经济，推进数字产业化、产业数字化，构建现代化经济体系。

11 月 26 日，安徽省召开促进民营经济发展大会，制定出台了《关于大力促进民营经济发展的若干意见》，在提升核心竞争力、减轻税费负担、缓解融资难融资贵等八个方面提出 30 条具体举措。

12 月 3 日，安徽省首单民营企业债券融资支持工具落地。

（二）2018 年安徽省主要经济金融指标

表 1　2018 年安徽省主要存贷款指标

		1月	2月	3月	4月	5月	6月	7月	8月	9月	10月	11月	12月
本外币	金融机构各项存款余额（亿元）	47 871.1	48 555.9	49 011.1	48 812.6	49 581.2	50 141.3	50 116.3	50 465.4	51 542.2	51 327.3	51 435.6	51 199.2
	其中：住户存款	20 899.4	22 861.2	23 188.0	22 342.8	22 342.0	22 723.2	22 537.7	22 538.1	22 962.5	22 644.6	22 748.5	23 083.8
	非金融企业存款	14 729.8	13 921.2	14 297.8	14 742.6	15 244.2	15 433.0	15 335.9	15 236.2	15 300.7	15 256.5	15 285.9	15 333.8
	各项存款余额比上月增加（亿元）	1 724.3	684.8	455.2	-198.5	768.6	560.1	-25.0	349.1	1 076.8	-214.9	108.3	-236.4
	金融机构各项存款同比增长（%）	12.7	10.1	9.8	9.1	10.2	11.6	9.0	9.9	12.6	10.3	8.7	10.9
	金融机构各项贷款余额（亿元）	35 901.7	36 263.8	36 471.0	36 775.1	37 287.3	37 867.3	38 286.3	38 491.2	38 881.5	39 010.5	39 482.4	39 452.7
	其中：短期	10 190.9	10 200.6	10 323.4	10 347.7	10 386.9	10 564.7	10 540.2	10 537.6	10 566.0	10 554.9	10 624.0	10 633.8
	中长期	23 425.6	23 831.7	23 946.1	24 222.7	24 663.6	24 959.8	25 286.0	25 267.7	25 553.7	25 701.2	25 952.3	26 048.2
	票据融资	1 328.6	1 289.3	1 283.7	1 298.9	1 320.3	1 425.4	1 520.4	1 733.3	1 819.9	1 812.6	1 974.9	1 843.8
	各项贷款余额比上月增加（亿元）	727.8	362.1	207.3	304.0	512.3	580.0	419.0	204.9	390.3	128.9	471.9	-29.7
	其中：短期	119.9	9.7	122.8	24.3	39.3	177.8	-24.5	-2.6	28.4	-11.1	69.1	9.8
	中长期	665.0	406.1	114.4	276.6	440.9	296.1	326.2	-18.2	285.9	147.5	251.1	95.9
	票据融资	-58.8	-39.3	-5.6	15.2	21.4	105.1	95.0	212.9	86.6	-7.3	162.3	-131.1
	金融机构各项贷款同比增长（%）	14.5	14.0	13.3	13.4	14.0	13.8	13.9	13.6	13.6	13.2	12.2	12.2
	其中：短期	8.8	7.8	7.2	7.4	7.5	7.2	6.7	6.1	6.6	6.2	5.5	5.7
	中长期	20.2	20.0	18.8	18.4	18.7	17.9	17.7	16.3	15.7	15.3	14.2	14.5
	票据融资	-23.2	-22.5	-17.7	-12.9	-6.9	3.1	13.2	29.0	38.0	38.9	36.7	32.9
	建筑业贷款余额（亿元）	1 184.9	1 203.3	1 212.4	1 220.1	1 228.9	1 201.7	1 178.7	1 185.6	1 196.3	1 192.3	1 189.1	1 172.6
	房地产业贷款余额（亿元）	1 873.1	1 936.0	1 920.2	1 968.8	2 002.2	2 009.2	2 013.1	1 900.3	1 911.9	1 908.3	1 906.6	1 884.1
	建筑业贷款同比增长（%）	16.0	15.0	14.3	11.3	10.4	4.8	4.4	3.9	4.6	5.2	3.9	2.8
	房地产业贷款同比增长（%）	8.7	9.8	9.8	11.0	11.9	12.3	12.2	4.5	2.4	1.0	1.1	0.0
人民币	金融机构各项存款余额（亿元）	47 334.5	48 047.0	48 477.8	48 304.3	49 094.9	49 640.4	49 632.0	50 013.2	51 058.7	50 827.8	50 912.8	50 677.3
	其中：住户存款	20 811.9	22 771.5	23 097.8	22 252.5	22 251.4	22 629.4	22 442.7	22 443.8	22 870.1	22 552.9	22 658.3	22 994.8
	非金融企业存款	14 321.7	13 532.0	13 889.0	14 363.2	14 882.8	15 065.3	14 983.7	14 912.1	14 944.9	14 880.7	14 881.6	14 929.1
	各项存款余额比上月增加（亿元）	1 725.7	712.5	430.7	-173.5	790.6	545.5	-8.4	381.2	1 045.5	-230.9	85.0	-235.5
	其中：住户存款	271.7	1 959.6	326.3	-845.3	-1.2	378.0	-186.7	1.1	426.3	-317.2	105.4	336.5
	非金融企业存款	136.6	-789.7	357.0	474.3	519.6	182.5	-81.7	-71.5	32.8	-64.2	0.9	47.5
	各项存款同比增长（%）	12.6	10.1	9.9	9.2	10.4	11.7	9.0	10.1	12.7	10.5	8.8	11.1
	其中：住户存款	2.0	9.4	10.5	9.5	9.1	8.8	9.4	9.3	9.3	10.2	10.9	12.0
	非金融企业存款	16.3	4.8	3.8	7.1	10.5	10.1	7.6	6.3	8.3	7.0	4.1	5.1
	金融机构各项贷款余额（亿元）	35 215.0	35 574.8	35 766.8	36 066.3	36 576.7	37 137.2	37 558.4	37 790.2	38 203.3	38 341.8	38 828.6	38 815.3
	其中：个人消费贷款	10 089.2	10 234.5	10 425.6	10 537.0	10 716.9	10 942.9	11 149.3	11 334.8	11 532.4	11 707.1	11 938.6	12 080.6
	票据融资	1 328.6	1 289.3	1 283.7	1 298.9	1 320.3	1 425.4	1 520.4	1 733.3	1 819.9	1 812.6	1 974.9	1 843.8
	各项贷款余额比上月增加（亿元）	725.0	359.8	192.0	299.5	510.4	560.5	421.2	231.8	413.1	138.5	486.9	-13.4
	其中：个人消费贷款	267.9	145.3	191.0	111.4	179.9	226.0	206.4	185.6	197.6	174.7	231.5	142.0
	票据融资	-58.8	-39.3	-5.6	15.2	21.4	105.1	95.0	212.9	86.6	-7.3	162.3	-131.1
	金融机构各项贷款同比增长（%）	14.3	13.8	13.1	13.2	13.8	13.6	13.7	13.5	13.6	13.4	12.5	12.6
	其中：个人消费贷款	26.1	25.9	25.1	24.0	23.8	23.4	23.5	23.1	22.9	22.7	22.9	23.0
	票据融资	-23.2	-22.5	-17.7	-12.9	-6.9	3.1	13.2	29.0	38.0	38.9	36.7	32.9
外币	金融机构外币存款余额（亿美元）	84.7	80.4	84.8	80.2	75.8	75.7	71.1	66.3	70.3	71.7	75.4	76.0
	金融机构外币存款同比增长（%）	32.9	15.6	17.3	9.2	-0.4	6.8	0.1	-9.0	-0.9	-10.5	-10.3	-7.7
	金融机构外币贷款余额（亿美元）	108.4	108.8	112.0	111.8	110.8	110.3	106.8	102.7	98.6	96.0	94.3	92.9
	金融机构外币贷款同比增长（%）	35.4	34.8	36.7	35.6	31.6	28.1	23.5	16.4	6.8	-4.2	-10.4	-10.9

数据来源：中国人民银行合肥中心支行。

表 2　2001~2018 年安徽省各类价格指数

单位：%

	居民消费价格指数		农业生产资料价格指数		工业生产者购进价格指数		工业生产者出厂价格指数	
	当月同比	累计同比	当月同比	累计同比	当月同比	累计同比	当月同比	累计同比
2001	—	2.4	—	0.9	—	-3.1	—	-1.8
2002	—	1.6	—	-0.4	—	-2.8	—	-2.6
2003	—	1.3	—	1.6	—	-6.5	—	-6.1
2004	—	2.1	—	-0.5	—	-2.6	—	-1.4
2005	—	1.9	—	-0.7	—	-2.8	—	-1.7
2006	—	2.0	—	-0.9	—	-3.1	—	-2.1
2007	—	1.8	—	-1.0	—	-3.2	—	-2.2
2008	—	1.9	—	-1.1	—	-3.0	—	-2.3
2009	—	1.8	—	-1.1	—	-2.9	—	-2.3
2010	—	1.8	—	-1.0	—	-2.7	—	-2.2
2011	—	1.8	—	-0.8	—	-2.6	—	-2.2
2012	—	1.7	—	-0.6	—	-2.5	—	-2.2
2013	—	1.7	—	-0.4	—	-2.6	—	-2.3
2014	—	1.7	—	-0.4	—	-2.7	—	-2.5
2015	—	1.6	—	-0.4	—	-2.8	—	-2.6
2016	—	1.8	—	-0.6	—	-1.6	—	-1.5
2017	—	1.2	—	1.3	—	9.2	—	8
2018	—	2.0	—	1.5	—	5.3	—	3
2017　1	2.4	2.4	2.8	2.8	9.4	9.4	9.1	9.1
2	0.3	1.4	3.6	3.2	10.1	9.7	10.1	9.6
3	0.7	1.1	2.3	2.9	10.2	9.9	9.5	9.6
4	1.4	1.2	1.3	2.5	9.8	9.9	8.1	9.2
5	1.5	1.2	-0.1	2.0	8.8	9.7	7.6	8.9
6	1.1	1.2	-0.94	1.46	8.5	9.5	7.7	8.7
7	0.8	1.2	-0.5	1.18	8.5	9.3	7.9	8.6
8	1.4	1.2	0.35	1.08	9.5	9.3	8.4	8.5
9	1.2	1.2	0.7	1.04	10.2	9.4	8.6	8.5
10	1.6	1.2	2.09	1.14	10.6	9.6	7.8	8.5
11	1	1.2	2.3	1.24	8.2	9.4	6.3	8.3
12	1.4	1.2	2.23	1.33	6.7	9.2	5.1	8
2018　1	1.5	1.5	1.8	1.8	7.1	7.1	4.3	4.3
2	3.1	2.3	0.9	1.3	6.8	6.9	3.6	4.0
3	1.7	2.1	0.1	0.9	6.5	6.8	3.2	3.7
4	1.1	1.8	0.4	0.8	5.5	6.5	3.6	3.7
5	1.2	1.7	1.2	0.8	5.9	6.4	3.9	3.7
6	1.5	1.7	1.4	0.9	6.7	6.4	4.3	3.8
7	2.1	1.7	1.5	1	6.5	6.4	3.9	3.8
8	2.3	1.8	1.8	1.1	5.4	6.3	3.1	3.7
9	2.6	1.9	2.1	1.2	4.5	6.1	2.5	3.6
10	2.4	2	2.7	1.4	3.6	5.8	2.3	3.5
11	2.3	2	2.4	1.5	3	5.6	1.6	3.3
12	2	2	1.4	1.5	2	5.3	0.1	3

数据来源：《中国经济景气月报》、安徽省统计局。

表 3　2018 年安徽省主要经济指标

	1 月	2 月	3 月	4 月	5 月	6 月	7 月	8 月	9 月	10 月	11 月	12 月
						绝对值（自年初累计）						
地区生产总值（亿元）	—	—	6 601.4	—	—	14 264	—	—	21 633	—	—	30 007
第一产业	—	—	368.6	—	—	948.6	—	—	1 488.4	—	—	2 638
第二产业	—	—	3 274.8	—	—	6 737.5	—	—	10 218.2	—	—	13 842
第三产业	—	—	2 958.0	—	—	6 577.9	—	—	9 926.3	—	—	13 527
工业增加值（亿元）	—	—	2 851.3	—	—	5 661.5	—	—	8 652.6	—	—	11 664
固定资产投资（亿元）	—	—	—	—	—	—	—	—	—	—	—	—
房地产开发投资	—	650.9	1 222.8	1 782.4	2 405.6	3 067.8	3 623.8	4 208.3	4 748.6	5 161.7	5 538	5 974.1
社会消费品零售总额（亿元）	—	—	2 952.7	—	—	5 847.1	—	—	8 830.9	—	—	12 100
外贸进出口总额（亿美元）	55	99	149.3	200.4	255.2	310.6	362.8	417.5	471.8	523.5	579.7	629.7
进口	29.5	48.5	72.8	93.8	117.2	139	159.4	181.8	204.2	225.0	248.6	267.6
出口	25.5	50.5	76.5	106.6	138	171.6	203.4	235.7	267.6	298.5	331.1	362.1
进出口差额（出口－进口）	-4.0	2	3.7	12.8	20.8	32.6	44	53.9	63.4	73.5	82.5	94.5
实际利用外资（亿美元）	—	26.9	41.8	55.9	70.7	93.6	106.9	122.0	134.3	147.1	158.8	170
地方财政收支差额（亿元）	-264.6	-630.9	-1 132.1	-1 263.5	-1 480	-2 096	-2 218	-2 439	-2 897	-2 905.4	-3 033	-3 523.5
地方财政收入	338.8	554.5	823.4	1 117.3	1 384.5	1 677.5	1 952.5	2 170.9	2 409.8	2 652.7	2 829.3	3 048.6
地方财政支出	603.5	1 185.4	1 955.5	2 380.8	2 864.6	3 773.7	4 170.3	4 609.6	5 306.9	5 558.2	5 862.5	6 572.1
城镇登记失业率（%）（季度）	—	—	2.9	—	—	2.8	—	—	2.8	—	—	2.83
						同比累计增长率（%）						
地区生产总值	—	—	8.1	—	—	8.3	—	—	8.2	—	—	8.0
第一产业	—	—	3.8	—	—	3.6	—	—	3.0	—	—	3.2
第二产业	—	—	8.3	—	—	8.4	—	—	8.2	—	—	8.5
第三产业	—	—	8.5	—	—	9.1	—	—	9.0	—	—	8.6
工业增加值	—	8.6	8.6	8.4	8.6	8.9	8.9	9.0	9.1	9.2	9.1	9.3
固定资产投资	—	11.5	11.5	11.3	11.8	11.8	12.0	11.8	11.9	12.1	12.2	11.8
房地产开发投资	—	21.6	22.6	21.7	22.3	22.5	22.6	20.4	16.2	12.3	9.1	6.4
社会消费品零售总额	—	—	11.6	—	—	12.0	—	—	12.0	—	—	11.6
外贸进出口总额	50.6	49.8	35.2	32.8	31.0	26.4	23.8	21.8	21.2	21.1	20.2	16.6
进口	117.2	76.3	52.7	45.8	41.8	32.2	27.7	23.6	21.8	21.3	19.8	14.3
出口	11.0	30.8	21.8	23.1	23.1	22.0	21.0	20.4	20.7	21.0	20.4	18.3
实际利用外资	—	7.1	7.3	7.2	7.0	7.0	7.0	7.1	7.0	7.0	7.0	7.0
地方财政收入	14.4	13.8	12.3	12.0	11.4	10.8	10.5	10.3	10.1	9.4	8.5	8.4
地方财政支出	6.7	17.2	14.7	15.9	10.3	10.2	9.0	7.0	7.3	6.4	5.0	5.9

数据来源：安徽省统计局。

福建省金融运行报告（2019）

中国人民银行福州中心支行货币政策分析小组

[内容摘要] 2018 年，福建省认真学习贯彻习近平新时代中国特色社会主义思想和党的十九大精神，坚持稳中求进工作总基调，坚持新发展理念，以供给侧结构性改革为主线，落实"六稳"部署，打好三大攻坚战，全力推进高质量发展落实赶超，全年全省地区生产总值增长 8.3%。作为全国生态文明试验区，福建省生态环境保持良好，全年单位地区生产总值能耗下降 3.4%，森林覆盖率连续 40 年保持全国第一。

福建省 2018 年经济增长主要特点：一是总需求稳步扩张，民间投资贡献突出。投资增幅居全国前列，全年固定资产投资增长 11.5%，增速居全国第 4 位。民间投资全年增长 20.6%。投资结构持续优化，高技术服务业和卫生、教育等民生领域投资快速增长，生态环保投入实现倍增。消费平稳增长，网上零售占比继续提高。出口增长有所加快，产品结构改善，技术含量和附加值较高的机电产品出口占全部出口的比重进一步提高。二是工业产业结构向中高端调整优化，企业盈利能力上升，旅游收入快速增长。第二产业延续上年的回升态势，全年增加值增长 8.5%，增幅较上年提高 1.6 个百分点。规模以上高技术制造业增加值增长 13.9%，较上年加快 1.4 个百分点。新能源汽车、智能手机、平板电脑、多功能乘用车等产品产量快速增长。规模以上工业企业利润总额增长 16.1%，新增利润主要来源于非金属矿、有色金属、纺织、化学材料等行业。第三产业增加值增长 8.8%，生产性服务业保持较快增长，其中，规模以上租赁和商务服务业营业收入增速超过 20%。"清新福建"名片越发亮丽，旅游总收入大幅增长 30.5%。三是居民消费价格温和上涨，工业生产者价格涨幅回落。居民消费价格指数上涨 1.5%，涨幅为近九年来的低位水平；工业生产者出厂价格指数上涨 2.8%，涨幅比上年回落 1.3 个百分点。四是居民和一般公共预算总收入稳定增长。居民人均可支配收入增长 8.6%，城乡居民收入差距缩小。一般公共预算总收入增长 7.4%，增幅比上年提高 0.5 个百分点。五是供给侧结构性改革成效显现。规模以上黑色金属冶炼和压延加工业、非金属矿物制品业产能利用率有所提升；规模以上工业企业资产负债率下降；短板领域中的生态保护和环境治理、教育、卫生等投资均大幅增长；年末全省商品房待售面积下降 9.6%。

2018 年，福建省金融业认真贯彻落实稳健的货币政策，各项改革深入推进，货币信贷和社会融资规模适度增长，融资结构持续改善，多层次资本市场健康发展，保险保障功能提升，为供给侧结构性改革营造了适宜的货币金融环境，服务实体经济的能力和效率进一步提高。

福建省 2018 年金融运行主要特点：一是地方法人贷款增速创近年新高，普惠、民营等薄弱领域信贷增势良好。年末本外币贷款余额增速较上年末提高 0.1 个百分点至 11%。普惠领域信贷增势良好，以产品创新带动信贷支持涉农、小微、民营等薄弱领域，年末金融精准扶贫贷款、农村"两权"抵押贷款余额均快速增长，全年个人经营性贷款明显多增，支持"双创"力度加大。认真贯彻落实宏观审慎评估要求，引导地方法人金融机构支持经济发展，年末人民币贷款增速为 19.8%，创近年新高。二是存款增速放缓。2018 年末，本外币存款余额增速为 3.9%，较上年末回落 5 个百分点，主要受经济增长放缓、企业尤其国企去杠杆、表外业务监管加强、区域资金归集能力偏弱等因素影响。三是不良贷款延续上年"双降"态势。年末不良贷款余额和不良贷款率分别比上年末减少 132.9 亿元、下降 0.5 个百分点。年末银行业金融机构逾期 90

天以上贷款 / 不良贷款比例由上年末的 101.36% 降至 85.19%。四是人民币贷款利率下半年明显回落，小微企业融资成本下降。12 月人民币贷款加权平均利率 5.82%，比 7 月下降 49 个基点，其中对小微企业贷款利率 5.45%，比 7 月下降 61 个基点。五是直接融资取得新进展。全年企业在银行间市场发债筹资 1 340.8 亿元，比上年增加 354.1 亿元。债券品种持续创新，永续中期票据、并购票据、扶贫中期票据、绿色资产支持票据发行相继取得突破，三安集团成功发行民营企业债券融资支持工具，地方法人金融机构积极发行绿色金融债、小微企业专项金融债。六是保险业风险保障功能进一步发挥。省内保险公司积极承保小额贷款保证保险、出口信用保险、政策性农业保险等业务，较好支持相关实体领域发展。全年保险业承担风险总额 58.5 万亿元，增长 31.7%，赔付支出 346.3 亿元。七是金融改革和对外开放持续推进，金融基础服务水平继续提升。福建自由贸易试验区等区域金融改革稳步推进。深化发展普惠金融取得积极成效，移动支付便民示范工程建设成效斐然。全年云闪付 APP 新增注册用户数、有效用户数均居全国第一。自主建设福建省银政通系统，大幅提升开户服务效率。信用体系不断完善，公共信用信息交换共享应用稳步推进，与省工商局在全国率先启动首批信息数据交换共享，中小微企业和农村信用体系建设取得进展。金融司法环境进一步优化，金融消费者合法权益得到有效维护。

展望 2019 年，全省经济有望继续保持稳中向好、稳中有进的发展态势，创新驱动、转型升级、改革开放、乡村振兴、区域协调、生态建设、民生改善等重点工作持续推进，2019 年对全省生产总值的预期目标是增长 8%~8.5%。也要看到，福建省经济运行仍面临较大的下行压力，投资增长后劲不足，居民消费增长持续放缓，外贸出口形势更加严峻。企业经营面临的困难和问题增多。金融风险整体可控但点上仍散发、多发，引导金融服务实体经济依然面临一些梗阻。要正视这些困难和挑战，深刻认识到当前乃至今后一段时间福建省经济发展健康稳定的基本面不会改变，支撑高质量发展的生产要素条件不会改变，长期稳中向好的总体势头不会改变。2019 年福建省金融业将深化金融供给侧结构性改革，继续贯彻执行好稳健的货币政策，切实疏通货币政策传导机制，进一步完善货币政策和宏观审慎政策双支柱调控框架，保持货币信贷和社会融资规模合理增长，增强金融服务实体经济的能力，大力发展普惠金融、绿色金融，继续为供给侧结构性改革和高质量发展营造适宜的货币金融环境。同时注重防控金融风险，对各类金融风险做到早识别、早预警、早发现、早处置，守住不发生系统性金融风险的底线。

一、金融运行情况

2018 年，福建省金融业以习近平新时代中国特色社会主义思想为指导，坚持党对金融工作的集中统一领导，全面贯彻党的十九大、中央经济工作会议和全国金融工作会议精神，认真贯彻落实稳健的货币政策，各项改革深入推进，货币信贷和社会融资规模适度增长，融资结构持续改善，多层次资本市场健康发展，保险保障功能提升，服务实体经济的能力和效率进一步提高。

（一）银行业稳健运行，服务实体经济效率提升

1. 银行业规模平稳增长。2018 年末，福建省银行业金融机构资产总额 9.9 万亿元，同比增长 3.3%；机构个数 6 547 个，同比增长 1.2%；从业人员 12.1 万人，同比下降 0.6%；法人机构数 141 个，同比增加 4 个（3 家为村镇银行、1 家为消费金融公司）。2015 年推进利率市场化

改革放开存款利率上限后，省内金融机构利率定价能力有效提升，改革冲击逐渐减弱，叠加近年来不良贷款处置高峰期已过，金融机构收息率和盈利能力回升，全年净利润增速比上年提高3.0个百分点。

表1　2018年福建省银行业金融机构情况

机构类别	营业网点			法人机构（个）
	机构个数（个）	从业人数（人）	资产总额（亿元）	
一、大型商业银行	2 292	54 508	21 644	0
二、国家开发银行和政策性银行	44	1 615	7 031	0
三、股份制商业银行	841	24 358	48 227	1
四、城市商业银行	243	8 998	9 388	4
五、小型农村金融机构	1 929	20 255	8 232	68
六、财务公司	6	140	401	5
七、信托公司	2	806	243	2
八、邮政储蓄银行	1 062	6 079	2 229	0
九、外资银行	39	961	589	1
十、新型农村金融机构	84	1 899	309	55
十一、其他	5	1 683	332	5
合计	6 547	121 302	98 624	141

注：营业网点不包括国家开发银行和政策性银行、大型商业银行、股份制商业银行等金融机构总部数据；大型商业银行包括中国工商银行、中国农业银行、中国银行、中国建设银行和交通银行；小型农村金融机构包括农村商业银行和农村信用社；新型农村金融机构包括村镇银行；“其他”包含金融租赁公司、消费金融公司、民营银行。

数据来源：中国人民银行福州中心支行、福建银保监局。

2. 存款增速持续走低，金融机构吸收存款压力增大。受经济增长放缓、企业尤其是国企去杠杆、表外业务强监管、区域资金归集能力偏弱等因素影响，2018年福建省增速明显放缓，年末全省本外币各项存款余额4.6万亿元，比上年末增长3.9%，增速创1991年来新低。全年存款增加1 726.11亿元，比上年大幅少增1 873.68亿元。年末余额贷存比与比年初增量贷存比分别高达101.5%和263.2%。在存款增速走低及实体经济亟须加大信贷支持背景下，金融机构吸收存款压力增大。

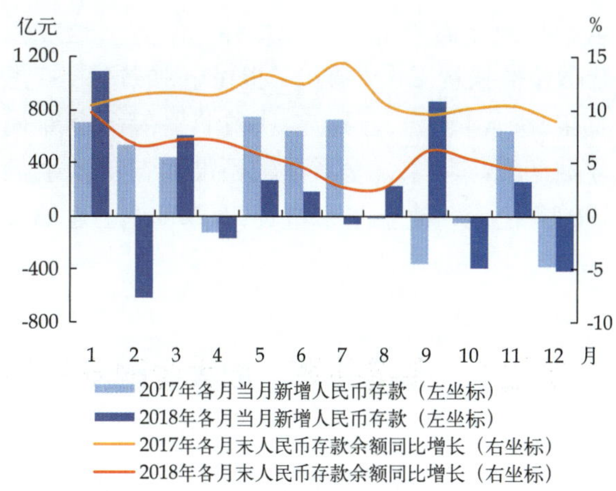

数据来源：中国人民银行福州中心支行。

图1　2017~2018年福建省金融机构人民币存款增长变化

3. 贷款平稳增长，普惠领域信贷增势良好。2018年末，全省本外币贷款余额4.7万亿元，比上年末增长11.0%。全年全省贷款新增4 543.60亿元，比上年多增431.17亿元。地方法人金融机构大力支持省内经济发展，年末人民币贷款增速为19.8%，创近年新高。

短期贷款、中长期贷款明显少增，票据融资大幅多增。2018年，全省短期贷款、中长期贷款分别增加523亿元、3 101.27亿元，比上年分别少增862.93亿元和545.64亿元。全省票据融资增加848.53亿元，比上年多增1 861.55亿元，票据融资明显多增原因除了上年基数较低外主要有：一是价格较低，部分企业更愿意用票据融资替代短期贷款；二是相对一般贷款风险较小，部分银行更青睐票据业务。

普惠领域贷款增势良好。2018年，中国人民银行福州中心支行将普惠金融发展列为首要推动的重大决策，以宁德、龙岩两地为试点，推动福建省申报全国普惠金融改革试验区，大胆创新、勇于实践，补齐金融短板。一是加大对乡村振兴战略的金融支持力度。扎实推进农村“两权”抵押贷款试点。年末全省直接支农的农户贷款余额4 131.06亿元，比上年末增长13.75%；农村“两权”抵押贷款余额114.9亿元，比上年末增长144.48%；在全国率先推出普惠制林业金融产品——“惠林卡”。二是加强金融精准扶贫工作。推出“担保金扶贫贷”“惠农宝·扶贫贷”“万通宝·扶贫贷”等3个专属金融产品。年末，全省金融精准扶贫贷款余额198.13亿元，比上年末增长26.22%。三是加强信用体系建设。年末全省建立小微企业信用档案户11.36万户，其中2.73万户企业获得银行融资。与此同时，积极贯彻落实健全货币政策和宏观审慎政策双支柱调控框架的决策部署，充分运用多种货币政策工具，发挥宏观逆周期调节作用，加强政策预调微调，引导金融机构加大对实体经济尤其是民营企业、小微企业的支持力度。

专栏1　多措并举　加大金融支持民营和小微企业力度

一是健全完善金融服务民营企业工作机制和政策措施。成立金融服务民营和小微企业发展工作领导小组，印发金融支持小微企业发展20条措施意见。2018年末，全省小微企业（含个体工商户和小微企业主经营性贷款）本外币贷款余额11 823亿元，比年初增加813.19亿元。

二是实施四次定向降准，为民营和小微企业融资创造适度的流动性环境。2018年，中国人民银行福州中心支行在中国人民银行总行布置下共实施四次定向降准，合计直接释放资金约1 137.75亿元用于支持实体经济，特别是支持民营企业、小微企业、市场化法治化“债转股”融资。

三是发挥宏观审慎评估（MPA）的逆周期调节作用，引导信贷资金优先支持民营和小微企业。新增MPA临时性专项指标，专门用于考察定向降准机构普惠口径小微企业信贷投放情况。

四是推动小微企业应收账款融资专项行动。推动省财政出资奖励协助推动小微企业应收账款业务的龙头企业，同时推动政府采购合同项下的应收账款质押融资。2018年各类金融机构和小微企业通过应收账款融资服务平台达成交易328笔、金额29.86亿元。

五是积极加强政银企常态化对接。2018年12月11日召开全省政银企对接视频会暨产融云平台上线启动活动，现场为各民营企业提供金融服务。自福建省产融云平台试运行上线以来，已吸引112家金融机构入驻，服务企业82家，实现融资对接110.1亿元。

六是创新福建省特色的信贷产品。引入“互联网+”和大数据技术，结合具体经营信息创新推出电商贷、农e贷、银（云）税贷等产品，为小微企业提供更高效便捷的金融服务。其中，泉州银行“无间贷”和宁德恒兴村镇银行“茶贷通”产品被中国人民银行总行相关专刊登载并宣传推广。

七是成功推动民营企业债券融资支持工具在福建省落地。在中国人民银行福州中心支行推动支持下，2018年11月15日，招商银行独立为福建三安集团创设信用风险缓释凭证2.5亿元（保费价格2.01%），成功带动发行超短期融资券5亿元，利率6.68%，系福建首单民营企业债券融资支持工具项目，是继浙江、广东、江苏三省先行先试后，福建省在全国第四个成功发行。

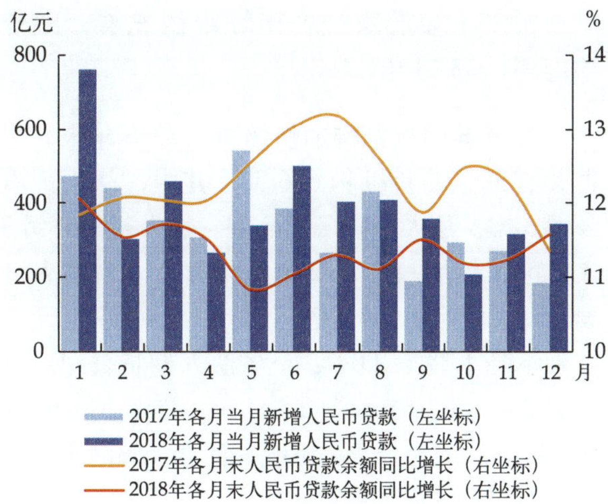

数据来源：中国人民银行福州中心支行。

图 2　2017~2018 年福建省金融机构人民币贷款增长变化

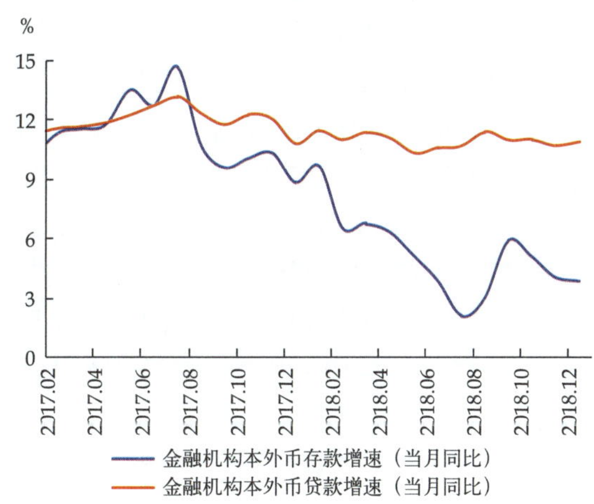

数据来源：中国人民银行福州中心支行。

图3　2017~2018年福建省金融机构本外币存、贷款增速变化

4. 人民币贷款利率下半年明显回落，小微企业融资成本下降。2018 年，福建省市场利率定价自律机制高效运行，引导金融机构科学合理定价，全省贷款利率走势平稳。全年人民币贷款加权平均利率 6.03%，比上年上升 17 个基点，其中，对企业贷款加权平均利率 5.28%，比上年上升 20 个基点。在存款竞争加大背景下，全年人民币整存整取定期存款加权平均利率 2.07%，比上年上升 8 个基点，金融机构负债成本提高，制约社会融资成本下行。对此，下半年中国人民银行福州中心支行加大金融服务实体力度，深化对民营、小微企业等经济重点领域和薄弱环节的金融支持。在政策引导下，下半年贷款利率明显回落，12 月全省人民币贷款加权平均利率 5.82%，比 7 月下降 49 个基点，其中，对企业贷款加权平均利率 5.14%，比 7 月下降 38 个基点，对小微企业贷款利率 5.45%，比 7 月下降 61 个基点，小微企业融资贵问题得到缓解。

美元存、贷款利率上升。2018 年全省美元活期、定期存款加权平均利率分别为 0.14%、1.57%，比上年分别上升 2 个和 35 个基点；美元贷款加权平均利率 3.8%，比上年上升 70 个基点。

表 2　2018 年福建省金融机构人民币贷款各利率区间占比

单位：%

月份		1 月	2 月	3 月	4 月	5 月	6 月
合计		100.0	100.0	100.0	100.0	100.0	100.0
下浮		12.8	10.7	8.3	5.2	7.5	3.2
基准		17.2	16.2	14.4	15.4	10.5	12.2
上浮	小计	70.0	73.1	77.3	79.4	82.0	84.6
	(1.0，1.1]	16.9	20.0	17.2	19.1	16.8	20.0
	(1.1，1.3]	17.4	16.1	18.2	19.4	18.9	20.0
	(1.3，1.5]	17.3	17.2	19.0	17.9	20.3	18.9
	(1.5，2.0]	11.8	13.0	15.8	15.9	17.8	18.2
	2.0 以上	6.7	6.8	7.1	7.1	8.2	7.5
月份		7 月	8 月	9 月	10 月	11 月	12 月
合计		100.0	100.0	100.0	100.0	100.0	100.0
下浮		4.7	6.6	7.9	7.4	10.7	14.9
基准		9.5	11.0	13.6	13.0	12.8	14.3
上浮	小计	85.8	82.4	78.5	79.6	76.5	70.8
	(1.0，1.1]	15.0	17.5	16.0	13.5	14.1	13.9
	(1.1，1.3]	21.4	18.4	20.8	21.8	21.7	19.8
	(1.3，1.5]	21.2	19.2	18.5	20.1	18.6	18.3
	(1.5，2.0]	20.6	19.9	16.3	16.2	15.3	12.4
	2.0 以上	7.6	7.5	7.0	7.8	6.9	6.4

数据来源：中国人民银行福州中心支行。

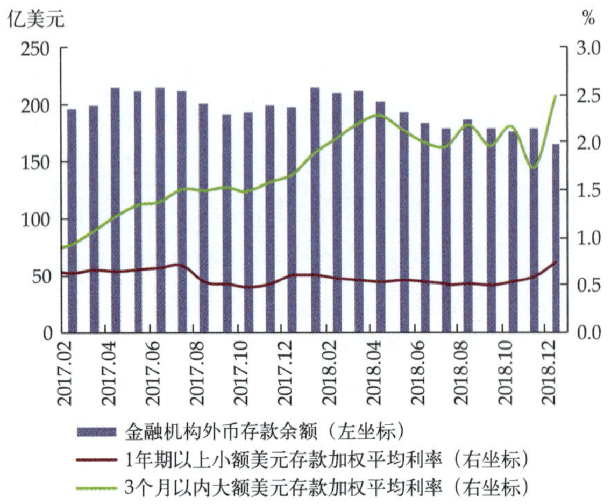

数据来源：中国人民银行福州中心支行。

图 4　2017~2018 年福建省金融机构外币存款余额及外币存款利率

5. 不良贷款继续实现“双降”。2018 年，通过“控新化旧”综合施策，全省不良贷款快速上升势头继续得到有效控制。年末全省不良贷款余额比年初减少 132.9 亿元；不良贷款率比年初下降 0.5 个百分点，降至 2014 年第二季度以来的新低。同时，信贷资产风险分类偏离度有所下降，年末全省银行机构逾期 90 天以上贷款 / 不良贷款比例由上年末的 101.36% 降至 85.19%。总体上看，全省不良贷款防控成效明显。不良贷款实现“双降”的同时，省内高风险金融机构数量进一步减少，地方法人金融机构经营总体平稳；房地产金融平稳运行，政府隐性债务风险化解工作有序推进，重点区域、重点领域风险稳定，打好防范重大金融风险攻坚战取得良好开端。

6. 金融改革创新与对外开放不断深化。一是福建自由贸易试验区等改革稳步扎实推进。二是推动福建省特殊经济区域台资企业资本项目管理便利化试点正式落地。截至 2018 年末，共有 33 家台资企业办理试点业务 129 笔、金额 2.29 亿美元。三是对台跨境人民币业务不断推进。2018 年，全省对台跨境人民币业务结算 397.1 亿元，占全省跨境人民币总结算规模的 11.6%。

（二）多层次证券市场平稳发展，融资功能进一步提升

1. 证券期货机构加快培育。2018 年末，全省共有证券期货机构 656 家，其中，法人证券公司 3 家、法人期货公司 5 家、法人基金公司 3 家、区域性股权市场 2 家。年末，全省法人证券公司总资产 1 668.2 亿元，净资产 440.2 亿元，分别下降 1.7%、2.0%；全省法人期货公司总资产 182.9 亿元，净利润 2.4 亿元，分别下降 6.3% 和 24.0%。闽台合资金圆统一证券、闽港合资百富证券设立进程加快。

2. 直接融资取得新发展。2018 年，全省上市、挂牌企业、非上市企业累计实现直接融资 1 902.98 亿元，比上年下降 4.46%。其中 2 家公司实现首发上市，首发融资 71.5 亿元；上市、挂牌公司通过发行普通股、ABS 融资等方式实现股权和债券再融资 1 831.48 亿元，比上年下降 2.68%。

银行间市场发债成效明显。全年福建省企业在银行间市场发债 217 期，筹资 1 340.8 亿元，比上年分别增加 69 期和 354.1 亿元。债券品种持续创新，福建三安集团发行民营企业债券融资支持工具在全国率先突破，厦门象屿集团成功发行 10 亿元永续中期票据，福建阳光集团成功发行 5 亿元并购票据，福建漳龙集团成功发行 5 亿元扶贫中期票据，华电福新能源股份有限公司成功发行 6.8 亿元绿色资产支持票据。厦门象屿集团已向交易商协会提交 15 亿元商业地产抵押贷款支持票据的注册申请材料。与此同时，厦门银行、厦门农商银行、福建海峡银行、泉州银行共成功发行 145 亿元小微企业专项金融债；兴业银行成功发行两期共 600 亿元绿色金融债券；厦门国际银行成功发行 100 亿元一般金融债；长乐农商银行发行 2 亿元二级资本债。

3. 上市公司质量持续提升。年末，全省共有境内上市公司 133 家，较上年末增加 1 家，总市值 1.4 万亿元。全省（不含厦门）上市公司家数、总股本和总市值分列全国第 12 位、第 9 位和第 8 位。全年 14 家次上市公司开展并购重组涉及金额 37.7 亿元，并购重组活跃度有所下降。

4. 场外市场建设深入推进。全省新三板挂牌企业共373家。

表3　2018年福建省证券业基本情况

项目	数量
总部设在辖内的证券公司数（家）	3
总部设在辖内的基金公司数（家）	3
总部设在辖内的期货公司数（家）	5
年末国内上市公司数（家）	133
当年国内股票（A股）筹资（亿元）	109.8
当年发行H股筹资（亿元）	1.3
当年国内债券筹资（亿元）	1 210.1
其中：短期融资券筹资额（亿元）	118.5
中期票据筹资额（亿元）	437.7

数据来源：中国人民银行福州中心支行、福建证监局。

（三）保险市场保持良好发展态势，助推经济与保障民生作用增强

1. 保险业规模持续增长。2018年末，全省保险业总资产2 632.4亿元，同比增长10.7%，全年累计实现保费收入（指原保险保费收入，下同）1 081.4亿元，同比增长4.8%。其中，财产险保费收入315.3亿元，人身险保费收入766.1亿元，分别增长4.6%和4.9%。

2. 保险服务实体经济力度逐步增强。2018年，全省信用保证保险保费提供风险保障约3 210亿元，其中出口信用险为全省提供收汇风险保障268.9亿美元；政策性农业保险提供风险保障逾3 000亿元，累计赔款支出近5亿元；小贷险累计支持小微企业增信融资8.1亿元，保险资金支农支小试点支持新增融资7 735万元。

3. 民生保障水平稳步提升。2018年，全省累计承担风险总额58.5万亿元，累计赔付支出346.3亿元，同比分别增长31.7%和6.3%。保险密度2 744.0元/人，同比增长4.0%，保险深度3.0%。全省城乡大病保险参保人数达2 339万人，保费收入9.1亿元，参与城乡居民基本医保经办服务共537万人次，报销医疗费用27.1亿元。商业健康保险累计赔付支出50.6亿元，同比增长19.2%。责任保险共提供风险保障达3.9万亿元。

表4　2018年福建省保险业基本情况

项目	数量
总部设在辖内的保险公司数（家）	3
其中：财产险经营主体（家）	2
人身险经营主体（家）	1
保险公司分支机构（家）	60
其中：财产险公司分支机构（家）	28
人身险公司分支机构（家）	32
保费收入（中外资，亿元）	1 081.4
其中：财产险保费收入（中外资，亿元）	315.3
人身险保费收入（中外资，亿元）	766.1
各类赔款给付（中外资，亿元）	346.3
保险密度（元/人）	2 744.0
保险深度（%）	3.0

数据来源：福建银保监局。

（四）金融交易活跃，社会融资规模平稳增长

1. 银行贷款占社会融资规模增量的比重提高。2018年，全省社会融资规模增量5 619.8亿元，同比下降14.7%。其中，委托贷款、信托贷款、未贴现银行承兑汇票分别多减550.6亿元、1 652.7亿元和417.0亿元，主要受金融去杠杆、表外业务强监管影响。在地方法人金融机构贷款快速增长带动下，全年全省人民币贷款新增4 631.1亿元，比上年多增562.2亿元，占社会融资规模增量的82.4%，创近年来新高。

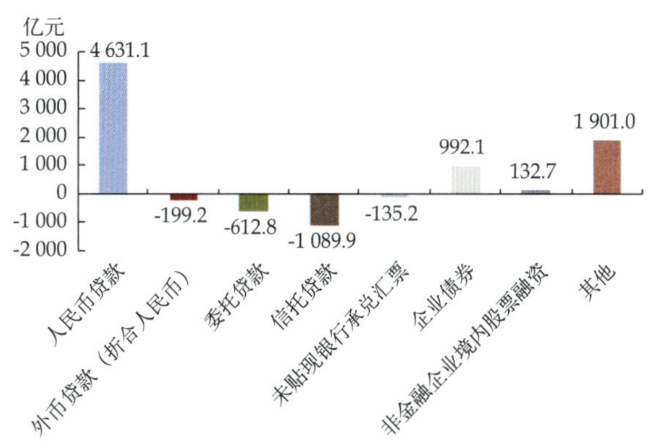

数据来源：中国人民银行福州中心支行。

图5　2018年福建省社会融资规模分布结构

2. 货币市场交易活跃。2018年，福建省银行间同业拆借、债券回购、现券交易三项成交总额75.3万亿元，同比增长27.5%。其中，拆

借市场成交5.4万亿元，增长32.3%；债券回购成交51.3万亿元，增长22.1%；现券交易成交18.7万亿元，增长43.3%。累计净融入资金0.8万亿元。交易量仍主要集中于兴业银行和四家城市商业银行。其中，兴业银行拆借、债券交易量占比分别为66.5%和52.5%，4家城市商业银行交易量占比分别为30.1%和29.9%。

3. 票据融资总量明显上升。年末，全省票据融资余额（含承兑、贴现、转贴现）4 576.7亿元，比上年末增长43.1%。票据市场贴现利率下降，转贴现利率微升。全年票据贴现加权平均利率4.4%，比上年下降27个基点；转贴现加权平均利率4.5%，比上年上升3个基点。

4. 涉外收支与结售汇市场总体保持平稳，顺差扩大。2018年，全省代客涉外收付款顺差227.8亿美元，比上年增长6.1%；结售汇顺差197.3亿美元，按可比口径增长15.5%。

5. 人民币跨境收付金额加快增长，保持净流入态势。2018年，全省人民币跨境收付金额合计3 435.0亿元，比上年增长30.9%，居全国第6位，净流入72.7亿元。其中，经常项下人民币跨境收付额1 223.2亿元，增长31.0%；资本项下人民币跨境收付额2 211.4亿元，增长30.9%。

深化福建自由贸易试验区金融改革创新，持续推进省内商业银行在结算、本币融资、资金管理、产品研发、债券发行及个人跨境业务等多个领域开展跨境人民币业务试点并取得明显成效。自福建自由贸易试验区挂牌至2018年末，福建自由贸易试验区跨境人民币业务量达3 532亿元。

表5　2018年福建省金融机构票据业务量统计

单位：亿元

季度	银行承兑汇票承兑		贴现			
			银行承兑汇票		商业承兑汇票	
	余额	累计发生额	余额	累计发生额	余额	累计发生额
1	2 230.2	985.4	900.8	2 158.4	64.9	307.5
2	2 214.4	2 937.8	1 060.5	4 526.0	92.2	518.6
3	2 588.6	6 212.8	1 313.4	7 492.6	88.4	692.6
4	2 879.2	10 924.7	1 579.9	9 604.7	117.7	866.7

数据来源：中国人民银行福州中心支行。

表6　2018年福建省金融机构票据贴现、转贴现利率

单位：%

季度	贴现		转贴现	
	银行承兑汇票	商业承兑汇票	票据买断	票据回购
1	5.3182	6.3356	5.2227	4.2347
2	4.9823	6.5329	4.9915	3.0662
3	3.9916	6.1950	3.9226	2.7141
4	3.7281	5.6485	3.8239	2.6472

数据来源：中国人民银行福州中心支行。

（五）金融基础服务水平继续提升，金融生态环境建设取得新进展

1. 支付体系建设成效显著。一是移动支付便民示范工程建设成效斐然。2018年，全省云闪付APP新增注册用户数、有效用户数均居全国第一；在全国率先实现地市公交云闪付全覆盖、移动缴税线上线下全场景应用、水电煤和交警罚没等缴费云闪付全覆盖。二是自主建设福建省银政通系统。实现跨部门涉企信息共享、工商登记同步预约开户以及开户流程电子化处理，大幅提升开户服务效率，推动改善营商环境。三是支付清算系统安全平稳高效运行。全年支付清算系统可用率达到100%，大、小额支付系统业务量分居全国第8位、第9位；网上支付跨行清算系统业务量比上年增长24.36%，居全国第5位。四是探索中央银行会计核算数据集中系统（ACS）风险管理新模式取得初步成果。全年ACS业务处理成功率99.9%，居全国前列。五是率先实施服务点规范化升级，改造成效初显。全省完成规范化升级改造服务点8 807个，升级改造率达47%。六是有序推进支付领域风险防控。试点失效居民身份证信息和非居民身份证件信息核查，配合公安机关破获特大银行卡盗刷、无证经营支付业务案件，保持打击电信网络新型违法犯罪高压态势。

表7　2017~2018年福建省支付系统业务发展情况

年份	支付系统直接参与方（个）	支付系统间接参与方（个）	支付清算系统覆盖率（%）	当年大额支付系统处理业务数(万笔)		同比增长（%）
2017	8.0	5 205.0	100.0	7 512.4		5.9
2018	8.0	5 235.0	100.0	8 277.5		10.2
年份	当年大额支付系统业务金额（亿元）	同比增长（%）	当年小额支付系统处理业务数（万笔）	同比增长（%）	当年小额支付系统业务金额（亿元）	同比增长（%）
2017	2 690 271.9	24.2	24 603	-13.7	29 935	-10.8
2018	2 820 287.1	4.8	18 963	-22.9	27 985	-6.5

数据来源：中国人民银行福州中心支行。

2. 信用体系不断完善。一是金融信用信息基础数据库稳定运行。2018年末，金融信用信息基础数据库收录全省企业及其他组织43.3万户，比上年末增加0.4万户，企业系统日均查询约4.35万次；收录自然人数2 673.8万人（约占全省人口的68.4%），个人系统日均查询约26万次。在全省推广台企台胞征信查询业务，截至2018年末，福建省累计查询台企台胞在台信用信息210笔，发放贷款6 930.5万元。二是社会信用体系建设工作进一步推进。全省守信激励和失信惩戒的联动机制不断健全，在全国率先与工商部门交换共享信息数据，扩大了福建省涉企信用信息共享覆盖面。截至2018年末，共交换共享省市场监管局企业数据51 699条，为加强政府部门事中事后监管、提高金融系统防范风险能力、开展部门协同监管提供了有力支撑。三是全省农村信用体系建设继续推进，截至2018年末，累计建立农户信用档案612万户，其中292万户农户累计获得贷款7 738.8亿元。

3. 金融司法环境进一步优化。不断完善金融和企业破产专业化审判机制，加快处置“僵尸企业”，全年全省共审结金融、借贷案件69.6万件、标的总额5 426.1亿元，强制清算与破产案件345件。全面推进执行联动和失信惩戒工作。福建省成为全国唯一对接100家省级联动单位系统的省份，全年全省共3 075家单位参与执行联动和失信惩戒，公布失信名单20.4万例，限制、惩戒失信被执行人101.7万次。中国人民银行福州中心支行全面推进法治央行建设，积极开展金融普法。

4. 金融消费者合法权益得到有效维护。2018年，中国人民银行福州中心支行持续畅通金融消费者投诉咨询渠道，办结率和满意度均达95%以上。省级金融教育合作机制不断完善，全省开展金融教育工作的各类学校达498所，受教育学生约12.6万人次。组织开展金融知识宣传活动，受众量累计超过370万人次。

二、经济运行情况

2018年，面对复杂多变的国内外环境，福建省以供给侧结构性改革为主线，加快产业转型升级，全省经济运行呈现总体平稳、稳中向好态势。从需求看，投资、消费平稳增长，出口有所加快。从供给看，第一、第三产业增速放缓，第二产业增长明显加快。2018年全省实现生产总值3.6万亿元，比上年增长8.3%，增幅比上年提高0.2个百分点，高于全国平均水平1.7个百分点。

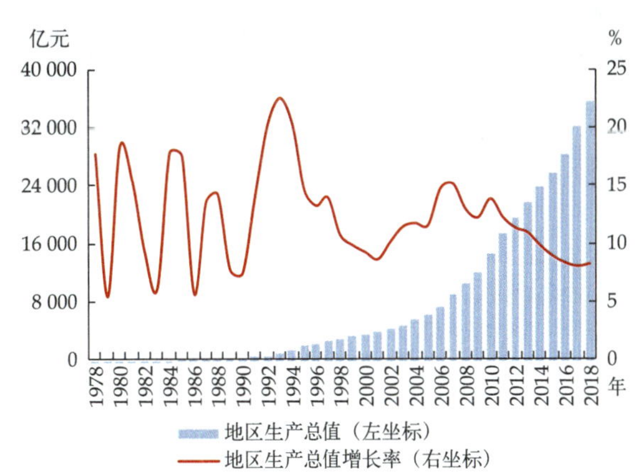

数据来源：福建省统计局。

图6　1978~2018年福建省地区生产总值及其增长率

（一）投资、消费平稳增长，出口有所加快

1. 投资增幅居全国前列，投资结构持续优化。2018年，全省固定资产投资（不含跨区项目）

增长 11.5%，增幅比上年回落 2 个百分点，但明显高于全国同期增速，居全国第 4 位。民间投资贡献突出。全年全省民间投资增长 20.6%，增幅比上年提高 2.0 个百分点，对全部固定资产投资增长的贡献率为 94.9%，比上年提高 15.4 个百分点。主要是相关促进民间投资的政策效果继续显现及“三去一降一补”政策促进企业经济效益好转。第一、第二、第三产业投资比上年分别增长 36.8%、17.8% 和 9.4%。

投资结构持续优化。一是高技术服务业投资快速增长，达 34.6%，增幅比上年提高 13.1 个百分点。二是生态环保领域投入力度加大。生态保护和环境治理业投资增长 1.1 倍。三是民生领域投资保持较快增长。文化、体育和娱乐业投资增长 75.3%，居民服务业投资增长 67.4%，卫生和社会工作投资增长 51.1%，教育投资增长 45.2%。

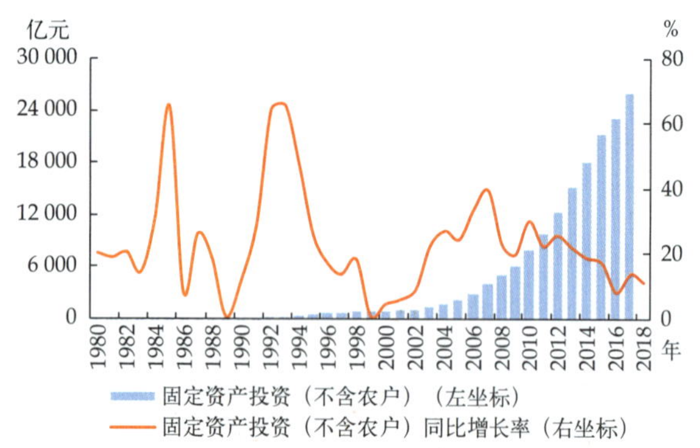

注：福建省统计局未公布 2018 年固定资产投资金额，2018 年为不含跨区项目的投资增速。

数据来源：福建省统计局。

图 7　1980~2018 年福建省固定资产投资（不含农户）及其增长率

2. 消费平稳增长，网上零售占比继续提高。 2018 年，全省社会消费品零售总额 1.4 万亿元，比上年增长 10.8%，增幅放缓 0.7 个百分点。其中，乡村增长 13.3%，增幅比城镇高 2.8 个百分点。网上零售占比继续提高。全年限额以上批发和零售企业实现网上商品零售额占全省社会消费品零售总额的比重为 7.0%，比上年提高 0.6 个百分点。

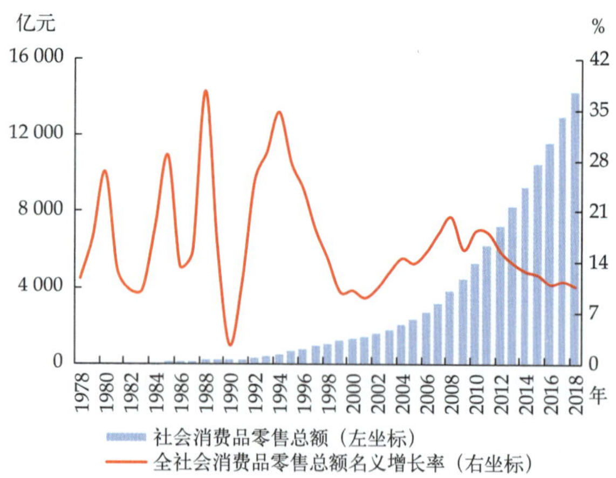

数据来源：福建省统计局。

图 8　1978~2018 年福建省社会消费品零售总额及其增长率

3. 出口结构进一步改善，外商投资保持增长。 2018 年，全省海关进出口总额 12 354.3 亿元，同比增长 6.6%。其中，出口 7 615.6 亿元，增长 7.1%，增幅比上年提高 3.0 个百分点；进口 4 738.7 亿元，增长 5.8%。一般贸易出口占出口总额的比重为 72.3%，比上年提高 0.1 个百分点。技术含量和附加值较高的机电产品出口增长 8.0%，占出口总额的比重为 36.6%，比上年提高 0.2 个百分点。全年全省规模以上工业企业出口交货值增长 10.8%，增幅比上年提高 1.7 个百分点。

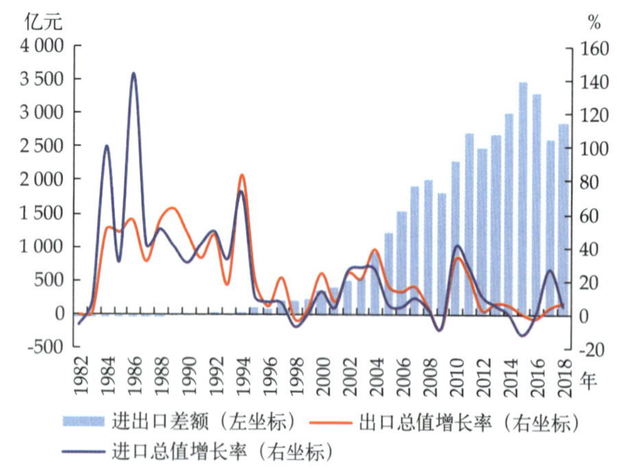

数据来源：福建省统计局。

图 9　1982~2018 年福建省外贸进出口变动情况

2018 年全省实际利用外商直接投资 305.3 亿元，比上年略有增长。

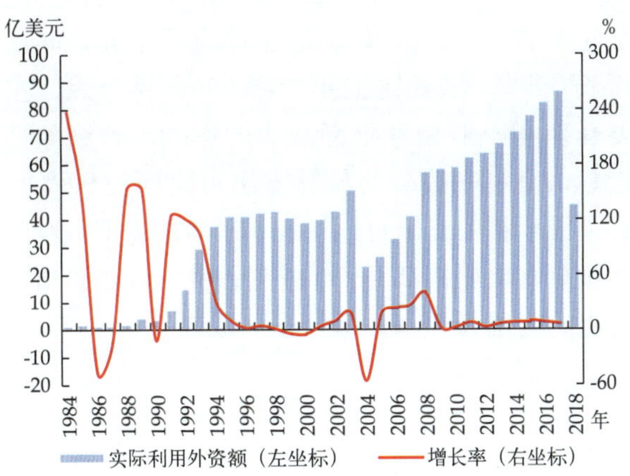

注：因 2018 年实际利用外资统计口径发生调整，当年美元口径的增长率无法获取。

数据来源：福建省统计局。

图 10 1984~2018 年福建省实际利用外资额及其增长率

（二）第一、第三产业增速放缓，第二产业增速加快

1. 第一产业增速略有放缓。2018 年，全省第一产业增加值 2 379.8 亿元，同比增长 3.5%，增幅比上年放缓 0.1 个百分点，占地区生产总值的比重为 6.7%，比上年下降 0.2 个百分点。农、林、渔业产值分别增长 4.7%、4.0% 和 5.1%。

2. 第二产业增速加快，工业企业盈利能力上升。2018 年，全省第二产业增加值 1.7 万亿元，同比增长 8.5%，增幅比上年提高 1.6 个百分点，占地区生产总值的比重为 48.1%，比上年提高 0.6 个百分点。其中，规模以上工业增加值增长 9.1%，增幅比上年提高 1.1 个百分点。高技术制造业增速加快，全年规模以上高技术制造业增加值增长 13.9%，增幅比上年提高 1.4 个百分点。全年新能源汽车、智能手机、平板电脑、多功能乘用车等产品产量快速增长，增速分别为 38.1%、132.1%、67.3% 和 71.4%。

工业企业盈利能力上升。全年规模以上工业企业实现利润 3 537.1 亿元，同比增长 16.1%，新增利润主要来源于非金属矿、有色金属、纺织、化学材料等行业，但高技术制造业、战略性新兴产业利润增长缓慢。企业生产效率提高。全年规模以上工业企业每百元资产实现主营业务收入 149.2 元，比上年增加 6.7 元；人均主营业务收入 128.1 万元，比上年增加 16.7 万元。

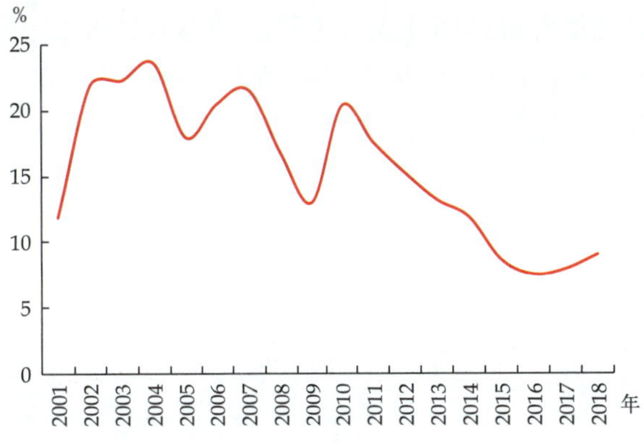

数据来源：福建省统计局。

图 11 2001~2018 年福建省规模以上工业增加值实际增长率

3. 第三产业增速略有放缓，旅游收入快速增长。2018 年，全省第三产业增加值 1.62 万亿元，同比增长 8.8%，增幅比上年放缓 1.5 个百分点，占地区生产总值的比重为 45.2%，比上年下降 0.4 个百分点。新兴服务业发展良好。全省规模以上租赁和商务服务业、互联网及相关服务业营业收入分别增长 21.9% 和 20.2%。

作为全国生态文明试验区，生态旅游为第三产业发展提供持续动力，全年全省接待入境游客 901.2 万人次，同比增长 16.2%。旅游总收入 6 634.6 亿元，同比增长 30.5%，增幅比上年提高 1.3 个百分点。

4. 供给侧结构性改革深入推进。一是产能利用率有所提升。2018 年，全省规模以上黑色金属冶炼和压延加工业、非金属矿物制品业产能利用率分别为 75% 和 80%，分别比上年提高 3 个和 1 个百分点。二是商品房库存继续减少。年末全省商品房待售面积 1 879.1 万平方米，同比下降 9.6%。三是杠杆率有效下降。年末，规模以上工业企业资产负债率为 51.1%，比上年末

降低1.0个百分点。四是短板领域投资快速增长。全年全省生态保护和环境治理、教育、卫生、文化、体育和娱乐业投资均大幅增长。

（三）居民消费价格温和上涨，工业生产者价格涨幅回落

1. 居民消费价格温和上涨。2018年，全省居民消费价格同比上涨1.5%，涨幅比上年扩大0.3个百分点。其中，食品烟酒类、医疗保健类、教育文化和娱乐类、居住类上涨较多。

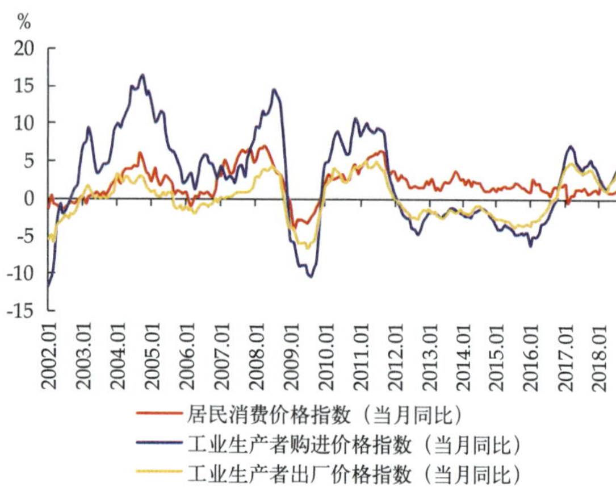

数据来源：福建省统计局。

图12　2002~2018年福建省居民消费价格指数和工业生产者价格指数变动趋势

2. 工业生产者价格涨幅回落。2018年，全省工业生产者出厂价格同比上涨2.8%，涨幅比上年回落1.3个百分点；工业生产者购进价格同比上涨2.8%，涨幅比上年回落2.5个百分点。

3. 城镇就业总体稳定，居民收入继续增长。2018年，全省城镇新增就业59.8万人。年末，全省城镇登记失业率3.71%。全年全省居民人均可支配收入32 644元，同比增长8.6%。其中，城镇居民人均可支配收入为42 121元，同比增长8.0%；农村居民人均可支配收入为17 821元，同比增长9.1%。

（四）财政收入平稳增长，重点支出保障有力

2018年，全省一般公共预算总收入5 045.4亿元，同比增长7.4%，增幅比上年提高0.5个百分点。其中，地方一般公共预算收入3 007.4亿元，增长7.1%，增幅比上年回落1.6个百分点。全年全省一般公共预算支出4 836.7亿元，同比增长3.3%，增幅比上年放缓5.8个百分点，主要受新增一般债券限额减少的影响，若剔除该因素，全省一般公共预算支出可比增长9.8%，其中民生相关支出可比增长10.3%，高于一般公共预算支出增幅0.5个百分点，占一般公共预算支出的比重为77%，保持在7成以上。

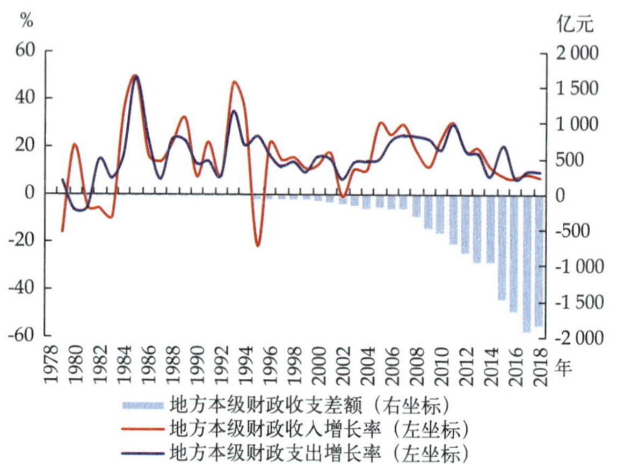

数据来源：福建省统计局。

图13　1978~2018年福建省财政收支状况

（五）房地产有效去库存，中心城市房价出现分化

1. 商品房销售增速明显放缓。2018年，全省商品房销售面积同比增长6.1%，增幅比上年放缓13.0个百分点。其中，住宅销售面积增长5.6%，增幅比上年放缓3.9个百分点。分区域看，福州受供给增加影响，商品房销售出现较大幅度增长，其他区域商品房销售增速明显回落。

2. 商品房库存规模持续下降。2018年末，全省商品房待售面积同比下降9.6%。其中，住宅待售面积下降18.8%。全省大部分县（市）商品房去化周期明显缩短，并回归合理区间。但短期看，福州和厦门作为省内中心城市及人口流入城市，商品住房供不应求矛盾仍值得关注。

3. 房地产开发投资增速有所放缓。2018

年，全省房地产开发投资同比增长3.0%，增幅比上年回落1.5个百分点。其中住宅投资增长6.8%，增幅比上年回落1.1个百分点。

4. 中心城市房价出现分化。福州市新建商品住宅销售价格由2018年1月的同比下降2.3%转为2018年12月的同比上涨8.5%。厦门市新建商品住宅销售价格由2018年1月的同比上涨2.3%转为2018年12月的同比下降0.4%。

5. 房地产贷款整体维持平稳。2018年末，全省房地产贷款余额同比增长14.0%，与上年末大致持平，与全部贷款增幅相差3.0个百分点。其中，房产开发贷款余额增长24.7%，个人住房贷款余额增长11.3%。调控热点城市福州、厦门个人住房贷款增速下降明显。

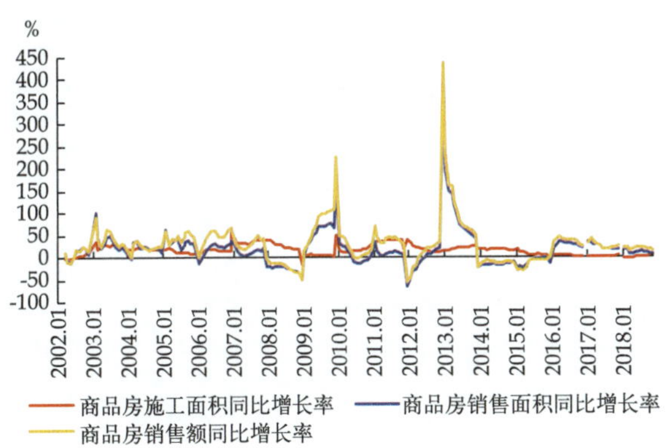

数据来源：福建省统计局。

图14　2002~2018年福建省商品房施工和销售变动趋势

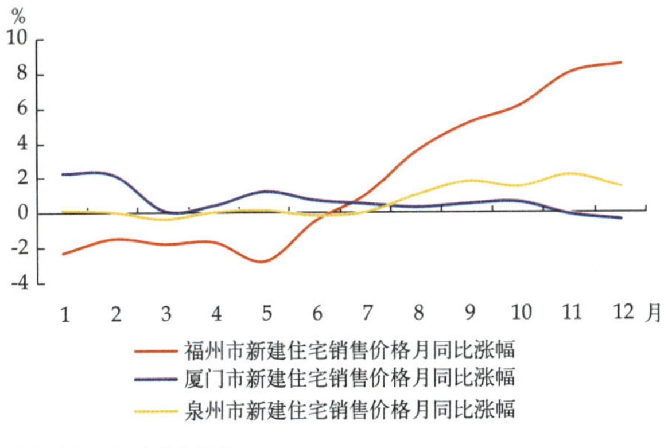

数据来源：福建省统计局。

图15　2018年福建省主要城市新建住宅销售价格变动趋势

三、预测与展望

2019年是新中国成立70周年，是全面建成小康社会和坚持高质量发展落实赶超的关键之年。福建省支撑高质量发展的生产要素条件没有改变，长期稳中向好的总体势头没有改变。一是供给体系质量明显提升。高新技术企业总数不断增加，国企国资改革纵深推进；技改投资快速增长，科技成果转换更加顺畅；民间投资对经济增长的贡献率不断提高；三大主导产业不断成长。二是城乡区域发展呈现新面貌。闽东北、闽西南两大协同发展区建设成效显著；乡村振兴开局良好，特色现代农业提质增效；精准脱贫攻坚战取得良好进展，建档立卡贫困人口基本实现脱贫。三是生态环境质量保持优良，生态环境高颜值和经济发展高素质协同共进。四是对外交流合作空间持续扩大。“一带一路”建设取得新进展，海丝沿线国家和地区贸易额不断增长；福建自由贸易试验区改革开放进一步深化；闽台经济文化交流合作持续深化。与此同时，福建省经济发展也存在不少困难和问题。投资增长后劲不足，居民消费增长放缓，外经贸发展难度加大，部分企业经营困难增多，现代服务业发展相对滞后，新动能对高质量发展支撑不够有力等。

2019年，福建省将着力创新驱动，始终把创新摆在发展全局的核心位置；着力转型升级，强化高质量发展新支撑；着力改革开放，激发高质量发展新活力；着力乡村振兴，拓展高质量发展新空间；着力区域协调，构建高质量发展新格局；着力生态建设，厚植高质量发展新优势；着力民生改善，共享高质量发展新成果。因此，虽然外部环境复杂严峻，经济面临下行压力，但福建省经济仍有望继续保持稳中向好、稳中有进的发展态势。根据省政府工作报告，2019年对全省生产总值的预期目标是增长8%~8.5%。

2019年，福建省金融业将深化金融供给侧结构性改革，继续贯彻执行好稳健的货币政策，切实疏通货币政策传导机制，进一步完善货币政策和宏观审慎政策双支柱调控框架，保持货币信贷和社会融资规模合理增长，增强金融服务实体经济的能力，大力发展普惠金融、绿色金融，继续为供给侧结构性改革和高质量发展营造适宜的货币金融环境。同时注重防控金融风险，对各类金融风险做到早识别、早预警、早发现、早处置，守住不发生系统性金融风险的底线。

中国人民银行福州中心支行货币政策分析小组
总　纂：单　强　江　涛
统　稿：徐剑波　李春玉
执　笔：徐　清　宋科进　杨冰洁　唐　菲
提供材料的还有：曹桂元　张　燕　沈良辉　林　勃　詹东新　朱　敢　杨　光　张习宁　黄素英　张奇斌　陈仲光　陈　锋　黄月琴　李志林　陈　雄　陈福生　等

附录

（一）2018 年福建省经济金融大事记

3 月 26 日，福建省人民政府出台《关于实施乡村振兴战略的实施意见》。

4 月 21 日至 25 日，首届数字中国建设峰会在福建省福州市举行。

5 月 30 日，福建省人民政府印发《福建省开展 21 世纪海上丝绸之路核心区创新驱动发展试验实施方案》。

6 月 6 日，福建省人民政府台湾事务办公室、福建省发展和改革委员会印发《福建省贯彻〈关于促进两岸经济文化交流合作的若干措施〉实施意见》。

7 月 24 日，中国人民银行福州中心支行联合福建省发展和改革委员会、福建省财政厅、福建省经济和信息化委员会、中国银行业监督管理委员会福建监管局、中国证券监督管理委员会福建监管局、中国保险监督管理委员会福建监管局印发《关于深化小微企业金融服务、助推福建小微企业高质量发展的实施意见》。

8 月 2 日，福建省银政通系统上线运行，企业开户服务得到明显优化。

10 月 26 日，中国人民银行福州中心支行、福建省税务局和中国银联签订福建税库银综合便民平台业务合作备忘录，全面启动福建省税库银便民综合办税缴费平台建设，为纳税人及缴费人提供线上线下多场景、安全便利的缴税费渠道。

11 月 30 日，福建省人民政府印发《关于进一步推进中国（福建）自由贸易试验区改革创新三十五条措施的通知》。

12 月 11 日，福建省上市公司省级纾困基金在福建自由贸易试验区平潭片区登记注册成立，总规模 150 亿元。

12 月 11 日，福建省产融云平台上线运行。

12 月 24 日，福建省人民政府印发《关于加快民营企业发展的若干意见》

（二）2018 年福建省主要经济金融指标

表 1　2018 年福建省主要存贷款指标

		1 月	2 月	3 月	4 月	5 月	6 月	7 月	8 月	9 月	10 月	11 月	12 月
本外币	金融机构各项存款余额（亿元）	45 245.2	44 607.8	45 213.0	45 002.1	45 228.5	45 390.1	45 339.1	45 616.1	46 436.7	46 048.3	46 320.8	45 812.9
	其中：住户存款	17 188.6	18 045.5	18 127.0	17 524.9	17 650.4	18 099.1	17 777.7	17 903.1	18 378.9	18 210.9	18 346.7	18 532.7
	非金融企业存款	15 077.4	14 134.8	14 518.4	14 602.7	14 262.4	14 389.7	14 208.0	14 165.0	14 103.9	13 935.0	14 066.6	14 050.6
	各项存款余额比上月增加（亿元）	1 158.4	-637.5	605.3	-211.0	226.4	161.6	-51.0	277.0	820.6	-388.4	272.5	-507.8
	金融机构各项存款同比增长（%）	9.7	6.6	6.8	6.4	5.1	3.9	2.2	3.1	5.9	5.1	4.1	3.9
	金融机构各项贷款余额（亿元）	42 671.9	42 980.2	43 493.9	43 791.4	44 093.0	44 580.0	45 016.9	45 658.2	45 717.8	46 044.9	46 231.7	46 503.5
	其中：短期	14 647.2	14 634.5	14 776.3	14 797.1	14 876.8	14 986.7	15 023.1	15 014.1	15 106.8	15 095.9	15 125.7	15 027.5
	中长期	26 060.8	26 364.8	26 651.7	26 924.3	27 128.4	27 395.1	27 662.0	27 916.5	28 178.4	28 273.0	28 533.0	28 674.6
	票据融资	897.2	924.3	965.7	931.8	1 007.8	1 152.7	1 219.9	1 396.8	1 401.8	1 450.8	1 466.6	1 697.5
	各项贷款余额比上月增加（亿元）	712.1	308.3	513.6	297.5	301.6	487.0	436.9	641.3	59.6	327.1	186.8	271.8
	其中：短期	142.8	-12.7	141.8	20.8	79.7	109.8	36.4	-9.0	92.7	-10.9	29.9	-98.3
	中长期	487.5	304.0	287.0	272.6	204.1	266.7	266.9	254.5	261.9	94.6	260.0	141.5
	票据融资	48.2	27.1	41.4	-33.9	76.0	144.9	67.2	176.9	5.0	49.0	15.9	230.9
	金融机构各项贷款同比增长（%）	11.5	11.0	11.4	11.1	10.4	10.6	10.7	11.4	11.0	11.1	10.8	11.0
	其中：短期	11.5	10.2	9.4	8.7	7.8	7.1	7.0	5.9	5.5	4.7	4.3	3.9
	中长期	15.9	15.3	14.8	14.3	12.9	13.0	12.9	12.7	13.3	12.6	12.4	12.1
	票据融资	-47.6	-42.4	-28.7	-22.8	-6.3	12.7	25.6	47.8	52.1	64.9	80.1	99.9
	建筑业贷款余额（亿元）	743.8	768.3	782.3	794.9	806.3	822.4	834.9	847.2	836.3	839.7	858.4	866.6
	房地产业贷款余额（亿元）	2 320.1	2 351.2	2 442.4	2 446.0	2 447.4	2 467.2	2 468.0	2 466.9	2 491.9	2 504.4	2 486.1	2 479.6
	建筑业贷款同比增长（%）	19.5	21.3	21.5	21.4	22.4	24.0	24.1	24.4	22.2	18.5	21.5	25.0
	房地产业贷款同比增长（%）	-2.9	-4.2	-2.2	-0.4	0.8	5.9	7.1	7.7	10.6	10.9	8.7	7.1
人民币	金融机构各项存款余额（亿元）	43 878.2	43 270.1	43 882.3	43 718.1	43 986.0	44 173.5	44 113.6	44 343.5	45 206.1	44 817.4	45 082.6	44 677.7
	其中：住户存款	16 925.3	17 777.2	17 859.6	17 258.1	17 383.6	17 826.5	17 508.2	17 635.2	18 114.4	17 950.2	18 088.0	18 278.4
	非金融企业存款	14 345.6	13 436.8	13 843.7	13 994.8	13 691.2	13 817.0	13 637.4	13 579.8	13 527.5	13 376.2	13 493.7	13 508.8
	各项存款余额比上月增加（亿元）	1 083.4	-608.0	612.1	-164.2	267.9	187.5	-59.9	229.9	862.6	-388.7	265.2	-404.9
	其中：住户存款	339.3	852.0	82.3	-601.5	125.5	442.9	-318.2	127.0	479.2	-164.2	137.8	190.4
	非金融企业存款	280.3	-908.7	406.9	151.1	-303.7	125.8	-179.6	-57.6	-52.3	-151.2	117.5	15.0
	各项存款同比增长（%）	9.7	6.8	7.2	7.1	5.8	4.6	2.7	3.3	6.2	5.4	4.4	4.4
	其中：住户存款	3.9	9.4	8.5	7.8	7.2	6.2	7.2	7.7	8.6	10.1	10.8	10.2
	非金融企业存款	10.0	1.3	2.3	1.1	-3.6	-2.3	-4.8	-4.1	-2.4	-2.4	-1.6	-4.0
	金融机构各项贷款余额（亿元）	41 269.3	41 573.2	42 031.0	42 296.2	42 635.7	43 134.3	43 538.7	43 947.9	44 305.4	44 511.5	44 829.5	45 173.9
	其中：个人消费贷款	14 461.7	14 518.5	14 664.3	14 790.4	14 930.0	15 129.7	15 281.4	15 442.6	15 650.7	15 810.8	15 992.9	16 149.4
	票据融资	897.2	924.3	965.7	931.8	1 007.8	1 152.7	1 219.9	1 396.8	1 401.8	1 450.8	1 466.6	1 697.5
	各项贷款余额比上月增加（亿元）	758.2	303.9	457.8	265.2	339.5	498.6	404.4	409.2	357.5	206.1	318.0	344.4
	其中：个人消费贷款	221.2	56.7	145.8	126.1	139.6	199.7	151.7	161.2	208.1	160.2	182.1	156.5
	票据融资	48.2	27.1	41.4	-33.9	76.0	144.9	67.2	176.9	5.0	49.0	15.9	230.9
	金融机构各项贷款同比增长（%）	12.1	11.6	11.7	11.5	10.8	11.0	11.3	11.1	11.5	11.2	11.2	11.6
	其中：个人消费贷款	24.7	23.7	22.1	20.5	18.9	17.3	16.7	15.9	15.1	14.5	13.9	13.4
	票据融资	-47.6	-42.4	-28.7	-22.8	-6.3	12.7	25.6	47.8	52.1	64.9	80.1	99.9
外币	金融机构外币存款余额（亿美元）	215.8	211.3	211.6	202.5	193.7	183.9	179.8	186.5	178.9	176.7	178.5	165.4
	金融机构外币存款同比增长（%）	16.4	7.5	5.7	-5.7	-9.0	-14.4	-15.4	-7.3	-6.4	-8.8	-10.8	-16.4
	金融机构外币贷款余额（亿美元）	221.4	222.3	232.6	235.9	227.2	218.5	216.9	250.6	205.3	220.2	202.2	193.7
	金融机构外币贷款同比增长（%）	5.9	6.2	12.7	10.4	5.8	2.5	-5.5	16.2	-5.5	2.1	-7.1	-10.5

数据来源：中国人民银行福州中心支行。

表 2　2001~2018 年福建省各类价格指数

单位：%

		居民消费价格指数		农业生产资料价格指数		工业生产者购进价格指数		工业生产者出厂价格指数	
		当月同比	累计同比	当月同比	累计同比	当月同比	累计同比	当月同比	累计同比
2001		—	-1.3	—	-1.3	—	-3.3	—	-1.9
2002		—	-0.5	—	-0.1	—	-2.4	—	-2.4
2003		—	0.8	—	1.8	—	6.3	—	0.7
2004		—	4	—	12.5	—	13.3	—	2.6
2005		—	2.2	—	8.1	—	8.1	—	0.2
2006		—	0.8	—	0.9	—	3.9	—	-0.8
2007		—	5.2	—	10.3	—	4.3	—	0.8
2008		—	4.6	—	23.6	—	10.2	—	2.7
2009		—	-1.8	—	-6.7	—	-6.8	—	-4.5
2010		—	3.2	—	2.4	—	7.7	—	3.2
2011		—	5.3	—	11.8	—	8.0	—	3.9
2012		—	2.4	—	3.3	—	-2.3	—	-1.3
2013		—	2.5	—	-0.5	—	-1.6	—	-1.6
2014		—	2.0	—	-0.5	—	-1.7	—	-1.4
2015		—	1.7	—	1.4	—	-3.9	—	-3.0
2016		—	1.7	—	0.2	—	-2.0	—	-0.9
2017		—	1.2	—	0.0	—	5.3	—	4.1
2018		—	1.5	—	3.1	—	2.8	—	2.8
2017	1	2.2	2.2	0.0	0.0	6.0	6.0	4.3	4.3
	2	-0.2	1.0	0.7	0.3	6.8	6.4	4.6	4.5
	3	0.7	0.9	0.4	0.4	7.3	6.7	5.0	4.7
	4	0.8	0.9	0.4	0.4	6.5	6.7	4.8	4.7
	5	1.4	1.0	-0.3	0.2	5.2	6.4	4.3	4.6
	6	1.4	1.1	-0.5	0.1	4.5	6.0	4.0	4.5
	7	1.4	1.1	-0.9	0.0	4.1	5.8	3.6	4.4
	8	1.6	1.2	-0.3	-0.1	4.5	5.6	3.7	4.3
	9	1.0	1.1	-0.5	-0.1	4.8	5.5	3.8	4.2
	10	1.1	1.1	-0.3	-0.1	5.5	5.5	4.1	4.2
	11	1.3	1.2	0.1	-0.1	4.8	5.4	3.8	4.2
	12	1.4	1.2	0.7	0.0	4.3	5.3	3.0	4.1
2018	1	1.0	1.0	1.7	1.7	3.3	3.3	2.4	2.4
	2	2.8	1.9	1.7	1.7	2.5	2.9	1.9	2.1
	3	1.5	1.8	2.3	1.9	1.9	2.6	1.5	1.9
	4	1.2	1.6	2.4	2.0	1.6	2.3	1.3	1.8
	5	1.1	1.5	3.0	2.2	2.2	2.3	2.1	1.8
	6	1.1	1.5	3.3	2.4	2.9	2.4	2.6	2.0
	7	1.3	1.4	3.5	2.6	3.9	2.6	3.3	2.1
	8	1.5	1.4	3.4	2.7	4.2	2.8	3.9	2.4
	9	1.9	1.5	4.1	2.8	3.8	2.9	4.1	2.6
	10	2.0	1.6	4.4	3.0	3.2	2.9	4.1	2.7
	11	1.5	1.6	4.2	3.1	2.9	2.9	3.6	2.8
	12	1.2	1.5	3.0	3.1	1.2	2.8	2.4	2.8

数据来源：国家统计局福建调查总队。

表 3　2018 年福建省主要经济指标

	1月	2月	3月	4月	5月	6月	7月	8月	9月	10月	11月	12月
	绝对值（自年初累计）											
地区生产总值（亿元）	—	—	7 307.2	—	—	14 840.9	—	—	23 311.8	—	—	35 804.0
第一产业	—	—	377.6	—	—	856.8	—	—	1 422.7	—	—	2 379.8
第二产业	—	—	3 637.6	—	—	7 658.6	—	—	11 433.9	—	—	17 232.4
第三产业	—	—	3 292.1	—	—	6 325.6	—	—	10 455.2	—	—	16 191.9
规模以上工业增加值（亿元）	—	—	—	—	—	—	—	—	—	—	—	—
固定资产投资（亿元）	—	—	—	—	—	—	—	—	—	—	—	—
房地产开发投资	314.5	550.8	1 109.3	1 502.6	1 898.5	2 404.9	2 804.8	3 186.3	3 685.1	4 112.2	4 522.3	4 940.3
社会消费品零售总额（亿元）	—	—	3 544.0	4 604.6	5 712.3	6 863.9	7 994.9	9 147.5	10 294.6	11 595.2	12 970.4	14 317.4
外贸进出口总额（亿元）	1 128.3	1 977.7	2 879.2	3 867.9	4 900.6	5 985.6	7 074.8	8 214.9	9 314.4	10 293.1	11 316.5	12 354.3
进口	445.7	775.9	1 184.0	1 542.7	1 942.6	2 338.5	2 761.9	3 215.2	3 644.3	4 020.7	4 379.0	4 738.7
出口	682.6	1 201.8	1 695.2	2 325.2	2 957.9	3 647.2	4 312.9	4 999.7	5 670.1	6 272.4	6 937.5	7 615.6
进出口差额（出口 – 进口）	236.9	425.9	511.1	782.5	1 015.3	1 308.7	1 551.0	1 784.5	2 025.8	2 251.7	2 558.5	2 876.9
实际利用外资（亿美元）	33.0	58.7	92.9	109.9	125.9	168.3	180.2	189.8	212.0	235.0	271.7	305.3
地方财政收支差额（亿元）	35.1	-174.5	-401.0	-489.4	-564.6	-821.2	-900.8	-1 032.8	-1 287.9	-1 257.0	-1 436.0	-1 829.3
地方财政收入	365.0	554.5	814.4	1 118.0	1 400.0	1 663.0	1 948.8	2 142.8	2 346.8	2 621.3	2 794.8	3 007.4
地方财政支出	329.9	729.0	1 215.4	1 607.4	1 964.6	2 484.1	2 849.6	3 175.6	3 634.8	3 878.3	4 230.8	4 836.7
城镇登记失业率（%）（季度）	—	—	3.7	—	—	3.8	—	—	3.8	—	—	3.7
	同比累计增长率（%）											
地区生产总值	—	—	7.9	—	—	8.2	—	—	8.3	—	—	8.3
第一产业	—	—	1.4	—	—	2.8	—	—	3.2	—	—	3.5
第二产业	—	—	7.3	—	—	8.1	—	—	8.5	—	—	8.5
第三产业	—	—	9.4	—	—	9.1	—	—	8.7	—	—	8.8
规模以上工业增加值	8.5	7.9	7.9	8.3	8.7	8.9	9.0	9.1	9.1	9.2	9.1	9.1
固定资产投资	15.8	14.9	13.8	13.1	13.1	13.4	13.5	13.3	13.2	12.6	11.8	11.5
房地产开发投资	5.3	0.3	3.0	5.5	5.6	1.6	3.3	2.8	4.1	3.1	3.1	3.0
社会消费品零售总额	—	—	12.7	12.6	12.4	12.2	12.2	12.1	11.9	11.6	11.4	10.8
外贸进出口总额	17.3	17.7	7.6	6.8	5.9	6.3	7.2	7.6	8.3	8.4	7.4	6.6
进口	24.8	11.1	6.6	2.6	3.9	5.4	8.0	9.8	10.0	10.2	7.6	5.8
出口	12.8	22.4	8.3	9.8	7.3	7.0	6.7	6.2	7.3	7.2	7.2	7.1
实际利用外资	35.5	18.8	5.8	-2.9	-8.2	4.1	0.7	-5.4	-2.2	1.8	2.1	3.0
地方财政收入	14.5	14.2	11.2	10.9	10.9	10.3	10.4	10.4	9.8	9.9	9.1	7.1
地方财政支出	-2.5	22.4	17.9	14.9	11.8	10.3	7.4	3.7	4.6	-0.1	-3.0	9.8

数据来源：福建省统计局。

江西省金融运行报告（2019）

中国人民银行南昌中心支行货币政策分析小组

[内容摘要] 2018年，江西省深入学习贯彻习近平新时代中国特色社会主义思想和党的十九大精神，全面贯彻新发展理念，持续做好稳增长、促改革、调结构、惠民生、防风险各项工作。全省经济运行呈现“总体平稳、稳中有进、稳中提质”态势，主要指标增速持续位居全国前列，经济结构不断优化，质量效益稳步提升，民生保障不断增强。稳健货币政策在江西省全面落实，金融运行稳中向好、总量增长较快、结构稳步优化，为助推江西省高质量跨越式发展提供有力金融支持。

经济运行总体平稳。一是经济总量继续扩大，主要指标增速快于全国水平。全省地区生产总值增长8.7%，居全国第4位；规模以上工业增加值增长8.9%，高于全国平均水平2.7个百分点。固定资产投资增长11.1%，居全国第5位。社会消费品零售总额增长11.0%，高于全国平均水平2.0个百分点。二是消费升级势头明显，投资增长呈现新活力。居民消费需求向高品质转变，通讯器材类、体育娱乐用品类等消费升级类商品零售额保持两位数增长。新业态发展势头强劲，通过公共网络实现的零售额增速高于消费品零售额增速13.2个百分点。投资结构不断优化，工业技改投资增速高于工业投资26.0个百分点，高新技术产业投资增速高于全部投资22.4个百分点。三是服务业引领经济发展，工业发展动能有序转换。服务业增加值占生产总值的比重达到44.8%，比上年提高2.1个百分点。工业向中高端制造业和新兴产业方向迈进，装备制造业增加值增长分别高于规模以上工业6.3个百分点，战略性新兴产业和高新技术产业增加值增长分别高于规模以上工业2.7个和3.1个百分点。四是国际收支保持“双顺差”格局。全省经常项目和资本与金融项目继续保持“双顺差”态势，分别净流入44.9亿和10.1亿美元。跨境收支总额同比增长15.1%，跨境人民币结算量占同期跨境收支的比重同比提高3.3个百分点。五是财政支出以保障民生为主，就业和物价总体稳定。民生保障进一步加强，教育、社会保障和就业、城乡社区、医疗卫生与计划生育支出增速分别高于全部预算支出1.0个、4.0个、25.3个和8.3个百分点。就业形势稳定，城镇新增就业完成全年目标任务的122.9%，城镇登记失业率继续控制在4.5%目标范围之内。物价涨幅温和，2018年居民消费价格上涨2.1%，控制在3%左右的目标内。

金融运行稳中趋好。一是金融规模再上台阶，增速位居全国前列。2018年末，全省本外币贷款余额首次突破3万亿元，增量达4 665.9亿元。本外币存款余额首次突破3.5万亿元，新增2 755.0亿元。社会融资规模首次突破5 000亿元，达5 792.4亿元。全省本外币贷款余额和存款余额同比分别增长18.0%和8.5%，增速分别排全国第2位和第6位。二是重点领域和薄弱环节信贷支持有力，服务实体经济有成效。先进制造业和高技术产业制造业贷款余额同比分别增长43.6%和56.5%，分别高于各项贷款平均增速25.6个和38.5个百分点。涉农贷款同比增长18.5%，有力支持乡村振兴。金融支持民营小微企业成效显著，小微客户融资服务平台正式上线，民营企业贷款和普惠口径小微企业贷款同比分别增长13.5%和19.1%。三是债务融资工具增长较快，股票融资稳步发展。债务融资工具发行量同比增长2.1倍，增速居全国首位，带动直接融资占社会融资规模比重同比大幅提高10.0个百分点。企业上市“映山红”行动①成果丰硕，全年实现5家IPO首发，新增境内上市公司3家。保险保障功能有效发挥，累计提供各类风险保障金额同比增长22.4%。四是债券和票据市场利率走低。省内市场成员累计债券交易量同比增长43.5%，质押式回购、现券和买断式回购加权平均利率同比分别下降0.37个、1.31个和0.53个百分点。票据市场较为活跃，银行承兑汇票承兑业务累计发生额和票据贴现余额同比分别增长10.4%和47.4%，票据直贴和转贴利率逐季走低。五是金融改革稳步推进，绿色金融等创新基础不断夯实。“两权”试点提质扩面增效，13个试点县“两权”抵押贷款余额同比增长63.1%。“金融+财政+产业”扶贫的江西省模式运行良好，金融精准扶贫贷款同比增长19.6%，2018年末全省已到位风险补偿基金33.7亿元，财政贴息金额8.5亿元。绿色金融改革向纵深推进，绿色贷款余额比年初增长34.1%。六是金融生态持续优化，支付体系基础设施进一步完善。进一步推广央行内部企业评级信贷资产质押再贷款，农村信用创建工作深入推进，全年共促成192.4万农户获得银行授信1 747.3亿元。支付体系基础设施进一步完善，办理线下跨行移动支付业务同比增长4.1倍，办理助农取款业务笔数和金额同比分别增长27.2%和0.8%。有效维护金融消费者合法权益，12363全省金融投诉咨询呼叫中心组建运行。金融知识宣传教育活动深入开展，社会公众金融素养有效提升。

2019年，全省上下将牢牢把握国际国内大势，坚持创新驱动，抢抓变道超车重要战略机遇期，全面促进经济与金融高质量发展。预计全省经济保持平稳增长，地区生产总值增长8%~8.5%，固定资产投资增长9%左右，社会消费品零售总额增速在10.5%左右。江西省经济金融运行保持稳中有进良好态势的同时，也面临着经济下行压力加大，部分市场主体经营困难加重，新产业、新业态、新模式还没有形成有效支撑，银行信贷风险防控压力加大，产险公司经营效益持续下滑，寿险公司流动性和退保压力显现等困难和挑战。全省金融业将继续围绕金融供给侧结构性改革，坚持稳中求进工作总基调，坚持新发展理念，全面贯彻落实稳健货币政策，把握服务实体经济、防控金融风险、深化金融改革三项基本任务，切实做好“六稳”工作，打好三大攻坚战。预计全省信贷增量将保持上年同期水平，直接融资和金融机构存贷款等主要指标增速继续位居全国前列。

一、金融运行情况

2018年，江西省金融业全面落实稳健货币政策和宏观审慎政策双支柱调控，服务供给侧结构性改革和经济转型升级，社会融资规模平稳增长，融资结构优化，金融生态环境建设扎实推进。在2018年国务院第五次大督查营商环境专项督查中和国务院办公厅对全国真抓实干成效明显拟加大激励支持力度的六个省份中，江西省金融评估指标均排名全国第二。

（一）银行业稳步发展，支持实体经济能力提升

1. 银行业资产负债规模稳步增长，地方法人金融机构数量不断增加。2018年末，全省银行业资产总额4.6万亿元，同比增长9.2%；负债总额4.4万亿元，同比增长8.8%。地方法人金融机构数量较上年末增加8个，包括1家财务公司和7家村镇银行。

① 针对江西省企业上市现状，为加快推进企业上市、壮大资本市场“江西省板块”，江西省提出企业上市“映山红”行动。

表 1　2018 年江西省银行业金融机构情况

机构类别	营业网点			法人机构（个）
	机构个数（个）	从业人数（人）	资产总额（亿元）	
一、大型商业银行	1 857	38 665	13 943	0
二、国家开发银行和政策性银行	99	2 275	6 399	0
三、股份制商业银行	283	5 275	3 457	0
四、城市商业银行	766	12 015	9 606	4
五、小型农村金融机构	2 452	26 892	8 672	87
六、财务公司	3	208	286	3
七、信托公司	2	888	248	2
八、邮政储蓄银行	1 478	13 967	2 863	0
九、外资银行	5	76	38	0
十、新型农村金融机构	219	3 839	606	76
十一、其他	1	61	157	1
合计	7 165	104 161	46 275	173

注：营业网点不包括国家开发银行和政策性银行、大型商业银行、股份制商业银行等金融机构总部数据；大型商业银行包括中国工商银行、中国农业银行、中国银行、中国建设银行和交通银行；小型农村金融机构包括农村商业银行、农村合作银行和农村信用社；新型农村金融机构包括村镇银行、贷款公司、农村资金互助社；"其他"包含金融租赁公司、汽车金融公司、货币经纪公司、消费金融公司等。

数据来源：江西银保监局。

2. 存款增速回落，住户和企业活期存款少增较多。2018 年末，全省金融机构本外币各项存款余额 3.5 万亿元，同比增长 8.5%，比上年末低 3.3 个百分点，增速排全国第 6 位、中部第 2 位。本外币存款新增 2 755.0 亿元，同比少增 675.5 亿元。其中，受理财产品规范和居民购房等因素影响，住户活期存款同比少增 195.0 亿元；由于项目提款程序更加规范，贷款派生企业存款大幅减少，企业活期存款同比少增 946.3 亿元。

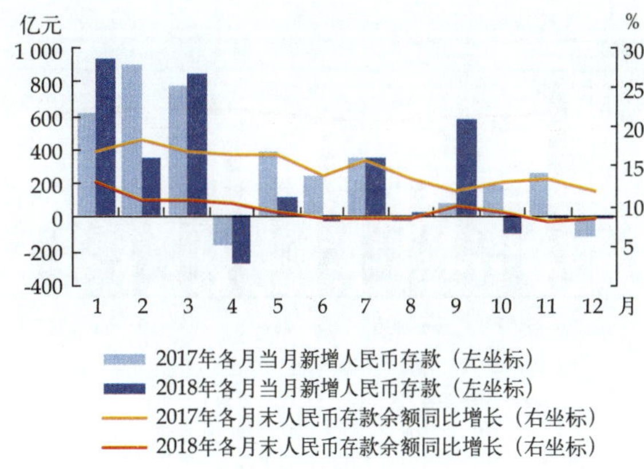

数据来源：中国人民银行南昌中心支行。

图 1　2017~2018 年江西省金融机构人民币存款增长变化

3. 贷款保持较快增长，信贷支持重点突出。在经济下行压力加大的背景下，中国人民银行南昌中心支行加大货币政策工具运用，并通过合理调整宏观审慎评估相关参数，窗口指导金融机构调整信贷投放力度、节奏和结构，增强对实体经济的支持能力。累计发放支小再贷款 205.6 亿元，同比增长 1.6 倍，办理再贴现 234.0 亿元，同比增长 67.9%。2018 年末，全省金融机构本外币各项贷款余额 3.1 万亿元，同比增长 18.0%，增速排全国第 2 位、中部第 1 位。金融对经济发展重点领域和薄弱环节的支持力度加大。基建类贷款增量占各项贷款的比重达 27.3%；先进制造业和高技术产业制造业贷款余额同比分别增长 43.6% 和 56.5%，高于各项贷款平均增速 25.6 个和 38.5 个百分点。涉农贷款同比增长 18.5%，有力支持乡村振兴。民营企业贷款同比增长 13.5%，增速比上年提高 9.9 个百分点；普惠金融口径小微企业贷款同比增长 19.1%①，超出各项贷款平均增速 1.1 个百分点，金融支持民营、小微企业成效显著。

①江西银保监局"两增两控"统计口径。

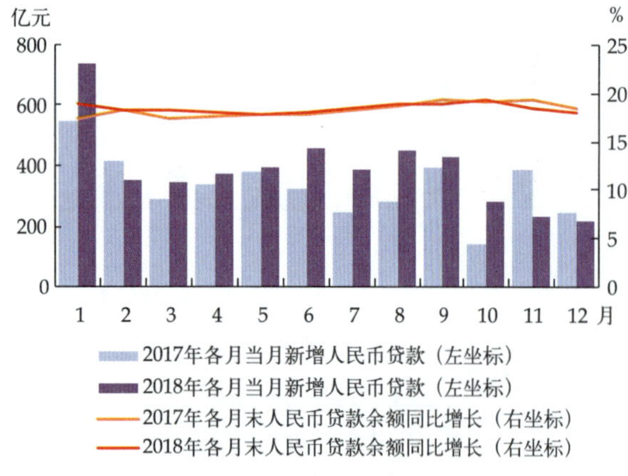

数据来源：中国人民银行南昌中心支行。

图 2　2017~2018 年江西省金融机构人民币贷款增长变化

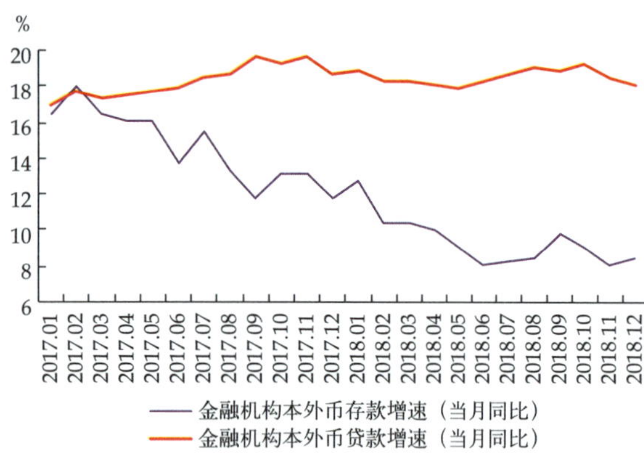

数据来源：中国人民银行南昌中心支行。

图3　2017~2018年江西省金融机构本外币存、贷款增速变化

4. 利率市场化改革稳步推进，差异化定价能力提高。江西省利率定价自律机制充分发挥维护利率定价秩序作用，提高金融机构差异化定价能力，引导实体经济融资成本下行。2018 年末，普惠型小微企业贷款加权平均利率较第一季度下降 0.82 个百分点。与此同时，个人住房贷款加权平均利率同比提高 0.82 个百分点。金融机构 1 年期定期存款加权平均利率为 2.00%，同比提高 0.01 个百分点。同业存单发行额度管理及纳入 MPA 同业负债考核政策效应明显，地方法人金融机构共发行同业存单 1 710.8 亿元，同比下降 29.2%，加权平均发行利率为 4.24%，同比降低 0.39 个百分点；大额存单利率浮动区间扩大使得发行热度提升，地方法人金融机构共发行大额存单 91.2 亿元，同比增长 21.3%。

表 2　2018 年江西省金融机构人民币贷款各利率区间占比

单位：%

月份		1 月	2 月	3 月	4 月	5 月	6 月
合计		100.0	100.0	100.0	100.0	100.0	100.0
下浮		7.8	8.0	5.1	6.8	7.2	5.4
基准		21.5	18.3	16.2	14.4	12.3	12.4
上浮	小计	70.7	73.7	78.7	78.8	80.5	82.2
	(1.0, 1.1]	15.2	12.3	12.9	16.2	14.4	14.0
	(1.1, 1.3]	16.7	20.5	19.0	20.0	19.0	22.5
	(1.3, 1.5]	13.1	13.8	16.9	13.0	17.5	14.2
	(1.5, 2.0]	20.1	20.3	21.2	21.2	22.5	24.1
	2.0 以上	5.7	6.9	8.8	8.5	7.1	7.5
月份		7 月	8 月	9 月	10 月	11 月	12 月
合计		100.0	100.0	100.0	100.0	100.0	100.0
下浮		2.0	1.4	1.9	4.0	6.9	5.4
基准		12.0	14.6	17.0	16.9	17.5	25.1
上浮	小计	86.0	83.9	81.1	79.1	75.7	69.5
	(1.0, 1.1]	13.6	18.9	14.1	14.3	13.4	13.7
	(1.1, 1.3]	23.0	22.0	25.2	20.1	20.8	22.0
	(1.3, 1.5]	17.0	16.8	14.0	14.4	13.9	10.4
	(1.5, 2.0]	23.8	18.9	20.3	21.4	19.5	16.5
	2.0 以上	8.5	7.4	7.5	9.0	8.2	7.0

数据来源：中国人民银行南昌中心支行。

5. 金融机构盈利能力提升，风控压力加大。银行业金融机构各项业务稳步发展，实现税后净利润 460.1 亿元，同比增长 8.2%。其中，地方法人金融机构税后净利润同比增长 19.2%。风险防控压力有所加大，不良贷款余额比年初增加 209.5 亿元，不良贷款率比年初上升 0.38 个百分点，呈"双升"态势。

6. 金融改革持续深化，成效初步显现。"两权"试点提质扩面增效，2018 年末，13 个试点县“两权”抵押贷款余额同比增长 63.1%。创新推出“金融 + 财政 + 产业”扶贫机制，产业扶贫贷款贴息管理制度运行良好。绿色金融改革向纵深推进。绿色贷款余额比年初大幅增长 34.1%；获批发行绿色金融债 70 亿元，注册绿色中期票据 20 亿元。

7. 跨境收支总量持续增长，跨境人民币结算量占比提高。2018 年，全省跨境收支总额 445.6 亿美元，同比增长 15.1%。其中，跨境收支净流入 55.0 亿美元，同比增长 26.9%。经常项目和资本与金融项目继续保持“双顺差”态势，分别净流入 44.9 亿美元和 10.1 亿美元。累计跨境人民币结算量 355.8 亿元，占同期跨境收支的比重为 13.6%，同比提高 3.3 个百分点。

专栏 1　江西省突出四个聚焦　探索老区扶贫新路径

江西省是著名革命老区、脱贫攻坚主战场之一，2018 年，全省金融系统围绕中国人民银行总行和江西省委省政府脱贫攻坚决策部署，时刻牢记习近平总书记“让江西在脱贫攻坚上领跑”的厚望重托，积极加大金融支持力度，形成“金融 + 财政 + 产业”等有特色的江西省做法，为助推脱贫攻坚贡献了金融智慧和力量。2018 年末，全省中国金融精准扶贫贷款余额 1 740.3 亿元，同比增长 19.6%；累计发放金融精准扶贫贷款 740.8 亿元，为同期财政扶贫资金投入 10 倍有余；全省人民银行系统累计向 105 个定点帮扶贫困村投入无偿帮扶资金 1 004.6 万元，帮扶发展产业 198 个，带动 2 844 户贫困户脱贫摘帽。在加大投放的同时注重扶贫风险防范，全省扶贫小额信贷不良率仅 0.31%。

一、聚焦金融投入，强化央行履职

中国人民银行南昌中心支行制定出台《关于金融支持打赢脱贫攻坚战三年行动的实施意见》，建立健全金融扶贫政策体系，并有效运用货币政策工具，发挥央行资金引导撬动和正向激励。2018 年累计发放扶贫再贷款 121.7 亿元，扶贫再贷款余额为 149.2 亿元，撬动地方法人金融机构扶贫贷款放大比例达 4.8 倍，为贫困主体节约融资成本约 9.0 亿元。同时加强指导，通过政策效果评估、联合督查、作风治理等多措并举，推动金融扶贫政策真正落地。

二、聚焦产业扶贫，激活政策合力

创新“金融 + 财政 + 产业”扶贫模式，通过运用扶贫再贷款放杠杆、借道财政贴息控成本、组建补偿基金抗风险，撬动信贷资金准滴灌，发展脱贫产业促长效，实现了政策的无缝对接。创新江西省产业扶贫贷款贴息管理机制，在 2018 年全国金融精准扶贫经验交流暨工作推进会上予以推介。截至 2018 年末，全省已到位风险补偿基金 33.7 亿元，财政贴息金额 8.5 亿元，使得这些地区贫困户贷款真正做到免抵押、免担保。

三、聚焦深度贫困，携手同步小康

充实深度贫困村帮扶力量，在贫困村全部实现金融服务分片包干的基础上，组织引导金融机构对 269 个深度贫困村实行定点帮扶。精准加大资金投入，引导新增金融政策、资金、项目、举措优先倾斜支持深度贫困地区。2018 年，全省深度贫困村共投入金融扶贫资金 4.5 亿元，是同期行业部门资金的 1.9 倍、社会扶贫资金的 2.8 倍；全省贫困村共建成农村普惠金融服务站 2 902 个，覆盖率达 94.9%。

四、聚焦作风治理，擦亮扶贫成色

印发《金融扶贫领域作风问题专项治理实施方案》等，对近三年来各级巡视、审计、督查发现问题逐项逐件开展“回头看”，确保前期发现问题全部整改到位。对内综合运用职能部门考核评估"手段"和纪检部门监督检查"利器"，对外联合开展全省金融扶贫政策落实情况专项督查，倒逼脱贫攻坚责任落实。在2018年中央脱贫攻坚专项巡视中，江西省未发生金融扶贫直接问责事项。

（二）多层次资本市场稳步发展，证券期货交易仍较清淡

1. 证券市场融资能力增强，但证券交易仍未回暖。8家企业通过发债融资78.6亿元；13家企业通过资管产品融资超过120亿元；2家企业挂牌新三板、3家企业资产重组、6家企业定向增发。2018年末，全省证券投资者资金账户数同比增长10.8%；客户保证金余额同比下降15.3%；证券市场累计交易额4.2万亿元，同比下降18.3%；证券机构累计实现营业收入和净利润分别下降26.9%和73.5%。

2. 期货市场交易活跃度不高，地方法人金融机构市场份额较为稳固。2018年末，全省期货投资者账户数4.9万户，同比增长5.8%；累计代理成交2 401.5万手，同比下降13.5%；交易额1.9万亿元，同比增长8.9%；累计实现营业收入1.1亿元，同比下降43.7%；亏损380万元，与上年同期盈利1 403万元差距明显。其中，瑞奇期货公司累计投资者账户数、代理成交额、营业收入分别占全省的57.0%、36.2%和75.9%，实现盈利158万元，高于省内多数机构盈利水平。

3. 上市公司逐步发展壮大，私募基金运行平稳。全省企业上市"映山红行动"成果丰硕，全年实现5家首发，新增境内上市公司3家，年末境内外上市公司达66家；当年国内（A股）和H股筹资分别为42.1亿元和33.0亿元。包括国泰集团在内的上市公司并购重组再融资取得积极进展，进一步增强了公司实力。全省在证券投资基金业协会登记的私募机构同比增加34家；备案基金产品同比增加144只；管理基金同比增长27.1%。

表3　2018年江西省证券业基本情况

项目	数量
总部设在辖内的证券公司数（家）	2
总部设在辖内的基金公司数（家）	0
总部设在辖内的期货公司数（家）	1
年末国内上市公司数（家）	42
当年国内股票（A股）筹资（亿元）	42
当年发行H股筹资（亿元）	33
当年国内债券筹资（亿元）	1 135
其中：短期融资券筹资额（亿元）	34
中期票据筹资额（亿元）	333

注：当年国内股票（A股）筹资额指非金融企业境内股票融资。

数据来源：江西证监局。

（三）保险市场规模继续扩大，业务结构进一步优化

1. 行业规模不断扩大，保险保障功能有效发挥。2018年末，全省保险业资产总额1 305.4亿元，同比增长9.2%；累计保费收入和赔付支出同比分别增长3.6%和22.2%。保险业在普惠金融建设、服务脱贫攻坚、民生保障方面取得新成效，累计提供各类风险保障37.9万亿元，同比增长22.4%。

2. 非车险快速发展，人身险结构继续优化。2018年，全省财产险公司非车险保费收入同比增长38.3%，高出全国平均水平8.5个百分点，增速排名全国第10位。非车险在财产险中占比27.6%，同比上升4.7个百分点。人身险渠道、险种、期限等结构进一步优化。个险和健康险保费收入分别占寿险公司保费收入的60.0%和22.2%，同比分别提高10.4个和5.9个百分点；新单期交保费收入占比同比提高13.4个百分点。

3. 产险公司经营效益持续下滑，寿险公司流动性和退保压力需要关注。 2018年末，产险公司综合成本率98.0%，同比提高2.0个百分点；综合费用率37.4%，同比提高2.5个百分点。此外，受业务结构调整等影响，寿险公司新单保费收入占比同比下降16.8个百分点，公司现金流入减少，流动性压力上升。寿险公司退保率8.7%，同比下降1.0个百分点，但高于5%的警戒线3.7个百分点，退保风险持续高位运行。

表4　2018年江西省保险业基本情况

项目	数量
总部设在辖内的保险公司数（家）	1
其中：财产险经营主体（家）	1
人身险经营主体（家）	0
保险公司分支机构（家）	46
其中：财产险公司分支机构（家）	21
人身险公司分支机构（家）	25
保费收入（中外资，亿元）	754
其中：财产险保费收入（中外资，亿元）	240
人身险保费收入（中外资，亿元）	513
各类赔款给付（中外资，亿元）	265
保险密度（元/人）	1 630
保险深度（%）	3

数据来源：江西银保监局。

（四）社会融资规模适度增长，金融市场平稳运行

1. 地区社会融资规模首次突破5 000亿元，直接融资占比上升。 2018年，全省社会融资规模增量为5 792.4亿元，占全国的3.0%，同比提高0.2个百分点。从融资结构看：一是对实体经济信贷投放占比显著提升至79.4%，同比提高14.4个百分点；二是表外融资①下降。表外融资减少435.0亿元，占比同比下降7.5个百分点；三是直接融资占比12.2%，同比提高10.0个百分点，但仍低于全国2.6个百分点。其中，债务融资工具发行量为855.7亿元，同比增长2.1倍，增速位居全国首位；发行企业较上年增加18家，实现了发行金额和发行企业数量双倍增的良好态势。

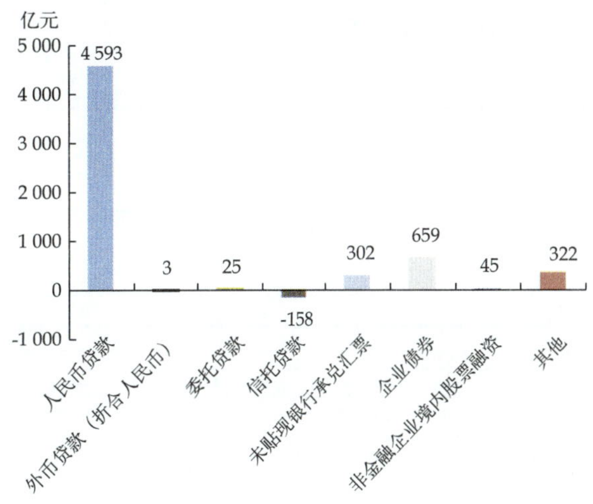

数据来源：中国人民银行南昌中心支行。

图4　2018年江西省社会融资规模分布结构

2. 银行间债券市场规模持续扩张，成交利率整体下降。 市场成员累计债券交易量同比增长43.5%。其中，质押式回购和现券交易同比分别增长7.0%和307.7%，买断式回购下降8.9%；三者交易加权平均利率分别比上年下降0.37个、1.31个和0.53个百分点。

3. 票据市场较为活跃，利率水平逐季走低。 市场结算需求增加带来银行承兑汇票承兑业务企稳回升，累计发生额同比增长10.4%；票据贴现余额同比增长47.4%。票据直贴和转贴利率逐季走低，第四季度直贴和转贴利率分别比第一季度低1.2个和1.0个百分点。

① 指委托贷款、信托贷款和银行承兑汇票合计。

表 5　2018 年江西省金融机构票据业务量统计

单位：亿元

季度	银行承兑汇票承兑		贴现			
			银行承兑汇票		商业承兑汇票	
	余额	累计发生额	余额	累计发生额	余额	累计发生额
1	1 066	437	722	1 226	11	4
2	1 031	894	889	2 493	9	8
3	1 129	1 491	954	3 879	6	13
4	1 275	2 050	1 210	5 608	15	32

数据来源：中国人民银行南昌中心支行。

表 6　2018 年江西省金融机构票据贴现、转贴现利率

单位：%

季度	贴现		转贴现	
	银行承兑汇票	商业承兑汇票	票据买断	票据回购
1	5.43	6.04	4.96	4.69
2	5.18	5.61	4.80	4.44
3	4.53	4.66	4.04	3.39
4	4.23	5.05	3.99	3.50

数据来源：中国人民银行南昌中心支行。

（五）金融生态环境持续优化，金融服务水平提升

1. 进一步推广央行内部评级工作，农村信用创建工作深入推进。首批 66 家企业信贷资产通过央行评级审定会议等级认定，39 家企业评级结果为可接受级（含）及以上，评级通过率高于全国平均水平，成功发放信贷资产质押支小再贷款 7.7 亿元。农村信用创建“两覆盖一提升”工程取得新成效，将农村信用体系建设与精准扶贫、农业结构调整相结合，192.4 万农户获得银行授信 1 747.3 亿元。

2. 进一步完善支付体系基础设施，支付服务环境持续优化。移动支付便民工程建设成效显著，97.2% 的银行卡跨行支付系统联网特约商户支持银联移动支付方式，办理线下跨行移动支付业务同比增长 4.1 倍。农村支付服务环境持续优化，办理助农取款业务笔数和金额同比分别增长 27.2% 和 0.8%。电票业务发展取得新突破，通过电子商业汇票系统办理承兑、贴现、转贴现业务均占商业汇票各项业务金额的九成以上。

3. 有效维护金融消费者合法权益，提升社会公众金融素养。2018 年，中国人民银行南昌中心支行不断健全消费者投诉咨询处理工作机制，建立 12363 全省投诉咨询呼叫中心。省内中国人民银行系统共受理有效投诉 567 笔，投诉结案率 98.9%。围绕“3·15 金融消费者权益日”“普及金融知识　守住钱袋子”“金融知识普及月”宣传活动主题，开展差异化、持续性的金融知识宣传教育活动，着重提升重点群体的金融知识水平和防范风险能力，积极推进金融知识纳入国民教育体系。

二、经济运行情况

2018 年，全省经济运行内在稳定性协调性增强，迈向高质量发展起步良好。全省生产总值 2.2 万亿元，同比增长 8.7%，实现了 8.5% 左右的预期目标，高于全国平均水平 2.1 个百分点，增速居全国第 4 位、中部第 1 位。三次产业保持协调发展，产业增加值同比分别增长 3.4%、8.3% 和 10.3%，产业结构由上年同期的 9.2∶48.1∶42.7 调整为 8.6∶46.6∶44.8。

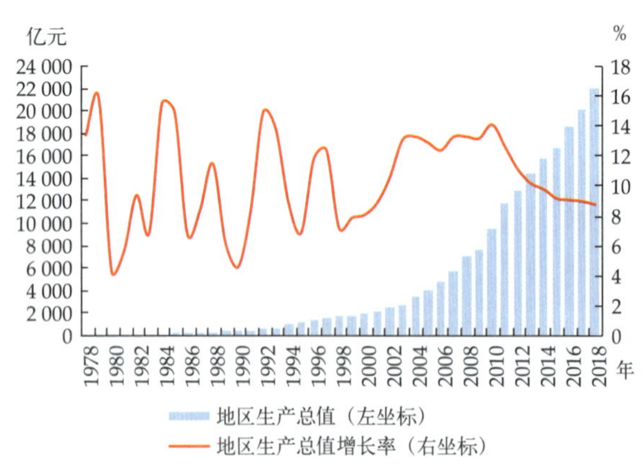

数据来源：江西省统计局。

图 5　1978~2018 年江西省地区生产总值及其增长率

（一）需求端进一步承压，但经济保持韧性

1. 固定资产投资小幅回落，基建、工业支撑有力。2018 年，固定资产投资同比增长 11.1%，增速虽较上年回落 1.2 个百分点，但仍高于全国 5.2 个百分点，位居全国第 5 位。“稳增长”政策下基建投资总体上升，同比增长 17.7%，占全部投资的 17.2%，比上年提高 0.9 个百分点。工业投资结构优化，技改投资增长 39.1%，增速高于工业投资 26.0 个百分点；高新技术产业投资增长 33.5%，高于全部投资 22.4 个百分点，比上年加快 10.7 个百分点；高耗能行业投资仅增长 6.9%，比上年回落 6.4 个百分点。

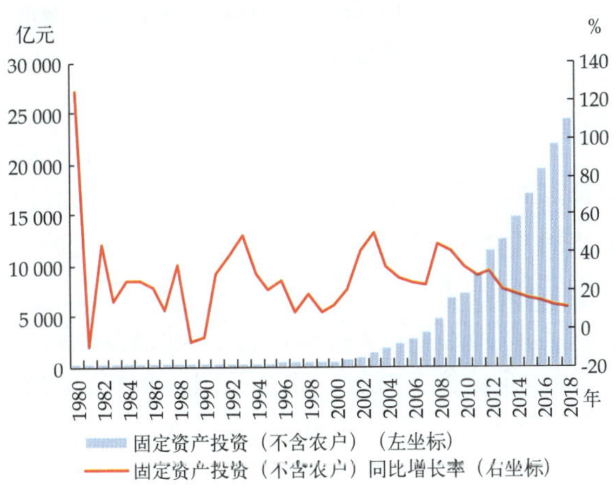

数据来源：江西省统计局。

图 6　1980~2018 年江西省固定资产投资（不含农户）及其增长率

2. 社会消费品增速放缓，生活消费升级加快。2018 年，全省实现社会消费品零售总额 7 566.4 亿元，同比增长 11.0%，增速比上年回落 1.3 个百分点，高于全国平均水平 2.0 个百分点。其中，住宿业、餐饮业零售额分别增长 13.3% 和 15.9%。通讯器材类、中西药品类、体育娱乐用品类、文化办公用品类等消费升级类商品零售额在上年快速增长基础上继续保持两位数增长。通过公共网络实现的零售额增速高于整体增速 13.2 个百分点。旅游消费持续火爆，旅游总人数和总收入分别增长 19.7% 和 26.6%。

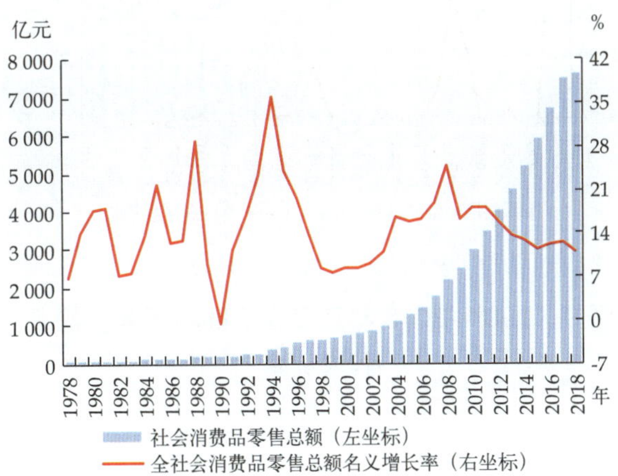

数据来源：江西省统计局。

图 7　1978~2018 年江西省社会消费品零售总额及其增长率

3. 进出口增速双双回落，外商投资力度增强。2018 年，进出口总值 3 164.9 亿元，同比增长 5.1%，比上年回落 9.0 个百分点，低于全国平均水平 4.6 个百分点。其中，出口和进口增速分别比上年回落 11.9 个和 1.3 个百分点。新批外商投资企业比上年增长 20.0%；实际利用外商直接投资和利用省外项目资金同比分别增长 9.7% 和 10.8%。

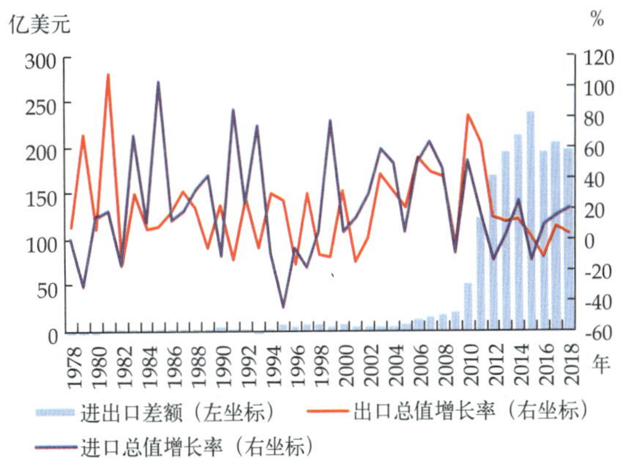

数据来源：江西省统计局。

图 8　1978~2018 年江西省外贸进出口变动情况

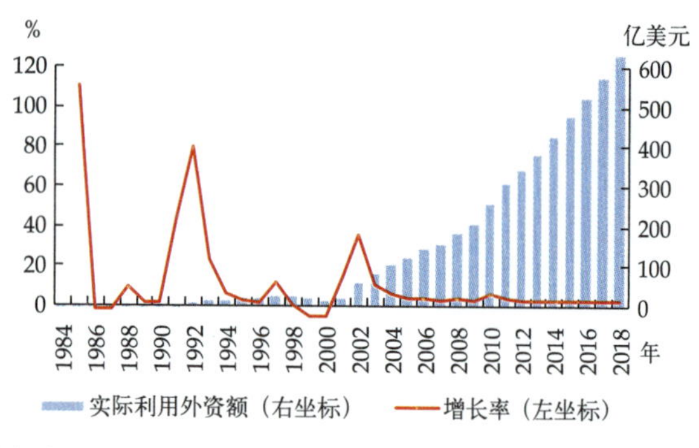

数据来源：江西省统计局。

图 9　1984~2018 年江西省实际利用外资额及其增长率

（二）供给端增势走弱，结构调整向好

1. 农业生产总体稳定，农村经济发展向好。 2018 年，粮食总产量 438.1 亿斤，实现“十五连丰”，列历史第五高产年份。蔬菜、肉类、水产品等主要“菜篮子”产品产量分别增长 5.0%、1.2% 和 2.0%。高标准农田建设、科技兴农和绿色生态农业发展取得新成效，共实施农业结构项目调整 2 977 个，落实资金 16.8 亿元。农村居民人均可支配收入增长 9.2%，比上年加快 0.1 个百分点；规模以上农业龙头企业销售收入增长 7.9%。

2. 工业生产增速放缓，产业结构持续优化。 2018 年，规模以上工业增加值同比增长 8.9%，增速比上年回落 0.2 个百分点，高于全国平均水平 2.7 个百分点。行业大类和产品产量增长面分别为 92.1% 和 58.4%。工业向中高端迈进，装备制造业、战略性新兴产业、高新技术产业分别增长 15.2%、11.6% 和 12.0%，均大幅高于全省平均增速；占规模以上工业的比重同比分别提高 0.8 个、2.0 个和 2.9 个百分点。

注：自 2011 年起，工业统计范围调整为年主营业务收入 2 000 万元及以上的工业企业。

数据来源：江西省统计局。

图 10　2001~2018 年江西省规模以上工业增加值实际增长率

3. 服务业对经济的贡献加大，新动能持续积聚。 2018 年，服务业增加值占生产总值的比重达到 44.8%，比上年提高 2.1 个百分点，对经济增长的贡献率比上年提高 0.2 个百分点。规模以上服务业营业收入和利润分别增长 8.7% 和 12.6%。企业税负减轻，税金及附加和应交增值税合计增速比上年回落 1.9 个百分点。

4. 供给侧结构性改革加快，企业经营环境优化。 2018 年，单位地区生产总值能耗同比下降 4.6%，贫困发生率降至 2.37%，实现 42 万贫困人口脱贫，1 000 个贫困村退出。江西省委、省政府继续开展降成本优环境专项行动，全年为企业减负 1 200 亿元，规模以上工业企业每百元主营业务收入中的成本同比降低 0.1 元。

专栏 2　扩展普惠金融业务　破解小微企业融资难题

2018 年以来，中国人民银行南昌中心支行围绕贯彻落实李克强总理在《2018 年国务院政府工作报告》中有关着力解决小微企业融资难融资贵的部署要求，在全省探索建立了小微客户融资服务长效机制，要求金融机构按照“有求必应、合规授信、应贷尽贷、全程留痕”的目标要求，对小微企业融资需求做到“全覆盖服务、全流程跟踪、全口径对接、全身心投入”，并开发上线了“江西省小微客户融资需求服务平台”（以下简称服务平台），加强银企对接，改善信息不对称，对小微客户融资需求做到精准识别、精准施策、精准分析、精准管理。

一、健全客户精准识别机制，建立信贷档案管理闭环

要求各银行机构按“有效需求、潜在需求和无效需求”标准为客户建立信贷服务档案，精准识别、对接客户。开发上线互联网和手机端的服务平台，一方面，方便客户线上提出融资申请及随时查询办理进度；另一方面，方便各银行机构将线下和线上的贷款申请信息统一上报，供央行进行数据分析，提高信贷政策管理的精准度。

二、强化小微金融服务细节管理，提高融资可得性

针对小微企业“能不能贷”问题，要求银行机构对小微客户服务平台融资申请及时响应并反馈，做到有求必应；针对金融机构“敢不敢贷”问题，引导银行机构坚持优服务与防风险有机统一，做实贷前尽职调查，做到合规授信；针对小微企业“贷多贷少”问题，要求银行机构在风险可控基础上，对小微客户合理的融资需求在授信额度内做到应贷尽贷、随用随贷，无正当理由不可随意拒贷；针对信贷服务质量“贷好贷差”问题，完善服务平台对小微客户申请对接、调查评估、评级授信、贷款发放等情况的自动记录功能，做到全程留痕，客观公正评价银行机构小微信贷服务效果，以便有针对性地加强结构性货币政策引导。

三、形成融资服务多方合力，提升服务机制长效性

服务平台将有效抵押担保不足的客户潜在融资需求，推送给政府性融资担保公司，帮助解决了抵押担保难题。中国人民银行定期将小微企业真实融资状况反馈至政府部门，并推动工商、税务等有关部门信息和服务平台的数据对接，加强部门间信息共享。同时，推动相关部门加强政银合作，完善优化江西省“财政惠农信贷通”“财园信贷通”“科贷通”等政府增信类信贷产品，积极破解小微企业融资梗阻。

江西省小微客户融资服务长效机制试运行以来，实际效果明显。一是融资需求有效性得以准确判别。企业在2018年11月至2019年1月间向服务平台提出的贷款申请中，87.4%的需求为有效需求，12.6%为超出还贷能力的无效需求。二是融资服务覆盖面有效扩大。通过服务平台首次与银行进行对接的企业客户占银行对接客户总数的比例达40%。三是普惠性明显提升。2018年11月至2019年1月，通过服务平台成功贷款占有效贷款需求笔数的96.3%，户均贷款274.4万元，其中100万元以下的占比达62.6%。四是便利化程度显著改善。监测显示，小微客户自申请到放款周期平均为6天，效率明显高于线下业务，78.9%的贷款由客户基本账户行所在行提供。五是融资梗阻情况明晰。因多头授信、缺乏有效担保、跨区域申请等被银行拒贷占比分别达到21.9%、15.1%和12.2%，应采取针对性的措施予以引导。

（三）价格水平有所回落，就业形势基本稳定

1. 居民消费价格保持平稳。2018年，居民消费价格上涨2.1%，比上年提高0.1个百分点。其中，城市和农村分别上涨2.1%与2.2%。八大类商品和服务价格全部上涨，其中，医疗保健类上涨8.3%，涨幅最大。

2. 工业生产者价格涨幅回落。2018年，工

业生产者出厂价格和购进价格分别上涨4.2%和3.2%，比上年分别回落3.7个和4.0个百分点。

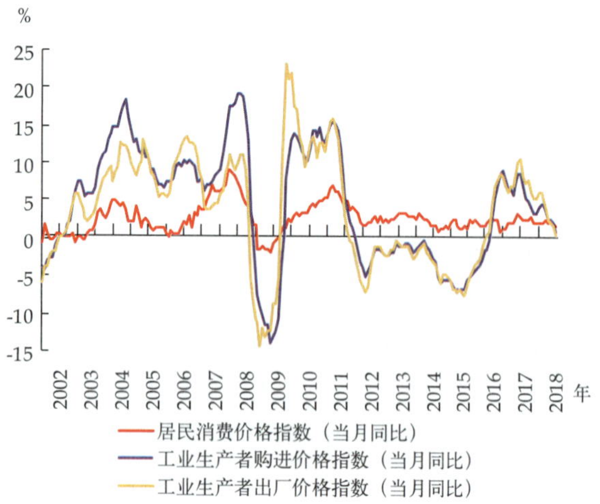

数据来源：江西省统计局。

图11 2002~2018年江西省居民消费价格指数和工业生产者价格指数变动趋势

3. 就业形势总体稳定。2018年，新增城镇就业和新增转移农村劳动力分别完成年度目标的122.9%和124.5%；城镇登记失业率3.4%，控制在4.5%的目标内，低于全国平均水平0.4个百分点。充分发挥失业保险稳就业效应，为企业减负8.1亿元，增长44.4%；实施失业保险援企稳岗"护航行动"，共为1 793户企业职工发放稳岗补贴1.2亿元。

（四）财政收支质量提升，民生保障力度进一步加大

1. 财政收入稳中提质。2018年，财政总收入和一般公共预算收入同比分别增长10.1%和5.6%，增速分别比上年加快0.4个和1.2个百分点。财政收入质量提升，税收收入占财政总收入的比重为81.3%，一般公共预算收入中税收占比70.1%，均创近年最好水平。

2. 财政支出保障有力。2018年，一般公共预算支出5 669.9亿元，同比增长10.9%，比上年回落0.1个百分点。各项重点支出均得到了有效保障。教育、社会保障和就业、城乡社区、医疗卫生与计划生育支出分别增长11.9%、14.9%、36.2%和19.2%。在全国首创江西省人才创新创业引导基金，新增9只子基金，重点聚焦人才创新、民企纾困、环境保护等领域。

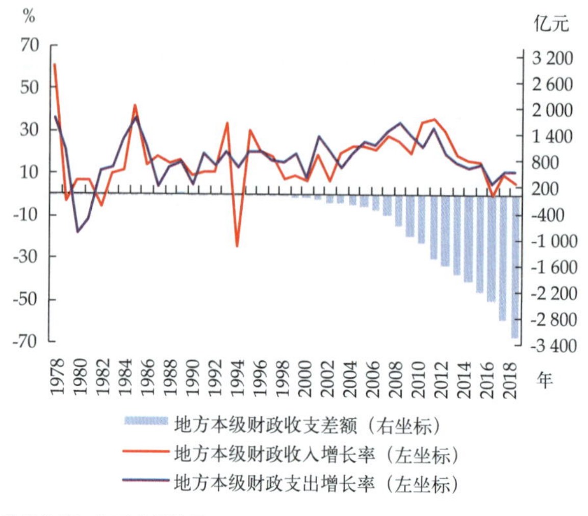

数据来源：江西省统计局。

图12 1978~2018年江西省财政收支状况

（五）房地产投资销售均回落，市场面临下行调整压力

1. 房地产投资增长动力不足。2018年，房地产开发投资增长8.0%，增速比上年回落5.7个百分点，低于全国平均水平1.5个百分点。其中，住宅投资增长14.3%，增速比上年加快2.7个百分点。棚户区改造加快推进，全年棚户区改造任务提前超额完成，开工建设32.9万套，开工率达118%，基本建成22.4万套。

2. 房地产销售增幅高位回落。2018年，商品房销售面积同比增长6.1%，增速较上年回落18.4个百分点。商品房销售平均价格同比提高656.0元/平方米。在"房住不炒"政策引导下，市场观望气氛渐浓，改变房价上涨预期的力量正逐渐蓄势。

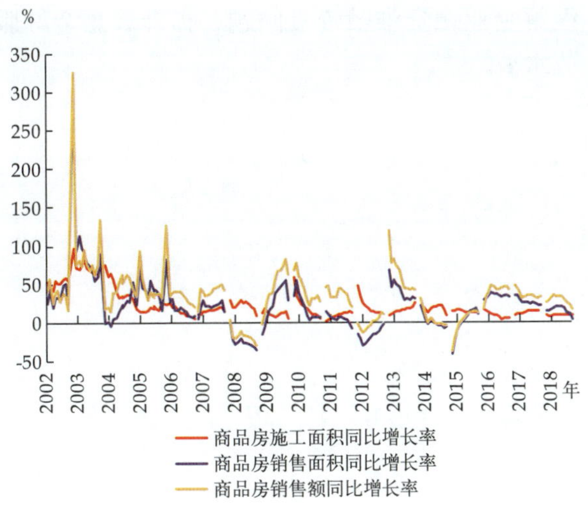

数据来源：江西省统计局。

图 13　2002~2018 年江西省商品房施工和销售变动趋势

3. 房地产金融增速放缓。2018 年末，房地产贷款增长 29.6%，同比回落 2.5 个百分点，仍高于各项贷款平均增速 11.6 个百分点。其中，房地产开发贷款和个人住房贷款增速同比分别回落 2.4 个和 5.9 个百分点。棚改贷款余额 2 060.0 亿元，同比增长 58.8%，大幅超过各项贷款平均增速 40.8 个百分点。其中，使用 PSL 资金发放棚改贷款余额 1 096.0 亿元，同比增长 41.4%。

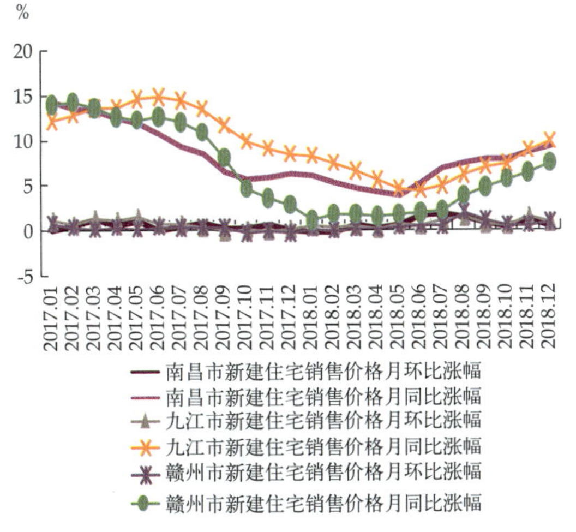

数据来源：《中国经济景气月报》。

图 14　2017~2018 年江西省主要城市新建住宅销售价格变动趋势

三、预测与展望

2019 年是新中国成立 70 周年，是全面建成小康社会关键之年。我国经济发展正处在质量变革、动力变革、效率变革的新阶段，虽然外部环境复杂严峻，经济运行稳中有变、变中有忧，但韧劲足、潜力大、长期向好的态势不会变。就江西省来看，虽面临经济下行与转型升级的双重压力，部分市场主体经营困难加重，新旧动能转换接续不足，但发展稳中有进的基本态势没有变，新型工业化、信息化、城镇化、农业现代化协同发展、并联发展、叠加发展的阶段特征没有变，交通区位优势日益凸显、生态环境优势日益增进、人文资源优势日益强化、后发赶超优势日益厚植等有利条件在增多。预计 2019 年全省经济将保持平稳增长，地区生产总值增长 8%~8.5%，规模以上工业增加值增长 8.5% 左右，固定资产投资增长 9% 左右，外贸出口大致保持与上年相当，社会消费品零售总额增长 10.5% 左右，居民消费价格总水平涨幅在 2.1% 左右。

2019 年，江西省金融业面临诸多挑战，银行业金融机构资产质量下迁，风险防控压力持续加大，环保趋严、房地产泡沫风险等因素增加了金融机构贷款投放的顾虑，加之小微企业有效融资需求不足、政府隐性债务被严控、棚改新政等因素也在一定程度上抑制了信贷需求。与此同时，金融业也面临许多新的机遇，新一轮科技革命和产业变革迅速发展，新产业、新业态、新模式发展的“窗口”越开越大，中央和地方对金融业强监督促发展的政策陆续出台为金融业发展提供了更加优良的环境。预计信贷增量将保持上年同期水平，流动性保持基本稳定，直接融资和金融机构存贷款等主要指标增速将继续位居全国“第一方阵”。全省金融业将围绕金融供给侧结构性改革，继续坚持稳中求进工作总基调，坚持新发展理念推动高质量发展，贯彻稳健货币政策，发挥好宏观审慎逆周期调节作用，深入推进服务实体经济、防控金融风险、深化金融改革三项基本任务，切实做好“六稳”工作，打好三大攻坚战。以服务实体经济为导向，改革优化金融结构，着力缓解企业融资难融资贵问题，提升普惠金融服务水平。

中国人民银行南昌中心支行货币政策分析小组
总　纂：张智富　吴豪声
统　稿：朱　锦　罗　伟　章　璇
执　笔：章　璇　杨李娟　丁小红　胡浩智
提供材料的还有：李慧瑶　常然君　付　磊　李国彦　黄春华　徐展峰　谭　侃　陈　源

附录

（一）2018 年江西省经济金融大事记

1 月 2 日，江西省政府印发《赣江新区建设绿色金融改革创新试验区实施细则》，加快探索绿色金融服务实体经济和推动产业转型升级的新动能和新途径。

2 月 5 日，江西省政府印发《关于进一步加强小微企业金融服务工作的实施意见》，以全面落实小微企业信贷“两个不低于”目标，着力提高小微企业直接融资比重。

3 月 6 日，江西省出台《关于加大城镇贫困群众脱贫解困力度的意见》，在全国率先推出城镇贫困群众全面脱贫解困系列举措。

4 月 24 日，江西省出台《关于加快推进企业上市的若干措施》，标志着江西省企业上市“映山红行动”正式启动实施。

6 月 26 日，江西银行作为江西省首家上市金融企业在香港联合交易所主板上市，成为当年香港资本市场发行规模最大的城商行 IPO 项目；次月 10 日，九江银行也在香港联交所主板成功上市。

11 月 1 日，由中国人民银行南昌中心支行开发的“江西省小微客户融资服务平台”上线运行，旨在创建优化小微企业金融服务长效机制，着力破解小微企业融资难题。

11 月 5 日，江西省地方金融监督管理局挂牌；12 月 17 日，中国银行保险监督管理委员会江西监管局挂牌。

11 月 8 日，江西省政府召开全省产业与金融合作对接会，省长易炼红出席并讲话，省委常委、常务副省长毛伟明主持会议。

11 月 12 日，江西省非法集资监测预警平台“赣金鹰眼”正式上线运行，及时识别风险并分类提出预警。

12 月 12 日，全国区域性股权市场首单纾困私募可转债在江西省联合股权交易中心成功备案发行，备案规模 2 500 万元，首次发行 1 500 万元。

（二）2018 年江西省主要经济金融指标

表 1　2018 年江西省主要存贷款指标

		1 月	2 月	3 月	4 月	5 月	6 月	7 月	8 月	9 月	10 月	11 月	12 月
本外币	金融机构各项存款余额（亿元）	33 455.7	33 795.4	34 653.4	34 374.3	34 482.2	34 454.5	34 828.4	34 851.4	35 407.2	35 302.3	35 307.4	35 290.7
	其中：住户存款	15 875.8	17 134.8	17 266.1	16 687.3	16 617.9	16 778.0	16 646.6	16 735.5	17 026.6	16 858.4	16 961.9	17 260.1
	非金融企业存款	10 242.9	9 523.0	9 928.2	10 123.1	10 185.8	10 306.6	10 225.8	10 337.4	10 374.9	10 474.3	10 374.3	10 555.5
	各项存款余额比上月增加（亿元）	920.0	339.6	858.0	-279.1	107.9	-27.7	374.0	22.9	555.9	-105.0	5.1	-16.7
	金融机构各项存款同比增长（%）	12.7	10.4	10.4	10.1	9.1	8.1	8.2	8.5	9.9	9.0	8.1	8.5
	金融机构各项贷款余额（亿元）	26 633.1	26 981.0	27 332.1	27 695.5	28 090.9	28 566.9	28 966.2	29 419.5	29 857.3	30 143.3	30 370.6	30 567.1
	其中：短期	8 394.4	8 449.5	8 500.6	8 508.5	8 572.7	8 674.0	8 702.1	8 706.0	8 815.4	8 783.5	8 768.2	8 715.8
	中长期	17 296.1	17 591.5	17 879.9	18 212.6	18 481.1	18 781.4	19 109.0	19 470.2	19 745.4	19 971.1	20 119.6	20 272.8
	票据融资	746.2	740.2	748.8	763.4	809.8	894.1	908.7	1 000.1	1 041.4	1 152.8	1 217.1	1 283.9
	各项贷款余额比上月增加（亿元）	731.8	347.9	351.1	363.4	395.4	476.0	399.3	453.3	437.8	286.0	227.3	196.5
	其中：短期	176.5	55.1	51.1	7.9	64.2	101.3	28.1	3.9	109.4	-31.9	-15.3	-52.4
	中长期	644.2	295.4	288.4	332.7	268.4	300.3	327.6	361.2	275.2	225.8	148.5	153.3
	票据融资	-97.9	-6.1	8.7	14.6	46.3	84.3	14.6	91.4	41.3	111.4	64.3	66.9
	金融机构各项贷款同比增长（%）	18.9	18.2	18.3	18.1	17.9	18.2	18.6	19.0	18.8	19.3	18.4	18.0
	其中：短期	9.5	9.1	8.2	8.6	8.3	8.7	8.2	7.6	8.0	6.8	5.8	6.1
	中长期	26.2	25.4	25.1	24.4	23.5	22.9	23.5	24.0	23.0	24.1	22.5	21.7
	票据融资	-15.2	-16.7	-8.0	-7.7	0.3	17.2	20.7	32.3	39.8	52.9	57.7	52.1
	建筑业贷款余额（亿元）	1 019.0	1 036.9	1 047.1	1 092.2	1 115.6	1 135.2	1 162.5	1 176.4	1 203.6	1 207.0	1 226.2	1 234.4
	房地产业贷款余额（亿元）	8 401.1	8 612.6	8 813.3	9 050.9	9 268.6	9 535.2	9 740.6	9 912.3	10 058.4	10 224.5	10 386.3	10 506.2
	建筑业贷款同比增长（%）	24.2	25.3	21.9	24.9	26.7	25.8	29.5	30.0	30.0	30.3	28.1	26.7
	房地产业贷款同比增长（%）	32.4	32.6	32.4	32.3	32.0	33.2	33.7	33.3	29.1	29.8	29.6	29.6
人民币	金融机构各项存款余额（亿元）	33 258.3	33 604.3	34 441.0	34 164.0	34 274.3	34 245.3	34 593.5	34 623.6	35 196.1	35 091.0	35 084.0	35 069.5
	其中：住户存款	15 801.2	17 058.4	17 189.7	16 610.7	16 541.0	16 698.9	16 566.8	16 656.1	16 948.3	16 780.9	16 885.4	17 260.1
	非金融企业存款	10 126.5	9 414.0	9 796.0	9 993.6	10 059.4	10 180.7	10 080.8	10 204.5	10 246.5	10 344.4	10 237.8	10 555.5
	各项存款余额比上月增加（亿元）	933.4	346.0	836.7	-277.0	110.3	-29.1	338.5	30.1	572.6	-105.1	-7.0	-14.5
	其中：住户存款	294.9	1 257.2	131.3	-578.9	-69.7	157.9	-132.1	89.3	292.2	-167.4	104.5	298.2
	非金融企业存款	296.1	-712.5	382.0	197.6	65.8	121.3	-99.9	123.8	41.9	97.9	-106.6	181.2
	各项存款同比增长（%）	12.8	10.6	10.5	10.2	9.2	8.3	8.3	8.4	9.9	9.0	8.1	8.5
	其中：住户存款	4.8	11.7	10.9	10.4	9.3	8.9	9.3	9.0	9.1	9.5	10.2	11.3
	非金融企业存款	25.3	11.6	11.6	11.9	10.6	10.6	9.5	9.6	7.8	7.0	5.3	7.3
	金融机构各项贷款余额（亿元）	26 448.3	26 800.9	27 142.2	27 514.2	27 904.0	28 363.7	28 753.1	29 200.2	29 631.4	29 912.2	30 142.0	30 358.4
	其中：个人消费贷款	6 956.1	7 047.4	7 189.2	7 319.7	7 447.8	7 560.0	7 719.8	7 846.5	7 974.3	8 110.4	8 212.4	8 296.9
	票据融资	746.2	740.2	748.8	763.4	809.8	894.1	908.7	1 000.1	1 041.4	1 152.8	1 217.1	1 283.9
	各项贷款余额比上月增加（亿元）	734.9	352.6	341.3	372.1	389.8	459.6	389.5	447.0	431.3	280.8	229.7	216.4
	其中：个人消费贷款	167.2	91.3	141.8	130.5	128.1	112.2	159.8	126.7	127.8	136.1	102.1	84.2
	票据融资	-97.9	-6.1	8.7	14.6	46.3	84.3	14.6	91.4	41.3	111.4	64.3	66.9
	金融机构各项贷款同比增长（%）	18.8	18.1	18.1	18.0	17.8	18.1	18.5	18.9	18.8	19.3	18.4	18.1
	其中：个人消费贷款	31.4	29.9	28.0	27.7	26.8	25.0	25.1	24.8	24.3	24.1	23.0	22.2
	票据融资	-15.2	-16.7	-8.0	-7.7	0.3	17.2	20.7	32.3	39.8	52.9	57.7	52.1
外币	金融机构外币存款余额（亿美元）	31.2	30.2	33.8	33.2	32.4	31.6	34.5	33.4	30.7	30.3	32.2	32.2
	金融机构外币存款同比增长（%）	5.8	-11.3	-2.3	-3.0	-7.3	-16.6	0.7	10.3	-5.4	0.0	5.6	-0.1
	金融机构外币贷款余额（亿美元）	29.2	28.5	30.2	28.6	29.1	30.7	31.3	32.1	32.8	33.2	33.0	30.4
	金融机构外币贷款同比增长（%）	58.3	51.1	56.2	46.4	42.2	36.0	27.8	28.0	15.6	20.0	16.1	5.8

数据来源：中国人民银行南昌中心支行。

表 2　2001~2018 年江西省各类价格指数

单位：%

		居民消费价格指数		农业生产资料价格指数		工业生产者购进价格指数		工业生产者出厂价格指数	
		当月同比	累计同比	当月同比	累计同比	当月同比	累计同比	当月同比	累计同比
2001		—	-0.5	—	-0.4	—	-0.7	—	-1.9
2002		—	0.1	—	-0.2	—	-1.4	—	-1.5
2003		—	0.8	—	2.5	—	6.5	—	4.0
2004		—	3.5	—	10.7	—	14.5	—	9.7
2005		—	1.7	—	7.9	—	10.0	—	8.8
2006		—	1.2	—	1.1	—	8.6	—	9.7
2007		—	4.8	—	6.6	—	7.9	—	6.2
2008		—	6.0	—	19.9	—	14.2	—	6.4
2009		—	-0.7	—	-2.4	—	-9.3	—	-7.0
2010		—	3.0	—	1.9	—	11.8	—	15.3
2011		—	5.2	—	11.2	—	12.4	—	11.3
2012		—	2.7	—	6.6	—	-1.7	—	-3.5
2013		—	2.5	—	2.4	—	-1.6	—	-1.5
2014		—	2.3	—	-0.4	—	-1.6	—	-2.2
2015		—	1.5	—	1.4	—	-6.4	—	-6.3
2016		—	2.0	—	1.3	—	-2.3	—	-1.4
2017		—	2.0	—	1.0	—	7.2	—	7.9
2018		—	2.1	—	2.7	—	4.2	—	3.2
2017	1	2.5	2.5	0.3	0.3	7.0	7.0	7.5	7.5
	2	0.7	1.6	0.4	0.5	8.3	7.7	8.4	8.0
	3	1.2	1.4	1.0	0.6	8.7	8.0	8.1	8.0
	4	1.3	1.4	1.6	0.8	7.7	7.9	7.0	7.8
	5	1.8	1.5	0.9	0.8	6.6	7.7	6.1	7.4
	6	1.8	1.5	0.1	0.7	6.3	7.4	6.8	7.3
	7	1.9	1.6	-0.3	0.6	5.8	7.2	6.9	7.3
	8	2.3	1.7	0.4	0.6	6.7	7.1	8.2	7.4
	9	3.0	1.8	1.1	0.6	8.3	7.3	10.0	7.7
	10	2.8	1.9	2.2	0.8	8.6	7.4	10.3	7.9
	11	2.4	2.0	2.2	0.9	7.0	7.4	8.1	8.0
	12	2.3	2.0	2.2	1.0	5.3	7.2	7.2	7.9
2018	1	2.2	2.2	2.2	2.2	4.6	4.6	7.7	7.7
	2	2.9	2.6	2.2	2.2	3.9	4.3	6.2	6.9
	3	2.0	2.4	2.1	2.1	3.0	3.9	5.2	6.3
	4	1.9	2.2	2.0	3.1	3.3	3.7	5.2	6.1
	5	1.9	2.2	2.4	2.2	4.0	3.8	6.1	6.1
	6	2.0	2.1	3.1	2.3	4.2	3.9	6.2	6.1
	7	2.1	2.1	2.8	2.4	4.2	3.9	5.2	6.0
	8	2.3	2.2	2.9	2.5	3.5	3.8	3.8	5.7
	9	2.0	2.2	3.1	2.5	2.4	3.7	2.3	5.3
	10	2.3	2.2	3.4	2.6	2.3	3.5	1.8	4.9
	11	1.9	2.1	3.6	2.7	2.1	3.4	1.5	4.6
	12	1.7	2.1	2.5	2.7	0.2	4.2	0.7	3.2

数据来源：江西省统计局。

表 3　2018 年江西省主要经济指标

	1 月	2 月	3 月	4 月	5 月	6 月	7 月	8 月	9 月	10 月	11 月	12 月
	绝对值（自年初累计）											
地区生产总值（亿元）	—	—	5 048.3	—	—	10 124.5	—	—	15 592.5			21 984.8
第一产业	—	—	296.8	—	—	549.9	—	—	1 042.9	—	—	1 877.3
第二产业	—	—	2 500.0	—	—	4 958.1	—	—	7 448.3	—	—	10 250.2
第三产业	—	—	2 251.5	—	—	4 616.5	—	—	7 101.3	—	—	9 857.2
工业增加值（亿元）	—	1 276.3	2 013.5	2 658.5	3 300.8	4 108.3	4 885.0	5 726.2	5 721.0	6 492.9	7 137.6	8 168.5
固定资产投资（亿元）	—	1 554.9	3 537.9	5 842.1	8 343.2	11 059.3	13 341.5	15 581.2	18 117.7	20 348.8	22 261.8	24 186.9
房地产开发投资	—	227.0	405.5	569.9	750.1	973.0	1 173.1	1 378.8	1 620.7	1 817.7	2 019.5	2 175.1
社会消费品零售总额（亿元）	—	1 159.8	1 709.3	2 209.1	2 806.4	3 404.0	3 964.6	4 575.4	5 204.3	5 978.9	6 753.9	7 566.4
外贸进出口总额（亿元）	373.8	629.9	852.7	1 167.1	1 496.9	1 816.4	2 028.9	2 239.2	2 466.7	2 687.6	2 930.9	3 164.9
进口	75.1	125.8	198.0	277.2	353.9	434.7	526.1	603.2	713.4	787.2	871.3	940.8
出口	298.7	504.1	654.7	889.9	1 143.0	1 381.7	1 502.8	1 636.0	1 753.3	1 900.4	2 059.6	2 224.1
进出口差额（出口 – 进口）	223.6	378.3	456.7	612.7	789.1	947.0	679.7	1 032.8	1 039.9	1 113.2	1 188.3	1 283.3
实际利用外资（亿美元）	8.9	16.7	29.3	36.2	48.3	68.3	71.5	79.5	90.5	98.0	108.8	125.7
地方财政收支差额（亿元）	-250.4	-543.0	-881.0	-1 008.0	-1 202.0	-1 762.0	-1 873.0	-2 098.0	-2 559.0	-2 598.5	-2 729.9	-3 297.6
地方财政收入	262.0	451.0	691.0	907.0	1 133.0	1 412.0	1 588.0	1 731.0	1 921.0	2 090.3	2 230.2	2 372.3
地方财政支出	512.4	994.0	1 572.0	1 915.0	2 335.0	3 174.0	3 461.0	3 829.0	4 480.0	4 688.8	4 960.1	5 669.9
城镇登记失业率（%）（季度）	—	—	—	—	—	—	—	—	—	—	—	—
	同比累计增长率（%）											
地区生产总值	—	—	9.0	—	—	9.0	—	—	8.8	—	—	8.7
第一产业	—	—	4.1	—	—	3.5	—	—	3.1	—	—	3.4
第二产业	—	—	8.3	—	—	8.5	—	—	8.6	—	—	8.3
第三产业	—	—	10.5	—	—	10.5	—	—	8.10.0	—	—	10.3
工业增加值	—	9.4	8.8	9.0	9.0	9.1	9.1	9.1	9.0	9.0	8.8	0.1
固定资产投资	—	12.0	12.0	11.8	11.5	11.7	11.5	11.2	11.3	11.4	11.2	0.1
房地产开发投资	—	4.6	4.9	7.4	6.2	7.3	8.3	8.9	9.5	9.5	9.8	8.0
社会消费品零售总额	—	10.5	11.0	11.1	11.0	11.2	11.2	1120.0	11.2	11.1	11.0	0.1
外贸进出口总额	43.6	48.3	24.5	16.3	14.2	13.1	9.6	6.0	4.1	4.6	4.8	0.1
进口	—	17.1	17.3	17.5	16.8	15.2	20.8	20.2	21.0	21.7	19.8	17.3
出口	40.8	58.9	26.8	15.9	13.5	12.5	6.2	1.5	-1.4	-1.1	-0.5	0.7
实际利用外资	9.2	8.0	9.2	8.8	9.2	9.5	8.8	9.1	9.1	9.0	9.4	0.1
地方财政收入	8.1	15.6	9.2	9.0	9.0	10.3	9.1	8.7	6.9	5.9	5.5	0.1
地方财政支出	16.8	39.4	18.9	19.3	16.3	17.4	15.6	12.3	10.3	10.6	8.9	10.9

数据来源：江西省统计局。

山东省金融运行报告（2019）

中国人民银行济南分行货币政策分析小组

[内容摘要] 2018 年，山东省以习近平新时代中国特色社会主义思想为指导，深入落实习近平总书记视察山东省重要讲话、重要指示批示精神，新旧动能转换全面起势，供需平衡发展，产业结构持续优化，物价与就业整体稳定，经济运行呈现总体平稳、稳中有进的良好发展态势。全省地区生产总值 7.6 万亿元，增长 6.4%；人均生产总值 7.6 万元，增长 5.9%，经济社会高质量发展迈出坚实步伐。

山东省经济运行主要呈现以下特征：一是内外需求平稳良性增长，投资结构持续优化。2018 年固定资产投资增长 4.1%，服务业投资比重提高 10.3 个百分点，高技术制造业、新一代信息技术产业投资增速均在 15% 以上。社会消费品零售总额增长 8.8%，网上零售额增长 31.7%，消费升级态势进一步凸显。进出口总额增长 7.7%，“一带一路”沿线经贸持续增长，对外投资增长 23.2%。二是服务业主引擎作用凸显，供给侧结构性改革持续推进，济青高铁等重大项目建成使用。乡村振兴战略稳步推进，粮食总产量连续 7 年稳定在 900 亿斤以上，累计培育家庭农场 6.4 万家、农民专业合作社 20.3 万户。工业生产平稳增长，规模以上工业增加值增长 5.2%，高技术产业、装备制造业增加值分别增长 9.6% 和 7.5%。服务业主引擎作用凸显，对全省经济增长的贡献率为 60%，较上年提高 3.9 个百分点。供给侧结构性改革持续推进，全年分别压减粗钢、生铁、煤炭产能 355 万吨、60 万吨和 495 万吨，国有及国有控股工业资产负债率下降 1.6 个百分点，济青高铁、青盐铁路等重大项目建成使用。生态文明建设稳步推进，重污染天数较上年减少 5 天，规模以上工业能耗下降 0.4%，清洁能源发电量增长 60.3%。居民消费者价格上涨 2.5%，工业生产者出厂、购进价格分别上涨 3.7% 和 3.6%。三是财政收支质量提升，大力支持节能环保、科学技术支出。全省一般公共预算收入 6 485.4 亿元，增长 6.3%，税收收入占财政收入的比重达 75.5%，较上年提高 3.0 个百分点；一般公共预算支出 10 099.0 亿元，增长 9.1%，其中，民生支出占比达 79%，节能环保、科学技术支出分别增长 22.2%、17.9%；财政政策更加积极，预算收支差额扩大至 3 613.6 亿元。四是房地产市场整体平稳。深入推进因城施策的房地产市场调控政策，保障性住房建设进度超预期，商品房价格总体保持在稳定区间。“两圈四区”加快融入共建“一带一路”和京津冀协同发展，积极服务雄安新区建设，努力在对接国家战略中做出贡献。

2018 年，面对错综复杂的国际国内省内形势，山东省金融部门认真贯彻执行稳健货币政策，加大“服务实体经济、防控金融风险、深化金融改革”工作力度，着力优化融资结构与信贷结构，全省金融运行总体平稳。社会融资规模余额同比增长 8.6%，与名义地区生产总值增速基本匹配，以适度的货币增长支持了高质量发展。具体来看，金融运行主要呈现以下特点：一是贷款保持较快增长，融资成本逐步下降。2018 年末全省本外币贷款余额 77 810.5 亿元，同比增长 9.8%，较年初增加 6 817.6 亿元，同比多增 1 187.2 亿元，为全省新旧动能转换提供了有力支撑。贷款利率先升后降，下半年以来，金融机构加大对小微企业的贷款支持力度，效果逐步显现，12 月贷款利率降至年内最低点 5.65%，其中小型和微型企业贷款利率分别为 5.61% 和 5.73%，分别较上年同期下降 18 个和 41 个基点。二是融资结构继续改善，服务实体经济能力提升。在规范资产管理业务等政策约束下，表外融资净下降 2 340.7 亿元，同比多降 3 552.8 亿元。金融机构业务结构向传统业务回归，同业投资趋于理性规范，资金“脱虚向实”势头明显。全省普惠口径小微企业贷款余额较上年末增加723.4亿元，同比增长24.7%，高于各项贷款增速14.9个百分点。“两权”抵押贷款增量扩面扎实推进，13个试点县（市、区）“两权”抵押贷款余额114.2亿元，居全国第一位，同比增长79.3%。三是金融综合改革试验区建设稳步推进，金融服务质效进一步提升。青岛财富管理金融综合改革试验区建设稳步推进，青岛连续四次跻身“全球金融中心”排名前50。济南市区域性产业金融中心建设加速推进。多渠道扩建征信查询服务大厅，全年提供个人信用报告查询服务466.5万次，同比增长30.7%。开展信用城市建设，潍坊市、威海市、荣成市入选全国首批12家社会信用体系建设示范城市，数量居全国之首。优化企业开户服务，开发线上开户预审核系统，企业开户实现“符合条件2天开户”“一次办好”。普惠金融综合示范区试点县扩大为28个，实现17地市全覆盖。四是资本市场资源配置功能继续增强，债务融资工具创新产品取得新突破。直接融资占社会融资规模的比重同比提高8.9个百分点，全省新增境内外上市公司8家。兖矿集团成功发行全国首单“新旧动能转换债券”，齐鲁银行成功发行全国首单商业银行“债券通”绿色金融债券30亿元，两单民营企业债券融资支持工具顺利落地山东省。五是保险机构数量领先全国，业务结构持续优化。保险公司全部分支机构7 455家，居全国第1位。业务结构持续优化，农业大灾保险在20个种粮大县逐步铺开，人身险公司投资型业务有所收缩，健康险同比增长34.4%，责任险、保证险、农险等政策支持型业务成为新的增长点，车险“一险独大”的状况有所改变。六是金融生态环境持续改善，金融风险防控工作扎实推进。挂牌成立31个不同层级的金融消费纠纷人民调解委员会，正式启用金融消费权益咨询投诉山东省12363呼叫中心。继续深化金融风险监测分析和预警，建立风险化解重点县联络点制度，全面把控区域金融风险动态，建立金融风险监测信息系统，全面覆盖法人银行和驻鲁金融机构二级以上分支行共660家机构。

展望2019年，山东省将加快塑造高质量发展新优势，促进经济持续健康发展。在新旧动能转换重大工程引领下，山东省将加快实施创新驱动发展战略，聚焦聚力乡村振兴、经略海洋、军民融合等重点工作，进一步深化市场化改革，着力激发微观主体活力，为稳定经济增长释放更多改革红利，支撑经济在合理区间运行。2019年，山东省十强产业扩大投资，将支撑制造业投资低位回升；居民收入放缓仍将在一定程度上抑制消费增长，随着个人所得税专项附加扣除方案的实施以及乡村振兴战略的推进，将减小消费增速回落幅度；出口增长仍然面临较大下行压力，但山东省在“一带一路”中区位战略节点优势的逐步显现，将对进出口增长形成一定支撑。从金融方面看，2019年，山东省金融业有望继续保持稳健运行，货币信贷及社会融资规模将保持合理增长，融资结构和信贷结构进一步优化，为全省新旧动能转换营造良好的货币金融环境。

一、金融运行情况

2018年，山东省金融业运行总体健康平稳，货币信贷适度增长，信贷投放重点突出，融资成本逐步走低，区域金融风险总体可控，民营企业债券融资支持工具顺利落地，多层次资本市场体系健康发展，保险保障功能提升，金融改革创新继续深化，市场主体发展提质增效，为供给侧结构性改革和高质量发展营造了适宜的货币金融环境。

（一）银行业运行平稳，存贷款总量合理增长

2018年，山东省银行业金融机构积极贯彻落实稳健货币政策，各项贷款保持较快增长，贷款成本逐步下降，金融风险防控工作扎实推进，银行业改革取得积极进展，服务实体经济的效率和水平进一步提升。

表 1　2018 年山东省银行业金融机构情况

机构类别	营业网点 机构个数（个）	营业网点 从业人数（人）	营业网点 资产总额（亿元）	法人机构（个）
一、大型商业银行	4 372	98 694	40 937	0
二、国家开发银行和政策性银行	128	3 622	11 509	0
三、股份制商业银行	1 131	25 106	15 174	1
四、城市商业银行	1 293	29 904	18 981	14
五、小型农村金融机构	5 012	66 281	23 766	112
六、财务公司	2	906	2 963	18
七、信托公司	0	533	177	2
八、邮政储蓄银行	2 951	12 138	6 564	0
九、外资银行	42	1 021	520	0
十、新型农村金融机构	385	7 328	1 115	128
十一、其他	4	1 103	727	6
合　计	15 320	246 636	122 434	281

注：营业网点不包括国家开发银行和政策性银行、大型商业银行、股份制商业银行等金融机构总部数据；大型商业银行包括中国工商银行、中国农业银行、中国银行、中国建设银行和交通银行；小型农村金融机构包括农村商业银行、农村合作银行和农村信用社；新型农村金融机构包括村镇银行、贷款公司和农村资金互助社；"其他"包含民营银行、金融租赁公司、汽车金融公司、货币经纪公司、消费金融公司等。

数据来源：山东银保监局。

1. 资产规模稳步扩大，盈利能力有所下降。 2018 年末，山东省银行业金融机构资产总额 12.2 万亿元，同比增长 5.9%，增速较上年提高 1.4 个百分点。不良贷款余额 2 604.7 亿元，较年初增加 791.5 亿元，同比多增 375.4 亿元；不良贷款率 3.3%，较年初上升 0.8 个百分点。受不良贷款影响，全年实现净利润 107.6 亿元，较上年减少 340.3 亿元。

2. 各项存款增速低位企稳，住户部门存款回升较快。 2018 年末，山东省金融机构本外币存款余额 96 412.7 亿元，同比增长 5.9%，较上年回落 0.3 个百分点。在购房支出和理财市场分流效应减弱的形势下，住户部门存款快速回升，年末余额 48 800.0 亿元，同比增长 9.9%，较上年提高 3.5 个百分点，较年初增加 4 385.9 亿元，同比多增 1 733.4 亿元，占全部新增存款的 81.3%；经营景气下滑导致非金融企业存款增长放缓，年末余额 29 379.1 亿元，同比下降 0.3%，较上年回落 5.4 个百分点。

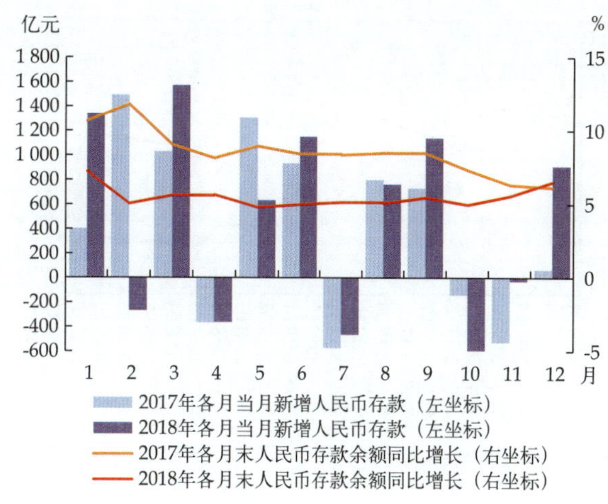

数据来源：中国人民银行济南分行。

图 1　2017~2018 年山东省金融机构人民币存款增长变化

3. 贷款平稳较快增长，支持实体经济力度进一步加大。 2018 年末，山东省本外币贷款余额 77 810.5 亿元，同比增长 9.8%，全年贷款增速呈现开局走低、第二季度以后企稳回升态势，全年本外币贷款增加 6 817.6 亿元，创历史新高，同比多增 1 187.2 亿元。分部门看，住户贷款快速增长，企业贷款增长慢。受住房消费带动，住户贷款余额同比增长 20.7%，较全部贷款增速高 10.9 个百分点；受企业生产经营活力不足影响，非金融企业及机关团体贷款余额同比增长 5.9%，较全部贷款增速低 3.9 个百分点。

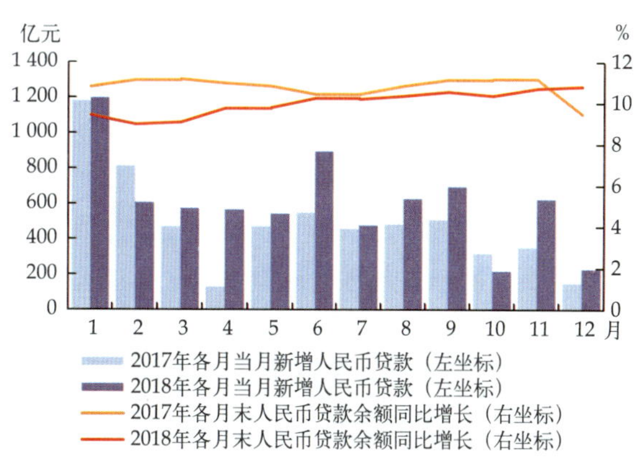

数据来源：中国人民银行济南分行。

图 2　2017~2018 年山东省金融机构人民币贷款增长变化

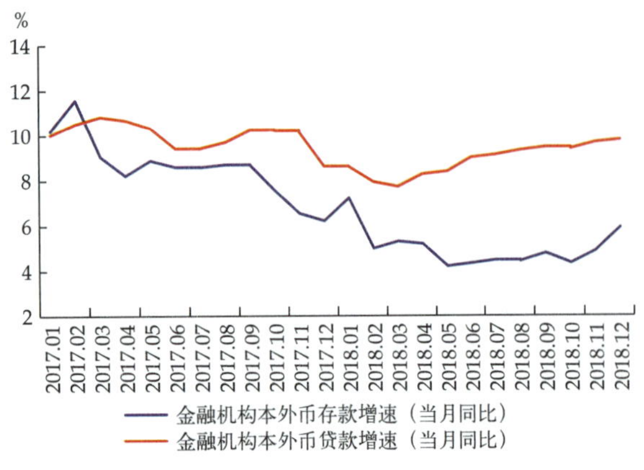

数据来源：中国人民银行济南分行。

图3 2017~2018年山东省金融机构本外币存、贷款增速变化

中国人民银行济南分行坚持把贯彻稳健货币政策的着力点放在疏通金融支持实体经济渠道和优化金融资源配置上。2018年末，山东省普惠口径小微企业贷款余额较上年末增加723.4亿元，同比增长24.7%，高于各项贷款增速14.9个百分点。开展“小微企业金融服务万户行”活动，精准对接19 434家小微企业、3 355户民营企业的融资需求。应收账款融资服务平台累计促成融资1万余笔，融资总金额4 850亿元，融资额居全国第5位。创新推出“重点支持票据直通车”操作模式，全年累计办理再贷款294.5亿元、再贴现336.1亿元，较上年同期分别增加46.0亿元和101.6亿元。创新“央行资金产业扶贫贷”模式，累计发放“央行资金产业扶贫贷”13.6亿元，惠及1.9万贫困人口。“两权”抵押贷款增量扩面扎实推进，13个试点县（市、区）“两权”抵押贷款余额114.2亿元，居全国第1位，同比增长79.3%。

专栏1 坚持“四个强化”推动形成“四力”持续改善民营和小微金融服务

2018年，中国人民银行济南分行加强部门协调，发挥政策合力，坚持“四个强化”，推动形成“四力”，不断改进完善对民营和小微企业的金融服务，全力为民营企业纾难解困，实现小微企业“两增一降”（贷款额、贷款户数明显增加，新发放贷款加权平均利率同比下降），相关经验做法通过总行上报国务院，被新华社刊发报道。

一、强化部门政策协同，推动形成支持民营和小微企业发展的政策合力

推进工作沟通常态化，济南分行“一把手”带队走访省地方金融监管局、银保监局、证监局等部门，加强与财政、工信等部门的交流协调，建立日常联系沟通机制，共商深化民营和小微金融服务工作。推进政策协同制度化，推动省政府制定印发支持民营经济高质量发展的35条意见，货币政策工具、银企融资对接系统、民营企业债券融资支持工具、应收账款融资等支持措施均纳入政策体系；会同省财政厅、科技厅等修订完善科技成果转换、小微企业、知识产权质押融资贷款风险补偿及“政银保”贷款保证保险等制度，为金融资源持续介入营造良好的政策环境。推进激励机制长效化，联合省财政厅等对5家金融机构小微金融创新产品分别给予50万元奖励，形成典型示范效应；出台直接债务融资引导奖励办法，加大对民营企业直接债务融资奖励力度，按发行金额的0.02%进行奖励，奖励标准为国有企业的2倍。

二、强化监测督导考核，推动形成支持民营和小微企业发展的内生动力

深化民营和小微企业金融服务，关键在金融机构，济南分行运用考核“指挥棒”和监管“工具箱”，压实金融机构责任，重点解决金融机构“不愿贷”“不能贷”“不会贷”问题。加强与省委督查室的日常沟通，不定期报告省内民营和小微金融服务的难点痛点，推动其对相关部门开展专项督查，力促政策落实。建立普惠口径小微企业台账监测、现场核查、月度通报制度，对各省级金融机构、地方法人机构小微企业贷款情况进行通报，在全省集中开展为期1个月的小微企业金融服务调研督导专项行动，对金融机构服务民营小微政策落地情况开展督查。将普惠领域小微企业贷款投放情况纳入对金融机构综合评价的指标体系，对小微企业贷款增长缓慢甚至负增长的金融机构开展“一对一”约谈指导，要求其努力做到“应贷尽贷”。

三、强化市场经济导向，推动形成支持民营和小微企业发展的外部活力

主动作为，创新银企互动模式，发挥市场活力，打造形成金融服务民营小微企业的长效机制。强化央行资金导向作用，优化再贷款管理，引导法人机构增加对民营小微企业的信贷投放，运用“重点支持票据直通车”模式，优先支持500万元及以下的小微企业票据和3 000万元及以下的民营企业票据，2018年累计发放支小再贷款210.1亿元，办理再贴现336.1亿元，同比分别增长66.2%和43.3%。健全线上线下银企对接机制，开发并力促省政府推广山东省企业融资服务网络系统，整合发改、税务、市场管理等部门涉企信用信息，实时推送给1.5万多家银行网点，有效缓解银企信息不对称问题。2018年共发布中小微企业融资需求信息1.3万条，金融机构成功对接6 866条、贷款支持1 237亿元。推动省政府召开全省应收账款融资服务推进会，加大应收账款融资服务平台推广力度，2018年新增供应链5条，完成山东省首笔500万元的线上全流程供应链融资，截至2018年末，全省应收账款融资服务平台累计注册用户9 496家，促成融资10 939笔，融资总额达4 850亿元。探索开展政府采购合同融资，推动政府采购平台与应收账款融资服务平台系统对接，为中标小微企业供应商开展政府采购合同融资，2018年全省有154家企业累计获得授信18.5亿元。

四、强化精准对接支持，推动形成民营和小微企业发展壮大的自身潜力

立足精准对接、精准服务，充分挖掘企业自身潜力，支持民营和小微企业专注主业、做大做强。开展“金融服务小微企业万户行”活动，在全省选取19 434家小微企业，督促分支行与全省金融机构开展现场走访，宣讲金融政策，了解企业需求，匹配金融产品，分类施策服务，共召开政策宣讲会700余次，推动8 605家企业获贷455.2亿元。开展“金融精准助民企千户帮”活动，精选3 355户民营企业，一对一逐户走访对接，设计个性化“金融服务明白纸”发放至每户企业手中，让广大民营企业找人有方向、洽谈有门路、融资有效果。充分利用新媒体手段加大政策和产品宣传力度，设计开发“小微金融通”“中小企业金融产品”微信程序，集中宣传国家、省支持政策，集中展播小微金融产品，程序上线2个月浏览次数即突破2万余次。

4.表外业务大幅下降，同业业务收缩明显。在规范资产管理业务等政策约束下，表外融资大幅收缩。2018年末，山东省外融资余额14 142.9亿元，较年初下降2 340.7亿元，同比多降3 552.8亿元。其中，委托贷款、信托贷款、未贴现银行承兑汇票分别下降887.0亿元、380.1亿元和1 073.5亿元，同比分别多降1 560.1亿元、880.7亿元和1 112.1亿元。金融机构业务结构向传统业务回归，同业投资趋于理性规范。金融机构以同业代付、买入返售信托收益权等方式开展的同业业务大幅收缩，以购买同业金融资产和理财产品为主的同业投资显著收缩，资金“脱虚向实”势头明显。

5.贷款成本逐步走低，定价能力继续增强。2018年，山东省贷款利率先升后降，受银行间市场利率变化和支持小微政策出台等因素影响，12 月一般贷款加权平均利率降至年内最低点 5.65%，其中，小型和微型企业贷款利率分别为 5.61% 和 5.73%，分别较上年同期下降 18 个和 41 个基点。人民币存款利率定价稳中小幅走高，中长期存款利率上涨较多。89 家和 47 家机构分别成为全国自律机制基础成员和观察成员，78 家金融机构完成大额存单备案，87 家金融机构完成同业存单备案，多元化负债能力得到有效提升。

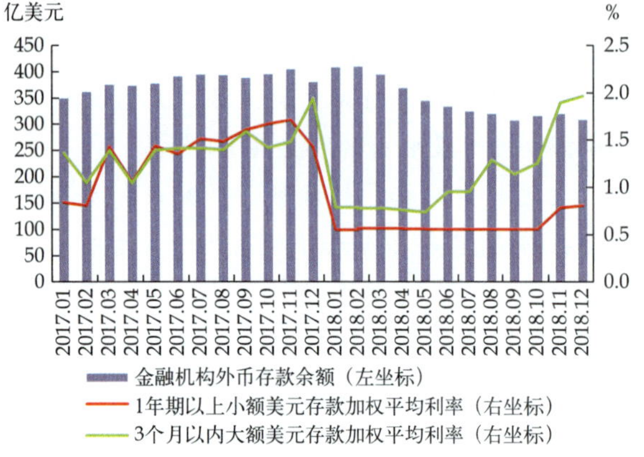

数据来源：中国人民银行济南分行。

图 4　2017~2018 年山东省金融机构外币存款余额及外币存款利率

表 2　2018 年山东省金融机构人民币贷款各利率区间占比

单位：%

月份		1月	2月	3月	4月	5月	6月
合计		100.0	100.0	100.0	100.0	100.0	100.0
下浮		5.8	6.4	5.1	6.9	4.7	4.4
基准		21.9	21.4	16.7	16.0	14.8	16.9
上浮	小计	72.3	72.2	78.2	77.1	80.5	78.7
	(1.0, 1.1]	17.6	15.4	16.1	16.4	16.0	15.5
	(1.1, 1.3]	25.1	26.5	28.8	24.8	28.8	29.9
	(1.3, 1.5]	13.2	14.4	14.3	16.0	15.2	15.2
	(1.5, 2.0]	9.9	9.1	11.0	12.5	12.3	11.2
	2.0 以上	6.5	6.7	8.0	7.4	8.1	6.8
月份		7月	8月	9月	10月	11月	12月
合计		100.0	100.0	100.0	100.0	100.0	100.0
下浮		6.0	7.0	6.6	8.2	8.2	9.8
基准		12.8	14.6	17.7	17.6	16.7	23.5
上浮	小计	81.1	78.4	75.7	74.2	75.1	66.7
	(1.0, 1.1]	15.2	16.1	14.9	15.4	14.7	16.7
	(1.1, 1.3]	27.2	23.7	25.5	22.9	25.9	22.3
	(1.3, 1.5]	17.2	17.2	15.2	14.8	15.4	11.6
	(1.5, 2.0]	13.0	12.9	12.4	12.3	11.4	10.2
	2.0 以上	8.6	8.6	7.7	8.8	7.7	6.0

数据来源：中国人民银行济南分行。

6. 资本充足状况有所改善，金融风险防控工作扎实推进。2018 年末，山东省银行业法人机构资本净额 5 119.9 亿元，同比增加 239.0 亿元；资本充足率和核心一级资本充足率分别较上年提高 0.04 个和 0.1 个百分点；流动性比例为 69.1%，较上年提高 10.7 个百分点。金融风险监测预警力度进一步加大，金融风险监测信息系统建立，全面覆盖法人银行和驻鲁金融机构二级以上分支行共 660 家机构。建立风险化解重点县联络点制度，全面把控区域金融风险动态。依托“重大事项报告监控系统”开展动态监测，建立出险企业数据库。对 258 家法人银行机构按季开展央行金融机构评级，对 50 家地方法人银行开展压力测试，对 6 家金融机构开展稳健性现场评估。

7. 跨境人民币业务稳步发展，收支均衡度持续改善。2018 年，山东省跨境人民币收付额总体呈波动上升趋势，全年收付额 2 916.3 亿元，同比增长 2.5%，增速较上年提升 36.7 个百分点。业务覆盖面进一步拓展，全年新增开展跨境人民币业务企业 4 009 家， 较上年增长 20.6%。业务均衡度大幅改善，2018 年净流入 28.9 亿元，上年同期净流出 454.6 亿元，流入流出比从 2016 年的 1：1.75、2017 年的 1：1.42，趋向更加均衡的 1：0.98。资金池业务收支活跃，成为跨境人民币业务重要的增长点。全年资金池累计收付额 357.6 亿元，同比增长 1.4 倍，占全省人民币跨境收付额的 12.3%。对“一带一路”沿线国家人民币跨境收付占比提高，占全省收付总额的 23.6%，同比上升 5 个百分点。

（二）证券业整体实力进一步提升，资本市场体系不断完善

2018年，山东省证券业稳步发展，市场经营机构整体实力进一步提升，融资规模不断扩大，多层次资本市场体系日趋完善。

表3　2018年山东省证券业基本情况

项目	数量
总部设在辖内的证券公司数（家）	2
总部设在辖内的基金公司数（家）	0
总部设在辖内的期货公司数（家）	3
年末国内上市公司数（家）	196
当年国内股票（A股）筹资（亿元）	389
当年发行H股筹资（亿元）	0
当年国内债券筹资（亿元）	4 603
其中：短期融资券筹资额（亿元）	2 079
中期票据筹资额（亿元）	1 002

注：当年国内股票（A股）筹资额指非金融企业境内股票融资。
数据来源：中国人民银行济南分行、山东证监局。

1.机构资产规模较快增长，证券交易量有所下滑。2018年末，山东省证券业资产总额1 904.4亿元，同比增长34.2%。证券分公司和营业部合计达到736家，较年初增加97家。受股市行情低迷影响，证券公司代理买卖证券交易额有所下滑，全年实现交易金额9.6万亿元，较上年下降18.3%。2家法人证券公司实现营业收入63.5亿元，同比下降7.9%，实现净利润15.4亿元，同比下降29.6%。

2.资本市场融资规模扩大，资源配置功能继续增强。2018年，山东省实现股票、债券两项直接融资合计5 180.3亿元，其中25家次上市公司通过增发、配股合计融资262.7亿元，新增境内外上市公司8家，首发融资104.7亿元。年末全省新三板挂牌企业数量624家，实现融资194.3亿元。

3.区域股权交易平稳发展，市场层次日趋多元化。2018年末，山东省权益类市场达到19家，其中2家区域性股权市场、11家具有金融属性的大宗商品市场。2018年，齐鲁股权交易中心新增挂牌企业891家，总数达到3 161家，托管企业3 362家，展示企业7 460家，累计帮助挂牌企业实现各类融资412.0亿元。蓝海股权交易中心新增挂牌企业405家，总数达到1 529家，年内帮助企业实现各类融资11.4亿元。

（三）保险业平稳健康发展，风险保障功能有效发挥

2018年，山东省保险业规模稳步增长，机构数量领先全国，业务结构持续优化，充分发挥保险保障功能，服务经济社会发展能力进一步提升。

表4　2018年山东省保险业基本情况

项目	数量
总部设在辖内的保险公司数（家）	5
其中：财产险经营主体（家）	3
人身险经营主体（家）	2
保险公司分支机构（家）	94
其中：财产险公司分支机构（家）	41
人身险公司分支机构（家）	53
保费收入（中外资，亿元）	2 959
其中：财产险保费收入（中外资，亿元）	749
人身险保费收入（中外资，亿元）	2 210
各类赔款给付（中外资，亿元）	930
保险密度（元／人）	2 946
保险深度（%）	4

数据来源：山东银保监局。

1.保险业市场规模稳步增长，市场体系日益完善。2018年末，山东省保险业总资产5 950.8亿元，较年初增长12.3%。保险法人机构5家，省级分公司以上保险主体94家；保险公司全部分支机构7 455家，居全国第1位。全年实现保费收入2 959.8亿元，居全国第3位，同比增长8.1%。其中，财产险保费收入749.4亿元，同比增长7.9%；人身险保费收入2 210.4亿元，同比增长8.2%。保险赔付929.9亿元，同比增长11.9%。

2. 业务结构持续优化，民生保障作用有效发挥。农业大灾保险在20个种粮大县逐步铺开，完全成本保险在4个小麦主产县开展试点。人身险公司投资型业务有所收缩，体现保障功能的健康险增长34.4%，业务占比提升到两成以上；财产险业务结构持续优化，车险“一险独大”的状况有所改变，非车险实现较快增长，责任险、保证险、农险等政策支持型业务成为新的增长点，带动非车险占比达到27.9%，较上年同期上升5个百分点。大病保险向150万人次补偿医疗费用13.2亿元，实际报销比提高3~6个百分点。扶贫特惠保险为25.6万人次补偿医疗费用5.9亿元。承担各类风险保障责任129.5万亿元，特别是在“温比亚”台风灾害中，全力支持抗灾救灾，迅速开展理赔兑付。

3. 保险业创新不断丰富，服务经济社会发展能力增强。落实首台（套）技术装备等科技保险政策，为超过400家（次）科技企业提供风险保障40多亿元，分散企业技术创新和成果转化风险。安全生产、环境污染、食品安全等责任险为社会提供9.5万亿元风险保障。小额贷款保证保险帮助超过300户企业、3万多借款人获得信贷支持50亿元，缓解了小微企业“融资难”。

（四）金融市场运行平稳，债务融资工具创新产品取得新突破

2018年，山东省社会融资规模合理适度增长，融资结构继续改善，债券领域创新快速推进，民营企业债券融资支持工具有效实施。

1. 社会融资规模缓中趋稳，融资结构有所改善。2018年末，山东省社会融资规模余额112 908.3亿元，同比增长8.6%，与名义地区生产总值增速基本匹配，以适度的货币增长支持了高质量发展。融资结构“两升一降”，银行贷款占社会融资规模的74.2%，较上年提高18.7个百分点；直接融资占社会融资规模的17.3%，较上年提高8.9个百分点；表外融资占社会融资规模的比重下降36.7个百分点。

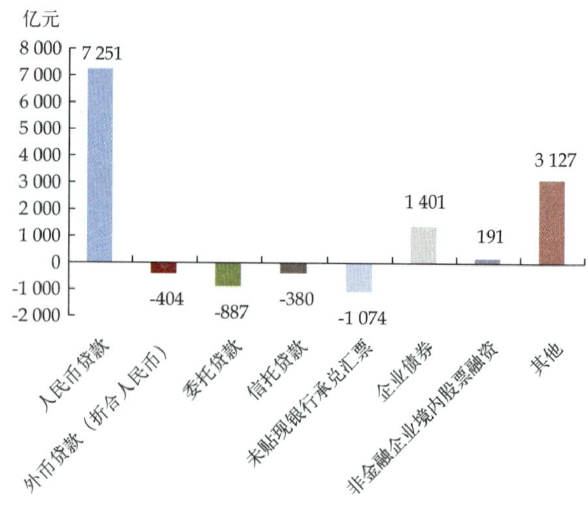

数据来源：中国人民银行济南分行。

图5 2018年山东省社会融资规模分布结构

2. 重点领域债券发行快速推进，民营企业债券融资支持工具顺利落地。2018年，山东省新发行债务融资工具346单、金额3 318.2亿元，居全国第5位。兖矿集团成功发行全国首单新旧动能转换债券，山东省公用控股公司成功发行全省首单绿色债务融资工具，齐鲁银行成功发行全国首单商业银行“债券通”绿色金融债券30亿元。民营企业债券融资支持工具有效推进，青岛银行、光大银行创设信用风险缓释凭证，支持瑞康医药和威高集团成功发行超短期融资券9亿元，为企业节约财务成本410万元。

3. 黄金市场交易规模明显下降。2018年末，山东省有上海黄金交易所会员企业12家，其中金融类会员为恒丰银行1家。受黄金市场行情走势震荡影响，市场客户交投热情下降，交易量较上年有所下滑，全年会员企业总成交量1 772.6吨，同比下降46.9%。从市场参与主体看，会员交易集中度依然较高，全省75.7%的交易由山东省黄金集团、山东省招金集团和山东省中矿金业集团三家企业完成。

（五）金融改革创新继续深化，市场主体发展提质增效

2018年，山东省稳步推动青岛财富管理金融综合改革试验区和新型农村合作金融试点两

个区域金融改革试点，青岛连续四次跻身“全球金融中心”排名前50。济南市区域性产业金融中心建设加速推进，临沂市金融服务乡村振兴改革创新试验区总体方案正在审批。民间融资登记服务中心84家，成功对接资金30.2亿元。新型农村合作金融改革试点范围持续扩大，全省共有118个县（市、区）的460家农民专业合作社开展信用互助业务试点，较年初增加63家，参与社员（包括法人社员）3.2万人。

（六）金融生态环境建设扎实推进，金融服务水平进一步提升

2018年，山东省继续扎实推进金融生态环境建设，全面提升金融服务水平，大力发展普惠金融。推广商业银行自助查询网点，多渠道扩建征信查询服务大厅，全年提供个人信用报告查询服务466.5万次，同比增长30.7%。开展信用城市建设，潍坊市、威海市、荣成市入选全国首批12家社会信用体系建设示范城市，数量居全国之首。优化企业开户服务，开发线上开户预审核系统，开通小微企业开户绿色通道，企业开户实现“符合条件2天开户”“一次办好”。开展移动支付便民示范工程建设，实现济南公交在全国首家支持银联闪付和二维码支付全产品应用。建立多渠道、多层次金融消费纠纷化解体系，挂牌成立31个不同层级的金融消费纠纷人民调解委员会，实现诉调对接机制省、市、县三级覆盖。正式启用金融消费权益咨询投诉山东省12363呼叫中心，实现全省投诉咨询事项“一点接入，集中处理”。积极引导11家银行机构探索设立普惠金融事业部。普惠金融综合示范区试点县扩大为28个，实现17地市全覆盖。

表5　2017~2018年山东省支付体系建设情况

年份	支付系统直接参与方（个）	支付系统间接参与方（个）	支付清算系统覆盖率（%）	当年大额支付系统处理业务数（万笔）	同比增长（%）
2017	19	10 163	77.6	13 644.0	16.1
2018	19	10 404	79.4	15 650.8	14.7

续表

年份	当年大额支付系统业务金额（亿元）	同比增长（%）	当年小额支付系统处理业务数（万笔）	同比增长（%）	当年小额支付系统业务金额（亿元）	同比增长（%）
2017	2 243 534.4	3.1	34 257.8	3.7	45 104.5	19.3
2018	2 375 646.1	5.9	29 326.1	-14.4	41 947.3	-7.0

数据来源：中国人民银行济南分行。

二、经济运行情况

2018年，山东省聚焦高质量发展，以供给侧结构性改革为主线，着力补短板、优供给、强基础。新旧动能转换全面起势，供需平衡发展，产业结构持续优化，物价与就业整体稳定，经济运行呈现总体平稳、稳中有进的良好发展态势。全省地区生产总值76 469.7亿元，同比增长6.4%；一二三产业分别增长2.6%、5.1%和8.3%；人均生产总值76 267元，同比增长5.9%。

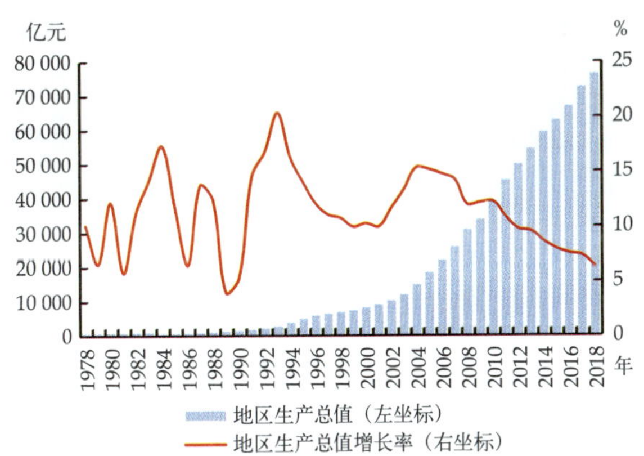

数据来源：山东省统计局。

图6　1978~2018年山东省地区生产总值及其增长率

（一）内外需求平稳良性增长，动能转换红利持续释放

2018年，山东省积极推进新旧动能转换，带动内外需求平稳增长，投资结构持续优化，居民消费升级态势凸显，外贸投资领域大幅放宽，为经济高质量发展打下坚实基础。

1. 投资增速趋缓，结构持续优化。2018 年，山东省固定资产投资同比增长 4.1%，较上年回落 3.2 个百分点，连续第九年回落。三次产业投资构成为 1.7：39.5：58.8，服务业投资比重比上年提高 10.3 个百分点。民间投资增长 4.1%，拉动全部投资增长 2.8 个百分点。投资结构继续优化，工业技术改造投资增长 9.6%，高技术制造业投资增长 17.6%，新一代信息技术产业投资增长 18.4%。惠民生工程投资力度加大，水利环境和公共设施管理业投资增长 13.8%，生态保护和环境治理业投资增长 27%。

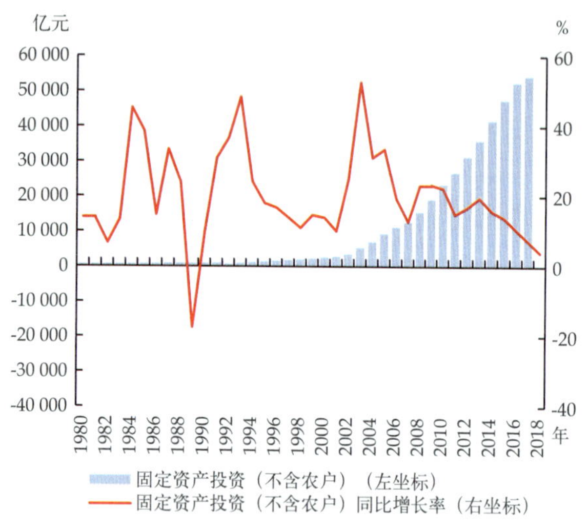

数据来源：山东省统计局。

图 7　1980~2018 年山东省固定资产投资（不含农户）及其增长率

2. 消费市场平稳运行，消费升级态势凸显。2018 年，山东省社会消费品零售总额同比增长 8.8%，消费稳定器作用有效发挥。消费结构持续优化，网络消费新业态快速发展，社会消费品网上零售额 3 513.6 亿元，增长 31.7%。居民人均消费支出 18 780 元，城乡居民消费水平明显提升。其中，城镇居民人均消费支出 24 798 元，增长 7.5%；农村居民人均消费支出 11 270 元，增长 9.0%。消费升级态势进一步凸显，居民人均食品烟酒支出占人均消费支出比重为 26.8%，较上年下降 0.5 个百分点。

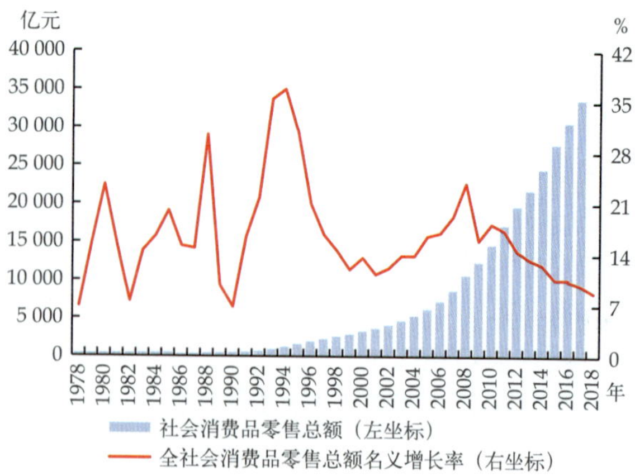

数据来源：山东省统计局。

图 8　1978~2018 年山东省社会消费品零售总额及其增长率

3. 外贸总量持续增长，投资领域大幅放宽。2018 年，山东省进出口总额同比增长 7.7%，增速较上年降低 7.5 个百分点，低于全国 2 个百分点。其中，出口额增长 6.1%，进口额增长 9.7%。“一带一路”沿线经贸持续增长，实现进出口 5 197.6 亿元，增长 7.7%。实际利用外资 123.9 亿美元，增长 6.5%。其中，服务业实际使用外资增长 42.7%。外资投资领域大幅放宽，新旧动能转换领域外资流入规模扩大，高新技术产业外资流入加快，电子商务等新业态领域更加受到青睐。27 家世界 500 强企业投资项目 51 个，合同外资增长 41.4%。对外合作积极拓展，实际对外投资增长 23.2%。

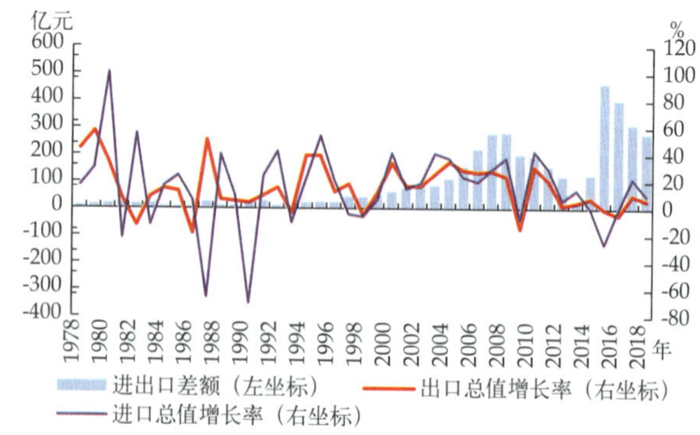

数据来源：山东省统计局。

图 9　1978~2018 年山东省外贸进出口变动情况

（二）“三二一”结构持续巩固，产业发展更加绿色可持续

2018 年，山东省经济增长由工业主导向服务业主导转变特征更加明显，三次产业结构优化为 6.5∶44.0∶49.5，服务业比重进一步上升，对经济增长的贡献率和拉动点均高于农业、工业和建筑业三者之和。

1. 农业基础地位持续巩固，乡村振兴战略稳步推进。2018 年，山东省农林牧渔业增加值 5 272.5 亿元，同比增长 3.2%。粮食总产量 1 063.9 斤，连续 7 年稳定在 900 亿斤以上。农业生产更加注重绿色环保，新增国家级水产健康养殖示范场 19 处、省级 52 处。乡村振兴有序开展，农村电商快速发展，实现网络零售额 813 亿元，增长 30.7%。农业生产条件持续改善，除险加固大中型水库 4 座，治理中小河流 45 条，综合治理水土流失面积 1 260 平方公里。农业“新六产”壮大，累计培育家庭农场 6.4 万家，农民专业合作社 20.3 万户，新型职业农民 14 万人，省级农业高新技术产业示范区 16 个。99% 的村通达客车，行政村实现光纤全覆盖。潍坊设立全国首个农业开放发展综合试验区。

2. 工业生产平稳增长，效益水平总体改善。2018 年，山东省规模以上工业增加值同比增长 5.2%。新旧动能转换持续发力，工业生产结构明显优化，高技术产业增加值增长 9.6%，工业机器人、太阳能电池、服务器等新产品产量分别增长 71.5%、58.9% 和 76.3%。效益水平总体改善，规模以上工业主营业务收入增长 5.3%，利润总额增长 10.3%，主营业务收入利润率为 5.26%，较上年提高 0.25 个百分点，规模以上工业人均创造利润 7.0 万元，增长 14.3%。上榜中国企业 500 强的工业企业 49 家，20 个县（市）和 12 个区入围中国工业百强县（市）、百强区。

3. 服务业主引擎作用凸显，现代服务业发展迅速。2018 年，山东省服务业增加值 37 877.4 亿元，占全省生产总值的 49.5%，较上年提高 1.5 个百分点。服务业对全省经济增长的贡献率为 60%，较上年提高 3.9 个百分点。现代服务业发展较快，规模以上服务业营业收入增长 7.1%，营业收入利润率为 12.4%。其中，广播、电视、电影和录音制作业营业收入增长 71.8%，商务服务业增长 25.1%，研究和试验发展增长 18.8%，娱乐业增长 15.5%。全域旅游蓬勃发展，旅游消费总额 10 461.2 亿元，增长 13.7%。快递电信业增势强劲，邮电业务总量 4 180.4 亿元，增长 121.0%。交通运输保持稳定，铁路、公路、水路共完成旅客运量 6.7 亿人次，增长 3.2%；货运量 34.9 亿吨，增长 8.3%。

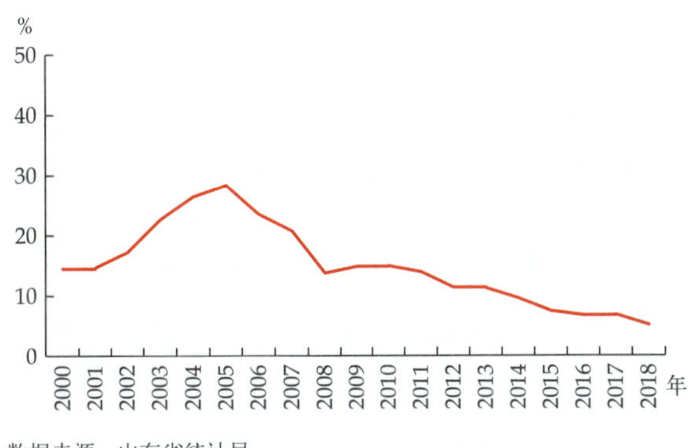

数据来源：山东省统计局。

图 10　2000~2018 年山东省规模以上工业增加值实际增长率

4. 供给侧结构性改革持续推进，民生和社会保障更加健全。全年压减粗钢产能 355 万吨、生铁产能 60 万吨、煤炭产能 495 万吨。积极落实各项减税降费政策为企业减负，规模以上工业每百元主营业务收入成本为 85.85 元，较上年减少 0.59 元。积极稳妥去杠杆，年末国有及国有控股工业资产负债率为 63.1%，较上年末下降 1.6 个百分点。新建商品住宅去化周期为 10.6 个月，处于合理区间内。精准脱贫取得重要进展，剩余的省标以下 17.2 万贫困人口实现脱贫，基本完成脱贫任务。易地扶贫搬迁工程建档立卡贫困人口全部实现搬迁入住并顺利脱贫。基础设施稳步改善，高速公路、高速铁路通车里程分别达到 6 057.4 公里、1 747 公里，济青高铁、青盐铁路等重大项目建成使用。新能源和

可再生能源发电装机总容量 3 002.9 万千瓦，占电力总装机容量的 22.9%。海阳核电一期工程 1 号机组投入商业运行，装机容量 125 万千瓦。社会保障更加健全，居民基本养老保险基础养老金最低标准提高到每人每月 118 元，居民基本医疗保险财政补助标准由 450 元提高至 490 元。

5. 生态文明建设稳步推进，可持续发展能力增强。2018 年，山东省污染防治取得积极成效，重污染天数平均 9.9 天，较上年减少 5 天。细颗粒物（PM2.5）平均浓度改善 14.0%，环境空气质量综合指数改善 9.6%。国控地表水达到或优于Ⅲ类水质比例为 62.7%，劣Ⅴ类水体控制到 1.2%。无公害农产品、绿色食品、有机农产品和农产品地理标志获证企业 3 879 家，较上年增加 318 家。城市建设持续提升，新增城市污水处理能力 53 万吨 / 日，91% 的建制镇建有污水处理设施。规模以上工业能耗下降 0.4%，煤炭清洁利用程度进一步提高，规模以上工业煤炭消费结构中发电、供热占 69.4%，较上年提高 5.2 个百分点。

（三）物价保持温和上涨，工业生产者价格涨势趋缓

2018 年，受食品价格上涨影响，山东省居民消费者价格总水平（CPI）涨幅有所扩大，工业生产者价格同比涨幅波动中下行，市场价格水平总体稳定。

1. 居民消费价格涨势温和，食品价格上涨的拉升作用明显。2018 年，全省居民消费价格总水平上涨 2.5%，涨幅较上年扩大 1.0 个百分点。其中，城市上涨 2.4%，农村上涨 2.7%；消费品价格上涨 2.5%，服务价格上涨 2.4%。从分类看，八大类商品及服务价格全面上涨。其中，居住、食品烟酒价格分别上涨 3.1% 和 2.3%，共同影响居民消费价格上涨 1.33 个百分点。在生鲜食品价格波动影响下，食品价格由上年下降 1.7% 转为上涨 2.4%，是居民消费价格涨幅扩大的主要原因；非食品价格上涨 2.5%。

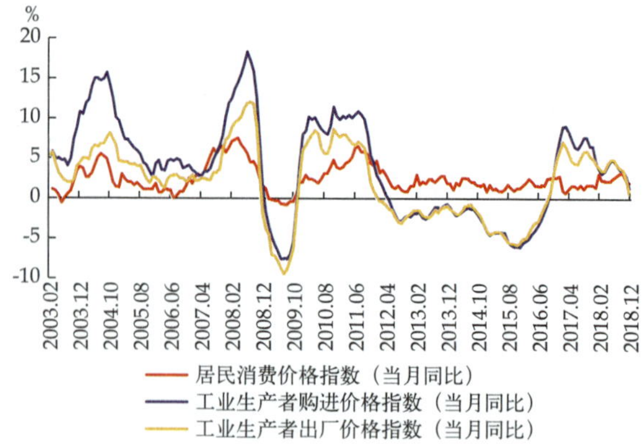

数据来源：山东省统计局。

图 11　2003~2018 年山东省居民消费价格指数和工业生产者价格指数变动趋势

2. 工业生产者价格涨幅回落，生产资料价格主导工业生产者出厂价格（PPI）走势。2018 年，全省工业生产者出厂、购进价格分别上涨 3.7% 和 3.6%，涨幅分别较上年回落 1.8 个和 3.7 个百分点。分时期看，价格同比涨幅上半年呈 U 形走势，下半年逐月缩小；价格环比涨幅前期波动上行，第四季度进入下降通道。生产资料价格上涨 4.4%，带动总指数上涨 3.5 个百分点，影响高达 94.6%，是主导价格走势的主要因素；生活资料价格上涨 1.0%。五大类传统行业拉动总指数上涨 2.6 个百分点，影响程度为七成。新动能行业价格稳中有升，高技术产业出厂价格上涨 1%。

3. 就业形势稳中有进，劳动力成本持续上升。2018 年，全省城镇新增就业 136.8 万人，完成全年计划的 124.4%，同比增长 6.7%。城镇登记失业率 3.35%，较上年下降 0.05 个百分点，低于 4% 的全年调控目标。城镇、农村居民工资性收入分别增长 6.9% 和 7.9%，增速较上年分别下降 0.5 个和 1.1 个百分点。

4. 资源性产品价格改革持续推进，能源生产供给更加清洁。2018 年，山东省先后出台 4 次一般工商业电价降价政策，提前完成“一般工商业电价降低 10%”的目标。增量配电业务改革试点迈出实质步伐，颁出首张增量配电电力业务许可证。能源供给侧结构性改革持续深

化，规模以上工业原煤、原油、焦炭、火电产量分别下降 6.1%、0.2%、2.4% 和 1.1%；清洁能源发电量 393.9 亿千瓦时，增长 60.3%。

（四）财政政策较为积极，收支质量提升

2018 年，山东省一般公共预算收入 6 485.4 亿元，同比增长 6.3%。其中，税收收入增长 10.8%，占财政收入的 75.5%，较上年提高 3.0 个百分点。主体税种增长 11.2%，占税收收入的 57.1%，较上年提高 0.2 个百分点。地方一般公共预算支出 10 099.0 亿元，同比增长 9.1%，增速同比提高 3.9 个百分点。其中，民生支出占比为 79%，支持节能环保、科学技术等经济高质量发展的相关支出分别增长 22.2% 和 17.9%。自 2011 年以来，全省一般公共预算收入增速持续回落，而刚性支出有增无减。2018 年预算收支差额 3 613.6 亿元，同比增长 14.4%，收支矛盾突出。2018 年，全省累计发行地方政府债券 2 496.3 亿元，地方政府融资成本大幅降低。其中，新增债券 1 324.3 亿元，占 53.1%；专项债券 1 442.8 亿元，占 57.8%。

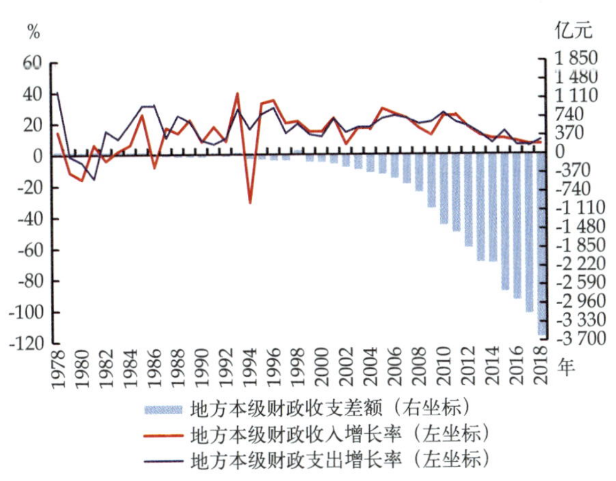

数据来源：山东省统计局。

图 12　1978~2018 年山东省财政收支状况

（五）房地产行业稳定运行，装备制造业驱动作用强

1. 房地产市场整体平稳，房地产金融发展稳中趋缓。

2018 年，山东省深入推进因城施策的房地产市场调控政策，商品房销售平稳增长，有效供给增加，商品房价格总体保持在稳定区间。

房地产开发投资增速平稳回升，商品房新开工、竣工规模均创历史新高。2018 年完成房地产开发投资 7 553.0 亿元，同比增长 13.8%。其中，住宅投资完成 5 717.5 亿元，增长 16.0%。商品房新开工面积 18 732.2 万平方米，增长 29.9%，较上年提高 21.4 个百分点；竣工面积 10 512.6 万平方米，增长 24.7%，较上年提高 22.6 个百分点。房地产开发企业到位资金 10 908.0 亿元，增长 15.2%。

现房库存处较低水平，保障性住房建设进度超预期。2018 年末，全省房地产开发企业现房待售面积 2 640.0 万平方米，下降 19.0%，待售面积降至 2013 年以来最低水平。全年商品住宅新批预售面积 13 589 万平方米，同比增长 30.7%。棚户区开工 85.2 万套，开工率 101.1%；基本建成 45 万套，完成年度任务的 189.6%；公租房完成分配 19 万套，分配率 96.3%。

销售面积增速低位运行，销售总量创历史新高。2018 年全省商品房销售面积 13 454.7 万平方米，增长 5.0%。济南、青岛、烟台、潍坊、威海、临沂六市销售面积超过 1 000 万平方米。分物业类型看，住宅和非住宅类商品房销售面积分别为 11 755.4 万平方米和 1 699.3 万平方米，分别增长 4.9% 和 5.4%。

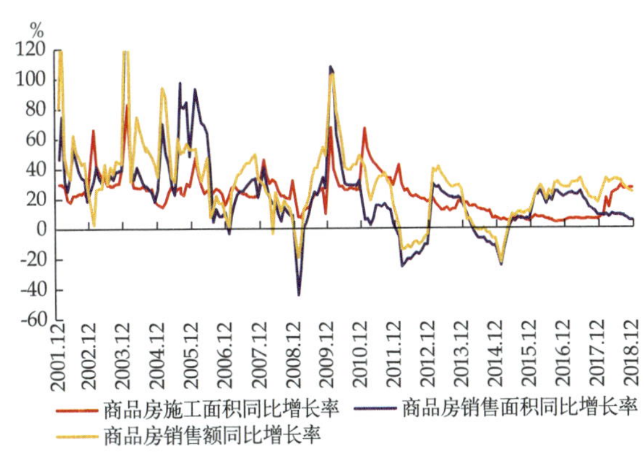

数据来源：山东省统计局。

图 13　2001~2018 年山东省商品房施工和销售变动趋势

房价持续上涨，年末涨势有所放缓。2018年，全省新建商品住宅网签均价同比上涨10.8%。12月，除济南、青岛外的15个三四线城市新建商品住宅网签成交均价环比上涨0.7%，波动幅度较小。其中，9市环比出现上涨，5市环比下降。

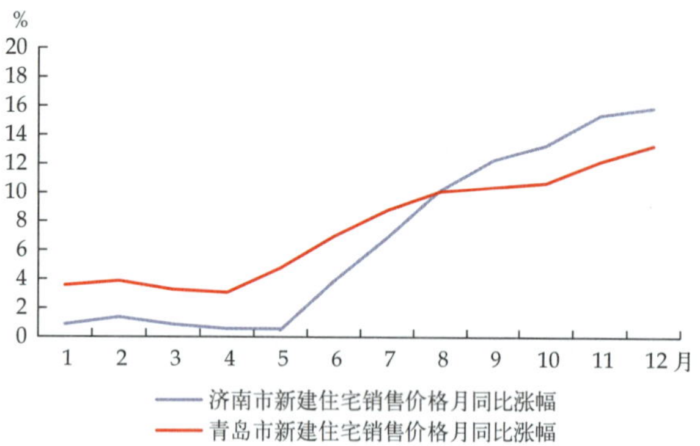

数据来源：国家统计局。

图14 2018年山东省主要城市新建住宅销售价格变化趋势

房地产贷款保持较快增长，增速趋缓。2018年末，全省房地产贷款余额24 077.8亿元，同比增长27.8%，较第三季度末回落1.6个百分点。全年房地产开发贷款增加1 532.6亿元，增速35.8%，其中，保障性住房开发贷款增加1 048.1亿元，增速42.9%。个人住房贷款增加2 934.9亿元，增速21.6%，较第三季度末低2.6个百分点。

2. 装备制造业实现较快发展，持续驱动工业增长。2018年，山东省新旧动能转换全面起势，装备制造业持续发挥引领作用，相关投资增长7.6%，高于全部投资3.5个百分点；增加值增长7.5%，高于规模以上工业2.3个百分点，全年各月累计增速始终快于规模以上工业，是支撑工业增长的重要驱动力量。高端装备作为十强产业之一，持续释放新旧动能转换活力，全年增加值增长5.5%。高档产品占比持续提升，数控金属切削机床占金属切削机床产量比重为33.8%，较上年提高7.8个百分点。

（六）“两圈四区”协同发展，区域布局更加优化

2018年，“两圈四区”加快融入共建“一带一路”和京津冀协同发展，主动承接北京非首都功能疏解及京津产业转移，积极服务雄安新区建设，努力在对接国家战略中作出贡献。济南都市圈依托京沪高铁、济青高铁等高铁网主框架，各市经济互动协调发展成效明显。济南莱芜区划调整获得国家批复同意，区域经济创新力、竞争力得到提升。青岛都市圈大力发展现代海洋经济，培育壮大海洋优势产业群，青岛国际化水平不断提高，对周边城市辐射力度增强，中国—上海合作组织地方经贸合作示范区青岛多式联运中心正式启用，保税港区全域封关，国家汽车平行进口试点启动实施。烟威都市区、东滨都市区、济枣菏都市区、临日都市区协同发展效应逐步显现，区域特色进一步突出，东中西部区域发展更加均衡协调。2018年“两圈四区”新增贷款分别占全省的35.7%、32.4%、8.3%、2.5%、7.7%和8%。济青烟“三核”引领作用突出，对全省经济增长的贡献率为39.0%，同比提高4.1个百分点。

专栏2 加强部门协同 强化政策合力 金融支持新旧动能转换成效突出

2018年，中国人民银行济南分行深入落实山东省委、省政府新旧动能转换重大工程决策部署，印发《关于支持新旧动能转换重大工程 防范化解金融风险 推进金融改革创新的意见》《关于财政金融政策协同配合支持全省新旧动能转换重大工程的实施意见》等，启动实施金融支持新旧动能转换三年攻坚行动，重点聚焦十强产业领域，加强部门间政策协同，通过强化项目融资对接、加大金融产品创新、拓宽直接融资渠道、加快发

展科技金融、创新开展金融服务等一系列措施，有效释放政策红利，集聚形成政策合力，全省金融支持新旧动能转换重大工程取得突出成效。

一是深入开展重大项目融资对接。联合省发展改革委召开全省新旧动能转换重大项目推介暨金融支持对接会，集中向全省银行业金融机构推介560个新旧动能转换重大项目。及时将重大项目融资需求信息发布至山东省企业融资服务网络系统，督促金融机构及时开展融资对接。推动开展“新旧动能转换重大项目现场走访活动”，组织全省人民银行各分支机构和金融机构深入重大项目一线了解融资需求，充分解决金融机构信贷投放落地中存在的障碍。建立实施按季调度通报制度，实现对重大项目融资支持的机构全覆盖、对接常态化、效率有提升，以点带面，点面结合，引领山东省“十强”产业等重点领域新旧动能转换步伐加快。至2018年末，全省新旧动能转换十强产业贷款余额达7 993.7亿元，较上年末增加948.7亿元，同比增长13.5%。

二是鼓励引导金融产品创新推广。会同省财政厅等部门建立山东省新旧动能转换优秀金融产品创新机构评选奖励制度，开展首次优秀金融产品评选，评选出农业发展银行山东省分行的现代农业园区—田园综合体贷款等10项优秀金融产品，分别给予获奖单位50万元的财政资金奖励。加大创新金融产品和服务的复制推广力度，针对每项优秀金融产品制作专题宣传微视频，在全省集中展播，发挥优秀金融产品正向示范作用，推动金融机构借鉴推广，提升对新旧动能转换重点产业领域的支持效果。

三是大力拓宽企业直接融资渠道。联合省财政厅等部门建立直接债务融资奖励机制，对全省新旧动能转换、绿色、“双创”等领域债券创新产品给予重点奖励支持。2018年，省财政共拨付奖励资金2 580.8万元，有力推动了全省直接债务融资发展，债务融资工具新发行规模居全国第5位。推动民营企业债券融资支持工具在山东省高效落地，青岛银行、光大银行烟台分行主承销的瑞康医药、威高集团分别在银行间市场成功发行超短期融资券，累计为企业节约财务成本410万元。组织建立债务融资工具发行项目储备机制，引导兖矿集团发行全国首单新旧动能转换债券15亿元，山东省公用控股有限公司发行全省首单绿色债务融资工具2.6亿元，齐鲁银行发行全国首单商业银行“债券通”绿色金融债券30亿元，青岛农商行和威海市商业银行分别发行绿色专项金融债20亿元。

四是加快推动科技金融融合发展。召开全省加快发展科技金融助推新旧动能转换专题工作会议，全面宣讲科技金融政策支持举措。与省科技厅建立科技型中小企业信息共享机制，引导金融机构加大对科技型企业的信贷支持力度，对入选科技部和省科技厅科技型中小微企业库的企业予以专项支持，及时将科技型企业融资需求发布到山东省企业融资服务网络系统，成功对接2亿多元。推动完善科技成果转化贷款风险补偿机制，将单户企业纳入风险补偿的年度贷款余额由不超过500万元提高至1 000万元，贷款期限由1年提高至3年。指导青岛市创新开展“投保贷”业务，青岛市已有8家银行为29家科技型企业提供贷款支持1.16亿元，7家银行与18家科技型企业达成2.5亿元的融资意向。

五是创新强化金融智库顾问服务。将山东省金融学会打造为现代金融服务产业智库，先后举办金融科技与新旧动能转换论坛、多层次资本市场支持新旧动能转换论坛、首届中国金融市场创新发展论坛等研讨活动，开展“2018绿色金融成果巡展暨绿色金融改革创新研讨会”系列活动。建立由全省1 300余名金融专家组成的金融顾问服务团，构建十强产业金融顾问服务常态化机制，为全省新旧动能转换重点产业、企业和项目提供一对一“融资 + 融智”服务。2018 年以来，省市两级金融顾问团先后围绕民营和小微企业及高端装备、高端化工、文化旅游等领域多次开展金融顾问服务，举办省金融顾问团“淄博行”和“高端化工民营企业金融顾问服务”等活动，累计为 968 家企业解决生产经营难题，为 744 家企业制订个性化金融服务方案，帮助企业新增授信 1 623 亿元、新增贷款 975 亿元、获得直接融资 182 亿元。

三、预测与展望

2019 年，山东省将加快塑造高质量发展新优势，促进经济持续健康发展。在新旧动能转换重大工程引领下，山东省将加快实施创新驱动发展战略，聚焦聚力乡村振兴、经略海洋、军民融合等重点工作，进一步深化市场化改革，着力激发微观主体活力，为稳定经济增长释放更多改革红利，支撑经济在合理区间运行。2019 年，预计全省地区生产总值全年增长 6.5% 左右。

投资增速将低位企稳，预计全年增长 6% 左右。在房地产调控政策影响下，商品房销售回落将持续抑制房地产投资意愿，房地产投资增速存在小幅下滑压力。随着基础设施补短板力度加大，以及政府和社会资本（PPP）合作项目融资逐渐恢复稳定，基建投资增速将有所改善。供给侧结构性改革和新旧动能转换的持续推进，为山东省十强产业扩大投资提供了良好环境，将支撑制造业投资低位回升。

消费增速将稳中趋缓，预计全年增速保持在 8.5% 左右。山东省居民收入放缓仍将在一定程度上抑制消费增长。房地产销售回落将带来家具、装潢、家电等消费的下滑。但个人所得税专项附加扣除方案的实施以及乡村振兴战略的推进，都将刺激居民消费增长，缩小消费增速回落幅度。

进出口增长面临下行压力。2019 年全球经济大概率放缓，外部需求对山东省出口的拉动作用或明显减弱，贸易摩擦对出口形势带来的不确定影响较大。受制于出口增长放缓，相关加工贸易行业进口增速存在下行压力，将抑制进口增长。但山东省在“一带一路”中区位战略节点优势的逐步显现，将对进出口增长形成一定支撑。

物价预计保持温和上涨态势。伴随环保治理的影响减弱，企业产能恢复，预计工业品供给相对增加；在投资需求增长乏力的情形下，中上游部分工业品价格或将小幅下滑，带动整体工业品价格涨幅回落。消费升级及人口结构变化仍将推动服务价格平稳增长。受非洲猪瘟影响，猪肉供给或持续收缩，猪肉价格将处于上升通道，可能推动消费价格涨幅略有扩大。综合来看，预计 2019 年物价总体稳定，全年居民消费者价格上涨 2.5% 左右，工业生产者出厂价格上涨 0.7% 左右。

从金融方面看，2019 年，我国将实施稳健货币政策，灵活运用多种货币政策工具，疏通货币政策传导渠道，保持流动性合理充裕，有效缓解实体经济特别是民营和小微企业的融资难融资贵问题，防范化解金融风险。深化利率市场化改革，降低小微企业融资实际利率。完善汇率形成机制，保持人民币汇率在合理均衡水平上的基本稳定。随着这些政策措施在山东省的深入贯彻实施，山东省金融业有望继续保持稳健运行，货币信贷及社会融资规模将保持合理增长，融资结构和信贷结构进一步优化，为全省新旧动能转换营造良好的货币金融环境。

中国人民银行济南分行货币政策分析小组

总　纂：周逢民　刘　健

统　稿：霍成义　杨金栋　李　瑞　王　伟　刘旭强

执　笔：程晋鲁　刘爱鹏　孙　健　王　斌　楚晓光　孙　蕾　牛玉莲　王　彦　杨德彬　尹　楠
娄　振

提供材料的还有：吴晓利　单琳琳　祁文婷　孙　毅　尹　琳　庞念伟　康华一　张　芳　王　馨
韩庆潇　陈宝贵　孔仪方

附录

（一）2018年山东省经济金融大事记

2月6日，在山东省启动商业银行个人信用报告自助查询推广试点，济南、青岛、东营、烟台等9地市的36个商业银行自助查询网点为公众提供信用报告查询服务。

5月，山东省首单绿色债务融资工具“山东省公用控股有限公司2018年第一期绿色中期票据”成功获批，金额2.6亿元。

6月22日，兖矿集团发行全国首单新旧动能转换债券，募集资金中5亿元专项用于兖矿鲁南化工聚甲醛新旧动能项目建设。

10月31日，开展山东省小微企业金融服务万户行金融顾问服务活动。

11月9日，山东省高速集团成功发行第二单新旧动能债务融资工具，募集资金6亿元专项用于山东省高速鲁南高新物流产业园建设。

11月13日，山东省公用控股公司成功发行全省首单绿色债务融资工具，募集资金2.6亿元。

11月26日，山东省首单民营企业信用风险缓释凭证成功发行，由青岛银行创设1.5亿元凭证支持瑞康医药顺利发行超短期融资券4亿元。

12月7日，山东省第二单民企债券融资支持工具落地，由光大银行创设信用风险缓释凭证2.5亿元，支持威高集团成功发行超短期融资券5亿元。

（二）2008 年山东省主要经济金融指标

表 1　2018 年山东省主要存贷款指标

		1 月	2 月	3 月	4 月	5 月	6 月	7 月	8 月	9 月	10 月	11 月	12 月
本外币	金融机构各项存款余额（亿元）	92 456.7	92 193.5	93 650.7	93 144.0	93 646.7	94 792.7	94 329.6	95 063.5	96 126.7	95 623.2	95 608.9	96 412.7
	其中：住户存款	44 957.2	46 667.8	47 308.3	46 198.0	46 435.2	47 290.1	47 015.0	47 278.0	48 134.8	47 893.8	48 194.6	48 800.0
	非金融企业存款	29 509.4	28 037.2	28 790.9	29 060.5	28 903.8	29 374.0	28 677.2	28 699.4	28 861.7	28 502.2	28 556.2	29 379.1
	各项存款余额比上月增加（亿元）	1 438.1	-263.3	1 457.2	-506.7	502.7	1 146.0	-463.1	733.8	1 063.3	-503.6	-14.3	803.8
	金融机构各项存款同比增长（%）	7.2	5.0	5.3	5.2	4.2	4.4	4.5	4.5	4.8	4.4	4.9	5.9
	金融机构各项贷款余额（亿元）	72 157.2	72 722.3	73 239.6	73 732.7	74 226.1	75 231.3	75 738.5	76 295.6	76 956.8	77 175.0	77 694.5	77 810.5
	其中：短期	29 328.8	29 378.8	29 421.2	29 331.1	29 290.6	29 617.3	29 489.6	29 301.8	29 198.7	29 190.9	29 082.0	28 686.5
	中长期	38 513.2	39 015.3	39 508.7	40 095.2	40 550.3	41 068.5	41 612.1	42 114.8	42 652.0	42 838.5	43 309.7	43 688.9
	票据融资	1 956.2	1 974.5	2 011.4	2 012.1	2 109.8	2 232.1	2 228.1	2 438.3	2 625.7	2 633.9	2 810.8	3 012.3
	各项贷款余额比上月增加（亿元）	1 164.3	565.1	517.3	493.1	493.3	1 005.3	507.2	557.1	661.2	218.2	519.5	116.0
	其中：短期	336.0	50.1	42.4	-90.2	-40.5	326.8	-127.7	-187.8	-103.1	-7.8	-108.9	-395.5
	中长期	851.4	502.1	493.4	586.5	455.1	518.1	543.7	502.6	537.3	186.5	471.2	379.3
	票据融资	-10.3	18.3	37.0	0.7	97.6	122.3	-4.0	210.2	187.4	8.2	176.9	201.5
	金融机构各项贷款同比增长（%）	8.6	7.9	7.7	8.3	8.4	9.0	9.1	9.3	9.5	9.4	9.7	9.8
	其中：短期	3.0	1.6	0.7	0.0	-0.3	0.1	-0.4	-0.7	-0.8	-0.5	-0.5	-0.8
	中长期	19.2	18.7	17.9	19.0	18.5	17.8	18.0	17.6	17.2	16.4	16.3	16.2
	票据融资	-40.9	-38.3	-29.4	-23.7	-13.3	0.8	4.7	15.4	25.1	31.4	44.5	53.2
	建筑业贷款余额（亿元）	2 625.0	2 663.1	2 681.5	2 685.2	2 709.2	2 741.0	2 752.0	2 770.2	2 818.0	2 820.7	2 870.0	2 867.5
	房地产业贷款余额（亿元）	2 804.1	2 860.7	2 908.3	2 955.6	3 003.9	3 053.8	3 068.8	3 111.7	3 188.7	3 197.2	3 243.6	3 303.5
	建筑业贷款同比增长（%）	10.8	9.4	8.8	8.2	10.1	9.9	8.3	8.4	8.9	8.4	9.6	10.5
	房地产业贷款同比增长（%）	15.0	15.9	17.0	19.9	20.4	19.3	20.5	19.6	22.1	23.1	21.6	21.8
人民币	金融机构各项存款余额（亿元）	89 868.7	89 599.0	91 168.0	90 803.5	91 434.6	92 582.1	92 116.1	92 877.1	94 014.8	93 420.1	93 389.7	94 298.2
	其中：住户存款	44 594.1	46 295.2	46 935.2	45 825.7	46 059.7	46 903.4	46 625.5	46 893.2	47 756.3	47 516.7	47 821.2	48 435.0
	非金融企业存款	27 852.3	26 405.5	27 171.0	27 570.6	27 496.0	28 000.1	27 363.0	27 378.9	27 552.0	27 105.2	27 183.4	28 023.0
	各项存款余额比上月增加（亿元）	1 337.1	269.8	1 569.0	364.5	631.1	1 147.5	-466.0	760.9	1 137.7	-594.7	-30.4	908.4
	其中：住户存款	553.3	1 701.1	640.0	-1 109.5	233.9	843.7	-278.0	267.7	863.1	-239.6	304.6	613.7
	非金融企业存款	-54.8	-1 446.8	765.5	399.6	-74.6	504.2	-637.2	15.9	173.2	-446.9	78.2	839.7
	各项存款同比增长（%）	7.2	5.0	5.6	5.6	4.8	5.0	5.1	5.1	5.5	5.0	5.6	6.5
	其中：住户存款	3.2	6.6	6.5	6.3	6.4	6.2	6.9	7.2	7.4	8.4	9.5	10.0
	非金融企业存款	8.5	0.3	1.4	3.0	1.3	0.4	-0.4	-0.7	0.0	-2.0	-0.1	0.4
	金融机构各项贷款余额（亿元）	68 832.7	69 438.6	70 012.1	70 577.4	71 120.0	72 014.2	72 489.0	73 115.4	73 810.4	74 027.2	74 651.1	74 879.4
	其中：个人消费贷款	15 915.7	16 106.9	16 396.9	16 673.0	16 952.0	17 333.8	17 668.8	17 973.6	18 259.5	18 522.1	18 805.2	19 015.2
	票据融资	1 956.1	1 974.4	2 011.4	2 012.1	2 109.7	2 232.0	2 228.0	2 438.2	2 625.6	2 633.8	2 810.7	3 012.2
	各项贷款余额比上月增加（亿元）	1 195.7	605.9	573.6	565.3	542.6	894.2	474.8	626.4	695.1	216.8	623.9	228.3
	其中：个人消费贷款	381.5	191.2	290.0	276.1	279.0	381.9	335.0	304.8	285.9	262.6	283.1	210.0
	票据融资	-10.2	18.3	37.0	0.7	97.6	122.3	-4.0	210.2	187.4	8.2	176.9	201.5
	金融机构各项贷款同比增长（%）	9.4	9.0	9.1	9.8	9.8	10.2	10.2	10.4	10.6	10.4	10.7	10.8
	其中：个人消费贷款	26.4	25.6	24.4	24.0	24.2	24.1	24.5	24.4	23.5	23.2	22.6	22.4
	票据融资	-40.9	-38.3	-29.4	-23.7	-13.3	0.8	4.7	15.4	25.1	31.4	44.5	53.2
外币	金融机构外币存款余额（亿美元）	408.6	409.9	394.8	369.2	344.9	334.1	324.7	320.4	307.0	316.3	320.0	308.1
	金融机构外币存款同比增长（%）	16.9	13.3	5.2	-1.2	-8.7	-14.6	-17.8	-18.6	-21.0	-20.0	-21.0	-19.1
	金融机构外币贷款余额（亿美元）	524.9	518.8	513.3	497.7	484.2	486.2	476.7	466.0	457.4	452.0	438.8	427.1
	金融机构外币贷款同比增长（%）	2.0	-2.5	-6.8	-9.3	-10.2	-10.7	-11.4	-12.8	-14.1	-13.4	-15.0	-15.4

数据来源：中国人民银行济南分行。

表 2　2001~2018 年山东省各类价格指数

单位：%

		居民消费价格指数		农业生产资料价格指数		工业生产者购进价格指数		工业生产者出厂价格指数	
		当月同比	累计同比	当月同比	累计同比	当月同比	累计同比	当月同比	累计同比
2001		—	1.8	—	1.8	—	-0.6	—	-0.9
2002		—	-0.7	—	0.3	—	-1.3	—	-1.2
2003		—	1.1	—	2.4	—	5.7	—	3.5
2004		—	3.6	—	10.2	—	13.4	—	6.4
2005		—	1.7	—	6.2	—	5.9	—	3.7
2006		—	1.0	—	3.0	—	4.3	—	2.3
2007		—	4.4	—	7.1	—	4.8	—	3.3
2008		—	5.3	—	19.3	—	13.1	—	8.6
2009		—	0.0	—	-3.7	—	-4.5	—	-5.9
2010		—	2.9	—	3.0	—	9.3	—	7.2
2011		—	5.0	—	11.1	—	9.2	—	6.0
2012		—	2.1	—	5.9	—	-0.8	—	-1.6
2013		—	2.2	—	1.2	—	-1.6	—	-1.6
2014		—	1.9	—	-0.5	—	-1.8	—	-1.6
2015		—	1.2	—	-0.7	—	-5.0	—	-6.1
2016		—	2.1	—	-1.1	—	-2.0	—	-1.5
2017		—	1.5	—	0.9	—	7.3	—	5.5
2018		—	2.5	—	6.9	—	3.6	—	3.7
2017	1	2.8	2.8	0.5	0.5	7.4	7.4	6.0	6.0
	2	1.0	1.9	0.5	0.6	9.0	8.2	7.1	6.6
	3	0.7	1.5	0.5	0.5	9.1	8.5	6.5	6.6
	4	1.2	1.4	0.4	0.5	8.3	8.5	5.6	6.3
	5	1.6	1.4	-0.4	0.3	7.3	8.2	4.7	6.0
	6	1.6	1.5	-1.8	0.0	6.4	7.9	4.4	5.7
	7	1.3	1.4	-0.5	-0.1	6.2	7.7	4.3	5.5
	8	1.7	1.5	1.2	0.1	6.8	7.6	5.2	5.5
	9	1.2	1.4	1.7	0.2	7.6	7.6	5.9	5.5
	10	1.7	1.5	2.7	0.5	7.5	7.6	6.0	5.6
	11	1.7	1.5	2.7	0.7	6.5	7.5	5.3	5.5
	12	1.7	1.5	3.0	0.9	5.4	7.3	5.0	5.5
2018	1	1.4	1.4	2.8	2.8	4.6	4.6	4.4	4.4
	2	3.1	2.2	3.6	3.2	3.7	4.1	3.9	4.2
	3	2.3	2.2	5.6	4.0	3.1	3.8	3.5	3.9
	4	2.2	2.2	6.5	4.6	3.4	3.7	3.6	3.9
	5	2.2	2.2	7.2	5.2	4.1	3.8	4.4	4.0
	6	2.3	2.2	8.4	5.7	4.8	3.9	4.9	4.1
	7	2.6	2.3	7.4	5.9	4.7	4.1	4.9	4.2
	8	2.9	2.4	7.4	6.1	4.2	4.1	4.2	4.2
	9	3.2	2.5	8.2	6.4	3.6	4.0	3.8	4.2
	10	3.1	2.5	9.3	6.6	3.5	4.0	3.6	4.1
	11	2.3	2.5	9.2	6.9	2.8	3.9	2.4	4.0
	12	2.0	2.5	7.7	6.9	1.3	3.6	0.6	3.7

数据来源：山东省统计局、《中国经济景气月报》。

表 3　2018 年山东省主要经济指标

	1月	2月	3月	4月	5月	6月	7月	8月	9月	10月	11月	12月
						绝对值（自年初累计）						
地区生产总值（亿元）	—	—	18 900.6	—	—	39 658.1	—	—	59 607.5	—	—	76 469.7
第一产业	—	—	620.1	—	—	2 271.8	—	—	3 514.4	—	—	4 950.5
第二产业	—	—	8 381.1	—	—	17 731.9	—	—	26 677.3	—	—	33 641.7
第三产业	—	—	9 899.4	—	—	19 654.4	—	—	29 415.9	—	—	37 877.4
工业增加值（亿元）	—	—	—	—	—	—	—	—	—	—	—	—
固定资产投资（亿元）	—	—	—	—	—	—	—	—	—	—	—	—
房地产开发投资	—	615.0	1 287.0	1 933.8	2 641.1	3 550.3	4 243.9	4 888.0	5 590.8	6 250.5	6 921.9	7 553.0
社会消费品零售总额（亿元）	—	5 353.2	7 840.0	10 353.0	13 028.8	15 726.7	18 413.7	21 178.6	23 962.6	27 224.5	30 337.4	—
外贸进出口总额（亿元）	1 592.6	2 844.5	4 290.6	5 820.1	7 398.0	8 858.4	10 477.2	12 158.1	13 974.6	15 680.3	17 483.7	19 302.5
进口	741.5	1 288.9	1 983.5	2 649.9	3 388.7	4 032.8	4 729.6	5 484.2	6 278.8	7 074.0	7 889.6	8 732.9
出口	851.2	1 555.6	2 307.1	3 170.2	4 009.3	4 825.6	5 747.6	6 673.9	7 695.8	8 606.2	9 594.0	10 569.6
进出口差额（出口－进口）	109.7	266.7	323.5	520.3	620.7	792.8	1 018.0	1 189.7	1 417.0	1 532.2	1 704.4	1 836.7
实际利用外资（亿美元）	100.9	166.2	318.2	384.8	479.3	655.2	704.3	833.9	901.4	1 003.8	1 109.9	1 239.0
地方财政收支差额（亿元）	87.7	-239.2	-586.0	-885.0	-1 125.2	-1 718.7	-1 859.3	-2 188.5	-2 722.7	-2 682.8	-2 972.7	-3 613.6
地方财政收入	738.0	1 126.9	1 729.0	2 348.9	2 914.0	3 671.1	4 227.0	4 626.4	5 064.5	5 648.7	6 006.8	6 485.4
地方财政支出	650.3	1 366.1	2 314.9	3 233.9	4 039.2	5 389.9	6 086.3	6 814.9	7 787.2	8 331.5	8 979.5	10 099.0
城镇登记失业率（%）（季度）	—	—	3.4	—	—	3.4	—	—	3.4	—	—	3.4
						同比累计增长率（%）						
地区生产总值	—	—	6.7	—	—	6.6	—	—	6.5	—	—	6.4
第一产业	—	—	3.4	—	—	3.2	—	—	2.8	—	—	2.6
第二产业	—	—	5.0	—	—	5.1	—	—	6.3	—	—	5.1
第三产业	—	—	8.5	—	—	8.5	—	—	8.3	—	—	8.3
工业增加值	—	3.4	5.2	5.3	5.3	5.3	5.3	5.4	5.5	5.4	5.3	5.2
固定资产投资	—	6.9	6.6	6.5	6.2	6.1	6.1	5.9	5.8	5.5	5.0	4.1
房地产开发投资	—	7.3	11.0	10.4	10.7	11.0	12.0	12.4	12.1	12.2	13.0	13.8
社会消费品零售总额		9.5	9.8	9.6	9.3	9.3	9.2	9.2	9.3	9.2	9.0	8.8
外贸进出口总额	6.2	8.8	1.9	0.7	1.9	1.2	2.5	3.2	4.8	6.6	7.4	7.7
进口	22.7	6.4	-0.8	-2.2	0.9	0.9	2.6	3.5	3.9	7.4	8.4	9.7
出口	-4.9	10.9	4.4	3.2	2.8	1.4	2.4	2.9	5.6	5.9	6.6	6.1
实际利用外资	9.1	6.1	8.7	8.6	9.6	3.8	5.1	7.4	2.5	6.3	8.2	6.5
地方财政收入	13.0	9.4	8.8	8.8	9.1	8.0	9.0	8.6	7.8	6.9	6.1	6.3
地方财政支出	6.9	23.8	13.4	13.5	5.4	9.0	7.9	7.1	7.1	6.5	5.6	9.1

数据来源：山东省统计局、《中国经济景气月报》。

河南省金融运行报告（2019）

中国人民银行郑州中心支行货币政策分析小组

[内容摘要] 2018年，河南省经济运行总体平稳，稳中有进，稳中有忧，主要经济指标运行在合理区间，需求结构、产业结构持续优化，供给侧结构性改革持续推进，自贸区和中原城市群建设取得新进展，经济发展的质量和效益进一步提高。金融运行总体稳健，货币信贷和社会融资规模合理增长，利率水平稳中趋降，金融市场亮点纷呈，金融生态环境建设持续深入，金融服务高质量发展能力不断增强。

2018年，全省实现地区生产总值4.8万亿元，同比增长7.6%，增速高于全国水平1个百分点。一是需求结构继续优化，投资对转型升级的支持力度加大。在市场需求低迷、中美贸易摩擦加剧背景下，河南省三大需求呈现回落态势。全年固定资产投资增长8.1%，增速比上年回落2.3个百分点。科学研究和技术服务业、信息传输等高科技产业投资保持快速增长。受汽车消费下滑影响，消费增速有所放缓，消费升级类产品较快增长。进出口增速较上年回落5.6个百分点，一般贸易比重提升，对“一带一路”沿线国家出口大幅增长。二是粮食产量创新高，高新技术等转型升级产业增加值快速增长，服务业发展较快。三次产业结构为8.9：45.9：45.2，第三产业占比较上年提高1.9个百分点。农业基础地位稳固，粮食产量再创历史新高。工业生产平稳增长，新产业新动能加快形成，战略性新兴产业、高新技术产业以及符合转型升级的五大主导产业（装备制造、食品制造、新型材料制造、电子制造、汽车制造）增加值增速分别高于规模以上工业增速5.0个、5.1个和0.5个百分点。服务业快速发展，对经济增长贡献率达50%，铁路、公路货物运输量增速分别比上年加快8个和1.2个百分点，邮电、快递业务量和收入快速增长。三是去产能稳步推进，供给侧结构性改革成效显著。稳妥化解煤炭、钢铁行业过剩产能，全年处置“僵尸企业”1 124家；大力推动企业去杠杆和降成本，国有控股工业企业资产负债率同比下降0.4个百分点，规模以上工业企业每百元主营业务收入中的成本同比减少1元；持续加大补短板领域投入，水利、公共设施管理、教育等行业投资快速增长，工业技术改造投资高于全部投资增速13.4个百分点。四是财政支出保障民生，物价和就业基本稳定。一般公共预算收入、支出分别增长10.5%、12.3%，财政支出结构优化，民生支出占一般公共预算支出的近八成。居民消费价格同比上涨2.3%，涨幅同比提高0.9个百分点。全省居民人均可支配收入增长8.9%，人均生活消费支出增长10.5%。就业市场基本稳定，城镇新增就业139.2万人，年末城镇登记失业率为3.0%。五是房地产开发投资增速放缓，房地产市场稳中有降。在房地产市场“房住不炒”定位下，调控政策持续从严，房地产开发投资增速跌至历史低位。全省商品房供应加快，销售面积和价格平稳增长，带动销售额创历史新高，商品房待售面积同比下降1.6%。房地产贷款整体快速增长，个人住房贷款在调控政策作用下增势回落。

2018年，河南省金融系统认真贯彻落实稳健中性的货币政策，金融运行总体稳健，融资结构调整优化，贷款利率趋于下行，为经济高质量发展营造了适宜的货币金融环境。一是各项贷款增势突出，金融支持实体经济力度加大。2018年12月末，银行业金融机构本外币各项存款、贷款余额分别为64 983亿元、48 870.6亿元，同比分别增长8.2%、14.9%，贷款增速升至年内最高点。受资管新规、信用收缩影响，全省社会融资规模新增7 793.6亿元，同比少增284.6亿元，其中，表外融资大幅少增1 112.2亿元。信贷对重点领域和薄弱环节信贷支持加强，涉农、民营企业贷款比年初分别增加1 881亿元、1 030.6亿元，同比多增121.2亿元、649.7亿元。在“三支箭”政策支持下，企业债券净融资累计新增480.3亿元，比上年多增398.4亿元。二是积极发挥利率自律机制作用，稳定负债端成本，贷款利率趋于下行，信贷风险总体可控。推动河南省利率自律机制成员扩大至165家，充分发挥自律机制对存款利率上浮的约束作用，稳定负债端成本。12月份新发放贷款加权平均利率为5.90%，同比下降0.03个百分点。受民营企业信用违约增加及逾期90天贷款纳入不良影响，2018年末，河南省银行业金融机构不良贷款率较年初上升0.96个百分点。存款保险风险评价和风险差别费率机制不断完善，有效防范系统性金融风险。三是证券市场平稳发展，期货交易大幅提高。2018年，河南省新增证券期货分支机构24家，境内上市公司和新三板挂牌公司分别增加1家和23家。证券投资者、期货投资者数量较年初分别增长10.8%和7.4%，私募基金产品数量和管理规模较年初分别增长49.4%和33.1%。商品交易所加大业务创新，期货交易量大幅上升，成交额同比增长36%。四是与民生相关保险保持较快增长，服务经济社会能力增强。2018年，河南省保险收入实现增长12%，与民生密切相关的责任保险和农业保险保持较快增长，同比分别增长26.9%和32.7%。保险业加大重点领域支持保障力度，出口信用保险为出口企业提供风险保障，首台（套）重大技术装备保险业务为装备制造业提供风险保障。五是深化金融改革，普惠金融试验区建设持续推进。兰考普惠金融改革试验区建设取得新进展，探索形成了以数字普惠金融平台为核心，以普惠授信体系、信用信息体系、金融服务体系、风险防控体系为基本内容的“一平台四体系”模式，找到了破解普惠金融“最后一公里”的有效办法。农信机构改革持续深入，完成改制农商行105家。“金融豫军”不断壮大，郑州银行成为全国首家“A+H”股上市城商行，辉县珠江村镇银行获银保监会首批“多县一行”试点资格。六是金融创新成效显著，扶贫再贷款机制不断优化。扩大优化运用扶贫再贷款发放贷款定价机制试点工作经验被总行在全国推广，并被写入《中共中央 国务院关于打赢脱贫攻坚三年行动的指导意见》。指导中原银行发行全国首批、中西部地区首单“双创”金融债15亿元，浙商银行郑州分行创设河南省首单挂钩民企债券的信用风险缓释凭证1.5亿元，并为河南蓝天集团成功发行河南省首单民企债权融资计划2亿元。

2019年，随着“一带一路”、中国（河南）自由贸易试验区、乡村振兴等战略的全面推进，河南省经济社会发展面临着重大历史机遇。投资方面，基础设施、脱贫攻坚、乡村振兴等领域的投入持续增长，工业和房地产业投资回升有望带动整体投资增速止跌回升。消费方面，尽管受汽车市场需求疲软影响，预计消费增长仍将稳中趋缓，但消费结构升级对消费增长有一定支撑作用。对外贸易方面，“一带一路”、自贸区建设为全省经济发展打开了新空间。但受长期固有产业结构影响，经济发展仍面临着较大的转型压力，不平衡不充分发展的问题仍很突出，货币信贷和社会融资规模快速增长的难度较大。预计2019年河南省金融将保持平稳运行态势。

2019年，河南省金融业将认真贯彻落实党的十九大、中央经济工作、全国金融工作会议精神，以习近平新时代中国特色社会主义思想为指导，坚持稳中求进工作总基调，按照高质量发展要求，执行好稳健的货币政策，实现货币信贷和社会融资规模适度增长，积极疏通利率传导机制，加大对民营小微企业的支持，为供给侧结构性改革营造适宜的货币金融环境，推动中原更加出彩。

一、金融运行情况

2018年，河南省金融运行总体平稳，货币信贷和社会融资规模合理增长，利率水平稳中趋降，金融市场亮点纷呈，金融生态环境建设持续深入，金融服务高质量发展能力不断增强。

（一）银行业稳健发展，信贷支持实体经济力度增强

1. 银行业资产规模稳步扩张，服务能力不断增强。2018 年，河南省银行业总资产同比增长 7.4%，净利润同比下降 13.5%，利润下降主要是因为商业银行加大了不良贷款核销力度。银行营业网点机构和从业人员数量同比分别多增 56 个和 667 人。银行业机构组织体系进一步完善，农村商业银行和村镇银行数量分别增加至 89 家和 80 家，业务广度和深度显著提升。

表 1　2018 年河南省银行业金融机构情况

机构类别	营业网点			法人机构（个）
	机构个数（个）	从业人数（人）	资产总额（亿元）	
一、大型商业银行	3 286	72 890	25 969	0
二、国家开发银行和政策性银行	154	3 630	7 128	0
三、股份制商业银行	522	12 679	8 774	0
四、城市商业银行	916	23 577	14 324	5
五、城市信用社	0	0	0	0
六、小型农村金融机构	5 202	56 391	16 016	140
七、财务公司	8	253	631	6
八、信托公司	2	459	190	2
九、邮政储蓄银行	2 414	23 905	7 162	0
十、外资银行	4	73	39	0
十一、新型农村金融机构	537	7 809	1 147	83
十二、其他	2	392	467	3
合　计	13 047	202 058	81 849	239

注：营业网点不包括国家开发银行和政策性银行、大型商业银行、股份制商业银行等金融机构总部数据；大型商业银行包括中国工商银行、中国农业银行、中国银行、中国建设银行和交通银行；小型农村金融机构包括农村商业银行、农村合作银行和农村信用社；新型农村金融机构包括村镇银行、贷款公司、农村资金互助社和小额贷款公司；“其他”包含金融租赁公司、汽车金融公司、货币经纪公司、消费金融公司等。

数据来源：河南银保监局。

2. 存款增速放缓，住户存款占比上升。2018 末，河南省本外币各项存款余额 64 983 亿元，同比增长 8.2%，增速较 2017 年末回落 1 个百分点。住户存款成为存款增长的重要支撑。全年住户存款新增占比 76.9%，同比上升 20.7 个百分点。非金融企业存款增长较为低迷，2018 年末同比仅增长 3.4%，全年新增占比 11.3%，低于上年占比 7.5 个百分点。受资管新规和存款竞争影响，存款创新产品快速发展，结构性存款同比增长 42.8%，高于上年增速 34.6 个百分点。

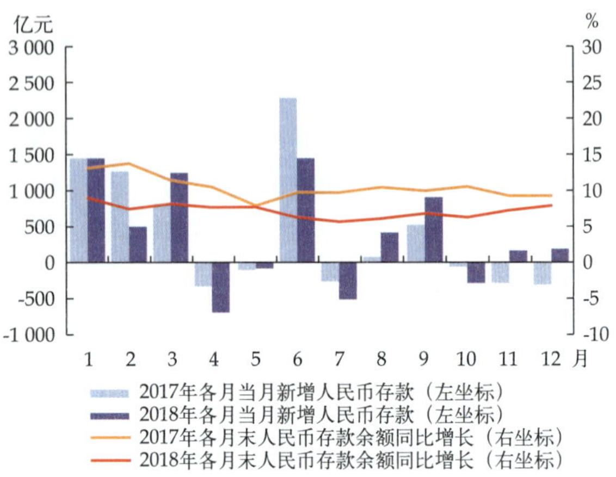

数据来源：中国人民银行郑州中心支行。

图 1　2017~2018 年河南省金融机构人民币存款增长变化

3. 贷款保持快速增长，对实体经济支持力度加大。2018 年末，河南省银行业金融机构本外币各项贷款余额 48 870.6 亿元，比年初增加 6 282.7 亿元，同比多增 875.5 亿元，同比增长 14.9%，为年内最高水平。流动性资金贷款明显增多，全年短期企业贷款新增 750 亿元，同比多增 456.8 亿元；票据融资新增 548.1 亿元，同比多增 863.3 亿元。政策支持性贷款投放力度加大，支小、扶贫再贷款累计分别发放 48.6 亿元和 146.3 亿元。重点领域和薄弱环节信贷支持加强，涉农、民营企业贷款比年初分别增加 1 881 亿元和 1 440.2 亿元，同比多增 121.2 亿元和 649.7 亿元。农地产权交易平台、多元化价值评估机制、多层次风险缓释机制等配套工作加快推进，“两权”抵押贷款试点增量扩面。2018 年末，全省农房试点县农民住房财产权抵押贷款余额同比增长 28%；农地试点县农村承包土地的经营权抵押贷款余额同比增长 27.9%。

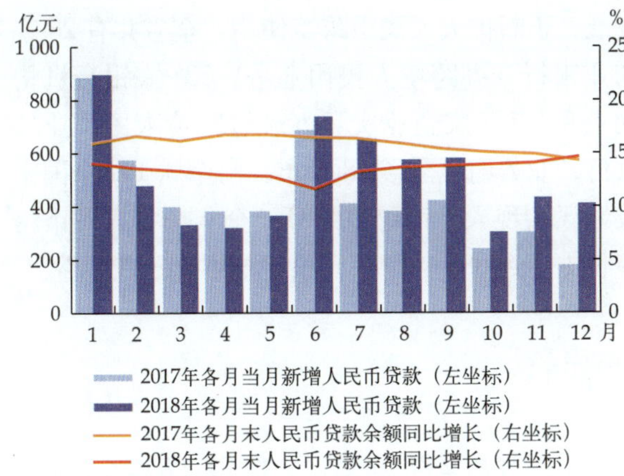

数据来源：中国人民银行郑州中心支行。

图 2　2017~2018 年河南省金融机构人民币贷款增长变化

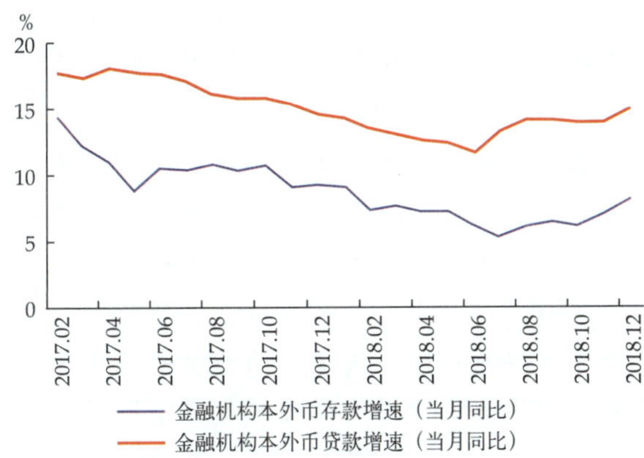

数据来源：中国人民银行郑州中心支行。

图 3　2017~2018 年河南省金融机构本外币存、贷款增速变化

4. 贷款利率趋于下行，政策引导效果显现。 2018 年，中国人民银行郑州中心支行综合运用多种货币政策工具，积极引导贷款利率下行。存贷款综合抽样统计显示，12 月新发放贷款加权平均利率为 5.90%，同比下降 0.03 个百分点。扩大优化运用扶贫再贷款发放贷款定价机制试点范围，加大扶贫再贷款投放力度，金融机构使用再贷款资金发放的贷款利率，低于同期自有资金发放贷款利率 3 个百分点以上。推动河南省利率自律机制成员扩大至 165 家，充分发挥自律机制对存款利率上浮的约束作用，稳定负债端成本。全年发行同业存单 3 677.4 亿元、大额存单 715 亿元，同比分别多增 410.1 亿元和 206.6 亿元。

表 2　2018 年河南省金融机构人民币贷款各利率区间占比

单位：%

月份		1 月	2 月	3 月	4 月	5 月	6 月
合计		100.0	100.0	100.0	100.0	100.0	100.0
下浮		8.0	5.5	3.2	6.1	5.6	4.3
基准		20.3	14.7	15.1	10.2	10.5	10.6
上浮	小计	71.7	79.8	81.7	83.7	83.9	85.1
	(1.0, 1.1]	13.6	14.9	11.3	9.4	9.4	10.9
	(1.1, 1.3]	15.8	15.8	17.5	20.6	19.6	20.7
	(1.3, 1.5]	10.5	11.8	15.6	13.5	12.5	12.9
	(1.5, 2.0]	13.6	15.8	15.6	17.1	17.8	20.8
	2.0 以上	18.2	21.6	21.8	23.1	24.7	19.8
月份		7 月	8 月	9 月	10 月	11 月	12 月
合计		100.0	100.0	100.0	100.0	100.0	100.0
下浮		3.3	5.1	6.2	4.6	6.7	6.5
基准		9.1	10.8	8.8	10.5	10.9	13.0
上浮	小计	87.6	84.1	85.0	84.9	82.4	80.5
	(1.0, 1.1]	13.3	8.9	9.5	8.6	8.9	12.1
	(1.1, 1.3]	19.1	18.9	23.1	19.2	18.1	17.4
	(1.3, 1.5]	13.0	13.1	13.2	13.0	14.0	11.8
	(1.5, 2.0]	19.5	20.2	18.5	20.9	19.4	16.9
	2.0 以上	22.7	23.1	20.6	23.2	22.0	22.3

数据来源：中国人民银行郑州中心支行。

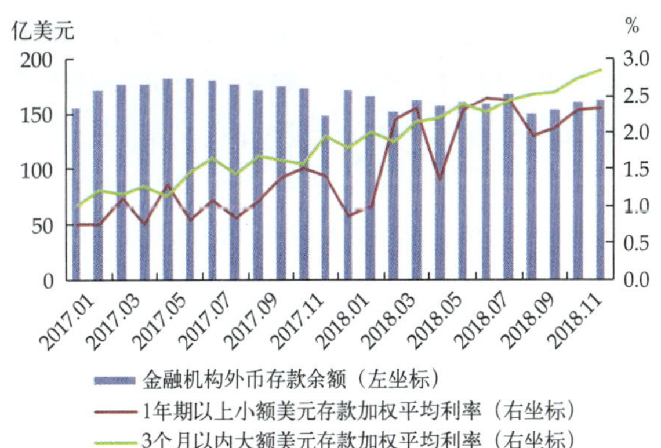

数据来源：中国人民银行郑州中心支行。

图 4　2017~2018 年河南省金融机构外币存款余额及外币存款利率

5. 银行资产质量下降，金融风险总体可控。 2018 年，受经济下行影响，部分传统行业风险加速暴露，民营企业信用违约增加，同时监管新规要求逾期 90 天以上贷款纳入不良贷款，导致银行业金融机构不良贷款率较年初上升 0.96 个百分点。中国人民银行郑州中心支行采取多项措施，加强对农信社、资管业务、企业债务、地方政府隐性债务等重点领域的风险监测、排查和防控。不断完善存款保险风险评价和风险差别费率机制，探索开展早期纠正，做到风险早预防、早化解，有效防范系统性金融风险。

6. 跨境人民币业务快速发展，跨境收支大幅提高。2018 年，河南省推动跨境人民币业务规范发展，不断扩大人民币跨境使用，全省共有 26 家商业银行开办跨境人民币业务，538 家银行机构网点和 3 277 家企业实际办理过跨境人民币业务收付，业务遍及全省 18 个市，与全球 142 个国家或地区实现人民币跨境结算。全年全省人民币跨境收支达到 884.4 亿元，同比大幅增长 119.4%。

专栏 1　兰考普惠金融改革试验区建设成效显著

兰考普惠金融改革试验区是全国首个也是目前唯一一个国家级普惠金融改革试验区。试验区创建两年多来，紧紧围绕“普惠、扶贫、县域”三大主题，探索形成了以数字普惠金融平台为核心，以普惠授信体系、信用信息体系、金融服务体系、风险防控体系为基本内容的“一平台四体系”模式，找到了破解普惠金融“最后一公里”的有效办法。2018 年，“一平台四体系”兰考模式在省内 22 个试点县（市、区）复制推广，有力丰富了普惠金融实践。

一、主要做法

一是完善数字普惠金融服务平台，让金融服务“触手可及”。制定《加快推进兰考县数字普惠金融发展专项行动方案》，以建设数字普惠金融综合性服务平台——普惠通 APP 为核心，推动金融机构与 APP 对接，着力打造一站式线上“金融超市”，让金融服务“触手可及”“人人均享”。

二是健全金融服务体系，疏通普惠金融在农村地区的“最后一公里”。将普惠金融内嵌于县、乡、村三级便民服务体系，打造“基层党建 + 就业扶贫 + 普惠金融”三位一体服务平台，让群众足不出村即可享受便捷服务。兰考已建成村级普惠金融服务站 440 个，基本实现“村村全覆盖”。

三是健全普惠授信产品体系，着力破解农民贷款难、贵、慢“顽疾”。着眼于户户均享普惠信贷权利的理念，创新推出“普惠授信”。兰考已完成 10 万余户基础授信，基本实现“户户全覆盖”，银行已与 9 226 名启信农户签订贷款合同 3.88 亿元，带动发放农户小额贷款 2.38 万笔、金额 23.89 亿元。

四是健全信用信息体系，促进信用信贷互促相长。组织开发河南省农村和中小企业信用信息系统，已录入农户信息 16.03 万户（占比 92.3%）、企业信息 5 708 户。对信用良好的农户，提升普惠授信信用等级和贷款额度，实现信用信贷相长。

五是健全风险防控体系，权、责、利对等分散分担风险。围绕解决普惠授信风险分摊难、权责利不对等问题，将不良率划分为 4 段，银行、政府风险补偿基金、担保公司、保险公司四方分担。政府风险补偿金担责随不良率上升而递增，压实地方政府信用环境建设责任；银行担责随不良率上升而递减，解除银行后顾之忧。

二、建设成效

一是“几家抬”共同发力，政策协同效应有效发挥。中国人民银行郑州中心支行起草方案、制度、办法，通过货币政策工具加强引导，兰考县已发放扶贫再贷款 10.02 亿元、办理再贴现 2.8 亿元；财政部门指导兰考出台奖补办法，在金融创新发展、人才引进等方面给予奖补；银保监、证监、发改、农业、扶贫等部门在差异化监管、项目优先安排、涉农资金整合等方面给予政策支持；税务部门给予税费减免优惠；兰考县政府不断完善风险缓释机制；金融机构结合兰考实际，先后推出 30 余种信贷产品，推动落实尽职免责，建立专项授信制度。

二是以“普惠通 APP”为核心的数字普惠金融取得突破，金融服务可得性显著提升。数字普惠金融综合性服务平台——普惠通APP“信贷、保险、理财、支付、生活缴费、金融消费者权益保护”一站式“金融超市”基本建成。2018年末，“普惠通”累计下载注册量85.7万人次，对接金融机构40余家，上线信贷、理财等普惠类产品300多款、信用卡产品126款，金融服务可得性显著提升，已成为河南省群众愿用、会用、爱用的民生类APP。

三是普惠金融各项指标大幅改善，助力稳定脱贫奔小康和乡村振兴成效明显。截至2018年末，兰考县普惠金融指数由2015年底的0.26上升到0.43，在全省105个县排名从第22位跃至第1位。兰考县主要经济金融指标增速优于全省平均水平，主导产业加快发展，乡村面貌明显改观，社会创业活力不断迸发，农民收入明显提高，兰考县正在从站起来走向富起来、强起来。2017年2月，兰考县正式脱贫摘帽，完成了向习近平总书记做出的“三年脱贫七年小康”的庄严承诺。

（二）证券市场平稳发展，期货交易大幅上升

1. 证券期货经营机构实力进一步增强。2018年末，河南省共有中原证券、中原期货、华信期货3家证券期货法人机构，全年新增证券期货分支机构24家；私募基金管理人新增17家。证券投资者、期货投资者数量较年初分别增长10.8%和7.4%，私募基金产品、规模分别达245只、金额577亿元，产品数量和管理规模较年初分别增长49.4%和33.1%，保持较快增长势头。全国有77家证券公司在河南省设立分支机构，覆盖全省18个省辖市和59个县区。

表3　2018年河南省证券业基本情况

项目	数量
总部设在辖内的证券公司数（家）	1
总部设在辖内的基金公司数（家）	124
总部设在辖内的期货公司数（家）	2
年末国内上市公司数（家）	79
当年国内股票（A股）筹资（亿元）	87
当年发行H股筹资（亿元）	12
当年国内债券筹资（亿元）	1 552
其中：短期融资券筹资额（亿元）	70
中期票据筹资额（亿元）	430

注：当年国内股票（A股）筹资额指非金融企业境内股票融资。

数据来源：河南证监局。

2. 上市公司数量和融资规模稳步增加。2018年，河南省境内上市公司和新三板挂牌公司分别增加1家和23家。全省非金融企业通过交易所、新三板、区域股权交易市场实现股权融资115.8亿元，通过公司债券、可转债、资产证券化产品等实现融资345.9亿元，股债融资比例达到1：3。

3. 商品交易所加大业务创新，期货交易量大幅上升。2018年，郑州商品交易所加快业务创新，为期货交易提供延伸服务，推出仓单交易和基差贸易相关业务。PTA期货成功引入境外交易者。全年主要商品期货全年累计成交13.4亿张，成交金额54.2万亿元，同比分别增长24.0%和36.0%。粳稻JR、早籼稻、普麦PM涨幅居前，成交量分别上涨4 730.7%、3 583.6%和267.1%。

表4　2018年郑州商品交易所交易统计

交易品种	累计成交金额（亿元）	同比增长（%）	累计成交量（万张）	同比增长（%）
一号棉花	98 543.4	144.9	11 694.2	124.4
菜籽油	46 524.1	33.9	7 016.1	35.0
早籼稻	39.2	3 340.4	0.2	3 583.6
PTA	111 723.9	51.1	34 169.1	21.7
优质强筋小麦	110.7	-74.6	21.4	-71.7
硬白小麦	0.0	0.0	0.0	0.0
白糖	66 387.0	-16.1	12 794.1	4.8
甲醇	93 684.7	28.1	32 779.3	19.6
动力煤	60 395.1	64.5	9 773.8	59.1
玻璃FG	14 138.9	-36.2	5 028.7	-38.8
粳稻JR	15.4	4 423.5	2.5	4 730.7
普麦PM	0.7	260.0	0.1	267.1
菜籽粕RM	50 837.2	37.3	20 872.3	30.9
油菜籽RS	1.5	-24.0	0.3	-29.0
合计	542 401.9	36.4	134 152.1	23.7

数据来源：郑州商品交易所。

（三）保险业发展势头良好，服务经济社会能力增强

1. 保险业发展势头良好。2018 年，河南省保险业主动调整业务结构，加速回归保障本源，原保险保费收入在年初大幅负增长后迅速收窄，全年实现增长 12%。与民生密切相关的责任保险和农业保险保持较快增长，同比分别增长 26.9% 和 32.7%。全省保险深度为 5%，保险密度为 2 356 元 / 人，较上年分别提高 0.5 个百分点和 242.7 元 / 人。

表 5　2018 年河南省保险业基本情况

项目	数量
总部设在辖内的保险公司数（家）	1
其中：财产险经营主体（家）	1
人身险经营主体（家）	0
保险公司分支机构（家）	6 613
其中：财产险公司分支机构（家）	2 571
人身险公司分支机构（家）	3 953
保费收入（中外资 亿元）	2 263
其中：财产险保费收入（中外资 亿元）	479
人身险保费收入（中外资 亿元）	1 766
各类赔款给付（中外资 亿元）	655
保险密度（元 / 人）	2 356
保险深度（%）	5

数据来源：河南银保监局。

2. 保险服务经济社会能力增强。2018 年，河南省保险业积极助力重点领域和薄弱环节发展，维护社会稳定，不断提高保险服务实体经济的效率和水平。困难群众大病补充保险覆盖全省困难群众 860 万人，保险资金支农直接融资试点累计授信涉及多个国家和省级贫困县。加大重点领域支持保障力度，出口信用保险为出口企业提供风险保障，首台（套）重大技术装备保险业务为装备制造业提供风险保障。企业年金服务全省企业职工数十万人，养老机构责任保险试点、电梯质量责任保险试点在南阳、郑州等地稳步推进。保险业参与的道路交通事故“警保联动”快处快赔模式在全省推广，成为“畅通工程”重要举措。

（四）融资结构持续调整，债券市场亮点纷呈

1. 社会融资规模增量收缩，债券市场融资取得突破。受资管新规、信用收缩影响，2018 年，河南省社会融资规模新增 7 793.6 亿元，同比少增 284.6 亿元，其中，表外融资减少 334.6 亿元，同比大幅少增 1 112.2 亿元。在“三支箭”政策支持下，非金融企业债券净融资累计新增 480.3 亿元，比 2017 年多增 398.4 亿元。中国人民银行郑州中心支行积极推动参与银行间债券市场创新，中原银行成功发行全国首批、中西部地区首单“双创”金融债 15 亿元；中原资产管理有限公司成功发行河南省首单私募永续债 12 亿元；浙商银行郑州分行成功创设河南省首单挂钩民企债券的信用风险缓释凭证 1.5 亿元，并为河南蓝天集团成功发行河南省首单民企债权融资计划 2 亿元。

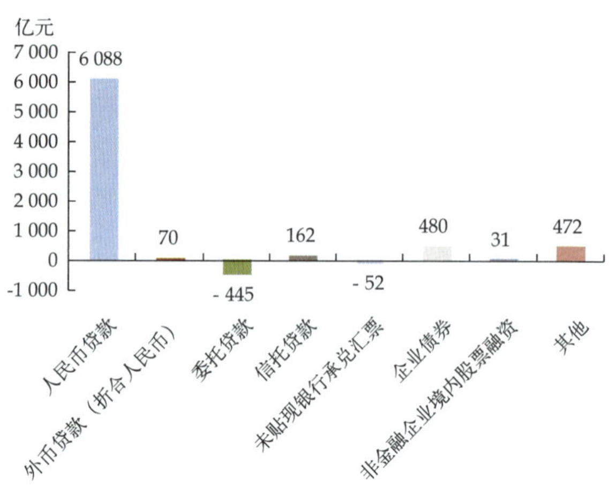

数据来源：中国人民银行郑州中心支行。

图 5　2018 年河南省社会融资规模分布结构

2. 票据业务融资大幅回升，融资利率由升转降。2018 年，河南省金融机构累计签发承兑汇票、办理贴现额同比分别增长 160.8% 和 160.4%，二者均呈逐季回升趋势。票据业务快速增长主要受票据融资利率降低、民营小微企业票据融资需求增加影响。中国人民银行通过加大再贴现发放，积极引导票据市场利率下行。2018 年末，河南省银行承兑汇票利率、买断式转贴现利率同比分别下降 1.23 个和 0.06 个百分点。

表 6　2018 年河南省金融机构票据业务量统计

单位：亿元

季度	银行承兑汇票承兑		贴现			
			银行承兑汇票		商业承兑汇票	
	余额	累计发生额	余额	累计发生额	余额	累计发生额
1	4 767.3	1 953.7	755.5	1 239.2	54.6	202.4
2	4 712.6	3 876.9	828.5	2 615.5	70.0	354.9
3	4 680.2	5 689.0	1 180.6	4 435.3	107.6	505.0
4	4 956.3	7 612.8	1 328.0	6 476.3	132.8	729.7

数据来源：中国人民银行郑州中心支行。

表 7　2018 年河南省金融机构票据贴现、转贴现利率

单位：%

季度	贴现		转贴现	
	银行承兑汇票	商业承兑汇票	票据买断	票据回购
1	5.4	6.4	4.9	3.5
2	5.2	6.3	4.7	3.4
3	4.1	5.4	4.1	2.8
4	3.8	5.5	4.4	2.9

数据来源：中国人民银行郑州中心支行。

（五）金融生态环境建设成效显著，金融服务水平持续提升

1. 征信体系建设成效显著。2018 年末，河南省共有 5 828 万个自然人和 50.8 万户企业及其他经济组织纳入征信系统。推广使用中小企业和农村信用信息系统，发挥其在精准扶贫、乡村振兴、普惠金融等领域的信用信息服务作用。探索出以兰考为代表的“信贷 + 信用”普惠授信模式，以卢氏为代表的“信用 + 信贷”金融扶贫模式。

2. 支付体系建设成果丰硕。2018 年，河南省全面推进移动支付便民示范工程，全省“云闪付”APP 累计注册和有效用户分别居全国第 5 位、第 6 位，新增注册用户和有效用户均居全国第 3 位。大力优化企业开户服务，相关做法在总行网站首页刊登。稳妥处置账户管理系统突发事件，得到总行高度肯定。持续改善农村支付服务环境，农村地区和贫困地区惠农支付服务点村级覆盖率分别达 98.5% 和 98.2%。

3. 金融消费权益保护稳步推进。成立 12363 电话呼叫中心，全年共受理处理咨询 2 311 起、投诉 879 起。开展支付服务领域金融消费权益保护监督检查，首次作出金融消费权益保护领域的行政处罚。推进金融知识纳入国民教育体系，共选定试点学校 102 个，累计受众学生 8 万余人。

4. 机构改革加快推进。2018 年，河南省持续推动金融机构改革和创新发展。法人机构“两会一层”持续完善，党的领导有效嵌入公司治理。农信机构改革稳步推进，法人治理机制初步建立、资本实力稳步提高，成为服务“三农”与小微企业的主力军，截至 2018 年末，共有 105 家农商行完成改制。“金融豫军”不断壮大，郑州银行成为全国首家“A+H”股上市城商行，辉县珠江村镇银行已获银保监会首批“多县一行”试点资格。异地非持牌机构清理规范全部完成。

二、经济运行情况

2018 年，河南省经济运行总体平稳、稳中有进、稳中有忧，主要经济指标运行在合理区间，供给侧结构性改革成效显现。全年实现地区生产总值 4.8 万亿元，同比增长 7.6%，增速高于全国水平 1 个百分点。

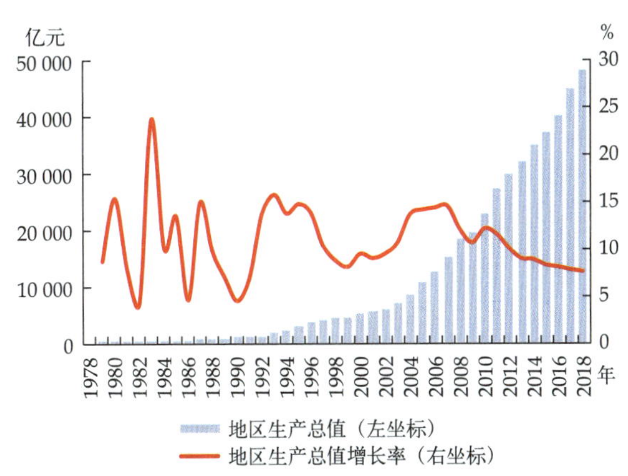

数据来源：河南省统计局。

图 6　1978~2018 年河南省地区生产总值及其增长率

（一）三大需求增速放缓，结构调整加快

2018 年，在市场需求低迷、中美贸易摩擦加剧背景下，河南省投资和消费稳中趋缓，外贸增速回落较多。

1. 固定资产投资稳中趋缓，投资结构持续优化。2018 年，河南省强力推动郑万高铁、青电入豫、百城建设提质工程等重大基础设施建设，鼓励民间资本采取混合所有制、联合投标体等多种方式参与重点项目投资，全年固定资产投资同比增长 8.1%，增速比上年回落 2.3 个百分点。受需求不振、环保治理、融资紧张等因素影响，民间投资增速下滑至 2.9%，比 2017 年回落 6.2 个百分点。投资结构持续优化，对转型升级的支持力度加大，全年科学研究和技术服务业、信息传输等高科技产业投资分别增长 45.2% 和 32.3%，同比分别提高 28.2 个和 2.6 个百分点。

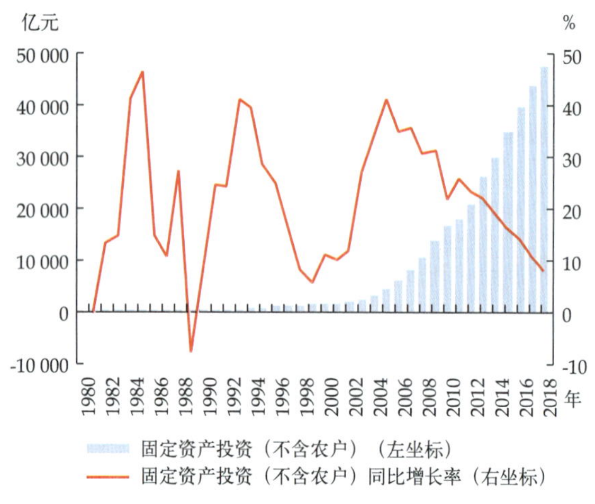

数据来源：河南省统计局。

图 7　1980~2018 年河南省固定资产投资（不含农户）及其增长率

2. 受汽车消费下滑影响，消费增速有所放缓。2018 年，河南省消费品零售总额 20 594.7 亿元，同比增长 10.3%，增速较上年回落 1.3 个百分点。消费增速放缓主要是受汽车消费下滑影响，全年汽车消费增长 1.8%，比 2017 年回落 4.6 个百分点。消费升级类商品增长较快，限额以上单位化妆品类、计算机及其配套产品类、通讯器材类、体育娱乐类零售额增速分别高于限额以上单位消费品零售额增速 5.7 个、5.3 个、1.2 个和 2.7 个百分点。限额以上批发和零售业中，线上商品零售额增长 12.9%，高于单位消费品零售总额增速 4.9 个百分点。

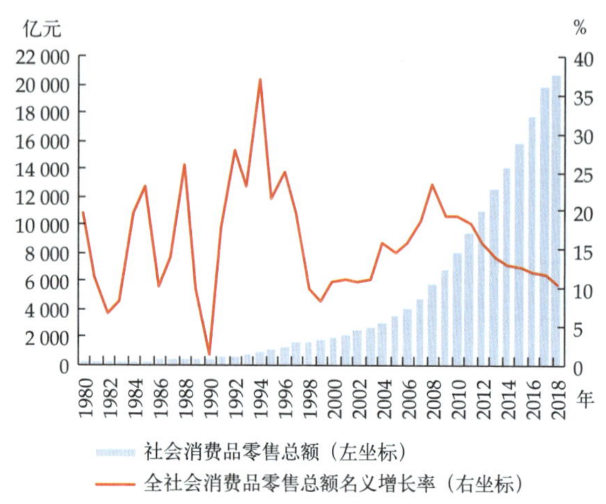

数据来源：河南省统计局。

图 8　1980~2018 年河南省社会消费品零售总额及其增长率

3. 对外贸易增速下滑，外商投资稳定增长。2018 年，河南省对外贸易增速明显下滑，全年进出口总额 5 512.7 亿元，同比增长 5.3%，较上年回落 5.6 个百分点。其中，出口总值 3 579.0 亿元，增长 12.8%；进口总值 1 933.7 亿元，下降 6.2%。在跨境电商快速发展、推动中国（河南）自贸区建设等系列政策推动下，河南省进出口结构不断优化，贸易方式更趋合理，一般贸易在全省货物贸易中的占比较上年提升 1 个百分点。与新兴市场的贸易增速加快，对“一带一路”沿线国家的出口同比增长 23%，高于全省出口平均增幅 10.2 个百分点。全年实际利用外商直接投资增长 3.9%，较上年提高 2.5 个百分点；实际利用省外资金增长 5.9%，较上年下降 2 个百分点。

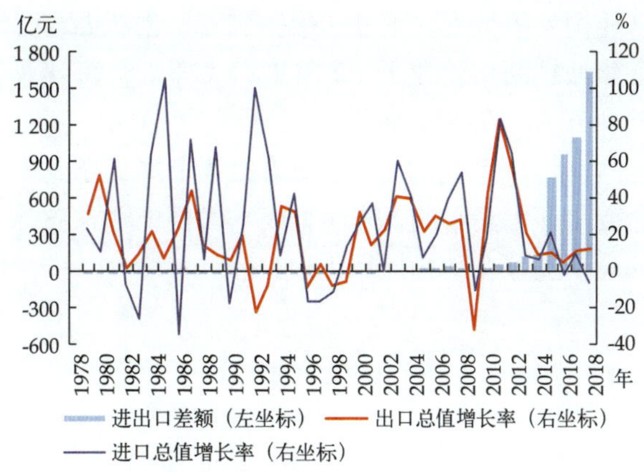

数据来源：河南省统计局。

图 9　1978~2018 年河南省外贸进出口变动情况

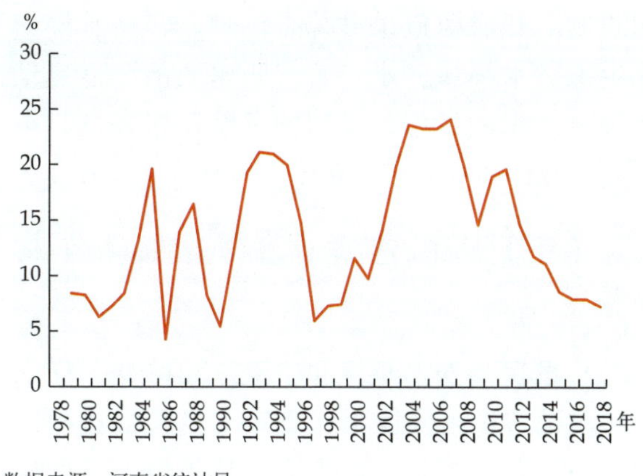

数据来源：河南省统计局。

图 10　1978~2018 年河南省规模以上工业增加值实际增长率

（二）三次产业协同发展，服务业快速增长

2018 年，河南省三次产业结构为 8.9 : 45.9 : 45.2，第三产业增加值占生产总值的比重较上年提高 1.9 个百分点，三次产业结构持续优化。全省人均生产总值 50 152 元，同比增长 7.2%。

1. 农业基础地位稳固，乡村振兴战略稳步推进。2018 年，河南省粮食产量 1 329.8 亿斤，比上年增产 1.9%，再创历史新高；畜牧业总产量 662.7 万吨，同比增长 2.4%。农村集体产权制度改革进展顺利，新型农业经营主体达 28 万家。农业生产性服务业和乡村生活性服务业统筹发展，农业与旅游、教育、文化、康养等产业深度融合，全省农村居民可支配收入增长 8.7%，增速高于城镇居民 0.9 个百分点。

2. 工业生产平稳增长，新产业新动能加快形成。2018 年，河南省规模以上工业增加值同比增长 7.2%，高于全国平均水平 1 个百分点。战略性新兴产业、高技术产业以及符合转型升级方向的五大主导产业（装备制造、食品制造、新型材料制造、电子制造、汽车制造）增加值增速分别高于规模以上工业增速 5.0 个、5.1 个和 0.5 个百分点。河南省大力推进制造业绿色、智能、技术三大改造，创建国家级绿色工厂 28 家、智能工厂（车间）150 家，工业技改投资增长 21.5%。锂电池、新能源汽车、服务机器人产量分别增长 142.8%、70.4% 和 37.8%。

3. 服务业快速发展，对经济贡献度继续提升。2018 年，河南省服务业增加值增长 9.2%，占生产总值的比重提高至 45.2%，对经济增长贡献率达 50%，同比提高 0.4 个百分点。铁路、公路货物运输量增速分别比上年加快 8 个和 1.2 个百分点。邮电业务量同比增长 141.4%，电信业务收入增速比上年提高 69.1 个百分点。快递业务量和收入分别增长 42.1% 和 31.9%。

4. 供给侧结构性改革深入推进，“去降补”成效显著。2018 年，河南省化解煤炭过剩产能 825 万吨、钢铁过剩产能 157 万吨，处置“僵尸企业”1 124 家。杠杆率偏高的国有控股工业企业资产负债率 69.3%，同比下降 0.4 个百分点。商品房待售面积 2 800.9 万平方米，同比下降 1.6%。规模以上工业企业每百元主营业务收入中的成本为 85.4 元，同比减少 1 元。水利、公共设施管理、教育行业投资增速分别高于全部投资增速 23.2 个、12.5 个和 8.5 个百分点；工业技术改造投资高于全部投资增速 13.4 个百分点，占工业投资比重为 21.1%，同比提高 3.4 个百分点。

5. 绿色发展成效显著，生态环境持续改善。2018 年，河南省大力推进污染防治，完成”电代煤”“气代煤”112.4 万户，全年城市空气质量优良天数比例达 56.6%，PM2.5、PM10 平均浓度分别下降 1.6% 和 2.8%。全面推行河长制、湖长制，开展河道采砂综合治理。实施水源、水生态、水环境、水灾害“四水同治”，启动十项重点水利工程，受到国务院通报表扬。全年完成造林260万亩，森林抚育改造450万亩。

（三）居民消费价格温和上涨，就业形势稳定

1. 居民消费价格温和上涨。2018年，河南省居民消费价格同比上涨2.3%，涨幅同比提高0.9个百分点，八大类商品与服务中，医疗保健、教育文化和娱乐等服务类价格涨幅居前。受猪瘟疫情影响，食品烟酒价格中，畜肉价格下降6.6%。全年全省居民人均可支配收入增长8.9%，人均生活消费支出增长10.5%。城镇居民恩格尔系数为26%，比2017年下降1个百分点，农村居民恩格尔系数为27%，与2017年持平。

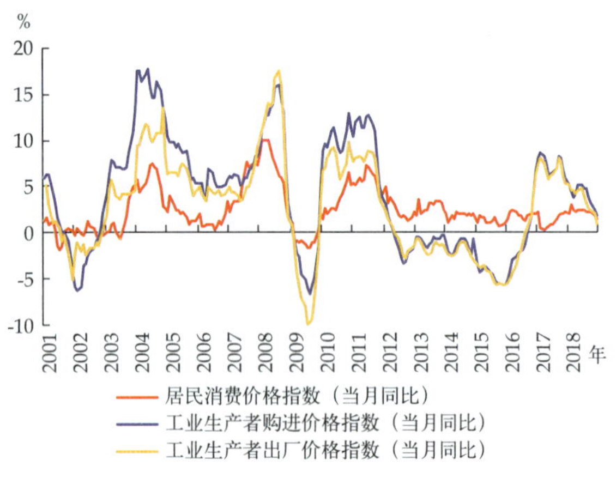

数据来源：河南省统计局。

图11　2001~2018年河南省居民消费价格指数和工业生产者价格指数变动趋势

2. 工业生产者价格涨幅收窄。受大宗商品价格回落和市场需求疲软影响，2018年，河南省工业生产者出厂价格和购进价格同比分别上涨3.6%和4.0%，涨幅比上年分别收窄3.2个和3.3个百分点。

3. 市场就业基本稳定，劳动力价格有所提高。2018年，河南省重点抓好高校毕业生、退役军人就业创业，妥善做好“僵尸企业”处置和过剩产能化解中的职工安置，深入推进返乡创业国家级试点，承办“中国创翼”创新大赛。全年城镇新增就业139.2万人，失业人员再就业33.9万人。年末城镇登记失业率为3.0%，同比提高0.2个百分点。受劳动力数量下降、择业观念变化等因素影响，劳动力成本保持上涨态势，部分企业存在结构性用工缺口。

（四）财政收入增速保持稳定，支出结构优化

2018年，河南省一般公共预算收入增长10.5%，税收收入占财政预算收入比重为70.6%，较2017年提高2.2个百分点。一般公共预算支出增长12.3%，民生支出7 126.5亿元，占一般公共预算支出的77.2%。财政支出着力推进精准脱贫、大气污染防治、经济高质量发展等重大战略措施实施，专项扶贫资金、节能环保支出、科技支出同比分别增长23.4%、48.3%和13.4%。全面落实减税降费政策，全年减免企业税收480亿元左右。安排小微企业信贷风险补偿资金83.7亿元，有效缓解小微企业融资难问题。

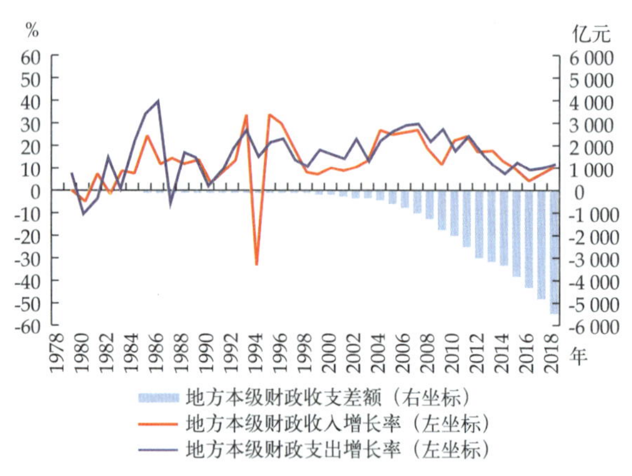

数据来源：河南省统计局。

图12　1978~2018年河南省财政收支状况

（五）房地产市场稳中有降，贷款整体快速增长

1. 房地产开发投资跌至低谷。在房地产市场“房住不炒”定位下，调控政策持续从严，房地产企业开发投资意愿持续下降。2018年，

河南省房地产开发投资完成额7 015.5亿元，同比下降1.1%，增速较上年回落14.6个百分点，跌至历史低位。

2. 商品房供应加快，省会郑州投放速度放缓。2018年，河南省批准商品房预售面积13 967万平方米，同比增长33.4%。省会郑州批准商品房和住宅预售面积分别为469.3万平方米和347.7万平方米，同比分别下降13.1%和12.9%，较上年大幅放缓23.4个和26.2个百分点。

3. 商品房销售面积持续增长，销售额创新高。2018年，河南省经备案的商品房成交面积约12 577万平方米，成交套数113.4万套，同比分别增长8.7%和8.2%，销售金额7 683.5亿元，同比增长20.6%。分省辖市看，12个地市商品房成交面积同比增长，比上年增加5个，增幅最高的济源市增长42.8%。从县（市）的情况看，全省有69个县（市）商品房成交面积同比增长，较上年增加14个。

4. 房地产价格平稳增长，整体房价指数上扬。2018年，全省商品房成交备案均价同比增长10.7%，涨幅较上年提高5个百分点；商品住宅成交备案均价同比增长12.9%，涨幅较上年提高8.1个百分点。根据国家统计局70个大中城市房价统计，郑州市2018年12月新建住宅销售价格同比上涨9.4%。

5. 房地产贷款整体快速增长，利率持续上行。2018年末，河南省房地产贷款同比增长28.6%，较2017年末提高4.1个百分点，新增额占各项贷款增量的57.4%，占比较2017年提高10.4个百分点。严格执行差别化住房信贷政策，个人住房贷款增势回落，年末个人住房贷款同比增长25%，较2017年末下降4.8个百分点。郑州市个人住房贷款同比增长22.4%，较2017年末下降5个百分点。受房贷资金收紧影响，房贷利率持续上行，12月，河南省首套和非首套房贷平均利率分别为贷款基准利率的1.28倍和1.34倍。

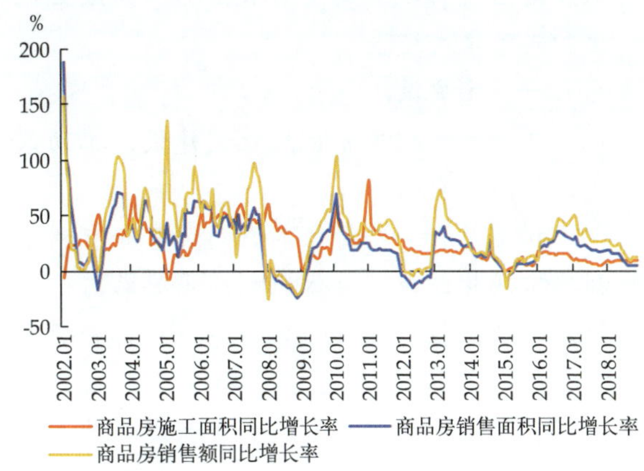

数据来源：河南省统计局。

图13　2002~2018年河南省商品房施工和销售变动趋势

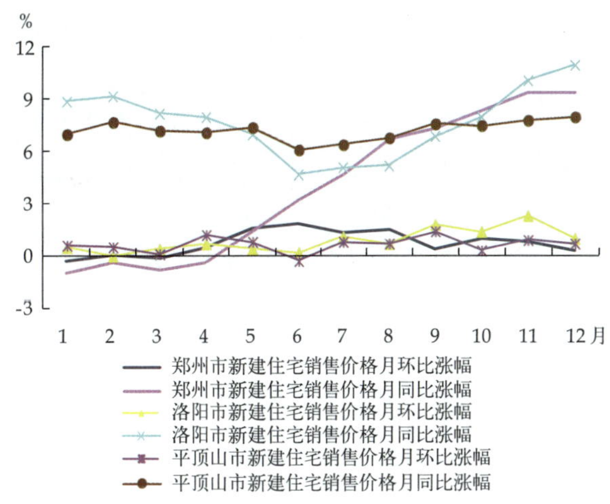

数据来源：河南省统计局。

图14　2018年河南省主要城市新建住宅销售价格变动趋势

专栏2　河南扶贫再贷款政策试点取得良好成效

2018年，中国人民银行郑州中心支行在总行的指导下，积极推动扶贫再贷款政策试点工作，围绕“量、价、创新、前瞻”四个维度，按照“差别竞价、科学定价、保本微利、以量降价”的工作主线，在试点方案设计、竞价机制创建、配套机制建设、试点成效评估等方面积极开展探索，切实激发了试点地区金融扶贫的动力和活力，为政策优化积累了实践经验。

一、主要做法

（一）积极探索试点机制建设，推动试点工作高效落地

按照总行“坚持保本微利经营和有利于利率市场化改革”总体原则，指导参与试点的法人金融机构精细测算运用扶贫再贷款发放贷款的各种成本。按照“扶贫再贷款新借用越多，运用扶贫再贷款资金新发放精准扶贫贷款占比越高，利率加点权限越大”的正向激励思路，构建扶贫再贷款竞价借用机制，调动贫困地区法人金融机构运用扶贫再贷款的积极性和自觉性。

（二）强化定价能力建设，牢牢把握试点方向和原则

引导各试点机构充分利用最优惠贷款利率定价模型，在扶贫再贷款利率、经营管理费率、目标利润率等“基础定价因素”上，引入抵押担保、征信、带动贫困人口就业数量等调整因素，将贷款定价模型通过系统进行固化，实现试点机构运用扶贫再贷款发放贷款定价的自主化、差异化、科学化。

（三）推动配套机制建设，营造良好外部环境

积极发挥地方政府、扶贫办及地方金融控股集团合力，为深入推进优化运用扶贫再贷款发放贷款定价机制试点打造良好的外部生态环境。一是推动设立扶贫再贷款担保基金。引导全省各试点县建立不低于 2 000 万元的基金，按照5~10倍的比例放大担保额度。二是积极发挥保险资金的风险分担作用，探索建立政府、银行、担保及保险“按比例分担”的风险共担机制，进一步分散地方政府风险缓释压力。三是大力推动扶贫贷款贴息政策落地。多数试点县实现了与国家贴息政策的对接，实现建档立卡贫困户扶贫小额贷款 5 个百分点、产业扶贫贷款 3 个百分点的贴息，部分试点地区还对年息 6.75% 以下的扶贫贷款实行全额贴息。

（四）加强监督约束机制建设，保障试点工作顺利推进

在坚持既有台账管理、定期监测、动态核查的基础上，围绕试点目标，建立考核评估指标体系，以及按月监测、按季考核的监督机制，对当季末 3 个核心指标未全部达到承诺预期目标的 C 类机构，采取下个季度下调利率加点幅度的惩罚措施，并在宏观审慎评估、合格审慎评估等方面给予政策约束，促进试点机构按照试点目标有序开展工作。

二、取得的成效

（一）金融机构运用扶贫再贷款的可持续性明显增强

新的扶贫再贷款试点政策，能够兼顾扶贫贷款价格和借款机构收益，法人机构运用扶贫再贷款的可持续性大幅提升，能够激励法人机构更大规模地运用扶贫再贷款发放低利率的扶贫贷款。截至 2018 年末，河南省扶贫再贷款余额已达 135.6 亿元，较试点前的 2016 年末增长 67.4%，推动河南省扶贫小额贷款余额跃居全国第一位。

（二）试点机构运用扶贫再贷款发放贷款的定价科学性显著提升

试点政策扩大法人机构运用扶贫再贷款发放贷款的利率上限后，试点机构可根据自身实际及客户风险状况科学、自主进行贷款定价，进而能够帮助试点机构形成相对完整的贷款定价体系，在有效控制风险的基础上实现保本微利经营，并促进了利率市场化改革在基层小型金融机构层面的进一步深化。

（三）扶贫再贷款对信贷资源的撬动作用更加凸显

在扶贫再贷款试点政策带动下，市场主

体围绕主导产业选项目、围绕产业项目建机制的格局在河南省各贫困县已逐步建立，带贫主体通过代种代养、订单收购、劳务雇佣等方式，将更多贫困群众吸纳进了产业发展链条。以扶贫再贷款为重要支撑的金融扶贫“卢氏模式”2017 年获习近平总书记、汪洋主席（时任副总理）、时任副总理马凯同志批示肯定。

三、预测与展望

2019 年是新中国成立 70 周年，是全面建成小康社会，实现第一个百年奋斗目标的关键之年。随着“一带一路”、中国（河南）自由贸易试验区、乡村振兴等战略的全面推进，河南省经济社会发展面临着重大历史机遇。但受长期固有产业结构影响，主要行业处于产业链前端，价值链低端的居多，经济发展仍面临着较大的转型压力，不平衡不充分发展的问题仍很突出。

投资方面，基础设施、脱贫攻坚、乡村振兴等领域的投资持续增长，工业和房地产业投资出现回升，有望带动整体投资增速止跌回升。消费方面，受汽车市场需求疲软影响，预计消费增长仍将稳中趋缓，但消费结构升级对消费增长有一定支撑作用。对外贸易方面，尽管“一带一路”、自贸区建设为全省经济发展打开了新空间，但当前国际贸易保护主义抬头，对进出口产生较大压力。受长期固有产业结构影响，经济发展仍面临着较大的转型压力，不平衡不充分发展的问题仍很突出。预计 2019 年河南省经济将保持总体平稳运行态势，地区生产总值增速将运行在 7%~7.5% 的合理区间。

2019 年，河南省金融业面临的挑战与机遇并存。一方面，实体经济转型压力加大，市场有效信贷需求不足，货币信贷和社会融资规模快速增长的难度增加。同时，金融市场风险事件时有发生，多种风险交织传染，银行体系信用风险、流动性风险防范压力显著上升。另一方面，我国经济总体平稳运行的态势未发生根本改变，国家出台了一系列政策引导金融回归本源，为金融业的健康稳定发展提供了空间和保障。预计 2019 年，河南省金融将保持平稳运行态势，信贷规模将保持合理增长，金融风险总体可控。

下一步，河南省金融业将认真贯彻落实党的十九大、中央经济工作会议、全国金融工作会议精神，以习近平新时代中国特色社会主义思想为指导，坚持稳中求进的总基调，按照高质量发展要求，执行好稳健的货币政策，实现货币信贷和社会融资规模适度增长，积极疏通利率传导机制，加大对民营小微企业的支持，为供给侧结构性改革营造适宜的货币金融环境，推动中原更加出彩。

中国人民银行郑州中心支行货币政策分析小组

总　纂：徐诺金　王深德

统　稿：帅　洪　徐红芬

执　笔：郭　磊　赵玉龙　常　虹

提供材料的还有：宋　杨　王　浩　汪大敏　张　铮　孙　芳　李　琨　宋鹏飞　张振轩　闫　宏　郑霄鹏　陈晓燕　苗晓艳　裴亚辉　刘　芳　乔　斐　沈志宏　郑　方　黄　琦　付　超　马云路　田云霄　刘　曲　师胜男

附录

（一）2018年河南省经济金融大事记

5月17日，中国人民银行郑州中心支行作为中国人民银行系统两个先进典型之一，在全国金融精准扶贫经验交流暨工作推进会上交流金融扶贫工作经验，其中"优化扶贫再贷款"试点工作经验写入《中共中央 国务院关于打赢脱贫攻坚三年行动的指导意见》。

5月21日，中原银行成功发行全国首批、中西部地区首单"双创"金融债15亿元。

6月至11月，中国人民银行郑州中心支行出台《关于金融支持河南省民营经济加快发展的指导意见》《关于进一步深化小微企业金融服务实施细则》《关于加强市县两级中国人民银行履职能力建设 进一步深化民营和小微企业金融服务工作的通知》（"一意见、一细则、一通知"）等指导性文件，先后组织在商丘、漯河、安阳、洛阳、驻马店、许昌6个地市和河南自贸区召开7场"河南省小微企业金融服务政策宣讲暨政银企项目对接会"。

7月6日，郑州新建发行库业务需求获得中国人民银行总行批复。

9月4日，"河南省人民银行12363金融消费权益保护投诉咨询电话呼叫中心"正式成立。

9月19日，郑州银行在深交所上市，正式成为河南省首家A股上市银行、全国首家A+H股上市城商行。

9月29日，中国人民银行党委委员、副行长陈雨露出席在兰考县召开的数字普惠金融创新发展座谈会并讲话。

11月30日，郑州商品交易所PTA期货成功引入境外交易者。

12月18日，浙商银行郑州分行成功创设河南省首单挂钩民企债券的信用风险缓释凭证。

12月25日，《河南省乡村振兴战略规划（2018~2022年）》正式发布，对河南省实施乡村振兴战略作出总体设计和阶段谋划。

（二）2018 年河南省主要经济金融指标

表 1　2018 年河南省主要存贷款指标

		1月	2月	3月	4月	5月	6月	7月	8月	9月	10月	11月	12月
本外币	金融机构各项存款余额（亿元）	61 614.8	62 092.6	63 248.4	62 640.6	62 543.1	64 037.9	63 547.1	64 016.5	64 829.7	64 585.3	64 796.4	64 983.0
	其中：住户存款	32 911.5	34 869.4	35 449.0	34 508.0	34 498.0	35 218.7	34 981.5	35 194.6	35 740.1	35 583.6	35 844.5	36 231.5
	非金融企业存款	17 187.3	16 261.6	16 705.1	16 627.5	16 485.8	17 028.9	16 823.9	16 842.8	16 805.9	16 733.1	16 764.8	17 147.5
	各项存款余额比上月增加（亿元）	1 577.2	477.8	1 155.7	-607.8	-97.5	1 494.8	-490.7	469.4	813.1	-244.4	211.1	186.5
	金融机构各项存款同比增长（%）	9.1	7.3	7.7	7.2	7.2	5.7	5.3	6.1	6.5	6.2	7.1	8.2
	金融机构各项贷款余额（亿元）	43 558.4	43 999.3	44 304.9	44 641.5	45 016.8	45 862.6	46 560.1	47 189.0	47 702.4	48 019.7	48 408.5	48 870.6
	其中：短期	15 275.9	15 348.7	15 310.2	15 312.5	15 307.7	15 519.2	15 624.4	15 766.5	15 832.8	15 772.5	15 782.9	15 878.3
	中长期	26 691.7	27 103.4	27 439.2	27 761.0	28 090.6	28 624.7	28 996.8	29 359.8	29 698.9	29 965.3	30 306.1	30 596.6
	票据融资	1 032.0	979.5	973.4	984.8	1 019.9	1 092.6	1 278.7	1 411.7	1 484.0	1 590.4	1 617.8	1 684.2
	各项贷款余额比上月增加（亿元）	970.5	440.9	305.6	336.6	375.3	845.8	697.5	628.8	513.5	317.2	388.8	462.0
	其中：短期	233.2	72.8	-38.4	2.3	-4.8	211.5	105.3	142.0	66.3	-60.3	10.4	95.5
	中长期	798.6	411.7	335.8	321.8	329.6	534.2	372.1	362.9	339.1	266.4	340.8	290.5
	票据融资	-104.1	-52.5	-6.1	11.4	35.1	72.7	186.1	133.0	72.3	106.4	27.3	66.4
	金融机构各项贷款同比增长（%）	14.3	13.5	13.0	12.6	12.4	12.7	13.4	14.1	14.1	14.0	14.0	14.9
	其中：短期	2.7	2.4	1.5	1.6	1.5	1.4	2.2	3.7	3.7	3.2	3.6	5.8
	中长期	23.5	22.0	20.8	19.8	19.2	19.2	19.0	18.7	18.2	18.1	17.8	18.2
	票据融资	-18.1	-17.6	-4.1	-0.6	5.3	17.6	32.4	48.2	55.8	60.0	64.1	48.2
	建筑业贷款余额（亿元）	1 326.4	1 368.6	1 386.9	1 408.4	1 393.1	1 399.9	1 392.1	1 397.1	1 455.7	1 461.9	1 464.8	1 457.6
	房地产业贷款余额（亿元）	1 485.0	1 506.3	1 595.6	1 605.1	1 632.2	1 702.0	1 732.8	1 762.1	1 811.2	1 820.3	1 858.1	1 886.9
	建筑业贷款同比增长（%）	16.9	18.5	18.3	19.6	14.1	11.3	8.9	6.4	10.4	9.6	10.1	15.3
	房地产业贷款同比增长（%）	-4.6	-5.9	-0.5	3.3	5.6	11.3	20.2	21.8	22.7	22.4	23.9	27.9
人民币	金融机构各项存款余额（亿元）	60 526.5	61 042.0	62 292.7	61 609.8	61 534.9	62 980.1	62 468.6	62 877.9	63 801.1	63 516.7	63 688.8	63 867.6
	其中：住户存款	32 773.8	34 727.0	35 305.3	34 364.2	34 353.9	35 070.3	34 833.4	35 047.9	35 596.3	35 441.7	35 704.1	36 092.6
	非金融企业存款	16 273.2	15 377.9	15 908.5	15 754.9	15 637.8	16 135.9	15 910.0	15 867.1	15 937.1	15 824.7	15 812.1	16 188.8
	各项存款余额比上月增加（亿元）	1 457.9	515.5	1 250.7	-682.9	-74.9	1 445.2	-511.5	409.3	923.2	-284.4	172.0	178.9
	其中：住户存款	490.7	1 953.2	578.4	-941.1	-10.3	716.3	-236.9	214.6	548.4	-154.6	262.4	388.5
	非金融企业存款	475.1	-895.2	530.5	-153.5	-117.2	498.1	-225.9	-42.9	69.9	-112.4	-12.6	376.7
	各项存款同比增长（%）	9.2	7.6	8.3	7.7	7.8	6.1	5.7	6.2	6.8	6.4	7.3	8.1
	其中：住户存款	4.9	9.3	9.7	9.6	9.4	8.7	9.2	9.6	10.1	11.2	12.1	11.8
	非金融企业存款	11.2	2.3	3.2	2.6	3.1	1.9	0.6	1.4	1.1	2.1	1.4	2.4
	金融机构各项贷款余额（亿元）	42 643.7	43 123.2	43 455.2	43 774.8	44 140.9	44 876.8	45 531.5	46 105.5	46 685.9	46 991.1	47 423.8	47 834.8
	其中：个人消费贷款	11 312.8	11 508.7	11 678.7	11 866.6	12 027.5	12 240.6	12 467.8	12 709.1	12 926.7	13 138.2	13 375.3	13 582.8
	票据融资	1 032.0	979.5	973.4	984.8	1 019.9	1 092.6	1 278.7	1 411.7	1 484.0	1 590.4	1 617.8	1 684.2
	各项贷款余额比上月增加（亿元）	895.0	479.5	332.0	319.6	366.1	735.9	654.7	574.1	580.3	305.3	432.6	411.0
	其中：个人消费贷款	291.9	195.9	170.0	187.8	160.9	213.2	227.2	241.3	217.6	211.4	237.2	207.5
	票据融资	-104.0	-52.5	-6.1	11.4	35.1	72.7	186.1	133.0	72.3	106.4	27.4	66.4
	金融机构各项贷款同比增长（%）	14.1	13.6	13.3	13.0	12.8	12.7	13.2	13.6	13.8	13.9	14.1	14.6
	其中：个人消费贷款	30.1	29.6	27.9	27.4	26.4	24.9	24.2	23.5	22.9	23.0	22.7	23.2
	票据融资	-18.1	-17.6	-4.1	-0.6	5.3	17.6	32.4	48.2	55.8	60.0	64.1	48.2
外币	金融机构外币存款余额（亿美元）	171.8	166.0	152.0	162.6	157.2	159.9	158.2	166.8	149.5	153.4	159.7	162.5
	金融机构外币存款同比增长（%）	11.1	-2.6	-14.2	-7.7	-13.7	-11.8	-12.2	-5.5	-12.4	-12.1	-8.1	9.6
	金融机构外币贷款余额（亿美元）	144.4	138.4	135.1	136.7	136.6	149.0	150.9	158.8	147.8	147.7	142.0	150.9
	金融机构外币贷款同比增长（%）	39.1	16.8	10.5	2.0	2.0	14.9	18.9	39.2	23.1	13.4	5.4	22.7

数据来源：中国人民银行郑州中心支行。

表2 2001~2018年河南省各类价格指数

单位：%

		居民消费价格指数		农业生产资料价格指数		工业生产者购进价格指数		工业生产者出厂价格指数	
		当月同比	累计同比	当月同比	累计同比	当月同比	累计同比	当月同比	累计同比
2001		—	0.7	—	-0.9	—	1.9	—	0.5
2002		—	0.1	—	0.9	—	-2.4	—	-1.4
2003		—	1.6	—	1.9	—	7.8	—	5
2004		—	5.4	—	11.4	—	15.7	—	10.2
2005		—	2.1	—	7.9	—	8.3	—	6.1
2006		—	1.3	—	1.2	—	5.3	—	4.3
2007		—	5.4	—	6.1	—	6.4	—	5.2
2008		—	7.0	—	20.9	—	11.9	—	12.1
2009		—	-0.6	—	-1.9	—	-2.9	—	-5.1
2010		—	3.5	—	3.1	—	10.2	—	7.8
2011		—	5.6	—	11.1	—	10.1	—	7.2
2012		—	2.5	—	5.4	—	-0.8	—	-0.6
2013		—	2.9	—	1.3	—	-0.7	—	-1.5
2014		—	1.9	—	-2.1	—	-1.6	—	-2.9
2015		—	1.3	—	0.3	—	-4.6	—	-4.6
2016		—	1.9	—	0.8	—	-0.8	—	-1.0
2017		—	1.4	—	-0.3	—	7.3	—	6.8
2018		—	2.3	—	4.3	—	4.0	—	3.6
2017	1	2.3	2.3	-0.1	-0.1	8.0	8.0	7.3	7.3
	2	0.5	1.4	-0.1	-0.1	8.7	8.3	8.0	7.6
	3	0.3	1.0	-0.7	-0.3	8.2	8.3	7.5	7.6
	4	0.6	0.9	-0.7	-0.4	7.4	8.1	6.6	7.3
	5	0.8	0.9	-1.7	-0.6	6.3	7.7	5.8	7.0
	6	1.0	0.9	-2.3	-0.9	6.3	7.5	6.1	6.9
	7	1.0	0.9	-2.1	-1.1	6.5	7.3	6.4	6.8
	8	1.5	1.0	1.0	-1.1	6.8	7.3	6.9	6.8
	9	1.8	1.1	0.0	-1.0	8.2	7.4	8.0	7.0
	10	2.1	1.2	1.2	-0.7	8.0	7.4	7.7	7.0
	11	2.1	1.3	1.7	-0.5	6.8	7.4	6.1	7.0
	12	2.3	1.4	2.1	-0.3	5.9	7.3	5.3	6.8
2018	1	2.0	2.0	2.4	2.4	5.1	5.1	5.2	5.2
	2	3.1	2.5	2.6	2.5	4.4	4.7	4.6	4.9
	3	2.5	2.5	4.4	3.1	3.8	4.4	4.5	4.7
	4	2.2	2.4	4.7	3.5	4.2	4.4	4.2	4.6
	5	2.4	2.4	5.1	3.8	5.1	4.5	4.5	4.6
	6	2.5	2.4	5.8	4.1	5.2	4.6	4.7	4.6
	7	2.4	2.4	5.7	4.4	4.7	4.6	4.1	4.5
	8	2.3	2.4	5.1	4.5	4.8	4.7	3.3	4.4
	9	2.2	2.4	4.8	4.5	3.9	4.6	2.6	4.2
	10	2.2	2.4	4.7	4.5	3.2	4.4	2.4	4.0
	11	1.9	2.3	4.0	4.5	2.5	4.2	2.1	3.8
	12	1.5	2.3	3.0	4.3	1.8	4	0.9	3.6

数据来源：河南省统计局、《中国经济景气月报》。

表3　2018年河南省主要经济指标

	1月	2月	3月	4月	5月	6月	7月	8月	9月	10月	11月	12月
	绝对值（自年初累计）											
地区生产总值（亿元）	—	—	10 611.0	—	—	22 244.5	—	—	35 537.4	—	—	48 055.9
第一产业	—	—	596.4	—	—	1 705.7	—	—	3 279.1	—	—	4 289.4
第二产业	—	—	5 352.6	—	—	10 566.2	—	—	16 639.4	—	—	22 034.8
第三产业	—	—	4 691.2	—	—	10 006.0	—	—	15 619.0	—	—	21 731.7
工业增加值（亿元）	—	—	4 819.3	—	—	9 158.3	—	—	14 500.3	—	—	20 161.3
固定资产投资（亿元）	—	2 478.2	6 028.4	10 343.8	15 182.6	20 766.2	24 852.0	28 844.9	33 381.5	37 768.1	42 693.3	47 445.5
房地产开发投资	—	511.1	1 138.7	1 781.9	2 417.8	3 131.3	3 664.1	4 212.3	4 840.2	5 472.9	6 226.5	7 015.5
社会消费品零售总额（亿元）		3 526.2	5 108.3	6 714.5	8 310.6	9 948.1	11 545.6	13 204.4	14 869.9	16 720.6	18 649.5	20 594.7
外贸进出口总额（亿元）	535.7	778.3	1 093.6	1 413.4	1 770.8	2 128.5	2 492.8	2 908.5	3 668.2	4 381.2	5 024.8	5 512.7
进口	228.1	305.0	392.4	495.8	619.7	739.0	883.7	1 084.5	1 360.9	1 585.5	1 796.9	1 933.7
出口	307.6	473.3	701.2	917.6	1 151.1	1 389.5	1 609.1	1 824.0	2 307.3	2 795.6	3 227.9	3 579.0
进出口差额（出口－进口）	79.5	168.3	308.9	421.7	531.3	650.5	725.4	739.5	946.4	1 210.1	1 431.1	1 645.3
实际利用外资（亿美元）	10.4	16.7	33.8	48.5	66.5	93.8	102.3	114.5	131.2	150.0	169.3	179.0
地方财政收支差额（亿元）	-188.7	-618.9	-1 349.8	-1 620.1	-2 042.2	-3 419.6	-3 535.1	-3 827.9	-4 592.5	-4 607.8	-4 964.0	-5 461.5
地方财政收入	363.1	599.7	976.6	1 286.1	1 590.6	2 019.7	2 333.6	2 569.4	2 915.8	3 212.8	3 456.2	3 763.9
地方财政支出	551.7	1 218.6	2 326.4	2 906.1	3 632.7	5 439.2	5 868.8	6 397.3	7 508.3	7 820.6	8 420.2	9 225.4
城镇登记失业率（%）（季度）	—	—	2.9	—	—	3.0	—	—	3.0	—	—	3.0
	同比累计增长率（%）											
地区生产总值	—	—	7.9	—	—	7.8	—	—	7.4	—	—	7.6
第一产业	—	—	3.7	—	—	2.3	—	—	2.7	—	—	3.3
第二产业	—	—	7.6	—	—	7.7	—	—	7.3	—	—	7.2
第三产业	—	—	9.1	—	—	9.1	—	—	8.9	—	—	9.2
工业增加值	—	7.7	7.7	7.7	7.7	7.7	7.6	7.5	7.3	6.9	6.9	7.2
固定资产投资	—	9.8	9.5	9.4	9.3	9.3	9.0	8.5	8.3	8.2	8.2	8.1
房地产开发投资	—	13.1	13.2	13.2	10.9	5.6	2.9	0.3	-0.6	-2.3	-1.4	-1.1
社会消费品零售总额		11.6	11.6	11.5	11.2	11.1	11.0	10.7	10.6	10.4	10.3	10.3
外贸进出口总额	11.0	-2.6	-3.8	-3.7	0.2	2.1	3.8	6.5	16.3	20.4	13.6	5.3
进口	26.4	-4.0	-11.3	-10.9	-7.8	-6.2	-4.3	-0.5	7.6	7.3	-0.4	-6.2
出口	1.7	-1.7	0.9	0.7	5.1	7.1	8.8	11.2	22.1	29.3	23.3	12.8
实际利用外资	12.3	7.1	6.9	2.8	2.1	4.9	5.5	5.1	5.1	4.6	5.6	3.9
地方财政收入	16.0	18.0	16.3	16.1	15.5	14.5	15.3	15.2	13.2	12.7	11.8	10.5
地方财政支出	3.4	31.1	16.4	18.8	18.0	16.3	15.7	15.5	11.4	11.1	10.1	12.3

数据来源：河南省统计局。

湖北省金融运行报告（2019）

中国人民银行武汉分行货币政策分析小组

[内容摘要] 2018 年，湖北省坚持稳中求进工作总基调，深入贯彻落实党的十九大精神，坚定不移贯彻新发展理念，坚持以供给侧结构性改革为主线，牢牢把握推进高质量发展的根本要求，统筹推进稳增长、促改革、调结构、惠民生、防风险各项工作，全省经济运行总体平稳，稳中有进，高质量发展迈出坚定步伐。2018 年，湖北省实现地区生产总值 39 367 亿元，同比增长 7.8%，高于全国平均水平 1.2 个百分点，全省人均生产总值达到 66 532 元，比 2017 年增加 4 560 元。全省金融业紧紧围绕服务实体经济发展和供给侧结构性改革，积极贯彻执行稳健中性的货币政策，保持流动性合理充裕，为全省经济高质量发展创造适宜的金融环境。2018 年末，湖北省各项存款余额 5.6 万亿元，同比增长 7.1%，各项贷款余额 4.6 万亿元，同比增长 15.8%。

经济运行主要呈现如下特点：一是需求总体保持稳定，消费增长较快。2018 年，固定资产投资同比增长 11.0%，与上年持平。社会消费品零售总额同比增长 10.9%，限额以上企业（单位）网上商品零售额同比增长 31.5%，粮油食品类、服装鞋帽针纺织品类、家用电器和音像器材类限额以上商品零售额分别增长 12.7%、15.6% 和 21.6%。货物进出口总额 3 487.2 亿元，增长 11.2%，其中进口 1 234.0 亿元，增长 15.0%，出口 2 253.2 亿元，增长 9.2%。新批外商直接投资项目 418 个。全年实际使用外资 119.4 亿美元，增长 8.6%。二是产业转型升级步伐明显加快，第三产业占比提高。三次产业结构从上年的 10.3∶44.5∶45.2 调整为 9.0∶43.4∶47.6，粮食总产量连续 6 年稳定在 2 500 万吨以上，高新技术、装备制造产业增加值分别增长 13.2% 和 7.3%，增速均快于全部规模以上工业增速，第三产业实现增加值 18 730.1 亿元，占地区生产总值比重达 47.6%，较上年提高 1.1 个百分点。三是供给侧结构性改革工作取得新进展，工业企业资产负债率降低。全省高耗能行业增速低于全部规模以上工业增速 0.4 个百分点。因城施策去库存，商品房待售面积同比下降 4.3%。稳妥有序去杠杆，规模以上工业企业资产负债率同比下降 2 个百分点。继续推进降成本，规模以上工业企业每百元主营业务收入中的成本同比下降 1.5 元。聚焦重点补短板，交通、水利和农业等基建领域财政投入进一步加大。四是全省民生领域高质量推进，居民收入增长平稳。居民消费价格指数（CPI）同比上涨 1.9%，涨幅比上年扩大 0.4 个百分点，工业生产者出厂价格指数（PPI）同比上涨 4.2%，涨幅同比回落 1.4 个百分点。城镇常住居民人均可支配收入 34 455 元，同比增长 8.0%，农村常住居民人均可支配收入 14 978 元，同比增长 8.4%。完成地方一般公共预算收入 3 307 亿元，同比增长 1.8%，较上年回落 2.9 个百分点，其中地方税收收入同比增长 9.6%，占地方公共财政收入的比重上升至 74.5%；地方一般公共预算支出 7 257.6 亿元，同比增长 6.2%，较上年回落 0.2 个百分点。

全省金融业紧紧围绕服务实体经济发展和供给侧结构性改革，积极贯彻执行稳健中性的货币政策，保持流动性合理充裕，为全省经济高质量发展创造适宜的金融环境。2018 年末，湖北省各项存款余额 5.6 万亿元，同比增长 7.1%，各项贷款余额 4.6 万亿元，同比增长 15.8%。具体呈现如下特点：一是支持实体经济发展力度更大，精准扶贫、小微企业贷款增长较快。重点领域和薄弱环节融资保障有力，其中精准扶贫、小微企业和县域贷款余额同比分别增长 23.2%、11.1% 和 14.0%。差别化住房信贷政策有效实施，个人住房贷款增速和占比持续回落。

存贷款利率总体平稳。全省“双层级、全方位”市场利率自律机制作用有效发挥，12月份企业一般贷款加权平均利率与上年持平。金融创新积极推进，武汉城市圈积极推广“六个专项”科技金融专营机制，建设银行“双创”金融服务中心落户湖北，交通银行离岸金融业务中心（湖北）正式挂牌。二是金融业发展质效稳步提升，贷款质量企稳向好，多层次资本市场平稳发展。银行业金融机构组织体系更加完善，股份制银行、外资银行、非银机构数量均居中部前列，武汉区域金融中心的集聚效应凸显。贷款质量企稳向好，风险抵补能力总体处于合理区间。2018年末，全省银行业金融机构不良贷款余额673.8亿元，不良贷款率1.52%，同比下降0.1个百分点。证券业保持稳健发展，全省法人证券公司2家，证券分支机构439家，较上年增加23家；法人期货公司2家，期货分支机构61家，较上年增加6家。多层次资本市场发展成效显著，全年新增上市公司5家，新三板挂牌企业总数360家，全年湖北省资本市场实现股权融资共计213.9亿元。保险业平稳较快发展，法人和外资保险机构数量均居中部前列，保险业渗透力继续增强，全省保险深度与上年持平，保险密度同比增加202元/人。三是债务融资工具创新步伐不断加快，金融市场发展规范稳健运行。推动中西部首单民营企业债务融资支持工具在湖北落地。银行间市场信用拆借、债券回购交易总成交量17.9万亿元，同比增长25.0%。票据融资规模大幅上升，受票据融资利率下行、票据电子化进程加快等因素影响，湖北省金融机构票据贴现发生额逐季增加，年末余额同比上升72.1%。

目前，尽管经济下行压力加大与外部复杂环境的效应叠加，使得湖北省经济增长存在不少问题和困难，面临着消费增长持续放缓、社会消费品零售总额增速逐月回落、规模以上工业增速明显下滑、消费“外溢”现象逐步扩大等诸多挑战，但湖北省经济仍然保持了持续健康发展的良好势头，经济质效进一步优化，经济新动能显现，投资、消费保持平稳，民生福祉持续改善。2019年，是新中国成立70周年，是决胜全面建成小康社会第一个百年奋斗目标的关键之年，也是湖北省经济转型升级的攻坚之年。2019年，湖北省金融机构将贯彻落实好中央经济工作会议、全国金融工作会议精神，深入对接湖北省“一芯驱动、两带支撑、三区协同”[①]的总体布局，落实好稳健的货币政策，保持货币信贷规模合理增长，保持辖内流动性合理充裕，坚定不移培育和打造中部强大市场，处理好防风险和稳增长的关系，加强普惠金融、科技金融、绿色金融、自贸区金融和物流金融，持续改进小微和民营企业金融服务，为促进湖北省经济高质量发展营造适宜的货币金融环境。

---

① “一芯驱动”是产业和区域定位，既是产业之“芯”，又是区域之“心”，也是动能之“新”；“两带支撑”包括长江绿色经济和创新驱动发展带、汉孝随襄十制造业高质量发展带；“三区协同”是指按照区域统筹、产业集聚的思路，推动鄂西绿色发展示范区、汉江平原振兴发展示范区、鄂东转型发展示范区竞相发展。

一、金融运行情况

2018年，湖北省金融业运行总体稳健，货币信贷和地区社会融资规模平稳适度增长，金融改革创新持续推进，多层次资本市场发展成效显著，保险保障功能进一步发挥，有力支持了全省实体经济发展和供给侧结构性改革。

（一）银行业转向高质量发展，服务实体经济质效稳步提升

1.资产增速小幅放缓，组织体系更加完善。 2018年，湖北省银行业金融机构经营行为更趋理性规范，资产总额同比增长8.3%，较上年下降3.3个百分点，资产增速低于贷款增速的趋势进一步加大，资金“脱实向虚”明显改善。武汉区域金融中心的集聚效应明显。12家全国性股份制商业银行齐聚湖北，股份制商业银行、外资银行、非银机构数量均居中部前列。

表1 2018年湖北省银行业金融机构情况

机构类别	营业网点			法人机构（个）
	机构个数（个）	从业人数（人）	资产总额（亿元）	
一、大型商业银行	2 787	61 292	26 308	0
二、国家开发银行和政策性银行	96	2 530	10 576	0
三、股份制商业银行	622	11 560	8 826	0
四、城市商业银行	387	8 399	5 612	2
五、小型农村金融机构	2 122	31 402	11 078	78
六、财务公司	4	777	2 138	7
七、信托公司	2	544	221	2
八、邮政储蓄银行	1 643	7 825	5 453	0
九、外资银行	13	431	216	0
十、新型农村金融机构	102	2 905	363	66
十一、民营银行	0	264	293	1
十二、其他	4	708	1 200	4
合　计	7 782	128 637	72 285	160

注：营业网点不包括国家开发银行和政策性银行、大型商业银行、股份制商业银行等金融机构总部数据；大型商业银行包括中国工商银行、中国农业银行、中国银行、中国建设银行和交通银行；小型农村金融机构包括农村商业银行、农村信用社、农村合作银行；新型农村金融机构包括村镇银行、贷款公司和农村资金互助社；“其他”包含金融租赁公司、汽车金融公司、货币经纪公司、消费金融公司等。

数据来源：湖北银保监局。

2.存款增速总体下降，企业存款增长乏力。 2018年末，全省本外币各项存款余额5.6万亿元，同比增长7.1%，增幅较上年下降3.6个百分点。随着各类资管、理财、基金产品收益率与银行存款利率差距的拉大，加之企业债券融资下降较多以及派生存款减少，非金融企业存款增长乏力，同比少增1 197.0亿元，住户存款同比多增526.4亿元。住户和非金融企业新增存款中，活期存款显著减少，定期存款占比为68.5%，较上年同期上升7.4个百分点。

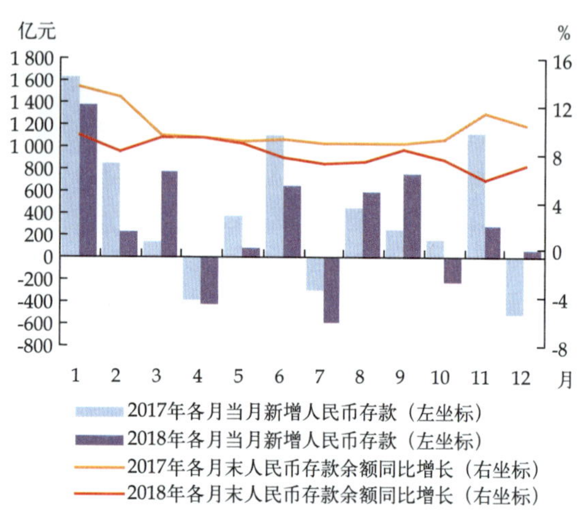

数据来源：中国人民银行武汉分行。

图1 2017~2018年湖北省金融机构人民币存款增长变化

3.贷款增长有所加快，信贷投向更趋优化。 2018年末，全省本外币各项贷款余额4.6万亿元，同比增长15.8%，增幅较上年上升1.2个百分点。信贷资金对实体经济支持力度保持稳定，企业中长期贷款增长2 820亿元，同比少增244亿元。再贷款、再贴现、准备金率等政策工具的结构引导作用充分发挥，经济薄弱和民生领域贷款增长较快。金融精准扶贫、小微企业和县域贷款余额同比分别增长23.2%、11.1%和14.0%。绿色金融持续发展，节能环保项目及服务贷款比上一期增加95.20亿元。差别化住房信贷政策有效实施，个人住房贷款增速持续回落，较上年同期下降7个百分点，占比较上年小幅上升0.9个百分点。

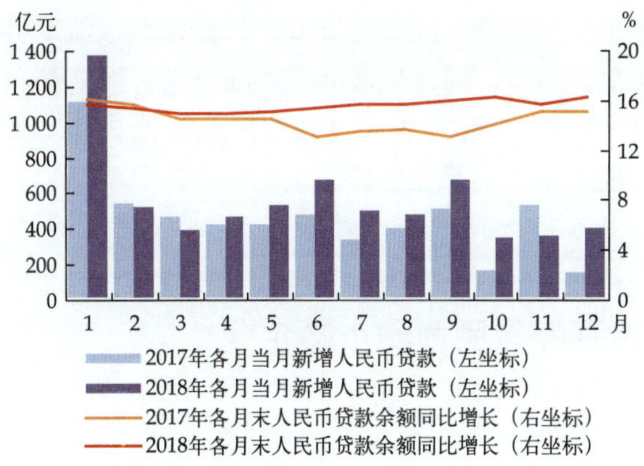

数据来源：中国人民银行武汉分行。

图 2　2017~2018 年湖北省金融机构人民币贷款增长变化

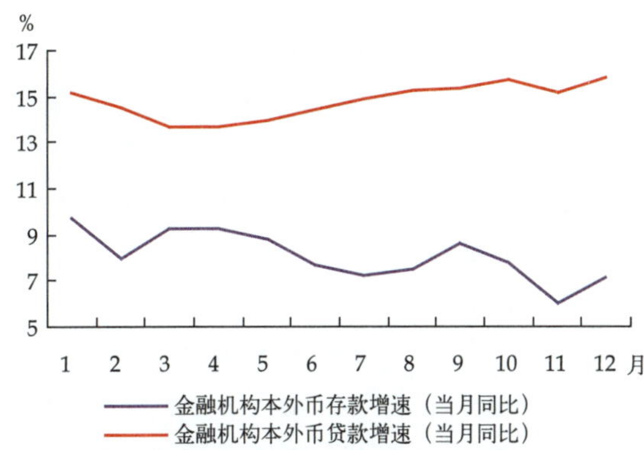

数据来源：中国人民银行武汉分行。

图 3　2018 年湖北省金融机构本外币存、贷款增速变化

4. 表外融资显著下滑，委托贷款降幅较大。 2018 年，随着资管新规等金融监管政策的陆续出台，金融机构去杠杆的趋势明显增强，表外融资规模降幅明显。2018 年末，全省表外融资合计净下降 1 483.9 亿元，同比减少 2 794.7 亿元，其中委托贷款同比减少 1 147.1 亿元，降幅达 120.2%，信托贷款和未贴现银行承兑汇票同比分别减少 972.8 亿元和 674.8 亿元。

5. 贷款利率水平保持平稳，法人金融机构定价能力提升。 2018 年，全省金融机构人民币贷款利率温和上行，执行上浮利率的人民币贷款占比总体上升。12 月企业一般贷款加权平均利率为 5.3%，与上年持平，其中小微企业贷款加权平均利率为 5.7%，同比下降 0.2 个百分点。全省“双层级、全方位”市场利率定价自律机制运行模式更趋完善，常备借贷便利（SLF）利率有效发挥利率走廊上限的作用，金融机构存款利率呈现分层有序、差异化竞争格局，人民币存款利率水平总体平稳运行。地方法人金融机构自主定价能力切实提升。

表 2　2018 年湖北省金融机构人民币贷款各利率区间占比

单位：%

月份		1 月	2 月	3 月	4 月	5 月	6 月
合计		100.0	100.0	100.0	100.0	100.0	100.0
下浮		9.7	11.3	4.6	9.1	7.8	8.0
基准		23.9	26.7	19.3	18.8	19.4	18.7
上浮	小计	66.4	62.0	76.2	72.1	72.8	73.3
	(1.0, 1.1]	20.4	13.6	16.6	15.1	16.5	15.0
	(1.1, 1.3]	15.5	17.5	20.7	17.9	18.9	20.1
	(1.3, 1.5]	11.9	12.8	16.8	16.7	15.0	13.9
	(1.5, 2.0]	13.9	13.4	16.8	16.1	16.7	19.3
	2.0 以上	4.6	4.7	5.2	6.2	5.8	5.0
月份		7 月	8 月	9 月	10 月	11 月	12 月
合计		100.0	100.0	100.0	100.0	100.0	100.0
下浮		7.5	9.8	6.3	12.3	11.1	7.9
基准		20.6	16.4	19.9	22.8	23.8	23.6
上浮	小计	71.9	73.7	73.7	64.9	65.2	68.5
	(1.0, 1.1]	17.2	15.6	14.9	11.5	9.8	17.6
	(1.1, 1.3]	18.1	16.9	21.4	16.9	19.7	19.3
	(1.3, 1.5]	11.9	15.9	14.8	13.7	13.7	13.3
	(1.5, 2.0]	19.5	18.3	16.5	15.3	15.8	12.9
	2.0 以上	5.2	7.0	6.0	7.4	6.1	5.3

数据来源：中国人民银行武汉分行。

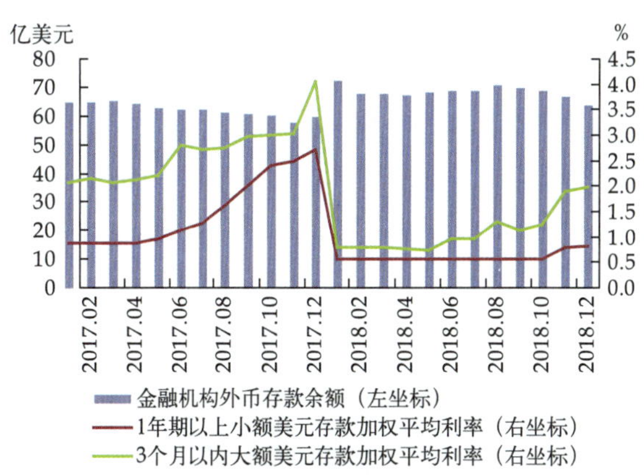

数据来源：中国人民银行武汉分行。

图 4　2017~2018 年湖北省金融机构外币存款余额及外币存款利率

6. 贷款质量持续向好，风险抵补能力处于合理区间。2018年末，全省银行业金融机构不良贷款673.8亿元，不良贷款率1.5%，同比下降0.1个百分点。全省银行业中小法人机构资本充足率14.2%，同比提高0.3个百分点；流动性比例73.7%，同比提高6.9个百分点；拨备覆盖率196.1%，地方法人金融机构总体拨贷比和拨备覆盖率均高于监管要求。

专栏1 中国人民银行武汉分行引导金融资源聚焦民营和小微企业

民营和小微企业在整个经济体系中具有重要地位。2017年以来，中国人民银行武汉分行认真贯彻落实党中央、国务院促进民营和小微企业发展的决策部署，积极采取多项举措，用好货币信贷政策指挥棒，在支持金融机构依法合规、市场化经营的前提下，持续加强对金融机构的引导，疏通政策传导渠道，引导更多金融资源聚焦民营和小微企业。

一、明确目标任务

2018年底，中国人民银行武汉分行代拟了《关于实施“百万千亿金惠工程”深化民营和小微企业金融服务的意见》，由省政府办公厅印发实施。省委、省政府出台的《关于大力支持民营经济持续健康发展的若干意见》也将“百万千亿金惠工程”纳入。

“百万千亿金惠工程”明确了有关部门和金融机构的职责和任务，通过实施“三个六”的政策举措，即开辟票据业务、贷款审批、贷款管理、专营服务、服务创新、宣传培训等6个“绿色通道”；推动首次融资、抵押担保融资、质押融资、直接融资、大数据融资、低利率融资等6个一批融资；打通公共综合服务、信用信息共享、货币信贷政策传导、差异化监管考核、财税政策撬动、金融机构内部考核等6个“最后一公里”，到2020年，为全省100万户民营和小微企业新增普惠口径贷款不低于1 000亿元。

中国人民银行武汉分行迅速采取有效措施，引导金融机构扩大民营和小微企业信贷投放，提升企业融资服务获得感。一是推动创建再贷款再贴现示范区和示范行，加大倾斜支持力度，优先满足示范区和示范行的资金使用需求。2018年，全省确定了10个示范区和46家示范行，支持票据再贴现资金需求70亿元。二是加大宣传培训力度，组建由相关部门、金融机构120余名专家组成的全省民营和小微企业金融政策及服务宣讲团，到2018年末，已在全省范围针对工业、商贸批发、“双创”、物流、首贷等领域民营和小微企业开展对接洽谈、产品推介等宣传培训活动30余场。

二、摸清问题不足

2018年底，中国人民银行武汉分行主要负责人带队调研走访7家金融机构，全面了解相关机构民营和小微企业金融服务进展情况。分管负责人带队赴5家金融机构开展专题调研，指导相关金融机构加快大数据等金融科技手段运用以及完善内部考核激励机制建设，并针对部分金融机构提出的信用信息共享难等诉求，积极协调推动湖北省经信委、湖北省工商联加快民营和小微企业综合服务平台建设。

按季度组织相关部门、金融机构、部分民营和小微企业负责人召开调研协调会，听取民营和小微企业经营和发展情况介绍，现场协调解决企业融资服务过程中存在的实际困难和问题，并就改进做好相关金融服务工作充分征求多方意见。建立金融机构民营和小微企业金融服务工作情况季度监测机制，重点跟踪监测金融机构普惠口径小微企业贷款金额、户数、利率以及首次贷款、专营服务等工作进展情况。

三、加强考核评价

中国人民银行武汉分行改进小微企业信贷评估工作，印发《2018年金融机构执行信贷政策效果评估标准》，将小微企业信贷政策执行情况作为必选指标，并将评估分值占比提高至20%，评估结果纳入综合评价、宏观审慎评估。建立定期通报机制，在全省范围内对6家金融机构民营和小微企业金融服务的经验做法、先进案例通报表扬，对8家普惠口径小微企业贷款负增长、总量偏低的金融机构通报公示，鼓励先进、鞭策后进。

到2018年末，湖北省普惠口径小微企业贷款余额2 507.89亿元，同比增长15.3%，高于上年末5.3个百分点，贷款增速总体呈现逐步加快态势。全省金融机构民营和小微企业融资政策的落实力度逐步加大，19家金融机构超额完成小微企业贷款单列计划。此外，应收账款融资、大数据融资等创新融资产品快速发展，全省首单民营企业债券融资支持工具落地，民营和小微企业的融资效率和可得性进一步提升。

（二）证券业保持平稳较快发展，多层次资本市场不断完善

1. 证券机构不断发展壮大。2018年末，全省法人证券公司2家，证券分支机构439家，较上年增加23家；法人期货公司2家，期货分支机构61家，较上年增加6家。法人机构资本实力和竞争力稳步提升。债券市场创新拓宽直接融资渠道。交易所债券发行方式不断丰富，发行品种更加多样，特别是创新创业债、绿色公司债、可交换债和可续期债等产品的推出，为企业和政府提供了更加便捷高效的融资渠道。2018年，全省企业通过交易所债券市场融资合计443.2亿元，省政府通过交易所发行地方政府债融资782.3亿元。

2. 多层次资本市场稳健发展。2018年末，全省上市公司数量达102家，新增5家，全年湖北省资本市场实现股权融资共计213.9亿元，其中5家企业通过IPO实现融资51.7亿元，上市公司实现股权再融资57亿元；新三板挂牌企业总数达360家，减少46家，新三板挂牌公司通过增发实现融资17.9亿元；区域性股权市场开展股权融资87.3亿元。

3. 私募基金数量和规模稳中有升。2018年末，全省已登记注册私募基金管理机构达372家，同比新增54家，管理基金642只，规模1 152亿元，较上年末分别增加79只和320亿元。

表3　2018年湖北省证券业基本情况

项目	数量
总部设在辖内的证券公司数（家）	2
总部设在辖内的基金公司数（家）	0
总部设在辖内的期货公司数（家）	2
年末国内上市公司数（家）	102
当年国内股票（A股）筹资（亿元）	222.1
当年发行H股筹资（亿元）	0
当年国内债券筹资（亿元）	1 549.5
其中：短期融资券筹资额（亿元）	502.5
中期票据筹资额（亿元）	415.5

数据来源：中国人民银行武汉分行、湖北银保监局、湖北省发展改革委。

（三）保险业发展逐步回归本源，支持经济社会发展能力增强

1. 保险业整体实力持续增强。2018年末，全省共有各级各类保险机构4 165家，保险业总资产2 658.5亿元，同比增长8.2%。法人和外资保险机构数量均居中部六省前列，全国性保险机构后台服务中心、客户中心、数据中心、灾备中心等集聚武汉。保险业渗透力继续增强，全省保险深度3.7%，与上年持平；保险密度2 490元/人，同比增加202元/人。

2. 经济社会服务保障功能明显增强。2018年，累计实现保费收入1 470.9亿元，同比增长9.2%；支付各类赔款及给付466.7亿元，同比增

长14.8%。保险业务覆盖面不断扩大。助力小微企业融资，小额贷款保证保险累计支持15.6万家小微企业和个体经营户融资245.2亿元。支持科技创新，全省科技保险保费收入3 742.8万元，科技保险累计为218家次科技企业提供215.1亿元风险保障。服务支农惠农，实现签单保费11.9亿元，支付赔款10.4亿元，惠及农户438.8万户次，提供风险保障金额339.3亿元，同比增长15.4%。

3. 保险创新深入推进。2018年，全省保险业积极推进保险产品创新，大力发展科技型企业贷款保证保险，推动建立“贷款+保险保障+财政风险补偿”的专利权质押融资模式建设工程履约保证综合保险，完善首台（套）重大技术装备保险，积极推进新材料首批次应用保险等新业务有序发展。

表4　2018年湖北省保险业基本情况

项目	数量
总部设在辖内的保险公司数（家）	3
其中：财产险经营主体（家）	1
人身险经营主体（家）	2
保险公司分支机构（家）	82
其中：财产险公司分支机构（家）	39
人身险公司分支机构（家）	43
保费收入（中外资 亿元）	1 470.9
其中：财产险保费收入（中外资 亿元）	352.0
人身险保费收入（中外资 亿元）	1 119.0
各类赔款给付（中外资 亿元）	466.7
保险密度（元/人）	2 490.0
保险深度（%）	3.7

数据来源：湖北银保监局。

（四）融资结构进一步优化，金融市场运行总体平稳

1. 地区社会融资规模小幅下滑，企业债务融资工具规模取得新突破。2018年，全省社会融资规模6 604.6亿元，同比减少1 660.9亿元。从结构看，人民币贷款占比为92.5%，同比上升23.5个百分点；由于债券违约和监管趋严等因素影响，企业境内股票融资同比减少134.0亿元。全省非金融企业债务融资工具规模实现跨越式增长。2018年，全年累计发行金额1 195亿元，首破千亿元大关，同比增长59%，比全国平均增速高21个百分点。绿色债券、“双创”债券、扶贫票据、民营企业融资支持工具等创新产品相继成功发行，走在全国前列。地方政府专项债发行702.7亿元，同比下降8.8%，贷款核销299.0亿元，同比增长29.3%。

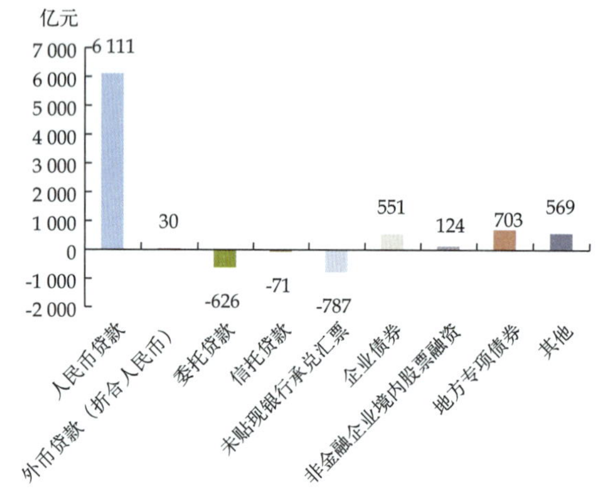

数据来源：中国人民银行武汉分行。

图5　2018年湖北省社会融资规模分布结构

2. 同业拆借交易稳步增长，债券回购交易持续活跃。2018年，湖北省银行间债券市场现券累计成交3.3万亿元，同比增长18.0%。其中，现券买入1.6万亿元，现券卖出1.7万亿元。湖北省银行间市场信用拆借、债券回购交易总成交量17.9万亿元，同比增长25.0%。其中，信用拆借累计成交1.9万亿元，同比增长160.0%；债券质押式回购累计成交15.7万亿元，同比增长19.0%；买断式回购累计成交0.4万亿元，同比下降14.0%。

3. 票据融资规模增长较快，票据市场利率逐季下降。受票据融资利率下行、票据电子化进程加快等因素影响，2018年，全省金融机构票据贴现发生额增长较快，年末余额同比上升72.1%。票据市场利率呈现逐季下降态势。2018年12月全省票据贴现加权平均利率为3.8%，比9月下降52个基点，较3月末下降149个基点。

表 5　2018 年湖北省金融机构票据业务量统计

单位：亿元

季度	银行承兑汇票承兑		贴现			
			银行承兑汇票		商业承兑汇票	
	余额	累计发生额	余额	累计发生额	余额	累计发生额
1	2 230.6	1 250.1	842.9	1 406.9	59.8	90.4
2	2 174.6	2 577.7	1 033.9	2 711.6	67.5	154.6
3	2 193.8	3 819.1	1 328.6	4 419.3	63.5	269.3
4	2 377.5	5 164.6	1 688.8	5 917.1	90.6	389.2

数据来源：中国人民银行武汉分行。

表 6　2018 年湖北省金融机构票据贴现、转贴现利率

单位：%

季度	贴现		转贴现	
	银行承兑汇票	商业承兑汇票	票据买断	票据回购
1	5.25	6.54	4.92	4.36
2	5.09	5.99	4.50	3.97
3	4.14	5.75	4.08	3.21
4	3.76	5.32	3.70	3.15

数据来源：中国人民银行武汉分行。

（五）金融生态环境建设深入推进，金融消费者权益保护积极开展

2018 年，湖北省以“政府 + 银行”模式推动企业信用培植工作，年末 A 级信用企业 51 090 家，较上年增加 12.7%；加强金融风险监测与化解，按季追踪各地大额不良贷款情况，全年推动化解不良贷款 65 笔共计 46.8 亿元；积极维护金融机构合法权益，通过开展“百日攻坚”“百日大会战”等专项行动加大金融债权案件执结力度，全年执结案件 5 581 件、183.2 亿元，较上年同期增加了 43.3 亿元，增长 30.9%。组织金融机构开展“金融消费者权益日”“普及金融知识，守住钱袋子”“金融知识宣传月”等活动。在全国率先开展“金融好网民”评选，总受众超过千万人次。推进金融知识进党校、进大中小学课程，探索金融知识进国民教育体系之路。对金融机构开展支付服务领域金融消费权益保护监督检查和评估，加大消保监管力度。维护湖北省 12363 金融消费权益保护投诉咨询电话的高效运行，全年共处理金融消费者投诉 2 783 件，办结 2 740 件，办结率为 98.5%。

二、经济运行情况

2018 年，湖北省经济保持平稳运行态势，工业生产保持增长，固定资产投资增速与上年度持平、稳居全国前列，消费市场和物价保持平稳。2018 年，全省实现地区生产总值 39 366.6 亿元，同比增长 7.8%，高于全国平均水平 1.2 个百分点。人均生产总值达到 66 532 元，同比增长 7.5%。三次产业结构由上年度的 10.0 ∶ 43.5 ∶ 46.5 调整为 9.0 ∶ 43.4 ∶ 47.6。

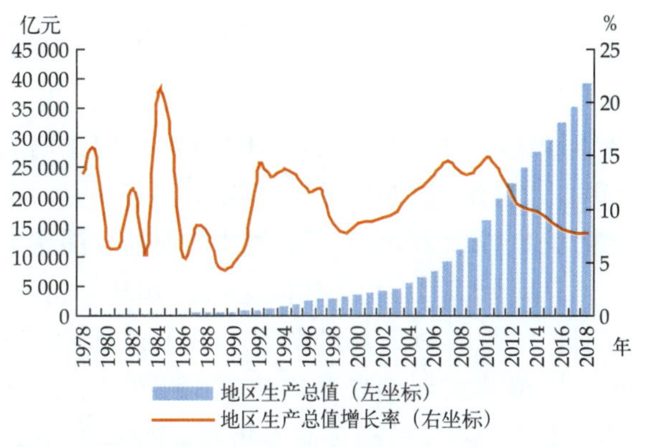

数据来源：湖北省统计局。

图 6　1978~2018 年湖北省地区生产总值及其增长率

（一）三大需求总体稳定

1. 投资增速全国靠前，结构持续优化。 2018 年，全省固定资产投资（不含农户）增长 11.0%，增速与上年度持平，增幅仍居全国第 6 位。其中，第一、第二、第三产业投资分别增长 -2.3%、14.5% 和 9.4%。具体呈现以下特点：一是工业投资增速加快，2018 年，全省工业投资增长 15.8%，高于全省投资平均增速 4.8 个百分点；二是高技术产业投资加快，2018 年，高技术制造业投资增长 32.5%，高于全省投资平均增速 21.5 个百分点；三是基建投资持续回升，2018 年，全省基础设施投资增长 13.0%，较上半年加快 6.2 个百分点，达到年内新高；四是民间投资增幅持续上升，2018 年，全省民间投资增长 11.4%，比上年加快 4.3 个百分点。

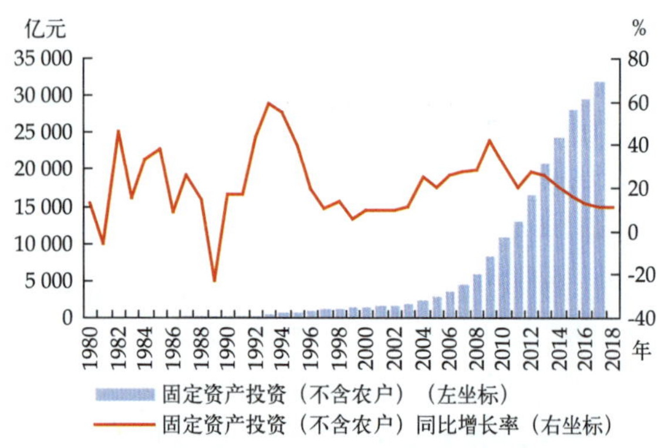

数据来源：湖北省统计局。

图 7　1980~2018 年湖北省固定资产投资（不含农户）及其增长率

2. 居民收入平稳增长，消费市场平稳发展。2018 年，全省居民收入稳定增长。其中，城镇居民人均可支配收入 34 455 元，同比增长 8.0%，农村居民人均可支配收入 14 978 元，同比增长 8.4%。2018 年，全省共实现社会消费品零售总额 18 333.6 亿元，同比增长 10.9%。具体来看，一是农村市场消费快于城市市场。2018 年，城镇共实现消费品零售额 15 373.4 亿元，增长 10.8%；乡村消费品零售额 2 960.2 亿元，增长 11.6%，快于城镇市场 0.8 个百分点。二是住宿餐饮消费快于商品零售。2018 年，全省限额以上批发零售业销售额达 20 325.3 亿元，增长 15.5%；住宿餐饮业营业额达 655.0 亿元，增长 16.7%。三是新兴业态快速增长。2018 年，全省线上网上零售额 870.7 亿元，增长 31.5%。

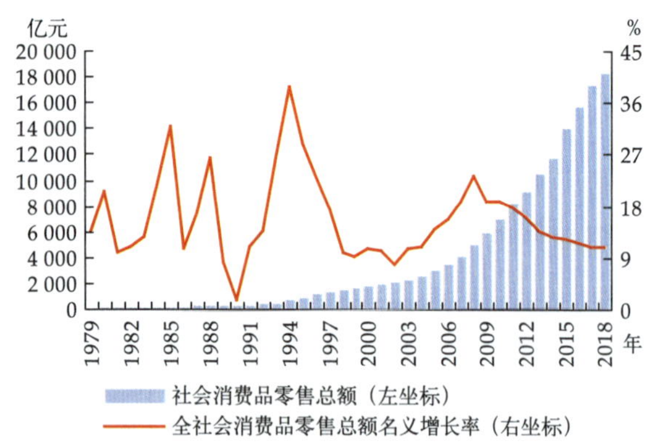

数据来源：湖北省统计局。

图 8　1979~2018 年湖北省社会消费品零售总额及其增长率

3. 进出口增速有所回升。2018 年，湖北省货物进出口总额 3 487.2 亿元，增长 11.2%，较前三季度加快 3.4 个百分点。其中，进口总额 1 234.0 亿元，增长 15.0%，较前三季度加快 0.4 个百分点；出口总额 2 253.2 亿元，增长 9.2%，较前三季度加快 5.1 个百分点。同时，全省实际使用外资 119.41 亿美元，增长 8.6%。

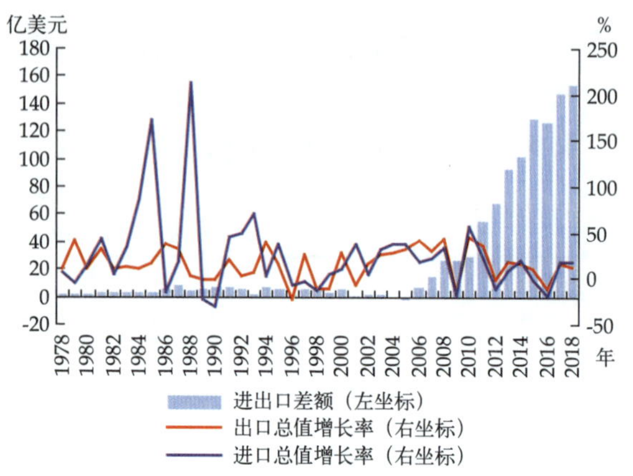

数据来源：湖北省统计局。

图 9　1978~2018 年湖北省外贸进出口变动情况

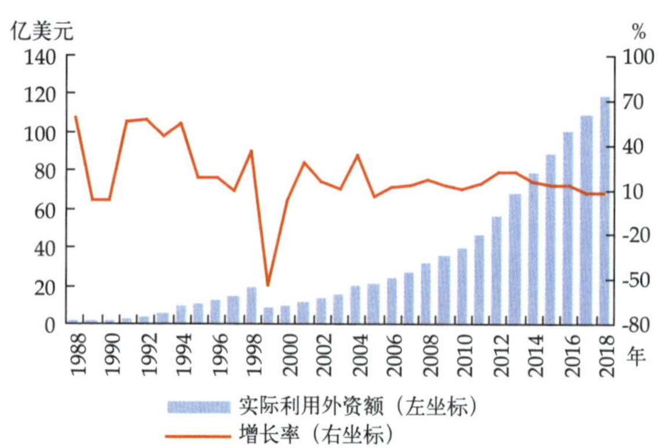

数据来源：湖北省统计局。

图 10　1988~2018 年湖北省实际利用外资额及其增长率

（二）工业生产保持增长，产业结构继续优化

1. 农业生产平稳增长，水产养殖快速增长。2018 年，全省农林牧渔业增加值 3 733.6 亿元，同比增长 3.3%，比前三季度提高了 0.1 个百分点。粮食产能保持稳定，全省粮食实现总产量 2 839.5 万吨，连续 6 年稳定在 2 500 万吨（500 亿斤）以上。

特色优势经济作物稳定增长，蔬菜及食用菌产量3 963.9万吨，增长3.6%；特色水产养殖产量快速增长，小龙虾产量81.2万吨，增长28.6%。

2. 工业运行整体稳定，提质增效成果显著。 2018年，全省规模以上工业增加值增长7.1%，较上年回落0.3个百分点。工业行业保持了较好增长，具体来看，一是传统行业加快转型。全省电力热力生产和供应业、非金属矿物制品业、酒饮料和精制茶制造业、纺织业、橡胶和塑料制品业等重点行业分别增长9.5%、5.3%、9.5%、5.5%和5.4%。二是动能转换有所加快。全省高技术制造业增加值增长13.2%，高于全部规模以上工业增速6.1个百分点；占全部规模以上工业的比重达8.9%，占比较上年提高0.5个百分点。三是新增企业成长加快。全省新增企业1 128家，累计产值同比增长214.7%，上拉全省工业总产值增长约1.9个百分点，拉动作用比2018年上半年、前三季度分别提高0.9个和0.6个百分点。

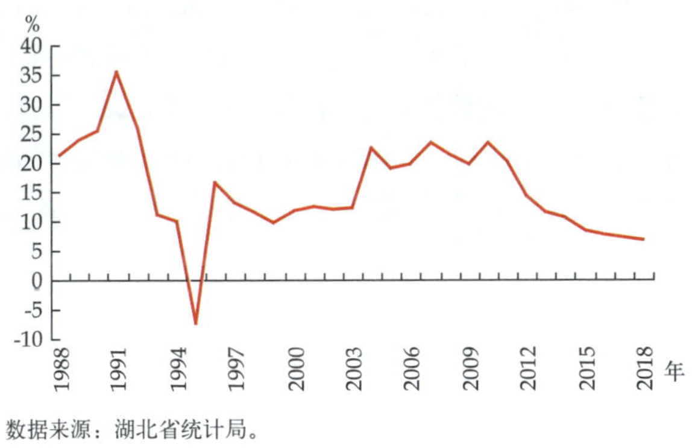

数据来源：湖北省统计局。

图11　1988~2018年湖北省规模以上工业增加值实际增长率

3. 服务业发展加快，占比持续提高。 2018年，湖北省第三产业实现增加值18 730.1亿元，同比增长9.9%，较全省地区生产总值增速快2.1个百分点。服务业增加值占地区生产总值的比重达47.6%，较上年提升1.1个百分点，达历史新高。现代服务业升级势头强劲，2018年，全省规模以上服务业企业实现营业收入5 092.5亿元，增长15.8%，较上年同期提高3.8个百分点，高于全国平均水平4.4个百分点。

4. 供给侧结构性改革有序推进，经济发展质效提升。 2018年，全省高耗能行业增加值增长6.7%，低于全部规模以上工业增速0.4个百分点。全省商品房待售面积为1 769万平方米，同比下降4.3%。2018年末，全省规模以上工业企业资产负债率降至50.9%，较上年下降2个百分点，低于全国平均水平5.6个百分点。2018年，全省规模以上工业企业每百元主营业务收入中的成本为83.7元，比上年下降1.5元。交通、水利、农业基础设施等方面的财政投入持续加大，水利四大工程、高速公路、保障性住房等补短板重点工程推进有力。

（三）物价水平总体稳定，工业品价格有所回落

1. 物价水平总体稳定。 2018年，湖北省CPI同比上涨1.9%，涨幅比上年提高0.4个百分点，其中城市CPI同比上涨2.0%，高于农村0.2个百分点。从构成来看，八大类商品和服务价格均有所上升，其中医疗保健类价格上涨3.5%，居住类价格上涨2.5%，交通和通信类价格上涨2.2%，食品烟酒类价格上涨1.8%，教育文化和娱乐类价格上涨1.5%，生活用品及服务类价格上涨1.3%，衣着类价格上涨0.9%，其他用品和服务类价格上涨0.6%。

2. 工业品价格有所回落。 2018年，湖北省工业生产者出厂价格上涨4.2%，涨幅较上年回落1.4个百分点。工业生产者购进价格上涨4.8%，涨幅较上年回落3.5个百分点。

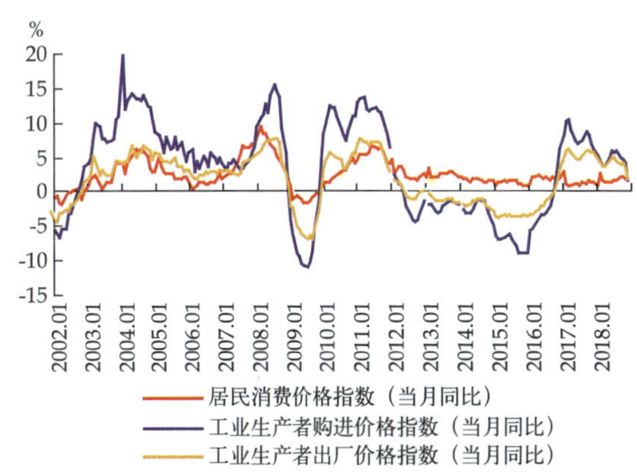

数据来源：湖北省统计局。

图12　2002~2018年湖北省居民消费价格指数和工业生产者价格指数变动趋势

（四）地方财政收入增速放缓，财政收支缺口扩大

2018年，湖北省地方财政总收入6 407亿元，同比增长3.4%，较上年回落1.8个百分点。其中，受减税降费政策以及年初以来教育、卫生收费由预算收入转入专户影响，地方公共预算收入3 307亿元，同比增长1.8%，较上年回落2.9个百分点。从收入构成来看，税收收入2 463亿元，同比增长9.6%，较上年提高3.7个百分点，占地方公共财政收入的比重为74.5%，较上年提高5.3个百分点，收入质量有所提高。非税收入843.76亿元，同比下降11.2%，较上年回落12.6个百分点。湖北省地方公共预算支出7 257亿元，同比增长6.2%，较上年回落0.2个百分点。全年发行地方政府债券1 351亿元（含公开发行与定向置换），较上年增加128亿元，其中置换、新增债券分别为260亿元、1 091亿元，分别较上年减少222亿元、增加350亿元。

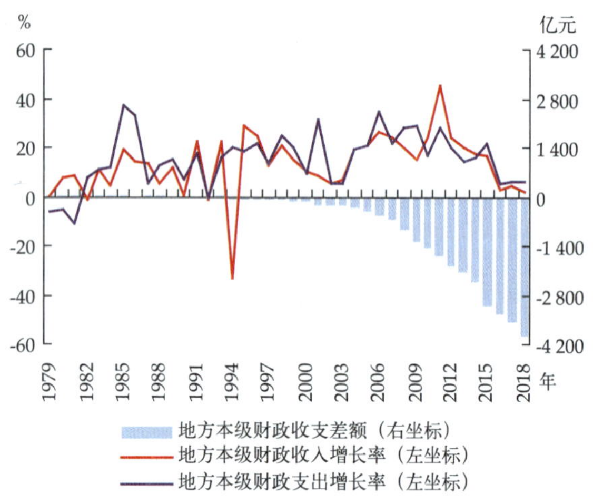

数据来源：湖北省统计局。

图13　1979~2018年湖北省财政收支状况

（五）聚焦长江大保护战略，生态文明建设扎实推进

2018年，湖北省聚焦聚力落实长江经济带发展战略，以长江大保护为重点，切实打好污染防治攻坚战，环境质量改善明显。在长江生态环境修复方面，全省划定生态保护红线面积4.15万平方公里，灭荒造林71.8万亩，“关改搬转”沿江化工企业115家。全力打赢蓝天保卫战，加强火电改造和部分行业排放治理，开展机动车和施工扬尘等领域城市污染防治，全省PM 2.5浓度均值下降9.6%，空气质量优良天数比率达到76.7%，同比上升0.6个百分点。生态强势战略大力推进，省内十堰市荣获国家“两山”实践创新基地称号，鹤峰县、保康县成功创建国家生态文明示范县。

（六）房地产市场总体保持平稳，保障性安居工程建设加快推进

2018年，全省房地产市场运行总体平稳，房地产开发投资低位波动，商品房销售增速放缓，重点城市房价逐月回升。金融支持保障性住房建设力度进一步加大。

1. 房地产开发投资增速低位波动。2018年，全省房地产开发投资增速放缓。全年房地产开发投资累计完成4 693.1亿元，同比增长2.6%，较上年回落3.9个百分点。房地产施工面积增速保持稳定，全年商品房施工面积同比增长2.6%，同比上升0.5个百分点。房地产销售增长放缓，全年商品房销售面积8 865.4万平方米，同比增长8.7%，较上年回落1.1个百分点。

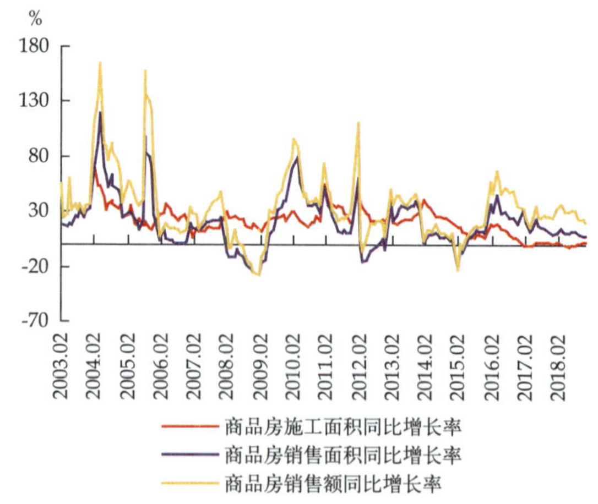

数据来源：湖北省统计局。

图14　2003~2018年湖北省商品房施工和销售变动趋势

2. 重点城市房价涨幅呈现阶段性变化特征。 国家统计局70个大中城市数据显示，2018年，武汉、宜昌、襄阳新建商品住宅价格同比涨幅、环比涨幅均呈现明显阶段性特点，上半年涨幅较为平稳，6月之后价格涨幅开始攀升。

3. 保障性安居工程快速推进。 2018年，湖北省全省实际新开工棚户区改造住房24.33万套，超出全年计划新开工套数0.19万套，有效改善了全省城镇居民的居住条件。金融支持棚户区改造力度较大，中国人民银行抵押补充贷款（PSL）较好满足棚户区改造项目资金需求，年末棚户区改造贷款余额4 015.4亿元。

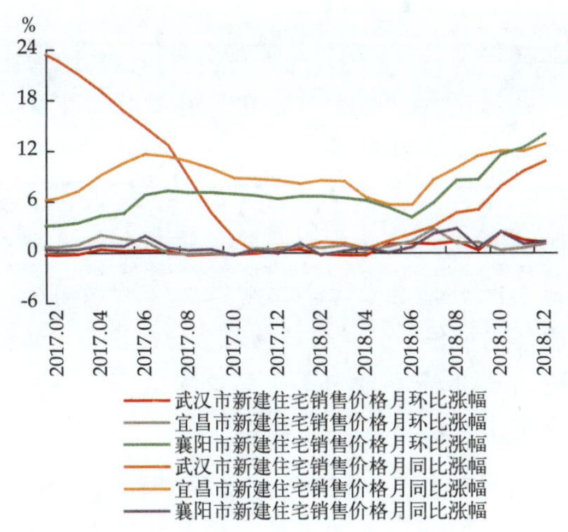

数据来源：湖北省统计局。

图15　2017~2018年湖北省主要城市新建住宅销售价格变动趋势

专栏2　湖北省发展物流金融的价值、障碍与前景

物流和金融是带动全省现代服务业的“领头雁”，2017年湖北省物流业增加值占地区生产总值的7.8%，金融业增加值占地区生产总值的7.2%，物流借助金融资本发展壮大，金融依托物流迸发活力，二者相互支撑、共同发展。湖北正处于金融改革深化阶段，发展物流金融事关经济大局，前景可期。

一、重要价值

一是湖北省正处于金融深化阶段，大量金融资金需要投资运用，物流金融将为金融“脱虚向实”创设有效资金载体，为金融服务实体经济培育新的业务增长点。

二是为物流业发展注入源头活水。机场、港口等物流基础设施以及飞机、船舶等运输工具具有资本密集、投资额巨大、投资回收期限长的特点，物流企业及市场主体难以依靠自有资金满足做大业务的全部资金需求，物流业依赖外部融资和金融服务解决其资金问题。

三是为湖北自贸区建设提供新抓手。湖北自贸试验区总体方案中为注册成立内资融资租赁企业、商业保理公司提供了便利条件，对开展船舶、飞机融资租赁业务给予多项特殊政策，同时，自贸区内跨境物流业务日益增多，对创新物流金融产品和服务方式的需求与日俱增，这将为探索发展物流金融提供用武之地。

四是将为缓解全省中小企业融资难开辟新路径。湖北省众多中小企业受困于抵质押物不足、财务信息不透明、信用等级不高等因素，难以获得金融机构的支持。

二、主要问题及障碍

一是物流金融市场发育不够。一方面，物流行业的融资主要集中于银行，对融资租赁、应收账款保理等非银行金融渠道重视不够；另一方面，对债券、股权、基金等直接金融工具认识不深、利用不多，省内很多物流企业的融资渠道较单一。

二是物流金融的产业成熟度不高。目前金融难以深度介入物流业，其中一个重要障碍在于金融机构的风控体系不完善。为降低风险水平，金融机构倾向于为大项目、大企业提供贷款，物流金融资源向省内“一主两副”少数城市和少数企业集中，多数物流中小企业存在融资困难。

三是信息系统建设滞后。一方面，全省物流企业的信息化水平较低，部分物流企业甚至没有信息系统，企业之间没有形成统一的信息网络，难以共享物流资源；另一方面，全省公共物流信息平台接口不统一，公共平台无法对接实现信息共享。

四是缺乏统一的物流金融标准。物流金融的标准化主要是交易制度的标准化及交易产品的标准化。湖北省物流企业集约程度低，全省尚未形成统一的物流金融经营管理规范和标准，缺乏适合大规模推广的标准化物流金融产品，如运单融资、仓单质押融资等。

三、前景展望

一是发挥政策工具作用。既要多措并举支持地方法人金融机构开展物流金融业务，也要鼓励各级地方政府设立物流行业信贷风险补偿基金和物流产业引导资金，对物流信贷投入给予贴息和风险补偿。

二是拓宽物流企业融资渠道。鼓励物流企业利用融资租赁方式解决大型设备融资问题，推动物流企业通过发行股票、债券等增强资金营运能力。通过并购贷款、银团贷款等业务促使形成全省物流优势企业。

三是创新开展账单、仓单、运单标准化融资业务。积极对接中国（湖北）自由贸易试验区建设，推动签发多式联运提单和陆运、水运提单，引导和鼓励商业银行开展以账单、仓单、运单为核心的金融服务和产品创新。

三、预测与展望

目前，尽管经济下行压力加大与外部复杂环境的效应叠加，使得湖北省经济增长存在不少问题和困难，面临着消费增长持续放缓、社会消费品零售总额增速逐月回落、规模以上工业增速明显下滑、消费“外溢”现象逐步扩大等诸多挑战，但湖北省经济仍然保持了持续健康发展的良好势头，经济质效进一步优化，经济新动能显现，投资、消费保持平稳，民生福祉持续改善。

2019 年，是新中国成立 70 周年，是决胜全面建成小康社会第一个百年奋斗目标的关键之年，也是湖北省经济转型升级的攻坚之年。湖北省金融机构将贯彻落实好中央经济工作会议、全国金融工作会议精神，大力实施长江经济带、“一带一路”、创新驱动、乡村振兴等重大战略，坚决贯彻落实稳健的货币政策，保持辖内流动性合理充裕，坚定不移培育和打造中部强大市场，处理好防风险和稳增长的关系，加强普惠金融、科技金融、绿色金融、自贸区金融和物流金融，持续改进小微和民营企业金融服务，为促进湖北省经济高质量发展营造适宜的货币金融环境。

中国人民银行武汉分行货币政策分析小组

总　纂：王玉玲　林建华

统　稿：向秋芳　田湘龙　阮红新　熊川伟　胡红菊　胡云飞

执　笔：段　鹏　王春元　黄　珂

提供材料的还有：杨雅婷　方　敏　熊邦荣　张　琨　陈嘉丽　高文丽　徐晓莉　李全文　王　岗
潘　荣　邓　晓　贾　晟　涂德君　高晓波　袁　征　王一帆　翟书浩

附录

（一）2018 年湖北省经济金融大事记

2 月，湖北省国际物流核心枢纽项目鄂州机场项目获国务院和中央军委联合批复立项，12 月总体规划获国家民航局批复。

2 月 9 日，中国三峡集团与宜昌市委、市政府在三峡坝区签订合作协议，共抓长江大保护的首份企地合作协议落地。

4 月 24 日至 28 日，中共中央总书记、国家主席、中央军委主席习近平在湖北省考察，查看长江沿岸生态环境和发展建设情况，考察调研长江生态环境修复工作，把脉长江经济带建设。

5 月 3 日，长飞光纤、天风证券、明德生物三家企业成功过会，湖北省 A 股上市公司总数突破 100 家。

9 月 11 日，“2018 年世界 500 强对话湖北圆桌会议”在武汉召开。

9 月 30 日，湖北省第十三届人大常务委员会第五次会议通过《中国（湖北）自由贸易试验区条例》，自 2019 年 1 月 1 日起实施。

11 月至 12 月，九州通成功发行 5 亿元超短期融资券，标志着中西部地区首单民营企业债券融资支持工具正式落地；中国长江三峡集团有限公司 2018 年度第二期短期融资券（扶贫）成功定价，标志着银行间市场央企首单扶贫短期融资券圆满落地。

11 月 18 日，湖北省出台《关于大力支持民营经济持续健康发展的若干意见》，在财税、金融、社保、交通、土地等方面推出了 27 条政策举措，全力解决民营、小微企业融资难融资贵问题。

12 月 12 日，湖北省财政完成对湖北省再担保集团的 50 亿元注资，稳步构建全省融资担保体系，推广“4321”新型政银担风险分担模式。

12 月 19 日，16 家“青创板”企业集中在武汉股权托管交易中心挂牌，“青创板”企业达到 100 家。

(二)2018年湖北省主要经济金融指标

表1 2018年湖北省主要存贷款指标

		1月	2月	3月	4月	5月	6月	7月	8月	9月	10月	11月	12月
本外币	金融机构各项存款余额(亿元)	53 733.9	53 963.1	54 763.3	54 350.1	54 472.4	55 127.5	54 566.3	55 173.6	55 992.7	55 757.9	56 035.1	56 076.4
	其中:住户存款	24 361.5	26 168.8	26 347.1	25 627.4	25 610.5	25 958.4	25 822.1	25 895.2	26 265.3	26 070.5	26 222.9	26 489.4
	非金融企业存款	17 656.2	16 543.0	16 983.9	17 102.4	17 194.5	17 488.9	16 982.9	17 118.1	17 216.5	16 841.2	16 926.5	17 646.4
	各项存款余额比上月增加(亿元)	1 381.6	229.2	800.2	-413.1	122.3	655.1	-561.2	607.3	819.1	-234.8	277.2	41.3
	金融机构各项存款同比增长(%)	9.7	8.0	9.3	9.3	8.8	7.7	7.2	7.5	8.6	7.8	6.0	7.1
	金融机构各项贷款余额(亿元)	40 892.6	41 357.9	41 711.3	42 154.8	42 673.5	43 316.2	43 823.6	44 256.7	44 833.5	45 172.0	45 477.3	45 805.7
	其中:短期	8 779.4	8 822.3	8 831.9	8 773.6	8 798.6	8 924.3	8 893.7	8 796.6	8 828.3	8 861.4	8 858.3	8 828.9
	中长期	28 969.2	29 446.9	29 854.8	30 325.3	30 706.8	31 065.4	31 506.3	31 886.2	32 234.8	32 464.4	32 735.3	32 873.1
	票据融资	1 153.4	1 073.8	1 012.0	984.8	1 056.3	1 182.4	1 209.4	1 327.5	1 510.9	1 571.2	1 625.3	1 911.2
	各项贷款余额比上月增加(亿元)	1 231.5	465.3	353.4	443.6	518.6	642.8	507.4	433.0	576.8	338.5	305.3	328.3
	其中:短期	189.3	43.0	9.5	-58.3	25.0	125.7	-30.7	-97.1	31.7	33.1	-3.1	-29.4
	中长期	1 035.7	477.7	407.9	470.5	381.5	358.5	441.0	379.9	348.5	229.6	270.9	137.8
	票据融资	16.2	-79.6	-61.9	-27.1	71.4	126.1	27.0	118.1	183.4	60.3	54.1	285.8
	金融机构各项贷款同比增长(%)	15.1	14.5	13.7	13.7	14.0	14.4	14.9	15.2	15.3	15.7	15.2	15.8
	其中:短期	2.4	1.6	1.3	0.6	0.8	1.3	1.7	0.3	1.1	1.9	1.9	3.4
	中长期	22.3	22.2	21.0	21.4	20.9	20.2	19.7	20.1	19.5	19.5	18.6	17.8
	票据融资	-15.2	-20.9	-14.1	-20.4	-11.9	4.1	16.8	19.3	32.0	37.2	37.3	68.0
	建筑业贷款余额(亿元)	2 121.2	2 161.3	2 207.1	2 221.3	2 253.8	2 301.1	2 307.3	2 315.3	2 380.9	2 404.6	2 420.0	2 420.0
	房地产业贷款余额(亿元)	3 327.0	3 450.7	3 468.8	3 565.9	3 639.4	3 672.0	3 701.1	3 753.0	3 832.1	3 855.7	3 838.1	3 835.0
	建筑业贷款同比增长(%)	24.3	27.9	25.7	22.5	24.4	26.0	22.9	20.4	22.4	22.1	19.8	22.3
	房地产业贷款同比增长(%)	10.8	12.7	11.8	15.0	15.6	15.7	14.7	16.5	18.1	18.8	16.6	16.6
人民币	金融机构各项存款余额(亿元)	53 095.1	53 329.5	54 114.6	53 695.4	53 789.6	54 453.2	53 873.2	54 480.1	55 248.1	55 022.6	55 307.1	55 371.2
	其中:住户存款	24 195.4	25 996.8	26 174.1	25 453.3	25 434.9	25 776.8	25 638.7	25 715.1	26 088.4	25 893.8	26 048.5	26 315.4
	非金融企业存款	17 281.7	16 177.2	16 602.5	16 726.6	16 793.9	17 094.5	16 575.4	16 709.0	16 809.0	16 440.9	16 533.0	17 230.4
	各项存款余额比上月增加(亿元)	1 386.9	234.4	785.1	-419.3	94.3	663.5	-580.0	606.9	768.0	-225.5	284.5	64.1
	其中:住户存款	349.1	1 801.4	177.3	-720.8	-18.4	341.9	-138.1	76.4	373.3	-194.6	154.7	266.8
	非金融企业存款	623.3	-1 104.5	425.4	124.1	67.2	300.7	-519.1	133.6	100.1	-368.2	92.2	697.4
	各项存款同比增长(%)	9.7	8.2	9.5	9.5	8.9	7.8	7.2	7.5	8.5	7.7	5.9	7.1
	其中:住户存款	1.5	8.3	8.0	8.0	8.0	7.7	8.6	8.4	8.8	9.5	10.3	10.4
	非金融企业存款	17.1	8.2	8.0	8.7	8.9	7.8	5.6	4.4	4.3	2.3	3.9	3.4
	金融机构各项贷款余额(亿元)	39 502.1	39 973.8	40 322.2	40 742.7	41 228.1	41 846.3	42 300.7	42 730.4	43 342.3	43 650.5	43 974.6	44 340.5
	其中:个人消费贷款	9 597.9	9 723.5	9 898.3	10 067.1	10 234.2	10 408.2	10 589.3	10 752.4	10 923.6	11 065.5	11 212.2	11 337.3
	票据融资	1 153.4	1 073.8	1 012.0	984.8	1 056.3	1 182.4	1 209.4	1 327.5	1 510.9	1 571.2	1 625.3	1 911.2
	各项贷款余额比上月增加(亿元)	1 272.4	471.7	348.4	420.5	485.4	618.3	454.4	429.7	611.9	308.1	324.2	365.9
	其中:个人消费贷款	241.5	125.6	174.8	168.8	167.1	174.0	181.1	163.1	171.2	142.0	146.6	125.2
	票据融资	16.2	-79.6	-61.9	-27.1	71.4	126.1	27.0	118.1	183.4	60.3	54.1	285.8
	金融机构各项贷款同比增长(%)	15.7	15.4	15.0	14.9	15.1	15.4	15.7	15.7	15.9	16.3	15.7	16.2
	其中:个人消费贷款	29.9	28.9	27.7	26.8	26.3	25.2	25.1	24.3	23.4	22.7	21.8	21.2
	票据融资	-15.2	-20.9	-14.1	-20.4	-11.9	4.1	16.8	19.3	32.0	37.2	37.3	68.0
外币	金融机构外币存款余额(亿美元)	100.9	100.1	103.2	103.3	106.4	101.9	101.7	101.6	108.3	105.6	105.0	102.8
	金融机构外币存款同比增长(%)	23.5	-2.2	-1.2	-0.1	8.0	1.8	2.5	3.3	12.8	9.0	7.7	4.2
	金融机构外币贷款余额(亿美元)	219.5	218.7	220.9	222.8	225.3	222.2	223.4	223.6	216.8	218.5	216.7	213.5
	金融机构外币贷款同比增长(%)	9.9	1.5	-6.5	-6.2	-3.7	-6.1	-4.9	-0.1	-3.3	-3.0	-2.3	-1.5

数据来源:中国人民银行武汉分行。

表 2 2001~2018 年湖北省各类价格指数

单位：%

		居民消费价格指数		农业生产资料价格指数		工业生产者购进价格指数		工业生产者出厂价格指数	
		当月同比	累计同比	当月同比	累计同比	当月同比	累计同比	当月同比	累计同比
2001		—	0.3	—	-0.7	—	5.8	—	0.0
2002		—	-0.4	—	1	—	-4.8	—	-1.8
2003		—	2.2	—	0.8	—	8.2	—	3.5
2004		—	4.9	—	11.3	—	13.1	—	5.7
2005		—	2.9	—	15.1	—	7.0	—	4.5
2006		—	1.6	—	1.4	—	4.9	—	2.9
2007		—	4.8	—	8.0	—	4.5	—	3.9
2008		—	6.3	—	27.2	—	10.9	—	6.1
2009		—	-0.4	—	-4.7	—	-6.6	—	-4.4
2010		—	2.9	—	1.9	—	10.4	—	4.9
2011		—	5.8	—	13.5	—	11.5	—	6.6
2012		—	2.9	—	7.2	—	-1.1	—	0.3
2013		—	2.8	—	3.2	—	-1.8	—	-0.8
2014		—	2.0	—	-2.1	—	-1.6	—	-1.6
2015		—	1.5	—	0.4	—	-7.2	—	-3.3
2016		—	2.2	—	0.3	—	-1.7	—	-1.0
2017		—	1.7	—	0.9	—	8.3	—	5.6
2018		—	1.9	—	0.9	—	4.8	—	4.2
2017	1	3.2	3.2	2.2	2.2	8.4	8.4	5.2	5.2
	2	1.4	2.3	2.4	2.3	10.4	9.4	6.1	5.6
	3	1.2	1.9	2.7	2.4	10.7	9.8	6.5	5.9
	4	1.2	1.8	2.8	2.5	9.1	9.6	5.8	5.9
	5	1.3	1.7	0.8	2.2	7.7	9.2	5.1	5.7
	6	1.3	1.6	0.3	1.8	7.2	8.9	4.9	5.6
	7	1.0	1.5	-0.1	1.6	7.3	8.7	4.8	5.5
	8	1.7	1.5	0.0	1.4	7.7	8.5	5.3	5.4
	9	1.3	1.5	0.0	1.2	8.9	8.6	6.1	5.5
	10	1.8	1.5	0.1	1.1	8.5	8.6	6.2	5.6
	11	1.6	1.5	-0.1	1.0	7.2	8.4	6.0	5.6
	12	1.7	1.6	-0.5	0.9	6.4	8.3	5.8	5.6
2018	1	1.2	1.2	-0.6	-0.6	5.5	5.5	5.0	5.0
	2	2.8	2.0	-0.7	-0.7	4.6	5.1	4.4	4.7
	3	1.8	1.9	-0.9	-0.7	4.0	4.7	3.8	4.4
	4	1.5	1.8	-0.1	-0.6	3.9	4.5	3.9	4.3
	5	1.5	1.8	1.0	-0.3	5.1	4.6	4.6	4.3
	6	1.6	1.7	1.2	0.0	6.1	4.9	5.1	4.5
	7	1.9	1.8	1.2	0.2	6.0	5.0	5.2	4.6
	8	1.8	1.8	1.4	0.3	6.1	5.2	4.7	4.6
	9	2.5	1.8	2.0	0.5	5.1	5.2	4.2	4.5
	10	2.5	1.9	2.4	0.7	4.9	5.1	4.3	4.5
	11	2.2	1.9	2.2	0.8	4.4	5.1	3.7	4.4
	12	2.0	1.9	1.6	0.9	1.9	4.8	2.1	4.2

数据来源：《中国经济景气月报》。

表 3　2018 年湖北省主要经济指标

	1 月	2 月	3 月	4 月	5 月	6 月	7 月	8 月	9 月	10 月	11 月	12 月
						绝对值（自年初累计）						
地区生产总值（亿元）	—	—	8 188.8	—	—	17 958.2	—	—	27 634.4	—	—	39 366.6
第一产业	—	—	511.3	—	—	1 084.3	—	—	2 631.8	—	—	3 547.5
第二产业	—	—	3 505.2	—	—	7 945.9	—	—	12 130.8	—	—	17 089.0
第三产业	—	—	4 172.3	—	—	8 927.9	—	—	12 871.8	—	—	18 730.1
工业增加值（亿元）	—	—	—	—	—	—	—	—	—	—	—	—
固定资产投资（亿元）	—	—	—	—	—	—	—	—	—	—	—	—
房地产开发投资	—	394.4	915.5	1 317.0	1 714.6	2 409.3	2 757.3	3 177.4	3 608.7	3 992.0	4 303.3	4 693.1
社会消费品零售总额（亿元）	—	2 988.9	4 302.0	5 645.1	7 109.8	8 646.2	10 141.2	11 610.6	13 126.3	14 821.3	16 509.6	18 333.6
外贸进出口总额（亿元）	265.0	462.3	677.1	930.0	1 194.2	1 523.2	1 825.6	2 135.6	2 464.8	2 778.3	3 205.1	3 487.2
进口	95.6	157.8	242.4	336.5	429.9	553.6	674.3	788.7	920.5	1 025.2	1 140.9	1 234.0
出口	169.4	304.5	434.8	593.5	764.3	969.6	1 151.3	1 346.9	1 544.3	1 753.1	2 064.2	2 253.2
进出口差额（出口－进口）	73.8	146.7	192.4	257.0	334.4	416.0	477.0	558.2	623.8	727.9	923.3	1 019.3
实际利用外资（亿美元）	—	15.4	30.0	37.7	48.9	63.3	70.3	80.0	89.8	98.3	110.0	119.4
地方财政收支差额（亿元）	—	-251.6	-726.4	-880.4	-1 214.9	-1 997.2	-2 053.1	-2 277.3	-2 749.6	-2 813.4	-3 150.3	-3 950.5
地方财政收入	—	632.4	951.4	1 255.3	1 552.2	1 919.5	2 205.9	2 390.6	2 636.6	2 882.1	3 047.4	3 307.0
地方财政支出	—	883.9	1 677.8	2 135.7	2 767.0	3 916.7	4 259.0	4 667.9	5 386.2	5 695.5	6 197.7	7 257.6
城镇登记失业率（%）（季度）	—	—	2.5	—	—	2.7	—	—	2.8	—	—	2.6
						同比累计增长率（%）						
地区生产总值	—	—	7.6	—	—	7.8	—	—	7.9	—	—	7.8
第一产业	—	—	3.2	—	—	3.2	—	—	2.8	—	—	2.9
第二产业	—	—	7.3	—	—	7.4	—	—	7.4	—	—	6.8
第三产业	—	—	8.5	—	—	8.8	—	—	9.4	—	—	9.9
工业增加值	—	8.0	7.8	7.6	7.7	7.8	7.6	7.8	7.8	7.4	7.1	7.1
固定资产投资	—	10.8	10.8	10.5	10.3	10.5	10.7	10.7	10.9	10.9	10.9	11.0
房地产开发投资	—	7.4	13.5	13.2	10.8	8.5	7.4	6.8	4.7	4.7	1.7	2.6
社会消费品零售总额	—	11.7	11.9	11.7	11.5	11.6	11.5	11.4	11.3	11.0	10.9	10.9
外贸进出口总额	17.2	13.2	2.0	6.3	7.3	9.2	8.4	6.9	7.8	9.4	12.9	11.2
进口	12.1	-6.7	-8.3	0.1	2.6	7.9	10.0	10.7	14.6	16.0	16.3	15.0
出口	20.3	27.3	8.8	10.1	10.2	9.9	7.4	4.8	4.1	5.9	11.0	9.2
实际利用外资	—	6.1	14.0	7.1	5.2	7.8	8.2	7.5	5.0	5.5	8.6	8.6
地方财政收入	—	18.0	11.3	11.1	12.8	12.5	5.0	11.0	10.7	9.4	9.3	8.5
地方财政支出	—	6.6	6.9	5.7	10.5	8.3	2.6	2.8	5.4	3.7	2.5	6.7

数据来源：湖北省统计局。

湖南省金融运行报告（2019）

中国人民银行长沙中心支行货币政策分析小组

［内容摘要］2018年，湖南省坚持稳中求进工作总基调，对标高质量发展要求，积极推进供给侧结构性改革，全力打好三大攻坚战，大力实施创新引领开放崛起战略，全省经济金融运行保持总体平稳、稳中有进、稳中向好的发展态势。全年实现地区生产总值3.6万亿元，同比增长7.8%，实体经济发展壮大，产业结构持续升级，民生水平大幅提升，迈出了高质量发展的坚实步伐。

经济保持中高速增长，延续总体平稳、质量趋优态势。一是规模以上工业增加值增速企稳回升，全年第三产业增加值占比首次突破50%。2018年，全省第一、第二及第三产业完成增加值分别同比增长3.5%、7.2%和9.2%，三次产业结构调整为8.5∶39.7∶51.8。其中，规模以上工业增加值增速继2016年创历史新低后逐步企稳回升，全年增长7.4%；全年第三产业增加值占比较上年提高2.3个百分点，首次突破50%，产业结构更趋优化，全年网络零售、软件信息等新兴服务业增加值增速超过20%，文化和创意产业增加值占地区生产总值比重达到6.2%。“三去一降一补”成效明显。2018年，全省原煤、十种有色金属分别同比减产3.2%和12.5%，钢材产量增幅回落6.5个百分点；商品房待售面积同比下降14.6%；短板领域和薄弱环节投资保持较快增长，农林牧渔业、高新技术产业、生态环境投资分别增长27.6%、51.1%和12%，均高于全部投资增速。二是投资、消费平稳增长，外贸出口实现30%的高速增长。2018年，全省固定资产投资额增长10%，其中，工业投资和高新技术产业投资力度持续加大，而基础设施投资放缓，同比下降10.1%。全省实现社会消费品零售总额15 638.3亿元，同比增长10.0%，消费对经济增长贡献率达到56.9%，其中，实物商品网上零售额增速达33.5%。在全国进出口贸易增长放缓的背景下，湖南省外贸进出口仍保持快速增长，全年进出口总额3 079.5亿元，同比增长26.5%，其中，出口和进口增速分别达29.5%和21.2%。三是财政收支增速平稳，科学技术支出较上年大幅增长。2018年，全省地方财政一般预算收入2 860.7亿元，同比增长3.7%，其中，增值税增速比上年回落3.3个百分点，主要与减税力度加大有关。一般公共预算支出7 479.2亿元，同比增长8.9%。其中，科学技术支出增长迅速，较上年增长41.9%，社会保障和就业支出、城乡社区事务支出也保持较快增长，增速分别为8.7%和14.5%。四是房地产市场总体平稳，保障性住房金融支持力度加大。2018年，全省房地产开发投资3 946亿元，增长15.2%，同比基本持平；商品房销售形势较好，全年销售额达5 354亿元，同比增长20%；保障性住房金融支持力度加大，全年保障性住房开发贷款增长50.6%，同比提高7.3个百分点。

金融保持平稳运行，支持实体经济发展力度更大。一是信贷保持合理增长，支持民营小微、金融精准扶贫等薄弱环节成效显著。2018年末，湖南省金融机构本外币各项贷款余额3.6万亿元，同比增长14.5%。民营、小微企业和精准扶贫等薄弱环节的金融支持力度进一步加大，全省普惠口径小微企业贷款、民营企业贷款分别同比增长20.3%和11.4%；11个试点县（市）“两权”抵押贷款余额38.5亿元，试点地区县域银行机构覆盖面达到86.4%，“两权”抵押贷款试点实现“增量扩面”；金融扶贫服务站功能进一步发挥，全省6 923个金融扶贫服务站已覆盖75万贫困户、250万贫困人口；年末金融精准扶贫贷款余额2 224亿元，同比增长12.9%，全年新增扶贫贷款253.9亿元，金融精准扶贫成效显著。二是多层次资本市场加快发展，保险业业务规模不断扩大。近年来，湖南多层次资本市场正加快发展，市场结构基本完备，2018年末，全省上市公司104家，较上年增加3家，三板、四板市场稳步发展，共有新三板挂牌企业223家，湖南区域股权市场全年新增挂牌企业309家。2018年末，全省共有法人保险公司1家，省级保险分公司57家，保险专业中介法人机构37家，全年保险业原保险保费收入1 255.1亿元，累计赔付支出410.6亿元。三是社会融资规模小幅下降，同业拆借规模增长较快。2018年，湖南省社会融资规模新增6 024.4亿元，同比少增1 317.4亿元。其中，直接融资新增1 213.9亿元，同比少增643亿元；间接融资新增4 370.9亿元，同比少增744亿元。全省地方法人金融机构同业拆借交易规模1.1万亿元，同比增长34.3%；债券回购交易规模15.5万亿元，同比下降1.3%。四是金融消费权益保护咨询投诉呼叫中心正式建立，征信体系和金融基础设施建设深入推进。2018年，湖南省金融消费权益保护咨询投诉呼叫中心正式建立，全年处理投诉1 216起，开展金融消费者投诉分类标准试点工作，推进多元化金融消费纠纷非诉调解机制建设，加强普惠金融教育志愿者队伍建设，全省金融消费权益保护环境进一步优化。征信服务能力持续提升。2018年，全省征信查询服务网点增加至183个，自助查询机增加至189台，提供个人信用报告查询1 124万笔、企业信用报告查询27.3万笔；持续推进应收账款融资平台建设，累计注册企业2 500家，支持小微企业应收账款融资129亿元。支付服务能力不断增强，支付清算网络覆盖面进一步扩大。年内，人民币银行结算账户影像传输系统开发上线，移动便民示范工程建设积极推进，14个县域开展电子支付示范县建设，农村地区非现金支付工具得到有效推广。

展望2019年，一方面，全省经济发展短期内仍面临一些困难和问题。省内传统行业产能过剩与市场需求不足的矛盾短时间内难以有效解决，加之新业态、新动能量级仍较弱，企业生产经营仍面临一定困难，民营企业和中小微企业融资难、融资贵等问题仍有待解决，脱贫攻坚任务依然艰巨，全省经济发展短期内仍面临一定压力。另一方面，随着供给侧结构性改革、简政放权和创新驱动发展战略的深入实施，全省制造强省五年规划的全力推进，大众创业、万众创新的蓬勃发展，新产业成长壮大、新动能持续积蓄、新模式逐步涌现，全省经济稳中向好、稳中有进、稳中提质的积极因素仍在不断增加，2019年湖南省经济仍将保持平稳增长。

新的一年，全省金融系统将继续贯彻落实党的十九大、中央经济工作会议和全国金融工作会议精神，坚持稳中求进工作总基调，立足“一带一部”[①]定位，以供给侧结构性改革和高质量发展为主线，认真贯彻落实稳健货币政策，进一步加大对供给侧结构性改革重点领域和薄弱环节的金融支持力度，提高民营、小微企业金融服务质效，有效防范金融风险，深化金融改革开放，促进全省经济金融持续健康发展。

① “一带一部”：湖南省处在东部沿海地区和中西部地区的过渡带、长江开放经济带和沿海开放经济带结合部。

一、金融运行情况

2018 年，湖南省金融运行总体平稳，信贷总量保持适度增长，对供给侧结构性改革重点领域和薄弱环节的支持力度进一步加大，多层次资本市场发展成效显著，保险保障功能进一步发挥，金融基础设施建设继续推进，金融支持实体经济发展力度持续增强。

（一）银行业稳健发展，信贷增长合理适度

1. 银行业资产增速小幅下滑，银行业金融机构从业人员持续增加。2018 年末，湖南省银行业金融机构总资产 6 万亿元，同比增长 5%，增速下滑 4.8 个百分点；全省银行业金融机构营业网点个数达 9 819 个；地方法人金融机构 174 家，同比增加 4 家；全省银行业金融机构从业人员 13.5 万人。

表 1　2018 年湖南省银行业金融机构情况

机构类别	营业网点			法人机构（个）
	机构个数（个）	从业人数（人）	资产总额（亿元）	
一、大型商业银行	2 465	49 663	21 052	0
二、国家开发银行和政策性银行	117	2 807	6 073	0
三、股份制商业银行	378	9 786	5 792	0
四、城市商业银行	544	11 939	9 190	2
五、城市信用社	0	0	0	0
六、小型农村金融机构	4 061	40 318	11 048	104
七、财务公司	5	144	461	4
八、信托公司	1	197	103	1
九、邮政储蓄银行	2 087	17 279	4 767	0
十、外资银行	6	134	70	0
十一、新型农村金融机构	148	2 245	557	60
十二、其他	7	735	414	3
合　计	9 819	135 247	59 527	174

注：营业网点不包括国家开发银行和政策性银行、大型商业银行、股份制商业银行等金融机构总部数据；大型商业银行包括中国工商银行、中国农业银行、中国银行、中国建设银行和交通银行；小型农村金融机构包括农村商业银行、农村合作银行和农村信用社；新型农村金融机构包括村镇银行、贷款公司、农村资金互助社；“其他”包含金融租赁公司、汽车金融公司、货币经纪公司、消费金融公司等。

数据来源：中国人民银行长沙中心支行、湖南银保监局。

2. 存款增速总体呈下行趋势，主要是非金融企业存款少增。2018 年末，湖南省金融机构本外币存款余额 4.9 万亿元，同比增长 4.8%，比上年回落 6.4 个百分点。全年新增存款 2 265.3 亿元，同比少增 2 467.3 亿元。分部门看，住户部门存款和非金融企业存款分别同比少增 120.9 亿元和 2 357.5 亿元，广义政府存款和非银行业金融机构存款分别同比多增 11.3 亿元和 1.4 亿元。全年存款增速下滑主要是由于非金融企业存款同比少增。

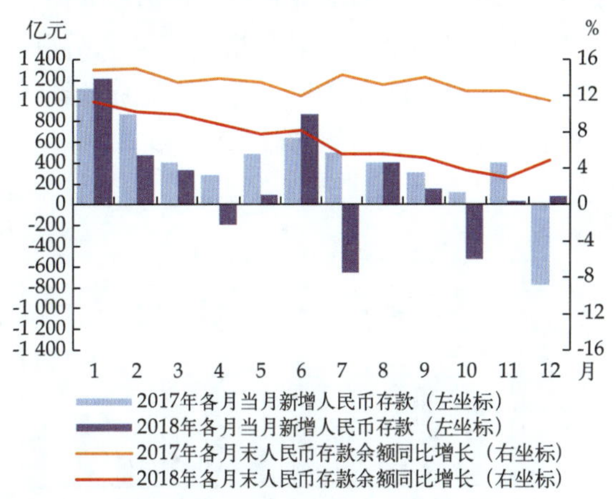

数据来源：中国人民银行长沙中心支行。

图 1　2017~2018 年湖南省金融机构人民币存款增长变化

3. 贷款投放节奏均衡，期限结构不断优化。2018 年末，湖南省金融机构本外币贷款余额 3.6 万亿元，同比增长 14.5%，快于全国 1.6 个百分点，比上年回落 1.2 个百分点，全年新增贷款 4 601.9 亿元，同比多增 284.2 亿元。1~4 季度新增贷款占全年新增贷款比重分别为 37.5%、20.3%、27.5% 和 14.7%，信贷投放有所前移，但总体节奏较为均衡。分期限看，短期贷款继续保持快速增长，余额增长 12%，同比多增 230 亿元；中长期贷款增速有所下滑，比上年回落 6.8 个百分点，全年新增 3 497.2 亿元，同比少增 714.2 亿元；票据融资明显回升，全年新增 237.9 亿元，同比多增 784.8 亿元。

金融支持供给侧结构性改革稳步推进，支持实体经济发展力度增强。2018 年末，湖南省“两

高一剩”行业中长期贷款余额同比下降5%，全年净下降66.6亿元，同比减少126亿元；个人住房消费贷款同比增长27.5%，比上年下降0.6个百分点。全年累计发放再贷款、再贴现418.8亿元，同比多增101.8亿元，其中支小再贷款累计发放97.5亿元，同比多增59.8亿元。对民营、小微企业等重点领域和薄弱环节的金融支持力度加大，全省普惠口径小微企业贷款（包括单户授信500万元及以下的小微企业贷款和个体工商户、小微企业主经营性贷款）增长20.3%，同比多增377亿元，民营企业贷款（包括私人控股企业贷款和个人经营性贷款）增长11.4%，同比多增424.4亿元；涉农贷款、精准扶贫贷款继续保持增长态势，同比分别增长8.7%和12.9%。

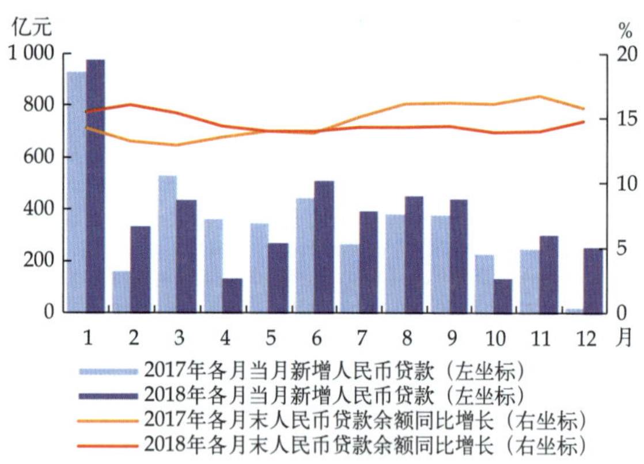

数据来源：中国人民银行长沙中心支行。

图2　2017~2018年湖南省金融机构人民币贷款增长变化

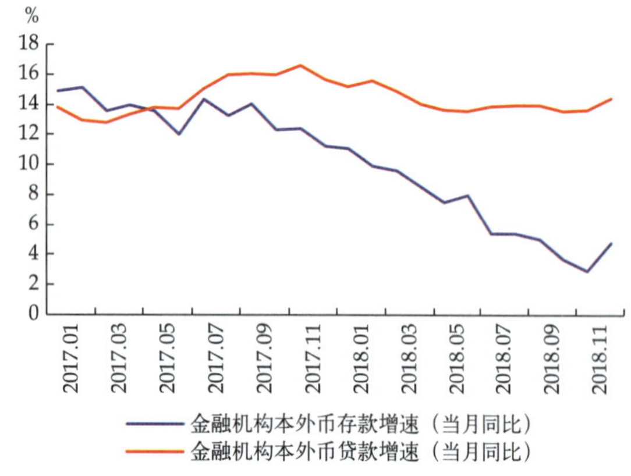

数据来源：中国人民银行长沙中心支行。

图3　2017~2018年湖南省金融机构本外币存、贷款增速变化

4. 存贷款利率基本稳定，利率市场化改革积极推进。2018年末，湖南省地方法人金融机构活期、定期存款加权平均利率分别为0.33%和2.09%，分别较上年持平和上升7个基点，全年新发放一般贷款加权平均利率为6.30%，小微企业贷款加权平均利率为5.93%。省级市场利率定价自律机制进一步完善，2018年，全省通过合格审慎评估成为全国自律机制成员的法人机构共56家，较上年增加23家。其中基础成员8家，较上年增加2家；观察成员48家，较上年增加21家。

表2　2018年湖南省金融机构人民币贷款各利率区间占比

单位：%

月份		1月	2月	3月	4月	5月	6月
合计		100.0	100.0	100.0	100.0	100.0	100.0
下浮		8.4	7.8	4.5	3.8	5.9	3.1
基准		19.7	23.4	15.3	13.8	13.8	12.8
上浮	小计	71.9	68.8	80.2	82.4	80.3	84.1
	(1.0, 1.1]	17.7	13.8	13.3	15.7	13.3	15.0
	(1.1, 1.3]	18.4	15.2	21.3	23.3	20.9	21.7
	(1.3, 1.5]	15.8	13.2	14.2	16.1	14.2	15.6
	(1.5, 2.0]	14.1	17.7	19.7	17.5	20.7	21.5
	2.0以上	5.9	8.9	11.7	9.7	11.2	10.3
月份		7月	8月	9月	10月	11月	12月
合计		100.0	100.0	100.0	100.0	100.0	100.0
下浮		4.7	6.0	8.5	6.8	8.6	9.5
基准		17.6	15.1	11.8	10.7	16.2	20.8
上浮	小计	77.7	78.9	79.7	82.5	75.2	69.7
	(1.0, 1.1]	15.6	12.2	15.4	16.0	12.9	14.2
	(1.1, 1.3]	22.1	23.7	21.2	23.1	22.2	19.9
	(1.3, 1.5]	12.9	14.7	13.9	12.7	12.6	11.3
	(1.5, 2.0]	17.9	18.2	20.4	20.7	17.1	16.7
	2.0以上	9.2	10.1	8.8	10.0	10.4	7.7

数据来源：中国人民银行长沙中心支行。

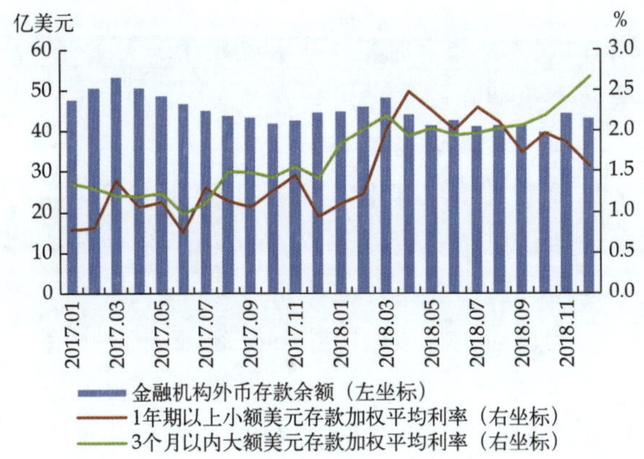

数据来源：中国人民银行长沙中心支行。

图 4　2017~2018 年湖南省金融机构外币存款余额及外币存款利率

5.“两权”抵押贷款试点“增量扩面”，金融精准扶贫成效显著。2018 年末，全省 8 个试点县农地经营权抵押贷款余额 16.6 亿元，同比增长 71.1%，3 个试点县（市）农房财产权抵押贷款余额 21.9 亿元，同比增长 3.1%，11 个试点县（市）县域银行机构参与试点的覆盖面达到 86.4%。金融精准扶贫进展良好，2018 年末，全省 6 923 个金融扶贫服务站已覆盖 75 万贫困户、250 万贫困人口。年末金融精准扶贫贷款余额 2 224 亿元，同比增长 12.9%，全年新增扶贫贷款 253.9 亿元。

6. 金融机构资产质量稳中向好，法人银行机构流动性整体充裕。2018 年末，湖南省不良贷款余额 638.4 亿元，较年初增加 11.2 亿元；不良贷款率 1.75%，较上年下降 0.22 个百分点，低于全国平均水平 0.14 个百分点。全省法人银行机构资本充足率为 13.75%，较上年提高 0.06 个百分点；流动性比例为 62.43%，较上年提高 14.34 个百分点。

7. 跨境人民币业务稳中有进，服务开放型经济质效提升。2018 年，湖南省共计办理跨境人民币业务 482.2 亿元，同比增长 45.3%，占同期全省本外币跨境收支的 15.5%。其中，经常项下收付金额 246.7 亿元，同比增长 48.1%；资本项下收付金额 235.5 亿元，同比增长 42.6%。截至 2018 年末，省内跨国企业集团已建立跨境双向人民币资金池 10 个，全年净流出 19.3 亿元。全年企业人民币境外放款、银行境外项目人民币贷款、人民币跨境融资分别达 2.6 亿元、32.6 亿元和 29.2 亿元，充分运用境内外两个市场、两种资源，进一步促进贸易投资便利化。

专栏　多措并举　精准滴灌　全面提升民营和小微企业金融服务

2018 年以来，中央对支持民营经济和小微企业发展作出系列部署，中国人民银行总行也出台了一系列精准靶向民营和小微企业融资问题的政策。中国人民银行长沙中心支行认真贯彻落实总行工作要求，切实用好“三支箭”，健全“几家抬”，强化货币信贷政策引导，加强多方协调配合，督促和推动全省金融机构深化民营和小微企业金融服务，取得积极进展。

一、“三支箭”精准靶向民营和小微企业融资难融资贵问题

增加民营和小微企业信贷。先后组织实施四次定向降准，调增再贷款、再贴现额度 199 亿元，下调支小再贷款利率 0.5 个百分点，对地方法人金融机构，运用“先贷后借”报账模式，按其小微、民营企业新增贷款 1∶1 的比例给予支小再贷款支持，开辟“绿色通道”，确保 5 个工作日内发放到位。2018 年，湖南省累计发放支小再贷款、再贴现 263.3 亿元，惠及近 7 000 家民营、小微企业。支持民企发债。组织召开推进会，与交易商协会、中债增进、省担保集团等共同商讨民企债券融资支持工具发行事宜，支持湖南省民企发债。2018 年，全省民营企业发行债务融资工具 67 亿元。推动民企股权融资。密切跟踪民营企业股权融资支持工具工作进展和要求，推动全省民企股权融资。

二、建立完善“几家抬”工作机制

提请省政府召开电视电话会议，全面部署全省深化民营和小微企业金融服务工作，省委常委、省政府常务副省长出席会议并提工作要求。联合有关部门出台《关于进一步深化湖南省民营和小微企业金融服务的实施意见》（长银发〔2018〕136号），提出六个方面24条政策措施，核心就是“几家抬”，汇聚货币信贷、金融监管、财税优惠、融资担保、风险分担、公共服务等各方政策资源，撬动银行扩大对民营和小微企业的贷款投入。联合部分市州政府开展“金融服务湖南实体经济市州行”专项行动，实际达成项目555个，到位资金635亿元，履约率超过七成。组织全省开展为期1个月的金融服务“两进两促”（即进园区、进企业、促融资、促发展）活动，加强银政企沟通对接。截至2018年末，“两进两促”共进园区179个，有625家（次）银行、105家（次）担保机构、54家（次）保险公司参加，组织银企对接295场，撮合融资2 471笔、522亿元，开展政策、产品和案例宣讲873次，发放宣传手册近40 000册，收集企业反映问题1 000余个，现场解决问题近700个。与省工商联签订战略合作框架协议，联合省工信厅发布制造业重点企业“白名单”，加强政策互动、工作联动、信息共享。

三、加强政策宣传

编印民企及小微金融政策、产品、案例宣传手册，省政府门户网站对中国人民银行长沙中心支行牵头印发的民企小微金融实施意见进行全面深入解读，通过湖南卫视、《湖南日报》、《金融时报》等主流媒体加大宣传，帮助企业知晓政策、用好产品。

四、开展评估督导

开展对省级银行小微企业贷款专项督导和评估，将评估结果与金融机构享受央行政策挂钩，强化激励约束作用。

2018年末，湖南省小微企业贷款（含个体工商户、小微企业主经营性贷款）余额9 983亿元，同比增长8.8%，其中普惠小微贷款增长20.3%，高于各项贷款平均增速5.9个百分点。全年，全省新增普惠小微贷款424.8亿元，同比多增377亿元。民企贷款余额8 805.7亿元，同比增长11.4%，全年新增897.7亿元，同比多增424.4亿元。2018年12月，全省新发放小微贷款平均利率5.64%，同比下降27个基点。

民营和小微企业金融服务是一项长期性的工作，须久久为功、精准发力。下一步，中国人民银行长沙中心支行将继续用好、用足、用活货币政策工具，强化与政府、园区等多方合作，健全“几家抬”工作机制，精准靶向民营和小微企业金融服务问题，以更加有力、有效、有用的工作措施，推动全省民营和小微企业金融服务工作取得新的突破，力争湖南民营和小微企业贷款投放金额、户数有较大增长，综合融资成本适度下降，贷款风险有效控制，民营和小微企业金融业务实现商业可持续。

（二）证券业保持平稳发展，市场结构不断完善

1. 多层次资本市场建设加快发展，市场结构基本完备。2018年末，全省上市公司104家，较上年增加3家；上市公司资产合计14 917.8亿元，同比增长63%；净利润233亿元，同比增长27.5%。三板、四板市场稳步发展，全省共有新三板挂牌企业223家；湖南股权交易所新增挂牌企业394家，累计挂牌企业3 410家。

表3 2018年湖南省证券业基本情况

项目	数量
总部设在辖内的证券公司数（家）	3
总部设在辖内的基金公司数（家）	0
总部设在辖内的期货公司数（家）	3
年末国内上市公司数（家）	104
当年国内股票（A股）筹资（亿元）	231.1
当年发行H股筹资（亿元）	—
当年国内债券筹资（亿元）	1 369.7
其中：短期融资券筹资额（亿元）	254.0
中期票据筹资额（亿元）	637.9

注：当年国内股票（A股）筹资额指非金融企业境内股票融资。

数据来源：中国人民银行长沙中心支行、湖南证监局。

2. 证券机构网点数量继续增加，经营效益下滑。2018年末，湖南省辖内法人证券公司3家，下设营业部404家，较上年增加20家；非法人证券公司38家，在湘设营业部424家，较上年增加14家。全年共实现利润11亿元，同比下降66.9%。其中，法人证券公司利润总额8.8亿元，同比下降65.5%。分业务品种看，股权质押业务收入小幅增长，全年收入1.8亿元，同比增长1.1%；投资顾问业务、期货IB业务、融资融券业务等业务收入均有所下滑。

3. 期货公司资产负债同比缩减，交易量增长明显。2018年末，湖南省法人期货公司3家，辖内期货营业部30家，较上年增加12家。全省期货公司总资产和总负债分别为28.1亿元和18.7亿元，同比分别下降21.8%和28.7%；全省全年期货交易4 406.7万手，同比增长8.6%；经营亏损0.2亿元，同比下降263.6%。

（三）保险业整体实力持续增强，保险保障能力不断提升

1. 保险业务规模不断扩大。2018年末，湖南省法人保险公司1家；省级保险分公司57家，较上年增加2家，其中财产险公司24家、人身险公司33家，均较上年增加1家；保险专业中介法人机构37家，与上年持平。全年保险业原保险保费收入1 255.1亿元，同比增长13.1%；累计赔付支出410.6亿元，同比增长9%。保险深度3.4%，较上年上升0.2个百分点；保险密度1 829元／人，同比增长13.1%。

2. 经济社会保障功能明显增强。2018年，湖南省产险业提供财产风险保障44.5万亿元，同比增长29.5%，提高5.1个百分点；赔款183.5亿元，同比增长11.1%。其中，出口信用保险累计向企业支付赔款2 942万美元，为751家小微企业54.9亿美元出口总额提供保障；信用保证保险为945家小微企业提供信用保证风险保障29.6亿元；农业保险累计为2 972.5万户次提供1 308.2亿元的风险保障，352.1万户次获得了19.5亿元赔付，充分发挥了保险在支持实体经济、“三农”经济发展方面的积极作用。民生保障能力持续增强，全年人身险赔付支出227.2亿元，同比增长7.4%。其中，大病保险补偿65.6万人次，赔付21.4亿元。

表4　2018年湖南省保险业基本情况

项目	数量
总部设在辖内的保险公司数（家）	1
其中：财产险经营主体（家）	0
人身险经营主体（家）	1
保险公司分支机构（家）	57
其中：财产险公司分支机构（家）	24
人身险公司分支机构（家）	33
保费收入（中外资 亿元）	1 255.1
其中：财产险保费收入（中外资 亿元）	357.3
人身险保费收入（中外资 亿元）	897.8
各类赔款给付（中外资 亿元）	410.6
保险密度（元／人）	1 829.0
保险深度（%）	3.4

数据来源：中国人民银行长沙中心支行、湖南银保监局。

（四）地区社会融资规模小幅下降，银行间市场业务总体平稳

1. 地区社会融资规模小幅下降，直接融资占比提升。2018年，湖南省社会融资规模新增6 024.4亿元，同比少增1 317.4亿元。分项目看，委托贷款、信托贷款、未贴现银行承兑汇票、企业债券、非金融企业境内股票融资等均出现明显回落。分结构看，直接融资占比提升，间接融资占比下降。全年直接融资新增1 213.9亿元，同比少增643亿元，占新增社会融资规模比重为20.1%，其中，地方政府专项债券新增800.4亿元。间接融资新增4 370.9亿元，同比少增744亿元，占新增社会融资规模比重为72.6%，其中，表外融资净下降207.1亿元。

2. 货币市场业务平稳增长，市场利率明显回落。2018年，湖南省内地方法人金融机构同业拆借交易规模1.1万亿元，同比增长34.3%；债券回购交易规模15.5万亿元，同比下降1.3%。全年同业拆借、债券回购加权平均利率分别为2.70%和2.64%，同比分别下降16个和32个基点。

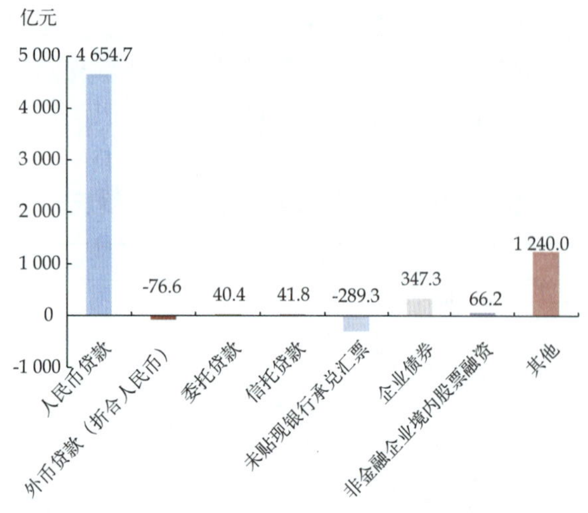

数据来源：中国人民银行长沙中心支行。

图 5　2018 年湖南省社会融资规模分布结构

3. 票据承兑余额同比下降，融资利率呈下行态势。截至 2018 年末，全省票据承兑余额为 971 亿元，同比下降 4.4%。全年票据融资利率呈下行态势，2018 年 12 月末，全省票据融资利率 3.73%，较上年下降 130 个基点。

表 5　2018 年湖南省金融机构票据业务量统计

单位：亿元

季度	银行承兑汇票承兑		贴现			
			银行承兑汇票		商业承兑汇票	
	余额	累计发生额	余额	累计发生额	余额	累计发生额
1	982.9	441.9	558.6	411.1	42.0	39.5
2	924.4	908.8	517.7	750.4	46.0	73.1
3	929.8	1 477.3	542.5	1 758.8	28.0	90.3
4	970.7	1 950.7	645.8	2 324.1	60.0	145.5

数据来源：中国人民银行长沙中心支行。

表 6　2018 年湖南省金融机构票据贴现、转贴现利率

单位：%

季度	贴现		转贴现	
	银行承兑汇票	商业承兑汇票	票据买断	票据回购
1	5.4	6.1	5.2	4.9
2	5.2	6.2	4.8	3.7
3	4.1	5.4	3.9	3.5
4	3.9	5.2	3.6	3.2

数据来源：中国人民银行长沙中心支行。

（五）信用体系不断完善，金融基础设施建设深入推进

1. 征信服务能力持续提升。2018 年，湖南省征信查询服务网点增加至 183 个，自助查询机增加至 189 台，全年提供个人信用报告查询 1 124 万笔、企业信用报告查询 27.3 万笔，金融信用信息基础数据库接入机构达 94 家。持续推进应收账款融资平台建设，累计注册企业 2 500 家，支持小微企业应收账款融资 129 亿元。推进农户信用信息系统建设，全省县域农户信用信息数据库达 33 个。大力推动诚信文化教育进学校、进企业、进社区、进机关、进农村，全省累计建成诚信文化教育基地 61 个。

2. 支付服务能力不断增强。2018 年，湖南省网上支付跨行清算系统直接参与者新增 2 家，支付系统参与者增加至 6 092 个，支付清算网络覆盖面进一步扩大。年内，人民币银行结算账户影像传输系统开发上线，加入系统的机构已达 7 464 家，日均处理业务 2 000 余笔。移动便民示范工程建设积极推动，9 个市州和 53 个县域公交签约上线银联云闪付，省内 1 900 条高速车道开通扫码支付，覆盖率达到 96%。14 个县域开展电子支付示范县建设，农村地区非现金支付工具有效推广，支付服务普惠性进一步提高。

3. 金融消费权益保护工作扎实开展。2018 年，湖南省金融消费权益保护咨询投诉呼叫中心建立，12363 咨询投诉处理进一步规范化，全年处理投诉 1 216 起，解答咨询 627 个。开展金融消费者投诉分类标准试点工作，推进多元化金融消费纠纷非诉调解机制建设，切实保护金融消费者权益。开展支付服务领域金融消保现场检查，加强金融机构金融消保工作评估，进一步规范金融机构服务行为。实施“三个一百”工程，推进金融知识纳入国民教育体系，加强普惠金融教育志愿者队伍建设，持续开展普惠金融知识“进企业、进乡镇、进农村”宣传活动，湖南省金融消费权益保护环境进一步优化。

二、经济运行情况

2018 年，面对复杂严峻的国内外发展环境，

湖南省积极推进供给侧结构性改革，统筹稳增长、促改革、调结构、惠民生、防风险，大力实施创新引领开放崛起战略，致力于推动高质量发展，经济运行保持总体平稳、稳中有进、稳中向好的发展态势。全年地区生产总值 36 425.8 亿元，同比增长 7.8%，高于全国平均水平 1.2 个百分点。

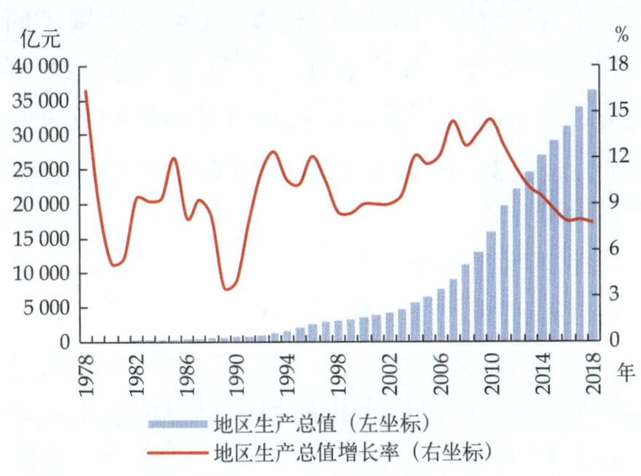

数据来源：湖南省统计局。

图 6　1978~2018 年湖南省地区生产总值及其增长率

（一）国内需求稳定增长，对外贸易持续向好

1. 投资保持平稳增长，结构调整步伐加快。 2018 年，湖南省固定资产投资额增长 10%，高于全国 4.1 个百分点，与中部地区整体增速基本持平。从投向看，工业投资和高新技术产业投资保持高速增长，增速分别为 32.4% 和 51.1%，明显快于全部投资增速；民生投资和生态环境投资规模不断扩大，同比分别增长 7.8% 和 12%；基础设施投资放缓，同比下降 10.1%；房地产开发投资保持稳定，同比增长 15.2%。

2. 居民收入平稳增长，消费结构逐步升级。 2018 年，湖南省居民人均可支配收入 25 241 元，同比增长 9.3%，与上年基本持平，其中城镇、农村居民人均可支配收入分别增长 8.1% 和 8.9%，城乡居民收入比为 2.6：1，与上年持平。全省社会消费品零售总额 15 638.3 亿元，同比增长 10%，最终消费支出对经济增长贡献率达到 56.9%，比上年提高 5.1 个百分点。消费结构逐步升级，中西药品类增长 10.5%，文化办公用品类增长 8.6%，体育、娱乐用品类增长 3.1%。网上零售等新兴市场供给方式继续快速发展，全省实物商品网上零售额同比增长 33.5%。

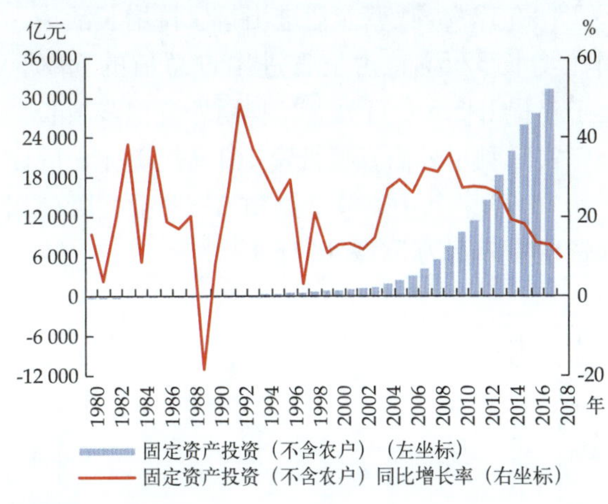

数据来源：湖南省统计局。

图 7　1980~2018 年湖南省固定资产投资（不含农户）及其增长率

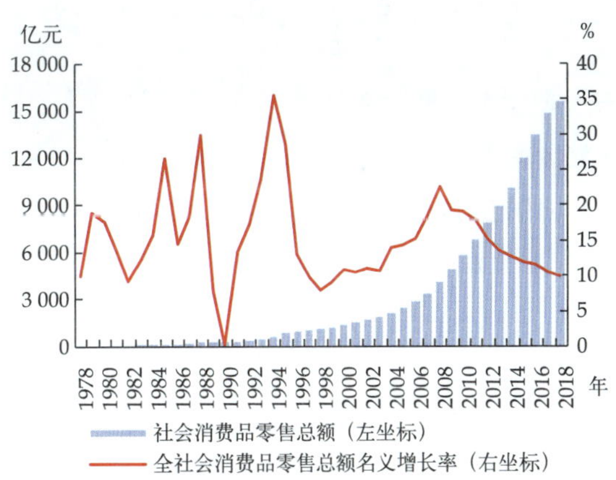

数据来源：湖南省统计局。

图 8　1978~2018 年湖南省社会消费品零售总额及其增长率

3. 对外贸易量质齐升，利用外资态势良好。 2018 年，湖南省进出口总额 465.3 亿美元，同比增长 29.1%，高于全国平均水平 16.6 个百分点，增速居全国第五、中部地区第一。其中，出口 305.7 亿美元，同比增长 31.9%；进口 159.6 亿美元，同比增长 24%。分贸易方式来看，一般

贸易占主体地位且快速增长，增速达 36.6%，占进出口总额的 73.7%；加工贸易进出口同比增长 9.1%。从商品结构来看，机电产品、高新技术产品占出口主导地位，全年出口增速分别为 21.2% 和 9.4%，出口额占出口总值比重分别为 43.2% 和 12%。民营企业进出口保持增长活力，同比增长 37.5%，占全省进出口总值的 69%，比上年提升 5.5 个百分点。利用外资稳步增长，全年实际利用外商直接投资 161.9 亿美元，同比增长 11.9%。其中，制造业和第三产业实际使用外资增幅分别为 5.3% 和 15.4%。

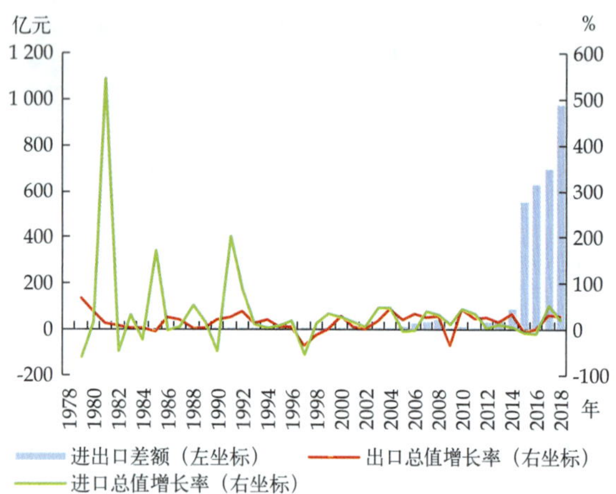

数据来源：湖南省统计局。

图 9　1978~2018 年湖南省外贸进出口变动情况

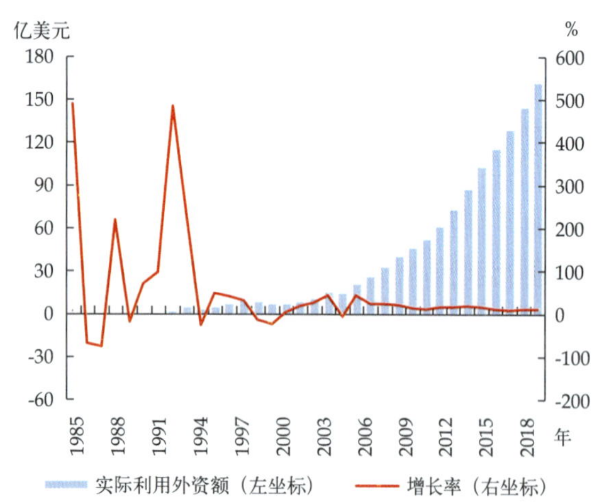

数据来源：湖南省统计局。

图 10　1985~2018 年湖南省实际利用外资额及其增长率

（二）三大产业协调发展，供给侧结构性改革稳步推进

2018 年，湖南省第一、第二及第三产业完成增加值比上年分别增长 3.5%、7.2% 和 9.2%，三次产业结构调整为 8.5 : 39.7 : 51.8，第三产业占比提高 2.3 个百分点，产业结构更趋优化。

1. 农业生产形势良好，粮食种植结构不断优化。2018 年，湖南省第一产业增加值 3 083.6 亿元，同比增长 3.5%，主动调减早稻和双季晚稻种植面积，调优农业种植结构，全年粮食总产量 604.6 亿斤，保持高产；蔬菜产量持续向好，全年总产量 3 822 万吨，同比增长 4.1%；生猪保持较高产量，全年出栏 5 993.7 万头。

2. 工业经济稳中有升，工业结构优化升级。继 2016 年创历史新低后，全省规模工业增速在 L 形右侧中低位企稳回升。2018 年，全省规模以上工业增加值同比增长 7.4%，比上年加快 0.1 个百分点。工业结构加快升级。装备工业增加值和食品制造业增加值保持较快增长，增速分别为 11.9% 和 11.8%；中高端产业发展态势良好，高加工度工业、高技术产业增加值分别同比增长 10.1% 和 18.3%；集聚程度进一步提升，省级及以上产业园区规模工业增加值同比增长 8.9%，增加值占全部规模工业比重达 69.7%。

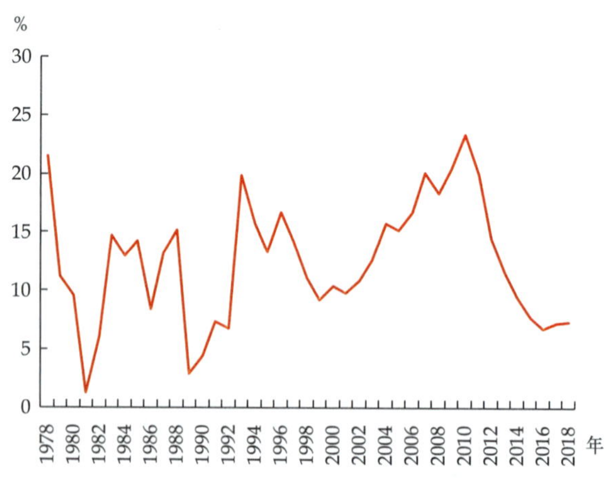

数据来源：湖南省统计局。

图 11　1978~2018 年湖南省规模以上工业增加值实际增长率

3. 服务业发展态势良好，占国民经济比重不断提升。2018 年，湖南省第三产业增加值 18 888.7 亿元，同比增长 9.2%，增速稳居三次产业之首。34 个服务业行业大类中 29 个行业实现增长，其中 25 个行业呈现两位数增长。重点领域运行平稳，规模以上科技服务业、生产性服务业、高技术服务业、战略性新兴产业营收增速分别为 11%、11.5%、12.5% 和 10.2%。全省规模以上服务业营业利润 264 亿元，同比下降 2.1%，但行业盈利面达 88.2%，同比提升 9.4 个百分点，有 30 个行业实现盈利。

4. 供给侧结构性改革稳步推进，“三去一降一补”成效明显。2018 年，湖南省落后产能清退工作成效明显，原煤、十种有色金属同比分别减产 3.2% 和 12.5%，钢材产量增幅同比回落 6.5 个百分点，六大高耗能行业增加值占规模工业增加值比重下降 0.4 个百分点；商品房待售面积同比下降 14.6%；企业成本持续降低，2018 年，全省规模以上工业企业主营业务成本增速同比回落 3.8 个百分点；短板领域和薄弱环节投资保持较快增长，农林牧渔业、高新技术产业、生态环境投资均保持高速增长，增速分别为 27.6%、51.1% 和 12%，高于全部投资增速。

（三）消费价格温和上涨，工业价格涨幅有所回落

1. 消费价格指数温和上涨。2018 年，湖南省居民消费价格同比上涨 2%，低于全国平均水平 0.1 个百分点，但高于上年 0.6 个百分点。八大类商品（及服务）价格呈全面上涨态势。其中，居住价格、交通和通信价格上涨幅度最大，分别上涨 3.6% 和 2.8%，推动总体消费价格水平分别上涨约 0.8 个和 0.3 个百分点；食品价格涨幅较小，全年上涨 0.8%，影响 CPI 上涨 0.2 个百分点。

2. 工业价格涨幅有所回落。2018 年，湖南省工业生产者出厂价格指数、工业生产者购进价格指数分别同比上涨 3.2% 和 3.5%，涨幅较上年分别回落 4 个和 2.3 个百分点。分月来看，工业生产者出厂价格涨幅回落态势较为明显，1 月为全年次高点 3.7%，12 月为全年最低点 1.1%；工业生产者购进价格全年震荡回落，由年初的 4.6% 回落至 12 月末的 1.7%。

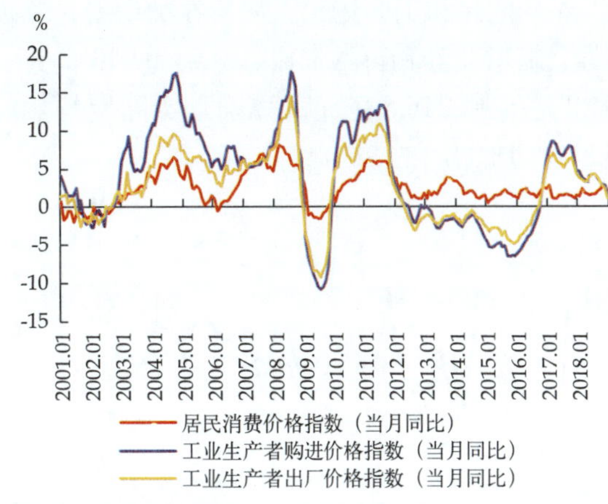

数据来源：湖南省统计局。

图 12　2001~2018 年湖南省居民消费价格指数和工业生产者价格指数变动趋势

3. 劳动力成本持续较快增长。受全省农村有效剩余劳动力数量下降、劳动力素质稳步提高等因素影响，劳动力成本持续上涨。2018 年，湖南省城镇居民人均工资性收入 20 022 元，同比增长 6.7%；农村居民人均工资性收入 5 769 元，同比增长 8%。2018 年湖南最低工资标准与上年持平，最高档为 1 580 元 / 月。

（四）财政收支增速平稳，地方政府债券发行有序

1. 财政收支增速平稳，科技支出增长迅速。湖南省统计局数据显示，2018 年，湖南省地方财政一般预算收入 2 860.7 亿元，同比增长 3.7%，较上年下降 1.2 个百分点，其中，增值税增速比上年回落 3.3 个百分点，主要与减税力度加大有关；一般公共预算支出 7 479.2 亿元，同比增长 8.9%，较上年回升 0.5 个百分点。其中，科学技术支出增长迅速，较上年增长 41.9%，社会保障和就业支出、城乡社区事务支出也保持较快增长，同比分别增长 8.7% 和 14.5%。

2. 地方政府债券发行成本与上年基本持平。

2018 年，湖南省通过公开招标方式发行地方政府债券 1 993 亿元，发行平均利率为 3.9%，较上年下降 0.2 个百分点。从期限看，3 年、5 年、7 年和 10 年期债券分别发行 344 亿元、812 亿元、639 亿元和 198 亿元。从债券类型看，置换债券、新增债券和再融资债券分别为 913 亿元、834.2 亿元和 245.8 亿元，分别占实际发行额的 45.8%、41.9% 和 12.3%。

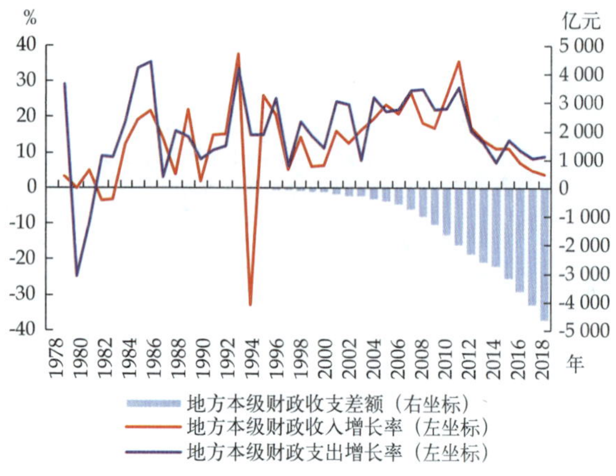

数据来源：湖南省统计局。

图 13　1978~2018 年湖南省财政收支状况

（五）房地产市场总体平稳，保障性住房支持力度加大

1. 房地产开发投资平稳增长。 2018 年，湖南省房地产开发投资 3 946 亿元，同比增长 15.2%，增速与上年基本持平，连续 20 个月保持在 10% 以上，其中，商品住宅开发投资 2 764.5 亿元，同比增长 26%。

2. 商品房施工面积继续增长。 2018 年末，湖南省房地产施工面积 35 781.5 万平方米，同比增长 12.9%，增速较上年提高 7.8 个百分点。其中，本年新开工面积 11 127.7 万平方米，同比增长 35.1%，增速较上年提高 24.9 个百分点。

3. 商品房销售形势较好。 2018 年，湖南省商品房销售面积 9 239.1 万平方米，同比增长 8.3%，增速较上年提高 2.8 个百分点；商品房销售额 5 354 亿元，同比增长 20%，增速较上年提高 1.1 个百分点。

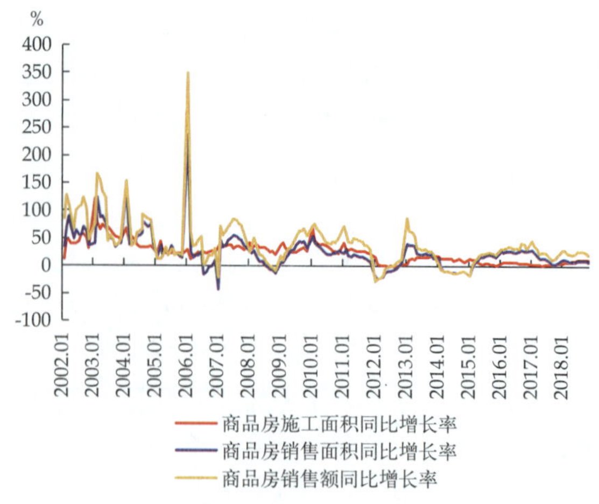

数据来源：湖南省统计局。

图 14　2002~2018 年湖南省商品房施工和销售变动趋势

4. 重点城市商品房价格略有上涨。 湖南省调查总队数据显示，2018 年，长沙、岳阳、常德新建商品住宅价格分别比上年上涨 7.7%、8.5% 和 7.8%，其中，2018 年 12 月同比分别上涨 11.1%、8.5% 和 10.7%；二手住宅价格分别比上年上涨 7.8%、5.7% 和 5.2%，其中，2018 年 12 月同比分别上涨 8%、6.9% 和 7.9%。

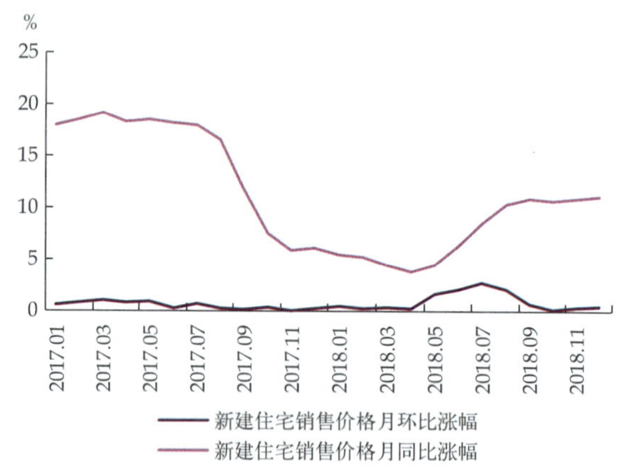

数据来源：湖南省统计局。

图 15　2017~2018 年长沙市新建住宅销售价格变动趋势

5. 房地产贷款增长平稳、结构优化，金融支持保障性住房力度加大。 2018 年末，湖南省房地产贷款余额 11 631.7 亿元，同比增长

28.3%，增速与上年基本持平，其中，长沙市房地产贷款增长18%，同比回落4.2个百分点。分项目看，全省个人住房贷款增长27.5%，同比回落0.6个百分点；房地产开发贷款增长27%，其中，保障性住房开发贷款增长50.6%，同比提高7.3个百分点。

（六）“两型”社会建设成效显著，一体化协同发展进入新阶段

2018年4月2日，株洲、衡阳被纳入国家创新型城市试点，11月1日，湖南省委近5年来首次以常委会会议规格专题研究长株潭城市群一体化发展，长株潭“两型”社会建设综合配套改革试验区第三阶段改革进入新的发展阶段。

经济引领作用凸显。2018年，长株潭城市群地区生产总值28 946.4亿元，对全省经济增长的贡献率达80.8%，拉动全省经济增长6.3个百分点。其中，长株潭地区生产总值15 796.4亿元，占全省地区生产总值的43.4%，对全省经济增长的贡献率达41.7%，拉动全省经济增长3.2个百分点。

产业转型效果明显。大力发展绿色制造，2018年长株潭三市共关停、退出绿心保护区工业企业619家，评估认定国家绿色工厂26家、省级绿色工厂46家。大力发展智能制造，长株潭三市高新技术企业数占全省总数的65.6%，其中长沙国家级智能制造试点示范企业（项目）总数27个，居全国省会城市第一，长株潭地区全社会研发投入占地区生产总值比重达到2.5%，比全省平均水平高0.6个百分点，高新技术产业增加值占全省的61.4%。

小康水平不断提高。长株潭城市群8个地级市全面实现小康程度均在90%以上，其中长株潭三市进入中国城市全面小康指数百强，分别排第10位、第48位和第76位，人均地区生产总值位列全省前三，居民人均可支配收入39 274元，比上年增长8.6%。长沙84个省定贫困村全部脱贫；株洲茶陵、炎陵两个国家片区贫困县成功脱贫摘帽，166个贫困村全部退出；湘潭全年脱贫21 742人，贫困发生率降至0.36%。

一体化纵深推进。召开首届长株潭城市群一体化发展联席会议，审议并签署了《长株潭城市群一体化发展合作机制》《长株潭城市群一体化发展行动计划（2018~2019年）》《长株潭城市群一体化发展联席会议制度》三个文件，建立起常态化、制度化的协调机制。针对长株潭城市群一体化发展中的难点、“堵点”问题，聚焦基础设施、公共服务、环境保护、民生保障等一体化，铺排14个大项20个分项合作实事。

三、预测与展望

当前，世界经济总体保持复苏态势，但在贸易摩擦升级、主要发达经济体货币政策正常化持续推进以及地缘政治冲突多点爆发的背景下，全球经济复苏步伐放缓，增长势头有所减弱。国内，供给侧结构性改革深入推进，发展方式逐步转变，经济结构不断优化，我国处于并将长期处于发展的重要战略机遇期，但新旧动能转化过程中的发展压力仍存，经济内生增长动力有待进一步增强。

当前，湖南省正处于供给侧结构性改革的深化期，传统行业产能过剩与市场需求不足的矛盾短期内难以解决，加之新业态、新动能量级仍较弱，全省经济发展仍然面临较大压力。但与此同时，随着供给侧结构性改革、简政放权和创新驱动发展战略的深入实施，全省制造强省五年规划的全力推进，大众创业、万众创新的蓬勃发展，新产业成长壮大、新动能持续积蓄、新模式逐步涌现，全省经济稳中向好、稳中有进、稳中提质的积极因素不断增加。预计，2019年湖南省经济仍将保持平稳增长。

新的一年，全省金融系统将继续贯彻落实党的十九大、中央经济工作会议和全国金融工作会议精神，坚持稳中求进工作总基调，以供给侧结构性改革和高质量发展为主线，认真贯彻落实稳健货币政策，进一步加大对供给侧结构性改革重点领域和薄弱环节的金融支持力度，提高金融服务实体经济的质效，有效防范金融风险，深化金融改革开放，促进全省经济金融持续健康发展。

中国人民银行长沙中心支行货币政策分析小组

总　纂：张　奎　曾　涛

统　稿：廖鹤琳　宋利亚　赵遂彬　张　阳　郭　卉

执　笔：余　峥　李远航　向　柳　姜　超　邹庆华　司马亚玺　曾得利　丁锐夫　吴　敏　伍圆恒　焦俊勇　钟芳芳　张　骥

提供材料的还有：李　杜　黄　河　周　琳　邓　婷　吴盛光　张胜蓝　张丽康　彭　星　王　达　胡万俊

附录

（一）2018 年湖南省经济金融大事记

4 月 2 日，湖南省株洲市、衡阳市获批国家创新型城市试点。

6 月 4 日，湖南省制造业应收账款融资对接推进会在长沙举行，标志着湖南省应收账款融资专项行动正式启动。

7 月 18 日，浙商银行长沙分行正式开业，12 家全国性股份制商业银行正式齐聚湖南。

8 月 17 日，湖南省新兴产业投资基金落地首单“湖南光控母基金”正式签约，开启湖南省政府引导基金与跨境资管平台首次合作。

9 月 7 日，《湖南省乡村振兴战略规划（2018~2022 年）出台。

9 月 26 日，长沙银行正式登陆上交所主板，成为湖南省首家在 A 股上市的银行。

11 月 8 日，中国人民银行长沙中心支行联合六部门出台《关于进一步深化湖南省民营和小微企业金融服务的实施意见》。

12 月 30 日，《湖南创新型省份建设实施方案》出台。

（二）2018 年湖南主要经济金融指标

表 1　2018 年湖南省主要存贷款指标

		1 月	2 月	3 月	4 月	5 月	6 月	7 月	8 月	9 月	10 月	11 月	12 月
本外币	金融机构各项存款余额（亿元）	47 932.9	48 413.5	48 754.2	48 533.4	48 611.3	49 493.4	48 833.5	49 233.0	49 382.6	48 852.3	48 922.6	48 994.6
	其中：住户存款	23 536.0	25 305.4	25 581.1	24 848.4	24 824.2	25 210.2	24 944.5	24 983.6	25 287.7	25 026.8	25 039.8	25 381.3
	非金融企业存款	14 321.5	13 342.7	13 509.5	13 512.6	13 258.9	13 535.1	13 176.1	13 335.7	13 253.9	12 748.3	12 798.3	13 047.9
	各项存款余额比上月增加（亿元）	1 203.6	480.6	340.7	-220.8	78.0	882.1	-659.9	399.6	149.6	-530.3	70.3	72.0
	金融机构各项存款同比增长（%）	11.1	10.0	9.7	8.5	7.6	8.0	5.5	5.5	5.1	3.7	3.0	4.8
	金融机构各项贷款余额（亿元）	32 813.5	33 146.0	33 583.4	33 727.1	34 003.6	34 515.4	34 910.8	35 354.0	35 783.0	35 910.7	36 205.2	36 460.5
	其中：短期	7 332.2	7 338.5	7 490.4	7 481.3	7 493.9	7 731.8	7 716.1	7 738.9	7 915.7	7 923.7	7 957.7	8 010.6
	中长期	24 681.1	25 050.3	25 323.3	25 474.6	25 685.5	25 936.9	26 305.1	26 646.3	26 862.1	26 946.5	27 159.8	27 360.3
	票据融资	684.9	646.5	655.9	656.3	700.3	726.4	769.0	843.6	881.2	918.0	964.0	965.3
	各项贷款余额比上月增加（亿元）	954.9	332.5	437.4	143.7	276.5	511.8	395.3	443.2	429.1	127.7	294.4	255.4
	其中：短期	176.7	6.2	151.9	-9.2	12.7	237.9	-15.7	22.9	176.7	8.1	34.0	52.8
	中长期	817.9	369.1	273.0	151.3	211.0	251.3	368.3	341.2	215.7	84.4	213.3	200.6
	票据融资	-42.6	-38.4	9.5	0.4	44.0	26.2	42.5	74.6	37.7	36.8	45.9	1.4
	金融机构各项贷款同比增长（%）	15.2	15.6	14.9	14.0	13.7	13.6	13.9	14.0	14.0	13.6	13.7	14.5
	其中：短期	11.6	12.1	11.9	12.7	12.0	13.2	11.5	10.5	11.5	11.9	11.3	12.0
	中长期	19.2	19.3	18.0	16.3	15.4	14.5	14.8	14.8	14.3	13.5	13.6	14.6
	票据融资	-39.0	-36.0	-31.7	-29.2	-19.6	-8.2	9.7	19.3	28.3	36.3	43.5	32.8
	建筑业贷款余额（亿元）	1 112.1	1 157.9	1 197.2	1 197.4	1 199.9	1 224.1	1 223.1	1 229.6	1 242.2	1 226.6	1 222.5	1 156.7
	房地产业贷款余额（亿元）	2 098.6	2 165.7	2 162.5	2 176.1	2 190.7	2 203.5	2 237.0	2 267.4	2 291.5	2 320.6	2 353.7	2 381.4
	建筑业贷款同比增长（%）	28.3	32.9	34.4	29.3	27.6	25.4	16.9	16.7	13.9	11.4	12.6	13.4
	房地产业贷款同比增长（%）	35.7	38.1	35.4	34.7	35.8	35.5	33.5	34.3	30.9	32.3	33.3	37.4
人民币	金融机构各项存款余额（亿元）	47 648.4	48 122.5	48 450.5	48 253.6	48 346.1	49 211.7	48 551.9	48 949.8	49 097.3	48 575.4	48 613.9	48 697.5
	其中：住户存款	23 429.1	25 195.0	25 470.1	24 737.1	24 712.2	25 094.1	24 826.0	24 865.0	25 171.1	24 910.7	24 925.3	25 268.7
	非金融企业存款	14 168.0	13 190.9	13 355.7	13 363.4	13 120.7	13 386.3	13 034.1	13 193.6	13 102.7	12 604.3	12 622.2	12 880.8
	各项存款余额比上月增加（亿元）	1 210.7	474.1	328.0	-196.9	92.5	865.6	-659.8	397.9	147.4	-521.8	38.5	83.6
	其中：住户存款	164.4	1 765.9	275.2	-733.1	-24.8	381.9	-268.2	39.0	306.1	-260.3	14.6	343.4
	非金融企业存款	495.6	-977.1	164.8	7.7	-242.7	265.5	-352.1	159.5	-90.9	-498.4	17.9	258.5
	各项存款同比增长（%）	11.3	10.2	9.9	8.8	7.8	8.2	5.6	5.5	5.1	3.8	3.0	4.9
	其中：住户存款	2.8	8.9	9.5	9.1	8.7	8.9	9.1	8.5	8.1	8.6	8.7	8.6
	非金融企业存款	16.3	7.1	5.3	1.7	0.3	0.0	-2.7	-2.6	-2.6	-5.9	-4.8	-5.8
	金融机构各项贷款余额（亿元）	32 522.0	32 860.8	33 298.9	33 435.6	33 707.2	34 219.0	34 614.5	35 070.9	35 513.6	35 651.0	35 953.5	36 211.8
	其中：个人消费贷款	7 580.4	7 661.3	7 843.5	7 983.5	8 178.1	8 367.5	8 540.0	8 727.7	8 924.7	9 075.7	9 213.4	9 375.1
	票据融资	684.9	646.5	655.9	656.3	700.3	726.4	769.0	843.6	881.2	918.0	964.0	965.3
	各项贷款余额比上月增加（亿元）	980.6	338.7	438.1	136.7	271.6	511.8	395.5	456.4	442.7	137.3	302.5	258.3
	其中：个人消费贷款	205.7	80.9	182.2	140.0	194.6	189.4	172.6	187.7	197.0	151.0	137.7	161.6
	票据融资	-42.6	-38.4	9.5	0.4	44.0	26.2	42.5	74.6	37.7	36.8	45.9	1.4
	金融机构各项贷款同比增长（%）	15.5	16.1	15.4	14.5	14.0	14.1	14.4	14.4	14.4	14.0	14.1	14.8
	其中：个人消费贷款	30.4	29.6	28.4	28.4	28.8	28.2	28.3	28.1	27.7	27.7	27.1	27.4
	票据融资	-38.7	-35.7	-31.4	-29.0	-19.3	-7.9	10.0	19.7	28.7	36.7	43.9	33.2
外币	金融机构外币存款余额（亿美元）	44.9	46.0	48.3	44.1	41.3	42.6	41.3	41.5	41.5	39.7	44.5	43.3
	金融机构外币存款同比增长（%）	-6.0	-9.4	-9.8	-12.9	-15.3	-9.3	-8.4	-5.6	-4.7	-5.2	4.1	-3.0
	金融机构外币贷款余额（亿美元）	46.0	45.1	45.2	46.0	46.2	44.8	43.5	41.5	39.2	37.3	36.3	36.2
	金融机构外币贷款同比增长（%）	-1.6	-10.7	-15.0	-11.5	-10.5	-16.2	-20.3	-23.9	-26.2	-27.6	-26.6	-25.3

数据来源：中国人民银行长沙中心支行。

表 2　2001~2018 年湖南省各类价格指数

单位：%

		居民消费价格指数		农业生产资料价格指数		工业生产者购进价格指数		工业生产者出厂价格指数	
		当月同比	累计同比	当月同比	累计同比	当月同比	累计同比	当月同比	累计同比
2001		—	-0.9	—	-1.6	—	1.1	—	-0.2
2002		—	-0.5	—	-2.0	—	-0.7	—	-0.8
2003		—	2.4	—	2.6	—	6.7	—	2.6
2004		—	5.1	—	12.1	—	14.4	—	8.0
2005		—	2.3	—	11.2	—	9.4	—	6.0
2006		—	1.4	—	0.7	—	6.5	—	4.3
2007		—	5.6	—	13.0	—	6.1	—	6.1
2008		—	6.0	—	26.5	—	12.0	—	9.3
2009		—	-0.4	—	-5.0	—	-7.4	—	-5.7
2010		—	3.1	—	1.4	—	10.0	—	6.9
2011		—	5.5	—	10.9	—	10.8	—	8.5
2012		—	2.0	—	4.7	—	0.1	—	-0.9
2013		—	2.5	—	2.3	—	0.1	—	-1.5
2014		—	1.9	—	0.2	—	-2.1	—	-1.6
2015		—	1.4	—	4.1	—	-5.5	—	-3.7
2016		—	1.9	—	1.7	—	-2.0	—	-1.1
2017		—	1.4	—	1.0	—	7.2	—	5.8
2018		—	2.0	—	2.7	—	3.5	—	3.2
2017	1	2.8	2.8	0.7	0.7	7.5	7.5	6.3	6.3
	2	1.2	2.0	0.4	0.6	8.5	8.0	6.7	6.5
	3	1.0	1.7	0.6	0.6	8.6	8.2	6.9	6.6
	4	1.0	1.5	0.8	0.6	8.1	8.2	6.1	6.5
	5	1.4	1.5	0.5	0.6	6.9	7.9	5.6	6.3
	6	1.4	1.5	0.1	0.5	6.7	7.7	5.5	6.2
	7	1.5	1.5	0.8	0.6	6.7	7.6	5.0	6.0
	8	1.6	1.5	1.3	0.7	7.4	7.5	5.6	5.9
	9	1.5	1.5	1.4	0.7	8.0	7.6	6.2	6.0
	10	1.3	1.5	1.9	0.9	7.8	7.6	6.3	6.0
	11	1.0	1.4	2.0	1.0	6.0	7.5	5.1	5.9
	12	1.4	1.4	1.4	1.0	4.6	7.2	4.3	5.8
2018	1	1.3	1.3	2.2	2.2	4.6	4.6	3.7	3.7
	2	2.4	1.8	1.8	2.0	3.8	4.2	3.5	3.6
	3	1.8	1.8	2.1	2.0	3.5	4.0	3.2	3.5
	4	1.6	1.8	2.6	2.2	3.3	3.8	3.3	3.4
	5	1.5	1.7	2.9	2.3	4.0	3.8	3.7	3.5
	6	1.6	1.7	3.0	2.4	4.3	3.9	4.2	3.6
	7	1.6	1.7	3.3	2.5	4.2	4.0	4.2	3.7
	8	2.0	1.7	3.4	2.7	3.7	3.9	3.7	3.7
	9	2.4	1.8	3.3	2.7	3.1	3.8	3.1	3.6
	10	2.8	1.9	3.5	2.8	2.9	3.7	2.8	3.5
	11	2.6	2.0	2.9	2.8	2.8	3.6	2.4	3.4
	12	2.0	2.0	2.0	2.7	1.7	3.5	1.1	3.2

数据来源：湖南省统计局。

表3　2018年湖南省主要经济指标

	1月	2月	3月	4月	5月	6月	7月	8月	9月	10月	11月	12月
绝对值（自年初累计）												
地区生产总值（亿元）	—	—	7 777.7	—	—	16 405.0	—	—	25 321.6	—	—	36 425.8
第一产业	—	—	494.1	—	—	—	—	—	—	—	—	3 083.6
第二产业	—	—	3 131.0	—	—	—	—	—	—	—	—	14 453.5
第三产业	—	—	4 152.5	—	—	—	—	—	—	—	—	18 888.7
工业增加值（亿元）	—	—	—	—	—	—	—	—	—	—	—	—
固定资产投资（亿元）	—	—	—	—	—	—	—	—	—	—	—	—
房地产开发投资	—	316.5	598.7	878.2	1 186.3	1 614.9	1 930.3	2 314.6	2 738.5	3 142.9	3 531.2	3 945.9
社会消费品零售总额（亿元）	—	—	3 541.8	4 630.3	5 895.1	7 165.7	8 440.9	9 693.4	11 010.5	12 564.1	14 061.8	15 638.3
外贸进出口总额（亿元）	205.1	377.9	574.3	802.9	1 052.1	1 304.2	1 542.2	1 819.6	2 076.0	2 367.6	2 712.9	3 079.5
进口	77.0	141.6	225.0	309.0	397.9	483.1	566.9	670.9	772.6	868.7	960.3	1 052.8
出口	128.1	236.2	349.3	494.0	654.2	821.1	975.3	1 148.7	1 303.4	1 498.9	1 752.5	2 026.7
进出口差额（出口－进口）	51.1	94.6	124.4	185.0	256.3	337.9	408.3	477.9	530.8	630.3	792.2	973.9
实际利用外资（亿美元）	—	23.0	40.0	52.9	68.1	85.6	96.2	109.8	123.1	136.4	149.1	161.9
地方财政收支差额（亿元）	-191.0	-613.1	-1 280.6	-1 367.6	-1 643.3	-2 695.2	-2 792.9	-3 046.4	-4 103.6	-4 074.5	-4 025.1	-4 618.5
地方财政收入	298.8	488.7	768.3	995.2	1 208.5	1 527.2	1 712.0	1 866.7	2 090.4	2 308.2	2 494.1	2 860.7
地方财政支出	489.8	1 101.8	2 048.9	2 362.8	2 851.8	4 222.4	4 504.9	4 913.0	6 194.0	6 382.7	6 519.2	7 479.2
城镇登记失业率（%）（季度）	—	—	—	—	—	—	—	—	—	—	—	4.9
同比累计增长率（%）												
地区生产总值	—	—	8.0	—	—	7.8	—	—	7.8	—	—	7.8
第一产业	—	—	3.7	—	—	3.2	—	—	3.1	—	—	3.5
第二产业	—	—	7.2	—	—	6.7	—	—	6.7	—	—	7.2
第三产业	—	—	9.3	—	—	9.7	—	—	9.5	—	—	9.2
工业增加值	—	8.1	7.6	7.6	7.6	7.0	6.9	6.9	6.9	7.1	7.1	7.4
固定资产投资	—	11.6	11.9	11.6	10.5	10.3	10.4	10.2	10.0	10.1	10.0	10.0
房地产开发投资	—	12.4	14.0	13.9	10.7	10.1	11.3	13.9	15.6	16.3	15.4	15.2
社会消费品零售总额	—	11.0	11.1	11.0	10.6	10.3	10.2	10.1	10.2	10.1	10.0	10.0
外贸进出口总额	46.1	51.1	37.4	34.7	34.3	31.7	29.6	29.1	25.1	25.4	26.4	26.5
进口	62.8	45.9	38.7	37.1	36.1	31.8	30.6	30.6	28.5	29.1	25.6	21.2
出口	37.7	54.3	36.5	33.3	33.2	31.6	29.0	28.2	23.1	23.3	26.9	29.5
实际利用外资	—	15.2	14.7	13.6	14.0	14.8	14.6	13.7	12.4	12.6	11.5	11.9
地方财政收入	14.5	12.9	2.9	3.0	1.3	0.2	1.2	1.5	2.0	2.1	1.5	3.7
地方财政支出	18.8	21.4	21.5	14.4	12.2	13.9	12.2	10.4	14.9	13.0	3.0	8.9

数据来源：湖南省统计局。

广东省金融运行报告（2019）

中国人民银行广州分行货币政策分析小组

[内容摘要] 2018 年，广东省以习近平新时代中国特色社会主义思想为指导，全面贯彻落实党中央、国务院决策部署，坚持稳中求进工作总基调，贯彻新发展理念，统筹做好稳增长、促改革、调结构、惠民生、防风险、保稳定各项工作，保持经济平稳健康发展。金融业认真贯彻落实稳健中性的货币政策，以供给侧结构性改革为主线，积极支持实体经济发展，大力防控金融风险，全面深化金融改革开放，为广东省经济高质量发展提供了有力支撑。

市场需求增速趋缓，结构改善。投资结构优化。2018 年，广东省固定资产投资同比增长 10.7%。其中，高技术和先进制造业投资保持活跃，全年高技术制造业投资增长 18.1%，装备制造业投资增长 12.5%。民间投资增长 8.9%，占固定资产投资比重为 57.8%。消费增长平稳。2018 年，广东省实现社会消费品零售总额同比增长 8.8%，增速回落 1.2 个百分点，主要受汽车和房地产领域消费放缓的影响。新兴消费业态发展势头良好。2018 年末，广东省限额以上单位无店铺零售业态零售额增长 10.9%；固定互联网宽带用户同比增长 10.8%，移动互联网用户同比增长 11.2%。贸易结构改善。2018 年，广东省实现货物进出口总额同比增长 5.1%，占全国货物进出口总额的 23.5%，占比比上年下降 1 个百分点。受中美贸易摩擦影响，广东省 2018 年货物出口增速比上年回落 5.5 个百分点；货物进口增速比上年提高 1.2 个百分点。从贸易结构看，产业链长、附加值高的一般贸易进出口占外贸进出口的 47%，较上年提高 0.9 个百分点；高新技术产品进出口额增速高于进出口总额增速 5.7 个百分点；民营企业货物进出口占比 48.9%，较上年提高 2.8 个百分点。2018 年，广东省实际利用外资 1 450.9 亿元，同比增长 4.9%，其中，制造业实际利用外资增长 57.9%。

结构性改革深入推进，经济质量效益提升。2018 年，广东省产业结构进一步优化，服务业占比提高 1.4 个百分点，对经济增长的贡献率达 58.9%，比上年提高 0.7 个百分点。工业结构持续调整。2018 年，广东省规模以上工业企业增加值增速高出全国水平 0.1 个百分点，高技术制造业和装备制造业增加值分别占规模以上工业增加值的 31.5% 和 45.7%，比上年同期分别提高 2.7 个和 3.9 个百分点。技术创新推动工业效率提升，全员劳动生产率比上年提高 16.5%。服务业结构进一步改善。2018 年，广东省服务业增加值同比增长 7.8%。其中，现代服务业增加值占服务业增加值比重同比提高 0.6 个百分点；生产性服务业增加值占地区生产总值比重比上年同期提高 0.6 个百分点。全年规模以上服务业营业收入增长 14%，其中，战略性新兴服务业营业收入增长 19.6%，高技术服务业营业收入增长 18.8%，互联网和相关服务业营业收入增长 30.9%，软件和信息技术服务业营业收入增长 19.8%。

2018 年，广东省金融运行总体平稳，对实体经济支持力度不断增强。社会融资规模保持合理适度增长。2018 年，广东省新增社会融资规模占全国比重为 11.7%，比上年高 0.3 个百分点。银行业规模稳中有升，信贷结构持续优化。2018 年，广东省银行业总资产同比增长 3.7%，净利润同比增长 13.9%。不良贷款余额增幅回落，新增不良贷款规模比上年减少 56.7 亿元，不良贷款率较上年下降 0.3 个百分点。2018 年末，广东省本外币各项贷款余额同比增速比上年末高 1.6 个百分点，其中，制造业单位贷款同比增速比上年末加快 3.7 个百分点，同比多增 450 亿元；民营企业贷款同比增长 11.4%，同比多增 792 亿元，普惠口径小微企业贷款同比多增948亿元，增速达29.6%。证券业平稳发展，上市融资规模保持较快增长。2018年，广东省证券市场共有上市公司588家，全年上市公司（含金融机构）通过境内市场累计筹资额同比增长7%。其中，新增主板上司公司18家，筹资476.2亿元。保险业务平稳增长，保障能力持续提升。2018年，广东省保险业资产同比增长7.7%，保费收入同比增长8.4%，规模居全国第一。2018年，广东省保险业赔付支出1 403.5亿元，同比增长22.9%，比上年同期加快12.6个百分点。保险资金投资广东省余额超过5 000亿元，出口信用保险支持贸易5 433.8亿元，科技保险为科技创新企业提供风险保障5 375.8亿元，对实体经济发展和缓释风险起到保障支持作用。

金融生态环境建设深入推进，金融创新取得成效。健全农村金融组织体系，提升金融机构支农效能。2018年末，政策性银行及商业银行涉农贷款增速比上年同期高1.7个百分点；村镇银行设立61家，成为支农支小新生力军。大力实施信用创建支持乡村振兴行动。在广东省范围内引导金融机构对124个信用村的134个产业给予帮扶，支持金额26.3亿元；评定信用农户417.5万户、信用村1.3万个。大力发挥平台对接功能，缓解银企信息不对称难题。搭建广东省中小微企业信用信息和融资对接平台（以下简称“粤信融”），构建政府部门提供的企业非银行信用信息数据库，大幅提升银企对接效率，2018年，“粤信融”新增银企融资撮合1.38万笔，金额达2 257亿元。推动中征应收账款融资服务平台应用，2018年，广东省平台注册用户数1 866家，实现融资386亿元。积极推进移动支付便民工程建设，不断深化移动支付在公共交通、生活服务、医疗卫生等便民领域规模化应用。2018年，乡银保项目累计交易金额5 460万元；移动支付智慧公交项目累计交易5 217万元；菜篮子移动支付项目累计交易763万元。稳步推进中国人民银行金融消费权益保护热线投诉处理管理系统建设。2018年，广东省金融消费权益保护热线“12363”（不含深圳）受理金融消费咨询件数同比增长23%，解答率100%；受理金融消费投诉件数同比增长42.2%，比上年下降23.6个百分点。

2019年，广东省将以全面深入贯彻落实粤港澳大湾区战略为契机，坚持以供给侧结构性改革为主线，积极应对外部挑战增多、内部动能迭代更替等复杂情况，促进广东省经济金融持续健康发展。从经济运行看，传统产业和传统消费增长将延续放缓态势，旧动能将进一步减弱，但随着粤港澳大湾区建设加快推进，新技术、新产业、新业态、新模式将不断涌现，战略性新兴产业、高技术制造业、现代服务业等将成为拉动经济增长的主要动力。物价形势总体稳定，消费者价格指数（CPI）保持温和上行态势。广东省工业品出厂价格指数（PPI）上涨趋势可能放缓，综合来看，地区通胀预期趋于稳定。从金融运行看，在稳健货币政策背景下，信贷资金总量将保持合理增长，信贷结构持续优化，重点支持供给侧结构性改革重点领域和薄弱环节。随着各项金融改革政策逐步落实，广东省社会融资规模增长趋稳，直接融资效率提升，市场风险将逐步缓释降低，金融业将总体保持平稳运行。

一、金融运行情况

2018年，广东省金融运行总体平稳，信贷规模保持合理适度增长，直接融资规模回升，融资结构持续改善，金融生态环境建设不断深入，对实体经济支持力度明显增强。

（一）银行业规模稳中有升，信贷支持实体经济力度增强

1. 银行业资产增速加快，收益水平较高。 截至2018年末，广东省银行业总资产同比增长3.7%，比2017年同期高出1个百分点；净利润

同比增长13.9%，明显好于证券业和保险业。营业网点机构数减少2家，从业人数减少7 017人，主要是农信社改制农商行，以及股份制商业银行和城市商业银行网点调整影响。银行业机构组织体系进一步完善，业务广度和深度都得到提升。

表1　2018年广东省银行业金融机构情况

机构类别	营业网点			法人机构（个）
	机构个数（个）	从业人数（人）	资产总额（亿元）	
一、大型商业银行	6 180	139 663	93 034	0
二、国家开发银行和政策性银行	82	2 423	10 960	0
三、股份制商业银行	1 815	70 520	53 504	3
四、城市商业银行	625	18 871	19 333	5
五、城市信用社	0	0	0	0
六、小型农村金融机构	5 938	73 901	33 905	96
七、财务公司	23	1 078	4 109	22
八、信托公司	5	1 498	644	5
九、邮政储蓄银行	2 066	27 099	6 702	0
十、外资银行	258	10 413	6 326	6
十一、新型农村金融机构	284	4 455	866	61
十二、其他	9	1 404	6 039	8
合　计	17 285	351 325	235 421	206

注：营业网点不包括国家开发银行和政策性银行、大型商业银行、股份制商业银行等金融机构总部数据；大型商业银行包括中国工商银行、中国农业银行、中国银行、中国建设银行和交通银行；小型农村金融机构包括农村商业银行、农村合作银行和农村信用社；新型农村金融机构包括村镇银行、贷款公司、农村资金互助社；“其他”包含金融租赁公司、汽车金融公司、货币经纪公司、消费金融公司等。

数据来源：广东银保监局、深圳银保监局。

2. 存款增速放缓。2018年末，广东省本外币各项存款余额20.8万亿元，同比增长6.9%，比2017年同期回落1.3个百分点。受理财产品收益率下降、资本市场行情波动、第三方支付平台监管趋严等因素影响，居民资金向银行等传统渠道回流，2018年新增住户存款7 183亿元，同比多增4 014亿元；非银行业金融机构存款比年初减少2 117亿元，同比多减128亿元。2018年，企业应收账款规模增长较快，导致资金周转速度放慢，削弱企业聚集和留存资金的能力，非金融企业存款比年初增加2 455亿元，同比少增3 262亿元。

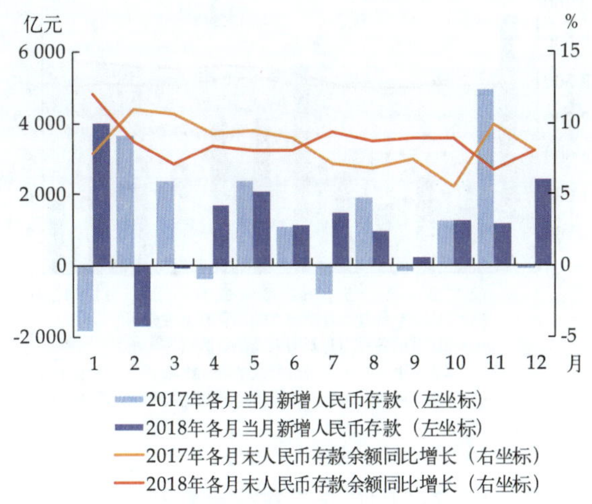

数据来源：中国人民银行广州分行。

图1　2017~2018年广东省金融机构人民币存款增长变化

3. 贷款保持合理适度增长，对实体经济支持力度加大。2018年末，广东省本外币各项贷款余额14.52万亿元，同比增长15.2%，增速比上年末高1.6个百分点。单位中长期贷款新增1.2万亿元，同比多增90亿元。金融机构加强对供给侧结构性改革重点领域和薄弱环节的支持，信贷结构持续优化，服务实体经济力度不断增强。制造业单位贷款同比增长6.3%，比上年末加快3.7个百分点，同比多增450亿元；房地产业贷款比年初增加3 085亿元，同比多增349亿元。与创新创业和转型升级关联度较大的信息传输软件和信息技术服务业、科学研究和技术服务业贷款增长较快，同比增速分别高达27.7%和15.9%。

货币信贷政策支持结构调整效应继续显现。2018年，广东省累计发放信贷政策支持再贷款、再贴现479.1亿元，同比增长71.1%，为市场提供较低成本资金，引导金融机构加大对民营和小微企业信贷投放。截至2018年末，广东省民营企业贷款余额同比增长11.4%，比年初增加4 718亿元，同比多增792亿元；普惠口径小微贷款余额比年初增加2 141亿元，同比多增948

亿元，同比增速达 29.6%。

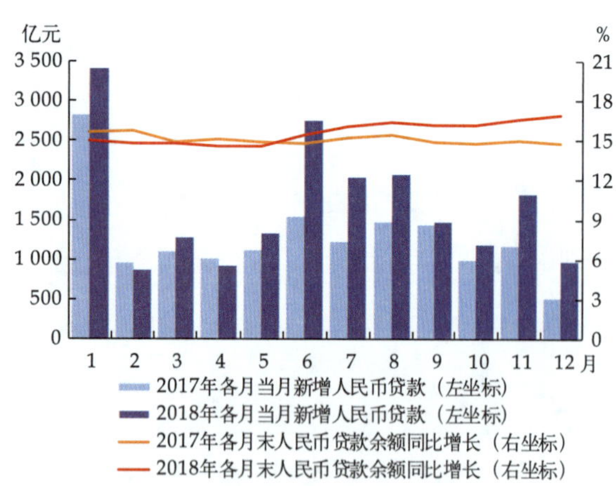

数据来源：中国人民银行广州分行。

图 2　2017~2018 年广东省金融机构人民币贷款增长变化

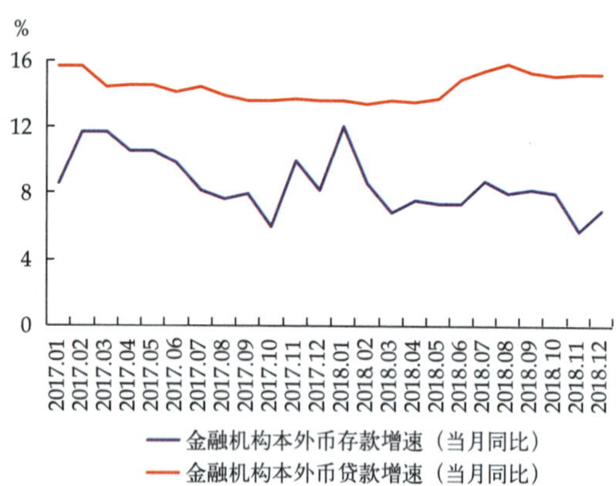

数据来源：中国人民银行广州分行。

图 3　2017~2018 年广东省金融机构本外币存、贷款增速变化

4. 贷款利率保持平稳。2018 年 12 月，广东省金融机构新发放贷款加权平均利率为 5.87%，同比上升 0.02 个百分点。利率小幅回升主要是受个人住房贷款利率上升的影响，12 月广东省个人住房贷款加权平均利率为 5.92%，同比上升 0.82 个百分点。受美联储加息影响，2018 年广东省美元存款加权平均利率以及美元贷款各期限加权平均利率均保持上行趋势。随着金融去杠杆效应显现，民间借贷利率有所上升。

广东市场利率定价自律机制积极发挥维护利率定价秩序作用，积极提升金融机构差异化、精细化定价能力。2018 年，地方法人金融机构积极开展存单业务，同业存单发行计划备案 5 828.5 亿元，大额存单发行计划备案 1 755 亿元。

表 2　2018 年广东省金融机构人民币贷款各利率区间占比

单位：%

月份		1 月	2 月	3 月	4 月	5 月	6 月
合计		100.0	100.0	100.0	100.0	100.0	100.0
下浮		10.6	5.9	7.7	7.0	2.4	5.4
基准		11.7	12.0	10.9	14.2	48.2	10.0
上浮	小计	77.7	82.0	81.4	78.8	49.4	84.6
	(1.0, 1.1]	17.5	17.1	12.1	13.8	5.7	11.6
	(1.1, 1.3]	27.1	25.3	25.6	25.6	15.0	24.7
	(1.3, 1.5]	17.8	19.0	22.5	19.8	14.3	22.6
	(1.5, 2.0]	9.3	11.3	12.6	12.3	8.8	16.6
	2.0 以上	6.0	9.5	8.5	7.4	5.6	9.1
月份		7 月	8 月	9 月	10 月	11 月	12 月
合计		100.0	100.0	100.0	100.0	100.0	100.0
下浮		6.1	12.8	12.8	8.5	14.9	13.2
基准		14.8	8.9	9.1	9.6	10.2	15.4
上浮	小计	79.0	78.3	78.1	81.9	74.8	71.5
	(1.0, 1.1]	10.6	7.9	8.8	8.6	9.4	10.8
	(1.1, 1.3]	23.0	22.0	23.3	23.9	23.6	21.1
	(1.3, 1.5]	22.7	22.0	21.5	19.8	19.7	18.0
	(1.5, 2.0]	13.0	13.3	12.1	15.0	10.7	10.7
	2.0 以上	9.7	13.1	12.3	14.7	11.5	10.9

数据来源：中国人民银行广州分行。

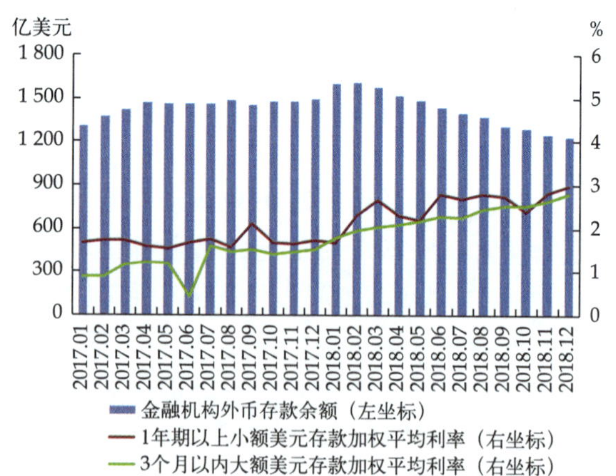

数据来源：中国人民银行广州分行。

图 4　2017~2018 年广东省金融机构外币存款余额及外币存款利率

5. 金融风险水平趋降，防范工作持续推进。 2018 年末，广东省银行业金融机构新增不良贷款规模和不良贷款率相比 2017 年同期分别减少 56.7 亿元和下降 0.3 个百分点。中国人民银行广州分行积极加强与相关部门的配合协作，落实监管政策，深入推进对各类违法违规机构的专项整治工作，有力遏制了广东省非法集资、互联网金融、P2P 等方面的风险积聚势头，金融市场整体保持稳定。

6. 跨境人民币结算业务迅速发展，支持“一带一路”和大湾区建设。 截至 2018 年末，广东省累计办理跨境人民币业务结算量17.3万亿元，占全国业务总量的 23.5%，居全国次位；占广东省本外币跨境收支总额的 24.9%，高出全国平均水平 3.1 个百分点。2018 年，粤港澳大湾区跨境人民币业务量 3.1 万亿元，同比增长 47.8%；广东省与“一带一路”国家和地区发生业务 5 709 亿元，同比增长 44.3%。广东省立足于自贸试验区平台，积极开展试点业务创新，2018 年跨境双向人民币资金池业务累计金额 721.5 亿元，同比增长 50.9%。

专栏 1　出政策、出资金、搭平台、聚合力，不断深化民营和小微企业金融服务

2018 年，中国人民银行广州分行通过强化政策引导、加大资金供给、完善服务平台、提升部门合力等举措，精准对接民营和小微企业需求，不断深化金融服务，取得积极成效。2018 年末，广东省民营企业贷款余额 3.9 万亿元，比年初增加 4 718 亿元，占企业贷款增量的 61.8%，同比提高 8 个百分点；普惠口径小微贷款余额 9 367 亿元，同比增长 29.6%。

一、细化政策举措，加强督导培训，大力强化政策引导作用

一是细化政策指引。制定《关于加强落实深化小微企业金融服务工作部署的通知》《关于加强金融支持广州市民营企业发展的实施意见》等政策文件，从货币政策工具使用、信用信息平台建设、应收账款融资专项行动、产品创新、政策宣传、工作考核等方面提出具体要求。二是督导政策落实。指导银行制定小微企业信贷“增投放、降成本”阶段性工作目标和实施方案，开展专题座谈和实地调研，及时了解政策落实情况，对工作目标不具体、落实措施不得力的银行加强督导。

二、创新工具运用，推动债券融资，多渠道加大资金供给

一是发挥定向降准导向作用。通过细化宏观审慎评估要求、加强资金投向监测，有效引导银行把降准资金用于民营和小微企业。2018 年第二至第四季度，广东省（不含深圳）获得定向降准的地方法人银行新增小微贷款共计 287 亿元，加权平均利率比第一季度低 1.72 个百分点。二是加强再贷款、再贴现工具运用。推广“一次授信、多次发放”“先贷后借”“非评级信贷资产质押”等创新业务模式，推进电子化操作，提升业务办理效率。2018 年，中国人民银行广州分行累计发放支小再贷款、再贴现 443.5 亿元，比 2017 年增长 86.5%，带动民营和小微企业贷款同比增长 34.2%，利率同比降低 0.36 个百分点；带动民营和小微企业贴现量同比增长 28.9%，利率同比降低 0.37 个百分点。三是推进债券融资发展。加强定向辅导，支持法人银行发行金融债补充民营和小微企业贷款资金来源。2018 年广东省（不含深圳）法人银行发行金融债 187 亿元，同比增长 29.5%；联合交易商协会和政府部门广泛宣传推广企业债务融资工具，推进民营企业债券融资支持工具发行。截至 2018 年末，广东省采取民企债券融资支持工具模式发行 9 个民企债券项目，融资 39 亿元，平均发行利率 6.05%，相比未使

用支持工具的民营企业债券平均发行利率低1.15个百分点；2018年广东省民营企业发债融资653亿元，同比增长21%。

三、创新技术应用，促进信息整合，有效发挥融资服务平台作用

一是主动搭建广东省中小微企业信用信息和融资对接平台（“粤信融”平台），构建政府部门提供的企业非银行信用信息数据库，通过网络向金融机构和中小微企业提供政策咨询、融资辅导、供求信息发布、网上对接等服务，大幅提升银企对接效率。2018年促成融资1.38万笔、金额2 257亿元。二是大力推广应用中征应收账款融资服务平台，促成美的集团、TCL集团等大型企业加入平台，珠海市政府采购系统与平台对接形成全国首创的政采贷模式。2018年促成融资1 866笔、金额386亿元。三是深入谋划组织“访百万企业 助实体经济”专项行动，依托“粤信融”平台开发“广东企业走访管理系统”，整合工商、税务等部门的企业信息，组织银行自主选取未获信贷服务的企业进行走访，记录走访关键环节并进行监测通报，推动金融供给端发力，拓展民营和小微企业金融服务覆盖面。

四、完善协作机制，大力加强宣传，充分凝聚政策合力

一是联合广东省经信委举行“深化金融服务 加强政银合作”签约活动，促成17家金融机构与省经信委签署合作协议，为广东省“小升规”企业、高成长小微企业提供专项授信支持。二是联合省经信委、财政厅等部门推动银行设立广东省中小微企业小额票据贴现中心，中国人民银行运用再贴现工具给予支持、财政提供每家500万元奖补资金，缓解小微企业票据融资难题。2018年末，8家银行设立小票贴现中心，受理业务网点超过3 000个，办理票面100万元以下小额票据贴现业务超过10万笔，金额659亿元。三是大力加强宣传，在《金融时报》等报刊媒体和人民网等网络媒体刊登近60篇稿件，解读政策、介绍成效，形成金融支持民营和小微企业发展的良好舆论氛围。

（二）证券业发展总体平稳，上市公司融资规模持续增长

1. 证券机构总体平稳发展。2018年广东省新增法人基金公司1家。受股票市场波动影响，2018年广东省证券公司代理股票交易额同比下降23.5%，股票账户数同比增长10.9%。基金业保持较快增速，2018年末广东省基金规模和净值比2017年末分别增长12.1%和14.6%，增速分别加快15.4个和6个百分点。期货公司全年代理交易额77.6万亿元，同比增长18.1%。

2. 上市公司数量和融资规模平稳增长。截至2018年末，广东省证券市场共有上市公司588家，全年上市公司（含金融机构）通过境内市场累计筹资2 942亿元，同比增长7%。其中，新增主板上市公司18家，筹资476.2亿元。新三板市场受经济下行压力以及中小企业经营难度加大等因素影响，全年新三板挂牌企业定向发行股票筹资75.7亿元，同比下降63.4%。

表3　2018年广东省证券业基本情况

项目	数量
总部设在辖内的证券公司数（家）	28
总部设在辖内的基金公司数（家）	32
总部设在辖内的期货公司数（家）	22
年末国内上市公司数（家）	588
当年国内股票（A股）筹资（亿元）	979
当年发行H股筹资（亿元）	39
当年国内债券筹资（亿元）	4 456
其中：短期融资券筹资额（亿元）	804
中期票据筹资额（亿元）	891

注：当年国内债券融资指非金融企业净债券融资额；当年国内股票（A股）筹资额指非金融企业境内股票融资。

数据来源：中国人民银行广州分行、广东证监局。

（三）保险业结构不断改善，服务实体经济能力提升

1. 业务增长总体稳定。截至2018年末，广东省保险业资产同比增长7.7%，保费收入同比增长8.4%，规模居全国第一。财产险业务发展平稳，人身险业务企稳回升，全年财产险保费收入同比增长15%，人身险保费收入同比增长6%，其中，人身险同比增速下降22.8个百分点，健康险同比增速加快49.9个百分点。从结构上看，万能险保费收入同比下降2.7%，占人身险保费收入比重基本稳定，健康险及意外伤害险收入规模占比稳步回升。

表4　2018年广东省保险业基本情况

项目	数量
总部设在辖内的保险公司数（家）	34
其中：财产险经营主体（家）	14
人身险经营主体（家）	11
保险公司分支机构（家）	77
其中：财产险公司分支机构（家）	38
人身险公司分支机构（家）	48
保费收入（中外资 亿元）	4 664
其中：财产险保费收入（中外资 亿元）	1 271
人身险保费收入（中外资 亿元）	3 393
各类赔款给付（中外资 亿元）	1 403
保险密度（元／人）	4 111
保险深度（%）	4.8

注：保险公司分支机构家数为省级分公司以上保险公司。
数据来源：广东银保监局、深圳银保监局。

2. 服务实体经济力度加大。2018年，广东省保险业赔付支出1 403.5亿元，同比增长22.9%，比上年同期高出12.6个百分点。截至2018年末，广东省出口信用保险支持贸易5 433.8亿元，科技保险为科技创新企业提供风险保障5 375.8亿元，对实体经济发展和缓释风险起到保障支持作用。

（四）金融市场平稳发展，社会融资结构优化

1. 地区社会融资规模平稳增长，直接融资占比提高。2018年，广东省新增社会融资规模2.25万亿元，占全国比重为11.7%，比上年同期高出0.3个百分点。从融资结构看，表外融资大幅收缩，在强监管、防风险政策背景下，截至2018年末，广东省表外融资合计减少3 226亿元，同比少增7 554亿元；直接融资规模同比多增，占社会融资总额比重提高，2018年，非金融企业新增直接融资5 435亿元，同比多增2 629亿元，其中，债券融资同比多增2 761亿元，有力支持了企业融资需求。

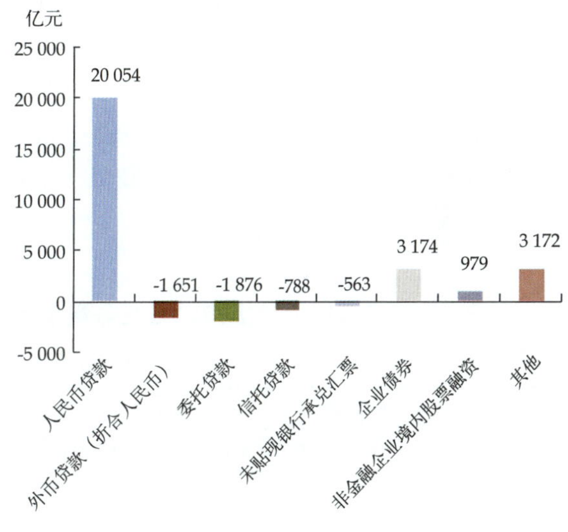

数据来源：中国人民银行广州分行。

图5　2018年广东省社会融资规模分布结构

2. 同业拆借交易增加，拆借利率下行。2018年，受货币市场资金面紧张程度放缓等因素影响，广东省在银行间市场拆借交易金额同比增长37.9%，其中，净融入资金8.2万亿元，同比增长5.3%；拆借利率波动下降，隔夜拆借加权平均利率12月为2.50%，比年初下降0.22个百分点。从交易品种看，拆借交易主要集中在短期品种，隔夜拆借的交易金额占全省的91.9%。

3. 债券市场融资规模回升，发行和交易规模均上升。2018年，在政策支持以及金融机构资产负债配置需求等因素影响下，银行间市场发行债券融资9 634.8亿元，同比增长53.3%，

高出全国平均水平39个百分点。债券加权平均发行利率4.25%，同比下降0.34个百分点。2018年末，广东省债券回购交易金额同比增长39.3%，其中，交易主要集中于短期品种，质押式隔夜回购交易金额占全省的80%。债券现券交易金额同比增长70.7%，占全国的20.1%，居全国首位。

4. 承兑业务增速加快，贴现业务回升，利率水平降低。2018年，广东省银行承兑汇票承兑业务累计发生额同比增长106.2%，增长趋势明显加快。受市场结算需求增加，承兑业务新增需求上升的影响，承兑业务规模增速加快。2018年，票据市场回暖，票据贴现业务量快速上升，全年广东省票据贴现（含转贴现）业务量同比增长41.8%，比上年同期上升79.2个百分点。贴现加权平均利率3.9%，同比降低1个百分点。

表5 2018年广东省金融机构票据业务量统计

单位：亿元

季度	银行承兑汇票承兑		贴现			
			银行承兑汇票		商业承兑汇票	
	余额	累计发生额	余额	累计发生额	余额	累计发生额
1	7 846.41	4 008.87	2 599.01	8 520.95	399.82	801.08
2	7 273.19	7 347.12	3 149.75	15 850.31	581.58	1 558.95
3	7 929.47	11 538.41	4 067.59	24 451.55	270.51	2 166.89
4	8 452.14	15 672.47	4 466.58	32 690.99	1 044.54	4 088.22

数据来源：中国人民银行广州分行。

表6 2018年广东省金融机构票据贴现、转贴现利率

单位：%

季度	贴现		转贴现	
	银行承兑汇票	商业承兑汇票	票据买断	票据回购
1	5.2999	6.4474	4.8781	4.0629
2	5.0147	6.1853	4.8769	3.7334
3	4.2645	6.3554	3.9174	3.3359
4	3.7370	6.2204	3.7312	2.8039

数据来源：中国人民银行广州分行。

（五）金融生态环境建设持续完善，普惠金融服务体系效能提升

2018年，广东省深入推进金融生态环境建设，加快建立多层次、广覆盖、可持续的现代普惠金融服务体系。一是健全农村金融组织体系，提升金融机构支农效能。截至2018年末，政策性银行及商业银行涉农贷款同比增长18.4%，比2017年同期加快1.7个百分点；成立小额贷款公司460家，实现县域全覆盖；村镇银行成立61家，成为支农支小新生力军。二是大力实施信用创建支持乡村振兴行动。在全省范围内引导金融机构对124个信用村的134个产业给予帮扶，支持金额26.3亿元；评定信用农户417.5万户、信用村1.3万个，构建覆盖农村社会的信用激励网，推动建立227个征信文化宣传教育基地。三是大力发挥平台对接功能，缓解银企信息不对称难题。搭建广东省中小微企业信用信息和融资对接平台（以下称“粤信融”），实现“两免两低”（免抵押、免担保、利率低、不良率低）银企双赢新局面。2018年，“粤信融”新增银企融资撮合1.38万笔，金额达2 257亿元。推动中征应收账款融资服务平台应用。2018年，广东省平台注册用户数1 866家，实现融资386亿元。四是积极推进移动支付便民工程建设。广东省率先在全国形成移动支付十大便民场景推广方案，不断深化移动支付在公共交通、生活服务、医疗卫生等便民领域规模化应用。2018年，创新探索农村移动支付智慧医疗服务，乡银保项目累计交易金额5 460万元；移动支付智慧公交项目累计交易5 217万元，节省居民出行成本2 323万元；菜篮子移动支付项目累计交易763万元。五是稳步推进中国人民银行金融消费权益保护热线投诉处理管理系统建设，深入开展金融消费纠纷非诉第三方调解、调处工作。2018年。广东省金融消费权益保护热线“12363”（不含深圳）受理金融消费咨询1 643件，同比增长23%，解答率100%；受理金融消费投诉3 731件，同比增长42.2%，比上年同期下降23.6个百分点。

表 7　2017~2018 年广东省支付体系建设情况

年份	支付系统直接参与方（个）	支付系统间接参与方（个）	支付清算系统覆盖率（%）	当年大额支付系统处理业务数（万笔）		同比增长（%）
2017	27	9 081	—	24 417.95		-4.12
2018	58	9 070	—	26 805.404		9.78
年份	当年大额支付系统业务金额（亿元）	同比增长（%）	当年小额支付系统处理业务数（万笔）	同比增长（%）	当年小额支付系统业务金额（亿元）	同比增长（%）
2017	8 407 448.6	0.02	81 574.458	12.35	104 845.28	13.64
2018	9 852 955.4	17.19	60 274.648	-26.11	111 231.82	6.09

数据来源：中国人民银行广州分行。

二、经济运行情况

2018 年，受市场需求增长放缓影响，广东省经济运行稳中趋缓，全年实现地区生产总值 9.73 万亿元，同比增长 6.8%，与 2017 年同期相比下降 0.7 个百分点，比全国高 0.2 个百分点。

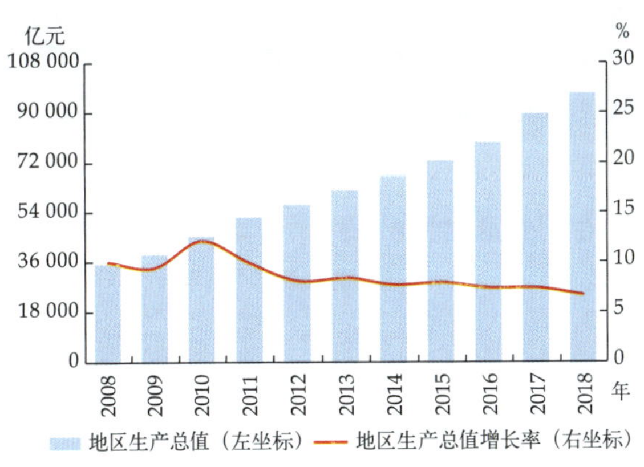

数据来源：广东省统计局。

图 6　2008~2018 年广东省地区生产总值及其增长率

（一）市场需求增速趋缓，需求结构持续改善

1. 投资增速放缓。2018 年，广东省固定资产投资 3.53 万亿元，同比增长 10.7%，增速比上年回落 2.8 个百分点，比全国高 4.8 个百分点。从走势看，全年投资增速先抑后扬，第四季度在基建投资带动下增速逐月回升，全年基建投资增速 8.2%，占固定资产投资总额的 25%，比上年提高 0.5 个百分点。分产业看，工业投资增速放缓，相比上年同期回落 8.8 个百分点。高技术和先进制造业投资保持活跃，全年高技术制造业投资增长 18.1%，装备制造业投资增长 12.5%。房地产开发投资同比增长 19.3%，比上年提高 2.1 个百分点，是固定资产投资增长的主要支撑。民间投资同比增长 8.9%，占固定资产投资比重为 57.8%，比上年回落 4 个百分点。

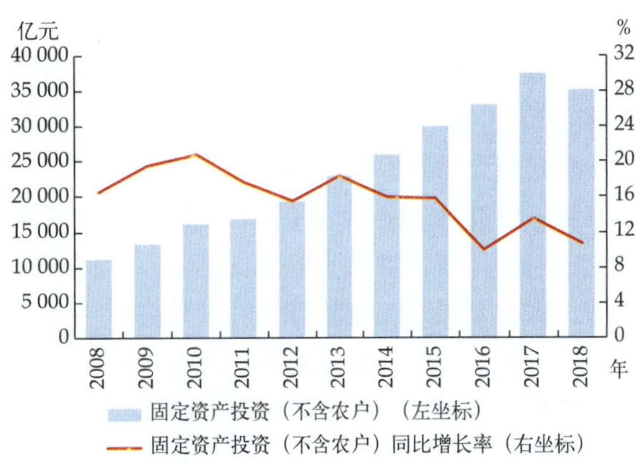

数据来源：广东省统计局。

图 7　2008~2018 年广东省固定资产投资（不含农户）及其增长率

2. 消费增速平稳回落。2018 年，广东省实现社会消费品零售总额 3.82 万亿元，同比增长 8.8%，增速比 2017 年回落 1.2 个百分点。消费增速放缓主要受汽车和房地产领域消费的影响，2018 年汽车类消费下降 1%，建筑及装潢材料类下降 1.2%。升级类消费增长放缓，通讯器材类和体育娱乐用品类消费分别增长 14.7% 和 5.9%。新兴消费业态保持良好发展势头。限额以上单位无店铺零售业态零售额同比增长 10.9%；2018 年末固定互联网宽带用户同比增长 10.8%，移动互联网用户同比增长 11.2%，4G 用户数占移动电话用户比重达 81%，同比提高 0.6 个百分点。

数据来源：广东省统计局。

图 8　2008~2018 年广东省社会消费品零售总额及其增长率

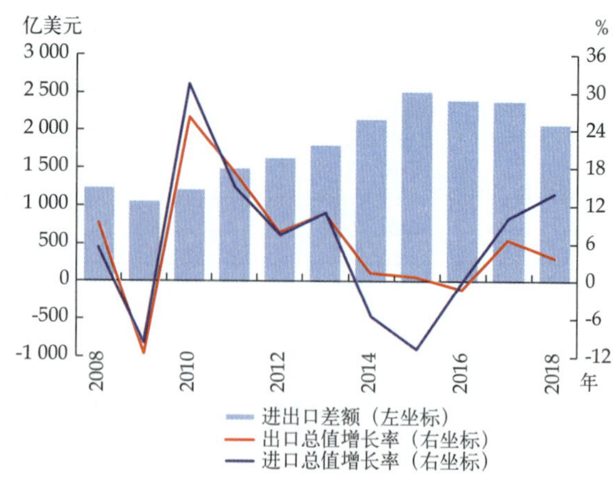

数据来源：广东省统计局。

图 9　2008~2018 年广东省外贸进出口变动情况

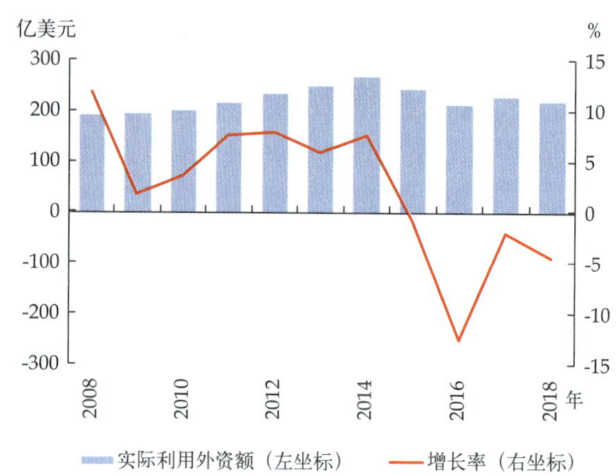

数据来源：广东省统计局。

图 10　2008~2018 年广东省实际利用外资额及其增长率

3. 货物进出口增速回落，贸易结构持续改善。2018 年，广东省实现货物进出口总额 7.16 万亿元，同比增长 5.1%，增速比 2017 年下降 2.9 个百分点；占全国货物进出口总额的 23.5%，比上年下降 1 个百分点。截至 2018 年末，广东省货物出口同比增长 1.2%，比上年回落 5.5 个百分点；货物进口同比增长 11.3%，比上年提高 1.2 个百分点。从贸易结构看，产业链长、附加值高的一般贸易进出口占货物进出口的 47%，较上年提高 0.9 个百分点；高新技术产品进出口额增长 10.8%，高于货物进出口总额增速 5.7 个百分点；劳动密集型产品出口占比则下降至 17.6%；民营企业进出口占比 48.9%，较上年提高 2.8 个百分点。“一带一路”支持政策效应显现，广东省对“一带一路”沿线国家和地区进出口总规模增长 7.3%，高于全省增速。2018 年，广东省实际利用外资 1 450.9 亿元，同比增长 4.9%，其中，制造业实际利用外资增长 57.9%。

（二）供给侧结构性改革深入推进，经济质量效益提升

2018 年，广东省产业结构进一步优化，三次产业比重调整为 3.9 : 41.8 : 54.2，其中，服务业占比提高 1.4 个百分点，对经济增长的贡献率达 58.9%。

1. 农业发展总体稳定。2018 年，广东省第一产业增加值同比增长 4.2%，增幅比 2017 年提高 0.4 个百分点。农业、林业、牧业、渔业分别实现增加值增长 5.1%、6%、1.6% 和 3%。主要农产品产量保持稳定，优势农业农产品产量持续增长。

2. 工业结构持续优化。2018 年，广东省规模以上工业企业增加值同比增长 6.3%，增速比 2017 年回落 0.9 个百分点，但高于全国水平 0.1 个百分点。工业高端化发展深入推进，2018 年，高技术制造业和装备制造业的增加值分别占规模以上工业增加值的 31.5% 和 45.7%，比上年

同期分别提高2.7个和3.9个百分点。新兴工业产品产量快速增长，新能源汽车比上年增长206.1%，碳纤维增强复合材料增长49.4%，工业机器人增长28.3%。技术创新推动工业效率提升，全员劳动生产率比上年提高16.5%，支撑企业利润基本稳定。2018年，规模以上企业实现利润总额同比下降0.1%。

数据来源：广东省统计局。

图11　2008~2018年广东省规模以上工业增加值实际增长率

3. 服务业结构进一步改善。2018年，广东省服务业增加值同比增长7.8%，增速比2017年回落0.6个百分点。分行业看，金融业和房地产业增速同比分别回落2.5个和1.5个百分点。从结构看，现代服务业增加值比重达63.4%，同比提高0.6个百分点；生产性服务业增加值占地区生产总值比重达28.3%，比上年同期提高0.6个百分点。全年规模以上服务业营业收入增长14%，其中，战略性新兴服务业营业收入增长19.6%，高技术服务业营业收入增长18.8%，互联网和相关服务业营业收入增长30.9%，软件和信息技术服务业营业收入增长19.8%。

4. 供给侧结构性改革取得新进展。2018年，广东省房地产市场平稳发展，商品房消化周期为13.9个月，处于合理区间。先后三次降低一般工商业电价，推进物流降本增效，全年为企业减负约680亿元。规模以上工业企业资产负债率为56.2%，同比下降0.2个百分点；规模以上工业企业每百元主营业务收入中的成本为83.9元，与上年基本持平。扎实推进去杠杆，广东省实现4个市场化债转股落地，到位资金144亿元。获批及发行企业债券规模达884.6亿元，成功发行全国首个PPP专项债，获批全国最大规模绿色债券。短板领域投资加快，大力推进新一代信息基础设施建设等18项补短板重大项目。

（三）消费价格温和上行，生产价格明显回落

1. 居民消费价格温和上涨。2018年，广东省居民消费价格同比上涨2.2%，上升0.7个百分点。其中，食品烟酒价格上涨2.1%，居住价格上涨2.1%，生活用品及服务价格上涨1.4%。

2. 生产价格明显回落。2018年，全年工业生产者出厂价格比上年上涨1.8%，涨幅比上年回落1.5个百分点；工业生产者购进价格上涨2.5%，涨幅比上年回落2.8个百分点。

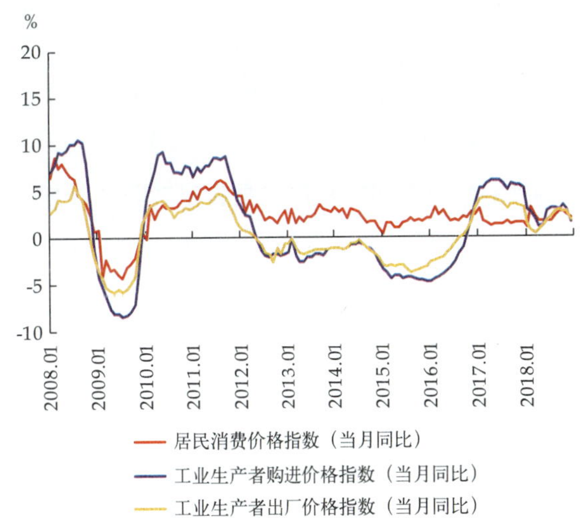

数据来源：广东省统计局。

图12　2008~2018年广东省居民消费价格指数和工业生产者价格指数变动趋势

（四）财政收入质量好转，支持乡村振兴和精准脱贫力度增强

2018年，在经济下行压力大、减税降费效应明显的情况下，广东省一般公共预算收入完成1.21万亿元，同比增长7.9%，比2017年下降3个百分点，仍处于合理增长区间。财政收

入质量好转，税收收入占一般公共预算收入比重为80.5%，比上年提高2.1个百分点。一般公共预算支出完成1.57万亿元，增长4.6%，其中，民生类支出占比68.7%，持续提升民生保障水平。广东省财政部门安排257亿元支持1.4万个村改善人居环境、升级基础设施，安排25亿元支持欠发达地区建设50个省级现代农业产业园，安排92亿元落实扶贫开发，累计帮扶近150万相对贫困人口达到当年脱贫标准。

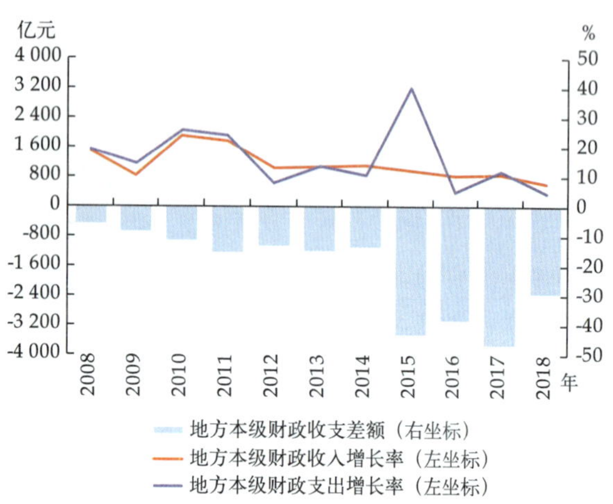

数据来源：广东省统计局。

图13　2008~2018年广东省财政收支状况

2018年，广东省地方政府债务余额预计执行数9 958亿元，其中，政府债券9 680亿元。2018年，广东省政府发行债券1 354.3亿元，同比增长41%。聚焦粤港澳大湾区建设，2018年新增债券与大湾区建设精准对接，整合大湾区土地资源，首次发行跨地市土地储备专项债；整合大湾区水资源，首次发行水资源专项债；整合大湾区金融资源，首次引入澳门金融机构作为境外投资者。

（五）房地产市场总体平稳，资金压力有所缓和

1. 房地产开发投资平稳增长，到位资金压力缓和。2018年，广东省房地产开发投资同比增长19.3%，增速比上年同期加快2.1个百分点，保持平稳增长态势。受持续严格的房地产调控和监管政策影响，企业为加快资金回笼，向购房者收取首付款等预售资金增多。全年房地产开发企业到位资金同比增长13.4%，增速比2017年提升5个百分点，其中，定金及预收款同比增长21.1%。

2. 土地购置面积增速加快，房企开工意愿良好。2018年，房地产企业土地购置面积和成交价款同比增长6.9%和20.6%，增速比2017年加快1.7个和8个百分点。广东省房屋新开工面积同比增长14.1%，增速同比上升1.1个百分点。

3. 住房供给加快，商品住房去化周期呈上升趋势。2018年，广东省商品房批准预售面积同比增长16.5%，住房供给量显著增加。新建商品住房销售量呈逐季上升趋势，但2018年销量同比仍下降1.3%。受住房供给增加和销售放缓影响，2018年广东省商品住房去化周期比上年同期延长2.4个月。

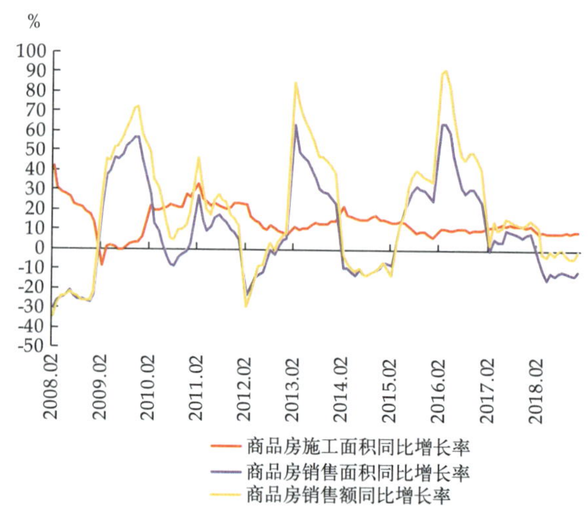

数据来源：广东省统计局。

图14　2008~2018年广东省商品房施工和销售变动趋势

4. 新建商品住房价格呈现区域差异。受政策调控影响，广州、佛山等部分城市限价措施有所调整，前期积压的网签在短期内集中释放，推高了房价数据，珠三角市场新建商品住房成交均价同比增长9.4%。粤东西北地区市场受调

控影响，房价增速趋缓，新建商品住房成交均价同比增长6.5%，比2017年回落15.9个百分点。

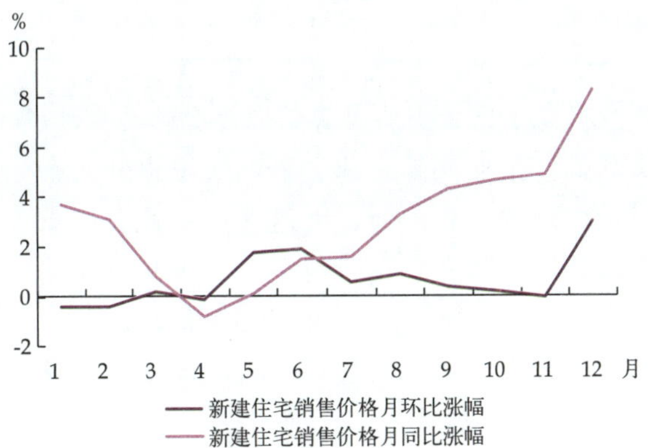

数据来源：国家统计局。

图 15　2018 年广州市新建住宅销售价格变动趋势

5. 房地产贷款增速稳中趋缓，个人住房贷款增速趋稳。2018 年末，广东省房地产贷款余额同比增长 20.2%，增速比 2017 年回落 0.4 个百分点，保持了自 2017 年 11 月以来稳定在 20% 左右的增速水平。2018 年全年新增房地产贷款比上年多增 1 381 亿元，主要受房地产开发贷款和个人住房贷款证券化拉动。受房地产市场成交下滑、房贷利率较高等因素影响，2018 年，广东省个人住房贷款增速趋于平稳，同比增长 15.9%，比上年同期回落 1.2 个百分点，自年初以来基本稳定在 16% 左右的增速水平。2018 年累计发放保障性安居工程贷款 222.3 亿元，同比增长 18.2%，比上年同期加快 4.8 个百分点。

（六）高标准推进粤港澳大湾区建设，自贸试验区改革创新取得成效

2018 年，广东省开放合作水平进一步提升，粤港澳大湾区规划建设迈出实质性步伐。全省积极落实便利港澳居民到内地发展的政策措施，在科研经费跨境使用、取消办理就业许可证、实施港澳居民居住证政策等方面取得突破。推进国际科技创新中心建设，积极打造广深港澳科技创新走廊。广深港高铁顺利开通运营，“一地两检”通关政策落地。广东省粤港澳合作发展基金完成工商注册，采取合格境外有限合作人（QFLP）形式运作，首期规模 200 亿元人民币，已进入实际运作阶段。

广东省自贸试验区深改方案获国家批准，获批 40 项改革自主权，外资负面清单缩减至 45 条，在全省推广 91 条改革创新经验，在法律服务、金融支付等领域与香港服务业规则对接取得突破。跨境人民币贷款业务稳步推进，截至 2018 年末，广州南沙、珠海横琴累计从港澳地区金融机构借入人民币贷款 72.89 亿元。拓宽自贸试验区企业融资渠道，提高自贸试验区企业跨境融资的灵活性和境外资金利用效率。截至 2018 年末，广东省自贸试验区南沙、横琴片区企业通过本外币全口径跨境融资渠道累计从境外借入资金 22.02 亿美元。针对自贸试验区企业创业创新的金融服务需求，开展资本项目收入支付便利化改革试点。截至 2018 年末，自贸试验区内已有 56 家企业开展试点业务，累计支付金额约 6 亿美元。

专栏 2　践行本币优先　服务经济发展——跨境人民币业务助力粤港澳大湾区建设

一、扩大人民币跨境使用，服务大湾区基础设施建设

一是创新手段满足港珠澳大桥项目建设资金需求。支持港珠澳大桥管理局通过跨境人民币银团贷款补充建设和营运资金，同时还积极促成大桥收费统一使用人民币计价结算，有效规避了汇率波动风险。二是设立粤澳合作发展基金。为落实广东省政府和澳门特别行政区政府相关协议要求，有效推动大湾区基础设施建设，粤澳双方采用人民币合格境外有限合伙人（QFLP）的方式共同发起设立粤澳合作发展基金，基金首期规模为

200亿元人民币，已进入实际运作阶段。

二、顺应市场需求，推动个人经常项下人民币跨境结算业务开展

随着粤港澳三地经贸往来的不断深入，境内企业向港澳地区派驻员工的现象也越来越普遍。以澳门为例，2018年第三季度末，仅内地在澳门务工人员就达11.7万人，占澳门外地雇员六成以上，其将境外薪酬以人民币汇回境内的需求强烈。2018年1月出台的《关于进一步优化人民币跨境使用促进贸易投资便利化的通知》（银发〔2018〕3号），为派驻境外员工办理跨境汇款提供了政策便利，帮助其降低了汇兑风险。中国人民银行广州分行借助新政出台的有利时机，加大宣传力度，推动省内商业银行不断优化业务流程，提高个人人民币资金跨境汇划便利性，推进个人其他经常项目跨境人民币业务发展。如，中国银行某外派人员表示，将派驻期间所得薪酬20万元人民币直接从境外账户汇回个人境内账户，有效降低了汇兑成本，同时也更为便利。

三、开拓进取，推动多项创新业务顺利落地

中国人民银行广州分行积极开展调查研究，深入了解区内银行、企业的实际需求，积极、稳妥、有序推动大湾区业务创新。一是大力推进贸易融资资产跨境转让人民币结算业务，帮助省内企业降低融资成本，提高资金使用效率，解决融资难、融资贵问题。二是推进碳排放权交易人民币跨境结算业务有序开展，为境外投资者参与境内碳排放权交易畅通了渠道，吸引境外投资者参与境内金融交易，促进广东省环保事业发展，拓展广东省绿色金融的广度和深度。三是支持金融资产管理公司在大湾区开展不良资产跨境转让人民币结算试点业务，探索、规范银行不良资产跨境转让业务模式。

四、拓宽融资渠道，破解民营企业融资难题

中国人民银行广州分行推出的全口径跨境融资政策为民营企业破解融资难、融资贵问题提供新的选择。自业务开办以来，截至2018年11月末，广东省企业通过全口径跨境融资业务融入人民币资金389.79亿元，进一步提高了民营企业自身获取资金的自主性、便利性，帮助民营企业更好利用境内外两个市场、两种资源。如，大湾区一家民营陶瓷企业通过办理全口径跨境融资业务从境外关联企业累计融入人民币资金3.1亿元，解决了公司营运资金不足的问题，节省了融资成本约1 100万元。

五、支持跨国企业集团开展资金池业务，提高资金使用效率

中国人民银行广州分行积极引导大湾区内跨国企业集团开展资金池业务。截至2018年11月末，广东省内共设立跨境双向人民币资金池415个，累计办理资金池收付6 233.11亿元。该业务增强了跨国企业集团资金余缺调剂和归集能力，有利于提高集团资金使用效率。如，大湾区内某家电龙头企业拥有约200家子公司，存在各子公司间资金协调管理难度大、资金余缺不均等问题。该集团通过构建跨境人民币资金池实现了集团资金余缺在境内外关联企业间的灵活调配和安排，提高了资金使用效率。截至2018年11月末，该集团人民币资金池累计结算量达321亿元。

六、落实国家政策，扩大人民币在“一带一路”周边国家和地区的使用

为进一步扩大人民币在境外的使用，推动大湾区银行与周边国家和地区同业合作，支持大湾区内政策性银行向境外银行发放人民币专项贷款。2018年，国家开发银行广东省分行先后对菲律宾首都银行、泰国开泰银行发放了专项人民币贷款累计14亿元，成为落实2017年“一带一路”国际合作高峰论坛成果清单的重要举措，加深了与沿线国家和地区的经济、金融交流，推动了大湾区内银行业务创新，促进人民币“出得去，留得住，回得来”。

三、预测与展望

2019年，综观国内外形势，广东省发展受外部挑战不确定性增多、内部动能迭代更替、内需潜力有待深入挖掘等因素影响，经济运行稳中趋缓，下行压力较大。但随着迎来粤港澳大湾区建设的重大历史性机遇，以及广东省“一核一带一区”建设布局，全省将深刻把握用好经济发展的战略机遇期，坚持以供给侧结构性改革为主线，加大对稳增长、促改革、调结构、惠民生、防风险等各项工作的落实，促进广东省经济金融持续健康发展。

从经济运行看，传统产业和传统消费增长将延续放缓态势，旧动能将进一步减弱，但随着粤港澳大湾区建设加快推进，以及广东省“一核一带一区”建设规划的落实，新技术、新产业、新业态、新模式将不断涌现，区域协调发展将进一步增强，经济增长新动能将加快形成。战略性新兴产业、高技术制造业、现代服务业等将成为拉动经济增长的主要动力。

从物价形势看，消费者价格指数温和上行。考虑到全国经济通胀水平保持在低位运行，广东省PPI上涨趋势可能放缓，综合来看，地区通胀预期趋于稳定。

从金融运行看，在稳健货币政策背景下，逆周期调节作用进一步增强，信贷资金总量将保持合理增长，货币信贷政策引导金融机构不断优化信贷结构，积极满足民营和小微企业等经济薄弱环节和重点领域的融资需求，支持地方经济高质量发展。随着各项金融改革政策逐步落实，广东省社会融资规模增长趋稳，直接融资渠道效率提升，金融风险将逐步缓释降低，金融业将总体保持平稳运行。

中国人民银行广州分行货币政策分析小组
总　纂：白鹤祥　陈玉海
统　稿：张志东　汤克明
执　笔：胡逸闻　王　雷
提供材料的还有：李　敏　肖　跃　韦婵娜　黄载良　吴国兵　陈　宇　谢青华　唐瑞颖　史　琳　叶智雯　何达之　李　思　袁鹏鹏　叶俊华　黎叶子　庄礼焕　陈　瑞　邱全山　孙方江　戈志武　李美洲　梁　欢　方铭贤

附录

(一)2018 年广东省经济金融大事记

2 月 26 日，中国人民银行广州分行组织召开 2018 年广东金融管理工作会议。

3 月 27 日，广东省银行外汇和跨境人民币业务展业自律机制召开 2018 年第一次核心成员工作会议。

5 月 3 日，中国人民银行广州分行联合广州市发展改革委、金融工作局举办广州市金融支持绿色产业项目融资对接会暨绿色企业和项目融资对接系统启动活动。

6 月 22 日至 24 日，第七届中国（广州）国际金融交易博览会在广州举行。

9 月 5 日上午，广东省金融学会举办“加强大湾区绿色金融合作”座谈会暨广州市绿色金融同业自律机制成立及公约签署活动。

9 月 10 日，广东省公布《广东省降低制造业企业成本支持实体经济发展的若干政策措施（修订）》（简称“实体经济新十条”）。

9 月 21 日，债务融资工具市场服务粤港澳大湾区建设及支持实体经济创新发展座谈会在广州举办。

10 月 23 日，港珠澳大桥正式开通，粤港澳大湾区规划建设迈出实质性步伐。

11 月 5 日至 9 日，国务院金融稳定委员会办公室督导组对广东省开展民营和小微企业金融服务工作进行实地督导。

11 月 8 日，中共广东省委办公厅、广东省人民政府办公厅印发《关于促进民营经济高质量发展的若干政策措施》。

（二）2018 年广东省主要经济金融指标

表 1　2018 年广东省主要存贷款指标

		1 月	2 月	3 月	4 月	5 月	6 月	7 月	8 月	9 月	10 月	11 月	12 月
本外币	金融机构各项存款余额（亿元）	199 110.0	197 400.5	197 097.3	198 480.3	200 469.3	201 514.8	203 024.3	203 837.5	203 713.7	204 970.1	205 793.3	208 051.2
	其中：住户存款	63 933.0	64 124.0	64 952.3	64 210.8	64 803.2	66 300.4	65 751.0	66 213.0	68 163.0	68 130.9	69 067.3	70 293.5
	非金融企业存款	71 532.3	69 893.9	71 122.5	72 167.0	71 853.7	74 446.2	74 286.4	74 443.9	75 200.6	74 154.1	75 140.8	76 871.0
	各项存款余额比上月增加（亿元）	4 429.4	-1 709.5	-303.2	1 383.0	1 989.0	1 045.5	1 509.5	813.2	-123.8	1 256.4	823.3	2 257.8
	金融机构各项存款同比增长（%）	12.1	8.6	6.8	7.6	7.4	7.4	8.7	8.0	8.2	8.0	5.7	7.0
	金融机构各项贷款余额（亿元）	129 562.7	130 418.0	131 590.6	132 606.8	133 954.0	136 671.9	138 714.5	140 746.0	142 033.1	142 956.4	144 573.1	145 169.4
	其中：短期	36 563.2	36 592.5	36 752.2	37 141.1	37 227.8	37 970.7	38 191.3	38 548.6	38 990.4	38 930.1	39 140.9	38 991.7
	中长期	84 312.7	85 256.4	86 275.9	86 841.6	87 976.2	89 315.5	90 693.6	91 773.7	92 542.2	93 412.9	94 507.3	95 302.6
	票据融资	3 464.0	3 348.1	3 388.4	3 313.1	3 399.6	3 903.5	4 059.0	4 708.2	4 836.6	4 878.9	5 107.1	5 218.6
	各项贷款余额比上月增加（亿元）	3 302.1	855.3	1 172.6	1 016.2	1 347.2	2 717.9	2 042.6	2 031.5	1 287.1	923.3	1 616.6	596.3
	其中：短期	568.3	29.3	159.7	388.9	86.7	742.9	220.6	357.3	441.7	-60.2	210.8	-149.2
	中长期	2 338.0	943.7	1 019.5	565.7	1 134.6	1 339.3	1 378.1	1 080.0	768.6	870.7	1 094.3	795.4
	票据融资	186.5	-115.9	40.4	-75.3	86.5	503.9	155.5	649.2	128.4	42.3	228.1	111.5
	金融机构各项贷款同比增长（%）	13.7	13.5	13.6	13.6	13.7	14.9	15.4	15.8	15.4	15.1	15.3	15.2
	其中：短期	10.5	9.7	10.0	10.9	8.7	10.5	11.1	11.5	11.3	10.7	9.8	8.8
	中长期	17.9	17.8	17.0	16.2	17.0	16.6	16.6	16.3	15.7	15.6	15.7	16.3
	票据融资	-24.2	-22.9	-14.8	-9.3	-4.4	14.0	25.8	34.0	44.5	27.6	58.1	59.0
	建筑业贷款余额（亿元）	2 860.7	2 934.3	2 923.7	2 937.8	2 913.5	3 007.1	3 013.2	3 081.0	3 082.2	3 108.8	3 146.4	3 061.0
	房地产业贷款余额（亿元）	11 106.0	11 384.4	11 748.8	11 976.7	12 112.7	12 409.0	12 695.9	12 824.6	13 022.1	13 133.0	13 253.0	13 520.1
	建筑业贷款同比增长（%）	9.3	10.1	9.2	9.2	7.7	11.7	11.6	13.2	12.0	12.3	13.8	15.8
	房地产业贷款同比增长（%）	33.9	32.6	32.7	32.2	33.0	33.2	32.3	31.1	28.2	27.3	26.9	28.8
人民币	金融机构各项存款余额（亿元）	188 935.1	187 221.0	187 159.8	188 834.9	190 907.1	192 024.2	193 495.7	194 470.8	194 705.3	195 968.5	197 150.9	199 576.1
	其中：住户存款	62 914.9	63 083.9	63 909.4	63 164.7	63 750.2	65 219.8	64 654.0	65 122.9	67 080.8	67 050.8	67 996.3	69 232.0
	非金融企业存款	64 926.9	63 448.8	64 923.1	66 393.6	66 172.9	68 730.1	68 794.8	69 122.1	70 020.2	69 142.2	70 355.7	72 282.6
	各项存款余额比上月增加（亿元）	4 010.6	1 714.1	-61.2	1 675.1	2 072.2	1 117.2	1 471.5	975.1	234.5	1 263.2	1 182.4	2 425.1
	其中：住户存款	856.7	169.1	825.5	-744.7	585.6	1 469.5	-565.8	468.9	1 957.9	-30.0	945.5	1 235.7
	非金融企业存款	214.1	-1 478.1	1 474.3	1 470.5	-220.7	2 557.1	64.8	327.2	898.1	-878.0	1 213.5	1 926.9
	各项存款同比增长（%）	12.0	8.7	7.1	8.3	8.1	8.0	9.4	8.7	9.0	8.9	6.6	8.0
	其中：住户存款	5.8	5.7	5.2	5.0	5.1	5.3	6.1	6.5	8.1	9.5	10.7	11.9
	非金融企业存款	17.1	11.7	10.6	15.7	13.7	14.6	17.2	15.9	15.6	14.3	12.7	11.4
	金融机构各项贷款余额（亿元）	122 424.0	123 283.4	124 548.8	125 473.0	126 796.9	129 547.1	131 592.9	133 662.8	135 130.0	136 311.2	138 130.3	139 100.0
	其中：个人消费贷款	45 934.0	46 150.0	46 660.1	47 152.6	47 768.9	48 487.1	49 188.7	50 014.9	50 664.8	51 392.3	52 157.4	52 453.1
	票据融资	3 462.7	3 347.0	3 388.4	3 313.1	3 399.6	3 903.5	4 059.0	4 708.2	4 836.6	4 878.8	5 106.9	5 218.6
	各项贷款余额比上月增加（亿元）	3 410.4	859.4	1 265.4	924.2	1 323.9	2 750.2	2 045.9	2 069.8	1 467.2	1 181.2	1 819.1	969.8
	其中：个人消费贷款	935.0	216.0	510.1	492.5	616.4	718.2	701.6	826.2	649.9	727.5	765.1	295.7
	票据融资	191.1	-115.7	41.4	-75.3	86.5	503.9	155.5	649.2	128.3	42.3	228.1	111.6
	金融机构各项贷款同比增长（%）	15.0	14.8	14.8	14.6	14.6	15.5	16.0	16.4	16.2	16.2	16.6	16.9
	其中：个人消费贷款	22.6	21.7	20.6	19.9	19.4	18.6	18.3	18.0	17.1	17.3	17.4	16.6
	票据融资	-23.1	-21.7	-13.4	-7.9	-3.3	15.0	26.5	42.4	45.2	46.6	58.5	59.3
外币	金融机构外币存款余额（亿美元）	1 606.4	1 608.3	1 580.4	1 521.5	1 490.7	1 434.4	1 397.9	1 372.5	1 309.5	1 292.5	1 246.1	1 234.9
	金融机构外币存款同比增长（%）	23.1	17.4	10.9	3.3	1.8	-2.1	-4.3	-7.9	-9.8	-12.7	-15.7	-17.3
	金融机构外币贷款余额（亿美元）	1 127.1	1 127.2	1 119.9	1 125.3	1 115.8	1 076.8	1 044.8	1 037.9	1 003.5	954.1	928.9	884.3
	金融机构外币贷款同比增长（%）	2.9	3.3	6.1	7.5	7.1	7.3	3.8	3.3	-2.1	-8.0	-11.9	-18.1

数据来源：中国人民银行广州分行。

表 2　2001~2018 年广东省各类价格指数

单位：%

		居民消费价格指数		农业生产资料价格指数		工业生产者购进价格指数		工业生产者出厂价格指数	
		当月同比	累计同比	当月同比	累计同比	当月同比	累计同比	当月同比	累计同比
2001		—	-0.7	—	-2.9	—	-0.9	—	-1.5
2002		—	-1.4	—	-1.6	—	-3.7	—	-3.5
2003		—	0.6	—	-0.4	—	4.1	—	-0.7
2004		—	3.0	—	9.4	—	10.6	—	1.7
2005		—	2.3	—	5.8	—	5.0	—	1.5
2006		—	1.8	—	2.6	—	3.6	—	1.4
2007		—	3.7	—	5.8	—	3.3	—	1.3
2008		—	5.6	—	14.5	—	7.9	—	3.1
2009		—	-2.3	—	-1.8	—	-6.2	—	-4.2
2010		—	3.1	—	1.7	—	7.3	—	3.2
2011		—	5.3	—	9.6	—	7.3	—	3.7
2012		—	2.8	—	4.0	—	-0.5	—	-0.5
2013		—	2.5	—	-0.3	—	-1.8	—	-1.2
2014		—	2.3	—	-0.1	—	-1.2	—	-1.1
2015		—	1.5	—	1.2	—	-4.7	—	-3.2
2016		—	2.3	—	2.0	—	-2.0	—	-0.6
2017		—	1.5	—	0.4	—	5.3	—	3.3
2018		—	2.2	—	2.5	—	2.5	—	1.8
2017	1	3.1	3.1	1.9	1.9	5.2	5.2	4.0	4.0
	2	0.3	1.7	0.9	1.4	5.9	5.5	4.5	4.2
	3	1.0	1.5	0.1	1.0	6.4	5.8	4.4	4.3
	4	1.0	1.3	-0.6	0.6	6.7	6.0	4.0	4.2
	5	1.4	1.4	-2.0	0.0	6.3	6.1	3.4	4.1
	6	1.4	1.4	-2.7	-0.4	5.3	6.0	3.1	3.9
	7	1.6	1.4	-0.4	-0.4	4.9	5.8	2.7	3.7
	8	1.7	1.4	0.2	-0.3	5.1	5.7	3.0	3.6
	9	1.5	1.4	0.8	-0.2	5.4	5.7	3.0	3.6
	10	1.9	1.5	1.8	0.0	5.0	5.6	3.1	3.5
	11	1.4	1.5	2.6	0.2	4.3	5.5	2.5	3.4
	12	1.8	1.5	2.4	0.4	3.5	5.3	1.9	3.3
2018	1	1.1	1.1	2.3	2.3	2.9	2.9	1.4	1.4
	2	3.3	2.2	2.4	2.4	2.5	2.7	0.7	1.1
	3	2.2	2.2	2.3	2.3	1.9	2.4	0.4	0.8
	4	1.8	2.1	2.1	2.3	1.1	2.1	0.8	0.8
	5	1.7	2.0	2.6	2.3	1.3	1.9	1.2	0.9
	6	1.8	2.0	3.1	2.5	2.7	2.1	1.7	1.0
	7	1.8	2.0	2.5	2.5	3.0	2.2	2.3	1.2
	8	2.3	2.0	2.8	2.5	3.1	2.3	2.7	1.4
	9	2.8	2.1	2.8	2.5	2.9	2.4	2.9	1.6
	10	2.7	2.1	3.0	2.6	3.4	2.5	2.8	1.7
	11	2.4	2.2	2.7	2.6	2.9	2.5	2.7	1.8
	12	2.1	2.2	1.5	2.5	1.6	2.5	1.8	1.8

数据来源：广东省统计局。

表 3　2018 年广东省主要经济指标

	1 月	2 月	3 月	4 月	5 月	6 月	7 月	8 月	9 月	10 月	11 月	12 月
	绝对值（自年初累计）											
地区生产总值（亿元）	—	—	21 705.3	—	—	46 341.9	—	—	70 635.2	—	—	97 277.8
第一产业	—	—	790.8	—	—	1 551.6	—	—	2 614.2	—	—	3 831.4
第二产业	—	—	8 975.1	—	—	19 779.9	—	—	29 095.7	—	—	40 695.2
第三产业	—	—	11 939.4	—	—	25 010.5	—	—	38 925.4	—	—	52 751.2
工业增加值（亿元）	—	4 403.8	7 076.1	9 690.5	12 189.1	15 122.0	17 618.7	20 136.0	23 173.9	25 913.1	28 994.7	32 305.2
固定资产投资（亿元）	—	3 081.0	5 853.0	8 364.6	11 290.7	15 496.9	18 175.1	21 046.4	24 456.8	27 555.0	31 130.8	35 286.8
房地产开发投资	—	1 354.2	2 462.4	3 461.3	4 657.1	6 454.6	7 606.0	8 869.1	10 295.1	11 524.1	12 918.9	14 412.2
社会消费品零售总额（亿元）	—	6 375.7	9 525.7	12 691.3	15 944.6	19 206.3	22 470.7	25 807.8	29 155.7	32 575.5	36 003.3	39 501.1
外贸进出口总额（亿元）	5 761.0	10 275.1	15 607.5	21 041.8	26 680.5	32 390.1	38 783.6	45 208.1	52 041.4	58 845.1	65 347.1	71 618.3
进口	2 361.2	4 091.1	6 513.4	8 654.9	11 007.2	13 325.0	15 967.1	18 596.2	21 405.3	24 194.8	26 654.4	28 900.0
出口	3 399.7	6 184.0	9 094.1	12 365.0	15 673.3	19 065.2	22 816.5	26 611.9	30 636.1	34 650.3	38 692.7	42 718.3
进出口差额（出口－进口）	1 038.5	2 092.9	2 580.7	3 710.1	4 666.0	5 740.2	6 849.5	8 015.7	9 230.8	10 455.6	12 038.3	13 818.3
实际利用外资（亿元）	82.5	179.4	339.7	407.2	560.3	790.7	889.3	1 011.8	1 172.4	1 271.8	1 378.2	1 450.9
地方财政收支差额（亿元）	641.7	308.6	-557.2	-537.2	-566.1	-1 445.3	-1 209.0	-1 558.0	-2 339.1	-2 143.6	-2 628.4	-3 634.5
地方财政收入	1 554.3	2 262.7	3 108.1	4 208.4	5 366.6	6 518.8	7 698.8	8 434.5	9 256.6	10 224.8	11 009.1	12 102.9
地方财政支出	912.6	1 954.2	3 665.3	4 745.6	5 932.7	7 964.1	8 907.9	9 992.5	11 595.7	12 368.4	13 637.4	15 737.4
城镇登记失业率（%）（季度）	—	—	—	—	—	—	—	—	—	—	—	2.4
	同比累计增长率（%）											
地区生产总值	—	—	7.0	—	—	7.1	—	—	6.9	—	—	6.8
第一产业	—	—	3.3	—	—	4.0	—	—	4.2	—	—	4.2
第二产业	—	—	6.3	—	—	6.0	—	—	5.8	—	—	5.9
第三产业	—	—	7.9	—	—	8.2	—	—	8.0	—	—	7.8
工业增加值	—	7.5	6.7	7.3	6.9	6.2	5.9	6.0	6.0	6.2	6.2	6.3
固定资产投资	—	14.4	11.3	10.5	9.3	10.1	10.1	10.2	10.2	10.2	10.4	10.7
房地产开发投资	—	21.7	22.9	21.2	18.8	20.2	20.6	21.0	19.9	19.0	19.1	19.3
社会消费品零售总额	—	9.9	9.9	9.7	9.6	9.3	9.3	9.3	9.1	9.0	8.9	8.8
外贸进出口总额	19.2	17.4	8.2	5.2	3.7	2.7	4.3	5.4	5.9	7.6	7.0	5.1
进口	48.7	21.9	17.3	15.1	14.8	12.6	14.9	15.1	14.8	16.1	14.1	11.3
出口	4.7	14.5	2.5	-0.8	-2.8	-3.3	-2.0	-0.4	0.4	2.4	2.6	1.2
实际利用外资	1.4	-52.3	-18.6	-25.1	-19.3	3.0	3.1	1.0	3.6	4.4	6.0	4.9
地方财政收入	9.3	11.8	10.8	10.7	10.5	10.3	10.5	10.7	10.0	7.5	7.3	7.9
地方财政支出	-4.9	13.9	6.2	8.2	3.9	3.5	4.8	5.4	5.9	3.7	2.1	4.6

数据来源：广东省统计局。

深圳市金融运行报告（2019）

中国人民银行深圳市中心支行货币政策分析小组

[内容摘要] 2018年以来，全球经济总体延续复苏态势，但贸易摩擦、地缘政治、主要经济体货币政策正常化导致外部环境发生变化。从国内来看，经济结构调整持续深化，防范化解金融风险取得初步成效。金融体系结构性去杠杆深入推进，金融风险暴露更加充分，新问题、新挑战逐步涌现，经济增长面临的不确定因素增多。面对“稳中有变”的内外部形势，深圳市按照党中央、国务院统一部署，深入贯彻党的十九大、中央经济工作会议、全国金融工作会议精神，坚持稳中求进工作总基调，坚持新发展理念，坚持防风险、促发展并重，抓住粤港澳大湾区建设的重大机遇，深入实施创新驱动发展战略，经济增长核心引擎功能不断增强。2018年深圳经济运行总体稳健、主要经济指标表现良好。地区生产总值突破2.4万亿元，同比增长7.6%，经济总量居亚洲城市前五。物价水平温和上涨，居民消费价格指数（CPI）同比上涨2.8%，工业生产者出厂价格指数（PPI）同比上涨0.2%。

深圳经济增长稳中有进、质量更好。主要体现在：一是三大需求持续发力。投资结构进一步优化，固定资产投资同比增长20.6%；消费升级类商品增势良好，社会消费品零售总额同比增长7.6%；深圳企业积极拓展“一带一路”沿线市场应对中美贸易摩擦的不利影响，进出口规模按美元计同比增长9.6%。二是产业结构进一步优化。第三产业主导优势进一步提升，增加值占地区生产总值的比重提升至58.8%。三是新经济对地区经济的拉动作用进一步加大。先进制造业和高技术制造业在规模以上工业增加值的比重分别达到71.0%和65.6%，现代服务业对规模以上服务业的拉动作用更加突出。四是经济发展中创新动能进一步壮大。工业技改投资再创新高，研发投入在地区生产总值的比重全国领先，战略性新兴产业增加值同比增长9.1%。五是经济高质量增长带来高效益。全年深圳各级公共财政收入达9 102.4亿元，每平方公里财税产出4.6亿元，居全国大中城市首位。六是多元住房供应与保障体系逐步构建。深圳继续坚持“房住不炒”的定位，住房供需结构持续优化，新房与二手房价格趋近且同比微降。

金融运行稳中向好，金融服务实体经济的能力逐步提高。2018年，深圳金融业紧紧围绕地区经济特点不断加大融资支持力度、激发微观主体活力、发挥资本市场功能，为深入实施创新驱动发展战略营造适宜的货币金融环境。面对经济下行压力，金融机构积极深化业务结构调整，进一步强化合规经营和管理，金融风险防范化解工作取得一定成效。围绕粤港澳大湾区建设深化区域金融改革创新，金融生态环境进一步优化。

一是金融支持实体经济力度加大。2018年，中国人民银行深圳市中心支行强化逆周期调节，坚持把疏通货币政策传导渠道与优化金融资源配置作为落实稳健中性货币政策的着力点，创新操作、精准发力，充分发挥货币政策工具的结构性功能，引导金融机构加大对民营企业、小微企业等重点领域的支持力度。年末，全市金融机构本外币贷款余额5.3万亿元，贷款规模居全国各大中城市第三位；同比增长13.4%，与深圳名义地区生产总值增长率总体匹配。银行业流动性合理充裕，利率水平小幅上扬，社会融资成本合理稳定。信贷结构进一步优化，民营企业和小微企业贷款余额占比分别为51.8%和21.8%，同比分别提升1.1个和1.6个百分点。二是金融机构规模和效益保持平稳。2018年，受金融体系结构性去杠杆影响，深圳金融业增加值同比增速降至3.6%。银行业金融机构资产规模首度负增长，年末资产总额8.0万亿元，比年初下降 4.4%；全年实现净利润小幅增长 5.7%。各项存款延续低增长态势，年末余额 7.3 万亿元，同比增长 4.1%。全市证券期货业资源配置能力进一步增强，年末管理资产规模 12 万亿元，占全国的 1/4。证券期货业经营业绩稳中有降，法人证券公司总资产 1.5 万亿元，居全国第一，法人基金公司家数仅次于北京和上海，期货公司盈利有所收窄。保险业快速发展，风险保障能力进一步增强，年末法人机构数量位居全国大中城市第三，法人机构总资产 4.4 万亿元，居全国第二；法人机构净利润同比增长 24.9%，占全国保险机构净利润的 61.3%。三是防范化解金融风险工作成效显著。银行资产质量保持稳定，金融体系“去嵌套”“去通道”持续推进，股权质押风险和债券违约风险总体可控，P2P 网贷平台等互联网领域金融风险处置加快。四是金融市场运行平稳。表内信贷与直接融资支撑社会融资规模增长。证券市场募资平稳增长，上市公司总市值居全国第二。证券市场缩量盘整，深港通交易持续活跃，外资增持境内股票热情不减。非金融企业债券融资规模明显增长，全国首单由股份制银行独立创设的民营企业债务融资风险缓释工具（CRMW）成功落地深圳。票据交易企稳回升，通过再贴现带动票据承兑、贴现业务层层放大的效应逐步显现。跨境人民币收付规模创历史新高，资金流动双向平衡。黄金市场交易进一步活跃。

区域金融改革深入推进，金融生态环境进一步优化。2018 年，深圳充分发挥粤港澳大湾区中心城市的核心引擎作用和“一带一路”建设的支点作用，扎实推进自贸区各项金融改革开放举措，深入打造湾区宜居宜业宜游优质都市圈。一是在资本项目可兑换和人民币国际化领域先行先试。合格境内投资者境外投资（QDIE）试点额度提升，银行不良资产跨境转让试点获准升级。继资本项目收入的支付审核便利化试点获批在前海开展后，人民币国际投贷基金也获批设立。二是深化金融市场改革和创新。加大金融科技的运用，会同中国人民银行数字货币研究所共同推动湾区贸易金融区块链平台正式上线，推进金融与产业精准对接、深度融合。持续关注绿色金融发展，以金融促进深圳经济绿色低碳循环发展。三是金融生态环境建设朝着合规化、普惠化、高效化方向进一步优化。持续开展打击洗钱犯罪和上游犯罪专项行动，加大支付结算市场和互联网金融市场秩序整顿力度。优化企业开户服务和账户管理，助力营商环境上新台阶。进一步完善社会信用体系建设，全国首家市场化个人征信机构百行征信正式落户深圳，初步形成“政府 + 市场”征信体系新格局。推进移动支付便民示范工程，金融服务的普惠度进一步提升。积极推进大额现金管理试点工作开展，提升国库服务的信息化水平，金融服务效率显著提升。

展望 2019 年，深圳面临全面深化改革开放、新一轮科技产业变革和粤港澳大湾区建设等一系列利好叠加的新机遇，经济平稳运行的格局进一步得到巩固，预计全年地区生产总值增长 7% 左右，物价水平总体保持平稳。但也应该看到，当前深圳经济金融运行仍面临内需拉动作用弱化、外部环境不确定性以及金融领域风险可能跨市场传染等多重挑战。面对上述挑战，深圳要继续深入实施创新驱动发展战略，加大高端制造业投资力度，精准施策支持民营企业和小微企业发展，实施好稳外贸稳外资措施。中国人民银行深圳市中心支行将全面贯彻党的十九大和十九届二中、三中全会以及中央经济工作会议精神，落实好稳健的货币政策，促进市场流动性合理充裕和利率水平合理稳定。充分发挥货币政策的结构性功能，进一步疏通货币政策传导机制，继续发挥政策合力，引导信贷资金加大对小微、民营企业以及普惠金融领域的支持力度。牢固树立底线思维，在深圳做好货币政策和宏观审慎政策双支柱调控框架下的各项工作，加强风险研判与预警，维护金融稳定。深入研究推进深港澳金融互联互通与特色金融合作，进一步扩大金融对外开放，为深圳经济高质量发展营造适宜的货币金融环境。

一、金融运行情况

2018 年，深圳金融业进一步加大融资支持力度、激发微观主体活力、发挥资本市场功能，为深入实施创新驱动发展战略营造适宜的货币金融环境。在支持实体经济的过程中，金融业风险防范化解工作取得一定成效，围绕粤港澳大湾区建设深化区域金融改革创新，金融生态环境进一步优化，金融业继续呈现平稳发展的良好态势。

（一）银行业保持稳健运行，支持实体经济力度加大

2018 年，深圳银行业始终围绕地区产业优势，积极贯彻稳健中性货币政策和各项监管新规，坚决落实好防范化解系统性风险的各项工作部署。全年各项贷款平稳增长，贷款结构持续优化，服务实体经济的效率和水平进一步提升。

1. 银行业资产规模小幅下降，盈利能力保持稳定。2018 年末，深圳银行业资产总额 8.0 万亿元，比年初下降 4.4%，位列全国各大中城市第三位。受存贷利差收入收窄和经济下行期资产减值准备计提力度加大影响，银行业利润增长有所放缓。全年深圳银行业共实现净利润 1 212.1 亿元，同比增长 5.7%，比 2017 年降低 13.1 个百分点。

表 1　2018 年深圳市银行业金融机构情况

机构类别	营业网点			法人机构（个）
	机构个数（个）	从业人数（人）	资产总额（亿元）	
一、大型商业银行	715	23 658	26 787	0
二、国家开发银行和政策性银行	3	331	5 295	0
三、股份制商业银行	573	28 966	27 363	2
四、城市商业银行	169	4 909	5 939	0
五、城市信用社	0	0	0	0
六、小型农村金融机构	200	3 254	3 073	1
七、财务公司	10	455	1 266	10
八、信托公司	2	934	486	2
九、邮政储蓄银行	141	1 698	823	0
十、外资银行	96	5 334	3 812	5
十一、新型农村金融机构	58	1 389	360	10
十二、其他	10	4 950	4 972	7
合　计	1 977	75 878	80 177	37

注：营业网点不包括国家开发银行和政策性银行、大型商业银行、股份制商业银行等金融机构总部数据；大型商业银行包括中国工商银行、中国农业银行、中国银行、中国建设银行和交通银行；小型农村金融机构包括农村商业银行、农村合作银行和农村信用社；新型农村金融机构包括村镇银行、贷款公司、农村资金互助社；“其他”包含金融租赁公司、汽车金融公司、货币经纪公司、消费金融公司等。

数据来源：深圳银保监局。

2. 各项存款增速低位趋稳，存款创新产品增幅显著。2018 年末，深圳市本外币各项存款余额 7.3 万亿元，同比增长 4.1%，增速比 2017 年末下降 4.1 个百分点。从结构来看，个人储蓄存款及非银行支付机构备付金存款增长，抵消了同业存款、外汇存款下滑的影响。年末，住户存款余额 1.4 万亿元，同比增长 24.4%。第三方支付机构集中交存备付金新增 6 253.9 亿元，占同期企业定期存款增量的 140.4%。随着金融体系结构性去杠杆深入推进，非银机构存款余额同比下降 24.7%，拉低了全市存款增速。外币各项存款余额 561.4 亿美元，同比下降 29.2%。在存款竞争进一步加剧的背景下，商业银行通过结构性存款及其他创新工具加大主动负债力度。年末，结构性存款余额同比增长 28.2%。

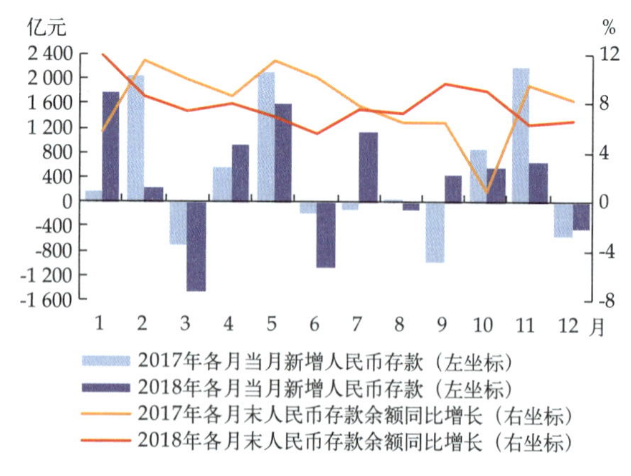

数据来源：中国人民银行深圳市中心支行。

图 1　2017~2018 年深圳市金融机构人民币存款增长变化

3. 贷款保持中高速增长，信贷结构进一步优化。2018 年末，全市本外币各项贷款余额 5.3 万亿元，同比增长 13.4%。人民币各项贷款余额 4.8 万亿元，同比增长 17.6%，高于全国 4.1 个百分点。分部门来看，企业人民币贷款增长强劲，余额同比增长 21.7%；票据融资企稳回升，比年初增加 805.1 亿元，同比多增 1 336.2 亿元。个人贷款增长平稳，同比增长 13.0%；住房贷款同比增速由年初的 7.5% 上升至年末的 12.4%；中长期其他消费贷款增幅较 2017 年同期大幅下降 42.8 个百分点至 15.2%。外币各项贷款余额 620.3 亿美元，同比下降 23.3%。分期限来看，短期贷款余额 1.4 万亿元，同比下降 1.0%；中长期贷款余额 3.3 万亿元，同比增长 17.6%。信贷资金对供给侧结构性改革支持力度加大，年末工业转型升级项目贷款、战略性新兴产业贷款余额比年初分别增长 11.1% 和 13.7%。2018 年，深圳密集出台一系列民营、小微金融服务政策，金融机构信贷支持力度持续增强。年末，全市民营企业贷款余额 1.6 万亿元，占企业贷款余额的 51.8%，比年初上升 1.1 个百分点。小微企业贷款余额 5 816.9 亿元，同比增长 24.7%，比大、中型企业贷款增速分别高 19.6 个和 10.4 个百分点；占企业贷款的比重为 20.8%，同比提高 1.6 个百分点。

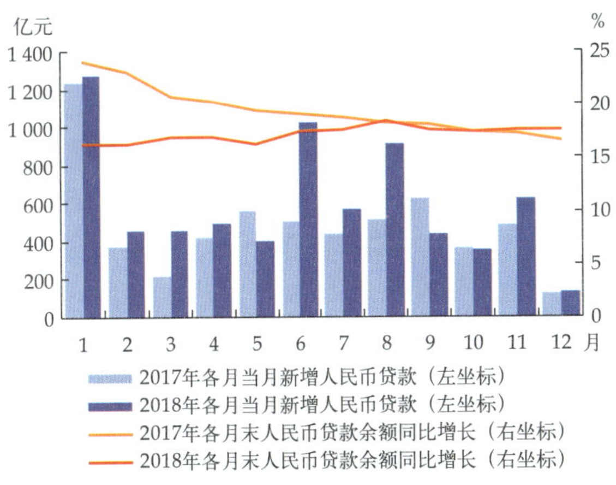

数据来源：中国人民银行深圳市中心支行。

图 2　2017~2018 年深圳市金融机构人民币贷款增长变化

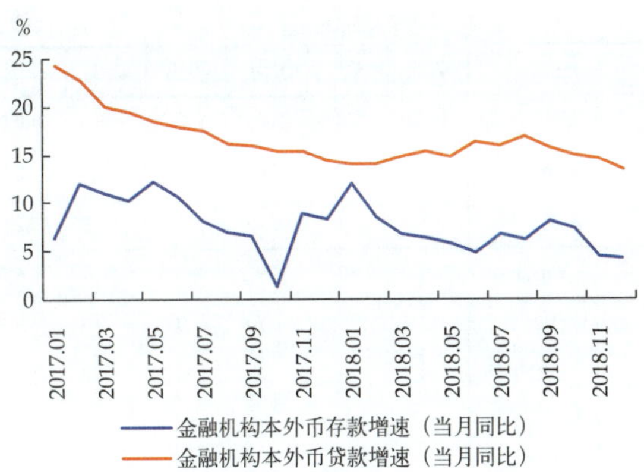

数据来源：中国人民银行深圳市中心支行。

图 3　2017~2018 年深圳市金融机构本外币存、贷款增速变化

4. 表外业务规范运作，同业投资有序发展。2018 年末，深圳银行业涉及信用风险的跨部门、跨市场的交叉金融业务余额 1.2 万亿元，同比下降 0.6%。表外非保本理财占比 53.0%，同业投资占比 46.2%，其中投向非标资产占比为 36.8%。从最终投向领域看，投向房地产余额同比增长 0.8%，政府融资平台余额同比下降 13.0%。资管新规、理财新规等对银行资管业务的规范作用逐步显现。年末，理财和投资业务嵌套一层通道的业务占比 43.1%，较年初下降 4.2 个百分点；嵌套两层及以上的业务占比 20.5%，较年初下降 4.9 个百分点。

表 2　2018 年深圳市金融机构人民币贷款各利率区间占比

单位：%

月份		1 月	2 月	3 月	4 月	5 月	6 月
合计		100.0	100.0	100.0	100.0	100.0	100.0
下浮		8.6	6.3	9.6	5.2	3.8	3.8
基准		8.2	5.4	6.7	6.1	7.6	5.3
上浮	小计	83.2	88.3	83.8	88.7	88.6	90.9
	(1.0, 1.1]	18.2	18.8	14.0	17.1	11.8	14.2
	(1.1, 1.3]	28.8	25.4	23.7	24.3	22.2	23.7
	(1.3, 1.5]	18.6	18.5	21.9	21.1	24.1	21.0
	(1.5, 2.0]	8.6	11.8	11.7	13.6	15.3	17.9
	2.0 以上	8.9	13.7	12.4	12.5	15.1	14.2

续表

月份		7月	8月	9月	10月	11月	12月
合计		100.0	100.0	100.0	100.0	100.0	100.0
下浮		3.4	13.1	16.3	5.6	15.9	10.8
基准		5.5	4.7	4.6	7.0	6.0	12.9
上浮	小计	91.0	82.1	79.2	87.3	78.1	76.3
	(1.0, 1.1]	13.5	8.5	7.4	9.0	9.3	8.7
	(1.1, 1.3]	24.4	18.8	19.4	20.3	22.8	21.9
	(1.3, 1.5]	23.6	20.7	22.9	20.2	18.7	16.5
	(1.5, 2.0]	13.3	12.5	11.1	14.6	9.6	10.4
	2.0 以上	16.2	21.7	18.5	23.2	17.8	18.7

数据来源：中国人民银行深圳市中心支行。

5. 利率水平总体平稳，自律机制有序运行。2018 年，长期稳定资金是银行“揽存”的重点，3 年期以上定期存款份额上升带动存款加权平均利率相应走高。12 月，深圳市金融机构新发生人民币活期存款加权平均利率为 0.32%，与 2017 年同期持平；定期存款加权平均利率为 2.37%，同比上升 0.31 个百分点。虽然负债端成本走高叠加风险溢价上升推高贷款利率，但在政策因素作用下，贷款利率“先升后降”。至 12 月，深圳市金融机构新发生一般贷款加权平均利率为 7.22%，同比提高 0.67 个百分点，但较 8 月下降 0.57 个百分点。受美联储加息影响，12 月美元贷款与大额存款加权平均利率分别为 4.29% 和 1.86%，同比分别上升 0.78 个和 0.79 个百分点。民间借贷利率小幅上升，12 月为 25.16%，同比上升 0.45 个百分点。市场利率定价自律机制专业化水平进一步提升。积极推动地方法人机构成为全国自律机制基础成员，发行大额存单等市场化定价存款产品。2018 年末，大额存单余额 62.5 亿元，为 2017 年同期的 4.9 倍。

6. 银行资产质量总体较好，防范化解金融风险工作扎实推进。2018 年末，深圳银行业积极调整业务结构应对经济环境变化所带来的经营压力，经营风险总体可控。年末，全市银行业新增逾期 90 天以上不良贷款 171.5 亿元，不良贷款率和关注类贷款比率分别为 1.31% 和 2.14%，同比分别上升 0.24 个和下降 0.43 个百分点。中小地方法人机构年末杠杆率 8.48%，同比下降 0.52 个百分点；流动性状况总体稳定，流动性比率为 64.79%，比年初下降 6.36 个百分点。2018 年以来，针对证券市场大幅波动所引发股权质押、债务违约风险向金融机构传导的问题，深圳市设立 150 亿元纾困资金，从债权和股权两个方面入手，以市场化、专业化的方式改善企业流动性，至 2018 年末已有 30 余家上市公司得到支持。同时，通过股东自救以及协调暂缓平仓等方式，部分公司的股票质押风险得到一定缓解，辖内企业在银行间市场发行的债务融资工具无违约发生。

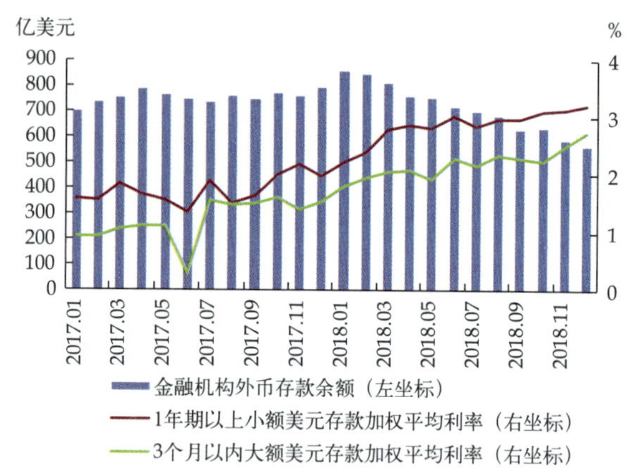

数据来源：中国人民银行深圳市中心支行。

图 4　2017~2018 年深圳市金融机构外币存款余额及外币存款利率

7. 跨境人民币收付规模创历史新高，资金流动实现双向平衡。2018 年，深圳跨境人民币收付总额 1.6 万亿元，同比增长 49.6%，占全国跨境人民币收付总额的 10.3%。跨境资金双向平衡流动，资金收付比为 1：1.02。全年，跨境人民币创新试点业务持续推进，经常项目收付 6 776.9 亿元，同比增长 40.8%；以财付通为代表的跨境电商业务增幅显著拉动服务贸易收付同比增长 90.6%。资本与金融项目收付 9 620.5 亿元，同比增长 56.9%，其中，跨境双向人民币资金池业务收付 1 907.1 亿元，带动直接投资增长 343.0%。

（二）证券业深化业务调整，直接融资功能持续提升

2018 年，面对证券市场下行调整压力加大的整体环境，深圳证券期货业经营机构结合形势变化持续深化业务结构调整，着力强化风险防控，多层次资本市场稳步发展。

1. 机构经营总体稳健，各项指标位居全国前列。2018 年末，深圳 22 家法人证券公司总资产 1.5 万亿元，位列全国第一。实现营业收入和净利润分别为 635.8 亿元和 212.6 亿元，分别位列全国第二和第一。辖内法人基金公司 28 家，家数仅次于北京和上海，实现营业收入和净利润分别为 200.6 亿元和 43.9 亿元，同比分别增长 0.2% 和下降 15.9%。14 家法人期货公司总资产 670.7 亿元，实现营业收入和净利润分别为 26.2 亿元和 7.5 亿元，同比分别下降 3.2% 和 16.4%。

2. 资本市场融资稳定增长，多层次资本市场稳步发展。至 2018 年底，深圳共有境内上市公司 285 家，位居全国第六；上市公司总市值 4.6 万亿元，仅次于北京，位居全国第二。全年 11 家企业首发上市，募集资金 431.3 亿元。新三板挂牌公司 642 家，占全国的 6.0%；年内新挂牌企业 25 家，募集资金 35.4 亿元。全年 80 家深圳企业赴交易所发行债券，38 家企业赴银行间交易市场发行债务融资工具，累计融资金额 4 831.0 亿元。

表 3　2018 年深圳市证券业基本情况

项目	数量
总部设在辖内的证券公司数（家）	22
总部设在辖内的基金公司数（家）	28
总部设在辖内的期货公司数（家）	14
年末国内上市公司数（家）	285
当年国内股票（A 股）筹资（亿元）	431
当年发行 H 股筹资（亿元）	39
当年国内债券筹资（亿元）	4 831
其中：短期融资券筹资额（亿元）	19
中期票据筹资额（亿元）	609

数据来源：深圳证监局、中国人民银行深圳市中心支行。

3. 证券市场缩量下行，深港通呈净流入态势。2018 年，证券市场呈现缩量下跌态势。深证综指年末报收于 1 267.87，较年初下降 33.3%。深交所全年累计股票成交金额 50.0 万亿元，同比下降 19.0%，占沪深两市成交总额的 55.4%。深港通额度扩容后交易进一步活跃，外资增持境内市场股票热情较高，深港通跨境资金整体呈现净流入态势。其中，深股通全年交易额 20 115.3 亿元，同比增长 111.6%；港股通全年交易金额 8 474.5 亿元，同比增长 83.3%；资金净流入 310.4 亿元。

4. 资管新规重塑行业格局，资产管理业务发展迎来新阶段。2018 年末，深圳证券期货业资产管理总规模达 12 万亿元（含券商资管、期货资管、公募基金非公募业务和私募机构资管业务），同比下降 9.7%，规模占全国的 1/4。其中，公募基金资产规模增长较快，余额 3.3 万亿元，同比增长 18.5%。基金子公司资管规模 1.5 万亿元，较 2016 年 6 月峰值降幅超过 60%。在中国证券投资基金业协会完成登记的深圳私募基金管理人有 4 629 家，管理基金规模 1.8 万亿元，同比增长 7.6%，规模仅次于北京、上海，居全国第三。

表 4　2018 年深圳市保险业基本情况

项目	数量
总部设在辖内的保险公司数（家）	27
其中：财产险经营主体（家）	10
人身险经营主体（家）	8
保险公司分支机构（家）	76
其中：财产险公司分支机构（家）	33
人身险公司分支机构（家）	41
保费收入（中外资 亿元）	1 192
其中：财产险保费收入（中外资 亿元）	380
人身险保费收入（中外资 亿元）	811
各类赔款给付（中外资 亿元）	365
保险密度（元 / 人）	9 146
保险深度（%）	5

数据来源：深圳银保监局。

（三）保险业务结构不断优化，风险保障能力持续增强

截至2018年末，深圳市场共有保险法人机构27家，法人机构数量位居全国大中城市第三。法人机构总资产4.4万亿元，同比增长7.0%，占全国保险机构总资产的24.2%，位居全国第二。法人机构净利润1 175.6亿元，同比增长24.9%，占全国保险机构净利润的61.3%。

2018年，全市法人保险机构实现原保险保费收入1 192亿元，同比增长15.7%，比全国高11.8个百分点。其中，财产险保费380亿元，同比增长23.4%；人身险保费811亿元，同比增长12.4%。从结构来看，产险中非车险占比为53.3%，与人民生产、生活密切相关的各类责任险、医疗健康险、贷款保证保险等险种增长迅速，已经成为拉动产险保持快速增长的主要动力。随着寿险业一系列严监管文件的出台，产品逐步回归保障本源，业务发展正处于结构调整时期。新单寿险保费收入为351.7亿元，同比下降9.6%。

（四）融资结构深度调整，金融市场平稳发展

2018年，深圳社会融资结构调整显著，民营企业债务融资创新产品成功落地，票据市场与黄金市场运行平稳，有效改善企业融资环境。

1. 社会融资结构深度调整，表内信贷与直接融资增幅显著。2018年，深圳社会融资规模增量6 482.3亿元，同比少增4 483.9亿元。从结构来看，受金融体系结构性去杠杆影响，表外融资呈收缩态势，同比少增5 439.7亿元，是社会融资少增的主要项目。表内贷款和直接融资新增规模大幅增长，成为支撑社融增量的主要项目，在社融增量中的占比分别为111.8%和35.2%，同比分别提高55.0个和27.6个百分点。其中，非金融企业发债和人民币贷款增量分别为2017年的5.3倍和1.3倍。受富士康等大型企业IPO上市拉动，非金融企业股票融资规模为2017年的1.4倍。

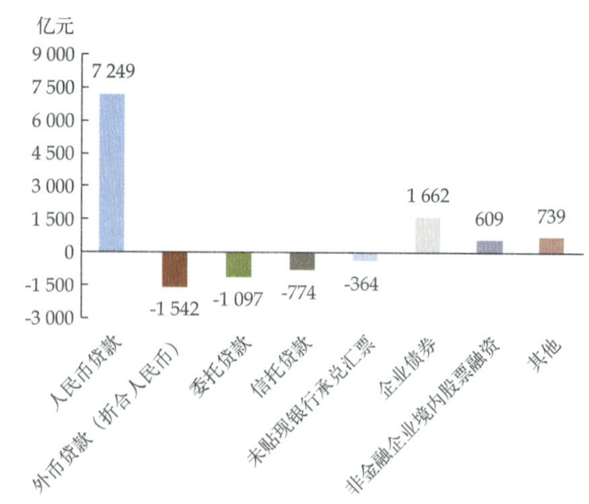

数据来源：中国人民银行深圳市中心支行。

图5 2018年深圳市社会融资规模分布结构

2. 民营企业债务融资工具不断创新，资产证券化产品进一步发展。2018年10月，深交所发行首单民营企业纾困专项债助力民营企业稳健发展。11月，招商银行成功发行18欧菲科技SCP001信用风险缓释凭证（CRMW），系全国首单由股份制商业银行独立创设的民营企业债务融资支持工具。12月，深交所市场首只民营企业债券融资支持工具也成功发行。此外，深圳持续推进资产证券化产品创新发展。年内陆续推出全国首单公共人才租赁住房类REITs（房地产信托投资基金）产品支持住房租赁市场发展、首单“互联网＋旅游”行业资产证券化产品以及首单O2O汽车电商平台资产证券化产品支持消费升级。

表5 2018年深圳市金融机构票据业务量统计

单位：亿元

季度	银行承兑汇票承兑		贴现			
			银行承兑汇票		商业承兑汇票	
	余额	累计发生额	余额	累计发生额	余额	累计发生额
1	3 103	1 290	774	2 745	72	196
2	3 167	2 669	1 011	5 626	106	409
3	3 245	4 246	1 360	8 601	151	630
4	3 430	5 871	1 701	10 730	119	768

数据来源：中国人民银行深圳市中心支行。

3. 票据业务需求明显回暖，贴现利率有所

回落。2018 年，中国人民银行深圳市中心支行充分用好结构性货币政策工具，创新再贴现工具使用方式，推出“微票通”“绿票通”“科票通”等工具支持民营、小微和创新型企业融资。全年 31 家金融机构办理 4 261 笔票据再贴现，发生额 141.13 亿元，同比增长 57.7%，小微企业票据占比超八成。通过央行再贴现带动票据承兑、贴现业务层层放大的效应逐步显现。年末，银行承兑汇票余额 3 430.2 亿元，同比增长 11.0%；企业票据贴现余额 1 820.0 亿元，为 2017 年末的 2.2 倍。市场流动性总体充裕，票据贴现利率整体下行。2018 年 12 月，贴现利率和转贴现利率同比分别下降 1.58 个和 1.15 个百分点。其中，2018 年深圳市金融机构借用中国人民银行资金发放的小微企业票据贴现加权平均利率为 3.95%，比运用其他资金办理的贴现加权平均利率低 0.35 个百分点。

表 6　2018 年深圳市金融机构票据贴现、转贴现利率

单位：%

季度	贴 现		转贴现	
	银行承兑汇票	商业承兑汇票	票据买断	票据回购
1	5.28	6.45	4.72	3.18
2	4.98	6.23	4.94	3.26
3	4.40	6.59	3.95	2.56
4	3.74	6.51	3.50	2.89

数据来源：中国人民银行深圳市中心支行。

4. 黄金市场交易进一步活跃。2018 年，上海黄金交易所深圳会员黄金交易量 11 795.1 吨，同比增长 37.4%，占上金所全部会员黄金交易量的 17.5%，占比上升 1.7 个百分点，主要受招商银行总行自营业务交易量大幅增长推动（同比增长 233.6%）。深圳地区交割库黄金出库量 1 356.3 吨，同比下降 3.5%，占上金所黄金交割总量的 59.2%。

专栏 1　多措并举　助力改善民营小微企业融资环境

2018 年，中国人民银行深圳市中心支行（以下简称中支）积极创新思路，多措并举，多维度激励金融机构加大对民营和小微企业支持力度，取得一定成效。

一、支持民营、小微企业的主要举措

一是充分发挥政策合力。2018 年，中支联合深圳市金融办、深圳银保监局、深圳证监局等多部门出台《关于进一步改进小微企业金融服务的意见》；联合深圳市经贸信委共同举行“深化小微企业金融服务政策宣导会暨‘微票通’签约活动”；与深圳银保监局联合召开“深圳地方法人金融机构小微金融服务推进工作会”等。二是创新货币政策工具使用方式，发挥央行资金的引导作用。2018 年，中支先后推出“微票通”“绿票通”“科票通”再贴现业务，实现货币政策与产业政策精准结合。累计办理“微票通”773 笔，总金额 24 亿元，惠及小微企业近 800 家，降低小微企业融资利率 250 个基点；累计办理“绿票通”110 笔，总金额 3.11 亿元；办理“科票通”14 笔，总金额 3 900 万元。同时，完善相关制度，切实用好支小再贷款工具，发放再贷款 4 亿元，带动银行新增 8 亿元小微贷款投放。三是积极推动全国首家股份制商业银行独立创设的民营企业债券融资支持工具的发行落地。中支搭建深圳辖内债券承销机构定期联系机制，全面掌握银行间市场创新交易产品在深圳应用情况。协调交易商协会、中债增进、各承销商和担保机构开展合作。2018 年全年辖内已完成 2 单信用风险缓释工具发行，8 只民营企业债券融资支持工具已进入发行程序。四是密集开展小微企业金融服务政策宣传。中支组织多家媒体对相关政策措施开展新闻报道，带队媒体走入金融机构和企业开展采访活动，发挥良好舆论宣传作用。央视财经频道还就深圳

“微票通”业务和支持民营企业的做法进行宣传报道。五是深入小微、民营企业主体开展调研。参与市政协关于营造国际一流营商环境的重点调研，牵头负责“中小企业融资环境”调查，得到市委、市政府的高度肯定。分管领导带队组织人员赴民营企业召开银企现场办公座谈会，通过“以点带面”打开银行服务小微企业的梗阻点。深入调查研究小微企业金融服务政策落地过程中存在的问题及2019年商业银行支持小微可能面临的制约因素。

二、取得的成效

民营企业贷款余额占比和增速实现“双增长”。截至2018年末，深圳市金融机构民营企业贷款余额同比增长21.4%，高于各项贷款平均增速6.2个百分点；民营企业贷款余额占企业贷款余额的51.8%，比年初上升1.1个百分点。小微企业贷款阶段性完成“两增两控”目标，银行资金进一步向小微企业倾斜。一是小微企业贷款增速高于其他类型企业贷款增速。截至2018年末，小微企业人民币贷款余额同比增长27.6%，较大型、中型企业贷款增速分别高16.0个和2.0个百分点。二是普惠口径小微企业贷款占比进一步提升。普惠口径小微企业贷款余额3 314亿元，同比增长22.7%；普惠口径小微企业贷款户数31.81万户，较年初增长9.91万户。小微企业贷款加权平均利率与不良贷款率与2017年相比保持稳定。

三、下一步工作思路

下一步，中支将继续强化信贷政策结构调控功能，支持金融体系服务重点领域和薄弱环节领域。一是密切跟踪金融机构小微、民营企业再贷款台账建设，加强资金贷后流向监测，确保信贷资金精准投放。二是推动民营企业债券融资支持工具落地，鼓励商业银行等机构参与信用风险缓释凭证创设和投资，并加强风险防范，实现对辖内债务工具违约风险监测的常态化、制度化。三是改进完善信贷政策评估工作，加强小微企业、科技企业信贷评估结果的综合运用，完善激励约束相容机制。

（五）立足粤港澳大湾区建设，深入推进区域金融改革创新

2018年，深圳充分发挥粤港澳大湾区中心城市的核心引擎作用和“一带一路”建设的支点作用，扎实推进自贸区各项改革举措。一是在资本项目可兑换和人民币国际化领域先行先试。深圳获批在前海深港现代服务业合作区开展资本项目收入的支付审核便利化试点。合格境内投资者境外投资（QDIE）试点额度提升，银行不良资产跨境转让试点获准升级。获批在前海设立人民币国际投贷基金。推出跨境人民币出境游退税业务，提高湾区居民出境游购物便利性，建设宜居宜业宜游优质生活圈。二是深化金融市场改革和创新。5月，全国首家市场化个人征信机构百行征信正式落户深圳，初步形成“政府+市场”征信体系新格局。加大金融科技的运用，湾区贸易金融区块链平台正式上线，打造立足粤港澳大湾区，面向全国、辐射全球的开放金融贸易生态圈。持续关注绿色金融发展，参与国家绿色金融标准研究制定。在绿色保险与碳金融领域不断推出创新产品，以金融促进深圳经济绿色低碳循环发展。

（六）规范金融市场秩序，金融服务高效化、普惠化

1.规范市场秩序，坚决打击金融违规行为。从严监管整肃支付结算市场秩序，对涉嫌严重违规的2家支付机构处罚共计6 496万元，对3家支付机构采取停业整顿措施，认定7家存在“二清”行为的机构为取缔类机构并移送公安机关。高压打击互联网金融领域违规行为，开展涉及

ICO、比特币交易等互联网金融风险整治工作。多部门积极协作，加快处置P2P网贷平台“爆雷”风险，日均新增风险平台数量明显下降。开展打击洗钱犯罪和上游犯罪专项行动。成功破获“截流2018”专案、第72号《审计要情》专案、“8·24”地下钱庄专案及“会战5号”专案等。开展跨部门合作，推动深圳首例洗钱罪案移送起诉。

2. 优化生态环境，提升金融服务水平。 一是优化开户服务与账户管理。设立小微企业开户绿色通道，企业开户时间缩减至2~4天。建立银政合作机制，合作开发“企业开办一窗通”系统，实现中国人民银行和工商、公安、税务系统互联互通以及企业注册一站式办理，助力营商环境优化。二是积极推进移动支付便民示范工程开展，实现公共交通领域金融IC卡受理全覆盖。三是社会信用环境进一步优化。至2018年末，金融信用信息基础数据库已涵盖深圳市18万户企业和1 338万自然人信息，并为中小微企业建立信用档案2万余户，助力缓解小微企业融资难问题。建立失信联合惩戒工作机制，将行政许可、行政处罚信息纳入征信系统，形成“一处违法、处处受限”的诚信营商环境。四是辖区现金服务水平稳步提高。积极推进深圳地区大额现金管理试点工作的开展。完善普通纪念币发行工作的标准化管理，提升发行过程的透明度。充分发挥境外人民币现钞投放回笼枢纽作用，进一步提升跨境人民币现钞调运通关效率。五是国库服务水平进一步提升。顺利完成深汕特别合作区国库机制体制调整，并实现远程经理国库，全国首创经理“飞地”国库新模式。完成二代国库信息处理系统（TIPS）的上线工作，提高预算资金缴库效率。

表7 2017~2018年深圳市支付体系建设情况

年份	支付系统直接参与方（个）	支付系统间接参与方（个）	当年大额支付系统处理业务数（万笔）	同比增长（%）	当年大额支付系统业务金额（亿元）
2017	10	1 816.0	7 964.7	-6.9	4 218 115.3
2018	10	1 827.0	8 705.0	9.3	5 327 302.1
年份	**同比增长（%）**	**当年小额支付系统处理业务数（万笔）**	**同比增长（%）**	**当年小额支付系统业务金额（亿元）**	**同比增长（%）**
2017	0.9	35 253.3	44.1	46 714.2	35.2
2018	26.3	21 206.9	-39.8	52 215.7	11.8

数据来源：中国人民银行深圳市中心支行。

二、经济运行情况

2018年，深圳深入实施创新驱动发展战略，抓住粤港澳大湾区建设重大机遇，坚持全面深化改革和全面扩大开放，扎实做好“稳就业、稳金融、稳外贸、稳外资、稳投资、稳预期”工作，经济运行总体稳健，主要经济指标表现良好。据初步核算，2018年地区生产总值（含深汕特别合作区）24 222.0亿元，按可比价计算，同比增长7.6%，地区生产总值在全国大中城市中位居第三。产业结构持续优化，第三产业主导优势进一步扩大，三次产业结构由2017年同期的0.1∶41.4∶58.5调整为0.1∶41.1∶58.8。

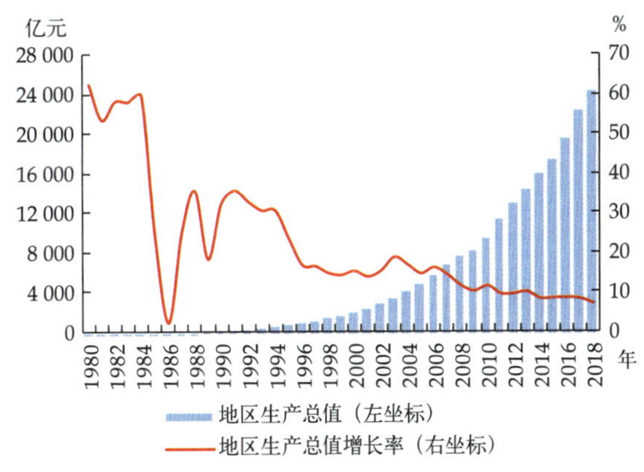

数据来源：深圳市统计局。

图6 1980~2018年深圳市地区生产总值及其增长率

（一）内外需增长稳中趋缓，经济进入内涵式增长通道

2018 年，深圳积极践行高质量发展要求，投资质量进一步提升，居民消费持续升级，进出口规模较快增长。

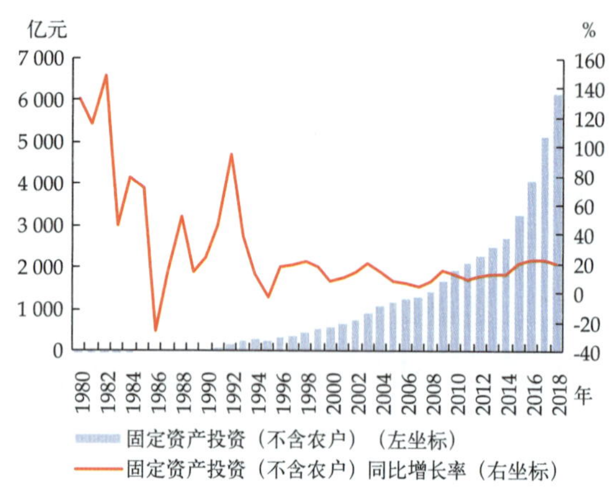

数据来源：深圳市统计局。

图 7　1980~2018 年深圳市固定资产投资（不含农户）及其增长率

1. 投资结构进一步优化，有效支持供给侧结构性改革。2018 年，全市固定资产投资 6 191.0 亿元，同比增长 20.6%，比 2017 年回落 3.2 个百分点。投资结构持续改善，第三产业、工业技改和基础设施投资增速分别高于全市投资增速 2.8 个、1.5 个和 2.8 个百分点。民间投资同比增长 12.5%，占固定资产投资总额比重达到 47.6%。

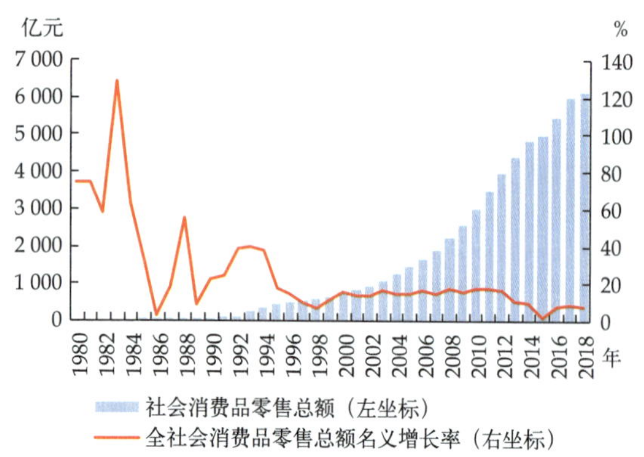

数据来源：深圳市统计局。

图 8　1980~2018 年深圳市社会消费品零售总额及其增长率

2. 消费市场增速有所放缓，消费升级类商品增长较快。2018 年，深圳社会消费品零售总额 6 168.9 亿元，同比增长 7.6%，比 2017 年回落 1.5 个百分点，主要受汽车类零售增幅放缓影响。消费升级类商品逆势增长。通讯器材类、金银珠宝类、文化办公用品类、体育娱乐用品类零售额同比分别增长 38.0%、8.0%、10.1% 和 8.3%。通过互联网实现的商品零售额增长 24.5%。

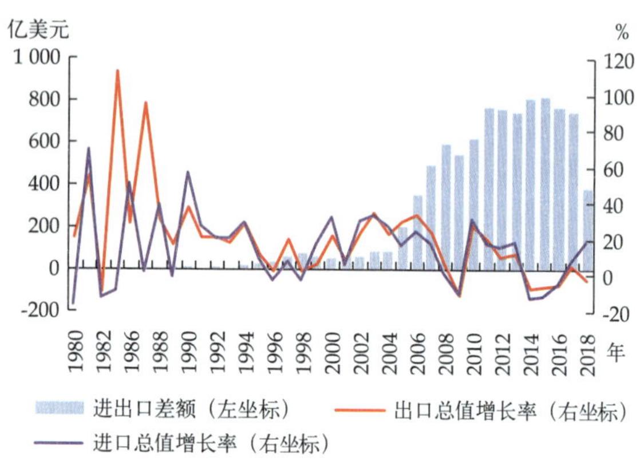

数据来源：深圳市工业和信息化局。

图 9　1980~2018 年深圳市外贸进出口变动情况

3. 货物贸易进出口稳步增长，企业积极推动出口市场多元化应对中美贸易摩擦。2018 年，深圳市进出口总额 4 537.3 亿美元，同比增长 9.6%，增速比 2017 年同期提高 5.3 个百分点，进出口规模仅次于上海，位居内地大中城市第二位。其中，出口总额 2 460.4 亿美元，出口规模连续 26 年位居内地大中城市首位；进口总额 2 076.9 亿美元，同比增长 22.3%，进口规模居内地大中城市第三位，跨境电商、平行进口车等新业态发展有效推动消费升级。但受中美贸易摩擦影响，3 月以来深圳对美进出口月度同比增速连续 10 个月负增长，劳动密集型产品与手机出口降幅明显，农产品进口降幅较大。为应对中美贸易摩擦负面影响，深圳企业积极拓展“一带一路”沿线国家和地区市场，全年进出口规模 1 233.8 亿美元，同比增长 13.4%。

4. 利用外资量质齐升，有效支持深圳产业升级。深圳积极抓住粤港澳湾区建设契机，全年实际利用外资 82.0 亿元，同比增长 10.8%。以投资、软件及信息技术服务为代表的服务业成为外资流入的主要行业，占比达 51.7%，同比增长 74.9%。其中，招商局集团对旗下港口业务进行整合，设立招商局港通发展（深圳）有限公司，提供管理、投资等港口服务，流入资本金 13.6 亿美元。

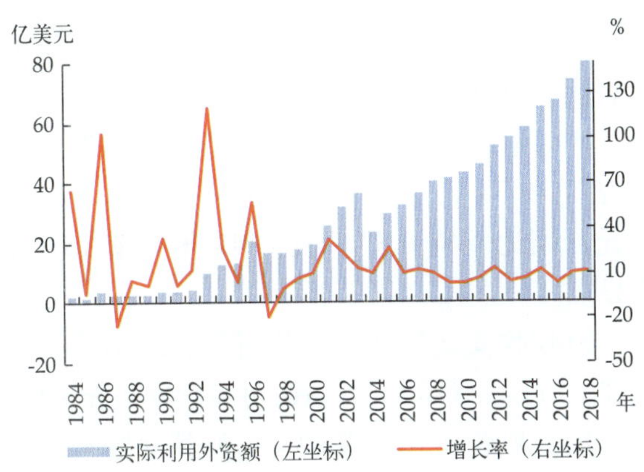

数据来源：深圳市统计局。

图 10　1984~2018 年深圳市实际利用外资额及其增长率

（二）二三产业协调发展，创新驱动和绿色发展理念深入践行

1. 工业生产总体向好，高端制造业的拉动作用更加突出。2018 年，全市规模以上工业增加值 9 109.5 亿元，同比增长 9.5%，增速比 2017 年同期提高 0.2 个百分店。先进制造业和高技术制造业增加值分别为 6 564.8 亿元和 6 131.2 亿元，同比分别增长 12.0% 和 13.3%，占规模以上工业增加值比重分别提升至 72.1% 和 67.3%。工业企业经营效益保持稳定，主营业务收入同比增长 9.5%，工业经济效益综合指数为 283.7%，比 2017 年同期上升 24.5 个百分点。

2. 服务业平稳增长，规模以上服务业效益进一步提升。2018 年，第三产业增加值同比增长 6.4%，增速同比回落 2.4 个百分点。但以现代物流为代表的交通运输、仓储和邮政业以及以信息技术服务为代表的其他服务业继续保持较快增长，增速分别达到 10.2% 和 9.0%，对第三产业支撑作用进一步增强。规模以上服务业实现营业收入同比增长 14.0%。其中，互联网和相关服务业、软件和信息技术服务业和商务服务业营业收入同比分别增长 26.0%、12.3% 和 15.9%。

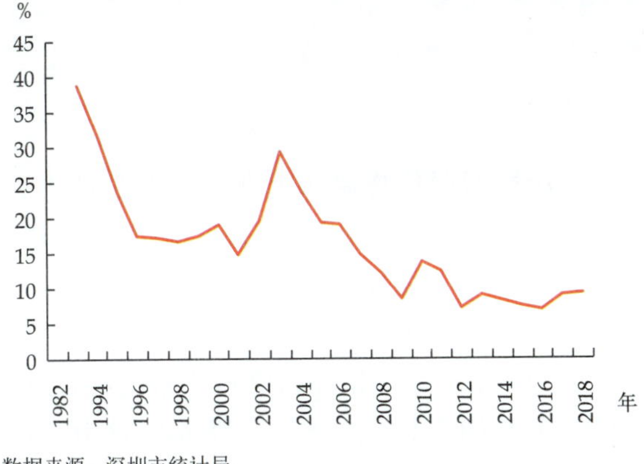

数据来源：深圳市统计局。

图 11　1982~2018 年深圳市规模以上工业增加值实际增长率

3. 壮大创新发展新动能，大力优化营商环境。2018 年，深圳获批可持续发展创新议程示范区，积极加快提升自主创新能力。设立全国首个 50 亿元天使投资引导基金。进一步加大科学技术投入，科学技术支出同比增长 57.7%。全年新增国家级高新技术企业 3 000 家以上，国家级高新技术企业数量居全国第二。全社会研发投入超过 1 000 亿元，PCT 专利授权量继续位居全国首位。科技进步对经济增长的贡献进一步提升，战略性新兴产业实现增加值增长 9.1%。持续深化营商环境改革，充分发挥先行先试作用，着力抓好 115 项国家级改革试点。推出具有深圳特色的降成本措施，推进供给侧结构性改革，全年累计为企业和个人减负超 1 600 亿元。进一步激发市场活力，全年新设立企业 29 万户，总量增长 11.6%。

4. 坚持绿色发展道路，持续提升城市环境品质。2018 年，深圳全面实施“深圳蓝”可持续计划，推广国Ⅵ标准车用燃油落实减排、控烟新举措。重点领域污染防治工作进展良好，

90% 的黑臭水体得到治理，深圳湾综合污染指数下降 32.5%，PM2.5 平均浓度降至 26 微克 / 立方米，空气质量在全国 169 个重点城市中排名第六。推进 600 个城中村治理，推进城市绿化净化美化亮化工程，荣获“国家森林城市”称号，“辉煌新时代”灯光夜景成为深圳新名片，城市美誉度显著提升。

（三）物价水平温和上涨，劳动力成本继续走升

1. 居民消费价格温和上涨，工业品价格总体稳定。2018 年，深圳居民消费价格指数（CPI）同比上涨 2.8%，涨幅比 2017 年同期扩大 1.4 个百分点。其中，食品价格上涨 2.9%，拉动 CPI 上升 0.6 个百分点；非食品价格上涨 2.8%，拉动 CPI 上升约 2.2 个百分点。服务项目中，租赁房租、家庭服务、交通工具燃料和维修、教育服务、医疗等服务价格均呈上涨态势，拉动 CPI 上涨约 1.4 个百分点。受高新技术产品价格总体趋降影响，工业品出厂价格指数（PPI）保持低位运行，全年 PPI 同比上涨 0.2%，比 2017 年回落 1.6 个百分点。

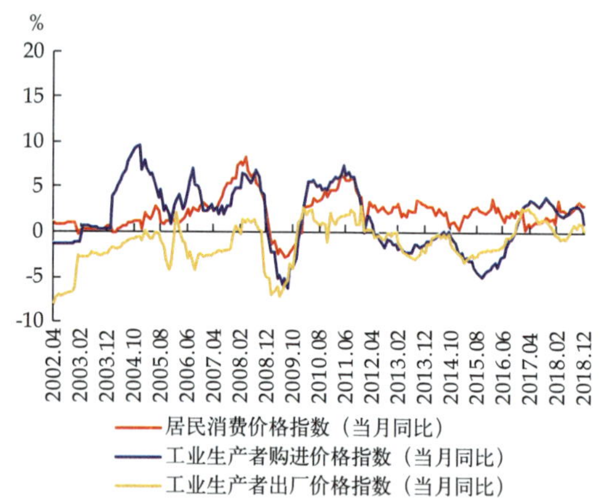

数据来源：国家统计局深圳调查队。

图 12　2002~2018 年深圳市居民消费价格指数和工业生产者价格指数变动趋势

2. 就业形势总体稳定，居民收入稳步增长。2018 年，深圳新增就业 10.9 万人，城镇登记失业率控制在 2.5% 以内。全市最低工资标准由 2 130 元提高至 2 200 元，非全日制就业劳动者最低工资标准由 19.5 元 / 小时提高至 20.3 元 / 小时，在岗职工月平均工资从 7 480 元调整至 8 348 元。居民人均可支配收入中，工资性收入 47 767 元，同比增长 8.8%。

（四）财政收支增速下降，重点领域保障有力

2018 年，深圳全面实施减税降费政策，地方一般公共预算收入完成 3 538.4 亿元，同比增长 6.2%，比 2017 年下降 3.9 个百分点。税收收入同比下降 2.5%，其中落实减税政策，对增值税、个人所得税、企业所得税分别减税 117 亿元、50 亿元和 33 亿元。一般公共预算支出 4 282.5 亿元，同比下降 6.8%，比 2017 年回落 15.9 个百分点。

财政收支运行风险总体可控。2018 年底，深圳政府债务率 0.81%，财政可持续发展能力强。在严控一般性支出的基础上，坚持保障和改善民生，九大类民生领域支出占财政支出的比重达 64.7%。重点领域支出保障有力，财政八项支出在支出总体下降的格局下逆势增长 8.1%，超过预算增幅 7.6 个百分点。财政资金进一步加大对科学技术领域支持力度，围绕高端医疗器械、核心芯片、关键零部件等科技领域支出同比增幅达 57.5%。

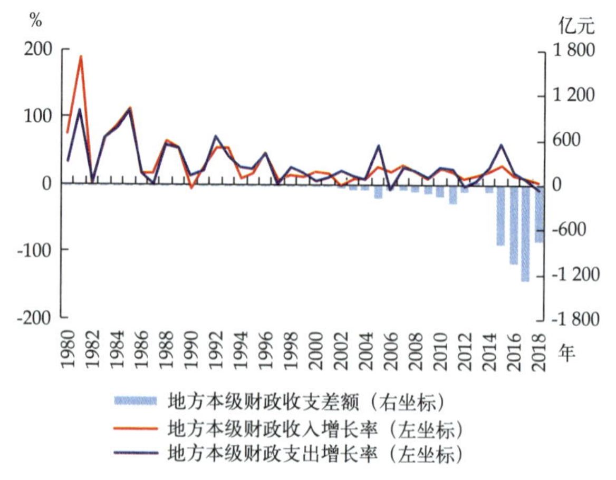

数据来源：深圳市财政局。

图 13　1980~2018 年深圳市财政收支状况

（五）调控政策不断深化，房地产市场运行稳中趋降

2018年，深圳坚持“房住不炒”定位，发布“三价合一”、“731”新政、“二次房改”等政策，构建多元住房供应与保障体系，推动房地产金融调控长效机制建立。

1. 房地产开发投资增速回升，住宅投资增速明显回升。2018年，深圳市房地产开发投资完成额2 640.7亿元，同比增长23.6%，增速较2017年提高3.7个百分点。从构成来看，住宅投资同比增长28.5%，增速由负转正，较2017年大幅提高31.4个百分点。非住宅投资同比增长19.2%，增速大幅回落33.0个百分点。

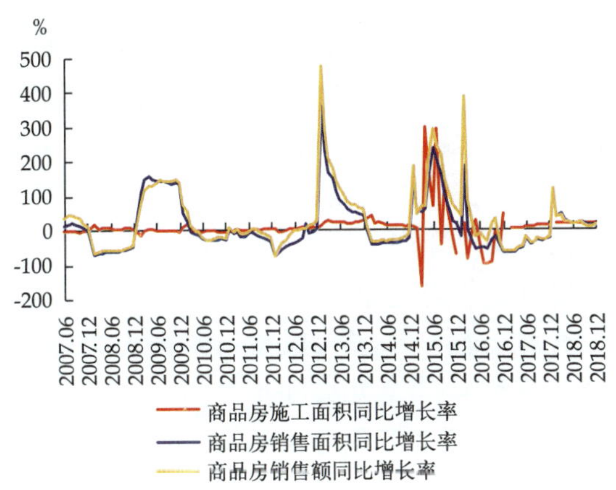

数据来源：深圳市规划和国土资源委员会。

图14　2007~2018年深圳市商品房施工和销售变动趋势

2. 住宅用地供给和开发力度加大，去库存周期有所回升。2018年，深圳市共7宗住宅用地推出供应，面积12.4万平方米，较2017年增加5万平方米。全年深圳住宅类商品房开发力度加大，施工面积和新开工面积增速同比分别提升18.3个和83.6个百分点，扭转连续两年负增长的局面，拉动全年商品房施工面积和商品房新开工面积同比分别增长18.2%和52.7%，增幅较2017年末分别提高7.9个和50.0个百分点。至2018年末，住宅类商品房去库存周期为14.2个月，处于历史较高水平。

3. 住宅成交略有回升，刚需占比进一步提高。2018年，随着房地产调控政策继续深化，深圳市住宅市场热度受到有效控制，成交量略有回升。全市新建商品住宅销售面积292.4万平方米，同比增长12.8%；“三价合一”调控政策出台后，二手房交易有所降温，成交面积521.9万平方米，同比下降1.6%。从户型分布来看，小户型和改善型是新建住宅成交的主流，成交套数和面积分别占全市新建住宅成交套数和面积的90.8%和80.4%。

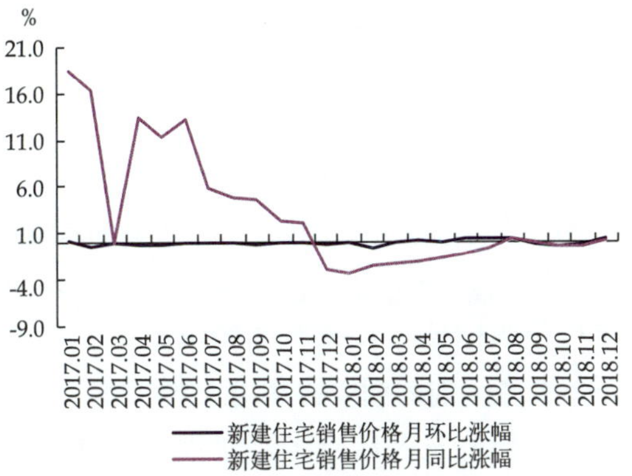

数据来源：深圳市住房建设局。

图15　2017~2018年深圳市新建住宅销售价格变化趋势

4. 新建住宅均价微幅回调，一、二手住宅价格走势趋近。2018年，深圳市新建住宅价格呈现缓慢下降趋势，12月均价降至54 060元/平方米，同比下降0.4%。二手住宅交易价格微幅下行，12月，二手住宅均价54 902元/平方米，同比微降0.9%。总体来看，全市一、二手住宅价格趋近，均稳定在5.5万元/平方米左右。

5. 房地产各项贷款增速继续回升，金融支持住房租赁市场力度加大。2018年末，深圳市房地产开发贷款余额4 274.6亿元，同比增长40.3%，增速较2017年末提高7.8个百分点。个人住房贷款余额12 069.2亿元，同比增长12.7%，增速较2017年末提高4.8个百分点。新发放住房贷款中首套房（含改善型）贷款金额占比97.2%。个人住房贷款首付比例震荡上行，

12 月平均首付比为 41.1%，同比提高 1.6 个百分点。辖内银行积极探索布局住房租赁金融产品。全年深圳建行累计发放“租赁通”和“按居贷”1 788.6 亿元；微众银行累计发放个人住房租赁贷款 19.4 亿元。

6. 涉房信贷质量保持稳定，房地产金融风险总体可控。2018 年 12 月末，深圳房地产贷款不良率 0.31%，同比上升 0.07 个百分点。其中，房产开发贷款不良率 0.18%，同比下降 0.15 个百分点。个人住房贷款不良率 0.23%，同比上升 0.07 个百分点。总体来看，深圳住宅价格保持稳定，购房杠杆率处于低位，房地产金融风险总体可控。

三、预测与展望

2019 年是深圳建市 40 周年，是全面推开“建设中国特色社会主义先行示范区”和“社会主义现代化强国城市范例”的关键之年，是落实粤港澳大湾区规划纲要的开局之年。

站在新的发展起点上，深圳在创新驱动和产业升级方面将继续走在全国前列，战略性新兴产业和现代服务业对经济增长的核心引擎功能将继续增强。深港澳进一步深化融合有望促进三地要素流动，提升深圳对外开放水平，聚集创新发展动力，推动深圳经济发展与金融服务模式升级。展望 2019 年，深圳经济金融平稳运行的格局不会改变，预计全年地区生产总值增长 7% 左右，财政收入增长 6.5% 左右，居民收入与经济增长基本同步。物价水平总体保持平稳，对新增就业人口特别是高端人才的吸纳能力继续保持稳定。房地产市场有望延续平稳运行态势，辖内金融机构运行继续保持平稳，金融领域风险得到有效防控。

但也应看到，当前深圳经济金融运行仍面临着内外部经济金融环境稳中有变、变中有忧的新挑战。从内部来看，产业发展后劲略显不足，生产要素成本攀升挤压企业盈利空间，产业迁移不利于就业稳定和产业链升级。内需对深圳经济的拉动作用有所弱化，投资增速进入稳定下行区间，消费增长仍受居民部门高杠杆率等因素抑制，财政收支矛盾将制约财政支出持续快速增长。从外部来看，外贸形势复杂多变。虽然中美贸易谈判达成初步共识，但不确定性依然存在，外向型企业转型升级应对贸易壁垒存在较大挑战。从金融来看，经济周期与金融周期叠加共振，经济运行不确定性仍对银行资产质量带来影响，股市债市相关风险尚未解除，仍需警惕风险的跨市场传染。

面对上述挑战，深圳将始终按照党中央创办经济特区的战略意图，用好 40 年特区建设的成功经验，落实好“五个坚持”和“六个稳”要求，抓住粤港澳大湾区建设的重大机遇，践行高质量发展要求，统筹推进稳增长、促改革、调结构、惠民生。深入实施创新驱动发展战略，加大高端制造业投资力度。深挖产业潜力，加快经济结构优化升级，提升企业的国际竞争力。进一步激发微观主体活力，继续落实好“四个千亿”支持措施，精准施策支持民营企业和小微企业发展。实施好稳外贸稳外资措施，发挥“一带一路”建设的重要支撑作用，优化贸易结构，以进口升级带动出口竞争力提升。

金融方面，中国人民银行深圳市中心支行将全面贯彻党的十九大和十九届二中、三中全会以及中央经济工作会议精神，紧紧围绕服务实体经济、防控金融风险、深化金融改革三项任务，继续做好金融调控，提高金融运行效率和服务实体经济能力。配合总行落实好稳健的货币政策，适时适度实施逆周期调节，促进市场流动性合理充裕和利率水平合理稳定。充分发挥货币政策的结构性功能，进一步疏通货币政策传导机制，继续发挥政策合力，在保持深圳信贷总量、社会融资规模合理增长的同时，引导信贷资金加大对小微、民营企业以及普惠金融领域的支持力度。牢固树立底线意识，配合总行在深圳做好货币政策与宏观审慎“双支柱”调控框架下的各项工作，加强风险研判与预警，维护金融稳定。深入研究推进深港澳金融互联互通与特色金融合作，进一步扩大金融对外开放，为深圳经济高质量发展营造适宜的货币金融环境。

中国人民银行深圳市中心支行货币政策分析小组

总　纂：邢毓静　于松柏

统　稿：张春光　葛金锋

执　笔：庞春阳

提供材料的还有：蓝　天　钟俊芳　黄海涛　黄　练　陈　易　张　腾　舒　磊　朱雯君　郭航燕　刘絮莹　荣　璟　马瑞超　林嘉立　苏昱宇　张　婉　周莹华　姜雨杉　吴　彬　吴　成　徐珑珑　宋　暄

附录

（一）2018年深圳市经济金融大事记

1月11日，由金融行动特别工作组（FATF）和欧亚反洗钱组织（EAG）、亚太反洗钱组织（APG）共同组织，中国人民银行承办的FATF第二届法官和检察官论坛在深圳召开。

5月14日，作为落实“一带一路”倡议的重要举措，深圳证券交易所（以下简称深交所）牵头组成的深沪交易所联合体收购孟加拉国达卡证券交易所25%的股权。

5月23日，由中国互联网金融协会和芝麻信用、腾讯征信等8家征信公司共同出资设立的百行征信有限公司在深圳正式揭牌。

7月11日，中国人民银行深圳市中心支行联合原深圳市经贸信委共同举行“深化小微企业金融服务政策宣导会暨‘微票通’签约活动”。

7月31日，深圳证券信息有限公司发布深圳创新引擎指数，反映在深交所上市的深圳企业整体表现，凸显深圳经济改革创新特色。

9月4日，由中国人民银行数字货币研究所与深圳市中心支行联合推动的“湾区贸易金融区块链平台”项目正式上线。

9月27日，中国名片——人民币发行70周年纪念展（深圳站）在深圳开幕。

10月18日，中国人民银行下发《关于深圳市设立人民币国际投贷基金的意见》（银函〔2018〕338号），原则支持深圳在前海设立人民币国际投贷基金。

10月19日，香港交易所前海联合交易中心正式开业，首笔产品交易成功。

12月4日，深圳市出台《关于更大力度支持民营经济发展的若干措施》，推出“四个千亿”计划助力深圳民营经济健康发展。

（二）2018 年深圳市主要经济金融指标

表 1　2018 年深圳市主要存贷款指标

		1 月	2 月	3 月	4 月	5 月	6 月	7 月	8 月	9 月	10 月	11 月	12 月
本外币	金融机构各项存款余额（亿元）	71 658	71 811	70 094	70 754	72 343	71 226	72 392	72 117	72 350	72 874	73 083	72 550
	其中：住户存款	11 400	11 311	11 553	11 312	11 518	12 066	11 748	11 845	12 702	12 759	13 157	13 810
	非金融企业存款	32 660	32 555	32 788	33 448	33 358	34 552	34 845	34 560	35 068	34 436	34 955	34 899
	各项存款余额比上月增加（亿元）	1 846	153	-1 718	660	1 589	-1 117	1 166	-274	233	524	209	-532
	金融机构各项存款同比增长（%）	12.0	8.4	6.7	6.3	5.7	4.7	6.8	6.1	8.1	7.3	4.4	4.1
	金融机构各项贷款余额（亿元）	47 546	48 003	48 518	49 112	49 513	50 512	50 964	51 796	52 091	52 281	52 748	52 540
	其中：短期	13 985	14 105	14 220	14 387	14 301	14 480	14 313	14 250	14 219	14 094	14 021	13 523
	中长期	28 875	29 238	29 618	29 932	30 328	30 735	31 173	31 666	31 923	32 304	32 677	32 989
	票据融资	1 035	996	993	972	1 038	1 272	1 359	1 699	1 763	1 672	1 808	1 820
	各项贷款余额比上月增加（亿元）	1 093	457	515	595	400	999	452	832	296	190	467	-208
	其中：短期	224	120	115	167	-86	179	-167	-63	-31	-125	-73	-498
	中长期	822	363	380	314	396	407	438	493	257	381	373	312
	票据融资	14	-39	-3	-21	66	234	87	340	64	-91	136	12
	金融机构各项贷款同比增长（%）	13.9	14.0	14.8	15.3	14.8	16.3	16.0	16.9	15.7	14.9	14.6	13.4
	其中：短期	13.6	12.6	14.9	16.6	11.6	14.6	12.5	12.0	9.1	7.3	4.5	-1.0
	中长期	17.2	17.9	17.0	16.5	17.8	16.7	16.3	16.6	16.2	16.4	16.5	17.6
	票据融资	-27.9	-28.2	-17.5	-11.1	-3.2	25.2	43.6	72.5	67.6	60.8	77.0	78.2
	建筑业贷款余额（亿元）	1 209	1 250	1 217	1 239	1 244	1 254	1 270	1 286	1 283	1 302	1 311	1 255
	房地产业贷款余额（亿元）	4 715	4 829	5 032	5 070	5 164	5 301	5 396	5 511	5 612	5 722	5 823	6 060
	建筑业贷款同比增长（%）	22.6	21.0	18.1	19.9	18.7	18.6	16.2	16.2	14.3	15.7	15.5	15.0
	房地产业贷款同比增长（%）	37.0	34.7	35.5	32.3	34.9	36.1	32.6	32.2	29.0	30.6	31.9	37.4
人民币	金融机构各项存款余额（亿元）	66 247	66 489	65 022	65 959	67 556	66 501	67 626	67 501	67 929	68 485	69 039	68 698
	其中：住户存款	11 088	10 993	11 236	10 993	11 196	11 733	11 409	11 508	12 368	12 424	12 825	13 479
	非金融企业存款	28 791	28 855	29 339	30 343	30 294	31 515	31 986	31 775	32 424	31 940	32 671	32 720
	各项存款余额比上月增加（亿元）	1 615	242	-1 467	936	1 598	1 055	1 125	-125	427	557	554	-341
	其中：住户存款	111	-95	243	-243	203	537	-324	99	860	56	401	654
	非金融企业存款	-253	64	484	1 004	-49	1 221	471	-211	649	-484	731	49
	各项存款同比增长（%）	11.9	8.6	7.4	7.9	6.9	5.5	7.5	7.2	9.6	9.0	6.3	6.5
	其中：住户存款	5.3	4.8	4.6	3.9	4.9	5.2	8.0	9.2	14.3	18.0	21.1	24.4
	非金融企业存款	18.8	16.0	15.0	20.7	15.7	18.2	19.8	18.7	19.7	17.6	17.3	12.3
	金融机构各项贷款余额（亿元）	42 351	42 809	43 317	43 811	44 216	45 239	45 811	46 724	47 167	47 528	48 152	48 282
	其中：个人消费贷款	14 478	14 555	14 632	14 691	14 792	14 899	15 051	15 332	15 499	15 671	15 820	15 936
	票据融资	1 034	995	993	972	1 038	1 272	1 359	1 699	1 763	1 672	1 808	1 820
	各项贷款余额比上月增加（亿元）	1 282	459	508	494	405	1 023	572	913	443	362	624	130
	其中：个人消费贷款	227	77	77	59	101	107	152	281	167	172	149	116
	票据融资	19	-39	-2	-21	66	234	87	340	64	-91	136	12
	金融机构各项贷款同比增长（%）	3.6	4.9	6.1	7.8	8.9	11.9	13.5	16.1	17.3	18.4	20.1	20.5
	其中：个人消费贷款	15.4	15.0	14.2	13.3	12.7	11.9	11.7	12.3	11.9	12.1	12.1	11.8
	票据融资	-25.8	-26.1	-14.5	-7.6	-0.4	28.2	46.0	75.2	69.6	62.4	78.4	79.2
外币	金融机构外币存款余额（亿美元）	854	841	807	756	746	714	699	676	643	630	583	561
	金融机构外币存款同比增长（%）	23.2	15.4	8.0	-3.8	-1.8	-3.8	-4.3	-10.6	-16.3	-17.7	-22.6	-29.2
	金融机构外币贷款余额（亿美元）	820	821	827	836	826	797	756	743	716	682	663	620
	金融机构外币贷款同比增长（%）	5.5	5.9	8.1	11.2	10.0	9.0	1.3	0.9	-4.1	-10.4	-14.6	-23.3

数据来源：中国人民银行深圳市中心支行。

表 2　2001~2018 年深圳市各类价格指数

单位：%

		居民消费价格指数		农业生产资料价格指数		工业生产者购进价格指数		工业生产者出厂价格指数	
		当月同比	累计同比	当月同比	累计同比	当月同比	累计同比	当月同比	累计同比
2001		—	-2.2	—	—	—	—	—	-3.7
2002		—	1.2	—	—	—	-1.0	—	-6.2
2003		—	0.7	—	—	—	0.5	—	-2.3
2004		—	1.3	—	—	—	9.7	—	-0.5
2005		—	1.6	—	—	—	5.1	—	-1.3
2006		—	2.2	—	—	—	4.2	—	-1.8
2007		—	4.1	—	—	—	2.9	—	-1.6
2008		—	5.9	—	—	—	5.3	—	-0.4
2009		—	-1.3	—	—	—	-3.7	—	-4.7
2010		—	3.5	—	—	—	4.7	—	1.6
2011		—	5.4	—	—	—	5.9	—	1.8
2012		—	2.8	—	—	—	0.0	—	-0.1
2013		—	2.7	—	—	—	-1.7	—	-2.0
2014		—	2.0	—	—	—	-0.4	—	-0.9
2015		—	2.2	—	—	—	-3.5	—	-2.4
2016		—	2.0	—	—	—	-1.7	—	-0.7
2017		—	1.4	—	—	—	3.4	—	1.8
2018		—	2.8	—	—	—	2.4	—	0.2
2017	1	2.8	2.8	—	—	2.7	2.7	2.7	2.7
	2	0.3	1.6	—	—	3.2	3.0	2.6	2.6
	3	1.1	1.4	—	—	3.4	3.1	2.8	2.7
	4	0.8	1.3	—	—	3.7	3.3	2.4	2.6
	5	1.2	1.3	—	—	3.6	3.3	2.3	2.6
	6	1.4	1.3	—	—	3.4	3.3	1.8	2.4
	7	1.2	1.3	—	—	2.9	3.3	1.2	2.3
	8	1.4	1.3	—	—	3.2	3.3	1.6	2.2
	9	1.5	1.3	—	—	3.7	3.3	1.6	2.1
	10	1.9	1.4	—	—	4.1	3.4	1.5	2.1
	11	1.5	1.4	—	—	3.6	3.4	1.0	2.0
	12	1.7	1.4	—	—	3.1	3.4	0.5	1.8
2018	1	1.2	1.2	—	—	2.7	2.7	-0.1	-0.1
	2	3.7	2.4	—	—	2.3	2.5	-0.3	-0.2
	3	2.6	2.5	—	—	2.1	2.4	-0.6	-0.4
	4	2.6	2.5	—	—	1.9	2.3	-0.4	-0.4
	5	2.5	2.5	—	—	2.1	2.2	-0.6	-0.4
	6	2.3	2.5	—	—	2.2	2.2	-0.1	-0.4
	7	2.5	2.5	—	—	2.8	2.3	0.3	-0.3
	8	2.9	2.5	—	—	2.9	2.4	1.0	-0.1
	9	3.4	2.6	—	—	3.0	2.5	0.6	0.0
	10	3.4	2.7	—	—	3.0	2.5	1.2	0.1
	11	3.2	2.8	—	—	2.4	2.5	1.0	0.2
	12	3.1	2.8	—	—	1.1	2.4	0.3	0.2

数据来源：国家统计局深圳调查队、深圳市统计局。

表 3　2018 年深圳市主要经济指标

	1 月	2 月	3 月	4 月	5 月	6 月	7 月	8 月	9 月	10 月	11 月	12 月
	绝对值（自年初累计）											
地区生产总值（亿元）	—	—	5 210	—	—	11 009	—	—	17 531	—	—	24 222
第一产业	—	—	5	—	—	11	—	—	16	—	—	22
第二产业	—	—	2 101	—	—	4 364	—	—	7 053	—	—	9 962
第三产业	—	—	3 104	—	—	6 635	—	—	10 462	—	—	14 238
工业增加值（亿元）	—	1 127	1 853	2 505	3 121	3 955	4 632	5 426	6 306	7 107	7 996	9 110
固定资产投资（亿元）	—	521	901	1 333	1 867	2 545	3 055	3 565	4 202	4 900	5 544	6 191
房地产开发投资	—	—	389	574	815	1 103	1 326	1 544	1 829	2 124	2 409	2 641
社会消费品零售总额（亿元）		925	1 333	1 806	2 334	2 856	3 386	3 943	4 474	5 020	5 571	6 169
外贸进出口总额（亿元）	3 876	7 016	10 622	14 452	18 253	22 318	26 560	30 830	35 548	40 346	45 003	49 231
出口	2 314	4 195	6 190	8 497	10 784	13 243	15 779	18 342	21 171	24 155	27 203	29 995
进口	1 562	2 821	4 431	5 954	7 469	9 074	10 781	12 488	14 377	16 191	17 800	19 236
进出口差额（出口－进口）	752	1 374	1 759	2 543	3 315	4 169	4 998	5 854	6 795	7 964	9 403	10 759
实际利用外资（亿美元）	—	10	14	17	22	41	46	50	59	71	77	82
地方财政收支差额（亿元）	278	236	-89	-25	-5	-86	67	-34	-254	-244	-549	-744
地方财政收入	546	749	982	1 307	1 638	1 998	2 386	2 586	2 807	3 080	3 296	3 538
地方财政支出	268	513	1 071	1 332	1 643	2 084	2 319	2 620	3 061	3 323	3 845	4 283
城镇登记失业率（%）（季度）	—	—	2.23	—	—	2.26	—	—	2.29	—	—	2.31
	同比累计增长率（%）											
地区生产总值	—	—	8.1			8.0	—	—	8.1	—	—	7.6
第一产业	—	—	9.2	—	—	10.9	—	—	7.6	—	—	3.9
第二产业	—	—	8.8	—	—	7.6	—	—	8.5	—	—	9.3
第三产业	—	—	7.5	—	—	8.3	—	—	7.8	—	—	6.4
工业增加值	—	8.1	8.9	9.9	8.7	7.4	6.9	7.5	8.3	9	9.2	9.5
固定资产投资	—	26.8	28.1	18.9	19.8	22	20.2	18.7	18.9	20.3	20.3	20.6
房地产开发投资	—	—	30.6	18.7	18.3	16.7	17.1	15.9	17.7	20.7	22.9	23.9
社会消费品零售总额	—	10.2	9	8.8	8.6	8.4	8.4	8.5	8.2	8	7.7	7.6
外贸进出口总额	34.2	34.2	19.3	15.9	12.7	11	11.2	11.4	11.1	12.5	11.6	8.5
出口	11.9	23	9.8	6.9	4.2	3	2.8	3.2	3	5.1	5.4	3.2
进口	90.4	55.3	35.8	31.7	27.6	25	26.3	26.2	25.7	25.9	22.5	18
实际利用外资	—	9.3	-3	-7.7	-12.6	20.5	12.2	-1.3	-1.8	5.6	9.5	10.8
地方财政收入	1.5	6.1	7.2	7.5	7.7	8.2	8.8	8.7	8.7	6.7	5.9	6.2
地方财政支出	31.1	7.2	-3.5	0.3	-6.1	-13	-10.9	-10.1	-4.3	-8.6	-7.3	-6.8

数据来源：深圳市统计局、深圳市人力资源保障局。

广西壮族自治区金融运行报告（2019）

中国人民银行南宁中心支行货币政策分析小组

[内容摘要] 2018年是改革开放40周年，也是自治区成立60周年，广西金融业深入贯彻习近平新时代中国特色社会主义思想和党的十九大和十九届二中、三中全会精神，全面落实“三大定位”新使命和“五个扎实”新要求，坚持稳中求进工作总基调，认真贯彻落实高质量发展要求，深化供给侧结构性改革，执行好稳健中性的货币政策，金融服务实体经济的效能持续提升。全年地区社会融资规模新增4 172.3亿元，占全国比重创历史同期新高。年末本外币各项贷款余额2.7万亿元，同比增长14.9%，全年新增3 445.2亿元，年度增量创新高。年末本外币各项存款余额3万亿元，同比增长6.8%，全年新增1 890.1亿元。

金融支持实体经济提质增效。2018年，自治区政府牵头举办为期2个多月、全面覆盖区市县三级的工业高质量发展银企对接活动，现场达成融资规模超1 300亿元，助力银企精准对接。印发金融服务实体经济“十六条”措施，提出广西再贷款、再贴现政策“双百亿”计划，小微和民营企业受益程度大幅提高，普惠口径小微企业贷款同比增长17.6%，高于各项贷款增速2.6个百分点；金融精准扶贫贷款全年累计投放545亿元，带动服务贫困人口376万人（次），有效支持乡村振兴；表外融资有序压降，高耗能行业贷款占比持续下降。企业融资成本稳中下行。全年人民币一般贷款加权平均利率为6.5%，小微企业贷款利率进入下降通道，年末连续三个月下降。融资产品不断创新。年内广西首单绿色金融债券成功发行，全国首单地市级扶贫资产证券化产品在百色市落地。银行、证券和保险协同发展。银行业资产总额和负债总额分别增长7.3%和7.0%，税后净利润增长7.3%，保持稳健经营；证券交易量由降转升，保险业较快增长。“引金入桂”取得新进展，平安银行南宁分行、中银香港东南亚业务营运中心落户广西；中国出口信用保险公司广西分公司、国富人寿保险公司挂牌成立。金融改革向纵深发展。沿边金融综合改革试点工作圆满结束，人民币跨境收支总额继续保持西部省份和边境省份第一，广西在为期五年的沿边金融综合改革试点过程中创新推出了人民币对越南盾银行柜台挂牌“东兴模式”、田东农村金融改革模式等一系列可推广、可复制的创新模式，顺利通过验收。《广西建设面向东盟的金融开放门户总体方案》获批，成为第一个获批的区域金融改革“升级版”方案，也是第一个在全省范围实施的金融综合改革方案。金融生态环境建设深入推进。广西政银部门联合出台金融支持实体经济发展若干措施，切实优化营商环境；95%的县（区）建立农户信用信息系统，金融服务进村示范点实现乡镇全覆盖。金融风险总体可控。全年广西企业在银行间市场无债券违约，法人金融机构集中将逾期90天以上贷款纳入不良，不良贷款“双升”，法人金融机构流动性比例较年初下降，金融风险隐患仍需重点关注。

在金融业稳健运行的支撑下，广西经济运行总体平稳健康，多项指标达到年度预期目标，经济增速继续高于全国平均水平，经济结构和质量效益均有提升。全年实现地区生产总值20 352.5亿元，同比增长6.8%，回落0.3个百分点。投资内生活力增强。全年固定资产投资增长10.8%，其中基础设施建设投资、高耗能行业投资增速回落；工业投资和高技术制造业投资增长加快。消费市场回落，进出口回暖。汽车、中西药品零售下滑，社会消费品零售总额同比增长9.3%，回落1.9个百分点。货物进出口总额同比增长7.7%，其中出口增长16.8%。结构调整深入推进。三次产业增加值占地区生产总值的比重分别为14.8%、39.7%和45.5%，第三产业对经济增长的贡献率达到61.5%，贡献率连续两年超过第二产业。工业转型升级持续推进。规模以上工业增加值同比增长4.7%，其中，高技术产业增加值同比增长11.6%，新能源汽车、光电子器件、电子元件等产品迅猛增长。供给侧结构性改革扎实推进。累计关闭13处煤矿矿井、化解煤炭行业过剩产能147万吨，商品房去库存周期缩短至3.2个月，"最多跑一次"事项比例达80%，降低实体经济成本915亿元。生态环境质量稳步提升。预计广西万元地区生产总值能耗下降3.0%，能源消费总量增速同比上升4%；城市空气优良率、城市饮用水水源水质达标率超过92%。物价涨势温和。居民消费价格同比上涨2.3%，工业生产者出厂价格指数同比上涨3.2%，涨幅回落。居民人均可支配收入增长5.5%。公共预算收支结构优化。民生重点领域支出占80.5%。房地产运行总体平稳。开发投资平稳增长，土地市场活跃度下降，住房销售量增速回落6.3个百分点，房价涨幅回落5.5个百分点。房地产各项贷款余额同比增长20.3%。区域经济协调发展。北部湾港货物吞吐量2.4亿吨，集装箱290万标箱，沿线城市协调合作水平逐步提升，边境贸易扩量提质。

2019年是新中国成立70周年，是全面建成小康社会关键之年。习近平总书记赋予广西"建设壮美广西　共圆复兴梦想"的重要题词，为新时代广西发展指明了前进方向。中央强化举措推进新时代西部大开发形成新格局，高度重视西部陆海新通道建设，为广西深度融入"一带一路"建设、全面扩大对外开放提供了强有力支撑；中央持续增加对地方一般性转移支付、大幅增加地方政府专项债券、实施更大规模减税降费、加大基础设施领域补短板力度、积极拓展消费新增长点，为广西加快项目建设和实体经济发展带来重大利好。广西将坚持推动高质量发展，以供给侧结构性改革为主线，坚持深化市场化改革，在保持经济平稳增长的基础上，推动产业优化升级。在关键技术、先进工艺高端化改造的加快推进下，新能源汽车、智能化工厂、新型发动机等一批新的经济增长点不断培育，糖铝等传统产业"二次创业"加快推进，关键领域重大项目建设持续推进，投资对经济的拉动力将持续提升。消费品牌加快培育、消费基础设施不断完善，消费环境持续改善，消费将加快优化升级。广西将全面支持经济高质量发展以及民营经济、小微企业发展壮大。随着新一轮"加工贸易倍增计划"的深入实施，加工贸易进出口将有所突破。预计全年经济增速保持平稳，居民消费价格指数保持温和上涨，工业品价格持续下行的压力加大。

2019年，广西金融业将全方位贯彻党的十九大、中央经济工作会议精神，落实好稳健的货币政策，发挥货币政策促进经济结构调整的作用，提高金融服务实体经济和经济高质量发展的效率和能力。围绕民营企业、小微企业、脱贫攻坚、乡村振兴、产业转型升级及制造业高质量发展等关键领域，不断优化信贷结构，更好地服务供给侧结构性改革，增强信贷投放与经济发展的匹配度。切实推进利率市场化及金融市场改革，大力发展债券融资业务，提高直接融资比例。持续加强各类型金融风险的监测和预警，坚决守住不发生区域性、系统性金融风险的底线。积极发挥监管政策、货币政策、财政政策、产业政策合力，实施再贷款再贴现"双百亿"计划，推进民营和小微企业"百千万"信贷工程，深入做好民营和小微企业金融服务。从供给端和需求端加强政银企对接，推广线上对接互动服务平台，强化金融精准支持。紧紧抓住广西建设面向东盟的金融开放门户总体方案获得国务院批准的重大机遇，深化区域金融改革，打造面向东盟的金融开放门户。

一、金融运行情况

2018 年，广西各金融机构认真贯彻落实稳健中性的货币政策，地区社会融资规模稳步增长，融资结构持续改善，贷款利率稳中下行。银行、证券、保险业协调发展，金融生态环境建设深入推进。

（一）银行业稳健经营，信贷实现较快增长

1. 机构规模持续扩张，金融主体不断丰富。 2018 年末，广西银行业金融机构资产总额同比增长 7.3%；负债总额同比增长 7.0%；全年实现税后净利润 406.5 亿元，同比增长 7.3%。平安银行进驻广西，4 家农村信用社成功改制为农村商业银行。

表 1　2018 年广西壮族自治区银行业金融机构情况

机构类别	营业网点			法人机构（个）
	机构个数（个）	从业人数（人）	资产总额（亿元）	
一、大型商业银行	1 938	37 345	13 556	0
二、国家开发银行和政策性银行	66	1 718	5 101	0
三、股份制商业银行	190	4 345	3 092	0
四、城市商业银行	505	8 415	5 657	3
五、城市信用社	0	0	0	0
六、小型农村金融机构	2 363	24 988	8 453	95
七、财务公司	2	56	183	1
八、信托公司	0	0	0	0
九、邮政储蓄银行	972	9 992	1 933	0
十、外资银行	4	80	56	0
十一、新型农村金融机构	255	3 460	451	45
十二、其他	1	40	44	1
合　计	6 296	90 439	38 527	145

注：营业网点不包括国家开发银行和政策性银行、大型商业银行、股份制商业银行等金融机构总部数据；大型商业银行包括中国工商银行、中国农业银行、中国银行、中国建设银行和交通银行；小型农村金融机构包括农村商业银行、农村合作银行和农村信用社；新型农村金融机构包括村镇银行、贷款公司和农村资金互助社；“其他”包含金融租赁公司、汽车金融公司、货币经纪公司、消费金融公司等。

数据来源：广西银保监局、中国人民银行南宁中心支行、广西地方金融监管局。

2. 各项存款增速持续回落。 2018 年末，广西本外币各项存款余额 3 万亿元，同比增长 6.8%，增速同比下降 2.74 个百分点。全年各项存款新增 1 890.1 亿元，增量为近七年新低。其中，住户存款保持平稳增长；主要受政府债务置换、棚改贷款和易地扶贫搬迁贷款回收、企业资金归集总部等因素影响，企业存款负增长。

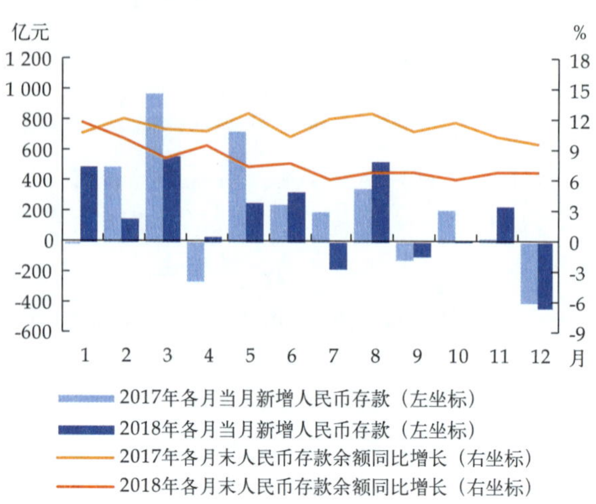

数据来源：中国人民银行南宁中心支行。

图 1　2017~2018 年广西壮族自治区金融机构人民币存款增长变化

3. 各项贷款保持较快增长。 2018 年末，本外币各项贷款余额 2.67 万亿元，同比增长 14.9%，增速同比上升 2.4 个百分点，全年新增 3 445.2 亿元，同比多增 859.6 亿元，增量创历史新高。“两权”抵押贷款试点圆满收官，年末 8 个试点地区“两权”抵押贷款余额同比增长 93.9%；金融精准扶贫贷款全年累计投放 545 亿元，带动服务贫困人口 376 万人（次），有效支持乡村振兴。普惠口径小微企业贷款同比增长 17.6%，高于各项贷款增速 2.6 个百分点。

4. 金融降杠杆效果明显，表外融资、同业资产双收缩。 2018 年末，广西表外融资比年初减少 204.5 亿元，同比多减 904.8 亿元。其中，委托贷款和未贴现银行承兑汇票分别比年初减少 187.6 亿元和 16.9 亿元。广西金融机构人民币存放同业、拆放同业和买入返售三项同业资产余额 1 197.3 亿元，比年初减少 140.7 亿元；对特定目的载体投资比年初下降 130.9 亿元。

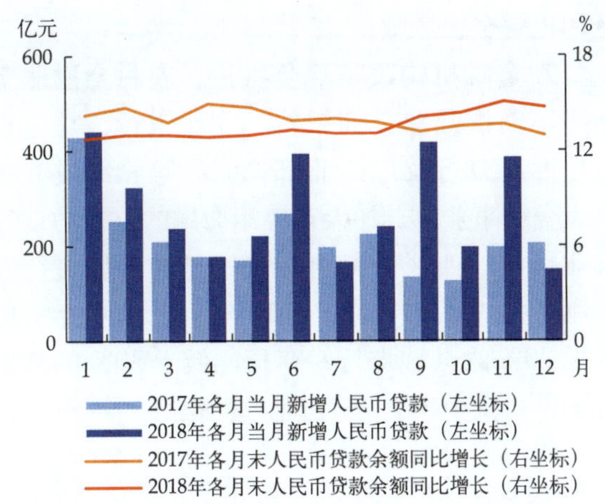

数据来源：中国人民银行南宁中心支行。

图 2　2017~2018 年广西壮族自治区金融机构人民币贷款增长变化

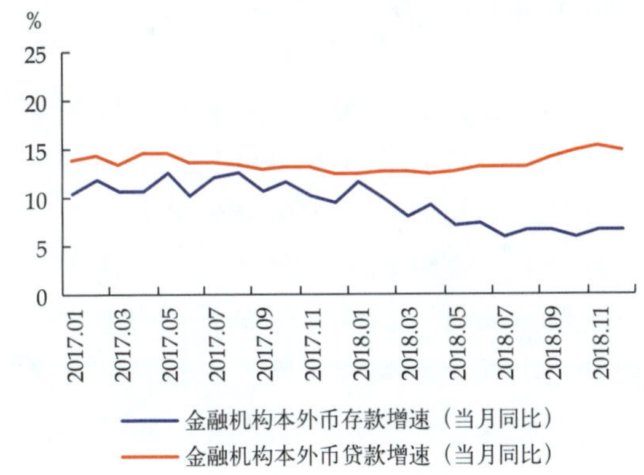

数据来源：中国人民银行南宁中心支行。

图 3　2017~2018 年广西壮族自治区金融机构本外币存、贷款增速变化

5. 贷款利率进入下行通道，利率市场化改革持续深化。2018 年，广西金融机构定期存款加权平均利率为 2.19%，同比提高 22 个基点；全年一般贷款加权平均利率为 6.5%。受市场利率中枢下行逐步向信贷市场传导影响，一般贷款加权平均利率 8 月后进入下行通道，12 月回落至 6.1%，较 7 月下降 86 个基点，与 1 月基本持平。其中，12 月小微企业一般贷款加权平均利率为 5.97%，连续三个月下降。

2018 年，广西运用支农、支小再贷款、再贴现工具支持的广西涉农、小微企业一般贷款加权平均利率为 5.08%，低于商业银行以自有资金发放的贷款利率 113 个基点，减少企业融资成本约 1.23 亿元。广西法人金融机构的定价能力不断提高，分别有 94 家、68 家地方法人机构获得在银行间市场发行同业存单和大额存单资格。

表 2　2018 年广西壮族自治区金融机构人民币贷款各利率区间占比

单位：%

月份		1 月	2 月	3 月	4 月	5 月	6 月
合计		100.0	100.0	100.0	100.0	100.0	100.0
下浮		7.4	9.4	6.1	5.0	5.1	4.6
基准		30.2	27.0	26.8	24.2	16.9	20.6
上浮	小计	62.4	63.6	67.1	70.8	78.0	74.8
	(1.0, 1.1]	17.4	16.4	16.0	16.1	17.2	18.1
	(1.1, 1.3]	16.8	16.5	18.2	19.0	19.0	17.3
	(1.3, 1.5]	13.4	15.9	15.6	18.1	15.9	14.2
	(1.5, 2.0]	11.1	12.9	14.1	13.7	16.6	17.4
	2.0 以上	3.7	2.0	3.2	3.9	9.2	7.8
月份		7 月	8 月	9 月	10 月	11 月	12 月
合计		100.0	100.0	100.0	100.0	100.0	100.0
下浮		3.6	8.4	4.9	4.5	6.5	6.2
基准		13.4	13.4	16.6	17.6	24.7	23.7
上浮	小计	83.0	78.2	78.5	77.9	68.8	70.1
	(1.0, 1.1]	11.0	11.9	12.7	9.2	10.6	12.9
	(1.1, 1.3]	20.9	17.8	18.3	18.5	17.8	21.0
	(1.3, 1.5]	17.7	16.3	15.2	17.4	16.0	17.0
	(1.5, 2.0]	22.5	20.0	22.7	21.6	14.5	12.6
	2.0 以上	10.9	12.2	9.7	11.2	9.9	6.5

数据来源：中国人民银行南宁中心支行。

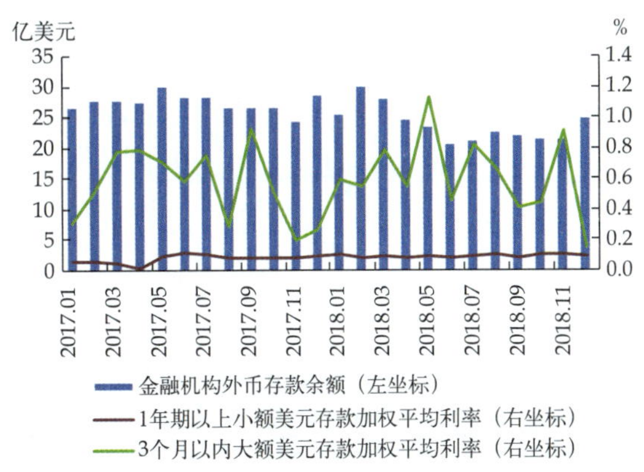

数据来源：中国人民银行南宁中心支行。

图 4　2017~2018 年广西壮族自治区金融机构外币存款余额及外币存款利率

6. 银行业资产质量下降，风险管理面临压力。2018 年末，法人金融机构集中将逾期 90 天以上贷款纳入不良，广西银行业不良贷款率 2.6%，同比提高 0.9 个百分点；不良贷款比年初增加 309.6 亿元；关注类贷款和逾期 90 天以上贷款分别比年初下降 351.6 亿元和 0.3 亿元，风险总体可控。法人金融机构流动性比例较年初下降 2.4 个百分点，整体流动性风险可控。广西人民银行各分支机构重点运用银行业机构风险监测系统，加大风险防控力度，持续做好央行金融机构评级，扩大存款保险风险核查范围，指导金融机构采取早期风险纠正措施，有效防范和化解金融风险。

7. 金融机构改革稳步推进，农村金融服务水平不断提高。工商银行、农业银行、交通银行广西区分行及广西北部湾银行等相继设立了普惠金融事业部，加大对普惠金融的支持力度。农业银行广西区分行对存贷比低的县域支行逐个制订推进工作方案，2018 年末已消除存贷比低于 20% 的县域支行，存贷比低于 30% 的县支行比年初减少 3 个。广西北部湾银行、柳州银行、桂林银行以及广西农村合作金融机构分别增资扩股 18.8 亿元、39.1 元、17.9 亿元和 20.9 亿元，有效提升资本充足率。

专栏 1　广西多渠道引导加大小微企业和民营企业信贷投放

为了进一步加大金融对小微企业和民营企业的支持力度，中国人民银行南宁中心支行多举措抓落实，疏通政策传导机制，引导金融机构增加对小微企业和民营企业的信贷投放，使央行的“真金白银”精准滴灌广西小微和民营企业。

一、支持政策加码

2018 年 8 月，中国人民银行南宁中心支行联合自治区有关部门制定出台深化小微企业金融服务“十六条”政策措施，提出加大再贷款投放力度，优先支持小微企业贷款增长快、加权平均利率低的金融机构。中国人民银行再度追加再贷款、再贴现额度后，中国人民银行南宁中心支行提出将广西再贷款、再贴现政策升格为“双百亿”计划，即从 2019 年起，每年安排支小再贷款 100 亿元、再贴现 100 亿元，专门用于支持小微和民营企业融资。同时，允许金融机构以未经评级的小微和绿色贷款作为借用再贷款的抵押品，允许金融机构采用“先贷后借”模式提高支小再贷款使用的灵活性。

二、传导效率提升

中国人民银行南宁中心支行采取多种有效措施，着力疏通政策传导梗阻，使基层金融机构对央行再贷款和再贴现政策做到能懂、会用、肯用。一是优化资源配置。修订支小再贷款、再贴现业务管理制度，建立限额动态调整机制，2018 年累计在广西各市之间调整支小再贷款限额 5 次、调整再贴现限额 9 次，涉及金额 50 亿元，开设再贴现办理窗口的地市由 8 个增加到 10 个，支小再贷款发放对象从城市商业银行拓展到农村商业银行和村镇银行。随着信贷资产质押发放再贷款工作的推进，支小再贷款的使用对象还将进一步增加。二是加强业务指导。分别以政策发布解读、专题业务培训的形式，面向广西金融机构和企业代表宣讲央行再贷款、再贴现政策。多次召集重点法人金融机构会议，传达央行追加再贷款和再贴现的政策意图，鼓励金融机构通过信贷和票据业务方式，大胆投放小微和民营企业贷款。主动深入金融机构网点和企业开展调研督导，通过互联网、专题简报等渠道，加强工作经验交流，推动政策落地，使金融机构做到愿放贷、能放贷、会放贷。三是强化宣传对接。建立区市两级银企常态化对接平台，构建 50 家重点扶持企业信息数据库，完善解决企业融资困难的微观机制。将2018年10月确立为小微企业金融服务“集中宣传对接月”，组织各市开展专题融资对接活动13场，推动金融政策和产品宣传覆盖全区银行机构网点。积极配合自治区政府举办广西有史以来规模最大的工业高质量发展银企对接会，对接会覆盖区、市、县三级，优先面向中小微和民营企业，涉及工业企业1 500多家以及银行、保险、证券、融资担保等金融机构63家，促成金融机构与工业企业签约金额1 309亿元，相当于广西5个月的贷款增量。

三、企业受益明显

2018年，中国人民银行南宁中心支行下辖各分支机构累计投放支小再贷款84.8亿元，同比多增34.8亿元，年末余额103.8亿元，同比增长107.5%；累计办理再贴现315.9亿元，同比多增155.7亿元，年末余额146.7亿元，同比增长95.5%。特别是随着政策加码，小微和民营企业受益程度大幅提高。以再贴现为例，从9月至年末，累计办理小微企业再贴现71亿元，占同期再贴现的50%。在央行支持政策和资金作用下，广西金融机构支持小微和民营企业的主动性明显增强，信贷投放能力显著提升。建设银行广西区分行推出小微企业“七贷一透”大数据信贷产品，提高了信贷投放效率和覆盖面；桂林银行等10多家金融机构推出了“诚税贷”“税易贷”等银税互动信贷产品，100家分支机构与各级税务机关达成合作；兴业银行、中信银行南宁分行等股份制商业银行深耕票据业务，解决企业资金需求。广大农村合作金融机构立足县域和农村，创新“两权”抵押贷款等信贷产品。2018年末，广西普惠口径小微企业贷款余额1 720.9亿元，同比增长17.6%，高于各项贷款增速2.6个百分点。

（二）证券业稳步发展，交易量由降转增

1. 证券期货市场主体持续增加。2018年，广西新增证券分公司2家、期货分公司1家、登记备案私募基金管理人13家。2018年末，广西共有境内上市公司37家，证券公司、基金公司各1家，新三板挂牌公司76家、区域性股权市场挂牌企业2 769家；登记备案私募基金管理机构84家。

2. 证券交易量保持增长。2018年，广西证券交易额累计4.39万亿元，同比增长0.6%。期货成交量2 743.8万手，成交金额1.6万亿元，同比分别下降22.2%和14.3%。

3. 直接融资渠道有所拓宽。2018年，广西直接融资总额782.3亿元。其中，股票融资和国内债券融资分别为37.5亿元和744.8亿元。广西成功发行首单绿色金融债券20亿元，百色市在全国率先发行首单地市级扶贫资产证券化产品1.8亿元，有效拓宽资金渠道。

表3 2018年广西壮族自治区证券业基本情况

项目	数量
总部设在辖内的证券公司数（家）	1
总部设在辖内的基金公司数（家）	1
总部设在辖内的期货公司数（家）	0
年末国内上市公司数（家）	37
当年国内股票（A股）筹资（亿元）	37.5
当年发行H股筹资（亿元）	—
当年国内债券筹资（亿元）	744.8
其中：短期融资券筹资额（亿元）	307.9
中期票据筹资额（亿元）	217.1

注：当年国内股票（A股）筹资额指非金融企业境内股票融资。
数据来源：广西证监局、中国人民银行南宁中心支行。

（三）保险业较快发展，率先启动车险改革

1. 机构主体日趋完善。2018年，广西保险经营主体41家，新增1家地方法人人身险公司，新增各级保险机构60家、专业保险中介机构23家。

2. 保险业务稳步增长。2018 年，广西累计实现原保险保费收入 629 亿元，同比增长 11.3%。其中，财产险保费收入 245.3 亿元，同比增长 15.1%；人身险保费收入 383.7 亿元，同比增长 9%。广西保险业共提供财产和人身保险保障 43.9 亿元，同比增长 11.7%；保险赔付支出 223.8 亿元，同比增长 23.1%。

3. 商业车险改革率先推进。2018 年，广西作为 3 个试点地区之一于全国率先启动商业车险自主定价改革，全面上线车险新产品。2018 年末，商业车险投保率提升 4%，商业三责险保额提升 40%，消费者保费负担车均下降 35%。

表 4　2018 年广西壮族自治区保险业基本情况

项目	数量
总部设在辖内的保险公司数（家）	2
其中：财产险经营主体（家）	1
人身险经营主体（家）	1
保险公司分支机构（家）	2 211
其中：财产险公司分支机构（家）	1 192
人身险公司分支机构（家）	1 019
保费收入（中外资 亿元）	629.0
其中：财产险保费收入（中外资 亿元）	219.1
人身险保费收入（中外资 亿元）	409.9
各类赔款给付（中外资 亿元）	223.9
保险密度（元 / 人）	1 277.0
保险深度（%）	3.1

数据来源：广西银保监局。

（四）融资规模稳步增长，金融市场平稳运行

1. 社会融资稳步增长，表外融资收缩。2018 年，广西区社会融资规模新增 4 172.3 亿元，按可比口径，同比少增 149.9 亿元，其中，金融机构稳健经营意识增强，积极压缩资金链条长、交易环节多、风险因素复杂的表外业务，表外业务同比少增 904.8 亿元。直接融资占地区社会融资规模的 4.8%，占比同比提高 3.5 个百分点。

2. 货币市场流动性较为充足，交易较为活跃。2018 年，广西债券回购累计成交 67 276.2 亿元，同比增长 10.6%。其中，正回购交易同比增长 17.5%，加权平均利率 2.68%，同比下降 23 个基点；逆回购交易同比增长 21.6%，加权平均利率 2.67%，同比下降 40 个基点。同业拆借累计成交 5 483.6 亿元，同比增长 1.2 倍，拆借利率整体高于全国平均水平，但偏离度有所收窄，12 月广西同业拆借利率水平比全国高 32 个基点，利差同比收窄 6 个基点。

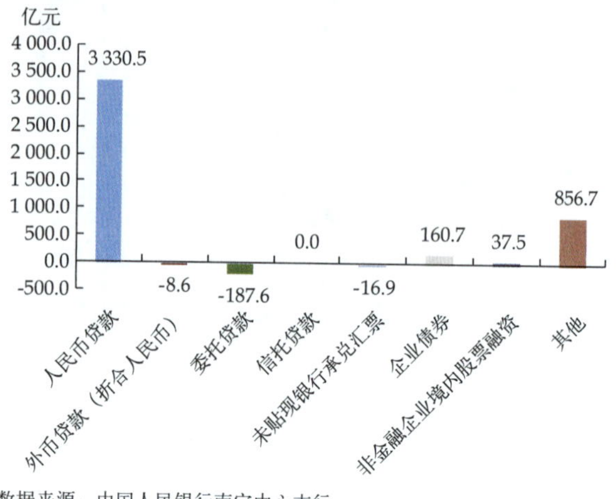

数据来源：中国人民银行南宁中心支行。

图 5　2018 年广西壮族自治区社会融资规模分布结构

3. 票据贴现业务增长较快，价格水平总体平稳。2018 年，广西累计签发银行承兑汇票 2 072.7 亿元，同比增长 28%；累计办理票据贴现 1 566 亿元，同比增长 87.2%；累计发生票据转贴现 13 542.3 亿元，同比增长 87.4%。广西票据贴现和转贴现加权平均利率分别为 4.43% 和 4.4%，同比分别下降 16 个和提高 8 个基点。

表 5　2018 年广西壮族自治区金融机构票据业务量统计

单位：亿元

季度	银行承兑汇票承兑		贴现			
			银行承兑汇票		商业承兑汇票	
	余额	累计发生额	余额	累计发生额	余额	累计发生额
1	849.2	416.1	275.9	311.1	15.0	10.2
2	868.6	853.4	274.7	631.3	14.4	14.4
3	1 039.2	1 447.3	392.8	976.0	17.0	23.7
4	1 197.6	2 072.7	481.5	1 529.5	15.3	36.4

数据来源：中国人民银行南宁中心支行。

表 6 2018 年广西壮族自治区金融机构票据贴现、转贴现利率

单位：%

季度	贴现		转贴现	
	银行承兑汇票	商业承兑汇票	票据买断	票据回购
1	5.3	6.1	5.2	5.2
2	5.0	6.0	5.0	4.3
3	4.0	5.0	4.0	3.3
4	3.7	5.1	3.9	2.8

数据来源：中国人民银行南宁中心支行。

4. 外汇交易市场平稳发展，资产配置全球化趋势明显。2018 年，广西银行业结售汇 204.7 亿美元，同比下降 4.1%。其中，结汇 66.4 亿美元，售汇 138.3 亿美元；全年结售汇逆差 71.9 亿美元，同比下降 4.2%。2018 年，受人民币汇率双向波动且整体贬值等因素影响，广西远期结汇合同履约额 2.5 亿美元，同比增长 1.1 倍；远期售汇合同履约额 28.9 亿美元，同比下降 9.0%；远期净售汇 26.3 亿美元，同比下降 13.8%。

5. 政府债券发行与置换工作开展顺利。2018 年，广西总计发行地方政府债券 1 403.1 亿元，同比下降 18.3%，加权平均利率 3.92%，同比下降 12 个基点，其中，新增债券、置换债券和再融资债券占比分别为 46.3%、37.5% 和 16.2%。2018 年末，广西政府债务余额 5 489 亿元，比年初新增 652.2 亿元。

（五）沿边金改顺利收官，区域金融改革升级

1. 沿边金融综合改革顺利验收。2018 年是广西沿边金融综合改革试验区建设收官之年。五年来，广西在 10 个领域 152 个方面改革创新，形成人民币对越南盾银行柜台挂牌“东兴模式”、田东农村金融改革模式等八项可复制、可推广的改革模式，促进了沿边经济社会快速发展。跨境人民币业务位列西部 12 省份和 8 个边境省份第一。建成广西—东盟跨境人民币资金汇划“高速路”，搭建了以广西为枢纽的区域性跨境人民币业务平台。创新打造人民币对东盟国家货币区域银行间交易平台，成功推出人民币对柬埔寨瑞尔银行间市场区域交易。广西与东盟等国家跨境投融资循环圈初步形成，跨境人民币贷款、跨国企业集团跨境双向人民币资金池等业务成效显著。构建跨境金融合作交流机制，中国—东盟金融合作与发展领袖论坛已成功举办 10 届，成为中国—东盟金融界共谋合作发展的重要平台。

2. 建设面向东盟的金融开放门户。2018 年 12 月 28 日，由中国人民银行等十三部委联合印发的《广西建设面向东盟的金融开放门户总体方案》，成为第一个获批的区域金融改革“升级版”方案，也是第一个在全省范围实施的金融综合改革方案，广西担负起为国家全面深化金融改革开放探索经验的新重任。

（六）金融生态持续向好，信用体系不断完善

1. 广西社会信用环境持续优化。2018 年，广西金融机构月均查询征信系统逾 66 万次，人民银行各分支机构共受理个人信用报告查询 189 万笔。创建诚信园（商）区 37 个，金融机构向与银行未建立信贷关系的 3.88 万户企业予以信贷支持；运用应收账款融资服务平台促成融资 1 744 亿元。95% 的县（区）建立农户信用信息系统，金融机构向 401.3 万信用农户累放贷款 3 824 亿元。

2. 支付体系不断完善。移动支付便民示范工程建设取得阶段性成绩，农村支付服务提档升级，金融服务进村示范点实现乡镇全覆盖。企业账户服务持续优化，企业平均开户时间大幅缩短。无证整治、支付机构分类监管等工作深入推进，规范妥善处理投诉举报，支付服务市场秩序持续规范。支付系统和 ACS 持续稳定运行，有力支持广西地方经济发展。

3. 金融消费权益保护工作稳步推进。2018 年，中国人民银行南宁中心支行组织开展金融知识普及活动 400 余场，受众消费者约 80 万人

次。全年受理金融消费者咨询 2 363 件、有效投诉 361 件，甄别处置违法违规金融广告线索 116 条。推动 11 家金融机构作为发起人申请成立“广西金融消费权益保护联合会”。

二、经济运行情况

2018 年，面对复杂严峻的国内外发展环境，广西经济运行总体平稳、稳中提质、稳中有进，服务业对经济增长的贡献提高，产业结构升级和新旧动能转换取得新进展。全年实现地区生产总值 20 352.5 亿元，同比增长 6.8%，同比回落 0.3 个百分点；人均地区生产总值 41 489 元，同比增长 5.8%。

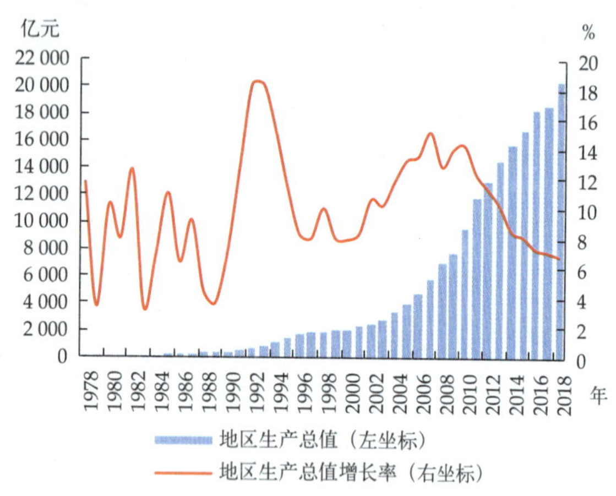

数据来源：广西壮族自治区统计局。

图 6　1978~2018 年广西壮族自治区地区生产总值及其增长率

（一）内需增长稳中趋缓，外需增长有所回暖

1. 投资增速稳中趋缓，但内生活力增强。2018 年，广西固定资产投资同比增长 10.8%，同比回落 2 个百分点。其中受项目储备不足和融资受限影响，基础设施建设投资同比增长 9.8%，同比回落 3.9 个百分点。在企业加大技改力度和新项目启动建设的支撑下，工业投资同比增长 12.2%，同比提高 5.5 个百分点，其中高技术制造业投资增长 23.5%，高耗能行业投资增长 8.2%，同比回落 3.3 个百分点。

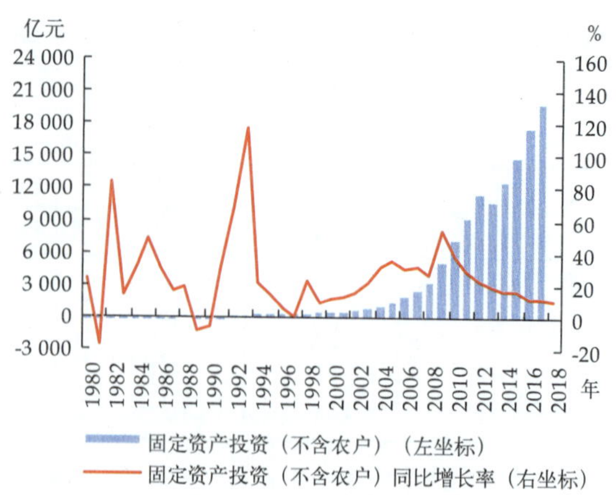

数据来源：广西壮族自治区统计局。

图 7　1980~2018 年广西壮族自治区固定资产投资（不含农户）及其增长率

2. 消费市场总体回落，升级类商品较快增长。2018 年，广西社会消费品零售总额同比增长 9.3%，同比回落 1.9 个百分点。受购置税、“两票制”等政策影响，汽车、中西药品等大宗商品零售下滑幅度较大。而石油及制品、家用电器和音像器材等升级类消费品零售额同比分别增长 11.7% 和 11.1%，保持较快增长。

数据来源：广西壮族自治区统计局。

图 8　1978~2018 年广西壮族自治区社会消费品零售总额及其增长率

3. 进出口持续回暖，对外投资继续深化。2018 年，广西货物进出口总额 623.4 亿美元，同比增长 7.7%。其中出口增长 16.8%，进口下降 0.8%，贸易顺差 32.6 亿美元，外贸形势好转。

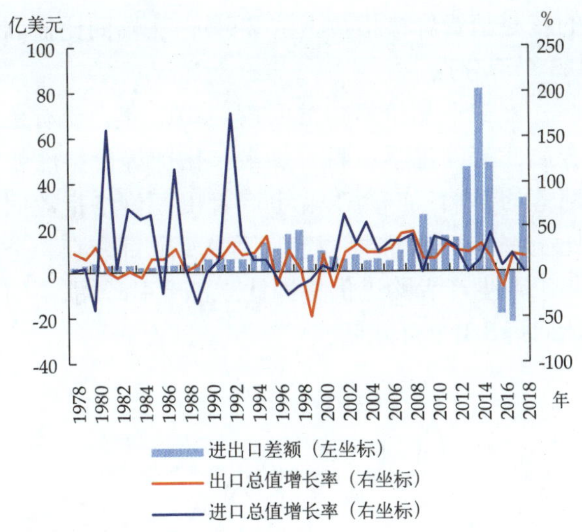

数据来源：广西壮族自治区统计局。

图 9　1978~2018 年广西壮族自治区外贸进出口变动情况

2018 年，广西实际利用外资 5.1 亿美元，同比下降 38.4%。外资流入广西规模最大的行业是制造业。广西对外协议总投资额 20.5 亿美元，中方协议投资额 12.3 亿美元。其中，对东盟国家中方协议投资额 9.1 亿美元，同比增长 9.1%，对“一带一路”沿线国家中方协议投资额 9.3 亿美元。对外投资行业主要涉及制造业、交通运输仓储业、建筑业等。

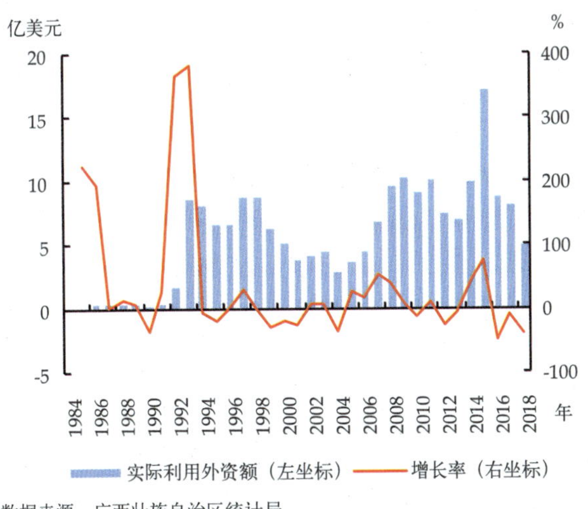

数据来源：广西壮族自治区统计局。

图 10　1984~2018 年广西壮族自治区实际利用外资额及其增长率

（二）三次产业比重优化，结构调整深入推进

2018 年，广西三次产业增加值分别为 3 019.4 亿元、8 072.9 亿元和 9 260.2 亿元，同比分别增长 5.6%、4.3% 和 9.4%；占地区生产总值的比重分别为 14.8%、39.7% 和 45.5%，第三产业占比同比提高 1.2 个百分点，对经济增长的拉动力为 4.2 个百分点，撑起经济增长的半壁江山。

1. 农业生产稳中有升，农林牧渔业全面提升。2018 年，广西第一产业增加值增速达到近 6 年最高。其中，粮食、水果、蔬菜产量全面增收，生猪出栏量增加，速生桉砍伐量增加，渔业增产丰收等带动农林牧渔增加值全面提速。

2. 工业生产低位徘徊，转型升级持续推进。2018 年，广西规模以上工业增加值同比增长 4.7%，同比回落 2.4 个百分点。部分传统产业经营困难，采矿业增加值同比下降 14%，汽车产量同比下降 12.8%。制造业加快向中高端迈进，高技术产业增加值同比增长 11.6%；战略性新兴产业发展多点突破，新能源汽车、光电子器件、电子元件等产品迅猛增长。

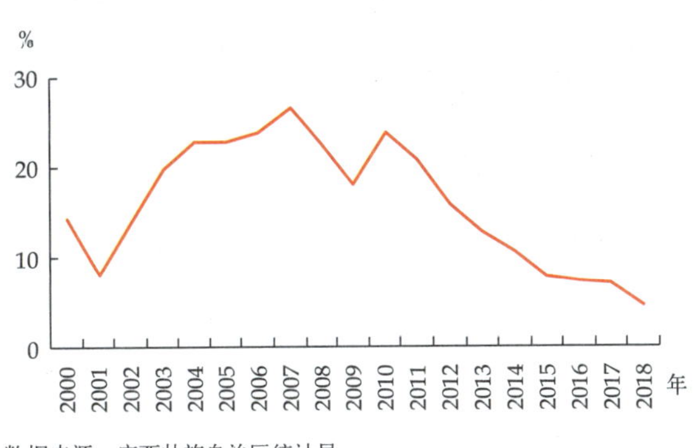

数据来源：广西壮族自治区统计局。

图 11　2000~2018 年广西壮族自治区规模以上工业增加值实际增长率

3. 第三产业较快增长，现代服务业加快成长。2018 年，广西第三产业对经济增长的贡献率达到 61.5%，高于第二产业贡献率 36.1 个百分点，连续两年贡献率超过第二产业。批发零

售业、住宿餐饮业和金融业等三大传统服务业增加值增速有所下降，而新兴服务业加快发展，现代物流、健康养老、电商等蓬勃发展。2018年，邮政、电信业务总量分别增长44%和1.9倍，娱乐业增长83.5%，租赁业营业收入增长53.7%，旅游总消费增长36.5%。

4. 供给侧结构性改革扎实推进。2018年，累计关闭13处煤矿矿井，化解煤炭行业过剩产能147万吨，有效防范“地条钢”死灰复燃。完善“因城施策”差别化住房信贷政策体系，稳妥推进保障性住房建设，支持农民工购房，广西商品房去库存周期进一步缩短至3.2个月，同比缩短1.4个月。出台“1+14”优化营商环境政策措施，持续深化“放管服”、商事制度等改革，“最多跑一次”事项比例达80%。通过出台税收优惠政策、推进电力体制改革等，降低实体经济成本915亿元。财政用于城乡社区、社会保障和就业等薄弱环节的支出分别增长22.3%和13.3%，均高于8.2%的一般公共预算支出增速，补短板力度持续加大。

5. 生态环境质量稳步提升，节能减排金融服务工作稳步推进。2018年，预计广西万元地区生产总值能耗下降3.0%，能源消费总量增速同比上升4%。空气质量优良天数比率为91.6%，PM2.5浓度同比下降7.9%，地级城市集中式饮用水水源地达标率为92.5%。2018年末，广西六大高耗能行业中长期贷款余额占全部行业中长期贷款的8.4%，同比下降0.83个百分点。

（三）物价水平温和上涨，生产价格涨幅回落

1. 居民消费价格指数温和上涨。2018年，广西居民消费价格同比上涨2.3%，处于温和上涨区间，年内各月累计涨幅在1.7%~2.5%之间波动，保持稳定。其中，城市上涨2.4%，农村上涨2.2%。分类别来看，食品烟酒上涨1.0%，其中，猪肉价格下降9.9%；七大类非食品价格中，除居住和医疗保健上涨超过4%外，其余五类消费品价格保持平稳。扣除食品和能源价格的核心消费价格指数上涨2.5%，涨幅同比提高0.3个百分点。

2. 工业品价格指数回落。2018年，受有色金属、基础化学原料、煤炭、化肥等价格涨幅回落的影响，广西工业生产者出厂价格指数同比上涨3.2%，涨幅同比回落4.4个百分点。全年工业生产者购进价格同比上涨3.4%，涨幅同比回落3.1个百分点。

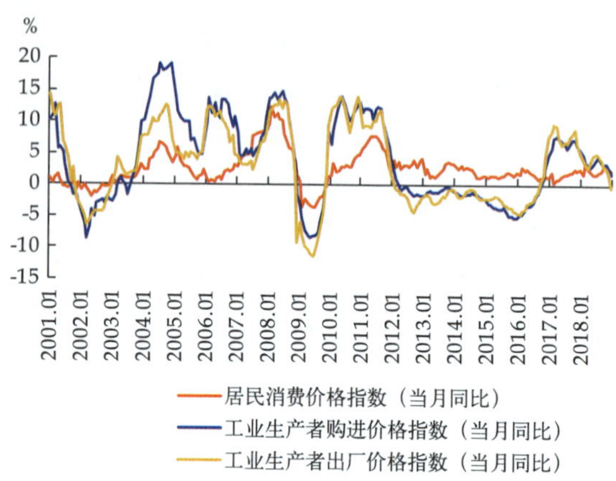

数据来源：广西壮族自治区统计局。

图12　2001~2018年广西壮族自治区居民消费价格指数和工业生产者价格指数变动趋势

3. 居民收入增速有所放缓。2018年，广西居民人均可支配收入21 485元，实际增长5.5%，同比回落1.5个百分点。按常住地分，城镇居民人均可支配收入32 436元，实际增长3.8%；农村居民人均可支配收入12 435元，实际增长7.4%。城乡居民收入倍差2.61，同比缩小0.08，广西居民人均可支配收入中位数18 017元。

2018年，广西农民工总量为1 273.6万人，同比下降0.2%。其中，本地农民工361.2万人，同比增长2.0%；外出农民工912.4万人，同比下降1.1%。广西农民工月均收入水平为3 375元，同比增长4.2%。

（四）财政收入平稳增长，民生支出保障有力

2018年，广西一般公共预算收入1 681.5亿元，同比增长4.1%。其中，税收收入1 122亿元，同比增长6.1%，占一般公共预算收入的

66.7%，占比同比提高1.2个百分点；非税收入559.5亿元，同比增长0.4%，同比回落1.2个百分点。一般公共预算支出5 310.9亿元，同比增长8.2%。其中，民生重点领域支出4 274.3亿元，占比为80.5%。全年实施国库现金管理操作7期，投放资金560亿元，收回资金580亿元，年末国库定期存款余额100亿元。

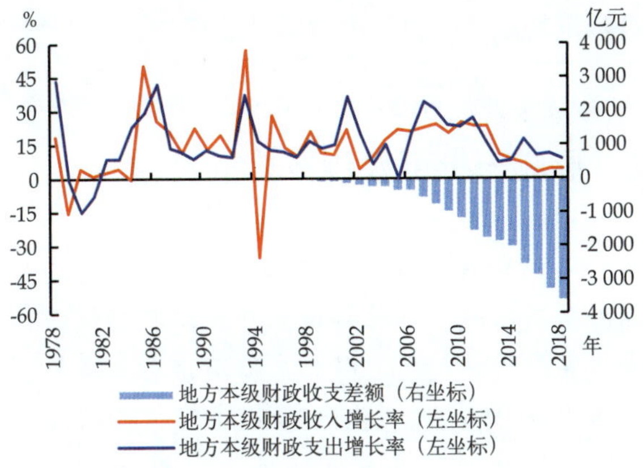

数据来源：广西壮族自治区统计局。

图13　1978~2018年广西壮族自治区财政收支状况

（五）楼市运行趋于平稳，住房信贷增长较快

1. 开发投资完成额平稳增长，资金到位速度加快。2018年，广西房地产开发投资完成额3 004.1亿元，同比增长11.9%，增速同比持平。全部到位资金同比增长13.4%，其中，定金及预付金增长33.3%。

2. 土地市场活跃度下降，住房供给增加。2018年，广西购置土地面积603万平方米，同比下降10.7%，增速同比回落16.3个百分点；房屋竣工面积2 192.9万平方米，同比增长18.1%，增速同比上升11.1个百分点，房地产项目建设陆续提速，供给增加。

3. 住房销售量增速放缓，各地市分化明显。2018年，广西商品房销售面积6 212.9万平方米，同比增长20.1%，增速同比回落6.3个百分点。部分地市住房销量同比上涨明显，其中，防城港、钦州同比倍增。

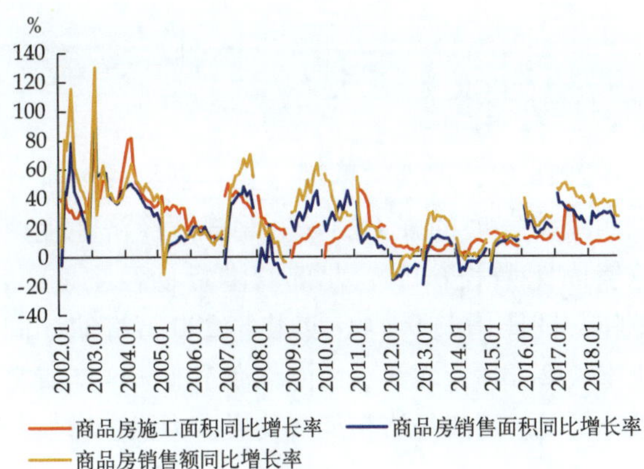

数据来源：广西壮族自治区统计局。

图14　2002~2018年广西壮族自治区商品房施工和销售变动趋势

4. 房价上涨速度回落，热点城市涨幅收窄。2018年，广西商品住房价格同比上涨6%，涨幅同比回落5.5个百分点。其中，南宁、桂林和北海新建商品住宅价格涨幅同比分别回落0.3个、1.4个和1.4个百分点。

5. 住房信贷平稳较快增长。2018年，房地产各项贷款余额8 257.5亿元，同比增长20.3%，增速同比回落2.2个百分点。其中，个人住房贷款余额6 096亿元，同比增长26.9%；保障性住房开发贷款余额722.6亿元，同比下降12.8%，金融机构对普通住房开发项目趋于谨慎，部分保障房开发贷款以回收为主。金融机构个人住房贷款加权平均利率为6.06%，同比提高0.83个百分点；首套住房贷款平均首付比例为28.8%，非首套住房平均首付比例为40.1%。

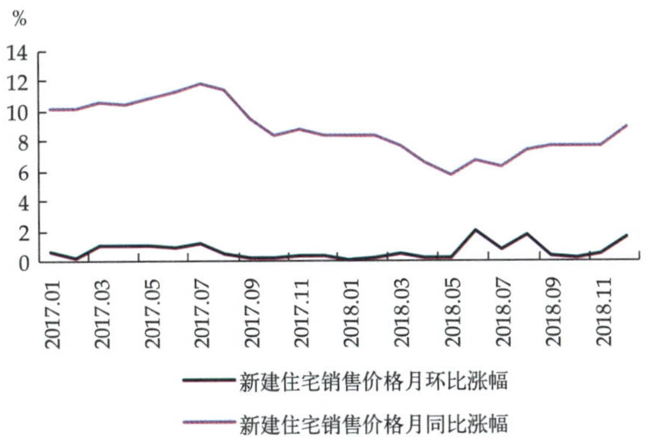

数据来源：国家统计局。

图15　2017~2018年南宁市新建住宅销售价格变动趋势

（六）“两区一带”[1]协调发展，经济增长提质增效

2018年，广西“两区一带”继续成为推动广西经济发展的强大引擎。北部湾经济区生产总值同比增长6.1%；北部湾港货物吞吐量2.4亿吨，同比增长9.8%，集装箱290万标箱，同比增长27.3%；北海铁山港临海工业园区产值突破千亿元。西江经济带经济发展实力稳步增强，生产总值同比增长6.8%；西江流域“一干线三通道”船闸联合调度系统全面建成，广西“水上高速公路”初具雏形，沿线城市协调合作水平逐步提升。桂西资源富集区工业发展后劲不断增强，生产总值同比增长8.2%；工业发展提质增效，全国最大的再生铝项目——福地平吕80万吨再生铝项目开工建设；南方公司获国家级绿色工厂称号；凭祥综合保税区被评为国家级示范物流园区，边境贸易扩量提质。

专栏2 广西沿边金融综合改革顺利验收 形成一批可复制推广的经验

2013年11月，经国务院批准，中国人民银行等十一部委联合印发《云南省 广西壮族自治区建设沿边金融综合改革试验区总体方案》，开启为期五年的沿边金融综合改革试验区建设。五年来，广西在10个领域152个方面改革创新，促进了沿边经济社会快速发展，顺利通过评估验收。同时，形成了八条可复制、可推广的改革模式和先进经验。

一是人民币对越南盾银行柜台挂牌“市场自律、轮值报价”的“东兴模式”。搭建了东兴试验区东盟货币信息服务平台，形成人民币兑越南盾柜台挂牌“市场自律、轮值报价”的“东兴模式”，即由东兴市工商银行、农业银行、中国银行、建设银行等4家商业银行每周轮值报价，每日在东盟货币信息服务平台发布人民币兑越南盾柜台挂牌汇价、中方银行人民币买入越南盾指导价和越南代理银行人民币购售美元汇价等三个价格，供各参与行执行。“市场自律、轮值报价”模式不仅避免了银行之间的无序竞争，也提升了中方结算银行的汇率议价能力。

二是田东农村金融改革模式。田东县作为全国农村金融改革试点县，以农村信用体系建设为切入点，以农户信用信息采集与评价系统为基础，以金融信用支农惠农为核心，以支付体系建设为支撑，以信贷产品创新为动力，逐步构建起为农户增资增信的机构、信用、支付、保险、担保、村级服务组织等“六大体系”，形成了多层次、广覆盖、可持续的农村金融发展“田东模式”。

三是广西经常项目跨境外汇资金轧差净额结算试点。允许境内企业与境外同一交易对手在一定时期内对经常项下的外汇应收应付款项进行抵扣，仅收付差额，降低了企业汇兑成本，提高资金周转效率，减少资金汇兑量，进一步提升贸易便利化水平。

四是跨境保险业务创新。开展跨境车辆保险、跨境劳务保险等创新业务。通过设立跨境保险支公司和跨境保险服务中心、境外边民务工管理服务中心保险服务窗口等措施，完善跨境保险服务。

[1]“两区一带”：北部湾经济区、桂西资源富集区和西江经济带。

五是全国首创“保险＋期货”综合金融创新。2016 年，广西在全国率先开展了糖料蔗价格指数保险试点。2017 年进一步优化了运行机制，对糖料蔗价格指数保险期限、保障对象、保险价格、条款设计、计算方法、赔付处理进行了完善。

六是中国—东盟（南宁）货币指数。作为金融市场上首个全面整体反映人民币与东盟国家有效汇率变动的综合性指数，中国—东盟（南宁）货币指数是表征人民币对东盟国家一篮子货币币值变化水平的综合指数。它的发布为中国—东盟自由贸易提供高效直接的货币兑换参考依据，有利于中国与东盟国家的区域货币合作，提升区域金融合作水平。

七是全国首创公共资产负债管理智能云平台。南宁市公共资产负债管理智能云平台在全国率先实现公共资产负债全维度智能化管控和监测，助力政府对公共资产负债全面管理，有效防控地方政府债务风险。

八是“互市＋金融服务”发展模式。由财政按基准利率对指定金融机构贴息，给予每个边民互助组成员 2 万元授信资金、每个边民互助组 100 万元的信用贷款；对有能力的贫困户，再由指定银行提供 5 万元以下，3 年内免抵押、免担保的小额信用贷款。

三、预测与展望

2019 年是新中国成立 70 周年，是全面建成小康社会关键之年。习近平总书记赋予广西“建设壮美广西　共圆复兴梦想”的重要题词，为新时代广西发展指明了前进方向。中央强化举措推进新时代西部大开发形成新格局，高度重视西部陆海新通道建设，为广西深度融入“一带一路”建设、全面扩大对外开放提供了强有力支撑；中央持续增加对地方一般性转移支付、大幅增加地方政府专项债券、实施更大规模减税降费、加大基础设施领域补短板力度、积极拓展消费新增长点，为广西加快项目建设和实体经济发展带来重大利好。广西将坚持推动高质量发展，以供给侧结构性改革为主线，坚持深化市场化改革，在保持经济平稳增长的基础上，推动产业优化升级。在关键技术、先进工艺高端化改造的加快推进下，新能源汽车、智能化工厂、新型发动机等一批新的经济增长点不断培育，糖铝等传统产业“二次创业”加快推进，关键领域重大项目建设持续推进，投资对经济的拉动力将持续提升。消费品牌加快培育、消费基础设施不断完善，消费环境持续改善，消费将加快优化升级。随着新一轮“加工贸易倍增计划”的深入实施，加工贸易进出口将有所突破。预计居民消费价格指数保持温和上涨，工业品价格持续下行的压力加大。

2019 年，广西金融业将全方位贯彻党的十九大、中央经济工作会议、《2019 年国务院政府工作报告》等精神，落实好稳健的货币政策，发挥货币政策促进经济结构调整的作用，提高金融服务实体经济和经济高质量发展的效能。围绕民营企业、小微企业、脱贫攻坚、乡村振兴、产业转型升级及制造业高质量发展等关键领域，不断优化信贷结构，更好地服务供给侧结构性改革，增强信贷投放与经济发展的匹配度。切实推进利率市场化及金融市场改革，大力发展债券融资业务，提高直接融资比例。持续加强对各类型金融风险的监测和预警，坚决守住不发生系统性金融风险的底线。实施再贷款再贴现“双百亿”计划，推进民营和小微企业“百千万”信贷工程，深入做好民营和小微企业金融服务。从供给端和需求端加强政银企对接，推广线上对接互动服务平台，强化金融精准支持。紧紧抓住广西建设面向东盟的金融开放门户总体方案获得国务院批准的重大机遇，深化区域金融改革，打造面向东盟的金融开放门户。

《中国区域金融运行报告（2019）》分报告

中国人民银行南宁中心支行货币政策分析小组

总　纂：宋　军　苏　阳

统　稿：冼海钧　刘俊成　罗树昭

执　笔：邓蒂妮　陈少敏　王　涛　潘　玉　梁峰华　胡欢欢　钟　辉　罗冬泉

提供材料的还有：罗顺兴　刘广伟　周　全　余永波　曾　婕　罗　斯　覃思程　卢雅婷　黎雨希　农　婧　江东阳　曹　玮　麻　成　韦诗婷　覃玉珍　潘小芳　朱权聪　何泽莉　黄　灿　冼美玲

附录

（一）2018 年广西壮族自治区经济金融大事记

2 月 28 日，中国人民银行南宁中心支行举办中越人民币现钞跨境调运启动仪式，完成 800 万元人民币现钞从越南通关调回国内，打通广西第一条人民币现钞跨境调运线路。

4 月 12 日，作为“中国经济蓝皮书”重要组成部分的《中国海洋经济发展报告（2015—2018）》即《海洋经济蓝皮书》在北海正式对外发布。

5 月 27 日，广西印发《关于进一步深化改革创新优化营商环境的若干意见》（桂发〔2018〕10 号）。

6 月 22 日，中国人民银行重庆营业管理部、南宁中心支行、贵阳中心支行、兰州中心支行、西宁中心支行联合印发《关于金融支持中新互联互通项目南向通道建设的指导意见》（渝银发〔2018〕69 号）。

8 月 16 日，中国人民银行南宁中心支行等八部门联合印发《关于深化广西小微企业金融服务有关政策措施的通知》（南宁银发〔2018〕187 号）。

9 月 12 日，第 15 届中国—东盟博览会和中国—东盟商务与投资峰会在南宁开幕。

11 月 10 日，沿边金融改革实现圆满收官，自治区联合举办广西沿边金融综合改革成就展。

11 月 23 日，2018 年工业高质量发展银企对接会在南宁会展中心举行签约仪式，达成签约 1 680 项，融资总规模达 1 308 亿元。

12 月 10 日，广西壮族自治区成立 60 周年庆祝大会在南宁隆重举行。

12 月 28 日，经国务院同意，中国人民银行等 13 个部委联合印发《广西壮族自治区建设面向东盟的金融开放门户总体方案》（银发〔2018〕345 号），广西建设面向东盟金融开放门户正式上升为国家战略。

（二）2018 年广西壮族自治区主要经济金融指标

表 1 2018 年广西壮族自治区主要存贷款指标

		1月	2月	3月	4月	5月	6月	7月	8月	9月	10月	11月	12月
本外币	金融机构各项存款余额（亿元）	28 367.4	28 548.5	29 104.0	29 119.4	29 371.7	29 689.8	29 517.4	30 056.9	29 961.2	29 971.4	30 206.8	29 789.8
	其中：住户存款	13 876.1	14 555.5	14 748.8	14 495.0	14 586.6	14 815.9	14 802.6	14 868.0	15 092.0	15 039.2	15 124.5	15 334.4
	非金融企业存款	8 229.3	7 844.3	8 093.8	8 205.0	8 170.6	8 386.7	8 114.3	8 182.9	8 165.8	8 173.5	8 237.3	8 176.9
	各项存款余额比上月增加（亿元）	467.8	181.1	555.5	15.4	252.3	318.1	-172.4	539.5	-95.7	10.2	235.4	-417.0
	金融机构各项存款同比增长（%）	11.6	10.1	8.2	9.3	7.2	7.5	6.1	6.7	6.8	6.1	6.8	6.8
	金融机构各项贷款余额（亿元）	23 663.6	24 003.6	24 247.5	24 416.5	24 653.5	25 072.5	25 266.7	25 513.8	25 910.8	26 180.3	26 546.4	26 688.3
	其中：短期	4 928.4	4 943.4	5 011.6	4 982.4	4 961.3	5 081.7	5 099.7	5 088.6	5 082.4	5 069.5	5 119.6	5 130.7
	中长期	17 940.6	18 261.0	18 458.8	18 677.9	18 897.7	19 162.0	19 253.6	19 416.9	19 750.7	19 891.0	20 145.8	20 242.9
	票据融资	450.6	435.1	415.4	391.7	423.7	435.8	502.4	593.3	660.9	735.7	805.2	848.6
	各项贷款余额比上月增加（亿元）	420.5	340.0	243.9	169.0	236.9	419.1	194.1	247.1	397.0	269.5	366.1	142.0
	其中：短期	51.2	15.0	68.2	-29.2	-21.1	120.4	18.0	-11.2	-6.1	-12.9	50.0	11.2
	中长期	391.8	320.4	197.8	219.1	219.7	264.3	91.6	163.3	333.8	140.2	254.8	97.1
	票据融资	-22.9	-15.5	-19.7	-23.7	32.0	12.1	66.6	91.0	67.5	74.8	69.5	43.4
	金融机构各项贷款同比增长（%）	12.5	12.7	12.7	12.6	12.7	13.2	13.2	13.2	14.2	14.9	15.5	14.9
	其中：短期	5.8	4.7	4.6	3.1	2.5	5.2	6.0	5.1	4.7	5.0	6.1	5.4
	中长期	18.4	18.6	17.8	17.8	17.6	16.3	15.2	14.6	15.8	15.6	15.8	15.3
	票据融资	-49.3	-48.6	-42.8	-42.7	-33.0	-16.0	6.7	35.5	49.9	70.1	81.2	79.2
	建筑业贷款余额（亿元）	512.8	530.7	549.7	563.4	571.9	594.4	595.4	589.9	599.3	593.7	618.9	630.5
	房地产业贷款余额（亿元）	785.4	812.2	823.5	842.7	817.4	830.0	840.3	866.2	888.6	872.5	912.4	953.7
	建筑业贷款同比增长（%）	39.6	44.4	49.5	51.4	52.7	47.3	45.2	35.9	36.4	31.9	32.5	28.3
	房地产业贷款同比增长（%）	7.3	9.6	8.1	11.5	7.5	6.9	7.4	11.6	14.1	10.7	16.4	19.4
人民币	金融机构各项存款余额（亿元）	28 207.3	28 358.5	28 927.8	28 963.6	29 221.9	29 554.5	29 373.2	29 903.7	29 810.5	29 823.2	30 058.4	29 620.0
	其中：住户存款	13 824.5	14 502.8	14 695.5	14 441.8	14 533.6	14 761.3	14 747.6	14 812.9	15 037.7	14 985.6	15 071.4	15 282.1
	非金融企业存款	8 139.5	7 729.3	7 993.3	8 117.5	8 094.4	8 328.3	8 047.8	8 110.2	8 092.4	8 101.8	8 162.5	8 088.7
	各项存款余额比上月增加（亿元）	493.1	151.2	569.3	35.8	258.3	332.6	-181.3	530.5	-93.2	12.7	235.1	-438.3
	其中：住户存款	57.5	678.2	192.7	-253.6	91.7	227.7	-13.7	65.3	224.8	-52.1	85.7	210.7
	非金融企业存款	-169.8	-410.2	264.0	124.2	-23.1	233.9	-280.5	62.4	-17.8	9.4	60.7	-73.8
	各项存款同比增长（%）	11.7	10.2	8.3	9.5	7.5	7.7	6.3	6.8	7.0	6.2	6.9	6.9
	其中：住户存款	6.0	9.4	9.4	9.1	9.5	9.5	10.0	10.0	10.2	11.0	11.4	11.1
	非金融企业存款	17.2	10.1	7.7	9.9	8.1	5.7	2.2	-0.4	-1.1	-0.3	-2.2	-2.7
	金融机构各项贷款余额（亿元）	23 226.7	23 551.8	23 791.1	23 969.5	24 192.3	24 586.4	24 752.1	24 992.8	25 409.4	25 606.2	25 990.9	26 143.4
	其中：个人消费贷款	6 250.8	6 332.1	6 453.8	6 569.0	6 716.7	6 894.6	7 079.5	7 251.8	7 450.5	7 622.0	7 790.1	7 880.0
	票据融资	450.6	435.1	415.4	391.7	423.7	435.8	502.4	593.3	660.9	735.7	805.2	848.6
	各项贷款余额比上月增加（亿元）	438.3	325.2	239.3	178.4	222.8	394.2	165.7	240.7	416.6	196.8	384.6	152.5
	其中：个人消费贷款	164.7	81.3	121.7	115.3	147.6	178.0	184.9	172.3	198.7	171.5	168.1	89.9
	票据融资	-22.9	-15.5	-19.7	-23.7	32.0	12.1	66.6	91.0	67.5	74.8	69.5	43.4
	金融机构各项贷款同比增长（%）	12.7	12.9	12.9	12.8	12.9	13.4	13.1	13.0	14.2	14.4	15.1	14.8
	其中：个人消费贷款	29.9	29.6	28.9	28.5	28.8	29.1	29.8	30.3	30.8	31.0	30.4	29.5
	票据融资	-49.3	-48.6	-42.8	-42.7	-33.0	-16.0	6.7	35.5	49.9	70.1	81.2	79.2
外币	金融机构外币存款余额（亿美元）	25.3	30.0	28.0	24.6	23.4	20.5	21.2	22.4	21.9	21.3	21.4	24.7
	金融机构外币存款同比增长（%）	-4.6	9.3	1.0	-10.0	-21.6	27.5	-24.6	-14.9	-17.0	-19.5	-11.7	-12.8
	金融机构外币贷款余额（亿美元）	69.0	71.4	72.6	70.5	71.9	73.5	75.5	76.3	72.9	82.4	80.1	79.4
	金融机构外币贷款同比增长（%）	11.1	10.6	13.1	8.8	9.7	10.0	17.8	17.4	11.8	31.1	27.0	16.8

数据来源：中国人民银行南宁中心支行。

表 2 2001~2018 年广西壮族自治区各类价格指数

单位：%

		居民消费价格指数		农业生产资料价格指数		工业生产者购进价格指数		工业生产者出厂价格指数	
		当月同比	累计同比	当月同比	累计同比	当月同比	累计同比	当月同比	累计同比
2001		—	0.6	—	-2.3	—	3.7	—	6.3
2002		—	-0.9	—	-1.8	—	-4.4	—	-4.4
2003		—	1.1	—	2.4	—	1.2	—	2.8
2004		—	4.4	—	15.3	—	16.3	—	9.7
2005		—	2.4	—	10.5	—	8.2	—	4.9
2006		—	1.3	—	1.0	—	11.4	—	9.6
2007		—	6.1	—	14.4	—	6.1	—	4.5
2008		—	7.8	—	24.0	—	10.6	—	9.0
2009		—	-2.1	—	-5.8	—	-4.9	—	-6.5
2010		—	3.0	—	1.9	—	11.2	—	12.0
2011		—	5.9	—	12.2	—	10.0	—	8.5
2012		—	3.2	—	3.9	—	-0.8	—	-2.2
2013		—	2.2	—	-0.1	—	-1.1	—	-1.8
2014		—	2.1	—	-1.1	—	-1.8	—	-1.6
2015		—	1.5	—	0.9	—	-4.3	—	-3.0
2016		—	1.6	—	0.7	—	-1.6	—	-0.8
2017		—	1.6	—	1.4	—	6.5	—	7.6
2018		—	2.3	—	1.8	—	3.4	—	3.2
2017	1	2.0	2.0	2.8	2.8	5.8	5.8	8.6	8.6
	2	0.4	1.2	3.9	3.4	7.2	6.5	9.6	9.1
	3	0.7	1.0	3.2	3.3	7.5	6.8	9.3	9.2
	4	0.7	1.0	2.5	3.1	7.4	7.0	7.4	8.7
	5	1.4	1.0	1.1	2.7	6.8	6.9	6.4	8.3
	6	1.5	1.1	-0.4	2.2	6.3	6.8	6.9	8.0
	7	1.7	1.2	-0.5	1.8	5.7	6.7	6.6	7.8
	8	2.0	1.3	0.1	1.6	6.4	6.6	7.8	7.8
	9	2.0	1.4	0.6	1.5	6.9	6.7	8.0	7.8
	10	2.4	1.5	0.9	1.4	6.9	6.7	8.7	7.9
	11	2.2	1.5	1.8	1.5	6.2	6.6	6.5	7.8
	12	2.4	1.6	0.7	1.4	5.4	6.5	5.0	7.6
2018	1	1.7	1.7	0.9	0.9	4.7	4.7	3.9	3.9
	2	3.3	2.5	0.2	0.6	3.5	4.1	3.3	3.6
	3	2.5	2.5	0.3	0.5	3.1	3.8	2.9	3.3
	4	2.1	2.4	0.5	0.5	2.8	3.5	3.7	3.4
	5	1.7	2.3	0.7	0.5	3.3	3.5	4.8	3.7
	6	1.7	2.2	1.6	0.7	4.1	3.6	4.9	3.9
	7	1.8	2.1	1.9	0.9	4.3	3.7	4.7	4.0
	8	2.3	2.1	2.3	1.1	3.6	3.7	3.9	4.0
	9	2.7	2.2	2.7	1.2	3.3	3.6	3.0	3.9
	10	3.1	2.3	3.8	1.5	3.3	3.6	2.5	3.7
	11	2.6	2.3	3.4	1.7	2.7	3.5	2.1	3.6
	12	2.3	2.3	2.9	1.8	1.6	3.4	-0.5	3.2

数据来源：《中国经济景气月报》、广西壮族自治区统计局。

表 3 2018 年广西壮族自治区主要经济指标

	1月	2月	3月	4月	5月	6月	7月	8月	9月	10月	11月	12月
绝对值（自年初累计）												
地区生产总值（亿元）	—	—	4 271.3	—	—	8 762.6	—	—	12 863.1	—	—	20 352.5
第一产业	—	—	367.3	—	—	786.4	—	—	—	—	—	3 019.4
第二产业	—	—	2 101.0	—	—	4 224.2	—	—	—	—	—	8 072.9
第三产业	—	—	1 803.0	—	—	3 752.0	—	—	—	—	—	9 260.2
工业增加值（亿元）	—	—	—	—	—	—	—	—	—	—	—	—
固定资产投资（亿元）	—	—	—	—	—	—	—	—	—	—	—	—
房地产开发投资	—	233.9	512.9	750.4	997.6	1 367.7	1 557.5	1 761.7	2 000.4	2 303.6	2 632.6	3 004.1
社会消费品零售总额（亿元）	—	—	1 939.6	—	—	3 881.3	—	—	5 969.6	—	—	8 291.6
外贸进出口总额（亿元）	370.3	568.0	867.3	1 143.9	1 478.9	1 815.9	2 132.3	2 528.2	2 980.7	3 497.3	3 877.2	4 106.7
进口	182.8	301.6	443.6	577.4	752.1	925.7	1 903.1	1 289.7	1 505.3	1 692.9	1 842.6	1 930.6
出口	187.5	266.4	423.7	566.5	726.8	890.1	1 039.2	1 238.5	1 475.4	1 804.4	2 034.6	2 176.1
进出口差额（出口－进口）	4.6	-35.2	-19.9	-10.9	-25.3	-35.6	-863.9	-51.1	-29.8	111.5	192.0	245.6
实际利用外资（亿美元）	1.0	1.6	2.1	2.4	2.9	3.2	3.6	3.7	3.9	4.2	4.8	5.1
地方财政收支差额（亿元）	-76.6	-410.3	-732.3	-868.2	-1 074.6	-1 730.4	-1 879.9	-2 062.5	-2 708.0	-2 786.7	-3 036.5	-3 629.4
地方财政收入	183.1	285.9	407.1	539.9	684.1	892.7	1 019.4	1 118.8	1 263.6	1 383.9	1 492.8	1 681.5
地方财政支出	259.8	696.2	1 139.4	1 408.1	1 758.6	2 623.1	2 899.2	3 181.2	3 971.5	4 170.6	4 529.3	5 310.9
城镇登记失业率（%）（季度）	—	—	2.3	—	—	2.3	—	—	2.3	—	—	2.3
同比累计增长率（%）												
地区生产总值	—	—	7.1	—	—	6.2	—	—	7.0	—	—	6.8
第一产业	—	—	3.3	—	—	4.6	—	—	5.0	—	—	5.6
第二产业	—	—	5.6	—	—	3.3	—	—	5.0	—	—	4.3
第三产业	—	—	9.7	—	—	10.2	—	—	9.6	—	—	9.4
工业增加值	—	7.3	6.2	2.4	1.4	3.0	2.9	3.3	4.9	4.7	4.2	4.7
固定资产投资	—	13.1	12.4	11.4	11.4	11.5	11.5	11.1	11.2	11.0	10.6	10.8
房地产开发投资	—	8.5	10.5	10.9	13.0	12.3	13.4	12.6	13.5	13.0	11.3	11.9
社会消费品零售总额	—	—	11.2	—	—	9.8	—	—	9.7	—	—	9.3
外贸进出口总额	47.6	26.3	15.3	11.1	8.9	4.7	3.1	3.6	5.4	10.6	9.6	5.0
进口	24.1	9.6	-0.2	-5.8	-5.7	-3.7	-2.2	-0.3	1.8	3.9	1.3	-4.1
出口	81.0	52.6	37.6	35.9	29.6	15.2	9.4	8.1	9.4	17.7	18.3	14.6
实际利用外资	71.0	86.4	14.2	4.5	-35.9	-28.9	-37.4	-36.8	-35.8	-31.8	-32.0	-38.5
地方财政收入	15.1	13.1	5.7	4.9	4.2	3.8	4.7	6.0	6.5	5.0	4.3	4.1
地方财政支出	-19.4	26.3	18.1	12.8	10.3	10.2	9.7	8.6	11.7	11.4	8.5	8.2

数据来源：广西壮族自治区统计局。

海南省金融运行报告（2019）

中国人民银行海口中心支行货币政策分析小组

[内容摘要] 2018 年，海南省深入贯彻落实习近平总书记“4·13”重要讲话和中央 12 号文件精神，扎实推进供给侧结构性改革，加快海南自由贸易区（港）建设，统筹开展稳增长、促改革、调结构、惠民生、防风险等各项工作，全省经济运行总体平稳、稳中提质。全年地区生产总值完成 4 832.1 亿元，同比增长 5.8%。

海南省经济运行主要呈现以下特征：一是三大需求协同发展，结构逐步优化。投资结构积极调整，省重点项目超额完成年度投资计划，房地产开发投资同比下降 16.5%。乡村消费潜力释放，乡村市场消费品零售额同比增速高于城镇市场 3.2 个百分点；消费新业态不断涌现，全年网上零售额同比增长 28.6%；离岛免税购物额度、商品类别、享受对象全面放宽，免税销售额同比增长 26.0%。外向型经济势头良好，进出口总值同比增长 20.8%；新兴市场多元化开拓进一步深化，对“一带一路”沿线国家进出口总值占全省进出口总值的 37.6%，其中，对印度、埃及和土耳其进出口分别同比增长 51.7%、1.9 倍和 2.0 倍。二是产业转型升级步伐加快，新旧动能加速转换。省委、省政府以“壮士断腕”的决心，主动调整房地产一业独大的产业结构，实施全域限购等严厉的房地产调控政策，取得明显成效。房地产市场降温，全省房屋销售面积和销售额分别同比下降 37.5% 和 23.2%，房地产业增加值同比下降 12.0%。随着转型升级的不断加快和新动能叠加的不断增强，全省十二个重点产业[①]增加值在地区生产总值中的占比为 63.5%，对经济增长的贡献率达到 66.9%，其中，互联网产业、医药产业和医疗健康产业增加值分别同比增长 27.4%、18.7% 和 10.4%，成为经济增长的重要拉动力。2018 年，海南省产业结构持续优化，三次产业增加值比重为 20.7 : 22.7 : 56.6，第三产业比重比上年提高 0.5 个百分点，现代服务业作用凸显。三是经济发展质量提高，绿色发展水平有效提升。“三去一降一补”扎实推进，全年规模以上工业企业资产负债率为 51.8%，低于同期全国平均水平 4.7 个百分点；“五网”[②]基础设施投资完成年度计划投资的 112.0%。就业保持稳定，年末城镇登记失业率处于 2.3% 的较低水平。取消 12 个生态敏感区市县的地区生产总值、工业、固定资产投资考核，生态环境保护实行一票否决，持续推进生态环境专项整治，生态环境保持全国领先水平。四是扶贫攻坚取得实效，民生保障力度加大。全年脱贫退出 21 593 户、86 742 人，81 个贫困村脱贫出列，完成年度目标任务。将 60 周岁以上贫困人员纳入无需缴费直接领取城乡居民基本养老保险待遇范畴，为低保人员、五保户按最低档次全额代缴保费。建立从学前教育到高中阶段教育特惠性资助体系，全年共发放 3.4 亿元。设立多种形式的医疗联合体建设试点，支持博鳌超级医院等医院开业运营。全省保障性安居工程和农村危房改造均超额完成年度计划。

海南省金融业深入贯彻党的十九大、习近平总书记系列重要讲话和全国金融工作会议精神，坚持稳中求进工作总基调，增强金融服务实体经济的能力和水平，为结构性改革和自由贸易区（港）建设营造适宜的货币金融环境。

---

①根据《海南省国民经济和社会发展第十三个五年规划纲要》，十二个重点产业指旅游产业，热带特色高效农业，互联网产业，医疗健康产业，现代金融服务业，会展业，现代物流业，油气产业，医药产业，低碳制造业，房地产业，高新技术、教育、文化体育产业。

②“五网”指路网、光网、电网、气网、水网。

海南省金融运行主要呈现以下特点：一是银行业发展总体平稳，地方法人机构经营稳健。2018 年末，海南省银行业金融机构个数和从业人数分别同比增长 1.9% 和 0.4%；地方法人银行业金融机构资产和负债总额分别同比增长 4.7% 和 3.8%，全年净利润同比增长 9.6%。农信社改革持续深入，屯昌县农村信用合作联社成功改制为海南屯昌农村商业银行股份有限公司。二是信贷投放向薄弱环节倾斜，小微企业融资成本下降。全省普惠口径小微企业贷款、民营企业贷款、金融精准扶贫贷款余额同比增速分别高于本外币贷款增速 25.4 个、8.3 个、9.1 个百分点；全年小微企业贷款加权平均利率为 7.2%，同比下降 0.5 个百分点。三是金融改革开放稳步推进，重点领域成效初显。利率市场化改革持续推进，市场利率定价自律机制运行情况良好，地方法人金融机构大额存单发行计划备案实现零突破。跨境人民币业务较快发展，海南省与“一带一路”沿线国家经常项目结算额在全省跨境人民币结算额中的占比达 21.5%，同比提高 2.8 个百分点。中国人民银行海口中心支行借鉴上海自贸区实践经验，积极推进海南自由贸易账户（FT）体系建设。2019 年 1 月 1 日，海南 FT 正式上线运行，业务有序开展，市场反响良好。四是证券市场融资渠道进一步拓宽，保险业服务经济社会作用增强。奇艺世纪知识产权供应链资产支持证券成功发行，实现中国知识产权证券化零的突破，也是海南省积极探索知识产权证券化的关键一步。保险覆盖范围继续扩大，保险密度同比增加 179.2 元 / 人。农业保险风险保障作用增强，产品创新步伐加快。2018 年，海南省新增开发并签单农业保险产品 23 个，累计开办农业保险产品险种 60 个，农业保险赔付支出和受益农户分别同比增长 78.8% 和 3.7 倍。五是金融生态环境建设扎实推进，金融基础设施渐趋完善。推进海南自由贸易试验区信用信息共享平台建设，支撑了信用信息归集、数据清洗、信用公示等基础功能及联合奖惩、信用预警、“信易 +”等应用。非现金支付受理环境不断改善，全年非现金支付业务办理笔数同比增长 41.8%；移动支付实现了在全省公交、医疗健康、校园、菜市场、食堂、停车场等高频核心场景，以及交通罚没、缴税、出入境、公共事业缴费等日常支付场景的全覆盖应用，有效提升了便民支付服务水平。金融消费权益保护工作成效明显，“海南省自由贸易试验区金融消费权益保护协会”正式挂牌成立，“海南省 12363 呼叫中心”建立，辖区金融消费纠纷多元化解决机制建设取得实质进展。

2019 年是海南省全面深化改革，加快推进海南自由贸易区（港）建设的关键之年。海南省将加快打造海口江东总部经济聚集区，坚持大三亚联动、陆海河统筹，聚焦新海港和博鳌免税综合体、海口复兴城西海岸互联网总部基地、文昌铜鼓岭国际生态旅游区、三亚海棠湾梦幻不夜城、博鳌乐城国际医疗旅游先行区等重点产业项目建设，加快培育壮大新兴产业。随着发展改革政策红利的不断释放，招商引资和发展总部经济的效果不断显现，现代服务业主导的新动能发展，实体经济内生动力增强，预计 2019 年海南省经济将稳定向好。

海南省金融业将继续把握稳健的货币政策基调，保持社会融资规模均衡增长，优化信贷资源配置，加大金融改革创新力度，切实防范化解金融风险，努力提升服务实体经济水平。围绕海南省“三区一中心”① 战略定位，加大对“三大领域”②“五大平台”③“十二个重点产业”的金融支持，全力提升乡村振兴、民营小微企业、精准扶贫的金融服务效率和水平，大力发展绿色金融、普惠金融，助力以服务业为主导的现代化经济体系建设。积极推动跨境贸易及投融资便利化等领域取得更大突破，全力支持海南自由贸易区（港）建设。

① “三区一中心”指改革开放试验区、国家生态文明试验区、国家重大战略保障区、国际旅游消费中心。

② “三大领域”指旅游业、现代服务业、高新技术产业。

③ “五大平台”指国家南繁科研育种基地、国家热带农业科学中心、全球动植物种质资源引进中转基地、国家深海基地南方中心、航天领域重大科技创新基地。

一、金融运行情况

2018 年，海南省金融业运行总体稳健，信贷投放重点突出，融资渠道有所拓展，改革创新不断深化，金融服务水平有效提升，为供给侧结构性改革营造适宜的货币金融环境。

（一）银行业运行总体平稳，货币信贷适度增长

1. 银行业机构和从业人员稳步增加，资产规模小幅收缩。2018 年末，海南省银行业金融机构个数和从业人数同比分别增长 1.9% 和 0.4%，资产总额同比下降 7.5%。其中，涉农机构资产规模逆势增长，小型农村金融机构和新型农村金融机构资产总额同比分别增长 9.1% 和 10.8%。

2. 存款规模小幅收缩，企业存款下降较多。2018 年末，海南省本外币存款余额 9 610.5 亿元，同比下降 4.8%。从同比增速来看，自 4 月起，全省存款连续 9 个月出现负增长；从当月新增量来看，全年共有 7 个月存款规模出现收缩。房地产、个别大型企业资金外流等因素，导致全省非金融企业存款同比下降 19.4%。同时，同业负债监管趋严，非存款类金融机构存款余额同比下降 26.1%。

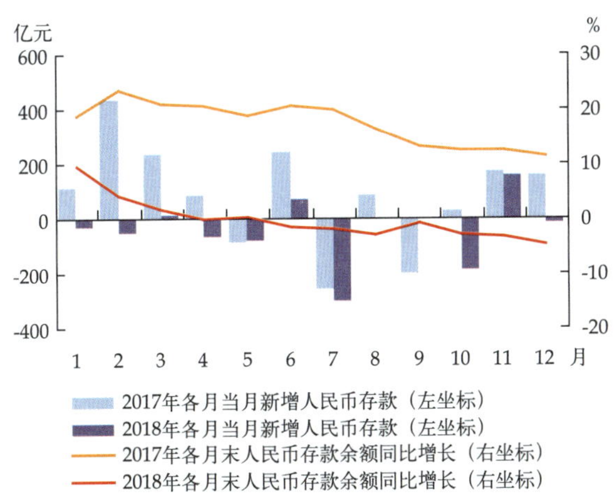

数据来源：中国人民银行海口中心支行。

图 1　2017~2018 年海南省金融机构人民币存款增长变化

3. 贷款增速放缓，支持薄弱环节力度加大。2018 年末，海南省金融机构本外币贷款余额 8 820.1 亿元，同比增长 4.3%，增速比上年同期低 5.8 个百分点。信贷增速趋缓，一是全省经济金融部门主动降杠杆的结果；二是海南省主动调整产业发展政策，新动能亟待进一步有效承接，实体经济金融有效需求不足。信贷投放向薄弱环节倾斜，全省普惠口径小微企业贷款、民营企业贷款、金融精准扶贫贷款余额同比增速分别高于本外币贷款增速 25.4 个、8.3 个和 9.1 个百分点。

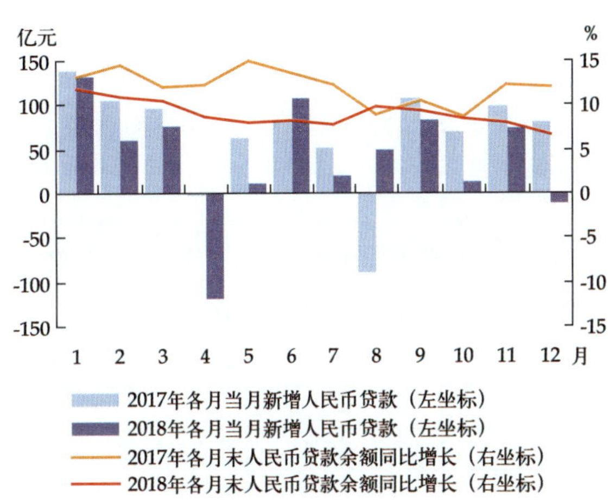

数据来源：中国人民银行海口中心支行。

图 2　2017~2018 年海南省金融机构人民币贷款增长变化

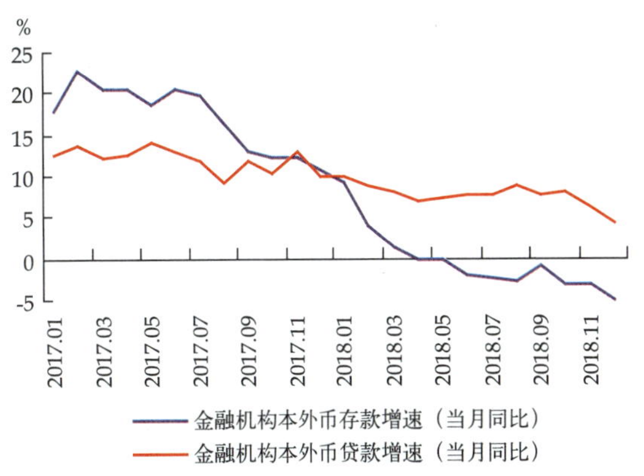

数据来源：中国人民银行海口中心支行。

图 3　2017~2018 年海南省金融机构本外币存、贷款增速变化

4. 表外业务监管趋严，规模明显萎缩。 2018年末，受资管新规、理财新规等监管政策影响，海南省银行业金融机构表外业务规模同比下降16.0%。其中，保函业务、表外理财和委托贷款同比分别下降56.7%、7.0%和3.5%。

5. 小微企业融资成本下降，利率市场化改革持续推进。 2018年，海南省金融机构人民币一般贷款加权平均利率为6.8%，同比上升0.7个百分点；小微企业贷款加权平均利率为7.2%，同比下降0.5个百分点。海南省市场利率定价自律机制运行情况良好，新增海口联合农村商业银行为全国市场利率定价自律机制基础成员。2018年，全省同业存单、大额存单发行主体进一步增加，累计发行同业存单129.2亿元，地方法人金融机构大额存单发行计划备案实现零突破。

表1　2018年海南省金融机构人民币贷款各利率区间占比

单位：%

月份		1月	2月	3月	4月	5月	6月
合计		100.0	100.0	100.0	100.0	100.0	100.0
下浮		10.5	12.8	12.1	33.5	18.6	9.4
基准		37.0	24.6	17.8	13.3	14.4	27.2
上浮	小计	52.5	62.6	70.1	53.2	67.0	63.4
	(1.0，1.1]	16.0	16.6	13.6	13.3	19.6	10.9
	(1.1，1.3]	12.4	23.6	15.8	12.5	14.5	16.5
	(1.3，1.5]	3.7	4.2	12.5	5.3	12.5	11.6
	(1.5，2.0]	11.2	10.9	21.1	13.1	11.0	14.8
	2.0以上	9.3	7.3	7.1	8.9	9.5	9.6
月份		7月	8月	9月	10月	11月	12月
合计		100.0	100.0	100.0	100.0	100.0	100.0
下浮		20.5	15.7	9.6	17.8	20.1	17.5
基准		17.5	18.3	18.8	16.5	24.2	12.3
上浮	小计	62.0	66.0	71.6	65.7	55.7	70.2
	(1.0，1.1]	15.1	11.3	14.4	8.7	7.3	21.8
	(1.1，1.3]	12.0	13.8	19.1	20.1	11.3	16.3
	(1.3，1.5]	6.7	12.1	15.0	6.5	12.9	7.3
	(1.5，2.0]	13.7	15.5	12.8	13.9	14.0	16.4
	2.0以上	14.5	13.3	10.3	16.6	10.2	8.5

数据来源：中国人民银行海口中心支行。

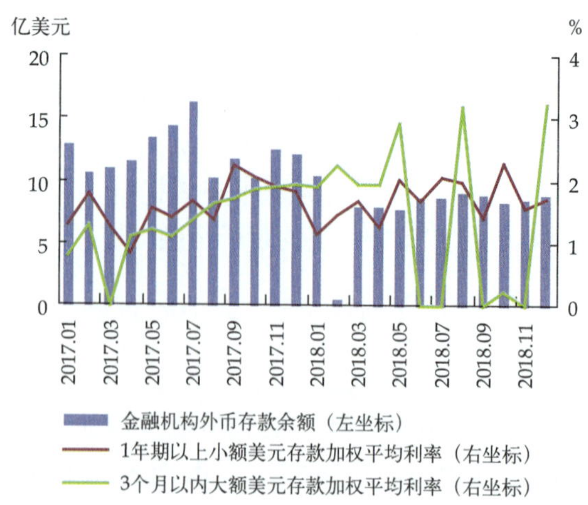

数据来源：中国人民银行海口中心支行。

图4　2017~2018年海南省金融机构外币存款余额及外币存款利率

6. 地方法人机构经营稳健，金融改革稳步推进。 2018年末，海南省地方法人银行业金融机构45家，资产和负债总额同比分别增长4.7%和3.8%，各项贷款和存款余额同比分别增长13.5%和10.0%，全年净利润同比增长9.6%。农村信用社改革持续深入，屯昌县农村信用合作联社成功改制为海南屯昌农村商业银行股份有限公司。全省18家村镇银行资产负债、分支机构、从业人员等均比年初增加，各类业务稳步发展。

7. 跨境人民币业务较快发展，支持“一带一路”经贸合作。 2018年，海南省跨境人民币结算额281.4亿元，同比增长55.4%。市场基础不断扩大，与海南省发生跨境人民币结算的境外国家新增10个，其中9个为“一带一路”沿线国家；办理跨境人民币业务的企业新增185家。跨境人民币业务大力支持海南省与“一带一路”沿线国家经贸合作，与“一带一路”沿线国家经常项目结算额14.5亿元，在全省跨境人民币结算额中的占比达21.5%，同比提高2.8个百分点。

专栏1 海南自由贸易账户正式上线运行 账户体系运行平稳

海南自由贸易账户（FT）体系是海南自由贸易区(港)建设的十二个先导性项目之一。2018年9月15日，中国人民银行总行批复同意在海南自由贸易区（港）建设FT体系，要求建设过程中，体现自愿原则，根据商业银行意愿协调推进，按照“成熟一家，推动一家”的原则，把好“准入关”；要求做好账户风险防范，按照“一线便利，二线管理”原则规范账户收支管理。在总行、上海总部的大力支持下，中国人民银行海口中心支行借鉴上海自贸区实践经验，积极推进海南FT体系建设，取得良好成效。

一、主要做法

（一）成立建设领导小组并制订工作方案

总行批复同意后，中国人民银行海口中心支行立即成立了海南自由贸易账户体系建设领导小组，调动全行资源推进账户建设工作。以2019年1月1日海南FT正式上线为时间节点倒排工期，制定了《中国人民银行海口中心支行关于推进海南自由贸易账户体系建设的工作方案》，并报备总行。

（二）制定自由贸易账户体系实施细则

中国人民银行海口中心支行制定《海南自贸区（港）分账核算业务风险审慎管理实施细则（试行）》（以下简称《细则》）上报总行，并获总行批复同意。2018年12月26日，中国人民银行海口中心支行印发《细则》，指导辖区金融机构推进FT体系建设及业务开展。

（三）开展FTZMIS系统接入和评估工作

2018年11月7日，中国人民银行海口中心支行实现了对自由贸易账户前置系统中国（上海）FTZMIS系统的访问。同时，安排专人到上海总部支持省内银行业金融机构的系统测试工作，对系统运行和制度建设进行评估，组织系统试运行，全力为商业银行系统上线做好管理服务工作。

（四）组织开展系列调研学习活动

中国人民银行海口中心支行自由贸易账户体系建设领导小组多次派员赴上海总部调研学习。同时，先后邀请上海总部专家团队、上海浦东发展银行、中国民生银行和平安银行上海自贸区分行专家团队来海口授课，为海南FT体系建设打好基础。

二、取得成效

（一）海南FT顺利正式上线运行

经过充分准备，中国银行海南省分行和上海浦东发展银行海口分行完成业务系统内部改造测试、与FTZMIS的联调联试，并完成制度建设、人员培训工作，2019年1月1日正式上线运行。其他有意愿参与且具备上线条件的银行业金融机构，也在中国人民银行海口中心支行指导下,认真开展制度建设、系统改造等工作。

（二）系统运行平稳，业务有序开展

海南FT正式上线运行以来，系统运行情况良好，客户开户高效快捷，业务处理顺畅有序。截至2019年2月末，中国银行海南省分行、上海浦东发展银行海口分行和中国工商银行海南省分行开办FT业务的网点总共146个，共开立各类FT主账户1 892户、子账户6 334户，账户覆盖FTE、FTN、FTI、FTF和FTU五类账户，其中，FTE主账户1 885户、子账户6 322户。截至2019年2月末，三家商业银行通过FT账户收支额累计达27.1亿元。

（三）市场反响良好

FT是一套以人民币为本位币、账户规则统一、兼顾本外币风险差别管理的本外币可兑换账户，各类市场主体可按规定开展海南自由贸易区（港）的投融资及相关业务。客户认为使用海南FT，便利了存、贷、投、融资业务，降低了融资成本，提升了银行和客户效率。业界专家认为，海南FT上线，有助于扩展金融业务的创新边界。金融机构在已经上线的自由贸易账户体系中建立分账核算单元，为客户开设自由贸易账户，形成风险隔离“电子围网”，为自由创新金融服务业务先行先试营造优越条件，也有助于防范创新业务的金融风险外溢。

（二）证券市场交易量下滑，融资渠道进一步拓宽

1. 证券期货交易量萎缩，机构业绩下滑。 2018年末，海南省共有2家法人证券公司、26家证券分公司和58家证券营业部，2家法人期货公司、2家期货分公司和11家期货营业部。受A股市场持续下行影响，2018年海南省证券市场交易低迷，证券和期货交易总额28 323.4亿元，同比下降15.4%。辖内证券公司分支机构和法人证券公司净利润同比分别下降85.8%和5.0%。

表2　2018年海南省证券业基本情况

项目	数量
总部设在辖内的证券公司数（家）	2
总部设在辖内的基金公司数（家）	0
总部设在辖内的期货公司数（家）	2
年末国内上市公司数（家）	31
当年国内股票（A股）筹资（亿元）	62.9
当年发行H股筹资（亿元）	0.0
当年国内债券筹资（亿元）	151.1
其中：短期融资券筹资额（亿元）	28.0
中期票据筹资额（亿元）	13.0

注：当年国内股票（A股）筹资额指非金融企业境内股票融资。

数据来源：海南证监局、中国人民银行海口中心支行。

2. 资本市场主体数量增加，融资渠道多样化。 2018年，海南省新增1家上市公司、2家上市辅导备案企业。全省31家境内上市公司总股本494.2亿股，同比增长4.4%；总市值2 029.2亿元，同比下降43.2%。全年海南省企业在资本市场累计融资176.9亿元，同比增长54.7%。奇艺世纪知识产权供应链资产支持证券在上海证券交易所成功发行，募集资金4.7亿元，实现中国知识产权证券化零的突破。

（三）保险市场运行良好，风险保障功能有效发挥

2018年，海南省市场组织体系进一步完善，保险业务稳步发展，服务经济社会作用增强。全省新增1家法人寿险保险机构，保险公司资产总额、保费收入同比分别增长8.1%和11.1%，提供风险保障和赔付支出同比分别增长32.8%和14.1%。保险覆盖范围继续扩大，保险密度同比增加179.2元／人，保险深度同比提高0.1个百分点。农业保险风险保障作用增强，产品创新步伐加快。2018年，海南省农业保险累计提供风险保障395.2亿元，赔付支出和受益农户同比分别增长78.8%和3.7倍。全年新增开发并签单农业保险产品23个，累计开办农业保险产品险种60个。

表3　2018年海南省保险业基本情况

项目	数量
总部设在辖内的保险公司数（家）	2
其中：财产险经营主体（家）	0
人身险经营主体（家）	2
保险公司分支机构（家）	462
其中：财产险公司分支机构（家）	250
人身险公司分支机构（家）	212
保费收入（中外资，亿元）	183.1
其中：财产险保费收入（中外资，亿元）	67.6
人身险保费收入（中外资，亿元）	115.5
各类赔款给付（中外资，亿元）	56.0
保险密度（元／人）	1 959.7
保险深度（%）	3.8

数据来源：海南银保监局。

（四）社会融资规模增长乏力，债券市场融资能力下降

2018年，海南省社会融资规模389.5亿元，

同比下降54.5%。其中，银行表内信贷在社会融资规模中的占比为62.5%，仍是社会融资主渠道；表外融资和企业债券融资规模分别下降82.0亿元和77.0亿元。由于省内符合条件的发债企业缺乏竞争力，发行评级降低，导致发行价格上升，发行难度增加。2018年全省非金融企业债务融资工具发行处于停滞状态。

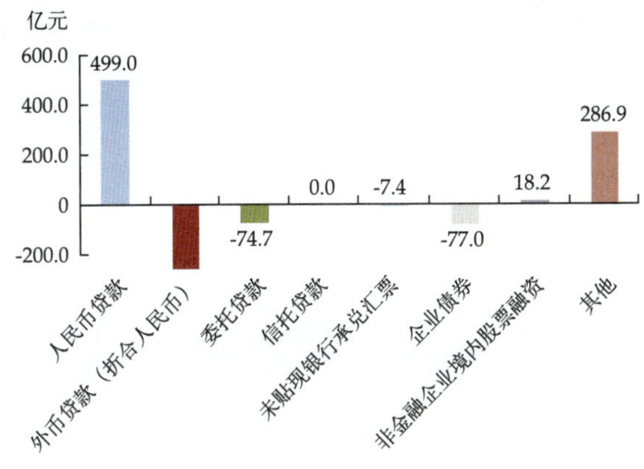

数据来源：中国人民银行海口中心支行。

图5 2018年海南省社会融资规模分布结构

（五）金融生态环境建设扎实推进，金融基础设施日趋完善

2018年，海南省金融生态环境建设工作取得实效。一是推进海南自贸试验区信用信息共享平台建设。该平台上线了6个子系统，实现283项功能，支撑了信用信息归集、数据清洗、信用公示等基础功能及联合奖惩、信用预警、“信易+”等应用。二是非现金支付受理环境不断改善。移动支付实现了在全省公交、医疗健康、校园、菜市场、食堂、停车场等高频核心场景，以及交通罚没、缴税、出入境、公共事业缴费等日常支付场景的全覆盖应用，有效提升了便民支付服务水平。2018年，全省非现金支付业务办理笔数同比增长41.8%，其中，移动支付业务笔数增长16.2%。三是金融消费权益保护工作成效明显。“海南省自由贸易试验区金融消费权益保护协会”正式挂牌成立，辖区金融消费纠纷多元化解决机制建设取得实质进展。建立“海南省12363呼叫中心”，全辖共受理金融消费者投诉56件，投诉处理平稳高效。金融消费者教育取得重大进展，在全省范围内开展金融知识纳入国民教育体系工作，开设金融教育课班级（含小学、初中、高中、大学）共计212个，受教育学生1.1万人。

二、经济运行情况

2018年，海南省扎实推进供给侧结构性改革，加快海南自由贸易区（港）建设，经济运行总体平稳、稳中提质。全年实现地区生产总值4 832.1亿元，同比增长5.8%；人均地区生产总值51 955元，同比增长4.8%。

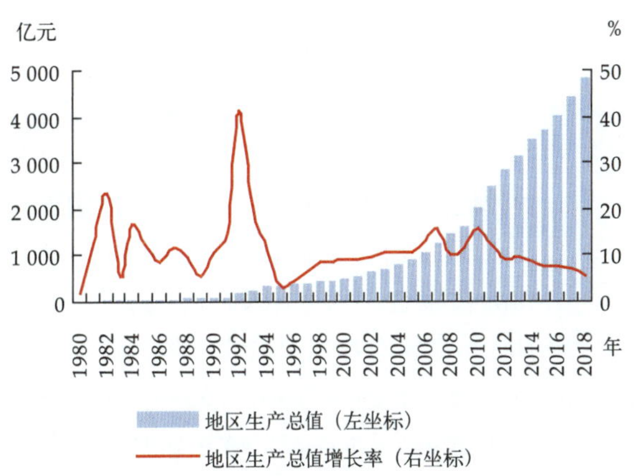

数据来源：海南省统计局。

图6 1980~2018年海南省地区生产总值及其增长率

（一）需求协同发展，结构逐步优化

2018年，海南省投资结构明显调整，消费市场平稳增长，外向型经济势头良好，推动经济可持续发展。

1. 投资同比下降，结构优化升级。 2018年，海南省固定资产投资同比下降12.5%。由于海南省实施全域限购等严厉的房地产调控政策，房地产投资大幅收缩。同时，全年省重点项目投资进展良好，完成年度投资计划的107.0%。三亚亚特兰蒂斯水上乐园、海口齐鲁高端药品研制及产业化项目、中国铁塔海南基础网络完善工程项目、铺前大桥工程等项目竣工或进入竣工扫尾阶段；海口观澜湖度假区项目、农村公路六大工程、海口桂林洋国家热带农业公园等项目超额完成年度投资计划。

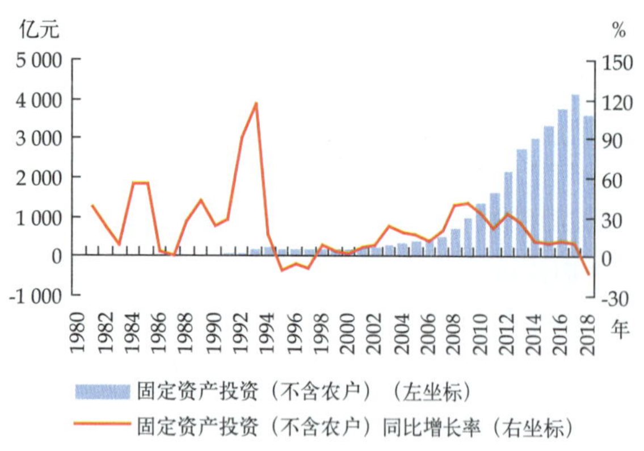

数据来源：海南省统计局。

图 7　1980~2018 年海南省固定资产投资（不含农户）及其增长率

2. 乡村消费潜力释放，免税销售快速增长。 2018 年，海南省社会消费品零售总额同比增长 6.8%。扣除政策性“汽车限购”影响因素，全省社会消费品零售总额增速达 10.6%。随着乡村振兴战略政策措施逐步落实，乡村市场消费品零售额同比增长 9.4%，高于城镇市场 3.2 个百分点。消费新业态不断涌现，全省网上零售额同比增长 28.6%。离岛免税购物额度、商品类别、享受对象全面放宽，免税销售额同比增长 26.0%。

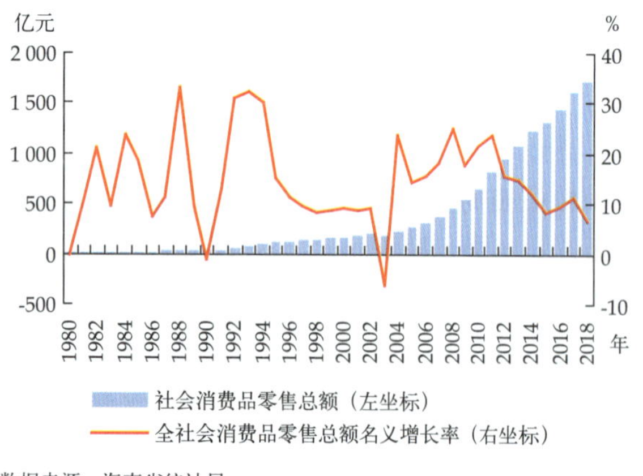

数据来源：海南省统计局。

图 8　1980~2018 年海南省社会消费品零售总额及其增长率

3. 外贸稳中向好，发展潜力不断显现。 2018 年，海南省外贸规模呈逐季上升态势，进出口总值同比增长 20.8%。高新技术产品出口同比增长 2.0 倍，汽车出口创历史新高。东盟、美国和欧盟作为前三大贸易伙伴，在全省外贸总值中的合计占比达 62.9%。新兴市场多元化开拓进一步深化，对“一带一路”沿线国家进出口总值占全省进出口总值的 37.6%，其中，对印度、埃及和土耳其进出口同比分别增长 51.7%、1.9 倍和 2.0 倍。

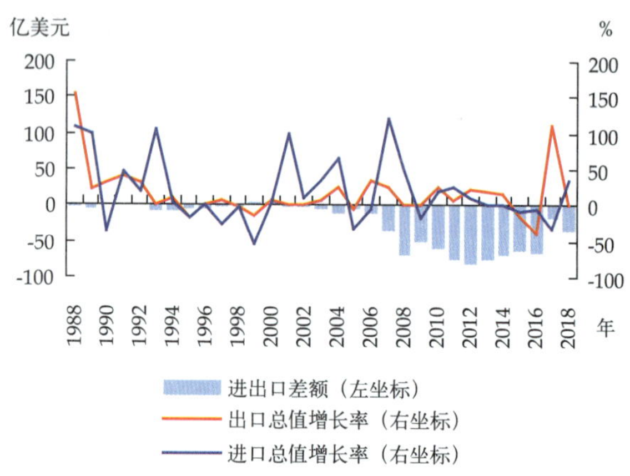

数据来源：海南省统计局、海口海关，中国人民银行工作人员计算。

图 9　1988~2018 年海南省外贸进出口变动情况

（二）产业良性发展，转型升级步伐加快

2018 年，海南省产业结构持续优化，三次产业增加值比重为 20.7 : 22.7 : 56.6。农业基础地位进一步巩固，第二产业和第三产业比重分别比上年提高 0.4 个和 0.5 个百分点，现代服务业作用凸显。

1. 农业稳步发展，结构优化调整。 2018 年，海南省着力培育农业新产业、新业态，释放热带高效农业比较优势，农林牧渔业增加值同比增长 4.1%，高于上年同期 0.3 个百分点。甘蔗等低效益产业逐步退出市场，莲雾、蜜柚、火龙果等成为新的特色农业增长点，同比分别增长 21.6%、21.6% 和 51.9%。产业扶贫成效良好，槟榔产量同比增长 7.5%，牛大力、益智等中草药材种植面积同比增长 6.7%。改变传统水产养殖业外延粗放式增长模式，全面推行生态健康

养殖，全省海洋捕捞产量同比下降5.1%，淡水和海水养殖产量同比分别增长1.6%和0.8%，养殖效益不断提升。

2. 工业生产增速加快，石油加工业贡献居首。2018年，海南省规模以上工业增加值同比增长6.0%，增速比上年加快5.5个百分点。受龙头企业完成检修全面恢复生产带动，石油加工业增加值同比增长12.9%，对规模以上工业增长的贡献率为56.3%，是拉动全省工业增长的首要因素。医药制造业增加值同比增长15.9%，对规模以上工业增长的贡献率为34.5%。

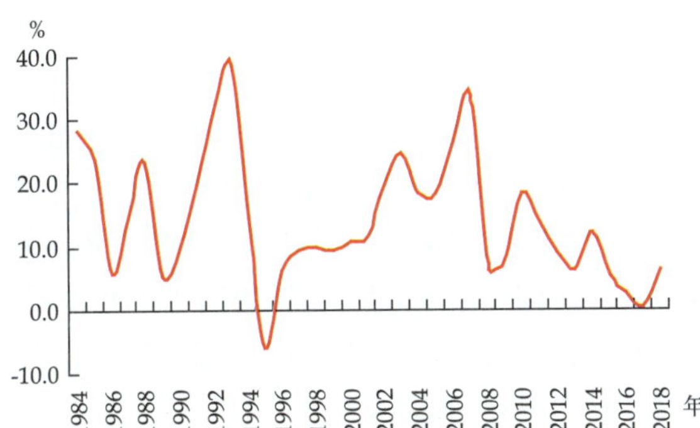

数据来源：海南省统计局。

图10　1984~2018年海南省规模以上工业增加值实际增长率

3. 服务业发展提质增效，重点领域增势明显。2018年，海南省大力引进总部经济、中介服务机构和各类新兴服务业产业项目，服务业增加值同比增长6.8%。以软件信息、医疗健康、会展业等为代表的现代服务业持续快速发展，全年规模以上其他营利性服务业增加值同比增长20.1%，拉动地区生产总值增长1.7个百分点。随着转型升级的不断加快和新动能叠加的不断增强，全省战略服务业、高技术服务业、科技服务业、健康服务业等重点领域实现创利，规模以上企业营业利润同比分别增长41.7%、36.6%、48.4%和4.8倍。旅游市场发展态势良好，全省旅游业增加值同比增长8.5%，接待游客总人数和旅游总收入同比分别增长11.8%和14.5%。

4. 供给侧结构性改革持续深化，新旧动能加速转换。一是"三去一降一补"扎实推进，脱贫攻坚取得实效。全年规模以上工业企业资产负债率为51.8%，低于同期全国平均水平4.7个百分点。全年"五网"基础设施投资完成年度计划投资的112.0%。精准扶贫成效明显，全年脱贫退出21 593户、86 742人，81个贫困村脱贫出列，完成年度目标任务。二是新动能加快转换，结构调整持续优化。2018年，房地产业增加值同比下降12.0%。剔除房地产业后，地区生产总值同比增长7.6%，高于上年同期1.8个百分点。全省十二个重点产业增加值在地区生产总值中的占比为63.5%，对经济增长的贡献率为66.9%，其中，互联网产业、医药产业和医疗健康产业增加值同比分别增长27.4%、18.7%和10.4%。

5. 生态文明建设持续推进，绿色发展水平有效提升。2018年，海南省通过制度建设，推动绿色发展。一是进一步落实新发展理念，实施《海南省市县发展综合考核评价暂行办法》，取消12个生态敏感区市县的地区生产总值、工业、固定资产投资考核，生态环境保护实行一票否决。二是持续推进生态环境专项整治，印发实施《海南省深化生态环境六大专项整治行动计划（2018~2020）》，成立联合指挥部统筹推动整治工作。生态环境保持全国领先水平，全年造林绿化面积15.4万亩，森林覆盖率62.1%，环境空气质量优良天数比例达98.4%，城镇集中式饮用水源地水质达标率100%。

（三）物价水平温和上涨，劳动力报酬提升

2018年，海南省居民消费价格温和上涨，生产类价格涨幅不一，劳动力成本上升。

1. 居民消费价格总体平稳。2018年，海南省出台常年蔬菜基地建设调整方案，开展年度"菜篮子"市县长负责制考核，逐步建立全方位价格监测预警体系。启动低收入群体物价联动补贴机制，受惠群众117.6万人次。全年居民消费价格指数累计上涨2.5%。从构成八大类指数来看，衣着价格和医疗保健涨幅较大，同比

分别上涨 4.1% 和 3.6%。

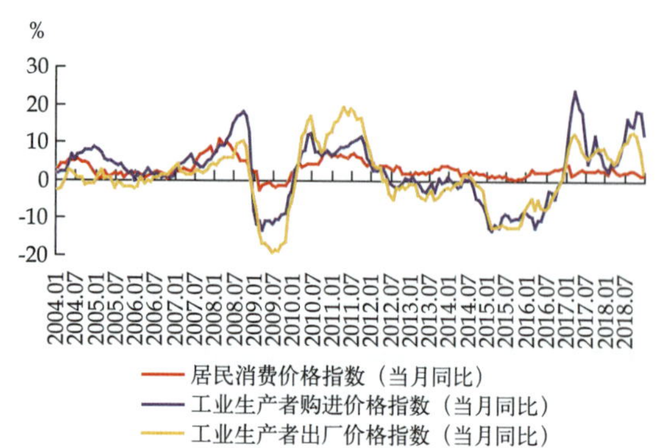

数据来源：海南省统计局。

图 11　2004~2018 年海南省居民消费价格指数和工业生产者价格指数变动趋势

2. 工业生产类价格涨幅较大。2018 年，工业生产者购进价格同比上涨 10.8%，工业生产者出厂价格同比上涨 8.2%，农业生产资料价格同比上涨 2.2%。

3. 劳动力成本小幅增长。2018 年，海南省劳动力就业规模继续扩大，年末从业人员同比增长 3.4%。城镇非私营单位在岗职工平均工资 75 089 元，同比增长 8.7%。年末城镇登记失业率 2.3%，保持在较低水平。

（四）财政收支增速提升，民生保障力度加大

2018 年，海南省财政收支较快增长，地方公共财政收入和支出同比分别增长 11.7% 和 16.7%，分别高于上年 0.2 个和 12.4 个百分点。全省平稳有序发行地方债 535.9 亿元，有效提升地方财力。民生支出占全省地方公共财政支出的 76.7%，民生保障水平持续提高。全省保障性安居工程和农村危房改造均超额完成年度计划。建立从学前教育到高中阶段教育特惠性资助体系，全年共发放资助 3.4 亿元。设立多种形式的医疗联合体建设试点，支持博鳌超级医院等医院开业运营。将 60 周岁以上贫困人员纳入无须缴费直接领取城乡居民基本养老保险待遇范畴，为低保人员、五保户按最低档次全额代缴保费。

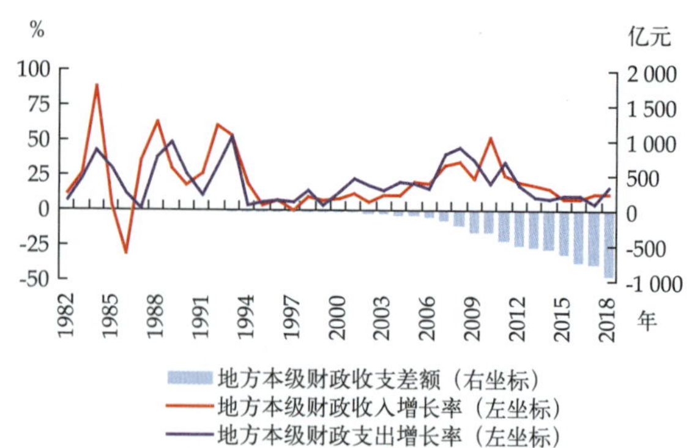

数据来源：海南省统计局。

图 12　1982~2018 年海南省财政收支状况

（五）房地产调控成效明显，互联网产业蓬勃发展

1. 房地产市场降温，销售大幅下降。2018 年 4 月以来，海南省实施全域限购等政策，以外销为主的商品房销售明显减少，房地产市场整体降温。2018 年，全省房屋销售面积 1 432.3 万平方米，同比下降 37.5%；房屋销售额 2 083.3 亿元，同比下降 23.2%。

房地产开发收缩明显，土地交易活跃度下降。2018 年，为确保中央支持海南省重大政策顺利实施，化解经济对房地产的过度依赖，海南省及时出台严厉的房地产调控政策，防止炒房炒地，鼓励发展实体经济。在此背景下，全省房地产开发投资同比下降 16.5%，房地产开发到位资金同比下降 26.9%，房屋新开工面积同比下降 7.8%。土地出让价款大幅回落，全年累计实现收入同比下降 45.6%。

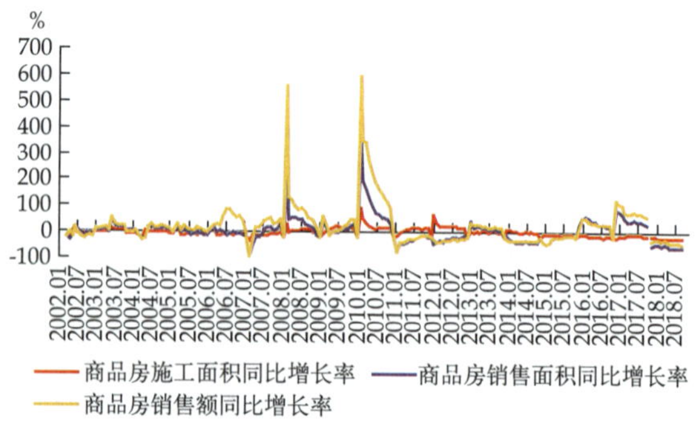

数据来源：海南省统计局。

图 13　2002~2018 年海南省商品房施工和销售变动趋势

房地产贷款增长乏力，质量小幅下滑。受购房需求大幅下降影响，房地产贷款增速回落。2018年末，全省房地产贷款余额同比增长6.0%，低于上年同期15.0个百分点。其中，房地产开发贷款余额同比下降14.4%；个人住房贷款余额同比增长25.2%，低于上年同期36.7个百分点。全年累计发放个人住房贷款463.2亿元，同比下降22.9%。年末，房地产不良贷款率为0.9%，比年初上升0.6个百分点，但仍处于较低水平，风险总体可控。

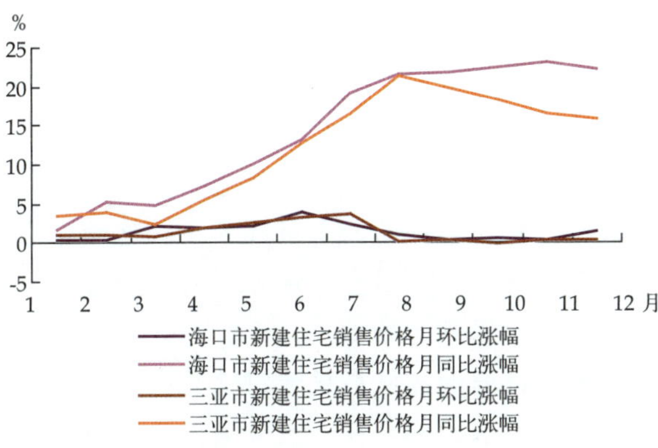

数据来源：海南省统计局。

图14　2018年海南省主要城市新建住宅销售价格变动趋势

2.互联网产业快速发展，未来前景良好。海南省继续加大对互联网产业的扶持力度，对符合特定条件的互联网企业和人才给予补贴；以“离岸创新、链接自贸”为主题，围绕大数据、区块链、人工智能和智慧城市等领域举办了“互联网+”创新创业活动。2018年，海南省互联网产业营业收入逾600亿元，同比增长40%，成为全国互联网产业增长最快的省份。互联网产业增加值为230.9亿元，同比增长27.4%，连续三年成为全省增长最快的重点产业。

互联网产业园区建设日益完善，招商引资成效显著。海南省建设了海南生态软件园、海口复兴城互联网创新创业园、三亚创意产业园、儋州互联网产业城、陵水互联网创业园等产业园区，为互联网产业发展提供了良好的载体。其中，海南生态软件园已建成80万平方米产业空间，成为百亿级国家信息产业示范基地，吸引了中科院云计算中心、长城信息、久其软件共362家知名企业入驻。腾讯、阿里巴巴和百度三大互联网龙头企业也纷纷布局海南省。

专栏2　群策群力扎实推进　绿色金融工作取得实效

2018年3月，海南省人民政府办公厅印发《海南省绿色金融改革发展实施方案》（琼府办〔2018〕25号），提出以绿色金融支持十二大重点产业发展为主线，探索海南省绿色金融发展新模式。中国人民银行海口中心支行积极引导辖内银行业金融机构落实绿色发展理念，大力开展与环境相关的收益权、排放权、排污权抵押贷款等业务，积极为循环经济、绿色制造、清洁能源、海洋生态环境整治等领域提供金融服务。海南省金融系统着力完善绿色金融工作机制，绿色金融创新产品及服务体系初步形成，绿色融资渠道逐步拓展。

一、绿色金融工作机制有效构建

一是省内金融机构基本建立了绿色金融组织领导机制。兴业银行海口分行挂牌成立“绿色金融中心（海南）”，直接服务于海南省绿色金融产业发展。二是建立绿色金融激励监督机制。兴业银行海口分行每年均配置专项财务资源用于激励各分支机构在绿色金融客户建设、重点项目投放、创新产品落地、排放权平台建设等方面业绩的提升。中国光大银行海口分行建立健全客户重大环境和社会风险的内部报告制度和责任追究制度，对信贷管理中忽略环保要求、未及时发现环保风险隐患的相关人员严肃追究责任，并对分支机构的负责人实施问责。

二、绿色信贷管理机制持续完善

一是加强绿色信贷分类管理。交通银行海南省分行建立绿色信贷标准并融入信贷全流程，执行差异化的信贷政策和信贷管理要求。华夏银行海口分行对重点绿色项目和企业建立储备客户库，加强绿色金融项目储备，扩大绿色金融业务规模。海南银行实行绿色信贷负面清单制，对存在环境违法违规且未整改、达不到环保要求的企业及项目一律不得准入。二是开辟绿色通道服务机制。中国建设银行海南省分行在审批和风险条线开辟绿色信贷快速通道，加快绿色信贷项目审批、放款速度，进一步加大对绿色信贷项目的支持力度。

三、绿色创新产品体系初步形成

海南银行业金融机构发挥各自业务优势，结合绿色产业融资需求特点，不断开发创新、丰富绿色金融产品体系。中国工商银行海南省分行推出滩涂资源利用贷款、固定资产（旅游景区）支持融资、影视制作项目贷款、个人游艇贷款等绿色信贷产品。中国民生银行海口分行着力向绿色小微企业提供更为优化的金融服务方案，接受知识产权、股权、应收账款、仓单等多种抵（质）押品。中国银行海南省分行采用垃圾处理和并网售电收费权质押方式，向海口市垃圾焚烧发电厂扩建工程项目授信1.5亿元，该项目极大地改善了海口市及周边地区的生态环境。海南省农村信用社以林权抵押为担保，向海南省某农业开发有限公司贷款500万元用于支持莲雾开发研究及莲雾基地建设等，以云龙镇“中国红”莲雾科技产业示范园为中心，建成了集莲雾种植、销售、城郊农业观光于一体的大型有机农产品生产示范园区。

四、绿色融资渠道逐步拓宽

2018年以来，海南省绿色金融产品集中在绿色信贷的单一局面有所改善，绿色融资渠道有所拓宽。中国农业银行海南省分行获得中国农业银行总行批复同意，以6亿元理财资金支持海南省农垦投资控股集团有限公司战略转型及产业升级；与海垦控股集团共同发起的首期7.5亿元海南农垦产业发展股权投资基金已完成中国农业银行总行审批。2018年10月30日，海南省发展控股有限公司下属全资子公司海南天汇能源股份有限公司成功发行省内首单绿色资产支持证券“华福—天汇能源电力上网收费权资产支持计划”，总融资规模3亿元，发行利率6%。

三、预测与展望

2019年是海南省全面深化改革，加快推进海南自由贸易区（港）建设的关键之年，机遇与挑战并存。海南省将加快打造海口江东总部经济聚集区，坚持大三亚联动、陆海河统筹，聚焦新海港和博鳌免税综合体、海口复兴城西海岸互联网总部基地、文昌铜鼓岭国际生态旅游区、三亚海棠湾梦幻不夜城、博鳌乐城国际医疗旅游先行区等重点产业项目建设，加快培育壮大新兴产业。随着发展改革政策红利的不断释放，招商引资和发展总部经济的效果不断显现，现代服务业主导的新动能发展，实体经济内生动力增强，预计2019年海南省经济将稳定向好。

海南省金融业将继续把握稳健货币政策基调，保持社会融资规模均衡增长，优化信贷资源配置，加大金融改革创新力度，切实防范化解金融风险，努力提升服务实体经济水平。围绕海南省“三区一中心”战略定位，加大对“三大领域”“五大平台”“十二个重点产业”的金融支持，全力提升乡村振兴、民营小微企业、精准扶贫的金融服务效率和水平，大力发展绿色金融、普惠金融，助力以服务业为主导的现代化经济体系建设。积极推动跨境贸易及投融资便利化等领域取得更大突破，全力支持海南自由贸易区（港）建设。

中国人民银行海口中心支行货币政策分析小组

总　纂：曹协和　黄　革

统　稿：邱彦华　李函晟　潘　琪　王宏杰

执　笔：郑其敏　陈太玉　王　宇　符瑞武　苗启虎　吴宗书　郭　雁　林　昕　邓　昕　何志强　陈国权　符洪瑞　徐　璐　金为华　殷文哲　范　静　罗　琎　王　培

提供材料的还有：石海峰　邢诒俊　冯沙沙　傅晓琪　黄翠玲　吴　帆　张璟霖　陈才麟

附录

（一）2018年海南省经济金融大事记

2月2日，外交部以“新时代的中国：美好新海南　共享新机遇”为主题召开海南全球推介活动会。

4月8日，博鳌亚洲论坛2018年年会在海南博鳌召开，国家主席习近平出席年会开幕式并发表重要主旨演讲。

4月13日，党中央决定支持海南全岛建设自由贸易试验区，支持海南逐步探索、稳步推进中国特色自由贸易港建设，分步骤、分阶段建立自由贸易港政策和制度体系。

5月8日，金融支持海南自由贸易区（港）建设座谈会在海口召开，海南省委副书记、省长沈晓明亲自主持会议并作重要讲话。

5月20日，海南省正式启动全球“百日大招商”活动。

6月3日，海南省宣布设立海口江东新区，将其作为建设中国（海南）自由贸易试验区的重点先行区域。

6月27日，海南省金融精准扶贫经验交流暨工作推进会在海口召开。

10月1日，资金流监测信息系统正式在海南省政府数据大厅上线，实现了对海南自由贸易区（港）资金流动的及时、有效监测。

10月9日，海南自贸区自贸港区块链试验区设立，牛津海南区块链研究院同日揭牌。

10月16日，国务院正式印发《中国（海南）自由贸易试验区总体方案》。

（二）2018 年海南省主要经济金融指标

表 1　2018 年海南省主要存贷款指标

		1 月	2 月	3 月	4 月	5 月	6 月	7 月	8 月	9 月	10 月	11 月	12 月
本外币	金融机构各项存款余额（亿元）	10 055.8	9 996.3	10 006.2	9 940.5	9 862.5	9 945.5	9 644.8	9 651.3	9 651.3	9 464.5	9 622.2	9 610.5
	其中：住户存款	3 832.3	3 987.8	4 060.3	4 022.8	4 038.8	4 078.8	4 040.7	4 039.5	4 084.8	4 055.1	4 111.8	4 215.3
	非金融企业存款	3 607.0	3 485.2	3 482.3	3 298.0	3 160.9	3 211.3	2 953.3	2 950.8	2 852.2	2 795.2	2 944.6	2 991.5
	各项存款余额比上月增加（亿元）	-40.6	-59.4	9.8	-65.7	-78.0	83.0	-300.7	6.4	0.1	-186.8	157.7	-11.8
	金融机构各项存款同比增长（%）	9.3	3.9	1.5	-0.1	-0.2	-1.8	-2.5	-2.8	-0.9	-3.1	-3.3	-4.8
	金融机构各项贷款余额（亿元）	8 518.9	8 525.5	8 589.4	8 504.8	8 558.3	8 651.6	8 699.2	8 735.9	8 824.0	8 921.0	8 853.1	8 820.1
	其中：短期	1 432.8	1 386.2	1 418.2	1 395.1	1 417.7	1 441.3	1 443.0	1 426.5	1 458.0	1 460.9	1 471.0	1 417.4
	中长期	6 654.3	6 714.3	6 772.1	6 668.0	6 670.8	6 751.1	6 779.2	6 836.5	6 893.3	6 907.2	6 867.4	6 893.7
	票据融资	142.7	135.9	119.4	131.1	140.0	140.7	148.9	153.2	151.0	151.1	136.6	136.9
	各项贷款余额比上月增加（亿元）	61.0	6.6	63.9	-84.5	53.4	93.3	47.6	36.7	88.1	97.0	-67.9	-33.0
	其中：短期	-25.8	-46.6	31.9	-23.0	22.5	23.7	1.7	-16.5	31.5	2.9	10.1	-53.7
	中长期	43.8	60.0	57.8	-104.1	2.8	80.3	28.1	57.2	56.8	13.9	-39.7	26.3
	票据融资	19.4	-6.7	-16.6	11.8	8.9	0.7	8.2	4.3	-2.2	0.1	-14.5	0.3
	金融机构各项贷款同比增长（%）	9.8	8.7	8.0	7.1	7.4	7.7	7.6	8.9	7.8	8.1	6.1	4.3
	其中：短期	22.3	19.7	15.3	11.1	11.0	6.2	6.2	3.6	1.4	-0.6	0.6	-2.9
	中长期	10.1	10.7	9.4	8.0	7.8	9.1	8.7	10.8	9.7	9.3	6.7	4.3
	票据融资	-53.3	-60.7	-54.2	-45.4	-39.1	-37.3	-34.4	-30.7	-25.1	-23.7	-27.2	11.0
	建筑业贷款余额（亿元）	127.0	124.3	123.2	120.3	120.0	121.5	119.8	119.0	123.7	124.8	124.3	111.1
	房地产业贷款余额（亿元）	1 159.6	1 159.2	1 177.1	1 196.3	1 178.9	1 192.0	1 177.7	1 171.6	1 191.4	1 172.0	1 176.1	1 179.2
	建筑业贷款同比增长（%）	-8.6	-9.9	-14.4	-8.1	-16.2	-11.8	-19.9	-21.4	-18.1	-0.6	-6.1	-14.6
	房地产业贷款同比增长（%）	5.2	5.2	4.5	13.1	13.7	14.0	14.0	12.6	13.6	6.5	1.4	0.8
人民币	金融机构各项存款余额（亿元）	9 989.3	9 941.8	9 955.9	9 889.9	9 812.9	9 887.3	9 585.2	9 588.6	9 589.8	9 406.5	9 562.1	9 548.6
	其中：住户存款	3 807.5	3 962.0	4 034.4	3 996.9	4 013.0	4 052.5	4 013.7	4 012.2	4 057.6	4 027.8	4 084.9	4 188.8
	非金融企业存款	3 571.4	3 462.3	3 464.0	3 279.7	3 143.4	3 193.0	2 936.1	2 933.9	2 835.3	2 779.9	2 928.1	2 969.9
	各项存款余额比上月增加（亿元）	-27.4	-47.4	14.1	-66.0	-77.0	71.1	-302.1	3.3	1.2	-183.2	155.6	-13.6
	其中：住户存款	17.2	154.4	72.4	-37.5	16.1	39.5	-38.8	-1.6	45.5	-29.8	57.1	103.9
	非金融企业存款	-78.9	-109.1	1.7	-184.2	-136.3	49.6	-256.8	-2.3	-98.6	-55.3	148.1	41.8
	各项存款同比增长（%）	9.6	4.1	1.7	0.2	0.2	-1.4	-2.0	-2.8	-0.8	-3.0	-3.0	-4.7
	其中：住户存款	8.2	11.2	9.7	9.3	9.2	9.5	9.1	9.4	9.4	9.5	10.1	10.5
	非金融企业存款	14.6	1.3	-4.7	-8.5	-10.4	-11.3	-16.6	-16.7	-17.8	-19.3	-18.2	-18.9
	金融机构各项贷款余额（亿元）	7 507.1	7 567.4	7 642.8	7 523.5	7 534.6	7 642.9	7 663.5	7 713.6	7 795.7	7 808.2	7 882.2	7 870.6
	其中：个人消费贷款	1 588.6	1 627.2	1 684.2	1 725.9	1 759.6	1 808.0	1 841.8	1 860.6	1 887.2	1 891.7	1 910.3	1 924.2
	票据融资	142.7	135.9	119.4	131.1	140.0	140.7	148.9	153.2	151.0	151.1	136.6	136.9
	各项贷款余额比上月增加（亿元）	131.9	60.3	75.4	-119.3	11.0	108.4	20.6	50.1	82.1	12.6	74.0	-11.6
	其中：个人消费贷款	46.7	38.6	56.9	41.8	33.7	48.4	33.8	18.8	26.6	4.5	18.6	13.9
	票据融资	19.4	-6.7	-16.6	11.8	8.9	0.7	8.2	4.3	-2.2	0.1	-14.5	0.3
	金融机构各项贷款同比增长（%）	11.8	10.9	10.5	8.8	8.0	8.3	7.8	9.9	9.4	8.5	8.0	6.7
	其中：个人消费贷款	55.9	54.0	51.3	46.2	41.9	39.1	35.8	32.6	30.5	27.5	26.6	24.8
	票据融资	-53.3	-60.7	-54.2	-45.4	-39.1	-37.3	-34.4	-30.7	-25.1	-23.7	-27.2	11.0
外币	金融机构外币存款余额（亿美元）	10.5	8.6	8.0	8.0	7.7	8.8	8.7	9.2	9.0	8.3	8.7	9.0
	金融机构外币存款同比增长（%）	-18.9	-18.9	-27.2	-31.6	-42.7	-39.2	-46.9	-10.0	-23.8	-19.7	-31.6	-26.1
	金融机构外币贷款余额（亿美元）	159.7	151.4	150.5	154.8	159.6	152.4	151.9	149.8	149.5	159.8	140.0	138.3
	金融机构外币贷款同比增长（%）	5.5	2.1	0.3	4.4	11.0	6.4	5.1	-1.4	-5.9	0.5	-12.0	-16.5

数据来源：中国人民银行海口中心支行。

表 2　2001~2018 年海南省各类价格指数

单位：%

		居民消费价格指数		农业生产资料价格指数		工业生产者购进价格指数		工业生产者出厂价格指数	
		当月同比	累计同比	当月同比	累计同比	当月同比	累计同比	当月同比	累计同比
2001		—	-1.5	—	-0.5	—	—	—	—
2002		—	-0.5	—	1.7	—	5.0	—	0.4
2003		—	0.1	—	4.8	—	2.2	—	-0.5
2004		—	4.4	—	11.3	—	5.9	—	0.0
2005		—	1.5	—	8.9	—	4.2	—	-0.5
2006		—	1.5	—	0.7	—	1.5	—	0.8
2007		—	5.0	—	7.1	—	5.0	—	2.7
2008		—	6.9	—	14.8	—	11.6	—	4.5
2009		—	-0.7	—	-6.0	—	-14.7	—	-9.4
2010		—	4.8	—	7.3	—	10.3	—	7.7
2011		—	6.1	—	15.6	—	15.3	—	8.8
2012		—	3.2	—	4.3	—	-0.4	—	0.8
2013		—	2.8	—	1.0	—	-3.0	—	-0.5
2014		—	2.4	—	5.3	—	-1.0	—	-2.4
2015		—	1.0	—	1.6	—	-11.5	—	-10.2
2016		—	2.8	—	0.1	—	-5.2	—	-4.0
2017		—	2.8	—	-0.1	—	12.4	—	8.8
2018		—	2.5	—	2.2	—	10.8	—	8.2
2017	1	4.2	4.2	1.8	1.8	13.6	13.6	8.9	8.9
	2	1.6	2.9	1.5	1.7	20.0	16.8	11.6	10.2
	3	2.1	2.6	0.9	1.4	23.9	19.1	12.5	11.0
	4	2.8	2.7	0.1	1.1	19.5	19.2	10.6	10.9
	5	3.3	2.8	-1.2	0.6	18.2	19.0	8.1	10.3
	6	2.8	2.8	-1.6	0.3	11.3	17.7	6.8	9.7
	7	2.9	2.8	-1.2	0.0	4.7	15.7	6.1	9.2
	8	2.9	2.8	-0.5	0.0	8.2	14.7	7.3	9.0
	9	2.7	2.8	-0.2	0.0	12.3	14.4	8.2	8.9
	10	3.1	2.8	0.3	0.0	8.1	13.8	8.7	8.9
	11	2.9	2.8	0.2	0.0	7.4	13.2	8.5	8.8
	12	2.9	2.8	-0.8	-0.1	4.2	12.4	8.7	8.8
2018	1	2.0	2.0	0.6	0.6	2.9	2.9	6.5	6.5
	2	3.9	2.9	1.0	0.8	4.8	3.9	6.1	6.3
	3	3.3	3.1	1.2	0.9	4.5	4.1	4.9	5.8
	4	2.4	2.9	2.0	1.2	4.9	4.3	5.7	5.8
	5	1.9	2.7	2.3	1.4	6.7	4.8	8.2	6.3
	6	2.5	2.7	2.3	1.6	11.2	5.8	9.9	6.9
	7	2.3	2.6	1.9	1.6	16.4	7.3	10.6	7.4
	8	2.9	2.6	2.2	1.7	14.9	8.2	12.4	8.0
	9	2.7	2.7	3.0	1.8	14.6	8.9	12.8	8.5
	10	2.3	2.6	3.3	2.0	18.6	9.9	12.3	8.9
	11	1.7	2.5	3.2	2.1	18.1	10.6	7.7	8.8
	12	1.7	2.5	3.1	2.2	12.4	10.8	2.3	8.2

数据来源：国家统计局、海南省统计局。

表 3　2018 年海南省主要经济指标

	1 月	2 月	3 月	4 月	5 月	6 月	7 月	8 月	9 月	10 月	11 月	12 月
	绝对值（自年初累计）											
地区生产总值（亿元）	—	—	1 185.3	—	—	2 434.9	—	—	3 546.9	—	—	4 832.1
第一产业	—	—	260.8	—	—	511.6	—	—	715.1	—	—	1 000.1
第二产业	—	—	201.0	—	—	507.2	—	—	803.5	—	—	1 095.8
第三产业	—	—	723.5	—	—	1 416.1	—	—	2 028.4	—	—	2 736.2
工业增加值（亿元）	—	—	106.2	—	—	—	—	—	—	—	—	507.6
固定资产投资（亿元）	—	457.7	873.5	1 117.3	1 365.3	1 670.7	1 910.1	2 163.1	2 385.0	2 657.7	3 069.6	3 609.7
房地产开发投资	—	229.9	413.4	543.6	677.1	823.9	957.8	1 087.3	1 200.8	1 339.4	1 525.0	1 715.0
社会消费品零售总额（亿元）		309.5	434.8	575.0	725.0	849.1	977.2	1 112.0	1 251.5	1 407.5	1 558.3	1 717.1
外贸进出口总额（亿元）	41.4	75.2	120.1	215.1	265.7	314.1	385.6	436.4	524.0	682.9	773.9	849.0
进口	29.4	53.1	76.2	148.3	175.9	200.4	251.6	280.8	334.2	452.1	503.0	551.3
出口	11.9	22.0	43.9	66.8	89.8	113.7	134.0	155.6	189.8	230.8	270.9	297.7
进出口差额（出口－进口）	-17.5	-31.1	-32.3	-81.4	-86.1	-86.7	-117.7	-125.2	-144.3	-221.4	-232.0	-253.6
实际利用外资（亿美元）	—	4.0	6.2	7.2	8 026.0	10.5	12.4	15.8	1.3	1.5	2.0	8.2
地方财政收支差额（亿元）	75.5	49.0	6.9	45.1	84.0	64.3	84.4	38.5	-51.2	-54.3	-156.4	-932.8
地方财政收入	170.4	268.5	384.2	550.4	717.8	859.5	999.9	1 078.5	1 150.6	1 249.5	1 310.1	752.7
地方财政支出	94.9	219.5	377.3	505.3	633.8	795.2	915.5	1 040.0	1 201.7	1 303.8	1 466.5	1 685.4
城镇登记失业率（%）（季度）	—	—	2.4	—	—	2.3	—	—	2.3	—	—	2.3
	同比累计增长率（%）											
地区生产总值	—	—	5.1	—	—	5.8	—	—	5.4	—	—	5.8
第一产业	—	—	3.9	—	—	4.1	—	—	4.0			3.9
第二产业	—	—	-1.8	—	—	3.2	—	—	3.8	—	—	4.8
第三产业	—	—	7.5	—	—	7.4	—	—	6.5	—	—	6.8
工业增加值	—	-8.2	-4.9	-1.6	0.0	3.7	3.4	3.3	3.0	3.3	4.4	6.0
固定资产投资	—	13.7	25.3	13.2	3.2	-4.8	-7.7	-10.0	-13.1	-14.7	-13.8	-12.5
房地产开发投资	—	13.4	16.4	11.5	2.7	-7.8	-9.0	-13.2	-15.1	-14.6	-12.8	-16.5
社会消费品零售总额	—	11.6	10.1	10.3	10.5	9.4	8.4	6.8	7.7	7.5	7.1	6.8
外贸进出口总额	-39.3	-27.3	-27.8	-3.8	-6.4	-5.6	-1.8	-5.0	0.5	20.4	18.6	20.8
进口	-22.0	-5.3	-15.3	20.2	7.4	4.5	11.5	2.7	8.9	36.3	34.1	35.4
出口	-60.7	-53.4	-42.5	-33.3	-25.3	-19.3	-19.8	-16.4	-11.6	-2.0	-2.4	0.7
实际利用外资	—	5.0	5.0	5.0	4.9	4.3	5.0	5.1	51.5	48.5	74.4	127.9
地方财政收入	139.8	27.5	23.0	20.1	23.3	22.9	21.6	20.0	17.8	15.7	14.2	11.7
地方财政支出	-9.2	15.8	18.4	15.3	10.4	11.0	8.2	7.0	9.2	8.2	10.6	16.7

注：地方财政收入指地方财政一般预算收入，地方财政支出指地方财政一般预算支出。

数据来源：《中国经济景气月报》、海南省统计局。

重庆市金融运行报告（2019）

中国人民银行重庆营业管理部货币政策分析小组

[内容摘要] 2018年，重庆市金融业以习近平新时代中国特色社会主义思想为指导，认真贯彻落实党的十九大和全国金融工作会议精神，坚持服务实体经济的根本要求，为全市供给侧结构性改革和高质量发展营造了适宜的货币金融环境。全年全市实现社会融资规模增量5 000亿元，同比增长9%，其中信贷融资增量占比超七成。积极应对经济下行压力，各项贷款增速高于全国。其中，工业贷款和中长期固定资产贷款增速同比分别提高9.7个、4.1个百分点，绿色信贷平稳增长，精准扶贫贷款余额突破千亿元，涉农贷款增长保持稳健。重庆市充分发挥政策合力，从统筹惠企政策制定、强化政策宣讲解读、深化政策工具运用、推动产品服务创新、完善配套体系建设等五方面化指为拳，推动民营、小微企业金融服务取得改善。全市民营企业贷款余额达5 103亿元，普惠口径小微企业贷款增速同比提高8.7个百分点，贷款利率逐步降低。债券融资有所回暖，公募类“双创”中票、扶贫中期票据等创新融资工具落地。中国人民银行重庆营业管理部积极宣传全口径跨境融资新政策，企业通过全口径模式签约、提款金额分别同比增长1.4倍、1.1倍。

银行业、证券业、保险业调整转型，加大服务实体经济力度。银行机构资产负债配置进一步优化，信贷资产占比上升，短期同业资金来源降低。机构网点布局下沉，小微专营支行、社区支行等机构约300家。积极开展金融科技应用试点，有效提升多样化场景下的金融服务效率。证券市场行情趋缓，交易所市场融资总量同比减少，但规模仍处较高水平。证券行业跨区域合作深入开展，上海证券交易所在西部地区与地方共建的第一个资本市场服务基地落户重庆。保险业经营转型稳步推进，与服务实体经济密切相关的农业险、工程险、保证保险等非车非人身险保费收入增长34.1%。在全国率先开展服务高新技术企业产品研发的创新产品与服务远期合约购买风险补偿工作。国内首个行业性巨灾风险管理技术平台获批设立。

防范化解金融风险攻坚战进展良好。全年核销不良贷款金额同比增长28.5%，银行业不良贷款率同比下降0.08个百分点。地方资产管理公司化解不良资产逾百亿元。企业（集团）债委会实现对在3家银行融资且融资余额超过1亿元的企业全覆盖。银行间市场直接债务融资工具存续期风险监测预警机制启动运行，债务融资工具保持零违约。股权众筹、互联网资管、非银行支付机构等领域风险整治基本完成，P2P网贷机构数量及借款余额继续下降。非法金融活动严打成效明显。

金融改革创新深入推进。依托中新互联互通项目，联合桂黔陇青四地签订金融支持中新互联互通“陆海新通道”建设合作备忘录，促进扩大西部内陆省份与东盟国家的经贸往来并优先采用人民币结算。自贸区金融改革深入实施，积极推动赋予铁路单据物权凭证功能，铁路信用证批量开立；在全国首批开展资本项目外汇资金结汇支付便利化试点，首创个人境外消费快速退税。获批成为全国首批金融标准创新建设试点城市，推动金融标准研制和应用。

受国内外宏观环境影响，重庆市经济增速放缓，但经济发展方式转变稳步推进。2018年，全市地区生产总值首破2万亿元，同比增长6%。固定资产投资增速有所放缓，但对重点领域的保障力度不减。基建投资运行总体稳健，有效对接轨道交通、高速公路、桥梁隧道等领域补短板需求。企业技术改造、设备购置投资占比上升，为经济创新发展奠定基础。消费市场运行稳中趋缓，但新的消费业态和模式持续涌现。进出口增长总体平稳，出口企业分化加大。产品附加值较高的企业应对贸易环境变化能力较强、出口增长稳健，对单一市场依赖较大、产品附加值不高的企业出口明显下滑。部分企业提前布局出口，也推动了短期出口增长。服务贸易等新兴贸易业态发展向好。内陆开放高地建设取得新的进展。高新技术领域外商直接投资快速增长。“渝黔桂新”铁海联运班列、中欧班列（重庆）高效运转，贯通“一带一路”和长江经济带的内陆交通枢纽建设加快。重庆自贸试验区形成11项全国首创制度成果。生态优先发展持续推进，空气优良天数、PM2.5等主要环境指标继续改善，长江上游生态保护屏障筑牢。

产业进入发展动能接续转换关键期。受市场周期性变化、汽车支柱产业产销下滑等影响，全市规模以上工业增加值同比增长0.5%，增速低于上年9.1个百分点，工业结构升级和布局拓展任务仍较艰巨。以“大数据、智能化”为引领的新兴产业规模尚小，但发展较快。智能网联汽车、机器人产量增长50%以上。智能产业销售收入增长19.2%，支撑战略性新兴制造业增加值增长13.1%。第三产业增加值占比首次超过50%。养老行业发展体系进一步健全。物流行业智能化发展水平提高，保税物流中心等集聚辐射能力持续增强。旅游市场在全国的影响力不断提升，旅游业综合收入增长31%。

全市物价指数平稳运行，就业形势保持稳定。全市居民消费价格指数（CPI）同比上涨2%，低于上年1个百分点。受市场需求偏低影响，全市工业生产者出厂价格指数和购进价格指数分别上涨2.1%和2.5%，涨幅均有所回落。全年城镇新增就业75.3万人，城镇调查失业率控制在4.7%左右。农民工本地创业就业增多。城镇、农村常住居民人均可支配收入增速高于全国平均水平。

2019年，重庆市将围绕习近平总书记对重庆提出的“两点”定位、“两地”“两高”目标、发挥“三个作用”的重要指示要求[①]，坚持深化市场化改革、扩大高水平开放，加快建设现代化经济体系，深入推进经济高质量发展。在投资方面，乡村振兴、城市提升、重大产业、民生保障、区域协调发展等领域重大项目将对投资形成支撑。在消费方面，旅游、文化、健康等消费热点的持续涌现将进一步拓展消费增长空间。在外贸方面，随着国家级开放平台体系建设的深入，重庆市内陆国际物流枢纽和口岸高地功能将进一步发挥。新兴产业发展也将对外贸增长形成支持。但国际贸易环境不确定性增大带来的影响需持续关注。预计物价指数运行在合理区间。

2019年，重庆市金融业将深化金融供给侧结构性改革，深入践行新发展理念，推动实体经济高质量发展。认真贯彻落实稳健的货币政策，注重松紧适度，保持货币信贷和社会融资规模合理增长。优化金融资源配置，发挥政策合力，落实好“三支箭”政策组合，加大对民营和小微企业的融资支持。进一步改善对创新驱动、军民融合、乡村振兴和精准脱贫等领域的金融服务。打好防范化解重大金融风险攻坚战，落实好住房金融宏观审慎政策要求，做好企业信用违约和互联网金融等领域风险防控。依托中新互联互通项目和重庆自贸试验区等平台，深化跨境投融资和结算便利化，继续推进在金融科技、物流金融、跨境人民币业务和外汇管理等领域的先行先试改革创新。

---

① “两点”即西部大开发的重要战略支点，“一带一路”和长江经济带的联结点；“两地”即加快建设内陆开放高地、山清水秀美丽之地；“两高”即努力推动高质量发展，创造高品质生活；发挥“三个作用”即在推进新时代西部大开发中发挥支撑作用，在推进共建“一带一路”中发挥带动作用、在推进长江经济带绿色发展中发挥示范作用。

一、金融运行情况

（一）银行业立足本源，提高对实体经济支持力度

2018年，重庆市银行业认真落实稳健的货币政策，在经济面临下行压力背景下，对实体经济的支持力度提高，民营和小微企业等领域的金融服务进一步改善。

1. 规模稳健增长，结构更趋优化。2018年，重庆市银行业资产、负债总额同比分别增长4.5%和4.2%。银行机构坚持服务实体经济的根本要求，信贷投放力度加大，信贷资产占比进一步上升。负债结构调整优化，对短期同业资金的依赖度降低。法人机构资本充足率、流动性比率、杠杆率均处于适度范围。机构网点布局下沉，小微专营支行、社区支行等机构达约300家。

表1　2018年重庆市银行业金融机构情况

机构类别	营业网点			法人机构（个）
	机构个数（个）	从业人数（人）	资产总额（亿元）	
一、大型商业银行	1 351	26 578	14 624	0
二、国家开发银行和政策性银行	39	1 226	5 170	0
三、股份制商业银行	293	9 194	6 872	0
四、城市商业银行	282	8 051	7 005	2
五、城市信用社	0	0	0	0
六、小型农村金融机构	1 773	15 586	9 226	1
七、财务公司	4	135	230	4
八、信托公司	2	356	382	2
九、邮政储蓄银行	228	4 089	2 982	0
十、外资银行	24	551	222	0
十一、新型农村金融机构	401	8 994	2 421	40
十二、其他	6	2 597	2 172	6
合　计	4 403	77 357	51 305	55

注：营业网点不包括国家开发银行和政策性银行、大型商业银行、股份制商业银行等金融机构总部数据；大型商业银行包括中国工商银行、中国农业银行、中国银行、中国建设银行和交通银行；小型农村金融机构包括农村商业银行、农村合作银行、农村信用社；新型农村金融机构包括村镇银行、贷款公司和农村资金互助社；"其他"包含金融租赁公司、汽车金融公司、货币经纪公司、消费金融公司等。

数据来源：重庆银保监局、中国人民银行重庆营业管理部。

2. 存款增长有所放缓。2018年末，全市本外币存款同比增长5.8%，低于上年末2.6个百分点。银行机构加大结构性存款、大额存单等产品供给，确保了住户存款保持较快增长。受企业对外支付进度加快、集团企业总部资金归集等影响，非金融企业存款增长动力不足。资管业务规范背景下，非银行业金融机构存款增速回落。主要受跨境贸易融资余额回落导致保证金存款减少影响，外汇存款增长放缓。

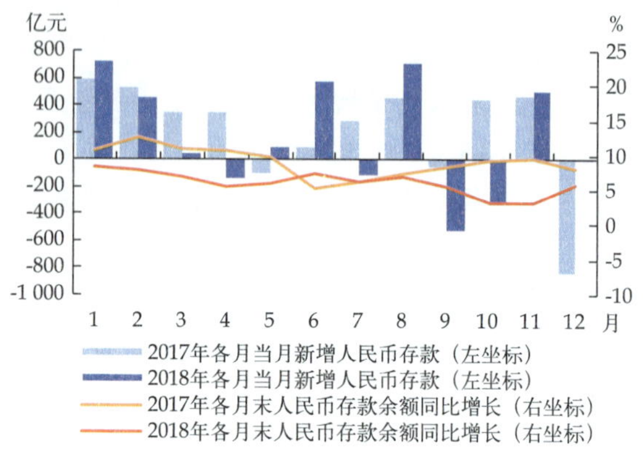

数据来源：中国人民银行重庆营业管理部。

图1　2017~2018年重庆市金融机构人民币存款增长变化

3. 贷款保持较快增长，对实体经济支持力度提高。2018年末，全市本外币贷款增速为13.5%，分别高于上年末和全国平均水平2.2个和0.6个百分点。

信贷投向结构优化，契合经济高质量发展需求。工业贷款增速同比提高9.7个百分点，有效支持工业稳增长、调结构、增效益。中长期固定资产贷款增速回升4.1个百分点。绿色信贷平稳增长，去产能行业中长期贷款余额下降。乡村振兴金融服务提质增效，江津区银行成功实现农房抵押物市场化处置，潼南区银行利用入股土地经营权抵押，化解流转的土地经营权抵押价值低难题，大足区打通农村集体经营性建设用地使用权抵押融资渠道，永川区围绕动产抵押难问题探索农业设施登记抵押贷款试点，全市涉农贷款增长保持稳健。脱贫攻坚金融服务持续深化，有示范效应的金融精准扶贫专属创新产品达40余款，精准扶贫贷款余额突破千亿元，惠及建档贫困人口约400万人次。

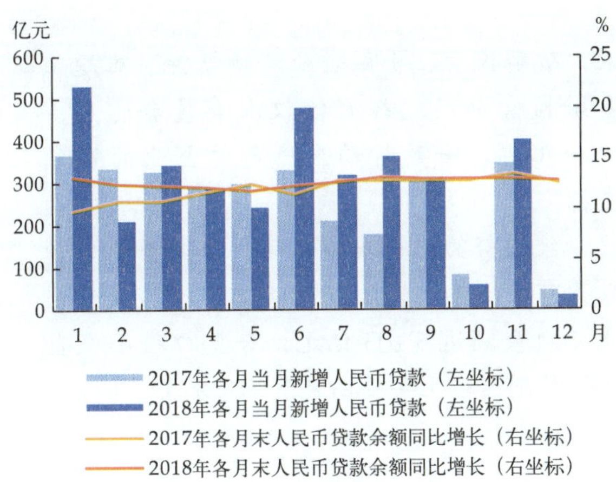

数据来源：中国人民银行重庆营业管理部。

图 2　2017~2018 年重庆市金融机构人民币贷款增长变化

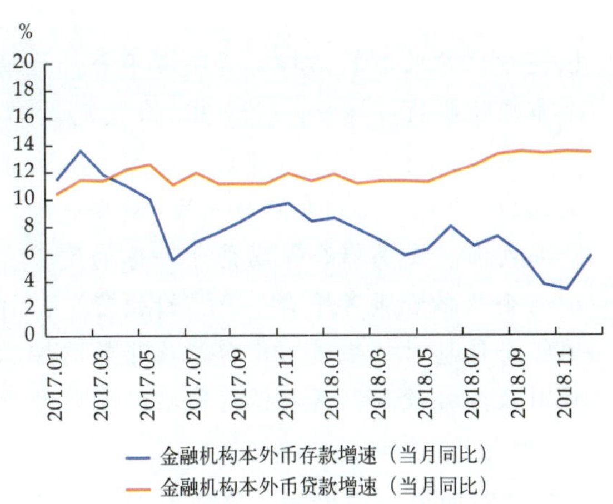

数据来源：中国人民银行重庆营业管理部。

图 3　2017~2018 年重庆市金融机构本外币存、贷款增速变化

专栏 1　化“五力”为重拳，优化民营、小微企业金融服务

2018 年，重庆市以民营、小微企业金融服务为着力点，从五方面化指为拳，共同发力，优化民营、小微企业金融服务。

一是统筹惠企政策实施，凝聚金融服务向心力。重庆市出台“银行业服务民营、小微企业 20 条”“涉企减负 30 条”“降低制造业融资成本 36 条”“优化民营企业营商环境 22 条”等多项政策措施，建立了市级层面的政策支持体系。中国人民银行重庆营业管理部等十部门联合出台《深化民营、小微企业金融服务专项行动方案》，开展银企融资对接、债券融资支持、外贸金融服务等 18 项专项行动，组织金融机构全面推动惠企政策落实。

二是强化政策宣讲解读，增强金融服务亲和力。中国人民银行重庆营业管理部组织“百行千企”金融政策培训会，动员全市主流媒体开展系列大型民营、小微企业金融服务政策宣传活动，提高企业对政策的运用能力。重庆市开展全市民营、小微企业大走访活动，一对一开展政策宣讲，点对点解决实际问题，全年共计走访企业 6 000 余家，推动实现融资超过 300 亿元。

三是深化政策工具运用，提升金融服务引领力。中国人民银行重庆营业管理部创新支小再贷款定向支持模式，引导再贷款资金精准对接民营、小微企业融资需求，全年支小再贷款发放额同比增长 96%；建立再贴现支持票据直贴“绿色窗口”的模式，引导金融机构优先办理民营和中小微企业票据贴现，全市票据再贴现办理规模创历史新高；支持地方法人银行发行 30 亿元“双创”金融债和 30 亿元小微金融债，定向扩大民营、小微企业信贷投放；推动民营企业债券融资支持工具发行，改善民营企业债券融资氛围。

四是推动产品服务创新，激发金融服务创造力。重庆市推动金融服务实体经济高质量发展示范行动，打造金融服务民营、小微企业示范典型 245 个。扩大知识价值信用贷款试点范围至 18 个区县，实现融资金额超过 400 亿元。启动中小企业商业价值信用贷款试点。金融机构充分运用大数据、互联网等金融科技，以银税互动型产品、无还本续贷和线上贷款为代表的金融产品创新发展较快，依托中征应收账款质押融资服务平台，推动全市应收账款质押融资新增300多亿元。

五是完善配套体系建设，夯实金融服务支撑力。重庆市搭建集数据采集、数据成像、产品发布、交易撮合等功能于一体的民营、小微企业融资服务平台——“渝快贷”，打通银企信息对接渠道。出台应收账款质押融资财政奖补政策，落实低费率担保费补贴政策，破解民营、小微企业“缺抵押”难题。金融监管部门发挥好债权人委员会作用，统一步调、一致行动，稳定对企业的融资支持。

经过努力，重庆市民营、小微企业金融服务有所改善。截至2018年末，全市民营企业贷款余额达5 103亿元，普惠口径小微企业贷款增速较上年提高8.7个百分点。

4. 理财业务规范发展，净值型业务成倍增长。随着资管新规平稳实施，银行业理财业务进入调整区间。2018年末，全市理财产品余额同比下降16%。在资金来源方，银行机构积极推进业务净值化转型，净值型产品余额增长1.4倍。在资金运用方，法人银行非标准化债权投资余额持续压降，标准化债券投资成为资产配置主力。

5. 贷款利率下行，民营、小微企业贷款定价优惠力度加大。2018年，全市企业贷款加权平均利率为5.38%。在货币市场利率降低的信号逐步传导、央行再贷款再贴现等低成本资金引导、监管部门降成本措施等综合作用下，企业贷款利率从第四季度开始逐月下行，12月利率较9月累计回落0.18个百分点。银行机构普遍通过下调内部资金转移价格等方式，对民营、小微企业贷款定价给予优惠，普惠口径小微企业贷款利率逐步降低。

表2　2018年重庆市金融机构人民币贷款各利率区间占比

单位：%

月份		1月	2月	3月	4月	5月	6月
合计		100.0	100.0	100.0	100.0	100.0	100.0
下浮		6.0	5.4	7.1	7.1	8.6	4.5
基准		26.6	22.4	24.8	19.2	16.5	18.4
上浮	小计	67.3	72.2	68.1	73.7	74.9	77.1
	(1.0，1.1]	10.7	11.6	11.9	17.5	15.9	15.0
	(1.1，1.3]	19.2	22.5	20.5	17.5	20.5	22.3
	(1.3，1.5]	15.7	15.5	15.7	15.7	16.8	16.0
	(1.5，2.0]	13.5	12.8	12.2	14.1	12.7	16.7
	2.0以上	8.4	9.8	7.8	8.9	9.0	7.1

续表

月份		7月	8月	9月	10月	11月	12月
合计		100.0	100.0	100.0	100.0	100.0	100.0
下浮		3.3	5.9	4.3	3.9	5.2	4.9
基准		16.8	14.3	11.9	12.7	18.3	17.8
上浮	小计	79.9	79.7	83.8	83.4	76.5	77.4
	(1.0，1.1]	12.5	20.5	13.9	11.8	14.8	15.1
	(1.1，1.3]	24.4	15.9	21.3	21.2	19.2	19.4
	(1.3，1.5]	16.1	13.9	18.0	18.3	13.2	15.1
	(1.5，2.0]	16.5	19.9	19.7	17.1	18.6	16.2
	2.0以上	10.5	9.6	10.8	14.9	10.6	11.6

数据来源：中国人民银行重庆营业管理部。

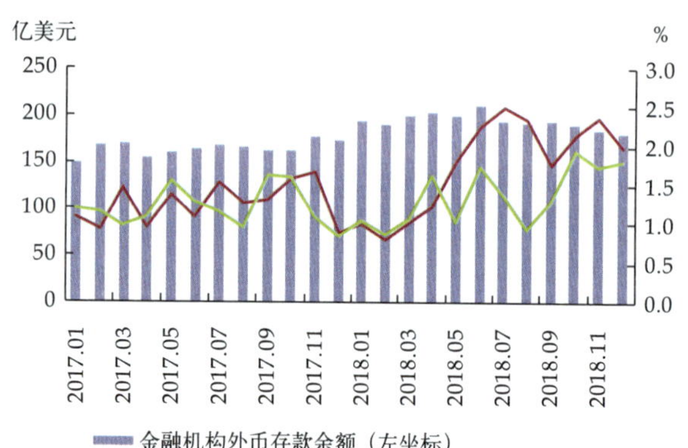

数据来源：中国人民银行重庆营业管理部。

图4　2017~2018年重庆市金融机构外币存款余额及外币存款利率

6. 银行业金融科技运用深化，服务效能持续提高。银行机构开展金融科技应用试点，积极完善智能网点建设和布局，在全国建立首家“DIY智慧银行”；将人脸识别、射频控制、无感支付等技术嵌入消费场景，实现客户“刷脸”支付，提升消费体验；与互联网企业在支付、数据、客户等领域开展深度合作，优化多样化场景下的金融服务质量。

7. 积极处置不良资产，信贷资产质量有所改善。2018 年末，全市银行业不良贷款率为 1.08%，同比下降 0.08 个百分点。不良贷款处置延续 2017 年以来的较高力度，全年核销金额约 170 亿元，增长 28.5%。地方资产管理公司化解不良资产逾百亿元，金融不良资产收购市场占有率在全市领先。

8. 跨境人民币业务在“一带一路”和非洲国家平稳推开。2018 年，全市实现跨境人民币实际收付结算额 923 亿元，同比增长 16.6%，结算量居中西部前列。其中，跨境贸易人民币结算量增长 21.1%。与“一带一路”国家服务贸易人民币结算量增长 24.4%。非洲结算对手国达 9 个，全年新增 3 个。

（二）证券市场行情趋缓，融资总量有所减少

2018 年，重庆市证券市场交易、融资均有所放缓。证券机构经营总体稳健，行业跨区域合作向纵深推进。

1. 市场交易活跃度下降，上市公司市值缩减。2018 年，受股票市场行情趋冷影响，投资者交易热情降低。全市代理证券交易额同比下降 16.5%，代理期货交易额增速同比降低 6.1 个百分点。上市公司市值同比缩减逾两成，部分企业通过司法重组恢复上市。

2. 市场主体数量稳定，融资总量有所减少。全市境内上市公司数保持 50 家，新三板挂牌企业数达 132 家。在市场低迷和监管趋严等因素叠加影响下，企业通过沪深股市、新三板市场等实现直接融资约 2 400 亿元，较上年同期减少近两成。

3. 证券机构经营总体稳健，行业跨区域合作深入开展。2018 年末，全市证券业机构达 291 家，全年新增 8 家。法人证券和期货机构净资本水平充足，但在当前市场和监管环境下，由于业务结构单一，盈利水平有所下降。上海证券交易所在西部地区与地方共建的第一个资本市场服务基地落户重庆，为重庆企业对接资本市场搭建高质量服务平台。

表 3　2018 年重庆市证券业基本情况

项目	数量
总部设在辖内的证券公司数（家）	1
总部设在辖内的基金公司数（家）	1
总部设在辖内的期货公司数（家）	4
年末国内上市公司数（家）	50
当年国内股票（A 股）筹资（亿元）	34.8
当年发行 H 股筹资（亿元）	0.0
当年国内债券筹资（亿元）	1 214.2
其中：短期融资券筹资额（亿元）	52.0
中期票据筹资额（亿元）	253.5

注：当年国内股票（A 股）筹资额指非金融企业境内股票融资。
数据来源：重庆证监局、中国人民银行重庆营业管理部。

（三）保险业转型提速，产品创新深入推进

2018 年，全市保险业纵深发展势头良好，保险机构经营转型稳步推进，服务实体经济和保障民生能力进一步提升。

1. 市场主体更为丰富，机构发展更趋稳健。2018 年，全市中资法人保险机构和外资保险机构分别达 5 家和 10 家，数量均居中西部前列。国内首个行业性巨灾风险管理技术平台获批设立，首家专业健康险公司平安健康被引入重庆。保险机构保持稳健运营。法人机构偿付能力充足，资金运用更趋审慎，证券投资基金、债券和定期存款等资产配置比例上升。

2. 保费收入平稳增长，服务实体经济能力增强。2018 年，全市保费收入同比增长 8.2%。保险密度和深度均高于上年。全市保险赔付支出 277.4 亿元，同比增长 8%。巨灾保险试点在全市推开，安全生产责任保险覆盖范围拓宽至 9 个高危行业。“精准脱贫保”实现关键致贫因素全方位保障，惠及约 160 万贫困人口。“产

业扶贫保”在深度贫困乡镇落地，覆盖贫困户发展的各类养殖项目。

3. 保险业经营转型稳步推进。保险公司“回归本源”步伐加快，与服务实体经济密切相关的农业险、工程险、保证保险等非车非人身险保费收入增长34.1%。在全国率先开展创新产品与服务远期合约购买风险补偿工作，支持高新技术企业产品开发。

表4　2018年重庆市保险业基本情况

项目	数量
总部设在辖内的保险公司数（家）	5
其中：财产险经营主体（家）	3
人身险经营主体（家）	2
保险公司分支机构（家）	52
其中：财产险公司分支机构（家）	26
人身险公司分支机构（家）	26
保费收入（中外资 亿元）	806
其中：财产险保费收入（中外资 亿元）	232
人身险保费收入（中外资 亿元）	574
各类赔款给付（中外资 亿元）	277
保险密度（元/人）	2 599
保险深度（%）	4.0

数据来源：重庆银保监局。

（四）融资总量合理增长，金融改革创新纵深推进

1. 社会融资规模合理增长，境内外融资渠道有序发展。2018年，全市实现社会融资规模增量5 000亿元，同比增长9%。信贷渠道继续发挥资金供给主动脉作用，融资增量占比超七成。债券融资有所回暖，较上年大幅多增。公募类“双创”中期票据、扶贫中期票据等创新融资工具落地。但应看到，随着市场风险偏好降低，信用评级偏低的企业融资难度有所增大。中国人民银行重庆营业管理部积极向企业宣传全口径跨境融资新政策，助力企业利用境外融资渠道。全年企业通过全口径模式签约和提款金额分别增长1.4倍和1.1倍。

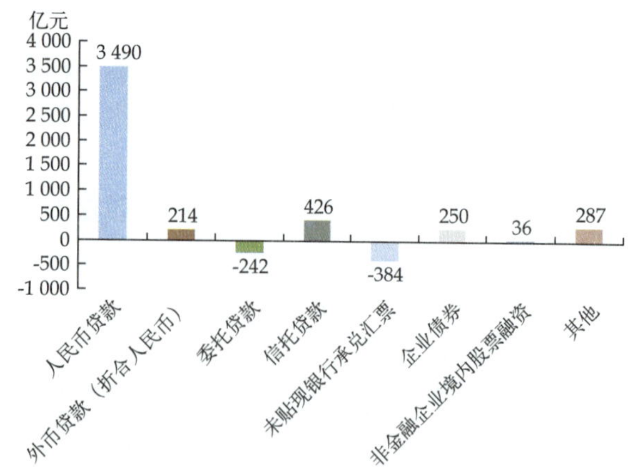

数据来源：中国人民银行重庆营业管理部。

图5　2018年重庆市社会融资规模分布结构

2. 货币市场交投活跃，市场利率总体下行。2018年，银行间市场流动性合理充裕，市场参与者交易活跃度上升。全市同业拆借和债券质押式回购交易量同比分别增长1.1倍和11.9%。市场利率进入下行区间。12月，全市同业拆借、债券质押式回购和债券买断式回购加权平均利率同比分别下降0.43个、0.2个和0.46个百分点。

3. 票据业务企稳回升，贴现利率处于低位。受市场利率下行、企业需求上升和银行风险偏好下降等影响，票据业务逐步筑底回升。年末，全市票据承兑余额同比小幅下降0.3%，降幅较上年收窄17.2个百分点；票据贴现余额同比增长23.3%，增速由负转正，其中服务民营、小微企业资金周转的票据直贴余额增长62%。票据贴现利率逐步降低。12月，全市票据直贴和转贴现利率分别较上年降低1.52个和0.54个百分点。

表5　2018年重庆市金融机构票据业务量统计

单位：亿元

季度	银行承兑汇票承兑		贴现			
			银行承兑汇票		商业承兑汇票	
	余额	累计发生额	余额	累计发生额	余额	累计发生额
1	2 029.3	870.3	820.8	3 465.1	27.7	72.9
2	1 934.3	849.4	935.2	3 378.2	25.4	159.8
3	1 907.3	988.3	1 121.4	3 297.8	26.5	128.1
4	2 018.1	904.1	1 132.8	3 662.2	31.7	501.3

数据来源：中国人民银行重庆营业管理部。

表 6　2018 年重庆市金融机构票据贴现、转贴现利率

单位：%

季度	贴现		转贴现	
	银行承兑汇票	商业承兑汇票	票据买断	票据回购
1	5.40	6.49	4.96	3.62
2	5.18	6.41	4.79	3.43
3	4.13	6.06	3.88	2.88
4	3.80	6.59	3.55	3.06

数据来源：中国人民银行重庆营业管理部。

4. 结售汇总量同比增长，黄金市场功能更趋完善。在外贸进出口和利用外资增长、跨境融资流入等带动下，2018 年全市银行结售汇总量同比增长 16.4%。但受汇率波动、贸易摩擦等影响，第四季度月均结售汇规模有所降低。随着国际金价震荡下行，全市黄金交易量随之萎缩。但黄金市场发展更为成熟，市场功能由单一投资功能逐步向投融资双向功能演进。

5. 金融改革创新深入推进。依托中新互联互通项目，渝桂黔陇青五地签订金融支持中新互联互通“陆海新通道”建设合作备忘录，促进扩大西部内陆省份与东盟国家的经贸往来并优先采用人民币结算。自贸区金融改革深入推进，积极推动赋予铁路单据物权凭证功能，铁路信用证批量开立；在全国首批开展资本项目外汇资金结汇支付便利化试点，首创个人境外消费快速退税。获批成为全国首批金融标准创新建设试点城市，推动金融标准研制和应用，提高行业标准化、规范化发展水平。

（五）风险防范化解力度加大，金融生态环境保持优良

1. 打好防范化解金融风险攻坚战。企业（集团）债委会组建范围拓宽，实现对在 3 家银行融资且融资余额超过 1 亿元的企业全覆盖。银行间市场直接债务融资工具存续期风险监测预警机制启动运行，债务融资工具保持零违约。股权众筹、互联网资管、非银行支付机构等领域风险整治基本完成，P2P 网贷机构数量及借款余额分别较整治之初下降 63% 和 95%。非法金融活动严打成效明显。

2. 基础金融服务持续改善。涪陵、黔江、永川实现助农取款服务点与农村电商服务点融合共建，将支付、电商、物流和社会服务“打包”送至村民家中。征信机构参与搭建中小企业信用数据库及信用服务系统 15 个。征信自助查询点形成“大分散、小集中”的布放格局，服务便利度提升。移动支付深入出行、就餐、商贸等民生领域，交易量在全国名列前茅。

二、经济运行情况

2018 年，重庆市统筹推进稳增长、促改革、调结构、惠民生、防风险，在经济下行压力增大的情况下，保持了经济高质量发展。地区生产总值首破 2 万亿元，同比增长 6%。

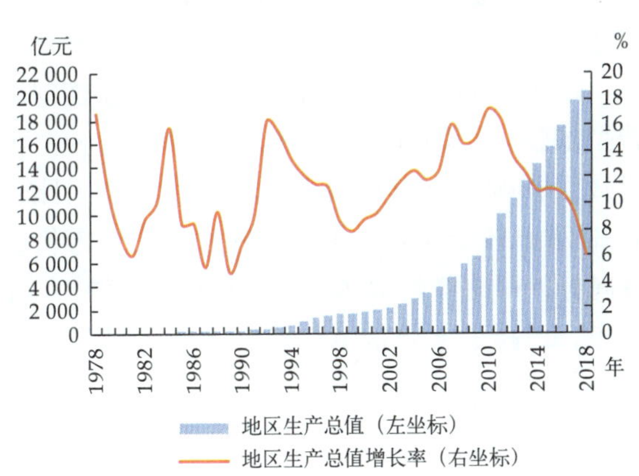

数据来源：重庆市统计局。

图 6　1978~2018 年重庆市地区生产总值及其增长率

（一）三大需求协调发展，动力结构保持稳定

2018 年，重庆市投资、消费增长放缓，但仍是拉动经济的主要力量；外贸进出口运行平稳，对稳定经济形势发挥了积极作用。

1. 投资增长有所放缓，重点领域保障有力。2018 年，重庆市固定资产投资同比增长 7%，低于上年 2.5 个百分点。基建投资增速虽有所回落，但运行总体稳健，有效满足了轨道交通、高速公路、桥梁隧道等领域补短板需求。工业投资

缓中趋稳，但结构调整优化，企业技术改造、设备购置投资占比分别上升至40%和30%，为经济创新发展奠定基础。民生领域倾斜加大，投资增速高于全市4个百分点。

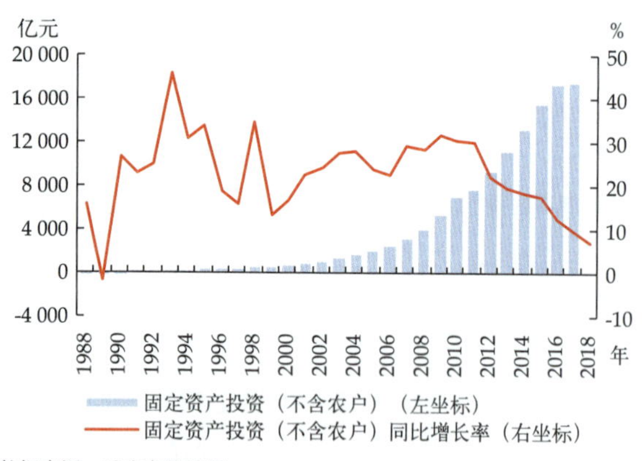

数据来源：重庆市统计局。

图7　1988~2018年重庆市固定资产投资（不含农户）及其增长率

2. 消费市场运行稳中趋缓，实体零售创新转型加快。2018年，主要受汽车和住房相关消费放缓影响，全市社会消费品零售总额同比增长8.7%，较上年低2.3个百分点。网络零售发展向好，同比增长28.6%。实体零售转型向纵深推进，“跨界+体验式”“艺术+商业”新业态新模式萌生，聚焦青年、游客、商务办公群体消费习惯的分层次消费场景涌现，夜间消费热点蓬勃发展。

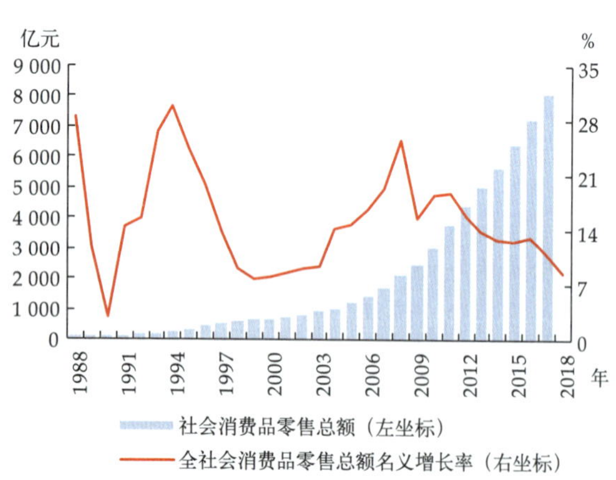

数据来源：重庆市统计局。

图8　1988~2018年重庆市社会消费品零售总额及其增长率

3. 进出口增长总体平稳，经济开放发展水平提升。2018年，全市货物进出口总值同比增长15.9%，其中高新技术产品进出口占比超六成。部分企业为应对贸易环境的不确定性，提前布局出口，推动了短期出口增长。服务贸易保持向好势头，同比增长20.7%。内陆开放高地建设取得成效。外商直接投资增长43.8%，高新技术产业直接投资增长11倍。“渝黔桂新”铁海联运班列累计开行657班，中欧班列（重庆）开行超过1 000班，贯通“一带一路”和长江经济带的内陆交通枢纽建设加快。中新互联互通项目累计签约超200亿美元。自贸试验区形成11项全国首创制度成果，全域外贸总额、实际利用外资总额占全市比重分别达约2/3、1/4。

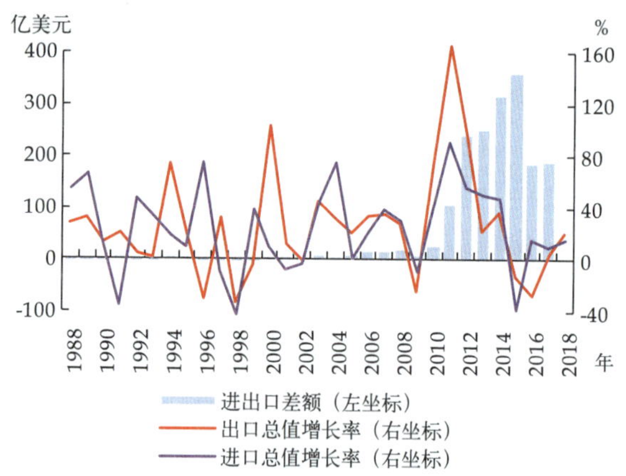

数据来源：重庆市统计局。

图9　1988~2018年重庆市外贸进出口变动情况

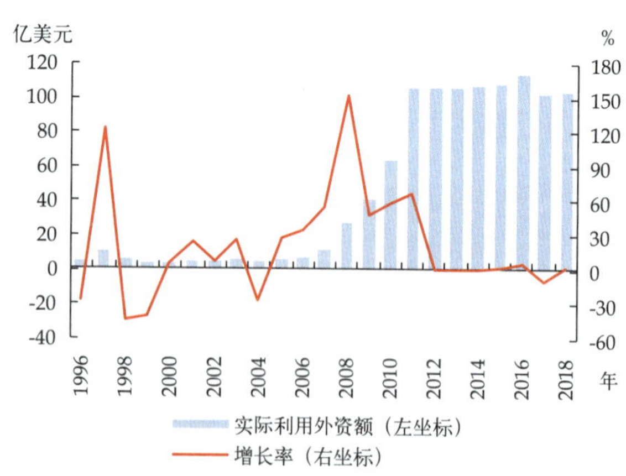

数据来源：重庆市统计局。

图10　1996~2018年重庆市实际利用外资额及其增长率

专栏 2　重庆市外贸企业出口情况调查

2018 年，在国际贸易环境不确定性增大的背景下，重庆市外贸企业分化加大，外贸经济转型升级面临挑战。中国人民银行重庆营业管理部在持续监测的基础上，结合对全市 89 家对美出口 500 万美元以上的重点企业的典型调查，对不同类型企业的出口状况进行了分析评估。

一是符合产业升级方向、产品附加值较高的新动能企业出口增长稳健，为全市出口增长提供了基础支撑。例如，计算机、通信和其他电子设备制造业产品附加值较高，智慧型穿戴式设备、数字网络终端等产品推陈出新速度快，对美出口增长 35.3%。铁路、船舶、航空航天等装备制造业涉及产业链长、配套供应商多，产品在短期内难以被替代，需求弹性较低，对美出口增长 47.1%。89 家企业中，占比 42.7% 的新动能企业出口增长 36.6%，对整体出口增长的贡献率达 108.1%。

二是对单一市场依赖较大、产品附加值不高的传统动能企业对全市出口增长产生一定制约。部分企业对单一市场依赖性较大，议价能力偏弱，在贸易环境不确定性增大的影响下难以转移市场，出口同比大幅下降。一些产品附加值较低的企业，受国内人工和原材料成本上涨影响，被动缩减产能，导致出口减少。89 家企业中，占比 36% 的传统动能企业出口同比下降近四成，出口占比仅为 3.6%。

三是介于新旧动能之间的企业为应对贸易环境的不确定性加快出口，推动出口短期增长。这部分企业具有一定出口盈利空间但并不稳定，缺乏议价能力，在贸易环境不确定性的冲击下突击出口，推高了出口短期增量。89 家企业中，占比 21.3% 的企业第四季度出口环比增速达 20% 以上，主要分布在批发零售业、传统制造业等低附加值产业。该部分企业全年出口增长 56.6%，较新动能企业高 20 个百分点。

四是不同类型企业出口增长与收汇率正相关，新动能企业成为货物贸易收支顺差的主要来源。2018 年，全市实现对美货物贸易收支顺差约 9 亿美元。其中，计算机、通信和其他电子设备制造业出口收汇率达 110.8%，贸易收支顺差占全市的 89%。而批发零售业出口收汇率为 86.3%，低于全市平均水平，行业贸易收支呈现逆差。

应该看到，尽管新动能企业出口增长势头良好，但核心竞争力不足、产能接近瓶颈等问题可能会对企业出口后劲产生影响。传统动能企业虽然出口份额较小，但主要集中在中小微企业群体，经营状况的变化需要引起高度关注。介于两者之间的企业在突击出口后，未来出口增长可能放缓。对此，要持续深化改革创新，支持产业结构转型升级，同时针对受内外部冲击影响较大的中小微企业，适时出台帮扶政策，促进外贸转型升级稳步推进。

（二）产业转型创新稳步推进，第三产业占比首破 50%

2018 年，重庆市三次产业增加值占比为 6.8：40.9：52.3，第三产业增加值占比首次突破 50%。

1. 乡村振兴战略深入实施。2018 年，全市农业增加值同比增长 4.4%。粮食种植面积基本稳定，山地特色高效产业总面积增至 2 000 万亩。20 个品牌农产品入选农业农村部《中国特色农产品精粹》，“巴味渝珍”区域公用品牌亮相。100 条乡村旅游精品路线加快打造，乡村旅游综合收入增长超三成。农产品网络零售额增长 40% 以上。农村“三变”改革试点初见成效。

2. 工业进入发展动能接续转换的关键期。2018 年，受市场周期性变化、汽车支柱产业产销下滑等影响，全市规模以上工业增加值同比增长 0.5%，低于上年 9.1 个百分点。新兴产业规模仍小，但在“大数据、智能化”引领下，发展势头较为迅猛。全年新实施 203 项智能化改造项目，建设数字化车间和智能工厂数十个，生产效率平均提升近七成。智能网联汽车、机器人产量增长 50% 以上。智能产业销售收入增长 19.2%，支撑战略性新兴制造业增加值增长 13.1%。

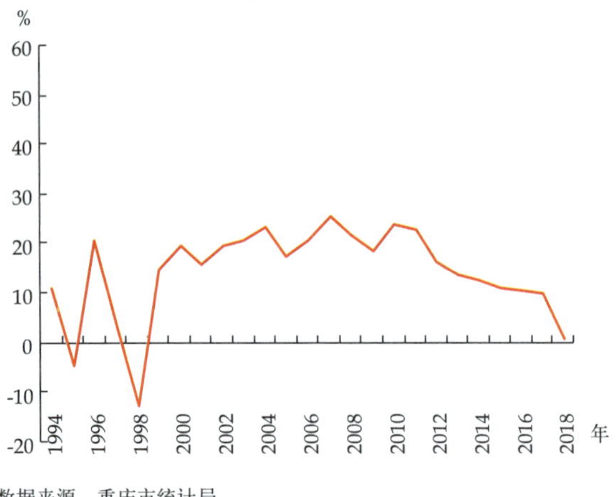

数据来源：重庆市统计局。

图 11　1994~2018 年重庆市规模以上工业增加值实际增长率

3. 现代服务业加快发展。2018 年，全市服务业增加值同比增长 9.1%。居家养老、社区养老、机构养老、医养结合的养老服务体系基本形成，全年新增养老床位逾 6 000 张。果园港等保税物流基地集聚辐射能力进一步显现。城乡商贸、农村电商物流应用智能仓储、分拣、配送等新技术、新装备，配送智能化水平提高。“三峡”“山城”等旅游名片标志性、引领性增强，洪崖洞等网红景点吸引大量游客来渝，全市旅游总收入增长 31%。

4. 供给侧结构性改革深入推进。船舶、水泥、煤炭等领域去产能稳步实施。规模以上工业企业资产负债率较上年下降 1.5 个百分点。各类“减负降本”政策落地，企业减负超过 600 亿元。全国省级上线事项最多、服务渠道最广、效能监管最严的移动政务服务平台建成。两个贫困区县达到摘帽标准，12 万贫困人口脱贫，贫困发生率降至 0.7%。

（三）物价指数运行平稳，就业状况总体良好

1. 居民消费价格温和上涨。全市居民消费价格指数（CPI）同比上涨 2%，高于上年 1 个百分点。服务类价格上涨 3.1%，是推动物价上涨的主要力量。猪肉市场供应充足，食品价格温和上涨 1.4%。居住类价格涨幅较上年扩大 0.9 个百分点。

2. 生产价格涨幅回落。受市场需求偏低影响，全市工业生产者出厂价格指数和购进价格指数分别上涨 2.1% 和 2.5%，涨幅分别较上年回落 2 个和 1.9 个百分点。随着上游行业去产能等改革效应的持续显现，生产资料价格上涨较快，对整体价格走势影响较大。

3. 就业形势保持稳定，农民工本地创业就业增多。全年城镇新增就业 75.3 万人，城镇调查失业率控制在 4.7% 左右。返乡创业经济实体约 40 万户，吸纳城乡劳动力就业近 200 万人。外出返乡农民工中市内从业人员占比近五年累计提高 5.9 个百分点。城镇、农村常住居民人均可支配收入增速高于全国，绝对额与全国差距进一步缩小。

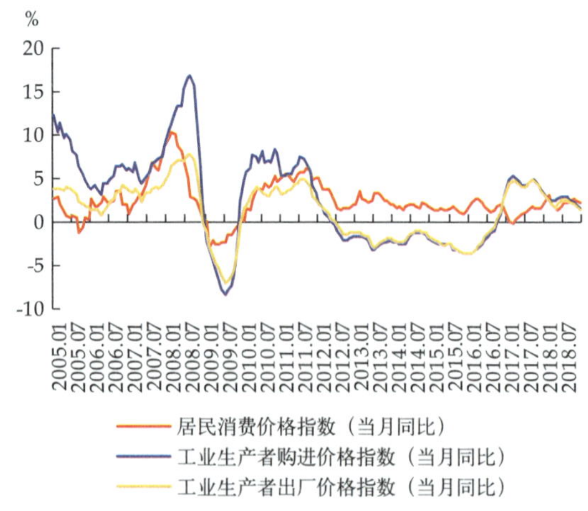

数据来源：重庆市统计局。

图 12　2005~2018 年重庆市居民消费价格指数和工业生产者价格指数变动趋势

（四）地方政府新增债券发行增加，财政支出结构优化

2018 年，随着经济下行和减税降费力度的加大，全市一般公共预算收入同比增长 0.6%。税收收入占比增至七成。房地产业、水泥和钢铁等上游行业对税收增长贡献较大。全年发行政府债券 1 014.4 亿元，其中新增债券发行 697 亿元，增长 31.8%。教育、社保就业等民生领域支出力度保持稳固，科学技术支出增速较上年提高 0.9 个百分点。

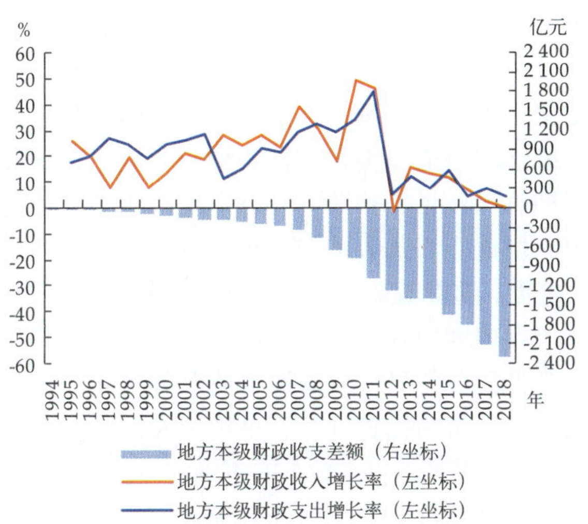

数据来源：重庆市统计局。

图 13　1994~2018 年重庆市财政收支状况

（五）绿色发展优先推进，环境质量持续改善

2018 年，全市空气优良天数达 316 天，较上年增加 13 天。PM2.5 平均浓度下降 11.1%。长江上游重要生态屏障筑牢，划定生态保护红线 2.04 万平方公里，营造林 640 万亩，岩溶石漠化、水土流失和消落区治理取得新成效。市内流域横向生态保护补偿实现全覆盖，与湖南签订酉水流域横向生态保护补偿协议。“生态地票”试点有序推进，助推退建还林还草。

（六）主要行业分析

1. 房地产市场交易冲高回落，逐步向理性回归。

上半年，受重庆市房价处在相对“洼地”、周边城市购房政策变化以及市场预期变化等多种因素的影响，市场交易量价出现快速上升，6 月单月交易量创下历史新高。6 月底，重庆市政府出台房地产调控新规，加强预期引导，并加大对投资投机性购房的抑制。随着政策效应释放，从 2018 年第四季度起，市场交易量下降，价格环比增长趋于稳定，市场逐步向理性回归。

房地产开发投资有所加快，商品房供给逐渐增加。在市场交易上升的带动下，上半年重庆市房地产开发投资增速逐步上升，住房新开工面积、施工面积均增长显著。后期，随着市场交易逐步向理性回归，房地产开发投资增速稳中有降，住房新开工面积增速放缓至年末的 36.9%，但施工面积增长保持上升态势。

房地产贷款增长总体平稳。受入渝房企数量增加、表外融资渠道规范、保障性住房开发贷款显著增长等因素影响，房地产开发贷款增速由负转正。金融机构有效落实住房信贷政策要求，全年个人住房贷款增长基本平稳，且主要投向首套及改善性住房。房地产金融风险总体可控。

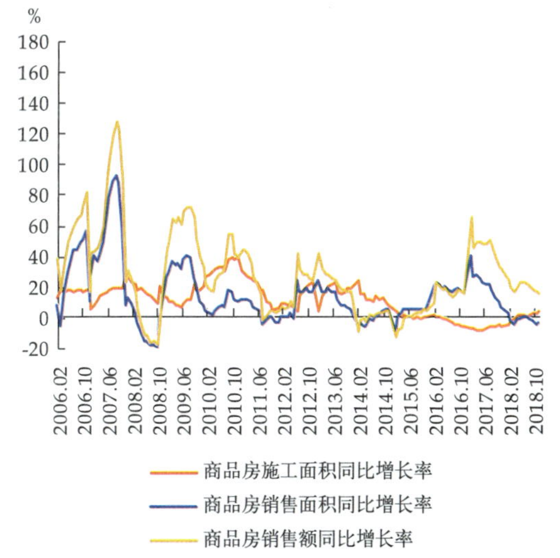

数据来源：重庆市统计局。

图 14　2006~2018 年重庆市商品房施工和销售变动趋势

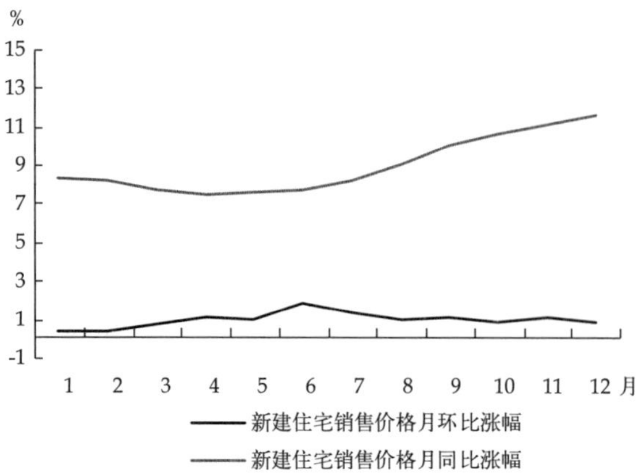

数据来源：重庆市统计局。

图 15　2018 年重庆市新建住宅销售价格变动趋势

2. 电子信息产业发展质量提升，金融支持措施更加多元。2018 年，重庆市规模以上电子制造业增加值同比增长 13.6%，高于规模以上工业增加值增速 13.1 个百分点。重点产品笔记本电脑受贸易摩擦影响可控，产销总体平稳。电子核心零部件成为新的增长点，集成电路、液晶显示屏等细分行业产业链日趋完善，产品产量实现快速增长。信息技术服务深入传统产业，汽车制造大数据、装备制造业集成创新、工业云平台等领域示范应用建设加快；重庆市入围工业互联网标识解析国家 5 大顶级节点。

金融高效服务电子信息产业发展。机构设置更加完善，成立电子信息产业专属服务小组，在电子信息产业集中区域增设经营服务机构。政策倾斜持续加大，建立贷款绿色审批通道，缩短审批流程，实行差别化拨备计提政策、贷款内部资金转移价格优惠政策及绩效考核激励政策。新创15种产品和服务，如设计大数据产品、发放知识价值信用贷款服务初创期电子信息企业；创设出口发票融资、订单融资、出口退税账户托管贷款、应收账款质押贷款等产品为轻资产的电子信息企业提供支持。2018 年末，重庆市电子信息产业贷款余额同比增长约 60%；股权投资体系更为健全，新设立的 500 亿元半导体产业发展基金运转良好。

三、预测与展望

2019 年，重庆市将围绕习近平总书记对重庆提出的“两点”定位、“两地”“两高”目标、发挥“三个作用”的重要指示要求，坚持深化市场化改革、扩大高水平开放，加快建设现代化经济体系，经济高质量发展的体制机制将逐步形成。但外部环境的不确定、经济发展动力结构转换的矛盾等也将使经济运行面临一定压力。

在投资方面，乡村振兴、城市提升、重大产业、民生保障、区域协调发展等领域重大项目将对投资形成支撑。但政府投融资体制改革、财政纪律强化等将增强投资增长面临的约束。在消费方面，旅游、文化、健康等消费热点的持续涌现将进一步拓展消费增长空间。但居民预期收入不足、异地电商对本地购买力的分流效应增强等将加大消费平稳运行的压力。在外贸方面，随着国家级开放平台体系建设的深入，重庆市内陆国际物流枢纽和口岸高地功能将进一步发挥。新兴产业发展也将对外贸增长形成支持。但贸易保护主义、单边主义的抬头，将为国际贸易环境带来较大的不确定性。

预计物价指数运行在合理区间。猪肉价格波动、房租价格上涨等将增大消费价格指数上行压力。国际原油和大宗商品价格处于低位、工业经济增速放缓等背景下，工业价格将呈现温和上涨。

2019 年，重庆市金融业将深化金融供给侧结构性改革，紧紧围绕服务实体经济、防控金融风险、深化金融改革三项任务，深入践行新发展理念，推动实体经济高质量发展。认真贯彻落实稳健的货币政策，注重松紧适度，保持货币信贷和社会融资规模合理增长。进一步优化金融资源配置，落实好“三支箭”政策组合，加大对民营和小微企业的融资支持。继续改善乡村振兴、精准脱贫等领域金融服务。积极对接全市创新驱动和军民融合战略行动计划，支持工业迭代升级。打好防范化解重大金融风险攻坚战。落实住房金融宏观审慎管理要求，维护房地产市场平稳健康发展。重点防控企业信用违约和互联网金融等风险点。依托中新互联互通项目和重庆自贸试验区等平台，深化跨境投融资和结算便利化，继续推进在金融科技、物流金融、跨境人民币业务和外汇管理等领域的先试先行改革创新。

中国人民银行重庆营业管理部货币政策分析小组

总　纂：马天禄　王江渝

统　稿：古　旻　王　红

执　笔：吴恒宇　李　响　郭国强　黎　齐　卜醉瑶　吴　斯　刘　刃　方少华　葛志苏　邹芳莉　邓静远　杨妮妮

提供材料的还有：岑　露　黄雯婷　蒲于滨　冉小华　段　端　何玲枢

附录

（一）2018年重庆市经济金融大事记

6月9日，重庆市两江新区获批深化服务贸易创新发展试点。8月27日，重庆市果园保税物流中心（B型）获批。10月4日，重庆市涪陵综合保税区获批。

6月29日，中国人民银行渝桂黔陇青五地分支机构和政府部门在重庆签订金融支持中新互联互通项目“陆海新通道”建设合作备忘录，构建跨区域、多层次的金融合作框架。

7月20日，重庆市金融标准创新建设试点获批，为将重庆建设成为西部金融科技创新城市和互联网金融创新城市奠定基础。

8月20日，上海证券交易所资本市场服务重庆基地成立，是上交所在西部地区与地方共建的第一个资本市场服务基地。

8月23日至25日，首届中国国际智能产业博览会在重庆举办。

11月2日，首届中新（重庆）战略性互联互通示范项目金融高峰会成功举办，助推中新金融务实合作。

2018年，重庆市编制实施18个深度贫困乡镇脱贫攻坚三年规划，深化鲁渝扶贫协作，石柱、奉节达到摘帽标准，12万贫困人口脱贫。

2018年，中国（重庆）自由贸易试验区已探索形成13个创新典型案例、34项制度创新成果。其中，全国首创案例6个、首创制度创新成果11项。海关监管“四自一简”、跨境铁路运输信用证结算、创新推动“国际物流大通道”建设等经验和案例被国家推广。

（二）2018 年重庆市主要经济金融指标

表 1　2018 年重庆市主要存贷款指标

		1 月	2 月	3 月	4 月	5 月	6 月	7 月	8 月	9 月	10 月	11 月	12 月
本外币	金融机构各项存款余额（亿元）	35 663.3	36 092.2	36 186.9	36 082.8	36 159.1	36 846.2	36 659.7	37 346.8	36 841.0	36 496.1	36 951.9	36 887.3
	其中：住户存款	14 540.6	15 637.0	15 557.7	15 328.8	15 403.7	15 528.7	15 566.3	15 594.9	15 759.6	15 631.6	15 737.3	15 986.6
	非金融企业存款	11 810.4	11 343.9	11 473.0	11 452.8	11 560.2	11 790.4	11 235.1	11 353.3	11 058.5	10 814.0	11 016.3	11 264.5
	各项存款余额比上月增加（亿元）	809.8	428.9	94.7	-104.1	76.3	687.2	-186.5	687.1	-505.9	-344.8	455.8	-64.6
	金融机构各项存款同比增长（%）	8.7	7.8	7.0	5.9	6.3	8.0	6.6	7.3	6.0	3.8	3.4	5.8
	金融机构各项贷款余额（亿元）	28 997.1	29 197.7	29 574.1	29 869.3	30 122.7	30 613.1	30 974.0	31 308.5	31 694.6	31 765.6	32 196.2	32 247.8
	其中：短期	5 995.5	5 964.3	5 942.1	5 947.4	5 906.7	5 988.2	5 995.1	5 933.4	6 051.0	5 974.1	6 035.4	6 047.0
	中长期	21 375.9	21 645.3	21 912.5	22 152.4	22 384.6	22 733.2	23 041.4	23 307.6	23 537.8	23 609.6	23 870.6	24 046.2
	票据融资	771.7	734.9	806.3	811.3	854.6	915.9	936.2	1 060.0	1 102.6	1 171.2	1 280.6	1 123.8
	各项贷款余额比上月增加（亿元）	546.1	200.7	376.3	295.2	253.4	490.4	360.9	334.5	386.1	71.0	430.6	51.6
	其中：短期	48.4	-31.2	-22.2	5.4	-40.8	81.6	6.9	-61.7	117.6	-76.9	61.3	11.6
	中长期	488.3	269.4	267.2	239.9	232.2	348.6	308.2	266.2	230.2	71.8	260.9	175.6
	票据融资	-0.2	-36.8	71.4	5.1	43.2	61.3	20.3	123.8	42.5	68.6	109.4	-156.7
	金融机构各项贷款同比增长（%）	11.9	11.2	11.3	11.4	11.3	12.0	12.6	13.3	13.5	13.4	13.5	13.5
	其中：短期	0.6	-1.2	-1.7	-1.6	-1.6	0.1	0.8	-0.2	1.4	0.3	1.3	2.3
	中长期	16.7	16.1	15.5	14.9	14.6	14.3	14.5	15.3	14.9	14.4	14.5	15.1
	票据融资	-22.2	-20.2	-7.6	-1.9	4.4	19.9	31.0	44.3	51.6	76.0	76.4	45.5
	建筑业贷款余额（亿元）	1 394.7	1 415.9	1 447.9	1 480.4	1 490.5	1 500.5	1 490.4	1 493.1	1 477.8	1 472.7	1 497.2	1 519.6
	房地产业贷款余额（亿元）	1 687.6	1 705.6	1 734.6	1 771.0	1 781.1	1 826.0	1 874.8	1 881.7	1 945.0	1 944.2	1 993.7	1 985.7
	建筑业贷款同比增长（%）	8.3	9.6	10.2	12.2	12.2	16.1	16.1	15.5	14.6	12.2	8.8	9.3
	房地产业贷款同比增长（%）	-13.1	-13.0	-12.0	-10.3	-7.4	-5.2	-0.4	1.9	4.8	5.7	10.8	12.2
人民币	金融机构各项存款余额（亿元）	34 437.3	34 887.7	34 930.0	34 789.8	34 873.9	35 446.6	35 333.8	36 034.9	35 506.0	35 168.8	35 666.2	35 651.6
	其中：住户存款	14 468.6	15 562.2	15 482.9	15 253.8	15 327.9	15 449.6	15 485.1	15 513.3	15 679.0	15 550.8	15 657.2	15 907.2
	非金融企业存款	10 675.4	10 232.2	10 315.2	10 260.8	10 377.0	10 494.3	10 014.8	10 147.3	9 830.4	9 591.8	9 835.9	10 129.9
	各项存款余额比上月增加（亿元）	718.3	450.4	42.3	-140.2	84.1	572.7	-112.9	701.2	-528.9	-337.3	497.4	-14.6
	其中：住户存款	97.8	1 093.7	-79.3	-229.1	74.1	121.7	35.5	28.2	165.7	-128.2	106.4	250.0
	非金融企业存款	-1.0	-443.2	83.0	-54.4	116.2	117.4	-479.5	132.6	-316.9	-238.7	244.2	293.9
	各项存款同比增长（%）	8.3	7.9	6.9	5.4	6.0	7.4	6.2	6.9	5.5	3.1	3.2	5.7
	其中：住户存款	0.1	7.6	7.4	7.7	8.8	8.2	9.6	9.1	9.2	9.9	10.3	10.7
	非金融企业存款	3.1	-2.8	-2.7	-2.4	-1.4	0.3	-2.8	-4.6	-8.1	-8.7	-8.1	-5.6
	金融机构各项贷款余额（亿元）	28 408.2	28 614.3	28 953.7	29 239.8	29 481.0	29 957.1	30 272.7	30 631.8	30 936.3	30 990.8	31 392.3	31 425.9
	其中：个人消费贷款	8 625.1	8 715.3	8 814.9	8 930.4	9 042.6	9 220.3	9 396.8	9 571.3	9 735.3	9 799.8	9 905.2	9 978.5
	票据融资	771.7	734.9	806.3	811.3	854.6	915.9	936.2	1 060.0	1 102.6	1 171.2	1 280.6	1 123.8
	各项贷款余额比上月增加（亿元）	526.7	206.1	339.4	286.1	241.2	476.1	315.6	359.1	304.5	54.5	401.6	33.5
	其中：个人消费贷款	203.7	90.2	99.6	115.5	112.2	177.7	176.5	174.5	164.0	64.6	105.4	73.3
	票据融资	-0.2	-36.8	71.4	5.1	43.2	61.3	20.3	123.8	42.5	68.6	109.4	-156.7
	金融机构各项贷款同比增长（%）	13.0	12.3	12.2	12.1	11.7	12.1	12.4	13.0	12.9	12.8	12.8	12.8
	其中：个人消费贷款	25.6	24.6	23.2	22.2	21.3	20.9	20.9	20.7	20.6	19.7	18.6	18.5
	票据融资	-22.2	-20.2	-7.6	-1.9	4.4	19.9	31.0	44.3	51.6	76.0	76.4	45.5
外币	金融机构外币存款余额（亿美元）	193.6	190.3	199.9	204.0	200.4	211.5	194.5	192.2	194.1	190.6	185.4	180.1
	金融机构外币存款同比增长（%）	29.7	13.9	17.8	31.4	24.2	28.9	15.5	16.1	19.4	17.5	4.1	3.7
	金融机构外币贷款余额（亿美元）	93.0	92.2	98.7	99.3	100.0	99.1	102.9	99.2	110.2	111.3	115.9	119.8
	金融机构外币贷款同比增长（%）	-17.7	-19.0	-10.5	-6.5	2.6	7.9	17.6	24.7	42.4	42.8	45.6	43.4

数据来源：中国人民银行重庆营业管理部、重庆市统计局。

表2　2001~2018年重庆市各类价格指数

单位：%

		居民消费价格指数		农业生产资料价格指数		工业生产者购进价格指数		工业生产者出厂价格指数	
		当月同比	累计同比	当月同比	累计同比	当月同比	累计同比	当月同比	累计同比
2001		—	1.7	—	—	—	—	—	-1.9
2002		—	-0.4	—	—	—	-0.9	—	-2.4
2003		—	0.6	—	—	—	4.9	—	0.6
2004		—	3.7	—	—	—	12.9	—	3.9
2005		—	0.8	—	—	—	8.2	—	3.0
2006		—	2.4	—	—	—	4.8	—	2.2
2007		—	4.7	—	—	—	6.2	—	3.5
2008		—	5.6	—	—	—	12.2	—	5.8
2009		—	-1.6	—	—	—	-5.0	—	-4.5
2010		—	3.2	—	—	—	6.9	—	3.1
2011		—	5.3	—	—	—	5.7	—	3.8
2012		—	2.6	—	—	—	-0.5	—	-0.1
2013		—	2.7	—	—	—	-2.4	—	-2.0
2014		—	1.8	—	—	—	-1.9	—	-1.7
2015		—	1.3	—	—	—	-2.9	—	-2.8
2016		—	1.8	—	—	—	-1.6	—	-1.4
2017		—	1.0	—	—	—	4.4	—	4.1
2018		—	2.0	—	—	—	2.5	—	2.1
2017	1	1.9	1.9	—	—	3.8	3.8	3.4	3.4
	2	0.1	1.0	—	—	4.8	4.3	4.3	3.8
	3	-0.2	0.6	—	—	5.2	4.6	4.5	4.0
	4	0.2	0.5	—	—	4.9	4.7	4.6	4.2
	5	0.6	0.5	—	—	4.5	4.6	4.1	4.2
	6	0.8	0.6	—	—	4.2	4.6	3.9	4.1
	7	1.0	0.6	—	—	4.2	4.5	4.0	4.1
	8	1.3	0.7	—	—	4.3	4.5	4.3	4.1
	9	1.7	0.8	—	—	4.7	4.5	4.7	4.2
	10	1.5	0.9	—	—	4.8	4.5	4.5	4.2
	11	1.6	1.0	—	—	4.2	4.5	4.1	4.2
	12	1.6	1.0	—	—	3.6	4.4	3.5	4.1
2018	1	1.2	3.2	—	—	3.2	3.2	3.0	3.0
	2	3.1	2.2	—	—	2.5	2.8	2.3	2.7
	3	1.9	2.1	—	—	2.3	2.7	1.9	2.4
	4	1.5	1.9	—	—	2.4	2.6	1.6	2.2
	5	1.3	1.8	—	—	2.6	2.6	2.0	2.2
	6	1.7	1.8	—	—	2.9	2.6	2.3	2.2
	7	2.2	1.8	—	—	2.8	2.7	2.4	2.2
	8	2.1	1.9	—	—	2.8	2.7	2.3	2.2
	9	2.3	1.9	—	—	2.5	2.7	2.1	2.2
	10	2.6	2.0	—	—	2.2	2.6	1.9	2.2
	11	2.4	2.0	—	—	2.0	2.5	1.7	2.1
	12	2.2	2.0	—	—	1.5	2.5	1.3	2.1

数据来源：重庆市统计局。

表 3　2018 年重庆市主要经济指标

	1 月	2 月	3 月	4 月	5 月	6 月	7 月	8 月	9 月	10 月	11 月	12 月
	绝对值（自年初累计）											
地区生产总值（亿元）	—	—	4 661.1	—	—	9 821.1	—	—	14 773.3	—	—	20 363.2
第一产业	—	—	153.8	—	—	374.8	—	—	959.7	—	—	1 378.3
第二产业	—	—	1 958.5	—	—	4 286.9	—	—	5 842.8	—	—	8 328.8
第三产业	—	—	2 548.8	—	—	5 159.4	—	—	7 970.9	—	—	10 656.1
工业增加值（亿元）	—	—	—	—	—	—	—	—	—	—	—	—
固定资产投资（亿元）	—	—	—	—	—	—	—	—	—	—	—	—
房地产开发投资	—	413.6	798.1	1 099.7	1 461.7	1 967.9	2 272.6	2 632.0	3 134.7	3 469.5	3 861.3	4 248.8
社会消费品零售总额（亿元）	—	—	—	—	—	—	—	—	—	—	—	7 977.0
外贸进出口总额（亿元）	408.7	718.2	1 078.1	1 452.0	1 853.8	2 288.3	2 733.8	3 175.3	3 687.0	4 245.4	4 794.3	5 222.6
进口	156.8	259.5	386.4	523.8	680.4	817.8	970.0	1 130.2	1 332.9	1 521.8	1 685.6	1 827.3
出口	252.0	458.7	691.7	928.2	1 173.5	1 470.5	1 763.8	2 045.1	2 354.1	2 723.6	3 108.8	3 395.3
进出口差额（出口－进口）	95.2	199.2	305.3	404.4	493.1	652.7	793.8	914.9	1 021.2	1 201.8	1 423.2	1 567.9
实际利用外资（亿美元）	—	5.2	24.2	25.7	29.1	42.9	47.3	52.1	63.5	70.0	80.7	102.7
地方财政收支差额（亿元）	—	-113.4	-362.9	-342.6	-487.6	-1 010.2	-1 037.6	-1 270.4	-1 578.7	-1 629.5	-1 856.0	-2 275.7
地方财政收入	—	422.4	580.4	838.7	1 067.1	1 286.4	1 477.3	1 601.4	1 746.7	1 928.0	2 067.1	2 265.5
地方财政支出	—	535.8	943.3	1 181.3	1 554.7	2 296.6	2 514.9	2 871.8	3 325.4	3 557.5	3 923.1	4 541.2
城镇登记失业率（%）（季度）	—	—	3.4	—	—	3.5	—	—	3.4	—	—	3.3
	同比累计增长率（%）											
地区生产总值	—	—	7.0	—	—	6.5	—		6.3	—	—	6.0
第一产业	—	—	3.7	—	—	4.2	—	—	4.3	—	—	4.4
第二产业	—	—	4.4	—	—	3.7	—	—	3.7	—	—	3.0
第三产业	—	—	9.4	—	—	9.3	—	—	8.9	—	—	9.1
工业增加值	—	4.2	2.5	2.8	1.9	1.8	1.8	1.6	1.6	1.2	0.6	0.5
固定资产投资	—	4.8	4.5	4.8	5.3	5.5	6.0	6.6	7.2	7.5	7.0	7.0
房地产开发投资	—	5.3	7.8	8.2	9.6	10.0	9.0	8.4	8.8	8.7	8.0	6.8
社会消费品零售总额	—	11.0	11.3	11.0	10.5	10.1	9.8	9.7	9.5	9.2	8.9	8.7
外贸进出口总额	15.0	13.3	9.3	11.0	11.5	11.0	12.4	12.5	13.9	17.2	17.9	15.9
进口	-22.0	5.3	2.0	6.5	9.8	6.5	8.0	7.2	10.0	13.4	13.1	12.5
出口	-60.7	18.4	13.9	13.8	12.6	13.8	14.9	15.7	16.2	19.4	20.7	17.8
实际利用外资	—	10.1	1.6	-0.6	3.5	-2.6	2.7	8.5	-8.0	-0.6	6.0	0.9
地方财政收入	—	14.9	9.1	10.4	11.4	2.7	3.2	1.7	0.8	0.5	1.1	0.6
地方财政支出	—	18.0	5.0	2.6	1.2	2.5	2.7	3.9	0.8	2.0	3.3	4.7

数据来源：重庆市统计局。

四川省金融运行报告（2019）

中国人民银行成都分行货币政策分析小组

[内容摘要] 2018年，面对错综复杂的国内外经济金融形势，四川金融业认真贯彻落实党的十九大精神和习近平总书记对四川工作系列重要指示精神，围绕省委十一届三次全会“一干多支、五区协同”“四向拓展、全域开放”战略部署，不断加大金融支持实体经济力度，切实防范各类金融风险，为供给侧结构性改革和高质量发展营造适宜的货币金融环境。全年全省社会融资规模较年初增加8 086.5亿元。贷款保持较快增长，2018年末本外币各项贷款余额同比增长13.0%，新增贷款占社会融资规模的比重超过七成，对经济形成有力支撑。信贷结构继续优化，科技企业贷款余额突破千亿元大关，普惠口径小微贷款增速高于本外币各项贷款增速3.2个百分点。中国人民银行成都分行发挥定向降准、货币政策工具“结构＋利率”引导作用，推进支小再贷款“名单制”管理，发挥支农再贷款“基地化”示范带动作用，推广“扶贫再贷款＋”金融精准扶贫模式。2018年末全省再贷款再贴现余额超过500亿元，有效带动重点领域和薄弱环节贷款量增价降。银行间市场债务融资工具发行量连续4年突破千亿元，余额创历史新高，四川首单绿色债务工具、扶贫债务融资工具和西部首批民营企业债券融资支持工具等创新品种先后落地，在全省国家级高新区推广“双创”债务融资模式。实体经济融资成本总体适度，贷款名义利率在窄幅区间内保持基本稳定，债券发行利率总体下降，融资条件有所改善。

银行业、证券业、保险业总体稳健，发展稳中有进。银行机构强化审慎经营，同业杠杆扩张得到有效控制，委托贷款、信托贷款和未贴现银行承兑汇票等表外融资较年初下降664.9亿元，资产扩张趋于稳健。受同质化竞争加剧、资金成本上升、拨备计提增加等多重因素影响，银行机构总体盈利水平有所下降。地方法人银行加大实体经济信贷投放，贷款余额增速高于全省金融机构平均4.5个百分点，新增贷款首次突破2 000亿元，新增贷款占全省金融机构比重同比提高8个百分点。多层次资本市场建设成效逐步显现，企业全年实现股权融资同比增长8.8%；新三板挂牌企业股权融资和资本市场发行债券实现融资同比增长均为50%左右；各类私募股权投资基金、风险投资基金等累计向企业投资同比增长近1倍；天府股权交易中心挂牌展示企业6 840家，挂牌企业实现融资12.5亿元。保险业风险保障功能持续发挥，业务创新不断推进，探索开展猕猴桃价格指数保险、中药材保险、水稻收入保证保险、自然灾害救助责任保险等创新保险产品。

金融风险防范和处置力度进一步加大。资产质量下行压力有所缓解，银行业金融机构不良贷款实现双降。中国人民银行成都分行依托金融科技，规范债券市场参与者行为，债券违约风险处置取得积极进展。互联网金融风险专项整治取得积极成效，全省网贷领域机构数量、业务规模、参与人数明显下降。积极防范化解房地产和地方政府债务风险。积极稳妥处置个别高风险金融机构风险。建立大型问题企业风险监测和重大事项报告制度。

金融改革创新稳步推进。金融机构数量继续增加，地方金融体系日趋完善，西部金融中心建设持续推进，成都农村金融服务综合改革试点成效显著，“两权”抵押试点工作继续有序开展，应收账款和专利权质押融资被国务院作为首批全面改革创新试点经验在全国推广。金融支持中国（四川）自由贸易试验区建设取得更多成效，全省人民币跨境收付经常项下结算同比增长近50%。采用人民币结算的非金融企业较2017年新增926家。四川成为中西部首家获批资本项目收入结汇支付审核便利化试点省份。中国人民银行成都分行深入推进总行“数字央行”大数据应用试点工作，自主建设货币信贷大数据监测分析系统，提升履职效率。12个市州全域、

16个市州主城区和83个县域实现面向全国的金融IC卡开放，旅游景区、高速公路、园区金融IC卡应用进一步深化。

金融与经济良性互动，四川经济运行总体平稳、稳中有进。全省经济总量迈上新台阶，全年地区生产总值首次突破4万亿元，同比增长8.0%，增速高于全国平均水平1.4个百分点，民营经济增加值同比增长8.1%，占地区生产总值的比重为56.2%，对地区生产总值贡献率达57.1%；总需求持续稳步扩张，投资和消费缓中趋稳，基础设施建设投资增长15.7%，仍是拉动投资增长的主要动力；消费的"压舱石"作用进一步凸显，全年实现消费品零售总额1.83万亿元，同比增长11.1%，增速高于全国平均水平2.1个百分点；对外贸易快中趋优，全年对外贸易进出口总额同比增速高于同期全国水平近20个百分点，机电、高新技术产品进出口额比重超过70%，"一带一路"带动对外承包工程出口货物快速增长。

第三产业占比首次突破50%，新动能活力持续释放，传统支柱产业、战略性新兴产业和现代服务业形成多点支撑。三次产业结构从11.6∶38.7∶49.8调整为10.9∶37.7∶51.4，对经济增长的贡献率分别为4.4%、26.9%和68.7%，第三产业贡献率占主导地位。规模以上工业增加值同比增长8.3%，高于全国2个百分点；工业经济效益大幅回升，全省规模以上工业企业利润总额同比增长22.1%。传统优势产业和高新技术领域支撑作用明显，铁路、船舶、航空航天和其他运输设备制造业增加值比上年增长22.1%，高技术制造业增加值增长13.6%，酒、饮料和精制茶制造业增长10.4%；服务业加快发展，第三产业全年实现增加值2.1万亿元，同比增长9.4%，第三产业贡献度达68.7%，比全国平均水平高1.8个百分点。

物价水平总体平稳，就业市场基本稳定，居民收入持续增长。全省居民消费价格指数（CPI）同比上涨1.7%，涨幅同比上升0.3个百分点，CPI涨幅已连续五年低于2%。工业生产者出厂价格指数同比上涨3.6%，高于全国0.1个百分点。全省就业总量4 881万人，比上年末增加9万人。全年居民人均可支配收入22 461元，同比增长9.1%。

2019年是新中国成立70周年，是全面建成小康社会的关键之年。四川将继续坚持稳中求进工作总基调，主动融入"一带一路"倡议，把握长江经济带发展、自贸区建设等战略机遇，坚持以供给侧结构性改革为主线，深入实施中央和省委作出的重大决策部署，继续打好三大攻坚战，加快推进乡村振兴战略，促进经济高质量发展。四川金融业将认真贯彻落实稳健货币政策，加大金融支持实体经济力度，积极推进金融供给侧改革，促进四川经济金融持续健康发展。

第一部分　全省经济金融情况

一、金融运行情况

2018年，四川金融运行总体平稳，货币信贷和社会融资规模保持合理增长，融资结构继续改善，各项改革深入推进，多层次资本市场稳步发展，金融生态环境更趋优化，金融支持实体经济力度不断加大。

（一）银行业稳健运行，货币信贷平稳增长

四川银行业金融机构经营总体稳健，资产负债增速有所回落，存贷款增长放缓，贯彻落实稳健货币政策和差异化信贷政策，全面深化民营企业、小微企业等薄弱领域金融服务。

1.银行业组织体系较为完善，农合机构改革稳步推进。2018年末，四川银行业金融机构数量共计229家，其中省外机构一级分支机构50家、法人机构179家。农合机构改革稳步推进，农村信用社改制后新成立农村商业银行10家。全省银行机构网点1.4万个，同比减少105个，全部从业人员26.3万人。

表1　2018年四川省银行业金融机构情况

机构类别	营业网点			法人机构（个）
	机构个数（个）	从业人数（人）	资产总额（亿元）	
一、大型商业银行	3 339	91 688	36 876	0
二、国家开发银行和政策性银行	115	4 277	8 161	0
三、股份制商业银行	556	11 975	8 145	0
四、城市商业银行	930	20 327	16 038	13
五、城市信用社	0	0	0	0
六、小型农村金融机构	5 908	69 444	18 859	101
七、财务公司	4	—	1 077	4
八、信托公司	2	—	234	2
九、邮政储蓄银行	3 057	27 560	5 744	0
十、外资银行	23	772	372	0
十一、民营银行	1	347	362	1
十二、新型农村金融机构	282	4 238	731	56
十三、其他	8	—	134	2
合　计	14 225	262 911	96 733	179

注：营业网点不包括国家开发银行和政策性银行、大型商业银行、股份制商业银行等金融机构总部数据；大型商业银行包括中国工商银行、中国农业银行、中国银行、中国建设银行和交通银行；小型农村金融机构包括农村商业银行、农村合作银行和农村信用社；新型农村金融机构包括村镇银行、贷款公司、农村资金互助社；“其他”包含金融租赁公司、汽车金融公司、货币经纪公司、消费金融公司等。

数据来源：四川银保监局。

2. 银行业资产负债扩张放缓，同业业务收缩明显。2018年末，银行业金融机构资产总额9.7万亿元，同比增长4.3%，增速同比下降4.8个百分点；负债总额9.4亿元，同比增长4.1%，增速同比下降4.8个百分点。盈利能力总体较为稳定，全省银行业平均资产利润率0.8%，较上年同期略降0.08个百分点。随着资管新规等监管政策落地，全省银行业金融机构同业业务有所下降，2018年末，全省同业业务余额2.4万亿元，同比下降12.6%。

3. 存款增长缓中趋稳，增速呈现结构分化。2018年末，四川银行业金融机构本外币各项存款余额7.7万亿元，较年初增加4 311.6亿元，同比少增1 875.6亿元；余额同比增长5.9%，增速较上年回落3.3个百分点。受金融机构表外及同业业务收缩导致存款派生效应下降等影响，存款增长持续放缓。分部门看，住户和非金融企业存款分别同比多增775.2亿元和同比少增1 214.4亿元；政府类存款余额同比增长10.4%，高于各项存款增长水平；非银行业金融机构存款同比下降15.4%。分币种看，人民币各项存款余额同比增长6.3%，外币各项存款下降16.68%。

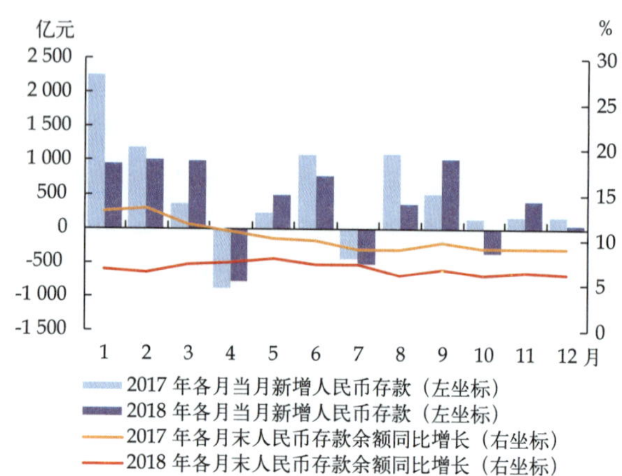

数据来源：中国人民银行成都分行。

图1　2017~2018年四川省金融机构人民币存款增长情况

4. 各项贷款平稳增长，信贷结构进一步优化。2018年末，银行业金融机构本外币各项贷款余额5.5万亿元，较年初增加6 376.2亿元；余额同比增长13.0%，增速较上年提高0.1个百分点。中国人民银行成都分行持续强化信贷政策引导，运用宏观审慎评估（MPA）、货币政策工具、信贷政策导向评估等引导加大对重点领域与薄弱环节的贷款投放。从信贷投向看，2018年，全省重点项目融资余额5 471亿元，较年初增加1 816亿元。普惠口径小微贷款余额3 701.7亿元，较年初增加518亿元，同比增长16.3%，高于本外币各项贷款增速3.24个百分点。全年新增涉农贷款909.9亿元，占全部新增贷款的15.8%。金融助推脱贫攻坚取得积极成效，2018年末，全省金融精准扶贫贷款余额4 347.4亿元，同比增长14%，高于同期本外币各项贷款增速1个百分点。制定《四川绿色金融规划》，开展绿色金融创新试点，绿色信贷余额5 613.5亿元，较年初增加1 001.3亿元。

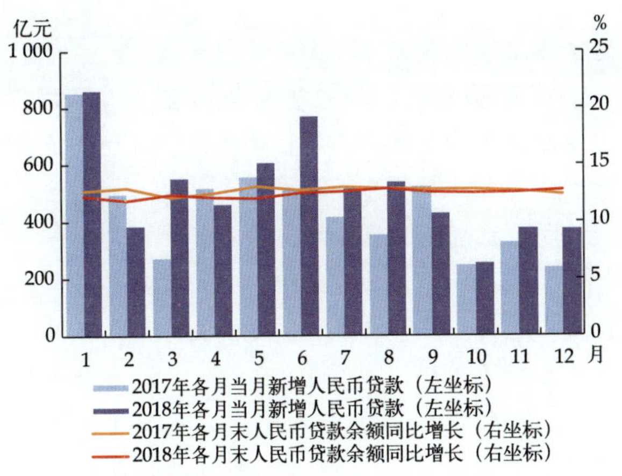

数据来源：中国人民银行成都分行。

图 2　2017~2018 年四川省金融机构人民币贷款增长情况

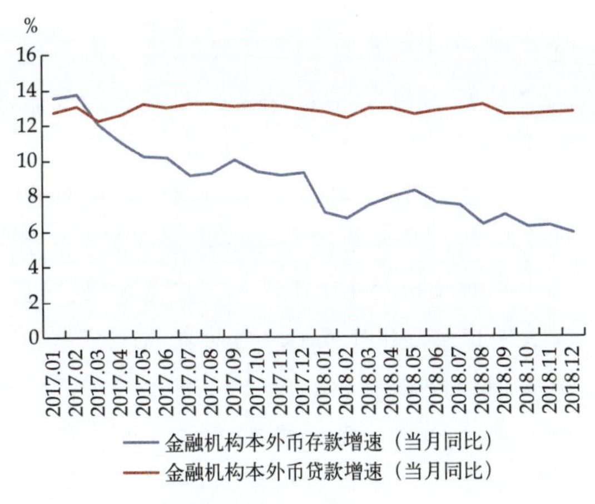

数据来源：中国人民银行成都分行。

图 3　2017~2018 年四川省金融机构本外币存、贷款增速变化

专栏 1　创新实施“政担银企户”财政金融互动扶贫模式助力破解四川产业扶贫融资难题

为破解产业扶贫领域融资难、抵押担保难、贫困户稳定增收难等困境，四川广元市创新开展“政担银企户”财政金融互动扶贫试点，构建“财政增效、农担增信、银行增贷、企业增利、农户增收”五方合作互动支持产业扶贫的新模式，取得明显成效，并在全省深度贫困地区进行推广。

“政担银企户”财政金融互动扶贫模式由地方政府出资建立扶贫产业贷款风险补偿基金并对贷款进行贴息，农业融资性担保公司为扶贫贷款提供担保，银行业金融机构向扶贫产业经营主体发放贷款，扶贫产业经营主体通过带动创业、吸收就业、签订购买协议等方式建立与贫困户的利益联结机制，带动贫困人口稳定增收脱贫。该模式自 2017 年底在四川省广元市试点以来，已向 249 户新型农业经营主体发放产业精准扶贫贷款 1.6 亿元，带动贫困人口近 6 000 人，实现人均增收 3 000 元。目前，“政担银企户”财政金融互动扶贫模式已在四川深度贫困地区全面推广。

一是建立多方合作机制，推动试点工作开展。为推动试点工作顺利开展，广元市委市政府印发《广元市“政担银企户”财政金融互动扶贫试点工作实施方案》，将试点工作开展情况纳入年度考核体系。中国人民银行广元市中心支行在扶贫再贷款、宏观审慎评估等方面对参与银行给予必要支持；建立“政担银企户”融资需求名录库，按月更新并向金融机构推送；实施脱贫带动主体主办银行制度，开展试点贷款业务逐笔信息月度监测分析、季度现场核查等，确保金融政策合规有效落地。市财政局负责制定财政补助政策，组织开展绩效考核。市扶贫移民局负责审查融资主体带动贫困户情况，审查建档立卡贫困户资格，并出具确认函。银行和农业担保公司分别负责贷款审批发放和担保，其中，200 万元以下的融资项目，由银行审核后担保公司直接出具保函。四川省农业融资担保公司在广元设立了办事处，在各县区设立了分支机构。

二是建立多元化风险分担机制，破解扶贫融资担保难问题。广元市县两级财政按不低于融资需求的 10% 建立贷款风险补偿基金，贷款风险补偿基金、融资性担保公司、银行业金融机构分别按4∶3∶3比例承担贷款损失风险。风险补偿基金由第三方监管，不足在保余额的10%时，由市县两级及时补足。试点初期，共筹集风险补偿基金3 000万元，其中市财政出资1 000万元，广元四县三区财政共同出资2 000万元。当贷款出现损失时，由风险补偿基金和担保公司先行赔付，由政府、担保公司、银行共同追偿，追偿所得按风险分担比例分配。该模式既有效降低了金融机构的风险，又充分调动了地方政府加强金融生态环境建设的积极性，为银行处置化解金融精准扶贫不良贷款创造良好条件。货币政策工具“双引导”，财政贴息补助降成本。中国人民银行广元市中心支行积极运用“扶贫再贷款+”模式加大对试点工作的支持力度，引导金融资源投向带动脱贫主体，引导“政担银企户”贷款利率下行，要求运用扶贫再贷款资金发放的贷款利率，不得超过中国人民银行公布的1年期以内（含1年）贷款基准利率。执行0.5%的优惠融资担保费率，并由县（区）财政全额补助。从试点情况看，广元市通过该模式发放的扶贫贷款加权平均利率为5.8%，比各项涉农贷款加权平均利率低1.5个百分点，扣除财政贴息及补助后，融资主体平均融资成本不到2%。

三是贷款额度与脱贫带动效果挂钩，突出金融扶贫精准性。“政担银企户”财政金融互动扶贫支持对象为：与建档立卡贫困户建立利益联结机制的家庭农场、种养大户、农民合作社、农业社会化服务组织、小微农业企业、产业化龙头企业等农业适度规模经营主体和村级集体经济组织，按每10万元至少联结带动1名贫困人口的标准确定贷款担保额度，单户（个）贷款额度原则上不超过200万元，对于部分带动扶贫效果较好的项目可增加至1 000万元。但单户贷款额度不得超过全市“政担银企户”融资总额的30%，避免集中风险，扩大政策受益面。贷款主要用于与农业生产直接相关的产业发展项目和农业社会化服务项目，贷款期限原则上最长不超过3年。

中国人民银行成都分行会同四川省财政厅、扶贫移民工作局、金融工作局和四川银监分局对“政担银企户”财政金融互动扶贫模式进行总结评估，并在四川深度贫困地区45个县进行推广。对开展“政担银企户”财政金融互动扶贫效果好的贫困县，在扶贫再贷款、再贴现、金融业务创新试点方面给予大力支持，在金融精准扶贫考核中作为创新项进行加分。

5. 货币政策引导有力，薄弱领域贷款量增价减。2018年，中国人民银行成都分行积极运用再贷款、再贴现和定向降准等货币政策工具，引导金融机构加大对民营、小微企业、“三农”、扶贫和创新创业等重点领域和薄弱环节的金融支持，降低融资成本。截至2018年末，全省再贷款、再贴现余额分别为385.5亿元和137.5亿元，同比分别增长28.2%和97.3%。金融机构运用支小、支农和扶贫再贷款资金发放的贷款加权平均利率较其他资金发放的同类贷款利率分别低1.02个、2.59个和2.96个百分点；运用再贴现资金办理的票据贴现平均利率低于同期同档次贴现加权平均利率0.29个百分点。2018年，中国人民银行三次下调存款准备金率，四川符合条件的18家法人金融机构释放资金约270亿元。

6. 存款利率基本稳定，贷款利率先升后降。2018年，贷款利率整体呈现第一、第二季度小幅攀升，第三、第四季度回落趋势。2018年12月，各金融机构非金融企业及其他部门贷款加权平均利率为6.3%，同比上升0.2个百分点。其中，个人购房贷款加权平均利率为5.7%，同比上升0.4个百分点；票据贴现加权平均利率为3.98%，同比下降0.9个百分点。人民币存款利率稳中有降，地方法人银行利率定价能力逐步提高。12月，金融机构定期存款加权平均利率为2.2%，同比上升0.06个百分点。四川省存款挂牌利率上浮比例不超过基准利率的40%，地方法人银行定期存款利率平均上浮倍数为基准利率的1.3倍。2018年，四川省共有75家金融机构被评为全国利率定价自律机制基础成员，32家金融机构被评为观察成员，评估通过率为88%。

7. 不良资产处置力度加大，不良贷款实现双降。2018年末，全省银行业金融机构不良贷款余额1 248.9亿元，较年初减少38.7亿元；不良贷款率2.2%，较年初下降0.4个百分点；关注类贷款率4.6%，较年初下降0.5个百分点；逾期90天以上贷款占不良贷款的比例为90.73%，较年初下降1.92个百分点。银行业普遍加大了不良资产处置力度，全年核销不良贷款292.6亿元。四川省建立了金融风险防范化解工作领导机制，明确重点领域风险防控思路和部门职责分工，搭建信息共享和风险处置合作平台，积极防范化解金融风险。

8. 跨境人民币业务持续较快增长，业务覆盖面持续扩大。2018年，全省跨境人民币结算金额956.3亿元，同比增长25%，其中，货物贸易结算略有下滑，服务贸易和初次收入结算大幅增长，资本项目结算保持稳中有增。与40个“一带一路”沿线国家实现跨境人民币结算量123.7亿元，同比增长17%。业务覆盖面持续扩大，业务覆盖境外国家和地区达154个，新增摩尔多瓦和亚美尼亚2个“一带一路”国家。2018年末，跨境人民币业务覆盖4 878户企业，同比增加926户。

表2　2018年四川省金融机构人民币贷款各利率区间占比

单位：%

月份		1月	2月	3月	4月	5月	6月
合计		100.0	100.0	100.0	100.0	100.0	100.0
下浮		6.3	7.9	5.6	7.0	8.3	2.9
基准		24.6	19.9	16.0	18.0	12.7	14.6
上浮	小计	69.1	72.2	78.4	75.1	78.9	82.5
	(1.0, 1.1]	13.2	13.3	17.7	17.1	16.1	15.5
	(1.1, 1.3]	15.4	14.9	18.0	16.3	18.9	21.1
	(1.3, 1.5]	15.7	13.9	14.3	15.8	15.1	14.1
	(1.5, 2.0]	20.9	24.1	24.1	21.6	24.4	27.1
	2.0以上	3.9	5.9	4.3	4.4	4.5	4.7

续表

月份		7月	8月	9月	10月	11月	12月
合计		100.0	100.0	100.0	100.0	100.0	100.0
下浮		4.6	6.3	7.5	7.5	7.3	8.0
基准		13.3	15.5	11.9	13.8	15.0	20.9
上浮	小计	82.1	78.3	80.6	78.7	77.8	71.1
	(1.0, 1.1]	16.4	12.3	12.1	11.5	11.4	10.5
	(1.1, 1.3]	18.8	21.9	20.7	18.9	18.7	16.5
	(1.3, 1.5]	14.1	14.2	16.0	17.8	17.6	13.7
	(1.5, 2.0]	25.7	23.6	25.0	22.9	23.6	25.3
	2.0以上	7.2	6.3	6.7	7.6	6.4	5.1

数据来源：中国人民银行成都分行。

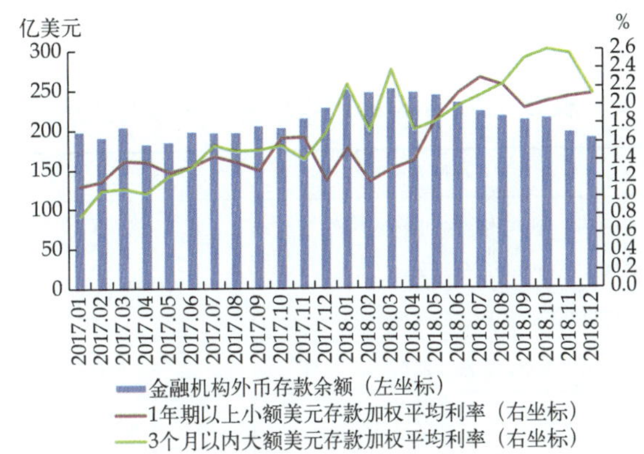

数据来源：中国人民银行成都分行。

图4　2017~2018年四川省金融机构外币存款余额及外币存款利率

（二）证券业稳步发展，多层次资本市场建设加快推进

2018年，四川证券业保持平稳健康发展，资本市场直接融资规模大幅增长，有力支持了四川经济发展。

1. 法人证券公司总体经营稳健。截至2018年末，四川省法人证券公司4家，证券公司分公司54家，证券投资咨询公司3家，证券公司营业部425家。2018年，四川证券机构资产规模小幅增长、负债规模下降，整体杠杆率降低，同时受市场因素影响，盈利能力明显弱于上年同期。

2. 资本市场直接融资持续增长。2018年，四川资本市场累计实现直接融资2 860.7亿元，同比增长70.1%，其中，股权融资467.5亿元，同比增长8.8%；新三板挂牌企业股权融资32亿元，同比增长43.4%；通过资本市场实现债券融资662.8亿元，同比增长54.4%；各类私募股权投资基金、风险投资基金等累计向辖区企业投资137.3亿元，同比增长96%；天府股权交易中心有挂牌展示企业6 840家，发行可转债融资2亿元，协助挂牌企业实现间接融资12.5亿元。

3. 期货业保持平稳发展。截至2018年末，四川法人期货公司3家，期货公司营业部49家，期货投资者开户数9万户，同比增长8.1%。2018年，四川期货公司市场交易额6.6万亿元，同比增长16.1%。

表3　2018年四川省证券业基本情况

项目	数量
总部设在辖内的证券公司数（家）	4
总部设在辖内的基金公司数（家）	0
总部设在辖内的期货公司数（家）	3
年末国内上市公司数（家）	120
当年国内股票（A股）筹资（亿元）	298.2
当年发行H股筹资（亿元）	15.9
当年国内债券筹资（亿元）	6 796.6
其中：短期融资券筹资额（亿元）	395.3
中期票据筹资额（亿元）	525.4

注：当年国内股票（A股）筹资额指非金融企业境内股票融资。国内债券筹资指交易所债券市场债券筹资额。
数据来源：四川证监局。

（三）保险业增长放缓，风险保障功能持续发挥

1. 产险市场集中度持续提升。2018年末，全省已开业保险公司94家。按业务性质分，产险公司40家、人身险公司45家、养老险公司5家和健康险公司4家；按资本国别分，中资公司70家、外资公司24家。目前，全省共有保险公司法人机构4家，各级保险分支机构5 104家。2018年保险密度2 359元/人，与上年基本持平；保险深度4.8%，比上年同期下降0.4个百分点。

表4　2018年四川省保险业基本情况

项目	数量
总部设在辖内的保险公司数（家）	4
其中：财产险经营主体（家）	2
人身险经营主体（家）	2
保险公司分支机构（家）	94
其中：财产险公司分支机构（家）	40
人身险公司分支机构（家）	54
保费收入（中外资 亿元）	1 958.1
其中：财产险保费收入（中外资 亿元）	492.1
人身险保费收入（中外资 亿元）	1 466.0
各类赔款给付（中外资 亿元）	632.7
保险密度（元/人）	2 359.0
保险深度（%）	4.8

数据来源：四川银保监局。

2. 承保业务增长放缓明显。2018年，全省共实现原保险保费收入1 958.1亿元，同比增长0.96%，增速同比放缓12.3个百分点。其中，全省财产险公司实现原保费收入492.1亿元，同比减少0.9%；人身险公司实现原保费收入1 466亿元，同比仅增长1.6%。全省健康险实现原保费收入259.9亿元，同比增长10.7%。以成都市农村金融服务综合改革为契机，开办政策性农业保险21种，累计实现保费收入43.8亿元，提供3 303亿元保障。2018年，四川探索开展了猕猴桃价格指数保险、中药材保险、水稻收入保证保险、自然灾害救助责任保险等创新保险产品。

（四）金融市场平稳运行，直接融资较快发展

1. 融资总量平稳增长。2018年，四川省社会融资规模较年初增加8 086.5亿元，同比少增848.4亿元。其中，本外币各项贷款余额占社会融资规模比重为70.7%。受资管新规及委托贷款新规等监管趋严因素影响，委托贷款、信托贷款和未贴现银行承兑汇票等表外间接融资较年初下降664.9亿元，而上年同期较年初增加704.4亿元。直接融资（债券融资和股票融资）规模有所增加，2018年直接融资新增886.3亿元，同比多增296.0亿元。直接融资占社会融资规模

比重为9.2%，较上年同期下降0.3个百分点。

2. 银行间市场债务融资余额创新高。2018年，四川共有64家非金融企业在银行间债券市场发行139只债务融资工具，金额共计1 124.9亿元，发行只数和发行量分别居西部第一和第二，余额2 672.6亿元，同比增长13.8%，高于各项贷款增速。推动西部首批2单民营企业债券融资支持工具落地四川，降低发行人融资成本达170个基点；四川首单绿色债务融资工具、首单精准扶贫债务融资工具成功发行，“双创”债务融资工具累计发行量占全国的比重达19%。

3. 货币市场运行总体平稳。2018年，辖内货币市场成员累计成交38.9万亿元，同比下降18.4%。其中，银行间市场债券回购交易有所收缩，全年累计成交30.9万亿元，同比减少27%。全省正回购平均杠杆率由年初的40.1%下降至23.2%；逆回购平均杠杆率由年初的44.5%下降至22.4%，高杠杆风险得到有效释放。2018年，同业拆借累计成交2.5万亿元，同比增加3.6倍，对回购交易形成替代效应；货币市场净融入金额4.8万亿元，同比下降11%。市场利率呈下降态势，第一至第四季度辖内市场成员同业拆借市场加权平均利率分别为3.28%、3.27%、2.6%和2.6%。

4. 票据规模有所增长，贴现利率趋于下降。2018年，全省金融机构累计签发银行承兑汇票3 675.7亿元，同比增加287.4亿元；累计签发商业承兑汇票30.2亿元，同比减少41.4亿元。累计办理银行承兑汇票贴现5 385.1亿元，同比减少1 159.7亿元；办理商业承兑汇票贴现347.6亿元，同比增加41.6亿元。受降准及加大公开市场操作影响，票据贴现利率有所下降。12月，金融机构贴现加权平均利率为3.98%，较上年同期下降89个基点。

表5　2018年四川省金融机构票据业务量统计

单位：亿元

季度	银行承兑汇票承兑		贴现			
			银行承兑汇票		商业承兑汇票	
	余额	累计发生额	余额	累计发生额	余额	累计发生额
1	2 478.0	847.9	845.8	1 315.4	92.9	94.0
2	2 072.9	1 582.8	896.4	2 453.1	92.9	184.6
3	2 013.4	2 532.6	969.6	3 726.9	97.5	262.1
4	2 379.7	3 675.7	1 350.3	5 385.1	112.0	347.6

数据来源：中国人民银行成都分行。

表6　2018年四川省金融机构票据贴现、转贴现利率

单位：%

季度	贴现		转贴现	
	银行承兑汇票	商业承兑汇票	票据买断	票据回购
1	5.1	6.0	5.0	4.1
2	5.0	5.9	4.9	3.6
3	4.2	5.5	3.9	3.1
4	3.9	5.5	3.6	3.4

数据来源：中国人民银行成都分行。

专栏2　推动银行间市场直接债务融资创新发展

2018年，中国人民银行成都分行认真贯彻落实党的十九大关于“提高直接融资比重，促进多层次资本市场健康发展”的决策部署，积极推动四川非金融企业在银行间市场直接融资创新发展，全年债务融资工具发行只数和规模分别位列西部第一和第二，西部首批2单民营企业债券融资支持工具落地四川，全省首单扶贫票据、绿色票据成功发行。

一是全省直接债务融资实现增量扩面。通过举办多层次直接债务融资工作座谈会、对接推进会、民营企业债券融资培训会，全面宣讲银行间债券融资政策，组织辖内中国人民银行分支机构和主承销商加强项目挖掘、筛选、培育和辅导，引导辖内金融机构优先申购四川企业发行的债券。2018年，四川共有64家非金融企业在银行间市场发行直接融资工具1 124.9亿元，同比增长10.9%，连续4年突破1 000亿元。

二是多种创新融资工具在四川成功落地。在国务院批准设立民营企业债券融资支持工具后，及时组织开展业务培训，制订工作推进方案，加强与总行、交易商协会、中债增进公司等方面的沟通协调，在20多天内促成西部首批2单直接债务融资支持工具在四川落地，募集资金15亿元，降低发行人融资成本170个基点。总结推广“双创”债务融资经验，多次专题协调推进绿色债券、扶贫债券、军民融合债券等创新品种发展。成功发行四川首单绿色债务融资工具，票面利率4.2%，为2018年全省同期限中期票据最低利率。四川首单精准扶贫票据顺利落地，募集资金全部用于凉山州普格县风电扶贫项目，助力深度贫困地区脱贫攻坚。2018年，四川企业在银行间市场累计发行“双创”债务融资工具36亿元，占全国的比重达30%。

三是直接融资配套政策措施逐步完善。会同省财政厅进一步完善直接债务融资奖补措施，非金融企业成功发行债务融资工具给予每年不超过500万元贴息，提高发行“双创”、绿色、扶贫、军民融合等领域创新型债券贴息标准，并给予主承销商奖励和增信机构风险补偿。全年共有36家企业、23家机构获得14 817.4万元直接债务融资财政贴息和奖补资金。支持成都银行获得B类独立主承销商资格，争取交易商协会支持天府信用增进公司为民营企业公募债券增信。

四是直接融资后续管理机制不断强化。通过自主研发的货币信贷大数据系统动态监测存量债务融资工具风险指标，督促承销商开展风险排查，债券到期前3个月掌握发债企业经营情况及偿债资金安排，指导做好财务规划。建立多方联动机制，积极处置债券违约风险，及时向交易商协会报告风险情况，分别向省级相关部门、企业所在市州政府、监管部门、主承销机构函商，形成处置合力。

（五）金融改革稳步推进，创新发展成效明显

1.全面创新改革试验工作向纵深持续推进。2018年，四川省系统推进全面创新改革试验工作持续深化。金融产品和服务模式不断创新，多层次资本市场持续完善。财政金融互动政策进一步加强，小微企业信贷风险补偿政策有序落地。自贸区金融创新政策积极推进，人民币跨境业务成效显著。银行融资服务持续创新，形成了以核心企业带动为特点的应收账款融资、专利权质押融资等可复制可推广的融资新模式。2018年末，全省通过中征应收账款融资平台累计实现融资交易4 425笔，金额3 950.7亿元，其中2018年共计成交1 369笔，成交金额1 081.0亿元。在专利权质押方面，全省已有14个市（州）开展专利权质押融资，融资总额116.2亿元，质押专利3 416件，居中西部前列。聚焦重点领域，直接债务融资创新发展。财政金融互动政策进一步完善，对符合条件的小微企业新增贷款给予1‰~1%的奖励，对融资担保机构的小微企业贷款担保损失给予最高10%的风险补贴，对债券融资等进行分档分段贴息和适当风险补贴，对创新品种提高奖补比例，2016~2018年，省级财政兑现相关金融服务奖补金15.3亿元。各市州对接省级财政金融互动政策，通过贴息、分险、奖补、担保等措施加大对民营、小微企业金融服务的支持力度。

2.全面推进成都市农村金融服务综合改革取得突出成效。2018年以来，成都市农村金融服务综合改革试点各项改革任务有序落实，在构建和完善农村金融服务体系、创新金融产品和服务方式、推广“农贷通”融资综合服务平台、拓宽农村地区和县域融资渠道等方面取得显著成效。2018年新成立的中际融资租赁公司、众惠农业保险经纪公司分别成为全省首家涉农融

资租赁机构、涉农保险经纪公司。成都农交所与省内16个市州、120个县联网运行，累计实现各类农村产权交易891.6亿元。完善省市县三级涉农担保合作体系，涉农担保在保余额53亿元。农村金融产品和服务方式创新加快。截至2018年末，已有93家银行、担保、保险机构上线“农贷通”，平台注册用户1.2万余户，线上发放贷款6 403笔、金额58.3亿元。发布股权和基金投资、“天府源”品牌推广等产品，落地项目124个、金额15.8亿元。“三农”融资渠道进一步拓宽。设立规模100亿元的乡村振兴发展基金用于特色乡镇和川西林盘建设。设立了5亿元的“成都市现代农业产业发展引导资金”，设立工行涉农基建基金等8只总规模达108.5亿元的涉农产业基金。

3. 四川自贸区金融改革稳步推进。推动出台自贸区政策实施细则，从扩大人民币跨境使用、深化外汇管理改革、推动金融改革创新、优化金融服务、加强监测管理等五个方面推动金融支持自贸区建设。开展“金融走进自贸区”活动，加强金融政策宣传普及和政银企沟通联系，积极宣讲有关政策。积极推进资本项目收入结汇支付审核便利化试点工作落地，7家银行为25家企业成功办理资本项目收入结汇支付审核便利化试点业务。探索实施服务贸易对外支付税务备案表电子化，提高企业付汇效率。继续深入推动跨国公司外汇资金集中运营管理，17家跨国公司集团累计归集境外资金23.7亿美元，参与企业家数和运营资金规模居中西部首位。获得转口贸易便利化政策的批复，解决企业在运输模式、单证类型、预收货款等方面的政策诉求。继续发挥全口径跨境融资宏观审慎管理政策红利，境外发债融资发展迅速。2018年四川省外债资金实际流入43.6亿美元，同比增长85.0%。

专栏3　加快构建绿色金融体系　助力经济高质量发展

按照四川省委《关于全面推动经济高质量发展的决定》要求和全省生态环境保护大会有关决策部署，中国人民银行成都分行、四川省地方金融监督管理局会同有关部门，坚决贯彻落实省委省政府关于生态文明建设、绿色金融发展工作的一系列要求，践行“绿水青山就是金山银山”的工作理念，努力构建全省绿色金融体系，创新绿色金融服务，支持绿色产业发展，助力四川省西部金融中心建设和区域协调发展。

第一，构建绿色金融发展工作长效机制。2018年初，《四川省绿色金融发展规划》发布实施，为四川省绿色金融发展明确了顶层设计。有关市（州）根据实际情况相继出台了本地区绿色金融发展规划或实施意见，明确了目标任务，制订了工作方案。2018年10月，省级七部门联合发布了《关于开展绿色金融创新试点的通知》，确定成都市新都区、广元市、南充市、雅安市和阿坝州为四川省绿色金融创新试点地区。年末，四川省绿色金融创新试点启动会议暨四川省金融学会绿色金融创新试点培训班成功举办。随着各项配套制度的逐步完善，省市区协同配合的绿色金融发展长效机制在四川省已基本形成。

第二，培育绿色金融创新发展新格局。经过实践，部分地区在绿色金融体系建设、绿色金融产品和服务创新等方面已经积累了改革经验，取得了创新突破，促进了经济发展，逐渐形成了四川省绿色金融创新发展多点多极、区域协同的良好格局。例如，成都市专门确定新都区为绿色金融功能区，制订了专项行动方案，打造市域绿色金融中心。广元市建立了绿色信贷管理体系和绿色信贷制度，开发的CDM项目成功在上海世博会、广州亚运会期间作为碳中和项目进行了交易。南充市不断健全金融服务体系、优化金融资源，制定了专门的绿色信贷管理办法和绿色金融统计标准。雅安市大力发展绿色信贷，助力绿色资源利用和绿色产业发展。阿坝州积极探索绿色金融助推“三区三州”深度贫困地区脱贫攻坚。2018 年 5 月，四川省向国务院申请设立四川省广元市国家绿色金融创新试验区，目前已获得国家有关部门积极响应，有望获批。

第三，推动绿色金融各项指标突破提升。2018 年，四川省绿色金融各项指标加快提升。一是绿色信贷较快增长。截至 2018 年末，四川省绿色信贷余额 5 163.5 亿元，较年初增加 551.3 亿元，增长 12.0%，绿色信贷余额占各项贷款余额（不含个贷）的 13.6%，绿色信贷增量占各项贷款（不含个贷）增量的 14.2%。二是绿色资本市场逐步壮大。2018 年，四川省资本市场绿色板块企业突破 100 家，达 131 家。其中，绿色上市企业 35 家、新三板挂牌企业 96 家，涵盖环保设备、环保工程、园林绿化、有机农业、新能源和可循环能源等低碳环保产业。三是绿色债券市场实现突破。2017 年 6 月，乐山市商业银行发行了首期 10 亿元绿色金融债，成为四川金融机构首只绿色金融债。四川纳兴实业集团有限公司发行 10 亿元 5 年期的绿色债券，实现了四川绿色企业债券发行零的突破。2017 年 11 月，中国节能环保集团以成都国际科技节能大厦为目标资产，发行了全国首单央企绿色认证商业房地产抵押贷款支持证券（CMBS），规模 8.2 亿元。成都轨道交通集团有限公司于 2018 年 11 月 20 日成功注册 70 亿元绿色中期票据，首期共计募集资金 20 亿元，期限 5 年，标志着四川省首单绿色债务融资工具正式落地。四是绿色保险稳步推进。四川省不断探索环境污染责任险试点，逐步形成了符合四川省实际的绿色保险和环境风险防范机制。2018 年，环境污染责任保险累计为 696 家企业提供风险保障 11.1 亿元，风险保障程度同比提高 9.4%。五是绿色交易加快发展。四川联合环境交易所已经成为全国非试点地区首家、全国第八家碳交易机构。四川碳市场自 2016 年开市以来累计成交国家核证自愿减排量约 592.17 万吨，按可比口径居全国第五。

（六）金融生态环境建设不断深化，金融基础设施持续完善

1. 信用体系建设持续推进。在金融信用信息基础数据库中为全省 6 599.5 万个自然人和 188.4 万户企业建立信用档案，全年提供个人信用报告查询 2 518.7 万次、企业信用报告查询 62.5 余万次。开展金融守信红名单企业评选，1 640 家红名单企业贷款余额 1 086.7 亿元。开展农村“三项评定”，评定信用农户 986 万户、信用乡（镇）1 254 个、信用村 15 905 个。建立“信用 + 信贷”模式，大力推广应收账款融资“甘泉行动计划”，全年通过中征应收账款融资平台实现应收账款融资 1 081.0 亿元。推广“银税互动”，5 468 户纳税诚信中小企业获得银行融资 213.7 亿元。在广元开展农村信用救助试点，对 9 182 户非主观恶意失信农户执行特殊金融扶持政策，重新评级授信，融资 2.3 亿元。在阿坝建立“事前预防 + 事中管理 + 事后督导 + 全程培育”的信用风险全流程控制措施，支持脱贫攻坚，形成全国典型。

2. 支付系统稳定运行。2018 年末，全省支付系统直接参与者 16 个，间接参与者 5 007 个。2018 年，四川支付系统发生业务 2.5 亿笔、金额 149.8 万亿元，同比分别下降 19.7% 和 5.0%。非现金支付业务量大幅增长。2018 年，四川省银行卡业务量 96.4 亿笔，交易金额 29.4 万亿元，同比分别增长 24.3% 和 10.4%，其中，银行卡消费 41.35 亿笔，金额 3.39 万亿元，同比分别增长 64.4% 和 39.5%。票据业务 1 284.3 万笔，金额 5.6 万亿元，笔数同比增长 0.6%，金额同比下降 6.1%。其中，云闪付业务发展迅速，截至 2018 年末，四川省云闪付 APP 累计注册用户 508 万户，累计新增 305 万户，全年共发

生银联二维码交易 6 479 万笔。农村支付环境持续改善。截至 2018 年末，全省存量银行卡助农取款服务点有 7.8 万个，农村地区电子银行客户数量已达 7 519.7 万户，同比增长 18.5%。企业账户服务进一步优化。积极落实放管服要求，优化营商环境，企业从递交申请到取得开户许可证缩短至 2~4 个工作日。第三方支付市场稳健发展。截至 2018 年末，全省共有 5 家法人支付机构、45 家登记备案的省外支付机构，全年共发生交易 33.6 亿笔、金额 1.3 万亿元。

3. 金融科技快速发展。中国人民银行成都分行深入推进总行“数字央行”大数据应用试点工作，迭代建设货币信贷大数据监测分析系统，覆盖信贷所有业务条线。2018 年末，四川金融 IC 卡累计发行 2.5 亿张，12 个市州全域、16 个市州主城区和 83 个县域实现面向全国的金融 IC 卡开放，多家银行网点、手机 APP、微信公众号可使用金融 IC 卡办理交通违法罚分罚款业务，旅游景区、高速公路、园区金融 IC 卡应用进一步深化。探索金融与科技深度融合的路径，增强四川金融业创新活力，进一步提升四川金融业数字化、智能化水平。

4. 扎实推进金融消费权益保护工作。2018 年，中国人民银行成都分行严格落实 12363 电话管理制度，建设四川 12363 呼叫中心，实现由原来的“属地接听，属地处理”转为“全省一点接入，属地分散处理”，全年共受理咨询 10 701 件，受理消费者投诉 1 845 件，已办结 1 830 件，投诉办结率 99.2%，及时化解纠纷。继续推动成都、德阳、绵阳、凉山、泸州等地构建完善金融消费纠纷非诉讼解决机制，为消费者提供多元化的投诉渠道。组织开展银行业机构、非银行支付机构金融消费权益保护自评估与评估，对 25 家金融机构开展了支付服务领域金融消费权益保护现场检查，推动银行业金融机构金融消费者投诉统计分类及编码行业标准实施。深入开展消费者宣传教育，组织中国人民银行四川各级机构和金融机构开展“金融消费者权益日”“守住‘钱袋子’”“金融知识普及月”集中宣传活动，积极推动金融知识纳入国民教育体系，构建宣传教育立体格局，不断提升消费者金融素养。推动地方金融广告治理机制建立完善，积极开展金融广告监测、甄别和分类处置工作。

二、经济运行情况

2018 年，全省经济延续总体平稳、稳中有进的发展态势，经济总量平稳增长。全省实现地区生产总值 40 678 亿元，同比增长 8.0%，增速较上年小幅回落 0.1 个百分点，高于全国 1.4 个百分点。在长期向好的同时，长短期、内外部等因素变化带来的风险挑战明显增多，内生增长动力有待进一步增强，经济增长仍面临下行压力。

（一）投资和消费缓中趋稳，对外贸易快中趋优

2018 年，在一系列稳增长措施带动下，四川省投资、消费需求相对稳定。

1. 投资增速稳中趋缓。2018 年，全省全社会固定资产投资同比增长 10.2%，增速与上年持平。从主要构成看，基建投资增长 15.7%，同比回落 1.5 个百分点，但依然是稳投资的主要支撑；制造业投资增长 6.7%，同比大幅回落 11.5 个百分点，电子信息、汽车制造两大支柱产业分别同比回落 111 个和 40.7 个百分点；房地产开发投资增长 10.6%，同比回升 13.1 个百分点，主要源于土地购置费统计方法调整以及三四线城市投资回暖。

2. 消费持续小幅放缓。2018 年，全省社会消费品零售总额同比增长 11.1%，增速同比回落 0.9 个百分点，高于全国 2.1 个百分点。从构成看，一是必需品消费快速增长，日用品消费增长 37.1%，服装、鞋帽消费增长 16.3%，粮油、食品消费增长 13%，明显高于总体增速。二是房地产相关消费较快增长，家具类消费增长 18.7%，家用电器消费增长 13.2%，略高于总体增速。三是大宗消费品增长低迷。受普及率快速提高、购置税优惠政策退出、消费倾向下降等多重因素叠加影响，全省汽车消费仅增长 3.2%，同比回落 3.7 个百分点。

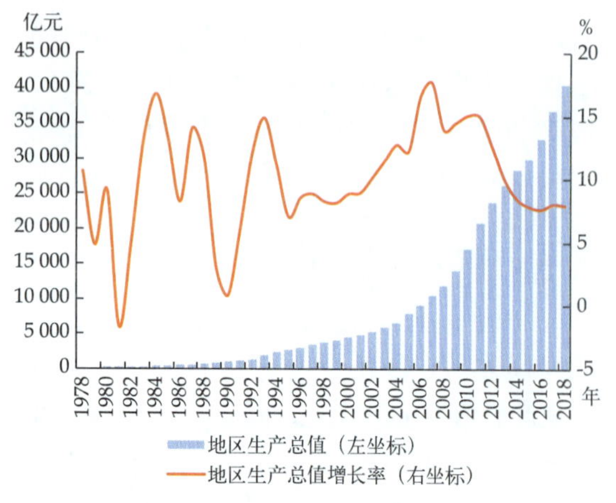

数据来源：四川省统计局。

图 5　1978~2018 年四川省地区生产总值及其增长率

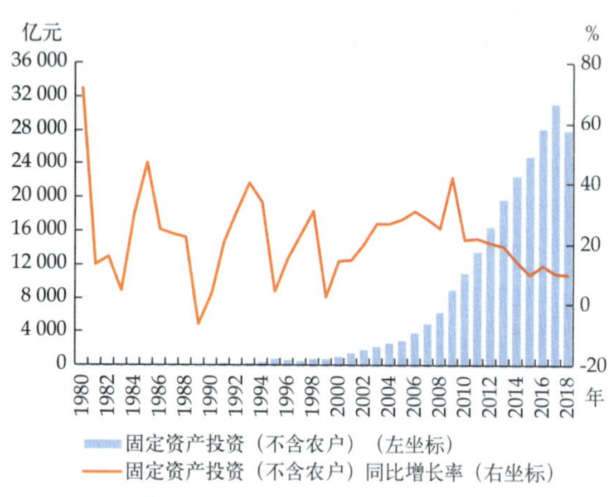

数据来源：四川省统计局。

图 6　1980~2018 年四川省固定资产投资（不含农户）及其增长率

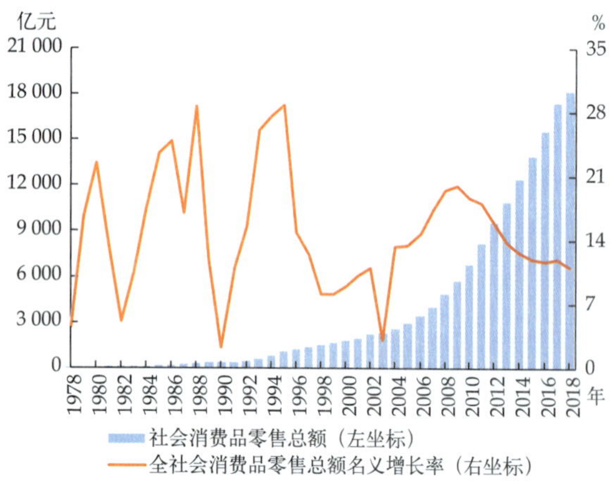

数据来源：四川省统计局。

图 7　1978~2018 年四川省社会消费品零售总额及其增长率

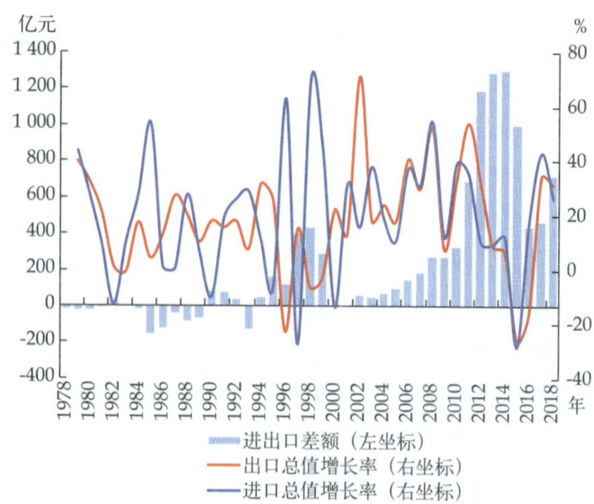

数据来源：四川省统计局。

图 8　1978~2018 年四川省外贸进出口变动情况

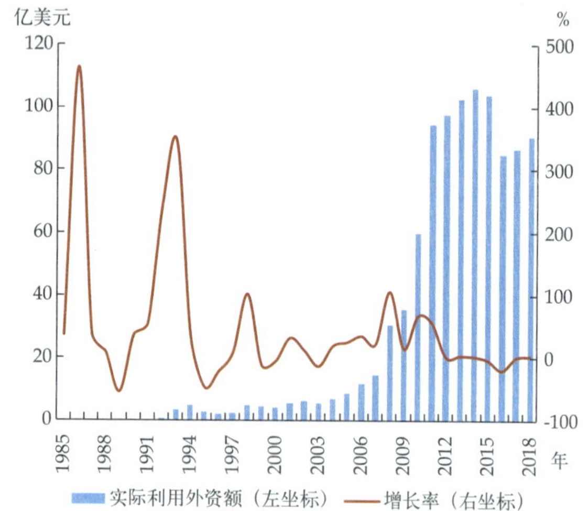

数据来源：四川省统计局。

图 9　1985~2018 年四川省实际利用外资额及其增长率

3. 对外贸易大幅增长，结构进一步优化。 四川克服全球经济增速放缓叠加中美贸易摩擦的不利影响，2018 年，对外贸易进出口总额 5 947.9 亿元，同比增长 29.2%，远高于同期全国 9.7% 的整体进出口增幅。其中，出口 3 334.8 亿元，增长 31.4%；进口 2 613 亿元，增长 26.5%。以加工贸易方式进出口 3 351 亿元，增长 29.5%；以一般贸易进出口 1 817.8 亿元，增长 30.2%；共同拉动进出口增长 25.8 个百分点，贸易方式更趋优化。“一带一路”带动对外承包工程出口货物快速增长，进出口大幅增长 68.8%。经营主体自主发展趋势更明显，民营企业进出口增长 45.6%，增速明显快于整体。进出口产品结构同步优化，机电产品和高新技术产品进出口占比提升，出口机电产品 2 709.8 亿元，同比增长 35.7%，占比提高至 81.3%；进口机电产品 2 324.8 亿元，同比增长 27.7%，占比提升至 89%。出口高新技术产品 2 231.9 亿元，同比增长 32.1%，占比提升至 66.9%；进口高新技术产品 2 066.8 亿元，同比增长 28.5%，占比提升至 79.1%。

（二）供给结构持续优化，服务业贡献不断增强

2018 年，四川产业结构持续优化，三次产业结构从 11.6 : 38.7 : 49.8 调整为 10.9 : 37.7 : 51.4，服务业占经济总量的比重较上年提高 1.6 个百分点，与全国的差距明显缩小。三次产业对经济增长的贡献率分别为 4.4%、26.9% 和 68.7%，第三产业贡献率占据主导地位。其中，民营经济增加值 2.3 万亿元，同比增长 8.1%，占地区生产总值的比重为 56.2%，对地区生产总值增长的贡献率为 57.1%。前 11 个月高技术产业增加值同比增长 13%，快于规模以上工业平均水平 4.7 个百分点，创新驱动战略稳步推进。全省城镇新增就业 107.1 万人，连续 4 年保持在百万元以上，城镇登记失业率为 3.5%，创近年来新低。

1. 农业生产基本稳定。2018 年，四川省粮食产量 3 493.7 万吨，增加 4.8 万吨，同比增长 0.1%；粮食播种面积略有下降，全年播种面积 6 265.6 千公顷，同比减少 0.4%。畜禽产能持续调整，受疫情的影响，养殖户避险情绪加重，生猪生产呈现存栏减少、出栏略增的态势，年末生猪存栏 4 258.5 万头，同比下降 2.7%；全年生猪出栏 6 638.3 万头，同比增长 0.9%。牛出栏数同比增长 3.3%，羊出栏数同比下降 2.2%，家禽出栏数同比增长 1.2%。

2. 工业运行总体平稳。2018 年，全省工业增加值 1.2 万亿元，同比增长 8.1%，对经济增长的贡献率为 37.6%。其中，规模以上工业企业增加值增长 8.3%，同比小幅回落 0.2 个百分点，高于全国 2 个百分点。分行业看，41 个大类行业中，34 个行业实现增长，其中，电子信息制造、酒饮料精制茶制造、电力热力生产供应、非金属矿物制品、汽车制造等五大行业继续支撑全省工业增长，贡献率合计达到 46.8%。

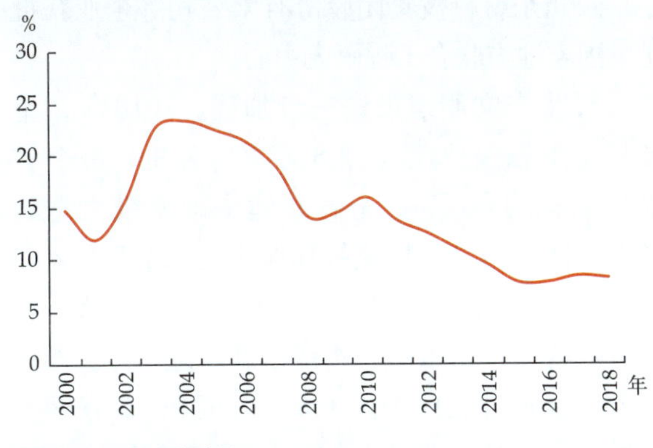

数据来源：四川省统计局。

图 10　2000~2018 年四川省规模以上工业增加值实际增长率

3. 第三产业加快发展。2018 年，第三产业实现增加值 20 928.8 亿元，同比增长 9.4%，第三产业贡献度达 68.7%。随着居民收入增长和消费结构升级，居民服务、商务服务等需求大幅增加，2018 年，居民服务业、租赁业、商务服务业规模以上企业利润总额同比分别增长 349.2%、316.4% 和 98.5%。

4. 供给侧结构性改革取得阶段性成效。近年来，四川着力深化供给侧结构性改革，推动制造业提质升级，积极培育壮大优势特色产业和战略性新兴产业，前瞻布局发展高端成长型产业。2018 年，高技术制造业增加值增长 13.6%，高于规模以上工业企业增加值增速 5.3 个百分点。高新技术产业实现主营业务收入 1.7 万亿元，比上年增长 9.1%。年末国家级重点实验室 14 个，省级重点实验室 116 个，国家级工程技术研究中心 16 个，省级工程技术研究中心 208 个。全年获得授权专利 87 372 件，实施专利项目 13 844 项，新增产值 1 960.8 亿元；登记技术合同 15 192 项，成交金额 1 004.2 亿元。科技研发投入力度不断加大，推动制造业创新主

体不断培育、创新平台加快建设、科技攻关力度不断加大，原始创新能力和集成创新能力不断增强。例如，攀钢集团牵头整合全产业链创新资源，积极创建国家产业创新中心等新兴产业创新平台。四川电器集团有限公司、四川川锅锅炉有限责任公司等一批制造业骨干企业获批国家企业技术中心，四川东材科技集团股份有限公司等企业获批建设国家地方联合工程研究中心。

5. 生态文明建设进一步加强。2018 年，全省划定生态保护红线 14.8 万平方公里，占全省幅员面积的 30.5%；全省共建成国家级生态县（市、区）15 个，国家级环保示范城市 2 个，国家生态文明建设示范县（市、区）5 个，国家“青山绿水就是金山银山”实践创新基地 2 个。2018 年末，全省自然保护区 166 个，面积 8.3 万平方公里。全省技术改造与淘汰落后产能资金 9 410 万元，支持工业节能节水工程建设和绿色低碳发展示范项目 55 个。全年安排省级环保专项资金 15.6 亿元，清理整治“散乱污”企业 2.6 万余家。

（三）物价保持基本稳定，居民收入持续增长

随着供给侧结构性改革的深入推进，农产品价格回稳并小幅上行，工业产品价格涨幅收窄，消费品价格增幅低位运行，市场供需总体平衡。

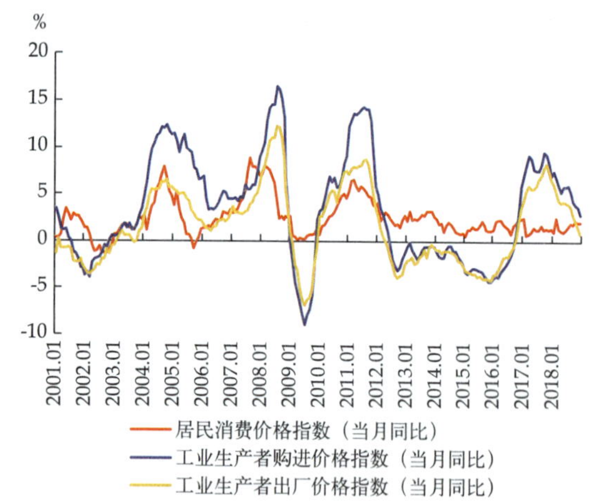

数据来源：四川省统计局。

图 11　2001~2018 年四川省居民消费价格指数和工业生产者价格指数变动趋势

1. 居民消费价格指数低位运行。2018 年，全省 CPI 累计上涨 1.7%，同比提高 0.3 个百分点，低于全国平均水平 0.4 个百分点。从长期趋势看，CPI 涨幅已连续第五年低于 2%。在八大类商品和服务中，服务类价格涨幅总体高于商品类，其中，医疗保健类上涨 2.8%，涨幅最高；粮油、肉禽蛋、鲜菜、鲜果等主要食品价格涨幅有限，全年上涨 1.3%。

2. 工业生产者出厂价格指数涨幅收窄。受市场需求放缓影响，2018 年全省 PPI 累计上涨 3.6%，同比回落 2.9 个百分点，高于全国 0.1 个百分点。轻工业全年平均上涨 1.9%，重工业上涨 5.1%；生产资料上涨 5.2%，生活资料上涨 1.3%。从涨价因素看，39 个大类中有 34 个上涨、1 个持平、4 个下降，其中非金属矿物制品业、黑色金属冶炼和压延加工业、化学原料和化学制品制造业、石油煤炭及其他燃料加工业、农副食品加工业这五大类涨幅最大，共同拉动 PPI 上涨 2.4 个百分点。

3. 劳动力成本平稳上升。2018 年，劳动力成本有所上升，劳动力人员从农村逐渐进入城镇，从第一产业向第二、第三产业转移。全省就业总量 4 881 万人，比上年末增加 9 万人；人均工资性收入 10 737 元，同比增长 7.2%。分城乡看，城镇就业人员 1 680 万人，比上年末增加 38 万人，人均工资性收入 18 530 元，同比增长 7.1%；乡村就业人员 3 201 万人，比上年末减少 29 万人，人均工资性收入 4 311 元，同比增长 7.3%。分产业看，三次产业就业人员占比由上年末的 36.8 : 27.0 : 36.2 调整为 35.9 : 27.2 : 36.9。

（四）财政收入稳定增长，支出结构不断优化

1. 财政收入平稳增长。2018 年，四川省主动适应经济发展新常态，坚决落实减税降费政策，积极发挥财政政策支撑引导作用，实现地方一般公共预算收入 3 910.9 亿元，较上年增长 9.3%。其中，税收收入 2 819.7 亿元，同比增长 16.0%；非税收入 1 091.2 亿元，同比减少 4.9%。

2. 支出结构不断优化。 2018 年，地方一般公共预算支出 9 718.3 亿元，完成预算的 96%，较上年增长 11.8%。保民生方面支出占比为 65.1%，同比提高 0.1 个百分点；支持发展方面支出占比为 20.1%，同比提高 0.2 个百分点；保运转方面支出持续下降，占比为 14.8%，同比下降 0.3 个百分点。

3. 严格实施债务限额管理。 2018 年末，全省显性政府债务余额 9 298 亿元，严格控制在国务院核定的 1.03 万亿元债务限额内，债务风险总体可控。债务主要用于支持交通运输、基础设施、脱贫攻坚及生态环保等重点项目建设。

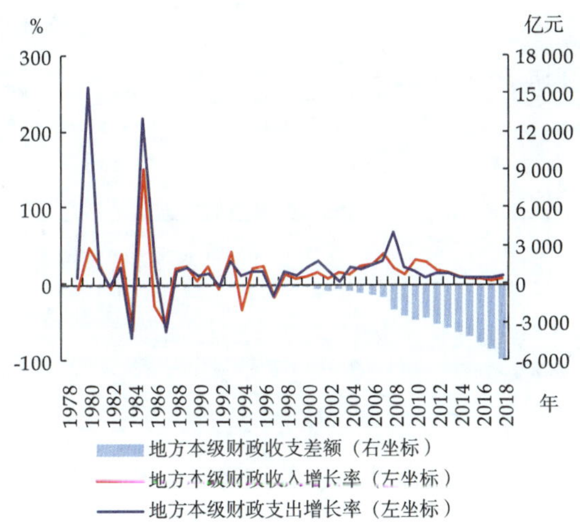

数据来源：四川省统计局。

图 12　1978~2018 年四川省财政收支状况

（五）房地产市场平稳发展，房地产金融合理增长

房地产市场保持平稳健康发展，住房金融服务加强。2018 年，四川省土地供应增长稳定，房地产开发用地供应面积 8 327.5 公顷，同比增长 59.2%。房地产开发完成投资 5 697.9 亿元，同比增长 10.6%。房屋新开工面积 14 094.4 万平方米，同比增长 22.3%。商品房销售面积 12 210.7 万平方米，同比增长 12.3%，但增速逐步回落。新建商品住宅价格稳定，二手房成交量回落。成都市与省内三四线城市在房地产开发投资、商品房销售面积等方面分化明显。

1. 房地产开发投资有所上升。 全年房地产开发投资 5 697.9 亿元，同比增长 10.6%。商品房施工面积 44 065.9 万平方米，同比增长 6.7%；商品房销售面积 12 210.7 万平方米，同比增长 12.3%；商品房竣工面积 5 635.3 万平方米，同比增长 0.3%。

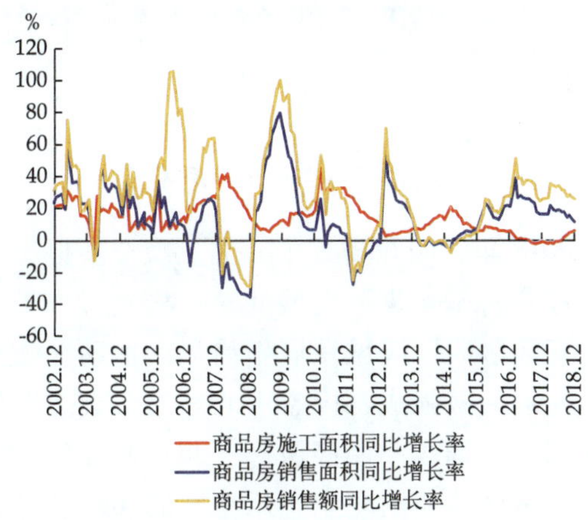

数据来源：中国人民银行成都分行。

图 13　2002~2018 年四川省商品房施工和销售变动趋势

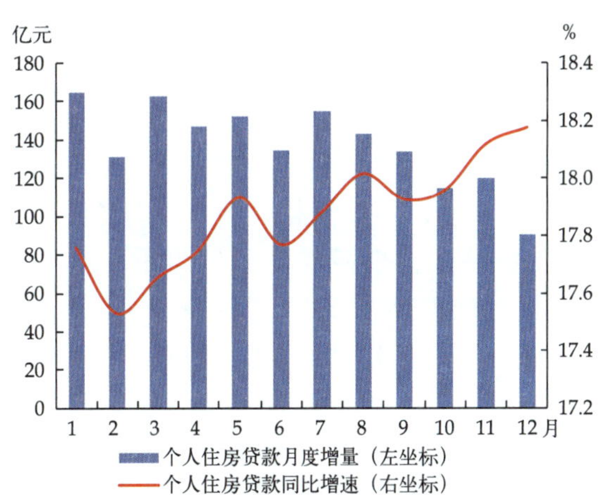

数据来源：中国人民银行成都分行。

图 14　2018 年四川省个人住房贷款增量和增速

2. 房地产信贷平稳增长。中国人民银行成都分行坚持“房住不炒”决策部署，落实好差别化住房信贷政策，做好住房信贷政策调控相关工作，切实防范和化解房地产金融风险，促进住房金融和房地产市场健康平稳运行。2018年末，四川省房地产贷款余额16 474.1亿元，较年初增加2 716.5亿元，同比增长19.8 %。其中，房地产开发贷款余额4 607.7亿元，较年初增加751.3亿元，同比增长19.5%；个人住房贷款余额10 763.2亿元，较年初增加1 655.8亿元，同比增长18.2%。2018年12月，个人住房贷款首套房贷款加权平均利率是基准利率的1.2倍，平均首付比例39.01%；再交易房贷款加权平均利率是基准利率的1.3倍，平均首付比例56.9%，维持合理水平。2018年末，四川省房地产业不良贷款余额76.8亿元，同比增长15.9%；不良率0.5%，同比下降0.02个百分点。

第二部分 “一干多支 五区协同”① 发展情况

一、各区域经济运行情况

2018年，四川省委十一届三次全会提出深入实施“一干多支”发展战略，构建“一干多支、五区协同”区域发展新格局，推动全省高质量发展。做强成都国家中心城市，大力发展环成都经济圈、川南经济区、川东北经济区、攀西经济区、川西北生态示范区的区域差异化协同发展，通过充分发挥成都“主干”引领辐射带动作用，形成“多支”协调联动的区域发展新格局。金融作为重要的要素保障，紧密契合对接“一干多支”的重点领域，创新金融服务，提升金融效率，为区域协调发展提供金融支撑。

（一）经济总量平稳增长

分区域看，环成都经济圈、川南经济区、川东北经济区、攀西经济区、川西北生态示范区同比分别增长8.8%、7.4%、8.0%、3.1%和7.4%，其中，甘孜、宜宾增速最快，分别为9.3%和9.2%。从地区生产总值看，成都依然占有绝对总量优势，地区生产总值1.54万亿元。

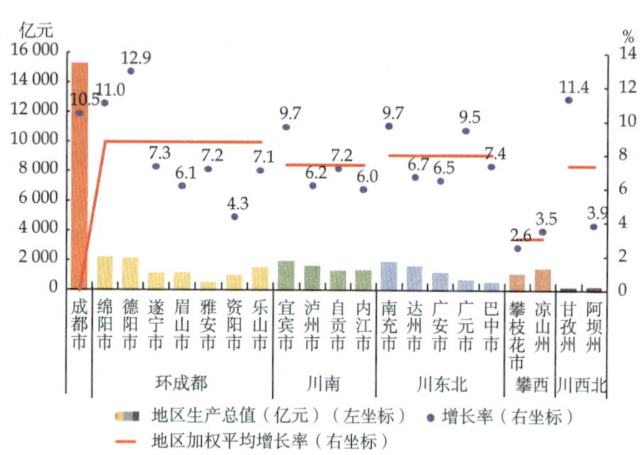

数据来源：四川省各地市《国民经济和社会发展统计公报》。

图15 2018年四川省各经济区生产总值增速

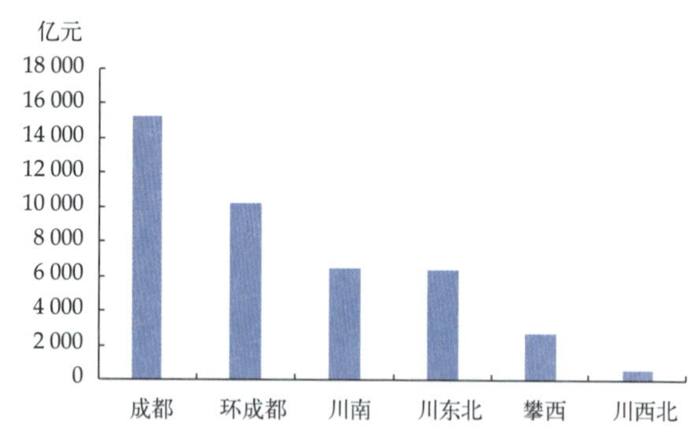

数据来源：四川省各地市《国民经济和社会发展统计公报》。

图16 2018年四川省各经济区生产总值

① “一干多支”中，“一干”是指成都市，“多支”是指环成都经济圈、川南经济区、川东北经济区、攀西经济区、川西北生态示范区；“五区协同”是指成都平原区、川南经济区、川东北经济区、攀西经济区、川西北生态示范区协同发展。

（二）产业结构继续调整优化

分产业占比看，成都市第三产业占比最大，达到54%；川西北第三产业占比相对较低，为37%。2018年，互联网相关行业继续保持了高速增长势头，带动和影响一大批新经济产业和行业的蓬勃发展，推动新服务业快速发展。如电子商务带动邮政业务高速增长。随着居民消费结构升级，旅游、文体、康养产业呈现蓬勃发展势头。各地加强落实加快发展生产性服务业、生活性服务业两个指导意见，服务业领域放宽市场准入实施规划出台，新一轮服务业综合改革试点启动等政策措施有助于推动服务业加快发展。

（三）固定资产投资整体平稳

分经济区看，成都"主干"引领，五大区域投资协同推进，联动发展，"支干"支撑作用增强。2018年成都平原经济区（包括成都市和环成都经济圈）完成全社会固定资产投资15 027.0亿元，比上年增长11.2%；川南经济区完成投资4 586.0亿元，增长9.3%；川东北经济区完成投资6 112.0亿元，增长10.8%；攀西经济区完成投资1 592.9亿元，增长0.3%；川西北生态示范区完成投资747.0亿元，增长12.7%。

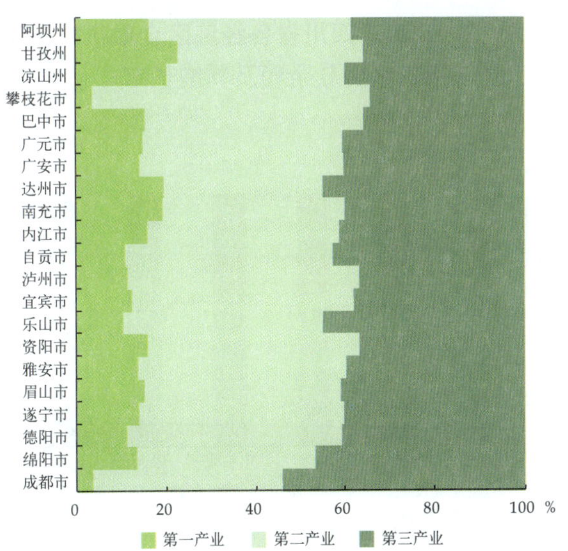

数据来源：四川省各地市《国民经济和社会发展统计公报》，中国人民银行成都分行工作人员计算所得。

图17 2018年四川省各地市三大产业占比

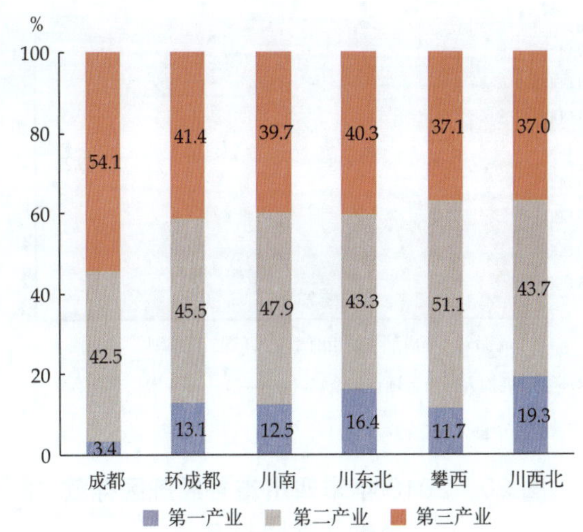

数据来源：四川省各地市《国民经济和社会发展统计公报》，中国人民银行成都分行工作人员计算所得。

图18 2018年四川省各经济区三大产业占比

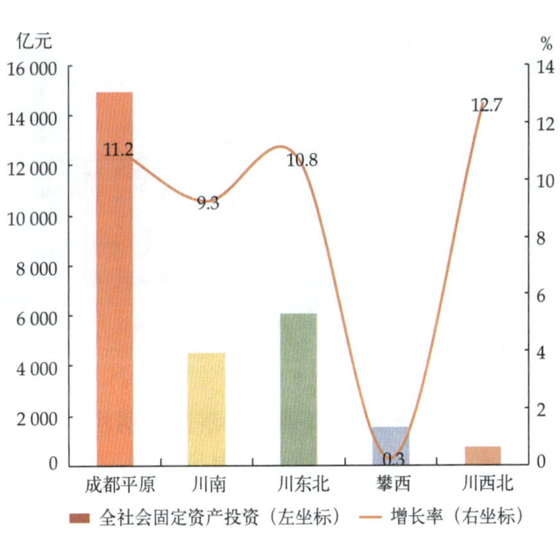

数据来源：四川省各地市《国民经济和社会发展统计公报》。

图19 2018年四川省各区域全社会固定资产投资及其增长率

二、各区域金融运行情况

（一）存款增速有所趋缓

2018年，全省银行业金融机构余额增速放缓。分区域看，攀西生态示范区存款增速领先全省，增速达12.1%，其中，凉山州存款增速达到15.2%；川东北和环成都圈存款增速低于其他经济区，川东北各项存款增速为2.9%。

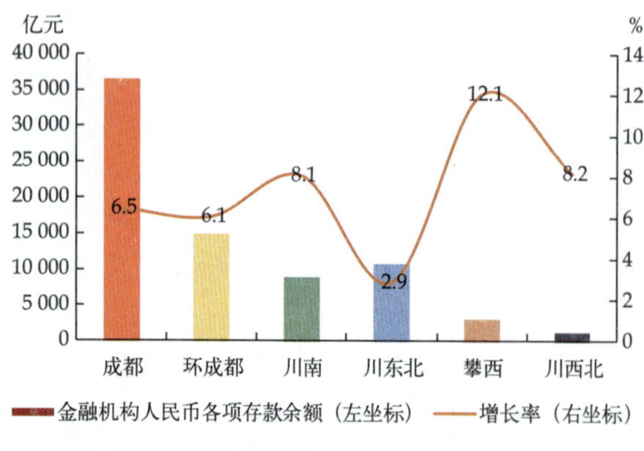

数据来源：中国人民银行成都分行。

图 20　2018 年末四川省各经济区存款余额及其增长率

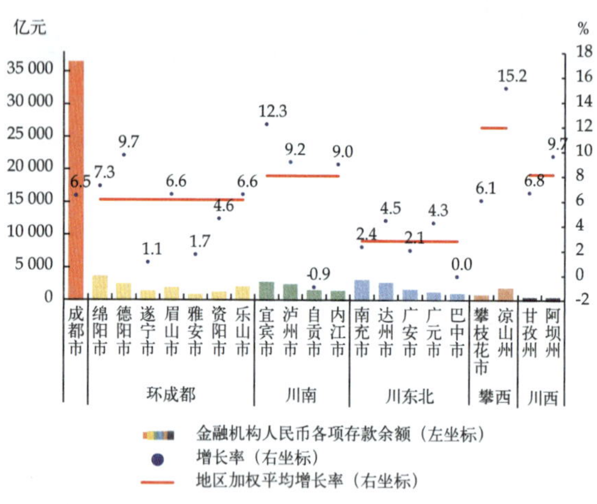

数据来源：中国人民银行成都分行。

图 21　2018 年末四川省各经济区金融机构人民币各项存款余额及其增长率

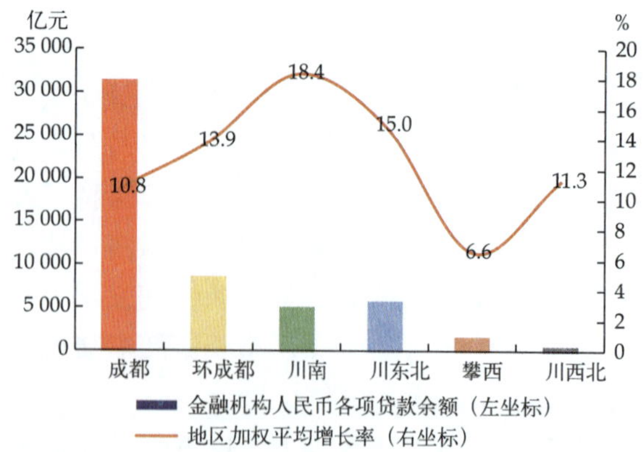

数据来源：中国人民银行成都分行。

图 22　2018 年末四川省各经济区贷款余额及其增长率

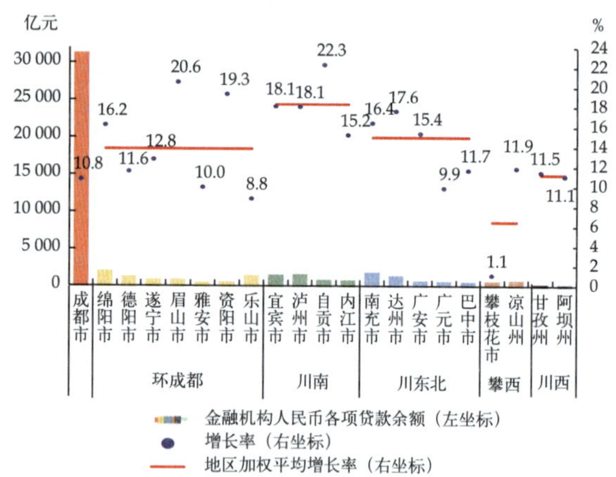

数据来源：中国人民银行成都分行。

图 23　2018 年末四川省各经济区金融机构人民币各项贷款余额及其增长率

（二）贷款总量平稳增长

2018年末成都、环成都经济圈、川南经济区、川东北经济区、攀西经济区和川西北生态示范区人民币贷款余额分别为3.14万亿元、8 820亿元、5 267亿元、5 842亿元、1 724亿元和653亿元，同比分别增长10.8%、13.9%、18.4%、15%、6.6%和11.3%。其中，2018年末，成都市法人机构贷款余额同比增长20.9%，促进了成都“主干”引领辐射作用发挥；成都平原区、川南、川东北、川西、攀西经济区法人机构贷款余额同比分别增长18.2%、19.6%、16.2%、

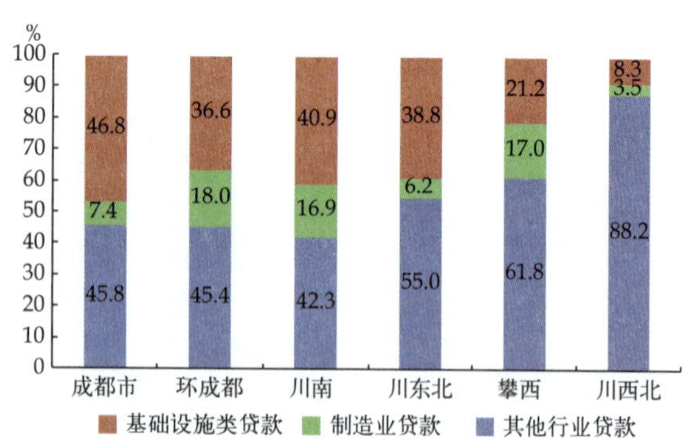

数据来源：中国人民银行成都分行。

图 24　2018 年末四川省各经济区贷款投向分行业占比

17.7% 和 10.0%。金融更好服务实体经济，促进全省各区域协同健康发展。川南、川东北和环成都经济区（圈）贷款增速领先全省，攀西增速偏慢但符合其生态保护区定位。

（三）信贷结构进一步优化

成都市基建贷款占比最高，达到 46.8%，这与成都基础设施建设体量大有关，同时因项目业主多为省级平台，融资聚集在成都。环成都经济圈、攀西经济区、川南制造业贷款集聚，制造业基础较好，通过在转型升级中提升资金回报率，吸引金融资源集聚，制造业贷款占比较高，分别达到 18.0%、17.0% 和 16.9%。川东北经济区金融精准扶贫贷款余额在全省份额最大，攀西经济区的增速最快。

（四）资产质量下行压力有所缓解

2018 年末，全省不良贷款余额较去年同期下降 38.69 亿元，不良贷款率 2.24%，同比下降 0.37 个百分点。环成都经济圈、川南经济区、川东北经济区、攀西经济区、川西经济区不良贷款余额分别同比下降 11.8%、4.3%、2.7%、2.0% 和 12.3%。环成都经济圈、川南经济区、川东北经济区、攀西经济区、川西经济区不良贷款率分别高出全省平均水平 0.8 个、0.5 个、2.0 个、2.3 个和 0.9 个百分点。

三、金融支持区域协同发展情况

（一）支持成都建设国家中心城市

1. 高端制造业金融支持力度逐步加大。成都制造业转型升级、关键共性技术研发和科技成果转化应用等领域金融支持力度持续加大，制造业核心竞争力不断增强。截至 2018 年末，“天府融通”融资对接平台已推送“中国制造 2025 四川行动项目”“新兴产业及高端成长型产业”等成都市企业及项目 609 个，银行授信总额 2 849.1 亿元，贷款余额 974.3 亿元，占全省重点工业企业和项目贷款余额的一半以上。

2. 金融科技融合发展。2018 年末，成都市科技贷款余额 385.5 亿元，其中科技园区建设贷款余额 21.1 亿元，科技企业贷款余额 364.4 亿元。通过直接融资进一步拓展融资渠道，2018 年成都市科技企业通过短期融资券、中期票据、公司债和企业债等方式直接融资 154 亿元。

3. 新经济健康发展。数字经济、智能经济、绿色经济、创新经济、流量经济、共享经济等六种经济形态的 215 家“潜在独角兽企业”“瞪羚企业”和种子期企业融资可获得性进一步提升。2018 年末，成都市新经济企业贷款余额 197.3 亿元。

4. 深化实体经济跨境金融服务。推动促进自贸试验区跨境贸易和投融资便利化，支持自贸试验区实体经济发展。深化跨境金融服务，进一步简化经常项目外汇收支手续，实施全口径跨境融资宏观审慎管理，鼓励企业境外发行人民币或外币债券。支持符合条件的企业参与跨国公司外汇资金集中运营管理和跨境双向人民币资金池业务，促进跨国公司在成都设立全球或区域结算中心。推动跨境人民币业务，大力支持对外工程承包等企业融入“一带一路”建设的重点领域。2018 年，全省跨境人民币结算金额 956.3 亿元，其中成都市结算量 812.7 亿元，同比增长 33%。

5. 金融资源加速聚集，支持成都市建设西部金融中心。存贷款保持适度增长，2018 年末，成都市本外币各项存款余额 3.8 万亿元，同比增长 5.7%，本外币各项贷款余额 3.3 万亿元，同比增长 11.9%。直接债务融资快速发展，2018 年成都市各类非金融企业在银行间市场实现直接债务融资 984.4 亿元。

（二）支持成都平原经济区协同发展

1. 经济区信贷结构不断调整优化。新兴服务业贷款较快增长，2018 年末，成都平原经济区科学研究技术服务业、文化体育娱乐业贷款余额分别为 185.7 亿元和 159.3 亿元，占全省的 89% 和 87%，余额同比增长 25.6% 和 30.3%，明显高于各项贷款增速。薄弱领域得到有力支持，2018 年末，经济区内民营和小微企业贷款余额 1.5 万亿元，同比增长 6%。

2. 绵阳科技和金融结合试点持续深化。科技金融专营机构金融支持作用逐步显现。截至 2018 年末，绵阳市 10 家金融机构共成立科技金融及军民融合专营机构 13 个，贷款余额 330.3 亿元，同比增长 24.7%。

3. 成资同城化发展有序推进。2018 年金融机构向成资渝高速公路资阳段建设工程累计发放贷款 83.2 亿元，向资阳市临空经济区产业新城基础设施项目发放贷款 17.1 亿元，向资阳中国牙谷牙科产业园建设项目累计发放贷款 1.3 亿元，持续支持德阳市基础设施互联互通、产业布局优势互补和公共服务对接共享等领域。

4. 眉山、乐山、雅安和遂宁旅游和科技产业健康发展。乐山市和眉山市设立景区支行、旅游支行等专营金融机构，积极满足旅游业金融服务需求。雅安市探索绿色金融与绿色经济协调发展模式，推动绿色示范市建设。遂宁市发挥金融支持作用，大力支持海绵城市改造等领域建设。

（三）支持川南经济区重点领域发展

川南四市重要领域和薄弱环节的信贷投入加大。自贡市重点项目、小微信贷投放快速增长，2018 年全市重点项目领域贷款增加 21.6 亿元，同比多增 4.9 亿元；小微企业贷款余额 350 亿元，同比增长 17.3%。宜宾市基础设施和民生领域的支持力度逐步加大，2018 年支持盐坪坝长江大桥建设 3.5 亿元、支持翠屏区和柏溪棚户区改造 12 亿元。内江市重要领域贷款继续发力，2018 年全市以交通运输、邮政仓储为主的基础设施贷款增加 5.5 亿元，余额同比增长 8.1%。泸州市薄弱领域贷款增长较快，小微企业贷款余额 414.7 亿元，增长 29.1%，增速高出各项贷款增速 11 个百分点；民营企业贷款余额 357.9 亿元，增长 17.1%；涉农贷款余额 675.1 亿元，增长 6%；租赁和商务服务业、批发和零售业、住宿和餐饮业等传统优势服务业贷款余额分别增长 31.1%、25.3% 和 72%。

（四）支持川东北经济区和攀西经济区转型升级振兴发展

1. 广安深化川渝合作示范区建设。围绕广安经济高质量发展主动作为、精准对接，重点领域和薄弱环节金融支持力度明显增强。

2. 广元市加快特色资源开发利用。2018 年向四川燃气发放并购贷款 2.6 亿元，加快广元天然气资源开发利用；大蜀道国际旅游目的地核心区、剑门关、生态康养、乡村旅游、旅游扶贫等项目的信贷投放有力，支持广元建设生态康养旅游名市。

3. 攀西战略资源创新开发实验区建设金融支持全面启动。科创贷、知来贷、银政保、银政担等科技金融创新产品逐步推出，支持实验区科技与金融结合发展。2018 年末，攀枝花市知识产权质押贷款余额 5 350 万元，其中专利权质押贷款余额 2 590 万元，商标权质押贷款余额 500 万元；办理专利权质押贷款贴息 23 万元。

（五）加大川西北经济区等深度贫困地区金融精准扶贫工作力度

1. 完善政策体系。转发中国人民银行总行《关于金融支持深度贫困地区脱贫攻坚的意见》，牵头起草《四川省深度贫困县脱贫攻坚金融扶贫专项 2018 年实施方案》和《2018 年金融精准扶贫工作计划》；组织召开 2018 年全省金融精准扶贫电视推进会、金融精准扶贫工作联席会、2018 年计划摘帽县金融精准扶贫工作电视会、金融支持凉山州脱贫攻坚推进会，协助承办全国金融精准扶贫经验交流暨工作推进会议，不断完善金融精准扶贫政策体系，推动金融扶贫工作开展。

2. 强化考核评估。按照省脱贫攻坚领导小组安排，牵头负责对 161 个县（市、区）政府金融精准扶贫工作成效考核。按照中国人民银行总行要求，组织对全省 66 个国定贫困县及其辖内金融机构开展金融精准扶贫政策导向效果评估，并将评估结果作为实施宏观审慎评估、扶贫再贷款支持、金融机构年度综合评价、劳动竞赛表彰等的参考依据。

3. 推广先进经验。牵头省级金融系统全国脱贫攻坚奖的申报工作；组织开展全省金融精准扶贫劳动竞赛，大力宣传金融精准扶贫工作中涌现的先进事迹、成功经验和典型案例。加强财政金融政策互动，推动全省45个深度贫困县将扶贫小额信贷分险基金分险比例调整至8：2。截至2018年末，甘孜、阿坝、凉山三州金融精准扶贫贷款余额573亿元，同比增长15.3%。

第三部分　预测与展望

2019年是中华人民共和国成立70周年，是全面建成小康社会的关键之年。随着“一带一路”倡议、长江经济带建设、自贸区建设、乡村振兴、精准扶贫等国家重大战略在四川交汇叠加，在高质量发展、“一干多支、五区协同”“四向拓展、全域开放”等新发展理念指引下，四川经济长期处于重要战略机遇期。但也要看到，国内外形势依然复杂严峻，世界经济总体延续复苏态势，但经济增长动能有所减弱，全球经济不确定性因素增加，国内经济结构调整和新旧动能转换仍需时日，机遇、风险与困难并存。四川经济金融运行中依然面临一些矛盾和问题，经济稳增长压力较大、投资拉动型路径依赖较强，先进制造业和现代服务业发展不足、经济发展质量总体还不高，金融供给结构不平衡、资本市场发展相对落后、局部金融风险不容忽视。

2019年，面对复杂多变的发展形势和挑战，四川将以习近平新时代中国特色社会主义思想为指导，全面贯彻中央关于经济金融工作各项决策部署，坚持稳中求进工作总基调，扎实推进供给侧结构性改革，认真落实“六稳”要求，四川经济将继续保持平稳健康发展态势。四川金融业将坚定党对金融工作的领导，认真执行稳健的货币政策，加大金融支持实体经济力度，打好防范化解重大金融风险攻坚战，积极推进金融业供给侧结构性改革，着力提升金融服务质量和效率，促进四川经济金融良性互动和持续健康发展。

中国人民银行成都分行货币政策分析小组

总　纂：周晓强　严宝玉　李　铀　王永强

统　稿：曾　好　王鲁滨　石　慧

执　笔：霍　帅　苟于国　郑敏闽　龙阅新　胡　冰　洪　伟　宋晓丹　田萍萍　吕　璐　朱　博　李　昕　王建伟　胡文静　何志远

提供材料的还有：王越子　胡荣兴　罗大为　杨　星　林大永

附录

（一）2018年四川省经济金融大事记

3月7日，全国首只乡村振兴基金在四川成立并投运。

5月22日，第四届中美省州长论坛在成都开幕，与会嘉宾围绕贸易投资、绿色发展、创新经济主题进行了交流讨论。

5月，四川省与中国香港特区正式建立“川港合作会议”机制。继粤港、京港、闽港、沪港之后，四川成为内地第五个、中西部第一个与中国香港特区建立合作机制的省份。

6月29日，四川省委召开十一届三次全会，审议通过《关于深入学习贯彻习近平总书记对四川工作系列指示精神的决定》《关于全面推动高质量发展的决定》。

8月20日，全国首只乡村振兴专项债券在上海证交所发行。项目总投资超过30亿元，用于泸州市泸县乡村振兴建设。

10月25日，首届成都绿色金融发展高峰论坛召开。

11月12日，四川省地方金融监管局正式挂牌。

11月20日，四川省民营经济健康发展大会在成都召开，出台促进民营经济健康发展20条政策措施。

12月17日，中国银行保险监督管理委员会四川监管局正式挂牌。

2018年四川省地区生产总值首次突破4万亿元，是继广东、江苏、山东、浙江、河南之后第六个地区生产总值超过4万亿元的省份。

（二）2018 年四川省主要经济金融指标

表 1　2018 年四川省主要存贷款指标

		1月	2月	3月	4月	5月	6月	7月	8月	9月	10月	11月	12月
本外币	金融机构各项存款余额（亿元）	74 125.4	75 117.3	76 144.4	75 357.0	75 856.0	76 618.4	76 078.9	76 409.8	77 419.1	77 105.7	77 397.4	77 391.0
	其中：住户存款	35 307.0	37 657.1	37 888.1	37 051.6	37 017.7	37 478.2	37 337.9	37 547.3	38 302.0	37 947.3	38 193.0	38 629.5
	非金融企业存款	19 164.3	18 387.7	18 999.9	18 940.3	18 941.8	19 341.8	18 926.3	18 871.1	18 818.9	18 604.5	18 636.4	19 070.0
	各项存款余额比上月增加（亿元）	1 045.9	992.0	1 027.1	-787.4	499.0	762.4	-539.5	330.9	1 009.2	-313.4	291.7	-6.3
	金融机构各项存款同比增长（%）	7.0	6.7	7.4	7.9	8.2	7.6	7.5	6.3	6.9	6.2	6.3	5.9
	金融机构各项贷款余额（亿元）	50 080.7	50 477.9	51 044.2	51 591.9	52 085.9	52 864.9	53 399.2	53 924.4	54 339.5	54 613.4	55 069.4	55 390.9
	其中：短期	10 589.8	10 693.6	10 690.0	10 697.5	10 751.0	10 827.1	10 860.0	10 886.6	10 826.0	10 782.8	10 768.0	10 623.1
	中长期	37 882.7	38 265.8	38 882.6	39 351.5	39 741.1	40 350.0	40 782.4	41 243.8	41 688.1	41 891.4	42 270.5	42 331.5
	票据融资	1 215.4	1 135.1	1 066.7	1 064.2	1 101.4	1 187.0	1 225.2	1 263.3	1 292.1	1 364.9	1 447.0	1 725.1
	各项贷款余额比上月增加（亿元）	909.2	397.2	566.2	547.7	494.0	779.1	534.3	525.2	415.1	273.9	456.0	321.4
	其中：短期	159.0	103.8	-3.7	7.5	53.5	76.1	32.9	26.6	-60.6	-43.3	-14.8	-144.9
	中长期	785.8	383.2	616.8	468.9	389.6	608.8	432.5	461.4	444.3	203.3	379.0	61.1
	票据融资	-46.4	-80.3	-68.5	-2.5	37.2	85.6	38.2	38.1	28.9	72.8	82.1	278.2
	金融机构各项贷款同比增长（%）	12.7	12.4	13.0	12.9	12.6	12.8	12.9	13.1	12.6	12.6	12.6	12.7
	其中：短期	1.5	2.5	2.5	2.5	3.1	3.8	4.1	4.4	3.8	3.4	3.2	1.8
	中长期	17.8	19.0	20.9	22.4	23.6	25.5	26.8	28.3	29.7	30.3	31.5	31.7
	票据融资	-22.2	-27.3	-27.6	-25.6	-18.1	-2.0	3.1	6.9	11.6	15.5	22.5	36.7
	建筑业贷款余额（亿元）	2 020.5	2 066.3	2 090.7	2 111.7	2 111.1	2 185.2	2 197.4	2 221.6	2 261.3	2 285.5	2 299.5	2 281.4
	房地产业贷款余额（亿元）	3 383.6	3 400.6	3 459.0	3 518.0	3 546.9	3 537.1	3 584.1	3 592.7	3 659.0	3 653.9	3 685.5	3 698.0
	建筑业贷款同比增长（%）	19.9	22.7	24.1	25.4	25.3	29.7	30.4	31.9	34.2	35.7	36.5	35.4
	房地产业贷款同比增长（%）	17.9	18.5	20.6	22.6	23.6	23.3	24.9	25.2	27.5	27.3	28.4	28.9
人民币	金融机构各项存款余额（亿元）	72 541.0	73 557.0	74 562.9	73 792.0	74 297.6	75 071.2	74 560.8	74 931.6	75 955.7	75 612.4	76 030.7	76 088.7
	其中：住户存款	35 098.2	37 442.5	37 673.7	36 836.4	36 800.6	37 251.4	37 105.5	37 313.8	38 071.1	37 716.0	37 964.5	38 402.8
	非金融企业存款	17 905.7	17 144.2	17 733.8	17 703.9	17 699.8	18 130.8	17 742.5	17 713.3	17 657.4	17 435.6	17 581.8	18 090.8
	各项存款余额比上月增加（亿元）	919.6	1 016.0	1 005.9	-770.9	505.6	773.6	-510.4	370.8	1 024.1	-343.3	418.3	58.1
	其中：住户存款	289.9	2 344.4	231.2	-837.3	-35.8	450.8	-145.9	208.4	757.3	-355.1	248.5	438.3
	非金融企业存款	-181.9	-761.6	589.6	-29.9	-4.1	431.0	-388.3	-29.2	-55.9	-221.9	146.3	509.0
	各项存款同比增长（%）	6.8	6.5	7.3	7.6	8.0	7.4	7.3	6.2	6.9	6.1	6.5	6.3
	其中：住户存款	2.6	8.9	9.1	8.7	8.6	8.5	8.7	8.4	9.1	9.6	10.2	10.4
	非金融企业存款	10.0	3.5	2.9	3.6	3.4	3.6	3.0	-0.7	-1.1	-2.5	-0.9	-0.3
	金融机构各项贷款余额（亿元）	49 011.2	49 393.3	49 943.6	50 403.1	50 850.5	51 618.3	52 130.6	52 667.0	53 095.0	53 348.8	53 725.3	54 097.8
	其中：个人消费贷款	11 347.7	11 480.8	11 699.9	11 866.9	12 059.7	12 224.5	12 410.2	12 603.9	12 772.6	12 835.5	13 000.5	13 090.7
	票据融资	1 215.4	1 135.1	1 066.7	1 064.2	1 101.4	1 187.0	1 225.2	1 263.3	1 292.1	1 364.9	1 447.0	1 725.1
	各项贷款余额比上月增加（亿元）	860.3	382.1	550.3	459.5	447.4	767.7	512.3	536.4	428.0	253.8	376.5	372.5
	其中：个人消费贷款	214.4	133.2	219.1	166.9	192.8	164.9	185.6	193.7	168.7	62.9	164.9	90.3
	票据融资	-46.4	-80.3	-68.5	-2.5	37.2	85.6	38.2	38.1	28.9	72.8	82.1	278.2
	金融机构各项贷款同比增长（%）	12.2	11.8	12.4	12.1	11.7	12.2	12.3	12.6	12.2	12.2	12.2	12.4
	其中：个人消费贷款	0.2	0.2	0.2	0.2	0.2	0.2	0.2	0.2	0.2	0.2	0.2	0.2
	票据融资	-22.0	-27.2	-27.5	-25.5	-18.0	-1.8	3.3	7.1	11.6	15.5	22.5	36.7
外币	金融机构外币存款余额（亿美元）	250.1	246.5	251.5	246.9	243.0	233.8	222.7	216.6	212.7	214.4	197.0	189.7
	金融机构外币存款同比增长（%）	26.3	29.5	23.4	35.1	31.9	18.6	13.1	10.1	3.9	5.7	-8.2	-16.7
	金融机构外币贷款余额（亿美元）	168.9	171.4	175.0	187.5	192.6	188.4	186.1	184.2	180.9	181.6	193.8	188.4
	金融机构外币贷款同比增长（%）	57.2	57.7	63.1	79.9	75.2	52.6	47.5	38.3	28.6	26.2	27.4	20.7

数据来源：中国人民银行成都分行。

表 2　2001~2018 年四川省各类价格指数

单位：%

		居民消费价格指数		农业生产资料价格指数		工业生产者购进价格指数		工业生产者出厂价格指数	
		当月同比	累计同比	当月同比	累计同比	当月同比	累计同比	当月同比	累计同比
2001		—		—	-2.2	—	—	—	0.4
2002		—		—	4.1	—	—	—	-2.3
2003		—	1.7	—	0.8	—	—	—	0.5
2004		—	4.9	—	10.9	—	—	—	5.4
2005		—	1.7	—	7.2	—	—	—	4.0
2006		—	2.3	—	3.3	—	—	—	1.9
2007		—	5.9	—	9.0	—	—	—	3.9
2008		—	5.1	—	16.6	—	—	—	9.3
2009		—	0.8	—	1.2	—	—	—	-3.5
2010		—	3.2	—	3.6	—	—	—	5.0
2011		—	5.3	—	12.4	—	—	—	7.3
2012		—	2.5	—	4.7	—	—	—	-1.4
2013		—	2.8	—	1.5	—	—	—	-1.3
2014		—	1.6	—	-1.2	—	—	—	-1.3
2015		—	1.5	—	1.5	—	—	—	-3.6
2016		—	1.9	—	3.7	—	—	—	-1.1
2017		—	1.4	—	-0.2	—	8.3	—	6.5
2018		—	1.7	—	1.8	—	5.3	—	3.6
2017	1	2.6	2.6	3.9	3.9	7.1		4.4	—
	2	0.8	1.7	3.8	3.8	8.2	7.7	5.5	5.0
	3	0.9	1.4	1.6	3.1	9.2	8.2	6.0	5.3
	4	1.2	1.4	0.6	2.4	8.9	8.4	5.7	5.4
	5	1.5	1.4	-0.8	1.8	7.8	8.2	5.7	5.5
	6	1.4	1.4	-3.5	0.9	7.6	8.1	6.0	5.6
	7	1.3	1.4	-3.5	0.3	7.7	8.1	6.7	5.7
	8	1.8	1.4	-3.4	-0.2	8.3	8.1	7.1	5.9
	9	1.4	1.4	-1.7	-0.4	9.6	8.3	7.9	6.1
	10	1.4	1.4	0.9	-0.3	9.4	8.4	8.3	6.3
	11	1.3	1.4	0.5	-0.2	8.5	8.4	7.5	6.4
	12	1.4	1.4	-0.4	-0.2	7.1	8.3	6.6	6.5
2018	1	1.1	1.1	-0.8	-0.8	7.5	7.5	6.2	6.2
	2	2.6	1.8	-0.7	-0.8	6.9	7.2	5.3	5.7
	3	1.4	1.7	1.0	-0.2	6.1	6.8	4.4	5.3
	4	1.2	1.6	0.9	0.1	5.4	6.5	4.2	5.0
	5	1.1	1.5	0.9	0.2	5.9	6.3	4.3	4.9
	6	1.3	1.4	2.4	0.6	5.9	6.3	4.2	4.8
	7	1.7	1.5	3.4	1.0	6.1	6.2	4.1	4.7
	8	2.0	1.6	4.1	1.4	5.4	6.1	3.7	4.5
	9	1.9	1.6	2.6	1.5	4.3	5.9	2.8	4.3
	10	2.3	1.7	1.9	1.5	4.0	5.7	2.3	4.1
	11	2.1	1.7	2.7	1.6	3.8	5.6	1.6	3.9
	12	2.1	1.7	3.4	1.8	2.9	5.3	0.9	3.6

数据来源：四川省统计局、《中国经济景气月报》。

表 3　2018 年四川省主要经济指标

	1月	2月	3月	4月	5月	6月	7月	8月	9月	10月	11月	12月
	绝对值（自年初累计）											
地区生产总值（亿元）	—	—	8 590.2	—	—	18 327.0	—	—	30 853.5	—	—	40 678.1
第一产业	—	—	618.5	—	—	1 544.3	—	—	3 461.9	—	—	4 426.7
第二产业	—	—	3 949.3	—	—	7 637.0	—	—	11 479.9	—	—	15 322.7
第三产业	—	—	4 022.4	—	—	9 145.8	—	—	15 911.7	—	—	20 928.7
工业增加值（亿元）	—	—	3 308.4	—	—	6 208.2	—	—	9 411.5	—	—	12 190.5
固定资产投资（亿元）	—	3 269.8	6 056.9	8 463.1	11 079.8	13 961.4	16 148.9	18 524.9	21 138.3	23 466.9	25 855.1	28 065.3
房地产开发投资	—	652.6	1 125.6	1 571.1	2 065.5	2 646.5	3 076.8	3 563.4	4 158.6	4 657.5	5 178.3	5 697.9
社会消费品零售总额（亿元）	—	2 829.0	4 277.0	5 718.6	7 238.2	8 725.0	10 210.0	11 661.2	13 143.1	14 830.7	16 492.8	18 254.5
外贸进出口总额（亿元）	407.2	764.4	1 182.7	1 594.3	2 045.3	2 499.1	3 048.0	3 621.8	4 221.1	4 818.7	5 435.5	5 947.9
进口	214.0	384.8	587.2	758.3	968.1	1 155.0	1 384.6	1 637.4	1 888.8	2 138.9	2 394.2	2 613.1
出口	193.1	379.7	595.5	836.1	1 077.3	1 344.1	1 663.4	1 984.4	2 332.3	2 679.8	3 041.2	3 334.8
进出口差额（出口－进口）	-20.9	-5.1	8.2	77.8	109.1	189.1	278.8	347.0	443.4	540.9	647.0	721.7
实际利用外资（亿美元）	—	11.0	24.3	31.2	37.5	51.7	53.3	59.6	68.7	74.5	82.4	90.8
地方财政收支差额（亿元）	—	-440.7	-1 035.1	-1 328.9	-1 648.9	-2 908.5	-3 138.7	-3 556.2	-4 326.3	-4 727.1	-4 865.1	-5 807.4
地方财政收入	—	658.0	1 086.4	1 379.4	1 817.4	2 215.6	2 533.7	2 736.9	3 009.4	3 280.8	3 551.6	3 910.9
地方财政支出	—	1 098.7	2 121.5	2 708.2	3 466.4	5 124.1	5 672.4	6 293.1	7 335.7	8 007.9	8 416.7	9 718.3
城镇登记失业率（%）（季度）	—	—	—	—	—	—	—	—	—	—	—	3.7
	同比累计增长率（%）											
地区生产总值	—		8.2	—	—	8.2	—	—	8.1	—	—	8.0
第一产业	—	—	3.3	—	—	3.6	—	—	3.8	—	—	3.6
第二产业	—	—	7.4	—	—	7.3	—	—	7.7	—	—	7.5
第三产业	—	—	9.9	—	—	9.9	—	—	9.5	—	—	9.4
工业增加值	—	8.5	8.2	8.2	7.8	8	8.1	8.3	8.4	8.3	8.3	8.3
固定资产投资	—	10.8	10.8	10.9	10.6	11	10.8	10.7	10.6	10.4	10.3	10.2
房地产开发投资	—	-1.5	-4.6	-3.6	-3.4	-1.7	-0.6	1.3	4.6	6.5	8.3	10.6
社会消费品零售总额	—	12.2	12.4	12.1	11.8	11.7	11.5	11.5	11.4	11.3	11.1	11.1
外贸进出口总额	29.4	26	25.7	29.2	28.1	24.9	27.0	27.5	28.8	30.5	30.7	29.2
进口	33.8	17.5	21.3	23.8	25.2	21.9	24.8	26.0	25.9	28.0	27.1	26.5
出口	24.8	36.1	30.3	34.6	30.8	27.5	28.8	28.8	31.2	32.5	33.2	31.4
实际利用外资	—	-15.8	-13.3	-1.4	-2.8	2.1	0.7	3.3	3.9	6.5	8.0	11.1
地方财政收入	—	19.8	12.1	14.4	15.2	14.1	14.5	14.3	13.3	12.1	10.4	9.3
地方财政支出	—	1.9	8.6	8.6	6.4	10.8	10.0	9.5	11.0	10.8	10.6	11.8

数据来源：四川省统计局、《中国经济景气月报》。

贵州省金融运行报告（2019）

中国人民银行贵阳中心支行货币政策分析小组

[内容摘要] 2018年，贵州省坚持以供给侧结构性改革为主线，坚持以脱贫攻坚统揽经济社会发展全局，深入实施“大扶贫、大数据、大生态”三大战略行动，加快推进三大试验区建设，全面落实“六个稳”部署，经济社会发展呈现“稳中有进、结构优化、质量提升、动能增强、民生改善”的良好态势。

一是主要经济指标快速增长，综合经济实力跃上新台阶。2018年全省地区生产总值14 806.5亿元，增长9.1%，增速居全国第一，高于全国平均水平2.5个百分点，连续8年位居全国前列。二是脱贫攻坚连战连捷，贫困发生率持续下降。全力打好“四场硬仗[①]”，聚焦“八要素”[②]大力推进农村产业革命，扎实开展“春风行动”“夏秋攻势”“秋后喜算丰收账”“冬季充电”，14个县脱贫摘帽，贫困人口减少148万人，贫困发生率下降到4.3%。三是投资保持快速增长，消费和进出口有所回落。2018年全省固定资产投资增长15.8%，增速位居全国第一，高于全国平均水平9.9个百分点。重点领域投资增长较快，其中，与大数据相关的信息传输、软件和信息技术服务业投资增长49.7%，高技术产业投资增长27.7%，生态环保产业投资增长26.3%。高耗能行业投资持续下降。全省社会消费品零售总额增长8.2%，自2001年以来首次回落到个位数区间。建筑及装潢材料类、与汽车消费相关的限额以上石油及制品类和化妆品类等升级类商品消费增长较快，网络零售增速达30%。招商引资持续发力，实际利用外资增长15.3%。全省进出口总额下降9.1%。四是“三去一降一补”成效明显。多措并举降低企业成本500多亿元。关闭煤矿74处，压减产能1 038万吨，采煤机械化程度达到71.7%。卫生和社会工作、教育以及基础设施等短板领域投资分别增长38.9%、35.9%和15.8%。五是产业结构持续优化，大数据产业和现代服务业快速发展。三次产业比重调整为14.6：38.9：46.5。全省农业增加值增长6.8%。制造业增加值占规模以上工业增加值比重达70.6%，其中，装备制造业、高技术制造业增加值分别增长10.5%和14.8%，增速均高于规模以上工业增加值。1 625户企业与大数据实现深度融合，电信业务总量增长165.5%，电子信息制造业增加值增长11.2%。服务业增加值增长9.5%，现代服务业占服务业比重提高到41%。旅游业持续“井喷”，全省旅游总人数、旅游总收入分别增长30.2%和33.1%。六是新旧动能转换加快。全力推进千企改造、千企引进“双千工程”，对1 688户工业企业实施技术改造，引进技术含量高、成长性好的企业1 100多家。实施“万企融合”[③]大行动，上云企业突破1万户，高新技术企业突破1 000家。新经济、绿色经济和民营经济占比分别达到19%、40%和55%，全员劳动生产率提高到每人6.8万元，科技进步贡献率提高到48.6%。七是生态文明建设稳步推进，生态环境持续向好。完成国家生态文明试验区11项年度改革任务。在全国率先实施磷化工企业“以渣定产”，县城以上城市空气质量优良天数比率保持在97%以上，主要河流出境断面水质优良

①基础设施建设、易地扶贫搬迁、产业扶贫和教育医疗住房“三保障”。

②产业选择、培训农民、技术服务、资金筹措、组织方式、产销对接、利益联结和基层党建。

③1万户以上的企业与大数据深度融合。

率保持100%，森林覆盖率提高到57%。八是人民群众获得感、幸福感、安全感持续增强，就业、物价保持稳定。城镇新增就业77.7万人，登记失业率控制在目标范围内。城镇、农村常住居民人均可支配收入分别增长8.6%和9.6%。物价水平总体稳定，居民消费价格保持温和上涨。在西部率先实现县域义务教育基本均衡发展。在全国率先建成省市县乡四级公立医院远程医疗服务体系，开展远程医疗会诊服务23.6万例。建成城镇保障性安居工程35.8万套，改造农村危房20.6万户。

2018年，全省金融业立足贵州省发展实际，紧紧围绕省委省政府决策部署，不断优化金融资源配置，着力加大对脱贫攻坚、民营和小微企业等重点领域和薄弱环节的支持力度，持续提升服务质量和水平，为全省供给侧结构性改革和经济高质量发展营造了适宜的货币金融环境，对经济的支撑作用进一步凸显。

一是银行业对实体经济支持力度持续加大。银行业资产规模稳步扩张，增长6.6%。盈利能力有所提升，净利润增长12.9%。银行体系进一步健全，平安银行贵阳分行、进出口银行贵州省分行开业，浙商银行贵阳分行获批筹建。年末全省金融机构本外币各项存款余额26 542.5亿元，增长1.3%；本外币各项贷款余额24 811.4亿元，增长18.3%，其中，人民币各项贷款余额24 715亿元，增长18.5%。信贷结构持续优化，重大工程、重点项目等领域的信贷投放力度持续加大，煤炭钢铁等产能过剩行业贷款进一步下降，大数据、软件等新兴产业贷款快速增长。薄弱环节支持力度持续加大，年末全省精准扶贫贷款、小微企业贷款、涉农贷款和保障性住房开发贷款余额分别增长24.1%、35.9%、24.7%和68.7%。贷款利率总体小幅上行，小微企业贷款利率持续下降，较上年下降17.71个基点。实现市州级市场利率定价自律机制全覆盖，并在开阳县成立全省首家县级自律机制。年末全省金融机构不良贷款率1.94%，下降0.69个百分点，金融风险总体可控。二是证券业稳健发展，多层次资本市场建设成效明显。证券和期货经营机构发展整体平稳但盈利水平有所下降，全年营业收入分别减少16.1%和8.4%。区域股权市场和法人证券公司规范发展。市场融资能力进一步发挥，全年上市公司和新三板挂牌公司融资总额307.7亿元，其中境内上市公司股票市场累计融资66.6亿元，增长244.6%；债券市场累计筹资237.5亿元，其中公司债179.6亿元，增长3.5%。期货市场全年成交量551.4万手，减少4.9%；成交金额3 513.9亿元，增长7.3%，较上年有所回升。三是保险业服务能力持续增强。全省实现原保险保费收入445.9亿元，增长15.0%。保险行业累计提供各类风险保障30.7万亿元，增长26.9%，赔付支出181.3亿元，增长17.9%。财产险公司较快发展，非车险业务占比提升。保险业务结构持续优化。保险助推脱贫攻坚功能有效发挥，开展保险扶贫项目132个，承保贫困人口884.4万人次、贫困户278.2万户次，提供风险保障7 770.6亿元，为66.1万人次贫困人口、4.7万户次贫困户支付赔款6.6亿元。四是金融市场运行总体平稳。全省社会融资规模新增4 168.5亿元，同比少增1 033.3亿元。其中，信贷融资新增占比92.2%，较上年上升19.9个百分点；表外业务融资规模较上年下降609.1亿元；全省企业债券融资规模较上年下降9.2亿元，近5年来首次出现负增长。货币市场交易持续活跃，货币市场利率整体下行。贵州银行、贵阳银行分别成功发行绿色金融债券各50亿元，实现全省绿色金融债券发行零突破。五是金融生态环境建设工作持续推进，金融基础设施进一步完善。深入开展金融生态环境测评工作，着力优化区域信用环境。金融信用信息基础数据库覆盖面不断扩大，联合激励和惩戒的效果显现，已收录11.7万户企业组织和2 563.9万自然人的信用信息，提供企业和个人信用报告查询16.8万次和1 090.0万次。支付体系进一步健全，支付清算系统覆盖率达100%。大力推进移动支付便民示范工程，全省多地实现小额免密免签闪付和二维码扫码支付乘坐公交车，并将应用拓展至食堂、校车、餐饮商户等场景。农村支付环境进一步完善，助农取款点达到37 861个。

金融消费权益保护工作高效推动，成立贵州省金融消费权益保护联合会，贵州省中国人民银行各分支机构受理与处理金融消费者投诉177件、咨询2 755件，办结率100%。“蒲公英”金融志愿服务行动深入推进，全年招募志愿者13 702名、联络员5 783名，联系帮扶乡村11 568个。

2019年是贵州省与全国同步全面建成小康社会的决战之年，全省将坚持以脱贫攻坚统揽经济社会发展全局，坚持稳中求进工作总基调。预计地区生产总值全年增长9%左右，力争超过1.6万亿元，减少农村贫困人口110万人。中国人民银行贵阳中心支行将继续认真贯彻货币政策和宏观审慎政策双支柱框架调控要求，落实好稳健货币政策，推动信贷总量与地区社会融资规模合理增长，引导金融机构持续加大对民营和小微企业、脱贫攻坚、乡村振兴等重点领域和薄弱环节的金融支持力度，继续打好防范化解重大风险攻坚战，稳步推进金融改革创新，着力提升金融管理和服务水平，进一步助推全省经济高质量发展。

一、金融运行情况

2018年，贵州省金融业保持良好发展态势，全省金融业增加值866.6亿元，同比增长6.8%。货币政策和宏观审慎政策双支柱调控要求有效贯彻落实，全省货币信贷和地区社会融资规模合理增长，信贷结构进一步优化，多层次资本市场建设成效明显，保险服务能力持续增强，金融市场运行总体平稳，金融生态环境建设持续推进。

（一）银行业金融机构存贷款增长分化，服务实体经济能力不断提升

2018年，面对国内经济下行压力，贵州省银行业金融机构主动适应经济发展新常态，以服务供给侧结构性改革为主线，围绕解决金融服务供给不平衡不充分问题，不断优化资源配置，持续提升存贷款利率定价水平，有力支持了全省经济高质量发展。

1. 银行业资产规模稳步扩张，盈利能力有所提升。2018年末，全省银行业金融机构资产和负债总额分别为37 047.4亿元和35 313.1亿元，同比分别增长6.6%和5.9%。贵州银行、贵阳银行和村镇银行实现县域全覆盖，平安银行贵阳分行和中国进出口银行贵州省分行开业运营，浙商银行贵阳分行获批筹建，银行体系更趋完备。全省银行业实现净利润462.3亿元，同比增长12.9%，资产收益率进一步提高。

表1　2018年贵州省银行业金融机构情况

机构类别	营业网点			法人机构（个）
	机构个数（个）	从业人数（人）	资产总额（亿元）	
一、大型商业银行	1 090	23 043	9 797.0	0
二、国家开发银行和政策性银行	71	1 626	5 753.0	0
三、股份制商业银行	111	2 876	1 808.3	0
四、城市商业银行	522	10 562	8 331.6	2
五、城市信用社	0	0	0	0
六、小型农村金融机构	2 269	25 443	7 976.4	84
七、财务公司	5	111	1 256.4	3
八、信托公司	1	387	213.2	1
九、邮政储蓄银行	963	2 641	1 257.0	0
十、外资银行	1	10	4.9	0
十一、新型农村金融机构	138	4 482	455.2	84
十二、其他	4	212	193.6	1
合　计	5 175	71 393	37 047.4	175

注：营业网点不包括国家开发银行和政策性银行、大型商业银行、股份制商业银行等金融机构总部数据；大型商业银行包括中国工商银行、中国农业银行、中国银行、中国建设银行和交通银行；小型农村金融机构包括农村商业银行、农村合作银行和农村信用社；新型农村金融机构包括村镇银行、贷款公司和农村资金互助社；“其他”包含金融租赁公司、汽车金融公司、货币经纪公司、消费金融公司等。

数据来源：贵州银保监局、中国人民银行贵阳中心支行。

2. 存款增速持续回落，结构变化明显。2018年末，贵州省金融机构本外币各项存款余额26 542.5亿元，较年初新增348.3亿元，同比增长1.3%，增速较上年末收窄8.6个百分点。其中，人民币各项存款余额26 473.3亿元，较年初新增384.5亿元，同比增长1.5%。分部门看，四类存款余额“两增两降”，住户存款和非银行

业金融机构存款分别增长 10.5% 和 60.8%，非金融企业存款和广义政府存款分别降低 12.2% 和 1.8%。导致增长乏力的原因是：一方面，在经济增速放缓、金融去杠杆背景下，原本占各项存款比重最高的非金融企业存款减少 1 240.1 亿元，对增速起到较大拉低作用；另一方面，受政府融资渠道收窄、经济稳增长、实施减税政策等多重因素影响，财政支出压力加大。结构性存款方面，年末贵州省个人结构性存款余额 229.2 亿元，同比增长 129.0%；单位结构性存款余额 148.8 亿元，同比减少 14.1%。

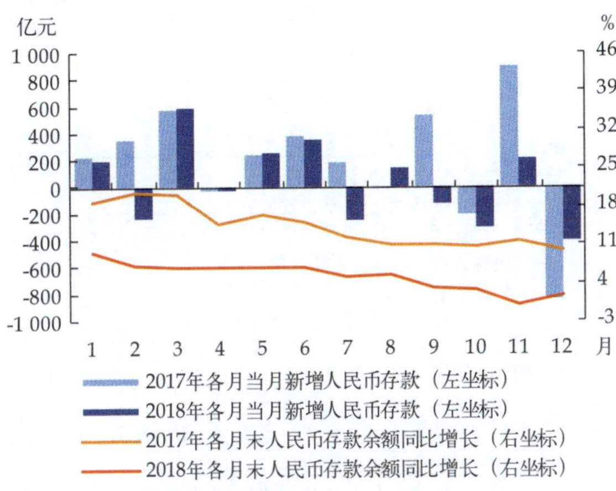

数据来源：中国人民银行贵阳中心支行。

图 1　2017~2018 年贵州省金融机构人民币存款增长变化

3. 贷款增速保持平稳，信贷资源配置效率进一步提升。2018 年末，贵州省金融机构本外币贷款余额 24 811.4 亿元，较年初新增 3 846.1 亿元，同比增长 18.3%，增速高于上年 1.6 个百分点。其中，人民币各项贷款余额 24 715 亿元，较年初新增 3 851.5 亿元，同比增长 18.5%，增速位居全国第一。分部门看，住户贷款增长 20.3%，主要受个人住房消费拉动；非金融企业及机关团体企业贷款增长 17.5%，增长部分主要为中长期贷款。分机构看，政策性开发性银行、国有商业银行、股份制商业银行和地方法人机构当年新增贷款比例为 24.4 : 25.5 : 6.5 : 41.3，地方法人金融机构新增信贷投放明显高于其他机构。

货币政策工具结构引导作用有效发挥，信贷服务实体经济能力不断增强。一是重点领域保障有力。全省重大工程、重点项目等重点领域的信贷投放力度持续加大，交通运输、仓储和邮政业以及水利、环境和公共设施管理业贷款余额较年初分别新增 395.5 亿元和 594.9 亿元。二是着力促进产业结构调整。煤炭钢铁等产能过剩行业贷款继续下降，大数据、软件等新兴产业贷款快速增长。三是对薄弱环节支持力度持续加大。2018 年末，全省精准扶贫贷款余额 4 876.9 亿元，比年初新增 946.1 亿元，同比增长 24.1%，余额和新增额均位居全国前列；全省小微企业贷款余额 6 016.2 亿元，同比增长 35.9%，增量占当年企业贷款增量的 61%；全省涉农贷款、保障性住房开发贷款分别同比增长 24.7% 和 68.7%，均高于各项贷款平均增速。

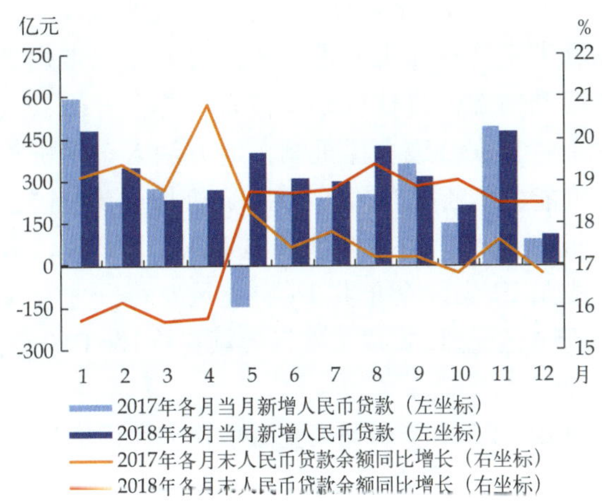

数据来源：中国人民银行贵阳中心支行。

图 2　2017~2018 年贵州省金融机构人民币贷款增长变化

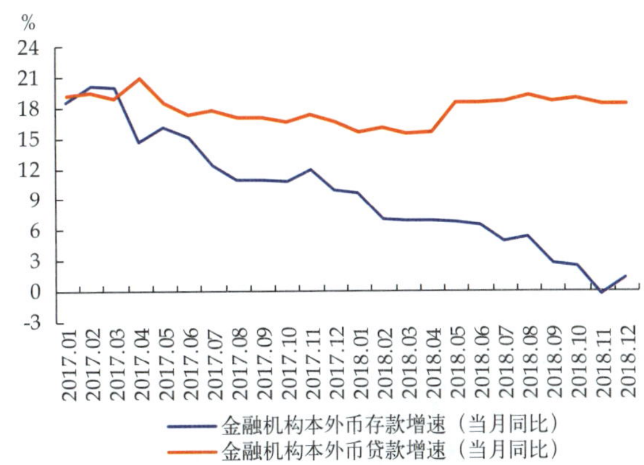

数据来源：中国人民银行贵阳中心支行。

图 3　2017~2018 年贵州省金融机构本外币存、贷款增速变化

4. 表外融资压降明显。贵州省金融机构表外融资规模较上年下降609.1亿元。其中，未贴现银行承兑汇票小幅新增42.2亿元。受资管新规和去杠杆等监管政策影响，金融机构委托贷款和信托贷款两类业务资金来源和资金投向均受限制，新增额分别较上年下降279.1亿元和372.2亿元。

5. 贷款利率总体上行，小微企业贷款利率持续下降。全省一般贷款加权平均利率为6.7348%，较上年上升27.76个基点，除5年以上期限贷款加权平均利率有所下降外，其余期限均有所上升。其中，基准利率及以下人民币贷款发生额占比27.1%，较上年下降1.6个百分点。小微企业贷款加权平均利率为6.707%，较上年下降17.71个基点，政策效应逐步显现。市场利率定价自律机制进一步完善，实现市州级市场利率定价自律机制全覆盖，并在开阳县成立全省首家县级自律机制。地方法人金融机构定价能力不断提升，新增48家机构成为全国自律机制成员。2018年末，基础成员60家，观察成员24家。全年共18家成员发行同业存单2 565.4亿元，13家成员发行大额存单106.0亿元。

表2　2018年贵州省金融机构人民币贷款各利率区间占比

单位：%

月份		1月	2月	3月	4月	5月	6月
合计		100.0	100.0	100.0	100.0	100.0	100.0
下浮		7.2	6.4	3.8	9.9	11.2	5.8
基准		27.6	20.8	15.3	22.8	14.1	33.0
上浮	小计	65.2	72.8	80.9	67.3	74.7	61.2
	(1.0, 1.1]	11.3	10.4	13.1	12.7	10.2	9.9
	(1.1, 1.3]	12.8	10.7	11.3	16.3	14.5	15.4
	(1.3, 1.5]	8.8	16.4	11.2	8.4	8.9	6.9
	(1.5, 2.0]	16.7	18.7	25.4	16.2	21.2	16.1
	2.0以上	15.6	16.6	19.8	13.6	19.9	12.9
月份		7月	8月	9月	10月	11月	12月
合计		100.0	100.0	100.0	100.0	100.0	100.0
下浮		11.6	3.6	9.4	6.4	8.0	6.1
基准		12.8	13.2	16.2	12.7	21.0	17.9

续表

月份		7月	8月	9月	10月	11月	12月
上浮	小计	75.6	83.2	74.4	80.9	71.0	76.0
	(1.0, 1.1]	10.8	8.0	6.4	7.5	8.0	11.1
	(1.1, 1.3]	19.9	15.6	15.8	14.5	13.5	18.8
	(1.3, 1.5]	9.4	12.5	9.8	9.0	11.3	10.4
	(1.5, 2.0]	19.0	31.5	24.2	24.3	23.1	21.3
	2.0以上	16.5	15.6	18.3	25.6	15.0	14.4

数据来源：中国人民银行贵阳中心支行。

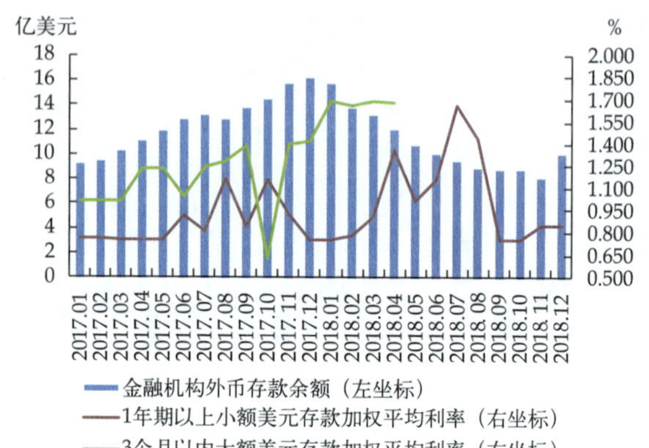

数据来源：中国人民银行贵阳中心支行。

图4　2017~2018年贵州省金融机构外币存款余额及外币存款利率

6. 金融风险总体可控，地方法人金融机构资产质量逐步改善。2018年末，贵州省金融机构不良贷款率1.94%，同比下降0.69个百分点，金融风险总体可控。2017年，受隐性不良贷款集中入账影响，贵州省农村中小法人金融机构核心监管指标有所下滑，经营压力加大。2018年，全省法人金融机构加大不良贷款清收、核销力度，积极防范、化解金融风险，主要监管指标有所改善，不良贷款偏离度继续降低，资本充足水平有所提高，盈利能力有所回升，流动性持续稳定。年末，全省法人金融机构不良贷款率4.03%，同比下降1.33个百分点，逾期90天以上贷款与不良贷款比例为101.5%，同比下降3.8个百分点；资本充足率11.86%，同比提高1.35个百分点；资产利润率0.95%，同比提高0.09个百分点；流动性比率62.68%，同比提高7.9个百分点。

7. 银行业金融机构改革深入推进。平安银行贵阳分行、中国进出口银行贵州省分行开业，浙商银行贵阳分行获批筹建。2018 年末，已有 17 家全国性银行、1 家外资银行、2 家跨省城市商业银行在贵州省设立分行。农村信用社改革持续推进，年末全省农村商业银行 59 家（含筹建），2018 年新增挂牌 7 家，新增筹建 5 家，农村商业银行改制率达 70%。村镇银行 84 家，其中 2018 年新开业 11 家，基本实现全省所有县、市、区全覆盖。

8. 跨境人民币业务稳步开展。全省跨境人民币实际收付金额 213.9 亿元，同比增长 32.8%。经常项目下人民币跨境结算额占本外币跨境结算额比例为 10.6%，同比提高 4.7 个百分点，经常项目人民币跨境使用逐渐打开局面。一般贸易和服务贸易结算额同比分别增长 738.4% 和 106.6%，均创历史新高。22 家省级银行开办跨境人民币业务，较上年增加 1 家，受益主体进一步增加到 939 家，较上年增加 179 家。支持 20 家大数据企业办理跨境人民币结算 29.0 亿元，是上年的 21 倍。

专栏 1　中国人民银行贵阳中心支行“五个坚持”推动金融精准扶贫可持续发展

贵州省是全国脱贫攻坚的主战场。近年来，中国人民银行贵阳中心支行积极发挥金融扶贫牵头作用，加强与有关部门的协调配合，多措并举引导全省金融机构持续强化脱贫攻坚的金融支持，推动形成“投入大、成本低、覆盖广、产品多、效果实”的金融大扶贫格局。2018 年末，全省精准扶贫贷款余额 4 876.9 亿元，较年初新增 946.1 亿元，同比增长 24.1%，余额和新增额位居全国前列，助推贵州省贫困发生率下降至 4.3%。

一是坚持凝聚工作合力，为金融扶贫可持续发展提供保障。积极履行金融扶贫联席会议办公室职能，推动建立起“政府主导、央行牵头、各方参与、多频共振”的金融扶贫工作机制。牵头制定十余项全省金融扶贫工作意见，搭建起多层次、广覆盖的金融扶贫政策体系，推动省政府将金融扶贫工作纳入全省脱贫攻坚考核。将金融扶贫和定点扶贫融合推进，精选干部担任贫困村“第一书记”，连续三年开展百名央行基层行行长对村帮扶“五个一”专项行动，全省 229 名央行基层行行长走访贫困村 2 000 余次，探索创新 50 余个金融扶贫产品，协调解决一系列金融扶贫问题。

二是坚持工作创新，为金融扶贫可持续发展增添活力。围绕用好、用足、用规范三个核心，探索出“一次授信，循环使用”“再贷款资金 + 匹配自有信贷资金”杠杆化运作等创新模式，全面提升政策效果，年末全省扶贫再贷款余额居全国前列。创新运用金融科技，成功搭建“贵州省区块链农权抵押贷款系统”，大幅缩短抵押登记时间至 1 个工作日。年末全省“两权”抵押贷款同比增长 81.2%。积极引导金融机构依托大数据推出“扶贫 e 贷”等 20 余个信贷产品，贷款金额 30 余亿元。积极创新工作激励机制，对金融扶贫政策效果评估结果优异的金融机构给予扶贫再贷款奖励。省财政每年安排专项资金对扶贫产品创新给予奖励。举办金融扶贫劳动竞赛、建立金融扶贫新闻媒体通气会制度，营造比学赶超工作氛围。

三是坚持聚焦重点领域，为金融扶贫可持续发展破除障碍。牵头制定金融支持深度贫困地区脱贫攻坚行动方案，单列 90 亿元扶贫再贷款规模，确保深度贫困县限额循环使用。年末全省深度贫困地区各项贷款同比增长 27.5%，高出全省各项贷款增速 9 个百分点。指导金融机构在易地扶贫搬迁安置点设立 500 余个金融服务站，创新“迁户贷”等 49 个金融产品，支持搬迁户就近就业。围绕产业革命“八要素”，构建多层次金融支持体系。推动产业扶贫基金规范发展，落地项目437个、使用基金127亿元，整合财政资金49亿元投入产业发展。召开农业产业化银企对接会，838个项目获得345亿元信贷支持。出台货币政策工具引导贫困地区产业发展意见，引导金融机构创新“一县一业”产业扶贫贷款。年末全省产业精准扶贫贷款余额同比增长28.7%，带动贫困人口36.9万人。

四是坚持优化金融生态环境，为金融扶贫可持续发展构建机制。坚持金融生态环境优化与信贷支持协同推进。连续5年开展县域金融生态环境测评，推动地方政府严厉打击逃废债，维护金融债权，金融机构深入贫困地区经营发展的意愿明显增强。打造贫困户评级授信模式，支持有就业能力、有发展意愿的贫困户评得了级、贷得上款。2015年以来，累计发放扶贫小额信贷413亿元，惠及81万贫困户。建立金融知识普及宣传长效机制，组织全省金融机构采取“金融夜校”“农民脱贫讲习所”等方式，累计开展金融知识宣传教育63万场次。

五是坚持防范风险，为金融扶贫可持续发展守住底线。将扶贫再贷款使用情况纳入内审部门专项审计，设计再贷款大数据创新运用方案，强化贷前、贷中、贷后全流程监控，明确“三个不贷”标准，切实维护央行资金安全。联合多部门推动省政府率先出台防控扶贫小额信贷风险的专门意见，为规范扶贫小额信贷发放管理、防范化解风险夯实制度基础。配合省委省政府制定扶贫资金专项治理方案，规范发展扶贫产业基金，明确追责问责情形，压实地方政府金融扶贫风险防范属地责任。重点关注扶贫小额信贷集中到期还款问题，指导各地成立风险防范处置小组，制定风险处置预案，坚决守好不发生系统性金融风险的底线。

（二）证券业稳健发展，多层次资本市场建设成效明显

贵州省证券业整体运行平稳，区域股权市场和法人证券公司规范发展，市场融资能力进一步发挥，期货市场交易有所回升。

1. 证券期货经营机构发展整体平稳。2018年，全省共有法人证券公司2家，证券分公司26家，证券营业部107家，期货营业部11家，私募基金管理人78家。证券经营机构全年实现营业收入17.0亿元，同比减少16.1%；期货经营机构全年实现营业收入1 828.6万元，同比减少8.4%。年末法人证券公司资产总额392.0亿元，同比增长3.2%；负债总额240.3亿元，同比增长8.5%。

表3　2018年贵州省证券业基本情况

项目	数量
总部设在辖内的证券公司数（家）	2
总部设在辖内的基金公司数（家）	0
总部设在辖内的期货公司数（家）	0
年末国内上市公司数（家）	29
当年国内股票（A股）筹资（亿元）	66.6
当年发行H股筹资（亿元）	0
当年国内债券筹资（亿元）	237.5
其中：短期融资券筹资额（亿元）	7.0
中期票据筹资额（亿元）	38.5

注：当年国内股票（A股）筹资额指非金融企业境内股票融资。

数据来源：中国人民银行贵阳中心支行、贵州证监局、贵州省发展和改革委员会。

2. 区域股权市场和法人证券公司规范发展。2018年6月，贵州股权金融资产交易中心有限公司正式更名为贵州股权交易中心有限公司，经营范围已无金融资产交易业务，主要为省内中小微企业证券非公开发行、转让及相关活动提供服务。法人证券公司华创证券、中天国富证券持续推动合规风控能力建设，进一步完善合规风控管理相关制度，加强合规风控岗位人员配置，努力提高合规风控水平，有效平衡业务发展与风险可控的双重目标。

3. 市场融资能力进一步发挥。2018年末，

全省29家上市公司总市值9 378.53亿元。全年上市公司和新三板挂牌公司融资总额307.7亿元，其中境内上市公司股票市场累计融资66.6亿元，同比增长244.6%。债券市场累计筹资237.5亿元，其中公司债（含非银行金融机构债券15亿元）179.6亿元，同比增长3.5%。

4. 期货市场交易有所回升。2018年末，期货总资产3.8亿元，客户保证金3.4亿元。全年完成期货成交551.4万手，同比减少4.9%，成交金额3 513.9亿元，同比增长7.3%，较上年有所回升。其中，上海期货交易所、大连商品交易所、郑州商品交易所和中国金融期货交易所全年分别完成期货成交额1 191.0亿元、1 001.4亿元、858.9亿元和412.2亿元。从交易品种来看，螺纹钢、橡胶、冶金焦炭、铁矿石等传统品种交易活跃，成交量较大，而金融期货、期权等新兴品种交易量较小。

（三）保险业服务能力持续增强，业务结构不断优化

2018年末，全省保险经营主体32家，法人机构1家，各级保险分支机构1 250家，较上年增加24家。贵州省保险业呈“市场稳中有进、服务提质增效、风险有效防控”态势，发展总体较好。

1. 业务发展平稳增长，保险保障不断夯实。2018年，全省实现原保险保费收入445.9亿元，较上年增长15.0%。其中，财产险业务保费收入208.0亿元，增长16.1%；人身险业务保费收入237.9亿元，增长14.1%。保险行业全年累计提供各类风险保障30.7万亿元，同比增长26.9%；赔付支出181.3亿元，同比增长17.9%，保险保障增速超过保费收入增速。

表4　2018年贵州省保险业基本情况

项目	数量
总部设在辖内的保险公司数（家）	1
其中：财产险经营主体（家）	0
人身险经营主体（家）	1
保险公司分支机构（家）	32
其中：财产险公司分支机构（家）	20
人身险公司分支机构（家）	12

续表

项目	数量
保费收入（中外资 亿元）	445.9
其中：财产险保费收入（中外资，亿元）	208.0
人身险保费收入（中外资，亿元）	237.9
各类赔款给付（中外资，亿元）	181.3
保险密度（元／人）	1 238.6
保险深度（%）	3.0

数据来源：贵州银保监局。

2. 财产险公司较快发展，非车险业务占比提升。2018年，全省财产险公司保费收入226.0亿元，较上年增长17.8%，增速高于全国平均水平6.3个百分点。全年车险业务保费收入163.3亿元，同比增长11.1%，增速同比下降4.1个百分点，行业综合成本率93.0%，同比下降0.4个百分点，低于全国平均水平6.9个百分点。非车险业务保费收入62.7亿元，同比增长39.7%，保费占比为27.7%，同比提高4.4个百分点，连续五年提升。

3. 保险业务结构持续优化。2018年，全省人身险公司原保险保费收入219.9亿元，较上年增长12.3%，增速同比回落11.2个百分点。人身险公司寿险业务保费收入161.9亿元，同比增长3.4%，增速同比下降18.2个百分点。全年新单期交率54.1%，高于全国平均水平6.4个百分点；十年期及以上业务占比为59.6%，高于全国平均水平12.5个百分点。直销、个人渠道业务持续较快增长：个人代理渠道保费收入148.3亿元，较上年增长22.8%，增速高于全国平均水平4.5个百分点；直销渠道保费收入30.4亿元，较上年增长28.5%。

4. 保险助推脱贫攻坚功能有效发挥。2018年，全省保险业共开展保险扶贫项目132个，承保贫困人口884.4万人次、贫困户278.2万户次，提供风险保障7 770.6亿元，为66.1万人次贫困人口、4.7万户次贫困户支付赔款6.6亿元。一是全省每户贫困人口至少拥有大病、农房两份政策性保险保障，保险扶贫项目实现了对全部国定贫困县的全覆盖。二是持续扩大涉农保险特惠政策范围，加大产业扶贫力度，发展支

农小额贷款保证保险，缓解融资难问题。三是加强重点民生领域保险保障。2018年度大病保险项目为全省贫困人口赔付3.6亿元。倡导推进公益捐赠，全年向155.5万人次建档立卡贫困人口捐赠保险，提供风险保障1 703.3亿元。

（四）地区社会融资规模同比少增，金融市场运行总体平稳

1. 地区社会融资规模同比少增，表外业务、直接融资大幅萎缩。全省社会融资规模新增4 168.5亿元，同比少增1 033.3亿元。其中，信贷融资新增占比92.2%，较上年上升19.9个百分点；受委托贷款和信托贷款规模压降影响，表外业务融资规模较上年下降609.1亿元；受地方政府融资新政、地方政府债务率高企以及全国范围债券债务违约带来的市场信心受挫等影响，全省企业债券融资规模较上年下降9.2亿元，近5年来首次出现负增长，其中，仅非金融企业境内股票融资新增18.5亿元。

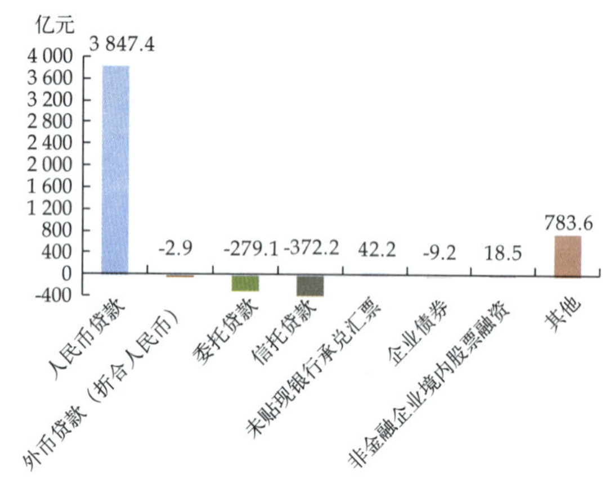

数据来源：中国人民银行贵阳中心支行、贵州省发展和改革委员会、贵州银保监局、贵州证监局。

图5　2018年贵州省社会融资规模分布结构

2. 货币市场交易持续活跃。辖内银行间市场成员数量增长明显，银行间同业拆借市场、债券市场成员分别达54家和33家，分别较上年增加24家和7家。全省银行间同业拆借交易规模6 676.9亿元，是2017的3.5倍。债券回购交易12万亿元，同比小幅增长4.4%。现券交易4.0万亿元，同比大幅增长116.7%。从市场利率看，全省货币市场利率整体下行，同业拆借、债券回购交易加权平均利率较上年分别下降96.6个和67.94个基点。

表5　2018年贵州省金融机构票据业务量统计

单位：亿元

季度	银行承兑汇票承兑		贴现			
			银行承兑汇票		商业承兑汇票	
	余额	累计发生额	余额	累计发生额	余额	累计发生额
1	861.5	315.8	69.9	94.7	4.6	7.9
2	901.7	705.7	72.7	219.6	4.1	20.3
3	681.0	986.0	22.0	250.8	1.5	25.1
4	717.3	1 387.4	104.3	340.8	5.7	28.8

数据来源：中国人民银行贵阳中心支行。

表6　2018年贵州省金融机构票据贴现、转贴现利率

单位：%

季度	贴现		转贴现	
	银行承兑汇票	商业承兑汇票	票据买断	票据回购
1	5.5214	6.5942	3.7060	—
2	5.2407	6.3923	3.5763	2.2500
3	4.3320	6.0887	2.7832	—
4	3.9000	6.2312	2.9915	3.4340

数据来源：中国人民银行贵阳中心支行。

3. 绿色金融债券发行实现零突破。贵州银行、贵阳银行分别成功发行绿色金融债券50亿元，全省绿色金融债券实现首发。贵州高速公路集团有限公司继续发行2期扶贫中期票据，金额共计30亿元，债务融资工具支持脱贫攻坚力度持续增强。积极开展摸底调研，宣传推广民营企业债务融资支持工具。

（五）贵州省运用区块链技术助推“两权”抵押贷款业务快速发展

2017年以来，中国人民银行贵阳中心支行在深入调查研究与充分论证可行性的基础上，将金融大数据应用创新点和“两权”抵押贷款试点有机结合，运用区块链技术开发了“贵州省农村资源融资信息管理系统”，有效简化抵

押登记和贷款程序，大幅缩短了登记办理时间，提高了“两权”抵押贷款业务的办理效率。通过引领金融机构加强信息技术的应用，进一步完善了“两权”抵押贷款业务的风险控制与管理手段，“两权”管理部门在线确认“两权”信息，金融机构在线办理抵押登记。推进农村金融基础设施持续完善，有效缓解银行、政府及农户之间信息不对称的问题。贵州“两权”抵押贷款进一步增量扩面，全省10个“两权”试点县（市、特区）均已开通该信息管理系统，2018年末，全省“两权”抵押贷款余额24.7亿元，是2015年试点之初的17.8倍。系统的开发运用得到全国试点指导小组办公室肯定，并专刊编发简报上报中央改革办、国务院办公厅。

（六）金融生态环境建设工作持续推进，金融基础设施进一步完善

1. 社会信用体系建设持续推进。深入开展金融生态环境测评工作，优化区域信用环境。“一地一策”推进中小微企业和农村信用体系建设，发挥信用“助推器”作用。安顺“农村信用信息管理系统”、兴仁“农户信用信息管理系统”、赤水“农村资源融资信息管理系统”、黔南信用引领精准扶贫模式取得初步成效，实现信用与信贷有效联动，有效改善中小微企业和农村主体融资环境。金融信用信息基础数据库覆盖面不断扩大，涵盖法院、税务、环保、公积金等信息，联合激励和惩戒的效果显现。2018年末，数据库已收录全省11.7万户企业组织和2 563.9万自然人的信用信息，为全省信息主体和信息使用者提供企业信用报告查询16.8万次、个人信用报告查询1 090.0万次。

2. 支付体系进一步健全。2018年末，全省第二代支付系统直接参与者3家，间接参与者4 463家，支付清算系统覆盖率达100%。大小额支付系统稳步运行，发生业务3 667.3万笔、金额249 928.7亿元，同比分别下降8.0%、增长5.1%。大力推进移动支付便民示范工程，全省多地实现小额免密免签闪付和二维码扫码支付乘坐公交车，并将应用拓展至食堂、校车、餐饮商户等场景，年末全省移动支付客户数3 692.9万户，全年发生移动支付业务101 600.3万笔，金额44 981.7亿元。农村支付环境进一步完善，全省助农取款点达到37 861个。

3. 金融消费权益保护工作高效推动。进一步畅通金融消费维权渠道，规范开展检查评估，统筹推动金融广告治理，推进金融知识纳入国民教育体系，推动普惠金融发展。成立贵州省金融消费权益保护联合会，统筹推动全省金融消费纠纷非诉讼解决机制建设。贵州省中国人民银行各分支机构共受理与处理金融消费者投诉177件、咨询2 755件，办结率100%。“蒲公英”金融志愿服务行动深入推进，全年招募“蒲公英”金融服务志愿者13 702名、联络员5 783名，联系帮扶乡村11 568个，有效推动金融知识普及常态化。

二、经济运行情况

2018年，全省经济社会发展呈现“稳中有进、结构优化、质量提升、动能增强、民生改善”的良好态势。地区生产总值14 806.5亿元，同比增长9.1%，增速高于全国2.5个百分点，居全国第一，连续8年位居全国前列。脱贫攻坚连战连捷，供给侧结构性改革全方位推进，新旧动能转换进一步加快，生态环境持续向好，民生“三感”切实增强，经济发展的质量明显提升。

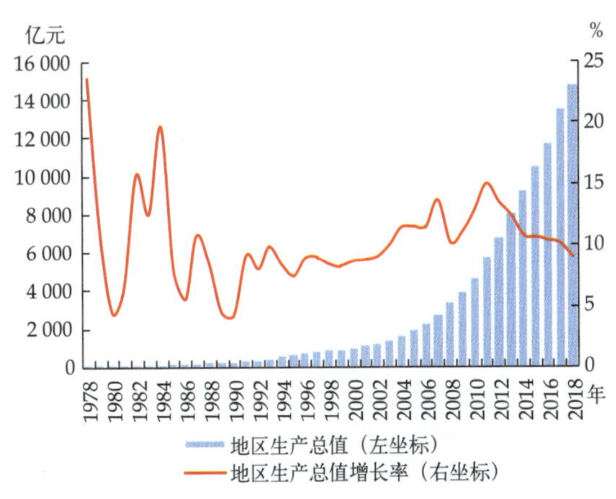

数据来源：《中国经济景气月报》、贵州省统计局。

图6　1978~2018年贵州省地区生产总值及其增长率

（一）投资增长较快，消费和外贸有所回落

1. 投资快速增长，有效带动产业结构调整。2018 年，全省固定资产投资增速为 15.8%，高于全国水平 9.9 个百分点，位居全国第一。大数据、大旅游、大生态“三块长板”投资快速增长，大幅高于全省投资增速。脱贫攻坚、基础设施、教育医疗“三块短板”投资取得明显成效。新兴领域投资保持快速增长。促进民间投资的政策效应有所增强，全省民间投资较上年增长 13.8%。

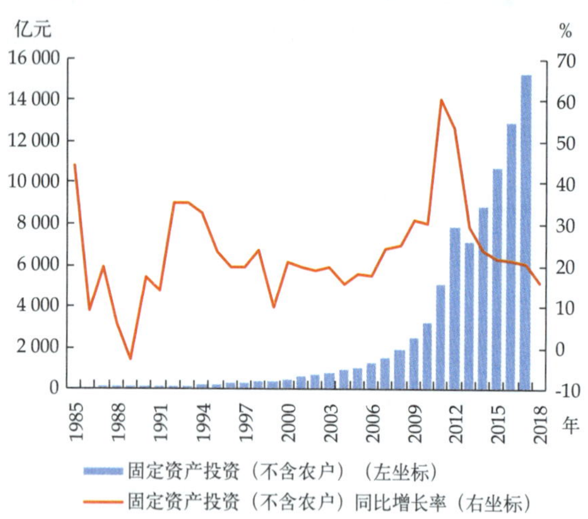

注：因从 2013 年起统计口径发生变化，只统计计划总投资 500 万元及以上的固定资产项目投产和房地产开发项目投资，因此与 2012 年数据不具有可比性。

数据来源：《中国经济景气月报》、贵州省统计局。

图 7　1985~2018 年贵州省固定资产投资（不含农户）及其增长率

2. 消费总体平稳，网络零售较快增长。2018 年，全省社会消费品零售总额 3 971.2 亿元，同比增长 8.2%，自 2001 年以来首次回落到个位数增长区间。城乡市场“一增一降”，城镇限额以上消费品零售额增长 7.1%，乡村限额以上消费品零售额下降 7.8%。部分升级类商品增速较快，建筑及装潢材料类、与汽车消费相关的限额以上石油及制品类、化妆品类以及家用电器和音响器材类零售额分别增长 20.0%、16.8%、14.4% 和 12.8%。网络零售额较快增长，增速达 30%。

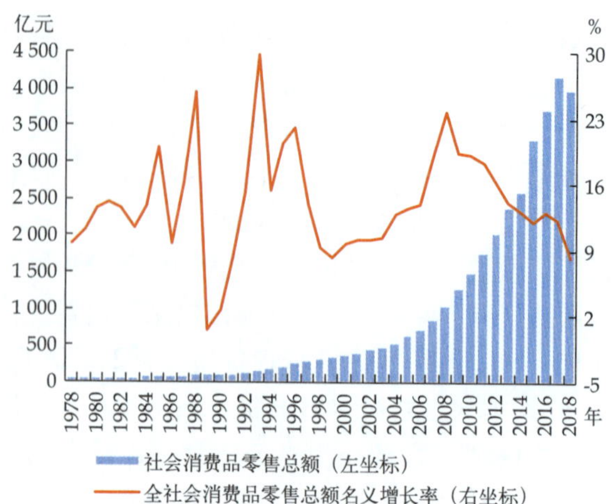

数据来源：《中国经济景气月报》、贵州省统计局。

图 8　1978~2018 年贵州省社会消费品零售总额及其增长率

3. 对外贸易同比下降，利用外资增速回落。2018 年，全省外贸进出口总额 501.0 亿元人民币，同比下降 9.1%。其中，出口总额 337.6 亿元，同比下降 13.7%；进口总额 163.4 亿元，同比增长 2.1%。民营企业进出口 190.2 亿元，国有企业进出口 166.2 亿元，分别占全省外贸总值的 38% 和 33.2%；外商投资企业进出口 144.4 亿元，占全省外贸总值的 28.8%。全省机电产品发展迅速，以手机、电器、电子设备等高精尖商品为代表，取代传统商品成为主要商品。全省实际利用外资总额 44.9 亿美元，同比增长 15.3%，增速较上年同期下降 4.7 个百分点。批准外商投资项目 298 个，同比增长 27.9%。从产业构成看，第一、第二、第三产业实际利用外资金额分别为 0.003 亿美元、11.9 亿美元和 33.0 亿美元，分别占全省实际利用外资总额的 0.01%、26.51% 和 73.48%。贵州省与“一带一路”沿线国家跨境收支共计 54.4 亿美元，同比增长 21.2%，占贵州省全年涉外经济跨境收支总额的 36.8%。其中对“一带一路”国家收入 34.3 亿美元，同比增长 38.9%；支出 20.1 亿美元，与上年持平。

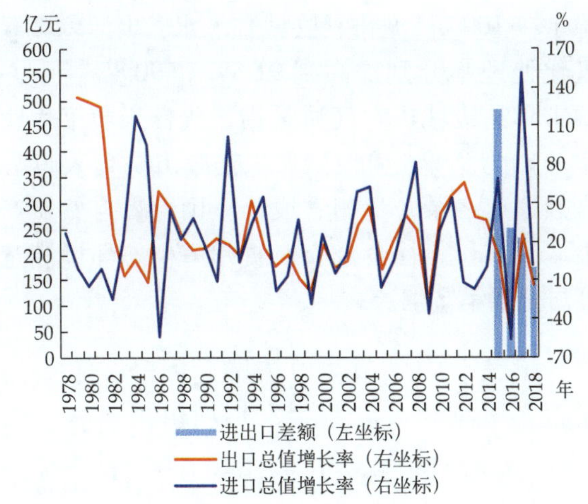

数据来源：《中国经济景气月报》、贵州省统计局。

图 9　1978~2018 年贵州省外贸进出口变动情况

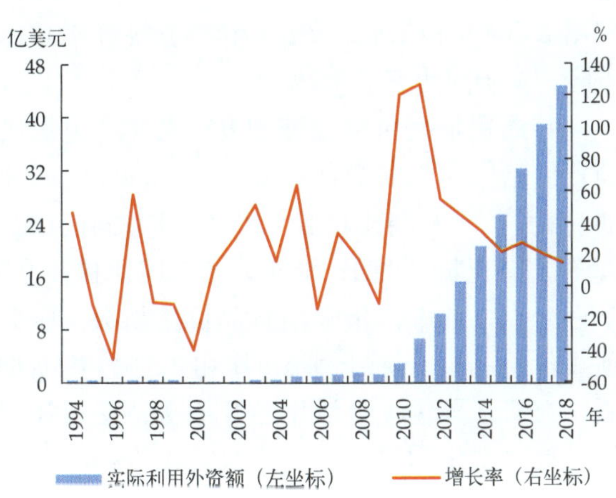

数据来源：《中国经济景气月报》、贵州省统计局。

图 10　1994~2018 年贵州省实际利用外资额及其增长率

（二）产业结构调整有序推进，服务业支撑作用进一步增强

贵州省产业结构进一步优化，2018 年，三次产业比重从上年的 14.9：40.2：44.9 调整为 14.6：38.9：46.5。其中，服务业占比提高 1.6 个百分点，对经济增长的贡献率达 47.6%。

1. 农业保持稳步增长，农村产业革命全面打响。2018 年，全省农业增加值 2 276.7 亿元，同比增长 6.8%，同比增速位居全国第一。农林牧渔结构日趋均衡，全省种植业在农林牧渔总产值中的比重从 1978 年的 79.1% 下降至 63.2%，林业、牧业、渔业比重提高到 31.7%。贵州省坚持“八要素”全面掀起振兴农村经济的产业革命，启动 500 亩以上坝区农业产业结构调整，调整玉米种植面积 785 万亩，调增蔬菜、水果、中药材、茶叶、食用菌等经济作物 666.7 万亩，粮经作物种植比由 38：62 进一步调整为 35：65，带动 204 万农户户均增收 1.0 万元。全省农业现代化经营体系逐步完善，省级以上龙头企业达 952 家，注册农民专业合作社 6.7 万个。

2. 工业经济稳中向好，新旧动能加速转换。2018 年，全省规模以上工业增加值 4 692.2 亿元，同比增长 9%；规模以上工业企业 5 622 户，当年增长 21 户。全省深入推进“双千工程”和大数据融合发展，工业结构加速优化。规模以上装备制造业、高技术制造业增加值同比分别增长 10.5% 和 14.8%，占规模以上工业的比重同比分别提高到 8.5% 和 7.6%；1 625 家实体经济企业与大数据深度融合发展，数字经济及其吸纳就业增速连续三年居全国第 1 位，贵阳被列为全国首批 5G 试点城市。全省工业经济效益质量进一步提升，年末规模以上工业企业实现利润总额 899.1 亿元，同比增长 20.7%，税金总额 853.4 亿元，同比增长 17.4%。

注：2013 年以后的规模以上工业统计口径为全部年主营业务收入 2 000 万元及以上的工业企业，之前年度为 500 万元及以上口径。

数据来源：《中国经济景气月报》、贵州省统计局。

图 11　1996~2018 年贵州省规模以上工业增加值实际增长率

3. 服务业高质量发展，对经济引领作用不断增强。贵州省以旅游业为重点，推动服务业

高质量发展，2018年，第三产业实现增加值6 891.4亿元，同比增长13.3%，对经济贡献稳居三次产业之首。全省强力推进100个精品旅游景区和10个国际旅游目的地建设，加快“快旅慢游”体系建设，新增4A级以上景区11家，梵净山成为5A级景区。旅游业持续“井喷”，旅游总人数9.7亿人次，旅游总收入9 471亿元，同比分别增长30.2%和33.1%。交通运输、批发和零售等传统服务业增速稳定，不断夯实服务业发展基础。全省深入实施服务业创新发展十大工程，山地旅游、大数据信息服务、大健康服务业等新兴服务业态蓬勃发展，进一步增强服务业发展内在支撑与后劲。

4.“三去一降一补”继续推进，经济发展质效提升。2018年，关闭煤矿74处，压减产能1038万吨，采煤机械化率提升至71.7%。商品房销售面积是竣工面积的4倍，商品房库存消化周期进一步缩短。全省规模以上工业企业资产负债率61.5%，同比下降0.8个百分点。减税降费深入实施，全年为实体经济降低成本500亿元以上。以深度贫困地区和脱贫攻坚“四场硬仗”为主攻重点，加大短板领域投资力度，全省基础设施、教育、医疗、移民搬迁投资分别增长15.8%、35.9%、38.9%和59.9%。经济质量效益稳步提升，科技进步贡献率提高到48.6%，全员劳动生产率提高到每人6.8万元，全省新经济占地区生产总值的比重达19%。

5.深入实施大生态战略行动，环境质量向优向好。贵州省十大污染源治理和十大行业治污减排“双十”工程强力推进，在全国率先实施磷化工企业“以渣定产”，率先全域取缔网箱养鱼，磷石膏综合利用率提高24个百分点。新一轮绿色贵州建设行动计划和十大生态修复、草海综合治理等生态工程深入实施，完成营造林520万亩，退耕还林350万亩，治理石漠化1 055平方公里、水土流失2 647平方公里。国家生态文明试验区11项年度改革任务圆满完成，生态环境损害赔偿制度开始试行，生态文明体制机制进一步完善。主要河流出境断面水质优良率和县城以上集中式饮用水源地水质达标率稳定在100%。城市（县城）污水、生活垃圾无害化处理率分别提高到91.5%和90.8%。中心城市和县级城市空气质量指数优良天数平均比率分别为97.2%和97.7%。梵净山被列入世界自然遗产名录，贵州省成为全国世界自然遗产最多的省份。社会公众对贵州省生态环境满意度居全国第2位。

（三）居民消费价格增速回升，工业品价格持续增长，农业生产资料价格总体下降

全省物价水平总体保持稳定，居民消费价格指数全年累计同比增长1.8%，涨幅比上年上升0.9个百分点，工业生产者购进价格指数、工业生产者出厂价格指数持续增长，全年同比分别增长3.4%和1.8%，农业生产资料价格总体下降，全年同比下降1.2%。

1.居民消费价格增速回升。全年各月居民消费价格同比增长总体在0.5%至2.9%之间波动，其中，1月同比增长0.9%，10月同比增长2.5%。12月同比增长1.8%，增速同比提高0.8个百分点。其中，年末消费品价格指数、服务项目价格指数分别上涨1.5%和2.3%，食品烟酒、衣着、居住、生活用品及服务、交通和通信、教育文化和娱乐、医疗保健类价格分别上涨2.1%、1.2%、3.6%、0.5%、-0.5%、1%和2.6%。

2.工业生产价格持续增长，农业生产资料价格总体下降。工业生产者购进价格指数、工业生产者出厂价格指数持续增长，增幅有所回落，全年分别增长3.4%和1.8%，增幅较上年分别回落6.3个和5.4个百分点。农业生产资料价格总体下降，全年下降1.2%。工业生产者购进价格指数全年各月同比增长保持在2.2%至4.8%之间，其中12月同比增长2.2%，7月同比增长4.8%。工业生产者出厂价格指数全年各月同比增长保持在0.6%至3.5%之间，其中1月同比增长0.6%，7月同比增长3.5%。农业生产价格指数总体下降，各月呈现先降后升趋势，1~8月均同比下降，9~12月同比增长，其中3月同比下降3.2%，12月同比增长2.1%。

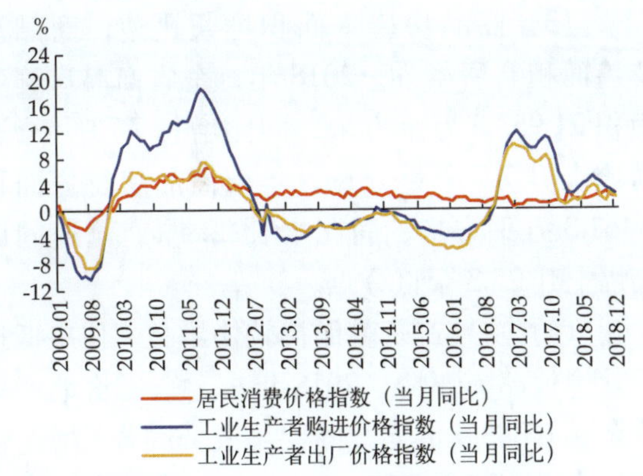

图12　2009~2018年贵州省居民消费价格指数和工业生产者价格指数变动趋势

3. 劳动力成本总体上升。2018年前三个季度贵州省“四上”全部单位从业人员工资总额为819.2亿元，比上年同期增长11.0%，人员平均工资为41 384元，比上年同期增加3 283元，增长8.6%。从分登记类型单位的平均工资看，国有单位为54 623元、集体单位为33 573元、其他经济类型单位为40 505元，国有单位、集体单位和其他经济类型单位分别比上年同期增长9.8%、17.7%和9.4%。从分行业的平均工资看，从业人员平均工资最高的信息传输、软件和信息技术服务业为64 295元，同比增加12 567元；平均工资最低的居民服务、修理和其他服务业为25 219元，同比增加1 960元。平均工资增长较快的3个行业分别是信息传输、软件和信息技术服务业，文化、体育和娱乐业以及交通运输、仓储和邮政业，同比分别增长24.3%、16.5%和15.9%。从分人员类型的平均工资看，在岗职工、劳务派遣人员和其他从业人员的平均工资分别为42 037元、37 123元和38 335元，在岗职工、劳务派遣人员平均工资同比分别增加3 889元和3 508元，分别增长10.2%和10.4%；其他从业人员平均工资同比减少3 457元，下降8.3%。

4. 资源性产品价格改革持续推进。贵州省持续推进输配电价改革，完善输配电价体系，建立健全水、电、天然气差别化价格政策体系，推进农业水价综合改革。继续运行《贵州能源工业运行新机制实施方案》，通过打通煤—电—用产业链，构建煤炭、火电、水电利益紧密联结新机制；通过完善水电火电发电权交易机制，确保煤炭企业均衡生产，确保电煤供应稳定，降低能源供应成本。通过放开竞争性环节电价、配售电业务和公益性调节性以外的发用电计划，保持较高的市场化交易电量，同时成为国内电价较低的省份之一。2018年，贵州省资源性产品价格保持平稳上升，工业生产者购进价格指数全年累计增长3.1%，增速同比下降6.2个百分点。

（四）财政收入持续增加，重点保障民生类支出

2018年，全省财政总收入同比增长12.4%，增速同比提高2.3个百分点。公共预算收入增速逐季回落，年末同比增长7.0%，增速同比回落0.2个百分点。公共预算支出同比增长8.8%，增速同比提高0.8个百分点。财政支出着力保障重点领域特别是民生支出需要，全省民生类重点支出完成3 498.9亿元，增加252.1亿元，增长7.8%。地方政府债务置换工作稳步推进，全年发行地方政府债券2 145.2亿元。

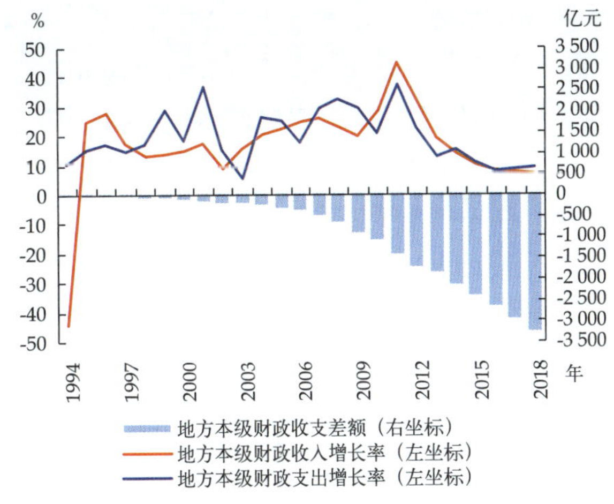

数据来源：《中国经济景气月报》、贵州省统计局。

图13　1994~2018年贵州省财政收支状况

（五）房地产市场平稳运行，大数据产业实现较快发展

1. 房地产开发投资平稳增长，房地产贷款增速持续提高。

（1）房地产开发投资总体趋于平稳。2018

年，全省共完成房地产开发投资2 349.2亿元，同比增长6.7%，增速同比上升4.3个百分点。其中，住宅开发投资同比增长14.1%，办公楼、商业营业用房开发投资同比分别下降17.7%和14.3%。

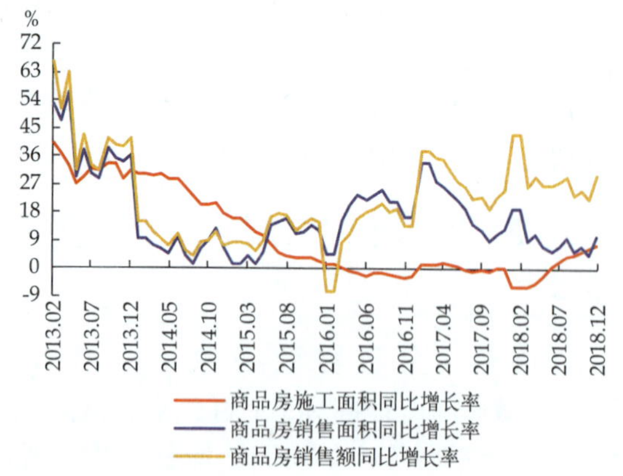

数据来源：《中国经济景气月报》、贵州省统计局。

图14　2013~2018年贵州省商品房施工和销售变动趋势

（2）商品房销售面积和销售额增长较快，房价保持稳定增长。2018年，全省新建商品房销售面积5 182.0万平方米，同比增长10.3%，增速同比下降2.7个百分点。新建商品房销售额2 921亿元，同比增长30.4%，增速同比上升5.3个百分点。全省主要城市中，贵阳、遵义新建商品住房销售价格同比分别增长18.8%和13.8%，较上年末分别上升8.5个和6.8个百分点。

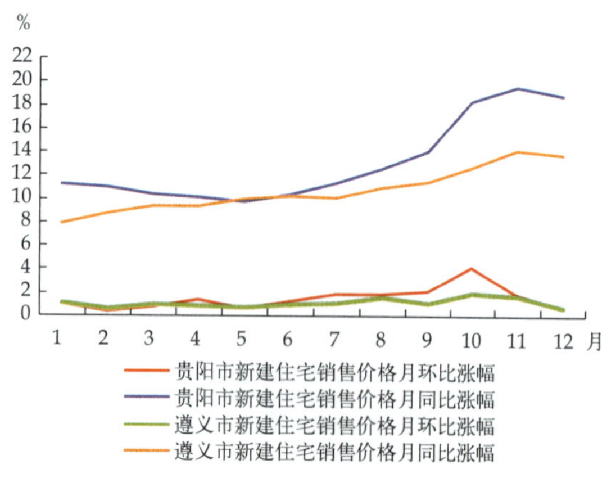

数据来源：《中国经济景气月报》、贵州省统计局。

图15　2018年贵州省主要城市新建住宅销售价格变动趋势

（3）商品房施工面积增长迅速，商品房待售面积有所增加。2018年，全省商品房施工面积21 953.3万平方米，同比增长7.7%，增速同比上升7.5个百分点。年末商品房待售面积9 461.3万平方米，同比增长22.4%，增速同比大幅上升25.3个百分点。

（4）房地产贷款保持较快增长，住房抵押贷款价值略有下降。2018年末，全省房地产贷款余额6 383.5亿元，同比增长36.4%，增速较年初上升17.1个百分点。其中，房地产开发贷款余额同比增长53.9%，购房贷款余额同比增长22.5%。保障性住房开发贷款余额1 943.8亿元，占房地产开发贷款的69.8%，余额同比增长68.7%。个人住房贷款余额3 111.5亿元，余额同比增长24.7%。全省住房抵押贷款价值比为67.09%，比上年略下降0.81个百分点。

2. 大数据产业保持快速发展。2013年以来，贵州省紧紧把握大数据发展机遇，充分发挥在发展大数据产业方面具有的生态优势、能源优势、区位优势和战略优势等，先后出台《贵州省人民政府关于加快培育和发展战略性新兴产业的若干意见》《关于加快信息产业跨越发展的意见》《贵州省大数据产业发展应用规划纲要》等文件，围绕国家大数据综合实验区建设，将与大数据关系密切的软件、集成电路、物联网、下一代互联网、云计算等列为重点领域，率先建成省级政府数据集聚共享开放的统一云平台，率先颁布实施《贵州省大数据应用促进条例》，率先设立大数据交易所，举办贵阳国际大数据产业博览会和云上贵州大数据商业模式大赛等，大力推动电子信息产业高端化、集群化、快速化发展。2018年，全省共1 625户实体经济企业与大数据实现深度融合，电信业务总量增长165.5%，电子信息制造业增加值增长11.2%，规模以上软件和信息技术服务业、互联网和相关服务营业收入分别增长21.5%和75.8%。金融支持大数据产业发展的积极作用持续凸显，年末全省信息传输、软件和信息技术服务业贷款余额48.7亿元，同比增长101%。

专栏2 中国人民银行贵阳中心支行积极优化企业账户开户 助推贵州省营商环境改善

2018年以来，中国人民银行贵阳中心支行积极贯彻落实“放管服”改革工作要求，认真按照总行部署，在优化企业账户开户上下功夫，着力简化办事流程，强化内外监督，提升办事效率，在助推贵州省营商环境改善中取得较好成效。

一、主要措施

（一）切实“放”，简化办事审批流程

一是减少审批环节。指导商业银行在防范风险的前提下，整合开户和各类基本结算服务的申请和协议，减少信息重复填写、盖章和签字等环节，实现“一站式”办理。二是加强信息对接。如建行贵州省分行、工行贵州省分行提供代办工商注册服务，利用大数据系统与工商联网对接，信息识别自动录入，极大缩短审批流程。三是创新技术手段。引导商业银行发挥自身科技和业务优势，完善系统建设，进一步解决当前账户开户手续繁杂、流程时间长等问题。如贵阳银行运用第三方金融服务平台账户管理系统，直接获取并核实客户开户证照全量信息，减少客户相关资料的填写，并且通过与中国人民银行账户管理系统信息进行比对，提高该行账户信息的准确性。又如农行贵州省分行充分利用企业网银“e开户”功能，为开户企业提供预约开户、预填资料等服务，缩短现场办理时间。

（二）严格“管”，加强内外部监督

一是出台规章制度，夯实监管基础。出台《贵州省优化企业开户服务督导实施方案》等多项制度文件，明确细化工作要求，加大工作考核力度。二是开展督查暗访，强化监管压力。组织全省126家银行法人机构对16 561户新开立的基本存款账户进行自查；对贵阳辖区32家银行机构和遵义、黔东南、黔南3个市州的企业开户优化情况进行现场督导；与235家新开立企业代表进行座谈；对全省148个银行对公网点进行暗访，排查存在的问题，并及时督促整改。三是深入宣传引导，加强社会监督。通过网站、微信和新闻通气会等加强政策宣讲；指导商业银行通过进企入户、网点LED播放、布放宣传手册、张贴宣传海报等，宣讲优化企业开户服务的主要措施，并主动公开投诉热线、客服电话，畅通监督渠道。截至2018年9月底，全省金融机构在网站、报纸、杂志发表报道400余篇，在广播电视宣传21次，制作发放宣传海报、折页60万份，总体宣传覆盖人数达到310.62万人。

（三）优化“服”，改善企业办事体验

一是以问题为导向明确工作思路。定期召开部门联席会，沟通情况、找准着力点；建立全省优化企业开户服务工作微信平台，及时总结推广先进经验做法，对存在的问题进行交流探讨，确保优化服务工作顺利高效开展。二是线上线下同步发力。线上通过手机APP、网页等渠道，实现网上预约和预审核开户；线下在中国人民银行政务服务大厅和商业银行对公网点开辟小微企业开户绿色通道，实行“开户时间承诺制”，明确在4个工作日内完成开户。三是开展统一预约平台试点。指导遵义搭建全市统一的预约平台，通过微信小程序连通所有商业银行的预约系统，企业通过手机即可完成预约开户和线上申请填单，系统可进行企业工商信息核验、客户尽职调查，对异常经营名录、企业股份持有比等信息作出披露，开户流程实现全面监测跟踪，更加公开透明。

二、取得成效

（一）开户效率大为提升

自优化企业开户服务专项工作开展以来，贵州省中国人民银行各分支机构100%

实现企业开户行政许可1个工作日办结，且准确率达到98%；全省银行机构平均开户时间从原来的5个工作日缩短为3个，开户效率提升36%。其中，小微企业开户时间100%实现“2+2”的模式，平均只需要3个工作日即可完成开户。

（二）开户管理更为规范

商业银行送交资料退回补正率由5%下降到2%，账户核准资料退回率逐步下降，全省企业开户业务的规范性进一步增强，为提高企业开户服务质量与水平提供了重要前提。

（三）社会公众更为认可

企业向中国人民银行贵阳中心支行反映开户问题的投诉电话明显减少。在2018年6月组织开展的政务公开评议中，办事机构对中国人民银行贵阳中心支行政务服务大厅办事满意度为100%，对银行开户服务满意度从原来的70%提高到90%以上。

三、预测与展望

2019年，中央决定实施积极的财政政策和稳健的货币政策，增加地方政府专项债券和一般性转移支付等，为贵州省经济持续健康发展提供了有利条件。同时，决战脱贫攻坚、推动乡村振兴、做强实体经济、新时代实施西部大开发战略等方面的政策叠加，也为贵州省强弱项补短板、调结构促转型提供了难得机遇。随着贵州省交通等基础设施全面改善，开发创新平台不断提升，工业化城镇化加快推进，新兴产业迅猛成长，经济发展的韧性好、潜力大。

2019年是贵州省与全国同步全面建成小康社会的决战之年，全省将坚持以脱贫攻坚统揽经济社会发展全局，坚持稳中求进工作总基调。全年经济增长目标为地区生产总值增长9%左右，力争超过1.6万亿元，减少农村贫困人口110万人。中国人民银行贵阳中心支行将继续认真贯彻货币政策和宏观审慎政策双支柱调控要求，落实好稳健货币政策，强化逆周期调节，推动信贷总量与地区社会融资规模合理增长，引导金融机构持续加大对民营和小微企业、脱贫攻坚、乡村振兴等重点领域和薄弱环节的金融支持力度，继续打好防范化解重大风险攻坚战，稳步推进金融改革创新，着力提升金融管理和服务水平，进一步助推全省经济高质量发展。

中国人民银行贵阳中心支行货币政策分析小组

总　纂： 张瑞怀　孙　涌

统　稿： 王凯明　曹　瑞　莫　鸥

执　笔： 杨　丽　刘　爽　孔艳彦　叶　茜　颜　寅　苏　抒　张小龙　许　熠　赵　津

提供材料的还有： 路　音　陈文艳　于　闯　石　实　黄　洲　邵　骏　张宗刚　王　哲　孙　怡　薛　飞　李　茜　蒋　昕　赵　鑫

附录

（一）2018 年贵州省经济金融大事记

2 月 6 日，全国首例采用券款兑付（DvP）结算模式办理电子商业汇票再贴现到期赎回业务在贵州省成功办理。

7 月 2 日，梵净山景区成功申遗，贵州省成为全国世界自然遗产数量最多的省份。

8 月 31 日，贵阳银行股份有限公司在全国银行间债券市场成功发行全省首只绿色金融债券。

11 月 27 日，贵州省首例洗钱罪在福泉市宣判。

12 月 1 日，贵阳地铁 1 号线全线开通运营，贵阳正式迈入地铁时代。

2018 年，贵州省农村产业革命取得历史性突破，调减低效玉米种植面积 785 万亩，新增高效经济作物 667 万亩。

2018 年，贵州省 14 个贫困县脱贫摘帽，贫困发生率下降到 4.3%。

2018 年，贵州省在西部率先实现县域义务教育基本均衡发展，在全国率先建成省市县乡四级公立医院远程医疗服务体系。

2018 年，贵州省新旧动能转换加快，新经济、绿色经济和民营经济占比分别达到 19%、40% 和 55%，全员劳动生产率提高到每人 6.8 万元，科技进步贡献率提高到 48.6%。

2018 年，贵州省地区生产总值 14 806.5 亿元，同比增长 9.1%，增速高于全国 2.5 个百分点，居全国第一，连续 8 年位居全国前列。全省固定资产投资、农业增加值、金融机构贷款余额增速位居全国第一。

（二）2018 年贵州省主要经济金融指标

表 1　2018 年贵州省主要存贷款指标

		1 月	2 月	3 月	4 月	5 月	6 月	7 月	8 月	9 月	10 月	11 月	12 月
本外币	金融机构各项存款余额（亿元）	26 384.9	26 132.6	26 721.0	26 684.0	26 934.8	27 284.3	27 036.7	27 170.9	27 044.4	26 738.5	26 940.9	26 542.5
	其中：住户存款	9 612.5	10 589.6	10 542.2	10 299.1	10 286.4	10 348.1	10 272.0	10 351.6	10 479.0	10 314.9	10 365.3	10 611.7
	非金融企业存款	10 043.5	9 138.0	9 234.6	9 462.0	9 504.9	9 627.5	9 454.6	9 465.5	9 130.2	8 911.7	9 051.2	8 897.6
	各项存款余额比上月增加（亿元）	190.8	-252.4	588.4	-37.0	250.8	349.5	-247.6	134.2	-126.5	-305.9	202.3	-398.4
	金融机构各项存款同比增长（%）	9.7	7.1	6.9	6.8	6.8	6.5	4.8	5.3	2.7	2.4	-0.3	1.3
	金融机构各项贷款余额（亿元）	21 440.9	21 787.7	22 013.5	22 283.1	22 683.0	22 991.0	23 291.7	23 709.0	24 018.5	24 232.7	24 705.4	24 811.4
	其中：短期	3 912.8	3 930.5	3 958.4	4 011.7	4 043.9	4 140.9	4 158.0	4 191.4	4 198.8	4 228.2	4 280.2	4 290.8
	中长期	17 151.7	17 453.3	17 672.9	17 886.9	18 245.3	18 439.9	18 717.1	19 087.8	19 383.6	19 563.3	19 902.6	20 022.5
	票据融资	114.7	129.2	110.5	102.4	107.9	119.6	123.7	133.8	140.2	140.0	215.4	198.8
	各项贷款余额比上月增加（亿元）	472.0	346.7	225.8	269.6	399.9	308.1	300.7	417.2	309.5	214.3	472.6	106.0
	其中：短期	50.1	17.7	27.9	53.3	32.2	97.0	17.1	33.4	7.4	29.4	52.0	10.7
	中长期	409.9	301.5	219.6	214.1	358.4	194.6	277.2	370.7	295.8	179.8	339.2	119.9
	票据融资	-1.9	14.5	-18.7	-8.1	5.5	11.6	4.2	10.1	6.4	-0.2	75.4	-16.7
	金融机构各项贷款同比增长（%）	15.6	16.0	15.5	15.6	18.6	18.6	18.7	19.3	18.7	18.9	18.4	18.3
	其中：短期	12.1	12.4	11.8	11.6	12.6	14.0	14.7	14.2	14.0	14.4	11.4	12.5
	中长期	17.2	17.2	16.7	16.7	20.1	19.7	19.5	20.3	19.6	19.7	19.4	19.2
	票据融资	9.5	14.2	5.2	-2.4	2.2	8.9	7.3	14.3	14.9	10.8	64.1	52.9
	建筑业贷款余额（亿元）	1 165.8	1 208.3	1 218.5	1 275.6	1 271.9	1 267.6	1 282.3	1 300.0	1 330.5	1 338.4	1 318.0	1 325.9
	房地产业贷款余额（亿元）	960.0	1 013.0	1 031.9	1 057.0	1 072.2	1 089.0	1 091.5	1 093.0	1 127.6	1 143.9	1 161.1	1 166.1
	建筑业贷款同比增长（%）	36.3	38.6	36.4	39.3	33.8	31.8	32.1	32.1	34.4	32.9	19.9	19.5
	房地产业贷款同比增长（%）	2.4	6.2	8.0	11.5	15.9	15.0	17.1	13.4	14.3	12.7	12.5	18.6
人民币	金融机构各项存款余额（亿元）	26 285.5	26 045.9	26 638.4	26 608.2	26 866.5	27 218.2	26 972.6	27 110.5	26 984.1	26 677.3	26 885.0	26 473.3
	其中：住户存款	9 590.7	10 566.9	10 519.3	10 276.4	10 263.7	10 325.0	10 248.5	10 327.8	10 455.6	10 291.5	10 342.1	10 588.6
	非金融企业存款	9 968.1	9 075.4	9 178.6	9 412.1	9 462.2	9 589.3	9 416.7	9 431.8	9 097.3	8 876.8	9 022.5	8 861.9
	各项存款余额比上月增加（亿元）	196.6	-239.6	592.5	-30.2	258.2	351.8	-245.6	137.9	-126.4	-306.9	207.7	-411.6
	其中：住户存款	8.4	976.2	-47.5	-243.0	-12.7	61.3	-76.4	79.3	127.8	-164.1	50.6	246.5
	非金融企业存款	-89.5	-892.7	103.3	233.5	50.1	127.1	-172.5	15.0	-334.5	-220.5	145.7	-160.5
	各项存款同比增长（%）	9.6	7.0	6.9	6.9	6.9	6.6	4.9	5.5	2.8	2.5	-0.2	1.5
	其中：住户存款	2.1	13.0	12.0	11.5	11.3	10.5	10.2	9.7	9.4	9.3	9.5	10.5
	非金融企业存款	11.8	-0.2	-2.6	-0.4	-1.6	-2.0	-3.8	-2.7	-8.1	-8.9	-13.2	-11.9
	金融机构各项贷款余额（亿元）	21 340.9	21 688.2	21 919.5	22 188.9	22 589.0	22 894.4	23 191.8	23 612.5	23 928.6	24 137.3	24 609.6	24 715.0
	其中：个人消费贷款	3 704.6	3 737.0	3 809.7	3 882.7	3 953.5	4 047.0	4 142.8	4 231.1	4 302.3	4 370.6	4 483.2	4 531.4
	票据融资	114.7	129.2	110.5	102.4	107.9	119.6	123.7	133.8	140.2	140.0	215.4	198.8
	各项贷款余额比上月增加（亿元）	477.0	347.2	231.3	269.4	400.1	305.3	297.4	420.7	316.1	208.7	472.3	105.5
	其中：个人消费贷款	85.8	32.4	72.7	73.1	70.8	93.5	95.8	88.3	71.2	68.3	112.6	48.1
	票据融资	-1.9	14.5	-18.7	-8.1	5.5	11.6	4.2	10.1	6.4	-0.2	75.4	-16.7
	金融机构各项贷款同比增长（%）	15.7	16.1	15.7	15.7	18.7	18.7	18.8	19.4	18.9	19.0	18.5	18.5
	其中：个人消费贷款	21.6	22.1	22.1	22.5	23.3	24.1	25.2	25.8	25.5	25.4	25.0	25.2
	票据融资	-41.0	-17.6	-20.7	-22.4	-6.2	3.0	23.3	32.0	40.3	41.1	85.2	70.5
外币	金融机构外币存款余额（亿美元）	15.7	13.7	13.1	11.9	10.7	10.0	9.4	8.8	8.8	8.8	8.1	10.1
	金融机构外币存款同比增长（%）	71.1	46.3	28.1	8.0	-10.6	-22.2	-28.9	-30.9	-35.9	-38.8	-48.8	-37.5
	金融机构外币贷款余额（亿美元）	15.8	15.7	15.0	14.9	14.6	14.6	14.7	14.1	13.1	13.7	13.8	14.0
	金融机构外币贷款同比增长（%）	7.8	7.3	-1.6	-4.4	-6.8	-6.2	-6.5	-8.9	-13.8	-11.7	-10.3	-12.6

数据来源：中国人民银行贵阳中心支行。

表 2　2001~2018 年贵州省各类价格指数

单位：%

		居民消费价格指数		农业生产资料价格指数		工业生产者购进价格指数		工业生产者出厂价格指数	
		当月同比	累计同比	当月同比	累计同比	当月同比	累计同比	当月同比	累计同比
2001		—	1.8	—	-0.6	—	0.2	—	2.2
2002		—	-1.0	—	0.6	—	-2.4	—	-1.1
2003		—	1.2	—	4.1	—	6.0	—	3.4
2004		—	4.0	—	9.0	—	12.0	—	8.0
2005		—	1.0	—	10.2	—	7.4	—	7.2
2006		—	1.7	—	5.4	—	7.3	—	4.3
2007		—	6.4	—	5.1	—	7.5	—	5.0
2008		—	7.6	—	13.4	—	12.5	—	12.4
2009		—	-1.3	—	-3.8	—	-6.5	—	-4.9
2010		—	2.9	—	1.1	—	9.8	—	4.7
2011		—	5.1	—	11.1	—	15.0	—	5.4
2012		—	2.7	—	0.7	—	2.3	—	1.0
2013		—	2.5	—	-1.0	—	-3.6	—	-2.6
2014		—	2.4	—	-1.0	—	-1.4	—	-1.7
2015		1.4	1.8	7.8	3.1	-4.1	-2.5	-6.2	-3.9
2016		1.5	1.4	2.2	3.0	7.2	-1.5	7.3	-2.1
2017		1.0	0.9	-2.3	-1.2	5.4	9.7	1.0	7.2
2018		1.8	1.8	2.1	-1.2	2.2	3.4	1.8	1.8
2017	1	1.8	1.8	1.9	1.9	9.9	9.9	8.8	8.8
	2	0.4	1.1	2.4	2.1	11.4	10.7	9.9	9.4
	3	0.5	0.9	0.9	1.7	11.8	11.0	9.4	9.4
	4	0.6	0.8	0.2	1.3	10.6	10.9	9.3	9.3
	5	1.0	0.9	-0.3	1.0	9.8	10.7	8.8	9.2
	6	1.0	0.9	-2.8	0.4	9.2	10.4	7.6	9.0
	7	1.1	0.9	-3.3	-0.2	9.1	10.2	6.8	8.7
	8	0.9	0.9	-3.0	-0.5	10.0	10.2	7.2	8.5
	9	0.8	0.9	-2.9	-0.8	10.9	10.3	8.0	8.4
	10	0.8	0.9	-2.9	-1.0	10.7	10.3	7.3	8.3
	11	1.0	0.9	-2.7	-1.1	8.4	10.2	3.3	7.8
	12	1.0	0.9	-2.3	-1.2	5.4	9.7	1.0	7.2
2018	1	0.9	0.9	-2.1	-2.1	3.7	3.7	0.6	0.6
	2	2.5	1.7	-3.1	-2.6	2.3	3.0	0.8	0.7
	3	1.5	1.7	-3.2	-2.8	2.4	2.8	1.5	0.9
	4	1.4	1.6	-3.1	-2.9	3.0	2.9	1.2	1.0
	5	1.3	1.5	-2.7	-2.8	3.7	3.0	1.7	1.1
	6	1.3	1.5	-1.4	-2.6	4.1	3.2	3.0	1.5
	7	1.6	1.5	-0.8	-2.3	4.8	3.4	3.5	1.7
	8	2.1	1.6	-0.6	-2.1	4.4	3.6	3.1	1.9
	9	1.9	1.6	0.0	-1.9	4.1	3.6	1.7	1.9
	10	2.5	1.7	0.4	-1.7	3.2	3.6	1.1	1.8
	11	2.0	1.7	0.8	-1.5	2.9	3.5	2.2	1.8
	12	1.8	1.8	2.1	-1.2	2.2	3.4	1.8	1.8

数据来源：《中国经济景气月报》、贵州省统计局。

表3 2018年贵州省主要经济指标

	1月	2月	3月	4月	5月	6月	7月	8月	9月	10月	11月	12月
	绝对值（自年初累计）											
地区生产总值（亿元）	—	—	2 904.8	—	—	6 632.9	—	—	10 401.4	—	—	14 806.5
第一产业	—	—	364.9	—	—	847.8	—	—	1 563.0	—	—	2 159.5
第二产业	—	—	1 285.9	—	—	2 761.8	—	—	3 941.7	—	—	5 755.5
第三产业	—	—	1 254.0	—	—	3 023.3	—	—	4 896.8	—	—	6 891.4
工业增加值（亿元）	—	—	—	—	—	—	—	—	—	—	—	—
固定资产投资（亿元）	—	—	—	—	—	—	—	—	—	—	—	—
房地产开发投资	—	233.6	479.8	670.1	879.2	1 182.6	1 388.0	1 574.9	1 728.8	1 915.9	2 196.5	2 349.2
社会消费品零售总额（亿元）	—	—	943.4	—	—	1 848.7	—	—	2 816.1	—	—	3 971.2
外贸进出口总额（亿元）	49.4	72.2	114.2	155.1	198.0	241.4	283.6	327.4	365.8	412.9	459.6	500.8
进口	14.5	23.2	38.3	50.0	64.9	78.0	93.2	108.7	121.6	139.7	154.4	163.3
出口	34.9	49.1	75.9	105.1	133.1	163.4	190.5	218.7	244.2	273.1	305.2	337.4
进出口差额（出口－进口）	20.4	25.9	37.7	55.1	68.3	85.5	97.3	110.0	122.6	133.4	150.8	174.1
实际利用外资（亿美元）	2.9	5.1	10.6	11.8	16.0	21.9	24.6	25.1	32.5	34.8	40.5	44.9
地方财政收支差额（亿元）	-210.5	-415.6	-833.3	-998.3	-1 224.1	-1 817.2	-1 874.6	-2 131.6	-2 605.1	-2 638.4	-2 830.9	-3 290.5
地方财政收入	182.9	302.2	487.3	635.5	780.0	967.1	1 097.5	1 188.0	1 311.4	1 458.5	1 564.4	1 726.8
地方财政支出	393.4	717.8	1 320.6	1 633.8	2 004.1	2 784.4	2 972.1	3 319.5	3 916.5	4 096.8	4 395.4	5 017.3
城镇登记失业率（%）（季度）	—	—	3.2	—	—	3.2	—	—	3.2	—	—	3.2
	同比累计增长率（%）											
地区生产总值	—	—	10.1	—	—	10.0	—	—	9.0	—	—	9.1
第一产业	—	—	5.6	—	—	6.4	—	—	6.8	—	—	6.9
第二产业	—	—	10.0	—	—	9.8	—	—	9.1	—	—	9.5
第三产业	—	—	11.2	—	—	11.2	—	—	9.7	—	—	9.5
工业增加值	—	9.9	9.6	9.6	9.6	9.6	9.1	8.9	8.7	8.6	8.6	9.0
固定资产投资	—	17.5	17.8	17.6	17.4	17.4	17.1	16.8	16.3	16.1	16.0	15.8
房地产开发投资	—	-0.1	-2.0	2.6	6.2	5.7	9.4	14.5	11.0	10.0	8.9	6.7
社会消费品零售总额	—	—	12.4	—	—	11.2	—	—	10.1	—	—	8.2
外贸进出口总额	61.3	41.2	40.8	33.9	24.9	15.0	10.2	4.1	-3.0	-2.5	-4.4	-9.1
进口	59.6	45.4	53.0	42.7	28.0	18.6	16.7	13.7	8.7	11.9	8.5	2.1
出口	62.1	39.2	35.4	30.1	23.4	13.4	7.4	-0.1	-7.9	-8.5	-9.9	-13.7
实际利用外资	2.2	10.5	12.1	15.2	24.2	10.2	12.4	7.1	8.1	14.5	16.8	15.3
地方财政收入	27.7	30.6	13.4	13.4	14.8	11.0	12.5	12.3	8.4	8.3	5.0	7.0
地方财政支出	11.0	26.8	16.6	15.6	10.7	10.6	8.6	9.6	8.4	7.6	2.9	8.8

数据来源：《中国经济景气月报》、贵州省统计局。

云南省金融运行报告（2019）

中国人民银行昆明中心支行货币政策分析小组

[内容摘要] 2018年，云南省统筹推进“五位一体”总体布局，协调推进“四个全面”战略布局，坚持以习近平新时代中国特色社会主义思想为指导，坚持稳中求进工作总基调，贯彻新发展理念，落实高质量发展要求，以供给侧结构性改革为主线，统筹推进稳增长、促改革、调结构、惠民生、防风险各项工作，全省经济呈现总体平稳、转型加快、质量提升的良好发展态势。

2018年，云南省经济运行总体平稳，全省地区生产总值较上年增长8.9%。固定资产投资较快增长，投资结构持续优化。全年固定资产投资同比增长11.6%，对经济稳定增长发挥了重要拉动作用。基础设施投资稳步回升，民间投资持续向好，工业投资转负为正，民生领域投资力度加大。消费市场保持活跃，结构不断优化升级。消费对经济增长的基础作用不断增强，社会消费品零售总额增长11.1%。网络零售继续保持快速增长，全年全省通过公共网络实现的商品零售总额同比增长39.7%。对外贸易较快增长，实际利用外资取得新进展。全省实现进出口总额同比增长24.7%。与“一带一路”沿线国家（地区）贸易保持较快增长，进出口贸易额同比增长30.3%，占全省外贸市场份额的67.5%。全省实际利用外资同比增长9.6%，搭建了云南省境外企业和对外投资联络服务平台。产业结构进一步优化，经济效益质量提升。三次产业增加值比重为14：38.9：47.1，第三产业对经济增长的拉动作用进一步加大。高原特色农业发展动能增强，乡村振兴战略开局良好。全省实现农林牧渔业增加值同比增长6.3%，全年全省农产品加工总产值突破3 000亿元，农产品加工产值与农业总产值之比提高到1.11：1。完成高标准农田建设243.9万亩，巩固提升645.6万农村人口饮水安全保障水平，新建改建农村公路1.5万公里。工业经济平稳增长，产业转型升级提速增效。全年全省规模以上工业增加值同比增长11.8%，增速较上年提高1.2个百分点。电力、石油炼化、电子三大行业合计对全省规模以上工业增加值增长贡献率过半。工业新旧动能转换步伐加快，启动工业互联网建设，新增9户国家级“两化”融合贯标试点企业，3个项目入选工信部大数据产业发展试点示范项目。服务业发展态势良好，旅游业进一步转型升级，拉动经济能力明显增强。全省第三产业增加值比重达47.1%。全面推动旅游业转型升级，“一部手机游云南”和旅游大数据平台运行平稳，旅游市场秩序整治效果明显，旅游总收入同比增长29.9%。供给侧结构性改革深入推进，补短板工作扎实开展。全年压缩粗钢产能27万吨，淘汰炼铁落后产能107万吨，退出煤炭产能1 275万吨，降低企业成本952.3亿元。启动打赢精准脱贫攻坚战三年行动，聚焦深度贫困地区，在15个县市正式退出贫困县序列的基础上，再实现33个贫困县摘帽、151万贫困人口净脱贫。价格水平保持平稳，就业形势总体稳定。全省居民消费价格指数同比上涨1.6%，工业生产者出厂价格指数同比上涨2.4%。资源型产品价格改革持续推进，全年全省通过电力市场化交易降低实体经济企业用能成本98.8亿元，同比增长31.1%。生态环境保护力度加大，生态文明建设取得新成效。启动建设中国最美丽省份，全面推进蓝天、碧水、净土“三大保卫战”，发布《云南省生态保护红线》，九大高原湖泊保护治理进入新阶段，滇池水质好转。

围绕经济高质量发展和供给侧结构性改革的金融需求，全省金融部门认真贯彻落实稳健的货币政策，提升服务实体经济的效率和水平。金融运行总体平稳，货币信贷和社会融资规模合理增长，重点领域和薄弱环节的信贷支持不断加大，金融风险总体可控，风险抵御能力不断增强。

银行业稳健发展，货币信贷合理增长。2018 年，云南省银行业金融机构综合实力稳步提升，服务实体经济能力持续增强。存款增长趋缓，贷款平稳增长，信贷支持重点突出。年末，金融机构本外币各项存款余额 30 740.8 亿元，同比增长 1.9%，较年初增加 580.1 亿元；本外币各项贷款余额 28 485.7 亿元，同比增长 10.2%，较年初增加 2 627.4 亿元。金融机构有力支持基础设施“补短板”，信贷资源进一步向薄弱环节和民生领域倾斜。基础设施建设行业贷款余额同比增长 11.7%，全年累计发放创业担保贷款突破百亿元，金融精准扶贫贷款余额 2 948.7 亿元。不断深化民营企业小微企业金融服务，年末全省小微企业贷款余额同比增长 7.8%，增速比第三季度末回升 0.4 个百分点。中国人民银行昆明中心支行加强再贷款、再贴现工具的运用，合理引导信贷资金投向，着力降低实体经济融资成本，年末全省再贷款（含支农、支小、扶贫再贷款）余额 134.8 亿元，再贴现余额 162.5 亿元。银行业金融机构自主合理定价能力持续提高。省级市场利率定价自律机制作用持续发挥，存款定价秩序整体良好，地方法人金融机构定价机制建设不断完善，133 家机构成为全国市场利率定价自律机制成员。金融风险总体可控。不良贷款实现“双降”，年末不良贷款余额、不良贷款率分别较年初减少 29.1 亿元、降低 0.4 个百分点。跨境人民币业务稳步发展。全省跨境人民币收付金额 570.6 亿元，人民币继续保持云南省第二大涉外交易结算货币和第一大对东盟跨境结算货币的地位。

证券业实力持续增强，多层次资本市场建设稳步推进。证券期货机构经营总体稳健，服务功能持续增强，成功发行全国首单绿色扶贫资产支持证券，为云南省绿色发展、脱贫攻坚提供了精准支持。融资方式更趋多元，全年通过公司债、资产支持证券等累计募集资金 378.6 亿元。多层次资本市场建设取得积极进展，新三板挂牌企业数量增至 94 家。保险业保持良好发展势头，保障服务功能持续发挥。保险市场体系不断健全，行业实力稳步增强，全年实现保费总收入同比增长 8.9%；年末保险行业资产总额同比增长 12.1%。保险功能持续发挥，保险密度 1 383.1 元 / 人、保险深度 3.74%。积极推动云南省小额贷款保证保险试点项目，发展出口信用保险支持对外贸易助力企业融资。融资结构进一步改善，金融市场交易较快增长。社会融资规模保持适度增长，全年全省社会融资规模增量 3 433.1 亿元，同比少增 468 亿元。三项债券产品取得突破，云南省首单扶贫票据、绿色金融债券、非银金融债券相继成功发行；直接债务融资快速增长，2018 年全省共发行 98 只直接债务融资工具，募集资金同比增长 41.3%。银行间市场业务交易活跃，全年全省地方法人金融机构拆借、回购、现券买卖等方式累计成交额同比增长 46.1%，增速较上年提高 38.4 个百分点。金融基础设施建设稳步推进，服务水平持续提高。社会信用环境进一步优化，消费者权益保护成效明显。推动开展移动支付便民工程，创新农村多样化支付服务发展模式，加快推动全省惠农支付服务点实现“点”到“站”的发展和改造升级，助力云南省精准脱贫。

2019 年，云南省经济保持平稳发展的有利因素仍然较多，构建迭代产业体系成效初显，“五网”建设、“数字云南”建设稳步推进，经济发展活力和动力明显增强等。但经济社会发展中仍存在构建支撑高质量发展的现代化经济体系步伐不够快、新旧动能接续转换较慢、民营经济发展不足等一些深层次结构性矛盾和问题。2019 年，全省金融部门将牢固树立“四个意识”，坚定“四个自信”，做到“两个维护”，在思想上政治上行动上同以习近平同志为核心的党中央保持高度一致。贯彻落实好稳健的货币政策，坚持金融服务实体经济的根本要求，持续加大对经济重点领域和薄弱环节的支持力度，努力改善货币政策传导机制，进一步提高金融资源配置效率和水平，不断提升风险防范和处置能力，促进在实施稳健货币政策、增强微观主体活力和发挥好资本市场功能三者之间形成三角形支撑框架，推动云南省经济金融良性循环。

一、金融运行情况

2018年，云南省金融业运行平稳，改革不断深化，创新稳步推进，金融生态环境持续优化，金融服务实体经济的效率和水平进一步提升，为全省经济高质量发展和供给侧结构性改革营造了适宜的货币金融环境。

（一）银行业稳健发展，货币信贷合理增长

1. 综合实力稳步提升，服务实体经济能力持续增强。2018年末，云南省银行业金融机构资产、负债总额同比分别增长2.7%和2.4%，增速较上年末分别下降5.5个和5.8个百分点，与金融体系主动去杠杆等因素有关。受利率市场化改革、降成本政策效应释放等因素影响，银行业金融机构净息差较上年收窄0.1个百分点，但成本控制有所增强，盈利能力基本稳定，资产利润率为1.8%。

表1　2018年云南省银行业金融机构情况

机构类别	营业网点			法人机构（个）
	机构个数（个）	从业人数（人）	资产总额（亿元）	
一、大型商业银行	1 564	33 920	14 055	0
二、政策性银行	89	2 087	6 460	0
三、股份制商业银行	396	7 705	3 838	0
四、城市商业银行	233	5 387	3 866	3
五、城市信用社	0	0	0	0
六、小型农村金融机构	2 285	23 027	9 855	133
七、财务公司	5	136	346	4
八、信托公司	1	320	31	1
九、邮政储蓄银行	854	3 202	1 310	0
十、外资银行	7	97	76	0
十一、新型农村金融机构	139	2 920	343	73
十二、其他	1	98	756	1
合　计	5 574	78 899	40 936	215

注：营业网点不包括国家开发银行和政策性银行、大型商业银行、股份制商业银行等金融机构总部数据；大型商业银行包括中国工商银行、中国农业银行、中国银行、中国建设银行和交通银行；小型农村金融机构包括农村商业银行、农村合作银行和农村信用社；新型农村金融机构包括村镇银行、贷款公司和农村资金互助社；“其他”包含金融租赁公司、汽车金融公司、货币经纪公司、消费金融公司等。

数据来源：云南银保监局。

2. 各项存款低位增长，定期存款占比明显提高。受企业存款减少、金融机构表外业务收缩引致存款派生效应减弱等因素影响，存款增长放缓。2018年末，金融机构本外币各项存款余额30 740.8亿元，同比增长1.9%，增速较上年末回落6.1个百分点，较年初增加580.1亿元，同比少增1 659.1亿元。其中，住户存款、非金融企业存款增速分别较上年末回落0.4个和19.4个百分点。全年住户存款和非金融企业存款增量中定期存款占比258.7%，较上年提高214个百分点。非银行业金融机构存款余额同比增长37.5%。外币存款余额27.2亿美元，同比增长4.2%。

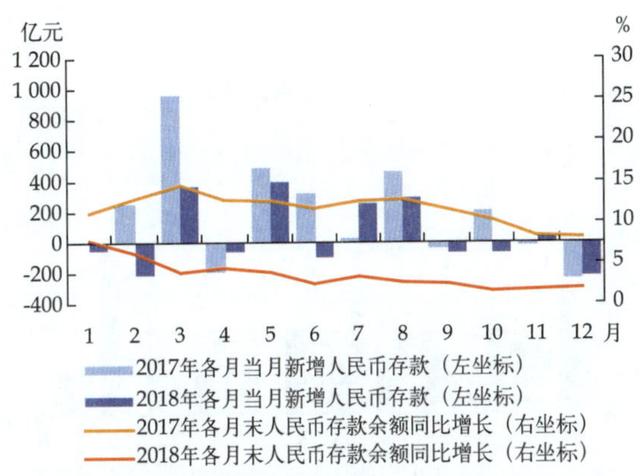

数据来源：中国人民银行昆明中心支行。

图1　2017~2018年云南省金融机构人民币存款增长变化

3. 各项贷款平稳增长，信贷支持重点突出。2018年末，金融机构本外币各项贷款余额28 485.7亿元，同比增长10.2%，较年初增加2 627.4亿元，同比多增261.2亿元。信贷投放中长期化特征减弱，全年中长期贷款增量占比77.1%，比上年下降13.6个百分点，年末余额同比增长11.5%。其中，中长期个人消费贷款余额同比增长24.7%，与住房销售加快等因素有关；中长期装备制造业①贷款余额同比增长20.4%；六大高耗能行业②中长期贷款余额

①装备制造业：金属制品业，通用设备制造业，专用设备制造业，交通运输设备制造业，电气机械及器材制造业，通信设备、计算机及其他电子设备制造业，仪器仪表及文化办公用机械制造业。

②六大高耗能行业，即非金属矿物制造业、化学原料和化学制品制造业、电力热力生产和供应业、黑色金属冶炼和压延加工业、有色金属冶炼和压延加工业、石油加工炼焦和核燃料加工业。

同比增长4.2%。金融机构有力支持基础设施建设等“补短板”，信贷资源进一步向薄弱环节和民生领域倾斜。年末，基础设施建设行业贷款余额同比增长11.7%；2018年累计发放创业担保贷款突破百亿元；金融精准扶贫贷款余额2 948.7亿元，同比增长10.6%。不断深化民营企业小微企业金融服务。2018年末，全省小微企业贷款余额5 276亿元，比年初新增376.9亿元，余额同比增长7.8%，增速比第三季度末回升0.4个百分点。中国人民银行昆明中心支行加强再贷款、再贴现工具的运用，积极开展优化运用扶贫再贷款发放贷款定价机制试点工作，合理引导信贷资金投向，降低实体经济融资成本。年末全省再贷款(含支农、支小、扶贫再贷款)余额134.8亿元，再贴现余额162.5亿元。

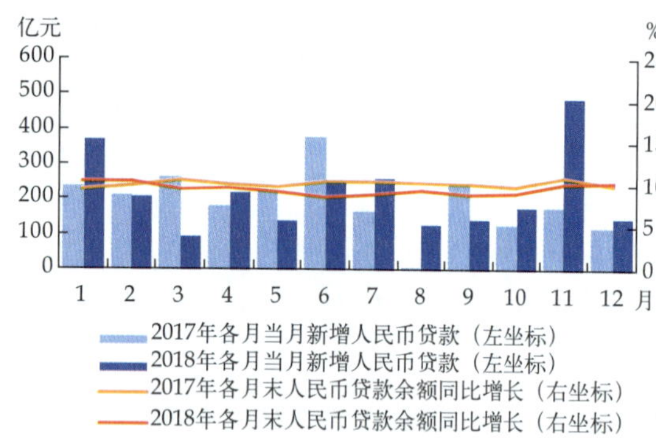

数据来源：中国人民银行昆明中心支行。

图2 2017~2018年云南省金融机构人民币贷款增长变化

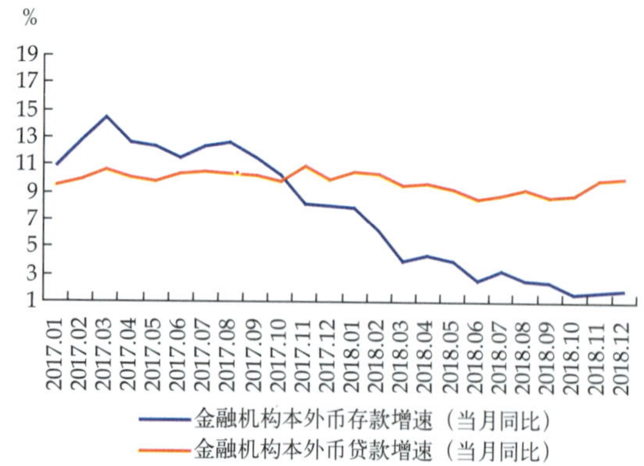

数据来源：中国人民银行昆明中心支行。

图3 2017~2018年云南省金融机构本外币存、贷款增速变化

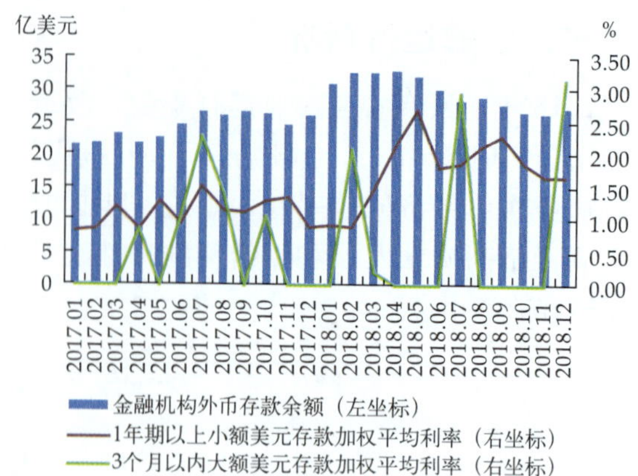

数据来源：中国人民银行昆明中心支行。

图4 2017~2018年云南省金融机构外币存款余额及外币存款利率

4. 表外业务增速回落。2018年末，银行业金融机构表外理财资金余额2 727.6亿元，同比下降3.6%，增速较上年末回落23.7个百分点。同时，委托贷款、信托贷款等其他表外业务规模也明显收缩，委托贷款余额2 577.2亿元，同比下降6%，信托贷款余额909.7亿元，同比下降4%。

表2 2018年云南省金融机构人民币贷款各利率区间占比

单位：%

月份		1月	2月	3月	4月	5月	6月
合计		100.0	100.0	100.0	100.0	100.0	99.9
下浮		12.8	9.5	4.8	11.8	5.1	8.3
基准		29.2	19.3	22.9	17.7	18.1	14.8
上浮	小计	58.0	71.2	72.3	70.5	76.8	76.9
	(1.0, 1.1]	12.4	18.4	16.6	15.6	15.8	11.5
	(1.1, 1.3]	17.1	16.8	18.4	16.6	18.2	26.5
	(1.3, 1.5]	9.5	13.5	14.2	13.8	14.7	16.6
	(1.5, 2.0]	16.4	19.4	20.0	21.6	24.5	19.3
	2.0以上	2.7	3.1	3.0	3.0	3.6	2.9
月份		7月	8月	9月	10月	11月	12月
合计		100.0	99.9	100.0	100.0	100.0	100.0
下浮		9.7	6.3	7.1	11.6	16.0	8.5
基准		14.7	17.6	16.2	20.3	20.9	22.8
上浮	小计	75.6	76.1	76.7	68.1	63.1	68.7
	(1.0, 1.1]	16.0	12.7	12.1	8.4	10.6	11.3
	(1.1, 1.3]	19.3	21.5	21.2	20.3	19.5	26.0
	(1.3, 1.5]	16.9	17.4	17.7	15.6	14.3	13.1
	(1.5, 2.0]	20.4	21.2	22.8	20.8	16.3	16.0
	2.0以上	3.0	3.4	3.0	2.9	2.4	2.3

数据来源：中国人民银行昆明中心支行。

5. 自主合理定价能力持续提高，贷款利率稳中有降。2018 年，云南省银行业金融机构主动适应利率市场化改革带来的机遇和挑战，着力提高自主合理定价能力。省级市场利率定价自律机制持续发挥作用，州（市）级市场利率定价自律联席会议制度逐步建立，行业自律意识稳步增强，省内金融机构存款定价秩序良好。地方法人金融机构不断完善定价机制建设，133 家机构成为全国市场利率定价自律机制成员，省内地方法人金融机构全年累计发行同业存单 925亿元、大额存单 485.6亿元，负债结构多元化。12 月，全省银行业金融机构人民币一般贷款加权平均利率为 5.66%，较上年同期略高 0.01 个百分点，前期出台的支持民营企业、小微企业的政策效果逐步显现，12 月全省新发放企业贷款加权平均利率较 9 月下降 0.24 个百分点，其中新发放小微企业贷款加权平均利率下降 0.53 个百分点。

6. 金融风险总体可控，风险抵御能力不断增强。2018 年，云南省银行业金融机构采取有效措施防控化解金融风险，不良贷款实现“双降”。年末不良贷款余额 831.7 亿元，较年初减少 29.1 亿元；不良贷款率 2.9%，较年初下降 0.4 个百分点。全省银行业金融机构逾期 90 天以上贷款占不良贷款比例为 79.7%，较上年末下降 11.4 个百分点。年末，银行业金融机构拨备覆盖率 144.2%；贷款拨备率 4.2%，较上年末提高 0.3 个百分点。

专栏 1　云南省金融精准扶贫取得明显成效

2016 年以来，中国人民银行昆明中心支行深入贯彻落实党中央、国务院关于坚决打赢脱贫攻坚战的各项工作部署和中国人民银行总行的工作要求，围绕云南省脱贫攻坚任务，多措并举、精准施策。积极争取优化运用扶贫再贷款发放贷款定价机制试点资格，构建扶贫再贷款正向激励机制，推动扶贫再贷款示范点建设，引导金融机构加大金融扶贫力度，扩大信贷投放，降低社会融资成本。2018 年末，全省扶贫再贷款余额 109.2 亿元，全年累计发放扶贫再贷款 88.6 亿元。全省地方法人金融机构运用扶贫再贷款发放精准扶贫贷款余额 74.2 亿元，带动法人机构运用自有资金发放精准扶贫贷款余额 185.2 亿元。全省金融服务脱贫攻坚水平明显提升，2018 年末，全省金融精准扶贫贷款余额 2 948.7 亿元，同比增长 10.6%。

一是着力支持产业发展，助力“换穷业”。指导贫困地区将脱贫攻坚融入当地产业发展中，发挥产业带动优势，带领贫困人口走出一条由“输血”式扶贫转向“造血”式脱贫的新路子。2017 年以来，全省贫困地区累计召开金融产业扶贫银企对接会 87 次，对接资金 238 亿元，支持贫困地区发展优质农业项目。2018 年末，全省产业精准扶贫贷款余额 634.2 亿元，同比增长 15.4%，带动建档立卡贫困人口达 53 万人（次）。

二是着力支持易地扶贫搬迁，助力“挪穷窝”。协调国家开发银行、中国农业发展银行云南省分行及时对接全省易地扶贫搬迁计划，制定融资方案和资金管理办法，确保项目资金按时足额到位。截至 2018 年末，全省易地扶贫搬迁贷款累计发放 458 亿元，共惠及全省 3 157 个搬迁集中安置点 21.6 万户，合计 85.7 万人。

三是着力支持基础设施等建设，助力“拔穷根”。针对贫困地区行路难、饮水难、上学难等问题，引导金融机构加大对贫困地区基础设施建设的信贷投入，切实改善贫困群众生产生活条件，激发贫困群众的内生动力。2018 年末，全省项目精准扶贫贷款余额 1 909.5 亿元，同比增长 8%，其中农村基础设施贷款余额 1 497.2 亿元，同比增长 12.4%。

四是着力满足贫困户金融需求，助力“摘穷帽”。坚持扶贫同扶志、扶智相结合，优先满足贫困户发展生产的有效信贷需求，努力帮助贫困户寻找到具有稳定收入的脱贫道路。2018年末，建档立卡贫困人口及已脱贫人口贷款余额405亿元，同比增长16.3%，45.5万建档立卡贫困人口获得直接信贷支持，获贷人数同比增长5.1%。

7. 跨境人民币业务稳步发展，辐射面持续扩大。2018年，云南省跨境人民币收付金额570.6亿元，同比增长10.4%。其中，经常项目跨境人民币收付金额444.9亿元，同比增长12%；资本项目跨境人民币收付金额125.7亿元，同比增长5.1%。云南与毗邻的缅甸、越南和老挝收付金额增幅分别为4.4%、16.0%和122.2%。自2010年6月试点以来，全省跨境人民币累计收付金额达4 595.2亿元，累计参与结算企业3 000余家，境外地域覆盖面扩大至90个国家或地区，其中“一带一路”沿线国家34个。

（二）证券业实力持续增强，多层次资本市场建设稳步推进

1. 机构经营总体稳健，服务功能持续增强。2018年末，云南省共有2家法人证券公司、2家法人期货公司，证券期货经营机构223家。财务指标总体稳健，两家法人证券公司总资产同比增长16.3%，两家法人期货公司总资产同比增长13.5%。2018年，证券市场累计交易额22 388.4亿元，期货市场累计交易额17 044.4亿元。继续推动“保险+期货”扩大试点规模，开展天然橡胶、白糖“保险+期货”精准脱贫项目。

表3　2018年云南省证券业基本情况

项目	数量
总部设在辖内的证券公司数（家）	2
总部设在辖内的基金公司数（家）	0
总部设在辖内的期货公司数（家）	2
年末国内上市公司数（家）	33
当年国内股票（A股）筹资（亿元）	66.6
当年发行H股筹资（亿元）	0
当年国内债券筹资（亿元）	1 315.1
其中：短期融资券筹资额（亿元）	99.0
中期票据筹资额（亿元）	278.0

数据来源：中国人民银行昆明中心支行、云南证监局。

2. 融资方式更趋多元，为实体经济提供差异化支持。1家贫困地区企业IPO通过证监会发审委审核，是云南省借助资本市场扶贫政策成功上市的首家贫困地区企业。年末，境内上市企业数量为33家，全年境内股票（A股）募集资金66.6亿元。年内共有2家上市公司实施重大资产重组促进转型升级，涉及交易金额105.3亿元。交易所市场融资方式更趋多元。全年通过公司债、资产支持证券等累计募集资金378.6亿元，成功发行全国首单绿色扶贫资产支持证券，为云南省绿色发展、脱贫攻坚提供了精准支持。全省30家证券期货经营机构开展扶贫项目，涉及资金8 694.1万元。

3. 多层次资本市场建设稳步推进，新三板挂牌企业继续增加。2018年，全省新增5家企业在新三板挂牌，挂牌企业数量增至94家。年末，全省共有14家挂牌企业进入创新层。

（三）保险业保持良好发展势头，保障服务功能持续发挥

1. 保险市场体系不断健全，行业实力稳步增强。全省有法人保险公司1家，保险省级分公司41家，其中当年新开业1家，外资保险省级分公司2家。州市级及以下机构2 740家，实现129个县区全覆盖。保险市场延续良好发展态势，2018年，全省累计实现原保险保费收入668亿元，同比增长8.9%，高于全国平均水平5个百分点；年末保险行业资产总额1 012亿元，同比增长12.1%。

2. 保险功能较好发挥，银保合作取得积极进展。2018年，保险密度1 383.1元/人，同比增长8.3%；保险深度3.74%，较上年提高0.03个百分点。全年保险赔付支出248.6亿元，同比增长14%。其中，财产险赔付增长17.9%，人

身险赔付增长9.7%。政策性农房地震保险保障作用显著，积极推广城乡居民住宅地震巨灾保险。继续推动小额贷款保证保险试点项目工作，共计为275个中标企业提供了保额8亿元的履约保证保险担保。大力发展出口信用保险支持对外贸易，全年助力企业获得融资48亿元。

表4　2018年云南省保险业基本情况

项目	数量
总部设在辖内的保险公司数（家）	1
其中：财产险经营主体（家）	1
人身险经营主体（家）	0
保险公司分支机构（家）	41
其中：财产险公司分支机构（家）	26
人身险公司分支机构（家）	15
保费收入（中外资 亿元）	668
其中：财产险保费收入（中外资，亿元）	275.8
人身险保费收入（中外资，亿元）	392.2
各类赔款给付（中外资，亿元）	248.6
保险密度（元／人）	1 383.1
保险深度（%）	3.74

数据来源：云南银保监局。

3. 产品结构基本稳定，品种不断丰富。高原特色农业保险保障程度不断提升，全年全省新增农险险种5个，目前已开办品种45个。推进天然橡胶“保险＋期货＋扶贫”等助推脱贫攻坚的特色保险产品及服务模式。运用保险增信机制和保险资金“支农支小”模式帮助贫困地区获得资金支持，2018年新增放款项目474笔、金额3 257万元。全省沿边行政村群众人身意外伤害保险项目使305个沿边行政村的81.3万居民获得1 015.8亿元意外伤害保障。“儿童保险礼物”公益项目在云南省落地，为29.3万名贫困儿童提供193亿元重大疾病、住院医疗保险保障。全省补充医疗保险项目已达15个，覆盖107万贫困人口。

（四）融资结构进一步改善，金融市场交易较快增长

1. 社会融资规模保持适度增长，融资结构进一步优化。2018年，全省社会融资规模增量3 433.1亿元，同比少增468亿元。其中，对实体经济发放的人民币贷款增加2 646.8亿元，同比多增290.8亿元，占全省社会融资规模增量的比重为77.1%，较上年提高2个百分点。全年，表外融资（含委托贷款、信托贷款、未贴现银行承兑汇票）合计减少541.9亿元。全年企业债券和非金融企业境内股票融资合计增加363亿元，同比多增230.1亿元，占云南省社会融资规模增量的比重为10.6%，较上年提高3.5个百分点，其中，企业债券融资同比多增251.1亿元，非金融企业境内股票融资同比少增21亿元。全年全省累计发行地方政府债券1 567.2亿元。

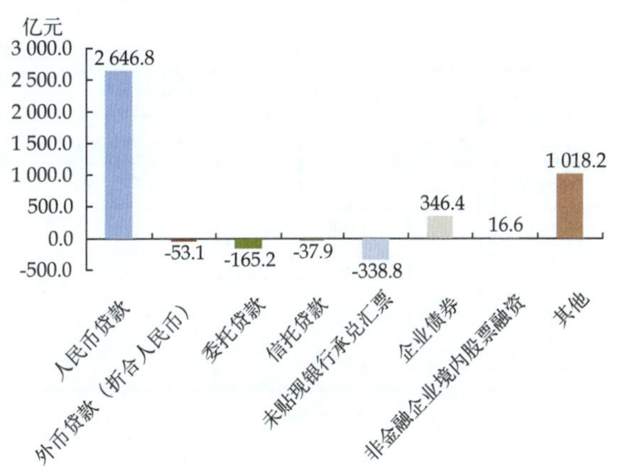

数据来源：中国人民银行昆明中心支行。

图5　2018年云南省社会融资规模分布结构

2. 三项债券产品取得突破，直接债务融资快速增长。有效发挥银行间债券市场服务实体经济的功能，富滇银行发行35亿元全省首单绿色金融债券，华夏金融租赁有限公司发行25亿元全省首单非银金融债券，云南省能源投资集团有限公司发行10亿元全省首单扶贫票据。全年非金融企业在全国银行间市场共发行98只直接债务融资工具，募集资金961.2亿元，同比增长41.3%。

3. 银行间市场业务交易活跃，市场利率逐步下行。2018年，全省地方法人金融机构通过拆借、回购、现券买卖等方式累计成交额同比增长46.1%，增速较上年提高38.4个百分点。

地方法人金融机构流动性总体稳定，资金融出大幅增加。资金价格先升后降，全年债券质押式回购加权平均利率为2.57%，4月价格最高，加权平均利率为2.93%，8月价格最低，加权平均利率为2.21%。

4. 票据融资快速增长，利率水平有所回落。 2018年末，全省银行承兑汇票余额同比增长32.6%，其中，中小企业签发的银行承兑汇票余额占比53%。票据融资快速增长，年末余额同比增长48.9%，在各项贷款中的比重为5.7%，较上年末提高1.5个百分点。全年票据直贴加权平均利率为4.59%，较上年下降0.2个百分点。

表5　2018年云南省金融机构票据业务量统计

单位：亿元

季度	银行承兑汇票承兑		贴现			
			银行承兑汇票		商业承兑汇票	
	余额	累计发生额	余额	累计发生额	余额	累计发生额
1	586.9	251.6	1 098.3	1 030.5	42.1	35.4
2	595.5	523.4	1 215.1	3 841.8	40.3	69.6
3	716.9	926.4	1 359.5	6 995.9	44.6	106.8
4	787.1	1 278.8	1 577.4	9 165.4	54.9	172.8

数据来源：中国人民银行昆明中心支行。

表6　2018年云南省金融机构票据贴现、转贴现利率

单位：%

季度	贴现		转贴现	
	银行承兑汇票	商业承兑汇票	票据买断	票据回购
1	5.10	6.55	4.87	4.33
2	4.96	5.51	4.56	4.06
3	4.17	4.85	3.59	2.94
4	3.83	4.67	3.20	3.02

数据来源：中国人民银行昆明中心支行。

（五）金融基础设施建设稳步推进，服务水平持续提高

1. 社会信用环境进一步优化。 推动征信查询机在全省人民银行系统126个网点实现全覆盖，推进商业银行代理查询、政务服务大厅、便民服务大厅等自助查询服务。搭建云南省征信业务管理大数据平台，落实常态化日常监管，加强接入机构征信信息安全管理。中国人民银行应收账款融资服务平台使用效率不断提升，全年实现融资对接492.3亿元。积极开展征信宣传教育活动，稳步推进征信知识与诚信文化宣传教育活动，提升全省社会公众的诚信水平和信用意识。

2. 支付系统建设稳步推进。 推动开展移动支付便民工程，昆明和曲靖两个示范城市受理商户终端36万户，累计改造手机支付商户19.3万户，共发生移动支付交易2 002.5万笔、金额25.1亿元。以推动“一带一路”建设为方向，稳妥推进境外边民账户服务平台建设工作。创新农村多样化支付服务发展模式，加快推动全省惠农支付服务点实现“点”到“站”的发展和改造升级，助力云南省精准脱贫。截至2018年末，累计完成6 100个普惠金融服务站的建设任务。全省18 202个惠农支付服务点和普惠金融服务站全面开通银联手机闪付和银联二维码支付功能。

3. 消费者权益保护成效明显。 开展金融广告治理，持续推进金融知识普及、金融消费者宣传教育等活动，增强群众金融维权意识和安全防范意识。对12363金融消费权益保护咨询投诉电话完成升级改造，实现全省一点式集中接听，全年共处理投诉181件，接受各类咨询2 721件。

专栏2　云南省建设沿边金融改革试验区工作取得实效

2018年，中国人民银行昆明中心支行认真履行省建设沿边金改领导小组办公室职能，携手各成员单位围绕试验区改革试点的十项工作任务，持续推动沿边金融、跨境金融、地方金融发展，金融改革试点在服务云南省新时代改革开放进程、配合辐射中

心建设、支持全省经济社会发展中取得了实效。

人民币周边化、区域化进程持续推进，成为人民币国际化进程的重要组成部分。2010 年试点以来至 2018 年末，全省跨境人民币累计结算金额达 4 595.2 亿元。其中，2018 年结算金额 570.6 亿元，同比增长 10.4%，结算量在边境八省中居第 3 位，在全国居第 17 位。人民币在本外币跨境收支中的占比从 2010 年的不足 5% 上升为 2018 年的 33.5%，高于全国平均水平。人民币结算业务覆盖了境外 90 多个国家和地区，人民币继续保持云南省第二大涉外结算货币和第一大对东盟跨境结算货币地位。

人民币跨境流通更加便利。一是在全国率先试点个人全部经常项目跨境人民币结算。2018 年，个人经常项目人民币结算 20.8 亿元，同比增长 99.6%，最大限度地便利个人对外经济交往。二是大力推动开展跨国企业集团跨境人民币资金池业务。截至 2018 年末，全省共有 7 家跨国企业集团搭建了跨境人民币资金池，方便了跨国企业集团跨境调配资金余缺。三是组建人民币国际投贷基金，推动对外股权投资。

继续推动完善以银行间市场区域交易为支撑、银行柜台交易为基础、个人本外币兑换特许业务为补充的全方位、多层次人民币与周边国家货币的区域性货币交易的“云南模式”。一是全国首例人民币对泰铢区域交易由云南发端，并于 2018 年 2 月成功在全国银行间市场挂牌。二是银行柜台挂牌交易币种实现周边国家货币全覆盖。三是 2018 年云南省个人本外币兑换特许业务现钞兑换金额 7 069.6 万美元，同比大幅增长 346.4%，已发展成为银行柜台交易的重要补充渠道。四是银行间跨境现钞调运不断实现新突破。搭建两个越南盾现钞直供平台和西南地区第一个泰铢现钞直供平台。2018 年，中老双边首条本外币现钞调运通道正式建立。

农村金融产品和服务方式创新卓有成效。一是为精准扶贫探索新路子。2018 年 4 月 4 日，云南省能源投资集团在银行间市场成功发行云南省首单扶贫短期融资券，金额 10 亿元。二是“两权”抵押贷款试点取得初步成效。试点配套措施有序跟进，支农惠农的政策效应逐步显现。三是积极推动城乡信用体系建设。2018 年末，全省共组织评定信用户、信用村、信用乡镇较试点前分别增长 42.3%、70.8% 和 205.2%。

积极推动贸易投资便利化。根据国家外汇管理局的部署，全省外汇管理部门大幅减少行政审批事项，经常项目基本实现“零审批”，有效提高涉外企业的资金运作效率。外商投资企业外汇资本金意愿结汇、直接投资外汇登记全面下放，推行跨国公司外汇资金集中运营试点管理、全口径跨境融资宏观审慎管理，跨境担保外汇管理大幅放宽，极大便利市场主体办理跨境投融资业务，有效降低汇兑风险。

跨境金融基础设施建设稳步推进。一是持续推动 NRA 账户服务便利化。自 2016 年 NRA 账户存取现金业务开展以来，累计共批复沿边州市 49 家境外机构办理 NRA 账户存取现金业务。二是推动跨境结算清算渠道多样化发展。三是创新外籍人员金融消费权益保护新模式。四是推动境外边民账户服务平台实施。五是持续推进全省跨境反假货币工作。全面构建“省、市、县”三级跨境反假货币工作组织体系，截至 2018 年末，全省共建立 1 个省级中心、8 个沿边州市分中心和 15 个沿边跨境反假货币工作站。

二、经济运行情况

2018 年，云南省深入推进供给侧结构性改革，经济运行总体平稳，转型加快，质量提升。全年实现地区生产总值 17 881.1 亿元，比上年增长8.9%，增速高于全国平均水平2.3个百分点。2018 年全省人均地区生产总值 37 136 元，较上年增加 2 591 元。

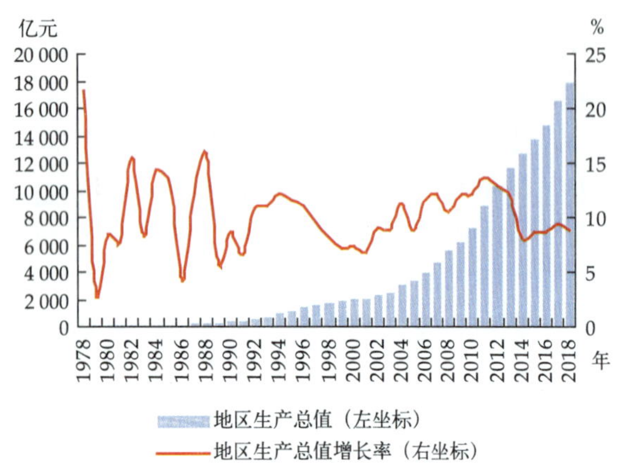

数据来源：云南省统计局。

图 6　1978~2018 年云南省地区生产总值及其增长率

（一）内需平稳，外需增长加快

1. 固定资产投资较快增长，投资结构持续优化。 2018 年，云南省围绕“稳增长”政策，不断扩大合理有效投资，全年完成固定资产投资（不含农户）同比增长 11.6%，高于全国 5.7 个百分点。从结构看，基础设施投资稳步回升，同比增长 10.9%，对全省投资的贡献率达 38.9%；民间投资持续向好，同比增长 20.7%，对固定资产投资的贡献率达 61.9%；工业投资转负为正，同比增长 11.3%，增速较上年提高 11.4 个百分点；制造业投资同比增长 14.3%；房地产开发投资加快，同比增长 16.5%，增速较上年提高 12.9 个百分点。民生领域投资力度加大，居民服务和其他服务业投资、卫生和社会工作投资增速分别较固定资产投资增速高 42.6 个和 3.1 个百分点。

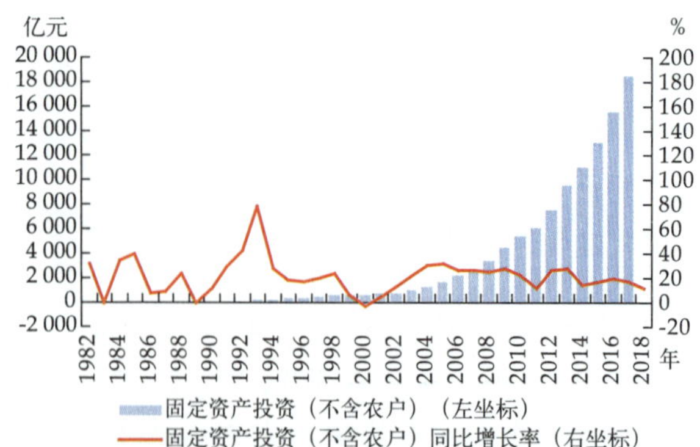

注：2018 年云南省固定资产投资（不含农户）绝对值未公布。

数据来源：云南省统计局。

图 7　1982~2018 年云南省固定资产投资（不含农户）及其增长率

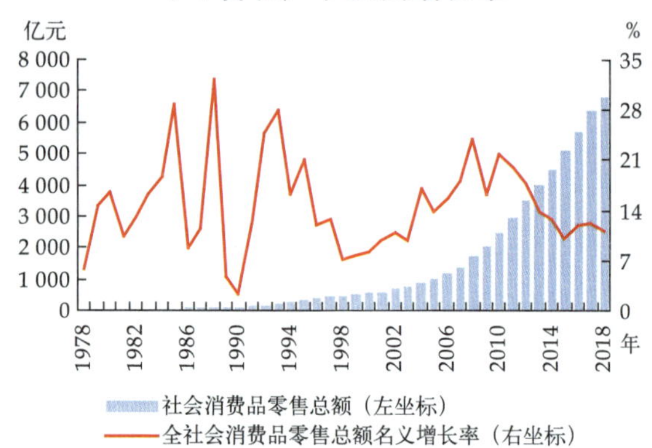

数据来源：云南省统计局。

图 8　1978~2018 年云南省社会消费品零售总额及其增长率

2. 消费市场保持活跃，结构不断优化升级。 2018 年，全省社会消费品零售总额 6 826 亿元，同比增长 11.1%，增速较上年回落 1.1 个百分点。消费结构呈现优化升级态势。全年全省乡村市场消费增速快于城镇市场 0.4 个百分点；网络零售继续保持快速增长，全年全省通过公共网络实现的商品零售总额同比增长 39.7%；消费升级类商品增长较快，其中，通讯器材类、体育与娱乐用品类、文化办公用品类、建筑及装潢材料类商品零售额同比分别增长 12.5%、20.6%、12.7% 和 19.3%。汽车消费有所下降，汽车类商品零售额仅增长 1.5%。

3. 对外贸易较快增长，实际利用外资取得新成效。 2018 年，云南省主动服务和融入“一带一路”建设，紧紧围绕八大重点产业及打造绿色能源、绿色食品、健康生活目的地世界一流“三张牌”等开展招商引资活动，实现“走出去”和“引进来”齐头并进。全省实现外贸进出口总额1 973亿元，同比增长24.7%，增速高于全国15个百分点。其中，出口增长9.4%，进口增长39.3%。云南省与“一带一路”沿线国家（地区）贸易保持较快增长，进出口贸易额同比增长30.3%，占全省外贸市场份额为67.5%。

利用外资取得新成效，对外投资质量和结构持续优化。2018年，全省实际利用外商直接投资10.6亿美元，同比增长9.6%，增速高于全国6.6个百分点。搭建云南省境外企业和对外投资联络服务平台，全年全省对外实际投资11.8亿美元。

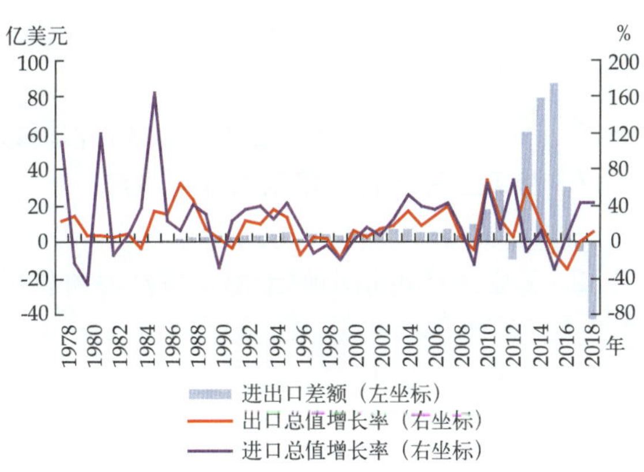

数据来源：云南省统计局、云南省商务厅。

图9　1978~2018年云南省外贸进出口总额变动情况

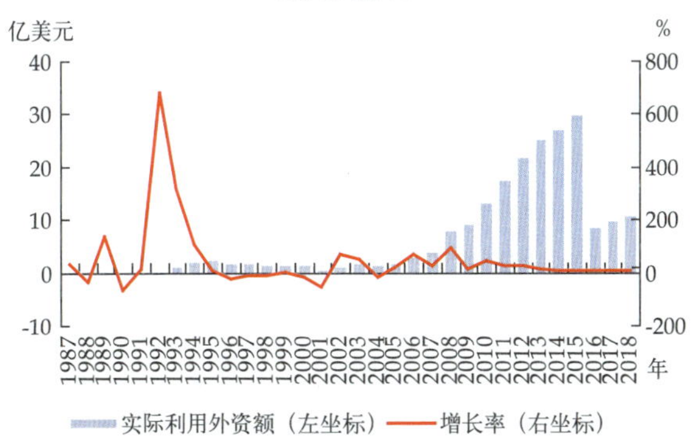

数据来源：云南省统计局、云南省商务厅。

图10　1987~2018年云南省实际利用外资额及其增长率

（二）产业结构继续优化，经济效益质量提升

2018年，云南省产业结构进一步优化，三次产业增加值比重为14 : 38.9 : 47.1，第三产业对经济增长的拉动作用进一步加大。

1. 高原特色农业发展动能增强，乡村振兴战略开局良好。2018年，全省实现农林牧渔业增加值2 552.8亿元，同比增长6.3%，增速较上年提高0.3个百分点。重点产业量效齐增，农业产业化水平进一步提高。茶叶等8个优势产业综合产值增长15.5%，全年全省农产品加工总产值突破3 000亿元，农产品加工产值与农业总产值之比提高到1.11 : 1。“绿色食品牌”打造稳步推进，高原特色农业发展动能增强，全年新认定云南省名牌农产品80个；新认证绿色食品428个、有机食品665个；普洱茶公用品牌连续两年荣获“中国茶叶区域公用品牌价值”第一名。出台乡村振兴战略规划及实施意见，深化农业供给侧结构性改革。完成高标准农田建设243.9万亩，巩固提升645.6万农村人口饮水安全保障水平；“四好农村路”加快建设，新建改建农村公路1.5万公里。

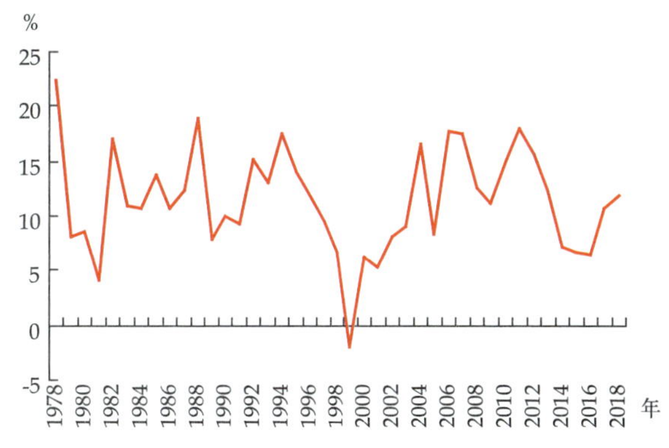

数据来源：云南省统计局。

图11　1978~2018年云南省规模以上工业增加值实际增长率

2. 工业经济平稳增长，产业转型升级提速增效。2018年，云南省统筹做好工业稳增长、促转型、调结构、转动能等各项工作。全年全省规模以上工业增加值同比增长11.8%，增速较

上年提高1.2个百分点。其中，非烟工业增加值同比增长16.9%，石油加工业增长1.5倍，电子制造业增长75.5%。电力、石油炼化、电子三大行业合计对全省规模以上工业增加值增长贡献率过半。2018年，全省规模以上工业企业实现主营业务收入同比增长15%，实现利润总额同比增长15.3%。启动工业互联网建设，新增9户国家级“两化”融合贯标试点企业，总数达50户。3个项目入选工信部大数据产业发展试点示范项目。

3. 服务业发展态势良好，拉动经济能力明显增强。2018年，第三产业增加值比重达47.1%，服务业对全省经济发展的贡献力度明显增强。全面推动旅游业转型升级，“一部手机游云南”和旅游大数据平台运行平稳，旅游市场秩序整治效果明显。全年接待海外、国内游客同比分别增长5.8%和20.2%；实现旅游总收入同比增长29.9%。交通运输业保持较快发展，全省航空旅客吞吐量6 758.6万人次，高铁开通两年来，累计发送旅客3 448.9万人次。公路货物周转量和铁路货物周转量分别较上年同期增长9.5%和3.7%。

4. 供给侧结构性改革深入推进，补短板工作扎实开展。2018年，云南省持续深入推进供给侧结构性改革。全省压缩粗钢产能27万吨，淘汰炼铁落后产能107万吨，退出煤炭产能1 275万吨，降低企业成本952.3亿元。加快补齐基础设施短板，累计82个县通高速公路、通车里程达5 198公里；新开通动车线路3条；滇中饮水工程建设有序推进，在建水网工程超过330项。启动打赢精准脱贫攻坚战三年行动，聚焦深度贫困地区，扎实推进“十大攻坚战”。在15个县市正式退出贫困县序列的基础上，有望再实现33个贫困县摘帽、151万贫困人口净脱贫。

（三）价格水平保持平稳，就业形势总体稳定

1. 居民消费价格温和上涨，医疗保健类价格涨幅明显。2018年，全省居民消费价格指数同比上涨1.6%，较上年提高0.7个百分点，低于全国0.5个百分点，居民消费价格八大类均呈上升态势。食品烟酒类价格同比上涨0.5%，其中，食品类价格上涨0.2%；受租售价格上涨影响，居住类价格上涨2.1%；生活用品及服务价格上涨1.1%，比上年同期提高1个百分点；医疗保健类价格上涨4.1%。

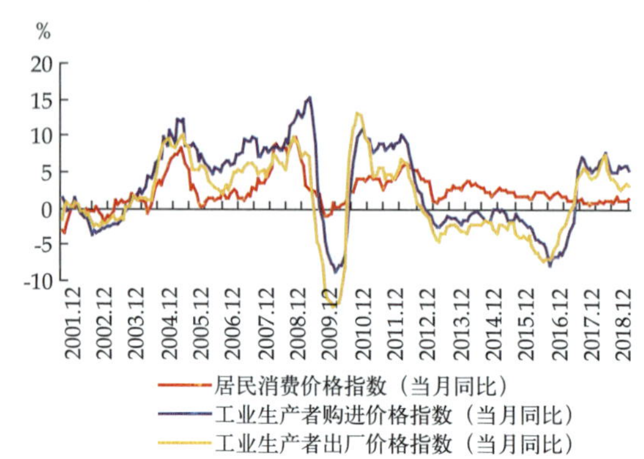

数据来源：国家统计局云南调查总队。

图12　2001~2018年云南省居民消费价格指数和工业生产者价格指数变动趋势

2. 工业生产价格小幅上涨，农产品价格继续回落。2018年，供给侧结构性改革效果继续显现，加之受国际大宗商品价格温和上涨等因素影响，全省工业生产者出厂价格指数同比上涨2.4%，涨幅较上年同期下降2.8个百分点。全年生产资料价格同比上涨3.2%，是工业生产者出厂价格指数上涨的主要原因；生活资料价格基本稳定，上涨0.3%。全年工业生产者购进价格指数同比上涨4.4%，较工业生产者出厂价格指数涨幅多1.2个百分点，其中，化工原料类、黑色金属材料类涨幅较大，分别上涨11.7%和7.3%。受饲养牲畜及其产品价格下降影响，农产品生产者价格同比下降3.1%，较同期农业生产资料价格涨幅低4.8个百分点。

3. 就业形势总体稳定，劳动力成本较快增长。2018年，全省实现城镇新增就业51.9万人，较上年多增2.9万人；新增转移就业315.2万人，帮助城镇失业人员再就业14.9万人，就业困难人员就业12.2万人。扶持创业10.5万人，城镇

登记失业率3.4%。2018年，全省居民工资性收入增长13.5%，对居民增收贡献率达65.7%。其中，城镇居民工资性收入增长10.8%，农村居民工资性收入增长16.6%。全省居民人均可支配收入首次突破2万元大关，同比增长9.5%。其中，城镇、农村常住居民人均可支配收入同比分别增长8%和9.2%。农村居民收入增速连续9年快于城镇。

4.资源型产品价格改革持续推进。2018年，以电力市场主体为中心的交易服务体系不断完善，依托“两端一微一网”线上服务渠道，加快电力体制改革，电力市场呈现“电量稳步增长，电价趋于合理”的良好态势。全年全省市场化交易电量同比增长21%，占全部用电量的58.1%。全年西电东送电量同比增长11.1%。2018年，全省通过电力市场化交易降低实体经济企业用能成本98.8亿元，同比增长31.1%。

（四）财政收入稳定增长，支出结构持续优化

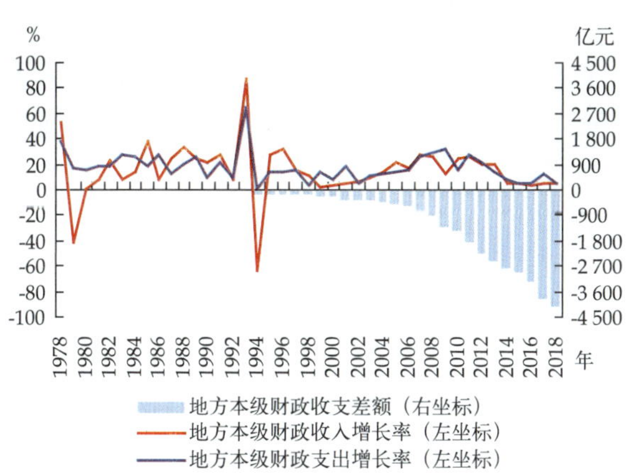

数据来源：云南省统计局、云南省财政厅。

图13 1978~2018年云南省财政收支状况

2018年，全省地方一般公共预算收入1 994.4亿元，同比增长5.7%。其中，税收收入同比增长15.3%，非税收入同比下降12.5%。地方一般公共预算支出6 075亿元，同比增长6.3%。其中，省本级支出同比增长0.8%，州（市）、县（市、区）级支出同比增长7.6%。全省地方一般公共预算支大于收4 080.7亿元，比上年多253.8亿元。财政支出结构持续优化，民生支出金额占地方一般公共预算支出总金额的比重为73.7%。全省扶贫支出同比增长57%，年内整合174.8亿元涉农资金支持深度贫困地区脱贫攻坚。全年新增地方政府债券663.8亿元。

（五）生态环境保护力度加大，生态文明建设取得新成效

云南省坚持生态优先、绿色发展，启动建设中国最美丽省份，全面推进蓝天、碧水、净土“三大保卫战”。发布《云南省生态保护红线》；推动九大高原湖泊保护治理进入新阶段，滇池水质好转。全面完成省级及以上工业园区污水集中治理设施建设、畜禽养殖禁养区限养区划定；14.7万辆黄标车全部淘汰，地级以上城市空气质量优良天数比率达98.9%；全省完成营造林823万亩，退耕还林还草和陡坡地生态治理336万亩，森林覆盖率提高到60.3%；单位地区生产总值能耗下降3%；保山市、华宁县成为国家生态文明建设示范市县。

（六）房地产市场整体向好，信息产业快速发展

1.房地产市场整体向好，房地产金融增长较快。2018年，云南省房地产投资快速增长，商品房销售稳定增长，重点城市房价保持上涨态势。房地产贷款增长较快，其中，个人住房贷款快速增长，保障性住房贷款增速放缓。

（1）房地产开发投资快速增长。2018年，全省房地产开发投资完成3 247.2亿元，同比增长16.5%，增速比上年高12.9个百分点。开发企业资金来源稳定增长，同比增长5.7%，其中定金及预收款、个人按揭贷款增长较快，增速分别达79.6%和30.1%。全年土地购置面积同比下降30.5%，未来房地产开发投资增长面临较大压力。

（2）商品房新增供应量先行指标稳定增长。2018年，云南省商品房施工面积、新开工面积同比分别增长3.4%和17.9%，较上年分别高1个和1.6个百分点。其中，住宅施工面积、新开

工面积同比分别增长 5.2% 和 28.7%。全年棚户区改造新开工 13.9 万套，建成 9.5 万套，完成国家下达目标数。

（3）商品房销售稳定增长。2018 年，云南省商品房销售面积、销售额同比分别增长 4.7% 和 33%，分别较上年低 14.2 个和 0.5 个百分点。其中，住宅销售面积、销售额同比分别增长 4.6% 和 36.3%。年末，商品房待售面积同比下降 23.1%，其中，住宅待售面积同比下降 37%，非住宅待售面积同比下降 7.4%。

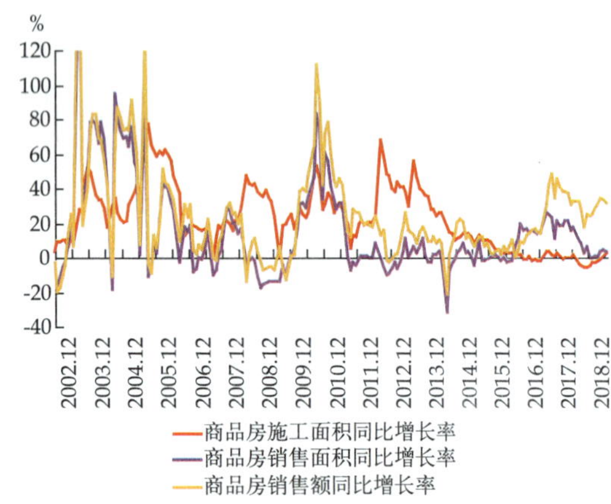

数据来源：云南省统计局。

图 14　2002~2018 年云南省商品房施工和销售变动趋势

（4）重点城市房价保持上涨态势。2018 年 12 月，昆明市、大理市新建商品住宅销售价格同比分别上涨 16.6% 和 18.8%；昆明市、大理市新建商品住宅销售价格环比分别上涨 0.9% 和 1.8%，已连续分别上涨 30 个月和 21 个月。2018 年，昆明市、西双版纳州、大理州、普洱市先后对房地产市场进行了调控，以促进房地产市场的平稳健康发展。

（5）房地产贷款较快增长，差别化住房信贷政策执行较好。2018 年末，全省房地产贷款余额同比增长 23.3%，比各项贷款增速高 12.9 个百分点；房地产贷款增量占各项贷款增量的 46.1%。其中，保障性住房开发贷款余额、个人住房贷款余额同比分别增长 23.1% 和 29.6%。差别化住房信贷政策执行情况较好，住房抵押贷款价值比（LTV）为 62.6%，较上年低 1.5 个百分点；首套房贷款笔数占 86.3%，比上年低 2 个百分点。

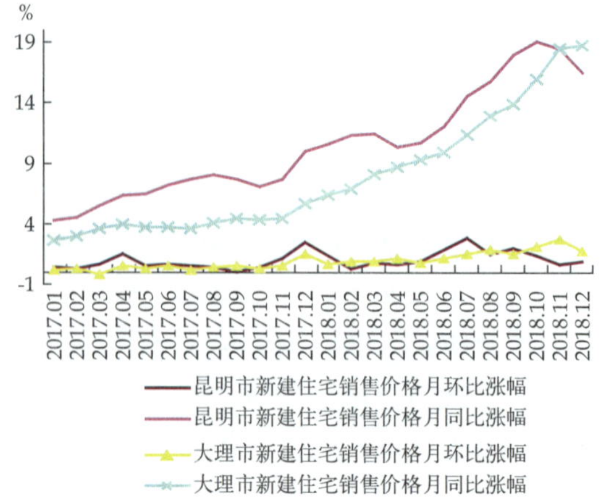

数据来源：国家统计局《中国经济景气月报》。

图 15　2017~2018 年云南省主要城市新建住宅销售价格变动趋势

2. 信息产业快速发展，产业体系加快构建。2018 年，云南省信息产业实现量质提升，信息产业门类日趋完善，实现移动终端、平板电脑、液晶电视、柔性显示器、机器人等产品的云南制造，硅晶圆片实现了量产，稀贵金属电子材料取得突破。信息通信基础设施进一步完善，互联网骨干网和城域网光缆达到 145.8 万公里，互联网省际出口带宽提升至 16.1T，全省 4G 基站达 14.1 万个。2018 年，全省信息产业主营业务收入 1 220.4 亿元，同比增长 21.5%，其中电子信息产品制造业主营业务收入 339.9 亿元，同比增长 26.4%，信息传输及软件和信息技术服务业主营业务收入 683.6 亿元，同比增长 17.6%，信息产业核心产业实现主营业务收入 1 023.6 亿元，同比增长 20.4%。随着构建信息产业创新发展的综合性服务体系加快推进，数字经济新业态不断涌现，云南省信息产业将保持快速发展态势，成为经济发展新动能之一。

三、预测与展望

展望 2019 年，中国仍处于并将长期处于重要战略机遇期。云南省经济保持平稳发展的有利因素仍然较多，构建迭代产业体系成效初显，“五网”建设稳步推进，经济发展活力和动力明显增强，新型城镇化建设取得明显进展。但也要看到，经济发展面临的环境将更加复杂多变，不确定性将更加凸显。云南省经济社会发展中仍存在构建支撑高质量发展的现代化经济体系步伐不够快、新旧动能接续转换较慢、城乡区域发展不平衡、民营经济发展不足等一些深层次结构性矛盾和问题。

2019 年是中华人民共和国成立 70 周年，也是决战脱贫攻坚、决胜全面建成小康社会的关键之年。云南省将以习近平新时代中国特色社会主义思想为指导，坚持稳中求进工作总基调，坚持新发展理念，坚持推动高质量发展，坚持以供给侧结构性改革为主线，坚持深化市场化改革、扩大高水平开放，加快建设现代化经济体系，继续打好三大攻坚战，着力激发微观主体活力、增强内生动力、释放内需潜力，统筹推进稳增长、促改革、调结构、惠民生、防风险各项工作，进一步稳就业、稳金融、稳外贸、稳外资、稳投资、稳预期，保持经济持续健康发展和社会稳定。

2019 年，全省金融部门将牢固树立“四个意识”，坚定“四个自信”，践行“两个维护”，在思想上政治上行动上同以习近平同志为核心的党中央保持高度一致。贯彻落实好稳健的货币政策，坚持金融服务实体经济的根本要求，主动作为，保持信贷总量和地区社会融资规模合理增长，为供给侧结构性改革和高质量发展营造良好的货币金融环境。持续加大对经济重点领域和薄弱环节的支持力度，全面深化民营和小微企业金融服务，坚持不懈抓好金融精准扶贫工作，继续强化对八大重点产业发展和打造绿色能源、绿色食品、健康生活目的地世界一流“三张牌”等发展战略的金融支持。努力改善货币政策传导机制，进一步提高金融资源配置效率和水平，不断提升风险防范和处置能力，促进在实施稳健货币政策、增强微观主体活力和发挥好资本市场功能三者之间形成三角形支撑框架，推动经济金融良性循环。

中国人民银行昆明中心支行货币政策分析小组

总　纂：李　波　经　纬

统　稿：雷一忠　陈　银　王怡丰

执　笔：陈　银　王怡丰

提供材料的还有：和治臣　李　峰　戴明爽　杨信信　李晗锐　李红艳　杨　缘　左羽萌　马福春　沈姗姗　许黎华　龚晓兰　李雁东　康晓虹

附录

（一）2018年云南省经济金融大事记

2月5日，中国人民银行正式将人民币对泰铢云南银行间市场区域交易推广至全国银行间外汇交易市场，泰铢是首个由区域银行间市场转入全国市场的币种。

3月13日，云南省移动支付便民示范工程正式启动。

5月18日，中老两国实现双边本外币现钞跨境调运，标志着中老双边本外币现钞跨境调运在中老磨憨—磨丁经济合作区取得历史性突破，填补了中老两国无现钞跨境调运陆路通道的空白。

6月14日至20日，第5届中国—南亚博览会（南博会）在昆明举办。

8月10日，云南省公开发行10亿元省级公办高等学校专项债，是全国首单省级公办高等院校地方政府专项债券。

8月28日，富滇银行成功发行云南首单绿色金融债，将专项用于支持云南省绿色信贷项目的投放。

11月21日，“一部手机游云南”平台资金清算系统正式上线。

11月28日至30日，东亚及太平洋中央银行行长会议组织（EMEAP）第55届副手会、EMEAP第24届货币与金融稳定委员会（MFSC）会议、第27届泛亚指数基金监管委员会（PAIF SC）会议及第31届EMEAP亚债基金监督委员会（EAOC）会议在昆明召开。

12月7日，中国人民银行昆明中心支行、云南银保监局筹备组、省地方金融监督管理局、省工商业联合会联合召开了云南省深化民营企业小微企业金融服务座谈会，进一步深化民营企业小微企业金融服务。

12月17日，云南银保监局正式挂牌成立。

（二）2018 年云南省主要经济金融指标

表 1　2018 年云南省主要存贷款指标

		1 月	2 月	3 月	4 月	5 月	6 月	7 月	8 月	9 月	10 月	11 月	12 月
本外币	金融机构各项存款余额（亿元）	30 141.0	29 943.8	30 308.8	30 250.4	30 641.9	30 540.1	30 783.6	31 077.5	31 001.9	30 924.9	30 955.9	30 740.8
	其中：住户存款	13 237.7	13 813.8	13 893.5	13 700.6	13 785.0	13 972.4	13 889.5	13 989.2	14 317.0	14 187.7	14 272.6	14 529.2
	非金融企业存款	8 487.9	7 925.3	8 186.8	8 141.0	8 274.4	8 310.2	8 181.6	8 193.1	7 934.9	7 737.2	7 977.1	7 903.8
	各项存款余额比上月增加（亿元）	-19.7	-197.2	365.0	-58.5	391.6	-101.8	243.5	293.9	-75.6	-77.0	31.0	-215.1
	金融机构各项存款同比增长（%）	8.0	6.3	4.0	4.6	4.1	2.6	3.3	2.7	2.6	1.7	1.9	1.9
	金融机构各项贷款余额（亿元）	26 240.4	26 447.9	26 545.8	26 767.3	26 904.9	27 168.0	27 435.1	27 554.9	27 690.9	27 864.5	28 348.9	28 485.7
	其中：短期	6 269.5	6 276.9	6 362.5	6 399.3	6 403.6	6 401.9	6 367.0	6 266.7	6 227.9	6 152.3	6 162.3	6 146.0
	中长期	17 982.4	18 170.9	18 135.3	18 283.1	18 383.6	18 568.7	18 739.9	18 880.9	19 056.2	19 209.1	19 485.0	19 623.3
	票据融资	1 095.8	1 102.1	1 140.5	1 159.6	1 186.9	1 255.4	1 350.9	1 403.1	1 404.1	1 482.2	1 662.2	1 632.2
	各项贷款余额比上月增加（亿元）	382.1	207.5	97.9	221.5	137.5	263.1	267.1	119.8	136.0	173.7	484.4	136.8
	其中：短期	-12.9	7.4	85.6	36.8	4.4	-1.7	-34.9	-100.3	-38.8	-75.6	10.0	-16.2
	中长期	385.0	188.4	-35.6	147.8	100.5	185.1	171.2	141.0	175.3	152.9	275.9	138.4
	票据融资	-0.5	6.3	38.4	19.2	27.3	68.5	95.5	52.2	1.0	78.0	180.0	-29.9
	金融机构各项贷款同比增长（%）	10.6	10.5	9.7	9.8	9.4	8.7	9.0	9.4	8.8	9.0	10.1	10.2
	其中：短期	2.8	2.5	2.3	3.3	3.4	1.4	0.7	-2.1	-2.6	-3.6	-3.1	-2.2
	中长期	14.0	13.8	12.1	11.9	10.9	10.2	10.2	11.6	10.9	11.1	11.5	11.5
	票据融资	7.9	10.8	16.7	16.3	20.9	29.1	40.2	43.4	40.5	45.8	62.3	48.9
	建筑业贷款余额（亿元）	964.8	948.2	914.1	900.3	890.7	876.9	872.5	841.4	829.6	818.8	820.8	825.2
	房地产业贷款余额（亿元）	1 305.6	1 315.0	1 283.5	1 307.9	1 315.3	1 329.2	1 337.0	1 331.8	1 362.9	1 375.2	1 430.3	1 453.5
	建筑业贷款同比增长（%）	-0.3	-1.8	-5.4	-6.8	-7.0	-11.3	-12.5	-18.5	-19.5	-21.0	-19.2	-15.6
	房地产业贷款同比增长（%）	20.1	21.7	14.1	15.8	11.8	12.2	10.4	10.4	8.3	10.3	11.5	12.2
人民币	金融机构各项存款余额（亿元）	29 944.8	29 737.6	30 102.6	30 041.1	30 435.6	30 341.5	30 590.1	30 879.7	30 809.9	30 739.8	30 772.1	30 554.0
	其中：住户存款	13 169.9	13 744.2	13 823.4	13 630.8	13 714.9	13 900.2	13 816.1	13 915.8	14 244.8	14 116.0	14 201.8	14 459.4
	非金融企业存款	8 386.7	7 815.7	8 076.4	8 024.2	8 158.8	8 204.7	8 087.5	8 095.7	7 841.4	7 653.3	7 883.3	7 811.6
	各项存款余额比上月增加（亿元）	-45.1	-207.3	365.0	-61.5	394.5	-94.1	248.6	289.6	-69.8	-70.1	32.3	-218.1
	其中：住户存款	-0.8	574.3	79.2	-192.6	84.1	185.3	-84.1	99.7	329.0	-128.7	85.7	257.6
	非金融企业存款	-320.9	-570.9	260.7	-52.2	134.6	45.9	-117.2	8.2	-254.3	-188.1	230.1	-71.7
	各项存款同比增长（%）	7.9	6.2	3.9	4.4	4.0	2.6	3.3	2.7	2.6	1.6	1.8	1.9
	其中：住户存款	6.0	10.5	10.1	9.6	10.0	9.4	9.8	10.0	9.3	10.0	10.3	9.8
	非金融企业存款	9.6	1.1	-2.7	-2.4	-2.3	-5.7	-6.1	-9.0	-10.3	-12.0	-11.1	-10.5
	金融机构各项贷款余额（亿元）	25 810.8	26 019.5	26 114.2	26 335.3	26 475.8	26 734.0	26 996.7	27 125.1	27 269.1	27 447.3	27 939.0	28 085.3
	其中：个人消费贷款	4 418.8	4 467.9	4 554.9	4 618.1	4 702.4	4 799.9	4 907.4	5 002.6	5 091.7	5 199.5	5 329.0	5 420.8
	票据融资	1 095.8	1 102.1	1 140.5	1 159.6	1 186.9	1 255.4	1 350.9	1 403.1	1 404.1	1 482.2	1 662.2	1 632.2
	各项贷款余额比上月增加（亿元）	370.3	208.6	94.7	221.2	140.5	258.2	262.7	128.4	144.0	178.2	491.7	146.3
	其中：个人消费贷款	86.4	49.1	87.0	63.2	84.3	97.5	107.5	95.2	89.1	107.8	129.6	91.8
	票据融资	-0.5	6.3	38.4	19.2	27.3	68.5	95.5	52.2	1.0	78.0	180.0	-29.9
	金融机构各项贷款同比增长（%）	10.6	10.5	9.7	9.8	9.4	8.7	9.1	9.5	9.0	9.2	10.3	10.4
	其中：个人消费贷款	20.6	20.9	20.7	20.7	20.8	21.1	22.1	22.8	23.0	24.2	24.4	25.1
	票据融资	7.9	10.8	16.7	16.3	20.9	29.1	40.2	43.4	40.5	45.8	62.3	48.9
外币	金融机构外币存款余额（亿美元）	31.0	32.6	32.8	33.0	32.2	30.0	28.4	29.0	27.9	26.6	26.5	27.2
	金融机构外币存款同比增长（%）	44.1	49.8	41.9	51.0	42.5	21.2	6.9	10.7	4.7	0.8	7.7	4.2
	金融机构外币贷款余额（亿美元）	67.8	67.7	68.6	68.2	66.9	65.6	64.3	63.0	61.3	59.9	59.1	58.3
	金融机构外币贷款同比增长（%）	18.4	20.8	18.7	19.9	16.9	9.1	2.4	-2.0	-5.9	-7.9	-7.9	-8.6

数据来源：中国人民银行昆明中心支行。

表2 2001~2018年云南省各类价格指数

单位：%

		居民消费价格指数		农业生产资料价格指数		工业生产者购进价格指数		工业生产者出厂价格指数	
		当月同比	累计同比	当月同比	累计同比	当月同比	累计同比	当月同比	累计同比
2001		—	-0.9	—	-3.4	—	-0.6	—	0.1
2002		—	-0.2	—	0.4	—	-2.4	—	-1.8
2003		—	1.2	—	1.9	—	2.7	—	1.4
2004		—	6	—	6.3	—	9.6	—	8.8
2005		—	1.4	—	5.9	—	6.5	—	4.5
2006		—	1.9	—	2.8	—	7.6	—	4.6
2007		—	5.9	—	7.0	—	8.2	—	5.7
2008		—	5.7	—	16.6	—	11.6	—	5.8
2009		—	0.4	—	-0.7	—	-5.0	—	-8.5
2010		—	3.7	—	1.4	—	9.0	—	8.8
2011		—	4.9	—	8.3	—	8.0	—	4.7
2012		—	2.7	—	4.6	—	-0.7	—	-2.1
2013		—	3.1	—	0.1	—	-1.2	—	-2.5
2014		—	2.4	—	-1.6	—	-1.0	—	-2.2
2015		—	1.9	—	1.1	—	-3.1	—	-5.1
2016		—	1.5	—	2.8	—	-4.1	—	-2.4
2017		—	0.9	—	0.4	—	6.2	—	5.2
2018		—	1.6	—	1.7	—	4.4	—	2.4
2017	1	1.5	1.5	3.1	3.1	7.0	7.0	5.0	5.0
	2	0.9	1.2	3.1	3.1	6.7	6.8	5.5	5.3
	3	0.8	1.1	2.3	2.8	5.4	6.3	5.1	5.2
	4	0.6	1.0	1.1	2.4	5.6	6.2	4.3	5.0
	5	0.8	0.9	-0.1	1.9	5.0	5.9	4.1	4.8
	6	0.7	0.9	-1.3	1.3	5.6	5.9	4.4	4.7
	7	0.8	0.9	-1.7	0.9	5.6	5.8	4.7	4.7
	8	1.1	0.9	-0.8	0.7	6.4	5.9	5.6	4.8
	9	0.9	0.9	-0.5	0.5	7.2	6	7	5.1
	10	1.1	0.9	-0.6	0.4	7.7	6.2	7.3	5.3
	11	1.1	0.9	0.2	0.4	6.9	6.3	5.4	5.3
	12	1	0.9	0.7	0.4	5.1	6.2	4.1	5.2
2018	1	0.9	0.9	0.7	0.7	5.1	5.1	4.1	4.1
	2	1.6	1.2	1.2	1.0	5.0	5.1	3.6	3.9
	3	1.0	1.2	1.4	1.1	6.0	5.4	2.8	3.5
	4	1.0	1.1	0.8	1.0	5.5	5.4	2.5	3.2
	5	1.0	1.1	1.0	1.0	6.0	5.5	3.1	3.2
	6	1.2	1.1	1.1	1.0	6.0	5.6	3.6	3.3
	7	1.4	1.2	1.4	1.1	5.3	5.6	3.3	3.3
	8	1.7	1.2	1.6	1.1	4.5	5.4	2.1	3.1
	9	2.2	1.3	2.5	1.3	3.7	5.2	1.4	2.9
	10	2.6	1.5	3.3	1.5	3.3	5.0	1.1	2.7
	11	2.4	1.5	2.9	1.6	1.7	4.7	0.9	2.6
	12	1.9	1.6	2.1	1.7	1.0	4.4	0.3	2.4

数据来源：国家统计局云南调查总队。

表 3　2018 年云南省主要经济指标

	1 月	2 月	3 月	4 月	5 月	6 月	7 月	8 月	9 月	10 月	11 月	12 月
	绝对值（自年初累计）											
地区生产总值（亿元）	—	—	3 393.1	—	—	7 008.9	—	—	11 619.8	—	—	17 881.1
第一产业	—	—	300.9	—	—	683.5	—	—	1 387.9	—	—	2 498.9
第二产业	—	—	1 491.9	—	—	2 832.6	—	—	4 432.9	—	—	6 957.4
第三产业	—	—	1 600.2	—	—	3 492.8	—	—	5 798.9	—	—	8 424.8
工业增加值（亿元）	—	—	—	—	—	—	—	—	—	—	—	—
固定资产投资（亿元）	—	—	—	—	—	—	—	—	—	—	—	—
房地产开发投资	—	265.4	571.7	779.9	989.2	1 342.2	1 598.3	1 832.3	2 192.9	2 577.0	2 915.7	3 247.2
社会消费品零售总额（亿元）	—	1 014.8	1 557.8	2 083.4	2 609.8	3 194.4	3 759.6	4 341.9	4 958.5	5 570.3	6 185.6	6 826.0
外贸进出口总额（亿元）	—	273.9	442.9	619.4	771.9	935.9	1 073.7	1 232.1	1 419.1	1 601.6	1 790.6	1 973.0
进口	—	179.9	279.9	393.8	486.8	578.7	653.5	748.5	847.1	924.0	1 023.7	1 125.3
出口	—	94.1	163.0	225.6	285.1	357.3	420.2	483.5	572.0	677.6	766.9	847.7
进出口差额（出口 – 进口）	—	-85.8	-116.9	-168.1	-201.6	-221.4	-233.3	-265.0	-275.1	-246.5	-256.8	-277.7
实际利用外资（亿美元）	—	3.1	4.3	4.4	4.6	5.8	6.2	6.7	8.7	8.9	9.3	10.6
地方财政收支差额（亿元）	—	-529.0	-1 072.2	-1 235.4	-1 560.4	-2 162.4	-2 322.9	-2 648.8	-3 179.9	-3 256.9	-3 476.1	-4 080.6
地方财政收入	—	341.9	493.7	664.6	821.9	1 018.0	1 185.7	1 308.5	1 482.2	1 678.1	1 811.5	1 994.4
地方财政支出	—	870.9	1 565.9	1 900.0	2 382.3	3 180.4	3 508.5	3 957.3	4 662.2	4 934.9	5 287.6	6 075.0
城镇登记失业率（%）（季度）	—	—	3.1	—	—	3.1	—	—	3.1	—	—	3.4
	同比累计增长率（%）											
地区生产总值	—	—	9.3	—	—	9.2	—	—	9.1	—	—	8.9
第一产业	—	—	5.1	—	—	5.7	—	—	6.2	—	—	6.3
第二产业	—	—	11.2	—	—	11.4	—	—	11.4	—	—	11.3
第三产业	—	—	8.2	—	—	7.9	—	—	8.0	—	—	7.6
工业增加值	—	12.0	11.9	11.9	12.3	12.5	12.9	12.9	12.5	12.7	12.0	11.8
固定资产投资	—	18.0	14.6	12.4	11.0	11.0	10.4	10.2	10.4	10.4	11.0	11.6
房地产开发投资	—	9.3	13.7	10.5	8.5	9.6	11.8	11.5	13.3	15.3	14.2	16.5
社会消费品零售总额	—	11.9	12.1	11.9	11.8	11.6	11.4	11.2	11.4	11.2	11.0	11.1
外贸进出口总额	—	60.5	65.7	63.5	58.9	56.0	44.5	38.7	36.2	34.7	30.9	24.7
进口	—	110.4	108.2	105.7	99.2	91.5	71.5	71.7	64.0	56.5	48.9	39.3
出口	—	10.4	22.6	20.4	18.1	20.0	16.1	7.0	8.9	13.2	12.7	9.4
实际利用外资	—	33.1	-15.9	20.4	-19.9	-4.8	1.0	3.9	33.6	26.7	3.6	9.6
地方财政收入	—	24.8	16.6	11.7	12.4	9.7	9.9	9.2	7.9	7.9	6.8	5.7
地方财政支出	—	37.8	21.0	17.7	11.0	8.5	2.3	2.2	6.1	5.7	4.7	6.3

数据来源：云南省统计局、云南省商务厅。

西藏自治区金融运行报告（2019）

中国人民银行拉萨中心支行货币政策分析小组

[内容摘要] 2018 年，全区各级各部门全面贯彻党的十九大和十九届二中、三中全会以及中央第六次西藏工作座谈会精神，认真贯彻习近平总书记关于治边稳藏的重要论述和一系列重要批示指示精神，贯彻新发展理念，坚持稳中求进、进中求好、补齐短板的工作总基调，以供给侧结构性改革为主线，全力打好“三大攻坚战”，着力推进“十大工程”①，聚力发展“七大产业”②，推动高质量发展迈出实质性步伐。金融系统深入贯彻落实稳健中性的货币政策和中央赋予西藏的特殊优惠金融政策，践行普惠金融发展理念，持续优化信贷结构，保持社会融资规模和信贷投放合理适度增长，稳步提升金融服务实体经济质效，有力支持了西藏经济社会持续健康发展。

从经济运行情况看，2018 年，西藏经济发展保持了稳中有进、稳中向好的发展态势，经济结构进一步优化，发展活力不断增强，人民生活持续改善。一是经济总量持续增长，多项指标增速领跑全国。2018 年，全区实现地区生产总值 1 477.63 亿元，同比增长 9.1%，增速位居全国第一。全区规模以上工业增加值、社会消费品零售总额、城镇居民人均可支配收入、农村居民人均可支配收入增速均居全国第一。二是工业经济快速增长，企业效益运行良好。2018 年全区规模以上工业企业增加值同比增长 12.5%，高于全国平均水平 6.3 个百分点。从企业效益看，全区规模以上工业企业实现主营业务收入 228.4 亿元，增长 21.9%，增速位居全国第二。三是旅游文化业蓬勃发展，带动能力不断增强。2018 年全区旅游文化产业实现增加值 239.5 亿元，同比增长 11.5%，增速比上年加快 0.9 个百分点。全区接待国内外游客 3 368.7 万人次，同比增长 31.5%。四是市场需求保持旺盛，边贸物流产业回暖。2018 年全区实现社会消费品零售总额 597.6 亿元，同比增长 14.2%，高于全国平均水平 5.2 个百分点。边贸物流产业逐步回暖，边民互市贸易额达 9 995.2 万元。五是投资中高速增长，民间投资发展强劲。2018 年全区固定资产投资同比增长 9.8%，增速高于全国平均水平 3.9 个百分点。民间投资同比增长 28.6%，增速位居全国第一。六是居民收入持续增加，就业形势总体良好。2018 年，全区城镇居民人均可支配收入 33 797.0 元，同比增长 10.2%，比全国平均水平高 2.4 个百分点。全区农村居民人均可支配收入 11 450.0 元，同比增长 10.8%，比全国平均水平高 2.0 个百分点。新增城镇就业 5.4 万人，城镇登记失业率为 2.8%。

从金融运行情况看，2018 年，西藏金融运行保持基本平稳，金融改革有序推进，金融服务实体经济能力明显增强，区域性和系统性金融风险得到有效防控，对全区经济由高速增长向高质量发展转变起到了重要支撑作用。一是信贷规模合理适度增长，信贷结构持续优化。截至 2018 年末，西藏本外币贷款余额 4 555.7 亿元，同比增长 12.7%，增速与全国基本持平；信贷结构持续优化，服务实体经济能力显著增强，助推经济高质量发展成效突出。小微企业贷款余

①“十大工程”：幸福安康工程、改革创新工程、美丽西藏工程、固边稳藏工程、科教兴藏工程、基础促进工程、文化繁荣工程、区域协调发展工程、产业富民工程、和谐稳定工程。

②“七大产业”：高原生物产业、旅游文化产业、绿色工业产业、清洁能源产业、现代服务产业、高新数字产业、边贸物流产业。

额 1 502.7 亿元，同比增长 21.9%；非公经济贷款余额 564.0 亿元，同比增长 64.0%；涉农贷款余额 1 398.4 亿元，同比增长 18.8%；精准扶贫贷款余额 1 416.3 亿元，同比增长 12.5%；绿色贷款余额 653.0 亿元，同比增长 19.9%。二是银行业组织体系持续完善，资产负债规模稳步扩大。截至 2018 年末，西藏辖区共有银行业金融机构 17 家，各级银行业分支机构 717 家，较上年新增 1 家股份制银行分支机构、1 家地方法人银行机构，全年累计新增 17 家机构网点。银行业金融机构总资产 7 053.1 亿元，同比增加 431.8 亿元，增长 6.5%；总负债 6 817.0 亿元，同比增加 396.8 亿元，增长 6.2%；实现净利润 73.5 亿元，同比减少 29.3 亿元，下降 28.5%。三是证券市场资源配置功能继续增强，上市融资规模较快增长。证券期货业经营机构稳健经营，多层次资本市场体系健康发展。截至 2018 年末，西藏辖区共有 A 股上市公司 17 家，较上年增加 2 家。2018 年上市公司股票市场累计募集资金 44.6 亿元，同比增长 180.5%。其中，首发筹资金额 27.1 亿元，同比增长 678.2%，再筹资金额 17.5 亿元，同比增长 40.9%。四是保险市场快速发展，风险保障功能持续增强。保险产品结构和服务供给不断优化，保险服务实体经济能力不断提高。2018 年实现原保险保费收入 33.5 亿元，同比增长 19.4%，增速较全国平均水平高 15.5 个百分点，全国排名第一；全区保险机构累计赔付支出 18.0 亿元，同比增长 46.1%，较全国平均水平高 35.2 个百分点。保险业市场保险密度为 983.8 元 / 人，较年初增加 160.0 元 / 人，增长 19.4%；保险深度为 2.4%，较年初提高 0.25 个百分点。五是金融市场稳健运行，资源配置效率不断提高。金融市场交易主体日渐扩大，银行间市场直接债务融资产品不断创新，发行西藏首单扶贫债 30 亿元、首单金融债 30 亿元。六是金融改革开放持续推进，金融生态环境不断改善。辖内银行业金融机构陆续设立小微企业专营机构，持续增设普惠金融部门；承办西藏首次中尼央行座谈会，共议央行金融开放合作，共商深化双边金融合作和共建繁荣区域经济带大计。普惠金融和金融消保工作机制不断健全，建立西藏特色普惠金融指标体系并开展全辖评估；开展金融知识纳入国民教育体系试点；反洗钱监管和资金监测不断加强，配合自治区公安部门破获西藏首例地下钱庄案；纵深推进农牧区支付环境建设，基本实现有条件的行政村助农取款服务点全覆盖；征信系统覆盖面进一步扩大，中小微企业和农村信用体系建设基础性工作进一步巩固。

2019 年，西藏金融系统将全面贯彻党的十九大、中央经济工作会议和自治区党委经济工作会议精神，坚持新发展理念，以供给侧结构性改革为主线，继续落实稳健的货币政策，继续打好防范化解重大风险攻坚战，助力打赢脱贫攻坚战、污染防治攻坚战，深化金融改革开放，进一步稳就业、稳金融、稳外贸、稳外资、稳投资、稳预期，统筹推进稳增长、促改革、调结构、惠民生、防风险工作，促进西藏经济高质量发展。人民银行拉萨中心支行将继续强化党对金融工作的领导，落实总行调控目标，保持社会融资规模合理适度增长；继续贯彻落实好中央赋予西藏的特殊优惠金融政策，支持地方经济发展；实施防范化解重大风险攻坚战行动方案，守住一方金融平安；以支持自治区脱贫摘帽为重点，全面提升金融服务和管理水平。

一、金融运行情况

2018 年，西藏各金融部门认真贯彻执行稳健中性的货币政策和中央赋予西藏的特殊优惠金融政策，全区金融保持稳健运行，普惠金融发展理念不断深化，信贷结构持续优化，支持实体经济能力进一步提升，防范化解重大金融风险攻坚战取得阶段性成果，助推脱贫攻坚效果显著，金融开放合作稳步推进，金融服务和管理能力显著提升，金融生态环境建设取得新成效。

（一）银行业稳健运行，信贷资源配置持续优化

2018 年，西藏银行业金融机构贯彻落实稳健中性的货币政策，贷款总量平稳增长，信贷结构持续优化，利率水平合理浮动，金融改革有序推进，跨境人民币业务深入发展，银行业整体保持良好的运行态势。

1. 银行业稳健发展，机构体系建设有序推进。2018 年，西藏银行业金融机构数量不断增加，组织体系日趋完善，竞争程度进一步提高。截至 2018 年末，西藏银行业金融机构营业网点共 695 个，从业人员 9 833 人。西藏银行业金融机构全年实现净利润 73.5 亿元，同比减少 29.3 亿元，下降 28.5%。

表 1　2018 年西藏自治区银行业金融机构情况

机构类别	营业网点			法人机构（个）
	机构个数（个）	从业人数（人）	资产总额（亿元）	
一、大型商业银行	587	7 471	4 082	0
二、国家开发银行和政策性银行	1	169	1 438	0
三、股份制商业银行	6	512	174	0
四、城市商业银行	4	490	631	1
五、城市信用社	0	0	0	0
六、小型农村金融机构	0	0	0	0
七、财务公司	0	0	0	0
八、信托公司	1	104	25	1
九、邮政储蓄银行	97	852	120	0
十、外资银行	0	0	0	0
十一、新型农村金融机构	2	82	7	2
十二、其他	0	153	485	1
合　计	698	9 833	6 962	5

注：营业网点不包括国家开发银行和政策性银行、大型商业银行、股份制商业银行等金融机构总部数据；大型商业银行包括中国工商银行、中国农业银行、中国银行、中国建设银行和交通银行；小型农村金融机构包括农村商业银行、农村合作银行和农村信用社；新型农村金融机构包括村镇银行、贷款公司、农村资金互助社和小额贷款公司；“其他”包含金融租赁公司、汽车金融公司、货币经纪公司、消费金融公司等。

数据来源：中国人民银行拉萨中心支行。

2. 存款小幅下降，波动较为明显。截至 2018 年末，西藏金融机构本外币各项存款余额 4 934.6 亿元，同比下降 0.5%，增速较上年回落 15.3 个百分点，比全国低 8.3 个百分点，存款同比为历年来首次下降。

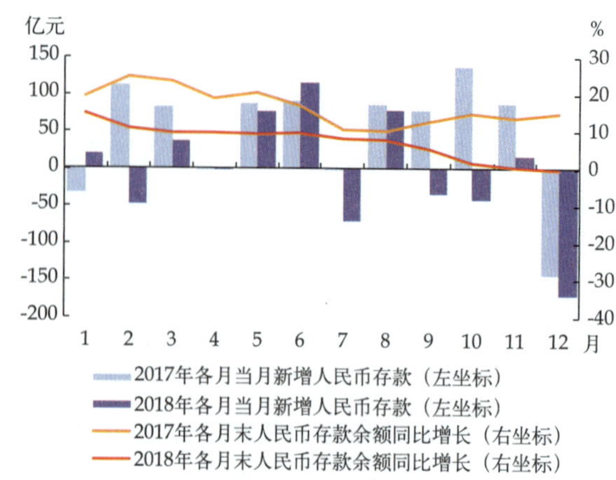

数据来源：中国人民银行拉萨中心支行《西藏自治区金融统计月报》。

图 1　2017~2018 年西藏自治区金融机构人民币存款增长变化

3. 贷款合理增长，结构持续优化。截至 2018 年末，西藏银行业金融机构本外币各项贷款余额 4 555.7 亿元，同比增长 12.7%，增速较上年回落 20.0 个百分点，与全国基本持平。其中，住户贷款余额 604.9 亿元，同比增长 24.6%；非金融企业及机关团体贷款余额 3 950.9 亿元，同比增长 11.0%。

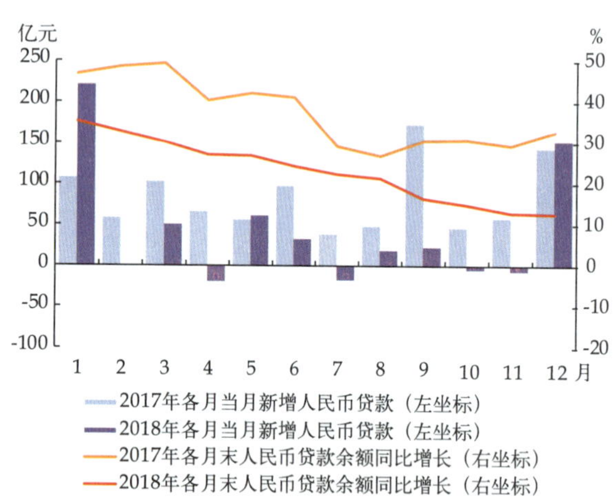

数据来源：中国人民银行拉萨中心支行《西藏自治区金融统计月报》。

图 2　2017~2018 年西藏自治区金融机构人民币贷款增长变化

信贷投向重点突出，信贷结构持续优化，对实体经济发展的支持力度进一步加大。截至 2018 年末，西藏小微企业贷款余额 1 502.7 亿

元，同比增长 21.9%，高于各项贷款增速 9.2 个百分点；涉农贷款余额 1 398.4 亿元，同比增长 18.7%，高于各项贷款增速 6.0 个百分点；绿色贷款余额 653.0 亿元，同比增长 19.9%，高于各项贷款增速 7.2 个百分点；精准扶贫贷款余额 1 416.3 亿元，同比增长 12.45%。

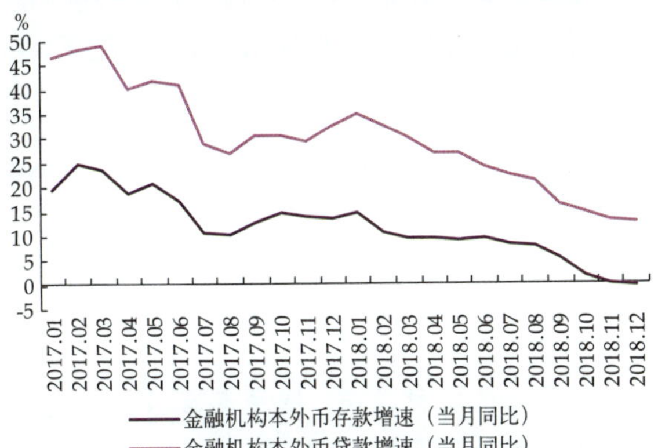

数据来源：中国人民银行拉萨中心支行《西藏自治区金融统计月报》。

图 3　2017~2018 年西藏自治区金融机构本外币存、贷款增速变化

4. 继续执行优惠贷款利率政策，利率水平保持相对稳定。2018 年，西藏银行业金融机构继续执行中央赋予西藏的特殊优惠金融政策。存款利率政策与全国保持同步，实现了人民币存款利率市场化；贷款利率以西藏优惠贷款利率为上限实行上限管制。2018 年，全区银行业金融机构人民币贷款绝大多数执行西藏优惠贷款利率，全年利率下浮贷款发生额占比 8.7%，其加权平均利率为 2.79%。其中，短期贷款发生额 282.6 亿元，均执行西藏优惠贷款利率，加权平均利率为 2.35%；中长期贷款发生额 914.7 亿元，加权平均利率为 2.77%。

表 2　2018 年西藏自治区金融机构人民币贷款各利率区间占比

续表

月份		1月	2月	3月	4月	5月	6月
合计		317.0	141.4	191.4	195.4	168.2	193.8
下浮		6.3	0.0	9.7	32.0	11.3	5.1
基准		213.6	41.4	91.3	89.7	70.7	93.9
上浮	小计	97.1	100.0	90.3	73.7	86.2	94.9
	(1.0, 1.1]	97.1	100.0	90.3	73.7	86.2	94.9
	(1.1, 1.3]	0.0	0.0	0.0	0.0	0.0	0.0
	(1.3, 1.5]	0.0	0.0	0.0	0.0	0.0	0.0
	(1.5, 2.0]	0.0	0.0	0.0	0.0	0.0	0.0
	2.0 以上	0.0	0.0	0.0	0.0	0.0	0.0
月份		7月	8月	9月	10月	11月	12月
合计		178.2	146.9	148.2	145.0	179.1	207.7
下浮		5.7	4.5	12.9	8.2	0.4	0.6
基准		79.2	50.6	54.5	42.8	79.2	107.7
上浮	小计	93.3	91.8	80.9	93.9	99.5	99.5
	(1.0, 1.1]	93.3	91.8	80.9	93.9	99.5	99.5
	(1.1, 1.3]	0.0	0.0	0.0	0.0	0.0	0.0
	(1.3, 1.5]	0.0	0.0	0.0	0.0	0.0	0.0
	(1.5, 2.0]	0.0	0.0	0.0	0.0	0.0	0.0
	2.0 以上	0.0	0.0	0.0	0.0	0.0	0.0

数据来源：中国人民银行拉萨中心支行。

5. 银行资产质量总体稳健，金融风险防控工作扎实推进。截至 2018 年末，西藏银行业金融机构不良贷款余额 15.3 亿元，同比增加 2.0 亿元；不良贷款率 0.34%，同比上升 0.01 个百分点。西藏银行业金融机构关注类贷款余额 35.5 亿元，同比下降 10.8 亿元。

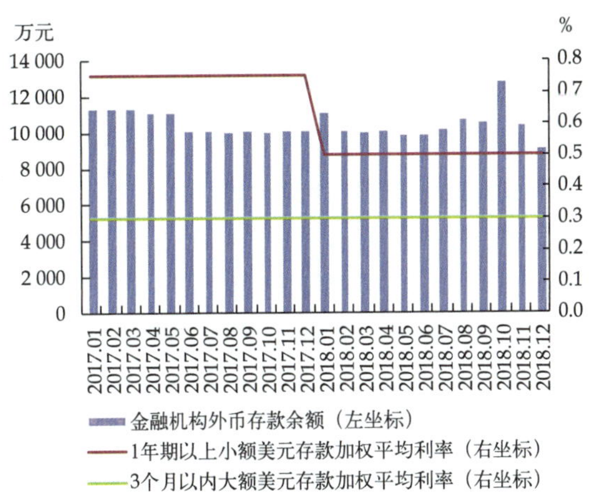

数据来源：中国人民银行拉萨中心支行。

图 4　2017~2018 年西藏自治区金融机构外币存款余额及外币存款利率

6. 金融改革持续深化，银行业整体实力稳步提升。西藏金融改革稳步推进，金融制度不断完善。金融组织体系进一步丰富，兴业银行拉萨分行、堆龙民泰村镇银行相继对外营业；小微企业专营机构陆续设立，普惠金融部门持续增设；加强优惠贷款利率管理，规范优惠贷款利率执行范围；“两权”抵押贷款增量扩面；银行业资产规模持续扩大，不良率低于全国水平，整体实力稳步提升。

7. 跨境人民币业务稳步推进。西藏稳步推进跨境人民币业务，积极推动人民币在西藏周边国家（地区）的使用。自业务开展以来，全区跨境人民币收付金额合计373.35亿元。其中，2018年跨境人民币收付金额为5.1亿元，涉及企业47家，业务往来的境外国家（地区）有16个。西藏加强对外交流，开展与尼泊尔央行对话合作。9月8日，召开中尼央行金融合作座谈会，就互开双边本币结算账户、互设金融分支机构、建立信息交换合作机制等内容进行了交流探讨。

专栏1　西藏扎实推动“两权”抵押贷款增量扩面

2015年12月，经全国人大授权，西藏自治区有2个农村承包土地的经营权抵押贷款试点县（曲水县、米林县）和1个农民住房财产权抵押贷款试点县（曲水县）。自开展试点工作以来，西藏从加快农村土地的确权颁证、建设农村土地流转服务中心、加大对“两权”抵押贷款产品的宣传等各项试点配套工作入手，督促金融机构创新金融服务模式，稳步推进了“两权”抵押贷款试点工作的开展。

一、总体情况

自试点工作开展以来，西藏“两权”抵押贷款累计发放201笔，金额4 665万元。截至2018年末，全区“两权”抵押贷款有余额的户数为53户，同比增加40户；贷款余额841万元，同比增长39.93%。其中，农村承包土地的经营权抵押贷款有余额的户数为23户，同比增加21户；贷款余额324万元，同比增长39.66%。农民住房财产权抵押贷款有余额的户数为30户，同比增加19户；贷款余额517万元，同比增长40.11%。

二、工作成效

一是明晰农村产权。为实现农民“有权必有证、权证可抵押”的目标，按照“确实权、颁铁证、能流转、惠百姓”的原则，全力做好确权颁证工作，为顺利开展抵押贷款试点夯实基础。目前，曲水县宅基地使用权、住房所有权确权率100%，宅基地使用权、住房所有权颁证率100%。

二是盘活农村资产。随着西藏旅游业迅速发展，部分景区内配套产业基础设施升级缓慢，在藏金融机构审时度势，主动进乡村开展上门营销，以农村承包土地的经营权为抵押物，为景区贫困户农家乐建设、改造升级提供信贷支持，发挥“两权”抵押贷款盘活农牧区闲置资源服务脱贫攻坚战的功能。

三是理顺流转交易。曲水县建立了农村土地流转服务中心，发布农村土地经营权流转（出租）政策，提供土地流转合同示范文本并指导签订、合同备案鉴证、农村土地承包经营权确权登记颁证后续变更登记、农村承包土地的经营权抵押贷款抵押登记等服务，为农民土地经营权流转交易提供政策支持。

四是拓宽金融扶贫路径。西藏农牧区“四卡”（钻石卡、金卡、银卡、铜卡）信贷产品作为农牧民信贷资金来源的最主要载体，一直以来发挥着巨大作用，但同时挤压了其他金融产品与服务模式的发展空间。“两权”抵押贷款通过其纽带作用，强化了利益联结，把贫困户、产业扶贫项目、龙头企业等牢牢绑在一起，为农牧民提供更高额度的信贷资金支持。

五是带动农牧民增收。截至2018年末，累计发放农村土地承包经营权抵押贷款38笔，金额369万元；发放农民住房财产权抵押贷款53笔，金额1 205万元，有效解决了金融机构有钱贷不出、产业大户缺钱无抵押的现实问题，为地方经济发展提供了创新性的金融支持。

六是促进农村现代化。“两权”抵押贷款试点的深入推进，逐步淡化了部分农牧民的小农经济意识，弱化了农牧民“恋田”情结、“惜转”思维，充分利用农村土地、房屋等财产权，满足了农牧民扩大经营的需求，促进农牧民摆脱土地的羁绊，加快推进农牧业现代化进程。

（二）证券业健康发展，融资功能不断提升

2018年，西藏证券市场资源配置功能持续增强，证券业金融机构稳健经营，多层次资本市场健康发展，企业融资渠道进一步拓宽。

1. 证券法人机构经营稳健。2018年，西藏资本市场继续保持较快发展，资本市场对地方经济的支持作用持续提升。截至2018年末，全区有2家证券公司、3家公募基金管理机构、27家证券期货分支机构、231家私募基金管理机构。2018年，法人证券机构实现营业收入26.55亿元，实现净利润15.79亿元，同比增长47.43%。

表3　2018年西藏自治区证券业基本情况

项目	数量
总部设在辖内的证券公司数（家）	2
总部设在辖内的基金公司数（家）	234
总部设在辖内的期货公司数（家）	0
年末国内上市公司数（家）	17
当年国内股票（A股）筹资（亿元）	45
当年发行H股筹资（亿元）	0
当年国内债券筹资（亿元）	—
其中：短期融资券筹资额（亿元）	—
中期票据筹资额（亿元）	32

数据来源：中国人民银行拉萨中心支行、西藏证监局。

2. 证券业务规模持续扩大。截至2018年末，全区证券分支机构合格资金账户数270.6万户，代理买卖证券款70.0亿元，累计证券交易金额36 251.2亿元，同比增长18.6%。基金管理机构管理基金1 193只，同比增加180只；管理基金规模2 625亿元，同比增长17.1%。

3. 上市公司数量稳步增加。2018年，西藏证券业机构持续支持区内企业通过资本市场发展壮大，不断提升金融服务实体经济水平。截至2018年末，全区A股上市公司共有17家，较上年增加2家。全年上市公司股票市场累计募集资金44.6亿元，同比增长180.5%，其中，首发筹资金额27.1亿元，同比增长678.2%，再筹资金额17.5亿元，同比增长40.9%。

（三）保险业稳步发展，风险保障功能持续增强

1. 保险业机构日益丰富。截至2018年末，全区共有各级保险机构74家（包括法人保险公司1家，省级分公司10家），同比增加2家。保险从业人员7 192人，同比增长20.7%。

2. 保险业务平稳增长。2018年，西藏保险业实现原保险保费收入33.5亿元，同比增长19.4%，增速较全国平均水平高15.5个百分点，全国排名第一。全区保险机构累计赔付支出18.0亿元，同比增长46.1%，较全国平均水平高35.2个百分点。

表4　2018年西藏自治区保险业基本情况

项目	数量
总部设在辖内的保险公司数（家）	1
其中：财产险经营主体（家）	1
人身险经营主体（家）	0
保险公司分支机构（家）	74
其中：财产险公司分支机构（家）	67
人身险公司分支机构（家）	7
保费收入（中外资，亿元）	33
其中：财产险保费收入（中外资，亿元）	22
人身险保费收入（中外资，亿元）	11
各类赔款给付（中外资，亿元）	18
保险密度（元／人）	984
保险深度（%）	2

数据来源：中国人民银行拉萨中心支行、西藏银保监局。

3. 保险覆盖面持续扩大。2018 年，西藏大病保险和大额补充医疗保险实现城镇职工、城镇居民、农牧民全覆盖，农业保险实现地域、险种、责任全覆盖。2018 年，全区农业保险保费收入 5.6 亿元，累计赔付超过 4.8 亿元。

4. 保险普及程度不断加深。截至 2018 年末，西藏保险密度为 984 元 / 人，同比增加 160 元 / 人，增长 19.4%；保险深度为 2%，同比提高 0.3 个百分点。全区保险业在地区经济中的地位不断提高，保险市场发展日趋成熟。

（四）融资规模继续扩大，金融市场平稳运行

2018 年，西藏金融市场稳步发展，社会融资规模持续增长，融资方式仍以间接融资为主，融资结构不断改善。

1. 直接融资占比创新高，融资结构相对改善。截至 2018 年末，全区社会融资规模存量达 5 951.3 亿元，同比增长 10.0%，全年增量为 541.9 亿元，同比下降 46.8%。2018 年，直接融资增量 75.1 亿元，同比增长 20.7%，占社会融资规模增量的 13.6%，创历史新高。分项目看，人民币贷款新增 514.1 亿元，同比下降 48.4%；委托贷款新增 28.8 亿元，同比下降 3.0%；企业债券新增 41.0 亿元，同比增长 39.0%。

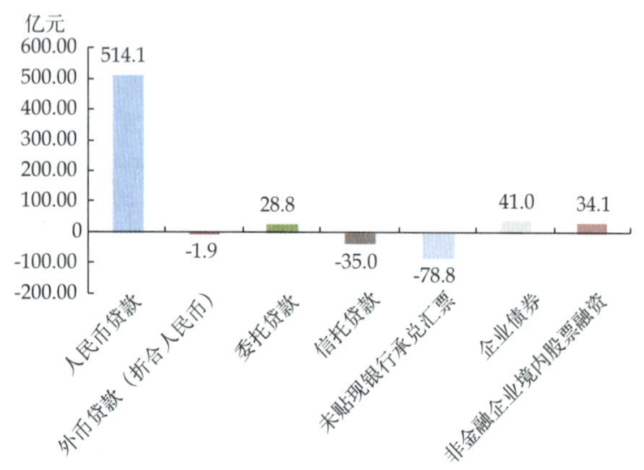

数据来源：中国人民银行拉萨中心支行。

图 5　2018 年西藏自治区社会融资规模分布结构

2. 金融市场稳步发展。2018 年，西藏货币市场平稳发展，票据市场以转贴现业务为主，黄金市场以商业银行代理个人业务为主。截至 2018 年末，西藏银行承兑汇票余额 6.9 亿元，同比下降 61.5%；票据贴现余额 138.2 亿元，同比增长 73.9%；共开展 104 笔同业拆借业务，拆借金额 214.3 亿元，其中拆入 191.2 亿元、拆出 23.1 亿元；交易实物黄金 1 926.1 千克，合计金额 2.1 亿元。

表 5　2018 年西藏自治区金融机构票据业务量统计

单位：亿元

季度	银行承兑汇票承兑		贴现			
			银行承兑汇票		商业承兑汇票	
	余额	累计发生额	余额	累计发生额	余额	累计发生额
1	9.8451	3.6730	51.6904	31.5409	0	0
2	9.4132	7.7245	87.9333	67.1850	0	0
3	9.4083	9.8599	101.3049	110.3745	0	0
4	6.8980	10.9018	138.1745	169.8580	0	0

数据来源：中国人民银行拉萨中心支行。

表 6　2018 年西藏自治区金融机构票据贴现、转贴现利率

单位：%

季度	贴现		转贴现	
	银行承兑汇票	商业承兑汇票	票据买断	票据回购
1	4.7903	—	5.4166	—
2	4.8742	—	4.3728	—
3	—	—	3.9496	—
4	4.3127	—	3.1871	—

数据来源：中国人民银行拉萨中心支行。

3. 民间借贷时有发生，利率水平小幅上升。据统计，2018 年西藏 4 310 个民间借贷监测样本点民间借贷累计发生额为 2.2 亿元，加权平均利率为 9.24%，较上年上升 0.4 个百分点，主要是满足了个体工商户流动资金需求。从走势上看，民间借贷融资总量呈缓慢上升趋势，民间借贷加权平均利率比较平稳，较上年小幅上升，保持在 8%~9.3% 的区间。

4. 涉外收支总额下降，结售汇逆差大幅收

窄。2018 年，西藏涉外收支总额 7.95 亿美元，同比下降 19.21%；涉外收支逆差 4.27 亿美元，同比下降 43.07%。银行结售汇总额 7.59 亿美元，同比下降 5.37%；结售汇逆差 3.73 亿美元，同比下降 39.55%。

（五）金融生态环境建设深入推进，金融服务水平持续提升

1. 社会信用体系建设全面推进。征信系统覆盖面进一步扩大，征信查询渠道不断拓宽，服务水平进一步提升。截至 2018 年末，西藏企业、个人征信系统分别收录企事业单位 8 117 户、自然人 144.7 万人信息，同比分别增长 0.25% 和 4.45%，信用报告全年分别累计查询 7 037 次和 54 万次；共为 75 275 户发放机构信用代码证，同比增长 18.3%。农村信用体系建设全面开展，共发放农户贷款证 45.5 万户，农牧民贷款证发证面达到 93.6%，农牧户小额信用贷款余额为 200.9 亿元，同比增长 18.0%。

2. 支付环境显著改善。西藏加快建设现代化支付体系，丰富和发展支付工具，支付服务产品多样化，满足各类经济主体支付需要。2018 年，全区累计发行银行卡 692.2 万张，同比增长 16.3%，其中在用借记卡发卡量 669.0 万张、信用卡在用发卡量 23.2 万张，同比分别增长 16.1% 和 45.8%。累计布放 POS 机具 24 898 台、ATM 终端 2 552 台。累计发放财政直补“一卡通”47.9 万张，新增 9.6 万张，覆盖乡镇 679 个，新增 247 个，交易笔数 127.2 万笔，金额 55.7 亿元，同比增长 76.6%，基本实现县域财政直补“一卡通”全覆盖。建立“掌上银行村”489 个，新增 481 个。非现金支付工具的广泛应用，对减少现金使用、降低交易成本、培育社会信用、促进金融创新、方便生产生活发挥了重要作用。

3. 金融知识普及和维权环境持续改善。2018 年，西藏辖区内人民银行分支机构持续深化金融消费者教育和金融知识普及工作，宣传活动覆盖 300 余个银行网点，并充分利用驻村点、金融综合服务站等宣传渠道，累计发放各类宣传资料 55 万余份，接受群众现场宣传咨询超过 58 万人次，媒体报道 26 次，微信推送点击量共计 36 万余条。持续加强金融消费者权益保护工作，共受理咨询投诉 53 起，其中，投诉 44 起、咨询 9 起，投诉办结率 100%，办结满意率 100%。

4. 反洗钱履职水平持续提升。2018 年，西藏辖区人民银行分支机构加强反洗钱监管和资金监测，全年启动反洗钱行政调查 10 起，涉及总金额 882 亿元，配合自治区公安部门破获西藏首例地下钱庄案。扎实开展“打击骗取出口退税和虚开增值税专用发票”专项行动，获得了中国人民银行总行等四部委的联合表彰。加强非法集资洗钱风险防控，持续推动涉稳资金监测工作，依法开展案件线索协查调查，持续扩大反洗钱专项行动成果。

二、经济运行情况

2018 年，西藏经济结构持续优化，消费价格涨幅控制在合理范围内，城乡居民可支配收入大幅增长，财政收支较快增长，进出口贸易继续保持顺差，全区经济保持平稳较快增长的态势。全区实现生产总值 1 477.63 亿元，同比增长 9.1%，增速较全国经济增速高出 2.5 个百分点，位居全国第一。

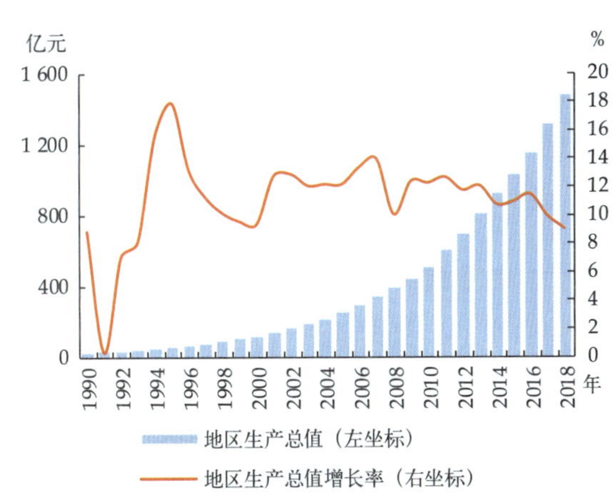

数据来源：西藏自治区统计局。

图 6　1990~2018 年西藏自治区地区生产总值及其增长率

（一）总需求持续扩大，结构更趋优化

2018 年，投资规模实现平稳增长，消费市场活跃，对外贸易小幅下降，需求结构进一步改善，经济发展更加协调。

1. 投资平稳增长，投资结构继续优化。西藏积极调整优化投资结构，不断优化投资环境，努力拓宽投资渠道。2018 年末，固定资产投资同比增长 9.8%，增速高于全国平均水平 3.9 个百分点。从三次产业看，第一产业投资增长 116.7%，第二产业投资增长 15.9%，第三产业投资增长 5.5%。民间投资的政策效应进一步显现，民间投资同比增长 28.6%，实现了近年来第一次高增长，比上年加快 35.9 个百分点，高于全区投资增速 18.8 个百分点。

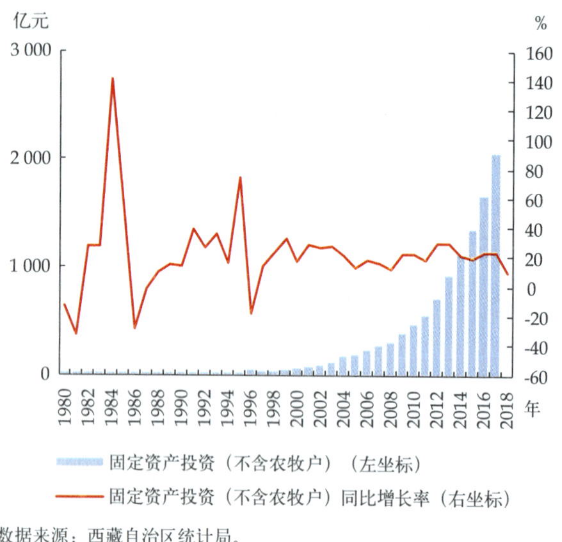

数据来源：西藏自治区统计局。

图 7　1980~2018 年西藏自治区固定资产投资（不含农牧户）及其增长率

2. 市场需求保持旺盛，社会消费品零售总额平稳增长。2018 年，实现社会消费品零售总额 597.6 亿元，同比增长 14.2%，高于全国平均水平 5.2 个百分点。其中，限额以上企业（单位）商品零售额 158.5 亿元，增长 17.1%。分城乡看，城镇消费品零售额 501.3 亿元，增长 14.5%；乡村消费品零售额 96.3 亿元，增长 12.8%。分行业看，商品零售 497.6 亿元，增长 14.2%；餐饮收入 100.0 亿元，增长 13.9%。

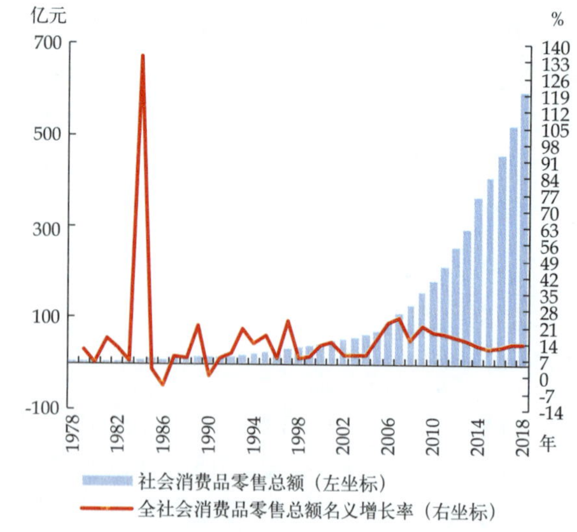

数据来源：西藏自治区统计局。

图 8　1978~2018 年西藏自治区社会消费品零售总额及其增长率

3. 对外贸易实现顺差，外商投资意愿增强。2018 年，实现进出口贸易总额 47.5 亿元，同比下降 19.0%。其中，出口额 28.6 亿元，同比下降 2.5%；进口额 19.0 亿元，同比下降 35.4%。全区对外贸易进出口保持顺差，顺差额为 9.6 亿元。外商投资意愿持续增强，主要涉及旅游服务业、特色产品加工、新能源、矿产开发、水电开发、商贸物流等领域。

（二）产业结构持续优化，发展质量稳步提高

2018 年，西藏三次产业稳步发展，生产总值分别为 130.3 亿元、628.4 亿元、719.0 亿元，同比分别增长 3.4%、17.5% 和 4.1%。与上年相比，第一产业比重下降 0.6 个百分点，第二产业比重上升 3.3 个百分点，第三产业比重下降 2.7 个百分点，为 8.8∶42.5∶48.7，产业结构进一步优化。

1. 农牧业生产形势良好。2018 年，农林牧渔业（含农林牧渔服务业）增加值 134.1 亿元，同比增长 3.6%。农业持续丰收，青稞实现单产和产量双提高，粮食总产量 104.4 万吨，连续 4 年保持在 100 万吨以上。牲畜存栏 1 728.1 万头，下降 2.7%，草畜矛盾得到有效缓解。

2. 工业经济快速增长。2018 年，规模以上

工业企业增加值同比增长 12.5%，高于全国平均水平 6.3 个百分点。分三大门类看，电力、热力、燃气及水生产和供应业增加值增长 23.2%，制造业增加值增长 10.6%，采矿业增加值增长 6.4%。从产品产量看，铜金属产量 8.93 万吨，增长 57.8%；水泥产量 913.03 万吨，增长 42.2%；中成药产量 2 350.0 吨，增长 4.3%。从企业效益看，全区规模以上工业企业实现主营业务收入 257.61 亿元，同比增长 19.2%，增速位居全国第二。

数据来源：西藏自治区统计局。

图 9　2003~2018 年西藏自治区规模以上工业增加值实际增长率

3. 旅游文化产业发展势头强劲。2018 年，西藏旅游文化产业实现增加值 239.5 亿元，同比增长 11.5%，增速比上年加快 0.9 个百分点。全年全区接待国内外游客 3 368.7 万人次，同比增长 31.5%。其中，接待国内旅客 3 321.1 万人次，增长 31.4%。实现旅游总收入 490.1 亿元，同比增长 29.2%。

（三）物价总水平保持稳定，人民生活日益改善

2018 年，西藏物价总水平保持稳定，受输入性因素影响，居民消费价格高于全国平均水平。

1. 居民消费价格温和上涨。2018 年，全区居民消费价格同比上涨 1.7%，涨幅总体平稳，连续 2 年稳定在 2% 以内，实现了低于 4% 的预期目标。其中，城市居民消费价格上涨 1.3%，农村居民消费价格上涨 2.2%。

2. 劳动力报酬继续提高。2018 年，西藏城镇居民人均可支配收入 33 797 元，同比增长 10.2%，增速比全国平均水平高 2.4 个百分点。农村居民人均可支配收入 11 450 元，增速同比增长 10.8%，增速比全国平均水平高 2.0 个百分点。农村居民人均可支配收入增速连续 3 年快于城镇居民人均可支配收入增速。

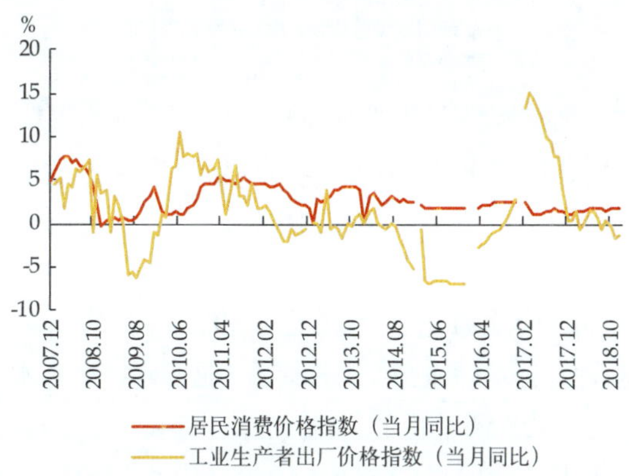

数据来源：西藏自治区统计局。

图 10　2007~2018 年西藏自治区居民消费价格指数和工业生产者价格指数变动趋势

3. 就业形势平稳向好。2018 年，西藏首次实行应届毕业生就业实名制登记，就业率达到 86%，组织市场化招聘岗位 11.1 万个，农牧区转移就业 102 万人次，实现增收 27 亿元，市场就业、区外就业取得新突破。

（四）重点领域财政支持力度加大，坚持推动高质量发展

2018 年，西藏实现地方财政收入 319.4 亿元，同比增长 23.3%。其中，一般公共财政预算收入 230.3 亿元，增长 23.9%。地方财政支出 2 082.5 亿元，同比增长 17.8%，增速比上年加快 10.0 个百分点。其中，一般公共财政预算支出 1 972.7 亿元，增长 17.8%。

1. 加大对重点领域的资金倾斜力度。统筹整合各级各类财政涉农资金 167.3 亿元，支持脱贫攻坚产业发展、小型基础设建设、生态补偿脱贫、易地扶贫搬迁等。

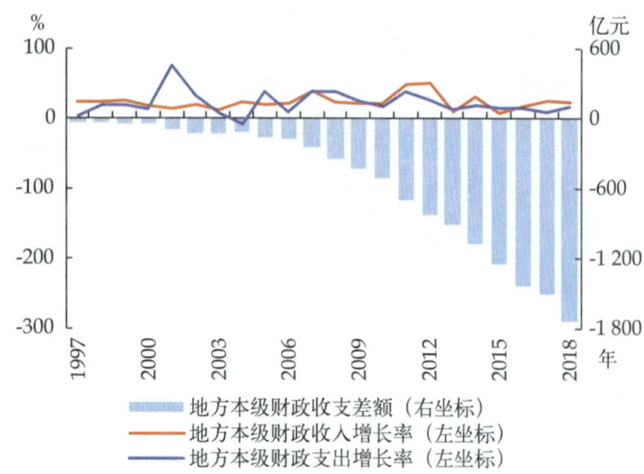

数据来源：西藏自治区统计局。

图 11　1997~2018 年西藏自治区地方财政收支状况

2. 全面推进重点项目建设。落实农村公路建设资金 68.4 亿元、水利重点县及高效节水项目建设资金 8.7 亿元。农业综合开发土地治理及产业化经营项目资金 6.4 亿元、中小河流域治理资金 3.9 亿元、公益性水利工程和农村小水电维护维修资金 1.7 亿元、重点区域水土流失治理资金 1.3 亿元。

3. 持续提高社会保障能力。教育“三包”标准提高到年生均 3 720 元；城乡居民基本养老保险基础养老金标准提高到月人均 170 元；城镇居民最低生活保障补助标准提高到月人均 750 元，农村最低生活保障补助标准提高到年人均 4 450 元；困难残疾人生活补贴标准提高到月人均 100 元，重度残疾人护理补贴标准提高到月人均 200 元。

（五）供给侧结构性改革扎实推进，防风险能力持续增强

1. 去杠杆，防范化解金融风险。加强全方位监管，规范各类融资行为，开展互联网金融风险专项整治，坚决遏制非法集资蔓延势头，加强风险监测预警和监管合作，妥善处理风险案件，坚决守住不发生系统性和区域性金融风险的底线。

2. 降成本，激发企业活力。开展降低实体经济企业成本行动，包括深化“放管服”改革，清理规范行政审批和行政收费，降低制度性交易成本，引导银行贷款利率下行，规范中介机构收费行为等。

3. 补短板，扩大有效供给。在补齐基础设施短板的基础上，提高投资有效性和精准性，推动形成市场化、可持续的投入机制和运营机制。

（六）房地产市场运行平稳，降库存效应明显

2018 年，西藏房地产投资规模略有下降，销售面积增长较快，市场规模依然较小。

1. 房地产开发投资规模略有下降。2018 年，全区房地产开发投资累计完成额 117.6 亿元，同比减少 14.7 亿元，下降 11.1%。

2. 房屋新开工面积趋于平稳。2018 年，全区房屋新开工面积为 61.1 万平方米，同比增长 0.1%。

3. 新建商品房销售面积增长较快。2018 年，全区新建商品房销售面积达 62.1 万平方米，同比增加 8.8 万平方米，增长 16.5%。

4. 房地产贷款稳步增长。2018 年，全区房地产贷款余额 224.8 亿元，同比增加 6.8 亿元，增长 3.1%。其中，房地产开发贷款 117.6 亿元，同比减少 14.6 亿元，下降 11.0%；个人购房贷款 105.3 亿元，同比增加 22.0 亿元，增长 24.9%。

专栏 2　西藏中小微企业应收账款融资取得新突破

近年来，中国人民银行拉萨中心支行坚持将纾解中小微企业融资难问题作为辖区征信服务工作重点，大力推广应用中征应收账款融资平台（以下简称平台），取得阶段性成果。截至 2018 年末，累计促成西藏应收账款融资业务 63 笔、融资金额 227.4 亿元，同

比分别增长26%和13.1%，其中，促成中小微企业融资业务40笔、融资金额151.5亿元，同比分别增长33.3%和20.6%。

一是各类金融机构广泛参与平台的应用。截至2018年末，全区平台注册用户达266家，160家用户通过审核，其中资金提供方58家，约占开通用户总数的36%，涵盖政策性银行、全国性商业银行、股份制商业银行、村镇银行、小贷公司、信托公司等各类机构，覆盖全区所有地市。平台为中小微企业提供了众多不同风险偏好的资金提供方，拓宽了中小微企业的融资渠道。

二是中小微企业逐步成为融资服务平台的使用主体。截至年末，在平台注册并开通的企业用户有102家，其中，中小微企业用户89家，占比87.3%。在平台促成的融资笔数和融资金额中，中小微企业融资笔数和融资金额分别占63.4%和66.7%，其中最小的单笔融资金额仅30万元。在融资门槛较低、没有融资额度限制的平台上，中小微企业逐步成为使用主体，平台助力中小微企业融资和发展的作用正逐步显现。

三是中小微企业融资业务的安全性和便捷性较高。平台依托互联网技术，充分整合与规范应收账款融资业务流程，提供了数字证书、电子签名、短信提醒、资金提供方推送融资产品等功能，使中小微企业融资交易更加安全、快捷、方便。平台在促进银企融资供需信息对接的同时，为应收账款融资业务的开展提供了极大的便利，切实提升了中小微企业的融资效率。

四是平台融资逐步被自治区各类市场主体认可。平台推广工作开展以来，中国人民银行拉萨中心支行切实把平台推广作为拓宽中小企业融资渠道、促进金融创新、切实纾解中小微企业融资困难的重要手段。通过不懈努力，平台逐步被自治区各类市场主体认可，其推广应用成效日渐明显。2018年，中小微企业在平台融资额突破150亿元大关。

三、预测与展望

2019年是新中国成立70周年，是西藏民主改革60周年，也是决胜脱贫攻坚、全面建成小康社会的关键之年。总体来看，2019年经济发展机遇大于挑战，西藏将继续保持快速增长的良好势头。预计2019年地区生产总值增速保持在10%左右，地方财政收入、社会消费品零售总额、城乡居民人均可支配收入保持较快增长，居民消费价格涨幅控制在4%以内，城镇登记失业率控制在3%以内。

2019年，辖区金融系统将全面贯彻党的十九大、中央经济工作会议和区党委经济工作会议精神，坚持新发展理念，以供给侧结构性改革为主线，继续落实稳健货币政策，继续打好防范化解重大风险攻坚战，助力脱贫攻坚战、污染防治攻坚战，深化金融改革开放，进一步稳就业、稳金融、稳外贸、稳外资、稳投资、稳预期，统筹推进稳增长、促改革、调结构、惠民生、防风险工作，促进西藏经济高质量发展。

中国人民银行拉萨中心支行货币政策分析小组

总　纂：郭振海　李玉福

统　稿：贺　成　杨富彬

执　笔：李成全　其美玉珍

提供材料的还有：洛桑尼玛　扎西坚才　曹大命　陈宇琳　乔　俊　仁青次仁　丹　永　苟春华

附录

（一）2018年西藏自治区经济金融大事记

4月26日，堆龙民泰村镇银行开业。

6月12日，中国人民银行拉萨中心支行与西藏民族大学签署战略合作协议。

6月25日，浦发银行拉萨分行主承销西藏首单产业扶贫中期票据。

7月2日，农行西藏分行推出西藏首台“迷你离行式超级柜台”。

7月5日，上海证券交易所、西藏证监局、西藏自治区证券业协会联合昌都市人民政府举办西藏辖区上市公司高峰论坛。

8月8日，西藏金融租赁有限公司发行首单西藏金融债。

8月10日，兴业银行拉萨分行开业。

8月23日，中国人民银行拉萨中心支行成立西藏12363金融消费权益保护投诉咨询热线呼叫中心。

9月8日，中国人民银行拉萨中心支行举办中尼央行金融合作座谈会。

9月18日，西藏银行业联合授信试点工作正式启动。

（二）2018 年西藏自治主要经济金融指标

表 1　2018 年西藏自治区主要存贷款指标

		1 月	2 月	3 月	4 月	5 月	6 月	7 月	8 月	9 月	10 月	11 月	12 月
本外币	金融机构各项存款余额（亿元）	4 978.6	4 930.1	4 966.1	4 965.9	5 042.7	5 158.2	5 088.3	5 165.9	5 131.6	5 090.7	5 106.0	4 934.6
	其中：住户存款	909.0	884.6	855.8	837.9	818.1	824.5	830.2	832.4	868.3	850.2	870.9	926.0
	非金融企业存款	1 478.8	1 425.0	1 449.9	1 451.0	1 405.2	1 417.3	1 334.9	1 304.9	1 267.3	1 277.4	1 250.1	1 220.8
	各项存款余额比上月增加（亿元）	19.5	-48.5	36.0	-0.2	76.8	115.5	-69.9	77.6	-34.3	-40.9	15.3	-171.4
	金融机构各项存款同比增长（%）	14.5	10.6	9.4	9.4	9.0	9.4	7.9	7.6	5.2	1.5	0.1	-0.5
	金融机构各项贷款余额（亿元）	4 264.0	4 262.9	4 313.2	4 294.5	4 356.1	4 389.2	4 371.9	4 390.7	4 414.4	4 409.7	4 403.5	4 555.7
	其中：短期	410.3	383.3	379.1	389.5	393.2	384.2	368.0	366.0	365.1	345.8	345.3	329.8
	中长期	3 649.7	3 684.1	3 722.6	3 711.5	3 767.5	3 770.9	3 765.7	3 734.2	3 726.6	3 717.7	3 712.6	3 653.0
	票据融资	58.8	53.5	51.7	56.0	69.7	87.9	87.2	95.6	101.3	99.2	95.4	148.2
	各项贷款余额比上月增加（亿元）	220.4	-1.1	50.3	-18.6	61.6	33.0	-17.2	18.8	23.6	-4.6	-6.3	152.3
	其中：短期	18.2	-27.0	-4.2	10.3	3.8	-9.0	-16.3	-2.0	-0.9	-19.3	-0.5	-15.5
	中长期	223.6	34.4	38.5	-11.1	56.0	3.5	-5.2	-31.5	-7.6	-8.9	-5.1	-59.6
	票据融资	-20.4	-5.4	-1.8	4.3	13.7	18.2	-0.7	8.3	5.8	-2.1	-3.8	52.8
	金融机构各项贷款同比增长（%）	35.2	32.7	30.1	26.8	26.7	24.1	22.3	21.2	16.3	14.8	12.9	12.7
	其中：短期	27.2	12.9	16.3	13.9	9.4	-2.8	-7.8	-5.5	-6.8	-13.2	-14.9	-15.9
	中长期	43.1	41.9	37.1	31.7	31.1	27.6	25.3	22.0	15.8	13.6	11.6	6.6
	票据融资	55.9	54.7	51.2	56.3	69.9	122.2	149.8	155.5	208.0	226.0	197.4	186.8
	建筑业贷款余额（亿元）	705.1	655.5	655.2	649.6	646.4	651.1	655.7	634.9	619.1	618.6	613.5	595.3
	房地产业贷款余额（亿元）	138.6	138.2	150.3	147.6	150.1	147.7	131.3	134.6	133.3	132.8	132.2	128.6
	建筑业贷款同比增长（%）	8.6	1.1	-1.0	-4.7	-6.7	-12.1	-9.0	-8.6	-8.7	-9.0	-9.5	-10.9
	房地产业贷款同比增长（%）	1.4	0.5	1.4	-2.3	-14.4	-16.5	-25.2	-23.3	-36.8	-37.9	-38.7	-41.0
人民币	金融机构各项存款余额（亿元）	4 971.5	4 923.7	4 959.9	4 959.5	5 036.4	5 151.7	5 081.4	5 158.6	5 124.3	5 081.8	5 098.8	4 928.4
	其中：住户存款	908.3	884.0	855.2	837.2	817.5	823.7	829.4	831.6	867.5	849.4	870.1	925.2
	非金融企业存款	1 472.5	1 419.4	1 444.3	1 445.4	1 399.6	1 411.7	1 328.9	1 298.6	1 260.9	1 269.4	1 243.7	1 215.4
	各项存款余额比上月增加（亿元）	19.0	-47.8	36.1	0.3	76.9	115.3	-70.3	77.2	-34.3	-42.6	17.1	-170.4
	其中：住户存款	22.0	-24.3	-28.8	-18.0	-19.7	6.2	5.7	2.2	35.9	-18.1	20.7	55.1
	非金融企业存款	35.1	-53.1	24.9	1.1	-45.9	12.1	-82.8	-30.4	-37.6	8.4	-25.7	-28.3
	各项存款同比增长（%）	14.6	10.6	9.4	9.4	9.0	9.4	7.9	7.6	5.2	1.5	0.1	-0.5
	其中：住户存款	11.3	12.8	10.1	9.9	6.7	4.1	4.2	3.3	3.6	3.3	4.6	5.2
	非金融企业存款	59.4	48.3	36.7	33.4	28.0	24.3	17.1	13.1	2.4	3.6	-10.0	-15.8
	金融机构各项贷款余额（亿元）	4 261.8	4 262.6	4 312.9	4 294.3	4 355.9	4 388.9	4 371.7	4 390.5	4 414.1	4 409.5	4 403.2	4 555.5
	其中：个人消费贷款	258.1	260.9	270.0	276.1	284.2	291.9	301.9	308.5	313.6	316.9	321.8	326.4
	票据融资	58.8	53.5	51.7	56.0	69.7	87.9	87.2	95.6	101.3	99.2	95.4	148.2
	各项贷款余额比上月增加（亿元）	220.4	0.8	50.3	-18.6	61.6	33.0	-17.2	18.8	23.6	-4.6	-6.3	152.3
	其中：个人消费贷款	10.7	2.8	9.1	6.1	8.2	7.7	10.0	6.6	5.1	3.2	4.9	4.6
	票据融资	-20.4	-5.4	-1.8	4.3	13.7	18.2	-0.7	8.3	5.8	-2.1	-3.8	52.8
	金融机构各项贷款同比增长（%）	35.2	32.8	30.2	27.1	26.8	24.2	22.4	21.3	16.4	14.9	13.0	12.7
	其中：个人消费贷款	25.0	24.9	25.6	26.1	26.0	24.0	24.2	23.9	22.9	23.3	22.3	22.1
	票据融资	-44.1	-45.3	-48.8	-43.7	-30.1	22.2	49.8	55.5	108.0	126.0	97.4	86.8
外币	金融机构外币存款余额（亿美元）	1.1	1.0	1.0	1.0	1.0	1.0	1.0	1.1	1.1	1.3	1.0	0.9
	金融机构外币存款同比增长（%）	-85.8	-87.1	-87.1	-86.8	-87.1	-85.9	-85.3	-84.5	-84.8	-81.4	-85.1	-86.9
	金融机构外币贷款余额（亿美元）	0.3	0.0	0.0	0.0	0.0	0.0	0.0	0.0	0.0	0.0	0.0	0.0
	金融机构外币贷款同比增长（%）	-84.4	-98.3	-98.3	-99.6	-98.8	-98.8	-98.8	-98.4	-98.5	-98.5	-98.5	-98.5

数据来源：中国人民银行拉萨中心支行统计研究处。

表 2　2001~2018 年西藏自治区各类价格指数

单位：%

		居民消费价格指数		农业生产资料价格指数		工业生产者购进价格指数		工业生产者出厂价格指数	
		当月同比	累计同比	当月同比	累计同比	当月同比	累计同比	当月同比	累计同比
2001		—	—	—	—	—	—	—	—
2002		—	—	—	—	—	—	—	—
2003		—	—	—	—	—	—	—	—
2004		—	—	—	—	—	—	—	—
2005		—	—	—	—	—	—	—	—
2006		—	—	—	—	—	—	—	—
2007		—	—	—	—	—	—	—	—
2008		—	—	—	—	—	—	—	—
2009		—	—	—	—	—	—	—	—
2010		—	—	—	—	—	—	—	—
2011		—	—	—	—	—	—	—	—
2012		—	—	—	—	—	—	—	—
2013		—	—	—	—	—	—	—	—
2014		—	—	—	—	—	—	—	—
2015		—	2.0	—	-0.3	—	—	—	-6.8
2016		—	2.5	—	0.4	—	—	—	2.9
2017		—	1.6	—	1.6	—	—	—	10.0
2018		—	1.7	—	1.0	—	—	—	0.1
2017	1	—	—	—	—	—	—	—	—
	2	2.4	2.6	2.0	1.9	—	—	13.2	13.9
	3	2.0	2.4	1.8	1.9	—	—	15.0	14.3
	4	1.3	2.1	1.8	1.9	—	—	14.5	14.3
	5	1.2	1.9	1.6	1.8	—	—	13.4	14.1
	6	1.2	1.8	1.4	1.7	—	—	12.2	13.8
	7	1.4	1.7	1.4	1.7	—	—	9.9	13.2
	8	1.5	1.7	1.5	1.7	—	—	9.6	12.8
	9	1.7	1.7	1.7	1.7	—	—	7.9	12.2
	10	1.5	1.7	1.6	1.7	—	—	7.7	11.7
	11	1.5	1.7	1.6	1.6	—	—	4.4	11.0
	12	1.3	1.6	0.6	1.6	—	—	0.3	10.0
2018	1	1.3	1.3	0.6	0.6			0.5	0.5
	2	1.5	1.4	0.5	0.5	—	—	1.6	1.1
	3	1.5	1.4	0.7	0.6	—	—	-0.5	0.5
	4	1.6	1.5	0.8	0.6	—	—	0.2	0.4
	5	1.7	1.5	1.2	0.7	—	—	1.5	0.7
	6	1.9	1.6	1.3	0.8	—	—	1.5	0.8
	7	1.9	1.6	1.4	0.9	—	—	0.7	0.8
	8	1.9	1.7	1.4	1.0	—	—	-0.6	0.6
	9	1.6	1.7	1.3	1.0	—	—	0.3	0.6
	10	1.9	1.7	1.4	1.1	—	—	-0.3	0.5
	11	1.8	1.7	1.0	1.0	—	—	-1.6	0.3
	12	2.0	1.7	0.7	1.0	—	—	-1.4	0.1

数据来源：《中国经济景气月报》、西藏自治区统计局。

表3 2018年西藏自治区主要经济指标

	1月	2月	3月	4月	5月	6月	7月	8月	9月	10月	11月	12月
	绝对值（自年初累计）											
地区生产总值（亿元）	—	—	302.2	—	—	615.9	—	—	1 044.0	—	—	1 477.6
第一产业	—	—	15.2	—	—	40.0	—	—	84.6	—	—	130.3
第二产业	—	—	38.5	—	—	209.3	—	—	410.3	—	—	628.4
第三产业	—	—	248.5	—	—	366.5	—	—	549.2	—	—	719.0
工业增加值（亿元）	—	11.0	17.4	26.4	33.9	—	52.2	62.7	72.8	—	—	103.4
固定资产投资（亿元）	—	—	—	—	—	—	—	—	—	—	—	—
房地产开发投资	—	0.1	3.4	5.7	10.0	27.7	40.7	53.4	60.9	75.1	91.7	92.6
社会消费品零售总额（亿元）	—	95.4	136.0	178.1	227.8	276.2	327.2	381.4	436.9	498.4	545.8	597.6
外贸进出口总额（亿元）	3.7	5.8	13.2	21.7	24.4	26.6	29.1	30.8	36.1	40.4	45.0	47.5
进口	1.0	1.1	7.8	14.4	15.1	15.6	16.0	16.5	17.7	18.3	18.9	18.9
出口	2.8	4.7	5.3	7.3	9.3	11.0	13.0	14.3	18.4	22.0	26.1	28.6
进出口差额（出口－进口）	1.8	3.6	-2.5	-7.0	-5.8	-4.7	-3.0	-2.2	0.7	3.7	7.3	9.6
实际利用外资（亿美元）	—	—	—	—	—	—	—	—	—	—	—	—
地方财政收支差额（亿元）	—	-200.3	-324.6	-444.3	-533.7	-689.4	-797.3	-952.0	-1 156.7	-1 257.6	-1 396.1	-1 742.4
地方财政收入	—	38.0	67.7	83.3	100.2	117.0	133.7	146.5	163.2	184.5	204.6	230.3
地方财政支出	—	238.3	392.3	527.6	633.9	806.5	931.0	1 098.6	1 319.9	1 442.2	1 600.7	1 972.7
城镇登记失业率（%）（季度）	—	—	—	—	—	—	—	—	—	—	—	—
	同比累计增长率（%）											
地区生产总值	—	—	9.5	—	—	9.8	—	—	9.0	—	—	9.1
第一产业	—	—	0.1	—	—	1.9	—	—	2.1	—	—	3.4
第二产业	—	—	15.9	—	—	22.9	—	—	20.3	—	—	17.5
第三产业	—	—	9.2	—	—	4.5	—	—	3.3	—	—	4.1
工业增加值	—	14.3	14.0	14.3	13.7	14.4	13.6	14.3	14.5	13.0	12.5	12.5
固定资产投资	—	30.5	27.0	24.7	19.5	14.1	9.7	9.0	9.4	5.7	10.2	9.8
房地产开发投资	—	-73.9	0.8	-4.6	-7.7	56.1	110.6	151.0	111.3	118.9	136.0	129.4
社会消费品零售总额	—	14.5	14.5	15.1	15.1	15.1	15.0	15.0	14.7	15.0	14.5	14.2
外贸进出口总额	-13.0	-54.3	-15.1	-12.1	-17.4	-21.5	-23.9	-27.6	-23.4	-18.8	-17.4	-19.0
进口	-35.2	-87.1	-20.7	-16.5	-19.3	-25.7	-29.2	-32.5	-31.9	-31.3	-33.1	-35.4
出口	-1.1	15.9	-5.1	-2.2	-14.2	-14.8	-16.2	-20.9	-13.0	-4.3	-0.7	-2.5
实际利用外资	—	—	—	—	—	—	—	—	—	—	—	—
地方财政收入	—	20.2	48.9	33.2	34.0	28.1	27.3	27.6	27.4	27.7	28.4	23.3
地方财政支出	—	1.6	-4.7	7.3	3.8	2.5	0.2	3.3	5.3	6.5	10.1	17.8

数据来源：西藏自治区统计局。

陕西省金融运行报告（2019）

中国人民银行西安分行货币政策分析小组

[内容摘要] 2018年，陕西省坚持以习近平新时代中国特色社会主义思想为指导，以新发展理念为引领，以供给侧结构性改革为主线，紧扣追赶超越和“五个扎实”要求，加快发展枢纽经济、门户经济、流动经济，经济发展呈现“总体平稳、活力增强、质效提升”的良好态势。全年全省地区生产总值同比增长8.3%，经济结构持续优化，投资较快增长，消费增速平稳，就业、物价保持稳定。金融运行总体稳健，货币信贷规模合理增长，服务实体经济能力显著增强，金融基础设施建设日益完善，为全省经济高质量发展营造了适宜的货币金融环境。

从经济运行来看，经济发展稳中有进，结构持续优化，三大需求相对平稳，供给侧结构性改革进一步深化。一是投资拉动势头强劲，民间投资活力增强。全省固定资产投资（不含农户）同比增长10.4%，增速高于全国4.5个百分点，民间投资增长22.3%，较上年加快11.5个百分点。二是居民消费能力稳步提高，农村消费潜力逐步释放。社会消费品零售总额同比增长10.2%，高于全国1.2个百分点。分城乡看，农村消费增长达到11.5%，高于城镇消费增长1.5个百分点。三是外贸进出口创历史新高，各项指标增速居全国前列。进出口总值同比增长29.3%，出口总值突破2 000亿元大关，全年陕西省进出口、出口、进口增速分列全国第3、第4和第3位。四是工业结构持续优化，先进制造业快速发展。规模以上工业增加值增长9.2%，较上年加快1.0个百分点，高于全国3.0个百分点。其中，高技术产业增加值增长14.2%，高于全省规模以上工业增加值增速5.0个百分点。五是去产能工作推进有力，“僵尸企业”有效退出。实现煤炭行业去产能596万吨，处理“僵尸企业”70户。六是房地产调控成效显著，房地产价格先扬后抑。上半年房地产市场较为火爆，7月31日中央政治局会议后，陕西省一系列调控措施取得成效，商品房销售面积增长回落，房价增速趋缓。

金融运行稳中向好，服务实体经济能力持续提升。一是预调微调成效显著，货币信贷合理增长。本外币各项贷款余额同比增长14.2%，高于上年3.1个百分点。全年全省累计发行债务融资工具112只，累计发行金额同比增长71.9%。二是新发展理念深入贯彻，信贷结构持续优化。金融对社会发展重点领域和薄弱环节发展的支持力度持续加大，全省基础设施领域贷款（不含票据融资）同比增长14.2%，保障房开发贷款同比增长16.6%，金融精准扶贫贷款同比增长20.4%。三是利率市场化改革深入推进，实体经济融资成本有所降低。金融机构利率定价能力进一步增强，人民币贷款加权平均利率为5.91%，处于历史低位。四是体制机制不断完善，金融机构改革持续深化。农业银行陕西省分行三农金融事业部各项贷款增量占农行贷款增量的39.6%，同比上升2.3个百分点。地方法人银行业机构总数达148家，较上年末增加5家。西安银行IPO获通过，长安银行成立普惠金融部，秦农银行与陕西省农村信用联社牵头发起筹建的丝绸之路农商银行发展联盟成员单位增至82家。五是金融基础设施持续完善，金融发展更具包容性。深入开展移动支付便民示范工程建设，助推银行卡助农取款服务规范可持续发展，推进全国集中银行账户管理系统成功上线运行，全省支付清算系统覆盖率达97%。陕西省征信查询监测系统上线运行，实现了对征信查询的动态监控，为征信信息安全保驾护航。六是房地产信贷调控成效显著，房地产信贷增速稳中有降。房地产贷款增速较上年下降3.1个百分点，其中，房地产开发贷款增速较上年下降13.7个百分点。七是证券业和保险业运行稳健，多层次资本市场健康发展。证券期货机构业务稳步推进，经营总体稳健，资本实力有所增强。保险业稳中向好，服务经济社会功能有效发挥。

展望未来，陕西省正处在转变发展方式、切换发展动能的关键阶段，随着“一带一路”倡议的深入实施，陕西省再次站到对外开放的前沿，大力发展“三个经济”既是陕西以开放促改革、以改革促创新、以创新促发展的时代要求，又是陕西贯彻新发展理念、推动高质量发展、奋力追赶超越的重要抓手。在发展枢纽经济方面，将织密公路网、做大铁路网、优化航空网、构建综合交通网、做强信息网，加快建立陆空互动、多式联运的综合交通运输体系。在发展门户经济方面，将着力打造“一带一路”五大中心，提高全球资源配置能力，深入探索自贸区改革，加强“一带一路”经贸人文交流。在发展流动经济方面，实施特殊人才支持计划，推进“互联网＋物流”建设，提升利用外资质量水平，支持企业开拓海外市场。

2019 年，陕西省将坚持稳中求进工作总基调，坚持新发展理念，推动高质量发展，以供给侧结构性改革为主线，深化市场化改革、扩大高水平开放，紧扣追赶超越和“五个扎实”要求，全面落实“五新”战略任务，大力发展“三个经济”，加快建设现代化经济体系，继续打好三大攻坚战，着力激发微观主体活力，进一步稳就业、稳金融、稳外贸、稳外资、稳投资、稳预期，保持经济持续健康发展。中国人民银行西安分行将认真执行稳健的货币政策，坚持高质量发展总要求，以贯彻新发展理念为引领，以推进供给侧结构性改革为主线，保持货币信贷和社会融资规模适度增长，积极推动信贷结构优化调整，统筹推进稳增长、促改革、调结构、惠民生、防风险、保稳定工作，为陕西经济社会持续健康发展提供有力的金融保障。

一、金融运行情况

2018 年，陕西省金融业认真落实稳健中性的货币政策，货币信贷平稳适度增长，金融改革创新持续推进，多层次资本市场发展取得进展，保险保障功能进一步发挥，金融服务水平稳步提升，金融生态建设成效显著。

（一）银行业经营稳健，信贷结构继续优化

2018 年，陕西省金融业认真落实稳健中性的货币政策，不断提升金融服务水平，有效防范金融风险，扎实推进金融改革，为陕西经济转型升级和平稳发展创造了良好的货币金融环境。

1. 银行业金融机构运营整体稳健，资产质量持续改善。截至 2018 年末，陕西省银行业金融机构资产总额 5.1 万亿元，同比增长 8.2%；负债总额 5.0 万亿元，同比增长 8.1%；实现利润 518.9 亿元，同比增长 6.5%；拨备覆盖率 158.1%，同比上升 16.2 个百分点；法人机构平均资本充足率 13.9%，同比上升 0.5 个百分点。不良贷款余额同比减少 20.9 亿元，不良贷款率同比下降 0.4 个百分点，资产质量持续改善。但关注类贷款余额有所上升，信用风险防控压力依然较大。

表 1　2018 年陕西省银行业金融机构情况

机构类别	营业网点			法人机构（个）
	机构个数（个）	从业人数（人）	资产总额（亿元）	
一、大型商业银行	1 913	41 677	18 279	0
二、国家开发银行和政策性银行	82	2 211	5 580	0
三、股份制商业银行	446	10 260	7 206	0
四、城市商业银行	534	9 288	6 322	2
五、小型农村金融机构	2 939	28 296	8 968	100
六、财务公司	7	342	971	4
七、信托公司	3	1 601	268	3
八、邮政储蓄银行	1 247	10 448	3 172	0
九、外资银行	13	334	191	0
十、新型农村金融机构	68	1 348	148	38
十一、其他	2	312	145	2
合　计	7 254	106 117	51 251	149

注：营业网点不包括国家开发银行和政策性银行、大型商业银行、股份制商业银行等金融机构总部数据；大型商业银行包括中国工商银行、中国农业银行、中国银行、中国建设银行和交通银行；小型农村金融机构包括农村商业银行、农村合作银行和农村信用社；新型农村金融机构仅包括村镇银行；“其他”包括比亚迪汽车金融公司和长银消费金融公司。
数据来源：陕西银保监局。

2. 各项存款增速回稳，住户存款增长较快。 截至2018年末，陕西省金融机构（含外资）本外币各项存款余额40 927.6亿元，同比增长7.3%，高于上年0.5个百分点。人民币各项存款余额40 567.4亿元，同比增长7.4%，高于上年0.2个百分点，较年初增加2 783.4亿元，同比多增254.9亿元。截至年末，住户存款余额20 759.8亿元，同比增长11.1%，高于各项存款增速3.7个百分点。非金融企业存款余额12 111.8亿元，较年初增加310.7亿元，同比增长2.6%，低于各项存款增速4.7个百分点。

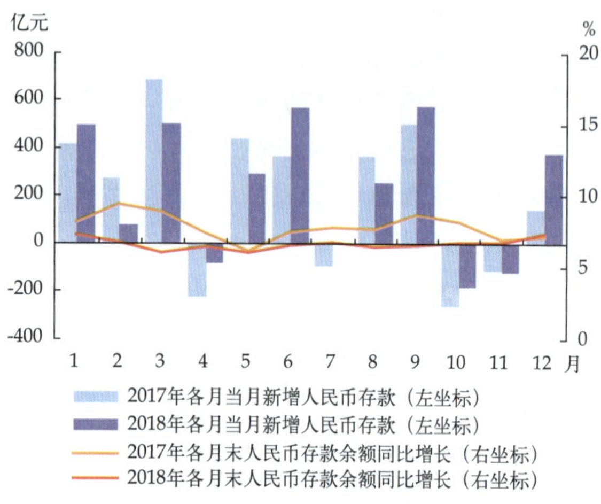

数据来源：中国人民银行西安分行。

图1 2017~2018年陕西省金融机构人民币存款增长变化

3. 各项贷款增速加快，重点领域信贷保障有力。 截至2018年末，陕西省金融机构（含外资）本外币各项贷款余额30 742.7亿元，同比增长14.2%，高于上年3.1个百分点。人民币各项贷款余额30 513.8亿元，同比增长14.4%，高于上年2.9个百分点，较年初新增3 812.6亿元，同比多增1 055.3亿元。受个人住房贷款增长拉动，住户部门贷款增速运行维持高位，且呈小幅提升态势。截至年末，陕西省金融机构住户贷款余额8 441.9亿元，同比增长19.8%，高于各项贷款增速5.6个百分点。非金融企业及机关团体贷款余额22 070.4亿元，同比增长12.4%，低于各项贷款增速2个百分点。

社会发展薄弱环境和重点领域信贷支持力度持续加大。截至2018年末，全省基础设施领域贷款（不含票据融资）同比增长14.2%，农村基础设施建设贷款同比增长19.0%。积极探索军民融合产业特色化金融服务，军民融合金融服务质量和水平不断提升。截至年末，银行业金融机构军民融合领域融资总量超过300亿元，同比增长25.8%。小微企业贷款增速总体回升。截至年末，全省小微企业（含个体工商户和小微企业主）贷款余额4 956.6亿元，同比增长10.3%，较8月末（年内增速最低点）回升1.9个百分点。住房保障力度持续增强，保障房开发贷款同比增长16.5%。金融精准扶贫贷款稳定增长。截至年末，全省金融精准扶贫贷款同比增长20.4%，全年累计发放精准扶贫贷款金额同比增长21.1%。

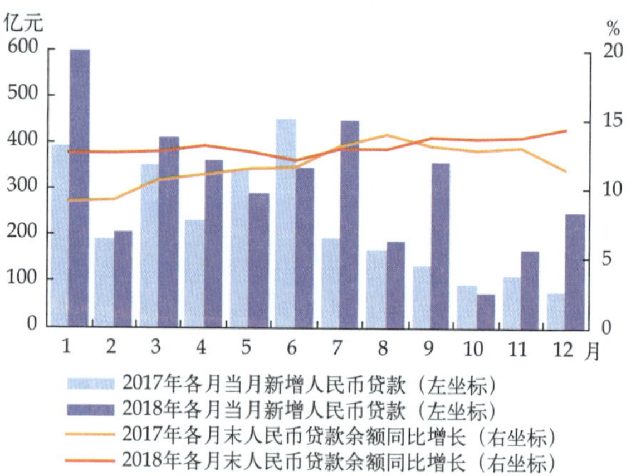

数据来源：中国人民银行西安分行。

图2 2017~2018年陕西省金融机构人民币贷款增长变化

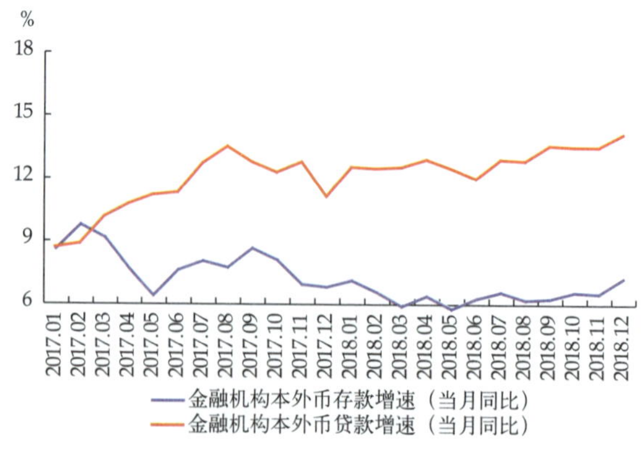

数据来源：中国人民银行西安分行。

图3 2017~2018年陕西省金融机构本外币存、贷款增速变化

专栏1　陕西军民融合金融服务提质增效

陕西作为军工大省，军工产业门类齐全，产业链条长，行业聚集度高，军民融合发展条件优越。2018年，陕西不断健全军民融合发展体制机制，完善政策法规体系，积极引导“军转民”“民参军”，军民融合企业超过1 000家，产业规模居全国第2位。陕西省金融机构紧跟国家军民融合发展战略，积极探索军民融合产业特色化金融服务，军民融合金融服务质量和水平不断提升。调查显示，截至2018年末，陕西省银行业金融机构军民融合领域融资总量超过300亿元，同比增长25.8%。

一、强化信贷政策窗口指导和工具引导，鼓励金融机构助推军民融合发展

2018年，中国人民银行西安分行制定印发《关于进一步促进陕西省科技金融融合发展的指导意见》和《关于进一步提升金融服务质量　全力助推陕西实现高质量发展的指导意见》，引导金融机构抢抓军民融合发展机遇，制订全面综合化金融服务方案，创新相关信贷产品，并在符合国家相关条件的基础上，支持民间资本有序参与军工企业的改组改制，积极参与军民融合项目投资、研发、建设、生产等各个环节。依托陕西军民融合投资基金，实现金融资本与产业资本风险共担、利益共享，加强对重点项目和重点产品的投资培育。推动金融机构打造军民融合供应链票据融资产品。

二、制订专属授信意见与服务方案，为军民融合提供更多政策支持

军民融合企业经营情况、风险防范措施等都与普通企业有一定差异性，为提高军民融合企业服务效率和针对性，在陕部分金融机构出台了面向军民融合企业的授信意见或服务方案，与陕西省政府签订支持军民深入融合发展的战略合作协议，对军民融合实行名单制管理，成立专业团队，建立军民融合项目储备库，并对军民融合板块营销给予特别奖励，从产业分类上加大了对军民融合信贷业务的激励政策，保证相关政策落到实处。省内部分法人金融机构还成立了军民融合专营组织或机构，有针对性地为军民融合企业提供“一揽子”“一站式”的综合化金融服务方案。

三、不断加大信贷投放力度，打造军民融合综合化金融服务体系

在陕金融机构结合陕西军民融合企业特点，不断加大信贷投放力度，打造综合化金融服务体系，一方面为大型军工企业提供融资支持，另一方面通过军民融合产业链延伸为民营、小微企业提供信贷资金，同时还积极为企业提供涵盖结算、现金管理、理财等多种类的金融服务，先后推出了以航空产业“民参军”为重点，以供应链融资产品为基础的信贷产品，通过为核心企业开立承兑汇票用于支付上游企业账款，上游企业持承兑汇票在银行以贴现的形式缓解军民融合企业短期流动性缺口，形成业务闭环。

四、积极拓宽融资渠道，为军民融合提供多元化融资支持

除传统银行信贷产品以外，在陕金融机构还通过发债、结构化融资、基金等形式拓宽军民融合企业融资渠道。部分金融机构结合陕西军民融合产业园区建设的资金需求，一方面通过“政府购买服务”的形式提供银行信贷，另一方面积极对接和推动园区建设企业通过债券工具进行融资，为军民融合产业基地建设承销非公开定向债务融资工具。另外，省内金融机构还紧抓市场机遇，全面拓展军民融合领域的产业基金业务，积极参与军民融合领域产业基金项目，支持陕西军工电子及信息化、高端装备制造、新材料、新能源等军民融合产业发展和项目建设。

4. 表外业务增长下降，资管新规效应显现。 受强监管政策影响，2018 年，陕西省金融机构表外业务降幅明显。在资管新规落地实施背景下，金融机构调整理财产品发行节奏，有效化解理财产品兑付风险。2018 年，陕西省金融机构理财产品存续资金余额同比增长 8.0%，较上年下降 2.6 个百分点。积极调节产品发行节奏，新发累计募集资金同比减少 19.2%。有效化解理财产品兑付资金压力，全省存续理财产品当年累计兑付资金同比增长 14.6%，较上年多兑付 2 245.5 亿元。

表 2　2018 年陕西省金融机构一般贷款各利率区间占比

单位：%

月份		1 月	2 月	3 月	4 月	5 月	6 月
合计		100.0	100.0	100.0	100.0	100.0	100.0
下浮		13.4	12.2	3.4	7.6	4.1	2.0
基准		31.8	25.4	28.3	20.9	34.7	24.4
上浮	小计	54.8	62.4	68.3	71.5	61.2	73.6
	(1.0, 1.1]	16.6	24.5	23.8	23.0	17.3	21.9
	(1.1, 1.3]	14.4	13.4	16.0	18.4	13.3	17.5
	(1.3, 1.5]	6.9	8.3	7.4	7.2	6.2	9.2
	(1.5, 2.0]	7.5	7.6	8.0	7.6	9.5	13.0
	2.0 以上	9.4	8.7	13.1	15.4	15.0	12.2
月份		7 月	8 月	9 月	10 月	11 月	12 月
合计		100.0	100.0	100.0	100.0	100.0	100.0
下浮		4.5	12.3	14.3	21.8	19.7	13.4
基准		29.6	20.0	23.1	22.0	19.4	19.8
上浮	小计	65.9	67.7	62.6	56.2	60.9	66.8
	(1.0, 1.1]	21.3	18.8	14.0	12.1	14.2	9.7
	(1.1, 1.3]	15.4	14.8	18.7	11.2	15.4	16.0
	(1.3, 1.5]	5.5	8.8	7.9	10.3	7.2	8.4
	(1.5, 2.0]	11.4	12.9	11.4	11.5	12.6	15.8
	2.0 以上	12.3	12.4	10.7	11.1	11.5	16.9

数据来源：中国人民银行西安分行。

5. 贷款利率低位运行，金融机构定价能力进一步提升。 2018 年，人民币贷款（不包括贴现、个人住房贷款、信用卡透支和各项垫款）加权平均利率为 5.91%，从 5 年趋势线来看，仍然处于历史低位。金融机构利率定价市场化程度进一步提高，国有商业银行、股份制商业银行、城市商业银行一年期定期存款加权平均利率分别为 1.96%、2.05% 和 2.14%，农村商业银行、农村信用社分别为 2.09% 和 2.13%。美元存款利率稳中有升。

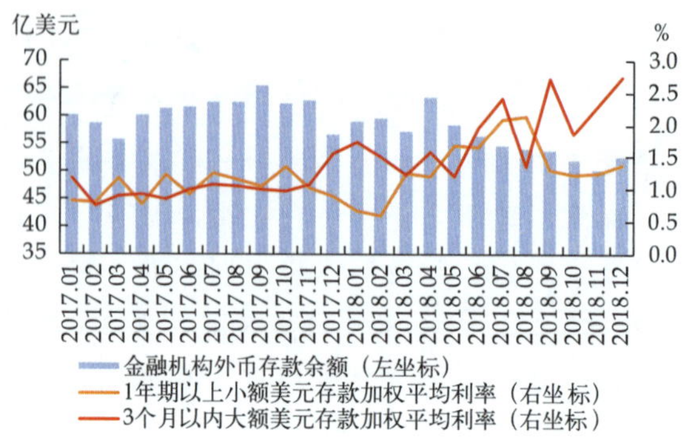

数据来源：中国人民银行西安分行。

图 4　2017~2018 年陕西省金融机构外币存款余额及外币存款利率

6. 金融机构改革持续推进，地方法人经营能力不断增强。 三农金融事业部改革持续推进，金融服务“三农”水平不断提升。截至 2018 年末，农业银行陕西省分行 84 个三农金融事业部各项贷款余额 713.9 亿元，同比增长 9.2%，贷款增量占其贷款增量的 39.6%，同比上升 2.31 个百分点。地方法人银行业金融机构总数达 148 家，较上年末增加 5 家。城市商业银行不断深化改革，优化治理结构。西安银行 IPO 获通过，成为西北首家 A 股上市获准通过的城市商业银行。长安银行成立普惠金融部，集中资源专注发展普惠金融，推进小微业务线上多渠道发展。秦农银行与陕西省农村信用社联合社牵头发起筹建的丝绸之路农商银行发展联盟成员单位增至 82 家，成为全国成员机构数量最多的农商银行联盟组织，辐射 15 个省市，总资产近 3 万亿元。

7. 跨境人民币收付呈净流入，收付总额有所回落。 2018 年，陕西实现跨境人民币结算额 317.02 亿元，同比下降 6.55%，人民币跨境收支占本外币跨境收支的 10.10%，与上年基本持平。其中，收入 198.57 亿元，支出 118.45 亿元，净流入 80.13 亿元。经常项目跨境人民币结算额 237.78 亿元，资本和金融项目跨境人民币结算额 79.24 亿元。自陕西 2011 年 8 月启动跨境人民币业务以来，截至 2018 年末，陕西跨境人民币结算额累计达 2 382.79 亿元，涉及 2 265 家企业、省内 32 家银行的 233 家分支机构、境外 1 359 家银行，辐射 117 个国家和地区。

（二）证券业平稳发展，市场交易活跃度下降

2018 年，陕西省证券期货机构业务稳步推进，资本实力有所增强，经营总体稳健。上市公司资产规模继续扩大，盈利水平出现下滑。

1. 资本实力有所增强，盈利能力相对不足。截至 2018 年末，陕西省共有法人证券公司、期货公司各 3 家，证券分公司 46 家，证券营业部 256 家。3 家法人证券公司总资产 750.32 亿元，同比增长 13.5%；营业收入、净利润分别为 35.8 亿元和 5.5 亿元，同比分别下降 14.4% 和 47.4%。3 家法人期货公司总资产 57.17 亿元，同比增长 0.7%；营业收入、净利润分别为 2.9 亿元和 0.2 亿元，同比分别下降 10.6% 和 76.3%。

表 3　2018 年陕西省证券业基本情况

项目	数量
总部设在辖内的证券公司数（家）	3
总部设在辖内的基金公司数（家）	0
总部设在辖内的期货公司数（家）	3
年末国内上市公司数（家）	49
当年国内股票（A 股）筹资（亿元）	61
当年发行 H 股筹资（亿元）	0
当年国内债券筹资（亿元）	2 145
其中：短期融资券筹资额（亿元）	1 116
中期票据筹资额（亿元）	540

注：当年国内股票（A 股）筹资额是指非金融企业境内股票融资。

数据来源：陕西证监局、中国人民银行西安分行、陕西省发展改革委。

2. 市场交易活跃度下降，上市公司经营业绩不佳。2018 年，陕西省累计代理证券交易额 41 743.3 亿元，同比下降 10.8%。截至年末，陕西省内上市公司 49 家，市价总值 4 869.2 亿元，同比下降 22.7%。全省上市公司股票市场融资 61.3 亿元。截至 9 月末，上市公司总资产 6 519.7 亿元，同比增长 7.2%；净资产 3 230.6 亿元，同比增长 14.2%；实现营业收入 1 800.0 亿元，同比增长 1.4%；实现净利润 147.3 亿元，同比下降 11.0%。

（三）保险业稳中向好，服务经济社会功能有效发挥

2018 年，陕西省保险业保持了良好的发展势头，呈现行业规模继续增长、服务领域持续拓宽、盈利能力不断增强的态势。

1. 保险市场规模持续扩大，风险保障功能有所强化。截至 2018 年末，陕西省拥有法人保险业机构 2 家，省级分公司 62 家，同比增加 3 家。保险行业总资产 1 892.8 亿元，同比增长 10.6%。全年实现保费收入 969.4 亿元，同比增长 11.6%。全省保险业共提供各类风险保障 30.3 万亿元，支付赔款 280.9 亿元，同比增长 8.0%，风险保障功能得到有效发挥。

表 4　2018 年陕西省保险业基本情况

项目	数量
总部设在辖内的保险公司数（家）	2
其中：财产险经营主体（家）	1
人身险经营主体（家）	1
保险公司分支机构（家）	62
其中：财产险公司分支机构（家）	30
人身险公司分支机构（家）	32
保费收入（中外资 亿元）	969.4
其中：财产险保费收入（中外资 亿元）	229.7
人身险保费收入（中外资 亿元）	739.7
各类赔款给付（中外资 亿元）	280.9
保险密度（元 / 人）	2 508.5
保险深度（%）	3.8

数据来源：陕西银保监局。

2. 保险功能不断发挥，服务经济社会能力显著增强。2018 年，全省大病保险实现全覆盖，税优型健康保险全面推开，有力支持了健康陕

西建设。全省农业保险保费收入 11.1 亿元，同比增长 48.7%，支付农业赔款 5.6 亿元。出口信用保险累计支持陕西省外贸出口 23.0 亿美元，同比增长 23.2%；申报保费 828.3 万美元，同比增长 15.2%；通过保单融资功能带动陕西省外贸企业获得银行融资约 1 741 万美元，支付赔款 511.9 万美元。截至年末，保险资金累计在陕投资 1 132.9 亿元，投资项目涉及能源、交通、市政、水利及商业不动产等诸多领域。

（四）直接融资质效持续提升，金融市场稳步发展

2018 年，陕西省社会融资由表外回归表内特点明显，表外信贷大幅缩水，债券发行市场活跃，拉动直接融资占比明显提升。金融市场整体运行平稳，同业拆借成交量大幅上升，票据市场融资利率呈下行态势。

1. 社会融资规模同比少增，直接融资占比有所提升。受金融强监管导致表外融资规模大幅缩水因素影响，2018 年陕西省社会融资规模增量 3 599.1 亿元，同比少增 3 001.6 亿元。其中，表内信贷新增 3 769.6 亿元，同比多增 1 047.7 亿元，占社会融资比重为 104.7%，成为社会融资增长的主要动力。表外融资减少 1 580.4 亿元，同比少增 4 242.5 亿元。直接融资新增 582.0 亿元，占社会融资比重为 16.2%，较上年提升 10.1 个百分点。

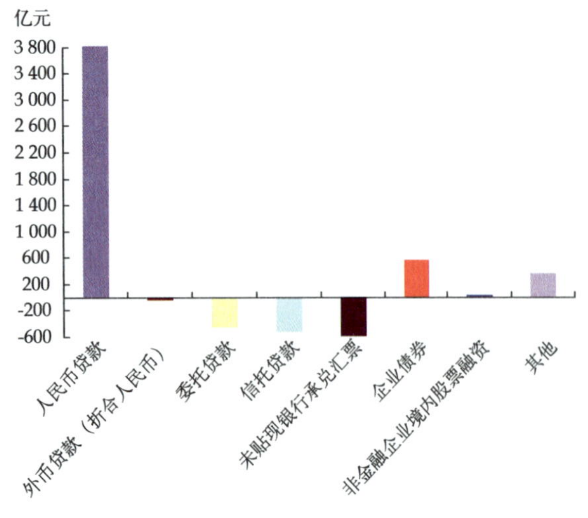

数据来源：中国人民银行西安分行。

图 5　2018 年陕西省社会融资规模分布结构

2. 非金融企业债务融资工具发行量持续扩容，产品创新有力推进。2018 年，全省共有 26 家非金融企业累计发行债务融资工具 112 只，累计发行金额 1 803.7 亿元，同比增长 71.8%。陕西首只创投债券"西高投 2018 年度第一期中期票据"在银行间市场顺利发行，募集资金 3.4 亿元。隆基绿能科技股份有限公司债券融资支持工具成功落地，募集资金 5 亿元，其中，中债信用增进公司为发行主体创设 1 亿元信用风险缓释凭证，有效降低民营企业发债难度和融资成本。2018 年，长安银行首次发行二级资本工具 30 亿元，西安银行首次发行小微企业金融债券 40 亿元，实现辖内金融债券发行新突破。

3. 货币市场运行平稳，同业拆借成交量大幅增长。2018 年，陕西省金融机构通过全国银行间同业拆借市场累计成交 1 202 笔，成交金额 5 224.5 亿元，同比增长 966.8%，市场整体净融入资金 3 201.7 亿元。债券回购累计成交 45 943 笔，成交金额 88 732.3 亿元，同比减少 17.6%，市场整体净融入资金 26 077.5 亿元。陕西省同业拆借和债券回购市场加权平均利率基本平稳，呈现窄幅波动。

4. 票据承兑余额增加，融资利率呈下行态势。2018 年末，陕西省银行承兑汇票余额 1 937.6 亿元，较上年增加 301.5 亿元。贴现余额 2 017.0 亿元，较上年增加 791.0 亿元。金融机构票据贴现和转贴现利率均呈下行趋势。

表 5　2018 年陕西省金融机构票据业务量统计

单位：亿元

季度	银行承兑汇票承兑		贴现			
			银行承兑汇票		商业承兑汇票	
	余额	累计发生额	余额	累计发生额	余额	累计发生额
1	1 718.7	754.9	1 427.0	2 411.6	29.7	138.6
2	1 736.6	1 456.4	1 499.4	4 361.8	54.3	310.1
3	1 650.0	2 255.0	1 655.7	6 634.4	75.1	502.7
4	1 937.6	3 208.4	1 960.5	9 133.5	56.5	605.6

数据来源：中国人民银行西安分行。

表 6　2018 年陕西省金融机构票据贴现、转贴现利率

单位：%

季度	贴现		转贴现	
	银行承兑汇票	商业承兑汇票	票据买断	票据回购
1	6.4394	4.9549	4.8903	4.7203
2	6.1452	4.8343	4.6634	4.4085
3	5.8373	4.0230	4.0909	3.1326
4	5.8230	3.8949	3.8942	3.0979

数据来源：中国人民银行西安分行。

（五）普惠金融建设成效显著，绿色金融发展积极推进

铜川市宜君县农村普惠金融综合示范区试点工作取得重要成效，金融组织体系日益健全，信贷可获得性显著提升，县域经济发展持续向好，试点地区 22 条经验成果在全省复制推广，世界银行将宜君县纳入普惠金融全球倡议（FIGI）中国项目试点，陕西省政府向国务院申报铜川市普惠金融综合改革试验区。制定出台《陕西省银行业存款类金融机构（法人）绿色信贷业绩评价实施细则（试行）》，启动并完成陕西省首次银行业存款类金融机构（法人）绿色信贷业绩评价工作，陕西省政府向国务院申报西安市绿色金融改革创新试验区。

（六）金融基础设施日趋健全，金融消费者权益保护切实加强

1. 支付清算体系不断完善，基础金融服务能力显著增强。2018 年，陕西省深入开展移动支付便民示范工程建设，全面优化企业开户服务，助推银行卡助农取款服务规范可持续发展，推进全国集中银行账户管理系统成功上线运行。全年新增支付系统参与者 69 家，全省支付清算系统覆盖率达 97%。

表 7　2017~2018 年陕西省支付体系建设情况

年份	支付系统直接参与方（个）	支付系统间接参与方（个）	支付清算系统覆盖率（%）	当年大额支付系统处理业务数（万笔）		同比增长（%）
2017	4.0	5 712.0	97	3 428.54		17.5
2018	5	5 781	97	4 072.45		18.78
年份	当年大额支付系统业务金额（亿元）	同比增长（%）	当年小额支付系统处理业务数（万笔）	同比增长（%）	当年小额支付系统业务金额（亿元）	同比增长（%）
2017	571 765.03	-11.04	17 970.21	18.5	17 232.63	6.94
2018	651 178.78	13.89	9 715.98	-45.93	13 008.9	-24.51

数据来源：中国人民银行西安分行。

2. 信用体系建设成效凸显，征信服务水平持续提升。征信服务实体经济的能力不断增强，陕西省 22.7 万户企业和 2 514 万自然人的信息已被纳入国家金融信用信息基础数据库，在全省建成各类查询网点 234 个，布放个人自助查询机 264 台，信用报告查询便利化程度明显提高。打造以“园区 + 市场化”为依托的信用金融服务新模式，促进了西安高新区信用环境的改善与小微企业信贷投放的增加。陕西省征信查询监测系统上线运行，实现了对征信查询的动态监控，为征信信息安全保驾护航。依托社会信用体系建设联席会议制度，推进社会信用体系建设重点工作，构建“守信联合激励、失信联合惩戒”机制。

3. 金融消费者权益保护切实加强。深入开展金融消费者教育，仅“金融知识普及月”期间全省各级金融机构共组织开展宣传活动 5 607 次，惠及消费者 320 余万人。不断完善投诉受理处理机制，全省共受理金融消费者投诉 546 件、咨询 2 891 件。

二、经济运行情况

2018 年，陕西省经济呈现“总体平稳、活力增强、质效提升”的良好发展态势，全年实现生产总值 24 438.3 亿元，同比增长 8.3%，高

于全国 1.7 个百分点。产业结构进一步优化，第三产业占比 42.8%，非公有制经济占比 54.2%，战略性新兴产业占比 10.8%。地方财政收入 2 243.11 亿元，同比增长 11.8%。城乡居民人均可支配收入分别达到 33 319 元和 11 213 元，同比分别增长 8.1% 和 9.2%。

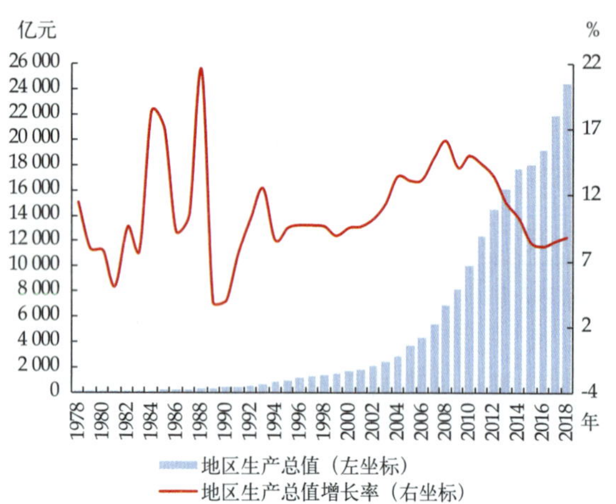

数据来源：《陕西统计年鉴》、陕西省统计局。

图 6　1978~2018 年陕西省地区生产总值及其增长率

（一）投资实现较快增长，总体需求保持稳定

2018 年，陕西省落实高质量发展要求，以供给侧结构性改革为主线，紧扣追赶超越和“五个扎实”要求，加快发展“三个经济”，工业生产稳步回升，投资较快增长，消费保持平稳。

1. 固定资产投资保持较快增长，民间投资增长提速。2018 年，全省固定资产投资（不含农户）同比增长 10.4%，增速高于全国 4.5 个百分点。分产业看，第一产业投资增长 45.2%，较上年加快 10.1 个百分点；第二产业投资增长 5.5%，较上年加快 3.7 个百分点，其中工业投资增长 5.3%，较上年加快 3.5 个百分点；第三产业投资增长 9.8%，较上年回落 8.3 个百分点。全省房地产开发投资增长 13.9%，较上年加快 0.6 个百分点。全省民间投资增长 22.3%，较上年加快 11.5 个百分点。

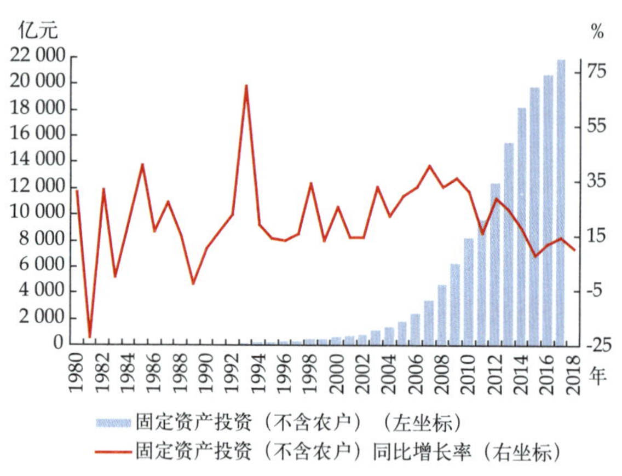

数据来源：《陕西统计年鉴》、陕西省统计局。

图 7　1980~2018 年陕西省固定资产投资（不含农户）及其增长率

专栏 2　大力发展“三个经济”　推动“一带一路”建设走深走实

“一带一路”建设的深入推进，把陕西推向了我国对外开放的前沿。“三个经济”是陕西省委省政府落实“五个扎实”要求、实现追赶超越的有力抓手和主攻方向，是陕西省立足优势、补齐短板、顺势而为的发展战略，也是推动陕西经济高质量发展、深度融入“一带一路”建设的重要举措。

一、“三个经济”的提出

“三个经济”指“枢纽经济、门户经济、流动经济”。2017 年 9 月，陕西省委书记胡和平在西咸新区空港新城调研时首次提出“三个经济”的发展理念，同年 11 月，胡和平书记在陕西省领导干部学习贯彻党的十九大精神专题研讨班上再次提出，陕西要加快发展“三个经济”。2018 年，陕西省制定印发了《关于大力发展“三个经济”的若干政策》，提出了大力推进“三个经济”发展的 20 项工作举措。2018 年和 2019 年，“三个经济”

连续两年被写入陕西省政府工作报告。

二、“三个经济”的内涵

枢纽经济，即充分利用地理枢纽或交通枢纽，吸引资金、人才、技术和信息等各类要素向枢纽地区集聚，实现相关产业快速发展壮大、赢得多种经济辐射的经济模式。陕西地处中国大陆几何中心，又位于南北、东西分界线交汇处，中心区位和枢纽地位突出，西安又是距离亚欧大陆地理中心最近的国家中心城市。目前，陕西基本形成了“米”字形高铁网，西安咸阳国际机场是全国八大航空枢纽之一，西安是全国高速公路网中最大节点城市之一，同时，西安国际港务区是全国最大内陆港。发展枢纽经济，是陕西发挥自身优势的当然选择。

门户经济，即能对某一地区外部产生极大的吸引力和辐射力，特别是对门户腹地的发展有极大的促进和牵引作用的经济模式。陕西自古就是我国对外开放的门户，作为“一带一路”的重要节点，陕西被赋予了建设内陆改革开放新高地先行先试的使命，承担着“通往‘一带一路’门户”的重要角色，拥有发展门户经济的独特优势。发展门户经济，能够充分发挥陕西开放、集聚、辐射、互动的作用，依托自贸区建设，构建全方位的对外交流平台，为全省产品与服务“引进来”“走出去”创造更好条件。

流动经济，即发挥经济体制改革主引擎作用，着力优化营商环境，吸引区外资金、人才、技术、信息等资源要素向区内集聚，通过要素重组、整合来促进和带动相关产业发展，创造经济效益的新经济现象。陕西拥有雄厚的科教实力、众多的创新人才，是国家重要的能源接续地、电子信息产业基地，进出口总额增速连年居于全国前列，为人流、物流、能量流、信息流、资金流在全省加速流动创造了有利条件。近两年，西安作为国家中心城市之一，吸引力、影响力不断增强，2018 年新落户人口增长迅速。各种要素在陕西加速流动的特点更趋明显，发展流动经济就是要顺应发展规律，加快构建法制化、国际化、便利化的营商环境，促进各类要素在陕西畅通其流、汇聚融合，不断为全省注入更大活力。

三、“三个经济”的发展

截至 2018 年末，陕西已批准设立西安临空经济示范区和跨境电子商务综合试验区，组建了西北国际货运航空公司。西安咸阳国际机场客运吞吐量实现晋位，并获批第五航权。中欧班列“长安号”实载开行 1 235 列，重载率、满载率均居全国第 1 位。铁路旅客发送人次、货物发送量增幅分别居全国第 1 位和第 2 位。积极推进海关通关一体化改革，全省新增 5 个海关机构。丝博会、农高会、“丝绸之路品牌万里行”、陕粤港澳活动周顺利举办。2018 年实际利用内资、外资分别增长 15.1% 和 16.2%。西安、宝鸡和延安被列为国家物流枢纽布局承载城市。自贸区 165 项试点任务基本完成，7 项制度创新成果在全国复制推广。全省枢纽经济基础进一步夯实，门户经济动能进一步增强，流动经济活力进一步提升。

2. 消费增长保持平稳，网上商品销售带动明显。2018 年，全省社会消费品零售总额 8 938.27 亿元，同比增长 10.2%，高于全国 1.2 个百分点。其中，餐饮收入增长 12.7%，日用品类商品消费增长 17.8%，增势总体平稳。全省限额以上企业（单位）消费品零售额 5 440.8 亿元，增长 10.3%，较上年回落 2 个百分点，其中通过公共网络实现销售增长 30.8%，占限额以上消费品零售总额的 7.7%，较上年提高 2 个百分点。分城乡看，城镇消费品零售额 7 866.0 亿元，增长 10.0%；乡村消费品零售额 1 072.2 亿元，增长 11.5%。

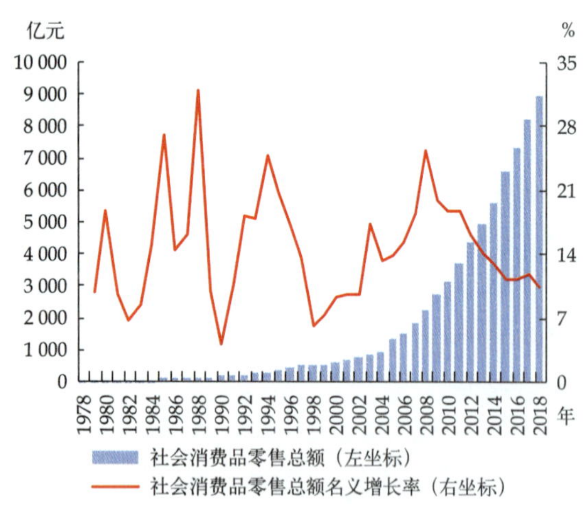

数据来源：《陕西统计年鉴》、陕西省统计局。

图 8　1978~2018 年陕西省社会消费品零售总额及其增长率

3. 外贸进出口创历史新高，实际利用外资同比增长。2018 年，陕西省进出口总值 3 513.8 亿元，同比增长 29.3%，再创历史新高。其中，出口 2 078.7 亿元，同比增长 25.3%，突破 2 000 亿元大关；进口 1 435.1 亿元，同比增长 35.4%。2018 年，陕西省进出口、出口、进口增速分列全国第 3 位、第 4 位和第 3 位。中国台湾、韩国、中国香港为陕西前三大贸易伙伴。全年实际利用外资 67.9 亿美元，同比增长 15.2%。

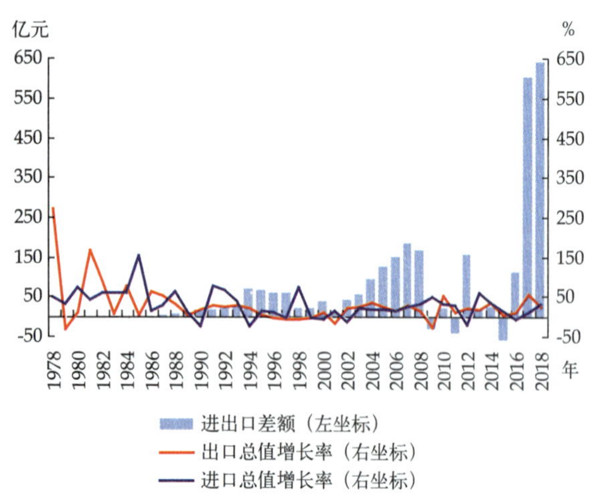

数据来源：《陕西统计年鉴》、陕西省统计局。

图 9　1978~2018 年陕西省外贸进出口变动情况

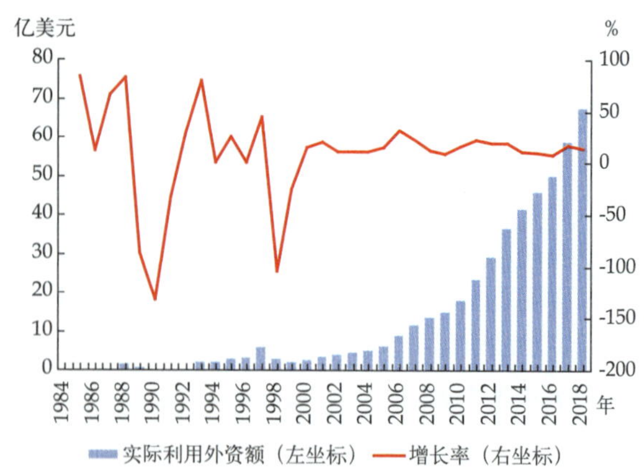

数据来源：《陕西统计年鉴》、陕西省统计局。

图 10　1984~2018 年陕西省实际利用外资额及其增长率

（二）产业结构持续优化，服务业较快增长

陕西着力推进产业结构转型升级，积极促进第三产业加快发展。2018 年，陕西省三次产业增速分别为 3.2%、8.7% 和 8.8%，三次产业的比重为 7.5 ∶ 49.7 ∶ 42.8，第三产业占比较上年提高 0.5 个百分点。

1. 农业生产形势稳定，粮食产量增长较快。2018 年，陕西省农业生产总体保持平稳，粮食总产量 1 226.3 万吨，同比增长 2.7%。其中，夏粮产量 438.3 万吨，下降 0.9%；秋粮产量 788.0 万吨，增长 4.8%。蔬菜及食用菌产量 1 808.8 万吨，增长 4.3%；园林水果产量 1 566.0 万吨，下降 5.7%；猪牛羊禽肉产量 113.7 万吨，增长 0.9%；牛奶产量 109.8 万吨，增长 2.3%；禽蛋产量 61.6 万吨，增长 2.5%。

2. 工业增长有所加快，结构继续优化。2018 年，陕西省规模以上工业增加值同比增长 9.2%，较上年加快 1 个百分点，高于全国 3.0 个百分点。其中，高技术产业增长 14.2%，高于全省规模以上工业增加值增速 5 个百分点。从主要行业看，规模以上能源工业增加值增长 10.4%，较上年加快 4.9 个百分点，其中，煤炭开采和洗选业增长 12.3%；石油及天然气开采业增长 11.9%。非能源工业增加值增长 8.1%，其中，文教、工美、体育和娱乐用品制造业增长

50.7%；化学纤维制造业增长 36.6%；仪表仪器制造业增长 25.7%；计算机、通信和其他电子设备制造业增长 20.2%；电气机械和器材制造业增长 18.2%。

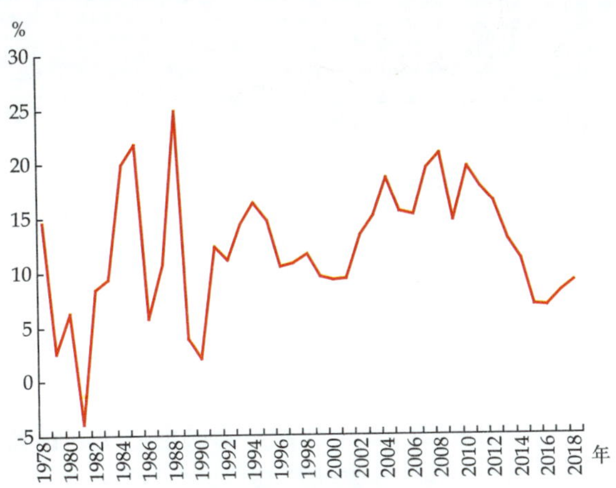

数据来源：《陕西统计年鉴》、陕西省统计局。

图 11　1978~2018 年陕西省规模以上工业增加值实际增长率

3. 服务业增速平稳，非公经济稳步发展。 2018 年，陕西省服务业呈现加快发展势头，服务业增加值 10 450.7 亿元，同比增长 8.8%，占地区生产总值的比重为 42.8%，较上年提高 0.5 个百分点。其中，非公经济增加值 6 113.9 亿元，占第三产业增加值的 58.5%，在三次产业中占比最高。

（三）物价走势稳中有升，社保水平显著提高

2018 年，陕西省价格平稳运行。医疗保健、居住和生活消费品价格增长最多，成为拉高居民消费价格水平的主要因素。去产能成效持续显现，生产价格涨幅较大。社会保障能力进一步增强，重点群体就业稳定。

1. 居民消费价格平稳运行，医疗保健、居住和生活消费品价格涨幅相对较高。 2018 年，陕西省居民消费价格总水平较上年增长 2.1%，涨幅比上年提高 0.5 个百分点。其中，医疗保健及个人用品价格上涨 4.0%，居住价格上涨 2.7%，生活用品及服务价格上涨 2.3%。

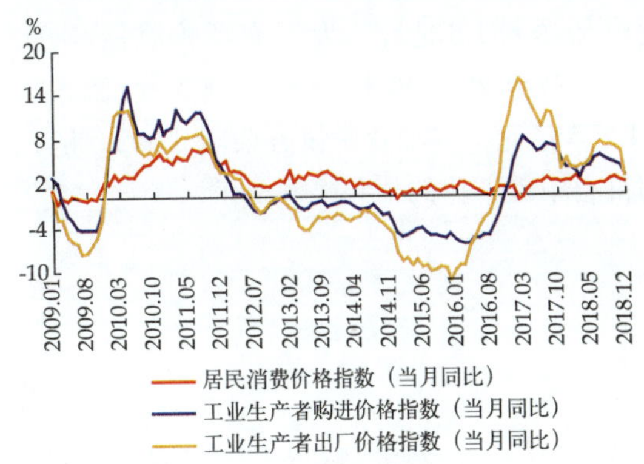

数据来源：《陕西统计年鉴》、陕西省统计局。

图 12　2009~2018 年陕西省居民消费价格指数和工业生产者价格指数变动趋势

2. 工业生产复苏迹象明显，生产价格保持较大涨幅。 2018 年，全省生产价格呈现较大涨幅。全年全省工业生产者出厂价格同比增长 5.4%，高于全国 1.9 个百分点；工业生产者购进价格上涨 4.2%，高于全国 0.1 个百分点。

3. 社会保障水平不断提高，就业总体保持稳定。 2018 年，陕西持续完善社保政策，企业退休人员基本养老金和城乡居民基础养老金、医保补助标准继续提高，城镇 12.5 万和农村 57.6 万低保对象实现应保尽保，住房租赁补贴惠及居民 7.8 万户。全省新增就业 46 万人，城镇登记失业率 3.2%，农村转移就业 624.5 万人，高校毕业生初次就业率达到 89.3%。

（四）地方财政收入增速加快，民生领域支出保障有力

2018 年，陕西省地方财政收入 2 243.11 亿元，同比增长 11.8%，高于全国地方财政收入平均增速 4.8 个百分点，增速在全国各省份中居第 4 位，较 2017 年提升 3 位。其中，税收收入 1 774.2 亿元，同比增长 19.4%，占地方财政收入的 79.1%；非税收入 468.9 亿元，同比下降 10.0%，降幅较上年收窄 7.3 个百分点。全省财政支出 5 301.9 亿元，同比增长 9.7%。扶贫、教育、社会保障等民生领域支出得到了较好保障，其

中，扶贫支出同比增长36.7%。全年，全省共发行地方政府债券1 303.6亿元。其中，发行一般政府债券681.3亿元，发行专项政府债券622.3亿元。截至2018年末，全省政府一般债务余额3 428.5亿元，专项政府债务余额2 652.5亿元，均符合中央下达的债务限额要求。

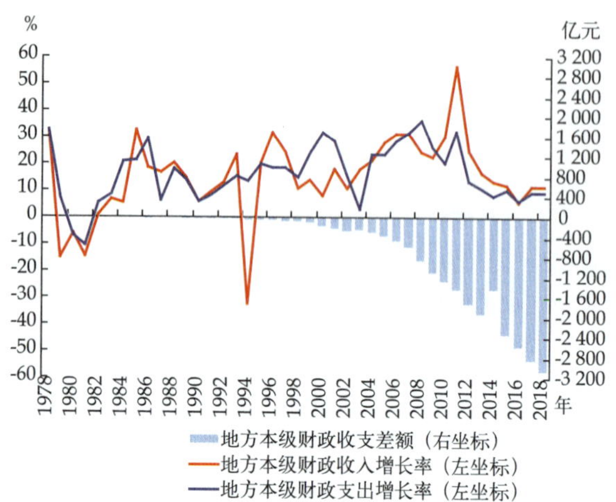

数据来源：《陕西统计年鉴》、陕西省统计局。

图13　1978~2018年陕西省财政收支状况

（五）房地产市场波动加大，高端能源化工基地建设成效明显

1.房地产投资有所增长，房地产市场年内波动较大。2018年，陕西省房地产市场波动明显，上半年市场较为火爆，7月31日中央政治局会议后，陕西迅速落实中央精神，果断采取措施，房地产调控政策与差别化信贷政策的组合效果取得成效，商品房销售面积、销售额增速放缓。

截至2018年末，全省房地产开发企业完成投资3 534.67亿元，同比增长13.9%，增速比上半年提高2.8个百分点，较上年提高0.6个百分点，比全国平均增速高4.4个百分点。与房地产市场价格走势同步，全省房地产开发投资增速也呈现较大波动，在2018年3月末增速降至谷底后，一路回升并在10月达到顶峰，年末两个月增速又出现回落。全年全省商品房销售面积4 118.56万平方米，同比增长5.9%，增速较上年回落13.3个百分点，商品房销售额3 407.45亿元，增长28.0%，增速较上年回落21.1个百分点。

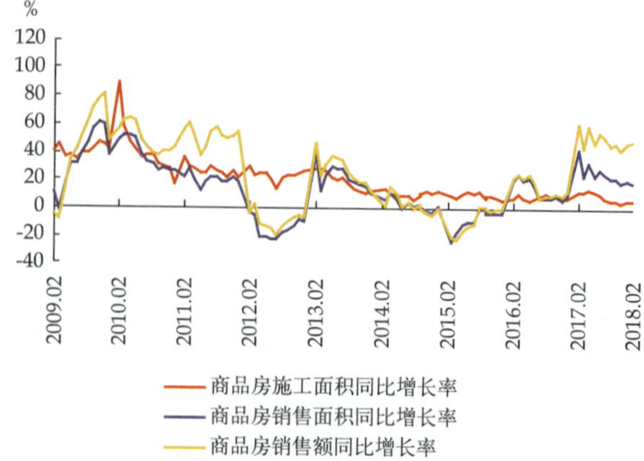

数据来源：《中国经济景气月报》、陕西省统计局。

图14　2009~2018年陕西省商品房施工和销售变动趋势

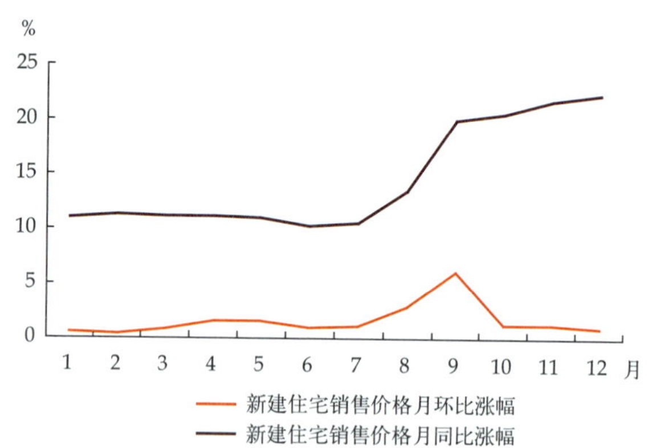

数据来源：《中国经济景气月报》、陕西省统计局。

图15　2018年西安市新建住宅销售价格变动趋势

房地产信贷高位回落。截至2018年末，全省房地产人民币贷款余额8 256.3亿元，同比增长18.6%，增速较上年下降3.1个百分点。其中，房地产开发贷款余额2 699.2亿元，同比增长9.1%，增速较上年下降13.7个百分点；各类购房贷款余额为5 469.4亿元，同比增长22.9%，增速较上年提高2.2个百分点。西安市金融机构房地产贷款余额6 483.1亿元，同比增长18.0%，较上年末下降4.5个百分点。

2.高质量发展有效推进，高端能源化工基

地建设成果丰硕。陕北高端能源化工基地是我国第一个国家级能源化工基地，20年来，通过实施“三个转化”（煤向电力转化、煤电向载能工业品转化、煤气油盐向化工产品转化）战略，陕北高端能源化工基地建设成效显著，已成为世界最大的兰炭生产基地、中国最大的甲醇生产基地、国内重要的氯碱产业生产基地。陕北高端能源化工基地建设成为驱动陕西发展的重要推动力和增长极。20年来，陕北高端能源化工基地累计开工170多个重大项目，总投资约8 000亿元，建成一批全球技术领先的能源深度转化项目，大型项目的引领带动作用日益显现。在能源工业带动下，延安由传统农业大市逐步转向现代工业强市，原油产量增长4.5倍，原油加工量增长2倍，原煤产量增长7倍，累计生产天然气135亿立方米、发电163.5亿千瓦时。榆林市建成了国家重要的煤炭基地、煤电基地、氯碱基地，建成全国最大的煤化工基地和世界最大的金属镁、兰炭生产基地。20年来，榆林市累计生产原煤31亿吨、原油1.2亿吨、天然气1 524亿立方米，电力装机达到2 245万千瓦，一次能源生产总量占到全国的11%。煤油共炼、煤油气资源综合利用等全球首套装置建成投运，煤间接液化、煤焦油加氢等国内外领先的自主技术实现产业化。

陕北高端能源化工基地建设不仅带动了“能源经济”的繁荣，还有力地促进了地区扶贫脱贫。陕北地区经济社会面貌发生了巨大转变。20年来，陕北地区累计脱贫近150万人，地区生产总值、工业总产值、全社会固定资产投资、财政收入分别增长了32倍、52倍、46倍和42倍。

金融的投入也有效确保了陕北高端能源化工基地的建设。截至2018年末，延安、榆林各项贷款余额3 265.9亿元，是1999年末的21.2倍。陕西高端能源化工领域直接融资迅猛发展，近三年，陕西省煤炭及煤化工行业企业累计通过银行间债券市场募集资金超过1 000亿元，2018年陕西省能源化工企业债券融资合计占全部债券融资比重超过一半。

三、预测与展望

2019年，陕西将坚持稳中求进工作总基调，坚持新发展理念，坚持推动高质量发展，以供给侧结构性改革为主线，深化市场化改革、扩大高水平开放，紧扣追赶超越和“五个扎实”要求，全面落实“五新”战略任务，大力发展“三个经济”，加快建设现代化经济体系，继续打好三大攻坚战，着力激发微观主体活力，创新和完善宏观调控，统筹推进稳增长、促改革、调结构、惠民生、防风险工作，进一步稳就业、稳金融、稳外贸、稳外资、稳投资、稳预期，保持经济持续健康发展。全年地区生产总值预期增长7.5%~8%。

加快发展枢纽经济、门户经济、流动经济，深度融入“一带一路”建设。在发展枢纽经济方面，将织密公路网、做大铁路网、优化航空网、构建综合交通网、做强信息网，加快建立陆空互动、多式联运的综合交通运输体系。在发展门户经济方面，将着力打造“一带一路”五大中心，提高全球资源配置能力，深入探索自贸区改革，加强“一带一路”经贸人文交流。在发展流动经济方面，实施特殊人才支持计划，推进“互联网＋物流”建设，提升利用外资质量水平，支持企业开拓海外市场。

大力实施乡村振兴战略，发展现代农业。陕西将深化农业供给侧结构性改革，促进农村一二三产业融合发展，打造生态宜居美丽乡村。突出制造业高质量发展，加快建设现代产业体系。推动传统产业提质增效，促进传统产业数字化、网络化、智能化。加快发展战略性新兴产业，推动先进装备制造、集成电路、新能源汽车、新材料等产业和产品向价值链中高端跃升。推动先进制造业与生产性服务业深度融合，增强制造业技术创新能力。

陕西将发挥投资关键作用，加强基础设施、生态环保、公共服务等领域投资。实施消费升级行动计划，培育壮大物流、会展、金融等现代服务业，努力扩大消费需求。统筹推进关中协同创新、陕北转型持续、陕南绿色循环发展，促进区域协调发展。

2019年，中国人民银行西安分行将全面深入贯彻中央经济工作会议精神，以习近平新时代中国特色社会主义思想为指导，坚持稳中求进工作总基调，遵循高质量发展总要求，以贯彻新发展理念为引领，以推进供给侧结构性改革为主线，以打赢“三大攻坚战”为抓手，认真落实货币政策和宏观审慎政策双支柱框架，继续提升信贷政策的导向作用，增强金融风险防范化解能力，统筹推进稳增长、促改革、调结构、惠民生、防风险工作，为陕西经济社会持续健康发展提供有力的金融保障。

中国人民银行西安分行货币政策分析小组

总　纂：魏革军　李霄峻

统　稿：刘　迪　赵小虎　师树松　刘　崴

执　笔：刘　崴　李　超　孙　姣　骆昭东　陈　涛　张胜荣　冯　伟　常博闻　杨　岚　潘亚柳　孙炎炜　包　琼　刘佳珍　黄　丹　邱念坤　温秋鹏　徐　丹

提供材料的还有：马　悦　范念龙

附录

（一）2018 年陕西省经济金融大事记

1 月 10 日，陕西省首家国有资本投资运营公司——陕西省投资集团有限公司揭牌成立。

2 月 7 日，国家发展改革委发布《关中平原城市群发展规划》。

3 月 4 日，陕西省委、省政府印发《关于实施乡村振兴战略的实施意见》。

5 月 17 日，陕西省与中国工商银行签署全面推进新时代陕西追赶超越金融战略合作协议。

11 月 5 日至 9 日，第 25 届中国杨凌农高会在杨凌举办。

11 月 7 日，中国人民银行西安分行联合陕西省扶贫办、陕西省金融办举办“陕西省金融机构与深度贫困县区一对一结对帮扶行动”现场推进会。

11 月 27 日，陕西省委办公厅、省政府办公厅印发《陕西省军民融合深度发展三年行动计划（2018—2020 年）》。

12 月 26 日，西北首单民营企业债券融资支持工具落地陕西，隆基绿能科技股份有限公司 2018 年第一期短期融资债券“18 隆基 CP001”在银行间交易商市场上市，成功募集资金 5 亿元。

2018 年，陕西省政府分别与腾讯公司、中国移动通信集团公司签署战略合作协议。

（二）2018 年陕西省主要经济金融指标

表 1　2018 年陕西省主要存贷款指标

		1月	2月	3月	4月	5月	6月	7月	8月	9月	10月	11月	12月
本外币	金融机构各项存款余额（亿元）	38 652.2	38 732.7	39 218.2	39 177.9	39 444.2	40 016.9	40 020.7	40 276.9	40 855.8	40 667.2	40 533.3	40 927.6
	其中：住户存款	19 020.8	19 803.8	20 043.4	19 596.1	19 587.2	20 002.9	19 937.3	20 003.2	20 331.3	20 269.4	20 495.7	20 884.6
	非金融企业存款	11 941.7	11 371.2	11 720.1	11 891.1	12 122.7	12 312.8	11 979.8	12 097.7	12 193.2	11 989.0	11 855.2	12 326.6
	各项存款余额比上月增加（亿元）	498.9	80.5	485.5	-40.2	266.2	572.7	3.8	256.3	578.9	-188.6	-133.9	394.2
	金融机构各项存款同比增长（%）	7.1	6.6	5.9	6.4	5.8	6.3	6.6	6.2	6.3	6.6	6.5	7.3
	金融机构各项贷款余额（亿元）	27 655.0	27 860.8	28 258.2	28 641.5	28 931.4	29 296.2	29 755.8	29 932.8	30 294.3	30 364.0	30 507.4	30 742.7
	其中：短期	5 698.4	5 651.8	5 714.5	5 749.6	5 834.9	5 987.6	5 984.5	5 962.7	6 087.3	6 043.1	6 056.3	5 984.8
	中长期	20 535.7	20 804.5	21 011.6	21 328.0	21 511.4	21 689.2	22 044.5	22 168.4	22 399.0	22 479.4	22 518.9	22 639.0
	票据融资	1 384.7	1 367.9	1 484.9	1 504.0	1 526.9	1 572.7	1 680.7	1 751.8	1 759.7	1 793.8	1 870.8	2 067.1
	各项贷款余额比上月增加（亿元）	702.7	205.8	397.5	383.2	290.0	364.7	459.6	177.1	361.5	69.7	143.4	235.4
	其中：短期	122.5	-46.6	62.7	35.1	85.3	152.7	-3.1	-21.8	124.6	-44.2	13.1	-71.4
	中长期	455.0	268.8	207.1	316.4	183.4	177.9	355.2	124.0	230.5	80.4	39.5	120.2
	票据融资	122.0	-16.8	116.9	19.2	22.8	45.8	108.0	71.1	8.0	34.1	77.0	196.3
	金融机构各项贷款同比增长（%）	12.5	12.5	12.6	12.9	12.5	12.0	13.0	12.9	13.6	13.6	13.6	14.2
	其中：短期	10.4	8.2	7.3	5.7	6.7	10.0	9.5	7.5	9.1	8.4	8.4	7.8
	中长期	17.0	15.9	15.1	15.5	14.0	12.7	13.1	12.9	13.8	13.3	12.6	12.8
	票据融资	-12.7	-11.4	0.1	7.1	14.9	10.7	25.5	34.1	29.3	41.2	51.5	63.7
	建筑业贷款余额（亿元）	891.1	911.5	932.8	940.5	958.0	995.6	990.2	1 012.6	1 036.5	1 031.1	1 035.0	991.2
	房地产业贷款余额（亿元）	1 752.9	1 747.4	1 744.7	1 766.4	1 734.9	1 727.5	1 749.0	1 770.4	1 776.3	1 815.5	1 803.1	1 776.5
	建筑业贷款同比增长（%）	9.3	8.3	7.5	5.1	5.7	6.9	5.0	5.7	1.8	0.6	3.4	8.8
	房地产业贷款同比增长（%）	5.6	5.3	3.5	1.5	-1.8	-2.3	-2.3	-0.4	-0.9	0.4	0.3	-0.6
人民币	金融机构各项存款余额（亿元）	38 279.7	38 356.7	38 860.0	38 776.7	39 070.9	39 645.0	39 649.9	39 910.0	40 487.9	40 306.8	40 186.0	40 567.4
	其中：住户存款	18 903.6	19 683.4	19 922.6	19 474.7	19 464.8	19 876.5	19 808.5	19 874.5	20 203.7	20 141.9	20 369.4	20 759.8
	非金融企业存款	11 714.6	11 142.7	11 510.8	11 635.9	11 893.3	12 087.6	11 765.9	11 884.4	11 979.2	11 778.5	11 655.0	12 111.8
	各项存款余额比上月增加（亿元）	495.7	77.0	503.3	-83.3	294.2	574.1	4.9	260.2	577.9	-181.1	-120.8	381.5
	其中：住户存款	216.4	779.8	239.2	-447.9	-10.0	411.7	-68.0	66.0	329.2	-61.8	227.4	390.4
	非金融企业存款	-86.5	-571.9	368.1	125.1	257.4	194.3	-321.7	118.5	94.8	-200.7	-123.5	456.8
	各项存款同比增长（%）	7.3	6.7	6.1	6.5	6.0	6.5	6.8	6.4	6.5	6.8	6.8	7.4
	其中：住户存款	5.8	9.7	9.4	9.1	8.5	8.7	9.5	9.1	9.3	10.2	11.3	11.1
	非金融企业存款	10.7	4.7	3.3	4.5	5.2	4.5	2.8	3.0	1.3	1.4	0.4	2.6
	金融机构各项贷款余额（亿元）	27 397.0	27 604.8	28 017.3	28 380.4	28 671.4	29 019.6	29 468.5	29 658.5	30 017.8	30 093.9	30 264.0	30 513.8
	其中：个人消费贷款	4 977.5	5 033.0	5 134.3	5 264.3	5 406.9	5 578.5	5 759.0	5 859.0	5 973.9	6 076.9	6 183.2	6 284.0
	票据融资	1 384.7	1 367.9	1 484.9	1 504.0	1 526.9	1 572.7	1 680.7	1 751.8	1 759.7	1 793.8	1 870.8	2 067.1
	各项贷款余额比上月增加（亿元）	695.8	207.7	412.6	363.1	291.0	348.2	448.9	190.1	359.3	76.1	170.1	249.8
	其中：个人消费贷款	99.5	55.5	101.3	130.0	142.7	171.6	180.5	100.0	114.9	103.0	106.3	100.8
	票据融资	122.0	-16.8	116.9	19.2	22.8	45.8	108.0	71.1	8.0	34.1	77.0	196.3
	金融机构各项贷款同比增长（%）	12.7	12.6	12.7	13.1	12.7	12.1	13.0	13.0	13.7	13.6	13.8	14.4
	其中：个人消费贷款	24.5	24.8	24.4	24.5	25.1	25.7	27.5	27.4	27.2	27.6	28.0	28.8
	票据融资	-12.7	-11.4	0.1	7.1	14.9	10.7	25.5	34.1	29.3	41.2	51.5	63.7
外币	金融机构外币存款余额（亿美元）	58.8	59.4	57.0	63.3	58.2	56.2	54.4	53.8	53.5	51.7	50.1	52.5
	金融机构外币存款同比增长（%）	-1.8	1.6	2.6	6.3	-4.9	-8.4	-12.8	-13.8	-18.3	-16.7	-20.2	-7.1
	金融机构外币贷款余额（亿美元）	40.7	40.5	38.3	41.2	40.5	41.8	42.1	40.2	40.2	38.8	35.1	33.4
	金融机构外币贷款同比增长（%）	8.4	9.5	10.1	7.3	1.4	5.6	9.9	0.6	-1.6	3.8	-11.8	-11.2

数据来源：中国人民银行西安分行。

表 2　2001~2018 年陕西省各类价格指数

单位：%

		居民消费价格指数		农业生产资料价格指数		工业生产者购进价格指数		工业生产者出厂价格指数	
		当月同比	累计同比	当月同比	累计同比	当月同比	累计同比	当月同比	累计同比
2001		—	1.0	—	1.9	—	0.5	—	0.4
2002		—	-1.1	—	0.8	—	-1.2	—	0.7
2003		—	1.7	—	2.3	—	4.8	—	5.7
2004		—	3.1	—	11.6	—	10.4	—	7.3
2005		—	1.2	—	7.2	—	7.5	—	10.4
2006		—	1.5	—	0.7	—	6.7	—	9.6
2007		—	5.1	—	8.3	—	6.3	—	2.9
2008		—	6.4	—	22.0	—	11.2	—	8.4
2009		—	0.5	—	-4.2	—	-1.6	—	-3.9
2010		—	4.0	—	5.3	—	9.7	—	8.7
2011		—	5.7	—	10.3	—	9.6	—	7.2
2012		—	2.8	—	5.4	—	0.0	—	0.7
2013		—	3.0	—	2.6	—	-0.7	—	-2.7
2014		—	1.6	—	0.9	—	-1.5	—	-2.9
2015		—	1.0	—	0.6	—	-4.8	—	-9.2
2016		—	1.3	—	-0.3	—	-4.1	—	-2.4
2017		—	1.6	—	2.1	—	6.4	—	10.8
2018		—	2.1	—	3.8	—	4.2	—	5.4
2017	1	0.9	0.9	1.3	1.3	4.9	4.9	14.1	14.1
	2	-0.3	0.6	1.4	1.3	7.0	5.9	15.8	14.9
	3	0.0	0.4	2.5	1.7	8.1	6.6	15.3	15.0
	4	1.1	0.6	1.9	1.8	7.5	6.8	13.4	14.6
	5	1.8	0.8	1.5	1.7	6.9	6.9	11.9	14.1
	6	2.0	1.0	1.2	1.6	6.2	6.8	10.8	13.5
	7	2.1	1.2	1.5	1.6	6.3	6.7	9.6	12.9
	8	2.7	1.4	1.4	1.6	7.1	6.7	11.5	12.7
	9	2.2	1.4	2.4	1.7	7.0	6.8	11.4	12.6
	10	2.2	1.5	3.4	1.8	6.7	6.8	8.5	12.2
	11	2.1	1.6	3.0	2.0	5.2	6.6	3.8	11.3
	12	2.3	1.6	3.2	2.1	4.1	6.4	5.1	10.8
2018	1	2.3	2.3	3.0	3.0	4.0	4.0	4.1	4.1
	2	2.9	2.6	2.7	2.9	3.4	3.7	3.9	4.0
	3	2.2	2.4	2.4	2.7	2.6	3.3	4.2	4.1
	4	1.6	2.2	3.1	2.8	4.1	3.5	4.3	4.1
	5	1.7	2.1	4.0	3.1	4.3	3.7	5.0	4.3
	6	1.6	2.0	4.2	3.2	5.1	3.9	6.8	4.7
	7	1.9	2.0	4.3	3.4	5.5	4.2	7.4	5.1
	8	1.8	2.0	4.3	3.5	5.1	4.3	6.9	5.3
	9	2.4	2.0	4.2	3.6	4.8	4.3	7.0	5.5
	10	2.6	2.1	4.9	3.7	4.7	4.4	6.7	5.6
	11	2.3	2.1	4.8	3.8	4.3	4.4	6.1	5.7
	12	2.1	2.1	3.6	3.8	3.0	4.2	2.9	5.4

数据来源：《中国经济景气月报》、陕西省统计局。

表 3　2018 年陕西省主要经济指标

	1 月	2 月	3 月	4 月	5 月	6 月	7 月	8 月	9 月	10 月	11 月	12 月
	绝对值（自年初累计）											
地区生产总值（亿元）	—	—	4 989.1	—	—	10 702.6	—	—	16 867.9	—	—	24 438.3
第一产业	—	—	167.1	—	—	506.3	—	—	930.4	—	—	1 830.2
第二产业	—	—	2 275.4	—	—	5 219.5	—	—	8 217.8	—	—	12 157.5
第三产业	—	—	2 546.7	—	—	4 976.8	—	—	7 719.7	—	—	10 450.7
工业增加值（亿元）	—	—	—	—	—	—	—	—	—	—	—	—
固定资产投资（亿元）	—	—	—	—	—	—	—	—	—	—	—	—
房地产开发投资	—	197.7	416.7	630.9	930.3	1 513.9	1 817.1	2 160.2	2 589.9	2 913.0	3 241.9	3 534.7
社会消费品零售总额（亿元）	—	—	2 159.4	—	—	4 202.6	—	—	6 394.7	—	—	8 938.3
外贸进出口总额（亿元）	309.0	553.3	832.0	1 094.9	1 439.7	1 718.7	1 997.5	2 306.0	2 580.1	2 871.6	3 215.5	3 513.8
进口	114.5	211.4	326.6	430.0	553.7	657.4	769.6	886.1	1 008.1	1 139.5	1 288.4	1 435.1
出口	194.5	341.9	505.5	664.9	886.0	1 061.3	1 227.9	1 419.9	1 572.0	1 732.1	1 927.1	2 078.7
进出口差额（出口－进口）	80.0	130.5	178.9	235.0	332.3	403.9	458.4	533.8	563.9	592.6	638.7	643.6
实际利用外资（亿美元）	—	5.1	9.1	10.1	11.0	14.0	14.9	26.5	34.4	39.3	—	—
地方财政收支差额（亿元）	—	-240.6	-633.4	-789.8	-979.0	-1 662.6	-1 647.5	-1 824.1	-2 325.6	-2 365.6	-2 588.3	-3 058.8
地方财政收入	—	434.5	613.3	831.5	1 031.7	1 230.0	1 473.0	1 619.3	1 779.6	1 959.8	2 095.2	2 243.1
地方财政支出	—	675.1	1 246.7	1 621.3	2 010.7	2 892.6	3 120.5	3 443.3	4 105.1	4 325.4	4 683.4	5 301.9
城镇登记失业率（%）（季度）	—	—	3.2	—	—	3.2	—	—	3.2	—	—	3.2
	同比累计增长率（%）											
地区生产总值	—	—	8.5	—	—	8.6	—	—	8.4	—	—	8.3
第一产业	—	—	3.5	—	—	3.4	—	—	3.3	—	—	3.2
第二产业	—	—	8.5	—	—	9.0	—	—	8.8	—	—	8.7
第三产业	—	—	8.9	—	—	8.7	—	—	8.6	—	—	8.8
工业增加值	—	10.8	9.5	9.5	9.7	9.7	9.6	9.5	9.2	9.5	9.2	9.2
固定资产投资	—	12.9	13.1	12.9	13.0	12.9	12.5	11.8	11.0	10.9	10.4	10.4
房地产开发投资	—	7.4	2.5	3.3	6.8	11.1	14.9	16.4	17.9	18.4	15.2	13.9
社会消费品零售总额	—		11.4	—	—	11.0	—	—	10.9	—	—	10.2
外贸进出口总额	—	53.6	45.8	42.3	47.4	43.5	40.1	34.9	31.9	32.9	31.3	29.2
进口	—	32.6	32.3	27.6	31.8	27.7	28.6	27.9	27.3	30.7	32.8	35.4
出口	—	70.2	56.1	53.7	59.1	55.4	48.4	39.7	34.9	34.3	30.4	25.3
实际利用外资	—	260.0	-35.2	-30.1	-24.5	-58.2	-55.6	-22.1	-10.1	-14.3	—	—
地方财政收入	—	39.1	18.1	16.7	17.6	12.3	15.9	14.8	11.5	9.6	11.1	11.8
地方财政支出	—	25.2	20.8	23.7	17.4	11.9	10.8	9.8	8.2	9.1	7.7	9.7

数据来源：陕西省统计局《经济要情》、陕西省商务厅。

甘肃省金融运行报告（2019）

中国人民银行兰州中心支行货币政策分析小组

[内容摘要] 2018年，甘肃省按照高质量发展要求，统筹推进稳增长、促改革、调结构、惠民生、防风险各项工作，加快新动能培育，激发内生动力，全省经济运行呈现总体平稳、稳中向好的态势。全年实现生产总值8 246.1亿元，增长6.3%，增速比上年提高2.7个百分点。一是固定资产投资降幅收窄，消费市场平稳运行，对外贸易保持较快增长。全年全省固定资产投资同比下降3.9%，比2017年收窄36.4个百分点。从三次产业结构看，第一产业投资增长18.8%，第二产业投资下降10.8%，第三产业投资下降3.6%。城乡居民收入稳步增加，促进消费市场平稳运行。全年全省城镇居民人均可支配收入增长7.9%，农村居民人均可支配收入增长9.0%。消费市场保持平稳发展，全年全省社会消费品零售总额增长7.4%。对外贸易保持较快增长，与"一带一路"沿线国家贸易不断提速，全年全省进出口总额394.7亿元，增长21.0%。其中，出口145.9亿元，增长26.4%；进口248.8亿元，增长18.1%。二是产业结构调整有序推进，十大生态产业快速发展，经济运行的质量效益持续提升。甘肃省深入实施乡村振兴战略，全面推开农村"三变"改革，农业生产稳步发展。全年全省粮食总产量1 151.4万吨，增长4.1%。工业生产增速回升，工业企业利润保持快速增长。全年全省规模以上工业增加值增长4.6%，比2017年提高6.3个百分点。第三产业增加值占比54.9%，同比提高2.1个百分点。经济增长新动能加快培育，经济发展活力不断增强。全年全省十大生态产业增加值1 511.3亿元，增长6.7%，占全省生产总值的18.3%。其中，新发展戈壁生态农业5.4万亩，酒泉建成全国最大的日光温室蔬菜有机生态无土栽培示范区；文化旅游产业快速发展，全年共接待国内外游客3亿人次，实现旅游综合收入2 060亿元，分别增长26%和30%；规模以上工业水电、风电、太阳能发电等清洁能源发电量同比增长21.4%。科技创新成果丰富，245项应用成果转化，创造经济效益601.2亿元，科技对经济增长的贡献率达到52.8%。二是居民消费价格温和上涨，工业生产者价格涨幅总体处于高位。居民消费价格总体平稳，涨幅围绕2.0%窄幅波动，月度最高涨幅2.6%、最低涨幅1.5%，全年全省居民消费价格上涨2.0%。受原材料价格上涨等因素影响，工业生产者价格增长较快，但涨幅保持稳定，全年全省工业生产者出厂价格上涨9.5%，工业生产者购进价格上涨9.8%。四是财政收支较快增长，民生领域得到重点保障。全年全省一般公共预算收入870.8亿元，增长8.3%。其中，税收收入610.4亿元，增长13.6%。全省一般公共预算支出3 773.8亿元，增长14.2%。其中，教育、社保等十类民生支出增长14.4%，扶贫支出增长102.5%。五是房地产市场总体运行平稳，房地产投资保持较快增长。2018年，全省房地产开发投资达1 116.4亿元，同比增长18.2%。重点城市房价稳中有升，兰州市新建商品住宅价格同比上涨10.8%。

2018年，全省金融系统牢牢把握高质量发展要求，认真贯彻执行稳健的货币政策，不断创新金融产品，积极拓宽融资渠道，努力降低融资成本，切实加强风险防控，全省金融运行呈现总体平稳、稳中有进态势，为经济社会健康发展提供了优质的金融服务。一是银行业稳健运行，服务实体经济质效提升。2018年末，全省银行业金融机构资产总额27 463.4亿元，同比增长6.9%；负债总额26 150.2亿元，同比增长6.7%。存款增速企稳回升，全省金融机构本外币存款余额18 678.5亿元，同比增长5.1%，全年新增各项存款901.3亿元。贷款保持平稳增长，全省金融机构本外币各项贷款余额 19 371.7 亿元，同比增长 9.4%，全年新增各项贷款 1 665.0 亿元。信贷结构持续优化，交通运输、水利环境业贷款分别同比增长 16.4%、19.6%，为经济稳增长提供了较强金融支撑；租赁和商务服务业、科研技术服务业贷款分别同比增长 24.0%、64.4%，有力支持了产业结构转型升级；消费贷款同比增长 19.4%，促进了消费规模扩大和消费结构转型升级。全省市场利率定价自律机制逐步完善，金融机构利率定价能力不断提升，利率水平总体平稳。全年定期存款加权平均利率为 1.9%，同比上升 12 个基点。全年一般贷款加权平均利率为 6.5%，同比上升 22 个基点。随着定向降准、再贷款等政策措施效果逐步显现，小微企业贷款利率下行，全年加权平均利率同比下降 14 个基点。二是证券业运行平稳，资本市场健康发展。2018 年末，全省共有法人证券公司 1 家，证券分支机构 115 家；法人期货公司 1 家，期货分支机构 7 家。全省证券经营机构实现证券交易额 8 474.9 亿元，同比下降 25.1%。多层次资本市场稳健发展，年末全省共有 A 股上市公司 33 家，数量同上年持平；H 股上市公司 2 家，较上年增加 1 家；拟上市公司 9 家。三是保险业较快发展，服务保障功能不断增强。全省保险业资产总额 886.3 亿元，同比增长 16.4%；全年实现保费收入 399.0 亿元，同比增长 8.9%。全年累计发生赔付支出 139.0 亿元，同比增长 16.7%。保险市场发展质效提升，健康险业务全年实现保费收入 49.2 亿元，同比增长 35.5%；保证险实现保费收入 11.3 亿元，同比增长 102.0%；责任保险、农业保险增速分别达到 14.6%、24.6%。保险资金全年在甘肃省共投资 10 个项目，落地资金 171.0 亿元，创历史新高，连续三年突破 100 亿元。四是金融市场健康运行，市场主体交易活跃。债务融资工具规模不断扩大，甘肃省企业在银行间债券市场全年累计发行非金融企业债务融资工具 215.8 亿元，同比增长 64.6%。全省有 2 家金融机构发行金融债 45 亿元。同业拆借市场交易扩量，全年甘肃省同业拆借市场成员累计发生同业拆借 478 笔，成交金额 1 331.6 亿元，同比增长 136.6%。债券市场交易活跃，全年甘肃省银行间债券市场成员债券交易累计成交额 91 632.9 亿元，同比增长 32.5%。票据业务规模缩量，全年甘肃省银行业金融机构累计签发银行承兑汇票 1 112.6 亿元，同比下降 17.9%。五是金融基础设施建设加快推进，生态环境持续改善。社会信用体系建设不断深化，“全国社会信用信息共享平台（甘肃）”和“信用中国（甘肃）”网站一体化建设进程加快，推动信用信息在全国范围的共享共用。支付结算服务持续改善，实施移动支付便民工程，实现了银联云闪付在公共交通、医疗卫生、文化教育、公共缴费等重要民生领域规模化应用。金融消费者权益保护职能不断强化，机制建设稳步推进，有效推动违法违规金融广告和金融营销宣传行为治理。

当前，甘肃正处于重要战略机遇期、动能转换窗口期、重大任务攻坚期，面临着国家实施新一轮西部大开发、“一带一路”建设等多重机遇，国家和省上的一系列顶层设计和政策措施正在发力见效。此外，省委省政府谋划了一批交通、水利、电力领域基础设施建设项目，着力推进十大生态产业发展，大力支持民营和小微企业发展。总体上看，全省经济运行稳中有进的良好态势没有改变。预计 2019 年全省生产总值将增长 6% 左右。

2019 年，甘肃省金融业将认真贯彻落实稳健的货币政策，着力优化融资结构，拓展融资渠道，提升服务水平，加强风险防控，为经济社会发展营造良好的金融环境。此外，随着 1 000 亿元特色产业发展工程贷款加快推进，2 000 亿元绿色生态产业基金的母基金和 4 只子基金投入运行，500 亿元产业发展投资基金落地实施，100 亿元政策性融资担保基金到位运行，全省金融服务实体经济发展的能力和质效将进一步提升。

一、金融运行情况

2018 年，全省金融运行总体平稳，银行业稳健发展，保险保障功能明显增强，证券业保持平稳，融资结构更趋多元，金融支持经济转型发展能力不断增强。

（一）银行业稳健运行，服务实体经济质效提升

1. 资产负债规模稳步增长。2018 年末，全省银行业金融机构资产同比增长 6.9%，负债同比增长 6.7%。受不良贷款率上升等影响，银行业盈利能力有所下滑，全年实现净利润 152.6 亿元，同比减少 66.5 亿元。甘肃银行成功在香港上市，成为西北首家上市银行。

表 1　2018 年甘肃省金融机构情况

机构类别	营业网点			法人机构（个）
	机构个数（个）	从业人数（人）	资产总额（亿元）	
一、大型商业银行	1 390	28 104	7 163	0
二、国家开发银行和政策性银行	64	1 698	4 794	0
三、股份制商业银行	124	3 203	1 783	0
四、城市商业银行	380	8 096	6 278	2
五、城市信用社	0	0	0	0
六、小型农村金融机构	2 242	19 542	5 608	85
七、财务公司	0	82	192	3
八、信托公司	0	491	110	1
九、邮政储蓄银行	613	6 310	810	0
十、外资银行	0	0	0	0
十一、新型农村金融机构	60	1 121	336	27
十二、其他	0	139	564	2
合　计	4 873	68 786	27 637	120

注：营业网点不包括国家开发银行和政策性银行、大型商业银行、股份制商业银行等金融机构总部数据；大型商业银行包括中国工商银行、中国农业银行、中国银行、中国建设银行和交通银行；小型农村金融机构包括农村商业银行、农村合作银行和农村信用社等；新型农村金融机构包括村镇银行、贷款公司、农村资金互助社；“其他”包含金融租赁公司、汽车金融公司、货币经纪公司、消费金融公司等。

数据来源：甘肃银保监局。

2. 存款增速企稳回升。2018 年末，全省金融机构本外币存款余额 18 678.5 亿元，同比增长 5.1%；全年新增各项存款 901.3 亿元，同比多增 650.7 亿元。存款增速于 2 月跌至最低（0.7%），随后企稳回升，年末达到全年最高增速。

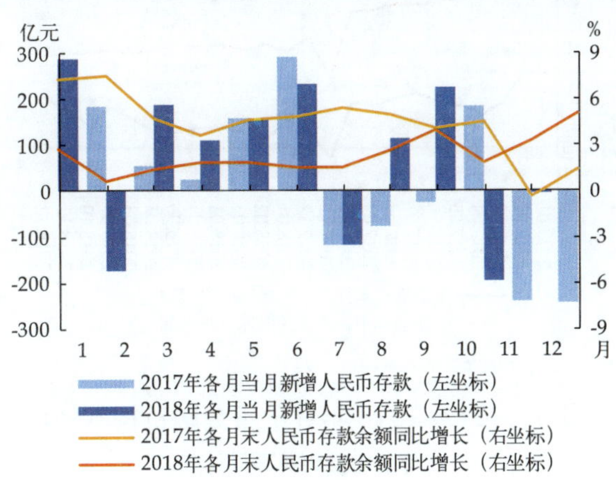

数据来源：中国人民银行兰州中心支行。

图 1　2017~2018 年甘肃省金融机构人民币存款增长变化

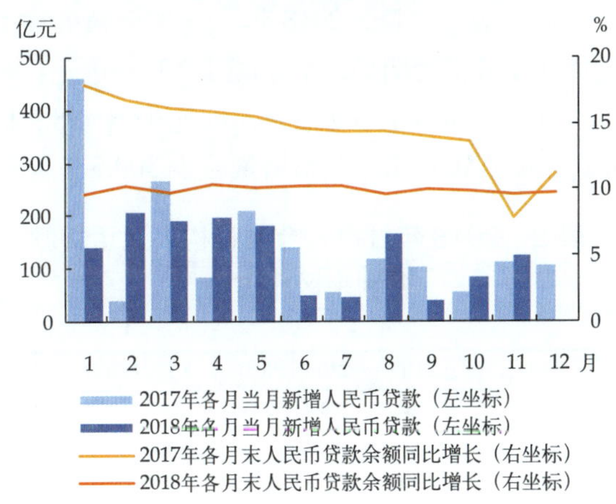

数据来源：中国人民银行兰州中心支行。

图 2　2017~2018 年甘肃省金融机构人民币贷款增长变化

3. 贷款增长平稳。2018 年末，全省金融机构本外币各项贷款余额 19 371.7 亿元，同比增长 9.4%；全年新增各项贷款 1 665.0 亿元，同比减少 115.8 亿元。从投向看，信贷投放重点突出、结构趋优。交通运输、水利环境业贷款同比分别增长 16.4% 和 19.6%，为经济稳增长提供了较强金融支撑；租赁和商务服务业、科研技术服务业贷款同比分别增长 24.0% 和 64.4%，有力支持了产业结构转型升级；消费贷款同比增长 19.4%，促进了消费规模扩大和消费结构转型升级。

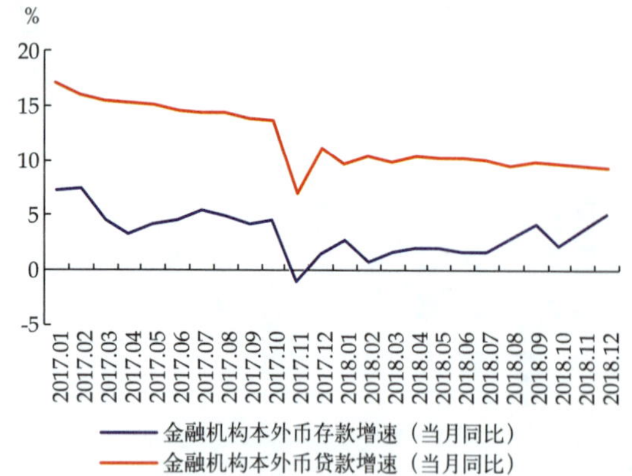

数据来源：中国人民银行兰州中心支行。

图 3 2017~2018 年甘肃省金融机构本外币存、贷款增速变化

4. 表外业务大幅缩减。在金融结构性去杠杆背景下，金融机构资产配置结构不断调整，表外业务规模下降。2018 年，全省金融机构委托贷款业务下滑明显，全年减少 137.6 亿元；全年增加信托贷款 736.0 亿元，同比少增 408.5 亿元；未贴现银行承兑汇票增量减少 309.5 亿元。

表 2 2018 年甘肃省金融机构人民币贷款各利率区间占比

单位：%

月份		1 月	2 月	3 月	4 月	5 月	6 月
合计		100.0	100.0	100.0	100.0	100.0	100.0
下浮		10.5	8.8	5.9	8.9	6.7	6.4
基准		24.8	23.2	15.3	19.3	15.2	15.0
上浮	小计	64.7	68.0	78.8	71.8	78.1	78.6
	(1.0, 1.1]	7.0	9.1	16.6	11.3	13.4	13.6
	(1.1, 1.3]	10.0	8.4	8.0	9.1	9.9	12.4
	(1.3, 1.5]	11.9	10.0	13.2	11.7	14.3	10.1
	(1.5, 2.0]	29.6	29.7	31.5	28.6	31.5	33.4
	2.0 以上	6.2	10.9	9.6	11.1	9.0	9.0
月份		7 月	8 月	9 月	10 月	11 月	12 月
合计		100.0	100.0	100.0	100.0	100.0	100.0
下浮		4.5	3.9	7.3	6.6	7.0	13.3
基准		10.8	20.9	16.7	20.2	14.8	19.3
上浮	小计	84.7	75.2	76.0	73.2	78.2	67.4
	(1.0, 1.1]	16.6	12.0	9.4	14.1	16.0	9.5
	(1.1, 1.3]	15.2	10.9	12.8	11.7	14.0	11.5
	(1.3, 1.5]	10.4	8.8	10.9	10.6	11.0	8.3
	(1.5, 2.0]	32.7	31.8	33.2	28.8	29.2	30.7
	2.0 以上	9.8	11.6	9.7	8.0	7.9	7.3

数据来源：中国人民银行兰州中心支行。

5. 利率市场保持平稳运行。2018 年，全省市场利率定价自律机制逐步完善，金融机构利率定价能力不断提升，利率市场运行总体平稳。全年定期存款加权平均利率为 1.9%，同比上升 12 个基点。全年一般贷款加权平均利率为 6.5%，同比上升 22 个基点。随着定向降准、再贷款等政策措施效果逐步显现，小微企业贷款利率下行，全年加权平均利率同比下降 14 个基点。

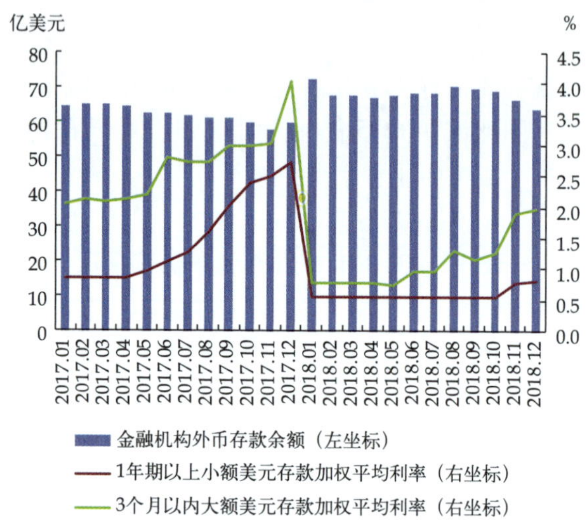

数据来源：中国人民银行兰州中心支行。

图 4 2017~2018 年甘肃省金融机构外币存款余额及外币存款利率

6. 信贷资产质量有所下降。2018 年末，全省银行业金融机构不良贷款率 5.0%，较年初上升 1.5 个百分点。受盈利放缓制约，损失准备金计提存在较大压力，导致拨备覆盖率下降，风险抵补能力降低。

7. 跨境人民币业务持续快速发展。2018 年，全省跨境人民币实际收付额 191.0 亿元，同比增长 32.5%，占本外币全部跨境收付的比例为 23.2%，跨境人民币业务呈现“量增、面扩、种类多”的发展态势。其中，收入 73.1 亿元，同比增长 67.2%；支出 118.0 亿元，同比增长 17.4%；人民币资金净流出 44.9 亿元，同比下降 79.1%，跨境收付均衡度不断提升。

专栏 1 特色产业贷款全力助推甘肃产业扶贫

产业扶贫是促进贫困地区发展、增加贫困农户收入的根本性举措。金融与产业的结合有效推动了特色优势产业向全产业链转化，产业项目由“小散弱”向“高精深”转变，从根本上提升了贫困地区依靠产业脱贫、依靠产业致富的产业化意识，使金融资金真正发挥“造血”功能。2018 年初，甘肃省启动特色产业发展贷款工程，突出“六个强化”，计划用三年时间投放 1 000 亿元，专项用于支持特色富民产业发展，全面带动贫困人口持续稳定脱贫。

一是强化产业引领。甘肃结合各贫困县区资源禀赋和区位优势，将“牛、羊、菜、果、薯、药”确定为六大特色优势产业。2018 年初，由财政部门牵头，扶贫、农牧、中国人民银行、银保监等部门配合，甘肃启动特色产业发展贷款工程，主要用于支持六大特色产业中对脱贫攻坚带动作用大的各类经营主体发展。在信贷资金强力支持下，全省六大特色产业迅速发展，到年末全省 58 个贫困县牛、羊存栏分别超过 400 万头和 1 600 万只，菜、果、薯、药面积分别达到 546 万亩、1 075 万亩、782 万亩和 430 万亩，产业规模效应初显。

二是强化企业带动。一方面，通过特色产业贷款支持农民合作社发展，实现农民合作社贫困村、贫困农户全覆盖，促进小农生产对接产业发展。到 2018 年末，全省有农民合作社 9.9 万家，入社成员 184 万人。另一方面，通过特色产业贷款支持涉农龙头企业发展，实现龙头企业对农民专业合作社的全覆盖，促进农业生产与市场有效对接。2018 年，累计有 127 家涉农龙头企业获得特色产业贷款融资授信 133 亿元。

三是强化风险缓释。为推动特色产业贷款落地见效，甘肃全面整合现有省市县三级融资担保体系，形成了覆盖所有县区的融资担保体系。在省级层面，设立总规模 100 亿元的政策性融资担保机构；在市级层面，省级担保机构和市级财政按 3：1 的出资比例，合资组建了 11 家市级担保公司。截至 2018 年底，完成特色产业贷款担保 116 亿元，担保企业 874 户。完善“政银担企”四方联动机制，各县区政府按照辖内贷款实际投放额筹建风险补偿金，承担 20% 的代偿责任。2018 年末，已有 45 个县区筹集风险补偿金 7.02 亿元。

四是强化金融创新。各金融机构结合各贫困县区特色产业发展实际，通过政府、银行和企业的沟通对接，将大型农机具、存货、仓单、应收账款、动产、订单、日光温棚、圈舍、牛羊活畜、农村各类产权等零散资产，灵活打包，组合运用，创新推出 10 多种特色产业贷款模式和专属产品，如“蓝天模式”、“庄浪模式”、特色产业发展贷款、“农担加油贷”等。2018 年特色产业发展贷款实现投放 395 亿元，为 4 000 多家特色富民产业经营主体发展提供贷款支持。

五是强化考核激励。为充分调动金融机构参与的积极性，出台一系列考核激励措施。对特色产业贷款不良率高于银行自身贷款不良率 2 个百分点以内的，可不作为监管评价和银行内部考核评价的扣分因素。特色产业贷款政策落实情况与金融机构年度综合评价、央行货币政策工具运用挂钩。健全具有可操作性、符合特色产业特点的内部尽职免责制度。对贷款投得多、用得好的金融机构和政策性担保机构给予奖补和表彰，突出特色产业贷款政策正向激励作用。

（二）证券业发展平稳，资本市场健康发展

1. 证券期货经营机构运行平稳。2018 年末，全省共有法人证券公司 1 家，证券分支机构 115 家；法人期货公司 1 家，期货分支机构 7 家。证券期货经营机构规模平稳增长，华龙证券资产总额 300.7 亿元，同比增长 3.0%；华龙期货资产总额 9.6 亿元，同比增长 2.5%。

2. 证券交易量下滑。2018 年，全省证券经营机构实现证券交易额 8 474.9 亿元，同比下降 25.1%；实现净利润 1.1 亿元，同比下降 65.1%。全省期货经营机构实现期货交易额 4 332 亿元，同比下降 12.8%；实现净利润 1 633.4 万元，同比下降 48.7%。

3. 多层次资本市场稳健发展。2018 年末，全省共有 A 股上市公司 33 家，数量同上年持平；H 股上市公司 2 家，较上年增加 1 家；拟上市公司 9 家，其中 6 家正在接受上市辅导，整体进度有所加快。新三板挂牌企业 35 家，甘肃省股权交易中心挂牌展示企业 2 714 家，纯托管企业 1 185 家。

表 3　2018 年甘肃省证券业基本情况

项目	数量
总部设在辖内的证券公司数（家）	1
总部设在辖内的基金公司数（家）	0
总部设在辖内的期货公司数（家）	1
年末国内上市公司数（家）	33
当年国内股票（A 股）筹资（亿元）	1
当年发行 H 股筹资（亿元）	56
当年国内债券筹资（亿元）	149
其中：短期融资券筹资额（亿元）	45
中期票据筹资额（亿元）	63

注：当年国内股票（A 股）筹资额指非金融企业境内股票融资。
数据来源：甘肃证监局。

（三）保险业较快发展，服务保障功能不断增强

1. 保险业务规模持续扩大。2018 年末，全省共有法人保险公司 1 家，省级保险分公司 30 家，其中产险公司 18 家、人身险公司 12 家。年末，全省保险业资产总额 886.3 亿元，同比增长 16.4%；全年实现保费收入 399.0 亿元，同比增长 8.9%；全年累计发生赔付支出 139.0 亿元，同比增长 16.7%。

2. 保险市场发展质效提升。人身险业务结构持续优化，其中健康险业务全年实现保费收入 49.2 亿元，同比增长 35.5%。财产险发展质效提升，与国计民生和社会治理密切相关的险种实现快速增长。其中，保证险实现保费收入 11.3 亿元，同比增长 102.0%；责任保险、农业保险增速分别达到 14.6% 和 24.6%。

3. 服务保障功能有效发挥。2018 年，保险资金在甘肃省共投资 10 个项目，落地资金 171.0 亿元，创历年同期最高，连续三年每年突破 100 亿元。农险保费收入达到 11.5 亿元，提供风险保障 592.8 亿元，受益农户达到 117.4 万户次。大病保险承保 2 188.6 万人，累计赔付 36.6 万人次，补偿金额 10.8 亿元。全年保险业为全省提供各类保障供给 24.5 万亿元，同比增长 21.0%，在服务实体经济发展、民生保障、大灾大害方面发挥了重要作用。

表 4　2018 年甘肃省保险业基本情况

项目	数量
总部设在辖内的保险公司数（家）	1
其中：财产险经营主体（家）	1
人身险经营主体（家）	0
保险公司分支机构（家）	29
其中：财产险公司分支机构（家）	17
人身险公司分支机构（家）	12
保费收入（中外资，亿元）	399
其中：财产险保费收入（中外资，亿元）	126
人身险保费收入（中外资，亿元）	273
各类赔款给付（中外资，亿元）	139
保险密度（元 / 人）	1 513
保险深度（%）	5

数据来源：甘肃银保监局。

（四）金融市场健康运行，市场主体交易活跃

1. 债务融资工具规模扩大。2018 年，甘肃省企业在银行间债券市场累计发行非金融企业

债务融资工具215.8亿元，同比增长64.6%，其中扶贫票据融资12亿元。全年非金融企业债务融资工具加权平均利率为5.2%，同比下降46个基点。全省有2家金融机构发行金融债45亿元，其中甘肃银行发行“三农”专项金融债15亿元，华龙证券发行证券公司短期融资券30亿元。

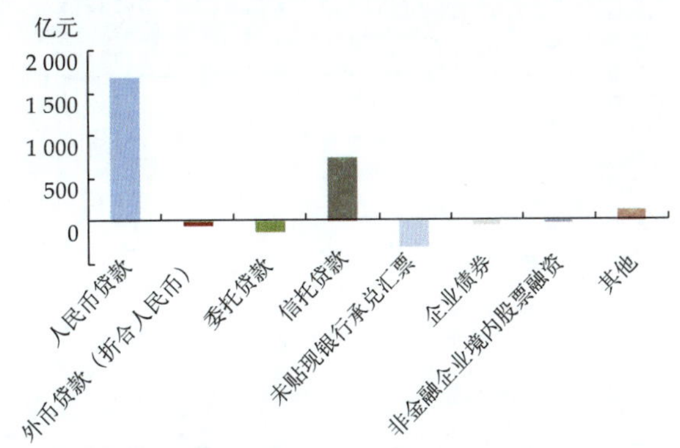

数据来源：中国人民银行兰州中心支行。

图5　2018年甘肃省社会融资规模分布结构

2. 同业拆借市场交易快速增长。2018年，甘肃省同业拆借市场成员累计发生同业拆借478笔，成交金额1 331.6亿元，同比增长136.6%。其中，同业拆出173.9亿元，同比下降37.2%；同业拆入1 157.8亿元，同比增长305.1%。从拆借利率看，全年各品种加权平均拆借利率为3.2%，同比下降44个基点。

3. 债券市场交易活跃。2018年，甘肃省银行间债券市场成员债券交易累计成交39 640笔，成交额91 632.9亿元，同比增长32.5%。从交易结构看，回购交易累计成交35 828笔，成交额79 241.8亿元，同比增长32.1%；现券交易累计成交3 812笔，成交额12 391.2亿元，同比增长35.2%。

4. 票据业务规模有所下降。2018年，甘肃省银行业金融机构累计签发银行承兑汇票1 112.6亿元，同比下降17.9%。截至2018年末，全省银行承兑汇票余额799.9亿元，同比下降1.4%；全省票据贴现余额729.6亿元，同比增长63.0%。票据贴现和转贴现利率略有下降，其中，票据贴现加权平均利率为4.5%，同比下降42个基点；票据转贴现加权平均利率为4.3%，同比下降22个基点。

表5　2018年甘肃省金融机构票据业务量统计

单位：亿元

季度	银行承兑汇票承兑		贴现			
			银行承兑汇票		商业承兑汇票	
	余额	累计发生额	余额	累计发生额	余额	累计发生额
1	822.36	241.19	183.62	95.16	0.10	0.10
2	841.32	534.41	181.70	232.16	1.94	5.87
3	789.79	826.17	232.53	398.47	2.01	5.98
4	799.90	1 112.55	262.62	556.80	0.47	6.25

数据来源：中国人民银行兰州中心支行。

表6　2018年甘肃省金融机构票据贴现、转贴现利率

单位：%

季度	贴现		转贴现	
	银行承兑汇票	商业承兑汇票	票据买断	票据回购
1	5.1323	7.7506	5.1949	3.9395
2	5.3902	5.8013	5.1934	4.6285
3	4.0302	5.6093	4.0323	3.9981
4	3.7910	5.6171	4.0592	0.0000

数据来源：中国人民银行兰州中心支行。

（五）金融基础设施建设加快推进，生态环境持续改善

1. 社会信用体系建设不断深化。积极推进“全国社会信用信息共享平台（甘肃）”和“信用中国（甘肃）”网站一体化建设，推动信用信息在全国范围的共享共用。截至2018年末，平台累计收集全省各类主体信用信息2 040万条。全面启动“甘肃省农牧户信用信息管理系统”在全省的推广应用，累计采集952.7万条信息，评定信用农户77万户。大力推动企业信用信息数据库和公共信息服务平台建设，助力缓解中小企业融资难题。

2. 支付结算服务持续改善。实施移动支付便民工程，实现了银联云闪付在公共交通、医疗卫生、文化教育、公共缴费等重要民生领域的规模化应用。完成水、电、燃气等34项公共事业缴费接入云闪付APP，实现全省高速公路

服务区云闪付 APP 全覆盖。农村支付服务环境持续改善，全省农村地区设立助农取款服务点达 2.2 万个。

3. 金融消费者权益保护职能不断强化。稳步推进金融消费权益保护机制建设，有效推动违法违规金融广告和金融营销宣传行为治理，持续开展金融消费者教育宣传活动，金融消费权益保护投诉咨询呼叫中心正式运行。2018 年，全省人民银行系统共受理金融消费者咨询 775 件，受理办结投诉 335 件，有效维护了金融消费者合法权益。

二、经济运行情况

2018 年，甘肃经济运行呈现总体平稳、稳中向好、稳中有进的发展态势，经济运行的质量和效益不断提升。初步核算，全年全省生产总值 8 246.1 亿元，同比增长 6.3%。三次产业结构比为 11.2 : 33.9 : 54.9。

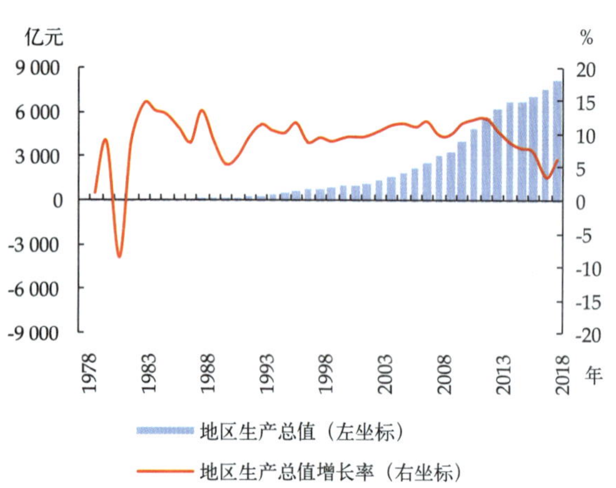

数据来源：甘肃省统计局。

图 6　1978~2018 年甘肃省地区生产总值及其增长率

（一）固定资产投资降幅收窄，消费市场平稳运行

1. 固定资产投资降幅明显收窄。随着一批重大项目建设步伐的加快，固定资产投资降幅逐渐收窄。全年全省固定资产投资同比下降 3.9%，降幅比 2017 年收窄 36.4 个百分点。从三次产业看，第一产业投资同比增长 18.8%，第二产业投资同比下降 10.8%，第三产业投资同比下降 3.6%。全年全省民间投资同比增长 4.0%，增速比 2017 年提高 46.6 个百分点，投资额占比为 43.2%，比 2017 年提高 3.3 个百分点。

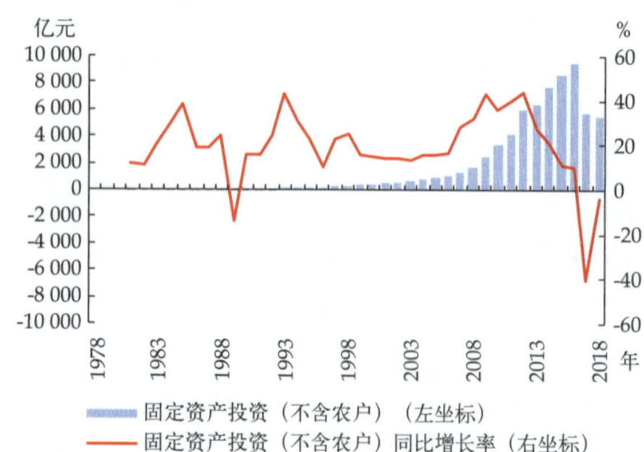

数据来源：甘肃省统计局。

图 7　1978~2018 年甘肃省固定资产投资（不含农户）及其增长率

2. 消费市场运行平稳。城乡居民收入稳步增加，促进消费市场平稳运行。全年全省城镇居民人均可支配收入同比增长 7.9%，农村居民人均可支配收入同比增长 9.0%。全年全省社会消费品零售总额同比增长 7.4%，其中批发业销售额增长 18.5%，零售业销售额增长 10.5%，住宿业营业额增长 11.3%，餐饮业营业额增长 11.6%。

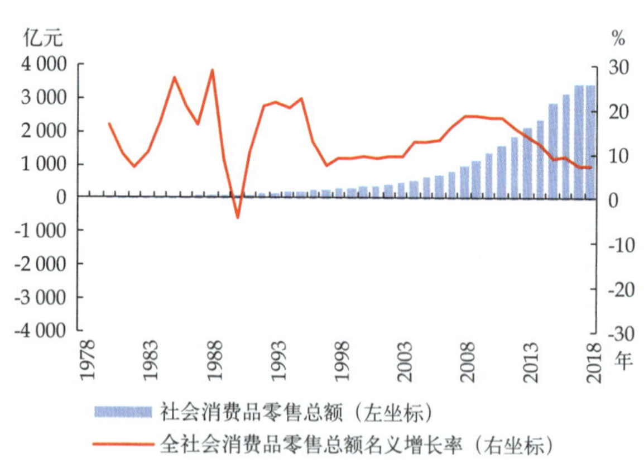

数据来源：甘肃省统计局。

图 8　1978~2018 年甘肃省社会消费品零售总额及其增长率

3. 对外贸易快速增长。全省外贸发展势

头良好，贸易结构更优。全年全省进出口总额394.7亿元，同比增长21.0%，其中与“一带一路”沿线国家贸易额占比达到43.8%。全省出口额145.9亿元，同比增长26.4%，其中机电高新技术产品出口占比59.1%，民营企业出口占比79.4%。全年实际利用外商投资金额0.5亿美元。

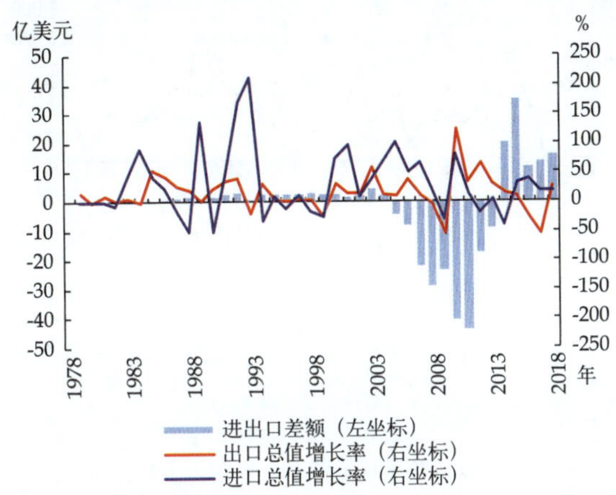

数据来源：甘肃省统计局。

图9 1978~2018年甘肃省外贸进出口变动情况

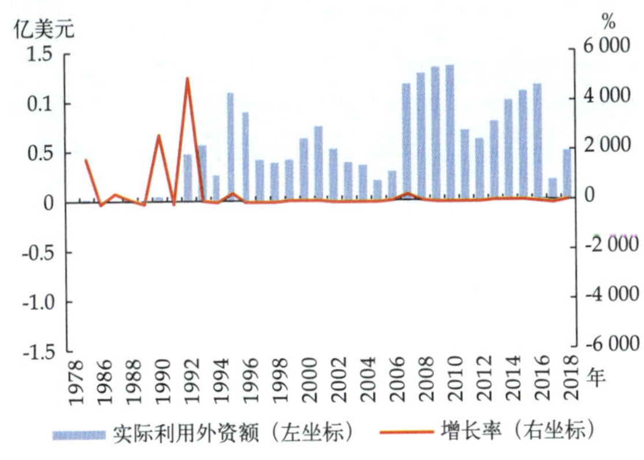

数据来源：甘肃省统计局。

图10 1978~2018年甘肃省实际利用外资额及其增长率

（二）产业结构调整有序推进，质量效益持续改善

1. 农业生产稳步发展。甘肃深入实施乡村振兴战略，全面推开农村“三变”改革，大力发展循环农业。全年全省粮食总产量1 151.4万吨，同比增长4.1%。新发展戈壁生态农业5.4万亩，完成“粮改饲”203万亩，粮经饲结构调整为70.1∶28.1∶1.8，经济作物、饲料作物播种面积比重分别比2017年上升0.5个和0.2个百分点。

2. 工业生产增速回升。全年全省规模以上工业增加值同比增长4.6%，增速比2017年提高6.3个百分点。此外，在降成本、去库存等一系列措施的作用下，全省工业企业利润保持快速增长。

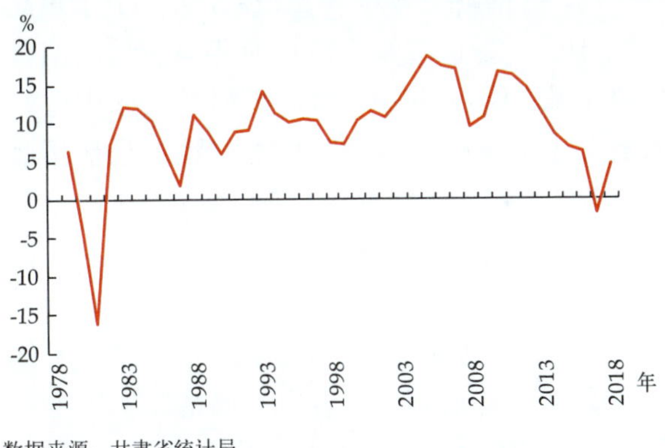

数据来源：甘肃省统计局。

图11 1978~2018年甘肃省规模以上工业增加值实际增长率

3. 第三产业占比持续上升。全年全省第三产业增加值达到4 530.1亿元，同比增长8.4%；在三次产业中占比为54.9%，同比提高2.1个百分点。其中，文化旅游产业快速发展，已成为全省支柱产业，全年共接待国内外游客3亿人次，实现旅游综合收入2 060亿元，同比分别增长26%和30%。

4. 经济增长新动能加快培育。甘肃扎实推进供给侧结构性改革，大力发展绿色生态产业，增长动能加快转换。初步测算，全年全省十大类生态产业增加值1 511.3亿元，占全省生产总值的18.3%；同比增长6.7%，比生产总值增速高0.4个百分点。规模以上工业水电、风电、太阳能发电等清洁能源发电量比上年增长21.4%。科技创新成果丰富，245项应用成果转化，创造经济效益601.2亿元，科技对经济增长的贡献率达到52.8%。

5. 生态环境持续改善。围绕打好污染防治攻坚战，全面建立省市县乡村五级河（湖）长制，深入推进大气、水、土壤污染防治，全省地级城市空气质量平均优良天数比例达到91.2%。持续推进天然林保护、退耕还林、山水林田湖草等重大生态工程建设，完成营造林面积468.8万亩。

（三）居民消费价格温和上涨，工业生产者价格涨幅较大

1. 居民消费价格温和上涨。居民消费价格总体平稳，涨幅围绕2.0%窄幅波动，年内月度最高涨幅2.6%、最低涨幅1.5%，全年全省居民消费价格上涨2.0%。其中，食品烟酒类上涨0.9%，衣着类上涨1.1%，居住类上涨3.5%，生活用品及服务类上涨0.8%，交通和通信类上涨1.2%。

2. 工业生产者价格涨势平稳。受原材料价格上涨等因素影响，工业生产者价格增长较快，但涨幅保持稳定，基本保持在9%~11%区间内。全年全省工业生产者出厂价格比上年上涨9.5%，工业生产者购进价格上涨9.8%。

3. 劳动力成本保持稳定。全省人力资源市场就业岗位数、入场求职人数均较快增加，供求关系基本保持稳定，促进了劳动力成本基本稳定。全年城镇新增就业43.8万人，转移城乡富余劳动力529.5万人。

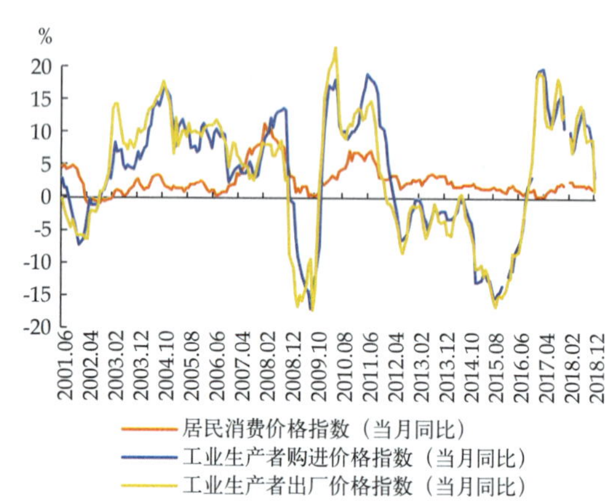

数据来源：甘肃省统计局。

图12 2001~2018年甘肃省居民消费价格指数和工业生产者价格指数变动趋势

（四）财政收支较快增长，民生领域得到重点保障

全年全省一般公共预算收入870.8亿元，同比增长8.3%，增速同比提高0.5个百分点。其中，税收收入610.4亿元，同比增长13.6%；非税收入260.4亿元，同比下降2.3%。全省一般公共预算支出3 773.8亿元，同比增长14.2%，增速同比提高9.2个百分点。其中，教育、社保等十类民生支出同比增长14.4%，扶贫支出同比增长102.5%。

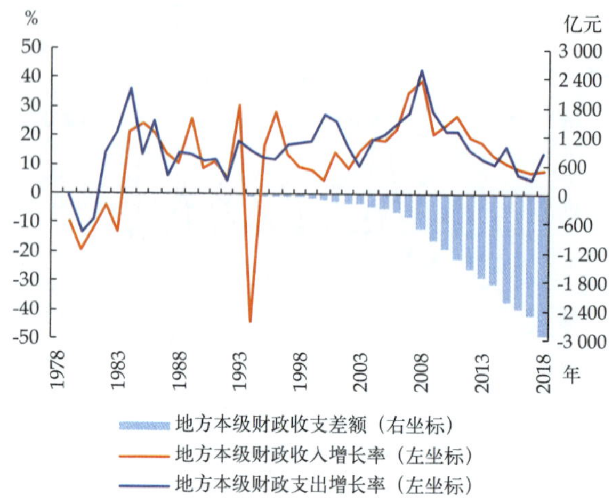

数据来源：甘肃省统计局。

图13 1978~2018年甘肃省财政收支状况

（五）房地产市场总体运行平稳，房地产贷款增速放缓

1. 房地产开发投资较快增长，交易保持平稳。2018年，全省房地产开发投资达1 116.4亿元，同比增长18.2%。房屋施工面积为9 428.5万平方米，同比增长3%。全省商品房实现销售1 595.7万平方米，同比增长2.3%。

2. 重点城市房价稳中有升，去库存工作取得成效。2018年末，兰州市新建商品住宅价格同比上涨10.8%。兰州市房地产去库存进展较为顺利，年末商品房待售面积为176.2万平方米，较上年同期减少19.2%。

3. 房地产贷款增速明显放缓，差别化信贷政策执行效果良好。2018年末，全省房地产贷款余额为3 518.9亿元，同比增长20.2%。随着两次从严调整差别化住房信贷政策，部分机构信贷额度趋紧，辖内发放的个人住房贷款首付比例、利率水平均有所提高。2018年，甘肃个人住房贷款加权平均首付比例为38.0%，较年初提高3.5个百分点。个人住房贷款加权平均利率为贷款基准利率的1.1倍，较年初提高0.1倍。

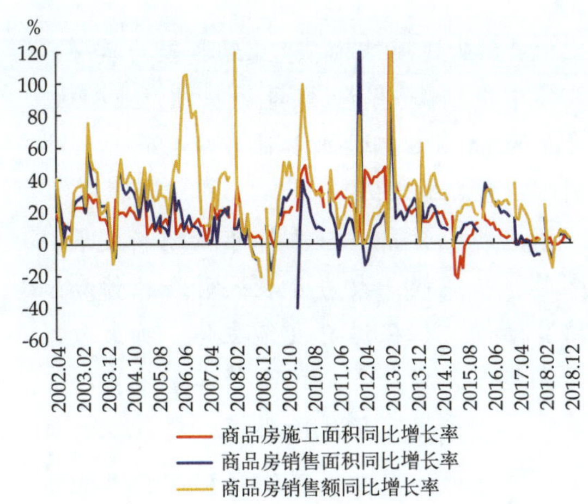

数据来源：甘肃省统计局。

图 14　2002~2018 年甘肃省商品房施工和销售变动趋势

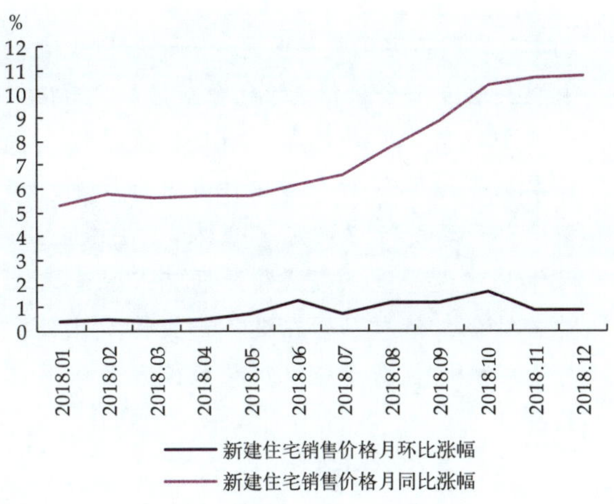

数据来源：甘肃省统计局。

图 15　2018 年兰州市新建住宅销售价格变动趋势

专栏 2　债券融资支持甘肃实体经济发展取得积极成效

2018 年，中国人民银行兰州中心支行按照改革发展与风险防范并重的思路，加强业务管理和宣传推介，充分发挥债券市场服务实体经济融资需求、降低社会融资成本、改善社会融资结构作用，推动债券融资支持甘肃实体经济发展取得积极成效。债券融资已经成为甘肃省直接融资的重要渠道。

一、主要做法

认真贯彻落实党中央、国务院关于提高直接融资比重、缓解企业融资难融资贵的要求，结合全省企业和金融机构实际需求，完善工作机制，强化业务指导，推动债券融资服务实体经济力度不断加大。一是强化产品宣传推广。组织召开银行间债券市场融资业务培训会暨金融债宣讲会，分析银行间债券市场融资新形势、新机遇，宣传推介债务融资工具创新产品，深度解读金融债券发行管理政策，为甘肃企业和金融机构创新融资理念、破解融资难题、运用融资工具和加强风险防控提供指导。二是强化政策传导落地。强化金融债发行前评估，对金融债发行申请机构的经营稳健性、资产结构、募集资金用途进行认真评估并提出反馈意见。加大对专项金融债募集资金使用的核查力度，督导发行人做好信息披露工作。针对“民营企业债券融资支持工具”，及时组织辖内主承销商根据各自民营企业客户的储备和对接情况，形成重点培育名单，积极支持甘肃省经营正常、有发债意愿、有偿债能力的民营企业发债融资。三是强化风险监测预警。建立非金融企业债务融资工具“双监测”制度，从对象管理和属地管理两个维度，双向监测发债企业的经营和财务状况。

二、工作成效

甘肃企业和金融机构直接融资意识和能力不断增强，市场参与度不断提高。一是参与市场主体不断增多。年末全省已有 28 家企业和 4 家地方金融机构在银行间市场发债融资，已有 9 家地方金融机构具备银行间债券市场成员资格。二是债券融资规模不断扩大。截至 2018 年末，全省在银行间债券市场累计发行各类债券 2 601.8 亿元。其中，企业发行非金融企业债务融资工具累计达 2 332.2 亿元，地方法人金融机构发行金融债 269.6 亿元。三是产品运用更加多元。保障房私募债、小微企业专项金融债、绿色金融债、“三农”专项金融债、境外债券、项目收益票据、扶贫票据等债券创新产品在甘肃先后落地，新型债券产品发行与扶贫、“三农”、小微企业、保障房建设等重点领域和薄弱环节融资需求紧密结合，债券融资在服务产业转型升级、打造经济增长新动能以及补短板方面作用日益凸显。

三、存在的问题

与全国其他省份相比，全省债券融资发展还存在着诸多短板和不足。如发债企业主体偏少，发债企业主要是国有大中型企业和具有平台性质的城投公司两类，高评级企业占比低，企业规模结构、产业结构较为单一，主要集中在钢铁、有色、煤电等基础产业领域。债券融资余额比重远低于甘肃省生产总值占全国1%左右的比例。

下一步，甘肃将一手抓市场创新发展，拓渠道、扩规模，大力开展民营企业债券融资培育活动，积极培育发债主体，加大政策宣传和指导，推动全省民企债券融资支持工具落地；一手抓市场风险防范，强管理、促规范，继续落实好非金融企业债务融资工具“双监测”制度，加大专项金融债券的存续期管理，确保募集资金投向实体经济等相关领域。

三、预测与展望

当前，甘肃正处于重要战略机遇期、动能转换窗口期、重大任务攻坚期，面临着国家实施新一轮西部大开发、“一带一路”建设等多重机遇，国家和省的一系列顶层设计和政策措施正在发力见效。此外，省委省政府谋划了一批交通、水利、电力领域基础设施建设项目，着力推进十大生态产业发展，大力支持民营和小微企业发展。总体上看，全省经济运行稳中有进的良好态势没有改变。预计2019年全省生产总值将增长6%左右。加之2 000亿元绿色生态产业基金的母基金和4只子基金已投运，100亿元政策性融资担保基金到位运行，500亿元产业发展投资基金落地实施等，全省金融运行总体将继续保持平稳，经济金融良性互动发展格局将进一步巩固。

中国人民银行兰州中心支行货币政策分析小组

总　纂：张庆昉　李文瑞

统　稿：许朝阳　聂　蕾

执　笔：王文婷　杨召举　王　峰

提供材料的还有：王　昊　谢晓娜　李　静　于加鹏　王　琼　马建平　任墨香　陈　涛　田震坤　冯　丽　陈之鑫　范胜申　杨晓晟　景小娟

附录

（一）2018 年甘肃省经济金融大事记

1 月 16 日，黄河财产保险股份有限公司在兰州开业，为甘肃省公航旅集团主发起设立的全省首家全国性地方法人保险公司。

1 月 18 日，甘肃银行在香港交易所挂牌上市，成为西北地区首家上市银行。

2 月 1 日，兰州、白银高新技术产业开发区建设国家自主创新示范区获得国务院正式批复，成为西北首个获批建设的国家自主创新示范区。

4 月 2 日，兴业银行与甘肃省政府签署《构建绿色金融体系政银战略合作协议》，未来 5 年兴业银行将为甘肃提供各类绿色融资 500 亿元，协力打造具有地方特色的绿色金融发展新路径。

5 月 9 日，全省脱贫攻坚工作推进大会在兰州召开，会议强调，要见底见效整改问题，咬定目标苦干实干，凝心聚力，坚决打赢打好精准脱贫攻坚战。

7 月 23 日，全省金融工作会议在兰州召开，全面安排部署了今后一段时期甘肃金融工作任务。

8 月 9 日，全省乡村旅游和旅游扶贫大会在临潭冶力关召开，会议强调，要加强示范引领带动，全面提升品质品味，加快做美做精做强乡村旅游，助力脱贫攻坚和乡村振兴。

9 月 29 日，第三届丝绸之路（敦煌）国际文化博览会在敦煌举行，博览会以“展现丝路风采，促进人文交流，让世界更加和谐美好”为主题，涉及文化和旅游发展、南向通道建设等与“一带一路”倡议相关的重大课题。

11 月 1 日，甘肃省地方金融监管局挂牌成立，将围绕服务实体经济、防控金融风险、深化金融改革三大任务，强化监督履职，以高质量的服务、高水平的监管，推进全省金融业持续健康发展。

11 月 14 日，全省实施乡村振兴战略工作推进会议在兰州召开，会议强调，要遵循乡村发展规律，真抓实干、久久为功，奋力开创陇原乡村全面振兴新局面。

（二）2018 年甘肃省主要经济金融指标

表 1　2018 年甘肃省主要存贷款指标

		1 月	2 月	3 月	4 月	5 月	6 月	7 月	8 月	9 月	10 月	11 月	12 月
本外币	金融机构各项存款余额（亿元）	18 058.89	17 874.87	18 060.22	18 166.77	18 323.21	18 555.01	18 434.13	18 569.58	18 797.01	18 599.14	18 615.78	18 678.46
	其中：住户存款	9 130.40	9 376.52	9 393.77	9 273.42	9 284.05	9 432.17	9 401.78	9 485.48	9 637.01	9 606.57	9 742.06	9 951.21
	非金融企业存款	5 245.46	4 891.52	4 932.17	5 022.69	5 089.87	5 217.21	5 132.39	5 081.87	5 210.18	5 085.84	4 992.56	4 920.02
	各项存款余额比上月增加（亿元）	281.68	-184.02	185.35	106.54	156.44	231.81	-120.88	135.44	227.43	-197.87	16.64	62.68
	金融机构各项存款同比增长（%）	2.79	0.70	1.65	2.07	2.08	1.65	1.65	2.86	4.23	2.14	3.62	5.07
	金融机构各项贷款余额（亿元）	17 958.85	18 112.07	18 307.27	18 503.40	18 699.48	18 874.41	18 903.76	18 944.20	19 107.27	19 152.44	19 231.98	19 371.74
	其中：短期	5 141.12	5 181.39	5 261.82	5 281.07	5 325.83	5 409.81	5 387.37	5 363.27	5 426.51	5 422.61	5 455.13	5 435.09
	中长期	11 679.97	11 795.51	11 914.42	12 057.04	12 204.70	12 263.69	12 266.06	12 310.53	12 350.15	12 383.66	12 396.48	12 448.58
	票据融资	476.34	475.50	479.01	506.65	512.65	494.33	517.65	540.69	585.99	593.30	630.91	756.40
	各项贷款余额比上月增加（亿元）	252.13	153.21	195.20	196.13	196.08	174.93	29.35	40.45	163.07	45.17	79.53	139.76
	其中：短期	-0.44	40.27	80.43	19.24	44.77	83.99	-22.45	-24.10	63.24	-3.89	32.52	-20.04
	中长期	238.80	115.53	118.92	142.61	147.67	58.99	2.38	44.47	39.62	33.52	12.82	52.11
	票据融资	18.71	-0.84	3.52	27.63	6.00	-18.32	23.32	23.05	45.30	7.31	37.61	125.50
	金融机构各项贷款同比增长（%）	9.73	10.36	9.85	10.46	10.22	10.18	9.95	9.53	9.85	9.74	9.52	9.40
	其中：短期	4.80	5.24	5.68	6.41	7.60	6.59	5.70	5.89	7.18	7.20	7.65	5.72
	中长期	14.06	13.74	12.99	12.65	11.95	11.93	11.28	10.46	9.60	9.19	8.66	8.80
	票据融资	-25.13	-11.20	-10.65	6.87	5.98	2.68	15.89	16.19	29.84	37.43	40.72	65.10
	建筑业贷款余额（亿元）	701.76	711.54	727.87	738.82	754.50	787.60	782.75	789.29	792.78	805.31	811.82	811.73
	房地产业贷款余额（亿元）	970.96	995.60	993.17	1 011.58	1 046.35	1 045.70	1 039.29	997.53	1 020.32	1 020.83	1 010.39	1 003.38
	建筑业贷款同比增长（%）	4.70	8.72	7.52	9.33	9.99	15.67	15.34	16.23	13.81	15.66	13.63	13.39
	房地产业贷款同比增长（%）	22.98	23.23	20.59	19.48	23.45	18.42	14.38	2.62	7.19	7.25	6.84	5.07
人民币	金融机构各项存款余额（亿元）	17 949.04	17 773.73	17 962.19	18 072.93	18 231.58	18 464.09	18 347.34	18 462.59	18 687.39	18 492.06	18 491.78	18 568.68
	其中：住户存款	9 096.86	9 341.59	9 358.41	9 238.41	9 249.25	9 396.77	9 366.13	9 449.66	9 601.45	9 571.80	9 707.75	9 918.03
	非金融企业存款	5 174.79	4 830.57	4 875.21	4 969.38	5 038.81	5 167.40	5 087.50	5 016.12	5 141.63	5 018.32	4 909.40	4 847.80
	各项存款余额比上月增加（亿元）	288.23	-175.31	188.46	110.74	158.65	232.50	-116.75	115.25	224.80	-195.33	-0.29	76.90
	其中：住户存款	35.77	244.73	16.82	-119.99	10.84	147.52	-30.63	83.53	151.79	-29.66	135.95	210.28
	非金融企业存款	120.25	-344.21	44.63	94.18	69.43	128.59	-79.90	-71.38	125.51	-123.32	-108.91	-61.61
	各项存款同比增长（%）	2.76	0.69	1.45	1.92	1.91	1.54	1.57	2.64	4.04	1.92	3.28	5.14
	其中：住户存款	3.13	5.64	5.10	5.05	5.27	5.85	5.74	7.15	7.64	8.36	9.31	9.48
	非金融企业存款	-2.97	-9.19	-10.77	-7.78	-6.46	-8.17	-6.59	-8.17	-6.06	-8.78	-7.09	-4.44
	金融机构各项贷款余额（亿元）	17 666.24	17 808.17	18 015.60	18 205.03	18 400.69	18 582.42	18 631.18	18 677.43	18 842.36	18 884.50	18 967.96	19 094.39
	其中：个人消费贷款	1 862.97	1 880.72	1 924.29	1 959.15	1 998.20	2 047.22	2 080.50	2 099.46	2 120.56	2 134.98	2 176.72	2 184.42
	票据融资	476.34	475.50	479.01	506.65	512.65	494.33	517.65	540.69	585.99	593.30	630.91	756.40
	各项贷款余额比上月增加（亿元）	262.20	141.93	207.44	189.42	195.66	181.73	48.76	46.25	164.93	42.14	83.46	126.43
	其中：个人消费贷款	33.61	17.75	43.57	34.86	39.05	49.02	33.29	18.95	21.09	14.42	41.74	7.71
	票据融资	18.71	-0.84	3.52	27.63	6.00	-18.32	23.32	23.05	45.30	7.31	37.61	125.50
	金融机构各项贷款同比增长（%）	9.67	10.26	9.75	10.33	10.12	10.27	10.19	9.70	10.00	9.89	9.65	9.71
	其中：个人消费贷款	-36.03	-16.94	-1.76	3.94	14.92	-0.45	-6.86	-29.08	-45.76	-27.91	-18.98	-62.45
	票据融资	-25.13	-11.20	-10.65	6.87	5.98	2.68	15.89	16.19	29.84	37.43	40.72	65.10
外币	金融机构外币存款余额（亿美元）	17.34	15.98	15.59	14.80	14.28	13.74	12.73	15.68	15.93	15.37	17.88	16.00
	金融机构外币存款同比增长（%）	17.38	10.53	73.69	52.66	63.91	32.21	19.90	58.85	45.80	57.56	91.67	-10.21
	金融机构外币贷款余额（亿美元）	46.20	48.01	46.38	47.07	46.58	44.13	39.99	39.09	38.51	38.47	38.07	40.41
	金融机构外币贷款同比增长（%）	22.80	26.59	28.24	29.60	24.71	6.91	-5.31	-4.44	-3.31	-4.22	-3.93	-12.76

数据来源：中国人民银行兰州中心支行。

表 2　2001~2018 年甘肃省各类价格指数

单位：%

		居民消费价格指数		农业生产资料价格指数		工业生产者购进价格指数		工业生产者出厂价格指数	
		当月同比	累计同比	当月同比	累计同比	当月同比	累计同比	当月同比	累计同比
2001		—	4.0	—	-1.4	—	1.4	—	-1.5
2002		—	0.0	—	0.4	—	-1.6	—	-2.1
2003		—	1.1	—	1.8	—	5.6	—	10.0
2004		—	2.3	—	7.4	—	12.5	—	14.3
2005		—	1.7	—	9.0	—	9.9	—	9.6
2006		—	1.3	—	4.4	—	8.8	—	9.5
2007		—	5.5	—	7.1	—	4.3	—	5.5
2008		—	8.2	—	14.7	—	10.2	—	4.9
2009		—	1.3	—	-1.0	—	-8.9	—	-9.0
2010		—	4.1	—	1.7	—	14.4	—	15.0
2011		—	5.9	—	7.6	—	15.1	—	11.0
2012		—	2.7	—	5.2	—	-1.3	—	-3.2
2013		—	3.3	—	2.4	—	-2.0	—	-3.0
2014		—	2.1	—	2.5	—	2.4	—	3.3
2015		—	1.6	—	-1.4	—	-13.0	—	-13.0
2016		—	1.3	—	-0.1	—	-5.4	—	-5.1
2017		—	1.4	—	—	—	15.5	—	14.5
2018		—	2.0	—	4.2	—	9.8	—	9.5
2017	1	—	—	—	—	—	—	—	—
	2	0.3	1.0	2.0	1.9	19.7	17.8	19.3	17.8
	3	0.2	0.7	3.3	2.4	20.1	18.6	18.7	18.1
	4	0.4	0.6	2.8	2.5	18.3	18.5	12.6	16.7
	5	0.8	0.7	2.8	2.5	14.4	17.6	11.1	15.5
	6	1.3	0.8	3.2	2.7	12.8	16.8	11.2	14.8
	7	1.4	0.9	3.4	2.8	11.2	16.0	11.0	14.2
	8	1.8	1.0	4.2	2.9	14.4	15.8	16.2	14.5
	9	2.1	1.1	4.5	3.1	15.0	15.7	18.4	14.9
	10	2.1	1.2	5.1	3.3	15.5	15.7	17.3	15.2
	11	2.4	1.3	5.5	3.5	15.9	15.7	12.3	14.9
	12	2.2	1.4	5.5	3.7	13.0	15.5	11.0	14.5
2018	1	2.1	2.1	5.0	5.0	10.9	10.9	10.2	10.2
	2	2.6	2.3	4.8	4.9	10.3	10.6	9.3	9.8
	3	2.6	2.4	4.8	4.9	7.1	9.4	7.2	8.9
	4	2.1	2.3	4.7	4.8	7.9	9.0	9.7	9.1
	5	2.1	2.3	4.6	4.8	10.1	9.3	12.5	9.7
	6	2.1	2.3	3.9	4.6	12.5	9.8	14.3	10.5
	7	2.1	2.2	4.0	4.5	13.8	10.4	13.6	10.9
	8	2.1	2.2	4.1	4.5	11.5	10.5	10.2	10.8
	9	1.8	2.2	4.3	4.5	11.6	10.6	8.8	10.6
	10	2.0	2.2	4.6	4.5	11.1	10.7	9.2	10.5
	11	1.5	2.1	3.6	4.4	8.0	10.4	9.1	10.3
	12	1.5	2.0	2.4	4.2	3.2	9.8	1.3	9.5

数据来源：《中国经济景气月报》、甘肃省统计局。

表 3　2018 年甘肃省主要经济指标

	1月	2月	3月	4月	5月	6月	7月	8月	9月	10月	11月	12月
	绝对值（自年初累计）											
地区生产总值（亿元）	—	—	1 575.8	—	—	3 497.6	—	—	6 043.7	—	—	8 246.1
第一产业	—	—	117.4	—	—	206.8	—	—	695.6	—	—	921.3
第二产业	—	—	549.3	—	—	1 238.0	—	—	2 117.0	—	—	2 794.7
第三产业	—	—	909.1	—	—	2 052.9	—	—	3 231.2	—	—	4 530.1
工业增加值（亿元）	—	237.2	358.6	473.7	676.8	831.7	977.4	1 134.0	1 284.8	1 429.0	1 571.7	1 677.5
固定资产投资（亿元）	—	—	—	—	—	—	—	—	—	—	—	—
房地产开发投资	—	28.9	89.1	167.7	267.6	461.2	572.9	696.8	849.5	965.9	1 054.7	1 116.4
社会消费品零售总额（亿元）	—	—	—	—	—	—	—	—	—	—	—	—
外贸进出口总额（亿元）	32.1	59.5	97.0	129.0	166.3	200.1	234.3	267.7	299.5	332.9	366.3	394.7
进口	20.4	36.3	62.1	83.0	108.9	132.2	152.2	173.3	194.0	212.3	233.5	248.8
出口	11.7	23.2	34.9	46.0	57.4	67.9	82.1	94.4	105.5	120.6	132.8	145.8
进出口差额（出口 – 进口）	-8.7	-13.1	-27.2	-37.0	-51.5	-64.4	-70.1	-79.0	-88.5	-91.7	-100.7	-103.0
实际利用外资（亿美元）	—	—	—	—	—	—	—	—	—	—	—	—
地方财政收支差额（亿元）	-123.2	-361.5	-658.7	-801.7	-998.5	-1 416.8	-1 582.8	-1 768.3	-2 107.7	-2 247.7	-2 483.1	-2 903.0
地方财政收入	90.6	141.8	197.7	272.5	368.6	451.9	530.6	583.0	640.8	710.0	782.2	870.8
地方财政支出	213.8	503.3	856.4	1 074.2	1 367.1	1 868.7	2 113.4	2 351.3	2 748.5	2 957.7	3 265.3	3 773.8
城镇登记失业率（%）（季度）	—	—	—	—	—	—	—	—	—	—	—	2.8
	同比累计增长率（%）											
地区生产总值	—	—	5.3	—	—	5.0	—	—	6.3	—	—	6.3
第一产业	—	—	4.0	—	—	5.1	—	—	4.6	—	—	5.0
第二产业	—	—	4.5	—	—	2.5	—	—	4.5	—	—	3.8
第三产业	—	—	6.0	—	—	6.7	—	—	8.0	—	—	8.4
工业增加值	—	5.7	6.2	4.8	3.8	3.6	4.5	5.8	6.1	5.3	4.2	4.6
固定资产投资	—	-6.4	2.7	-1.8	-10.8	-9.0	-9.3	-8.9	-6.1	-5.1	-5.0	-3.9
房地产开发投资	—	32.5	21.9	19.3	2.8	10.9	10.1	11.3	18.1	18.0	17.9	18.2
社会消费品零售总额		7.8	8.1	8.1	7.7	7.9	7.9	8.0	8.0	8.0	7.8	7.4
外贸进出口总额	11.2	25.1	32.6	32.3	32.0	40.1	43.0	38.9	35.1	31.1	26.9	21.0
进口	2.2	14.1	27.3	28.9	30.1	38.8	39.9	34.5	30.0	24.3	21.7	18.1
出口	31.4	47.2	43.3	39.0	35.7	42.8	49.1	48.0	45.5	45.1	37.2	26.4
实际利用外资	—	—	—	—	—	—	—	—	—	—	—	15.7
地方财政收入	14.2	14.9	7.8	8.5	11.9	10.2	11.6	10.7	8.8	7.4	6.6	8.3
地方财政支出	-17.8	17.1	9.6	11.6	9.0	8.6	11.6	11.4	15.1	15.9	13.7	14.2

数据来源：甘肃省统计局。

青海省金融运行报告（2019）

中国人民银行西宁中心支行货币政策分析小组

[内容摘要] 2018 年，青海省深入贯彻党的十九大精神，以习近平新时代中国特色社会主义思想为指导，以供给侧结构性改革为主线，推动信息化和工业化深度融合、工业化和城镇化良性互动、城镇化和农业现代化相互协调。全省经济社会发展总体平稳、稳中有进，全年实现地区生产总值 2 865 亿元，同比增长 7.2%，人均生产总值 47 689 元，同比增长 6.3%，三次产业增加值同比分别增长 4.5%、7.8%、6.9%，居民消费价格同比上涨 2.5%。全省金融业紧紧围绕服务实体经济发展和供给侧结构性改革，认真贯彻落实稳健中性货币政策和宏观审慎政策，助力脱贫攻坚，切实防范化解各类金融风险，有效促进了金融和实体经济的良性循环，为稳增长、调结构、促改革、惠民生、防风险、保稳定营造了适宜的货币金融环境。全年全省社会融资规模新增 165.5 亿元，金融机构人民币各项存款余额 5 754.7 亿元，同比下降 1.2%，金融机构人民币各项贷款余额 6 582.4 亿元，同比增长 5.8%。

经济运行主要呈现以下特点：一是投资消费出口协同拉动经济增长。固定资产投资同比增长 7.3%，增速较上年下降 3 个百分点，其中第三产业固定资产投资占全省固定资产投资的 67.7%。社会消费品零售总额 835.6 亿元，同比增长 6.7%。货物进出口总额 46 亿元，同比增长 3.5%，其中出口额 31.1 亿元，同比增长 8.1%，进口额 14.9 亿元，同比下降 5%。二是高技术引领工业结构优化升级。全省规模以上工业增加值 818.7 亿元，同比增长 8.6%。规模以上工业 33 个大类行业中 21 个行业增加值均较上年增长，其中新能源产业、新材料产业、有色金属产业、生物产业和装备制造业增加值同比分别增长 5.3%、18.6%、7.7%、24.5% 和 21.2%。高技术制造业增加值同比增长 35.5%。建成比亚迪锂动力电池一期、青海铜业 10 万吨阴极铜等重点项目，开复工国电投 N 型电池、大美煤业尾气制烯烃等 132 个重点项目，启动重点行业能效“领跑者”专项行动，盐湖氯化锂熔盐电解法制取金属锂生产线贯通。新能源装机容量突破 1 200 万千瓦，清洁能源发电量同比增长 50.9%，德令哈光热发电项目填补了中国大规模槽式光热发电技术空白。新增页岩气资源等 3 家重点实验室，新登记科技成果 518 项，专利申请增长 43.7%，科技型企业数量提前一年实现倍增目标。三是特色农牧业持续健康发展。2018 年青海省农作物总播种面积 557.3 千公顷，全年粮食产量 103.1 万吨，肉类总产量 36.5 万吨，保持平稳增长。稳步推进乡村振兴战略，启动实施牦牛和青稞产业发展三年行动计划，组建优质农产品、枸杞、牦牛、三文鱼等产业联盟，举办首届农民丰收节暨特色农产品展销会，专业合作社实现行政村全覆盖，农畜产品加工转化率达 56%。四是服务业运行质效提升。推进电子商务进农村，完善电商服务网点建设。2018 年全省实现电子商务交易额 749.6 亿元，同比增长 25.3%，实现网络零售额 297.4 亿元，同比增长 34%。全域旅游发展格局初步形成，旅游人数和总收入分别增长 20.7% 和 22.2%，旅游关注度持续提升。城乡文化阵地建设扎实推进，广播影视体系建设不断加强，民族舞剧《唐卡》在全国多地巡演，迎接改革开放 40 周年影片《天慕》反响热烈。五是供给侧结构性改革有序推进。退出煤炭产能 69 万吨，减免企业税费 105.3 亿元。全面推行“马上办、网上办、就近办、一次办”，工商登记实现“四十一证合一”，新增规模以上企业 44 户、中小微企业 1 010 户。扩大国有企业“3+10”改革试点，省属企业在改革脱困中实现提质增效。稳妥开展农牧区集体产权制度改革，积极推进村集体经济“破零”工程。六是“扎扎实实推进生态环境保护”取得实效。六成以上主要耗能工业企业单位产品综合能耗指标同比下降，自然保护区内的矿业权全部注销。扎实推进各类重点生态工程，完成营造林406万亩，森林覆盖率达到7.3%，涵盖水面、湿地、林草的蓝绿空间占比超过70%。

金融运行主要呈现以下特点：一是货币政策和宏观审慎政策双支柱框架的结构引导作用增强。中国人民银行西宁中心支行组织开展宏观审慎评估（MPA），建立了从事前到事后的评估体系，并依据评估结果加强督导，评估合格率达到100%，地方法人金融机构经营稳健性显著提高。落实定向降准和差别存款准备金政策，累计释放金融机构可贷资金23亿元，全部用于增加“三农”、小微企业、脱贫攻坚等普惠领域的信贷投放。2018年末，全省地方法人金融机构人民币贷款余额1 129.9亿元，同比增长11.9%，较全省贷款增速高6.1个百分点。优化再贷款、再贴现资金配置结构，向金融扶贫和小微企业等领域集中，在全省各市州设立再贴现转授权窗口，开通再贴现“绿色通道”；对符合条件的民营、小微企业票据见票即贴。全年累计发放支农再贷款117亿元，其中扶贫再贷款98亿元、支小再贷款18亿元，办理再贴现140亿元，同比分别增长110.4%、123.6%、146.3%和76.9%。二是银行业对实体经济的支持力度稳固。2018年，青海省银行业资产负债规模小幅收缩，盈利有所下降，在不良贷款“双升”压力加大的情况下，贷款保持了适度增长，信贷投放重点突出。全省工业贷款余额2 014.7亿元，比年初增加104.7亿元，同比增长4.5%。持续做好钢铁、煤炭等行业化解过剩产能和转型升级金融服务。普惠金融发展成效显著，全年深度贫困地区金融精准扶贫贷款余额37.8亿元，同比增长2.8%；4.1万户“三有一无”建档立卡贫困户获得贷款支持，覆盖率达到73.2%。全省“530”扶贫小额信贷余额12亿元，同比增长118%。存款增长趋缓，非金融企业存款下降较多。存贷款利率水平基本稳定，各期限贷款加权平均利率同比略有上升，小微企业贷款利率明显下行。跨境人民币业务量下降。三是证券期货公司经营平稳。法人证券公司和期货公司经营总体平稳，盈利受整体市场影响有所下降，但经营风险基本可控，16家私募基金管理人管理基金实缴规模146.7亿元，同比增长13.7%，私募基金超过97%投向本省企业，有效发挥服务地方经济的作用。四是保险业有效发挥“经济稳定器”作用。青海省成为全国首个商业保险机构经办城乡居民基本医保实现全覆盖的省份。率先启动商业车险自主定价改革，车险保障水平不断提升，服务成本稳步下降。全省保险公司资产总额同比增长14.4%，原保费收入同比增长9.3%，各项保险赔付支出同比增长18.6%。五是金融市场健康发展。社会融资增量回落，全省首单绿色金融债成功发行，首只“双创”债成功注册。全年青海省货币市场成员交易量进一步上升，省内金融机构票据融资稳步增长。六是金融生态环境不断优化。试建“中小微企业信用信息和融资对接平台”，910户中小微企业建立电子信用档案。92%的农户建立了信用档案，评定信用县、乡（镇）、村、信用户同比分别增长150.0%、8.0%、9.2%、5.4%。贫困户“谅解＋救济”信用修复机制成效显著，1 652户信用得到修复的贫困户再获贷款5 575.2万元。“固定平台＋移动展业＋流动金融服务车”多维度移动金融服务模式得到推广，移动支付产品在青海省便民支付领域普及应用。

2019年，青海省将继续以习近平新时代中国特色社会主义思想为指导，全面贯彻党的十九大和十九届二中、三中全会及庆祝改革开放40周年大会、中央经济工作会议精神，统筹推进“五位一体”总体布局和协调推进“四个全面”战略布局，坚持新发展理念，坚持生态优先、绿色发展，协同推进经济发展和生态环境保护，在深入实施“五四战略”、奋力推进“一优两高”上下功夫、求实效，发展清洁能源、旅游等特色优势产业，加强营商环境、基础设施等软硬环境建设，努力实现经济社会发展的良好循环。青海省金融业将坚持稳中求进工作总基调，紧紧围绕推动高质量发展，深化供给侧结构性改革，增强金融服务实体经济的能力和水平。

中国人民银行西宁中心支行将认真贯彻稳健的货币政策，引导货币信贷和社会融资规模适度增长，提高金融管理和服务效率，加强金融风险防控，促进青海省经济金融持续健康发展。

一、金融运行情况

2018年，青海省金融业认真执行稳健中性货币政策，金融运行总体平稳，银行体系流动性合理充裕，利率水平基本稳定，证券业和保险业健康发展，服务实体经济能力不断提升，有力支持了经济社会发展。

（一）银行业运营稳健，信贷支持重点突出

1. 银行业金融机构发展趋缓。2018年末，青海省银行业金融机构资产总额8 846.7亿元，同比下降1.4%；负债总额8 549.5亿元，同比下降0.8%。全省共有银行业金融机构57家，非银行业金融机构2家，资产管理分支机构1家，二级分行44家，支行及支行以下营业网点1 037个，从业人员18 194人。

表1　2018年青海省银行业金融机构情况

机构类别	营业网点			法人机构（个）
	机构个数（个）	从业人数（人）	资产总额（亿元）	
一、大型商业银行	431	9 244	3 246	0
二、国家开发银行和政策性银行	27	557	2 175	0
三、股份制商业银行	38	1 191	633	0
四、城市商业银行	83	1 556	1 043	1
五、城市信用社	0	0	0	0
六、小型农村金融机构	376	4 007	1 127	31
七、财务公司	1	32	112	1
八、信托公司	1	437	165	1
九、邮政储蓄银行	178	967	331	0
十、外资银行	0	0	0	0
十一、新型农村金融机构	8	183	15	7
十二、其他	1	20	0	0
合　计	1 144	18 194	8 847	41

注：营业网点不包括国家开发银行和政策性银行、大型商业银行、股份制商业银行等金融机构总部数据；大型商业银行包括中国工商银行、中国农业银行、中国银行、中国建设银行和交通银行；小型农村金融机构包括农村商业银行、农村合作银行和农村信用社；新型农村金融机构包括村镇银行、贷款公司、农村资金互助社；“其他”包含金融租赁公司、汽车金融公司、货币经纪公司、消费金融公司等。

数据来源：青海银保监局。

2. 存款呈现负增长。2018年末，青海省金融机构本外币存款余额同比下降1.2%，增速较上年下降5.8个百分点。从存款结构看，住户存款同比增长7.2%，较上年同期上升0.3个百分点；非金融企业存款同比下降10.2%，较上年同期下降8.1个百分点；广义政府存款同比增长1.1%，较上年同期下降1个百分点；同业存款同比下降54.6%，较上年同期下降56.7个百分点。

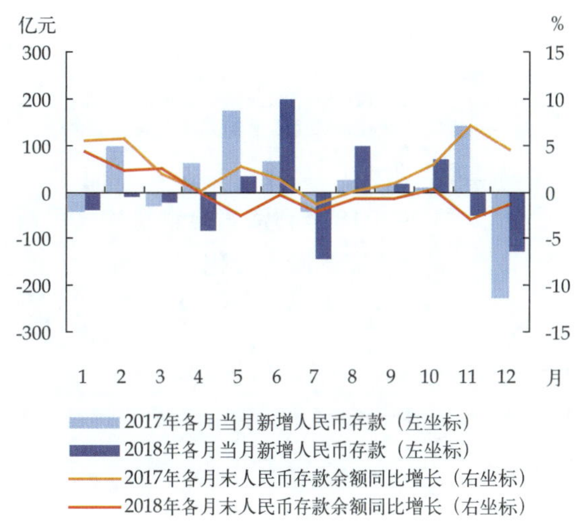

数据来源：中国人民银行西宁中心支行。

图1　2017~2018年青海省金融机构人民币存款增长变化

3. 贷款适度增长。2018年末，青海省金融机构本外币贷款余额同比增长4.4%，增速较上年下降6.7个百分点。其中，境内住户贷款增长5.7%，非金融企业及机关团体贷款增长4.7%。

普惠金融发展成效显著。2018年，全省涉农贷款占各项贷款余额的37.7%；工业、金融精准扶贫、“两权”抵押、小微企业贷款同比分别增长8.6%、3.3%、483%和5.1%，金融支持重点领域和薄弱环节力度进一步加大。

货币政策工具引导作用增强。全年累计发放支农再贷款117.0亿元，其中，扶贫再贷款98.0亿元、支小再贷款18.0亿元，办理再贴现

140.0 亿元，同比分别增长 110.4%、123.6%、146.3% 和 76.9%。全省各市州设立再贴现转授权窗口，开通再贴现“绿色通道”；对金融机构提交的民营和小微企业票据，符合条件见票即贴，扩大了民营和小微企业融资渠道。

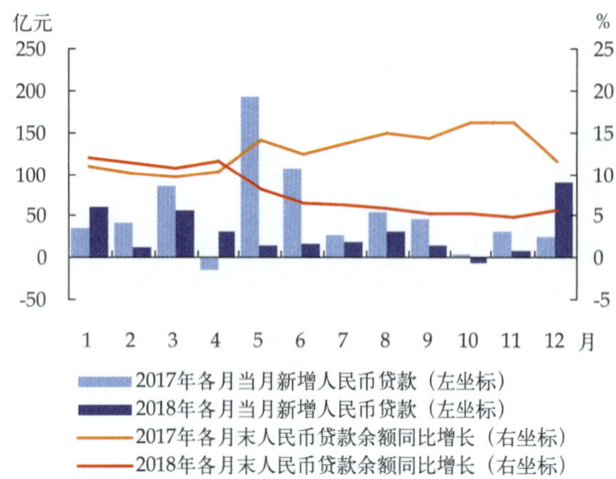

数据来源：中国人民银行西宁中心支行。

图 2 2017~2018 年青海省金融机构人民币贷款增长变化

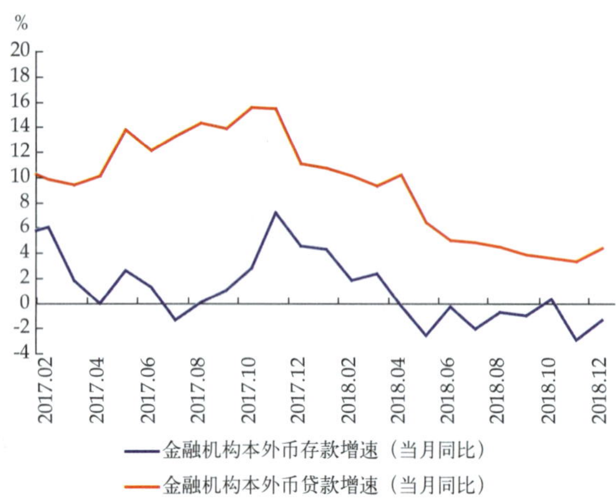

数据来源：中国人民银行西宁中心支行。

图 3 2017~2018 年青海省金融机构本外币存、贷款增速变化

4. 表外融资规模合理压降。2018 年末，全省表外业务余额 2 937.5 亿元，同比增长 10.6%，增速同比下降 8.6 个百分点。委托贷款余额 502.7 亿元，同比下降 2.9%；发行理财 47.0 亿元，同比增长 38.2%。

5. 利率水平基本稳定。2018 年，全省市场利率定价自律机制逐步完善，金融机构利率定价能力不断提升，全省利率市场平稳运行。省内国有及股份制商业银行各期限定期存款加权平均利率同比下降 0.02 个百分点，外币存款利率同比上升 0.8 个百分点；各期限一般贷款加权平均利率同比上升 0.28 百分点。民间借贷加权平均利率同比下降 0.33 个百分点。

小微企业贷款利率明显下行。企业贷款加权平均利率较上年同期上升 0.21 个百分点。其中，大型企业贷款利率较上年同期上升 0.32 个百分点，中型和小型企业贷款利率与上年同期基本持平，微型企业贷款利率下降 0.62 个百分点。

表 2 2018 年青海省金融机构人民币贷款各利率区间占比

单位：%

月份		1 月	2 月	3 月	4 月	5 月	6 月
合计		100.0	100.0	100.0	100.0	100.0	100.0
下浮		11.4	13.9	14.4	19.5	5.6	4.8
基准		38.8	34.8	24.0	18.4	33.9	32.9
上浮	小计	49.8	51.3	61.6	62.2	60.5	62.3
	(1.0, 1.1]	16.9	14.5	24.9	29.2	22.8	23.8
	(1.1, 1.3]	21.5	15.3	24.0	20.8	19.4	20.7
	(1.3, 1.5]	6.9	14.8	8.3	6.8	12.1	13.4
	(1.5, 2.0]	4.4	6.1	4.2	5.3	6.0	4.3
	2.0 以上	0.1	0.6	0.3	0.1	0.2	0.2
月份		7 月	8 月	9 月	10 月	11 月	12 月
合计		100.0	100.0	100.0	100.0	100.0	100.0
下浮		8.4	30.8	14.5	7.3	15.7	18.0
基准		30.4	12.4	12.3	16.0	20.0	23.0
上浮	小计	61.2	56.8	73.2	76.7	64.3	59.0
	(1.0, 1.1]	27.1	9.7	20.2	10.9	18.2	20.3
	(1.1, 1.3]	16.5	22.4	29.3	42.5	28.6	23.1
	(1.3, 1.5]	8.5	18.5	17.8	16.0	9.4	10.4
	(1.5, 2.0]	8.9	6.0	5.6	7.0	7.7	4.9
	2.0 以上	0.3	0.2	0.3	0.3	0.4	0.2

数据来源：中国人民银行西宁中心支行。

6. 银行信贷资产质量承压。2018 年末，全省银行业金融机构不良贷款同比增加 36.0 亿元；不良贷款率较上年上升 0.43 个百分点。全年增提贷款减值损失准备 124.6 亿元。全省银行业金融机构实现净利润 15.4 亿元，同比少盈利 76.1 亿元。

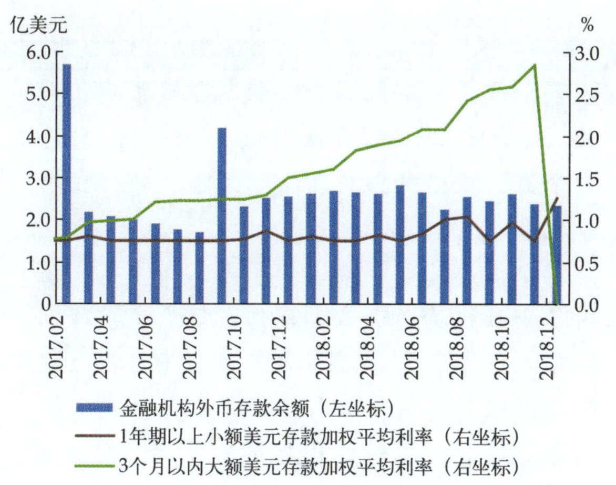

数据来源：中国人民银行西宁中心支行。

图 4　2017~2018 年青海省金融机构外币存款余额及外币存款利率

7. 银行业改革稳步推进。2018 年，青海省 8 家农村信用社改制为农村商业银行，华夏银行西宁分行、2 家村镇银行开业运营，3 家农村商业银行获批筹建。省内国有大型银行均成立了普惠金融事业部，二级分支机构均成立了普惠金融服务中心，各营业网点均设立了普惠金融服务中心店，部分股份制商业银行设立了普惠金融专营部门。各银行完善了绩效考核机制，健全风险管理架构，提升风控能力。2018 年，各行以“股权 + 贷款”方式发展科技金融，设立 25 只共计 236.8 亿元产业投资基金，有效服务于创新驱动战略。

8. 人民币跨境收支结构持续优化。2018 年，全省跨境人民币收付总额 2.6 亿元，同比下降 93.4%。从交易结构看，经常项目、资本项目在结算总额中的占比分别达到 55% 和 54%，进出口贸易本币结算占结算总额的 27%，进出口贸易和境外项目贷款成为拉动全省人民币跨境交易需求的主要业务，跨境人民币服务实体经济能力不断提升。

专栏 1　青海省民营小微金融服务工作扎实推进

2018 年，中国人民银行西宁中心支行围绕“扩面、增量、降成本、控风险”的政策目标，注重发挥政策合力，与有关部门制定下发了《关于深化全省小微企业金融服务的指导意见》，提出 33 条金融支持民营和小微金融服务的具体措施，进一步完善了全省金融支持民营和小微企业发展的政策体系。全省金融机构迅速行动，积极改进服务，初见成效。

截至 2018 年末，全省调查统计口径小微企业贷款余额 1 382.7 亿元，同比增长 5.1%；贷款户数 10 869 户，同比增长 30.5%。单户授信 1 000 万元及以下小微企业贷款余额 305.6 亿元，同比增长 10.8%，贷款户数 206 617 户，同比增长 6.3%；单户授信 500 万元及以下小微企业贷款余额 245.3 亿元，同比增长 8.5%，贷款户数 194 266 户，同比增长 3.9%。小微企业应收账款质押融资额 51.6 亿元，同比增长 7.8%。

小微金融业务内部管理机制持续改进。省内大部分金融机构制定了深化小微企业金融服务的具体措施和实施方案；完善小微企业贷款业务尽职免责制度，对小微企业金融服务实施差异化考核和支持。如农业发展银行青海省分行落实尽职免责制度，适当提高深度贫困地区小微企业不良贷款容忍度；对于“三区三州”等深度贫困地区发放的小微企业扶贫贷款不良率不高于 3.5%，“三区三州”等深度贫困地区采取“吕梁模式”发放的小微企业产业扶贫贷款不良贷款率不高于 5% 的，在业务操作管理方面遵守有关法律法规和监管规定，恪尽职业操守，不涉及道德风险的，将予以尽职免责，不追究业务操办人员责任。

小微企业融资服务便利性持续提升。省内各金融机构努力降低小微企业融资门槛，落实无还本续贷政策，开展信用修复谅解工作，优化小微企业开户服务，切实提高小微企业金融服务便利性。如国家开发银行青海省分行立足自身优势，进一步丰富和创新“四台一会”的小微企业融资机制，针对不同类型、不同发展阶段的小微企业特点，设计了“国开微贷”“国开农贷”融资模式，取得了一定的成效。

小微企业融资成本低于全国平均水平。省内各金融机构按照政策要求，合理确定小微企业贷款利率，严格落实相关收费减免政策，切实降低小微企业融资成本。截至2018年末，全省小微企业贷款加权平均利率低于全国平均水平。如省农村信用社联合社、农村商业银行、农村合作银行加强利率定价管理，对符合条件的小微企业实行贷款优惠利率，切实降低企业的融资成本和债务负担。中国银行青海省分行严格落实小微企业收费“两禁两限”要求，坚持“七不准”“四公开”政策，严禁对小微企业收取不合规费用，严禁“以贷转存”“存贷挂钩”“以贷收费”“浮费分离”及借贷搭售、一浮到顶、转嫁成本等现象。

小微企业融资渠道和手段不断丰富。省内各金融机构通过多方合作，努力完善跨部门交流合作平台，提高小微企业融资可得性。如建设银行青海省分行与国家税务总局青海税务局及青海银保监局共同签署“线上银税互动”合作协议，成功搭建了青海省首个以“信”养“信”的企业融资模式。

（二）证券业健康发展，多层次资本市场发展稳中向好

1. 证券期货经营机构盈利水平下降。2018年末，青海省法人证券公司1家，全年累计代理交易额3 944.0亿元，同比减少50.2%；净利润0.1亿元，同比减少94.3%。青海省法人期货公司1家，全年累计代理交易额3 106.0亿元，同比增加8.1%，净利润2 363.2万元，同比减少27.5%。

2. 多层次资本市场发展稳中向好。2018年末，青海省企业债券融资65.7亿元，其中公司债7.5亿元，非金融企业债务融资工具58.2亿元；私募基金管理人16家，管理基金实缴规模146.72亿元，同比增长13.67%，私募基金超过97%投向本省企业，有效发挥服务地方经济的作用。

表3　2018年青海省证券业基本情况

项目	数量
总部设在辖内的证券公司数（家）	1
总部设在辖内的基金公司数（家）	0
总部设在辖内的期货公司数（家）	1
年末国内上市公司数（家）	12
当年国内股票（A股）筹资（亿元）	0
当年发行H股筹资（亿元）	0
当年国内债券筹资（亿元）	66
其中：短期融资券筹资额（亿元）	48
中期票据筹资额（亿元）	10

注：当年国内股票（A股）筹资额指非金融企业境内股票融资。

数据来源：青海证监局。

（三）保险业务持续增长，改革稳步推进

1. 保险业务保持较快发展。2018年末，全省共有保险机构328家，保险从业人员20 905人。全省保险公司资产总额达175.5亿元，同比增长14.4%。全省累计实现原保费收入87.7亿元，同比增长9.3%。各项保险赔付支出34.7亿元，同比增长18.6%。

2. 保险业改革不断深化。2018年9月，青海省率先启动商业车险自主定价改革。自改革以来，商业车险平均折扣系数总体平稳，车险保障水平不断提升，服务成本稳步下降，车险消费者对车险服务满意度明显上升。2018年末，商业车险签单件数同比增长17.1%，商业车险投保率同比提高3.8个百分点，单均保费同比下降17%。青海省成为全国首个商业保险机构经办城乡居民基本医保实现全覆盖的省份。

表4　2018年青海省保险业基本情况

项目	数量
总部设在辖内的保险公司数（家）	0
其中：财产险经营主体（家）	0
人身险经营主体（家）	0
保险公司分支机构（家）	328
其中：财产险公司分支机构（家）	211
人身险公司分支机构（家）	117

续表

项目	数量
保费收入（中外资，亿元）	88
其中：财产险保费收入（中外资，亿元）	37
人身险保费收入（中外资，亿元）	51
各类赔款给付（中外资，亿元）	35
保险密度（元 / 人）	1 456
保险深度（%）	3

数据来源：青海银保监局。

（四）地区社会融资规模整体回落，创新型产品有效推进

1. 地区社会融资规模增量回落。2018 年，青海省社会融资规模增量 125.7 亿元，较上年少增 1 082.7 亿元。其中，表内融资新增 351.3 亿元，占社会融资规模的比重为 70.8%；表外融资下降 185.1 亿元，占比 16.9%。人民币贷款占社会融资规模的比重较上年上升 17.7 个百分点，信贷融资仍是主要融资来源。

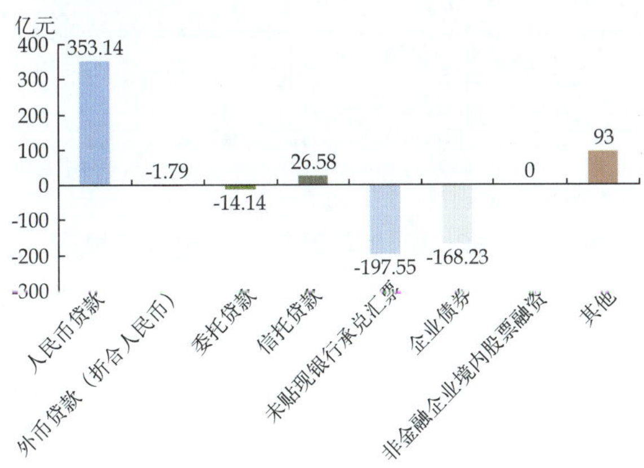

数据来源：中国人民银行西宁中心支行。

图 5　2018 年青海省社会融资规模分布结构

2. 债券市场融资品种不断丰富。西宁农村商业银行发行青海省首单绿色金融债 1.7 亿元，青海银行申请发行不超过 15 亿元绿色债券；西宁经济技术开发区投资控股有限公司成功发行青海省首单 10 亿元“双创”债券。

3. 货币市场交易量下降。2018 年，全省机构银行间市场交易量共计 17 166.4 亿元，同比下降 28.1%。其中，同业拆借累计成交 1 003.4 亿元，同比增长 238.9%；质押式回购累计成交 12 743.9 亿元，同比下降 23.8%；买断式回购累计成交 867.3 亿元，同比下降 82.2%；现券交易量 2 551.8 亿元，同比增长 28.5%。市场资金呈现净融入态势。

4. 票据业务平稳增长。2018 年末，全省票据融资余额 877.0 亿元，占人民币贷款比重为 13.3%，较上年同期提高 3.3 个百分点。金融机构累计签发银行承兑汇票 207.7 亿元，比上年同期减少 9.5 亿元，其中大型企业累计签发占比 45.6%、中小微型企业占比 54.4%。

表 5　2018 年青海省金融机构票据业务量统计

单位：亿元

季度	银行承兑汇票承兑		贴现			
			银行承兑汇票		商业承兑汇票	
	余额	累计发生额	余额	累计发生额	余额	累计发生额
1	90.1	40.6	618.8	147.4	0	0
2	88.8	76.7	638.3	225.3	0	0
3	102.3	129.1	707.8	291.5	0	0
4	144.2	207.8	877.0	372.7	0	0

数据来源：中国人民银行西宁中心支行。

表 6　青海省金融机构票据贴现、转贴现利率

单位：%

季度	贴现		转贴现	
	银行承兑汇票	商业承兑汇票	票据买断	票据回购
1	5.07	5.50	5.05	4.88
2	5.04	5.08	4.92	4.56
3	4.83	5.08	4.40	3.87
4	4.60	5.08	4.12	3.74

数据来源：中国人民银行西宁中心支行。

（五）金融生态环境持续优化，金融基础设施不断完善

1. 信用普惠助推“三农”、小微稳步发展。海西州试建“中小微企业信用信息和融资对接平台”，910 户中小微企业建立了电子信用档案。西部矿业集团公司签订应收账款质押融资服务平台对接协议，2018 年应收账款新增融资 55.8 亿元。92% 的农户建立了信用档案，评定信用县、乡（镇）、村、信用户同比分别增长 150%、8.0%、9.2% 和 5.4%。贫困户“谅解 + 救济”信用修复机制成效显著，1 652 户信用得到修复的贫困户再获贷款 5 575.2 万元。“农户信用信

息数据库暨惠农金融服务平台”录入信用户 33 万户、信用村 1 291 个、信用乡（镇）109 个，线上受理农户贷款申请 4 654 笔。

2. 移动支付助力网络普惠金融发展。青海省偏远地区“固定平台 + 移动展业 + 流动金融服务车”多维度移动金融服务模式得到推广；实施移动支付便民示范工程，推动移动支付产品在便民支付领域的普及应用。全省设立惠农金融服务点 4 887 个，配置 12 台流动金融服务车，累计下乡次数 2 671 次，服务里程 46 090 公里；全省移动支付业务交易金额 7 338.7 亿元，同比增长 63.4%。

3. 消费者权益保护工作扎实推进。多渠道多方位开展金融知识普及教育，拓展金融知识纳入国民教育体系试点范围，按期建成青海省“12363 投诉咨询电话呼叫中心”，全年受理处理金融消费者投诉 116 起、咨询 76 起，同比分别增长 16% 和 130.3%，办结率达 100%。

二、经济运行情况

2018 年，青海省经济社会发展总体平稳、稳中有进，呈现结构优化、后劲增强、质量提升、民生改善的良好态势。全年实现生产总值 2 865.2 亿元，按可比价格计算，同比增长 7.2%。人均生产总值 47 689 元，同比增长 6.3%。第一、第二、第三产业增加值同比分别增长 4.5%、7.8%、6.9%，三次产业比重为 9.4 ∶ 43.5 ∶ 47.1。第三产业增加值占比提高 0.5 个百分点。

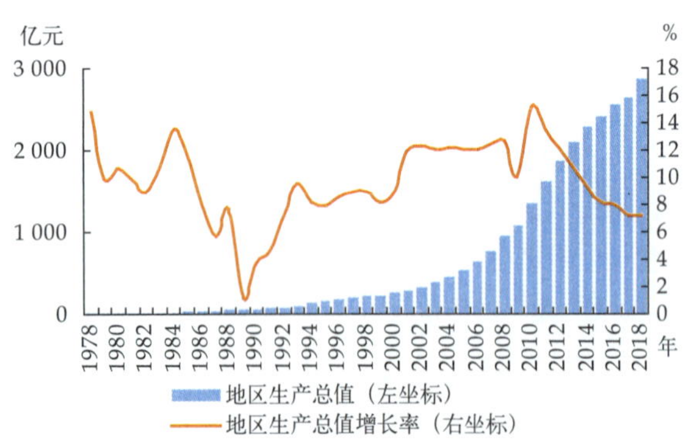

数据来源：青海省统计局。

图 6　1978~2018 年青海省地区生产总值及其增长率

（一）需求平稳增长，经济发展内生动力增强

1. 固定资产投资增速放缓。2018 年，全省完成全社会固定资产投资同比增长 7.3%，较上年下降 3 个百分点。第一、第二、第三产业投资同比分别增长 12.5%、14.3% 和 4.3%，第三产业固定资产投资占全省固定资产投资的 67.7%，惠民生投资同比增长 13.2%，战略性新兴产业投资同比增长 9.7%，生态保护和环境治理投资同比增长 58.8%。全省亿元以上施工项目投资同比增长 15.9%，占全省固定资产投资的 68%，拉动全省固定资产投资增长 10 个百分点。

数据来源：青海省统计局。

图 7　1980~2018 年青海省固定资产投资（不含农户）及其增长率

2. 消费品市场运行平稳。2018 年末，青海省社会消费品零售总额 835.6 亿元，同比增长 6.7%，其中限额以上企业零售额 339.3 亿元，同比增长 0.3%，限额以下单位零售额 496.2 亿元，同比增长 11.6%。城镇和乡村消费品零售额同比分别增长 6.7% 和 6.8%；限额以上批发和零售业商品零售额中，服装鞋帽针织品类增长 16.7%，石油及制品类增长 10.1%，金银珠宝类增长 8.0%，烟酒类下降 37.0%，汽车类下降 6.6%。

3. 对外贸易小幅增长。2018 年，青海省货物进出口总额 46 亿元，同比增长 3.5%，其中出口额 31.1 亿元，同比增长 8.1%，进口额 14.9 亿元，同比下降 5%。全年对外承包工程业务完成营业额 28.15 亿元，同比增长 7.2%，对外劳务合作派出各类劳务人员695人，同比增长34.4%。全年与62个“一带一路”沿线国家（地区）发生贸易往来，开行首列国际陆海贸易新通道铁海联运班列，举办哈萨克斯坦商品展“青海品牌商品推介活动”、香港“青海商品大集”，自营产品出口增长21%。

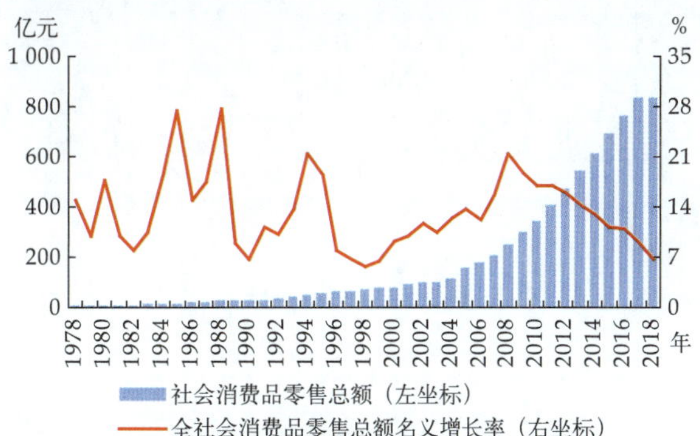

数据来源：青海省统计局。

图8 1978~2018年青海省社会消费品零售总额及其增长率

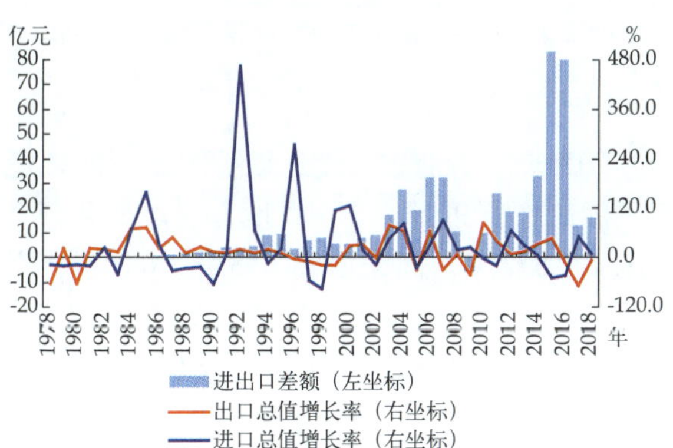

数据来源：青海省统计局。

图9 1978~2018年青海省外贸进出口变动情况

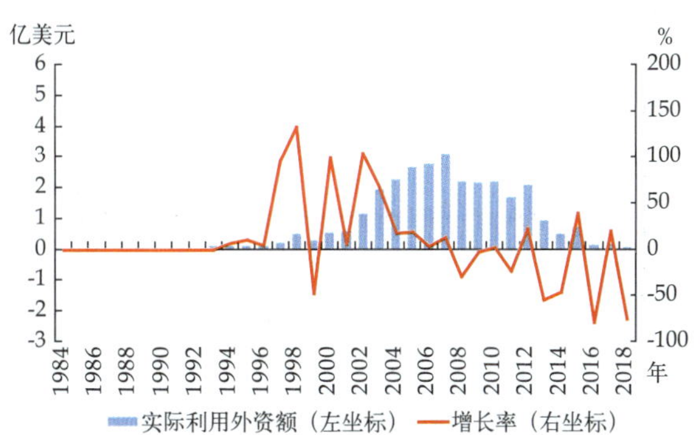

数据来源：青海省统计局。

图10 1984~2018年青海省实际利用外资额及其增长率

（二）供给结构持续优化，质量效益不断改善

1. 特色农牧业持续健康发展。2018年，青海省农作物总播种面积557.2千公顷，全年粮食产量103.1万吨，肉类总产量36.5万吨，保持平稳增长。稳步推进乡村振兴战略，启动实施牦牛和青稞产业发展三年行动计划，组建优质农产品、枸杞、牦牛、三文鱼等产业联盟，举办首届农民丰收节暨特色农产品展销会，专业合作社实现行政村全覆盖，农畜产品加工转化率达56.0%。

2. 高技术引领工业优化升级。2018年，青海省工业增加值818.7亿元，同比增长8.6%。规模以上工业33个大类行业中21个行业增加值比上年增长，其中，新能源产业、新材料产业、有色金属产业、生物产业和装备制造业增加值同比分别增长5.3%、18.6%、7.7%、24.5%和21.2%。高技术制造业增加值同比增长35.5%。建成比亚迪锂动力电池一期、青海铜业10万吨阴极铜等重点项目，开复工国电投N型电池、大美煤业尾气制烯烃等132个重点项目，启动重点行业能效“领跑者”专项行动，盐湖氯化锂熔盐电解法制取金属锂生产线贯通。新能源装机容量突破1 200万千瓦，清洁能源发电量同比增长50.9%，德令哈光热发电项目填补了中国大规模槽式光热发电技术空白。新增页岩气资源等3家重点实验室，新登记科技成果518项，专利申请同比增长43.7%，科技型企业数量提前一年实现倍增目标。

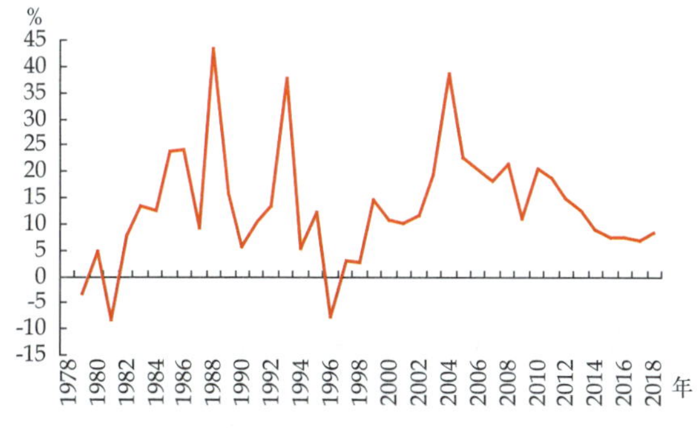

数据来源：青海省统计局。

图11 1978~2018年青海省规模以上工业增加值实际增长率

3. 服务业运行质效提升。推进电子商务进农村，完善电商服务网点建设，2018 年全省实现电子商务交易额 749.6 亿元，同比增长 25.3%，实现网络零售额 297.4 亿元，同比增长 34%。全域旅游发展格局初步形成，旅游人数和总收入同比分别增长 20.7% 和 22.2%，旅游关注度持续提升。城乡文化阵地建设扎实推进，广播影视体系建设不断加强，民族舞剧《唐卡》在全国多地巡演，迎接改革开放 40 周年影片《天慕》反响热烈。

4. 供给侧结构性改革有序推进。退出煤炭产能 69 万吨，减免企业税费 105.3 亿元。全面推行“马上办、网上办、就近办、一次办”，工商登记实现“四十一证合一”，新增规模以上企业 44 户、中小微企业 1 010 户。扩大国有企业“3+10”改革试点，省属企业在改革脱困中实现提质增效。稳妥开展农牧区集体产权制度改革，积极推进村集体经济“破零”工程。

5.“扎扎实实推进生态环境保护”取得实效。2018 年，青海省主要耗能工业企业单位产品综合能耗统计监测的 18 种产品中，有 11 种产品的综合能耗指标同比下降，下降面达六成以上。扎实推进各类重点生态工程，自然保护区内的矿业权全部注销，保护动物种群恢复增长，森林覆盖率达到 7.3%，涵盖水面、湿地、林草的蓝绿空间占比超过 70%。

（三）物价走势稳中有升，就业形势稳定

1. 居民消费价格温和上涨。2018 年，青海省居民消费价格总水平比上年上涨 2.5%，涨幅较上年扩大 1 个百分点。其中城市上涨 2.5%、农村上涨 2.5%。

2. 工业生产者出厂价格上涨面逐渐缩小。2018 年，青海省工业生产者出厂价格同比上涨 4.8%，购入价格同比上涨 4.5%。33 个工业大类行业中有 25 个行业上涨，上涨面为 75.8%，较上年缩小 9 个百分点。其中，有色金属冶炼和压延加工业、化学原料和化学制品制造业和黑色金属冶炼和压延加工业在 12 月由涨转降，下拉总指数效应明显。

3. 就业形势稳定，劳动力成本继续上涨。2018 年，青海省实施更加积极的就业政策，城镇新增就业 6.2 万人，农牧区富余劳动力转移就业 113.9 万人次，年末城镇登记失业率为 3%，高校毕业生就业率达 89.3%。劳动力价格继续上升，人均工资性收入 12 209 元，同比增长 7.6%。

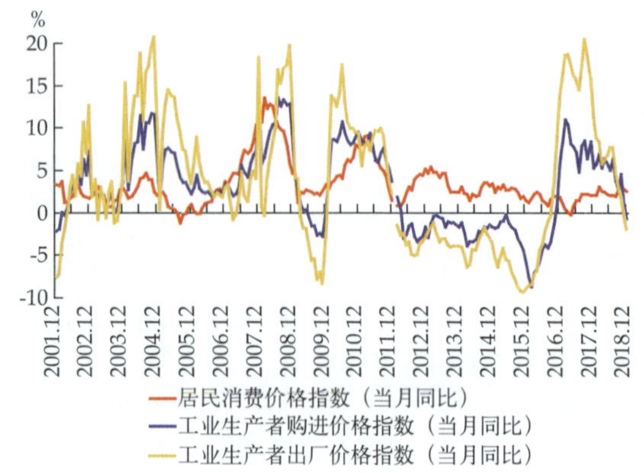

数据来源：青海省统计局。

图 12　2001~2018 年青海省居民消费价格指数和工业生产者价格指数变动趋势

（四）财政收支稳定增长，民生保障进一步增强

2018 年，青海省一般公共预算收入 448.6 亿元，同比增长 9.7%。其中，地方一般公共预算收入 272.8 亿元，同比增长 10.8%。增值税、企业所得税、个人所得税分别增长 4.0%、7.7% 和 24.6%。全省一般公共预算支出 1 647.5 亿元，同比增长 7.6%，其中，交通运输支出增长 33.9%、医疗卫生与计划生育支出增长 14.5%、社会保障和就业支出增长 13.3%、农林水支出增长 10.7%。全年国库现金管理累计投放定期存款 500 亿元。

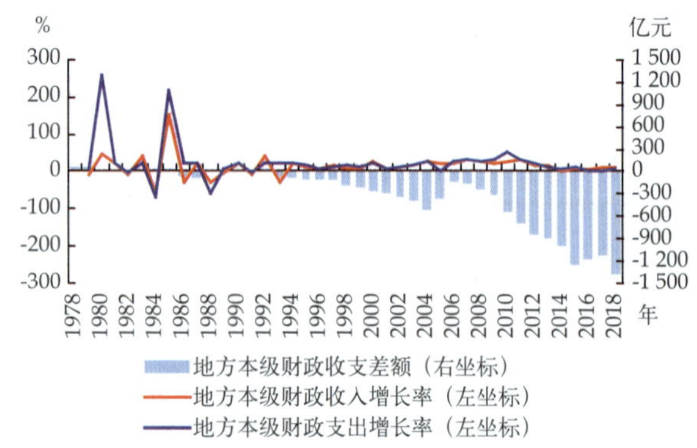

数据来源：青海省统计局。

图 13　1978~2018 年青海省财政收支状况

（五）房地产市场总体平稳，文化旅游产业发展较快

1. 房地产市场总体平稳。

（1）房地产开发投资和商品房交易量整体呈现“先扬后抑”态势。下半年，房地产开发投资增速由正转负，且降幅明显。全年全省房地产开发投资完成额同比下降13.9%，其中商品住房投资完成额同比增长1.0%。新开工房屋面积同比下降28.1%，其中商品住宅新开工面积同比下降13.0%。全省商品房销售面积同比下降9.3%，其中住宅销售面积同比下降5.6%。西宁市新建商品住房销售均价为6 521元/平方米，同比增长12%。西宁市二手住房销售均价为4 396.4元/平方米，同比增长7.2%。

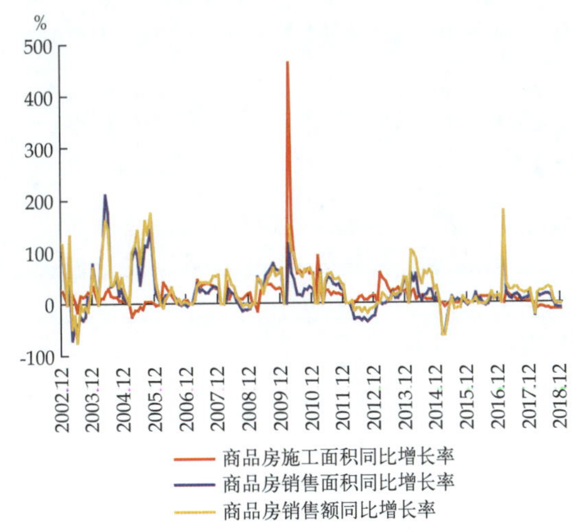

数据来源：青海省统计局。

图14　2002~2018年青海省商品房施工和销售变动趋势

（2）房地产贷款增速放缓，差别化信贷政策执行效果良好。2018年末，青海省房地产贷款余额816.2亿元，同比增长5.2%。其中，保障性住房开发贷款余额398.0亿元，同比增长3.6%；个人住房贷款余额259.7亿元，同比增长18.3%。全省个人住房贷款首套房平均首付比例32.8%，平均利率为基准利率的1.1倍，执行首套房贷款基准利率的贷款占比12.4%，执行上浮贷款的贷款占比87.6%。西宁市商品住房平均价格与城镇常住居民人均可支配收入的比例约为1∶4，按照全国城镇人均住宅36.6平方米的标准计算，两口之家购房资金需求约为40万元，相当于9年的家庭收入。

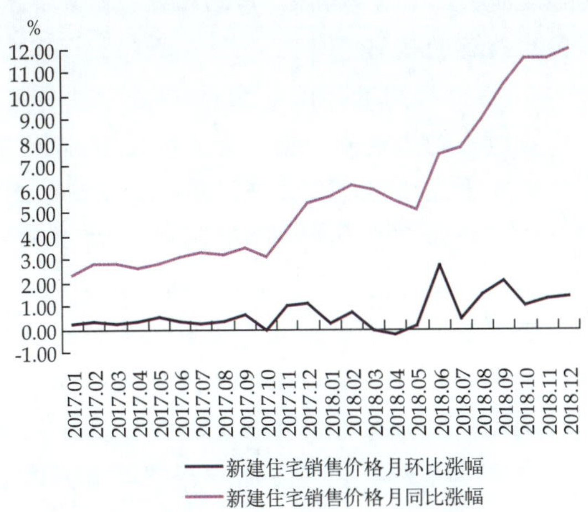

数据来源：青海省统计局。

图15　2017~2018年西宁市新建住宅销售价格变动趋势

2. 文化旅游产业发展较快。在自然风景观光的基础上，充分挖掘文化资源，把握文化脉络，提炼文化主题，展示和传播昆仑文化、河湟文化等优秀传统文化，传承和弘扬红色文化。推动以文化生态保护为目标，突出民族特色和地域优势的文化生态保护区建设。2018年末，青海省共有热贡文化、格萨尔（果洛）文化、藏族（玉树）文化3个国家级文化生态保护区和海西德都蒙古族、互助土族、循化撒拉族3个省级文化生态保护区。打造玉树赛马会、蒙古族那达慕、土族盘绣、撒拉族民俗等一系列特色文化旅游品牌。以增强体验感为目标，大力发展高原生态旅游，制定引导性政策措施，推出以民俗游、冰雪游、乡村游、特色文化游、体育健身游等为主题，综合性强的冬春季旅游产品。打造智慧旅游，加快自驾车营地、旅游厕所等基础设施建设，创建全国生态旅游示范区、国家绿色旅游示范基地、自驾车旅游示范省。

专栏 2 青海省经济社会砥砺前行

2018 年，青海省坚持稳中求进工作总基调，坚定践行新发展理念，经济社会发展平稳运行，呈现结构优化、后劲增强、质量提升、民生改善的良好态势。

供给结构不断优化。新旧动能加快转换，比亚迪锂动力电池一期、青海铜业 10 万吨阴极铜等重点项目建成投产，国电投 N 型电池、大美煤业尾气制烯烃等 132 个重点项目加速推进，以锂电、金属合金、光电、新型化工、光伏制造及电子信息五大板块为主的新材料产业体系初步形成；国家清洁能源示范省规划获批，国内首个单体最大储能电站并网投运，德令哈光热发电项目填补了中国大规模槽式光热发电技术空白，新能源装机容量突破 1 200 万千瓦，清洁能源发电量同比增长 50.9%。高技术制造业、装备制造业同比分别增长 35.5% 和 21.2%。农牧业从增产转向提质，组建优质农产品、枸杞、牦牛、三文鱼等产业联盟，专业合作社实现行政村全覆盖，农畜产品加工转化率达 56%，高原、绿色、有机、富硒等品牌效应明显，“三品一标”产品达 880 个。

投资消费协同拉动。重点项目提速攻坚，建成格敦铁路、青藏铁路格拉段扩能改造主体工程，西成铁路前期取得重大进展。大班公路、西塔高速等一批重点项目顺利完成，公路通车里程达到 8.2 万公里，新改建农村公路 6 871 公里、便民桥梁 204 座。贵德通用机场开工，祁连机场通航运营。开工建设 750 千伏海南输变电工程。“引黄济宁”列入西部大开发重点工程，黄河干流防洪工程、黄河沿岸四大水库灌区主体工程基本建成。注重发挥消费基础性作用，举办香港“青海商品大集”，建成京东·青海扶贫馆等省级电商平台，开通西宁—南京全程冷链示范线路，消费业态多样、供应丰富。社会消费品零售总额同比增长 6.7%，电商交易额同比增长 24.2%，网络零售额同比增长 26.9%。

绿色发展成效显著。三江源国家公园总体规划落地实施，祁连山国家公园正式挂牌。河湖长制提前一年完成改革任务，五级河湖长体系全面建立。生态红线划定方案通过国家技术审核，自然保护区内的矿业权全部注销。试行生态环境损害赔偿制度，建成“天地一体化”生态环境监测评估预警体系。三江源二期、祁连山山水林田湖草、天然林保护、水土保持等重大生态工程进展顺利。启动湟水流域规模化林场建设试点，完成营造林 406 万亩，森林覆盖率达 7.2%，涵盖水面、湿地、林草的蓝绿空间占比超过 70%。开展重点行业能效“领跑者”专项行动，淘汰燃煤小锅炉 789 蒸吨，节能减排完成年度任务，主要城市环境空气质量优良率达 83.4%，湟水河出省断面Ⅳ类水质全面达标。

发展活力竞相迸发。69 万吨煤炭产能关闭退出，减免企业税费 105.3 亿元；省政府部门行政审批事项削减 67%；工商登记实现“四十一证合一”，新增规模以上企业 44 户、中小微企业 1 010 户。积极融入“一带一路”建设，成功开行首列国际陆海贸易新通道铁海联运班列，举办哈萨克斯坦青海品牌商品展览会，自营产品出口增长 21%。成功举办青洽会、藏毯展等展会，参加首届进口博览会并取得良好成效，招商引资到位资金 750 亿元。对口援青升级加力，签订实施六省市战略合作协议，落实援青资金 16 亿元、援助项目近 400 个。

民生福祉稳步增进。有望实现 12 个贫困县摘帽、526 个贫困村退出、17.6 万贫困人口脱贫，易地扶贫搬迁完成“十三五”总工程量的 97%。城镇新增就业 6.2 万人，城镇登记失业率控制在 3%，农牧区富余劳动力转移就业113.9万人次。义务教育巩固率提高到96.8%，学前三年毛入园率和高中阶段毛入学率分别提高3.8个和4个百分点。开启“部省合建”青海大学、“省校共建”青海师大新模式，省属本科高校博士学位授予单位实现全覆盖。三分之二以上的县就地就诊率达80%以上，包虫病等重大疾病和地方病防治成效明显。成功举办环青海湖赛、国际冰壶精英赛和省运会，12个项目入选全国优选体育产业项目名录。开工城镇棚户区改造3.05万套，综合整治老旧住宅小区2万套，改造农牧民危旧房6万户，建成300个高原美丽乡村和16个美丽城镇。

三、预测与展望

2019年，青海省以习近平新时代中国特色社会主义思想为指导，全面贯彻党的十九大和十九届二中、三中全会及庆祝改革开放40周年大会、中央经济工作会议精神，统筹推进“五位一体”总体布局，协调推进“四个全面”战略布局，深入实施“五四战略”，奋力推进“一优两高”，做好经济社会发展各项工作。2019年，青海省经济社会发展主要预期目标为：地区生产总值增长6.5%~7%，固定资产投资增长7%左右，社会消费品零售总额增长8%左右，地方公共财政收入与地区生产总值同步增长，全体居民人均可支配收入持续高于经济增长速度、力争达到8%，城镇新增就业6万人，农牧区劳动力转移就业105万人次，城镇登记失业率控制在3.5%以内，居民消费价格涨幅控制在3%左右。

青海省金融业将坚持稳中求进工作总基调，紧紧围绕推动高质量发展，深化供给侧结构性改革，增强金融服务实体经济的能力和水平。中国人民银行西宁中心支行将认真贯彻落实稳健的货币政策，引导货币信贷和社会融资规模适度增长，提高金融管理和服务效率，加强金融风险防控，促进青海省经济金融持续健康发展。

中国人民银行西宁中心支行货币政策分析小组
总　纂：马　骏
统　稿：贡伟宏　贾丽均
执　笔：邵　辉　江雯雯　邸小宁　侍晶晶
提供材料的还有：张文娟　平晓冬　吴金昌　马启军　李　卿　周　娜　常洪昌　许　琳　莫　彬　李坤鹏　杨　措　陈　翔　刘文苗　袁俊霞　何　丛　毛泽强　张　新　魏春飞　刘　涛　刘　丹　汪金祥　韩志宏　侯俊青

附录

（一）2018年青海省经济金融大事记

6月5日，华夏银行西宁分行正式挂牌，为青海省经济社会发展增添金融活力。

6月20日，青海省金融支持经济社会发展座谈会在西宁召开，青海省政府与3家银行总部签署战略合作框架协议。

6月26日，第十九届中国·青海绿色发展投资洽谈会暨第五届环青海湖（国际）电动汽车挑战赛在西宁开幕。

7月26日，青海省“两权”抵押贷款试点工作推进会在互助召开。

8月4日，青海钱币学会与青海大学共建货币文化教学实践基地，推动货币文化在高校传承和发展。

10月12日，“中国名片——人民币发行70周年纪念展”（西宁站）在青海省博物馆开幕。

10月18日，青海省政府与中国联合网络通信集团有限公司（中国联通）签署“数字青海”战略合作框架协议。

11月10日，中国人民银行西宁中心支行举行西宁公交全面受理银联移动支付产品启动仪式，实现全市90条公交线路支持使用银联标准移动支付产品乘车。

11月30日，青海省深化民营和小微企业金融服务工作会在西宁召开，省内27家民营和小微企业在会上与各金融机构签署了融资合作协议，中国人民银行征信中心与西部矿业集团公司签订应收账款质押融资服务平台对接协议。

12月3日，青海省西宁农村商业银行股份有限公司在银行间市场成功发行1.7亿元青海省首笔绿色金融债。

（二）2018 年青海省主要经济金融指标

表 1　2018 年青海省主要存贷款指标

		1月	2月	3月	4月	5月	6月	7月	8月	9月	10月	11月	12月
本外币	金融机构各项存款余额（亿元）	5 783.08	5 773.79	5 749.48	5 668.17	5 703.38	5 901.11	5 755.07	5 857.38	5 876.60	5 950.10	5 899.61	5 770.89
	其中：住户存款	2 147.43	2 174.24	2 140.72	2 091.73	2 092.82	2 111.49	2 156.78	2 166.70	2 186.61	2 192.03	2 216.03	2 303.02
	非金融企业存款	1 571.38	1 497.82	1 501.76	1 494.69	1 472.30	1 499.45	1 440.23	1 462.21	1 447.00	1 453.35	1 433.35	1 449.16
	各项存款余额比上月增加（亿元）	-38.74	-9.30	-24.31	-81.31	35.22	197.73	-146.05	102.31	19.22	73.50	-50.49	-128.72
	金融机构各项存款同比增长（%）	4.35	1.88	2.46	-0.12	-2.50	-0.24	-1.99	-0.70	-0.88	0.42	-2.83	-1.24
	金融机构各项贷款余额（亿元）	6 372.65	6 385.94	6 441.73	6 475.22	6 458.80	6 476.80	6 498.35	6 529.55	6 543.40	6 537.18	6 545.81	6 634.93
	其中：短期	1 313.86	1 326.37	1 351.24	1 362.19	1 359.50	1 367.02	1 343.96	1 331.59	1 301.23	1 270.55	1 230.35	1 204.03
	中长期	4 354.29	4 380.13	4 392.48	4 421.83	4 421.01	4 421.60	4 452.67	4 445.93	4 483.49	4 499.68	4 484.51	4 501.37
	票据融资	622.03	596.82	618.79	611.12	629.37	638.31	650.22	700.36	707.82	714.21	779.08	877.02
	各项贷款余额比上月增加（亿元）	14.75	13.29	55.78	33.50	-16.42	17.99	21.55	31.20	13.85	-6.22	8.63	89.12
	其中：短期	26.35	12.52	24.86	10.96	-2.69	7.51	-23.06	-12.37	-30.35	-30.68	-40.19	-26.32
	中长期	34.31	25.84	12.35	29.34	-0.81	0.59	31.07	-6.75	37.57	16.19	-15.16	16.86
	票据融资	-0.48	-25.21	21.97	-7.67	18.25	8.94	11.90	50.15	7.46	6.39	64.87	97.94
	金融机构各项贷款同比增长（%）	10.74	10.11	9.40	10.23	6.48	5.03	4.88	4.51	3.87	3.69	3.35	4.44
	其中：短期	33.26	33.97	34.16	32.56	24.64	61.18	14.96	10.06	5.72	4.19	1.23	-6.48
	中长期	9.20	9.05	6.85	9.07	0.75	3.65	3.51	2.40	2.59	2.30	2.55	4.32
	票据融资	-3.81	-8.65	-1.73	-6.12	0.77	3.24	10.14	25.23	26.05	30.09	27.59	40.85
	建筑业贷款余额（亿元）	154.34	156.20	157.01	164.36	161.83	168.01	167.73	166.13	268.96	270.26	266.01	258.90
	房地产业贷款余额（亿元）	254.15	263.65	266.41	266.05	265.38	262.16	261.63	263.23	268.19	263.94	261.04	259.99
	建筑业贷款同比增长（%）	25.44	31.42	21.57	25.08	6.96	7.31	9.50	9.89	70.17	68.47	68.00	79.43
	房地产业贷款同比增长（%）	19.08	22.09	23.73	27.76	15.47	10.54	8.09	7.31	8.79	6.58	6.12	4.80
人民币	金融机构各项存款余额（亿元）	5 766.43	5 756.62	5 732.75	5 651.62	5 685.27	5 883.51	5 739.78	5 840.00	5 859.62	5 931.69	5 882.94	5 754.66
	其中：住户存款	2 140.31	2 166.69	2 133.14	2 084.11	2 085.34	2 103.93	2 149.21	2 158.68	2 178.73	2 184.44	2 208.38	2 295.95
	非金融企业存款	1 562.63	1 488.85	1 493.44	1 486.61	1 464.60	1 492.21	1 435.17	1 456.41	1 441.49	1 446.04	1 427.39	1 443.70
	各项存款余额比上月增加（亿元）	-38.81	-9.81	-23.87	-81.13	33.65	198.24	-143.70	100.22	19.62	72.07	-48.75	-128.28
	其中：住户存款	-2.63	26.38	-33.55	-49.03	1.22	18.59	45.28	9.47	20.05	5.71	23.93	87.57
	非金融企业存款	-44.17	-73.78	4.60	-6.84	-22.00	27.61	-57.04	21.24	-14.92	4.56	-18.65	16.31
	各项存款同比增长（%）	4.32	2.28	2.44	-0.16	-2.59	-0.32	-2.06	-0.80	-0.70	0.37	-2.84	-1.24
	其中：住户存款	3.60	7.14	5.78	5.67	5.36	4.13	6.69	6.25	3.87	6.29	6.92	7.22
	非金融企业存款	4.65	-2.29	-4.03	-4.00	-13.47	-10.32	-13.41	-12.34	-11.44	-10.25	-10.99	-10.24
	金融机构各项贷款余额（亿元）	6 289.40	6 302.82	6 359.25	6 391.97	6 406.81	6 424.23	6 444.39	6 475.73	6 490.30	6 483.41	6 491.71	6 582.44
	其中：个人消费贷款	366.79	368.30	373.82	380.82	388.29	398.16	401.45	408.60	414.30	418.02	426.40	445.10
	票据融资	622.03	596.82	618.79	611.12	629.37	638.31	650.22	700.36	707.82	714.21	779.08	877.02
	各项贷款余额比上月增加（亿元）	62.07	13.42	56.43	32.71	14.84	17.42	20.16	31.34	14.56	-6.89	8.30	90.73
	其中：个人消费贷款	6.01	1.50	5.52	6.99	7.47	9.88	3.29	7.15	5.70	3.73	8.38	18.70
	票据融资	-0.48	-25.21	21.97	-7.67	18.25	8.94	11.90	50.15	7.46	6.39	64.87	97.94
	金融机构各项贷款同比增长（%）	11.98	11.40	10.72	11.57	8.20	6.55	6.39	5.95	5.37	5.18	4.77	5.78
	其中：个人消费贷款	30.71	30.63	28.11	27.08	26.09	22.38	21.67	21.88	20.26	20.21	19.50	23.49
	票据融资	-3.81	-8.65	-1.73	-6.12	0.77	3.24	10.14	25.23	26.05	30.09	27.59	40.85
外币	金融机构外币存款余额（亿美元）	2.63	2.71	2.66	2.61	2.82	2.66	2.24	2.55	2.47	2.64	2.40	2.36
	金融机构外币存款同比增长（%）	27.67	-52.37	22.02	26.09	41.00	39.27	27.27	49.70	-41.19	14.29	-4.76	-7.09
	金融机构外币贷款余额（亿美元）	13.14	13.13	13.12	13.13	8.11	7.94	7.92	7.89	7.72	7.72	7.80	7.65
	金融机构外币贷款同比增长（%）	-34.63	-36.29	-37.55	-37.60	-61.36	-60.93	-61.46	-61.61	-63.05	-63.43	-62.52	-61.71

数据来源：中国人民银行西宁中心支行。

表 2　2001~2018 年青海省各类价格指数

单位：%

		居民消费价格指数		农业生产资料价格指数		工业生产者购进价格指数		工业生产者出厂价格指数	
		当月同比	累计同比	当月同比	累计同比	当月同比	累计同比	当月同比	累计同比
2001		—	2.6	—	-0.4	—	-0.9	—	-6.3
2002		—	2.3	—	-0.2	—	2.7	—	-2.4
2003		—	2.0	—	1.1	—	1.8	—	5.5
2004		—	3.2	—	9.2	—	8.5	—	11.2
2005		—	0.8	—	6.5	—	5.3	—	10.2
2006		—	1.6	—	2.1	—	2.8	—	9.5
2007		—	6.6	—	8.1	—	4.4	—	4.2
2008		—	9.9	—	24.2	—	10.4	—	7.6
2009		—	2.6	—	0.4	—	-0.2	—	-8.7
2010		—	5.4	—	3.5	—	8.6	—	9.4
2011		—	6.1	—	12.4	—	7.0	—	7.4
2012		—	3.1	—	8.7	—	-1.4	—	-3.1
2013		—	3.9	—	4.3	—	-1.2	—	-3.0
2014		—	2.8	—	-0.2	—	-2.4	—	-3.9
2015		—	2.6	—	0.8	—	-2.3	—	-6.9
2016		—	1.8	—	1.5	—	-3.8	—	-1.5
2017		—	1.5	—	2.4	—	8.0	—	16.7
2018		—	2.5	—	2.2	—	4.5	—	4.8
2017	1	1.2	1.5	5.1	5.1	8.4	3.2	16.2	4.4
	2	0.5	1.2	5.3	5.2	11.0	10.2	18.7	10.2
	3	0.1	0.9	4.3	4.9	10.4	10.3	18.8	18.0
	4	-0.2	0.6	3.4	4.5	8.2	9.7	17.6	17.9
	5	1.0	0.7	2.4	4.1	7.8	9.3	16.3	17.6
	6	1.6	0.8	1.4	3.6	7.2	9.2	15.7	17.3
	7	1.6	0.9	1.1	3.3	4.9	8.9	14.6	16.9
	8	2.3	1.1	1.6	3.1	8.0	8.3	17.2	16.9
	9	2.3	1.2	1.1	2.8	8.6	8.4	20.6	17.3
	10	2.3	1.4	1.0	2.7	6.5	8.2	18.6	17.5
	11	2.2	1.4	1.5	2.6	8.4	8.1	15.8	17.3
	12	2.2	1.5	1.1	2.4	5.4	8.0	11.3	16.7
2018	1	2.2	2.2	1.2	1.2	5.9	5.9	8.9	8.9
	2	3.1	2.6	1.0	1.1	7.0	6.4	8.5	8.7
	3	2.7	2.7	1.2	1.1	5.4	6.1	5.8	7.7
	4	2.5	2.6	1.4	1.2	6.5	6.2	6.3	7.3
	5	2.2	2.5	1.8	1.3	5.8	6.1	6.9	7.2
	6	2.1	2.5	2.0	1.4	5.1	6.0	7.8	7.3
	7	2.2	2.4	2.8	1.6	6.3	6.0	7.8	7.4
	8	2.0	2.4	2.7	1.8	3.9	5.7	4.7	7.0
	9	2.8	2.4	3.4	1.9	2.8	5.4	2.9	6.6
	10	3.1	2.5	4.1	2.2	4.6	5.3	1.9	6.1
	11	2.9	2.5	2.7	2.2	1.2	4.9	-0.2	5.5
	12	2.6	2.5	1.5	2.1	-0.6	4.5	-1.9	4.8

数据来源：《中国经济景气月报》、青海省统计局。

表 3　2018 年青海省主要经济指标

	1 月	2 月	3 月	4 月	5 月	6 月	7 月	8 月	9 月	10 月	11 月	12 月
	绝对值（自年初累计）											
地区生产总值（亿元）	—	—	532.58	—	—	1 196.99	—	—	1 926.54	—	—	2 865.23
第一产业	—	—	19.54	—	—	39.70	—	—	142.03	—	—	268.10
第二产业	—	—	216.12	—	—	589.22	—	—	893.83	—	—	1 247.06
第三产业	—	—	296.92	—	—	568.07	—	—	890.68	—	—	1 350.07
工业增加值（亿元）	—	—	—	—	—	—	—	—	—	—	—	—
固定资产投资（亿元）	—	44.30	240.41	529.42	835.16	1 286.28	1 594.70	2 305.29	3 000.71	3 665.18	4 076.55	4 098.80
房地产开发投资	—	1.56	18.70	54.57	99.49	161.44	213.38	262.18	272.18	310.66	344.33	351.82
社会消费品零售总额（亿元）	—	123.44	184.70	243.05	314.33	379.11	452.51	528.67	605.74	690.45	755.75	835.56
外贸进出口总额（亿元）	3.21	5.67	7.58	11.10	15.24	19.53	23.71	28.19	31.30	35.94	42.19	46.00
进口	1.36	1.45	1.88	2.89	4.71	6.69	8.57	9.37	10.15	11.74	13.64	14.89
出口	1.85	4.21	5.70	8.21	10.53	12.84	15.14	18.82	21.14	24.21	28.55	31.11
进出口差额（出口 – 进口）	0.49	2.76	3.82	5.32	5.82	6.15	6.57	9.45	10.99	12.47	14.91	16.22
实际利用外资（亿美元）	—	—	—	—	—	—	—	—	0.01	0.05	0.05	0.05
地方财政收支差额（亿元）	-46.40	-109.25	-267.11	-346.51	-425.65	-603.06	-712.30	-851.32	-1 029.71	-1 101.77	-1 194.60	-1 374.63
地方财政收入	34.10	51.76	71.77	98.04	121.57	144.16	171.84	187.18	206.29	233.43	251.40	272.87
地方财政支出	80.50	161.01	338.88	444.55	547.22	747.22	884.14	1 038.50	1 236.00	1 335.20	1 446.00	1 647.50
城镇登记失业率（%）（季度）	—	—	3	—	—	3	—	—	3	—	—	3
	同比累计增长率（%）											
地区生产总值	—	—	7.2	—	—	5.9	—	—	6.8	—	—	7.2
第一产业	—	—	4.1	—	—	4.5	—	—	4.9	—	—	4.5
第二产业	—	—	8.2	—	—	7.8	—	—	7.6	—	—	7.8
第三产业	—	—	6.5	—	—	3.6	—	—	6.1	—	—	6.9
工业增加值	—	8.9	8.5	8.2	8.4	8.6	8.5	8.2	8.3	8.4	8.5	8.6
固定资产投资	—	4.5	9.8	6	-0.1	-2.6	-4.3	-3.2	4.3	7	7.1	7.3
房地产开发投资	—	-49.2	25.2	14	21.3	13.2	8.8	4.2	-10.1	-13.7	-15.5	-13.9
社会消费品零售总额	—	11	9.7	9	8.7	8.4	8.3	8	8.1	7.9	7.3	6.7
外贸进出口总额	3.94	33.81	-10.57	-27.28	-17.96	-13.13	-11.35	-7.14	-9.07	-3.8	2.49	3.49
进口	67.7	11.41	-48.03	-44.93	-22.33	-16.73	-10.44	-13.52	-24.56	-19.4	-8.47	-4.98
出口	-18.84	43.79	17.32	-18.05	-15.90	-11.12	-11.86	-3.59	0.87	6.2	8.72	8.1
实际利用外资	—	—	—	—	—	—	—	—	-29	-25	-48	-75
地方财政收入	55.5	52.8	19	24	21.3	16.3	18.3	15.5	13.8	14.1	11.3	10.8
地方财政支出	—	-4.9	12.3	-0.2	-5	-0.8	3	3.7	8.6	9.5	8.4	7.6

数据来源：青海省统计局。

宁夏回族自治区金融运行报告（2019）

中国人民银行银川中心支行货币政策分析小组

［内容摘要］2018年，宁夏深入学习贯彻习近平新时代中国特色社会主义思想，坚持稳中求进工作总基调，以供给侧结构性改革为主线，打好“三大攻坚战”，实施“创新驱动、脱贫富民、生态立区”三大战略，着力推动经济高质量发展，基本完成全年经济社会发展主要目标任务。

面对复杂严峻的经济形势，宁夏经济运行保持了稳中有进、稳中向好的发展态势。2018年，全区实现生产总值3 705.2亿元，同比增长7.0%，比全国高0.4个百分点。一是投资增速同比下降，投资结构有所改善。全社会固定资产投资同比下降18.2%，三次产业投资结构由上年的4.8：31.3：63.9调整为4.1：35.5：60.4，其中，工业投资比重上升4.2个百分点。二是社会消费持续扩张，消费升级步伐加快。全区社会消费品零售总额同比增长4.8%，服务性消费占比同比提高1.5个百分点。三是对外贸易降幅较大，市场布局更加多元。全区货物进出口总额同比下降27.0%，其中对“一带一路”沿线国家出口占比较上年提高11.9个百分点。四是消费价格保持稳定，生产价格涨幅趋缓。全区居民消费价格指数同比上涨2.3%，涨幅比上年高0.7个百分点；工业生产者出厂价格指数同比上涨7.3%，涨幅比上年回落4.8个百分点。五是居民收入较快增长，居民就业态势良好。全年居民人均可支配收入同比增长8.9%，增速比全国高0.2个百分点，全年城镇新增就业8.0万人，完成全年目标任务的107.1%。六是财政收入平稳增长，民生支出增长较快。全年完成一般公共预算总收入同口径增长6.0%，一般公共预算支出增长4.2%，其中节能环保、城乡社区、社会保障和就业等民生领域增支较多。

宁夏继续深化供给侧结构性改革，加快新旧动能转换。利用综合标准推动落后产能退出，提前完成“十三五”化解钢铁煤炭过剩产能任务。市场主体活力不断激发，供给更加贴合市场需求，规模以上工业企业产成品库存同比下降16.4%。出台稳增长20条、民营经济20条等针对性强的政策措施，降低实体经济成本90亿元。持续推动结构性去杠杆，2018年宁夏宏观杠杆率同比下降。加大补短板力度，全年全区生态保护和环境治理业投资增长79.3%。2018年，宁夏三次产业结构由上年的7.3：45.9：46.8调整为7.6：44.5：47.9，产业结构进一步优化。

2018年，宁夏金融业贯彻落实中央金融工作会议精神，认真执行稳健中性的货币政策，保持地区社会融资规模合理增长，大力优化融资结构，严守风险底线，为供给侧结构性改革和高质量发展营造了适宜的货币金融环境。

银行业运行稳健。一是逆周期调控效应显现，各项贷款增速回升。2018年末，宁夏人民币贷款余额6 807.5亿元，同比增长7.5%，其中第四季度贷款平均增速较第三季度回升0.7个百分点。二是信贷投向重点突出，重点领域和薄弱环节信贷投放持续增长。2018年末，宁夏基础设施行业贷款、国定贫困县金融精准扶贫（含已脱贫人口）贷款、绿色贷款同比增速较各项贷款增速分别快12.9个百分点、7.1个百分点和5.2个百分点。三是形成政策合力，深化民营、小微企业金融服务。截至2018年末，宁夏小微企业贷款余额1 363.7亿元，全年新增小微企业贷款60.0亿元；民营企业贷款（不含票据融资）余额1 612.9亿元，占全部企业贷款余额的38.8%。四是利率市场化改革持续推进，贷款利率稳中有降。宁夏市场利率定价自律机制有序运行，货币政策利率传导机制进一步畅通。第四季度，宁夏一般贷款加权平均利率较第三季度下降 0.34 个百分点，其中小微企业贷款加权平均利率比一般贷款加权平均利率低 0.32 个百分点。五是信贷资产质量向下迁徙，风险防控压力依然较大。宁夏银行业金融机构贷款不良率同比上升，地方法人金融机构资本充足率有所下降。六是银行表外业务发展更为稳健。2018 年末，宁夏银行业金融机构担保类表外业务余额同比增长 4.6%，较上年末放缓 28.2 个百分点，非保本理财产品余额 181.9 亿元，与 2017 年末基本持平。七是货币市场交易净融入资金减少。2018 年，宁夏银行业金融机构通过同业拆借净融入资金同比减少 15.9%，通过债券回购净融入资金同比减少 17.9%。八是跨境人民币业务覆盖面提升。2018 年，宁夏跨境人民币收付合计 30.6 亿元，人民币跨境结算企业增加 130 家。

证券、保险服务实体经济能力得到提升。一是市场体系不断完善。2018 年末，宁夏证券、保险机构数量持续扩容，资产规模保持增长，机构布局更趋合理。二是直接融资渠道不断拓宽。宁夏大力培育多层次资本市场，加快企业培育和储备，助推企业直接融资。达力环保有限公司在香港联交所主板成功上市，实现了宁夏企业境外上市零的突破。新三板挂牌企业 58 家，共募集资金 1.6 亿元。区域股权交易市场挂牌企业 1 047 家，较 2017 年增加 181 家。存续私募基金 93 只，规模 293.0 亿元。三是保险风险补偿作用持续发挥。宁夏保险业加快转型，“扶贫保”、科技保险、环境污染责任保险、蔬菜价格保险、保证保险等险种全面铺开。2018 年末，保险密度同比增长 9.7%，保险深度同比上升 0.1 个百分点。金融服务便捷性进一步提高。一是信用体系建设步伐加快。扎实推进中小企业和农村信用体系建设，推广政府采购线上信用融资模式，缓解小微企业融资难题。二是支付服务环境日臻完善。全面实施移动支付便民示范工程，实现在公交、医疗、税费缴纳等 8 个场景的应用突破。深化“互联网 + 国库服务”，提高财政资金运行效率。三是现金流通秩序持续改善。小面额现金供应主办银行和主办网点制度进一步健全。加大拒收现金行为整治力度，维护人民币的法定地位。四是金融消费权益保护不断强化。建成并运行宁夏 12363 金融消费权益保护投诉咨询电话呼叫中心。积极开展违法违规金融广告治理，进一步规范相关机构的营销宣传活动。

2019 年，宁夏将以习近平新时代中国特色社会主义思想为指导，坚持稳中求进工作总基调，落实“巩固、增强、提升、畅通”八字方针，深化供给侧结构性改革，继续打好“三大攻坚战”，进一步稳就业、稳金融、稳外贸、稳外资、稳投资、稳预期，以优异成绩庆祝中华人民共和国成立 70 周年。宁夏金融业将贯彻落实中央经济工作会议精神，推进金融供给侧结构性改革，认真执行稳健的货币政策，保持货币信贷合理增长，促进信贷结构持续优化，平衡好稳增长与防风险的关系，为实体经济发展提供更高质量、更有效率的金融服务。

一、金融运行情况

宁夏金融业认真贯彻中央金融工作会议精神，认真执行稳健中性的货币政策，保持地区社会融资规模合理增长，大力优化融资结构，严守风险底线，为供给侧结构性改革和高质量发展营造了适宜的货币金融环境。

（一）银行业运行稳健，货币信贷增长趋缓

1. 银行业资产规模增长，盈利能力总体下滑。2018 年末，宁夏银行业金融机构资产总额同比增长 2.8%，其中股份制商业银行资产总额同比增长 15.7%。受息差收窄、不良贷款上升等

因素影响，宁夏银行业金融机构盈利压力加大，资产利润率同比下降1.3个百分点，其中大型商业银行资产利润率同比下降2.3个百分点。银行营业网点较上年有所增长。

表1 2018年宁夏回族自治区银行业金融机构情况

机构类别	营业网点			法人机构（个）
	机构个数（个）	从业人数（人）	资产总额（亿元）	
一、大型商业银行	499	10 295	2 797	0
二、国家开发银行和政策性银行	16	544	1 864	0
三、股份制商业银行	46	1 472	583	0
四、城市商业银行	148	3 212	1 984	2
五、城市信用社	0	0	0	0
六、小型农村金融机构	382	5 299	1 604	20
七、财务公司	1	34	127	1
八、信托公司	0	0	0	0
九、邮政储蓄银行	202	1 172	230	0
十、外资银行	0	0	0	0
十一、新型农村金融机构	62	1 150	194	19
十二、其他	0	0	0	0
合 计	1 356	23 178	9 384	42

注：营业网点不包括国家开发银行和政策性银行、大型商业银行、股份制商业银行等金融机构总部数据；大型商业银行包括中国工商银行、中国农业银行、中国银行、中国建设银行和交通银行；小型农村金融机构包括农村商业银行、农村合作银行和农村信用社；新型农村金融机构包括村镇银行、贷款公司、农村资金互助社和小额贷款公司；"其他"包含金融租赁公司、汽车金融公司、货币经纪公司、消费金融公司等。

数据来源：中国人民银行银川中心支行、宁夏银保监局。

2. 各项存款增长趋缓，住户存款增速较快。 2018年末，宁夏银行业金融机构本外币存款余额6 046.1亿元。其中，人民币存款余额6 028.4亿元，同比增长3.0%，增速较上年末放缓4.5个百分点。全年新增人民币存款180.0亿元，同比少增226.9亿元。分部门看，住户存款、广义政府存款、非银行金融机构存款同比分别增长11.2%、8.0%和7.6%，非金融企业存款同比下降15.7%。

3. 各项贷款合理增长，信贷投放重点突出。 2018年末，宁夏银行业金融机构本外币贷款余额7 038.5亿元，其中，人民币贷款余额6 807.5亿元，同比增长7.5%；全年新增人民币贷款475.0亿元。前三个季度，宁夏各项贷款增速下滑，第四季度以来，中国人民银行及相关部门及时加大逆周期调控，主动加强定向调控、区间调控，贷款增速逐步回升，第四季度贷款平均增速较第三季度回升0.7个百分点。重点领域和薄弱环节信贷投放持续增长，基础设施行业贷款同比增长20.4%，国定贫困县金融精准扶贫（含已脱贫人口）贷款同比增长14.6%，绿色贷款同比增长12.7%，分别较各项贷款增速快12.9个、7.1个和5.2个百分点。

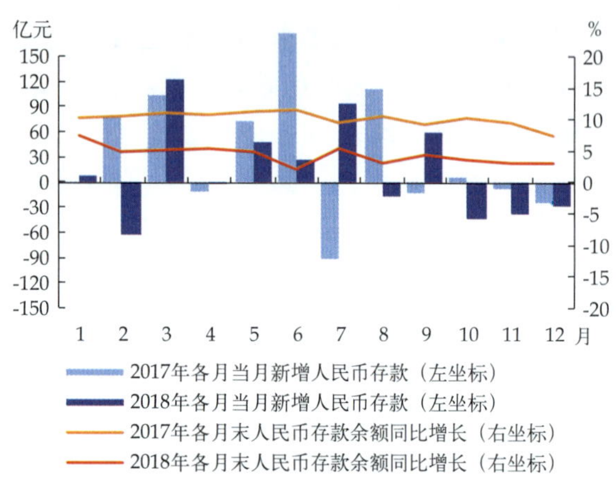

数据来源：中国人民银行银川中心支行。

图1 2017~2018年宁夏回族自治区金融机构人民币存款增长变化

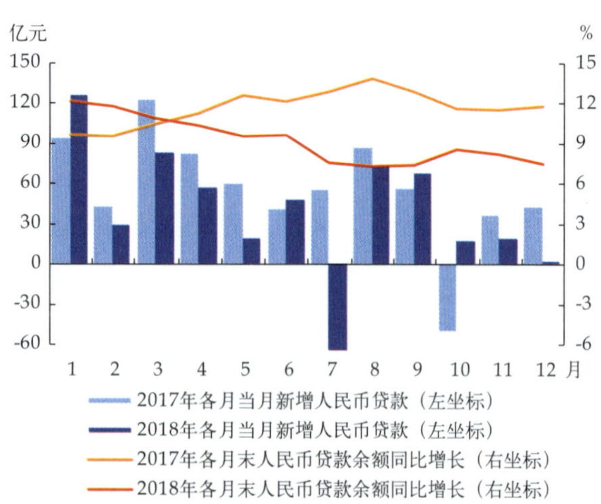

数据来源：中国人民银行银川中心支行。

图2 2018年宁夏回族自治区金融机构人民币贷款增长变化

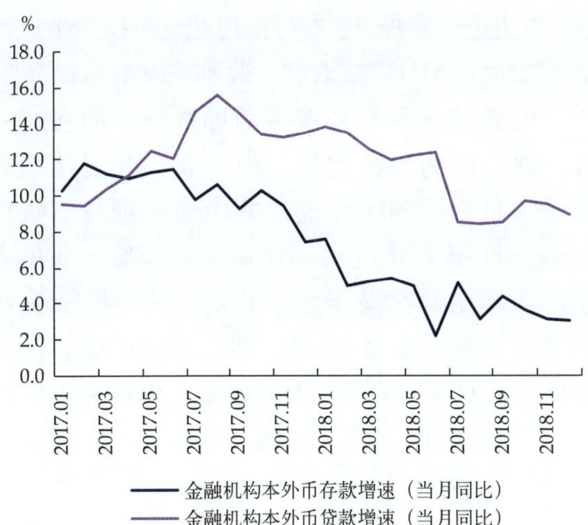

数据来源：中国人民银行银川中心支行。

图 3　2017~2018 年宁夏回族自治区金融机构本外币存、贷款增速变化

4. 表外业务增长更加规范，非保本理财规模基本持平。在金融监管持续强化的环境下，宁夏银行业金融机构表外业务发展更为稳健，表外业务风险得到有效控制。2018 年末，宁夏银行业金融机构担保类表外业务余额同比增长 4.6%，较上年末放缓 28.2 个百分点，其中承兑汇票余额同比增长 10.0%；承诺类表外业务余额同比增长 0.6%，较上年末放缓 8.2 个百分点，其中个人消费未使用的信用卡授信额度同比增长 27.0%；资产托管业务余额同比减少 2.1%；地方法人金融机构非保本理财产品余额 181.9 亿元，与上年末基本持平。

表 2　2018 年宁夏回族自治区金融机构人民币贷款各利率区间占比

单位：%

月份		1 月	2 月	3 月	4 月	5 月	6 月
合计		100.0	100.0	100.0	100.0	100.0	100.0
下浮		12.4	8.8	8.5	11.5	2.5	24.6
基准		23.0	24.9	18.7	28.4	17.6	15.0
上浮	小计	64.6	66.3	72.8	60.1	79.9	60.4
	(1.0, 1.1]	7.7	8.7	9.2	6.0	13.4	12.1
	(1.1, 1.3]	12.1	8.2	13.9	13.4	15.5	12.7
	(1.3, 1.5]	12.7	16.0	13.3	10.5	15.7	9.2
	(1.5, 2.0]	20.8	20.6	25.1	20.8	20.1	14.6
	2.0 以上	11.3	12.8	11.3	9.4	15.2	11.8

续表

月份		7 月	8 月	9 月	10 月	11 月	12 月
合计		100.0	100.0	100.0	100.0	100.0	100.0
下浮		7.7	10.3	10.7	24.1	20.0	10.7
基准		14.7	21.5	15.1	12.3	12.3	14.7
上浮	小计	77.6	68.2	74.2	63.6	67.7	74.6
	(1.0, 1.1]	16.1	8.6	13.3	17.8	22.2	10.3
	(1.1, 1.3]	13.2	14.6	16.8	10.1	10.0	19.7
	(1.3, 1.5]	12.2	10.9	12.6	8.1	9.9	12.8
	(1.5, 2.0]	19.8	18.4	17.0	13.5	12.7	17.7
	2.0 以上	16.3	15.7	14.5	14.1	12.9	14.1

数据来源：中国人民银行银川中心支行。

5. 利率市场化改革持续推进，贷款利率稳中有降。宁夏市场利率定价自律机制有序运行，存款利率分层差异化定价格局基本形成，货币政策利率传导机制进一步畅通。第四季度，宁夏定期存款利率 2.21%，较第三季度下降 0.14 个百分点；一般贷款加权平均利率为 6.75%，较第三季度下降 0.34 个百分点。再贷款、再贴现有效引导贷款利率下行，宁夏银行业金融机构运用支农再贷款、扶贫再贷款发放贷款的平均利率分别为 5.55% 和 4.36%，显著低于其他资金发放的同类贷款利率水平。

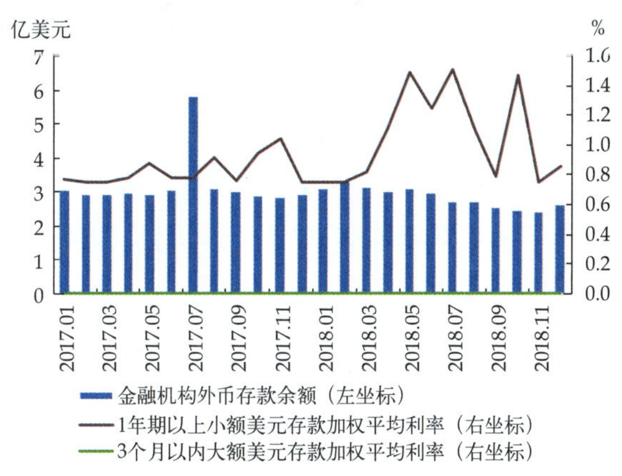

数据来源：中国人民银行银川中心支行。

图 4　2017~2018 年宁夏回族自治区机构外币存款余额及外币存款利率

6. 信贷资产质量向下迁徙，风险防控压力依然较大。2018 年，宁夏地方法人金融机构流动性合理充裕，年末流动性比例同比提升 4.1 个百分点。部分机构、领域和行业风险有所积累，风险防控压力有所加大。宁夏银行业金融机构贷款不良率同比上升，宁夏地方法人金融机构资本充足率有所下降。

7. 金融机构改革深入推进，涉农金融服务提质增效。政策性银行明确职能定位，聚焦精准扶贫和补短板重大项目，支持宁夏经济发展。国有大型银行已全部设立专门部门推动普惠金融发展。其中，中国农业银行宁夏分行“三农金融事业部”全年累计投放涉农贷款136.3亿元，服务“三农”效力进一步提升。农村信用社改革持续推进，13家农村信用社完成改制，改制完成率为65%。

8. 跨境人民币业务覆盖面提升，服务“一带一路”能力不断增强。2018年，宁夏跨境人民币收付合计30.6亿元，其中经常项目下收付金额合计17.6亿元，同比增长32.7%。全年人民币跨境结算企业增加130家，其中民营企业88家。宁夏企业与“一带一路”沿线的蒙古国、俄罗斯、马来西亚等13个国家发生跨境人民币业务，收支同比增长14.2%。

专栏1　坚持问题导向完善配套机制　宁夏“两权”抵押贷款试点工作取得积极成效

全国“两权”抵押贷款试点工作开展以来，宁夏在自治区党委、政府主导下，由中国人民银行银川中心支行牵头，横向互通、上下联动，因地制宜破解难题，5个农村土地承包经营权抵押贷款试点县（区）和1个农民住房财产权抵押贷款试点县的试点工作取得预期成效。截至2018年末，宁夏试点地区“两权”抵押贷款余额8.9亿元。同比增长16.5%，高于各项贷款增速9.0个百分点，其中，农地抵押贷款余额同比增长14.7%，农房抵押贷款余额同比增长17.8倍。3年累计新发放“两权”抵押贷款23.4亿元，占试点地区累计涉农贷款新增额的65.9%。

一是有效破解部门协作难题。“两权”抵押贷款试点工作涉及多部门多领域，需要农业、国土、住建、财政等部门发挥政策合力。宁夏在自治区层面成立“两权”抵押贷款试点工作小组、研究制订试点工作实施方案的基础上，先后将试点工作纳入自治区政府“三重一改”主要改革任务、农业现代化暨农村全面小康建设综合考评、乡村振兴战略等重大决策部署，形成高位推动、倒排进度的倒逼机制和综合考评的激励机制。

二是有效破解确权颁证不到位难题。宁夏将农村土地承包经营权确权颁证纳入政府效能考核和督查重点，多次开展专项督导检查，5个农地试点县（区）确权颁证率均高于同期宁夏平均水平。针对农房确权历史遗留问题多、政策不明确特点，平罗县探索建房手续不齐全、超面积建房等宅基地和房屋确权登记历史遗留问题处理办法，并配套建立容错纠错机制，加快确权工作。截至2018年末，5个农地试点县（区）土地承包经营权确权率在95.0%以上，颁证率在97.6%以上。平罗县住房所有权确权率、颁证率均达到100%，宅基地使用权确权率为100%，颁证率为98%。确权颁证的加快推进为“两权”抵押贷款试点创造了基础条件。

三是有效破解流转评估难题。针对农村地区评估机构缺乏，评估机构开展农村产权评估意愿不强的情况，5个农地试点县（区）均培育和建立了县乡两级联网的农村产权流转交易中心，为农村产权流转、抵押贷款、抵押物转让等提供信息发布、抵押物登记、价值评估、交易鉴证等服务。试点期间，5家交易平台累计成交3.34万笔、金额34.13亿元。同时探索构建了多元价值评估体系，如沙坡头区采取“银行信贷人员＋沙坡头区农科委专家”的方式，通过测定收益与成本，综合评估确定土地及地上附着物价值；对于申请金额较小的借款，永宁县、贺兰县等地直接通过金融机构与农户协商确定抵押物价值；平罗县依据区域位置、经济效益及土地流转价格、农民住房结构和年限等因素，确定农民住房财产权抵押贷款价值评估基准参考价。

四是有效破解试点业务落地难题。针对试点初期金融机构顾虑多、跟进慢的情况，中国人民银行银川中心支行一方面加大窗口指导力度，灵活运用支农再贷款政策，督促主要涉农金融机构建立内部考核和激励政策，加大金融产品和服务方式创新，陆续创新“金钥匙”“养富通”等“两权”抵押贷款专属产品。另一方面积极争取政府设立风险补偿基金、推动农业保险发挥风险保障功能，调动金融机构参与积极性。5个农地试点县（区）风险补偿基金由2016年末的1 200万元增加至2018年末的2 300万元。试点期间，“两权”抵押贷款不良率低于同期宁夏各项贷款不良率。

五是有效破解特色优质产业和新产业新业态融资难题。试点地区相关配套措施的不断完善，为土地流转提供了便利条件，土地经营权向种养殖大户和新产业新业态不断积聚，有力助推了试点地区新型农业经营主体和特色优质农业的发展壮大。截至2018年末，试点地区获得农村承包土地经营权抵押贷款支持的新型农业经营主体较试点前增长了2.6倍。试点地区农村承包土地经营权流转面积较试点前增长了3.2倍，重点发展了枸杞等特色优势农产品和葡萄酒文化体验等新产业新业态。

（二）证券业总体平稳，企业融资渠道有效拓宽

1. 证券经营机构稳步增加，市场交易增速回落。2018年末，宁夏证券及期货分公司增加3家，达到15家；证券及期货营业部45家，同比增加1家；基金代销机构43家，同比增加3家。2018年，资本市场波动较大，市场避险情绪上升，市场交易增速放缓。全年辖区证券市场交易额同比增长3.1%，较2017年回落12.1个百分点；期货市场交易额同比增长13.3%。证券机构营业收入与利润同比分别下降18.4%和51.0%。

2. 企业境外上市实现突破，直接融资渠道不断拓宽。宁夏积极培育多层次资本市场，加快企业培育和储备，助力企业进行直接融资。达力环保有限公司在香港联交所主板成功上市，公开募集资金1.5亿港元，实现了宁夏企业境外首发上市零的突破。2018年，宁夏非金融企业债券融资85.0亿元，同比增长57.4%。新三板挂牌企业58家，共募集资金1.6亿元。区域股权交易市场挂牌企业950家，较上年增加138家，覆盖22个市县，实现了全地域覆盖。存续私募基金93只，规模293亿元。

表3　2018年宁夏回族自治区证券业基本情况

项目	数量
总部设在辖内的证券公司数（家）	0
总部设在辖内的基金公司数（家）	0
总部设在辖内的期货公司数（家）	0
年末国内上市公司数（家）	13
当年国内股票（A股）筹资（亿元）	0
当年发行H股筹资（亿元）	2
当年国内债券筹资（亿元）	85
其中：短期融资券筹资额（亿元）	36
中期票据筹资额（亿元）	15

数据来源：宁夏证监局。

表4　2018年宁夏回族自治区保险业基本情况

项目	数量
总部设在辖内的保险公司数（家）	1
其中：财产险经营主体（家）	1
人身险经营主体（家）	0
保险公司分支机构（家）	22
其中：财产险公司分支机构（家）	10
人身险公司分支机构（家）	12
保费收入（中外资，亿元）	183
其中：财产险保费收入（中外资，亿元）	64
人身险保费收入（中外资，亿元）	119
各类赔款给付（中外资，亿元）	60
保险密度（元/人）	2 657
保险深度（%）	5

数据来源：宁夏银保监局。

（三）保险业健康发展，服务保障功能不断增强

1. 保险体系不断完善，保险业务增长较快。2018 年末，宁夏有保险法人公司 1 家，财产保险省级分公司 10 家，人身保险省级分公司 12 家；保险各级分支机构 484 家，保险专业中介机构 63 家，保险兼业代理机构 1 636 家。2018 年，全年实现原保险保费收入 183 亿元，同比增长 10.7%；累计赔付 60 亿元，同比增长 22.1%。

2. 保险覆盖面稳步扩大，风险补偿作用持续发挥。2018 年，宁夏保险业加快转型，保险产品不断丰富，充分发挥了经济减震器和社会稳定器的作用。2018 年末，宁夏保险密度 2 657 元 / 人，同比增长 9.7%；保险深度 5%，同比上升 0.1 个百分点。其中，“扶贫保”覆盖宁夏 100% 的建档立卡户，累计提供风险保障 1 177.8 亿元；推广涵盖贷款保证保险、关键研发人员责任险和产品质量保证保险三个险种的科技保险，为 9 家科技型企业提供风险保障 3 373.7 万元；开展环境污染责任保险试点，向 21 家企业提供环境污染责任保险，累计投保额 5 300.0 万元；开办蔬菜价格政策性保险业务，为 9 785 户农民（合作社）种植的 10.98 万亩蔬菜提供风险保障 3.9 亿元，赔付 0.2 亿元；保证保险签单 2.8 万件，累计投保额 5.7 亿元，同比分别增长 96.0% 和 117.7%。

（四）融资总量少增较多，货币市场交易热度降低

1. 社会融资规模增势放缓，企业直接融资同比多增。2018 年，宁夏社会融资规模增量为 529.0 亿元，较 2017 年少增 450.0 亿元。其中，企业直接融资新增 26.3 亿元，同比多增 20.0 亿元；地方政府专项债券新增 89.6 亿元，同比多增 32.2 亿元；人民币贷款少增 190.5 亿元，未贴现银行承兑汇票少增 313.8 亿元，委托贷款少增 56.0 亿元。

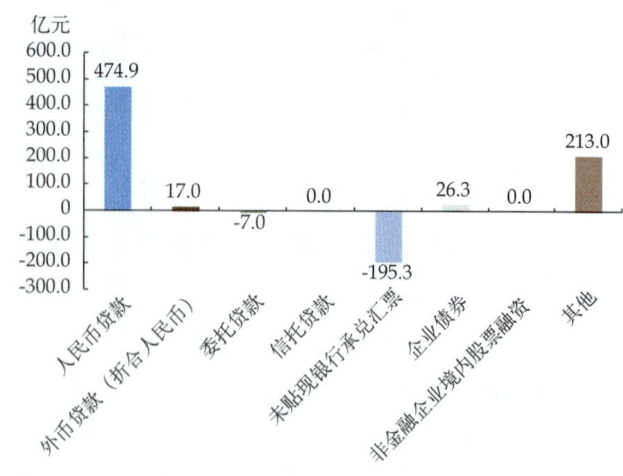

数据来源：中国人民银行银川中心支行。

图 5 2018 年宁夏回族自治区社会融资规模分布情况

2. 货币市场净融入资金减少，成交量价呈现“双降”。2018 年，宁夏银行间市场成员同业拆借交易量同比减少 13.8%，净融入资金同比减少 15.9%；拆借资金加权平均利率为 2.63%，同比下降 0.13 个百分点。债券回购成交量同比减少 1.3%，净融入资金同比减少 17.9%；债券回购加权平均利率为 2.61%，同比下降 0.21 个百分点。

3. 票据融资增长较快，票据贴现利率下降明显。2018 年，全区银行承兑汇票签发余额同比增长 9.6%，票据融资余额同比增长 58.2%，票据直贴加权平均利率为 4.82%，较一般贷款利率低 1.86 个百分点。票据融资缓解了小微企业资金压力，降低了融资成本，是小微企业重要的融资渠道。

表 5 2018 年宁夏回族自治区金融机构票据业务量统计

单位：亿元

季度	银行承兑汇票承兑		贴现			
			银行承兑汇票		商业承兑汇票	
	余额	累计发生额	余额	累计发生额	余额	累计发生额
1	496.6	216.2	445.4	839.6	16.3	5.6
2	493.8	379.8	495.4	1 561.1	14.5	7.1
3	483.2	533.0	571.0	2 435.9	11.3	8.5
4	514.1	692.5	640.6	3 090.5	18.8	36.3

数据来源：中国人民银行银川中心支行。

表 6　2018 年宁夏回族自治区金融机构票据贴现、转贴现利率

单位：%

季度	贴现		转贴现	
	银行承兑汇票	商业承兑汇票	票据买断	票据回购
1	5.23	6.60	4.84	4.53
2	5.21	7.24	4.82	4.28
3	4.34	5.58	4.02	3.36
4	4.02	5.81	3.61	3.08

数据来源：中国人民银行银川中心支行。

4. 外汇交易快速增长，人民币账户黄金交易增长显著。2018 年，宁夏银行间外汇市场交易仍以美元为主，交易金额同比增长 70.0%；黄金市场交易快速增长，其中人民币账户黄金交易额同比增长 3.1 倍。

（五）金融生态建设扎实推进，金融服务便捷性进一步提高

1. 创新征信服务方式，信用体系建设稳步推进。实现宁夏环保信息共享，推动绿色金融发展。推广政府采购线上信用融资模式，缓解小微企业融资难题。完善中小企业和农村信用信息服务平台，扎实推进中小企业和农村信用体系建设。落实涉金融领域联合激励惩戒，推动地方社会信用体系建设。2018 年，宁夏共有 22.2 万个自然人和 0.1 万户企业及其他组织新纳入全国统一征信系统，征信报告查询达到 285.5 万次。

2. 支付服务环境日臻完善，深化"互联网 + 国库服务"。全面实施移动支付便民示范工程，实现在公交、医疗、税费缴纳等 8 个场景的应用突破。金融 IC 卡发卡数量占银行卡发卡总量的 68.0%，支持金融闪付功能的 POS 终端占比为 99.8%；移动支付业务 36 560.4 万笔，金额 15 065.1 亿元，同比分别增长 1.9% 和 52.0%。上线国库文件资料传输系统，深化"互联网 + 国库服务"，实现关库联网关税直缴入库、电子缴税三方协议网上办理、电子退更免业务全覆盖，提高了财政资金运行效率。

3. 现金流通秩序持续改善，整治拒收现金初见成效。银行业金融机构柜面现金服务标准化建设深入推进，小面额现金供应主办银行和主办网点制度进一步健全和完善。"源头打击、机具鉴伪、假币检测、技术研判、人员培训"五位一体的反假货币工作机制不断健全，打击和防范假币及假币犯罪合力有效增强。加大拒收现金行为整治力度，维护人民币的法定地位。

4. 金融消费权益保护不断强化，实现金融消费者投诉一点接入。建成并运行宁夏 12363 金融消费权益保护投诉咨询电话呼叫中心，实现全辖投诉咨询电话一点接入。积极开展违法违规金融广告治理，加大违法违规金融广告线索交流、监测甄别和核查。积极探索推进金融知识纳入国民教育体系，在 3 所大中专院校和部分县域移民小学持续开展金融诚信教育。

二、经济运行情况

2018 年，宁夏实现地区生产总值 3 705.2 亿元，按可比价格计算，比上年增长 7.0%，增速比全国高 0.4 个百分点。

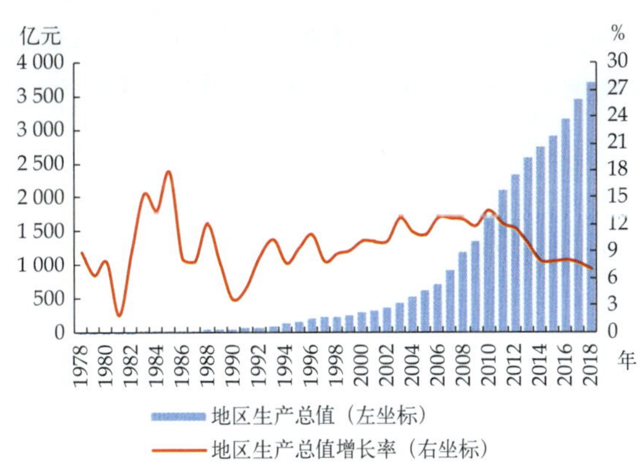

数据来源：《宁夏统计年鉴》、宁夏回族自治区统计局。

图 6　1978~2018 年宁夏回族自治区地区生产总值及其增长率

（一）消费拉动效应增强，经济增长动力有效转换

2018 年，投资、消费、出口三驾马车中，消费对宁夏经济的拉动作用持续增强，投资、出口对宁夏经济的贡献度下降，经济增长可持续性增强。

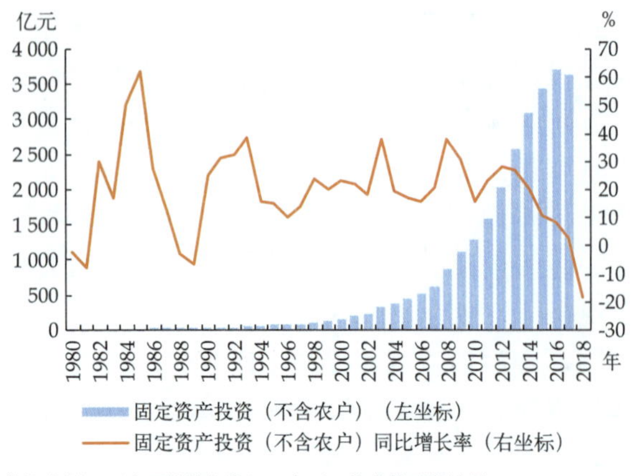

数据来源：《宁夏统计年鉴》、宁夏回族自治区统计局。

图 7　1980~2018 年宁夏回族自治区固定资产投资（不含农户）及其增长率

1. 投资增速下降明显，投资结构有所改善。2018 年，宁夏全社会固定资产投资同比下降 18.2%。三次产业投资结构由上年的 4.8 : 31.3 : 63.9 调整为 4.1 : 35.5 : 60.4，其中工业投资比重上升 4.2 个百分点。在工业投资中，工业技改投资增长 15.6%；石油、煤炭及其他燃料加工业，计算机、通信和其他电子设备制造业，仪器仪表制造业，纺织业等高技术制造业投资分别增长 3.4 倍、1.5 倍、34.8% 和 13.4%。

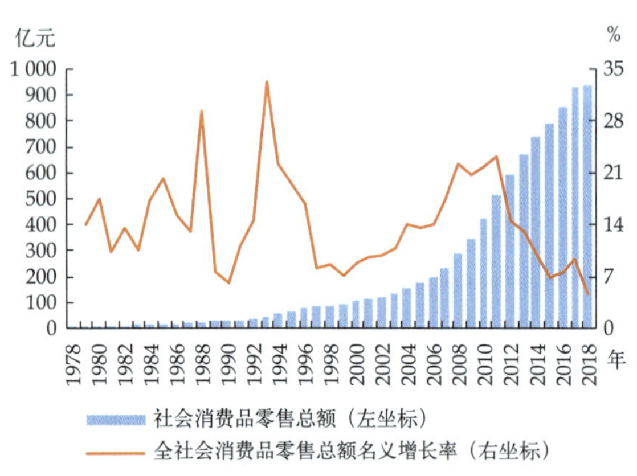

数据来源：《宁夏统计年鉴》、宁夏回族自治区统计局。

图 8　1978~2018 年宁夏回族自治区社会消费品零售总额及其增长率

2. 社会消费持续扩张，消费升级步伐加快。2018 年，宁夏实现社会消费品零售总额 935.8 亿元，同比增长 4.8%。其中，乡村旅游和农村电子商务快速发展，带动乡村消费品零售额同比增长 8.4%，快于城镇消费 4.0 个百分点。全年全区居民人均消费支出中，服务性消费占比为 33.1%，比上年提高 1.5 个百分点。在限额以上商品零售中，石油及制品类同比增长 15.9%、家用电器和音像器材类同比增长 9.8%。

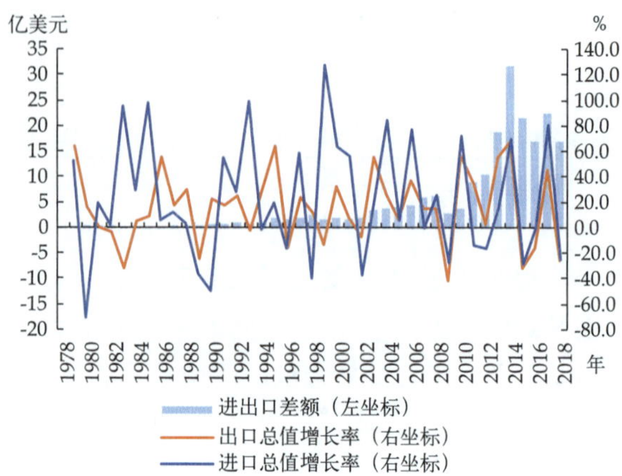

数据来源：《宁夏统计年鉴》、宁夏回族自治区统计局。

图 9　1978~2018 年宁夏回族自治区外贸进出口变动情况

3. 对外贸易降幅较大，市场布局更加多元。2018 年，受外需低迷、部分企业停限产等因素影响，对外贸易呈下降态势。全年全区实现货物进出口总额 249.2 亿元，同比下降 27.0%，其中出口同比下降 27.2%，进口同比下降 26.8%。积极融入"一带一路"建设，对"一带一路"沿线国家出口占比为 36.1%，比上年提高 11.9 个百分点。实际利用外资 2.1 亿美元，同比下降 31.1%。

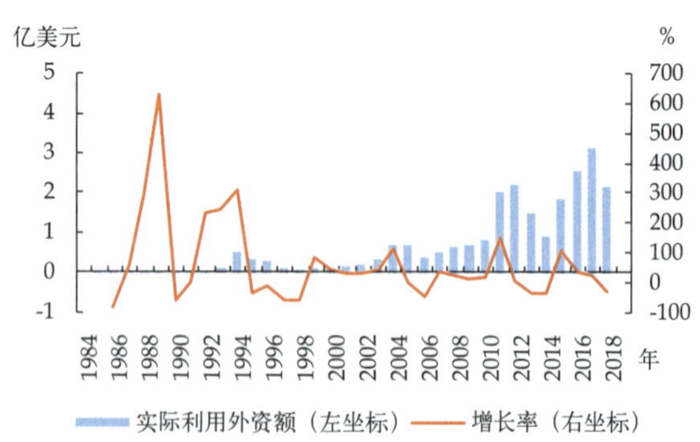

数据来源：《宁夏统计年鉴》、宁夏回族自治区统计局。

图 10　1984~2018 年宁夏回族自治区实际利用外资额及其增长率

（二）三次产业协调发展，产业结构持续优化

2018年，宁夏加快推进经济转型升级，三大产业协调发展，三次产业结构由上年的7.3：45.9：46.8调整为7.6：44.5：47.9，第三产业比重上升1.1个百分点，产业结构进一步优化。

1. 粮食产量创新高，特色农业增势良好。 2018年，宁夏认真贯彻乡村振兴战略，全面落实永久基本农田特殊保护制度，大力实施特色优质农产品品牌工程，农产品供给能力进一步提高，优势特色农业快速发展。粮食总产量创历史新高，达到392.6万吨，同比增长6.1%。特色优势农业稳步发展，粮食、蔬菜、草畜、枸杞、酿酒葡萄等特色农产品产值占农业总产值比重达到86.7%，特色优质农产品品牌317个。

2. 工业经济平稳向好，新兴产业发展较快。 2018年，宁夏开展“工业转型发展十大行动”，支持传统产业改造升级、培育发展战略性新兴产业。规模以上工业实现增加值同比增长8.3%，较全国高2.1个百分点。其中，重工业增加值同比增长11.4%，对工业增长支撑作用明显增强；新兴产业加速发展，煤化工、专用设备制造业、仪器仪表制造业分别增长32.2%、22.5%和13.1%。工业创新能力显著提升，煤炭间接液化关键装备、铸造砂型3D打印、高端智能控制阀、铝合金枕梁、核电配套铸钢件等重大技术实现突破。

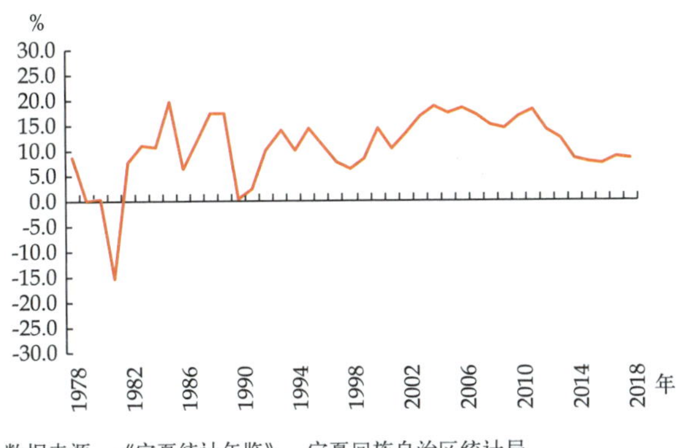

数据来源：《宁夏统计年鉴》、宁夏回族自治区统计局。

图11　1978~2018年宁夏回族自治区规模以上工业增加值实际增长率

3. 服务业稳步发展，支撑作用不断增强。 2018年，宁夏出台服务业发展23条措施，现代服务业提档升级，6个服务业集聚区、30个服务业品牌化和标准化试点项目稳步推进。全年全区第三产业实现增加值1 775.1亿元，同比增长7.7%；对经济增长的贡献率为49.6%，较第二产业高3.7个百分点。以“互联网+”为代表的新服务较快发展，规模以上互联网和相关服务软件营业收入增长52.8%，快递业务量增长82.0%，互联网宽带接入用户增长36.4%。现代金融、文化旅游、信息产业、科技服务和健康养老等新业态加快发展。

4. 供给侧结构性改革成效明显。 2018年，宁夏深化供给侧结构性改革，加快新旧动能转换。利用综合标准推动落后产能退出，淘汰化解落后过剩产能318万吨，提前完成“十三五”化解钢铁煤炭过剩产能任务。市场主体活力不断激发，供给更贴合市场需求。2018年末，规模以上工业企业产成品库存217.0亿元，同比下降16.4%。出台稳增长20条、民营经济20条等针对性强的政策措施，降低实体经济成本90亿元。持续推动结构性去杠杆，2018年宁夏宏观杠杆率同比下降。深入实施创新驱动战略，建成宁夏技术交易市场，国家级高新技术企业增加到150家，研发投入强度达到1.3%，全年全区生态保护和环境治理业投资增长79.3%。

5. 生态环境质量明显改善。 坚决打好污染防治攻坚战，深入实施蓝天、碧水、净土“三大行动”。完成大气污染治理项目611个，地级城市空气质量优良天数比例同比提高5.8个百分点；五级河长制全面建立，黄河流域宁夏段水质优良比例达到73.3%；加大农业面源污染、工业园区和采矿区固体废物综合整治力度，化肥用量基本保持零增长，残膜回收率达到84%。

（三）价格水平总体稳定，居民就业态势良好

2018年，宁夏居民消费价格保持稳定，生产价格涨幅趋缓，居民收入较快增长，居民就业态势良好。

1. 消费价格温和上涨，生产价格涨幅趋缓。 2018 年，宁夏持续推进农产品、能源价格、环境服务、医疗服务等七个方面的价格改革，不断完善市场价格形成机制。居民消费价格同比上涨 2.3%，涨幅比上年高 0.7 个百分点。其中，食品价格上涨 3.3%，非食品价格上涨 2.1%。工业生产者出厂价格指数同比上涨 7.3%，涨幅比上年回落 4.8 个百分点，其中生产资料类价格同比上涨 7.7%，是带动生产价格上涨的主要因素，生活资料类价格同比上涨 3.7%。

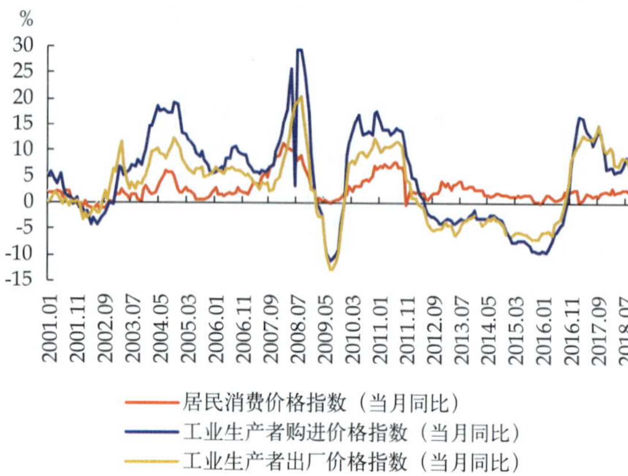

数据来源：《宁夏统计年鉴》、国家统计局宁夏调查总队。

图 12　2001~2018 年宁夏回族自治区居民消费价格指数和工业生产者价格指数变动趋势

2. 居民收入较快增长，居民就业态势良好。 2018 年，宁夏居民人均可支配收入 22 400 元，同比增长 8.9%，增速比全国高 0.2 个百分点。其中，城镇居民人均可支配收入 31 895 元，增长 8.2%；农村居民人均可支配收入 11 708 元，增长 9.0%。2018 年，宁夏城镇新增就业 8.0 万人，完成全年目标任务的 107.1%；城镇登记失业率为 3.89%，低于年初 4% 的控制目标；农村劳动力转移就业 78.08 万人，同比增长 3.4%。

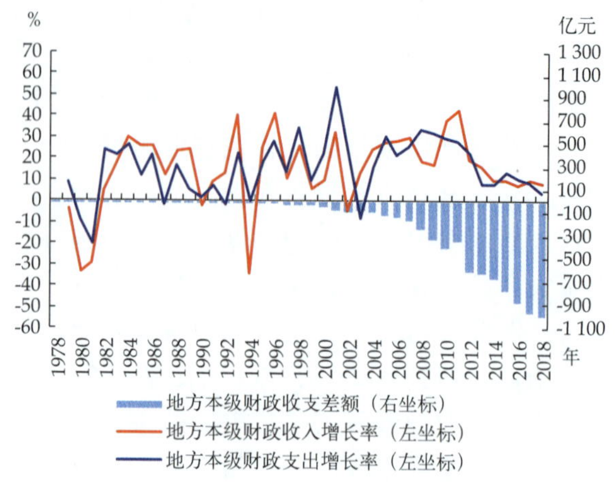

数据来源：《宁夏统计年鉴》、宁夏回族自治区统计局。

图 13　1978~2018 年宁夏回族自治区财政收支状况

（四）财政收入平稳增长，民生支出增长较快

2018 年，宁夏一般公共预算总收入 751.4 亿元，同口径增长 6.0%，其中地方一般公共预算收入 444.4 亿元，同口径增长 8.2%。在地方一般公共预算收入中，税收收入 298.3 亿元，同比增长 10.4%，占地方一般公共预算收入的比重由上年的 64.7% 提高到 67.1%。公共一般预算支出 1 430.6 亿元，同比增长 4.2%。其中，节能环保、城乡社区、社会保障和就业等民生领域增支较多，同比分别增长 27.8%、10.2% 和 8.1%。

专栏 2　宁夏发挥政策合力　多方携手支持民营、小微企业融资

2018 年，针对民营和小微企业经营困难增多、融资问题加剧的实际，宁夏回族自治区政府印发《关于加强金融服务 助力小微企业健康发展的若干意见》，发挥货币政策、财税政策、监管政策和政府服务的协同作用，打通金融活水流向民营和小微企业的“最后一公里”，民营和小微企业金融服务得到了一定改善。截至 2018 年末，宁夏小微企业贷款余额 1 363.7 亿元，全年新增小微企业贷款 60.0 亿元；民营企业贷款（不含票据融资）余额 1 612.9 亿元，占全部企业贷款余额的 38.8%。第四季度，小微企业贷款加权平均

利率为 6.43%，比一般贷款加权平均利率低 0.32 个百分点。

一是发挥货币政策引导作用。中国人民银行银川中心支行灵活运用定向降准、再贷款、再贴现等货币政策工具，引导银行业金融机构持续加大对民营、小微企业的信贷投放力度。严格落实 4 次定向降准政策，为地方法人金融机构提供中长期流动性 66 亿元，鼓励银行业金融机构将释放资金发放普惠口径小微企业贷款。以部署快、传导快、落实快、口径严、准入严、审核严的“三快三严”工作标准，将中国人民银行总行为宁夏新增的再贷款、再贴现额度在第一时间发放到位。创新采用“先贷后借”和“一次授信、多次发放”的再贷款模式，提高再贷款审批发放效率。将民营企业票据纳入再贴现支持范围，优先为小微企业 500 万元以下的票据办理再贴现，实现了再贴现政策的“精准滴灌”。2018 年，累计发放支小再贷款 7 亿元，支持民营企业 200 余户；累计办理再贴现 64.4 亿元，支持民营企业 270 余户，票面 500 万元及以下的票据占比达 97%。

二是加大财政政策支持力度。自治区财政厅通过设立担保基金、减税降费等措施，增强民营、小微企业信贷吸引力。设立 4.3 亿元的工业企业贷款风险补偿金，撬动银行业金融机构为 160 家企业发放贷款 88.57 亿元。对助保贷、保证保险、财保贷等风险补偿金进行整合，设立 6 000 余万元的小微企业贷款风险补偿金，提振银行支持工业企业的信心。将政策性转贷资金的单笔额度提高至 4 000 万元，累计帮助 50 家中小企业转贷 4.69 亿余元。落实金融机构小微企业贷款利息收入免征增值税政策，全年为 75 家银行业金融机构减免增值税 0.3 亿元，提升银行业金融机构投放民营、小微信贷的积极性。中国人民银行银川中心支行组织开展应收账款融资专项行动，实现政府采购平台与应收账款融资服务平台对接，盘活民营、小微企业存量资产，全年为小微企业实现融资近 47.6 亿元，同比增长 157%。

三是落地差异化监管政策。宁夏银保监局要求银行机构努力实现小微企业贷款“两增两控”目标；放宽小微企业贷款不良率容忍度，将全口径小微企业贷款不良率控制在不超过自身各项贷款不良率 2 个百分点的水平；对小微企业贷款按照 75% 的风险权重计量风险资产，银行机构对单户授信总额 1 000 万元以下（含）的小微企业流动资金贷款可采取自主支付方式。在守住风险底线的基础上，简化续贷办理流程，支持正常经营的小微企业融资周转“无缝对接”。

四是完善银行自身建设。各银行机构建立“融资问题清单 + 主动认领”机制，督导银行业金融机构进一步完善绩效考核、转移定价、尽职免责安排等内部机制，加大金融信息科技的运用，构建服务小微企业的商业可持续模式，缓解银行业金融机构“不敢贷 不愿贷 不能贷”的问题。要求各银行业金融机构始终坚持“两个毫不动摇”，对国有企业和民营企业在贷款政策、债券承销等方面一视同仁。

（五）坚持房住不炒定位，保障合理住房需求

2018 年，宁夏坚持房子是用来住的、不是用来炒的定位，因城施策、分类指导，房地产市场运行平稳。

1. 房地产开发投资增速持续回落，保障性安居工程全部开工。 2018 年，宁夏房地产开发投资完成额同比下降 31.1%，增速较 2017 年回落 20.8 个百分点。其中，住宅开发投资同比下降 22.5%；开发企业购置土地面积同比下降 12.0%，较 2017 年回落 15.6 个百分点。全年新开工建设保障性安居工程 3 万套，开工率 100%。

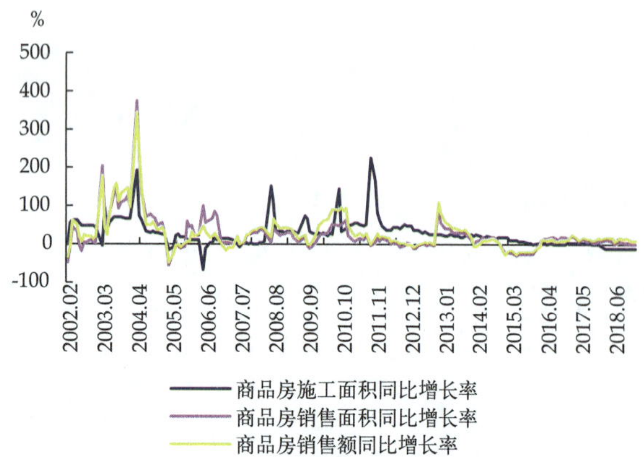

数据来源：宁夏回族自治区统计局。

图 14　2002~2018 年宁夏回族自治区商品房施工和销售变动趋势

2. 房屋施工面积、待售面积同比下降。2018 年，宁夏商品房新开工面积同比下降 16.3%，房屋施工面积同比下降 11.5%，房屋竣工面积同比下降 8.6%。2018 年末，宁夏商品房待售面积下降 9.4%，去库存周期较上年缩短 1.2 个月。

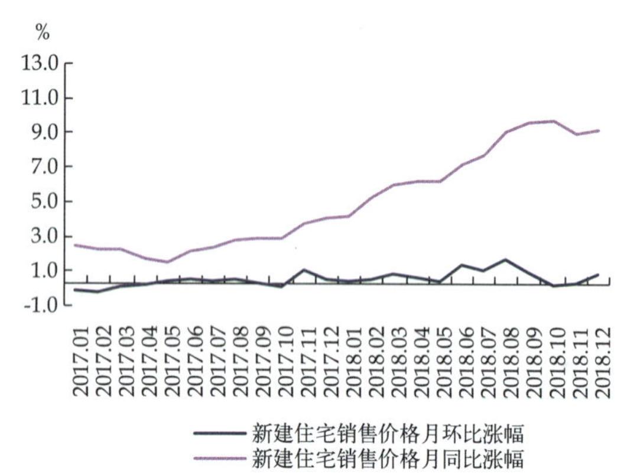

数据来源：国家统计局网站。

图 15　2017~2018 年银川市新建商品住宅销售价格指数变动趋势

3. 销售面积增速持续放缓，住房价格同比上涨。2018 年，宁夏新建商品房销售面积同比增长 0.5%，增速较 2017 年回落 5.2 个百分点；销售额同比增长 11.6%，增速较 2017 年放缓 1.7 个百分点。2018 年 12 月，银川市新建商品住房价格同比上涨 9.2%，二手住房价格同比上涨 5.4%。

4. 购房贷款、开发贷款一升一降。2018 年末，宁夏房地产贷款余额同比增长 1.0%，增速较 2017 年回落 8.5 个百分点。其中，购房贷款、开发贷款增速分别为 14.9% 和 -14.2%，购房贷款增长较快主要受房屋销售额明显增加等因素影响，开发贷款下降主要受棚改贷款增长放缓等因素影响。

5. 个人住房贷款持续增长，首套住房贷款需求有效满足。2018 年末，宁夏个人住房贷款同比增长 15.8%，增速较 2017 年末加快 2.7 个百分点。首套住房贷款最低首付款比例 20%，平均首付款比例 38.0%，发放个人商业住房贷款中执行首套住房贷款笔数占比 91.2%，同比提高 0.67 个百分点。

三、预测与展望

当前，宁夏正处于重要战略机遇期、爬坡过坎关键期。宁夏经济具有足够的发展韧性，经济长期向好的态势不会改变，宁夏经济将延续稳中有进、稳中向好的态势。但宁夏产业结构调整任务艰巨，企业融资难融资贵问题没有得到根本缓解，“三大攻坚战”需要持续发力，影响高质量发展的深层次问题依然突出。

2019 年，宁夏将以习近平新时代中国特色社会主义思想为指导，坚持稳中求进工作总基调，落实“巩固、增强、提升、畅通”八字方针，深化供给侧结构性改革，继续打好“三大攻坚战”，接续实施好“三大战略”，进一步稳就业、稳金融、稳外贸、稳外资、稳投资、稳预期，以优异成绩庆祝中华人民共和国成立 70 周年。2019 年，宁夏地区生产总值增长目标为 6.5%~7%，居民消费价格涨幅控制在 3% 左右，城镇调查失业率控制在 5.2% 左右。

宁夏金融业将贯彻落实中央经济工作会议精神，推进金融供给侧结构性改革，认真执行稳健的货币政策，强化逆周期调节，促进信贷结构优化，平衡好稳增长与防风险的关系，为实体经济发展提供更高质量、更有效率的金融服务。

中国人民银行银川中心支行货币政策分析小组

总　纂: 高　波　束　华

统　稿: 王　青　庄淑霞　王银昆

执　笔: 祁永忠　刘江帆　常军卫　李　鹏　韩银莹　周金东　付　静　李　响

提供材料的还有: 王立军　李海洋　马晓栋　牛立华　王佳琪　张昀芊　张　彧　王　谦　陈　飞　李　斌　周　豹　马　娟　马　飞　马　蓉　毕桂琴　刘　力　曹洪强　白晓云　孙登云　李安家　杨　宁

附录

（一）2018年宁夏回族自治区经济金融大事记

1月14日，宁夏搭建环保信息共享平台，推进区域绿色金融发展。

2月13日，宁夏出台《关于实施乡村振兴战略的意见》，鼓励金融机构加强农村金融服务，推进农业高质量发展。

5月21日，宁夏审议通过《关于加强金融服务 助力小微企业健康发展的若干意见》，出台17条金融措施，提升对小微企业的金融供给能力。

6月6日，宁夏启动全面推进金融业综合统计工作，推动完善区域金融数据治理，不断提升金融服务实体经济的能力和水平。

8月16日，包头至银川高铁（宁夏段）项目建设正式开工，对促进宁夏及西北地区经济社会发展具有重要意义。

8月20日，银川市与苏州市签署全面深化战略合作框架协议，决定共建“苏银产业园”，推动江苏和宁夏两省份战略合作。

9月6日，宁夏出台《宁夏打赢蓝天保卫战三年行动计划》，推动宁夏产业和能源结构调整。

9月20日，宁夏回族自治区成立60周年庆祝大会隆重举行，习近平总书记题词“建设美丽新宁夏 共圆伟大中国梦”。

9月29日，宁夏发布《关于盐池县退出贫困县的公告》，盐池县成为宁夏9个国家级贫困县中首个脱贫摘帽的县区。

11月29日，达力环保有限公司在香港联交所主板成功上市，实现了宁夏企业境外上市零的突破。

（二）2018 年宁夏回族自治区主要经济金融指标

表 1　2018 年宁夏回族自治区主要存贷款指标

		1 月	2 月	3 月	4 月	5 月	6 月	7 月	8 月	9 月	10 月	11 月	12 月
本外币	金融机构各项存款余额（亿元）	5 876.6	5 815.9	5 937.2	5 936.7	5 987.1	6 015.3	6 108.1	6 092.4	6 152.1	6 109.7	6 072.6	6 046.1
	其中：住户存款	2 808.2	2 878.2	2 923.5	2 848.9	2 868.2	2 920.7	2 920.6	2 952.5	3 032.3	3 012.0	3 045.3	3 114.7
	非金融企业存款	1 525.3	1 437.7	1 491.4	1 518.7	1 530.1	1 534.7	1 502.0	1 452.1	1 445.6	1 395.1	1 349.0	1 347.8
	各项存款余额比上月增加（亿元）	9.3	-60.6	121.2	-0.4	50.4	28.2	92.8	-15.6	59.6	-42.4	-37.1	-26.5
	金融机构各项存款同比增长（%）	7.6	5.0	5.2	5.4	5.0	2.2	5.1	3.2	4.4	3.6	3.1	3.1
	金融机构各项贷款余额（亿元）	6 583.7	6 613.8	6 695.8	6 752.2	6 836.1	6 889.1	6 831.1	6 913.5	6 982.2	7 000.9	7 032.9	7 038.5
	其中：短期	2 069.4	2 053.5	2 085.9	2 085.6	2 060.6	2 008.2	1 990.5	2 005.5	1 988.6	1 972.3	1 986.2	1 940.6
	中长期	3 949.7	3 991.7	4 039.2	4 098.3	4 122.2	4 190.9	4 141.1	4 165.4	4 213.9	4 241.6	4 258.8	4 241.8
	票据融资	451.4	454.5	456.8	453.2	472.7	504.8	508.7	542.5	575.8	579.2	579.6	653.1
	各项贷款余额比上月增加（亿元）	122.4	30.0	82.0	56.3	83.9	53.0	-58.0	82.5	68.6	18.7	32.0	5.6
	其中：短期	15.0	-16.0	32.5	-0.4	-25.0	-52.4	-17.6	15.0	-16.9	-16.3	13.8	-45.6
	中长期	71.6	42.0	47.5	59.1	23.9	68.6	-49.8	24.3	48.6	27.7	17.2	-17.1
	票据融资	38.5	3.1	2.3	-3.7	19.5	32.1	3.9	33.8	33.3	3.5	0.4	73.5
	金融机构各项贷款同比增长（%）	13.8	13.5	12.5	11.9	12.2	12.3	8.5	8.4	8.5	9.7	9.5	8.9
	其中：短期	12.9	9.9	8.6	7.1	5.4	1.1	0.4	-0.2	-2.7	-3.3	-3.1	-5.4
	中长期	12.6	13.2	12.8	13.6	12.4	13.4	11.1	9.8	10.1	11.5	10.4	9.3
	票据融资	4.7	8.5	4.9	-2.4	3.9	16.0	9.7	19.4	29.3	37.1	46.9	58.2
	建筑业贷款余额（亿元）	88.9	92.2	94.0	94.4	95.0	94.4	93.1	92.9	92.8	91.7	89.3	84.7
	房地产业贷款余额（亿元）	515.5	518.5	514.4	513.3	514.6	505.3	416.9	416.3	423.3	425.6	416.0	405.3
	建筑业贷款同比增长（%）	7.1	7.0	8.3	10.8	8.2	9.5	8.8	10.2	10.9	11.9	4.7	1.6
	房地产业贷款同比增长（%）	-3.0	-3.6	-5.8	-7.2	-8.6	-9.6	-26.4	-26.8	-26.1	-15.8	-18.5	-20.5
人民币	金融机构各项存款余额（亿元）	5 857.2	5 795.3	5 917.6	5 918.0	5 967.5	5 995.9	6 089.9	6 074.0	6 134.9	6 092.8	6 056.0	6 028.4
	其中：住户存款	2 797.8	2 867.5	2 912.7	2 838.0	2 857.3	2 909.5	2 909.4	2 941.0	3 021.1	3 001.2	3 034.5	3 104.2
	非金融企业存款	1 517.1	1 428.7	1 483.4	1 511.5	1 522.0	1 527.2	1 495.6	1 446.4	1 440.1	1 389.8	1 344.1	1 341.8
	各项存款余额比上月增加（亿元）	8.8	-62.0	122.4	0.4	49.5	28.4	94.0	-15.9	60.8	-42.1	-36.8	-27.6
	其中：住户存款	5.3	69.7	45.2	-74.7	19.3	52.2	-0.1	31.6	80.1	-19.9	33.3	69.7
	非金融企业存款	-68.8	-88.4	54.7	28.1	10.5	5.2	-31.6	-49.2	-6.2	-50.3	-45.7	-2.3
	各项存款同比增长（%）	7.6	5.0	5.3	5.5	5.0	2.3	5.5	3.2	4.5	3.7	3.1	3.1
	其中：住户存款	6.0	10.3	9.8	9.7	10.1	10.4	9.9	9.8	10.1	10.8	11.1	11.2
	非金融企业存款	10.5	1.3	-1.5	-0.8	-2.4	-4.1	-3.0	-10.4	-6.5	-11.9	-16.1	-15.7
	金融机构各项贷款余额（亿元）	6 458.4	6 487.1	6 570.0	6 626.2	6 645.3	6 692.7	6 628.6	6 702.2	6 769.8	6 786.6	6 805.2	6 807.5
	其中：个人消费贷款	837.0	837.4	855.9	871.9	885.9	898.8	909.6	929.0	964.9	989.4	1 017.1	1 024.3
	票据融资	451.4	454.5	456.8	453.2	472.7	504.8	508.7	542.5	575.8	579.2	579.6	653.1
	各项贷款余额比上月增加（亿元）	125.9	28.8	82.8	56.3	19.0	47.4	-64.1	73.7	67.6	16.8	18.6	2.3
	其中：个人消费贷款	18.9	0.5	18.5	15.9	14.1	12.9	10.8	19.4	35.8	24.5	27.8	7.2
	票据融资	38.5	3.1	2.3	-3.7	19.5	32.1	3.9	33.8	33.3	3.5	0.4	73.5
	金融机构各项贷款同比增长（%）	12.1	11.8	10.9	10.3	9.5	9.6	7.6	7.3	7.4	8.5	8.2	7.5
	其中：个人消费贷款	25.6	24.7	23.5	23.4	23.0	21.3	20.4	20.5	21.7	24.8	23.4	25.2
	票据融资	4.7	8.5	4.9	-2.4	3.8	16.0	9.7	19.4	29.3	37.1	46.9	58.2
外币	金融机构外币存款余额（亿美元）	3.1	3.3	3.1	3.0	3.1	2.9	2.7	2.7	2.5	2.4	2.4	2.6
	金融机构外币存款同比增长（%）	1.9	12.5	7.7	0.9	5.5	-2.7	-53.8	-12.2	-16.6	-13.9	-14.8	-10.0
	金融机构外币贷款余额（亿美元）	19.8	20.0	20.0	19.9	29.8	29.7	29.7	31.0	30.9	30.8	32.8	33.7
	金融机构外币贷款同比增长（%）	410.7	428.2	437.4	427.6	693.7	685.0	51.4	58.6	56.1	56.6	66.6	70.7

数据来源：中国人民银行银川中心支行。

表 2　2001~2018 年宁夏回族自治区各类价格指数

单位：%

		居民消费价格指数		农业生产资料价格指数		工业生产者购进价格指数		工业生产者出厂价格指数	
		当月同比	累计同比	当月同比	累计同比	当月同比	累计同比	当月同比	累计同比
2001		—	1.6	—	2.0	—	2.5	—	0.3
2002		—	-0.6	—	3.5	—	-2.2	—	-0.3
2003		—	1.7	—	-0.6	—	6.8	—	5.6
2004		—	3.7	—	13.5	—	17.3	—	11.2
2005		—	1.5	—	9.3	—	9.7	—	6.2
2006		—	1.9	—	0.8	—	8.5	—	6.2
2007		—	5.4	—	12.2	—	7.1	—	3.7
2008		—	8.5	—	26.2	—	21.8	—	12.9
2009		—	0.7	—	-3.7	—	-5.3	—	-6.1
2010		—	4.1	—	4.4	—	14.1	—	9.1
2011		—	6.3	—	14.0	—	12.8	—	9.5
2012		—	2.0	—	7.6	—	-0.5	—	-2.6
2013		—	3.4	—	1.6	—	-3.0	—	-4.0
2014		—	1.9	—	-3.1	—	-3.0	—	-3.7
2015		—	1.1	—	-1.3	—	-7.9	—	-6.3
2016		—	1.5	—	-1.7	—	-3.1	—	-0.9
2017		—	1.6	—	3.1	—	12.9	—	12.1
2018		—	2.3	—	5.6	—	6.5	—	7.3
2017	1	—	—	—	—	—	—	—	—
	2	0.3	1.5	3.6	3.3	16.7	15.7	11.5	11.1
	3	0.7	1.2	4.3	3.7	16.4	16.0	12.9	11.7
	4	1.3	1.2	3.3	3.6	14.8	15.7	12.7	11.9
	5	1.8	1.3	2.3	3.3	13.6	15.2	12.5	12.0
	6	1.7	1.4	1.3	3.0	12.7	14.8	12.3	12.1
	7	1.3	1.4	0.5	2.6	11.0	14.3	12.0	12.1
	8	1.6	1.4	2.2	2.6	13.2	14.1	13.6	12.3
	9	1.4	1.4	3.8	2.7	13.8	14.1	14.9	12.6
	10	1.9	1.5	4.0	2.8	13.4	14.0	13.0	12.6
	11	2.3	1.5	4.3	3.0	9.4	13.6	10.1	12.4
	12	2.3	1.6	4.4	3.1	6.6	12.9	9.7	12.1
2018	1	1.9	1.9	4.2	4.2	7.0	7.0	10.6	10.6
	2	2.8	2.4	4.3	4.3	6.9	7.0	10.0	10.3
	3	2.1	2.3	4.5	4.3	6.0	6.6	7.6	9.4
	4	2.2	2.2	4.7	4.4	6.2	6.5	7.1	8.8
	5	2.4	2.3	5.5	4.6	6.1	6.4	8.3	8.7
	6	2.5	2.3	6.8	5.0	6.9	6.5	8.9	8.7
	7	2.6	2.4	7.2	5.3	8.7	6.8	8.6	8.7
	8	2.4	2.4	6.4	5.4	7.8	6.9	7.6	8.6
	9	2.5	2.4	5.8	5.5	7.1	7.0	6.4	8.3
	10	2.6	2.4	6.3	5.5	6.3	6.9	5.7	8.0
	11	2.1	2.4	6.2	5.7	6.1	6.8	4.9	7.7
	12	1.9	2.3	4.8	5.6	3.1	6.5	2.3	7.3

数据来源：国家统计局宁夏调查总队。

表 3　2018 年宁夏回族自治区主要经济指标

	1月	2月	3月	4月	5月	6月	7月	8月	9月	10月	11月	12月
	绝对值（自年初累计）											
地区生产总值（亿元）	—	—	673.7	—	—	1 603.6	—	—	2 784.7	—	—	3 705.2
第一产业	—	—	33.1	—	—	59.8	—	—	185.6	—	—	279.9
第二产业	—	—	318.9	—	—	810.2	—	—	1 382.2	—	—	1 650.3
第三产业	—	—	321.7	—	—	635.2	—	—	1 216.9	—	—	1 775.1
工业增加值（亿元）	—	—	—	—	—	—	—	—	—	—	—	—
固定资产投资（亿元）	—	—	—	—	—	—	—	—	—	—	—	—
房地产开发投资	—	5.8	37.7	86.9	127.8	198.2	245.1	291.3	342.4	387.0	430.2	449.6
社会消费品零售总额（亿元）	—	155.2	227.2	298.9	359.1	430.6	509.5	593.9	678.9	768.7	853.4	935.8
外贸进出口总额（亿元）	23.0	34.4	60.2	86.8	105.5	123.2	143.2	158.8	176.8	194.7	220.7	249.2
进口	8.5	10.9	20.6	24.9	30.0	34.8	40.7	45.4	50.2	54.8	61.4	68.7
出口	14.6	23.5	39.6	61.9	75.5	88.4	102.5	113.4	126.6	139.9	159.3	180.5
进出口差额（出口 – 进口）	6.1	12.6	19.1	37.0	45.5	53.5	61.7	68.0	76.4	85.1	97.9	111.8
实际利用外资（亿美元）	—	—	0.1	0.2	0.4	0.7	1.3	1.6	2.0	2.1	2.1	2.1
地方财政收支差额（亿元）	—	-84.7	-181.5	-255.3	-305.2	-470.1	-579.6	-661.8	-782.0	-810.6	-861.9	-986.1
地方财政收入	—	77.3	114.2	151.2	184.3	227.4	262.3	284.2	312.9	353.3	385.9	444.4
地方财政支出	—	161.9	295.6	406.5	489.5	697.5	841.9	946.0	1 094.9	1 163.8	1 247.8	1 430.6
城镇登记失业率（%）（季度）	—	—	—	—	—	—	—	—	—	—	—	3.9
	同比累计增长率（%）											
地区生产总值	—	—	7.9	—	—	7.7	—	—	7.0	—	—	7.0
第一产业	—	—	3.5	—	—	3.5	—	—	3.5	—	—	4.0
第二产业	—	—	7.1	—	—	5.0	—	—	6.2	—	—	6.8
第三产业	—	—	9.2	—	—	4.8	—	—	8.4	—	—	7.7
工业增加值	—	8.5	7.5	6.2	4.9	4.9	5.5	5.7	6.9	7.6	7.6	8.3
固定资产投资	—	-2.3	-17.7	-21.1	-18.3	-18.4	-17.5	-20.8	-19.1	-18.1	-17.7	-18.2
房地产开发投资	—	-11.4	-22.6	-10.4	-21.0	-22.1	-22.1	-27.3	-28.6	-29.4	-30.7	-31.1
社会消费品零售总额	—	7.9	7.0	6.9	5.8	5.2	5.2	5.4	5.5	5.4	5.0	4.8
外贸进出口总额	-42.9	-34.0	-18.7	-10.8	-19.5	-22.4	-22.5	-27.7	-31.1	-30.4	-28.6	-27.0
进口	26.1	2.0	1.2	-9.4	-21.0	-18.5	-13.7	-20.2	-23.7	-27.2	-27.3	-26.8
出口	-56.7	-43.3	-26.2	-11.4	-18.9	-23.9	-25.6	-30.3	-33.7	-31.6	-29.0	-27.2
实际利用外资	—	—	-38.6	-52.2	-79.9	-66.8	-39.6	-26.0	-36.7	-33.0	-31.1	-31.1
地方财政收入	—	17.3	5.0	6.8	7.6	7.8	7.4	6.7	5.8	6.1	7.2	8.2
地方财政支出	—	16.4	6.8	8.7	9.0	10.6	4.8	1.5	3.7	2.1	2.5	4.2

数据来源：宁夏回族自治区统计局、宁夏回族自治区人力资源和社会保障厅。

新疆维吾尔自治区金融运行报告（2019）

中国人民银行乌鲁木齐中心支行货币政策分析小组

[内容摘要] 2018年，面对严峻复杂的国内外形势，新疆以习近平新时代中国特色社会主义思想为指导，全面贯彻落实党中央、国务院决策部署，紧紧围绕“1+3+3+改革开放”[①]总体工作部署，坚持稳中求进工作总基调，坚持新发展理念，坚持推动高质量发展，以供给侧结构性改革为主线，按照“稳就业、稳金融、稳外贸、稳外资、稳投资、稳预期”思路，着力推动经济发展质量变革、效率变革、动力变革。全年经济运行稳中趋缓、稳中有进，质量效益明显提升。金融业认真贯彻落实国家金融宏观调控政策，不断提升服务实体经济高质量发展的效率和能力，为经济社会发展营造了适宜的货币金融环境。

2018年，新疆地区生产总值同比增长6.1%，经济由高速增长向高质量发展转变初见成效。一是第三产业连续4年成为拉动经济增长的第一动力，现代产业格局初步形成。三次产业结构比例为13.8：40.4：45.8，第三产业贡献率62.3%，较上年提高4.1个百分点。农业稳中向好，产业化经营提质增效；工业经济企稳回升，转型升级步伐加快，高技术制造业、工业战略性新兴产业增速分别高于规模以上工业28个和11个百分点；服务业发展态势良好，新型服务业活力增强，总体呈现一产上水平、二产抓重点、三产大发展的特点。二是投资对标高质量发展，高端技术制造业投资增长加快，基础设施补短板力度有所增强。装备制造业和高技术制造业投资分别增长10.9%和21.1%；航空、铁路、管道运输等基础设施投资力度加大，分别增长180%、22.4%和20.7%。民生和民间投资占比高于上年同期3个和3.2个百分点。三是网上消费快速发展，外贸市场逆势回稳。乡村消费增速4.9%，高于城镇2.4个百分点；本地企业网上零售额和本地消费者网购零售额分别快速增长44.8%和17.7%。全年限额以上住宿和餐饮业通过公共网络实现的客房和餐费收入分别增长29.7%和73.6%。外贸稳中有升，贸易顺差852.5亿元，较上年收窄149.9亿元。四是以资源型、重工业为主的工业结构逐步改善，结构性去杠杆和节能降耗成效明显，新动能焕发新活力。全年化解钢铁产能215万吨、煤炭产能462万吨，关停133.1万千瓦单位能耗高的煤电机组。规模以上工业企业资产负债率同比降低3.2个百分点。贫困发生率降至6.5%。全年规模以上工业企业综合能源消费量增速同比回落6.2个百分点，达到2005年以来的最低增速，单位工业增加值能耗同比下降3.2%。六大高耗能行业能源消费量增速同比回落7.1个百分点。新动能加快发展，数字经济规模增长近10%。清洁能源发电量同比增长9.9%，占总发电量的20%。

金融供给侧结构性改革深入推进，主要金融指标运行在合理区间，银行、证券、保险等市场协同互补效应增强，科技助力构建普惠金融新生态成效突出。一是货币政策工具结构引导作用凸显，小微、扶贫、涉农、住房等普惠领域金融服务水平优化提升。2018年末，新疆本外币各项存、贷款余额分别同比增长2.9%、7.4%，信贷主要投向小微、扶贫、涉农、住房等民生领域。小微企业贷款增速快于全部贷款增速5.1个百分点，涉农贷款余额占全部贷款余额

① “1+3+3+改革开放”，即新疆维吾尔自治区党委提出的工作部署，1是围绕社会稳定和长治久安这一总目标，第一个3指防范化解重大风险、精准脱贫、污染防治三大攻坚战，第二个3指丝绸之路经济带核心区建设、乡村振兴战略、旅游产业发展三大战略。

的四成，保障性住房开发贷款、个人住房贷款增量占全部房地产贷款增量的79.8%。扶贫再贷款进一步向深度贫困地区倾斜，累计向南疆四地州发放扶贫再贷款占全部扶贫再贷款累放额的92%；产业精准扶贫贷款余额同比增长34.1%，金融支持脱贫攻坚取得阶段性成效。二是股票、债券、票据等市场交易活跃，多元化融资能力进一步增强。全年新疆企业通过IPO、公司债、资产证券化等方式从资本市场融资579.9亿元，融资额创历史新高。非金融企业债务融资工具发行规模居西北五省区第二，新疆首单非银行金融机构二级资本债、兵团首单绿色债成功发行，债券产品不断丰富。金融机构支持民营和小微企业票据贴现力度明显加大，全年新疆票据贴现发生额1 000.6亿元，同比增加451.6亿元。三是保险分担分散风险能力增强，险资运用保重点、保民生特征明显。保险业资产总额、赔付支出额增速均高于全国，扶贫保险、农业保险保障范围不断扩大，商业车险业务品质持续改善，绿色保险助力绿色金融试验区建设成效凸显。2018年末，保险资金在疆投资余额523亿元，有力保障基础设施建设和重大项目工程建设。四是“一行两局两办”[①]协同发力，风险防控工作有序进行。2018年末，新疆银行业金融机构不良贷款率1.54%，低于全国0.35个百分点。保险行业杠杆率较上年下降0.63个百分点。“一行两局两办”监管联席会议机制逐步健全，《新疆重大风险处置预案》制定印发，金融机构风险防范主体责任进一步压实，存款保险的风险早期预警和纠正功能有效发挥。五是绿色金融改革创新试验区服务精准性有效提升，城乡居民及企业获得金融服务更趋便利。全国首个绿色金融改革创新试验区绿色项目库和地方性绿色金融同业自律机制顺利建成，绿色金融工具和融资渠道不断丰富，2018年末，绿色贷款余额同比增长19.9%。金融信用信息基础数据库覆盖159家银行、信托、租赁等信贷类机构和环保、法院、工商等非银机构，为全疆17万家企业和1 281万自然人建立信用档案。辖内15家银行实现通过网上银行、手机银行、微信公众号等电子渠道预约开户，企业开户服务效率有效提升。助农取款服务点同比增长29.9%，条码支付、云闪付移动支付全方位覆盖居民衣食住行等生活场景，支付安全性和便捷性全面提升。

2019年，新疆经济转型任务艰巨，经济下行压力依然存在，金融发展面临的形势严峻，风险管控要求更高。但随着高质量发展各项政策措施及稳就业、稳金融、稳外贸、稳外资、稳投资、稳预期落地实施，新疆经济金融有望继续保持健康稳步发展。经济方面，供给端，随着供给侧结构性改革不断深入，乡村振兴战略全面推进，工业重点产业转型升级，服务业活力不断增强，预计农业生产将持续稳中调优，工业稳步回升，服务业快中向好；需求端，随着基础设施补短板力度加大、新的消费增长点不断培育、丝绸之路经济带核心区建设深入推进，投资将更好发挥稳定经济增长的关键作用，居民消费潜力将进一步激发，并带动进出口贸易恢复性增长。金融方面，随着稳健货币政策的实施，特别是货币政策传导梗阻进一步畅通，以及基建投资回暖拉升中长期贷款等积极因素释放，新疆社会融资规模将合理适度增长，存贷款企稳回升，“几家抬”合力支持民营及小微企业、科技金融、旅游金融、脱贫攻坚等进程持续推进，金融支持经济结构调整优化作用更加凸显。

① “一行两局两办”，即中国人民银行乌鲁木齐中心支行、中国银行保险监督管理委员会新疆监管局、中国证券监督管理委员会新疆监管局、新疆维吾尔自治区地方金融监督管理局、新疆生产建设兵团地方金融监督管理局。

一、金融运行情况

2018 年，在经济下行压力加大、国内外风险叠加共振渐强、微观经济主体活力不足等因素综合作用下，新疆金融运行稳中趋缓，信贷保持合理适度增长，银行、证券、保险等市场协同互补效应增强，金融风险总体可控，科技助力普惠金融新生态成效突出，金融体系“融资 + 融智”共同发力，服务经济高质量发展势头良好。

（一）银行业运行稳健，普惠金融服务水平优化提升

1. 银行业资产负债规模小幅增长，机构数量保持增加。2018 年末，新疆银行业金融机构资产、负债总额均同比增长 3.9%，资产利润率 0.9%。银行业金融机构共有网点 4 209 个，较上年增加 560 个，2018 年新设金风科技、特变电工两家法人财务公司，法人金融机构共计124个。

2. 存款低位徘徊，定期化特征明显。2018 年末，新疆本外币各项存款同比增长 2.9%，低于上年同期 9.8 个百分点。住户存款、企业存款较年初一增一减，其中，住户存款同比增长 11.6%，增量高于全部存款增量，是存款止跌趋稳的主要支撑，企业存款同比下降 12.5%，是拉低存款增长的主因；非银机构存款同比增长 76.6%。活期存款同比下降 6.7%，定期存款同比增长 11%。

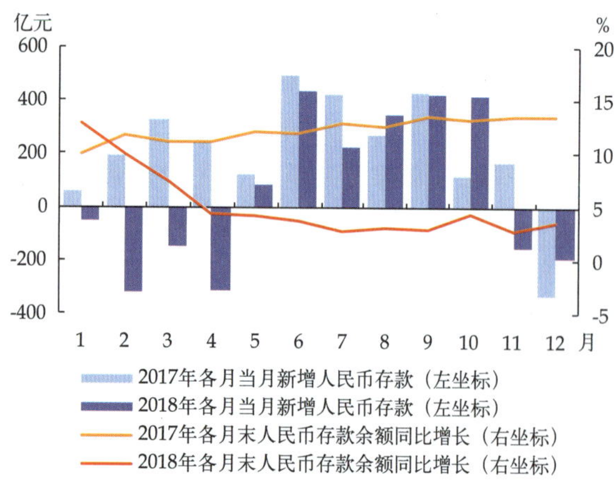

数据来源：中国人民银行乌鲁木齐中心支行。

图 1　2017~2018 年新疆维吾尔自治区金融机构人民币存款增长变化

3. 贷款增速回落，信贷投放保重点保民生力度不减。2018 年末，新疆本外币各项贷款同比增长 7.4%，增速低于上年同期 7.6 个百分点。其中，中长期贷款增量占比 68.9%，仍为拉动各项贷款增长的主力；票据融资快速走高，同比增长 33%。开发性、政策性银行及地方法人金融机构增量合计占比 79.5%，对贷款增长贡献较大。

信贷主要投向小微、扶贫、涉农、住房等民生领域。定向降准、再贷款、再贴现等货币政策工具结构引导作用凸显，小微企业贷款增速快于全部贷款增速 5.1 个百分点。扶贫再贷款进一步向深度贫困地区倾斜，全年累计向南疆四地州发放扶贫再贷款占全部扶贫再贷款累放额的 92%；累计发放免抵押免担保的扶贫小额信贷 36.1 万户、金额 127.9 亿元；产业精准扶贫贷款同比增长 34.1%。“两权”抵押贷款同比增长 59.1%，涉农贷款占各项贷款余额近四成，保障性住房开发贷款、个人住房贷款增量占全部房地产贷款增量的 79.8%，创业担保贷款、助学贷款惠及范围扩大，民生金融提质增量扩面成效显著。

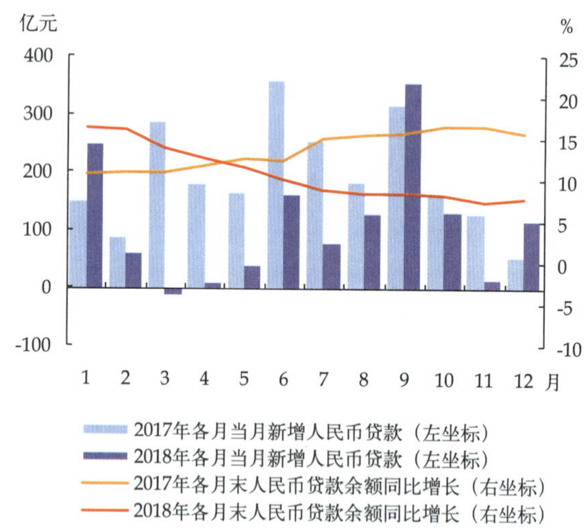

数据来源：中国人民银行乌鲁木齐中心支行。

图 2　2017~2018 年新疆维吾尔自治区金融机构人民币贷款增长变化

4. 表外业务收缩，结构有所分化。银行业金融机构表外业务增速低于上年同期 3.4 个百分

点。担保类表外业务在承兑汇票快速增长的带动下同比多增，金融资产服务类、承诺类、金融衍生品类表外资产大幅萎缩，其中，委托贷款、资产托管业务在资管新规、委托贷款新规等因素影响下较年初合计同比多减1 800.2亿元。

5. 利率市场化改革稳步推进，小微企业融资贵问题有所缓解。2018年末，新疆市场利率定价自律机制基础成员、观察成员分别较上年增加4家和26家，市场利率定价自律机制不断完善，金融机构自主定价能力和利率市场化适应能力进一步增强。货币政策工具引导"三农"、小微企业融资成本降低成效凸显，2018年第四季度，金融机构借用支农、支小再贷款发放的涉农贷款和小微企业贷款利率分别低于其自有资金发放的同类贷款利率2.9个和2.4个百分点。2018年12月，小微企业贷款加权平均利率为5.7905%，同比下降0.3个百分点。

表1　2018年新疆维吾尔自治区金融机构人民币贷款各利率区间占比

单位：%

月份		1月	2月	3月	4月	5月	6月
合计		100.0	100.0	100.0	100.0	100.0	100.0
下浮		17.1	14.7	7.6	15.4	13.8	28.0
基准		28.4	28.0	18.0	12.7	14.2	11.8
上浮	小计	54.5	57.3	74.4	71.9	72.0	60.1
	(1.0, 1.1]	17.7	18.7	16.3	20.8	25.3	23.2
	(1.1, 1.3]	13.3	10.1	21.5	19.9	23.2	19.1
	(1.3, 1.5]	4.3	4.5	9.2	5.5	5.1	4.6
	(1.5, 2.0]	8.6	10.8	12.6	14.7	10.7	8.3
	2.0以上	10.5	13.2	14.9	11.0	7.8	4.9
月份		7月	8月	9月	10月	11月	12月
合计		100.0	100.0	100.0	100.0	100.0	100.0
下浮		6.0	4.5	5.5	3.5	3.8	4.9
基准		28.3	27.4	28.9	36.2	28.2	23.7
上浮	小计	65.7	68.1	65.6	60.3	68.0	71.4
	(1.0, 1.1]	20.4	18.8	26.2	20.1	16.6	17.6
	(1.1, 1.3]	16.6	19.9	16.1	15.1	17.5	15.8
	(1.3, 1.5]	9.7	9.7	6.9	5.2	6.5	7.1
	(1.5, 2.0]	12.1	11.8	10.4	11.8	15.5	17.6
	2.0以上	6.8	7.9	6.1	8.2	11.8	13.3

数据来源：中国人民银行乌鲁木齐中心支行。

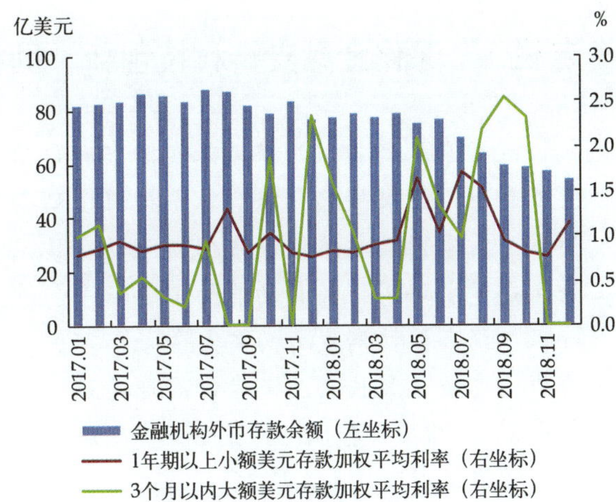

数据来源：中国人民银行乌鲁木齐中心支行。

图3　2017~2018年新疆维吾尔自治区金融机构外币存款余额及外币存款利率

6. 风险防控工作有序进行，金融风险总体可控。"一行两局两办"监管联席会议机制逐步健全，存款保险的风险早期预警和纠正功能有效发挥，《新疆重大风险处置预案》制定印发，金融机构风险防范主体责任进一步压实，4家高风险机构的风险处置工作顺利完成。2018年末，新疆银行业金融机构不良贷款率1.54%，低于全国0.35个百分点。关注类贷款同比增长56.2%，余额是不良贷款余额的3.5倍。地方法人银行机构不良贷款率2.75%，较年初上升0.48个百分点，隐性信贷风险值得关注。互联网股权众筹、互联网保险等4个互联网金融分领域存量违规业务有效化解。

7. 跨境人民币业务保持增长，支持"一带一路"建设成效显著。2018年，新疆跨境人民币业务结算量461.5亿元，同比增长35.1%，占新疆本外币跨境结算总量的43.1%，同比上升7.7个百分点，结算量居西北五省区第一。其中，新疆与周边"一带一路"国家跨境人民币业务量20.6亿元，同比增长88%。辖区办理跨境人民币业务的企业同比增加240家，业务覆盖面不断扩大。

专栏1　深化金融支持科技创新　助推经济发展提质增效

近年来，新疆深入贯彻落实国家和自治区创新驱动发展战略，将金融支持科技型企业作为推动丝绸之路经济带创新驱动发展试验区建设、培育经济新动能的重要抓手，秉持银、证、保协同发力的“大金融”理念，着力构建覆盖科技企业全生命周期的融资服务体系，不断提升和优化科技企业金融服务，助力新疆经济高质量发展。

一是打造联动机制，高位推动科技金融工作。中国人民银行乌鲁木齐中心支行联合新疆科技厅、财政厅、银保监局、证监局等部门出台了《关于金融支持新疆高新技术企业发展的指导意见》，完善信贷、债权、股权、基金、租赁等科技企业融资模式；协调自治区知识产权局出资500万元建立风险补偿金，按贷款损失的30%分担风险，重点支持单户授信在1 000万元以下的科技型企业，从部门间信息沟通协调、财税金融政策联动、线上线下服务平台等方面为科技企业发展提供保障。

二是建立专营服务机构，发挥金融机构专业化服务优势。推动有条件的金融机构设立科技金融专营机构，实行单独运营、管理、核算、考核，在客户准入、评级授信、产品创新、资金成本等方面加大倾斜力度。目前北京银行新疆分行、乌鲁木齐银行已先后设立了科技金融支行或科技金融专营部门，实现了科技金融服务渠道整合、服务质效提升。

三是创新专属金融产品，推进科技金融服务精准化、个性化。对于种子期、初创期的科技企业，建立产业引导基金、培育发展天使投资、风险投资等，其中，中科援疆创新创业基金已向11家科技企业提供融资支持1.8亿元，助推科技企业成长壮大；对于成长期、成熟期的科技企业，创新推出专利技术质押＋政府增信＋财政贴息的“知疆通”、基于互联网大数据技术开发的“小微快贷”“微捷贷”等科技金融产品，在加大信贷支持的同时探索投贷联动、资本市场融资等模式，覆盖科技型小微企业全生命周期的融资服务体系日益健全。

四是量身定制专业融资平台，引导资金流向科技企业。推动新疆内外投融资机构签署《关于金融投资企业协作联合支持新疆产业科技创新发展倡议书》，组建新疆产业科技金融协同发展联盟；针对科技企业“轻资产”、抵押担保能力不足等特点，根据不同发展阶段科技企业融资需求，组织国内知名创投机构和新疆内外银证保、担保、股权投资等机构先后4次与科技企业座谈对接，促成近200亿元融资意向，有效引导资金流向科技企业。

（二）证券业运行平缓，多元化市场融资能力不断增强

1. 证券业机构稳步增加，证券交易额波动下降。万和证券、东北证券进驻新疆，2018年末，新疆证券业主体机构30家，营业部105个，分别较上年增加2家和3个。全年新疆证券业累计交易额同比减少4 270.4亿元，呈现波动下降趋势。全年新疆证券经营机构累计实现利润总额同比下降72.5%，证券机构经营效益明显下滑。

2. 上市公司稳步发展，资本市场融资额创历史新高。全年新疆股权交易中心新增挂牌企业69家，新疆火炬、东方环宇、新疆交建成功上市，2018年末，新疆A股上市公司55家，数量位居西北五省区第一。全年新疆企业资本市场融资579.9亿元，同比增长9.3%，融资额创历史新高。其中，上市公司融资额占比61.6%，新三板、新疆股权交易中心融资额平稳增长，市场融资能力不断提升。

表 2　2018 年新疆维吾尔自治区证券业基本情况

项目	数量
总部设在辖内的证券公司数（家）	0
总部设在辖内的基金公司数（家）	0
总部设在辖内的期货公司数（家）	2
年末国内上市公司数（家）	55
当年国内股票（A 股）筹资（亿元）	357
当年发行 H 股筹资（亿元）	0
当年国内债券筹资（亿元）	-59
其中：短期融资券筹资额（亿元）	-60
中期票据筹资额（亿元）	-62

数据来源：新疆银保监局。

3. 期货机构相对稳定，交易额明显萎缩。2018 年末，新疆期货主体机构 7 家，较上年增加 1 家。受全国经济下行、期货市场低迷影响，全年新疆期货交易量、交易额分别同比下降 8% 和 5.4%，交易额创 2010 年以来最低。2018 年末，新疆期货经营机构手续费收入同比下降 6.1%，净亏损同比扩大 118.8%。

（三）保险业发展平稳，风险保障功能有效发挥

1. 保险机构稳步壮大，行业实力不断增强。2018 年末，新疆保险主体机构 34 家，分支机构 1 942 家，较上年增加 57 家，从业人员同比增长 11.9%。保险业资产总额同比增长 13.8%，高于全国 4.3 个百分点。全年累计实现保费收入 577.3 亿元，同比增长 10.2%，增速高于全国 6.3 个百分点，业务规模位居西北五省区第二。行业杠杆率较上年下降 0.63 个百分点。

表 3　2018 年新疆维吾尔自治区保险业基本情况

项目	数量
总部设在辖内的保险公司数（家）	0
其中：财产险经营主体（家）	0
人身险经营主体（家）	0
保险公司分支机构（家）	32
其中：财产险公司分支机构（家）	18
人身险公司分支机构（家）	14
保费收入（中外资 亿元）	577.26
其中：财产险保费收入（中外资 亿元）	191.10
人身险保费收入（中外资 亿元）	386.15
各类赔款给付（中外资 亿元）	206.62
保险密度（元 / 人）	2 321.33
保险深度（%）	4.73

续表

数据来源：新疆银保监局。

2. 保险保障能力显著增强，风险覆盖扩面提质。全年，新疆保险业赔付支出同比增长 19.2%，分别高于上年、全国 7.3 个和 9.2 个百分点。其中，财产险、人身险累计赔付支出同比分别增长 19.7% 和 19.2%。保险扶贫持续发力，承保建档立卡贫困户 718.8 万人（户）次，累计提供农业生产、健康医疗、意外伤害等风险保障 5.1 万亿元。

3. 保险重点领域改革全面深化。全行业建成乡镇农业保险服务站点 1 300 家以上，全年农险保费收入和累计提供风险保障同比分别增长 21.5% 和 43.5%，保障范围不断扩大。商业车险“报行合一”政策落地，车险综合费用率 42.3%，低于全国平均水平 0.9 个百分点。环境污染责任险承保污染企业 131 家次，承担风险保障 4.6 亿元，绿色保险助力绿色金融试验区建设成效凸显。首台（套）重大技术装备保险有效支持科技创新成果转化。截至 2018 年末，保险资金在新疆投资余额 523 亿元，通过债券支持计划、股权投资等形式有力保障基础设施建设和重大项目工程建设。

（四）金融市场活力增强，融资结构不断优化

1. 社会融资规模增长放缓，表外融资同比多减。2018 年末，新疆社会融资规模 24 470.8 亿元，同比增长 2.9%，全年新增 835.8 亿元，同比少增 2 447.8 亿元。其中，银行信贷对社会融资规模增长支撑明显；表外融资同比多减 1 511.6 亿元；直接融资减少 11 亿元，同比多减 271.2 亿元。

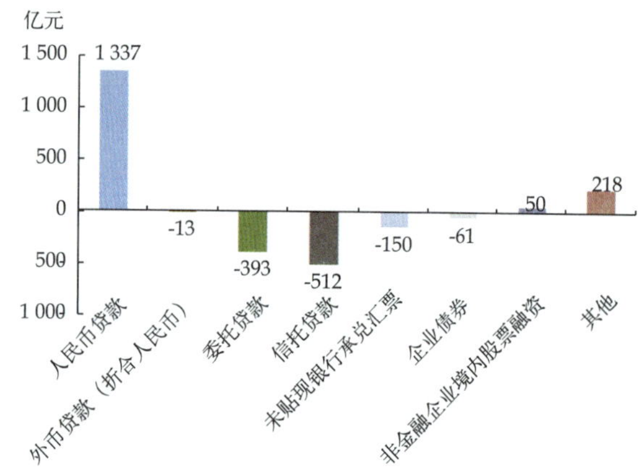

数据来源：中国人民银行乌鲁木齐中心支行。

图 4　2018 年新疆维吾尔自治区社会融资规模分布结构

2. 债券市场交易活跃，债券品种不断丰富。 全年新疆金融机构在银行间债券市场累计成交额 64 441.8 亿元，同比增长 28.3%，资金呈净融出态势。其中，同业拆借、债券回购、现券交易均呈两位数增长。各类债券发行额同比增长 13.5%，其中，非金融企业债务融资工具发行 456.9 亿元，发行规模居西北五省区第二，新疆首单非银行金融机构二级资本债、兵团首单绿色债成功发行，债券产品不断丰富。

3. 票据融资需求增强，交易规模显著上升。 银行间市场利率下行，加之票据期限短、流动性高，票据发行和贴现规模显著增加。全年累计签发银行承兑汇票 1 664.0 亿元，同比增长 13.6%，其中，中小微型企业签发的银行承兑汇票占比 57.3%。全年新疆票据贴现发生额 1 000.6 亿元，同比增加 451.6 亿元，再贴现引导金融机构支持民营、小微企业票据贴现力度加大。

表 4　2018 年新疆维吾尔自治区金融机构票据业务量统计

单位：亿元

季度	银行承兑汇票承兑		贴现			
			银行承兑汇票		商业承兑汇票	
	余额	累计发生额	余额	累计发生额	余额	累计发生额
1	573	298	491	141	11	38
2	523	613	513	312	13	76
3	724	1 420	687	567	25	132
4	862	2 394	697	830	25	170

数据来源：中国人民银行乌鲁木齐中心支行。

4. 黄金交易量稳步增长。 受美国经济复苏、贸易摩擦频发等因素影响，市场避险情绪有所上升，黄金市场交易活跃。新疆全年累计发生黄金业务 90.3 吨、金额 261.4 亿元，同比分别上升 18.5% 和 23.9%。乌鲁木齐金融报价结算服务中心成为上海黄金交易所特别会员，黄金市场参与机构不断丰富。

（五）绿色金融改革创新试验区建设取得阶段性成效

着力提升绿色金融服务精准性，全国首个绿色金融改革创新试验区绿色项目库和地方性绿色金融同业自律机制顺利建成，绿色项目库数据库上线运行。绿色金融专营机构不断培育，绿色金融改革创新试验区绿色支行、绿色事业部、绿色柜台数量分别达 14 家、24 家和 13 家。绿色金融工具和融资渠道不断丰富，昆仑银行 5 亿元绿色金融债、乌鲁木齐城市交通投资有限公司绿色公司债成功发行，绿色资产证券化融资顺利开启，绿色基金相继设立，全年新增绿色贷款 359.9 亿元，绿色贷款余额同比增长 19.9%。

（六）金融基础设施健全完善，金融生态环境切实优化

1. 信用体系建设深入推进。 以个人诚信为重点的信用奖惩机制进一步完善。金融信用信息基础数据库平稳运行，运用领域拓展到政府采购、干部选拔等，为全疆 17 万家企业和 1 281 万自然人建立信用档案。伊犁察布查尔县等四个试点县市农户信用信息系统开发完毕，信用乡（镇）、信用村、信用户“三信工程”建设进展顺利，2018 年末，全疆共有 81.3% 的农户建立信用档案，支持农户累计取得贷款 4 275.1 亿元。中征应收账款融资服务平台与供应链企业及金融机构系统对接有序推进，全年成交量突破 1 000 亿元。

2. 支付体系建设稳步推进，支付安全性和便捷性全面提升。 通过银行账户改革全面提升企业开户服务效率，辖内 15 家银行实现了通

过网上银行、手机银行、微信公众号等电子渠道预约开户。第三方支付机构非现场监管系统上线试运行，跨境人民币支付系统（CIPS）应用范围延伸至中亚等周边国家。支付为民工程建设加快推进，农村支付服务环境明显改善，2018年末，新疆农村地区银行网点数1 977个，接入大小额支付系统率99.3%；助农取款服务点同比增长29.9%，支付服务空白村减少2 076个。条码支付、云闪付移动支付全方位覆盖居民衣食住行等生活场景，全年新疆移动支付业务笔数、金额同比分别增长31.6%和83.6%，金融IC卡交易额同比增长19.4%。

3. 金融消费权益保护工作明显深化。新疆12363金融消费者投诉、咨询呼叫中心上线运行，实现“一点呼入，双人接听，属地受理”，全年受理金融消费者投诉、咨询同比分别下降12.8%和41.1%。银行与支付机构金融广告营销行为进一步规范，金融广告治理工作取得初步成效。

二、经济运行情况

2018年，新疆经济运行稳中趋缓、稳中有进，质量效益不断提升。全年生产总值12 199.1亿元，同比增长6.1%。产业结构进一步优化，第三产业增加值占比45.8%，同比提高0.6个百分点，高于第二产业5.5个百分点。

（一）投资降幅收窄，需求结构稳中向好

投资和出口仍处于负增长区间，但企稳特征明显，结构对标高质量发展，消费市场平稳，新型消费业态增长迅速，内外需总体稳中有升。

1. 投资企稳回升，调优补短力度加大。全年固定资产投资下降25.2%，下半年降幅持续收窄。装备制造业和高技术制造业投资分别增长10.9%和21.1%；航空、铁路、管道运输等基础设施投资力度加大，分别增长1.8倍、22.4%和20.7%。民生、民间投资占比提高，占固定资产投资比重分别为27.7%和34.3%，高于上年同期3个和3.2个百分点。房地产开发投资下降0.4%，乌鲁木齐市房地产开发投资逆势增长56.5%，形成较强带动作用。

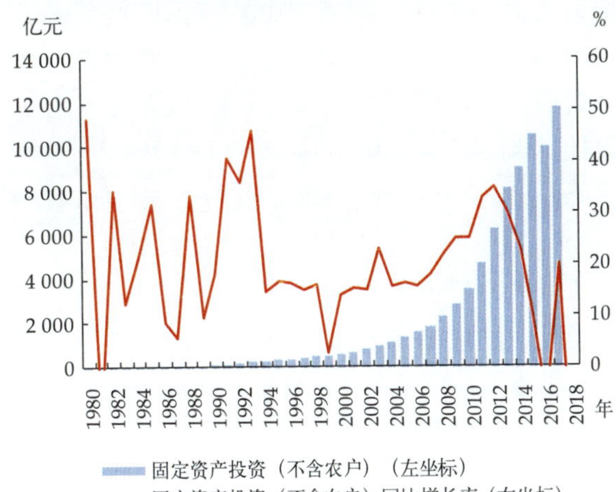

数据来源：新疆维吾尔自治区统计局。

图5　1980~2018年新疆维吾尔自治区固定资产投资（不含农户）及其增长率

2. 消费市场稳中有升，网络销售快速发展。全年实现社会消费品零售总额3 187亿元，同比增长5.2%。乡村消费增长4.9%，高于城镇2.4个百分点；餐饮收入增长9.3%，高于商品零售4.8个百分点。新疆企业实现网上零售额增长44.8%，本地消费者通过网购实现网上零售额增长17.7%，占同期新疆社会消费品零售总额的22.6%。全年限额以上住宿和餐饮业通过公共网络实现的客房和餐费收入分别增长29.7%和73.6%。

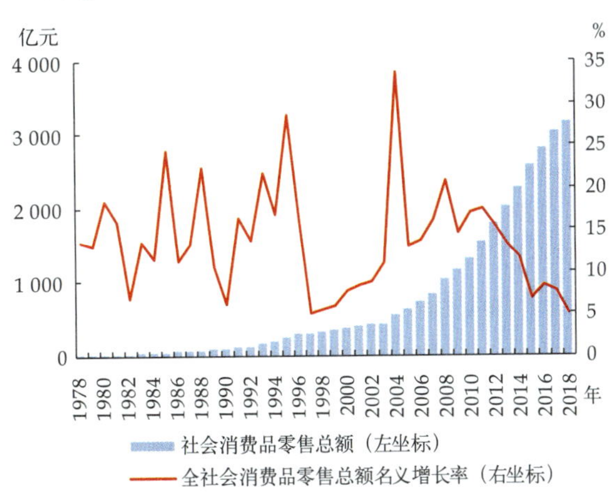

数据来源：新疆维吾尔自治区统计局。

图6　1978~2018年新疆维吾尔自治区社会消费品零售总额及其增长率

3. 外贸逆势回稳，利用外资保持增长。在全球贸易保护主义抬头背景下，部分产品输出约束增大；中哈、中塔、中吉三国四线的口岸农产品“绿色通道”健康运营，提高农产品通关效率。全年完成进出口贸易额1 326.2亿元，同比下降4.7%。其中进口增长19.5%，出口下降8.8%。贸易顺差852.5亿元，较上年收窄149.9亿元。哈萨克斯坦、吉尔吉斯斯坦、塔吉克斯坦进出口值占比超六成。实际利用外资2.1亿美元，同比增长0.2%，主要投向制造业、租赁和服务业，两者合计占外资利用规模近九成。石河子市、伊犁州成为外资主要流入地。

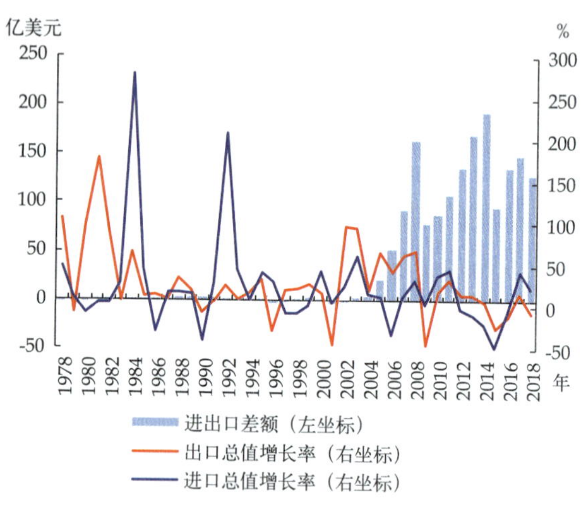

数据来源：新疆维吾尔自治区统计局。

图7　1978~2018年新疆维吾尔自治区外贸进出口变动情况

（二）三次产业融合性增强，供给结构持续优化

三次产业增加值分别增长4.7%、4.2%和8.0%，结构比例为13.8 : 40.4 : 45.8，第三产业贡献率62.3%，较上年提高4.1个百分点，连续4年成为拉动经济增长的第一动力，初步形成了“三二一”现代产业格局。

1. 农业生产稳中向好，产业化经营提质增效。按照“稳粮、优棉、促畜、强果、兴特色”推动一产上水平，以拉长产业链、提升价值链、拓宽增收链为主线，提升农村一二三产业融合发展水平。全年实现农林牧渔业总产值3 637.8亿元，同比增长5.1%。粮食供给能力增强，总产量稳中有升。棉花产量占全国的83.8%，比重较上年提高8.9个百分点，总产、单产、面积和商品调拨量连续24年位居全国第一。畜牧业稳步发展，规模化养殖力度不断加大。特色林果业标准化基地建设加快推进，农副产品加工业发展态势良好。农村土地三权分置有序推进，现代农业生产体系加快构建。

2. 工业经济企稳回升，转型升级步伐加快。全年新疆规模以上工业企业完成增加值增长4.1%，增速连续4个月持续回升。石油、非石油工业同比分别增长4.1%和4.0%，增速相当。成立工业互联网产业联盟，推进制造业与互联网融合发展，智能制造、服务型制造、网络化协同等制造业新模式加快培育，工业动能转换成效显现，高技术制造业、工业战略性新兴产业增速分别较上年加快6.7个和5.9个百分点，高于规模以上工业28个和11个百分点。全年工业品销售产值同比增长10%。工业企业利润增长11.5%，高于全国平均水平1.2个百分点。

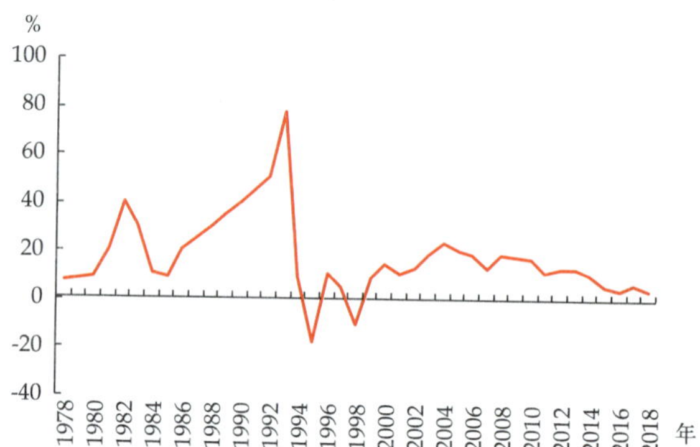

数据来源：新疆维吾尔自治区统计局。

图8　1978~2018年新疆维吾尔自治区规模以上工业增加值实际增长率

3. 服务业发展态势良好，经营效益持续提升。全年服务业完成增加值5 584亿元，同比增长8.0%。规模以上服务业实现营业收入同比增长11.7%，增速较上年同期加快0.6个百分点，高于全国0.3个百分点。交通运输、仓储和邮政业，信息传输、软件和信息技术服务业，租赁和商务服务业三大门类营业收入同比增长

14.2%，占规模以上服务业营业收入的 85.1%。"互联网 +"、旅游等产业不断升级，商贸物流、电子商务、金融服务、养老健康等产业活力增强。

4. 供给侧结构性改革扎实推进，新动能焕发新活力。"去降补"成效显著，全年化解钢铁产能 215 万吨、煤炭产能 462 万吨，关停 133.1 万千瓦单位能耗高的煤电机组。规模以上工业企业资产负债率同比降低 3.2 个百分点。全疆 53.7 万贫困人口脱贫、513 个贫困村退出、3 个贫困县摘帽，贫困发生率降至 6.5%。"放管服"改革持续推进，营商环境不断优化，新动能加快发展，乌鲁木齐、昌吉、石河子高新技术产业开发区启动国家自主创新示范区建设，大数据、分享经济等新产业新业态加快发展，数字经济规模超过 2 800 亿元，增速近 10%。

5. 生态文明建设稳步推进，节能降耗成效明显。严格执行能耗总量和强度"双控"目标，加强大气、水源、固体废物等污染的联防联控和综合治理。开展省级绿色制造体系创建，累计通过国家级评定的绿色工厂达 34 家，占规模以上工业企业比例排名全国第一，企业绿色转型升级步伐加快。全年规模以上工业企业综合能源消费量增速同比回落 6.2 个百分点，创 2005 年以来的最低增速，单位工业增加值能耗同比下降 3.2%。六大高耗能行业投资下降 5.9%，能源消费量增速同比回落 7.1 个百分点。新能源发展态势良好，全年清洁能源发电量同比增长 9.9%，占总发电量的 20%。

（三）消费价格相对稳定，工业品价格涨幅收窄

1. 居民消费价格涨幅稳中略降。全年居民消费价格指数上涨2.0%，低于上年0.2个百分点，低于全国 0.1 个百分点，保持在温和上涨区间。城市和农村分别上涨1.8% 和2.4%。医疗保健类、食品烟酒类和生活用品及服务类涨幅均高于平均指数，分别上涨 12.5%、3.1% 和 2.3%，衣着和居住类分别下降 1.1% 和 2.1%。

2. 生产价格指数涨势趋缓。全年工业生产者出厂价格上涨 11.2%，涨幅较上年回落 2.5 个百分点；工业生产者购进价格上涨 9.2%，较上年回落 3.6 个百分点。

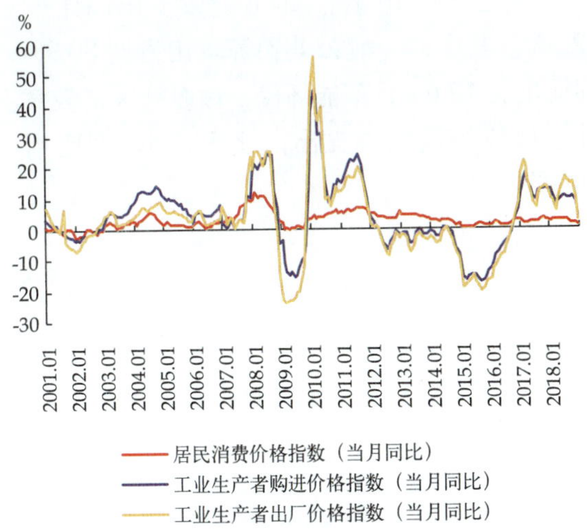

数据来源：新疆维吾尔自治区统计局。

图 9　2001~2018 年新疆维吾尔自治区居民消费价格指数和工业生产者价格指数变动趋势

3. 劳动力报酬进一步提高。农村富余劳动力转移就业力度加大，社保扩面征缴工作扎实推进，退休人员基本养老金较上年调增 5% 左右，城乡居民收入稳步提升。全年新疆城乡居民人均可支配收入 21 500 元，首次突破 2 万元大关，同比增长 7.6%，其中，城镇和农村居民可支配收入分别增长 6.5% 和 8.4%。

4. 棉花目标价格改革稳妥推进。启动棉花"价格保险 + 期货"试点，鼓励以基本农户、农业生产经营单位为主体投保棉花目标价格保险，通过保险机制向棉农提供棉花价格保险保障，并借助期权工具、期货市场，分散保险公司的经营风险，促成棉花价格形成与国际市场接轨，运用市场化机制实现对棉农利益的保护与产业稳定发展的保障。

（四）财政收支总体平稳，民生保障力度加大

新疆地方财政收入同比增长 9.1%。其中，一般公共预算收入占比 48.3%，同比增长

4.5%。三产税收增速加快、缓期税款结转及耕地占用税清缴等因素带动税收收入同比增长11.5%，占一般公共预算收入的68.7%，同比提高4.3个百分点。减费降税力度加大，非税收入同比下降10.3%。地方财政支出同比增长22.3%。其中，一般公共预算支出占比80.9%，同比增长12.6%，节能环保、城乡社区、教育、社会保障等民生类支出占比58.7%，同比增长60.3%。

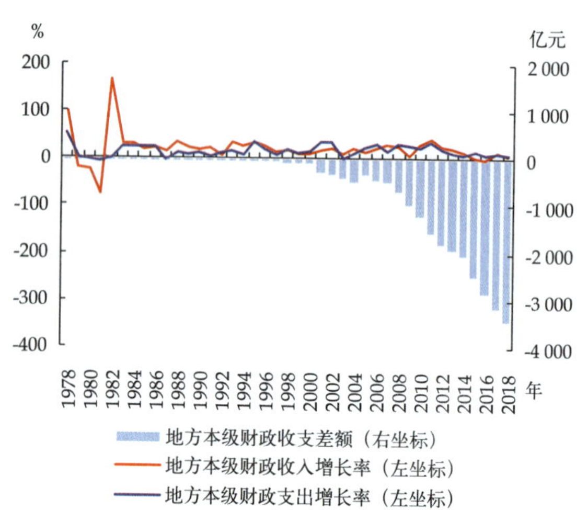

数据来源：新疆维吾尔自治区统计局。

图10 1978~2018年新疆维吾尔自治区财政收支状况

区改造、公共租赁住房建设力度加大。全年新开工保障性住房10.5万套、80.6万平方米，同比增加3.7万套、28.7万平方米。

（3）商品房销售面积下降，销售额增长。全年商品房销售面积1 452.2万平方米，同比下降9.1%；销售额863.3亿元，同比增长8.8%。其中住宅销售面积1 195.1万平方米，同比下降9.2%；销售额648.6亿元，同比增长8.6%。

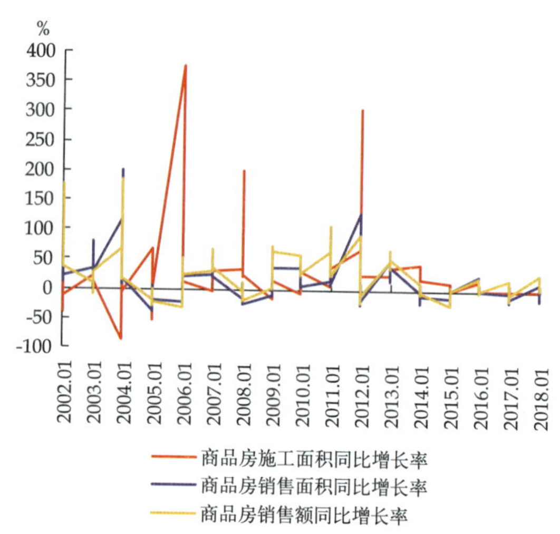

数据来源：新疆维吾尔自治区统计局。

图11 2002~2018年新疆维吾尔自治区商品房施工和销售变动趋势

（五）房地产市场健康运行，旅游业快速发展

1. 房地产供需更趋理性，库存压力减小。

（1）房地产开发投资同比略降。在“房住不炒”政策指导下，上半年新疆房地产开发投资下行调整，下半年降幅稳步收窄。全年房地产开发投资完成1 033.4亿元，同比下降0.4%，降幅比上半年收窄35.9个百分点。

（2）房地产市场供给缓中趋稳。自年初以来，房屋新开工面积持续负增长，下半年降幅持续收窄，且月度新开工面积基本稳定在200万~300万平方米。全年房屋新开工面积2 390.7万平方米，同比下降7.3%；施工面积11 574.7万平方米，与上年基本持平。其中，城镇棚户

（4）主要城市住房价格指数震荡趋稳。乌鲁木齐住宅价格上半年波动较大，下半年平稳回落，全年总体震荡趋稳。其中，新建住宅价格同比上涨9.8%，二手住宅价格同比上涨13.7%，涨幅均较第三季度有所回落。

（5）房地产贷款增速回落，保障性住房贷款保持较快增速。2018年，随着市场严监管延续、房地产投资下降、商品房销售回落，房地产贷款较年初增加611.7亿元，同比增长21.3%，增速较上年同期下降12.1个百分点。房产开发贷款同比增长36.3%，增速较上年同期下降53个百分点；个人住房贷款保持平稳，同比增长12.5%，增速较上年同期放缓0.6个百分点。以城镇棚户区改造为主的保障性安居工程贷款同比增长42.2%。

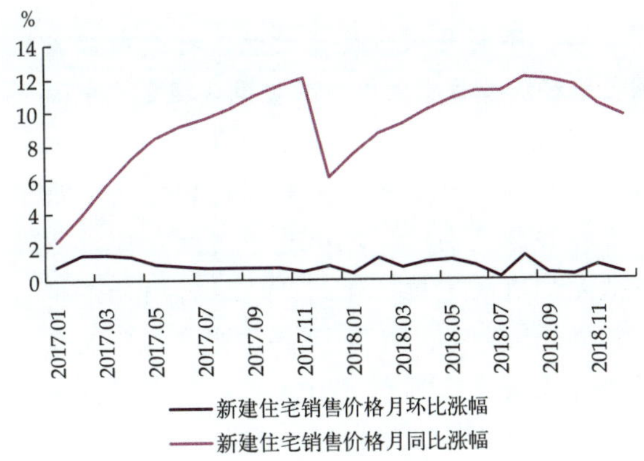

数据来源：新疆维吾尔自治区统计局。

图 12　2017~2018 年乌鲁木齐市新建住宅销售价格变动趋势

2. 旅游兴疆战略扎实推进，新疆旅游业进入提质增速期。政策引领旅游业科学发展。新疆旅游资源具有多样性和丰富性，是我国旅游资源大区。2018 年，新疆提出旅游兴疆战略，将旅游业作为贯彻落实新发展理念、推动经济高质量发展的重要抓手。出台《实施新疆旅游业发展“十三五”规划三年行动方案（2018~2020 年）》《关于推动旅游业成为新疆战略支柱产业的指导意见》《关于金融支持新疆旅游业高质量发展的指导意见》等多个文件，推动旅游业以全域旅游理念为引领，加快由观光旅游向观光休闲体验式旅游转变、由景点旅游向全域旅游转变、由门票经济向旅游综合消费经济转变、由旅游“一家”向“旅游 +”融合发展转变，从分散收费经营到“串项链”集中现金流管理过渡。

品牌化旅游供给不断丰富。2018 年，在“新疆是个好地方”品牌引领下，新疆创新区域联动，有重点、分层次、有计划地打造了一批全域旅游新亮点，形成包含国家沙漠公园、特色小镇、旅游服务名牌等 31 个子类的旅游品牌体系。现有国家 A 级景区 369 个、5A 级景区 12 家，居西部地区第一。全年全疆累计接待国内外游客 1.5 亿人次，同比增长 40.1%；实现旅游总收入 2 579.7 亿元，同比增长 41.6%；实现旅游总消费 3 050 亿元。

旅游富民成效明显。旅游发展的惠及面持续扩大。全年实现旅游就业 176.7 万人，同比增长 21.8%。实现 164 个村（点）旅游脱贫，涉及 34 650 名贫困人口，其中南疆四地州 22 个深度贫困县旅游带动增收 60 个村（点），直接吸纳就业 774 人，间接带动就业 3 640 人。旅游业已全面融入新疆稳定改革发展大局，高质量发展引擎的作用日益凸显，正向着成为支柱产业的目标稳步迈进。

专栏 2　金融向西开放有序推进　丝绸之路经济带核心区发展更具活力

新疆是我国向西开放的桥头堡。为更好地发挥金融桥梁纽带作用，新疆坚持对外开放发展理念，通过一系列切实有效的措施，不断优化开放型经济发展环境，丝绸之路经济带核心区发展活力进一步提升。

一、简政放权，服务实体，外汇管理服务效能全面提升

建立一站式外汇业务综合服务窗口，创新开展网上预受理预审查，实现现场业务办理“只进一扇门”“最多跑一次”，“互联网 + 政务服务”外汇管理方式不断完善。开展金融外汇“一对一精准帮扶活动”，外汇局和银企三方实现全面对接，惠及新疆银企近百家。鼓励银行开发周边国家货币衍生产品，促成全国首笔人民币对哈萨克斯坦坚戈、俄罗斯卢布远期结汇和售汇业务，以及人民币与巴基斯坦卢比银行柜台现钞汇率挂牌交易、人民币兑索莫尼汇率挂牌交易，为我国与“一带一路”国家经贸往来提供了多样化有效避险工具。

二、抢抓机遇，打造平台，对外金融合作取得务实成效

搭建起与哈萨克斯坦、吉尔吉斯斯坦、塔吉克斯坦三国中央银行、商业银行和企业间交流合作、政策宣讲、解决问题的跨境金融服务平台。促成中哈央行分别于2017年、2018年在中哈霍尔果斯国际边境合作中心召开“中哈双边本币合作座谈会”及“中哈反假货币培训班”，达成定期会晤交流、双边本币直接清算平盘、双方金融市场连接、现钞调运、信息共享等多项共识，推动金融机构及银企、银政间达成多项合作成果。

三、创新合作，拓宽融资，双向开放水平不断提升

金融支持涉外经济发展政策体系逐步完善。先后出台降低新疆涉外实体经济融资交易成本、加强金融外汇支持海关特殊监管区域发展、金融外汇支持新疆涉外经济高质量发展等一系列指导意见，不断深化对涉及民生、能源、商贸物流等具有比较优势产业以及综保区等海关特殊监管区的外汇管理支持措施。利用境内外资本市场拓宽涉外企业跨境投融资渠道。在小额贷款、融资租赁等金融服务领域引进外资，并引导外资向高生产率、高技术含量和资本、技术密集型产业转移。2018年，新疆企业利用外资10.7亿美元，同比增长6.9%；境外投资12.8亿美元，同比增长29.2%。积极推广全口径跨境融资政策，跨境融资规模实现飞速发展，2018年全疆累计全口径跨境融资签约额达13.67亿美元，提款额10.09亿美元，有效缓解企业融资难、融资贵问题。

四、不断突破，改造升级，打造新疆丝绸之路经济带核心区小币种货币区域交易中心

积极推动中亚区域货币交易市场建设，引导银行柜台开展人民币对周边国家小货币的直接挂牌交易，实现小货币兑换人民币业务从无到有的突破；组织开展银行间外汇市场新疆区域交易，继2014年率先实现坚戈在新疆区域挂牌交易后，2018年引入哈萨克斯坦工行、伦敦标准银行等境外行参与人民币对坚戈银行间外汇市场新疆区域挂牌交易，实现了跨境报价交易每日清算平盘，建立了离岸、在岸统一的人民币对坚戈汇率形成机制，推动新疆成为全国人民币对坚戈报价交易平盘结算中心；启动人民币、坚戈现钞跨境调运业务，打通银行间坚戈现钞平盘渠道，成为西北唯一一个外币现钞调运地区，为中哈互市贸易、境外劳务、境外旅游等提供现钞支付服务。

五、积极开拓，优化环境，人民币向西“走出去”步伐加快

新疆跨境人民币业务种类不断丰富，覆盖全辖22家银行和15个地州市，参与企业达3 100余家，参与国家上百个，其中对中亚五国实现全覆盖。2018年末，新疆与周边国家跨境人民币累计结算量达到157亿元，其中与哈萨克斯坦、吉尔吉斯斯坦、塔吉克斯坦人民币业务年均增速分别为22.1%、14.8%和25.1%。

三、预测与展望

2019年经济社会发展面临的形势依然严峻，不确定性因素增多。但随着“六稳”政策引导及高质量发展各项政策的落地实施，新疆经济有望保持稳步增长态势。

从供给端看，第一产业长期稳步增长，随着乡村振兴战略深入推进，农业生产将持续稳中调优；第二产业油气生产平稳，纺织服装等产业转型升级，高技术和战略性新兴产业快速增长，预计工业稳步回升；第三产业中旅游业发展提速，电子商务、仓储物流、医疗卫生、文体康养等新兴服务业加快发展，预计服务业快中向好。

从需求端看，随着政府债券发行规模增加、基础设施补短板力度加大、投资营商环境优化，新疆投资将更好发挥稳定经济增长的关键作用，呈现力度加大、结构优化、效益提升、民间投资活力增强等趋势；随着传统消费提档升级、新的消费增长点不断培育、可支配收入稳步提升，居民消费潜力将进一步激发；随着丝绸之路经济带核心区建设深入推进，乌鲁木齐国际陆港区带动作用逐步显现，霍尔果斯喀什经济开发区及出口加工基地、综合保税区和工业园区加快建设，带动进出口贸易恢复性增长。

随着稳健货币政策的实施，特别是货币政策传导梗阻的进一步畅通，加之基建投资回暖拉升中长期贷款等积极因素，预计新疆社会融资规模有望保持合理适度增长。同时，金融风险攻坚战的深入推进为新疆金融平稳运行奠定了坚实基础，金融科技的广泛运用也将进一步提升金融供给的效率和品质，随着科技金融、旅游金融、绿色金融、金融扶贫以及民营、小微等普惠金融的深入推进，新疆金融业高质量发展转型、支持经济结构调整优化特征将更加凸显。

中国人民银行乌鲁木齐中心支行货币政策分析小组

总　纂：郭建伟　邢　辉　陈元富

统　稿：王　勇　张学斐

执　笔：谢　鹃　王坤衍

提供材料的还有：王　璐　汪　雨　冯怀珠　李国俊　赵　强　买金星　马　杰　罗文欣　刘琦平　王彦飞　田　园　李春丽　马　红　马雅琼　陈　旭　白文梅　赵　莹　韩　莹　张嘉威　李　宁

附录

（一）2018年新疆维吾尔自治区经济金融大事记

1月3日，注册地位于喀什市的新疆火炬燃气股份有限公司在上海证券交易所上市，实现了南疆四地州公司首发上市零的突破。

1月16日，新疆绿色项目库信息发布会在乌鲁木齐顺利召开，新疆成为全国首个建设绿色项目库的绿色金融改革创新试验区。

1月，国家金库新疆生产建设兵团分库正式运行，6月、8月，兵团14个师支库和33个团场乡镇支库分别设立并运行，标志着新疆生产建设兵团三级国库建立。

3月至4月，新疆金投资产管理有限公司和新疆金风科技集团财务有限公司相继获批成立，实现新疆地方资产管理公司、法人企业集团财务公司零的突破。

5月16日，银行间坚戈现钞跨境调运在中哈霍尔果斯国际边境合作中心正式启动；7月1日，首笔人民币计价的硫磺交易在新疆阿拉山口顺利完成。

9月5日，“人民币对坚戈汇率跨境直接形成机制暨全国首批境外银行机构落户中国银行间外汇市场新疆区域交易启动会”成功举办，人民币对坚戈汇率跨境直接形成机制正式建立。

9月7日，乌鲁木齐金融报价结算服务中心黄金特别会员资格颁证及其授牌仪式顺利举行，为新疆黄金产业“筑巢引凤”、向西发展奠定坚实基础。

10月25日，新疆乌鲁木齐首条地铁线路开通运营，乌鲁木齐成为西北地区第二个开通运营地铁的城市。

11月23日，乌鲁木齐、昌吉、石河子高新技术产业开发区被国务院批准为国家自主创新示范区，创新型新疆建设步伐不断加快。

12月17日，中国银行保险监督管理委员会新疆监管局举行揭牌仪式，标志着新疆银行保险监管工作进入了新阶段。

（二）2018 年新疆维吾尔自治区主要经济金融指标

表 1　2018 年新疆维吾尔自治区主要存贷款指标

		1 月	2 月	3 月	4 月	5 月	6 月	7 月	8 月	9 月	10 月	11 月	12 月
本外币	金融机构各项存款余额（亿元）	21 697.85	21 385.98	21 223.77	20 923.65	20 990.84	21 448.15	21 638.80	21 949.10	22 341.29	22 755.41	22 591.74	22 378.08
	其中：住户存款	8 469.82	8 626.40	8 585.49	8 382.39	8 338.79	8 446.82	8 467.74	8 532.14	8 665.83	8 931.04	9 114.80	9 419.69
	非金融企业存款	6 205.56	5 783.78	5 800.05	5 607.13	5 529.13	5 615.95	5 531.29	5 581.29	5 871.18	5 731.36	5 664.55	5 651.03
	各项存款余额比上月增加（亿元）	-55.20	-311.90	-162.20	-300.10	67.20	457.30	190.60	310.30	392.20	414.10	-163.70	-213.70
	金融机构各项存款同比增长（%）	12.10	9.40	6.70	3.80	3.50	3.40	2.10	2.40	2.30	3.70	2.10	2.90
	金融机构各项贷款余额（亿元）	17 698.48	17 766.35	17 735.29	17 744.42	17 776.46	17 958.06	18 050.21	18 180.84	18 527.49	18 673.19	18 672.28	18 774.26
	其中：短期	5 050.11	5 112.68	5 167.39	5 092.71	4 996.84	4 832.67	4 790.97	4 740.93	4 953.99	5 005.39	4 979.11	5 010.23
	中长期	10 294.82	10 343.69	10 272.81	10 280.06	10 365.90	10 719.10	10 838.56	10 895.74	10 983.77	11 022.47	11 052.65	11 056.01
	票据融资	1 231.80	1 172.61	1 181.93	1 246.68	1 301.26	1 299.32	1 305.76	1 419.81	1 480.75	1 526.54	1 525.28	1 590.16
	各项贷款余额比上月增加（亿元）	220.93	67.90	-31.10	9.10	32.00	181.60	92.20	130.60	346.60	145.70	-0.90	102.00
	其中：短期	63.40	62.57	54.71	-74.68	-95.87	-164.16	-41.70	-50.04	213.06	51.40	-26.28	31.12
	中长期	132.62	48.87	-70.87	7.25	85.84	353.19	119.46	57.18	88.03	38.70	30.18	3.35
	票据融资	35.95	-59.18	9.32	64.74	54.58	-1.94	6.44	114.05	60.94	45.79	-1.26	64.88
	金融机构各项贷款同比增长（%）	15.43	15.20	12.90	11.80	10.90	9.70	8.60	8.30	8.30	8.20	7.20	7.40
	其中：短期	18.37	18.70	15.59	11.54	7.97	3.71	2.05	1.12	1.52	0.96	-0.21	0.33
	中长期	17.00	15.91	13.20	11.25	10.21	10.99	9.86	8.89	9.46	9.20	8.71	8.78
	票据融资	0.24	1.55	4.75	21.05	33.36	26.13	28.25	32.79	29.17	32.28	29.99	32.98
	建筑业贷款余额（亿元）	530.50	541.70	538.60	530.40	519.10	525.70	564.20	569.30	576.30	581.50	567.10	559.00
	房地产业贷款余额（亿元）	742.00	780.10	808.50	847.10	890.00	930.50	932.90	937.70	939.50	938.00	933.80	889.00
	建筑业贷款同比增长（%）	34.20	34.60	30.80	24.00	19.40	17.50	18.80	17.70	18.20	15.50	10.30	6.20
	房地产业贷款同比增长（%）	112.10	118.60	92.90	84.70	76.60	85.30	83.20	73.00	64.50	59.60	48.70	31.50
人民币	金融机构各项存款余额（亿元）	21 209.39	20 887.98	20 740.92	20 427.20	20 510.24	20 944.88	21 167.43	21 514.08	21 935.39	22 351.47	22 200.62	22 011.49
	其中：住户存款	8 430.40	8 585.72	8 544.54	8 341.40	8 297.93	8 405.06	8 425.88	8 490.05	8 624.62	8 890.57	9 074.95	9 381.01
	非金融企业存款	6 112.40	5 684.26	5 710.52	5 517.27	5 448.74	5 511.25	5 425.83	5 487.40	5 789.86	5 642.55	5 581.15	5 574.65
	各项存款余额比上月增加（亿元）	-47.97	-321.41	-147.06	-313.72	83.04	434.64	222.55	346.65	421.31	416.08	-150.85	-189.13
	其中：住户存款	22.57	155.32	-41.18	-203.14	-43.47	107.13	20.83	64.16	134.58	265.94	184.38	306.06
	非金融企业存款	-231.38	-428.14	26.26	-193.24	-68.53	62.51	-85.42	61.57	302.46	-147.31	-61.41	-6.49
	各项存款同比增长（%）	12.79	10.00	7.40	4.40	4.20	3.80	2.70	3.10	3.00	4.30	2.80	3.60
	其中：住户存款	9.72	12.80	12.40	11.30	10.80	10.50	10.60	9.90	9.10	10.50	11.50	11.70
	非金融企业存款	12.91	3.90	-1.80	-7.60	-10.70	-14.80	-15.50	-15.40	-12.80	-11.90	-13.80	-12.30
	金融机构各项贷款余额（亿元）	17 119.88	17 179.85	17 168.11	17 176.12	17 215.31	17 376.66	17 456.01	17 583.09	17 936.89	18 069.66	18 086.24	18 203.14
	其中：个人消费贷款	2 161.20	2 174.51	2 210.48	2 230.17	2 250.25	2 271.15	2 286.97	2 302.93	2 324.85	2 340.53	2 356.28	2 365.68
	票据融资	1 231.80	1 172.61	1 181.93	1 246.68	1 301.26	1 299.32	1 305.76	1 419.81	1 480.75	1 526.54	1 525.28	1 590.16
	各项贷款余额比上月增加（亿元）	248.87	59.98	-11.74	8.01	39.19	161.35	79.35	127.08	353.80	132.77	16.58	116.90
	其中：个人消费贷款	32.85	13.31	35.96	19.69	20.08	20.89	15.83	15.95	21.93	15.68	15.75	9.40
	票据融资	35.95	-59.18	9.32	64.74	54.58	-1.94	6.44	114.05	60.94	45.79	-1.26	64.88
	金融机构各项贷款同比增长（%）	16.40	16.20	13.90	12.60	11.60	10.10	8.90	8.40	8.50	8.30	7.50	7.90
	其中：个人消费贷款	17.30	16.80	16.50	15.80	15.00	13.30	13.10	12.20	11.80	11.60	11.00	10.90
	票据融资	0.24	1.60	4.80	21.10	33.40	26.10	28.30	32.80	29.20	32.30	30.00	33.00
外币	金融机构外币存款余额（亿美元）	77.12	78.68	76.79	78.31	74.92	76.06	69.15	63.74	59.00	58.00	56.39	53.41
	金融机构外币存款同比增长（%）	-4.83	-3.94	-6.91	-8.40	-12.11	-8.00	-20.47	-26.11	-27.57	-26.20	-31.66	-29.59
	金融机构外币贷款余额（亿美元）	91.35	92.66	90.20	89.65	87.48	87.87	87.17	87.59	85.85	86.66	84.50	83.21
	金融机构外币贷款同比增长（%）	-0.39	1.28	-1.24	0.24	-2.07	-0.22	0.47	0.22	-1.34	0.59	-6.64	-10.36

数据来源：中国人民银行乌鲁木齐中心支行调查统计部门。

表 2 2001~2018 年新疆维吾尔自治区各类价格指数

单位：%

		居民消费价格指数		农业生产资料价格指数		工业生产者购进价格指数		工业生产者出厂价格指数	
		当月同比	累计同比	当月同比	累计同比	当月同比	累计同比	当月同比	累计同比
2001		—	4.0	—	3.0	—	0.0	—	-3.7
2002		—	-0.6	—	-0.4	—	-1.6	—	-2.7
2003		—	0.4	—	1.1	—	5.1	—	15.1
2004		—	2.7	—	7.3	—	12.1	—	16.4
2005		—	0.7	—	5.3	—	8.1	—	16.6
2006		—	1.3	—	2.5	—	5.1	—	14.4
2007		—	5.5	—	6.2	—	3.8	—	6.3
2008		—	8.1	—	8.1	—	17.7	—	16.4
2009		—	0.7	—	-0.4	—	-9.4	—	-14.5
2010		—	4.3	—	3.1	—	23.9	—	25.2
2011		—	5.9	—	6.6	—	18.0	—	14.9
2012		—	3.8	—	6.2	—	-2.1	—	-3.0
2013		—	3.9	—	2.7	—	-2.2	—	-3.6
2014		—	2.1	—	-2.3	—	-2.5	—	-3.8
2015		—	0.6	—	-1.4	—	-15.7	—	-17.6
2016		—	1.4	—	-1.8	—	-4.5	—	-5.2
2017		—	2.2	—	0.8	—	12.8	—	13.7
2018		—	2.0	—	4.2	—	9.2	—	11.2
2017	1	2.8	2.8	-1.9	-1.9	10.4	10.4	17.6	17.6
	2	1.5	2.2	-1.4	-1.7	16.1	13.2	21.7	19.7
	3	1.2	1.8	0.7	-0.9	18.0	14.8	20.5	19.9
	4	1.5	1.8	1.5	-0.3	14.9	14.8	15.3	18.8
	5	2.1	1.8	0.7	-0.1	12.3	14.3	11.4	17.2
	6	2.1	1.9	0.7	0.0	10.3	13.6	8.7	15.7
	7	1.7	1.9	0.7	0.1	9.3	13.0	6.7	14.4
	8	1.9	1.9	0.9	0.2	11.8	12.8	10.9	13.9
	9	2.8	2.0	1.0	0.3	12.7	12.8	12.6	13.8
	10	3.1	2.1	1.0	0.4	12.4	12.8	13.4	13.7
	11	2.8	2.1	3.1	0.6	13.0	12.8	13.5	13.7
	12	2.7	2.2	3.2	0.8	12.8	12.8	13.2	13.7
2018	1	2.2	2.2	3.5	3.5	12.7	12.7	9.9	9.9
	2	2.8	2.5	3.5	3.5	10.6	11.6	9.2	9.5
	3	2.3	2.5	4.2	3.7	7.8	10.3	5.8	8.3
	4	2.5	2.5	5.2	4.1	8.3	9.8	9.7	8.6
	5	2.4	2.5	6.5	4.6	9.2	9.7	12.2	9.4
	6	2.3	2.4	6.2	4.8	10.0	9.7	15.0	10.3
	7	2.6	2.5	5.5	4.9	10.5	9.8	16.7	11.2
	8	2.5	2.5	5.5	5.0	9.7	9.8	15.4	11.7
	9	1.5	2.4	5.7	5.1	9.7	9.8	14.4	12.0
	10	1.2	2.2	6.0	5.2	10.4	9.9	14.9	12.3
	11	1.2	2.1	4.2	5.1	8.2	9.7	9.6	12.1
	12	0.9	2.0	3.4	4.9	4.1	9.2	2.7	11.2

数据来源：《中国经济景气月报》、新疆维吾尔自治区统计局。

表 3　2018 年新疆维吾尔自治区主要经济指标

	1月	2月	3月	4月	5月	6月	7月	8月	9月	10月	11月	12月
	绝对值（自年初累计）											
地区生产总值（亿元）	—	—	2 020	—	—	4 892.47	—	—	8 502.39	—	—	12 199.1
第一产业	—	—	122.34	—	—	375.83	—	—	1 169.65	—	—	1 692.09
第二产业	—	—	793.49	—	—	1 951.47	—	—	3 390.04	—	—	4 922.97
第三产业	—	—	1 104.17	—	—	2 565.17	—	—	3 942.7	—	—	5 584.02
工业增加值（亿元）	—	467.47	735.34	989.14	1 356.38	1 658.59	1 955.48	2 247.93	2 558.56	2 903.97	3 263.61	3 564.05
固定资产投资（亿元）	—	—	—	—	—	—	—	—	—	—	—	—
房地产开发投资	—	13.28	29.01	70.15	122.48	243.49	380.48	520.77	650	851.46	983.74	1 033.44
社会消费品零售总额（亿元）	—	503.37	733.86	954.05	1 200.58	1 464.45	1 716.63	1 978.21	2 250.22	2 567.07	2 874.38	3 186.97
外贸进出口总额（亿元）	124.771	215.459	290.44	381.487	473.274	564.149	671.683	784.681	912.701	1 027.189	1 139.29	1 326.17
进口	21.8609	36.944	55	72.6764	92.7529	110.895	133.442	155.129	173.28	192.0908	214.338	236.845
出口	102.91	178.515	235.44	308.811	380.521	453.253	538.241	629.552	739.421	835.0985	924.957	1 089.32
进出口差额（出口－进口）	81.049	141.571	180.44	236.135	287.768	342.358	404.799	474.424	566.141	643.0077	710.619	852.477
实际利用外资（亿美元）	0.1156	0.2476	0.449	0.4649	0.4847	0.6409	1.1719	1.482	1.782	1.81	2.0487	2.0526
地方财政收支差额（亿元）	—	—	—	—	—	—	—	—	—	—	—	—
地方财政收入	—	231.68	319.68	471.46	581.37	686.35	794.48	891.74	998.34	1 175.89	1 348.86	1 531.46
地方财政支出	—	633.59	1063.6	1 414.55	1 778.49	2 202.66	2 697.94	3 150.47	3 608.4	3 997.95	4 353.49	4 985.57
城镇登记失业率（%）（季度）	—	—	—	—	—	—	—	—	—	—	—	—
	同比累计增长率（%）											
地区生产总值	—	—	6.7	—	—	5.6	—	—	5.3	—	—	6.1
第一产业	—	—	3.4	—	—	5.1	—	—	4.9	—	—	4.7
第二产业	—	—	5.3	—	—	3.2	—	—	3.3	—	—	4.2
第三产业	—	—	8.1	—	—	7.6	—	—	7.2	—	—	8
工业增加值	—	7.5	6.2	4.9	4.3	3.1	2.8	2.3	2.3	2.5	3.3	4.1
固定资产投资	—	-9	-30.3	-40.4	-47.9	-48.9	-47.4	-43.8	-42.9	-35.7	-29.4	-25.2
房地产开发投资	—	21.6	-30	-32.2	-44.9	-36.3	-26.9	-21.7	-20.1	-10.3	-4	-0.4
社会消费品零售总额	—	7.9	7.9	7.3	6.5	6.1	6	5.8	6.1	6.1	5.8	5.2
外贸进出口总额	11.0503	17.5689	24.2	-9.3133	-7.7207	-9.4983	-9.7686	-10.887	-10.979	-10.0098	-11.186	-4.7498
进口	52.3823	22.5989	29.5	16.9537	22.3384	26.8356	28.0806	27.2622	23.9177	20.0144	17.6466	19.4707
出口	5.0003	16.579	23.1	-13.866	-12.935	-15.426	-15.928	-17.016	-16.49	-14.9065	-15.959	-8.7711
实际利用外资	-62.4	-60.8	-65.1	-65.7	66.1	-59.1	-26	-10.9	-4.3	-5.6	4.7	0.2
地方财政收入	—	17.7	12	10.2	11.3	-2.8	-2.3	-1.7	-1.7	-0.4	2.6	4.5
地方财政支出	—	62.7	28.2	16.9	11	5.5	11.5	7.8	7	6.4	7	8.6

数据来源：新疆维吾尔自治区统计局。